tomato패스

파생상품투자
권유자문인력

—

핵심정리문제집

예문사

파생상품투자권유자문인력 합격하기 5단계

01 증권경제전문 토마토TV 방송교재

합격의 지름길, 전문가와 함께라면 분명 있습니다. 증권경제전문 토마토TV의 전문 강사가 집필한 방송교재를 통해 보다 빨리 합격의 기쁨을 얻으시길 바랍니다.

02 과목별 출제경향 및 학습요령 제공

무작정 푸는 문제는 가라! 과목별 출제경향을 살펴봄으로써 학습흐름을 눈에 익히고, 더불어 학습요령을 통해 '더 잘 풀 수 있는' 방법을 제시합니다.

03 문제별 난이도 표기와 심화문제 제공

어려운 문제, 쉬운 문제, 본서에는 모두 담겨 있습니다.
더불어 심화문제를 따로 엄선함으로써 난이도 있는 문제 출제에도 대비할 수 있도록 하였습니다.

04 필수핵심정리로 핵심이론 완벽정리

시험은 코앞에 다가오는데 아직도 이론만 보고 계시나요?
추가적인 내용은 필수핵심정리로 간단하게, 그리고 완벽하게 마무리하십시오.

05 저자직강 동영상 제공

다년간의 강의경험과 오랜 노하우로 여러분을 합격으로 인도할 토마토TV의 전문 강사가 기다리고 있습니다. 저자직강 동영상으로 보다 확실한 합격을 준비하십시오.

파생상품투자권유자문인력 자격시험을 준비하는 수험생 여러분 반갑습니다. 파생상품투자권유자문인력은 은행 · 증권 회사를 비롯한 금융권 취업을 준비 중이거나 펀드투자에 관한 폭넓은 지식을 얻고자 하는 모든 분들에게 반드시 필요한 자격증이라는 것을 잘 알고 계실 것입니다. 그래서 이번에 파생상품투자권유자문인력 자격증을 취득하려는 분들에게 "어떻게 하면 최소의 비용으로 최대의 효과(합격)를 얻을 수 있도록 할까?" 하는 고민 끝에, 수험생 여러분들에게 어필할 수 있는 몇 가지 강점을 구비하고 본서를 내놓게 되었습니다.

본서의 특징은 크게 ① 연결지향(이해가능성), ② 문제지향(포괄성) ③ 핵심지향(적중성)의 3가지로 요약할 수 있습니다.

첫째, 연결지향입니다. 시중에 나온 파생상품투자권유자문인력 시험대비 문제집들 중에는 문제의 내용과 질적인 측면에서 우수한 것들도 있습니다. 다만, 한 가지 아쉬운 점은 핵심문제 위주로 문제집을 구성하다 보니 전체적인 내용의 맥락이 자주 끊기고 연결이 잘 안 된다는 것입니다. 이런 경우 실제 시험에 유사한 문제가 출제된다고 하더라도 명쾌하게 답을 고르기가 쉽지 않습니다. 그래서 본서는 핵심문제 사이사이에 향후 언제든지 출제 가능한 문제들로 다리를 놓고 자세한 해설을 달았습니다. 따라서 문제만 풀어보고도 전체 이론을 쉽게 이해할 수 있으며, 다양한 형태의 문제에도 당황하지 않도록 대비하였습니다.

둘째, 문제지향입니다. 운전면허 필기시험을 준비하면서 자동차의 구조나 교통법규에 관한 이론서를 공부하며 시험을 준비하시는 분은 별로 없다는 점에 착안했습니다. 즉 문제만 풀어보고도 파생상품투자권유자문인력 자격시험 준비에 부족함이 없도록 하고 싶었습니다. 그래서 본서는 본서를 벗어나는 문제는 출제될 수 없다는 자신감을 가질 정도로 다양한 문제들을 담았습니다.

셋째, 핵심지향입니다. 아무리 많은 문제를 담고 있더라도 시험의 핵심 포인트를 벗어나게 되면 많은 문제들이 정말로 문제가 된다는 생각입니다. 많은 문제를 제시하면서도 시험의 핵심을 놓치지 않기 위해서 본서는 문항마다 별표로 중요도를 표시하여 수험생 여러분들이 각자의 준비기간에 맞는 학습을 할 수 있도록 했습니다.

이와 같은 본서의 강점과 특징에도 불구하고 파생상품투자권유자문인력 자격시험을 준비하시는 모든 분들의 기대를 100% 충족시키기에는 아직 부족한 점이 있는 것도 사실입니다. 그렇지만 저희는 파생상품투자권유자문인력 자격시험을 준비하시는 분들에게 가장 효율적인 방법을 제시하기 위해 항상 최선을 다할 것입니다. 아무쪼록 본서가 파생상품투자권유자문인력 자격시험을 준비하시는 모든 분들에게 합격을 위한 작은 지혜의 선물이 되기를 바랍니다. 감사합니다.

편저자 씀

파생상품투자권유자문인력
시험안내

🏛 주요업무

투자자를 상대로 파생상품, 파생결합증권 및 법 제4조제7항제1호에 해당하는 증권에 대하여 투자권유 또는 투자자문 업무를 수행하는 자

※ 관련 투자자보호교육을 사전 이수한 후 해당 자격시험에 합격한 자만이 업무 수행 가능

🏛 합격기준 및 시험정보

- 합격기준 : 응시과목별 정답비율이 50% 이상인 자 중에서, 응시 과목의 전체 정답 비율이 70%(70 문항) 이상인 자. 과락 기준은 하단의 과목정보 참조
- 과목정보 : 시험시간(1교시 : 120분), 과목정보(4과목 : 100문항)

과목구성			세부과목구성	
과목명	문항 수		세부과목명	문항 수
	총	과락		
파생상품 Ⅰ	25	13	선물	13
			옵션	12
파생상품 Ⅱ	25	13	스왑	8
			기타 파생상품 · 파생결합증권	17
리스크 관리 및 직무윤리	25	13	리스크 관리	8
			영업실무	5
			직무윤리 · 투자자분쟁예방	12
파생상품법규	25	13	자본시장과 금융투자업에 관한 법률	9
			금융위원회규정	8
			한국금융투자협회규정	4
			한국거래소규정	4

🏛 응시대상

- 응시제한대상(응시부적격자)
- 동일시험 기합격자
- 『금융투자전문인력과 자격시험에 관한 규정』 제2-11조 및 제2-13조에 따라 응시가 제한되는 자 (자격취소자)
- 『금융투자전문인력과 자격시험에 관한 규정』 제3-19조 제1항에 따라 응시가 제한되는 자(부정행위로 인한 응시 제한)

※ 상기 응시 부적격자는 응시할 수 없으며, 합격하더라도 추후 응시 부적격자로 판명되는 경우 합격 무효 처리함. 또한 3년의 범위 내에서 본회 주관 시험응시를 제한함

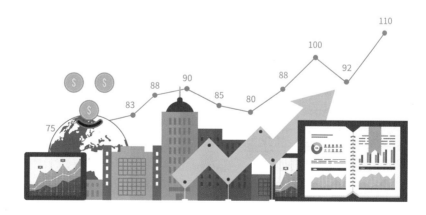

파생상품투자권유자문인력
합격후기

금융자격증에는 역시 토마토패스입니다!!! – kykisek

이미 증권과 펀드를 통해 단시간 집중력 있게 핵심포인트만 집어주는 토마토패스강의의 효과에 대해서는 이미 알고 있었습니다. 그래서 이번 파생상품권유자문인력 시험에도 저는 토마토 패스의 강의와 문제집으로 준비하였습니다.

파생상품의 경우 가장 접하기 어려우면서 시험범위 모두가 어려웠습니다. 회사의 직무를 수행하는 데에 있어서 핵심부분이기도 했지만 낯선 용어로 인한 어려움도 있었습니다. 하지만 박선호 교수님의 포인트를 집어주면서 전체를 다 아우르는 핵심강의 덕분에 크게 어려움 없이 수강할 수 있었습니다. 선물, 선도의 개념부터 옵션 스왑 등 하지만 이것 역시도 박선호 교수님의 유쾌하면서도 명쾌한 강의 덕분에 수월하게 수강이 가능했습니다.

그렇게 열심히 준비하여 시험을 보게 되었고 강의에서 다뤘던 부분이나 문제집에서 풀었던 지문 및 내용이 많이 나와 생각보다 조금은 수월하게 시험을 치룰 수 있었습니다.

그리고 나서 합격여부를 조회하니 합격을 확인할 수 있었습니다. 이어서 투자자산운용사도 토마토패스와 함께 도전해보려 합니다!!

금융자격증에는 역시 토마토패스입니다. 다른 분들도 토마토패스와 함께 합격의 기쁨을 누리시길 바랍니다~!!!

토마토패스 수강 탁월한 선택 – bulsesang

50이 넘은 나이에 파생상품투자권유자문인력 시험 도전과 공부를 위한 열의는 좋았으나 몇일이 지나지 않아 이렇게 공부해서는 백발백중 시험에 떨어지겠다는 생각이 들었습니다. 파생상품 내용이 너무나도 어렵고 생소하였고 계산문제도 도저히 풀 수 없어 고민을 하게 되었습니다. 인터넷에서 파생상품 합격수기를 읽어 보면서 저도 인강을 수강해야겠다는 생각이 들었고 이쪽 저쪽 인강 샘플과 합격수기를 청취하면서 토마토패스 인강을 선택하였고 시험에 합격하였습니다. 제가 토마토패스 강의를 들으며 좋았던 점은 강사님들의 열정적이고 쉬운 강의 내용과 진한 정자로 쓴 칠판 글씨가 너무나도 맘에 들었고 강의를 몇 번이고 반복해서 청취함으로서 파생상품의 큰 줄거리를 이해하였고 나름대로 요점을 정리할 수 있었습니다. 파생상품을 시험보시려는 수강생은 인강을 반복청취하시어 합격의 영광을 누리시길 기원합니다~~

40대 직장인 김여사 합격수기!!! – k93202011

이런 수강후기를 올릴 수 있다는 것에 감사합니다.

요즘 핫 이슈가 된 ISA, ELS 상품을 판매하기 위해서는 은행원에게는 필수 자격증

"난이도 최강 파생시험"을 영업 실적의 압박과 자격증 취득의 압박으로 인해 2달을 맘고생 많이

했습니다. 적지 않은 나이에 육아와 직장생활의 이중고를 토마스 패스를 통해 많은 정보 및

강사님들의 열렬한 강의로 힘들지 않는 시간을 보냈던 것 같습니다.

1강 부터 정말 마지막 강의까지 어려운 용어 및 내용, 계산문제, 걱정을 많이 했는데 여러번

반복강의를 듣고 장기 두달간의 시간을 두고 시작 해서 합격의 영광을 얻었습니다.

강사님의 첫 강의 응원 멘트를 새겨 듣으면서도 자신있게 공부할 수 있어서 좋았습니다.

공부요령은 기본강의 + 요약강의를 한번은 집중해서 들었고 문제풀이 강의 및 제가 제일 싫어하는

법규를 3회이상 반복 학습으로 수얼하게 진도를 나갈 수 있었습니다.

남들 다 따는 자격증이 아닌 나만 취득한 자격증이라 자신감과 함께 파생투자에 이어 증권투자권유

자문인력까지 타는 게 올해의 목표로 정하고 토마토 패스 수강회원 모두 파이팅^^

애증의 파생상품투자권유자문인력 시험 합격 후기! mmomm

애증의 파생상품투자권유자문인력 시험...

애증이라고 함은 잡힐듯 잡히지 않아서이다.

독학으로 공부해서 지난 시험에 아깝게 몇점차로 떨어져 올해는 망했다고 포기하고 있다가 올해는 꼭

합격하리라 하고 다시 한 달간 스퍼트를 올렸다.

기적처럼 80점으로 겨우 합격했지만 그래도 토마토패스에서 강의 듣고 한 달 만에 합격함은

기적이라고 생각한다.

이상하게 파생상품 1과목은 많이 보고 이해했다고 생각했는데 2과목이랑 다른 것이 없었다는... 항상

공부할 때 순서대로 공부했지만 이번에는 4과목 → 3과목 → 1과목 → 2과목으로 공부순서를 바꿨다.

나는 법규에서 강해서...

정말 합격했다. 솔직히 독학해도 붙을 수 있다고 생각했지만 토마토패스 강의를 들으니 잡힐 듯

잡히지 않는 토마토패스가 잡히더라.

토마토패스로 파생상품투자권유자문인력 정!복!

> ※ 해당 합격후기는 모두 합격증이 웹상에 인증되어 있으며, 토마토패스
> 홈페이지 수강후기에서 더 많은 후기들을 확인하실 수 있습니다.

파생상품투자권유자문인력
목차

PART 01 파생상품 Ⅰ

PART 02 파생상품 Ⅱ

PART 03 리스크 관리 및 직무윤리

PART 04

파생상품법규

PART 05

모/의/고/사

SUMMARY

제1과목 파생상품 1은 총 25문제가 출제되므로 13문제 이상 맞아야 과락을 면할 수
있다. 세부과목을 보면 선물 13문제, 옵션 12문제가 출제된다. 장내파생상품인 선물
과 옵션은 파생상품의 전체 내용을 아우르는 가장 중요한 과목이다. 일반적으로 옵
션보다는 선물이 좀 더 쉽다고 알려져 있지만 무엇보다도 개념에 대한 이해가 필요
하다. 특히 기초자산이 주식 및 주가지수인 주식 관련 선물과 옵션이 주로 출제되므
로 이에 대한 이해가 시험의 당락을 좌우한다고 할 수 있다.

PART 01

파생상품 I

CONTENTS

CHAPTER 01 선물

내용 구성 및 주요 출제내용 분석

내용 구성	중요도	주요 출제 내용
개요	★	장내파생상품의 경제적 기능과 특징
선물 개요	★★	• 선도 및 선물의 차이점 • 선물가격결정 : 보유비용모형에 의한 균형(이론)가격 계산
주식 관련 선물	★★★	• 주가지수(시가총액가중지수, 가격가중지수)의 구분 • 주식 관련 선물의 균형(이론)가격 계산, 가격결정변수와 선물가격의 관계 • 콘탱고, 백워데이션, 베이시스 및 베이시스 리스크 개념 • 매도헤지와 매수헤지 구분, 헤지 선물계약 수 계산 • 매수차익거래와 매도차익거래 구분, 차익거래 불가영역의 상한선과 하한선 • 스프레드 확대 및 축소 예상 시 포지션 구성
금리선물	★★★	• 선도금리의 계산, 채권수익률과 채권가격과의 관계 • 듀레이션과 볼록성의 개념 • 단기금리선물과 장기금리선물의 종류 및 특징 • 매수 · 매도차익거래 구분, 차익거래를 위한 선물계약 수 계산 • 금리예측에 따라 듀레이션 조정 시 채권선물의 계약 수 계산 • 매도헤지와 매수헤지가 필요한 경우, 헤지계약 수 계산 • 수익률곡선의 기울기 변화에 따른 채권선물 거래전략
통화선물	★★	• 환율 표시방법, 매입률과 매도율, 외환포지션과 환리스크 • 이론 선물환율 결정모형, 할인율/할증률 계산 • 환리스크관리방법 : 선물환 이용, 통화선물 이용, 단기자금시장 이용
상품선물	★★	• 정상시장(콘탱고)과 역조시장(백워데이션) 구분 • 베이시스와 베이시스 리스크에 의한 헤지효과 분석 • 매도헤지와 순매도가격, 매수헤지와 순매수가격 계산 • 헤지비율 및 헤지의 이월, 강세 스프레드와 약세 스프레드

출제경향 분석 및 학습요령

선물은 총 13문제가 출제된다. 기초자산별로는 주식 관련 선물, 금리선물, 통화선물, 상품선물로 구성되어 있지만 주식 관련 선물이 출제비중이 가장 높기 때문에 주식 관련 선물을 제대로 이해하는 것이 가장 중요하다. 주가지수의 종류, 선물의 이론가격계산, 매도헤지와 매수헤지의 구분 및 헤지계약 수 계산, 매수차익거래와 매도차익거래 구분, 스프레드 확대 및 축소 예상 시 포지션 구성 방법, 베이시스의 개념 등이 자주 출제된다.

금리선물은 채권가격과 수익률의 관계와 듀레이션 개념의 이해가 중요하며, 통화선물은 이론환율계산, 할인율과 할증률의 계산 등이 중요하다. 상품선물은 정상시장(콘탱고)과 역조시장(백워데이션)의 구분, 순매도가격가 순매수가격 계산이 자주 출제된다. 수험생들은 일단 개념을 이해하고 문제를 풀면서 익히는 방법으로 학습하는 것이 좋다.

1장 | 장내 파생상품 개요

···TOPIC 1 파생상품의 개념과 유형

★★☆
001 파생상품의 개념과 관련된 설명으로 옳지 않은 것은?

① 파생상품은 기초자산의 가격에 의해 그 가치가 결정되는 계약이다.
② 파생상품은 투자자가 원본 이외에도 추가적인 지급의무를 부담할 수 있는 금융투자상품이다.
③ 주식옵션과 주식연계워런트(ELW)는 자본시장법상 파생상품으로 분류된다.
④ 파생상품은 손익구조의 형태에 의해 선도형, 옵션형, 합성형으로 분류된다.

> **해설** 주식옵션은 파생상품이고, 주식연계워런트(ELW)는 증권이다. 자본시장법은 금융투자상품을 증권과 파생상품으로 구분한다. 증권은 투자자가 취득과 동시에 지급한 금전(원본) 이외에 추가로 지급의무를 부담하지 않는 금융투자상품이며, 파생상품은 투자자가 원본 이외에도 추가적인 지급의무를 부담할 수 있는 금융투자상품이다. 거래소 시장에서 거래되어 계약조건이 정형화, 표준화되어 있는 파생상품을 장내파생상품이라고 하고, 거래소 시장 이외에서 거래되는 선도, 스왑, 장외옵션 등을 장외파생상품이라고 한다.

★★☆
002 이익과 손실이 비대칭적인, 즉 손익구조가 중간에 꺾이는 비선형의 특성을 가지는 파생상품은?

① 선도   ② 옵션   ③ 선물   ④ 스왑선

> **해설** 옵션형 파생상품에 관한 설명이다. 옵션은 미래의 일정시점 또는 일정기간 동안에 일정한 가격(행사가격)으로 기초자산을 매수 또는 매도할 권리를 말한다.

🏛 필수핵심정리 파생상품의 유형

선도형	이익과 손실이 대칭적인, 즉 손익구조가 선형인 상품 → 선도, 선물, 스왑	
옵션형	이익과 손실이 비대칭적인, 즉 손익구조가 중간에 꺾이는 비선형 상품 → 장내옵션, 장외옵션(이색옵션)	
합성형	선도형과 옵션형을 결합한 상품	
	선물옵션	선물과 옵션을 결합한 상품 → 선물옵션의 거래대상은 선물이며, 옵션을 행사하면 선물포지션을 갖게 됨
	스왑선	스왑과 옵션을 결합한 상품 → 스왑선의 거래대상은 스왑이며 옵션을 행사하면 스왑포지션을 갖게 됨

★★★
003 장내파생상품의 경제적 기능으로 보기 어려운 것은?

① 리스크의 전가   ② 가격발견 기능
③ 자원배분의 효율성 증대   ④ 레버리지 효과

> **해설** 레버리지 효과는 손익확대효과로서 파생상품은 적은 증거금만으로 큰 규모의 거래를 할 수 있기 때문에 현물거래를 할 때보다 손실과 이익이 모두 커진다. 따라서 레버리지 효과는 파생상품의 특징일 뿐이지 경제적 기능으로 보기 어렵다.

🏛 필수핵심정리 ▶ 장내파생상품의 경제적 기능

리스크의 전가	파생상품시장은 헤저(Hedger, 가격변동 리스크를 회피하려는 자)로부터 투기자(Speculator, 가격변동 리스크를 감수하면서 보다 높은 이익을 추구하려는 자)에게 리스크를 효율적으로 이전시키는 메커니즘을 제공
가격 발견	파생상품시장의 참여자들은 미래의 상품가격에 대한 예측에 근거하여 거래하기 때문에, 선물·옵션가격은 현재시점에서 시장참가자들의 합리적 기대치를 나타낸다고 할 수 있음
자원배분의 효율성 증대	파생상품시장을 활용하여 보유자산 구성을 조절할 수 있고, 투자 및 소비활동을 합리적으로 할 수 있으며, 다수의 시장참가자가 경쟁함에 따라 독점력이 감소되어 시장의 자원배분기능이 보다 효율적으로 이루어질 수 있음
시장효율성 제고	파생상품시장에서는 다수의 시장참여자들에 의한 경쟁적인 가격결정이 이루어지므로 현물시장에 비해 적정가격을 찾기 위한 노력을 절감할 수 있고 거래비용이 상대적으로 저렴하므로 전체적인 시장의 효율성이 증대됨

★★★
004 장내파생상품의 경제적 기능 중 가장 중요한 기능으로 볼 수 있는 것은?

① 리스크의 전가   ② 가격 발견
③ 자원배분의 효율성 증대   ④ 시장효율성 제고

> **해설** 장내파생상품의 가장 중요한 경제적 기능은 리스크의 전가이다. 즉, 파생상품시장은 리스크를 다른 사람에게 떠넘기려고 하는 사람(Hedger)과 리스크를 떠안으려는 사람(Speculator) 간에 리스크가 거래되는 시장이다.

★★☆
005 장내파생상품의 경제적 기능에 관한 설명으로 적절하지 않은 것은?

① 헤저는 현물시장에서의 가격변동 리스크를 선물거래를 통한 헤지로 투기자에게 전가시킬 수 있다.

② 가격변동 리스크는 헤저로부터 투기자로 전가되면 모두 소멸된다.

③ 선물·옵션가격은 미래 현물가격에 대한 예시기능을 수행한다.

④ 파생상품은 적은 증거금으로 많은 금액의 거래가 가능하므로 거래비용을 절약할 수 있다.

> **해설** 가격변동 리스크는 헤저로부터 투기자로 전가(shifting)될 뿐이지 소멸하는 것은 아니다.

···TOPIC **3** 파생상품거래 메커니즘

★★★
006 장내파생상품의 특징으로 보기 어려운 것은?

① 상대매매   ② 표준화된 계약
③ 결제안정화제도   ④ 청산기관에 의한 채무이행

> **해설** 상대매매는 1:1로 거래가 이루어지는 장외파생상품의 거래방식이다. 즉, 장외파생상품은 거래 당사자 간의 합의로 거래가 이루어진다. 반면에 장내파생상품은 불특정 다수가 참여하는 경쟁매매이다.

🏛 **필수핵심정리** ▷ 장내파생상품의 특징

표준화된 계약		장내파생상품은 거래단위, 결제월, 결제방법 등의 계약명세가 거래소에 의해 표준화되어 있음 → 표준화는 시장유동성을 높임
청산기관에 의한 채무이행		거래소는 장내파생상품 거래의 원활한 계약이행 보증을 위해 청산기관을 운영함 → 청산기관은 매수자와 매도자의 중간에서 거래상대방의 역할을 맡아 계약이행을 책임지므로, 장내파생상품 거래 시 투자자는 상대방의 신용상태를 파악할 필요가 없음
결제안정화제도	반대거래	최종거래일 이전에 거래당사자가 언제든지 계약에서 벗어날 수 있도록 반대매매(매수포지션의 전매도, 매도포지션의 환매수)를 제도적으로 허용
	일일정산	가격변동이 클 경우 최종결제일에 결제금액 부담이 커져 결제불이행이 발생할 수 있음 → 따라서 선물·옵션시장에서 전일가격과 당일가격의 차이에 해당하는 금액을 익일에 결제하도록 하는 제도
	증거금제도	거래당사자가 결제를 이행하지 않을 경우 결제당사자(회원 또는 거래소)가 결제대금으로 사용할 수 있도록 장내파생상품 거래자가 증권회사나 선물회사에 예치한 담보금

★★★
007 장내파생상품은 거래 당사자가 결제를 이행하지 않을 위험을 없애기 위해 결제안정화제도를 운영하고 있다. 다음 중 결제안정화제도와 가장 거리가 먼 것은?

① 반대거래　　　　② 일일정산　　　　③ 일일가격제한폭　　　④ 증거금제도

> **해설** 일일가격제한폭은 장내파생상품의 결제안정화제도가 아니라 시장상황이 과열되거나 급랭하는 것을 방지하기 위한 시장안정화정책으로 볼 수 있다.

★★★
008 증거금제도에 관한 설명이다. 빈칸에 맞는 말을 순서대로 바르게 나타낸 것은?

> 선물거래에서 최초 계약체결 시 1계약당 선물회사에 납부하는 증거금을 (　)이라 하고,
> 계약체결 후 계좌에서 유지해야 되는 잔액을 (　)이라고 한다.

① 유지증거금, 개시증거금　　　　　　② 개시증거금, 유지증거금
③ 개시증거금, 변동증거금　　　　　　④ 추가증거금, 유지증거금

> **해설** 선물거래에서 최초 계약체결 시 1계약당 선물회사에 납부하는 증거금을 개시증거금이라 하고, 계약체결 후 계좌에서 유지해야 되는 잔액(일반적으로 개시증거금의 약 2/3 수준)을 유지증거금이라 한다. 일일정산 결과 계좌의 잔액이 유지증거금 수준 이하로 떨어지면 선물회사는 마진콜(margin call)을 통보한다. 이때 고객은 다음 날 12시까지 선물회사에 추가증거금을 현금으로 납부하여야 한다. 만약 추가증거금을 납부하지 못하면 선물회사는 고객의 미결제약정에 대해서 즉시 반대매매를 한다.

★★★
009 개시증거금이 100, 유지증거금이 70이라고 할 때, 일일정산 결과 고객 계좌의 잔액이 60으로 떨어졌을 경우 고객이 추가로 납부해야 하는 증거금은 최소 얼마인가?

① 10　　　　　　② 30　　　　　　③ 40　　　　　　④ 100

> **해설** 일일정산 결과 고객 계좌의 잔액이 유지증거금 이하로 떨어질 경우, 고객은 유지증거금 수준(70)까지가 아닌 개시증거금 수준(100)까지 추가증거금을 납부하여야 하므로 최소한 40 이상을 납부하여야 한다.

★★★
010 장내파생상품과 그 거래대상(기초자산)이 잘못된 것은?

① 주식선물과 옵션 : S&P500, KOSPI200 등
② 금리선물과 옵션 : LIBOR, 연방기금금리 등
③ 채권선물과 옵션 : T-Bond, T-Note, KTB 등
④ 상품선물과 옵션 : 농산물, 축산물, 에너지, 귀금속 등

> **해설** S&P500, KOSPI200 등을 거래대상(기초자산)으로 하는 선물과 옵션은 주가지수선물과 옵션이다. 주식선물은 주가지수가 아닌 개별기업의 주식가격을 거래대상으로 한다. 참고로 주요국 통화(미국달러, 유로, 엔, 위안화 등)를 거래대상으로 하는 파생상품은 통화선물과 옵션이다.

★★★
011 각국 거래소에서 거래되는 파생상품별 계약단위가 잘못된 것은?

① CME Group에서 거래되는 T-Bond 선물 : 10만 달러
② CME Group에서 거래되는 유로달러선물 : 100만 달러
③ 한국거래소(KRX)에서 거래되는 국채선물(3년/5년/10년) : 1억원
④ 한국거래소(KRX)에서 거래되는 KOSPI200선물 : 지수×25만원

> **해설** 한국거래소(KRX)에서 거래되는 KOSPI200선물의 계약단위는 [지수×25만원]이다. 계약단위란 거래되는 파생상품의 기본거래단위로서 한 계약의 크기를 나타낸다. 대부분의 거래소에서는 파생상품별로 계약단위를 표준화하여 거래하고 있다. 참고로 한국거래소(KRX)에서 거래되는 미국달러선물의 계약단위는 10,000달러이다.

★★★
012 장내파생상품의 가격표시방법으로 옳지 않은 것은?

① CME Group에서 거래되는 유로달러선물 : 100 − 금리(연율)
② CME Group에서 거래되는 T-Bond 선물 : 액면가에 대한 백분율(%)로 표시
③ 한국거래소에서 거래되는 KTB 선물 : 액면가에 대한 백분율(%)로 표시
④ 한국거래소에서 거래되는 미국달러선물 : 한국 원화 1,000원을 사기 위해 지불하는 달러

> **해설** 한국거래소에서 거래되는 미국달러선물은 미국달러 1달러를 사기 위해 지불하는 원화금액으로 가격을 표시한다. 장내파생상품의 가격표시방법은 대상 현물시장의 가격표시방식을 기준으로 거래소에서 규정하고 있다.

★★★
013 장내파생상품의 최소호가단위(tick)가 잘못된 것은? 심화

① CME Group에서 거래되는 유로달러선물 : 0.005($6.25)

② CME Group에서 거래되는 T-Bond 선물 : 1/64%($15.625)

③ 한국거래소에서 거래되는 국채선물 : 0.1(₩1,000)

④ 한국거래소에서 거래되는 표준 KOSPI200선물 : 0.05포인트(₩12,500)

 해설 한국거래소에서 거래되는 국채선물의 최소호가단위는 0.01(₩10,000)이다. 최소호가단위(tick)란 파생상품거래 시 호가할 수 있는 최소가격변동폭이며, 각 거래소마다 상품별로 그 크기를 표준화시켜 놓고 있다. 최소호가단위에 계약단위를 곱하면 최소호가단위가 1단위 변동할 때 계약당 손익금액(tick value)이 산출된다.

★★★
014 다음은 가상의 선물거래 상황을 나타낸 것이다. ㉠ + ㉡ + ㉢의 값은? 심화

거래순서	거래내용	누적거래량	미결제약정수 (거래 체결 직후)
1	• 거래자 A가 40계약 매수 • 거래자 B가 40계약 매도	40	40
2	• 거래자 C가 30계약 신규매수 • 거래자 D가 30계약 신규매도	(㉠)	(㉡)
3	• 거래자 A가 10계약 매도(반대매매) • 거래자 D가 10계약 매수(반대매매)	80	60
4	• 거래자 C가 30계약 매도(반대매매) • 거래자 E가 30계약 신규매수	110	(㉢)

① 120   ② 190   ③ 200   ④ 230

해설 거래량은 장내파생상품계약을 매도한 수량과 매수한 수량의 총합계로 표시하는 것이 아니라 한쪽의 수량만으로 표시한다. 미결제약정(open interest)은 어느 특정일 현재 만기일 도래에 의한 실물인수도 또는 반대매매에 의해 청산되지 않고 남아있는 매도포지션 또는 매수포지션의 총합이다. 따라서 당일 거래가 끝난 상태에서의 미결제약정의 숫자가 바로 일일정산 대상이 되는 계약 수이다. 미결제약정은 신규매수와 신규매도가 발생하면 늘어나고, 환매수(매도한 것을 반대매매로 매수)와 전매도(매수한 것을 반대매매로 매도)가 발생하면 감소하고, 신규매수와 전매도 또는 신규매도와 환매수가 발생하면 변화가 없다. 따라서 ㉠ 70, ㉡ 70, ㉢ 60이 되므로 ㉠ + ㉡ + ㉢의 값은 200이다.

··· TOPIC 4 국내 파생상품시장

★★★
015 현재 한국거래소의 선물시장에서 거래되고 있는 파생상품이 아닌 것은?

① 위안화선물　　　② 은선물　　　③ 금선물　　　④ 돈육선물

 은선물은 현재 한국거래소에서 거래되는 파생상품이 아니다. 최근에는 KOSPI200변동성지수 선물, KOSPI200섹터 지수 선물, 미니KOSPI200 선물 · 옵션, 배당지수 선물, 코스닥150 선물, 유로스톡스50 선물 등이 상장 · 거래되고 있다.

2장 | 선물 개요

··· TOPIC 5 선물의 개념

★★★
016 선물(futures)에 관한 설명으로 옳지 않은 것은?

① 선물은 계약체결 시점에 정한 가격으로 미래 일정시점에 기초자산을 인수도하기로 하는 계약을 말한다.
② 선물거래에서 매수 포지션을 Long, 매도 포지션을 Short이라고 한다.
③ 선물 매수자는 만기일에 현물을 인도하거나, 계약한 가격보다 결제가격이 하락한 경우 가격차이만큼 현금을 선물 매도자로부터 받게 된다.
④ 선물은 장내파생상품이며 선도(forward)는 장외파생상품이라는 차이가 있지만 개념적으로 둘은 유사하다.

해설 선물 매수자는 만기일에 현물을 계약한 가격으로 인수하거나 계약한 가격보다 결제가격이 상승한 경우 가격차이만 큼 현금을 선물 매도자로부터 받게 된다. 반대로, 계약한 가격보다 결제가격이 하락한 경우 가격차이만큼 현금을 선물 매도자에게 지불하게 된다. 선물 매도자는 만기일에 현물을 인도하거나 계약한 가격보다 결제가격이 하락한 경우 가격차이만큼 현금을 선물 매수자로부터 받게 된다. 반대로, 계약한 가격보다 결제가격이 상승한 경우 가격차이 만큼 현금을 선물 매수자에게 지불하게 된다.

정답 013 ③　014 ③　015 ②　016 ③

★★★
017 다음 거래 중 선도거래에 해당되는 것은?

① 문방구에 가서 현금을 지불하고 볼펜을 샀다.
② 편의점에서 음료수를 사고 신용카드로 결제했다.
③ 배추 100포기를 30만원에 팔기로 계약하고, 6개월 후에 계약대로 집행하기로 했다.
④ 집 앞에 있는 구멍가게에서 라면을 사고, 현금은 이틀 후 지불하기로 하였다.

해설 현물거래는 계약과 계약의 집행(실물인수도 및 대금결제)이 모두 현재(또는 T + 2일 이내)에 이루어지는 거래이다. 반면에, 선도거래란 계약시점(현재시점)과 계약의 집행시점(실물인수도 및 대금결제 시점, 만기시점)이 서로 다른 거래를 말한다. 참고로 외상거래는 실물은 현재시점에서 인수도한 후 대금지급만 미뤄지는 거래로서 일반적으로 T + 2일까지 인수도결제가 이루어지는 거래는 현물거래이다.

• 현물, 선도, 선물거래 구분

구분	계약시점	실물인수도	대금결제	특징
현물 (Spot)	현재	현재	현재 또는 T + 2일까지	미래 불확실(가격변동 위험)
선도 (Forward)	현재	미래	미래	1:1 거래, 계약불이행 위험
선물 (Futures)	현재	미래	미래	증거금 납부, 일일정산

★★★
018 선도와 선물을 비교하였다. 옳지 않은 것은?

① 선도거래는 신용도가 확실한 상대방 사이에서만 성립 가능하나, 선물거래는 거래소가 신용을 보증하므로 신용위험이 없다.
② 선물계약은 대부분 만기일에 실물인수도가 이루어진다.
③ 선도계약은 계약불이행 위험이 존재한다.
④ 선물계약은 거래소에서 거래되므로 계약이 표준화, 규격화가 되어 상품이 경직적이지만 유동성이 높다.

해설 선도계약은 대부분 만기일에 실물인수도(예외 : NDF)가 이루어지지만, 선물계약은 실물인수도 비율이 매우 낮고 대부분 만기 이전에 반대매매(중간청산)가 이루어진다.

구분	선도	선물
거래장소	특정한 장소가 없음	거래소
거래방법	거래 당사자 간의 계약	공개호가방식 또는 전자거래시스템
거래단위	제한 없음	표준단위
가격형성	거래 당사자 간 협의	시장에서 형성됨
신용위험	계약불이행위험 존재	청산기관이 계약이행을 보증
증거금과 일일 정산	은행간 거래는 증거금이 없고, 대고객의 경우 필요에 따라 증거금을 요구함 (일일정산 없고 만기일에 정산)	증거금을 납부하고 일일정산이 이루어짐
인수도	대부분 실물인수도(예외 : NDF)	실물인수도 비율 매우 낮음
결제일	거래당사자 간의 합의에 의해 결정	거래소에 의해 미리 결정
만기일	거래 당사자 간 협의	특정 월의 특정일(거래소에 의해 미리 정해짐)

★★☆
019 선물거래에 대한 설명으로 옳지 않은 것은?

① 선물거래는 청산기관이 계약이행을 보증해주므로 신용위험이 없다.
② 선물거래는 거래소에서 거래되며, 거래단위나 거래명세 등이 표준화, 규격화되어 있다.
③ 선물거래는 증거금을 납부하고 일일정산이 이루어진다.
④ 선물거래에서 가격은 거래 당사자 간에 협의하여 결정한다.

해설 선물거래에서 가격은 시장에서 수많은 거래자들의 경쟁에 의해 형성되며, 선도거래에서 가격은 거래 당사자 간에 협의하여 결정한다.

··· T O P I C **6** 선물의 종류

★★★
020 선물은 상품선물과 금융선물로 크게 구별된다. 다음 중 상품선물에 해당되는 것은?

① 주가지수선물　　　　　　　　　② 금리 · 채권선물
③ 통화선물　　　　　　　　　　　④ 금선물

해설 금선물은 상품선물이며 나머지는 금융선물이다. 상품선물은 농축산물, 에너지, 비철금속, 귀금속 등의 실물상품을 거래대상으로 하여 만들어진 것이며, 금융선물은 주식 또는 주가지수, 채권(금리), 통화 등의 금융자산을 거래대상으로 한다.

정답 017 ③　　018 ②　　019 ④　　020 ④

···TOPIC **7** 선물가격 결정

★★☆
021 선물이론가격 결정에 관한 설명으로 옳지 않은 것은?

① 자본조달비용, 보관비용, 현금수입, 편의수익 등으로 선물가격과 현물가격 간에는 차이가 발생한다.

② 보유비용모형에 의하면, 선물가격(F)은 현물가격(S)에 순보유비용을 더한 것과 같다. 즉, 선물가격(F) = 현물가격(S) + 순보유비용(CC)

③ 순보유비용(CC)은 이자비용(r)과 보관비용(c)을 더한 값에서 현금수입(d)과 편의수익(y)을 차감하여 계산한다. 즉, 순보유비용(CC) = 이자비용(r) + 보관비용(c) − 현금수입(d) − 편의수익(y)

④ 채권선물의 경우 단기이자비용이 장기이표수입보다 적게 되면 순보유비용이 양수(+)가 되어 선물이론가격이 현물가격보다 높게 결정된다.

> **해설** 금융선물의 경우 [보관비용(c) = 편의수익(y) = 0]이다. 이와 같이 금융선물의 가격결정 시에는 현물가격(S)에 이자비용(r)을 더하고 현금수입(d, 배당금·이표 등)을 차감한다. 금융선물의 경우 이자비용보다 현금수입이 많으면 순보유비용은 음(−)의 값을 가질 수 있는데, 이 경우 선물이론가격이 현물가격보다 낮게 결정된다. 예를 들어, 금융선물인 채권선물의 경우 단기이자비용이 장기이표수입보다 적게 되면 순보유비용이 음수(−)가 되어 선물이론가격(F)은 현물가격(S)보다 낮게 형성된다.

★★☆
022 현물가격(S) 100, 이자비용(r) 10, 보관비용(c) 0, 현금수입(d) 5, 편의수익(y)이 0일 때, 선물이론가격은?

① 100   ② 105   ③ 110   ④ 115

> **해설** 선물이론가격(F^*) = 현물가격(S) + 순보유비용(CC)
>   = 현물가격(S) + 이자비용(r) + 보관비용(c) − 현금수입(d) − 편의수익(y)
>   = 100 + 10 + 0 − 5 − 0 = 105
> ※현재 시점을 t, 선물 만기시점까지의 남은 기간(잔존만기)을 T라고 할 때,
>   선물이론가격(F_t^*) = $S + S(r + c − d − y) \cdot T/365$

···TOPIC 8 주식 관련 선물의 개요

★★☆
023 주식 관련 선물에 관한 설명으로 옳지 않은 것은?

① 주식 관련 선물은 거래대상이 주식 또는 주가지수로서 미래 시점에 형성될 주식가치 또는 주가지수를 거래하는 파생상품이다.

② 주식가격변동 위험을 관리하기 위해 주식 관련 선물과 옵션이 많이 활용된다.

③ 개별주식의 고유한 리스크(비체계적 리스크)는 분산투자나 주식선물을 통해 관리할 수 있다.

④ 주식선물은 시장리스크를 관리할 수 있는 적절한 수단을 제공한다.

> **해설** 주식선물은 개별주식의 고유한 리스크(비체계적 리스크)를 관리하는 데 적절한 수단이며, 주가지수선물은 시장리스크(전체 시장의 체계적 리스크)를 관리할 수 있는 적절한 수단을 제공한다.

···TOPIC 9 주가지수 및 주가지수선물

★★☆
024 주가지수선물의 특징에 관한 설명으로 옳지 않은 것은?

① 주가지수선물은 주식시장 전반의 비체계적 리스크를 관리할 수 있는 최적의 파생상품이다.

② 주가지수선물은 현물시장에서 실제로 거래되지 않는 계산상의 숫자인 주가지수를 대상으로 거래하는 것이다.

③ 주가지수는 실물이 아닌 추상물이기 때문에 결제일에 기초자산(주가지수)을 인도 또는 인수할 수가 없다.

④ 주가지수 선물거래에서는 결제일 이전에 반대매매를 통하여 포지션을 정리하거나, 결제일에 계약시점의 주가지수선물가격과 결제시점의 주가지수의 차이를 금액으로 환산하여 차액을 현금으로 결제한다.

> **해설** 천재지변이나 글로벌 금융위기, 국가시스템의 붕괴위기 등 주식시장 전체의 가격변동을 가져오는 리스크를 체계적 리스크라고 하며, 주가지수선물은 주식시장 전반의 체계적 리스크를 관리할 수 있는 최적의 파생상품이다. 비체계적 리스크는 개별 주식선물이나 분산투자만으로도 제거할 수 있는 리스크이다.

정답 021 ④ 022 ② 023 ④ 024 ①

• 주식투자의 리스크

비체계적 리스크	= 개별주식의 고유(특수)한 리스크 = 분산가능 리스크 → 비체계적 리스크는 분산투자나 개별 주식선물로 관리
체계적 리스크	= 시장리스크 = 분산불가능 리스크 → 체계적 리스크는 주가지수선물로 관리

★★★
025 시가총액가중방식에 의한 주가지수에 대한 설명으로 옳지 않은 것은?

① 계산이 상대적으로 간편하며 고가주가 저가주보다 평균값인 지수에 더 큰 영향을 미치게 된다.

② 지수의 연속성이 유지되어 장기적인 추세변화의 파악이 비교적 쉽다.

③ 기업가치의 변동을 잘 나타내주는 장점이 있다.

④ 시가총액이 큰 기업의 주가가 주가지수에 미치는 영향이 커서 시장 전체의 주가수준이 왜곡될 가능성이 있다.

해설 ①은 가격가중지수(= 다우식)의 특징이다. 참고로 KOSPI200은 최근에는 시가총액 주가지수에서 순수하게 '유동주식수'만 가중한 시가총액방식으로 지수가 산출되고 있다.

🏛 필수핵심정리 〉 산출방식에 따른 주가지수 분류

	가격가중방식(=다우식)	시가총액가중방식
산식	가격가중지수 $= \dfrac{구성종목의 주가합계}{제수}$	주가지수 $= \dfrac{비교시점의 시가총액}{기준시점의 시가총액} \times 기준지수$
방법	주식가격만 중요	시가총액(= 주식가격×상장주식수)을 고려
장점	계산이 간편	기업가치의 변동을 잘 나타냄
단점	고주가종목이 지수에 더 큰 영향(왜곡이 쉬움)	대형주(시가총액 큰 기업)가 주가지수에 미치는 영향이 크다.
대표 지수	다우존스산업평균지수(DJIA), Nikkei225	S&P500, KOSPI200, 코스닥지수 등 대부분의 국가에서 채택

KOSPI200은 '유동주식수'만 가중한 시가총액가중지수

★★★
026 다음 중 산출방법이 나머지 셋과 다른 주가지수는?

① KOSPI200　　② DJIA　　③ S&P500　　④ TOPIX

해설 다우존스산업평균지수(DJIA), NIKKEI225 지수는 가격가중지수이며, 나머지는 시가총액가중지수이다.

★★★
027 KOSPI200 지수선물에 대한 설명으로 옳은 것은?

① KOSPI200 지수선물의 계약금액은 KOSPI200 선물가격에 거래승수 25만원을 곱하여 산출한다.

② KOSPI200 지수선물의 최소호가단위는 0.01포인트(= 5,000원)이다.

③ KOSPI200 지수선물의 결제월은 3, 6, 9, 12월이며, 최종거래일은 각 결제월의 둘째 주 목요일이다(휴장일인 경우 순차적으로 앞당김).

④ KOSPI200 지수선물은 실물인수도 결제방식을 택하고 있다.

 해설 ② KOSPI200 지수선물의 최소호가단위는 0.05포인트(= 12,500원)이다.
③ KOSPI200 지수선물의 결제월은 3, 6, 9, 12월이며, 최종거래일은 각 결제월의 두 번째 목요일이다(휴장일인 경우 순차적으로 앞당김). 둘째주 목요일과 두번째 목요일은 다르다.
④ KOSPI200 지수선물은 현금결제방식을 택하고 있다.

••• T O P I C **10** 주식선물

★★★
028 개별주식선물의 특징에 관한 설명으로 옳지 않은 것은?

① 주식선물은 개별주식에 대한 리스크관리와 함께 현물주식 공매도 등의 거래수요를 상대적으로 저렴하고 편리한 방법으로 충족시킬 수 있다.

② 개별주식선물의 가격은 미시(micro)변수에 비해 상대적으로 거시(macro)변수에 의해 더욱 영향을 받는다.

③ 주식은 유가증권이지만, 주식선물은 파생상품이다.

④ 주식은 상장폐지 이전까지는 만기의 개념이 없지만, 주식선물은 특정 시점의 만기가 존재한다.

해설 개별주식선물의 기초자산은 특정 개별주식이기 때문에, 주식선물의 가격은 전체 시장에 영향을 미치는 거시(mac-ro)변수에 비해 상대적으로 해당 주식가격을 결정짓는 미시(micro)변수에 더욱 영향을 받는다. 주식은 유가증권이지만, 주식선물은 파생상품이다. 따라서 주식보유자가 갖는 주주총회 의결권이나 배당청구권이 주식선물에는 부여되지 않는다.

★★★
029 한국거래소(KRX)에 상장된 주식선물에 대한 내용으로 옳은 것은?

① 주식시장에 상장되어 있고 유통주식수가 200만주 이상, 소액주주수가 2,000명 이상, 1년간 총거래대금이 5,000억원 이상인 보통주 중에서 시가총액과 재무상태 등을 감안하여 선정한 기업이 발행한 주식을 기초자산으로 하는 선물상품이다.

② 거래단위는 계약당 주식 100주 단위이다. 따라서 주식선물 1계약은 해당 주식 100주의 가치와 동일하다.

③ 주식선물의 결제월은 3, 6, 9, 12월이며, 최종거래일은 각 결제월의 둘째 주 목요일이다 (휴장일인 경우 순차적으로 앞당김).

④ 가격제한폭은 없다.

 ② 거래단위는 계약당 주식 10주 단위이다. 따라서 주식선물 1계약은 해당 주식 10주의 가치와 동일하다.
　③ 주식선물의 결제월은 기타 월(1,2,4,5,7,8,10,11월) 2개, 분기월(3,9월) 2개, 반기월(6월) 2개, 연월(12월) 3개로 3년 이내의 총 9개 결제월이 상장되며, 최종거래일은 각 결제월의 두번째 목요일이다(휴장일인 경우 순차적으로 앞당김).
　④ 가격제한폭은 기준가격 대비 각 단계별로 확대 적용한다(①단계 ±10%, ②단계 ±20%, ③단계 ±30%).

···TOPIC **11** 주식 관련 선물의 가격결정

★★★
030 A 주식의 주가는 10만원, 배당수익률은 연 3%, 선물만기일까지 남은 기간은 3개월, 이자율이 연 5%라고 할 때, A 주식선물의 이론가격은?

① 99,500　　　　② 100,000　　　　③ 100,200　　　　④ 100,500

 A주식선물의 이론가격(F^*) = 10만원 + 10만원$(0.05 - 0.03) \times \dfrac{3}{12}$ = 100,500원

🏛 필수핵심정리 ▶ 주식 관련 선물의 이론가격 계산

S : 현재 주식가격 또는 주가지수, r : 이자율, d : 연간 배당수익률, T : 잔존기간, D : 배당금의 만기 시 가치

주식 관련 선물의 이론가격(F^*) = $S + S(r-d) \times \dfrac{T}{365}$ 또는 (F^*) = $S\left[1 + r \times \dfrac{T}{365}\right] - D$

★★★
031 KOSPI200 지수는 200포인트, 이자율은 4%, 배당수익률은 2%일 때, 만기가 3개월 남아있는 KOSPI200 지수선물의 이론가격은?

① 199포인트   ② 200포인트   ③ 201포인트   ④ 202포인트

> **해설** 주식 관련 선물의 이론가격 $(F^*) = S + S(r - d) \times \dfrac{T}{365}$
>
> $= 200 + 200(0.04 - 0.02) \times \dfrac{3}{12} = 201$

★★★
032 주가지수선물의 균형가격(이론가격)과 가격결정요인의 관계를 나타낸 것으로 옳지 않은 것은?

선물가격 결정요인	선물이론가격
① KOSPI200 상승	상승
② 이자율 하락	하락
③ 배당수익률 상승	상승
④ 잔존만기 감소	하락

> **해설** 주식 관련 선물의 이론가격$(F^*) = S + S(r - d) \times \dfrac{T}{365}$ → 여기서 배당수익률(d)은 이론가격을 계산하는 식에서 차감되는 항목이므로 배당수익률(d)이 높아질수록 선물가격은 낮아진다.

★★★
033 단기이자율이 배당수익률보다 크다고 가정할 때, 주가지수(S), 주가지수선물의 이론가격(F^*), 시장가격(F)과의 관계에 대한 설명으로 옳지 않은 것은? 심화

① 주가지수선물 이론가격은 기초자산인 주가지수보다 높다.
② 주가지수선물이 콘탱고 상태이면 당연히 고평가된 것이다.
③ 주가지수선물이 백워데이션 상태이면 저평가된 것이다.
④ 주가지수선물이 저평가되어 있더라도 반드시 백워데이션 상태는 아니다.

> **해설** ① 주가지수선물의 이론가격 공식에서 알 수 있듯이 단기이자율(r)이 배당수익률(d)보다 크면, 주가지수선물 이론가격(F^*)은 기초자산인 주가지수(S)보다 높다.
> ② 주가지수선물이 콘탱고 상태[선물가격(F) > 주가지수(S)]라 하더라도 저평가[선물가격(F) < 이론가격(F^*)]될 수도 있다.
> ③ 주가지수선물이 백워데이션 상태[선물가격(F) < 주가지수(S)]이면 저평가[선물가격(F) < 이론가격(F^*)]된 것이다.
> ④ 주가지수선물이 저평가[선물가격(F) < 이론가격(F^*)]되어 있더라도 콘탱고 상태[선물가격(F) > 주가지수(S)]가 될 수 있으므로 반드시 백워데이션 상태는 아니다.

콘탱고	선물가격이 현물가격보다 높은 상황 → 선물가격(F) > 현물가격(S)
백워데이션	선물가격이 현물가격보다 낮은 상황 → 선물가격(F) < 현물가격(S)

■ 주가지수선물의 저평가 및 고평가의 판단은 선물가격과 이론가격을 비교

저평가	선물가격이 이론가격보다 낮은 상황 → 선물가격(F) < 이론가격(F^*)
고평가	선물가격이 이론가격보다 높은 상황 → 선물가격(F) > 이론가격(F^*)

※예를 들어, 이자율(r)이 4%, 배당수익률(d)이 2%, 현물지수(S)가 100일 때, 만기가 6개월 남은 주가지수선물의 이론가격(F^*)은 101이 된다. 따라서

① 단기이자율이 배당수익률보다 크면, 주가지수선물 이론가격(101)은 기초자산인 주가지수(100)보다 높다.
② 선물가격이 100.5일 경우, 주가지수선물이 콘탱고 상태[선물가격(100.5) > 주가지수(100)]라 하더라도 저평가[선물가격(100.5) < 이론가격(101)]될 수도 있다.
③ 선물가격이 99.5일 경우, 주가지수선물이 백워데이션 상태[선물가격(99.5) < 주가지수(100)]이면 저평가[선물가격(99.5) < 이론가격(101)]된 것이다.
④ 선물가격이 100.3일 경우, 주가지수선물이 저평가[선물가격(100.3) < 이론가격(101)]되어 있더라도 콘탱고 상태[선물가격(100.3) > 주가지수(100)]가 될 수 있으므로 반드시 백워데이션 상태는 아니다.

★★★
034 현재 KOSPI200 주가지수는 202, 선물지수는 204, 이론선물지수는 203이며, 만기까지의 잔존일수가 30일이다. 현재 선물의 시장가격을 평가하면?

① Contango, 저평가 상태
② Backwardation, 저평가 상태
③ Contango, 고평가 상태
④ Backwardation, 고평가 상태

해설　선물의 시장가격이 현물가격보다 높으므로 즉, 시장 베이시스(2 = 204 − 202)가 0보다 크므로 Contango 상태이며, 선물시장가격(= 204)이 선물이론가격(= 203)보다 높으므로 현재 선물가격은 고평가 상태이다.

★★★
035 주식 관련 선물의 베이시스(basis)에 관한 설명으로 옳은 것은?

① 베이시스(Basis)란 현물가격과 선물가격의 차이를 의미하는데, 주식 관련 선물에서 [Basis = 현물가격(S) − 선물가격(F)]으로 정의된다.
② 선물만기일에 가까워질수록 보유비용이 증가하기 때문에 베이시스는 확대된다.
③ 선물시장가격과 현물가격의 차이를 '이론 베이시스'라 하며, 선물이론가격과 현물가격의 차이를 '시장 베이시스'라고 한다.
④ 이론 베이시스는 순보유비용과 같다.

해설　① 베이시스(Basis)란 현물가격과 선물가격의 차이를 의미하는데, 주식 관련 선물에서 [Basis = 선물가격(F) − 현물가격(S)]으로 정의된다.
　　② 선물만기일에 가까워질수록 보유비용이 감소하기 때문에 베이시스는 0으로 수렴한다.

③ 선물시장가격과 현물가격의 차이를 '시장 베이시스'라 하며, 선물이론가격과 현물가격의 차이를 '이론 베이시스'라고 한다.

※주식 관련 선물의 이론가격 (F^*) = = $S + S(r-d) \times \dfrac{T}{365}$ → 이 식에서 이론 베이시스는 [이론가격(F^*) − 현물가격(S)]이므로 $S(r-d) \times \dfrac{T}{365}$ 이 된다. 따라서 이론 베이시스는 순보유비용과 같다.

★★★
036 현재 KOSPI200 주가지수는 210.35포인트이다. KOSPI200 선물지수는 210.95포인트이고, 이론 선물지수가 211.35포인트라고 할 때, [시장베이시스 + 순보유비용]의 값은?

① 0.40　　　　② 0.50　　　　③ 0.60　　　　④ 1.60

 해설 베이시스는 선물가격과 현물가격의 차이를 의미하는데, 주식 관련 선물에서는 선물가격에서 현물가격을 빼서 구한다(상품선물에서는 반대로 현물가격에서 선물가격을 빼서 구함). 선물시장가격에서 현물가격을 빼면 '시장 베이시스', 선물이론가격에서 현물가격을 빼면 '이론 베이시스'라고 한다. 그리고 이론 베이시스는 순보유비용과 같으며, 대부분의 경우 이론 베이시스와 시장 베이시스는 같지 않다.

시장 베이시스	= 선물의 시장가격 − 현물가격 = 210.95 − 210.35 = 0.60	∴ [시장베이시스 + 순보유비용] = 0.60 + 1.00 = 1.60
이론 베이시스 (= 순보유비용)	= 선물의 이론가격 − 현물가격 = 211.35 − 210.35 = 1.00	

★★★
037 이론 베이시스(Basis)에 대한 설명으로 옳지 않은 것은?

① 현물가격 상승 시 이론 베이시스는 증가한다.
② 배당수익률 상승 시 이론 베이시스는 감소한다.
③ 이자율 상승 시 이론 베이시스는 감소한다.
④ 만기가 다가올수록 이론 베이시스는 감소한다.

해설 이자율 상승 시 이론 베이시스는 증가한다.

이론 Basis = $F^* - S = S(r-d) \times \dfrac{T}{365}$ = 순보유비용 → 따라서 베이시스는 현물가격(S), 이자율(r), 잔존기간(T)과 양$(+)$의 관계를 보이나 배당수익률(d)과는 음$(-)$의 관계를 보인다.

★★★
038 주식 관련 선물에서 베이시스 및 베이시스 리스크(Basis risk)에 대한 설명으로 옳지 않은 것은? `심화`

① 이론 베이시스가 0보다 크다는 것은 순보유비용이 양(+)이라는 것을 의미한다.

② 선물가격이 저평가되어 있으면 시장 베이시스가 이론 베이시스보다 크다.

③ 현물과 선물로 이루어진 헤지포지션의 손익은 헤지시점과 청산시점의 베이시스 차이가 된다.

④ 만기일 전에 헤지포지션을 청산하는 경우 베이시스 리스크에 노출되게 되는데, 베이시스 리스크는 현물가격과 선물가격의 변동이 일정하지 않기 때문에 발생한다.

> **해설** 선물가격이 저평가되어 있으면 [선물가격(F) < 이론가격(F^*)]이므로, 시장 베이시스(= 선물가격 − 현물가격)가 이론 베이시스(= 이론가격 − 현물가격)보다 작다. 그리고 이론 베이시스는 순보유비용과 같으므로 이론 베이시스가 0보다 크다는 것은 순보유비용이 양(+)이라는 것을 의미한다.

••• T O P I C ⓬ 주식 관련 선물의 거래유형 – 투기거래

★★★
039 선물을 이용한 투기거래에 관한 설명으로 옳지 않은 것은?

① 투기거래는 미래의 가격변동을 예측하여 선물을 매수(long) 또는 매도(short)함으로써 선물가격 변동에 따른 시세차익을 얻을 목적으로 하는 거래이다.

② 선물을 이용한 투기거래는 적은 위탁증거금을 이용한 레버리지 투자와 같다.

③ 투기거래는 헤지거래자의 리스크를 감수하면서 시세차익을 노리므로, 선물시장의 가격형성을 원활히 하고 유동성을 제공하는 역할을 한다.

④ 시장의 강세를 예상하는 투자자는 지수선물을 매도하고, 시장의 약세를 예상하는 투자자는 지수선물을 매수한다.

> **해설** 시장의 강세를 예상하는 투자자는 지수선물을 매수하고, 시장의 약세를 예상하는 투자자는 지수선물을 매도한다.

★★★
040 KOSPI200 지수선물을 227.05포인트에 10계약 매수한 후, 221.15포인트에 모두 반대매매로 청산하였다. 이 거래의 손익을 계산하면?(1포인트 = 25만원으로 가정)

① 1,475만원 손실   ② 3,000만원 손실

③ 1,475만원 이익   ④ 3,000만원 이익

 매수가격보다 매도가격(청산가격)이 하락했으므로 손실이 발생한 거래이다. 선물매수는 상승 시 이익이 발생하지만, 매수가격보다 하락할 때 청산하면 손실이 발생한다. 그리고 거래의 손익은 항상 매도가격에서 매수가격을 빼서 계산한다. KOSPI200 지수선물에서 1p의 값은 25만원이므로 매매손익을 계산하면, 청산가격(221.15) − 매수가격(227.05)×10계약×25만 = −2,975만원

···TOPIC 13 주식 관련 선물의 거래유형 – 헤지거래와 시장리스크관리

★★★
041 선물을 이용한 헤지(Hedge)거래에 관한 설명으로 옳지 않은 것은?

① 헤지거래는 선물시장에서 현물포지션과 동일한 포지션을 취함으로써 현물가격의 변동 리스크를 제거하고자 하는 거래이다.
② 헤지를 하면, 현물포지션의 손실이 선물포지션의 이익으로 상쇄되거나 현물포지션의 이익이 선물포지션의 손실로 상쇄된다.
③ 매수헤지(long hedge)는 향후 현물가격의 상승에 따른 기회손실을 회피하기 위해 선물을 미리 매수하는 것이다.
④ 매도헤지(short hedge)는 보유하고 있는 현물의 가격하락에 대비하여 현물과 대응되는 선물을 매도함으로써 향후 가격하락 리스크를 제거하는 거래이다.

해설 헤지거래는 선물시장에서 현물포지션과는 반대의 포지션을 취함으로써 현물가격의 변동 리스크를 제거하려는 거래이다.

★★★
042 선물을 이용한 헤지거래에 관한 설명으로 옳은 것은? 심화

① 지수선물을 이용하여 헤지를 하는 경우, 보유하고 있는 주식포트폴리오의 수익률과 주가지수의 수익률 차이, 즉 베이시스 리스크가 발생한다.
② 헤지의 대상인 현물과 동일한 기초자산을 가진 선물로 헤지하는 방법을 교차헤지(cross hedge)라고 한다.
③ 헤지의 대상인 현물과 가격움직임이 유사하지만 다른 특성을 갖는 선물로 헤지하는 방법을 직접헤지(direct hedge)라고 한다.
④ 지수선물을 이용하여 주식포트폴리오를 헤지하는 경우, 헤지의 효율성은 추적오차 및 베이시스 리스크에 의해 결정된다.

> **해설** ① 지수선물을 이용하여 헤지를 하는 경우, 보유하고 있는 주식포트폴리오의 수익률과 주가지수의 수익률 차이, 즉 추적오차(tracking errors)가 발생한다.
> ② 헤지의 대상인 현물과 동일한 기초자산을 가진 선물로 헤지하는 방법을 직접헤지(direct hedge)라고 한다.
> ③ 헤지의 대상인 현물과 가격움직임이 유사하지만 다른 특성을 갖는 선물로 헤지하는 방법을 교차헤지(cross hedge)라고 한다.

★★★
043 선물(또는 선도)을 이용한 헤지거래에 관한 설명으로 옳지 않은 것은?

① 수출기업이 60일 후에 유입될 달러에 대한 환위험을 헤지할 경우, 선물환 매도헤지를 하면 된다.
② 수입기업의 수입결제시점이 60일 후라고 할 때, 환위험을 헤지하기 위해서는 선물환 매수헤지를 한다.
③ 현재 주식포트폴리오 500억을 보유한 투자자가 헤지를 하기 위해서는 주가지수선물을 매도하면 된다.
④ 6개월 후에 금을 매수해야 하는 투자자가 헤지를 하기 위해서는 금선물을 매도해야 한다.

> **해설** 6개월 후에 금을 매수해야 하는 투자자는, 6개월 뒤에 금값이 상승할 위험이 존재하므로, 헤지를 하기 위해서는 금선물을 매수해야 한다.

★★★ 044 베이시스와 헤지에 관한 설명이다. 옳지 않은 것은?

① 투자자는 보유하고 있거나 보유하게 될 현물포지션에 대하여 선물거래에서 반대포지션을 취하는 헤지거래를 하는 경우, 현물의 시장가격 변동위험(체계적 리스크)을 회피하는 대신 베이시스 리스크에 노출된다.

② 베이시스 리스크로 인해 완전헤지는 현실적으로 불가능하며, 헤지의 목표는 리스크를 완전히 제거하는 것이 아니라, 주식포트폴리오의 체계적 리스크를 베이시스 리스크로 전환하는 것이다.

③ 콘탱고 상태에서 베이시스가 증가하면 매도헤지는 이익이 발생하고, 베이시스가 감소하면 매수헤지가 이익이 발생한다.

④ 베이시스 리스크로 인해 헤지의 결과가 완벽하게 나타나지 못하기 때문에 헤지비율이 중요시된다.

> **해설** 베이시스란 [선물가격(F) − 현물가격(S)]이므로 콘탱고 상태[선물가격(F) > 현물가격(S)]에서 베이시스가 증가하면 선물가격이 현물가격보다 더 많이 상승하거나 덜 하락하는 경우이다. 따라서 선물을 매수한 매수헤지는 이익이 발생한다. 반면 베이시스가 감소하면 선물가격이 현물가격보다 더 많이 하락하거나 덜 상승하는 경우이므로 선물을 매도한 매도헤지는 이익이 발생한다.
>
> **예** 베이시스 리스크 예시 : 주식보유자가 주가지수선물로 매도헤지한 경우, 베이시스가 확대(2 → 4)되어 손실(−2 = 2 − 4)이 발생한 사례
>
> • basis risk 예시 : 주식보유자의 선물 매도헤지

> ※헤지 포트폴리오의 손익 = 선물손익 + 현물손익 = [102(F_0) − 101(F_1)] + [97(S_1) − 100(S_0)]
> = (1) + (−3) = (−2) = [$F_0 − S_0$] − [$F_1 − S_1$] = $b_0 − b_1$

★★★ 045 선물시장이 콘탱고 상태라면, 다음 설명 중 옳은 것은? 심화

① 매도헤지 시 선물가격의 상승폭이 현물가격의 상승폭보다 크면 이익
② 매도헤지 시 선물가격의 하락폭이 현물가격의 하락폭보다 크면 손실
③ 매수헤지 시 선물가격의 하락폭이 현물가격의 하락폭보다 작으면 이익
④ 매수헤지 시 선물가격의 상승폭이 현물가격의 상승폭보다 크면 손실

정답 042 ④   043 ④   044 ③   045 ③

해설 콘탱고 상태[선물가격(F) > 현물가격(S)]에서 선물가격의 상승폭이 현물가격의 상승폭보다 크거나 선물가격의 하락폭이 현물가격의 하락폭보다 작은 경우에 베이시스는 확대되고, 선물가격의 상승폭이 현물가격의 상승폭보다 작거나 선물가격의 하락폭이 현물가격의 하락폭보다 큰 경우에 베이시스는 축소된다. 따라서 매도헤지는 베이시스 축소 시에 이익이 발생하고, 매입헤지는 베이시스 확대 시에 이익이 발생한다.

★★★
046 주식포트폴리오를 보유하고 있는 펀드매니저가 증시 침체를 예상하고 주가지수선물로 매도헤지를 했다. 예상대로 주가가 하락하자 선물만기 이전에 헤지포트폴리오를 모두 청산했다면, 헤지의 결과는?

① 베이시스와 관계없이 주가하락으로 순이익을 본다.
② 베이시스 증가 시 순손실을 본다.
③ 베이시스 감소 시 순손실을 본다.
④ 손익에 변화가 없다.

해설 헤지의 결과는 시장가격의 움직임과는 관계없이 헤지 개시시점의 베이시스와 청산시점의 베이시스에 의해 좌우된다. 즉, 현물과 선물로 이루어진 헤지포지션의 손익은 헤지시점과 청산시점의 베이시스 차이가 된다. 현물을 보유한 상태에서 선물로 매도헤지하는 경우, 주가 움직임과는 상관없이 베이시스가 감소하면 헤지포트폴리오는 이익이 발생하고, 베이시스가 증가하면 손실이 발생하게 된다. 결국 헤지는 시장리스크(체계적 리스크)를 피하기 위해 베이시스 리스크를 취하는 전략이라고 할 수 있다.

★★★
047 삼성전자 주식을 보유하고 있는 투자자가 주가하락 리스크를 헤지하기 위해 삼성전자 주식선물을 매도하였다. 헤지거래 당시 선물가격이 주식가격보다 높게 형성되어 있었고, 베이시스는 8,000원이었다. 선물만기일을 앞두고 현재도 여전히 선물가격이 주식가격보다 높은 상태이나 베이시스가 5,000원으로 축소되었다. 헤지포지션에 관한 다음 설명 중 옳은 것은? 심화

① 베이시스가 축소되더라도 헤지포지션에는 영향을 미치지 않는다.
② 매도헤지를 하였기 때문에 베이시스가 변하더라도 헤지포지션의 이익은 0이다.
③ 매도헤지의 경우이므로 베이시스의 축소로 3,000원의 손실을 본다.
④ 베이시스가 축소되었기 때문에 매도헤지 포지션은 3,000원의 이익을 보게 된다.

해설 베이시스가 축소되었기 때문에 매도헤지 포지션은 베이시스가 축소된 만큼(3,000원) 이익을 본다. 반대로, 매도헤지 포지션은 베이시스가 확대되면 손실을 본다.

★★★
048 KOSPI200 지수를 복제하는 인덱스펀드를 운용하는 펀드관리자가 시장리스크를 제거하기 위해 가격괴리가 없는 KOSPI200 지수선물로 매도헤지하여 선물만기일까지 헤지포지션을 유지할 경우 헤지한 시점 이후부터 선물 만기일까지의 수익률은?

① 수익률이 0이다.
② 무위험수익률을 얻는다.
③ 무위험수익률보다 높은 수익률을 얻는다.
④ 무위험수익률보다 낮은 수익률을 얻는다.

> **해설** 가격괴리가 없는(즉, 이론가격 = 선물가격) 주가지수선물로 매도헤지하는 경우이므로 헤지포지션은 무위험수익률을 얻게 된다. 반면에, 저평가된(고평가된) 주가지수선물로 매도헤지하는 경우에는 단기금리(CD수익률)보다 낮은 (높은) 수익률을 얻게 된다. 즉 지수선물의 시장가격이 보유비용모형에 의해 결정되는 이론가격과 같고 완전복제 인덱스펀드를 구성한 경우 또는 주식포트폴리오의 지수추적오차가 없다면, 완전 헤지된 포트폴리오의 시장리스크는 0이 되며 그 수익률은 무위험수익률이 된다. [+주식포트폴리오(인덱스펀드) − 주가지수선물 = +무위험자산]

★★★
049 ○○년 3월 9일 현재 KOSPI200 지수는 247.50포인트이고, KOSPI200 지수선물 6월물은 250.00포인트에 거래되고 있다. 3월 9일 현재 KOSPI200 지수를 완전 복제하는 인덱스펀드에 100억원을 투자하고 있는 펀드운용자가 향후 주식시장의 불리한 변동에 대해 인덱스펀드를 3개월 동안 헤지하기 위해 KOSPI200 지수선물(6월물)을 이용하고자 할 때 가장 적절한 전략은?(1포인트 = 25만원으로 가정)

① KOSPI200 선물 160계약을 매도   ② KOSPI200 선물 180계약을 매도
③ KOSPI200 선물 180계약을 매수   ④ KOSPI200 선물 190계약을 매도

> **해설** 주식포트폴리오 보유자는 가치하락에 대비하여 주가지수선물을 매도하는 매도헤지가 필요하며, 이때 매도해야 할 지수선물의 계약수(N)는 다음과 같이 구한다.
>
> $$N = \frac{\text{주식포트폴리오의 가치}}{\text{선물 1계약의 가치(=선물지수 × 거래승수)}} = \frac{100억원}{250 \times 250,000} = 160$$
>
> ∴ KOSPI200 지수선물 160계약을 매도해야 함

※ 다음 글을 읽고 질문에 답하시오(050~052).

> ○○년 12월 14일 현재 펀드운용자가 보유하고 있는 주식포트폴리오의 현재가치가 100억원이고 베타가 0.9라고 하자. 만기가 3개월 후인 KOSPI200 지수선물 가격은 현재 200.00포인트이다.

★★★
050 펀드운용자가 주식포트폴리오의 시장리스크를 완전히 제거하고 싶을 때, 즉 주식포트폴리오의 목표베타가 0일 때 가장 적절한 전략은?(1포인트 = 25만원으로 가정)

① KOSPI200 선물 160계약을 매도　　　② KOSPI200 선물 180계약을 매도
③ KOSPI200 선물 180계약을 매수　　　④ KOSPI200 선물 190계약을 매도

 해설 $N = \dfrac{100억원}{200 \times 250,000} \times (0 - 0.9) = -180(계약)$ → 이 식에서 N이 음(−)이면 매도포지션을 취해야 할 지수선물 계약수를 나타내고, N이 양(+)이면 매수포지션을 취해야 할 지수선물 계약수를 나타낸다.

🏛 필수핵심정리 ▶ 베타조정(시장시기 선택) 시 지수선물 계약수(N) 산정방법

$$N = \frac{주식포트폴리오의\ 가치}{선물\ 1계약의\ 가치(=선물지수 \times 거래승수)} \times (목표\ \beta - 기존\ \beta)\ 또는$$

$$N = \frac{P}{F} \times (\beta_T - \beta_P)$$

※ β_T : 포트폴리오의 목표베타, β_P : 주식포트폴리오의 시장인덱스에 대한 베타
　P : 주식포트폴리오의 현재가치, F : 지수선물한 계약의 가치

- 베타(β)는 개별주식의 시장지수에 대한 민감도를 나타내는데, 시장시기선택(market timing, 베타조정)은 주가가 상승할 것으로 예상될 때 베타가 높은 주식을 편입시킴으로써 주식포트폴리오의 체계적 리스크(베타)를 증가시키고, 주가가 하락할 것으로 예상될 때에는 베타가 낮은 주식을 편입시킴으로써 주식포트폴리오의 체계적 리스크(베타)를 감소시키는 적극적인 포트폴리오 관리전략을 의미함
- 지수선물을 이용하면 개별주식의 교체 없이 주식포트폴리오의 체계적 리스크를 조정함으로써 효율적으로 시장시기선택 전략을 구성할 수 있음
- 위 식은 지수선물을 이용하여 주식포트폴리오의 체계적 리스크, 즉 베타를 조정할 때 매도 또는 매수해야 할 지수선물의 계약수(N)를 결정해줌

베타조정방법	주식시장 상승 예상 시	→ 베타 상향조정(추가로 선물 매입)
	주식시장 하락 예상 시	→ 베타 하향조정(추가로 선물 매도)

051 펀드운용자는 시장이 상승할 것으로 예상하여 주식포트폴리오의 베타를 0.9로부터 1.5로 증가시키기를 원한다. 이때 가장 적절한 전략은?(1포인트 = 25만원으로 가정)

① KOSPI200 선물 100계약을 매도
② KOSPI200 선물 120계약을 매수
③ KOSPI200 선물 140계약을 매수
④ KOSPI200 선물 160계약을 매수

> **해설** $N = \dfrac{100억원}{200 \times 250,000} \times (1.5 - 0.9) = 120(계약) \rightarrow N$이 양(+)이므로 매수포지션을 취해야 할 지수선물 계약수를 나타낸다.

 052 펀드운용자는 시장이 하락할 것으로 예상하여 주식포트폴리오의 베타를 0.9로부터 0.5로 감소시키기를 원한다. 이때 가장 적절한 전략은?(1포인트 = 25만원으로 가정)

① KOSPI200 선물 40계약을 매도
② KOSPI200 선물 60계약을 매수
③ KOSPI200 선물 80계약을 매도
④ KOSPI200 선물 100계약을 매도

> **해설** $N = \dfrac{100억원}{200 \times 250,000} \times (0.5 - 0.9) = -80(계약) \rightarrow$ 이 식에서 N이 음(−)이므로 매도포지션을 취해야 할 지수선물 계약수를 나타낸다.

 053 주식포트폴리오의 현재가치는 200억원, 주식포트폴리오의 베타는 1.4, KOSPI200 선물가격은 200포인트이다. 주식시장의 하락을 걱정하는 주식형 펀드 매니저가 주가지수선물을 이용하여 헤지하고자 할 때 가장 적절한 전략은?(1포인트 = 25만원으로 가정)

① KOSPI200 선물 480계약을 매도
② KOSPI200 선물 520계약을 매수
③ KOSPI200 선물 520계약을 매도
④ KOSPI200 선물 560계약을 매도

> **해설** 펀드운용자가 주식포트폴리오의 시장리스크를 완전히 제거하고 싶을 때는 목표베타가 0이 된다.
> $N = \dfrac{200억원}{200 \times 250,000} \times (0 - 1.4) = -560(계약) \rightarrow$ 이 식에서 N이 음(−)이므로 매도포지션을 취해야 할 지수선물 계약수를 나타낸다.

★★★
054 현재 포트폴리오의 베타가 0.9인 500억원의 주식포트폴리오를 보유하고 있는 펀드운용자가 향후 주가상승을 예상하여 KOSPI200 지수선물 200계약을 200포인트에 매수하였다면, 이는 주식포트폴리오의 베타를 얼마로 조정한 효과를 갖는가?(1포인트=25만원으로 가정) 심화

① 0.8   ② 1.1   ③ 1.3   ④ 1.6

 해설 $N = \dfrac{\text{주식포트폴리오의 가치}}{\text{선물 1계약의 가치(=선물지수×거래승수)}} \times (\text{목표 } \beta - \text{기존 } \beta)$

$\rightarrow$ 200계약 $= \dfrac{500\text{억원}}{200 \times 250,000} \times (\text{조정후 } \beta - 0.9)$, 따라서 조정 후 β = 1.10이다.

···TOPIC 14 주식 관련 선물의 거래유형 – 차익거래

★★★
055 주식 관련 차익거래(arbitrage)에 관한 설명으로 옳은 것은?

① 차익거래는 선물의 시장가격과 이론가격 사이에 괴리가 발생할 경우 고평가되어 있는 것을 매수하고, 상대적으로 저평가되어 있는 동시에 매도함으로써 무위험수익을 얻고자 하는 거래이다.
② 선물의 시장가격이 이론가격보다 클 때, 매도차익거래가 발생한다.
③ 선물의 시장가격이 이론가격보다 작을 때, 매수차익거래가 발생한다.
④ 개별주식을 대상으로 한 차익거래에서는 보유비용(이자율, 배당수익률)과 거래비용(공매도 시 대차비용 등)의 불확실성을 고려해야 한다.

해설 ① 차익거래는 선물의 시장가격과 이론가격 사이에 괴리가 발생할 경우 고평가되어 있는 것을 매도하고, 상대적으로 저평가되어 있는 동시에 매수함으로써 무위험수익을 얻고자 하는 거래이다.
② 선물의 시장가격이 이론가격보다 클 때, 매수차익거래가 발생한다.
③ 선물의 시장가격이 이론가격보다 작을 때, 매도차익거래가 발생한다.

★★☆
056 주가지수선물의 가격 및 차익거래에 관한 설명으로 옳지 않은 것은?

① 거래비용이 없고 차입금리와 대출금리가 동일한 완전시장의 가정하에서 주가지수선물의 이론가격은 현물지수에 순보유비용(= 이자비용 – 배당수익)을 더하여 계산한다.
② 이자율이 배당수익률보다 높으면, 선물의 이론가격이 현물가격보다 높다.
③ 보유비용 모형에 의하면 선물의 시장가격이 [현물가격 + 순보유비용]과 다르면 차익거래가 발생한다.

④ 선물의 시장가격이 이론가격에 비해 높을 때, 역현물보유(reverse cash & carry)전략이 발생한다.

> **해설** 선물의 시장가격이 이론가격에 비해 높을 때(선물고평가), 현물보유(cash & carry)전략이 발생한다. 현물보유전략은 주식(cash)을 매수(carry)하고 동시에 선물을 매도하는 차익거래를 의미하는데, 이를 매수차익거래라고 한다. 반대로, 선물의 시장가격이 이론가격에 비해 낮을 때(선물저평가), 역현물보유(reverse cash & carry)전략이 발생한다. 역현물보유전략은 주식(cash)을 공매도(short)하고 동시에 선물을 매수하는 차익거래를 의미하는데, 이를 매도차익거래라고 한다.

🏛 **필수**핵심정리 〉 주식 관련 선물의 차익거래

	매수차익거래	매도차익거래
발생 시기	선물의 시장가격(F) > 이론가격(F^*)	선물의 시장가격(F) < 이론가격(F^*)
가격 괴리	선물가격 고평가	선물가격 저평가
거래 전략	현물보유(cash & carry) 전략 = 현물매수 + 선물매도	역현물보유(reverse cash & carry) 전략 = 현물매도 + 선물매수
차익거래이익	= 시장가격(F) − 이론가격(F^*)	= 이론가격(F^*) − 시장가격(F)
	(선물 만기시점에 포지션을 청산하며, 거래비용은 없다고 가정)	

★★★
057 현재 단기이자율이 4%, 주가지수의 배당수익률은 2%, 주가지수는 250.00이며, 선물 잔존만기가 6개월인 주가지수선물의 시장가격이 254.00이다. 거래비용이 없다고 할 때 시장 상황에 대한 다음 설명 중 옳은 것은?

① 보유비용 모형에 의하면 주가지수선물의 이론가격은 253.00이다.
② 콘탱고 상황이므로 선물을 매도한다.
③ 주가지수선물이 저평가되어 있으므로 역현물보유전략(reverse cash & carry)이 적합하다.
④ 선물을 매도하고 주식 현물을 매수하는 차익거래가 적합한 시장 상황이다.

> **해설** ① 보유비용 모형에 의하면 주가지수선물의 이론가격은 252.50이다.
> ② 선물의 시장가격이 현물가격보다 높은 콘탱고 상황은 맞지만 차익거래를 할 때에는 선물 시장가격과 이론가격의 괴리로 판단한다. 만약 투기거래를 한다 하더라도 시장 하락이 예상될 때에만 선물을 매도해야 한다.
> ③ 현재 선물가격(254)이 이론가격(252.5)보다 높은 고평가 상태이므로 현물보유전략(cash & carry)이 적합하다. 즉, 선물을 매도하고 주식 현물을 매수하는 차익거래가 적합한 시장 상황이다.

★★★
058 현재 KOSPI200 지수는 200이고, KOSPI200 지수선물 최근월물(3개월 후 만기)이 202.30에 거래되고 있다. 현재 3개월물 CD이자율은 연 5%, KOSPI200 편입종목들의 예상 평균 배당수익률은 연 1%이다. KOSPI200 선물(최근월물) 시장에 관한 다음 설명 중 옳지 않은 것은?

① KOSPI200 지수선물의 이론가격은 202.00이다.
② KOSPI200 선물은 고평가되어 있다.
③ KOSPI200 지수선물은 콘탱고 상태이며 현재 고평가되어 있다.
④ 선물 매수, 주식 매도를 통한 차익거래를 할 수 있다.

해설 선물가격이 고평가되어 있으므로 역현물보유전략, 즉 선물 매도, 차입, 주식 매수를 통한 차익거래를 할 수 있다.

① KOSPI200 지수선물의 이론가격은 $202.00[= 200 + 200(0.05 - 0.01) \times \frac{3}{12}]$이다.

② [선물의 시장가격(202.30) > 이론가격(202)]이므로 KOSPI200 선물은 고평가되어 있다.

③ KOSPI200 지수선물은 콘탱고 상태[선물가격(202.30) > 현물가격(200)]이며 현재 고평가 상태[선물가격(202.30) > 이론가격(202)]이다.

★★★
059 현재 만기가 3개월 남은 주가지수 선물가격은 203이고 현물지수는 200이다. 금리가 연 4%이고 주가지수의 배당수익률이 연 2%라고 할 때, 확실한 수익을 얻을 수 있는 거래전략은?(단, 거래비용은 없다고 가정)

① 매수차익거래   ② 매도차익거래
③ 스프레드거래   ④ 선물매수거래

해설 선물의 시장가격(203)이 이론가격[$201 = 200 + 200(0.04 - 0.02) \times \frac{3}{12}$]에 비해 고평가되어 있으므로 거래비용이 없다면, 고평가되어 있는 선물을 매도하고 동시에 저평가되어 있는 현물을 매수하는 현물보유전략(매수차익거래)으로 무위험 수익을 얻을 수 있다.

★★★
060 펀드운용자인 박대박씨는 역현물보유전략(reverse cash & carry)의 차익거래를 하였다. 일체의 거래비용 등이 없다고 가정할 때, 만기시점에서 얻을 수 있는 무위험 수익의 크기는?

① 현물가격 − 선물시장가격   ② 선물이론가격 − 선물시장가격
③ 선물시장가격 − 현물가격   ④ 선물시장가격 − 선물이론가격

해설 역현물보유전략은 선물의 시장가격이 이론가격에 비해 저평가된 경우 발생하는 매도차익거래로서 선물매수와 현물매도로 구성한다. 이때 만기시점에서 얻을 수 있는 차익의 크기는 이론가격과 시장가격의 차이만큼이다. 즉 [매도차익거래의 수익 = 선물이론가격 − 선물시장가격] 이다.

★★★
061 선물시장이 백워데이션(Backwardation) 상태라면, 이를 이용한 차익거래 전략으로 가장 적절한 것은?

① 현물매도 + 선물매수　　　　　② 현물매수 + 선물매도

③ 현물매수 + 선물매수　　　　　④ 현물매도 + 선물매도

 해설 백워데이션(Backwardation) 상태란 선물의 시장가격이 현물가격보다 낮은 상황($F < S$)을 말한다. 따라서 이 경우 선물의 시장가격은 당연히 이론가격보다 낮으므로($F < F^*$) 저평가된 선물은 매수하고 고평가된 현물을 매도하는 역현물보유전략(매도차익거래)으로 수익을 얻을 수 있다.

★★★
062 차익거래 시 주가지수를 추적하는 현물바스켓을 구성하는 방법에 관한 설명으로 옳지 않은 것은? 심화

① 주가지수를 추적하는 현물바스켓을 구성하는 방법에는 완전복제법과 부분복제법이 있으며, 현실적으로 완전복제법은 불가능하다.

② 완전복제법은 대상 주가지수를 정확히 추적한다는 점에서 추적오차가 제거된 이론적으로 가장 완벽한 방법이며, 구성비용도 매우 적게 드는 방법이다.

③ 일반적으로 부분복제법을 사용하여 현물바스켓을 구성하지만 대상 주가지수와의 괴리가 발생할 위험이 있다.

④ 부분복제법 중에서 업종별로 대표 종목을 선별하여 바스켓을 구성하는 방법을 층화추출법이라고 한다.

해설 완전복제법은 대상 주가지수를 정확히 추적한다는 점에서 추적오차가 제거된 이론적으로 가장 완벽한 방법이다. 그러나 구성종목 수가 많아질수록 구성비용이 증가한다.

🏛 필수핵심정리 ▶ 차익거래 시 주가지수를 추적하는 현물바스켓을 구성하는 방법

주가지수의 복제란 현물바스켓(주식포트폴리오)의 수익률이 주가지수의 수익률과 같아지도록 만드는 것

완전 복제법	주가지수를 구성하는 전체 종목을 시가총액 비중대로 현물바스켓에 편입하는 방법	
부분 복제법	주가지수 구성종목의 일부로 대상 주가지수를 최대한 정확하게 추적할 수 있도록 구성하는 방법	
	층화추출법	업종별로 대표종목을 선별하여 구성하는 방법
	최적화법	업종 및 종목별 특성치 등의 기준에 의해 종목을 선정한 뒤에 일정한 제약 조건을 만족하는 종목으로 구성하는 방법
	복합법 (층화–최적화법)	층화추출법과 최적화법의 두 가지 방식을 통계적으로 결합하여 인덱스펀드를 구성하는 방식

★★★
063 주가지수 차익거래를 실행하는 과정에서 KOSPI200 주가지수를 추적하기 위해 현물바스켓(인덱스펀드)을 구성하는데, 구성된 현물바스켓이 지수를 정확히 추적하지 못하는 것을 무엇이라 부르는가?

① 유동성 리스크　　　　　　　　② 베이시스 리스크
③ 추적오차　　　　　　　　　　　④ 시장충격비용

> **해설** 차익거래의 대상이 되는 KOSPI200 주가지수의 흐름을 쫓아가기 위해 구성된 현물바스켓(인덱스펀드)을 추적포트폴리오라고 부르며, 추적오차를 트래킹 에러(tracking errors)라고 한다. 따라서 차익거래를 할 때에는 추적오차가 적은 인덱스펀드를 구성하는 것이 중요하다.

★★★
064 주가지수선물을 이용하는 차익거래에서 발생하는 리스크와 가장 거리가 먼 것은?

① 추적오차(tracking errors)　　　　② 유동성 리스크(liquidity risk)
③ 시장충격비용(market impact cost)　④ 시장위험(market risk)

> **해설** 시장위험(체계적 리스크)은 주식시장 전체의 가격변동에 따른 위험이지 차익거래의 위험 요소는 아니다. 주가지수선물을 활용하는 차익거래는 주가지수가 아닌 주식의 현물바스켓을 매매의 대상으로 삼기 때문에 차익거래를 실행하는 과정에서 여러 가지 리스크가 발생할 수 있는데, 이러한 리스크는 추적오차, 유동성 리스크(미청산위험), 시장충격비용으로 분류된다.

🏛 필수핵심정리 ▶ 주가지수선물을 이용하는 차익거래에서 발생하는 리스크

추적오차	주가지수 차익거래를 실행과는 과정에서 대상 주가지수를 제대로 추적하지 못하여 추적오차가 확대될 경우에는 기대한 차익거래 이익을 얻지 못할 수 있음
유동성 리스크 (미청산위험)	주가지수 차익거래를 실행과는 과정에서 현물바스켓의 일부 종목이 유동성 부족으로 미체결되거나 매우 불리한 가격에 체결될 리스크에 노출될 수 있음
시장충격비용	현물바스켓을 주문집행할 때 순간적으로 대규모 주문을 체결하기 때문에 개별종목이나 선물의 가격변동이 불리하게 될 수 있음

★★★
065 주가지수선물을 이용하는 차익거래에서 발생하는 리스크에 관한 설명으로 옳지 않은 것은?

① 유동성 리스크는 미청산위험과 동일한 개념이다.
② 추적오차는 주가지수선물의 시장가격과 현물주가지수 등락폭이 다르기 때문에 주로 발생한다.
③ 차익거래는 선물가격과 현물가격이 일정한 균형상태를 유지하도록 해주는 순기능이 있다.
④ 시장충격비용은 현물바스켓을 주문집행할 때 순간적으로 대규모 주문을 체결하기 때문에 개별종목이나 선물의 가격변동이 불리하게 될 수 있는 것을 의미한다.

해설 추적오차는 현물바스켓 종목이 주가지수의 움직임을 제대로 반영시키지 못할 경우 발생하는 리스크이다. 주가지수선물의 시장가격과 현물주가지수 등락폭이 다르기 때문에 발생하는 리스크는 '베이시스 리스크'이다.

★★★
066 주가지수선물을 이용하여 차익거래를 할 경우 여러 비용이 발생하는데, 다음 중 암묵적 비용에 속하지 않는 것은?

① 호가 스프레드
② 시장충격비용
③ 제도적 마찰 요인
④ 수수료와 세금

해설 수수료와 세금은 차익거래 시 사전에 그 크기를 파악할 수 있는 명시적 비용이다.

 필수핵심정리 ▷ 차익거래 시 고려해야 할 비용

명시적 비용		거래로 인해 직접 발생하는 거래수수료, 세금 등의 거래비용
암묵적 비용	호가 스프레드	매수와 매도 간 호가 차이에서 발생하는 기회비용
	시장충격 비용	자신의 매매주문으로 인해 시장에서 발생할 수 있는 가격변동, 즉 시장에 대한 충격비용을 의미함
	제도적 마찰요인	• 차입 및 공매에 대한 제도적인 제약 • 차입이자율과 자금운용이자율의 차이에서 발생하는 조달비용과 운용수익의 불일치 등

★★★
067 다음 중 차익거래 불가능영역(no-arbitrage band)을 형성하는 요인으로 가장 거리가 먼 것은?

① 호가 스프레드
② 주가지수선물의 제한된 유동성
③ 차입과 공매의 제약
④ 차입이자율과 자금운용이자율의 불일치

해설 대체로 주가지수선물 최근월물의 유동성은 매우 높다. 따라서 차익거래 시 선물의 유동성은 크게 문제가 되지 않는다. 실제 차익거래 전략을 실행하기 위해서는 선물 이론가격에 실제 거래비용을 감안해야 한다. 따라서 거래비용을 감안한다면, 이론가격 주변에는 거래비용을 고려할 때 차익이 발생하지 않는 가격구간이 발생할 수 있는데 이를 '차익거래 불가영역'이라고 한다. 즉, 선물 이론가격에 일정한 거래비용을 감안한 범위 이내에서는 차익거래에 따른 이익이 발생하지 않는 소위 '차익거래 불가영역'이 존재하게 된다.

★★★
068 차익거래 불가능영역에 대한 설명으로 옳지 않은 것은?

① 차익거래 시 거래비용이 많으면 차익거래 불가영역은 좁아진다.

② 차익거래 불가영역의 상한선은 주가지수선물의 시장가격이 차익거래 불가영역 이상으로 높아졌을 때 주가지수선물을 매도하고 주식을 매수함으로써 차익거래 이익을 확보할 수 있는 가격대의 가장 낮은 수준이다.

③ 차익거래 불가영역의 하한선은 주가지수선물의 시장가격이 차익거래 불가영역 이하로 낮아졌을 때 주가지수선물을 매수하고 주식을 (공)매도함으로써 차익거래 이익을 확보할 수 있는 가격대의 가장 높은 수준이다.

④ 차익거래 불가영역의 상한선 위에서는 매수차익거래가 가능하며, 차익거래 불가영역의 하한선 아래에서는 매도차익거래가 가능하다.

해설 차익거래 시 거래비용이 많으면 차익거래 불가영역은 넓어진다. 즉, 거래비용을 고려하면 차익거래로 오히려 손실을 볼 수 있는 가격구간이 넓어진다.

🏛 필수핵심정리 ▶ 차익거래 불가능영역(no-arbitrage band)

차익거래 불가영역이란 선물이론가격에 일정한 거래비용을 감안한 범위 이내에서 차익거래에 따른 이익이 발생하지 않는 가격구간	선물의 시장가격(F)이 차익거래 불가영역의 상한선을 초과 시(즉, $F > F^* + TC$) → 매수차익거래(현물보유전략 = 주식매수 + 선물매도) 발생	
	상한선	= 선물이론가격(F^*) + 총 거래비용(TC)
	차익거래 불가영역	→ $F^* - TC \leq F \leq F^* + TC$ (즉, 선물의 시장가격(F)이 상한선과 하한선 사이에서 움직일 때)
	하한선	= 선물이론가격(F^*) − 총 거래비용(TC)
	선물의 시장가격(F)이 차익거래 불가영역의 하한선을 이탈 시(즉, $F < F^* - TC$) → 매도차익거래(역현물보유전략 = 주식매도 + 선물매수) 발생	

★★★
069 다음 중 매도차익거래(역현물보유전략)가 발생할 수 있는 경우는?

	선물시장가격 (F)	차익거래 불가영역의 하한선	선물이론가격 (F^*)	차익거래 불가영역의 상한선
①	219.90	218.90	220.10	221.30
②	221.90	219.30	220.50	221.70
③	219.10	217.60	218.75	219.90
④	217.50	217.70	218.90	220.10

해설 선물의 시장가격(F)이 차익거래 불가영역의 상한선보다 높을 때에는 매수차익거래(현물보유전략), 선물의 시장가격이 차익거래 불가영역의 하한선보다 낮을 때에는 매도차익거래(역현물보유전략)가 발생한다. 따라서 선물의 시장가격이 차익거래 불가영역의 상한선보다 높거나 하한선보다 낮은 경우를 찾으면 된다. ④의 경우 선물의 시장가격이 차익거래 불가영역의 하한선보다 낮으므로, 주식매도와 선물매수의 매도차익거래(역현물보유전략)가 발생할 수 있다. ②의 경우엔 선물의 시장가격이 차익거래 불가영역의 상한선보다 높으므로, 주식매수와 선물매도의 매수차익거래(현물보유전략)가 발생할 수 있다.

★★★
070 현재 KOSPI200은 100포인트, 배당수익률은 연 2%, 무위험이자율이 연 6%, 선물거래수수료가 0.02포인트(매도 + 매수), 주식거래수수료가 0.06포인트(매도 + 매수)이다. 잔존만기가 3개월인 KOSPI200 지수선물을 이용하여 차익거래를 할 경우, 거래비용을 고려한다면 다음 중 차익거래가 불가능한 선물가격은? 심화

① 102.00　　② 101.10　　③ 100.95　　④ 100.85

해설 차익거래 불가능영역은 $[100.92 \leq F \leq 101.08]$이다. 먼저, KOSPI200 지수선물의 이론가격을 구하면 $101[= 100 + 100(0.06 - 0.02) \times \frac{3}{12}]$가 되며, 거래비용(TC)은 0.08(= 0.06 + 0.02)이므로 차익거래 불가능영역은 $[101 - 0.08 \leq F \leq 101 + 0.08]$이다. 즉, 선물가격(F)이 100.92(하한선) 이하이거나 101.08(상한선) 이상일 경우에는 차익거래 기회가 있지만, 이론가격에 근접한 100.95 또는 101.06과 같이 거래비용을 고려할 때 차익거래가 성립하지 않는 구간이 발생한다. 이 가격대를 차익거래 불가영역이라고 한다.

★★★
071 단기이자율이 배당수익률보다 높은 경우, 베이시스를 활용한 주가지수 차익거래 전략으로 가장 바람직한 것은?

① 베이시스 축소 예상 시 매수차익거래를 한다.
② 베이시스 축소 예상 시 선물은 매입하고, 현물은 매도한다.
③ 베이시스 확대 예상 시 매수차익거래를 한다.
④ 베이시스 확대 예상 시 선물은 매도하고, 현물은 매입한다.

해설 단기이자율이 배당수익률보다 높으면 순보유비용이 양(+)이 되므로 선물가격이 현물가격보다 높은 콘탱고[선물가격(F) > 현물가격(S)] 상황이다. 이 경우, 베이시스 확대(즉, 선물가격이 현물가격 상승폭보다 더 많이 상승하거나 현물가격 하락폭보다 적게 하락하는 경우)를 예상할 때에는 매도차익거래(= 현물매도 + 선물매수)가 유리하고, 베이시스 축소(즉, 선물가격이 현물가격 상승폭보다 적게 상승하거나 현물가격 하락폭보다 더 많이 하락하는 경우)를 예상할 때에는 매수차익거래(= 현물매수 + 선물매도)가 유리하다.

정답 068 ①　069 ④　070 ③　071 ①

차익거래의 진입시점을 차익거래 불가능영역으로 고정하지 않고, 시장베이스 수준으로 차익거래의 진입과 청산을 결정

시장 상황	전술적 차익거래 유형
현재 시장 베이시스가 확대된 상황이라 향후 베이시스 축소가 예상될 때	→ 매수차익거래 (= 현물매수 + 선물매도)
현재 시장 베이시스가 축소된 상황이라 향후 베이시스 확대가 예상될 때	→ 매도차익거래 (= 현물매도 + 선물매수)

···TOPIC 15 주식 관련 선물의 거래유형 – 스프레드 거래

★★★
072 선물을 이용한 스프레드(spread) 거래에 관한 설명으로 옳지 않은 것은?

① 스프레드 거래는 개별선물종목 가격의 상승 또는 하락에 베팅하기보다는 두 개의 선물의 가격차이를 이용한 거래이다.
② 스프레드 거래의 손익은 두 선물의 절대가격의 변화보다는 상대가격의 변화에 따라 결정된다.
③ 스프레드 거래는 상이한 두 개의 선물계약을 반대방향으로 거래하기 때문에 한 종목에서 생기는 이익이 다른 종목에서 생기는 손실에 의해 상쇄된다.
④ 스프레드 거래는 한 종목으로만 거래하는 단순 투기거래보다 리스크가 적은 대신 수익은 크다.

> **해설** 스프레드 거래는 상이한 두 개의 선물계약을 반대방향으로 거래하기 때문에 한 종목에서 생기는 이익이 다른 종목에서 생기는 손실에 의해 상쇄된다. 따라서 스프레드 거래는 한 종목으로만 거래하는 단순 투기거래보다 리스크가 적은 대신 수익도 낮은 것이 특징이다.

★★★ 073 선물을 이용한 스프레드 거래에 관한 설명으로 옳은 것은?

① 스프레드 거래에는 결제월간 스프레드 거래와 만기 간 스프레드 거래가 있다.

② 상품 간 스프레드 거래란 향후 스프레드의 변화를 예측하여 거래대상이 동일한 선물 중에서 한 결제월물은 매수하고 다른 결제월물은 매도하는 거래를 말한다.

③ 주식 관련 선물의 경우 일반적으로 순보유비용(= 이자비용 − 배당금수입)이 양(+)이므로 만기가 먼 원월물 가격이 만기가 가까운 근월물 가격보다 낮게 형성된다.

④ 콘탱고 상태에서 향후 스프레드 확대를 예상할 경우, 근월물을 매도하고 원월물을 매수하는 스프레드 매수전략을 택한다.

 해설
① 스프레드 거래에는 결제월 간(또는 만기 간) 스프레드 거래와 상품 간 스프레드 거래가 있다.
② 결제월 간 스프레드 거래란 향후 스프레드의 변화를 예측하여 거래대상이 동일한 선물 중에서 한 결제월물은 매수하고 다른 결제월물은 매도하는 거래를 말한다.
③ 주식 관련 선물의 경우 일반적으로 순보유비용(= 이자비용 − 배당금수입)이 양(+)이므로 만기가 먼 원월물 가격이 만기가 가까운 근월물 가격보다 높게 형성된다.

🏛 필수핵심정리 스프레드 거래

스프레드 거래는 개별선물종목 가격의 상승 또는 하락에 베팅하기보다는 두 개의 선물의 가격차이를 이용한 거래
→ 상이한 두 개의 선물계약을 반대방향으로 거래함으로써 두 선물의 상대가격의 변화에 따라 수익이 결정됨

결제월 간 (만기 간) 스프레드	향후 스프레드의 변화를 예측하여 거래대상(기초자산)이 동일한 선물 중에서 한 결제월물은 매수하고 다른 결제월물은 매도하는 거래	
	스프레드 (spread)	결제월(만기)이 다른 두 개의 상이한 선물계약 간의 가격차이(스프레드 = 원월물가격 − 근월물가격)
상품 간 스프레드	결제월은 같으나 기초자산이 상이한 두 개의 선물계약을 동시에 매매하여 두 선물계약 간 스프레드의 변동으로부터 이익을 얻으려는 거래	

■ 콘탱고 상태(근월물 가격 < 원월물 가격)일 경우

스프레드 확대 예상 시	스프레드 축소 예상 시
근월물 매도 + 원월물 매수 → 스프레드 매수전략(약세 스프레드)	근월물 매수 + 원월물 매도 → 스프레드 매도전략(강세 스프레드)

스프레드 거래의 이익 : 거래 진입시점과 청산시점의 스프레드 차이

074 현재 단기이자율이 5%, 배당수익률이 3%라고 할 경우, 주가지수선물 시장에서 결제월간 스프레드 확대가 예상될 때 취할 수 있는 바람직한 거래 전략은?

① 근월물 매수 + 원월물 매도　　　　② 근월물 매도 + 원월물 매도
③ 근월물 매도 + 원월물 매수　　　　④ 근월물 매수 + 원월물 매수

해설 이자율이 배당수익률보다 높은 경우에는 보유비용이 양(+)이므로 콘탱고 상황이다. 즉, 선물가격이 현물가격보다 높고, 원월물 선물가격이 근월물 선물가격보다 높다. 이런 상황에서 스프레드가 확대되는 경우는 원월물 선물가격이 근월물 선물가격보다 더 많이 상승하거나 더 작게 하락하는 경우이다. 따라서 스프레드 확대를 예상할 경우, 근월물을 매도하고 원월물을 매수하는 스프레드 매수전략(약세 스프레드 전략이라고도 함)을 택한다.

075 KOSPI200 선물지수가 다음과 같다고 가정하자. 2016년 12월 1일 현재 펀드운용자인 A씨는 향후 증시의 방향에 대해서는 확신이 없지만, 결제월 간 스프레드는 축소될 것으로 예상하고 있다. 이 경우 바람직한 선물거래 전략은?

2016년 12월물 선물가격	2017년 3월물 선물가격	결제월 간 스프레드
250포인트	260포인트	10포인트

① 3월물 매수 + 12월물 매도　　　　② 3월물 매도 + 12월물 매도
③ 3월물 매도 + 12월물 매수　　　　④ 3월물 매수 + 12월물 매수

해설 2016년 12월물 선물가격보다 2017년 3월물 선물가격이 더 높기 때문에 콘탱고 상황이다. 따라서 향후 스프레드 축소(근월물이 원월물보다 더 많이 상승하거나 더 적게 하락하는 경우)가 예상되면 근월물(2016년 12월물)을 매수하고 원월물(2017년 3월물)을 매도하는 스프레드 매도전략(강세 스프레드 전략이라고도 함)을 택한다. 주의할 것은 현재시점이 2016년 12월 1일이므로 만기가 가까운 2016년 12월물이 근월물이고, 만기가 먼 2017년 3월물이 원월물이다.

※ KOSPI200 선물지수가 다음과 같다고 가정하자. 표를 보고 질문에 답하시오(076~077).

2017년 2월 9일 현재		2017년 3월 2일 현재	
3월물 선물가격	6월물 선물가격	3월물 선물가격	6월물 선물가격
230포인트	232포인트	231포인트	235포인트

★★★
076 2017년 2월 9일 현재 최근월물(3월물)과 차근월물(6월물)의 스프레드가 향후 5포인트가 될 것으로 예상할 때, 바람직한 스프레드 거래 전략은?

① 3월물 매수 + 6월물 매도

② 3월물 매도 + 6월물 매도

③ 3월물 매도 + 6월물 매수

④ 3월물 매수 + 6월물 매수

 2017년 2월 9일 현재 최근월물(3월물)과 차근월물(6월물)의 스프레드는 2포인트(= 차근월물가격 − 최근월물가격) 이다. 따라서 향후 스프레드를 5포인트로 예상하는 것은 스프레드의 확대(차근월물이 최근월물보다 더 많이 상승하거나 더 적게 하락하는 경우)를 예상하는 것이다. 따라서 최근월물(3월물)을 매도하고 차근월물(6월물)을 매수하는 스프레드 매수전략을 택한다.

★★★
077 2017년 2월 9일 스프레드 매수전략(선물 1계약씩 거래)을 실행한 후, 3월 2일 포지션을 모두 청산했다면, 이 스프레드 거래의 손익은?(1포인트 = 25만원으로 가정) 심화

① 50만원 이익

② 50만원 손실

③ 200만원 이익

④ 200만원 손실

 2017년 2월 9일 3월물 1계약을 230에 매도하고 6월물 1계약을 232에 매수하는 스프레드 매수전략을 한 후, 3월 2일에 예상대로 스프레드가 확대되자 반대매매(3월물은 231에 매수하고 6월물은 235에 매도)로 포지션을 청산한 거래이다. 손익을 따져보면 3월물에서는 1포인트의 손실(= 230 − 231)을 봤으나 6월물에서는 3포인트의 이익(= 235 − 232)을 보여 전체적으로 2포인트의 이익(50만원 = 2포인트×25만원)을 얻었다. 간단히 계산하면, 스프레드 매수전략의 손익은 청산시점의 스프레드(4포인트)에서 진입시점의 스프레드(2포인트)를 차감한 값이 된다.

★★★
078 다음 중 상품 간 스프레드 거래가 아닌 것은?

① 삼성전자 선물을 매수하고 KOSPI200선물을 매도했다.

② KOSPI200 지수선물에서 3월물은 매수하고 6월물은 매도했다.

③ T-Bill 선물을 매수하고 유로달러(Euro-Dollar)선물을 매도했다.

④ 3년물 KTB 선물은 매도하고 동일 결제월의 5년물 KTB 선물은 매도했다.

 상품 간 스프레드 거래는 결제월은 같으나 기초자산이 상이한 두 개의 선물계약을 동시에 매매하여 두 선물계약 간 스프레드의 변동으로부터 이익을 얻으려는 거래이다. ②는 결제월간 스프레드 거래이다. 참고로 ③을 TED spread 라고 한다.

··· TOPIC **16** 금리의 개념 및 금리의 유형

★★★
079 한국은행이 금융회사와 자금조정 예금 및 대출 거래를 할 때 기준이 되는 정책금리를 기준금리라 한다. 현재 한국은행 기준금리로 사용되는 것은?

① 1일물 Repo(RP) 금리 　　　　　　② 7일물 Repo(RP) 금리
③ 콜금리 　　　　　　　　　　　　　④ CD금리

> **해설** 한국은행 기준금리는 한국은행이 금융회사와 Repo 매매, 자금조정 예금 및 대출 거래를 할 때 기준이 되는 정책금리이다. 한국은행 기준금리로 과거에는 콜금리를 사용했으나, 현재는 7일물 Repo(RP) 금리를 사용한다.

★★★
080 금리에 관한 설명으로 옳지 않은 것은?

① 단기금융시장(money market)에서 금리는 만기에 일시불로 지급되므로 단리의 개념이 적용된다.
② 일반적으로 1년 단위로 금리를 표시하는데, 1년 금리를 360일 단위로 표시하는 방법과 365일 단위로 표시하는 방법이 있다.
③ 100만 달러를 3%(act/360) 유로정기예금에 180일 동안 예치하였을 경우 만기 시 받게 되는 이자는 30,000달러이다.
④ 복리는 일정기간을 여러 개의 부분기간으로 나누고 부분기간마다 원리금합계를 계속 재투자해서 얻게 되는 금리이다.

> **해설** 100만 달러를 3%(act/360) 유로정기예금에 180일 동안 예치하였을 경우 만기 시 받게 되는 이자 = 100만 달러 × 0.03 × (180/360) = 15,000달러이다. 달러 LIBOR금리의 경우 360일 단위로 표시가 되며, act(actual)는 실제 이자기간을 말한다.

★★★
081 100만원을 3개월 단위 복리계산의 방법으로 연 4%의 이자율로 2년간 투자한다면 원리금 합계는?

① 100만원$(1+0.04 \times 2)$ 　　　　　　② 100만원$(1+0.04)^2$
③ 100만원$\left(1 + \dfrac{0.04}{3}\right)^{3 \times 2}$ 　　　　　　④ 100만원$\left(1 + \dfrac{0.04}{4}\right)^{4 \times 2}$

> **해설** 원금 A를 연 r%의 이자율로 1년에 m회 복리계산 방법으로 n년간 투자하는 경우 원리금 = $A\left(1 + \dfrac{r}{m}\right)^{m \times n}$
>
> 3개월 단위 복리계산은 1년에 4회 복리를 계산하므로 $m = 4$이다. 따라서 100만원$\left(1 + \dfrac{0.04}{4}\right)^{4 \times 2} ≒ 108.3$만원

082 명목금리가 연 5%인 대출에서 이자를 분기별로 복리계산을 한다면 실효금리는? 심화

① $(1+0.05 \times 4)-1$

② $\left(1+\dfrac{0.05}{4}\right)^4 -1$

③ $\left(1+\dfrac{0.05}{3}\right)^{3 \times 2} -1$

④ $\left(1+\dfrac{0.05}{4}\right)^{4 \times 2} -1$

해설 $1 + 실효금리 = \left(1 + \dfrac{명목금리}{연간이자계산횟수}\right)^{연간이자계산횟수}$

$\rightarrow 1 + 실효금리 = \left(1 + \dfrac{0.05}{4}\right)^4 ,\ \therefore\ 실효금리 = \left(1 + \dfrac{0.05}{4}\right)^4 -1 \fallingdotseq 0.0509(5.09\%)$

083 T-Bill의 가격을 계산할 때 사용되는 수익률은?

① 할인율(d)

② 채권등가수익률(BEY)

③ 만기수익률(YTM)

④ 예금금리

해설 만기 1년 이하의 미국정부 채권을 Treasury Bill(T-Bill)이라고 하는데, T-Bill의 가격(P)을 계산할 때는 할인율(또는 할인수익률)을 사용한다.

084 1년 후 만기에 100을 받게 되는 T-Bill의 현재가격이 95라고 하면 할인수익률과 단리이자율은 각각 얼마인가? 심화

① 할인수익률(5%), 단리이자율(5.3%)

② 할인수익률(5.3%), 단리이자율(5%)

③ 할인수익률(5%), 단리이자율(5%)

④ 할인수익률(5.3%), 단리이자율(5.3%)

해설 T-Bill은 무이표채권이므로 할인수익률(discount yield)로 호가된다. 이때 할인수익률은 액면가격 기준으로 얼마나 할인되어 있는가를 나타내는 개념이다. 따라서 1년 후 만기에 100을 받는 T-Bill의 현재가격이 95라고 하면 할인수

익률은 5% $\left(=\dfrac{100-95}{100} \times \dfrac{360}{360}\right)$ 이다. 95를 투자해서 1년 만에 100을 받으므로 단리개념으로는 5.3% $\left(=\dfrac{5}{95}\right)$

의 금리를 받게 되는 것이다.

(P는 채권가격, n은 만기일까지 남은 일수, basis는 360일)

할인수익률(d) $= \dfrac{100-P}{100} \times \dfrac{basis}{n}$ $\rightarrow$ 즉, 할인수익률은 1년이 360일(= basis)이라고 가정하고, 할인액(= 100 $- P$)을 액면금액(100)으로 나누어 연율(= basis/n)로 표시한 것이다.

★★★ 085 90일 후에 만기가 되어 100을 받게 되는 T-Bill의 현재가격이 98이라면 할인수익률(할인율)은?

① 2%　　　　　　② 4%　　　　　　③ 6%　　　　　　④ 8%

해설 90일 후에 만기가 되어 100을 받게 되는 T-Bill의 현재가격이 98이라면 할인수익률(할인율)은 90일에

2%이므로 360일 기준으로는 8% $\left(= \dfrac{100-98}{100} \times \dfrac{360}{90} \right)$ 가 된다.

★★★ 086 현물금리(spot rate)와 선도금리(forward rate)에 대한 설명으로 옳지 않은 것은?

① n년 만기 현물금리는 현재부터 n년간의 투자로 얻을 수 있는 금리를 의미한다.
② n년 만기 현물금리는 이표를 지급하는 이표채권의 수익률을 의미한다.
③ 선도금리는 현재의 현물금리에 내재되어 있는 미래의 일정기간에 대한 금리를 말한다.
④ 연속복리의 경우 전체기간 동안의 금리는 각 부분기간에 대한 금리의 가중평균으로 결정된다.

해설 현물금리에서 고려하는 투자는 투자기간 동안 현금의 지급이 전혀 없는 투자를 의미한다. 즉 원금과 이자는 모두 n년 후 투자자에게 환급된다. 결국 n년 만기 현물금리는 이표를 지급하지 않는 무이표채권의 수익률을 의미한다.

★★★ 087 현재시점에서 1개월 LIBOR가 2%, 4개월 LIBOR가 3%라고 가정할 때 향후 1개월 후에 3개월 선도 LIBOR는?

① 2.00%　　　　　② 2.32%　　　　　③ 3.32%　　　　　④ 4.00%

해설 $\left(1 + 0.02 \times \dfrac{30}{360} \right)\left(1 + \text{선도}\ LIBOR \times \dfrac{90}{360} \right) = \left(1 + 0.03 \times \dfrac{120}{360} \right)$

∴ 선도 LIBOR ≒ 0.0332(3.32%). 이 계산식은 2%로 1개월간 투자한 후 그 돈으로 (미래의 알 수 없는) 선도 LIBOR 금리로 3개월 투자하는 것은 애초에 3%로 4개월 투자하는 것과 같다는 것을 식으로 만든 것이다.

★★★
088 현재시점에서 3개월 LIBOR가 4%, 6개월 LIBOR가 4.25%라고 가정할 때 향후 3개월 후에 3개월 선도 LIBOR는?(연속복리를 가정)

① 2.5%　　　　　　② 3.5%　　　　　　③ 4.5%　　　　　　④ 5.5%

 해설 $\left(1 + 0.04 \times \dfrac{90}{360}\right)\left(1 + 선도LIBOR \times \dfrac{90}{360}\right) = \left(1 + 0.0425 \times \dfrac{180}{360}\right)$

∴ 선도 $LIBOR ≒ 0.0446(4.46\%)$. 연속복리를 가정하면, 전체기간 동안의 금리는 각 부분기간에 대한 금리의 가중 평균으로 결정된다. 즉 선도금리$({}_1R_2) = \dfrac{r_2\,t_2 - r_1\,t_1}{t_2 - t_1}$ 이다. 따라서 연속복리를 가정하는 경우에 선도 LIBOR금리는

$\dfrac{4.25\% \times \dfrac{180}{360} - 4\% \times \dfrac{90}{360}}{\dfrac{180}{360} - \dfrac{90}{360}} = 4.5\%$

···TOPIC **17** 채권가격과 수익률

★★★
089 다음 설명의 빈칸에 공통적으로 들어갈 말은?

> 일반적으로 채권수익률이라 하면 (　　　)을 의미한다.
> (　　　)이란 채권의 미래 현금흐름의 현재가치와 채권의 시장가격을 일치시키는 수익률을 의미한다.

① 표면이자율　　　② 선도이자율　　　③ 경상수익률　　　④ 만기수익률

해설 만기수익률(YTM, Yield-To-Maturity)이란 채권의 미래 현금흐름(= 지급이자 + 액면가)의 현재가치와 채권의 시장가격(투자금액)을 일치시키는 수익률을 의미한다. 따라서 만기수익률은 채권가격을 계산할 때 할인율로 사용된다.

★★★ 090 채권가격과 수익률의 관계로서 옳은 것은?

① 채권가격과 수익률은 직선형의 반비례 관계가 있다.

② 만기가 짧은 단기채가 만기가 긴 장기채보다 수익률 변동에 대한 가격변동폭이 크다.

③ 만기가 일정할 때 수익률 상승으로 인한 채권가격 하락폭이 수익률 하락으로 인한 채권가격 상승폭보다 크다.

④ 표면금리가 낮은 채권이 표면금리가 높은 채권보다 수익률 변동에 따른 가격변동폭이 크다.

 해설 ① 채권가격과 수익률은 직선형의 반비례가 아니라 원점에 대해 볼록한 모양(convexity, 볼록성)을 가지고 있다.
② 만기가 긴 장기채가 만기가 짧은 단기채보다 수익률 변동에 대한 가격변동폭이 크다.
③ 만기가 일정할 때 수익률 하락으로 인한 채권가격 상승폭이 수익률 상승으로 인한 채권가격 하락폭보다 크다(볼록성 때문임). 참고로, 표면금리는 액면이자율로서 액면금액 대비 연간 이표지급액의 비율을 말한다.

🏛 필수핵심정리 ▶ 수익률과 채권가격의 관계

- 채권가격과 수익률은 반비례의 관계가 있다(직선형의 반비례가 아니라 원점에 대해 볼록한 모양(convexity, 볼록성)을 보임).
- 만기가 긴 장기채가 만기가 짧은 단기채보다 수익률 변동에 대한 가격변동폭이 크다.
- 만기가 일정할 때 수익률 하락으로 인한 채권가격 상승폭이 수익률 상승으로 인한 채권가격 하락폭보다 크다 (볼록성 때문임).
- 표면금리가 낮은 채권이 표면금리가 높은 채권보다 수익률 변동에 따른 가격변동폭이 크다.
- 이자지급횟수가 적은(또는 이자지급주기가 긴) 채권일수록 수익률 변동에 따른 가격변동폭이 크다.

채권 투자 전략	수익률 하락 예상 시	수익률 상승 예상 시
	듀레이션이 긴 채권에 투자 → 즉 만기가 긴 장기채, 표면금리가 낮은 채권, 이자지급횟수가 적은 채권에 투자	듀레이션이 짧은 채권에 투자 → 즉 만기가 짧은 단기채, 표면금리가 높은 채권, 이자지급횟수가 많은 채권에 투자

★★★ 091 향후 금리(채권수익률)가 하락할 것으로 예상된다. 다음 중 투자하기에 가장 바람직한 채권은?

① 잔존만기 10년, 표면금리 10% 채권   ② 잔존만기 10년, 표면금리 5% 채권

③ 잔존만기 5년, 표면금리 10% 채권   ④ 잔존만기 3년, 표면금리 5% 채권

 해설 만기가 긴 장기채가 만기가 짧은 단기채보다 수익률 변동에 대한 가격변동폭이 크며, 표면금리가 낮은 채권이 표면금리가 높은 채권보다 수익률 변동에 따른 가격변동폭이 크다. 따라서 금리(채권수익률)가 하락할 것으로 예상될 때는 가격이 상승할 것으로 예상하는 것이므로, 금리 하락 시 가격변동이 큰(가격이 많이 오르는) 장기채와 표면금리가 낮은 채권에 투자하는 것이 좋다.

★★★
092 채권투자에 대한 설명으로 옳지 않은 것은?

① 수익률 상승이 예상되면 만기가 긴 채권에 대한 투자를 줄인다.
② 수익률 상승이 예상되면 동일 만기의 채권 중에서 이표가 높은 채권에 대한 투자를 늘린다.
③ 수익률 하락이 예상되면 동일 만기의 채권 중에서 이자지급횟수가 많은 채권에 대한 투자를 늘린다.
④ 수익률 하락이 예상되면 듀레이션이 긴 채권에 투자한다.

> **해설** 금리 하락 시에는 듀레이션이 긴 채권에 투자해야 한다. 따라서 동일 만기의 채권 중에서 이자지급횟수가 적은 채권에 대한 투자를 늘려야 한다.

···TOPIC **18** 수익률곡선(Yield Curve)

★★★
093 무이표채권의 수익률곡선이 우상향하는 경우 수익률(또는 금리) 간의 관계가 올바른 것은?

심화

> ㉠ 이표채수익률
> ㉡ 선도금리
> ㉢ 무이표채수익률

① ㉠ > ㉡ > ㉢
② ㉠ > ㉢ > ㉡
③ ㉡ > ㉠ > ㉢
④ ㉡ > ㉢ > ㉠

> **해설** 수익률과 만기 사이의 동적인 관계를 기간구조라 하며, 이를 그림(수평축은 만기, 수직축은 수익률)으로 나타낸 것이 수익률곡선이다. 수익률곡선이라 하면 일반적으로 무위험 무이표채권(순수할인채)의 만기수익률과 만기 간의 관계를 의미한다. 수익률곡선이 우상향하는 상황에서 무이표채 수익률곡선이 이표채 수익률곡선보다 항상 위쪽에 위치한다. 이는 이표채에 투자한 투자자는 만기 이전에 이자를 지급받게 되며, 이러한 이자지급액에 해당되는 할인율이 만기일에 적용되는 할인율보다 낮기 때문이다. 또한 무이표채 수익률곡선이 우상향하면 선도금리는 무이표채 수익률보다 높다.
>
> | 수익률곡선이 우상향하는 상황 | → 선도금리 > 무이표채수익률 > 이표채수익률 |
> | --- | --- |
> | 수익률곡선이 우하향하는 상황 | → 선도금리 < 무이표채수익률 < 이표채수익률 |

★★★
094 수익률곡선의 형태에 관한 이론을 설명한 것으로 옳지 않은 것은?

① 기대가설에 따르면 수익률곡선은 미래 시장금리의 움직임에 대한 투자자의 예상에 의해 결정된다는 것이다.
② 유동성선호가설에 따르면, 장기채 수익률은 장기투자에 따른 유동성 프리미엄을 감안해야 하기 때문에 단기채 수익률보다 높아야 한다는 것이다.
③ 유동성선호가설에 따르면, 미래의 금리가 현재 수준을 유지할 것으로 예상하더라도 유동성 프리미엄으로 인해 수익률곡선이 우상향하는 형태를 가질 수 있다.
④ 시장분할가설은 채권시장이 몇 개의 하부시장으로 분할되어 있기 때문에 수익률곡선의 모양이 단기채권의 수익률은 낮고 장기채권의 수익률은 높다는 것이다.

> **해설** 시장분할가설은 채권시장이 몇 개의 하부시장으로 분할되어 있기 때문에 수익률곡선의 모양이 각 시장의 수급에 따라 결정된다는 것이다. 따라서 우상향 형태의 수익률곡선은 단기채권에 대한 수요가 장기채권보다 상대적으로 큰 것을 의미하며, 우하향 형태의 수익률곡선은 그 반대를 의미한다. 따라서 시장분할가설로는 서로 다른 시장에서 결정되는 금리 간의 높은 상관관계를 설명하지 못한다.

🏛 필수핵심정리 ▶ 수익률곡선의 형태에 관한 이론

기대가설	• 수익률곡선은 미래 시장금리의 움직임에 대한 투자자의 예상에 의해 결정된다는 것 → 즉, 현재 시점에서 수익률곡선에 내재된 선도금리는 미래의 현물금리의 불편추정치라는 논리 • 위험중립적인 투자자를 가정
유동성 선호가설	• 장기채 수익률은 장기투자에 따른 유동성 프리미엄을 감안해야 하기 때문에 단기채 수익률보다 높아야 한다는 것 → 미래의 금리가 현재 수준을 유지할 것으로 예상하더라도 유동성 프리미엄으로 인해 수익률곡선이 우상향하는 형태를 가질 수 있음 • 위험회피적인 투자자를 가정
시장분할 가설	채권시장이 몇 개의 하부시장으로 분할되어 있기 때문에 수익률곡선의 모양은 각 시장의 수급에 따라 결정된다는 것 → 따라서 시장분할가설로는 서로 다른 시장에서 결정되는 금리 간의 높은 상관관계를 설명하지 못함

★★★
095 수익률곡선이 대체로 우상향하는 형태라는 것을 가장 잘 설명하는 이론은?

① 유동성선호가설
② 시장분할가설
③ 시장선호가설
④ 기대가설

> **해설** 장기채 수익률은 장기투자에 따른 유동성 프리미엄을 감안해야 하기 때문에 단기채 수익률보다 높아야 한다는 것이다. 따라서 미래의 금리가 현재 수준을 유지할 것으로 예상하더라도 유동성 프리미엄으로 인해 수익률곡선이 우상향하는 형태를 가질 수 있다.

★★★
096 다음 중 금리 리스크를 측정하는 방법이 아닌 것은?

① 듀레이션(duration), 수정듀레이션, 유효듀레이션
② 베이시스 포인트가치(BPV, Basis Point Value)
③ 베타(beta)
④ 볼록도(convexity)

> **해설** 베타는 주식시장 전체의 움직임에 대한 개별 증권의 민감도를 나타내는 것으로 주식의 체계적 리스크를 보여주는 지표이다. 금리 리스크란 금리가 변함에 따라 금리에 민감한 자산이나 부채의 가치가 변하는 리스크를 의미한다. 채권발행자의 입장에서는 금리변화가 자금조달비용에 영향을 미치고, 투자자의 입장에서는 투자자산의 수익률에 영향을 미친다.

★★★
097 다음에서 설명하고 있는 개념은?

> • 채권의 현금흐름을 회수하는 데 소요되는 가중평균기간이다.
> • 금리변화율에 따른 채권가격의 변화율, 즉 금리탄력성을 나타낸다.
> • 채권 현금흐름의 현재가치들의 무게중심을 나타낸다고 할 수 있다.
> • 만기, 수익률, 표면금리, 이자지급빈도에 의해 영향을 받는다.

① 듀레이션   ② 볼록성
③ 전환계수   ④ 최저가 인도채권(CTD)

> **해설** 듀레이션은 금리변동에 따른 채권의 가격민감도로서, 이표와 만기가 상이한 채권들의 금리 리스크를 비교할 때 사용되는 대표적인 측정치이다.

의미	① 채권의 현금흐름을 회수하는 데 소요되는 가중평균 기간(가중치는 각 시점의 현금흐름의 현재가치가 채권투자금액에서 차지하는 비율) → 듀레이션이 채권의 실제 만기를 의미하는 것이 아님 ② 금리변화율에 따른 채권가격의 변화율, 즉 금리탄력성을 나타냄 ③ 채권 현금흐름의 현재가치들의 무게중심을 나타냄
영향을 주는 요인	듀레이션은 만기, 수익률, 표면금리, 이자지급빈도에 의해 영향 받음 → 듀레이션은 채권의 만기(잔존기간)와 양(+)의 관계, 나머지 변수들과는 음(−)의 관계를 보임 ① 채권의 만기가 길수록 듀레이션이 크다. ② 채권의 수익률이 높을수록 듀레이션은 작다. ③ 표면금리가 클수록 듀레이션은 작다. ④ 이표 지급빈도가 클수록 듀레이션은 작다. ⑤ 이표지급이 없는 순수할인채의 경우 듀레이션은 만기와 일치한다(반면에, 이표채의 듀레이션은 만기보다 항상 작음).
수정 듀레이션	수정듀레이션$(D_m) = D \times \left(\dfrac{1}{1 + y/m} \right)$ (D는 듀레이션, y는 만기수익률, m은 연간이자지급횟수)

■ 듀레이션에 의한 채권가격의 변화율 계산

$$\frac{dP}{P} = -D_m \times dy \rightarrow dP = (-D_m \times dy) \times P$$

여기서, $\dfrac{dP}{P}$: 채권가격변화율 , dP : 채권가격변동분, D_m : 수정듀레이션, dy : 금리변동폭

★★★
098 듀레이션에 관한 설명으로 옳은 것은?

① 다른 조건이 일정하다면, 잔존만기 5년인 채권이 잔존만기 3년인 채권보다 듀레이션이 짧다.

② 다른 조건이 일정하다면, 잔존만기 3년인 순수할인채의 듀레이션은 잔존만기 3년인 이 표채의 듀레이션보다 짧다.

③ 다른 조건이 일정하다면, 표면금리가 3%인 채권이 표면금리가 6%인 채권보다 듀레이션이 짧다.

④ 다른 조건이 일정하다면, 3개월마다 이자를 지급하는 채권이 6개월마다 이자를 지급하는 채권보다 듀레이션이 짧다.

> **해설** 3개월마다 이자를 지급하는 채권(3개월 이표채)은 1년에 네 번 이자를 지급하며, 6개월마다 이자를 지급하는 채권(6개월 이표채)은 두 번 이자를 지급한다. 따라서 이표 지급빈도가 클수록 듀레이션은 작다. 틀린 지문을 바르게 고치면 다음과 같다. 다른 조건이 일정하다면,
> ① 잔존만기 5년인 채권이 잔존만기 3년인 채권보다 듀레이션이 길다.
> ② 잔존만기 3년인 순수할인채의 듀레이션은 잔존만기 3년인 이표채의 듀레이션보다 길다.
> ③ 표면금리가 3%인 채권이 표면금리가 6%인 채권보다 듀레이션이 길다.

※ 다음 내용을 읽고 질문에 답하시오(099~100).

> 수익률이 8%일 때, 연단위로 이자를 지급하는 (잔존)만기 3년인 이표채권의 듀레이션이 2.7년이라고 하자.

★★★
099 이 채권의 수정듀레이션은?

① 2.5년   ② 2.7년   ③ 2.9년   ④ 3년

해설 수정듀레이션$(D_m) = 2.7 \times \left(\dfrac{1}{1+0.08/1} \right) = 2.5$

★★★
100 다른 조건은 모두 일정하고 수익률만 8%에서 10%로 상승하였다면, 이 채권의 듀레이션은?

① 2.7년보다 길어진다.   ② 2.7년 보다 짧아진다.
③ 전과 동일하게 2.7년이다.   ④ 알 수 없다.

해설 다른 조건이 일정하다면, 채권의 수익률이 높을수록 듀레이션은 짧아진다. 따라서 다른 조건이 일정한 상태에서 수익률만 8%에서 10%로 상승하면, 이 채권의 듀레이션은 2.7년보다 작아진다.

★★★
101 다음 중 듀레이션이 가장 짧은 채권은?

① A채권 : 만기 5년, 연간 이자지급빈도 2회, 표면금리 4%
② B채권 : 만기 10년, 연간 이자지급빈도 4회, 표면금리 6%
③ C채권 : 만기 5년, 연간 이자지급빈도 4회, 표면금리 6%
④ D채권 : 만기 10년, 연간 이자지급빈도 2회, 표면금리 4%

해설 다른 조건이 일정하다면, 만기는 짧을수록(5년), 표면금리가 높을수록(6%), 이자지급 빈도수가 많을수록(4회) 듀레이션은 짧아진다. 따라서 모든 것을 종합적으로 고려하면 C채권의 듀레이션이 가장 짧고, D채권의 듀레이션이 가장 길다.

★★★
102 3년 만기 국채의 현재가치가 100이고 수정듀레이션이 2.5년이다. 이 채권의 수익률이 2% 상승할 때 채권의 가치는 얼마나 변동하겠는가?

① −2.5 　　　　② −4.5 　　　　③ −5.0 　　　　④ +3.5

> **해설** 수익률이 상승했으므로 채권가치는 하락했으며, 그 변동폭은 다음과 같이 계산한다.
> 채권가격변동분$(dP) = (-D_m \times dy) \times P = (-2.5 \times 2\%) \times 100 = -5$

★★★
103 만기수익률이 8%, 듀레이션이 1.56, 현금가격이 97.32(%)인 채권(연 2회 이표지급)에 1억원을 투자한 투자자는 수익률이 8%에서 9%로 상승할 때 얼마만큼의 손익이 발생하겠는가? 〔심화〕

① 1,460,000 손실 　　　　　　　② 1,500,000 손실
③ 1,560,000 손실 　　　　　　　④ 1,500,000 이익

> **해설** 수익률이 8%에서 9%로 1%(=dy) 상승했으므로 채권가격이 하락하여 손실이 발생했을 것이다. 손실금액은 다음과 같이 계산한다.
>
> ① 수정듀레이션(D_m)을 계산하면, $D_m = D \times \left(\dfrac{1}{1+y/m} \right) = 1.56 \left(\dfrac{1}{1+0.08/2} \right) = 1.5$
>
> ② 채권가격 변화율$\left(\dfrac{dP}{P} \right) = -D_m \times dy = -1.5 \times (+1\%) = -1.5\%$
>
> ③ 채권가격 변동폭$(dP) = (-D_m \times dy) \times P = -1.5 \times (+1\%) \times 97.32\% = -0.0146$
>
> ④ 손익 = -0.0146×1억원 = $-1,460,000$

★★★
104 채권의 볼록도(Convexity)에 관한 설명으로 옳지 않은 것은?

① 듀레이션에 의한 채권가격의 평가는 채권가격−수익률 곡선에 접하는 직선을 의미한다.
② 채권가격−수익률 곡선은 원점에 대해 볼록한 모양을 나타낸다.
③ 수익률의 변화폭이 증가할수록 듀레이션을 통해 추정한 채권가격 변동과 실제의 채권가격 변동의 차이가 커진다.
④ 채권가격과 수익률 간의 볼록성 때문에 금리 상승 시 가격하락폭이 금리 하락 시 가격상승폭보다 더 크게 된다.

> **해설** 채권가격−수익률 곡선은 원점에 대해 볼록한 모양이다. 따라서 채권가격과 수익률 간의 볼록성 때문에 금리 상승 시 가격하락폭보다 금리 하락 시 가격상승폭이 더 크게 된다.

📖 **필수**핵심정리 ▷ 채권가격-수익률 곡선과 볼록성(Convexity)

• 볼록성에 의한 채권가격의 변화율 계산

$$\frac{dP}{P} = \frac{1}{2} \times C \times (dy)^2$$

여기서, $\frac{dP}{P}$: 채권가격변화율

C : 볼록도

dy : 금리변동폭

★★★
105 3년 만기 국채의 현재가치가 100이고 수정듀레이션이 2.5년이며, 볼록도가 8이다. 이 채권의 수익률이 2% 하락할 때 채권의 가치는 얼마나 변동하겠는가?

① 2.56   ② 4.16   ③ 5.16   ④ −4.16

 수익률이 하락했으므로 채권가치는 상승했으며, 문제에서 볼록도가 주어졌을 때에는 듀레이션에 의한 가치변동과 볼록도에 의한 가치변동을 모두 고려하여 채권가치 변동을 계산하여야 한다. 그 변동폭은 다음과 같이 계산한다.

채권가격변동폭$(dP) = = \left\{(-2.5) \times (-2\%) + \frac{1}{2} \times 8 \times (-2\%)^2\right\} \times 100 = 5.16$

※ 듀레이션과 볼록도를 함께 고려한 채권가격 변동계산

• 채권가격 변화율$\left(\dfrac{dP}{P}\right) = -D_m \times dy + \dfrac{1}{2} \times C \times (dy)^2$

• 채권가격 변동폭$(dP) = \left\{(-D_m \times dy) + \dfrac{1}{2} \times C \times (dy)^2\right\} \times P$

★★★
106 A채권의 듀레이션은 2.6년이며 볼록도는 8이다. B채권의 듀레이션은 1.8년이며 볼록도는 6이다. A채권에 60억원을 투자하고 B채권에 40억원을 투자하였다. 이때 A와 B채권으로 구성된 채권포트폴리오의의 듀레이션과 볼록도는 각각 얼마인가? **심화**

① 듀레이션(1.28년), 볼록도(6.2)　　　　② 듀레이션(2.28년), 볼록도(7.2)
③ 듀레이션(2.60년), 볼록도(8.0)　　　　④ 듀레이션(2.20년), 볼록도(7.0)

> **해설** 채권포트폴리오의 듀레이션과 볼록도는 개별채권의 듀레이션과 볼록도의 가중평균으로 계산된다.
> - 채권포트폴리오의 듀레이션 $= 2.6년 \times \left(\dfrac{60억}{100억}\right) + 1.8년 \times \left(\dfrac{40억}{100억}\right) = 2.28$
> - 채권포트폴리오의 볼록도 $= 8 \times \left(\dfrac{60억}{100억}\right) + 6 \times \left(\dfrac{40억}{100억}\right) = 7.2$

★★★
107 향후 수익률을 예상한 채권투자전략 중 옳지 않은 것은?

① 수익률 상승이 예상되면 장기채에 대한 투자를 줄인다.
② 수익률 상승이 예상되면 표면금리가 높은 채권에 대한 투자를 늘린다.
③ 수익률 하락이 예상되면 이자지급횟수가 많은 채권에 대한 투자를 늘린다.
④ 수익률 하락이 예상되면 듀레이션이 긴 채권에 투자한다.

> **해설** 수익률 하락이 예상되면 이자지급횟수가 적은 채권에 대한 투자를 늘린다.
>
> | 금리 상승 예상 시 | 듀레이션이 짧은 채권에 투자 → 단기채, 표면금리가 높은 채권, 이자지급횟수가 많은 채권에 투자 |
> |---|---|
> | 금리 하락 예상 시 | 듀레이션 긴 채권에 투자 → 장기채, 표면금리가 낮은 채권, 이자지급횟수가 적은 채권에 투자 |

108 다음 중 금리하락 예상 시 투자하기에 가장 바람직한 채권은?

① A채권 : 만기 5년, 연간 이자지급빈도 2회, 표면금리 4%
② B채권 : 만기 10년, 연간 이자지급빈도 4회, 표면금리 6%
③ C채권 : 만기 5년, 연간 이자지급빈도 4회, 표면금리 6%
④ D채권 : 만기 10년, 연간 이자지급빈도 2회, 표면금리 4%

> **해설** 금리 하락이 예상되면(즉 가격상승이 예상되면), 듀레이션이 긴 채권에 투자하는 것이 좋다. 다른 조건이 일정하다면, 만기는 길수록(10년), 표면금리가 낮을수록(4%), 이자지급 빈도수가 적을수록(2회) 듀레이션은 길어진다. 따라서 모든 것을 종합적으로 고려하면 D채권의 듀레이션이 가장 길다.

★★★
109 금리선물과 채권투자에 관한 설명으로 옳지 않은 것은?

① 금리선물이란 금리 또는 금리에 의해 가격이 결정되는 채권을 거래대상으로 하는 선물계약이다.

② 향후 금리상승이 예상되면 채권 포트폴리오의 듀레이션을 감소시킨다.

③ 향후 금리상승이 예상되면 장기채 비중을 축소하고 단기채의 비중을 늘린다.

④ 향후 금리상승이 예상되면 금리선물을 매수함으로써 채권 포트폴리오의 듀레이션을 감소시킬 수 있다.

> **해설** 향후 금리상승이 예상되면 채권가격 하락에 대비하여 금리선물을 매도함으로써 채권 포트폴리오의 듀레이션을 감소시킬 수 있다. 반면에, 향후 금리하락이 예상되면 채권가격 상승에 대비하여 금리선물을 매수함으로써 채권 포트폴리오의 듀레이션을 증가시킬 수 있다. 금리선물이란 금리 또는 금리에 의해 가격이 결정되는 채권을 거래대상으로 하는 선물계약으로, 금리변동에 따른 금융자산의 가격변동위험을 헤지하기 위하여 장래 일정시점에서의 예상금리를 매매하는 선물계약이다.

★★★
110 금리선물의 거래방식 중 기초자산의 실물인수도가 없고 채권가격으로 거래하는 금리선물은?

① CME Group에서 거래되는 유로달러선물

② CME Group에서 거래되는 T-Bill 선물

③ CME Group에서 거래되는 T-Bond 선물

④ 한국거래소에서 거래되는 국채(KTB)선물

> **해설** 한국거래소에서 거래되는 국채(KTB) 선물은 기초자산의 실물인수도가 없고 채권가격으로 거래하는 방식이다. 금리선물을 거래방식에 의해 분류하면 각 상품의 특성과 가격결정논리를 이해하기 쉽다.

거래방식에 따른 분류	① 기초자산의 실물인수도가 없고 기초자산의 금리를 지수화하여 거래하는 방식 → CME Group에서 거래되는 유로달러선물, T-Bill선물, 연방기금 금리선물
	② 기초자산을 만기에 인수도하는 동시에 채권가격으로 거래하는 방식 → CME Group에서 거래되는 T-Bond 선물과 T-Note 선물
	③ 기초자산의 실물인수도가 없고 채권가격으로 거래하는 방식 → 한국거래소에서 거래되는 국채(KTB)선물
기초자산의 만기에 따른 구분	① 단기금리선물(기초자산의 만기가 1년 이하) → 유로달러선물, 연방기금 금리선물
	② 중기금리선물(기초자산의 만기가 1년 이상 10년 미만) → 한국국채선물, T-Note 선물
	③ 장기금리선물(기초자산의 만기가 10년 이상) → T-Bond 선물

★★★
111 금리선물 중 기초자산의 실물인수도가 없고 기초자산의 금리를 지수화하여 거래하는 방식이 아닌 것은?

① T-Bill 선물　　　　　　　　　② 유로달러(Eurodollar) 선물

③ T-Bond 선물　　　　　　　　　④ 연방기금 금리선물

> 해설　T-Bond 선물은 기초자산의 만기가 10년 이상인 장기금리선물로서 기초자산을 만기에 인수도하는 동시에 채권가격으로 거래하는 방식을 사용한다.

★★★
112 다음 금리선물 중 가격을 표시할 때 IMM Index 방식을 채택한 선물은?

① T-Note 선물　　　　　　　　　② 유로달러선물

③ T-Bond 선물　　　　　　　　　④ 한국 국채선물

> 해설　유로달러선물을 제외하고는 모두 채권가격으로 표시한다. IMM Index란 국제통화시장(IMM, International Money Market) 지수방식으로서 [가격 = 100 − 금리]로 표시하는 방법이다.

★★★
113 유로달러(Eurodollar)에 관한 설명으로 옳지 않은 것은?

① 유로달러(Eurodollar)는 유럽지역의 금융기관에 예치된 달러를 말한다.
② 유로달러시장은 각국의 금융규제를 벗어나 자유롭고 효율적으로 금융거래가 중개되며, 시간적으로 제약을 받지 않는 범세계적인 국제금융시장이다.
③ 유로달러시장은 오늘날 국제적인 달러 자금의 대출 및 차입이 이루어지는 중요한 국제금융시장으로 발전했다.
④ 유로달러의 금리를 LIBOR(London Inter Bank Offered Rate)라고 하며, LIBOR는 채권이나 기타 증권들의 발행에 있어서 기준이 되는 중요한 변동금리의 역할을 하고 있다.

> **해설** 유로(Euro)라는 명칭이 유럽이라는 특정지역을 의미하지는 않는다. 유로달러(Eurodollar)는 미국이 아닌 지역의 금융기관에 예치된 달러를 말한다.

★★★
114 유로달러선물(Eurodollar Futures)에 관한 설명으로 옳은 것은?

① 미국 CME Group에서 거래되는 유로달러선물의 거래대상은 6개월 LIBOR이다.
② 유로달러선물의 만기는 매년 3, 6, 9, 12월의 세 번째 수요일로부터 2영업일 전이다.
③ 만기에 실물인수도 결제방식을 택하고 있다.
④ 유로달러선물의 거래대상이 되는 정기예금의 액면은 100만 달러이므로 선물가격이 0.01 움직일 경우 $100에 해당된다.

> **해설** ① 유로달러선물의 거래대상은 3개월 LIBOR이다.
> ③ 만기에 현금결제방식을 택하고 있다.
> ④ 유로달러선물의 거래대상이 되는 정기예금의 액면은 100만 달러이므로 선물가격이 0.01 움직일 경우 $25에 해당된다. 왜냐하면 0.01은 1bp(basis point)인데 이는 3개월 이자율을 연율로 표시한 것이므로 실제로는 1/4bp의 움직임을 의미하기 때문이다. 따라서 0.01의 가격변동은 25달러(= 100만 달러×0.01%×$\frac{90}{360}$)가 움직이는 것이다.

거래대상	3개월 만기의 유로달러 정기예금
거래단위	$1,000,000
가격표시방법	IMM 지수방식 : 100 − 3개월 LIBOR
1 bp	$= \$25(= 100만 달러 \times 0.01\% \times \dfrac{90}{360})$
일일가격변동 제한폭	없음
결제월	최근 연속 4개월 + 3, 6, 9, 12월
결제방법	현금결제
결제일	최종거래일
최종거래일	각 결제월의 세 번째 수요일로부터 2영업일 전 런던은행 영업일
최종결제가격	100 − 3개월 LIBOR

★★★
115 현재시점에서 1개월 LIBOR가 2%, 4개월 LIBOR가 3%라고 할 때, 향후 1개월 후에 만기가 되는 유로달러선물의 이론가격은?

① 96.68   ② 97.68   ③ 98.68   ④ 99.68

 이 문제에서, $r_1 = 2\%$, $t_1 = 30$일, $r_2 = 3\%$, $t_2 = 120$일이다.

$$\left(1 + 2\% \times \frac{30}{360}\right)\left(1 + R \times \frac{120-30}{360}\right) = \left(1 + 3\% \times \frac{120}{360}\right), \quad \therefore R = 0.0332(3.32\%)$$

따라서 이론가격 = 100 − R = 100 − 3.32 = 96.68

🏛 **필수**핵심정리 ▶ 유로달러선물의 이론가격 계산

유로달러선물의 이론가격은 내재선도금리에 의해 결정된다. 유로달러선물의 거래대상이 선물만기일부터 3개월 LIBOR이므로 현물금리에 내재되어 있는 선도금리를 먼저 계산한 후 100에서 차감하여 이론가격을 계산한다.

① 내재선도금리(R) 계산 : $\left(1 + r_1 \times \dfrac{t_1}{360}\right)\left(1 + R \times \dfrac{t_2 - t_1}{360}\right) = \left(1 + r_2 \times \dfrac{t_2}{360}\right)$

② 이론가격 = 100 − R

★★★
116 연방기금 금리선물(Fed Funds Futures)에 관한 설명으로 옳지 않은 것은?

① 거래대상은 유효연방기금금리이다.

② 가격표시방법은 [100 − 유효연방기금금리]이다.

③ 만기월 특정일의 연방기금 금리선물의 시장가격은 유효연방기금금리의 (현재시점까지의) 실제 평균치와 (만기일까지의) 기대평균치의 가중평균을 반영한다.

④ 결제방법은 결제월의 일평균 유효연방기금금리(뉴욕연방은행 산출)에 의해 현금결제한다.

> **해설** 연방기금 금리선물의 가격표시방법은 [100 − 결제월의 일평균 유효연방기금금리]이다. 미국 은행들은 법에 의해 준비금을 보유해야 하는데, 은행들이 준비금을 초단기로 차입하거나 대여하는 단기자금시장이 연방기금시장(우리 나라의 콜시장에 해당)이다. 이런 시장에서 은행들 간의 일일거래에 적용되는 금리를 연방기금금리라고 한다. 뉴욕 연방은행은 은행 간 거래에서 형성된 금리를 가중평균하여 매일 발표하는데 이를 '유효연방기금금리'라고 한다.

🏛 **필수핵심정리** ▶ 연방기금 금리선물의 계약명세

거래대상	연방기금금리
거래단위	$5,000,000
가격표시방법	100 − 결제월의 일평균 유효연방기금금리
계약월	36개 연속월
최종거래일	결제월의 최종영업일
결제방법	결제월의 일평균 유효연방기금금리(뉴욕연방은행 산출)에 의해 현금결제

★★★
117 ○○년 6월 10일 연방기금금리선물 6월물의 선물가격이 99.625라고 하자. 6월 10일까지 10 일 동안의 유효연방기금금리의 평균이 0.379%라면, 6월 10일 현재시점의 선물가격에 내재 된 20일 잔존기간 동안의 유효연방기금금리의 평균 예상치가 얼마임을 의미하는가? 심화

① 0.233% ② 0.373% ③ 0.384% ④ 0.484%

> **해설** 연방기금 금리선물의 가격표시방법은 [100 − 결제월의 일평균 유효연방기금금리]이다. 6월물 선물가격이 99.625 이므로 결제월의 일평균 유효연방기금금리는 0.375%이다. 6월 10일까지 10일 동안의 유효연방기금금리의 평균이 0.379%이므로 $\left(0.379\% \times \dfrac{10}{30} + x \times \dfrac{20}{30} \right) = 0.375\%$, $\therefore x = 0.373\%$. 이것은 6월 10일 현재시점의 선물가격에 내 재된 20일 잔존기간 동안의 유효연방기금금리의 평균 예상치가 0.373%임을 의미한다.

★★★
118 단기금리선물에 관한 설명으로 적절하지 않은 것은?

① 단기금리선물은 금리를 연율로 표시하여 지수로 만들어서 거래한다.

② 단기금리선물은 일반적으로 채권가격으로 거래하며, 현금결제방식을 택하고 있다.

③ 유로달러(Eurodollar) 선물은 3개월 선도 LIBOR를 거래하며, IMM지수방식으로 호가한다.

④ 연방기금 금리선물의 거래대상은 유효연방기금금리이며, 결제월의 최종거래일에 현금
결제를 한다.

> **해설** 단기금리선물은 금리를 연율로 표시하여 지수로 만들어서 거래하는데, 이 중 대표적인 경우가 IMM 지수방식이다.
> IMM 지수(Index) 방식은 이자율을 연율로 표시한 후 100에서 차감한 값을 가격으로 거래하는 방식이다.

···TOPIC 22 채권선물

★★★
119 T-Bond에서 호가가 99-24일 경우, 이는 액면가의 몇 %를 의미하는가?

① 99.00%　　　② 99.24%　　　③ 99.45%　　　④ 99.75%

> **해설** 할인율로 호가되는 T-Bill과는 달리 T-Bond는 가격(액면가의 %)으로 호가된다. 소수점 이하의 가격은 1%의 1/32
> 단위로 표시한다. 따라서 99-24는 액면가의 $\left(99 + \dfrac{24}{32} = 99.75\right)$ %를 의미한다.

※ 다음 내용을 보고 질문에 답하시오(120~121).

> 2017년 3월 5일 현재 만기일이 2022년 7월 10일인 T-Bond(이표 : 연 7%)의 호가가 95-16
> 이라고 하자. 이전 이자지급일이 2017년 1월 10일이고, 다음 이자지급일이 2017년 7월 10일
> 이다. 2017년 1월 10일과 2017년 3월 5일간의 일수는 54일, 2017년 1월 10일과 2017년 7
> 월 10일간의 일수는 181일이다(이자계산 시 일수계산은 act/act 방식을 사용).

★★★
120 T-Bond의 매수자가 매도자에게 지불하여야 할 경과이자(이전 이자지급일로부터 매매일까
지 발생한 이자)는 얼마인가?(액면가의 %) [심화]

① 1.0007   ② 1.0242   ③ 1.0442   ④ 1.0642

 경과이자 = $\dfrac{1}{2} \times 7 \times \dfrac{54}{181}$ = 1.0442. 채권매수자는 이전 이자지급일(2017년 1월 10일)로부터 매매일(2017년 3
월 5일)까지 발생한 이자, 즉 경과이자를 호가에 더하여 지불하여야 한다. 여기서 1/2을 곱한 것은 T-Bond가 6개
월마다 이자를 지급하기 때문이다.

★★★
121 이 문제에서 현금가격은 얼마인가?(액면가의 %, 소수 둘째 자리까지) [심화]

① 96.00   ② 96.54   ③ 96.84   ④ 97.00

 T-Bond의 호가를 순수가격, 호가에 경과이자를 더한 가격을 현금가격이라고 한다[현금가격 = 호가 + 경과이자].
따라서 현금가격은 96.54(= 95.50 + 1.0442)이다. T-Bond는 가격(액면가의 %)으로 호가되며, 소수점 이하의 가
격은 1%의 1/32단위로 표시한다. 따라서 95-16은 액면가의 95.50%(= 95-16 = 95 + 16/32)를 말하며, 현금가
격 96.54는 액면가 10만 달러의 %로 표시된 것이므로 현금가격은 $96,540이 된다.

★★★
122 T-Bond 선물에 관한 설명으로 옳지 않은 것은?

① 미국 재무부가 발행한 T-Bond를 기초자산으로 하는 채권선물이다.
② 거래대상은 만기 20년, 표면금리 4%인 T-Bond이다.
③ 계약단위는 10만 달러이다.
④ 만기월에 실물인수도가 이루어지며, 인도가능한 채권은 인도월의 첫 영업일을 기준으로
잔존만기 15년 이상 25년 미만인 T-Bond이다.

해설 거래대상은 만기 30년, 표면금리 6%인 T-Bond이다.

거래대상	T−Bond(만기 30년, 표면금리 6%)
계약단위	$100,000
가격표시방법	액면가의 백분율
호가단위	1/32%(계약당 $31.25)
일일가격변동 제한폭	없음
인도월	3개의 연속적 분기월
인도일	인도월의 최종영업일 이전의 모든 영업일
최종거래일	인도월의 최종영업일부터 7영업일 전 12시 1분
결제방법	실물인수도(연방준비은행 book−entry상의 전산 계좌이체)
인도가능채권	(인도월의 첫 영업일을 기준으로) 잔존만기 15년 이상 25년 미만인 T−Bond

★★★
123 T−Bond 선물의 호가가 100 − 025일 경우, 이를 가격으로 환산하면?

① $100,025.13 ② $100,055.13
③ $100,058.13 ④ $100,078.13

해설 T−Bond 선물의 가격은 액면가에 대한 백분율(%)로 표시되며 최소호가단위는 액면가의 1/32%로 $31.25

$\left(= \$100,000 \times \dfrac{1}{32} \times \dfrac{1}{100}\right)$이다. T−Bond 선물의 호가가 100−025일 경우 이는 액면가($100,000)의

$\left(100 + \dfrac{2.5}{32} = 100.078125\right)$%를 의미한다. 따라서 $\left(100 + \dfrac{2.5}{32}\right)$%를 가격으로 환산하면 $100,078.130이 된다.

★★★
124 T−Bond 선물의 전환계수(CF, Conversion Factor)에 대한 설명으로 옳지 않은 것은?

① 특정 채권의 전환계수는 결제월주기 동안 일정하다.
② 채권의 이표율이 6%이면 전환계수는 1이다.
③ 채권의 이표율이 6%보다 크면 전환계수는 1보다 작다.
④ 채권의 전환계수가 클수록 헤지를 위한 선물계약 수는 증가한다.

해설 채권의 이표율이 6%보다 크면 전환계수는 1보다 크며, 이표율이 6%보다 작으면 전환계수는 1보다 작다. 전환계수는 표준물 가격에 대한 인도대상채권의 가격비율이다. 따라서 채권의 전환계수가 클수록 인도대상채권의 가치가 표준물의 가치보다 크다는 것이므로 이를 헤지하기 위한 선물계약 수는 증가한다.

🏛 필수핵심정리 · T-Bond 선물에서의 전환계수

전환계수의 필요성	T-Bond 선물의 거래대상은 30년 만기, 표면금리 6%인 국채인 반면, 실제 인도되는 채권 은 만기와 표면금리가 매우 다양하기 때문에 선물계약 만기일에 인도되는 채권을 표면금리 6%인 표준물 가격으로 전환시키기 위함
전환계수의 정의	• 표준물 가격에 대한 인도대상채권의 가격비율 $\rightarrow$ 전환계수$(CF) = \dfrac{\text{인도대상채권의 가격}}{\text{표준물의 가격}}$ • 표준물 미래가치 1달러에 대한 인도대상채권의 가치 **예** 전환계수가 0.85인 T-Bond의 경우, 현재 T-Bond 선물가격이 100에 호가되고 있으 면, 85에 호가되고 있는 것임
전환계수의 특징	• 전환계수는 각 현물채권 및 각 결제월별로 하나의 유일한 값을 지니며 특정 결제월 주기 동안 일정하다. • 표준물의 전환계수는 당연히 1이고, 채권의 이표율이 6%(표준물)보다 크면 전환계수는 1보다 크며, 이표율이 6%보다 작으면 전환계수는 1보다 작다.

★★★
125 T-Bond 선물의 정산가격(EDSP)이 120-08일 때, 전환계수(CF)가 0.90인 T-Bond의 조정
선물가격(AFP, Adjusted Futures Price)은? 심화

① 108.225　　　　② 118.285　　　　③ 120.080　　　　④ 120.250

 [조정선물가격(AFP) = 선물의 정산가격(EDSP)×전환계수]
= (120-08)×0.9 = (120 + 8/32)×0.9 = 120.25×0.9 = 108.225 → 표준물과 상이한 T-Bond에 해당하는 선물
가격은 T-Bond 선물의 정산가격(EDSP)에 전환계수를 곱하여 계산할 수 있는데, 이를 조정선물가격이라고 한다.
정산가격(EDSP)이란 선물의 일일정산을 위한 정산가격을 말한다.

★★★
126 T-Bond 선물의 정산가격(EDSP)이 115-08, 인도하는 채권(CTD)의 경과이자가 0.3366, 전
환계수가 0.92일 때, 청구금액은 얼마인가? 심화

① 100,365.50달러　　　　　　　　② 106,365.50달러
③ 110,365.50달러　　　　　　　　④ 115,365.50달러

해설 청구금액 = (115 + 8/32)×0.92 + 0.3355 = 106.3655
→ 액면 $100,000의 106.3655%이므로 청구금액은 $106,365.50

<table>
<tr><td>📖 **필수**핵심정리</td><td colspan="2">청구금액</td></tr>
<tr><td>의미</td><td colspan="2">표준물이 아닌 T-Bond로 인수도가 이루어질 경우, T-Bond 선물의 매도자가 선물 매수자로부터 받게 되는 금액(= 선물 매도자의 수령금액 = 선물 매수자의 지급금액)</td></tr>
<tr><td>계산식</td><td colspan="2">청구금액 = 조정선물가격 + 경과이자
= 정산가격×인도채권의 전환계수 + 경과이자</td></tr>
</table>

★★★ 127 최저가 인도채권(CTD, Cheapest-to-Deliver Bond)에 대한 설명으로 옳지 않은 것은?

① 선물매도자는 자신에게 가장 유리한(저렴한) 채권을 인도하게 되는데, 이때 인도하는 채권을 최저가인도채권(CTD)이라고 한다.

② 채권수익률이 6%보다 높으면 이표가 낮고 만기가 긴 채권을 인도하는 것이 유리하다.

③ 채권수익률이 6%보다 낮으면 이표가 높고 만기가 짧은 채권을 인도하는 것이 유리하다.

④ 수익률곡선이 우상향하면 만기가 짧은 채권을 인도하고, 수익률곡선이 우하향하면 만기가 긴 채권을 인도하는 것이 유리하다.

> **해설** 수익률곡선이 우상향하면 만기가 긴 채권일수록 가격이 싸지고, 수익률곡선이 우하향하면 만기가 긴 채권일수록 비싸진다. 따라서 수익률곡선이 우상향하면 만기가 긴 채권을 인도하고, 수익률곡선이 우하향하면 만기가 짧은 채권을 인도하는 것이 유리하다. T-Bond 선물의 인도채권은 해당 결제월의 첫째 날을 기준으로 할 때 잔여만기가 15년 이상 25년 미만인 국채이면 표면금리와 상관없이 어느 것이든 가능하다. 따라서 선물매도자는 인도채권을 선택할 권리가 있으므로 가장 유리한(저렴한) 것을 인도하게 될 것이다. 이를 최저가인도채권(CTD, Cheapest-to-Deliver Bond)이라고 부른다.

★★★ 128 T-Bond 선물에서 선물시장 폐장시간(오후 2시)과 실물인도 의사통지 최종시간(오후 8시) 간의 차이로 인해서 선물매도자는 선물시장 종료 후 현물가격 추이를 보며 시간적 여유를 가질 수 있다. 이러한 선물매도자의 인도 옵션을 무엇이라 하는가?

① 와일드카드옵션　　　　　　② 품질옵션

③ 인도시점옵션　　　　　　　④ 월말옵션

> **해설** 선물계약 만기 시 실물인수도에 관한 의사결정권한은 선물매도자가 갖게 되는데, 어느 채권을 언제 인도할 것인가에 관한 인도옵션을 매도자 옵션이라고 한다. 이러한 매도자 인도 옵션에는 품질옵션, 인도시점옵션, 월말옵션, 와일드카드옵션 등이 있다. 선물폐장시간(오후 2시)과 실물인도 의사표시 마감시간(오후 8시) 간의 차이로 인해서 선물매도자는 선물시장 종료 후 현물가격 추이를 보며 시간적 여유를 갖는데, 이를 와일드카드옵션(Wild card option)이라 한다.

★★★
129 한국 국채선물(Korea Treasury Bond Futures) 시장에 관한 설명으로 옳지 않은 것은?

① 현재 3년물, 5년물, 10년물 국채선물이 상장되어 거래되고 있다.

② 모든 국채선물의 거래대상이 표면금리 연 5%, 6개월 이표지급방식의 가상 국채이다.

③ 최종결제방법은 3년물과 5년물 국채선물은 현금결제, 10년물 국채선물은 실물인수도 결제한다.

④ 거래단위는 모두 액면가 1억원이며, 가격표시방법은 액면가 100원을 기준으로 소수점 둘째 자리까지 표시한다.

> **해설** 최종결제방법은 3년물, 5년물, 10년물 국채선물 모두 현금결제방식을 택하고 있다. 현금결제를 위한 최종결제가격은 바스켓에 포함된 국채의 최종거래일 유통수익률을 산술평균한 후 이를 표준물(5%)의 국채가격 계산공식에 넣어 산출한다.

🏛 **필수핵심정리** ▶ 한국거래소의 국채선물(3년물/5년물/10년물) 상품명세

거래대상	3년(5년/10년)만기 국고채(표면금리 5%, 6개월 단위 이표지급방식)
거래단위	액면가 1억원
결제월	3, 6, 9, 12월
상장결제월	6월 이내의 2개 결제월
가격표시방법	액면가 100원을 기준으로 표시(소수점 둘째 자리까지 표시)
호가가격단위	0.01(1틱의 가치 = 10,000원 = 1억원×0.01×1/100)
최종거래일	결제월의 세 번째 화요일(공휴일인 경우 순차적으로 앞당김)
최종결제일	최종거래일의 다음 거래일
결제방법	현금결제
거래시간	09:00~15:45(최종거래일 09:00~11:30)

···TOPIC 23 금리선물 거래유형 – 차익거래

※ 현재시점에서 1개월 LIBOR가 5%, 4개월 LIBOR가 5.5%이며, 향후 1개월 후에 만기가 되는 유로달러선물의 시장가격이 94.86이라는 가정하에 다음 질문에 답하시오(130~131).

★★★
130 현재시점에서 1개월 후에 만기가 되는 유로달러선물의 이론가격은?(이산복리를 가정)

① 94.36   ② 94.50   ③ 95.00   ④ 95.36

 해설 이 문제에서, $r_1 = 5\%$, $t_1 = 5.5\%$, $t_2 = 120$일이다.

$$\left(1 + 5\% \times \frac{30}{360}\right)\left(1 + R \times \frac{120-30}{360}\right) = \left(1 + 5\% \times \frac{120}{360}\right), \therefore R = 0.0564(5.64\%)$$

따라서 [이론가격 = 100 − R] = 100 − 5.64 = 94.36

🏛 필수핵심정리

유로달러선물의 차익거래 방법(절차)

① 내재선도금리(R) 계산	유로달러선물의 이론가격은 내재선도금리에 의해 결정됨 → $\left(1 + r_1 \times \frac{t_1}{360}\right)\left(1 + R \times \frac{t_2-t_1}{360}\right) = \left(1 + r_2 \times \frac{t_2}{360}\right)$
② 이론가격 계산	유로달러선물의 거래대상이 선물만기일부터 3개월 LIBOR이므로 현물금리에 내재되어 있는 선도금리를 먼저 계산한 후, 100에서 차감하여 이론가격을 계산 → 이론가격(F^*) = 100 − R
③ 이론가격(F^*)과 시장가격(F)을 비교한 후 차익거래 실행	

시장가격의 평가	차익거래 포지션 구성
시장가격(F) > 이론가격(F^*) → 시장가격 고평가	유로달러선물 1계약 매도 + 100만 달러를 단기금리(r_1)로 차입(조달) + 100만 달러를 장기금리(r_2)로 대출(운용)
	→ 유로달러선물 1계약 매도는 (r_2-r_1)기간 동안 [100 − 시장가격]% 금리로 차입하는 효과(즉, 유로달러선물 매도는 차입금리 고정효과)
시장가격(F) < 이론가격(F^*) → 시장가격 저평가	유로달러선물 1계약 매수 + 100만 달러를 단기금리(r_1)로 대출(운용) + 100만 달러를 장기금리(r_2)로 차입(조달)
	→ 유로달러선물 1계약 매수는 (r_2-r_1)기간 동안 [100 − 시장가격]% 금리로 대출하는 효과(즉, 유로달러선물 매수는 대출금리 고정효과)

★★★
131 유로달러선물 1계약을 가지고 차익거래를 할 때, 다음 설명 중 옳은 것은?

① 시장가격이 이론가격에 비해 저평가되어 있다.

② 유로달러선물 1계약을 매도한다. 이는 90일간 5.14%로 차입하는 효과를 본다.

③ 100만 달러를 30일간 5%로 대출한다.

④ 100만 달러를 120일간 5.5%로 차입한다.

해설 유로달러선물의 시장가격(94.86)이 이론가격(94.36)에 비해 고평가되어 있으므로 유로달러선물을 94.86에 1계약 매도(90일간 5.14%로 차입하는 효과)하고, 100만 달러를 단기(30일간) 5%로 차입하여 장기(120일간) 5.5%로 대출하는 차익거래를 할 수 있다. 이러한 차익거래를 통해 $1,250의 이익을 얻을 수 있다.

차익거래 이익 = $(5.5\% - 5\%) \times \dfrac{120 - 30}{360} \times \$1,000,000 = \$1,250$

선물 고평가 시	→ 선물매도(차입) + 단기금리조달(차입) + 장기금리운용(대출)
선물 저평가 시	→ 선물매수(대출) + 단기금리운용(대출) + 장기금리조달(차입)

유로달러선물의 매수는 선물 만기시점부터 대출(운용)금리를 (100 − 선물가격)%로 고정한 것과 동일하며, 유로달러선물의 매도는 선물 만기시점부터 차입(조달)금리를 (100 − 선물가격)%로 고정한 것과 동일하다.

★★★
132 현재시점에서 1개월 LIBOR가 3%, 4개월 LIBOR가 4%라고 가정할 때 향후 1개월 후에 만기가 되는 유로달러선물의 시장가격이 96.68이라고 할 때, 다음 설명 중 옳지 않은 것은?(이산복리를 가정)

① 유로달러선물은 고평가되어 있다.

② 향후 1개월 후 3개월 선도금리는 4.32%이다.

③ 유로달러선물 이론가격은 95.68이다.

④ 유로달러선물 1계약을 매수하고, 100만 달러를 30일간 3%로 운용하고, 120일간 4%로 차입하는 차익거래를 할 수 있다.

해설 먼저 내재선도금리를 계산하면, $(r_1 = 3\%, t_1 = 30$일$, r_2 = 4\%, t_2 = 120$일$)$

$$\left(1 + 3\% \times \frac{30}{360}\right)\left(1 + R \times \frac{120 - 30}{360}\right) = \left(1 + 4\% \times \frac{120}{360}\right), \therefore R = 0.0432(4.32\%)$$

따라서 [이론가격 = 100 − R] = 100 − 4.32 = 95.68 → 시장가격(96.68)이 이론가격(95.68)보다 높으므로 유로달러선물은 고평가되어 있다. 그러므로 고평가된 유로달러선물 1계약을 매도(100 − 96.68 = 3.32%로 차입한 효과)하고, 100만 달러를 30일간 3%로 차입하고, 120일간 4%로 운용하는 차익거래를 할 수 있다.

★★★
133 ○○년 2월 15일 현재 고려기업은 ○○년 3월 중순경에 3개월 LIBOR 연동 변동금리로 1억 달러를 3개월간 차입할 예정이나, 향후 LIBOR의 상승이 우려되어 유로달러선물로 헤지하고자 한다. 현재 1개월후 3개월 선도 LIBOR가 1.50%, 유로달러선물 3월물 시장가격은 98.50에 거래되고 있다. 고려기업이 유로달러선물을 이용하여 헤지하는 경우 헤지전략 및 성과에 대해 바르게 설명한 것은? 심화

① ○○년 3월물 유로달러선물 10계약을 매도한다.
② 유로달러선물(3월물)의 시장가격이 이론가격과의 가격괴리가 없으므로, 고려기업이 원하는 헤지성과를 얻을 수 있다.
③ 유로달러선물을 매도함으로써 현재시점으로부터 3개월 동안 1.50%로 차입하는 효과를 볼 수 있다.
④ ○○년 3월 15일 3개월 LIBOR가 하락하는 경우 실질차입금리는 1.5%보다 낮게 된다.

해설 유로달러선물 1계약은 100만 달러이므로 1억 달러를 매도헤지하기 위해서는 유로달러선물 100계약을 매도해야 한다. 3개월 선도 LIBOR가 1.5%이므로 이론가격은 98.50(= 100 − 1.5)이 되어 시장가격과 같다. 유로달러선물을 매도함으로써 선물만기일(3월 세 번째 수요일)로부터 3개월 동안 선도 LIBOR(1.50%)로 차입비용을 확정할 수 있다. 유로달러선물(3월물)의 시장가격이 가격괴리가 없기 때문에 LIBOR가 상승하든 하락하든 실질차입금리는 유로달러선물가격에 내재된 3개월 LIBOR인 1.5%가 된다.

★★★
134 한국거래소에서 거래되는 3년 만기 국채의 현물가격, 선물가격 및 이론가격이 다음과 같다고 가정하자. 이때 현물 100억원(액면기준)을 이용하여 차익거래를 실행할 경우 필요한 3년 국채선물의 계약수는? 심화

구분	현물가격	3년 국채선물 가격	선물의 이론가격
가격	4.12%(102.38)	111.32	110.82
수정듀레이션	2.47	2.80	

① 71계약 매수   ② 71계약 매도   ③ 81계약 매도   ④ 91계약 매도

 해설 선물가격(111.32)이 이론가격(110.82)에 비해 고평가된 상황이다. 따라서 현물을 매수하고 국채선물을 매도하는 매수차익거래를 실행하면 무위험수익을 얻을 수 있다. 먼저, 차익거래를 위해 현물 100억원(액면기준)에 해당하는 선물계약수를 구하면 81계약이 된다. 즉, 액면 100억원의 채권을 매수하는 동시에 3년국채선물 81계약을 매도하면 된다.

$$\text{차익거래 시 선물계약수} = \frac{\text{현물가치}}{\text{선물1계약가치}} \times \frac{\text{현물의 수정듀레이션}}{\text{선물의 수정듀레이션}}$$

$$= \frac{100억 \times 102.38/100}{111.32 \times 1,000,000} \times \frac{2.47}{2.80} \fallingdotseq 81$$

🏛 필수핵심정리 국채선물의 차익거래

선물가격 < 이론가격 → 매도차익거래	= 현물매도 + 선물매수
선물가격 > 이론가격 → 매수차익거래	= 현물매수 + 선물매도

→ 국채선물의 차익거래 시 현물과 선물가격 움직임 사이에서 괴리가 발생하므로 현물과 선물의 수정듀레이션 비율로 계약수를 조정함

$$※ 차익거래 시 선물계약수 = \frac{현물가치}{선물1계약가치} \times \frac{현물의 수정듀레이션}{선물의 수정듀레이션}$$

(한국 국채선물 1계약의 가치 = 선물가격×1,000,000)

··· T O P I C **24** 금리선물 거래유형 – 방향성 거래

★★★
135 단기금리의 하락이 예상될 경우 다음 중 가장 바람직한 방향성 거래는?

① 유로달러선물 매수
② T–Note 선물 매수
③ T–Bond 선물 매수
④ 한국 국채선물 매도

 단기금리의 하락이 예상되면 향후 금리하락에 대비하여 대출(운용)금리를 고정시키는 거래가 필요하다. 따라서 유로달러선물을 매수하여야 한다. 반면에, 단기금리의 상승이 예상되면 향후 금리상승에 대비하여 차입(조달)금리를 고정시키는 거래가 필요하다. 이 경우에는 유로달러선물을 매도하여야 한다.

🏛 필수핵심정리 금리(채권)선물을 이용한 방향성(투기) 거래

금리상승 예상 시 → 금리(채권)선물 매도	수익률곡선 상향 이동 예상 시 : 약세전략(수익률곡선 또는 듀레이션 매도 전략) → 만기가 긴 채권을 매도하고 단기금융상품(또는 현금)으로 갈아타거나 채권선물을 매도
	① 단기금리의 상승 예상 시 → 단기금리선물(유로달러선물, 연방기금금리선물 등) 매도 ② 중기금리의 상승 예상 시 → T–Note 선물 매도나 한국 국채선물 매도 ③ 장기금리의 상승 예상 시 → T–Bond 선물 매도
금리하락 예상 시 → 금리(채권)선물 매수	수익률곡선 하향 이동 예상 시 : 강세전략(수익률곡선 또는 듀레이션 매수 전략) → 현금이나 단기금융상품에서 만기가 긴 채권으로 갈아타거나 채권선물을 매수
	① 단기금리의 하락 예상 시 → 단기금리선물(유로달러선물, 연방기금금리선물 등) 매수 ② 중기금리의 하락 예상 시 → T–Note 선물 매수나 한국 국채선물 매수 ③ 장기금리의 하락 예상 시 → T–Bond 선물 매수

★★★
136 향후 금리상승을 예상한 채권형 펀드 운용자가 한국거래소의 국채선물 3년물을 117.50에 100계약을 매도한 후, 1개월 후에 115.25에 모두 청산(환매수)하였다. 이 거래의 손익은?

① 22,500,000원 이익　　　　　　　② 22,500,000원 손실

③ 225,000,000원 이익　　　　　　　④ 225,000,000원 손실

> **해설** 매도가격보다 청산(환매수)가격이 낮으므로 이 방향성 거래에서 이익을 보았다.
> 따라서 거래손익 = (117.50 − 115.25)×1,000,000(거래승수)×100계약 = 225,000,000원

···TOPIC 25 금리선물 거래유형 – 듀레이션 조정(시장시기 선택)

★★★
137 채권형펀드 운용자의 거래전략으로 바람직하지 않은 것은?

① 채권시장의 강세가 예상되어 보유하고 있는 채권 포트폴리오의 듀레이션을 증가시켰다.
② 금리하락을 예상하고 수익률곡선의 단기영역에 해당하는 채권을 매도하고, 수익률곡선의 장기영역에 해당하는 채권을 매수하는 강세전략을 구사했다.
③ 금리상승이 예상되어 채권 포트폴리오의 듀레이션을 줄이기 위해 채권선물을 매도하였다.
④ 채권시장의 강세가 예상되어 채권선물을 매도하였다.

> **해설** 채권시장의 강세(금리하락, 수익률곡선의 하향 이동)가 예상되면 채권 포트폴리오의 듀레이션을 늘려야 하는데, 이 때는 현물거래에서는 장기채 비중을 늘려야 하고, 선물시장에서는 채권선물을 매수해야 한다.

🏛 필수핵심정리 ▶ 금리예상에 따른 채권투자전략

금리상승 (채권시장 약세) 예상 시	채권 포트폴리오의 듀레이션을 감소시킴(듀레이션 매도 전략) → 만기가 긴 채권을 매도하고 단기금융상품(또는 현금)으로 갈아타거나, 채권선물을 매도
금리하락 (채권시장 강세) 예상 시	채권 포트폴리오의 듀레이션을 증가시킴(듀레이션 매수 전략) → 현금이나 단기금융상품에서 만기가 긴 채권으로 갈아타거나, 채권선물을 매수

★★★
138 채권형 펀드매니저인 A씨는 현재 300억원의 원화 채권 포트폴리오를 관리하고 있다. 현재 포트폴리오의 평균 듀레이션은 2년이며, 국채선물 3년물의 가격은 100이고 국채선물 3년물의 듀레이션은 3년이라고 하자. 향후 국채수익률의 하락이 예상되어 채권 포트폴리오의 듀레이션을 3년으로 증가시키고자 할 때, 필요한 국채선물의 계약수는?

① 100계약 매수　　② 200계약 매수　　③ 300계약 매수　　④ 200계약 매도

 해설 금리하락(채권시장의 강세)이 예상될 때에는 듀레이션을 늘려야 한다. 이 경우 국채선물을 매수해야 하는데, 필요한 국채선물 계약수는 다음과 같이 구한다.

채권선물 계약수(N) $= \dfrac{300억원}{100 \times 1,000,000} \times \dfrac{(3-2)}{3} = 100$

따라서 100계약을 매수하면 된다.

🏛 필수핵심정리 ⟩ 채권선물을 이용한 듀레이션 조정(시장시기 선택)

① 금리하락(채권가격 상승) 예상 시 → 듀레이션 상향조정 → 채권선물 매수
② 금리상승(채권가격 하락) 예상 시 → 듀레이션 하향조정 → 채권선물 매도

(D_T : 목표 듀레이션, D_P : 채권 포트폴리오의 평균 듀레이션, P : 채권 포트폴리오의 현재가치, F : 채권선물 1계약의 가치)

듀레이션 조정을 위한 채권선물 계약수(N) $= \dfrac{P}{F} \times \dfrac{(D_T - D_P)}{D_F}$

→ 부호가 양(+)이면 국채선물 매수 계약수, 음(−)이면 매도 계약수를 의미함

···TOPIC 26 금리선물 거래유형 − 헤지거래

★★★
139 다음 중 금리(채권)선물을 이용하여 매수헤지를 해야 하는 경우는?

① 향후 채권을 발행할 계획이 있는 기업
② 현재 고정금리채권을 보유하고 있는 투자자
③ 변동금리채권을 보유하고 있는 투자자
④ 변동금리부로 자금을 차입한 경우

 해설 금리하락(채권가격 상승) 위험에 노출되어 있는 경우에는 금리(채권)선물을 매수하는 매수헤지를 하여야 한다. 변동금리채권을 보유하고 있는 투자자는 향후 금리가 하락하면 이자가 감소하여 기회손실을 보게 되므로 금리하락 리스크를 헤지하기 위해 금리선물을 매수하는 매수헤지를 해야 한다. ③을 제외한 나머지는 모두 금리상승(채권가격 하락) 리스크에 노출되어 있으므로 금리(채권)선물을 매도하는 매도헤지가 필요하다.

정답 136 ③　137 ④　138 ①　139 ③

현물포지션	현물거래	금리 리스크	헤지전략
현재 보유	고정금리채권 투자자	금리상승 → 가격하락	채권선물 매도
	변동금리채권 투자자	금리하락 → 이자수입 감소	금리선물 매수
	변동금리 차입자	금리상승 → 이자비용 증가	금리선물 매도
	고정금리 차입자	금리하락 → 기회손실 발생	금리선물 매수
보유 예정	채권투자 예정	금리하락 → 기회손실 발생	채권선물 매수
	차입 예정	금리상승 → 차입비용 상승	금리선물 매도
	채권발행 예정	금리상승 → 차입비용 상승	채권선물 매도

★★★ 140 다음 중 금리(채권)선물을 이용하여 매도헤지를 해야 하는 경우가 아닌 것은?

① 채권포트폴리오를 보유하고 있는 투자자
② 단기시장금리에 연동되어 있는 예금으로 자금을 조달하여 고정금리 조건으로 중장기 대출을 하거나 투자를 한 은행
③ 향후 카드제조회사가 연하장 판매대금이 회수되는 1월 말경에 대규모 자금이 유입되는 시점에 장기 채권투자를 계획하고 있는 경우
④ 향후 자금 조달이 예정되어 있는 기업

해설 금리상승(가격하락) 리스크를 헤지하기 위해서는 금리(채권)선물을 매도해야 하는데, ③은 금리하락(가격상승) 리스크에 노출되어 있기 때문에 금리선물을 매수하는 매수헤지를 해야 하는 경우이고, 나머지는 모두 금리상승 리스크에 노출되어 있기 때문에 금리선물을 매도하는 매도헤지가 필요한 경우이다.

🏛 **필수핵심정리** ▶ 금리(채권)선물을 이용한 헤지거래

		헤지 전략
금리상승 리스크에 노출 되어 있는 경우	• 향후 자금 조달이 예정되어 있는 자 • 채권포트폴리오를 보유하고 있는 자 • 채권 발행을 계획하고 있는 자 • 단기시장금리에 연동되어 있는 예금으로 자금을 조달하여 고정금리 조건으로 중장기 대출을 하거나 투자를 할 경우	**헤지 전략** 금리(채권)선물 매도 → 매도헤지
금리하락 리스크에 노출 되어 있는 경우	• 향후 신규 펀드자금의 유입이 예상되어 채권투자를 계획하고 있는 경우 • 향후 대규모 자금이 유입되는 시점에 장기 채권투자를 계획하고 있는 경우 • 고정금리 차입자 • 변동금리채권 투자자	**헤지 전략** 금리(채권)선물 매수 → 매수헤지 (예상헤지라고도 함)

★★★
141 헤지에 관한 다음 설명에서 빈칸 ㉠, ㉡에 들어갈 말로 옳은 것은?

> 회사채 발행을 계획하고 있는 기업이 채권발행 자금이 유입되는 시점까지의 기간 동안 노출된 금리(㉠) 리스크를 헤지하기 위하여 국채선물을 매도헤지하는 경우, 회사채수익률과 국채수익률 간의 상관계수가 1이 아니기 때문에 (㉡)헤지에 해당된다.

① ㉠ 상승, ㉡ 교차　　　　　　　　② ㉠ 하락, ㉡ 교차
③ ㉠ 상승, ㉡ 직접　　　　　　　　④ ㉠ 하락, ㉡ 직접

 회사채 발행을 계획하고 있는 기업은 향후 금리가 상승하면 차입비용이 증가하게 되므로 금리상승 리스크에 노출되어 있다. 따라서 금리상승 리스크를 헤지하기 위해서는 채권선물을 매도하는 매도헤지가 필요하다. 이 경우 회사채선물로 헤지를 하면 직접헤지이나, 국채선물로 매도헤지를 하였기 때문에 교차헤지에 해당된다.

🏛 필수핵심정리 ▷ 직접헤지와 교차헤지

직접헤지 (direct hedge)	현물을 기초자산으로 하는 금리파생상품이 존재하는 경우, 그 파생상품을 이용하여 헤지하는 방법
교차헤지 (cross hedge)	현물을 기초자산으로 하는 금리파생상품이 존재하지 않는 경우, 헤지하려고 하는 현물과 유사한 가격변동을 보이는 자산을 기초자산으로 하는 금리파생상품을 이용하여 헤지하는 방법

★★★
142 다음 중 스택헤지(stack hedge)의 특징이 아닌 것은?

① 투기적 요소가 포함되어 있다.
② 미래 수익률곡선의 기울기에 따라 헤지 효과가 달라진다.
③ Roll Over가 필요 없으므로 수수료가 적게 든다.
④ 스트립헤지보다 실행이 용이하나 베이시스 리스크에 노출된다.

 스택헤지는 헤지대상물량 전체에 해당되는 최근월물 모두를 매수(매도)한 후 선물만기가 되었을 때, 해당 기간 경과분만큼을 제외한 나머지를 그 다음의 최근월물로 이월(roll-over)하는 방법이다. 따라서 스택헤지는 최근월물 만기 시 차근월물로 roll-over가 필요하며, 스트립헤지보다 수수료가 많이 든다.

스트립 헤지	개념	장기간에 걸쳐 금리 리스크에 노출되어 있을 때, 각 결제월의 단기금리선물을 동일 수량만큼 매수 또는 매도하여 전체적으로 균형화하는 헤지기법
	특징	• 헤지기간 동안의 수익률을 고정시킬 수 있음(향후 수익률곡선의 변동과 상관없이 확정금리가 됨) • 미래의 일정기간에 걸친 리스크를 거의 완벽하게 일치시킬 수 있음 • 선물거래 자체가 만기소멸기능을 가지고 있어 사후관리가 불필요 • 왕복거래수수료가 스택헤지보다 적음 • 원월물로 갈수록 유동성이 떨어짐
스택 헤지	개념	헤지대상물량 전체에 해당되는 최근월물 모두를 매수(매도)한 후 선물만기가 되었을 때, 해당 기간 경과분만큼을 제외한 나머지를 그 다음의 최근월물로 이월(roll-over)하는 방법으로 스택 앤 롤링헤지라고도 함
	특징	• 미래 수익률곡선의 기울기 변화에 따라 헤지 성과가 결정됨(투기적 요소가 포함됨) • 스트립헤지보다 실행이 용이 • 베이시스 리스크에 노출됨
비교		스트립헤지는 수수료가 적고, 금리변동위험을 거의 완벽하게 제거할 수 있으나 원월물의 유동성이 떨어진다는 단점이 있고, 스택헤지는 원월물 유동성 문제는 해결할 수 있으나 향후 금리변동에 따라 헤지 효과가 달라지고 수수료가 많이 듦

★★★
143 스트립헤지(strip hedge)와 스택헤지(stack hedge)에 관한 설명으로 옳지 않은 것은? 심화

① 스택헤지는 최근월물로 헤지포지션을 설정하고 시간이 흐름에 따라 다음 월물로 치환하는 헤지기법이다.

② 스택헤지는 원월물의 유동성이 부족한 금리선물의 경우 유용한 헤지기법이나 스트립헤지에 비해 거래비용이 높은 단점을 갖고 있다.

③ 헤지기간 동안 수익률곡선의 경사가 가파르게 될 경우, 스트립헤지의 효과는 스택헤지에 비해 감소된다.

④ 스트립헤지는 금리 리스크 노출기간 동안 각 결제월의 금리선물을 동일 수량만큼 매도 또는 매수하는 헤지기법이다.

해설 헤지기간 동안 수익률곡선의 경사가 가파르게 될 경우, 즉 원월물의 내재선도금리가 근월물 내재선도금리보다 상대적으로 더 상승할 때에는 근월물 스택 매도헤지의 효과는 스트립헤지에 비해 감소된다. 또한 수익률곡선의 기울기가 평평하게 되면, 근월물 스택 매도헤지의 효과는 스트립헤지를 능가하게 된다.

★★★
144 서울물산은 1년 동안 변동금리(90일 LIBOR)로 2,500만 달러를 차입하였으며 이자는 매분기 말에 지급된다. 이 기업의 자금담당자는 향후 달러금리의 상승이 우려되어 유로달러선물로 헤지하고자 한다. 헤지를 위해 3월물 25계약, 6월물 25계약, 9월물 25계약을 각각 (㉠)하여 (㉡)헤지를 하였다가 매분기마다 해당 결제월물을 반대매매로 청산하는 방법을 선택하였다. 빈칸 ㉠, ㉡에 적절한 말은?

① ㉠ 매수, ㉡ 스트립 ② ㉠ 매도, ㉡ 스트립

③ ㉠ 매수, ㉡ 스택 ④ ㉠ 매도, ㉡ 스택

 변동금리 차입자는 금리상승 시 이자부담이 증가하므로 금리상승 리스크에 노출되어 있다. 따라서 금리상승 리스크를 헤지하기 위해서는 유로달러선물을 매도해야 한다. 2,500만 달러를 헤지하기 위해서는 25계약이 필요하며, 각 결제월의 단기금리선물을 동일 수량만큼 매도하여 전체적으로 균형화하는 헤지기법을 선택했으므로 이것은 스트립헤지이다. 반면에, 스택헤지의 경우 75계약 전부를 최근월에 매도계약을 체결한 후 매분기마다 기존 결제월물 전부를 매수하여 청산함과 동시에 잔여물량을 차기 근월물 매도(6월 50계약, 9월 25계약)로 치환하는 방법이다.

★★★
145 다음 중 금리선물의 헤지비율을 결정하는 방법(금리 리스크 헤지모형)이 아닌 것은?

① 베이시스 포인트 가치(BPV) 모형 ② 전환계수 모형

③ 듀레이션 헤지모형 ④ 베타 헤지모형

 베타는 주가변동 리스크를 헤지하기 위한 헤지비율로 사용된다. 금리 리스크를 헤지하는 것은 주가 및 환리스크를 헤지하는 경우보다 복잡하다. 따라서 금리 리스크 헤지의 효율성을 증대시키기 위해서는 헤지비율을 결정하는 것이 중요하다. 금리선물의 헤지비율로는 베이시스 포인트 가치(BPV), 전환계수, 듀레이션 등이 사용된다.

🏛 필수핵심정리 금리 리스크 헤지모형(금리선물의 헤지비율 결정방법)

BPV 모형	헤지비율 $= \dfrac{BPV_c}{BPV_f} \left(= \dfrac{\text{수익률 } 1bp \text{ 변화에 따른 현물가격 변화}}{\text{수익률 } 1bp \text{ 변화에 따른 선물가격 변화}} \right)$ → BPV는 항상 일정한 것이 아니라 수익률 변동에 따라 수시로 변하기 때문에 헤지성과를 높이기 위해서는 헤지비율을 계속 조정해야 함
전환계수모형	• 헤지계약수 $= \dfrac{P}{F} \times CF_{CTD} \left(= \dfrac{\text{채권포트폴리오의 가치}}{\text{채권선물의 계약단위}} \times CTD\text{의 전환계수} \right)$ → 전환계수를 이용하여 헤지비율을 조정하는 방법은 헤지대상 채권포트폴리오와 채권선물의 금리민감도를 고려하지 않는다는 문제가 있음 • 보완 방법 : 헤지계약수 $= \dfrac{P}{F} \times CF_{CTD} \times \dfrac{BPV_P}{BPV_{CTD}}$ $(BPV_P : \text{채권포트폴리오의 } BPV, VPB_{CTD} : CTD\text{의 } BVP)$

듀레이션 헤지 모형	• 선물계약수 $= \dfrac{P}{F} \times \dfrac{D_P}{D_F} \left(= \dfrac{\text{채권포트폴리오의 현재가치} \times \text{현물수정듀레이션}}{\text{선물1계약의 가치} \times \text{선물수정듀레이션}} \right)$ → 채권 포트폴리오의 금리 리스크를 헤지하는 가장 일반적인 방법 • 목표 듀레이션을 얻기 위한(채권 포트폴리오의 듀레이션 조정) 채권선물의 계약수 $= \dfrac{P}{F} \times \dfrac{(D_T - D_P)}{D_F} \left(= \dfrac{\text{채권포트폴리오의 현재가치} \times (\text{목표듀레이션}-\text{기존듀레이션})}{\text{선물1계약의가치} \times \text{선물수정듀레이션}} \right)$

★★★ 146

현재 액면 $2,000,000의 채권포트폴리오를 관리하고 있는 펀드매니저가 T–Bond 선물(계약 단위 $100,000)을 이용하여 헤지하려고 한다. CTD(최저가인도채권)의 전환계수가 0.997일 때 매도해야 할 T–Bond 선물의 계약수는?

① 2계약 매수　　② 20계약 매도　　③ 2계약 매도　　④ 20계약 매수

 채권포트폴리오 보유자는 금리상승(가격하락)에 대비해야 하므로 선물을 매도하는 매도헤지가 필요하다. 문제에서 전환계수가 주어졌으므로 매도해야 할 선물계약수는 전환계수모형을 이용하여 계산한다.

$$\text{※ 헤지계약수} = \dfrac{P}{F} \times CF_{CTD} = \dfrac{\$2,000,000}{\$100,000} \times 0.997 \doteqdot 20\text{계약}$$

★★★ 147

채권펀드 운용담당자가 향후 채권수익률의 상승이 예상되어 국채선물을 이용하여 보유 채권의 리스크를 헤지하고자 한다. 현재 채권펀드는 액면금액이 200억원, 시장가치가 195억원, 평균 수정듀레이션이 2.376년이다. 국채선물의 시장가격은 98.50이고, 선물의 수정듀레이션은 2.64이다. 이 경우 듀레이션 헤지모형에 의하면, 헤지를 하기 위해 필요한 국채선물 계약수는?

① 150계약 매도　　　　　　　② 180계약 매도
③ 200계약 매도　　　　　　　④ 200계약 매수

해설 채권포트폴리오 보유자는 금리상승(가격하락)에 대비해야 하므로 선물을 매도하는 매도헤지가 필요하다. 듀레이션 헤지모형을 이용하여 매도해야 할 선물계약수는 다음과 같이 계산한다.

$$\text{※선물계약수} = \dfrac{P}{F} \times \dfrac{D_P}{D_F} = \dfrac{19,500,000,000}{97.50 \times 1,000,000} \times \dfrac{2.376}{2.64} = 180\text{계약}$$

★★★
148 스프레드 거래에 대한 설명으로 옳지 않은 것은?

① 스프레드는 일반적으로 특정 선물의 시장가격과 다른 선물의 시장가격 간의 차이를 말한다.
② 기초자산이 동일한 선물 중에서 결제월이 다른 선물 간의 가격차이를 결제월 간 스프레드라고 한다.
③ 결제월이 동일하지만 기초자산이 다른 선물 간의 가격차이를 상품 간 스프레드라고 한다.
④ 스프레드 거래란 선물가격의 방향을 예상하여 한 선물계약을 매수하고 다른 선물계약을 매도하는 전략이다.

해설 스프레드 거래란 스프레드의 변화를 예상하여 한 선물계약을 매수하고 다른 선물계약을 매도하는 전략이다. 이와 같은 거래는 스프레드가 변화하면 한쪽에서 이익이 발생할 때 다른 쪽에서 손실이 발생하지만 이익이 손실보다 클 것으로 기대하는 전략이다. 물론 스프레드가 예상한 것과 다르게 변하면 손실이 발생하지만 가격예측에 의한 방향성 매매보다는 손실위험이 작다.

★★★
149 채권선물의 가격과 결제월 간 스프레드 거래에 대한 설명으로 옳지 않은 것은?

① 채권선물가격은 채권현물가격에 순보유비용(= 단기이자 – 채권이자)을 더하여 결정된다.
② 수익률곡선이 우상향하는 일반적인 상황(단기이자율 < 채권이자율)에서 채권선물가격은 현물가격보다 높게 형성되며, 만기일이 멀수록 선물가격이 높게 형성된다.
③ 근월물가격과 원월물가격의 차이인 결제월 간 스프레드는 순보유비용의 차이에 의해 결정된다.
④ 결제월 간 스프레드거래는 스프레드의 변화를 예상하는 거래로서 거래대상이 동일하며 만기가 다른 두 개의 선물을 동시에 매수/매도하는 전략이다.

해설 수익률곡선이 우상향하는 일반적인 상황(단기이자율 < 채권이자율)에서 채권선물가격은 현물가격보다 낮게 형성되며(채권선물가격 < 현물가격), 만기일이 멀수록 선물가격이 낮게 형성된다. 따라서 원월물가격이 근월물가격보다 낮게 형성된다(원월물가격 < 근월물가격).

150 ★★★ 채권선물의 결제월 간 스프레드거래에 대한 설명으로 옳지 않은 것은?(수익률곡선이 우상향하는 일반적인 상황(단기이자율 < 채권이자율)을 가정)

① 스프레드가 확대될 것으로 예상하는 경우, 근월물을 매수하고 원월물을 매도한다.
② 스프레드가 확대될 것으로 예상하는 경우, 강세 스프레드 전략을 사용한다.
③ 스프레드가 축소될 것으로 예상하는 경우, 근월물을 매도하고 원월물을 매수한다.
④ 스프레드가 축소될 것으로 예상하는 경우, 매수 스프레드 전략을 사용한다.

해설 스프레드가 축소될 것으로 예상하는 경우, 근월물을 매도하고 원월물을 매수하는 매도 스프레드(약세 스프레드) 전략을 사용한다.

🏛 필수핵심정리 ▶ 채권선물의 결제월 간 스프레드 거래

- 결제월 간 스프레드는 근월물가격과 원월물가격의 차이
- 결제월 간 스프레드는 거래대상이 동일하며 만기가 다른 두 개의 선물을 동시에 매수/매도하는 전략

※ 수익률곡선이 우상향하는 일반적인 상황을 가정(단기이자율<채권이자율)
→ [채권선물가격 < 현물가격, 원월물가격 < 근월물가격]일 경우

스프레드 확대 예상 시 (즉, 근월물 선물가격이 원월물에 비해 상대적으로 더 많이 상승하거나 더 적게 하락할 것으로 예상하 는 경우)	스프레드 축소 예상 시 (즉, 원월물 선물가격이 근월물에 비해 상대적으로 더 많이 상승하거나 더 적게 하락할 것으로 예상하 는 경우)
근월물 매수 + 원월물 매도 → 강세 스프레드(매수 스프레드) 전략	근월물 매도 + 원월물 매수 → 약세 스프레드(매도 스프레드) 전략
스프레드 거래의 이익 : 거래 청산시점과 진입시점의 스프레드 차이	

151 ★★★ 현재 단기이자율이 3%, 채권수익률이 4%라고 할 경우, 채권선물 시장에서 결제월 간 스프레드 확대가 예상될 때 취할 수 있는 바람직한 거래 전략은?

① 근월물 매수 + 원월물 매도
② 근월물 매도 + 원월물 매도
③ 근월물 매도 + 원월물 매수
④ 근월물 매수 + 원월물 매수

해설 수익률곡선이 우상향하는 일반적인 상황(단기이자율 < 채권이자율)에서는 순보유비용이 음(−)이므로 채권선물가격이 현물가격보다 낮고, 원월물 선물가격이 근월물 선물가격보다 낮다. 이런 상황에서 스프레드가 확대되는 경우는 근월물 선물가격이 원월물에 비해 상대적으로 더 많이 상승하거나 더 작게 하락하는 경우이다. 따라서 스프레드 확대를 예상할 경우, 근월물을 매수하고 원월물을 매도하는 매수 스프레드(강세 스프레드) 전략을 택한다.

※ T-Bond 선물 가격이 다음과 같다고 가정하자. 2017년 6월 15일 현재 채권형 펀드매니저인 A씨는 통화당국이 정책금리를 인하할 것으로 예상하고 있다. 이에 따라 T-Bond 선물의 스프레드가 확대될 것으로 예상하고 결제월 간 스프레드 거래를 실행하였다. 이후 7월 21일 모든 포지션을 청산했다(152~155).

	T-Bond 선물 9월물	T-Bond 선물 12월물	결제월 간 스프레드
6월 15일	98 – 29	98 – 22	0 – 07
7월 21일	99 – 23	99 – 10	㉠
손익	㉡	–(0–20)	㉢

★★★
152 2017년 6월 15일 현재, 채권형 펀드매니저인 A씨의 결제월 간 스프레드 거래의 포지션 구성은?

① 9월물 매수 + 12월물 매도 　　　　② 9월물 매도 + 12월물 매도
③ 9월물 매도 + 12월물 매수 　　　　④ 9월물 매수 + 12월물 매수

> **해설** 향후 스프레드 확대(근월물가격이 원월물가격보다 더 많이 상승하거나 더 적게 하락하는 경우)가 예상되면 근월물(9월물)을 매수하고 원월물(12월물)을 매도하는 강세 스프레드(매수 스프레드) 전략을 선택한다.

★★★
153 ㉠(2017년 7월 21일 현재 결제월 간 스프레드)에 들어갈 값은?

① 0–07 　　　　② 0–13 　　　　③ –(0–13) 　　　　④ –(0–07)

> **해설** 채권선물에서 결제월 간 스프레드는 근월물가격에서 원월물가격을 뺀 값이므로, 7월 21일 현재 결제월 간 스프레드는 0–13[= (99–23) – (99–10)]이다.

★★★
154 2017년 7월 21일에 스프레드 거래 포지션을 모두 청산한 결과, ㉡ (9월물 거래손익)과 ㉢ (스프레드 거래 총손익)에 들어갈 값은?

① ㉡ 0–07, ㉢ 0–13 　　　　② ㉡ –(0–26), ㉢ –(0–46)
③ ㉡ 0–26, ㉢ 0–06 　　　　④ ㉡ 0–26, ㉢ 0–46

> **해설** 6월 15일 근월물(9월물)을 매수하고 원월물(12월물)을 매도하는 강세 스프레드(매수 스프레드) 전략을 구성하고, 7월 21일에 청산(9월물 매도 + 12월 매수)하였으므로 손익을 계산하면 다음과 같다.
>
> | | T-Bond 선물 9월물 | T-Bond 선물 12월물 | 결제월 간 스프레드 |
> |---|---|---|---|
> | 6월 15일 | 98 – 29 매수) | 98 – 22(매도) | 0 – 07 |
> | 7월 21일 | 99 – 23(매도) | 99 – 10(매수) | 0 – 13 |
> | 손익 | 0 – 26 | –(0 – 20) | 0 – 06 |

★★★
155 스프레드 거래 시 9월물과 12월물의 매수/매도를 각각 10계약씩 거래했다고 한다면, 포지션을 모두 청산한 결과 총손익은? 심화

① $187.5 이익
② $1,875 이익
③ $18,750 이익
④ $26,750 이익

해설 근월물에서 0-26의 이익이 났고, 12월물에서 0-20의 손실이 났으므로 총손익은 0-06의 이익이다. 스프레드 거래의 이익은 청산시점과 진입시점의 스프레드 차이[(0-13) − (0-07)]와 같다는 것을 알 수 있다. 이를 금액으로 환산하면 다음과 같다. T-Note/Bond 선물의 경우 0-01은 1/32%를 의미한다.

	T-Bond 선물 9월물	T-Bond 선물 12월물
6월 15일	98-29(매수)	98-22(매도)
7월 21일	99-23(매도)	99-10(매수)
손익	0-26	−(0-20)
손익 (금액)	$\frac{16}{32}$(%) × $100,000 × 10계약 = $8,125(이익)	$-\frac{20}{32}$(%) × $100,000 × 10계약 = −$6,250(손실)

→ 스프레드 거래의 총손익(0-06) = $8,125 + (−$6,250) = $1,875(이익)

또는 $\frac{16}{32}$(%) × $100,000 × 10계약 = $1,875(이익)

★★★
156 상품 간 스프레드 거래 및 채권거래전략에 대한 설명으로 옳지 않은 것은?

① NOB(Notes over Bonds) 스프레드 거래는 장기 채권선물이 단기 채권선물보다 금리변화에 민감한 특성을 이용하는 전략이다.
② 금리상승 시 단기채권을 매수하고 장기채권을 매도한다. 반대로 금리하락 시 단기채권을 매도하고 장기채권을 매수한다.
③ 장단기 금리가 동일하게 상승할 것으로 예상하여 NOB 스프레드 매수전략을 택하고, 유로달러(Euro-Dollar)선물을 매도했다.
④ NOB 스프레드 매도전략은 T-Note 선물을 매수하고 T-Bond 선물을 매도하는 거래를 말한다.

해설 NOB 스프레드 매도전략은 T-Note 선물을 매도하고 T-Bond 선물을 매수하는 거래를 말한다. 금리상승 시 장기채권의 가격이 단기채권의 가격보다 하락률이 크기 때문에 단기채권을 매수하고 장기채권을 매도한다. 반대로 금리하락 시 장기채권의 가격이 단기채권의 가격보다 상승률이 높기 때문에 단기채권을 매도하고 장기채권을 매수한다.

상품 간 스프레드 거래는 만기가 같은 두 선물계약의 가격변화의 차이로부터 이익을 얻으려는 전략 → 가격 상승폭이 상대적으로 커거나 가격 하락폭이 상대적으로 작을 것으로 예상되는 선물을 매수하고, 가격 상승폭이 상대적으로 작거나 가격 하락폭이 상대적으로 클 것으로 예상되는 선물을 매도함

NOB(Notes over Bonds) 스프레드 거래
• 중기 채권선물인 T–Note 선물과 장기 채권선물인 T–Bond 선물 간의 가격 차이를 이용하는 거래
• NOB 스프레드 거래는 장기 채권선물이 단기 채권선물보다 금리변화에 민감한 특성을 이용하는 전략

NOB 스프레드 매수전략	사용 시기	장단기 금리가 동일하게 상승할 것으로 예상할 때
	포지션 구성	= T–Note 선물 매수 + T–Bond 선물 매도
NOB 스프레드 매도전략	사용 시기	장단기 금리가 동일하게 하락할 것으로 예상할 때
	포지션 구성	= T–Note 선물 매도 + T–Bond 선물 매수

···TOPIC 28 금리선물 거래유형 – 수익률곡선 거래전략

★★★
157 수익률곡선이 스티프닝(steepening)해질 것으로 예상하고 있다. 이 경우에 가장 적절한 수익률곡선 거래전략은?

① T–Bill 매수, 유로달러선물 매도
② T–Bill 매도, 유로달러선물 매수
③ T–Bond 선물 매도, T–Note 선물 매수
④ T–Bond 선물 매수, T–Note 선물 매도

 해설 장기물의 수익률 상승폭이 단기물의 수익률 상승폭보다 커서(또는 단기물의 수익률 하락폭이 장기물의 수익률 하락폭보다 커서) 수익률곡선이 스티프닝해질 것으로 예상하는 경우, 가격 하락률이 큰(또는 가격 상승률이 작은) 장기물을 매도하고 가격 하락률이 작은(또는 가격 상승률이 큰) 단기물을 매수한다. 이 경우 대표적인 거래전략이 T–Note 선물을 매수하고 T–Bond 선물을 매도하는 NOB 스프레드 매수전략이다.

수익률곡선의 기울기 변화로부터 이익을 얻고자 하는 거래전략

수익률곡선 스티프닝 (steepening) 전략	사용 시기	장기물의 수익률 상승폭이 단기물의 수익률 상승폭보다 커서(또는 단기물의 수익률 하락폭이 장기물의 수익률 하락폭보다 커서) 수익률곡선이 스티프닝(steepening, 가팔라짐)해질 것으로 예상하는 경우
	포지션 구성	= 단기물 매수 + 장기물 매도
	대표 전략	NOB 스프레드 매수전략 (= T-Note 선물 매수 + T-Bond 선물 매도)
수익률곡선 플래트닝 (flattening) 전략	사용 시기	단기물의 수익률 상승폭이 장기물의 수익률 상승폭보다 커서(또는 장기물의 수익률 하락폭이 단기물의 수익률 하락폭보다 커서) 수익률곡선이 플래트닝(flattening, 평탄)해질 것으로 예상하는 경우
	포지션 구성	= 단기물 매도 + 장기물 매수
	대표 전략	NOB 스프레드 매도전략 (= T-Note 선물 매도 + T-Bond 선물 매수)

※수익률곡선 거래전략을 실행할 때, 단기물과 장기물의 듀레이션 비율로 포지션을 설정해야 함

예 국채선물 3년물과 10년물로 수익률곡선전략 실행 시

→ 국채선물10년물의 계약수 = 국채선물 3년물의 계약수 × $\dfrac{국채선물\ 3년물의\ 듀레이션}{국채선물\ 10년물의\ 듀레이션}$

★★★
158 국채선물 3년물과 국채선물 10년물의 상품 간 스프레드를 이용하면 수익률곡선 거래전략이 가능하다. 만약 수익률곡선이 플래트닝(flatening)해질 것으로 예측한다면, 다음 중 어떤 포지션이 바람직한가?

① 국채선물 3년물 매도 + 국채선물 10년물 매수
② 국채선물 3년물 매수 + 국채선물 10년물 매도
③ 국채선물 3년물 매수 + 국채선물 10년물 매수
④ 국채선물 3년물 매도 + 국채선물 10년물 매도

해설 단기물의 수익률 상승폭이 장기물의 수익률 상승폭보다 커서(또는 장기물의 수익률 하락폭이 단기물의 수익률 하락폭보다 커서) 수익률곡선이 플래트닝(flattening, 평탄)해질 것으로 예상하는 경우, 단기물(국채선물 3년물)을 매도하고 장기물(국채선물 10년물)을 매수하는 전략이 필요하다.

※ 다음 자료를 보고 질문에 답하시오(159~160).

	듀레이션	현재 수익률	예상 수익률
국채선물 3년물	2.6년	2.1%	2.3%
국채선물 10년물	7.8년	2.3%	2.9%

★★★
159 채권펀드 운용자는 현재 수익률곡선 거래전략을 실행하고자 한다. 다음 중 바람직한 포지션 구성은?

① 국채선물 3년물 매도 + 국채선물 10년물 매수
② 국채선물 3년물 매수 + 국채선물 10년물 매도
③ 국채선물 3년물 매수 + 국채선물 10년물 매수
④ 국채선물 3년물 매도 + 국채선물 10년물 매도

해설 장기물의 수익률 상승폭이 단기물의 수익률 상승폭보다 커서 수익률곡선이 스티프닝(steepening, 가팔라짐)해질 것으로 예상하는 경우, 단기물(국채선물 3년물)을 매수하고 장기물(국채선물 10년물)을 매도하는 전략이 필요하다.

★★★
160 수익률곡선 거래전략을 실시하기 위해서 단기물인 국채선물 3년물을 100계약 매수하는 경우, 장기물인 국채선물 10년물은 몇 계약을 매도해야 하는가?

① 33계약   ② 43계약   ③ 53계약   ④ 100계약

해설 수익률곡선 거래전략을 실행할 때, 단기물과 장기물의 듀레이션 비율로 포지션을 설정해야 한다. 국채선물 10년물의 계약수 = 100계약 $\times \dfrac{2.6}{7.8} \fallingdotseq$ 33계약. 따라서 단기물인 국채선물 3년물을 100계약 매수하는 경우, 장기물인 국채선물 10년물은 33계약을 매도하면 된다.

※국채선물 10년물의 계약수 = 국채선물 3년물의 계약수 × $\dfrac{\text{국채선물 3년물의 듀레이션}}{\text{국채선물 10년물의 듀레이션}}$ 또는 [국채선물 10년물의 계약수×국채선물 10년물의 듀레이션 = 국채선물 3년물의 계약수×국채선물 3년물의 듀레이션]

···TOPIC 29 외환과 외환시장 – 외환 및 환율

★★★
161 우리나라에서 $1 = ₩1,200 또는 ¥100 = ₩1,000 등으로 환율을 표시하는 방법을 무엇이라 하는가?

① 직접표시법   ② 간접표시법

③ 유럽식 표시법   ④ 미국식 표시법

 환율은 두 통화 간의 교환비율이다. 외국통화 한 단위의 가치를 자국통화로 표시하는 방법을 직접표시법이라 한다. 이는 외국통화 한 단위($1, ¥100)를 기준으로 같은 가치를 나타내는 자국통화의 양(₩1,200, ₩1,000)을 표시하는 방법이다. 또한 우리나라의 직접표시법이 미국 또는 일본의 입장에서는 간접표시법에 해당된다.

🏛 필수핵심정리   환율의 표시방법 – 직접표시법과 간접표시법

	직접표시법	간접표시법
개념	외국통화 한 단위의 가치를 자국통화로 표시하는 방법	자국통화 한 단위의 가치를 외국통화로 표시하는 방법
예시	우리나라에서 $1 = ₩1,200 또는 ¥100 = ₩1,000 등으로 환율을 표시	만약, 우리나라에서 ₩1 = $1/1,200 또는 ₩1 = ¥100/1,000 등으로 표시할 때 영국에서는 £1 = $1.2719
의미	외국통화 한 단위($1, ¥100)를 기준으로 같은 가치를 나타내는 자국통화의 양(₩1,200, ₩1,000)을 표시하는 방법 → 기준통화(외국통화), 비교통화(자국통화)	자국통화 한 단위(₩1)를 기준으로 같은 가치를 나타내는 외국통화의 양($1/1,200, ¥100/1,000)을 표시하는 방법 → 기준통화(자국통화), 비교통화(외국통화)

★★★
162 국제외환시장에서 거래되는 미국달러($)/영국파운드(£)에 대한 설명으로 옳지 않은 것은?

① 기준통화는 영국 파운드화이다.   ② $1.0735/€와 같은 표시방식이다.

③ 미국 달러화는 비교통화이다.   ④ 유럽식이다.

 유럽식이 아니라 미국식 표시방법이다. 국제금융시장에서는 미국 달러화가 개입된 외환거래는 일반적으로 기축통화인 미국 달러화를 중심으로 환율을 표시한다. 미 달러화 한 단위를 기준으로 다른 통화의 가치를 표시하는 방법을 유럽식이라고 한다. 반대로 다른 통화 한 단위를 기준으로 미 달러화의 가치를 표시하는 방법을 미국식이라고 한다. 영국의 파운드화, 유로화, 호주 달러화 등은 미국식으로 표시되며, 그 밖의 통화는 유럽식으로 표시되는 것이 외환시장의 오랜 관행이다.

필수핵심정리 환율의 표시방법 – 유럽식과 미국식

	유럽식	미국식
개념	미 달러화 한 단위를 기준으로 다른 통화의 가치를 표시하는 방법	다른 통화 한 단위를 기준으로 미 달러화의 가치를 표시하는 방법
사용 통화	원화, 엔화 등 대부분의 통화	영국의 파운드화, 유로화, 호주 달러화 등
예시	• 원화 : ₩1,200/$ • 엔화 : ¥100/$	• 영국 파운드화 : $1.2719/£ • 유로화 : $1.0735/€

→ 따라서 우리나라에서 원(₩)/달러($)로 환율을 표시하는 방법(예 : ₩1,200/$)은 직접표시법이자 유럽식 표시방법임

★★★
163 원–달러 환율이 $1 = ₩1,100에서 $1 = ₩1,200으로 상승했을 때, 다음 설명 중 옳은 것은?

① 원화 가치 상승 ② 원화 가치 하락

③ 달러화 가치 하락 ④ 원화 평가절상

해설 우리나라처럼 직접표시법(유럽식)으로 환율을 표시하는 경우, 환율이 상승($1 = ₩1,100 → $1 = ₩1,200)하면 원화(자국통화)에 비해 달러화(외국통화)의 가치는 상승(달러화 평가절상)하고, 달러화에 비해 원화의 가치는 하락(원화 평가절하)한 것이다.

 필수핵심정리 환율의 변동에 따른 두 통화의 상대적 가치 변화

원/달러 환율이 $1 = ₩1,100에서 $1 = ₩1,200으로 변동하는 경우(→ 환율 상승)	달러/파운드 환율이 $1.27/£에서 $1.37/£로 변동하는 경우(→ 환율 상승)
• 원화에 비해 달러화의 가치 상승 　→ 달러화 평가절상 • 달러화에 비해 원화의 가치 하락 　→ 원화 평가절하	• 달러화에 비해 파운드화의 가치 상승 　→ 파운드화 평가절상 • 파운드화에 비해 달러화의 가치 하락 　→ 달러화 평가절하

★★★
164 달러–파운드 환율이 $1.2719/£에서 $1.3719/£로 상승했을 때, 다음 설명 중 옳은 것은?

① 파운드화 가치 상승 ② 파운드화 가치 하락

③ 달러화 가치 상승 ④ 파운드화 평가절하

해설 영국의 파운드화처럼 미국식으로 환율을 표시하는 경우, 환율이 상승($1.2719/£ → $1.3719/£)하면 달러화에 비해 파운드화의 가치는 상승(파운드화 평가절상)하고, 파운드화에 비해 달러화의 가치는 하락(달러화 평가절하)한 것이다.

정답 161 ①　162 ④　163 ②　164 ①

★★★
165 원–달러 환율은 $1 = ₩1,100에서 $1 = ₩1,000으로 변동하였고, ¥100 = ₩1,000에서 ¥ 100 = ₩1,100으로 변동하였다. 이에 대한 설명으로 틀린 것은?

① 달러화가 원화에 비하여 가치상승
② 엔화가 원화에 비하여 가치상승
③ 원화가 달러화에 비하여 가치상승
④ 원화가 엔화에 비하여 가치하락

 원–달러 환율은 달러가 기준인데, 원–달러 환율이 하락하였으므로 원화에 비해 달러화의 가치는 하락(달러화 평가 절하)했고, 달러화에 비해 원화의 가치는 상승(원화 평가절상)한 것이다. 엔–원 환율은 엔화가 기준이다. 엔–원 환율은 상승하였으므로 원화에 비해 엔화의 가치는 상승(엔화 평가절상)했고, 엔화에 비해 원화의 가치는 하락(원화 평가절하)한 것이다.

★★★
166 다음은 주요 통화들에 대해 2016년 1월과 2017년 1월의 환율을 비교한 것이다. 이에 관한 설명으로 옳은 것은?

	2016년 1월	2017년 1월
₩/$	1,189.50	1,168.00
¥/$	120.29	113.92
$/€	1.4722	1.4125
$/£	1.5227	1.2719

① 달러화는 원화에 비해 평가절상되었다.
② 달러화는 엔화에 비해 평가절상되었다.
③ 달러화는 유로화에 비해 평가절상되었다.
④ 달러화는 파운드화에 비해 평가절하되었다.

 표에 표시된 환율은 분모에 사용된 기준통화 1단위에 대해 교환되는 다른 통화의 비율이다. 원–달러 환율과 엔–달러 환율은 달러가 기준이다. 원–달러 환율은 하락하였으므로 원화에 비해 달러화의 가치는 평가절하되었다. 엔–달러 환율도 하락하였으므로 엔화에 비해 달러화의 가치는 평가절하되었다. 달러–유로 환율과 달러–파운드 환율은 각각 유로와 파운드가 기준이다. 달러–유로 환율과 달러–파운드 환율은 하락하였으므로 달러에 비해 유로화와 파운드화의 가치는 평가절하되었다. 즉, 달러화는 유로화와 파운드화에 비해 평가절상되었다.

★★★
167 외환시장에 관한 설명으로 적절하지 않은 것은?

① 외환시장은 전 세계에서 가장 규모가 큰 금융시장이며, 24시간 거의 연속적으로 거래가 이루어진다.
② 세계 3대 외환시장은 런던, 뉴욕, 동경시장이다.
③ 외환시장은 일종의 장외(OTC, Over-The-Counter)시장이다.
④ 외환시장은 은행 간 시장보다 대고객시장의 거래규모가 더 크다.

해설 외환시장은 거래구성원과 거래규모에 따라 크게 도매시장과 소매시장으로 구분된다. 도매시장은 주로 은행 간 외환거래가 이루어지는 은행 간 시장이며 거래규모가 큰 것이 특징이다. 반면에, 소매시장은 일반고객과 은행 간에 외환거래가 일어나는 대고객시장이며 대부분이 소액거래이다.

★★★
168 외환시장에 관한 설명으로 적절하지 않은 것은?

① 외환시장은 외환거래의 종류에 따라 현물환시장, 선물환시장, 통화선물시장, 통화옵션시장, 통화스왑시장 등으로 구분하기도 한다.
② 대부분의 선물환거래는 실물인수도가 이루어지지만, 차액결제선물환(NDF)은 만기에 환율변동에 따른 차액만 정산하는 형태의 선물환거래이다.
③ 통화선물거래도 본질적으로 선물환거래와 동일하지만, 통화선물이 장외시장에서 거래된다면 선물환은 장내시장, 즉 거래소에서 거래된다는 점에 차이가 있다.
④ 외환스왑은 거래형태에 있어서는 외환거래의 형태를 취하고 있으나 실제로는 두 통화 간의 대차거래의 성격을 가진다.

해설 선물환거래는 계약이 성립되는 시점에서 합의된 환율에 따라 미래 특정일에 한 통화에 대해 다른 통화의 일정량을 인도 또는 인수하기로 약속하는 거래이다. 통화선물거래도 본질적으로 선물환거래와 동일하지만, 선물환이 장외시장에서 거래된다면 통화선물은 장내시장, 즉 거래소에서 거래된다는 점에 차이가 있다.

★★★
169 외환시장의 성격으로 옳지 않은 것은?

① 주문선행시장
② 장외거래시장
③ 양방향호가시장
④ 딜러시장

해설 외환시장은 호가선행시장이다. 은행은 외환거래에 있어 항상 매수율(bid rate)과 매도율(offer rate)에 차이를 두어 양방향으로 환율을 제시한다. 호가선행시장이라는 것은 딜러(은행)가 먼저 매수율과 매도율을 제시하면, 이렇게 제시된 환율에 맞추어서 고객이 거래를 한다는 의미이다.

정답 165 ① 166 ③ 167 ④ 168 ③ 169 ①

170 딜러인 은행이 외환거래에 있어서 제시하는 매수율(bid rate)과 매도율(offer rate)에 관한 설명으로 옳지 않은 것은?

① 고객이 딜러로부터 외환을 매수할 때 적용하는 환율은 매수율이다.

② 매수율과 매도율의 차이를 스프레드(spread)라 하는데, 매수율은 매도율보다 항상 낮으므로 스프레드는 딜러의 이익이 되고, 딜러의 위험부담에 대한 프리미엄이다.

③ 소매거래(대고객시장)보다는 도매거래(은행 간 시장)에서, 거래규모가 크고 거래가 빈번한 통화일수록 스프레드가 낮아지는 것이 일반적이다.

④ 대규모 거래에서는 매수율이나 매도율이 협상을 통해 조정되기도 하며, 은행 간 거래에서도 스프레드는 존재한다.

> **해설** 매수율과 매도율은 딜러 입장에서 보는 환율이다. 고객이 딜러로부터 외환을 매수할 때(즉, 딜러가 고객에게 매도할 때) 적용하는 환율은 매도율이다. 따라서 딜러가 제시한 매도율(외환의 매도가격)로 고객이 매수를 하는 것이다.

🏛 필수핵심정리 ▶ 외환거래에 있어서 매수율과 매도율

매수율 (bid rate)	딜러가 고객으로부터 외환을 매수할 때(즉, 고객이 딜러에게 외환을 매도할 때) 적용하는 환율	• 매수율 < 매도율 • 스프레드(= 매도율 − 매수율)는 딜러의 이익이 되고, 딜러의 위험부담에 대한 프리미엄
매도율 (offer rate)	딜러가 고객에게 외환을 매도할 때(즉, 고객이 딜러로부터 외환을 매수할 때) 적용하는 환율	

> **예** 딜러(은행)가 원−달러 환율을 1,180.20−1,180.80으로 제시하는 경우
> • 매수율(1,180.20), 매도율(1,180.80), 스프레드(0.60)
> • 딜러는 1달러를 1,180.20원에 매수하거나 1,180.80원에 매도할 의사가 있음을 나타냄 → 즉, 고객의 입장에서는 1달러를 살 때 딜러에게 1,180.80원을 지불해야 하고, 1달러를 팔면 딜러로부터 1,180.20원을 받는다는 의미

171 한국물산은 딜러(은행)에게 달러화를 매도하려고 한다. 딜러가 제시하는 원−달러 환율이 다음과 같을 때, 한국물산은 어느 딜러에게 달러를 매도해야 가장 유리한가? 심화

① 딜러 A : 1,100.30−1,150.40
② 딜러 B : 1,110.40−1,160.50
③ 딜러 C : 1,120.50−1,170.60
④ 딜러 D : 1,130.60−1,180.70

> **해설** 한국물산(고객)이 딜러(은행)에게 달러화를 매도할 경우에는 매수율(bid rate)이 적용된다. 매수율은 매도율보다 낮으므로 앞에 제시된 환율이 매수율이다. 따라서 이 경우 가장 높은 매수율인 1,130.60원을 제시한 딜러에게 달러를 파는 것이 고객입장에서 가장 유리하다.

★★★
172 외환포지션에 관한 설명으로 옳은 것은?

① 매수포지션을 가지고 있을 경우, 자국통화가 평가절하되면 환손실이 발생한다.
② 매도포지션을 가지고 있을 경우, 외국통화가 평가절상되면 환손실이 발생한다.
③ 외환 초과 매수포지션을 가지고 있을 경우, 외환자산이 외환부채보다 적다.
④ 스퀘어포지션 상태에 있을 경우, 환율변동에 따른 리스크에 노출된다.

> **해설** ① 매수포지션을 가지고 있을 경우, 자국통화가 평가절하되면 환이익이 발생한다.
> ③ 외환 초과 매수포지션을 가지고 있을 경우, 외환자산이 외환부채보다 많다.
> ④ 스퀘어포지션은 외환자산과 부채가 같은 경우이므로 환율변동에 영향을 받지 않는다.

🏛 **필수핵심정리** ▷ 외환포지션과 환리스크

외환포지션은 환리스크에 노출된 금액을 나타냄

매수포지션(long position) → 외환을 매수한 경우	외환(외국통화)의 가치가 상승(평가절상)하면 환차익, 외환의 가치가 하락(평가절하)하면 환차손 발생
매도포지션(short position) → 외환을 매도한 경우	외환(외국통화)의 가치가 하락(평가절하)하면 환차익, 외환의 가치가 상승(평가절상)하면 환차손 발생

외환포지션 → 일정시점에서 외국환 은행 및 기업 등이 보유하고 있는 외화표시 자산과 부채의 차이로 측정됨

외환 초과매수포지션 (over bought position)	특정 통화표시 외환자산 > 외환부채 → 외환의 가치가 상승(평가절상)하면 환차익 발생
외환 초과매도포지션 (over sold position)	특정 통화표시 외환자산 < 외환부채 → 외환의 가치가 하락(평가절하)하면 환차익 발생
스퀘어포지션 (square position)	특정 통화표시 외환자산 = 외환부채 → 환율변동에 따른 리스크에 노출되지 않음

••• T O P I C **31** 선물환거래

★★★
173 다음 결제일 중 선물환거래(forward)의 결제일에 해당되는 것은?

① value today　　　　　　② value tomorrow
③ value spot　　　　　　 ④ 1week

> **해설** 선물환거래는 현물일(spot date) 이후를 결제일로 하는 외환거래이다. ①, ②, ③은 현물환 결제일이다.

현물환거래 (Spot)	외환의 즉각적 인도를 조건으로 하는 거래로서 일반적으로 거래일로부터 2영업일 후인 현물일(spot date)을 결제일로 하는 외환거래	
	Value today(당일물)	→ 결제일이 거래일 당일
	Value tomorrow(익일물)	→ 결제일이 거래일로부터 1영업일 후
	Value spot(익익일물)	→ 결제일이 거래일로부터 2영업일 후
	현물환거래에 적용되는 환율을 현물환율이라고 함	
선물환거래 (Forward)	현물일(spot date) 이후(1주일, 1개월, 2개월 등)를 결제일로 하는 외환거래	
	선물환 할증(premium)	→ 선물환율 > 현물환율
	선물환 할인(discount)	→ 선물환율 < 현물환율
	선물환거래에 적용되는 환율을 선물환율이라고 함	

★★★
174 3개월 만기 선물환의 거래일이 3월 25일이라면 일반적으로 선물환 결제일은 언제인가?

① 6월 25일 　② 6월 26일 　③ 6월 27일 　④ 6월 28일

해설 선물환결제일은 거래일로부터가 아니라 보통 2영업일 후인 현물일(spot date)로부터 계산한다. 따라서 결제일은 현물일인 3월 27일을 기준으로 3개월 후인 6월 27일로 정해진다.

★★★
175 현재 원–달러 현물환율은 $1 = ₩1,200이며, 만기가 3개월인 선물환율은 $1 = ₩1,250이다. 다음 설명 중 옳은 것은?

① 원–달러 선물환을 100만 달러 매수한 투자자는 3개월 후 선물환 만기일에 현물환율이 $1 = 1,220이라면 30,000,000원의 이익을 본다.

② 원–달러 선물환을 100만 달러 매수한 투자자는 3개월 후 선물환 만기일에 현물환율이 $1 = 1,280이라면 이 투자자는 30,000,000원의 손실을 본다.

③ 선물환 매수포지션은 만기 시 현물환율이 선물환율보다 낮게 나타날수록 이익이 커지며, 높게 나타날수록 손실이 커진다.

④ 장차 환율이 하락할 것으로 예상한다면 선물환 매도포지션을, 상승할 것으로 예상한다면 선물환 매수포지션을 취한다.

해설 원–달러 선물환을 100만 달러 매수한 투자자는 3개월 후 선물환 만기일에 현물환율이 $1 = ₩1,220이라면 30,000,000원의 손실[= 1,000,000×(1,220 − 1,250)]을, $1 = ₩1,280이라면 30,000,000원의 이익 [= 1,000,000×(1,280 − 1,250)]을 본다. 선물환 매수포지션은 만기 시 현물환율이 선물환율보다 높게 나타날수록 이익이 커지며, 낮게 나타날수록 손실이 커진다.

···TOPIC 32 선물환율의 고시방법

※ 원–달러 현물환율과 선물환율이 아래 표처럼 고시되어 있다고 하자. 이를 보고 질문에 답하시오
(176~177).

선물환 포인트		선물환율	
*현물환율 1,220.20 – 1,225.30			
1개월	120 – 610	1개월	(㉠)
3개월	(㉡)	3개월	1,231.20 – 1,248.60
1개월	(㉢)	1개월	1,203.20 – 1,218.20
3개월	1840 – 260	3개월	(㉣)

★★★
176 ㉠과 ㉣에 적합한 선물환율은? 심화

① ㉠ 1,221.40 – 1,231.40, ㉣ 1,201.80 – 1,222.70
② ㉠ 1,340.20 – 1,835.30, ㉣ 1,440.80 – 1,485.30
③ ㉠ 1,221.40 – 1,241.40, ㉣ 1,201.80 – 1,485.30
④ ㉠ 1,231.40 – 1,261.40, ㉣ 1,251.80 – 1,262.70

 ㉠ 1개월 선물환 포인트의 매도율(610)이 매수율(120)보다 크므로 이는 선물환율이 할증상태에 있음을 의미한다.
이 경우 선물환율은 현물환율에 선물환 포인트를 더해서 계산한다. 1개월 선물환율의 매수율은 1,221.40
(= 1,220.20 + 1.20), 1개월 선물환율의 매도율은 1,231.40(= 1,225.30 + 6.10)이 된다.
㉣ 3개월 선물환 포인트의 매도율(260)이 매수율(1840)보다 작으므로 이는 선물환율이 할인상태에 있음을 의미한
다. 이 경우 선물환율은 현물환율에 선물환 포인트를 빼서 계산한다. 3개월 선물환율의 매수율은 1,201.80
(= 1,220.20 – 18.40), 3개월 선물환율의 매도율은 1,222.70(= 1,225.30 – 2.60)이 된다.

★★★
177 ㉡과 ㉢에 적합한 선물환 포인트는? 심화

① ㉡ 2330 – 1100, ㉢ 1700 – 710   ② ㉡ 1100 – 2330, ㉢ 1700 – 710
③ ㉡ 1100 – 2330, ㉢ 260 – 1700   ④ ㉡ 1100 – 2330, ㉢ 710 – 1700

 ㉡ 3개월 선물환율이 현물환율보다 높으므로 3개월 선물환율이 할증상태에 있다. 따라서 선물환 포인트의 매도율
이 매수율보다 크게 된다. 이 경우 선물환 포인트는 선물환율에서 현물환율을 빼서 계산한다. 3개월 선물환 포인
트의 매수율은 1100(= 11.00원 = 1,231.20 – 1,220.20), 3개월 선물환 포인트의 매도율은 2330(= 23.30원 =
1,248.60 – 1,225.30)이 된다.
㉢ 1개월 선물환율이 현물환율보다 낮으므로 1개월 선물환율이 할인상태에 있다. 따라서 선물환 포인트의 매도율
이 매수율보다 작게 된다. 이 경우 선물환 포인트는 현물환율에서 선물환율을 빼서 계산한다. 1개월 선물환 포
인트의 매수율은 1700(= 17.00원 = 1,220.20 – 1,203.20), 1개월 선물환 포인트의 매도율은 710(= 7.10원 =
1,225.30 – 1,218.20))이 된다.

정답 174 ③   175 ④   176 ①   177 ②

딜러(은행)는 선물환율을 두 가지 방법으로 고시함

아웃라이트율 (outright rate)	딜러가 선물환거래를 원하는 고객에게 선물환율의 호가를 현물환율처럼 매수율과 매도율로 표시하는 방법
선물환 포인트 (forward point) 표시법	선물환율을 현물환율의 차이로 표시하는 방법 → 선물환 포인트는 현물환율과 선물환율의 차이를 말함

은행 간 시장에서는 선물환율을 표시할 때, 선물환 포인트(단위 : 0.01원)로 표시하는 것이 관례

선물환율이 할증 (premium) 상태에 있는 경우	현물환율 < 선물환율 선물환 포인트의 매수율 < 선물환 포인트의 매도율 → 선물환율 = 현물환율 + 선물환 포인트 　(선물환 포인트 = 선물환율 − 현물환율)
선물환율이 할인 (discount) 상태에 있는 경우	현물환율 > 선물환율 선물환 포인트의 매수율 > 선물환 포인트의 매도율 → 선물환율 = 현물환율 − 선물환 포인트 　(선물환 포인트 = 현물환율 − 선물환율)

★★★
178 현재 원-달러 현물환율은 1,200.00 − 1,210.00이며, 3개월 선물환율의 선물환 포인트가 500 − 300이다. 다음 설명 중 옳은 것은? 심화

① 선물환율이 할증상태에 있다.
② 선물환 포인트의 매도율이 매수율보다 크다.
③ 3개월 선물환율의 매도율은 1,160.00원이다.
④ 3개월 선물환율의 매수율은 1,195.00원이다.

> **해설** 선물환 포인트의 매도율(300)이 매수율(500)보다 작으므로 선물환율은 현물환율보다 작은 할인상태에 있다. 이 경우 선물환율은 현물환율에 선물환 포인트를 빼서 계산한다. 3개월 선물환율의 매수율은 1,195.00(= 1,200.00 − 5.00), 3개월 선물환율의 매도율은 1,207.00(= 1,210.00 − 3.00)이 된다.

★★★
179 현재 원-달러 현물환율이 달러당 1,000원이고 6개월 선물환율이 달러당 900원이다. 그러면 6개월 선물환의 할증률(또는 할인율)은?

① 10% 할증　　② 20% 할증　　③ 10% 할인　　④ 20% 할인

> **해설** 선물환 할증률 또는 할인율은 현물환율과 비교하여 연율로 표현하는 것이 일반적이다. 아래 식에서 선물환 만기는 개월 수이다. 만약 선물환 만기가 일수로 계산된다면, 식에서 '$\dfrac{12}{\text{선물환만기}}$'를 '$\dfrac{360}{\text{선물환만기}}$'로 수정하여 적용하면 된다.
>
> $$※ \text{할증(할인)율} = \frac{\text{선물환율} - \text{현물환율}}{\text{현물환율}} \times \frac{12}{\text{선물환만기}} = \frac{900 - 1,000}{1,000} \times \frac{12}{6} = -20\%$$

★★★
180 현재 동경 외환시장에서 엔-달러 현물환율이 달러당 113.40엔이고 만기가 30일 남은 3개월 선물환율이 달러당 119.07엔이다. 그러면 3개월 선물환의 할증률(또는 할인율)은?

① 10% 할증   ② 20% 할증

③ 10% 할인   ④ 20% 할인

해설 할증(할인)율 $= \dfrac{\text{선물환율} - \text{현물환율}}{\text{현물환율}} \times \dfrac{12}{\text{선물환만기}} = \dfrac{119.07 - 113.40}{113.40} \times \dfrac{360}{90} = 20\%$

···TOPIC 33 원-달러 차액결제선물환(NDF, Non-Deliverable Forward)

★★★
181 원-달러 NDF(차액결제선물환) 시장에 대한 설명으로 옳지 않은 것은?

① 만기시점에 계약통화의 교환이 없이 계약 당시의 선물환율과 지정환율의 차이만큼을 미 달러화로 정산하는 선도거래의 일종이다.

② 레버리지 효과가 높아 환리스크 헤지뿐 아니라 투기적 거래에도 활용된다.

③ NDF는 차액만을 결제하므로 결제위험이 일반 선물환에 비해 적다.

④ 매수자의 경우 지정환율이 계약환율보다 높다면 결제금액을 지급하게 되고, 지정환율이 계약환율보다 낮다면 결제금액을 수취하게 된다.

해설 매수자의 경우 지정환율이 계약환율보다 높다면 결제금액을 수취하게 되고, 지정환율이 계약환율보다 낮다면 결제금액을 지급하게 된다. 반면에 매도자는 지정환율이 계약환율보다 낮다면 결제금액을 수취하고, 지정환율이 계약환율보다 높다면 결제금액을 지급하게 된다.

개념	일반적인 선물환이 만기일에 계약의 대상이 되는 기초자산, 즉 양국 통화를 정해진 선물환율로 상호 교환하는 데 반해, NDF(차액결제선물환)는 만기시점에 계약통화의 교환이 없이 계약 당시의 선물환율과 만기시점의 현물환율(지정환율)의 차이만큼을 특정 통화(주로 미 달러화)로 정산하는 계약을 말함
특징	• NDF는 차액만을 결제하므로 결제위험이 일반 선물환에 비해 적음 • 결제통화로 주로 미 달러화가 사용되므로 해당국의 통화(예를 들면, 우리나라 원화)가 국제적으로 통용되지 않더라도 역외시장에서 거래가 형성될 수 있음 • 적은 금액만으로도 거래가 가능하므로 레버리지 효과가 높아 환리스크 헤지뿐 아니라 투기적 거래에도 활용됨
원-달러 NDF	• 만기는 주로 정형화된 만기의 형태로 다양하게 존재하지만 1개월물이 가장 많이 거래됨 • 거래금액은 제한이 없으나 관행상 100만 달러 단위로 거래되는 것이 일반적 • 결제환율(지정환율)은 직전 영업일의 시장평균환율에 의해 결정되며, 차액정산 시 교환되는 통화는 미 달러화로 정하고 있음

★★★
182 국내 A은행이 미국의 B은행에게 1개월 만기 원-달러 NDF를 100만 달러 매도하였다고 가정하자. 계약 시 선물환율은 달러당 900원이다. 1개월 후 지정환율(결제일 전일의 기준환율)이 1,000원이라면 A은행의 결제금액은? 심화

① 국내 A은행은 미국의 B은행에게 $100,000를 지급해야 한다.
② 국내 A은행은 미국의 B은행에게 $1,000,000를 지급해야 한다.
③ 미국의 B은행은 국내 A은행에게 $100,000를 지급해야 한다.
④ 미국의 B은행은 국내 A은행에게 $1,000,000를 지급해야 한다.

 매도자는 지정환율이 계약환율보다 낮다면 결제금액을 수취하고, 지정환율이 계약환율보다 높다면 결제금액을 지급하게 된다. 지정환율이 계약환율보다 상승하였으므로 매도자인 국내 A은행은 $100,000를 매수자인 미국의 B은행에게 지급해야 한다. 이때 결제금액은 다음과 같이 계산한다.

$$\text{결제금액} = \frac{(\text{지정환율} - \text{계약시선물환율})}{\text{지정환율}} \times \text{계약금액} = \frac{(1,000-900)}{1,000} \times \$1,000,000 = \$100,000$$

★★★
183 현재 원-달러 현물환율이 ₩1,000/$, 원화 3개월 금리는 3%(act/365), 달러화 3개월 금리는 2%(act/360)이다. 만기가 3개월(92일)인 원-달러 선물환율은?

① 998.44　　　　② 1,000.44　　　　③ 1,002.44　　　　④ 1,004.44

 이론선물환율 $= 1,000 \times \dfrac{1 + 0.03 \times 92/365}{1 + 0.02 \times 92/360} \fallingdotseq 1,002.44$

🏛 필수핵심정리 ▷ 균형선물환율(이론선물환율) 결정모형

- 이자율 평형(IRP, Interest Rate Parity) 이론을 이용하여 계산 → 선물환율은 현물환율과 양국의 이자율 수준에 따라 결정됨
- 균형선물환율(F^*) = 현물환율(S) × $\dfrac{1 + \text{자국통화의 이자율}(r_d)}{1 + \text{외국통화의 이자율}(r_f)}$

① 자국이자율(r_d) > 외국이자율(r_f) → 선물환율(F^*) > 현물환율(S) → 선물환율은 할증(premium) 상태
② 자국이자율(r_d) < 외국이자율(r_f) → 선물환율(F^*) < 현물환율(S) → 선물환율은 할인(discount) 상태

선물환 할증률 (할인율)	$\dfrac{F(\text{선물환율}) - S(\text{현물환율})}{S(\text{현물환율})} = r_d(\text{국내이자율}) - r_f(\text{해외이자율})$ → 이 식의 좌변은 선물환 할증률 또는 할인율을 나타내며, 우변은 두 통화 간의 이자율 차이임. 따라서 이자율 평형이론에 따르면, 두 나라 통화 간의 이자율 차이에 의해 선물환 할증률 또는 할인율이 결정됨(사실, 이 식은 균형선물환율 공식을 변형한 근사치임)

★★★
184 현재 한국의 이자율은 연 4%, 미국의 이자율은 연 2%, 일본의 이자율은 연 1%이다. 이자율 평형이론(IRP)이 성립한다면, 1년 만기 원-달러(₩/$) 선물환율과 엔-달러(¥/$) 선물환율의 할증 및 할인상태에 대해 바르게 설명한 것은?

① 원-달러 선물환 할증, 엔-달러 선물환 할인
② 원-달러 선물환 할증, 엔-달러 선물환 할증
③ 원-달러 선물환 할인, 엔-달러 선물환 할증
④ 원-달러 선물환 할인, 엔-달러 선물환 할인

해설 한국의 이자율(4%)이 미국의 이자율(2%)보다 높으므로 원-달러 선물환율은 할증상태에 있다. 반면에, 일본의 이자율(1%)은 미국의 이자율(2%)보다 낮으므로 엔-달러 선물환율은 할인상태에 있다.

정답 182 ①　183 ③　184 ①

185 현재 원-달러 현물환율은 1,200.00 - 1,210.00 이며, 3개월 선물환율의 선물환 포인트가 500 - 300 이다. 다음 설명 중 옳지 않은 것은? 심화

① 선물환 포인트의 매수율이 매도율보다 크다.

② 3개월 선물환율은 1,195.00 - 1,207.00원이다.

③ 선물환율이 현물환율보다 낮으므로 선물환율은 할인된 상태이다.

④ 달러화 금리가 원화 금리보다 낮다.

> **해설** 선물환 포인트는 현물환율과 선물환율의 차이를 말하는데, 선물환 포인트의 매도율(300)이 매수율(500)보다 작으므로 선물환율은 현물환율보다 작은 할인상태에 있다. 이 경우 선물환율은 현물환율에 선물환 포인트를 빼서 계산한다. 3개월 선물환율의 매수율은 1,195.00(= 1,200.00-5.00), 3개월 선물환율의 매도율은 1,207.00(= 1,210.00-3.00)이 된다. 또한 선물환율이 현물환율보다 작은 할인상태이므로 원화 금리는 달러화 금리보다 낮다.

···TOPIC 35 무위험 이자율 차익거래

186 현재 외환시장과 단기금융시장에서 원-달러 환율과 한국과 미국의 단기이자율이 다음과 같다. 다음 설명 중 옳은 것은? 심화

> • 현물환율 : $1 = ₩1,120
> • 한국 3개월 이자율 : 연 2%
> • 6개월 선물환율 : $1 = ₩1,100
> • 미국 3개월 이자율 : 연 4%

① 6개월 선물환율은 할증상태에 있다.

② 실제 선물환율이 이론 선물환율보다 고평가되어 있다.

③ 이자율 평형(IRP) 이론에 따르면 6개월 선물환율은 할증되어야 한다.

④ 무위험 이자율 차익거래 시 달러차입, 원화대출이 발생한다.

> **해설** 6개월 선물환율(1,100)은 현물환율(1,120)보다 낮으므로 할인상태에 있다. 이론 선물환율을 계산하면 1,109.02가 되므로, 실제 선물환율(1,100)이 이론 선물환율(1,109.02)보다 저평가되어 있다. 또한 한국 이자율이 달러 이자율보다 높으므로 이자율 평형(IRP) 이론에 따르면 6개월 선물환율은 할인되어야 한다. 실제 선물환율(1,100)이 이론 선물환율(1,109.02)보다 저평가되어 있으므로 무위험 이자율 차익거래가 가능하다. 무위험 이자율 차익거래는 달러화를 차입하고 이를 원화로 바꾸어(달러 현물환 매도) 원화로 예금함과 동시에, 차입한 달러화 상환을 위해 달러 선물환 매수계약을 체결하면 된다.(현물환 매도 + 선물환 매수 = 매도차익거래)
>
> ※이론선물환율(F^*) = $1,120 \times \dfrac{1+0.02 \times 1/2}{1+0.04 \times 1/2}$ = 1,109.02이다.

실제 시장선물환율(F)이 IRP에 의한 이론선물환율(F^*)과 괴리(고평가 또는 저평가)가 발생하면 무위험 이자율 차익거래가 가능

시장선물환율(F) > 이론선물환율(F^*) → 선물환율이 고평가되어 있는 경우 $$\left[\frac{F-S}{S} > r_d - r_f \right]$$		시장선물환율(F) < 이론선물환율(F^*) → 선물환율이 저평가되어 있는 경우 $$\left[\frac{F-S}{S} < r_d - r_f \right]$$	
현물환 거래	외국통화 선물환 매수 복제 ① 자국통화 차입 ② 외국통화 현물환 매수(자국통화를 외국통화로 교환) ③ 외국통화로 표시된 금융자산에 투자(예금)	현물환 거래	외국통화 선물환 매도 복제 ① 외국통화 차입 ② 외국통화 현물환 매도(외국통화를 자국통화로 교환) ③ 자국통화로 표시된 금융자산에 투자(예금)
선물환 거래	외국통화 선물환 매도 (만기에 외국통화를 자국통화로 바꾸어 차입금을 상환하기 위한 거래)	선물환 거래	④ 외국통화 선물환 매수 (만기에 자국통화를 외국통화로 바꾸어 차입금을 상환하기 위한 거래)
→ 위와 같은 차익거래가 발생하는 원인은 두 나라의 이자율 차이보다 선물환율의 할증률이 높게 나타나 IRP가 성립하고 있지 않기 때문		→ 위와 같은 차익거래가 발생하는 원인은 두 나라의 이자율 차이에 비해 선물환율의 할증률이 작게 나타나 IRP가 성립하고 있지 않기 때문	

★★★
187 현재 원-달러 현물환율은 ₩1,200/\$, 선물환율은 ₩1,250/\$, 균형(이론)선물환율은 ₩1,230/\$이라고 한다면, 무위험 이익을 얻기 위해서는 어떠한 차익거래를 하여야 하는가? 심화

① (달러 선물 매도) + (원화차입 → 달러화로 환전 → 달러화표시 예금)
② (달러 선물 매수) + (달러화 차입 → 원화로 환전 → 원화표시 예금)
③ (달러 선물 매도) + (달러화 차입 → 원화로 환전 → 원화표시 예금)
④ (달러 선물 매수) + (원화차입 → 달러화로 환전 → 달러화표시 예금)

해설 실제 선물환율(1,250)이 이론 선물환율(1,230)보다 고평가되어 있으므로 무위험 이자율 차익거래가 가능하다. 무위험 이자율 차익거래는 원화를 차입하고 이를 달러로 바꾸어(달러 현물환 매수) 달러로 예금함과 동시에, 차입한 원화 상환을 위해 달러 선물환 매도계약을 체결하면 된다(현물환 매수 + 선물환 매도 = 매수차익거래).

★★★
188 현재 원-달러 현물환율은 ₩1,000/$, 만기가 3개월(92일)인 선물환율은 ₩1,001/$, 달러화 3개월 금리는 2%(act/360), 원화 3개월 금리는 3%(act/365)이다. 다음 설명 중 옳지 않은 것은? 심화

① 시장 선물환율은 할증상태이다.

② 이론 선물환율은 ₩1,002.44/$이다.

③ 시장 선물환율은 이론 선물환율보다 저평가되어 있다.

④ 원화를 차입하고 이를 달러로 바꾸어 달러로 예금하고, 달러선물환을 매수하는 차익거래를 할 수 있다.

> **해설** 시장 선물환율(1,001)은 현물환율(1,000)보다 높으므로 할증상태(premium)이다. 할증률을 계산하면
> $$0.39\% \left(= \frac{1,001-1,000}{1,000} \times \frac{360}{92} \right)$$ 이다. 이론선물환율을 계산하면, 이론선물환율(F^*) $= 1,000 \times \dfrac{1 + 0.03 \times 92/365}{1 + 0.02 \times 92/360}$
> ≒ 1,002.44가 되므로, 시장 선물환율(1,001)이 이론선물환율(1,002.44)보다 저평가되어 있다. 따라서 달러화를 차입하고 이를 원화로 바꾸어 원화로 예금하고(달러 선물환매도 복제), 동시에 차입한 달러화 상환을 위해 달러 선물환을 매수하는 차익거래를 할 수 있다.

···TOPIC **36** 통화선물

★★★
189 선물환과 통화선물에 관한 설명으로 옳지 않은 것은?

① 선물환은 선도계약으로 장외시장에서 거래되고, 통화선물은 거래소에서 거래된다.

② 선물환거래에서는 거래 상대방의 계약불이행 위험이 존재한다.

③ 통화선물은 대부분의 계약이 만기에 가서 실물인수도를 통해 결제되는 반면에, 선물환은 대부분의 포지션이 만기 전에 반대매매를 통해 청산된다.

④ 통화선물의 거래비용은 브로커 수수료이며, 선물환시장에서는 딜러의 매수/매도 스프레드가 주된 거래비용이 된다.

> **해설** 선물환은 대부분의 계약이 만기에 가서 실물인수도를 통해 결제되는 반면에, 통화선물은 대부분의 포지션이 만기 전에 반대매매를 통해 청산된다.

모두 미래의 외환거래에 대한 가격, 즉 환율을 고정시킨다는 면에서는 동일한 형태의 계약 → 외환시장에서는 통화선물 거래보다는 선물환 거래가 활성화되어 있음

	선물환 : 선도계약	통화선물 : 선물계약
거래장소	장외시장	거래소
거래조건	개별 거래 당사자의 필요에 맞춤	표준화
계약이행	계약이행을 전적으로 거래 상대방의 신용도에 의존 → 계약불이행위험 존재	거래소(청산기관)가 거래 상대방의 입장에서 계약이행을 보증 → 증거금과 일일정산제도 운영
결제	대부분의 계약이 만기에 가서 실물인수도를 통해 결제됨	대부분의 포지션이 만기 전에 반대매매를 통해 청산됨
거래비용	딜러의 매수/매도 스프레드	브로커 수수료 → 통화선물의 거래비용은 선물환에 비해 저렴

★★★
190 우리나라 통화선물에 관한 설명으로 옳지 않은 것은?

① 현재 한국거래소에서 거래되는 통화선물로는 미국 달러선물, 엔선물, 유로선물, 위안선물이 상장되어 거래되고 있다.

② 거래단위는 미국 달러선물이 10,000달러, 엔선물이 1,000,000엔, 유로선물은 10,000유로, 위안선물은 100,000위안으로 되어 있다.

③ 가격표시방법은 미국 달러선물은 1달러당 원화, 엔선물은 100엔당 원화, 유로선물은 1유로당 원화, 위안선물은 1위안당 원화로 표시된 환율을 사용한다.

④ 호가가격단위는 모든 통화선물들이 0.1원이고 1틱(tick)의 가치는 1,000원이다.

해설 호가가격단위는 위안선물(0.01원)을 제외한 나머지 통화선물들에 대해 모두 0.1원이고 1틱(tick)의 가치는 모두 1,000원이다.

구분	미국 달러선물	엔선물	유로선물	위안선물
기초자산	미국 달러(USD)	일본 엔(JPY)	유로화(EUR)	중국 위안화((CNH)
거래단위	10,000달러	1,000,000엔	10,000유로	100,000위안
가격표시방법	1달러당 원화	100엔당 원화	1유로당 원화	1위안당 원화
호가가격단위	0.1원 → 1틱의 가치 1,000원 (=10,000×0.1)	0.1원 → 1틱의 가치 1,000원 (=1,000,000×0.1 × 1/100)	0.1원 → 1틱의 가치 1,000원 (=10,000×0.1)	0.01원 → 1틱의 가치 1,000원 (100,000×0.01)
거래시간	09:00~15:45(단, 최종거래일은 09:00~11:30)			
최종거래일	결제월의 세 번째 월요일(공휴일인 경우 순차적으로 앞당김)			
최종결제일	최종거래일로부터 기산하여 3일째 거래일(T + 2)			
결제방법	실물인수도 결제			

★★★
191 한국거래소에서 거래되는 달러선물 10계약을 1달러당 1,040원에 매도한 후, 일주일 뒤에 1달러당 1,055원에 반대매매를 통해 포지션을 모두 청산하였다. 이 거래의 손익은?(단, 증거금 이외에 거래비용은 없는 것으로 가정)

① 150만원 이익 　　② 150만원 손실 　　③ 75만원 이익 　　④ 75만원 손실

 달러선물을 매도한 경우에는 매도한 가격보다 환율이 하락하면 이익이지만 상승하면 손실이 발생한다. 따라서 이 거래에서는 매도한 선물가격(1,040)보다 높은 선물가격(1,055)으로 청산(즉, 매수)하였으므로 손실이 발생했다. 달러선물의 거래단위는 10,000달러이므로 손익을 계산하면, $(1,040 − 1,055) × 10,000 × 10$(계약) $= −1,500,000$(손실)

★★★
192 한국거래소에서 거래되는 엔선물 1계약을 100엔당 1,020원에 매도하고, 유로선물을 1계약을 1유로당 1,250원에 매도한 투자자가 10일 후 엔선물은 100엔당 1,070원에, 유로선물은 1유로당 1,170원에 반대매매를 통해 포지션을 모두 청산했다. 이 투자자의 손익은?(단, 증거금의 거래비용은 없는 것으로 가정)

① 30만원 이익 　　② 30만원 손실 　　③ 100만원 이익 　　④ 100만원 손실

해설 거래 손익을 계산하기 위해서는 거래단위와 가격표시방법을 알아야 하며, 손익을 계산할 때에는 매도가격에서 매수가격을 빼서 그 값이 양(+)이면 이익, 음(−)이면 손실이다.

- 엔선물 = $(1,020 − 1,070) × 1,000,000 × 0.01 = −500,000$원(손실)
- 유로선물 = $(1,250 − 1,170) × 10,000 = 800,000$원(이익)

　　　　　　총손익 = $−500,000 + 800,000 = 300,000$(이익)

★★★
193 현재 원-달러 현물환율이 ₩1,100/$, 한국의 3개월 이자율은 연 4%, 미국의 3개월 이자율은 연 8%이다. 앞으로 만기가 3개월 남은 원-달러 통화선물의 이론가격은 달러당 얼마인가?

① 1,008.70　　　　② 1,028.70　　　　③ 1,048.70　　　　④ 1,089.21

 일반적으로 통화선물의 가격결정은 선물환의 가격결정과 동일하다. 따라서 아래의 이자율평형이론(IRP)을 이용하여 통화선물의 가격을 계산할 수 있다.

$$\text{균형선물환율}(F^*) = \text{현물환율}(S) \times \frac{1 + \text{자국통화의이자율}(r_d)}{1 + \text{외국통화의이자율}(r_f)}$$

$$= 1,100 \times \frac{1 + 0.04 \times 1/4}{1 + 0.08 \times 1/4} ≒ 1,089.21$$

···TOPIC 37 선물환과 통화선물을 이용한 환리스크 관리

★★★
194 ○○년 4월 1일, 한국기업은 미국은행으로부터 단기달러자금을 차입하고 6개월 후에 원리금으로 $1,000,000를 갚을 예정이다. 현재 원-달러 현물환율은 $1 = ₩1,000이고, 6개월 선물환의 선물환율은 $1 = ₩1,100이다. 다음 설명 중 옳지 않은 것은?

① 6개월 후 달러자금 상환 시 달러가치가 상승한다면, 즉 원-달러 환율이 달러당 1,000원 이상으로 상승할 경우 한국기업은 손실을 입게 된다.
② 한국기업의 환포지션은 매도포지션에 해당되므로, 환율상승 위험을 헤지하기 위해 선물환 매수포지션을 가질 필요가 있다.
③ 환율상승으로 인한 손실을 피하기 위해 6개월 원-달러 선물환을 달러당 1,100원에 $1,000,000만큼 매수하는 헤지전략이 필요하다.
④ 매수헤지 결과 한국기업은 6개월 후에 환율이 얼마가 되든 상관없이 $1,000,000의 원리금을 상환하는데 원화 지출금액을 10억원으로 고정시킬 수 있다.

해설 환율상승으로 인한 손실을 피하기 위해 6개월 원-달러 선물환을 선물환율 $1=₩1,100에 $1,000,000만큼 매수하는 헤지전략이 필요하다. 매수헤지 결과 한국기업은 6개월 후에 환율이 얼마가 되든 상관없이 $1,000,000의 원리금을 상환하는데 원화 지출금액을 11억원(= 1,000,000×1,100)으로 고정시킬 수 있다.

★★★
195 ○○년 6월 1일, 한국기업은 미국에 제품을 수출하고 그 대금으로 6개월 후에 $1,000,000를 받을 예정이다. 현재 원–달러 현물환율은 $1 = ₩1,000이고, 6개월 선물환의 선물환율은 $1 = ₩1,100이다. 다음 설명 중 옳지 않은 것은?

① 6개월 후 달러화 수취 시 달러가치가 하락한다면, 즉 원–달러 환율이 달러당 1,000원 이하로 하락할 경우 한국기업은 손실을 입게 된다.
② 한국기업의 환포지션은 매수포지션에 해당되므로, 환율하락 위험을 헤지하기 위해 선물환 매도포지션을 가질 필요가 있다.
③ 환율상승으로 인한 손실을 피하기 위해 6개월 원–달러 선물환을 달러당 1,100원에 $1,000,000만큼 매수하는 헤지전략이 필요하다.
④ 매도헤지 결과 한국기업은 6개월 후의 환율변동에 관계없이 11억원을 확보할 수 있게 된다.

> **해설** 환율하락으로 인한 손실을 피하기 위해 6개월 원–달러 선물환을 달러당 1,100원(선물환율)에 $1,000,000만큼 매도하는 헤지전략이 필요하다. 매도헤지 결과 한국기업은 6개월 후의 환율변동에 관계없이 11억원(= 1,000,000 × 1,100)을 확보할 수 있게 된다.

★★★
196 ○○년 2월 1일, 한국기업은 미국은행으로부터 단기달러자금을 차입하고 6개월 후인 ○○년 8월 1일에 원리금으로 $1,000,000를 갚을 예정이다. 현재 원–달러 현물환율은 $1 = ₩1,100이고, 8월물 미국 달러선물의 가격은 ₩1,110/$이다. 다음 설명 중 옳지 않은 것은?

① 6개월 후 달러자금 상환 시 달러가치가 상승한다면, 즉 원–달러 환율이 달러당 1,100원 이상으로 상승할 경우 한국기업은 손실을 입게 된다.
② 원–달러 환율상승으로 인한 손실을 회피하기 위해 한국거래소에 상장된 8월물 미국 달러선물 100계약을 매수하는 헤지전략이 필요하다.
③ ○○년 8월 1일, 한국기업은 미국 달러선물을 반대매매, 즉 매도를 통해 청산하고 필요한 $1,000,000는 현물환 시장에서 매수함으로써 헤지포지션을 정리하게 된다.
④ 헤지포지션을 정리하는 시점의 현물환율이 ₩1,115/$이고, 8월물 미국 달러선물가격이 ₩1,118이라고 하면 매수헤지의 결과 7,000,000만원의 헤지이익이 발생한다.

> **해설** 한국거래소에 상장된 미국 달러선물의 거래단위는 $10,000이다. 따라서 원–달러 환율상승으로 인한 손실을 회피하기 위해서는 8월물 미국 달러선물 100계약(= $1,000,000/$10,000)을 매수하는 헤지전략이 필요하다. 헤지포지션을 정리하는 시점의 현물환율이 ₩1,115/$이고 8월물 미국 달러선물가격이 ₩1,118이라고 하면, 매수헤지의 결과 7,000,000만원의 헤지손실이 발생한다.

	현물	선물
2월 1일	차입금 $1,000,000(8월 1일 지급 예정) → 현물환율 = ₩1,100/$	8월 달러선물 100계약을 ₩1,110/$에 매수
8월 1일	$1,000,000을 현물환시장에서 ₩1,115/$에 매수	8월 달러선물 100계약을 ₩1,118/$에 매도
손익	1,000,000×(1,100 – 1,115) = –15,000,000원(손실)	1,000,000×(1,118 – 1,110) = 8,000,000원(이익)
	= –15,000,000 + 8,000,000 = –7,000,000원(손실)	

★★★
197 K기업은 3개월 후에 $5,000,000를 받을 예정이다. 달러자금 수취 시 달러가치 변동으로 인한 손실을 피하기 위하여 한국거래소에 상장된 미국 달러선물을 활용하기로 했다. 다음 중 적절한 선물포지션은?

① 달러선물 100계약 매수   ② 달러선물 100계약 매도
③ 달러선물 500계약 매도   ④ 달러선물 500계약 매수

 K기업은 3개월 후 달러자금 수취 시 달러가치 하락, 즉 원–달러 환율하락 위험에 노출되어 있다. 한국거래소에 상장된 미국 달러선물의 거래단위는 $10,000이다. 따라서 원–달러 환율하락으로 인한 손실을 피하기 위해서는 미국 달러선물 500(= $5,000,000/$10,000) 계약을 매도하여야 한다.

★★★
198 ○○년 2월 1일, 한국기업은 미국에 제품을 수출하고 6개월 후인 8월 1일에 $1,000,000를 받을 예정이다. 현재 원–달러 현물환율은 $1 = ₩1,100이고, 8물 미국 달러선물의 가격은 $1 = ₩1,110이다. 다음 설명 중 옳지 않은 것은?

① 6개월 후 달러화 수취 시 달러가치가 하락한다면, 즉 원–달러 환율이 달러당 1,100원 이하로 하락할 경우 한국기업은 손실을 입게 된다.
② 원–달러 환율하락으로 인한 손실을 피하기 위해 8월물 미국 달러선물 100계약을 매도하는 헤지전략이 필요하다.
③ ○○년 8월 1일, 한국기업은 미국 달러선물을 반대매매, 즉 매수를 통해 청산하고 수취한 $1,000,000는 현물환 시장에서 매도함으로써 헤지포지션을 정리하게 된다.
④ 헤지포지션을 정리하는 시점의 현물환율이 ₩1,115/$이고, 8월물 미국 달러선물가격이 ₩1,118이라고 하면 매도헤지의 결과 7,000,000만원의 헤지손실이 발생한다.

 한국거래소에 상장된 미국 달러선물의 거래단위는 $10,000이다. 따라서 원–달러 환율상승으로 인한 손실을 회피하기 위해서는 8월물 미국 달러선물 100계약(= $1,000,000/$10,000)을 매도하는 헤지전략이 필요하다. 헤지포지션을 정리하는 시점의 현물환율이 ₩1,115/$이고 8월물 미국 달러선물가격이 ₩1,118이라고 하면, 매도헤지의 결과 7,000,000만원의 헤지이익이 발생한다.

	현물	선물
2월 1일	수출대금 $1,000,000(8월 1일 수취 예정) → 현물환율 = ₩1,100/$	8월 달러선물 100계약을 ₩1,110/$에 매도
8월 1일	$1,000,000을 현물환시장에서 ₩1,115/$에 매도	8월 달러선물 100계약을 ₩1,118/$에 매수
손익	1,000,000×(1,115 − 1,100) = 15,000,000원(이익)	1,000,000×(1,110 − 1,118) = 8,000,000원(손실)
	= 15,000,000 + (−8,000,000) = 7,000,000원(이익)	

★★★ 199 환율변동에 따른 리스크를 회피하기 위하여, 선물환이나 통화선물을 이용하여 매도헤지를 할 필요가 있는 경우를 모두 고르면?

> ㉠ 달러화표시 자산을 많이 보유하고 있는 기업
> ㉡ 3개월 후에 수출대금을 받을 예정인 기업
> ㉢ 유로화표시 부채를 많이 보유하고 있는 기업
> ㉣ 6개월 후에 수입대금을 달러로 지급해야 하는 기업

① ㉠, ㉡ ② ㉢, ㉣ ③ ㉠, ㉣ ④ ㉡, ㉢

 달러화표시 자산을 많이 보유하고 있는 기업이나 3개월 후에 수출대금을 받을 예정인 기업은, 외화가치 하락(환율하락)으로 인한 손실을 회피하기 위해서는 하락에 대비하여 선물환이나 통화선물을 매도하는 매도헤지가 필요하다. 반면에, 유로화표시 부채를 많이 보유하고 있는 기업이나 6개월 후에 수입대금을 달러로 지급해야 하는 기업은, 외화가치 상승(환율상승)으로 인한 손실을 회피하기 위해서는 상승에 대비하여 선물환이나 통화선물을 매수하는 매수헤지가 필요하다.

★★★ 200 베이시스 리스크와 헤지손익에 관한 설명으로 옳은 것은? 심화

① 원화금리가 달러금리보다 높으면 양(+)의 베이시스가 발생하는데, 만기가 가까워짐에 따라 베이시스의 크기는 감소한다.
② 베이시스가 양(+)인 경우, 매수헤지에서는 헤지이익이 발생한다.
③ 베이시스가 양(+)인 경우, 매도헤지에서는 헤지손실이 발생한다.
④ 선물가격이 현물가격보다 작은 경우, 매도헤지에서는 헤지이익이 발생한다.

 원화금리가 달러금리보다 높으면 달러선물가격이 달러현물가격보다 큰 양(+)의 베이시스가 발생하는데, 만기가 가까워짐에 따라 베이시스의 크기는 감소한다. 베이시스가 양(+)인 경우, [선물매수 + 현물매도] 형태인 매수헤지에서는 선물포지션의 이익이 현물포지션의 손실보다 작거나 선물포지션의 손실이 현물포지션의 이익보다 커지므로 헤지손실이 발생한다. 베이시스가 양(+)인 경우, [선물매도 + 현물매수] 형태인 매도헤지에서는 선물포지션의 이익이 현물포지션의 손실보다 크거나 선물포지션의 손실이 현물포지션의 이익보다 작으므로 헤지이익이 발생한다. 만일, 원화금리가 달러금리보다 낮은 상태라면 달러선물가격이 달러현물가격보다 작은 음(-)의 베이시스가 발생하는데, 만기가 가까워짐에 따라 베이시스의 차이가 점차 감소하게 된다. 따라서 선물가격은 현물가격에 비해 상대적인 증가폭이 크거나 상대적인 하락폭이 작아지게 된다. 결과적으로 베이시스가 음(-)인 경우에는 매수헤지에서는 헤지이익이 생기고 매도헤지에서는 헤지손실이 발생한다.

	매수헤지 (선물매수 + 현물매도)	매도헤지 (선물매도 + 현물매수)
양(+)의 베이시스 (원화금리 > 달러금리) → 선물가격 > 현물가격	헤지손실	헤지이익
	만기가 가까워짐에 따라 베이시스의 크기는 감소 → 즉, 선물가격은 현물가격에 비해 상대적인 증가폭이 적거나 상대적인 하락 폭이 커지게 됨	
음(–)의 베이시스 (원화금리 < 달러금리) → 선물가격 < 현물가격	헤지이익	헤지손실
	만기가 가까워짐에 따라 베이시스의 차이가 점차 감소 → 즉, 선물가격은 현물가격에 비해 상대적인 증가폭이 크거나 상대적인 하락 폭이 작아지게 됨	

···TOPIC **38** 단기자금시장을 이용한 환리스크 관리

★★★
201 다음 중 원–달러 선물환(또는 통화선물)의 매도포지션과 동일한 결과를 나타내기 위해서 필
요한 단기자금시장 거래를 모두 고르면?

> ㉠ 원화로 차입
> ㉡ 달러로 차입
> ㉢ 현물환거래를 통해 달러로 교환
> ㉣ 현물환거래를 통해 원화로 교환
> ㉤ 선물의 만기와 동일한 기간 동안 달러로 예금
> ㉥ 선물의 만기와 동일한 기간 동안 원화로 예금

① ㉡, ㉣, ㉥   ② ㉠, ㉢, ㉤   ③ ㉠, ㉥   ④ ㉡, ㉤

 해설 선물의 매수포지션은 자국통화로 차입하여 현물환거래를 통해 외국통화로 교환하고 이를 선물의 만기와 동일한 기
간 동안 외국통화로 예금하는 방식으로 대체될 수 있다. 반면에, 선물의 매도포지션은 외국통화로 차입하여 현물환
거래를 통해 자국통화로 교환하고 이를 선물의 만기와 동일한 기간 동안 자국통화로 예금하는 방식으로 대체될 수
있다. 즉, 선물 매수포지션은 원화로 차입하여 현물환거래를 통해 달러로 교환하고, 이를 선물의 만기와 동일한 기
간 동안 달러로 예금하는 것과 같고, 선물 매도포지션은 달러로 차입하여 현물환거래를 통해 원화로 교환하고, 이를
선물의 만기와 동일한 기간 동안 원화로 예금하는 것과 같다.

정답 199 ①   200 ①   201 ②

균형상태의 이자율 평형이론 : $F^* = S \times \dfrac{1+r_d}{1+r_f}$

→ 위 식을 거래의 관점에서 보면 좌변(F^*)은 선물거래를 의미하고, 우변$\left(S \times \dfrac{1+r_d}{1+r_f} \right)$은 현물거래($S$)와 두 통화를 이용한 차입 또는 예금을 의미함

선물의 매수포지션	선물의 매도포지션
= 자국통화로 차입하여 현물환거래를 통해 외국통화로 교환하고, 이를 선물의 만기와 동일한 기간 동안 외국통화로 예금하는 방식으로 대체될 수 있음	= 외국통화로 차입하여 현물환거래를 통해 자국통화로 교환하고, 이를 선물의 만기와 동일한 기간 동안 자국통화로 예금하는 방식으로 대체될 수 있음
시장이 균형상태에 있어 이자율평형이론이 성립한다면, 선물(환)을 이용하나 단기자금시장을 이용하나 헤지의 결과는 항상 동일 → 그러나 실제 시장선물환율이 고평가 또는 저평가되어 있는 불균형상태에서는 두 방식의 헤지 효과가 다름	
실제 시장선물환율(F) > 이론환율(F^*) → 시장선물환율이 고평가된 경우 $F > F^* \left(= S \times \dfrac{1+r_d}{1+r_f} \right)$	실제 시장선물환율(F) < 이론환율(F^*) → 시장선물환율이 저평가된 경우 $F < F^* \left(= S \times \dfrac{1+r_d}{1+r_f} \right)$
• 매수헤지에서는 단기자금시장을 이용한 헤지가 유리 • 매도헤지에서는 선물을 이용한 헤지가 유리	• 매수헤지에서는 선물을 이용한 헤지가 유리 • 매도헤지에서는 단기자금시장을 이용한 헤지가 유리

★★★
202 단기자금시장을 이용한 환리스크 관리에 대한 설명으로 옳은 것은?

① 선물의 매수포지션은 외국통화로 차입하여 현물환거래를 통해 자국통화로 교환하고 이를 선물의 만기와 동일한 기간 동안 자국통화로 예금하는 방식으로 대체될 수 있다.

② 선물의 매도포지션은 자국통화로 차입하여 현물환거래를 통해 외국통화로 교환하고 이를 선물의 만기와 동일한 기간 동안 외국통화로 예금하는 방식으로 대체될 수 있다.

③ 시장이 균형상태에 있어 이자율평형이론이 성립한다고 하더라도, 선물환을 이용한 헤지와 단기자금시장을 이용한 헤지의 결과는 다르다.

④ 실제 시장선물환율이 고평가된 경우, 매수헤지에서는 단기자금시장을 이용한 헤지가 유리하고, 매도헤지에서는 선물을 이용한 헤지가 유리하다.

해설 　① 선물의 매수포지션은 자국통화로 차입하여 현물환거래를 통해 외국통화로 교환하고 이를 선물의 만기와 동일한 기간 동안 외국통화로 예금하는 방식으로 대체될 수 있다.
② 선물의 매도포지션은 외국통화로 차입하여 현물환거래를 통해 자국통화로 교환하고 이를 선물의 만기와 동일한 기간 동안 자국통화로 예금하는 방식으로 대체될 수 있다.
③ 시장이 균형상태에 있어 이자율평형이론이 성립한다면, 선물환을 이용하나 단기자금시장을 이용하나 헤지의 결과는 항상 동일하다.

★★★
203 실제 시장선물환율은 ₩1,200/$이며, 이자율 평형이론에 의한 균형(이론)선물환율은 ₩1,270/$이다. 이런 경우 (㉠)헤지에서는 단기자금시장을 이용한 헤지가 유리하고, (㉡) 헤지에서는 선물을 이용한 헤지가 유리하다. 빈칸에 들어갈 말을 바르게 나타낸 것은?

① 매수, 매도
② 매도, 매수
③ 매수, 교차
④ 교차, 매도

> **해설** 실제 시장선물환율(1,200)이 이론환율(1,270)보다 작으므로 시장선물환율이 저평가된 경우이다. 이런 경우 매수헤지에서는 선물을 이용한 헤지가 유리하며, 매도헤지에서는 단기자금시장을 이용한 헤지(= 원화로 차입하여 현물환거래를 통해 달러로 교환하고, 이를 선물의 만기와 동일한 기간 동안 달러로 예금)가 유리하다. 만약, 시장선물환율이 고평가된 경우라면, 매수헤지에서는 단기자금시장을 이용한 헤지(달러로 차입하여 현물환거래를 통해 원화로 교환하고, 이를 선물의 만기와 동일한 기간 동안 원화로 예금)가 유리하며, 매도헤지에서는 선물을 이용한 헤지가 유리하다.

6장 | 상품선물

···TOPIC **39** 국내 상품선물

★★★
204 다음 중 한국거래소에서 거래되는 상품선물을 모두 고르면?

> ㉠ 돈육선물   ㉡ 금선물   ㉢ 은선물   ㉣ 원유선물

① ㉠, ㉡
② ㉠, ㉡, ㉢
③ ㉠, ㉡, ㉢, ㉣
④ ㉠, ㉡, ㉣

> **해설** 현재 한국거래소에 상장되어 거래되고 있는 상품선물(commodity futures)로는 돈육선물과 금선물 두 가지 상품이 있다.

★★★
205 한국거래소에서 거래되는 금선물에 대한 설명으로 옳지 않은 것은?

① 거래대상은 순도 99.99% 이상 1kg 벽돌모양 직육면체 금지금(순도 99.5% 이상의 금괴와 골드바 등 원재료 상태의 금을 말함)이다.
② 거래단위는 100g이다.
③ 가격표시방법은 (원/g)이며, 호가가격단위는 (10원/g)이다.
④ 최종결제가격은 최종거래일의 KRX금시장 종가이며, 최종결제방법은 실물 인수도결제한다.

> **해설** 최종결제가격은 최종거래일의 KRX금시장 종가이며, 최종결제방법은 현금결제이다.

정답 202 ④   203 ②   204 ①   205 ④

구분	내용
거래대상	순도 99.99% 이상 1kg 벽돌모양 직육면체 금지금
거래단위	100g
가격표시방법	원/g
호가가격단위	10원/g
최소가격변동금액	1,000원 (= 100g×10원)
결제월	총 7개 = 2, 4, 6, 8, 10, 12월 중 6개 + 짝수월이 아닌 월 중 1개
최종거래일	각 결제월의 세 번째 수요일
최종결제가격	최종거래일의 KRX 금시장 종가
최종결제방법	현금결제

★★★
206 금선물의 특징에 대한 설명으로 옳지 않은 것은?

① 금현물을 사기 위해서는 금액 모두를 내야 하지만, 금선물은 적은 증거금만을 가지고 거래(레버리지)할 수 있다.

② 금선물은 부가가치세, 관세 등을 납부할 필요가 없다.

③ 금선물은 다른 금투자 상품(골드뱅킹, 금ETF, 금펀드)보다 매매수수료가 높아 거래비용이 많다.

④ 최근 해외 금선물에 대한 투자도 증가추세에 있으나, 거래비용을 비교하면 국내 금선물을 활용하는 것이 투자자에게 유리하다.

해설 금투자 상품으로는 금현물, 금선물 외에도 골드뱅킹, 금ETF, 금펀드 등이 있는데, 이 중에서 골드뱅킹, 금ETF, 금펀드는 적은 금액으로 투자자들이 손쉽게 투자할 수 있다는 장점이 있지만, 매매 수수료가 높아 금선물 투자에 비해 거래비용이 높다는 단점이 있다. 골드뱅킹이나 금펀드는 금가격 상승 시에만 수익이 나는 반면, 금선물은 포지션 구축에 따라 금가격 상승 및 하락 시에 모두 수익을 낼 수 있다. 또한, 금선물은 금가격 추이에 확신이 있을 경우 레버리지를 활용하여 높은 수익을 달성할 수 있다.

★★★
207 한국거래소에서 거래되는 돈육선물에 대한 설명으로 옳지 않은 것은?

① 거래대상은 축산물품질평가원에서 산출하는 돈육대표가격이다.

② 거래단위는 1,000kg이다.

③ 호가가격단위는 10원이며, 최소가격변동금액(1틱의 가치)은 1,000원이다.

④ 거래시간은 10:15~15:45이며, 최종거래일도 동일하다.

해설 돈육선물의 호가가격단위는 5원이며, 최소가격변동금액(1틱의 가치)은 5,000원(= 1,000kg×5원)이다. 돈육선물은 돼지 가격의 변동 위험에 대비하여 사전에 약속된 미래의 특정 시점에 1계약당 1,000kg에 해당하는 돈육 대표가격을 사거나 팔 것을 약정하는 선물거래이다. 실제 돼지를 사고파는 것이 아닌 돈육의 가격을 거래대상으로 하는 선물거래이다.

🏛 필수핵심정리 　돈육선물의 주요 계약 명세

구분	내용
거래대상	돈육대표가격(산출기관 : 축산물품질평가원)
거래단위	1,000kg
가격표시방법	원/kg
호가가격단위	5원
최소가격변동금액	5,000원 (= 1,000kg×5원)
거래시간	10:15 ～ 15:45(최종거래일도 동일)
결제월	총 6개 = 분기월 중 2개 + 그 밖의 월 중 4개
최종거래일	각 결제월의 세 번째 수요일
최종결제방법	현금결제
가격제한폭	기준가격 대비 상하 ±21%

★★★
208 돈육선물에 대한 설명으로 옳은 것은?

① 돈육선물은 양돈농가에게 돼지고기 가격상승에 대비하고, 육가공업체에게는 가격하락에 대비할 수 있는 수단을 제공한다.
② 돼지고기는 현물가격 변동성이 크다. 이런 특성을 반영하여 돈육선물은 위탁증거금률이 아주 높은 편이다.
③ 한국거래소에 상장된 돈육선물의 결제방법은 최종결제일에 실제로 돈육도체를 주고받는 실물인수도 결제방식이다.
④ 돈육대표가격이 1kg당 5,000원일 때 1계약의 가치는 50,000,000원이 된다.

해설 돈육선물은 양돈농가에게 돼지고기 가격하락에 대비하고, 육가공업체에게는 가격상승에 대비할 수 있는 수단을 제공한다. 한국거래소에 상장된 돈육선물의 결제방법은 현금결제방식으로, 최종결제일에 실제로 돈육도체를 주고받는 대신 최종결제가격(최종거래일 다음날 오전 10시에 발표되는 돈육대표가격)을 이용하여 차금을 주고받음으로써 계약이 종료된다. 돼지고기는 저장성이 낮고 가격의 계절적 변동요인이 크게 작용하며, 질병 등으로 인한 공급량의 변동 등으로 인해 현물가격 변동성이 크다. 이런 특성을 반영하여 돈육선물은 국내에 상장된 선물상품 중 위탁증거금률이 21%로 가장 높다. 돈육선물의 거래단위는 1계약당 1,000kg이므로, 돈육대표가격이 1kg당 5,000원일 때 1계약의 가치는 5,000,000(= 5,000원×1,000kg)원이 된다.

★★★
209 보유비용(Cost-of-Carry) 모형에 관한 설명으로 옳지 않은 것은?

① 보유비용이란 선물계약의 기초자산이 되는 상품의 재고를 미래의 일정시점까지 유지해 나가는 데 드는 비용이다.

② 보유비용으로는 창고비용(보관비용), 이자기회비용(또는 이자비용), 보험료 등이 있다.

③ 일반상품의 경우에 재고를 보유함으로써 얻어지는 수익이 편의수익(convenience yield)으로 불린다.

④ 편의수익의 개념은 선물계약의 보유자에게 주어지는 일종의 비금전적 혜택을 말한다.

> **해설** 편의수익의 개념은 선물계약의 보유자가 아닌 현물 재고의 보유자에게 주어지는 일종의 비금전적 혜택을 말한다. 일반적으로 보유비용에는 상품의 저장에 따른 실물저장비용(창고료, 보험료 등)과 그 상품을 구매하는 데 소요되는 자금에 대한 이자비용 또는 기회비용이 합산되고, 그 상품을 보유함으로써 발생하는 수익(주식배당금, 채권이자 등)이 차감된다. 재고보유에 따른 수익은 비용이 아닌 혜택을 반영한다는 점에서 음(-)의 비용으로 간주되며, 따라서 총비용으로부터 차감된다.

★★★
210 상품선물의 보유비용을 구성하는 요소와 거리가 먼 것은?

① 보험료　　　　② 배당금　　　　③ 이자비용　　　　④ 창고료

> **해설** 배당금은 금융자산인 주식 현물을 보유함으로써 발생하는 수익이다. 재고보유에 따른 수익은 비용이 아닌 혜택을 반영한다는 점에서 음(-)의 비용으로 간주되며, 따라서 총비용으로부터 차감된다.

★★★
211 금 현물가격은 1g당 42,000원, 이자율은 연 4%, 금 저장비용은 1g당 월 30원, 편의수익은 1g당 월 20원이라면, 만기일까지 3개월 남은 금 선물가격은?

① 42,450원/g　　② 42,550원/g　　③ 42,550원/g　　④ 42,600원/g

> **해설** $F^* = 42,000 + 42,000(0.04 \times 3/12) + (30원 \times 3개월) - (20원 \times 3개월)$
> $= 42,450원/g$

보유비용모형에 의한 선물가격(F^*) = S(현물가격) + C(보유비용)

여기서, r : 이자율, u : 현물가격의 일정비율로 표시된 저장비용

T : 만기일까지의 남은 기간, y : 현물가격의 일정비율로 표시된 편의수익

저장성 상품	$F^* = S + S(r + u - y) \times \dfrac{T}{365}$ → 즉, 선물가격은 현물가격에 현물을 선물계약의 만기시점까지 보유하는 데 필요한 보유비용을 합한 것과 같음
비저장성 상품	$F^* \leq S + S(r + u - y) \times \dfrac{T}{365}$ → 저장성이 없는 상품의 경우에는 소비목적으로 보유하기 때문에 현물의 공매가 불가능하게 되어, 균형상태에서의 상품선물의 가격은 현물가격에 보유비용을 합한 것보다 작거나 같음

···· T O P I C **41** 정상시장과 역조시장

★★★
212 다음 중 정상시장(normal market)과 역조시장(inverted market)에 대한 설명으로 옳은 것은?

① 정상시장은 현물가격이 선물가격보다 높은 시장구조를 말한다.

② 정상시장은 순보유비용이 양(+)의 값을 가지는 반면, 역조시장은 순보유비용이 음(−)의 값을 가진다.

③ 역조시장은 투자자들의 지속적인 매도로 시장이 과매도(oversold) 상태일 때 발생한다.

④ 역조시장은 근월물의 가격이 원월물보다 높은 시장구조로 콘탱고시장(contango market)이라고도 한다.

 양(+)의 보유비용하에서는 정상시장이 형성되고, 음(−)의 보유비용하에서는 역조시장이 형성된다.

① 정상시장은 현물가격이 선물가격보다 낮은 시장구조를 말한다.

③ 역조시장은 재고수준이 극히 낮아 편의수익이 매우 커짐으로써 편의수익이 이자비용과 저장비용의 합계를 훨씬 압도할 때 발생한다.

④ 역조시장은 근월물의 가격이 원월물보다 높은 시장구조로 백워데이션시장(backwardation market)이라고도 한다.

$$선물이론가격(F^*) = S + S(r + u - y) \times \frac{T}{365}$$

정상시장 (normal market)	현물가격(S) < 선물가격(F), 근월물가격 < 원월물가격 → 콘탱고시장(contango market)
	순보유비용이 양(+)의 값을 가짐 → 즉, [이자비용(r) + 저장비용(u) > 편의수익(y)]
역조시장 (inverted market)	현물가격(S) > 선물가격(F), 근월물가격 > 원월물가격 → 백워데이션시장(backwardation market)
	순보유비용이 음(−)의 값을 가짐 → 즉, [이자비용(r) + 저장비용(u) < 편의수익(y)]

★★★
213 다음 중 상품선물 시장에서 정상시장 또는 콘탱고(contango) 시장으로만 묶은 것은? 심화

> ㉠ 근월물 가격이 원월물 가격보다 높은 시장
> ㉡ 현물가격이 선물가격보다 높은 시장
> ㉢ 이자비용과 저장비용의 합계가 편의수익보다 작은 시장
> ㉣ 순보유비용이 음(−)의 값을 가지는 시장

① ㉠, ㉡   ② ㉠, ㉢   ③ ㉠   ④ 없다.

해설 보기 모두 역조시장 또는 백워데이션(backwardation) 시장이다.

★★★
214 ○○년 3월 13일 현재 금 현물가격과 선물가격이 다음과 같을 때, 시장구조에 관한 설명으로 옳은 것은?

현물가격	4월물	6월물	8월물	10월물
42,360원	42,330원	42,720원	42,540원	42,940원

① 현물가격과 4월물 선물가격은 정상시장 구조이다.
② 6월물 선물가격과 8월물 선물가격은 정상시장 구조이다.
③ 4월물 선물가격과 10월물 선물가격은 정상시장 구조이다.
④ 현물가격과 6월물 선물가격은 역조시장 구조이다.

해설 ① 현물가격과 4월물 선물가격은 역조시장 구조이다.
② 6월물 선물가격과 8월물 선물가격은 역조시장 구조이다.
④ 현물가격과 6월물 선물가격은 정상시장 구조이다.

정상시장	• 현물가격 < 선물가격	• 근월물 선물가격 < 원월물 선물가격
역조시장	• 현물가격 > 선물가격	• 근월물 선물가격 > 원월물 선물가격

···TOPIC 42 상품선물의 거래유형 – 헤지거래

★★★
215 헤지(Hedge)에 관한 설명으로 옳지 않은 것은?

① 선물시장을 이용한 헤지는 현물시장의 가격변동리스크를 선물시장으로 전가하는 것으로 볼 수 있다.

② 헤지의 기본 메커니즘은 현물포지션에 상응하여 선물시장에서 반대포지션을 취하는 것이다.

③ 헤지란 현물시장에서의 손실(이익)을 선물시장에서의 이익(손실)으로 상쇄시키는 것이라고 할 수 있다.

④ 선물시장을 이용한 헤지는 향후 현물을 매도할 예정인 경우 미리 선물계약을 매수하고, 반대로 향후 현물을 매수할 예정인 경우는 미리 선물계약을 매도하는 것이다.

> **해설** 헤지란 현물거래에서 직면하는 가격리스크를 감소시키거나 자신이 원하는 수준으로 관리하는 것을 말한다. 선물시장을 이용한 헤지는 향후 현물을 매도할 예정인 경우 미리 선물계약을 매도하고(매도헤지), 반대로 향후 현물을 매수할 예정인 경우는 미리 선물계약을 매수하는 것(매수헤지)이다. 따라서 헤지는 미래의 현물거래를 선물계약으로 대체하는 것이라고 할 수 있다.

★★★
216 금 현물가격이 42,250원/g이고, 3월물 금 선물가격이 42,150원/g, 4월물 금 선물가격이 42,450원/g이라고 할 때, 다음 설명 중 옳지 않은 것은?

① 4월물 선물가격과의 베이시스는 −200원/g이 된다.

② 트레이더들은 현물가격을 호가할 때 '200원 under(또는 off) April'라고 한다.

③ 트레이더들은 현물가격을 호가할 때 '200원 under(또는 off) Mar'라고 한다.

④ 베이시스는 선물가격에 대한 현물가격의 할증(premium) 또는 할인(discount) 정도를 나타낸다.

> **해설** 상품선물에서 베이시스는 현물가격과 선물가격의 차이[베이시스(B) = 현물가격(S) − 선물가격(F)]를 의미한다. 즉, 상품선물에서는 베이시스를 현물가격에서 선물가격을 뺀 차이로 정의한다. 반면에 금융선물에서는 베이시스를 선물가격에서 현물가격을 뺀 차이로 정의한다는 점에 주의해야 한다. 트레이더들이 현물가격을 호가할 때 '200원 under(또는 off) April'라고 하는 것은 현물가격이 4월물(April) 선물가격보다 200원 낮다는 것을 의미하며, 현물가격이 3월물(March) 선물가격보다 100원 높다는 것을 나타낼 때에는 '100원 over(또는 on) Mar'라고 한다.

베이시스(B) = 현물가격(S) − 선물가격(F) → 금융선물과 반대로 정의함

베이시스 상승(강화) (금융선물에서는 축소)	베이시스 값이 커지는 경우 → 양(+)의 베이시스가 커지거나 베이시스의 음(−)의 값이 줄어드는 경우 예 +20원 → +50원, −30원 → −20원
베이시스 하락(약화) (금융선물에서는 확대)	베이시스 값이 작아지는 경우 → 양(+)의 베이시스가 작아지거나 베이시스의 음(−)의 값이 늘어나는 경우 예 +30원 → +20원, −10원 → −20원

★★★
217 다음은 상품선물의 베이시스 변동을 나타낸 것이다. 베이시스가 하락(약화)한 것은? 심화

① 100원 → 200원
② −100원 → −50원
③ −50원 → −80원
④ −50원 → 10원

해설 상품선물에서 (베이시스 = 현물가격 − 선물가격)이다. 베이시스 값이 작아지는 경우, 즉, 양(+)의 베이시스가 작아지거나 베이시스의 음(−)의 값이 늘어나는 경우(음의 절댓값이 커지는 것)은 베이시스 하락 또는 약화(금융선물에서는 베이시스 확대)를 의미한다.

★★★
218 베이시스에 관한 설명 중 옳지 않은 것은? 심화

① 베이시스의 변화는 현물가격이나 선물가격 자체가 변화하는 것보다는 상대적으로 매우 작은 수준이다.
② 선물계약의 만기시점에서는 현물가격과 선물가격이 일치하게 되어 베이시스는 제로(0)가 된다.
③ 7월 15일에 금 현물가격이 42,550원/g, 선물가격은 42,250원/g이며, 7월 30일에 현물가격이 42,400원/g, 선물가격이 42,150원/g이라면 베이시스는 상승(강화)하였다.
④ 베이시스는 금가격이 상승하거나 하락하는 것에 상관없이 상승(강화) 또는 하락(약화)할 수 있다.

해설 베이시스(= 현물가격 − 선물가격)가 7월 15일에 300원(= 42,550 − 42,250)에서 7월 30일에는 250원(= 42,400 − 42,150)으로 변동했으므로 베이시스가 하락(약화)하였다. 베이시스는 선물계약의 만기가 가까워짐에 따라 그 절댓값이 점점 감소하는 것이 일반적이다. 그리고 궁극적으로 선물계약의 만기시점에서는 현물가격과 선물가격이 일치하게 되어 베이시스는 제로(0)가 된다.

219 4월 1일에 금을 보유하고 투자자는 금가격의 하락위험에 대비하여 5월물 금선물 매도계약을 체결하였다. 이후 선물만기일 이전인 5월 2일에 반대매매를 통하여 포지션을 청산하였다. 이에 대한 설명으로 옳지 않은 것은?

날짜	현물가격	5월물 선물가격
4월 1일	42,250원/g	42,700원/g
5월 2일	42,550원/g	42,950원/g

① 4월 1일과 5월 2일 모두 콘탱고시장이다.

② 개시베이시스는 −450원/g이다.

③ 청산베이시스는 −400원/g이다.

④ 베이시스는 하락(약화)하였다.

해설 헤지계약 체결시점의 베이시스인 개시베이시스는 −450원(= 42,250 − 42,700)이며, 만기일 이전에 반대매매를 통하여 선물포지션을 청산하는 시점의 베이시스인 청산(또는 종결) 베이시스는 −400원(42,550 − 42,950)이다. 따라서 베이시스는 상승(강화)하였다. 개시베이시스와 청산베이시스가 다른 경우 베이시스의 변화에 따라 손실 또는 이익이 발생할 수 있는데, 이를 베이시스 리스크라고 한다. 그러나 베이시스의 변화(40 = −450 → −400)는 현물가격이나 선물가격 자체가 변화(현물 300, 선물 250)하는 것보다는 상대적으로 매우 작은 수준이다.

 220 매도헤지를 시작하는 시점 t_1의 현물가격이 S_1, 선물가격은 F_1, 베이시스는 B_1이다. 한편, 헤지를 종결(청산)하는 시점 t_2의 현물가격이 S_2, 선물가격은 F_2, 베이시스는 B_2라고 할 때, 매도헤지가 종결되는 시점 t_2에 실현된 순매도가격(NSP, Net Selling Price)을 계산하는 방법 중 옳지 않은 것은? [심화]

① $NSP = S_2 + (F_2 - F_1)$　　　　② $NSP = F_1 + B_2$

③ $NSP = S_1 + (B_2 - B_1)$　　　　④ $NSP = S_1 + [(S_2 - S_1) + (F_1 - F_2)]$

해설 순매도가격(NSP) = $S_2 + (F_1 - F_2)$이다. 그리고 $(F_1 = S_1 - B_1)$이므로 ②, ③, ④는 모두 같은 공식이다.

🏛 필수핵심정리 　매도헤지와 순매도가격(NSP, Net Selling Price)의 산출

매도헤지란 현재 상품을 보유하고 있는 자가 상품가격의 하락리스크에 대비하고자 상품가격이 하락하기 전에 미리 선물을 매도하는 계약을 체결하는 것

날짜	현물가격(S)	선물가격(F)	베이시스(B)
매도헤지 개시시점(t_1)	S_1 (매수)	F_1 (매도)	$B_1 (= S_1 - F_1)$
매도헤지 종결(청산)시점(t_2)	S_2 (매도)	F_2 (매수)	$B_2 (= S_2 - F_2)$

순매도가격(NSP) = $S_2 + (F_1 - F_2) = F_1 + B_2 = S_1 + (B_2 - B_1) = S_1 + \Delta B$
　　　　　　　 $= S_1 + [(S_2 - S_1) + (F_1 - F_2)]$

→ 따라서 매도헤지는 베이시스 상승(강화) 시 처음(S_1)보다 베이시스 상승분만큼 순매도가격(NSP)을 높여 줌(NSP = $S_1 + \Delta B$)

★★★
221 4월 1일 현재 금 현물가격이 42,880원/g, 선물가격은 43,040원/g인 상황에서 금 보유자가 금선물을 매도하여 헤지한 후 5월 15일에 환매하여 청산하였다. 5월 15일의 금 현물가격은 42,340원/g, 선물가격은 42,460원/g이다. 이 경우 순매도가격(NSP)은? 심화

① 42,850원　　　② 42,920원　　　③ 43,400원　　　④ 43,530원

해설 헤지를 개시하는 시점의 개시베이시스는 −160원/g(= 42,880 − 43,040)이며, 청산(종결) 베이시스는 −120원/g(= 42,340 − 42,460)이다. 따라서 베이시스가 상승(강화)하였기 때문에, 매도헤지 시에는 베이시스 상승분(40)만큼 순매도가격을 처음(42,880)보다 높여준다. 즉, 순매도가격(NSP) = $S_1 + \Delta B$ = 42,880 + 40 = 42,920원이다.

날짜	현물시장(S)	선물시장(F)	베이시스(B)
4월 1일	S_1 = 42,880원(매수)	F_1 = 43,040원(매도)	−160원(B_1)
5월 15일	S_2 = 42,340원(매도)	F_2 = 42,460원(매수)	−120원(B_2)
거래손익	−540원	+580원	+40원(ΔB)

순매도가격(NSP) = $S_1 + \Delta B$ = 42,880 + 40 = 42,920원/g
또는, 순매도가격(NSP) = $S_2 + (F_1 - F_2)$ = 42,340원 + (43,040 − 42,460)

★★★
222 2월 1일 현재 돈육 현물가격이 5,200원/kg인 상황에서 양돈농가가 돈육선물을 매도하여 헤지한 후 7월 1일에 환매하여 청산하였다. 헤지기간 동안 베이시스가 120원/kg 상승하였다면, 순매도가격(NSP)은? 심화

① 5,080원　　　② 5,200원　　　③ 5,320원　　　④ 5,440원

해설 NSP = $S_1 + (B_2 - B_1)$ = $S_1 + \Delta B$ = 5,200 + 120 = 5,320원 → 헤지를 청산하는 시점에서 베이시스가 상승(+120원/kg)하였기 때문에, 매도헤지 시에는 베이시스 상승분만큼 순매도가격(NSP)을 높여준다. 만약, 베이시스가 감소했다면, 베이시스 하락분만큼 순매도가격(NSP)을 낮추게 된다.

★★★
223 헤지를 시작하는 시점이 t_1, 헤지를 종결하는 시점이 t_2라고 할 때, 순매도가격(NSP)이 43,000원이고 개시베이시스(B_1)는 −150, 종결(청산) 베이시스(B_2)가 −200이라면, t_1시점에서의 현물가격(S_1)과 선물가격(F_1)은 각각 얼마인가? 심화

① S_1 43,200원, F_1 43,350원　　　② S_1 43,100원, F_1 43,250원
③ S_1 42,950원, F_1 43,100원　　　④ S_1 43,050원, F_1 43,200원

해설 순매도가격(NSP) = $F_1 + B_2$ → 순매도가격(43,000) = $F_1 + (-200)$, 따라서 F_1 = 43,200원이다.
$B_1 = S_1 - F_1$ → −150 = S_1 − 43,200, 따라서 S_1 = 43,050원이다.

★★★
224 상품선물의 거래전략 중 매도헤지(short hedge)에 관한 설명으로 옳지 않은 것은?

① 매도헤지에서 상품가격이 상승하더라도 베이시스가 하락할 경우, 순매도가격이 최초의 현물가격보다 베이시스 하락분만큼 낮아지게 된다.

② 매도헤지에서 상품가격이 하락하더라도 베이시스가 상승할 경우, 순매도가격이 최초의 현물가격보다 베이시스 상승분만큼 높아지게 된다.

③ 헤지거래에서 중요한 것은 베이시스가 어떻게 변동하느냐가 아니라, 상품가격 변동의 방향, 즉 상품가격이 상승하느냐 또는 하락하느냐이다.

④ 매도헤지는 선물을 매도하는 것이므로, 현물가격이 선물가격보다 상대적으로 더 강세를 나타내어 베이시스가 상승할수록 순매도가격이 높아진다.

> **해설** 헤지거래에서 중요한 것은 상품가격 변동의 방향이 아니라, 현물가격과 선물가격 간의 상대적인 변화에 의해 베이시스가 어떻게 변동하느냐 하는 점이다.

★★★
225 상품선물을 이용하여 매수헤지(long hedge)를 하고자 한다. 매수헤지를 시작하는 시점 t_1의 현물가격이 S_1, 선물가격은 F_1, 베이시스는 B_1이다. 한편, 헤지를 종결(청산)하는 시점 t_2의 현물가격이 S_2, 선물가격은 F_2, 베이시스는 B_2라고 할 때, 매도헤지가 종결되는 시점 t_2에 실현된 순매수가격(NBP, Net Buying Price)을 계산하는 방법 중 옳지 않은 것은? 심화

① $NBP = S_2 - (F_2 - F_1)$ ② $NBP = F_1 - B_2$
③ $NBP = S_1 + (B_2 - B_1)$ ④ $NBP = S_1 - [(S_1 - S_2) + (F_2 - F_1)]$

> **해설** 순매수가격(NBP) $= F_1 + B_2$이다. 결론적으로, 순매수가격을 구하는 공식은 계산과정만 다를 뿐 결국에는 순매도가격(NSP)을 구하는 공식과 같다.

🏛 필수핵심정리 ▶ 매수헤지와 순매수가격(NBP, Net Buying Price)의 산출

매수헤지란 장차 상품을 구입할 예정인 자가 상품가격의 상승리스크에 대비하고자 상품가격이 상승하기 전에 미리 선물을 매수함으로써 현물 구매가격을 현재 수준의 가격으로 확정시키는 방법

날짜	현물가격(S)	선물가격(F)	베이시스(B)
매수헤지 개시시점(t_1)	S_1(매도)	F_1(매수)	$B_1(= S_1 - F_1)$
매수헤지 종결(청산) 시점(t_2)	S_2(매수)	F_2(매도)	$B_2(= S_2 - F_2)$

순매수가격(NBP) $= S_2 - (F_2 - F_1) = F_1 + B_2 = S_1 + (B_2 - B_1) = S_1 + \Delta B = S_1 - [(S_1 - S_2) + (F_2 - F_1)]$

→ 따라서 매수헤지는 베이시스 하락(약화) 시 처음(S_1)보다 베이시스 하락분만큼 순매수가격(NBP)을 낮춰줌($NBP = S_1 + \Delta B$)

★★★
226 9월 14일에 금을 구매하려는 자가 금가격의 상승에 대비하여 6월 13일에 금선물을 매수하여 헤지한 후 9월 14일에 헤지를 청산하였다. 다음 자료를 보고 9월 14일 금의 순매수가격(NBP, Net Buying Price)을 구하면?

일 자	현물가격	선물가격
6월 13일	42,350/g	42,480/g
9월 14일	42,810/g	42,970/g

① 40,800원   ② 41,910원   ③ 42,320원   ④ 42,750

 헤지를 개시하는 시점의 개시베이시스는 −130원/g(=42,350−42,480)이며, 청산(종결) 베이시스는 −160원/g(=42,810−42,970)이다. 따라서 베이시스가 하락(약화)하였기 때문에 매수헤지 시에는 베이시스 하락분(30)만큼 순매수가격을 처음(42,350)보다 낮춰준다. 즉, 순매수가격(NBP) = $S_1 + \Delta B$ = 42,350 + (−30) = 42,320원이다.

날짜	현물시장(S)	선물시장(F)	베이시스(B)
6월 13일	S_1 = 42,350원(매도)	F_1 = 42,480원(매수)	−130원(B_1)
9월 14일	S_2 = 42,810원(매수)	F_2 = 42,970원(매도)	−160원(B_2)
거래손익	−460원	+490원	−30원(ΔB)

순매수가격(NBP) = $S_1 + \Delta B$ = 42,350 + (−30) = 42,320원/g
또는, 순매수가격(NBP) = $S_2 - (F_2 - F_1)$ = 42,810원 − (42,970 − 42,480)

★★★
227 6월 15일 현재 돈육 현물가격이 5,500원/kg, 8월물 돈육 선물가격은 5,670원/kg인 상황에서 육가공업체가 매수헤지를 실시하였다. 7월 22일에 이르러 헤지를 청산할 때, 돈육 현물가격과 8월물 선물가격의 차이인 베이시스가 −100원/kg이라면 순매수가격(NBP)은? 심화

① 5,400원   ② 5,570원   ③ 5,600원   ④ 5,770원

 NBP = $S_1 + (B_2 - B_1)$ = $S_1 + \Delta B$ = 5,500 + (−100) − (−170) = 5,570원, 또는 순매수가격(NBP) = $F_1 + B_2$ = 5,670 + (−100) = 5,570원 → 헤지를 청산하는 시점(B_2 = −100)에서 처음(B_1 = −170)보다 베이시스가 상승하는 경우, 매수헤지 시에는 베이시스 상승분(70)만큼 순매수가격(NBP)이 처음(5,500)보다 높아진다는 것을 알 수 있다. 만약, 베이시스가 하락했다면, 베이시스 하락분만큼 순매수가격(NBP)을 낮추게 된다.

★★★
228 상품선물의 거래전략 중 매수헤지 시, 헤저에게 불리한 경우는? 심화

① 가격이 상승하였으나, 베이시스의 변동이 없는 경우
② 가격이 상승하였으나, 베이시스가 하락한 경우
③ 가격이 하락하였으나, 베이시스도 하락한 경우
④ 가격이 하락하였으나, 베이시스가 상승한 경우

해설 매수헤지에서 가격의 상승이나 하락과 상관없이 베이시스가 상승할 경우, 순매수가격(NBP)이 최초의 현물가격보다 베이시스 상승분만큼 높아지므로 헤저에게 불리하게 된다.

229 상품선물을 이용한 매도헤지나 매입헤지 시, 베이시스의 변화는 순헤지가격에 영향을 미쳐 헤저의 손익을 변화시킨다. 베이시스의 변화와 헤저의 손익이 올바르게 연결된 것은?

① 베이시스 상승 – 매수헤지 시 유리
② 베이시스 상승 – 매도헤지 시 유리
③ 베이시스 하락 – 매수헤지 시 불리
④ 베이시스 하락 – 매도헤지 시 유리

> **해설** 베이시스가 상승(강화)하면, 순매도가격(NSP)이 상승하므로 매도헤지가 유리하고 매입헤지는 불리하다. 반대로 베이시스가 하락(약화)하면, 순매입가격(NBP)도 하락하므로 매입헤지는 유리하고 매도헤지는 불리하다.

230 다음 표는 금시장에서 현물가격과 선물가격의 변화를 보여주고 있다. 이에 대한 설명으로 옳은 것은?

날짜	현물가격	6월물 선물가격
4월 15일	42,250원/g	42,700원/g
5월 10일	42,550원/g	42,950원/g

① 역조시장이다.
② 5월 10일의 베이시스는 400/g이다.
③ 4월 15일에 비해 5월 10일의 베이시스는 하락했다.
④ 4월 15일에 매수헤지를 개시하고 5월 10일에 청산하면, 순매수가격은 최초가격(42,250원/g)보다 높아진다.

> **해설** 선물가격이 현물가격보다 높으므로 정상시장(콘탱고시장)이다. 4월 15일 베이시스는 −450(= 42,250 − 42,700), 5월 10일 베이시스는 −400(= 42,550 − 42,950)이므로 베이시스는 상승했다. 베이시스가 상승하는 경우, 매수헤지 시에는 베이시스 상승분(50)만큼 순매수가격(NBP)이 처음(42,250)보다 높아진 42,300원이 된다.

231 선물을 이용한 헤지 시 고려해야 할 사항에 대한 설명으로 적절하지 않은 것은?

① 과도헤지를 할지, 과소헤지를 할지에 관한 의사결정을 하여야 한다.
② 가능한 한 실제 현물거래가 발생하는 시점과 가장 가까운 결제월을 택하되, 그 결제월이 현물거래 시점보다 선행하여야 한다.
③ 선물거래에서 헤지비율은 주어진 현물포지션에 대응하여 보유해야 할 선물포지션의 비율로 정의된다.
④ 현물과 선물의 반대포지션으로 이루어진 헤지포트폴리오의 리스크를 최소화시키는 헤지비율을 구하기 위해서는 일반적으로 현물가격과 선물가격 간의 회귀방정식이 이용된다.

해설 가능한 한 실제 현물거래가 발생하는 시점과 가장 가까운 결제월을 택하되, 그 결제월이 현물거래 시점보다 후행하여야 한다. 과도헤지(over hedging)란 헤지를 위한 선물포지션을 현물포지션보다 많게 가져가는 것이고, 과소헤지(under hedging)란 헤지를 위한 선물포지션을 현물포지션보다 적게 가져가는 것이다.

★★★
232 2월 5일 현재 상장되어 있는 금선물의 결제월은 2월, 3월, 4월, 6월, 8월, 10월, 12월 등 총 7개이다. 현재 금 10kg을 보유하고 있는 사람이 5월 중순경에 현물을 판매할 것에 대비하여 매도헤지를 실시하는 경우 몇 월물을 이용하여 헤지하는 것이 가장 바람직한가?

① 3월물　　　　② 4월물　　　　③ 6월물　　　　④ 8월물

해설 가능한 한 실제 현물거래가 발생하는 시점과 가장 가까운 결제월을 택하되, 그 결제월이 현물거래 시점보다 후행하여야 한다. 따라서 결제월은 6월물이 된다. 만약 4월물을 선택하여 헤지한다면 4월 중에는 헤지포지션이 청산되어야 하므로 4월부터 5월 중순까지 현물포지션을 헤지하지 않은 상태로 방치하게 된다.

★★★
233 향후 금을 10kg 구매할 예정인 자가 금가격 상승에 대비하여 한국거래소에 상장된 금선물을 이용하여 헤지하고자 한다. 회귀방정식에서 구한 회귀계수가 0.95이고, 금선물 1계약은 100g이다. 이 경우 최적의 선물계약수는? 심화

① 95계약 매도　　　　　　　　② 95계약 매수
③ 100계약 매도　　　　　　　　④ 100계약 매도

해설 향후 금을 구매할 예정인 자는 가격상승 리스크에 노출되어 있으므로 선물을 매수하는 매수헤지가 필요하다. 이때

$$\text{선물계약수}(N) = \frac{10\text{kg}(= 10,000\text{g})}{100\text{g}} \times 0.95 = 95$$

🏛 필수핵심정리 ▷ 헤지비율을 이용하여 최적의 선물계약수를 산출하는 방법

$$\text{선물계약수}(N) = \frac{Q_S}{Q_F} \times h = \frac{\text{헤지하고자 하는 현물포지션의 크기}}{\text{선물 1계약의 크기}} \times \text{헤지비율}$$

→ 회귀방정식에서 구한 회귀계수가 헤지비율을 나타낸다. 회귀계수가 0.95라고 하면 선물가격이 1만큼 변동할 때 현물가격이 0.95만큼 변동한다는 의미가 되므로 헤지비율은 0.95가 됨

★★★
234 헤지거래의 적정성을 검증하는 내용으로 옳지 않은 설명은?

① 현물가격 변동리스크가 가격상승에 따른 것이면 매수헤지를, 가격하락에 따른 것이라면 매도헤지를 하여야 한다.

② 헤지거래를 시작하는 시점에서 최초의 현물포지션과 선물포지션에 서로 상반된 포지션을 취하여야 한다.

③ 헤지거래를 시작하는 시점(t_1)의 선물포지션(F_1)과 헤지를 종결하는 시점(t_2)의 현물포지션(S_2)은 서로 상반된 포지션을 취하여야 한다.

④ 매도헤지의 경우 F_1과 S_2가 서로 동일한 매도포지션이어야 하고, 매수헤지의 경우는 F_1과 S_2가 서로 동일한 매수포지션이어야 한다.

> **해설** 헤지거래를 시작하는 시점(t_1)의 선물포지션(F_1)과 헤지를 종결하는 시점(t_2)의 현물포지션(S_2)은 서로 동일하여야 한다.

🏛 필수핵심정리 ▶ 매도헤지와 매수헤지 시 포지션 설정

■ 매도헤지 시 포지션의 설정

날짜	현물가격(S)	선물가격(F)
매도헤지 개시 시점(t_1)	S_1(매수)	F_1(매도)
매도헤지 종결(청산) 시점(t_2)	S_2(매도)	F_2(매수)

■ 매수헤지 시 포지션의 설정

날짜	현물가격(S)	선물가격(F)
매수헤지 개시 시점(t_1)	S_1(매도)	F_1(매수)
매수헤지 종결(청산) 시점(t_2)	S_2(매수)	F_2(매도)

★★★
235 헤지를 이월(roll-over)할 때, 매도헤지는 (㉠)시장에서 이월하여야 하고, 매수헤지는 (㉡)시장에서 이월하여야 결제월 간 스프레드만큼 이익이 발생한다. ㉠, ㉡에 들어갈 적절한 말은?

① ㉠ 정상, ㉡ 역조　　　　　② ㉠ 역조, ㉡ 정상
③ ㉠ 강세, ㉡ 약세　　　　　④ ㉠ 약세, ㉡ 강세

> **해설** 매도헤지는 정상시장(근월물가격 < 원월물가격)에서 이월하여야 하며, 매수헤지는 역조시장(근월물가격 > 원월물가격)에서 이월하여야 한다. 왜냐하면 그래야만 헤지를 이월하는 과정에서 근월물과 원월물 간의 스프레드만큼 이익이 발생하기 때문이다.

정답 232 ③　233 ②　234 ③　235 ①

헤지의 이월은 근월물로부터 원월물로 헤지를 전환하여 나가는 것을 말함
→ 즉, 장기간에 걸쳐 헤지를 하여야 하는 상황에서 원월물의 유동성이 부족한 경우, 유동성이 풍부한 근월물을 이용하여 헤지한 다음 근월물이 만기가 될 때 원월물로 헤지를 이월하는 방법이 이용됨

매도헤지	매수헤지
정상시장(근월물가격 < 원월물가격)에서 이월하여야 함 → 매도헤지를 이월하는 과정에는 근월물 매도포지션을 환매(매수)하고 원월물을 매도하는 거래가 수반되기 때문에 정상시장에서 헤지를 이월할 경우 근월물과 원월물 간의 스프레드만큼 이익이 발생하기 때문	역조시장(근월물가격 > 원월물가격)에서 이월하여야 함 → 매수헤지를 이월하는 과정에는 근월물 매수포지션을 전매도하고 원월물을 매수하는 거래가 수반되기 때문에, 역조시장에서 헤지를 이월할 경우 근월물과 원월물 간의 스프레드만큼 이익이 발생하기 때문

···TOPIC 43 상품선물의 거래유형 – 투기(speculation)거래

★★★
236 투기거래에 관한 설명으로 옳지 않은 것은?

① 투기자는 헤저들이 전가하는 위험을 기꺼이 감수하면서 이익을 실현하고자 선물시장에 참여한다.
② 투기거래는 현물거래에 비하여 손익확대효과(레버리지 효과)가 크다.
③ 선물시장에서 투기거래자들은 시장을 교란하는 세력으로 아무런 경제적 기능을 담당하지 않는다.
④ 투기거래자들 중에 스캘퍼(scalper)의 포지션 보유시간이 가장 짧고, 포지션 트레이더(position trader)의 포지션 보유시간이 가장 길다.

해설 투기거래는 현물거래를 수반하지 않고 단순히 선물가격의 변동에 따른 시세차익만을 목적으로 하는 거래이다. 투기자는 헤저들이 전가하는 위험을 기꺼이 감수하면서 이익을 실현하고자 선물시장에 참여하므로 선물시장에서 투기자들은 중요한 경제적 기능을 담당한다. 즉 수요와 공급의 불균형을 해소시켜줌으로써 시장의 유동성을 제고하여 효율적인 시장 형성에 기여한다. 스캘퍼는 하루에도 여러 번 매매하고, 데이 트레이더(day trader)는 개장시간 동안 포지션을 보유하며, 포지션트레이더는 하루 이상 포지션을 유지하는 투기거래자이다.

★★★
237 한국거래소에서 거래되는 금선물 10계약을 42,300원/g에 매도포지션을 취한 후 42,260원/g에 반대매매로 포지션을 모두 청산했다. 이 거래의 손익은?

① 40,000원 이익

② 40,000원 손실

③ 400,000원 손실

④ 400,000원 이익

> **해설** (42,300원/g − 42,260원/g)×100g×10계약 = 40,000원 이익 → 한국거래소에서 거래되는 금선물의 거래단위는 100g이며, 손익을 계산할 때는 매도가격에서 매수(청산)가격을 뺀다.

···TOPIC 44 상품선물의 거래유형 − 차익(arbitrage)거래

★★★
238 상품선물을 이용한 차익거래(arbitrage)에 관한 설명으로 옳은 것은?

① 차익거래는 선물의 시장가격과 이론가격 사이에 괴리가 발생할 경우 고평가되어 있는 것을 매수하고, 상대적으로 저평가되어 있는 것을 동시에 매도함으로써 무위험수익을 얻고자 하는 거래이다.

② 선물의 시장가격이 이론가격보다 높게 형성될 때, 매도차익거래가 발생한다.

③ 선물의 시장가격이 이론가격보다 작게 형성될 때, 매수차익거래가 발생한다.

④ 선물의 시장가격이 [현물가격 + 순보유비용]보다 클 때, 매수차익거래가 발생한다.

> **해설** ① 차익거래는 선물의 시장가격과 이론가격 사이에 괴리가 발생할 경우 고평가되어 있는 것을 매도하고, 상대적으로 저평가되어 있는 것을 동시에 매수함으로써 무위험수익을 얻고자 하는 거래이다.
> ② 선물의 시장가격이 이론가격(= 현물가격 + 순보유비용)보다 높게 형성될 때, 매수차익거래가 발생한다.
> ③ 선물의 시장가격이 이론가격보다 작게 형성될 때, 매도차익거래가 발생한다.

🏛 필수핵심정리 〉 상품선물의 차익거래

선물의 이론가격(F^*) = 현물가격(S) + 순보유비용(= 비용 − 수익)

	매수 차익거래	매도 차익거래
발생 시기	선물의 시장가격(F) > 이론가격(F^*)	선물의 시장가격(F) < 이론가격(F^*)
가격 괴리	선물가격 고평가	선물가격 저평가
거래 전략	현물보유(cash & carry) 전략 = 현물매수 + 선물매도	역현물보유(reverse cash & carry) 전략 = 현물매도 + 선물매수
차익거래 이익	= 시장가격(F) − 이론가격(F^*)	= 이론가격(F^*) − 시장가격(F)
	(선물 만기시점에 포지션을 청산하며, 거래비용은 없다고 가정)	

★★★
239 현재 금 현물가격은 42,500원/g, 금 선물가격은 42,830원/g에 거래되고 있다. 금선물의 이론가격이 42,800원/g일 때, 차익거래를 실행하면 선물1계약당 얼마의 이익이 가능한가?(단, 거래비용은 없다고 가정) 심화

① 300원 　　　　② 3,000원 　　　　③ 30,000원 　　　　④ 33,000원

 해설 시장선물가격(42,830)이 이론가격(42,800)에 비해 고평가 상태이므로, 금 현물을 매수하고 금선물을 매도하는 매수차익거래를 하면 이익이 발생된다. 매수차익거래 시 이익은 (시장선물가격 − 이론가격)이므로 30원/g(= 42,830 − 42,800)이다. 그리고 금선물의 거래단위는 100g이므로 실제 이익금은 3,000원(= 30원/g×100g)이다.

···TOPIC 45 상품선물의 거래유형 – 스프레드(spread) 거래

★★★
240 선물을 이용한 스프레드(spread) 거래에 관한 설명으로 옳지 않은 것은?

① 스프레드 거래는 개별선물종목 가격의 상승 또는 하락에 베팅하기 보다는 두 개의 선물의 가격 차이를 이용한 거래이다.
② 스프레드 거래의 손익은 두 선물의 절대가격의 변화보다는 상대가격의 변화에 따라 결정된다.
③ 스프레드 거래는 상대적으로 가격이 낮다고 판단되는 결제월의 선물을 매도하고 동시에 가격이 높다고 판단되는 결제월의 선물을 매수하는 거래전략을 말한다.
④ 스프레드 거래는 한 종목으로만 거래하는 단순 투기거래보다 리스크가 낮아 거래이익도 소폭이고, 일반적으로 증거금률도 낮다.

해설 스프레드 거래는 상대적으로 가격이 낮다고 판단되는 결제월의 선물을 매수하고 동시에 가격이 높다고 판단되는 결제월의 선물을 매도하는 거래전략을 말한다.

🏛 필수핵심정리 ▷ 스프레드 거래

스프레드 거래는 개별선물종목 가격의 상승 또는 하락에 베팅하기 보다는 두 개의 선물의 가격 차이를 이용한 거래 → 상이한 두 개의 선물계약을 반대방향으로 거래함으로써 두 선물의 상대가격의 변화에 따라 수익이 결정됨

결제월 간 (만기 간) 스프레드		향후 스프레드의 변화를 예측하여 거래대상(기초자산)이 동일한 선물 중에서 한 결제월물은 매수하고 다른 결제월물은 매도하는 거래
	스프레드 (spread)	결제월(만기)이 다른 두 개의 상이한 선물계약 간의 가격차이(스프레드 = 원월물가격 − 근월물가격)
상품 간 스프레드		결제월은 같으나 기초자산이 상이한 두 개의 선물계약을 동시에 매매하여 두 선물계약 간 스프레드의 변동으로부터 이익을 얻으려는 거래
시장 간 스프레드		어느 한 거래소에서 특정 결제월의 선물을 매수(매도)하고 동시에 다른 거래소에서 동일 품목, 동일 결제월의 선물을 매도(매수)하는 거래

■ 콘탱고 상태, 즉 정상시장(근월물 가격 < 원월물 가격)일 경우

스프레드 확대 예상 시	스프레드 축소 예상 시
근월물 매도 + 원월물 매수 → 약세(bear) 스프레드 (시장이 강세인 경우 근월물의 가격상승폭보다 원월물이 클 것으로 예상하고, 시장이 약세인 경우 근월물의 가격하락폭보다 원월물이 작을 것으로 예상할 때)	근월물 매수 + 원월물 매도 → 강세(bull) 스프레드 (시장이 강세인 경우 근월물의 가격상승폭이 원월물보다 클 것으로 예상하고, 시장이 약세인 경우 근월물의 가격하락폭이 원월물보다 작을 것으로 예상할 때)
스프레드 거래의 이익 : 거래진입시점과 청산시점의 스프레드 차이	

★★★ 241

5월 22일 현재 6월물 금선물가격은 45,000원/g, 8월물 금선물가격은 45,500원/g이다. 향후 근월물의 가격하락폭이 원월의 가격하락폭보다 클 것으로 예상할 때, 바람직한 거래 전략은?

① 근월물 매수 + 원월물 매도　　② 근월물 매도 + 원월물 매도

③ 근월물 매도 + 원월물 매수　　④ 근월물 매수 + 원월물 매수

해설 원월물 선물가격이 근월물 선물가격보다 높으므로 현재 콘탱고시장이다. 이런 상황에서 향후 근월물의 가격하락폭이 원월의 가격하락폭보다 클 것으로 예상하는 것은 스프레드의 확대를 예상하는 것이다. 따라서 스프레드 확대를 예상할 경우, 근월물을 매도하고 원월물을 매수하는 약세 스프레드 전략이 바람직하다.

★★★ 242

금 선물가격이 다음과 같다고 가정하자. 2016년 12월 1일 현재 펀드운용자인 A씨는 향후 증시의 방향에 대해서는 확신이 없지만, 결제월 간 스프레드는 축소될 것으로 예상하고 있다. 이 경우 바람직한 선물거래 전략은?

2016년 12월물 선물가격	2017년 3월물 선물가격	결제월 간 스프레드
42,000원/g	43,000원/g	1,000원/g

① 3월물 매수 + 12월물 매도　　② 3월물 매도 + 12월물 매도

③ 3월물 매도 + 12월물 매수　　④ 3월물 매수 + 12월물 매수

해설 2016년 12월물 선물가격보다 2017년 3월물 선물가격이 더 높기 때문에 콘탱고시장이다. 따라서 향후 스프레드 축소(근월물이 원월물보다 더 많이 상승하거나 더 적게 하락하는 경우)가 예상되면 근월물(2016년 12월물)을 매수하고 원월물(2017년 3월물)을 매도하는 강세 스프레드 전략을 택한다. 주의할 것은 현재시점이 2016년 12월 1일이므로 만기가 가까운 2016년 12월물이 근월물이고, 만기가 먼 2017년 3월물이 원월물이다.

★★★
243 금 선물가격이 표와 같이 움직인다고 가정하면, 7월1일에 어떤 스프레드 포지션을 취해야 7월 10일에 가장 큰 이익이 발생하겠는가?

날짜	8월물 선물	10월물 선물
7월 1일	42,450원	42,620원
7월 10일	42,270원	42,480원

① 8월물 매수 + 10월물 매수　　　　② 8월물 매도 + 10월물 매도
③ 8월물 매수 + 10월물 매도　　　　④ 8월물 매도 + 10월물 매수

 결제월 간 스프레드가 170(= 42,620 − 42,450)에서 210(= 42,480 − 42,270)으로 확대되었다. 따라서 스프레드 확대가 예상될 경우, 근월물을 매도하고 원월물을 매수하는 약세 스프레드 전략에서 이익이 발생한다. 두 개의 선물을 동시에 매수 또는 매도하는 것은 경우에 따라 이익(또는 손실)이 클 수는 있으나, 이런 거래는 스프레드 거래가 아닌 투기거래이다.

★★★
244 CME Group의 7월물 대두선물을 매수하고 동시에 7월물 옥수수선물을 매도하는 거래는?

① 결제월 간 스프레드 거래　　　　② 상품 간 스프레드 거래
③ 시장 간 스프레드 거래　　　　　④ 차익거래

해설 상품 간 스프레드 거래는 결제월은 같으나 기초자산이 상이한 두 개의 선물계약을 동시에 매매하여 두 선물계약 간 스프레드의 변동으로부터 이익을 얻으려는 거래이다.

★★★
245 CME Group의 12월물 소맥선물을 매수하고 동시에 캔사스상품거래소(KCBT)의 12월물 소맥선물을 매도하는 거래는?

① 결제월 간 스프레드 거래　　　　② 상품 간 스프레드 거래
③ 시장 간 스프레드 거래　　　　　④ 헤지거래

해설 시장 간 스프레드 거래란 어느 한 거래소에서 특정 결제월의 선물을 매수(매도)하고 동시에 다른 거래소에서 동일 품목, 동일 결제월의 선물을 매도(매수)하는 거래를 말한다.

정답 243 ④　244 ②　245 ③

CHAPTER 02 옵션

내용 구성 및 주요 출제내용 분석

내용 구성	중요도	주요 출제 내용
개요	★★	콜옵션 · 풋옵션의 개념, 옵션가격결정 결정요인과 상하한선
주식 관련 옵션	★★★	• 이항분포 옵션가격결정모형에 의한 이론가격 계산 • 풋―콜 패리티 공식의 이용, 옵션의 민감도 구분 • 옵션거래 전략(방향성 매매, 스프레드 거래, 변동성 매매)별 손익그래프 · 만기손익 · 포지션 구성 · 사용 시기 • 헤지거래(보호적 풋매수, 커버드 콜매도) • 합성포지션 구성방법 • 차익거래 : 컨버전, 리버설, 박스
금리옵션	★★★	• 현물옵션과 선물옵션(선물콜옵션, 선물풋옵션)의 이해 • 금리상승 리스크관리 방법(캡, 보호적 풋헤지, collaring) • 금리하락 리스크관리 방법(플로어, 채권선물 콜옵션 매수) • 채권선물/옵션 차익거래(컨버전, 리버설)
통화옵션	★★	• 옵션 이용의 장점 • 통화옵션의 가격결정, 합성선물환 매수 · 매도포지션 구성 • 풋―콜―선물 패리티와 차익거래 • 통화옵션을 이용한 환리스크 헤지
상품옵션	★★	• 선물과 옵션을 이용한 매도헤지 비교 • 선물과 옵션을 이용한 매수헤지 비교

출제경향 분석 및 학습요령

옵션은 총 12문제가 출제된다. 기초자산별로는 주식 관련 옵션, 금리옵션, 통화옵션, 상품옵션으로 구성되어 있지만 대부분이 주식 관련 옵션에서 출제되기 때문에 주식 관련 옵션을 제대로 이해하는 것이 가장 중요하다. 콜옵션과 풋옵션의 개념, 풋―콜 패리티 공식의 이용, 옵션의 민감도, 옵션거래 전략(방향성 매매, 스프레드 거래, 변동성 매매)별 손익그래프 · 만기손익 · 포지션 구성 · 사용 시기, 헤지거래(보호적 풋매수, 커버드 콜매도), 합성포지션 구성 방법, 차익거래(컨버전, 리버설, 박스) 등은 자주 출제되는 핵심 사항이다. 선물과 마찬가지로 수험생들은 일단 개념에 대해 이해를 하고 문제를 풀면서 익히는 방법으로 학습하는 것이 좋다.

···TOPIC 1 옵션(Option)의 개념

★★★
001 기초자산을 미래의 일정시점에 미리 정한 가격(행사가격)으로 매도할 수 있는 권리를 무엇이라 하는가?

① 콜옵션(Call Option)   ② 풋옵션(Put Option)

③ 스왑(Swap)   ④ 선물(Futures)

> **해설** 콜옵션(Call Option)은 기초자산을 미래의 일정시점에 미리 정한 가격(행사가격)으로 매수할 수 있는 권리를 말하고, 풋옵션(Put Option)은 기초자산을 미래의 일정시점에 미리 정한 가격(행사가격)으로 매도할 수 있는 권리를 말한다.

🏛 필수핵심정리 ▷ 옵션의 개념

옵션은 미래의 일정시점(만기일)에 일정한 가격(행사가격)으로 주식 또는 주가지수, 통화, 상품 등의 기초자산을 매수하거나 매도할 수 있는 권리

옵션 매수자(buyer, holder)		옵션 매도자(seller, writer)	
프리미엄(옵션가격)을 매도자에게 지불하고 기초자산을 매수 또는 매도할 권리를 가짐		프리미엄을 받는 대신, 옵션매수자가 권리를 행사할 경우 기초자산을 행사가격에 매수 또는 매도할 의무를 가짐	
콜옵션 매수자	기초자산 매수 권리	콜옵션 매도자	기초자산 매도 의무
풋옵션 매수자	기초자산 매도 권리	풋옵션 매도자	기초자산 매수 의무

★★★
002 옵션에 관한 설명으로 옳지 않은 것은?

① 옵션의 보유자는 언제든지 권리를 행사할 수 있다.

② 옵션거래에서 모든 권리는 옵션의 매수자에게 있다.

③ 옵션의 매도자는 옵션매수자의 요구에 반드시 응해야 한다.

④ 옵션은 권리이므로 매수자가 반드시 권리를 행사할 필요는 없다.

> 옵션의 권리행사는 만기일까지만 해당된다. 만기 이전에 권리행사를 할 수 있는 옵션을 미국식 옵션이라 하고, 만기일에만 권리행사가 가능한 옵션을 유럽식 옵션이라고 한다. 옵션은 권리이므로 매수자가 반드시 권리를 행사할 필요는 없다. 즉, 기초자산의 가격이 자신에게 유리하게 움직이면 권리를 행사하여 이익을 얻고, 불리하게 움직일 경우 권리행사를 포기하는 대신 이미 지불한 프리미엄은 손실을 보게 된다.

정답 001 ②   002 ①

★★★
003 옵션에 관한 설명으로 옳은 것은?

① 옵션의 매도자는 매수자에게 프리미엄을 지불한다.
② 옵션의 매수자는 자신에게 불리하더라도 권리를 행사하여야 한다.
③ 옵션의 매도자는 권리는 있으나 의무는 없다.
④ 풋옵션 매수자가 권리를 행사할 경우 풋옵션 매도자는 기초자산을 매수할 의무가 있다.

> **해설** ① 옵션의 매수자는 매도자에게 프리미엄을 지불한다.
> ② 옵션의 매수자는 자신에게 불리한 경우 권리를 행사하지 않아도 된다.
> ③ 옵션의 매도자는 옵션 매수자에게 프리미엄을 받고 권리를 팔았으므로 의무만 있고 권리는 없다.

★★★
004 옵션거래의 특징에 관한 설명으로 옳지 않은 것은?

① 옵션은 유리한 리스크와 불리한 리스크를 분리시킨다.
② 옵션은 매도자가 매수자로부터 프리미엄(옵션가격)을 받으나, 선물의 경우에는 프리미엄의 수수가 없다.
③ 옵션거래에서는 매수자와 매도자 쌍방이 계약이행의 의무를 진다.
④ 옵션은 이익과 손실이 비대칭적인 구조를 갖는다.

> **해설** 선물거래에서는 매수자와 매도자 쌍방이 계약이행의 의무를 지나, 옵션거래에서 매수자는 옵션행사의 권리만 갖고 매도자는 매수자의 권리행사에 대하여 계약이행의무를 진다.

🏛 필수핵심정리 ▶ 옵션거래의 특징

① 옵션은 유리한 리스크와(이익획득의 기회) 불리한 리스크(손실위험)를 분리시킴 → 일정액의 프리미엄을 지불하고 기초자산의 가격변동에 따른 이익을 획득할 수 있는 반면, 가격변동에 따른 손실위험은 지불한 프리미엄으로 한정시킴(비대칭적인 손익구조)
② 옵션은 매도자가 매수자에게 권리를 부여하는 대가로 프리미엄(옵션가격)을 받으나, 선물의 경우에는 프리미엄의 수수가 없음
→ 선물거래에서는 매수자와 매도자 쌍방이 계약이행의 의무를 지나, 옵션거래에서 매수자는 프리미엄을 지불하는 대가로 옵션행사의 권리만 갖고, 매도자는 프리미엄을 받는 대가로 매수자의 권리행사에 대하여 계약이행의무를 짐
③ 옵션은 권리와 의무가 분리되어 있음 → 옵션의 매수자에게는 권리만 있고, 매도자에게는 의무만 있음

★★★
005 옵션에 관한 설명으로 옳지 않은 것은?

① 투자자는 기초자산의 가격이 옵션 만기일 또는 만기일 이내에 행사가격보다 상승할 것으로 예상할 때, 콜옵션을 매수한다.

② 투자자는 기초자산의 가격이 옵션 만기일 또는 만기일 이내에 행사가격보다 하락할 것으로 예상할 때, 풋옵션을 매수한다.

③ 콜옵션 매수자는 만기 시 기초자산가격(S_T)이 행사가격(K)보다 높을 경우 권리를 행사하며, 풋옵션 매수자는 만기 시 기초자산가격(S_T)이 행사가격(K)보다 낮을 경우 권리를 행사한다.

④ 만기시점의 기초자산 가격을 S_T, 행사가격을 K, 콜옵션 프리미엄을 c, 풋옵션 프리미엄을 p라고 하면, 콜옵션의 매수자의 만기 시 순손익은 $Max(0, K-S_T)-c$, 풋옵션 매수자의 만기 시 순손익은 $Max(0, S_T-K)-p$가 된다.

> **해설** 콜옵션은 기초자산 가격이 행사가격 대비 오른 만큼 이익을 볼 수 있는 권리이며, 풋옵션은 기초자산 가격이 행사가격 대비 하락한 만큼 이익을 볼 수 있는 권리이다. 즉, 콜옵션은 살 수 있는 권리이므로 행사가격보다 기초자산 가격이 클 때 가치를 가지며, 풋옵션은 팔 수 있는 권리이므로 행사가격보다 기초자산 가격이 작을 때 가치를 가진다. 따라서 만기시점의 기초자산 가격을 S_T, 행사가격을 K, 콜옵션 프리미엄을 c, 풋옵션 프리미엄을 p라고 하면, 콜옵션의 매수자의 만기 시 순손익은 $Max(0, S_T-K)-c$, 풋옵션 매수자의 만기 시 순손익은 $Max(0, K-S_T)-p$가 된다.

🏛 **필수핵심정리** 　옵션의 만기 시 손익구조

S_T : 만기시점의 기초자산가격, K : 행사가격, c : 콜옵션가격, p : 풋옵션가격

콜옵션	매수자의 순수익 = $Max(0, S_T - K) - c$	매수자의 최대손실 = $-c$
	매도자의 순손실 = $-Max(0, S_T - K) + c$	매도자의 최대이익 = c
풋옵션	매수자의 순수익 = $Max(0, K - S_T) - p$	매수자의 최대손실 = $-p$
	매도자의 순손실 = $-Max(0, K - S_T) + p$	매도자의 최대이익 = p

★★★
006 다음 중 기초자산의 가격이 변동할 때, 이론적으로 가장 크게 손실이 발생할 수 있는 옵션 포지션은?

① 콜매수   ② 풋매수   ③ 콜매도   ④ 풋매도

해설 옵션의 매도포지션은 이익만 제한되고 손실은 제한되지 않는데, 주가가 0 아래로 하락할 수는 없지만 이론적으로는 무한히 상승할 수 있다. 이 경우 콜옵션 매도포지션은 이론적으로 손실이 무한대로 커질 수 있다. 이와 반대로 이론적으로 가장 이익이 크게 발생할 수 있는 옵션 포지션은 콜옵션 매수포지션이다.

★★★
007 행사가격이 150만원인 삼성전자 주식 풋옵션에 관한 다음 설명 중 옳지 않은 것은? 심화

① 프리미엄을 무시한다면, 풋옵션의 보유자는 만기시점에 삼성전자 주가가 행사가격인 150만원보다 하락하면 이익이다.
② 만기시점에 삼성전자 주가가 200만원이 될 경우, 풋옵션의 보유자는 권리를 행사한다.
③ 풋옵션 매수자는 삼성전자의 주식가격이 행사가격보다 하락할 것을 예상한다.
④ 풋옵션 매도자는 만기시점에 삼성전자의 주식가격이 행사가격 위로 아무리 올라가더라도 이익은 매수자로부터 받은 프리미엄으로 한정된다.

해설 만기시점에 삼성전자 주가가 200만원이 될 경우에 풋옵션의 가치는 0이 되므로, 풋옵션의 보유자는 권리를 포기하면 된다. 풋옵션은 주식을 행사가격인 150만원에 팔 수 있는 권리이지 의무가 아니다.

★★★
008 선물거래와 옵션거래에 관한 설명으로 옳지 않은 것은?

① 옵션거래에서 매수자는 권리를, 매도자는 의무를 가진다.
② 선물거래에서는 매수자와 매도자 모두 계약이행 의무를 가진다.
③ 위탁증거금은 옵션거래에서는 매수자에게만 부과하고, 선물거래에서는 매도자에게만 부과한다.
④ 옵션거래에서는 매도자만 일일정산하지만, 선물거래에서는 매수자와 매도자 모두 일일정산한다.

해설 위탁증거금은 옵션거래에서는 매도자에게만 부과하고, 선물거래에서는 매수자와 매도자 모두에게 부과한다. 증거금 및 일일정산은 결제안정화를 위한 제도인데, 옵션의 매수자는 거래를 할 때 모든 대금(프리미엄)을 지불하고 거래를 하고 추가적인 손실의 위험은 존재하지 않기 때문에 증거금 납부 및 일일정산을 하지 않는다. 반면에 옵션 매도자는 기초자산 가격이 불리하게 움직일 경우 손실이 무한정 증가할 수 있으므로 증거금 납부 및 일일정산을 한다.

	선물거래	옵션거래
권리와 의무	매수자와 매도자 모두 계약이행 의무를 가짐	• 매수자는 권리를 가짐 • 매도자는 의무를 가짐
권리의 대가	계약 대가를 지불할 필요가 없음	매수자가 매도자에게 권리에 대한 대가(옵션 프리미엄) 지급
위탁증거금	매수자와 매도자 모두에게 부과	매수자는 없으며, 매도자에게만 부과
일일정산	매수자와 매도자 모두 일일정산	매수자는 필요 없으며, 매도자만 일일정산

★ ★ ★
009 옵션의 유형에 관한 설명으로 옳지 않은 것은?

① 옵션의 기초자산이 현물인 경우를 현물옵션이라고 하며, 옵션의 기초자산이 선물인 경우에는 선물옵션이라고 한다.

② 선물옵션에서 선물콜옵션의 매수자가 권리를 행사하면 선물매도포지션을 취하게 되고, 선물풋옵션의 매수자가 권리를 행사하면 선물매수포지션을 취하게 된다.

③ 미국형 옵션은 옵션 만기일 이전에 언제든지 옵션을 행사할 수 있는 반면에 유럽형 옵션은 옵션 만기일에만 옵션을 행사할 수 있다.

④ 미국형 옵션은 유럽형 옵션보다 가치가 높다.

해설 선물옵션에서 선물콜옵션의 매수자가 권리를 행사하면 선물매수포지션을 취하게 되고, 선물풋옵션의 매수자가 권리를 행사하면 선물매도포지션을 취하게 된다. 미국형 옵션은 조기행사 할 수 있는 권리의 가치만큼 유럽형 옵션보다 가치가 높다.

★★★
010 옵션가격의 구성요소에 대한 설명으로 옳지 않은 것은?

① 옵션의 가격은 내재가치와 시간가치로 구성되어 있으며, 옵션의 가격을 프리미엄(Premium)이라고 한다.

② 내재가치란 기초자산 가격과 행사가격의 차이를 말하는데, 모든 옵션은 내재가치를 가진다.

③ 콜옵션의 내재가치는 [기초자산 가격 − 행사가격]이고 풋옵션의 내재가치는 [행사가격 − 기초자산 가격]으로 계산하며, 그 값이 음(−)인 경우엔 내재가치가 없는 것으로 내재가치를 0으로 계산한다.

④ 시간가치란 기초자산 가격이 옵션 만기 시까지 옵션매수자에게 유리한 방향으로 움직일 가능성에 대한 가치인데, 만기일 이전에 모든 옵션은 시간가치를 가지며 옵션이 등가격(ATM)이나 외가격(OTM)일 때도 시간가치는 존재한다.

해설 모든 옵션은 시간가치를 가지지만 내재가치는 옵션이 내가격(ITM) 상태에서 거래될 때만 존재한다. 따라서 등가격(ATM)이나 외가격(OTM) 상태일 때의 옵션가격은 모두 시간가치로만 구성된다. 옵션은 만기일 이전에 임의의 거래일에 기초자산 가격을 기준으로 내가격(ITM, in-the-money), 등가격(ATM, at-the-money), 외가격(OTM, out-of-the-money) 상태로 구분한다. 콜옵션의 경우 기초자산의 현재가격이 행사가격보다 높은 경우($S_t > K$) 내재가치를 가지는 내가격(ITM) 상태의 옵션이며, 풋옵션의 경우 기초자산의 현재가격이 행사가격보다 낮은 경우($S_t < K$) 내재가치를 가지는 내가격(ITM) 상태의 옵션이다.

血 필수핵심정리 ▶ 옵션가격의 구성요소 : 내재가치 + 시간가치

옵션가격의 구성		옵션가격(프리미엄) = 내재가치 + 시간가치		
	내재 가치	• 기초자산과 행사가격의 차이 → 만약, 현재 옵션을 행사할 수 있다면 생기는 수익 • 옵션이 내가격 상태에서 거래될 때의 내가격의 크기		
		Call 옵션의 내재가치		Put 옵션의 내재가치
		$= \max[S_t - K, 0]$		$= \max[K - S_t, 0]$
	시간 가치	시간가치 = 옵션가격(프리미엄) − 내재가치(본질가치)		
		• 기초자산 가격이 옵션 만기 시까지 옵션매수자에게 유리한 방향으로 움직일 가능성에 대한 가치 • 만기까지의 시간이 길거나 기초자산 가격의 변동성이 클수록 시간가치는 커짐 • 모든 옵션(등가격이나 외가격일 때도)은 시간가치를 가짐 • 옵션의 시간가치는 옵션의 만기가 길수록 높으며, 만기일이 다가올수록 급속히 감소(시간가치 소멸 현상)		
옵션의 상태		내가격(ITM)	등가격(ATM)	외가격(OTM)
	Call	$S_t > K$	$S_t = K$	$S_t < K$
	Put	$S_t < K$	$S_t = K$	$S_t > K$

011 H기업의 현재 주식가격은 90,000원이다. H기업 주식을 기초자산으로 하고 행사가격이 95,000원인 3개월 만기 풋옵션 가격(프리미엄)이 7,000원일 경우, 시간가치는 얼마인가?

① 1,000원　　　　② 2,000원　　　　③ 3,000원　　　　④ 4,000원

> **해설** 옵션가격 = 내재가치 +시간가치, 풋옵션의 내재가치 = max[행사가격(K) − 기초자산 가격(S), 0] = max[95,000 − 90,000, 0] = 5,000₩. 따라서 시간가치는 2,000원(= 7,000 − 5,000)이다.

012 현재 KOSPI200 지수가 245p이다. 행사가격이 250p인 KOSPI200 지수 콜옵션의 현재 프리미엄이 1.5p일 경우, 내재가치와 시간가치는 각각 얼마인가?

① 내재가치 0, 시간가치 1.5p　　　　② 내재가치 −3.5p, 시간가치 1.5p
③ 내재가치 0, 시간가치 5p　　　　④ 내재가치 3.5p, 시간가치 1.5p

> **해설** 콜옵션의 내재가치는 $Max(0, S_t-K)=Max(0, 245-250) = 0$. 따라서 옵션가격 1.5p가 모두 시간가치이다. 현재 이 콜옵션은 내재가치가 없는 외가격(OTM) 상태인 옵션이다.

013 현재 KOSPI200 지수가 247p이다. 행사가격이 250p인 KOSPI200 지수 풋옵션의 현재 프리미엄이 3.5p일 경우, 내재가치와 시간가치는 각각 얼마인지 순서대로 바르게 나타낸 것은?

① 0, 3.5p　　　　② 3p, 0.5p
③ 0.5p, 3.5p　　　　④ 3.5p, 0

> **해설** 풋옵션의 내재가치는 $Max(0, K-S_t) = Max(0, 250-247) = 3$. 따라서 내재가치는 3, 시간가치는 0.5(= 3.5 − 3)이다. 현재 이 풋옵션은 내재가치가 있는 내가격(ITM) 상태인 옵션이다.

014 현재 KOSPI200 지수가 207p이다. 행사가격이 205p인 KOSPI200 지수 풋옵션의 프리미엄이 1.5p일 경우, 시간가치는 얼마이며 옵션은 현재 어떤 상태인지 순서대로 바르게 나타낸 것은?

① 1.5p, 외가격　　　　② 0.5p, 외가격
③ 0.5p, 내가격　　　　④ 1.5p, 내가격

> **해설** 풋옵션의 내재가치는 $Max(0, K - S_t) = Max(0, 205 − 207) = 0$, 따라서 내재가치는 0, 시간가치는 1.5이다. 현재 이 풋옵션은 내재가치는 없고 시간가치만 있는 외가격(OTM) 상태인 옵션이다.

★★★
015 현재 KOSPI200 지수가 205p이며, KOSPI200 지수 옵션가격은 아래 표와 같다. 다음 설명 중 틀린 것은?

Call 가격	행사가격(K)	Put 가격
㉠	207.5	㉡
㉢	205.0	1.15
3.50	202.5	0.65

① 정상적인 시장이라면 옵션가격의 크기는, ㉢ > ㉡ > ㉠ 순서이다.
② 행사가격 205.0인 풋옵션의 내재가치는 0, 시간가치는 1.15 이다.
③ 행사가격 202.5인 콜옵션의 내재가치는 2.5, 시간가치는 1.0 이다.
④ 행사가격 205.0인 풋옵션은 현재 등가격(ATM), 행사가격 202.5인 풋옵션은 현재 외가격(OTM) 상태이다.

 해설 현재 KOSPI200 지수가 205p인데, ㉠은 콜옵션으로서 [S(205) < K(207.5)]이므로 외가격(OTM), ㉡은 풋옵션으로서 [S(205) < K(207.5)]이므로 내가격(ITM), ㉢은 콜옵션으로서 [S(205) = K(205)]이므로 등가격(ATM) 상태이다. 따라서 정상적인 시장이라면 옵션가격의 크기는 ㉡(내가격) > ㉢(등가격) > ㉠(외가격) 순서가 된다.

★★★
016 옵션의 가격 중 내재가치가 차지하는 비중이 가장 큰 옵션은?

① 내가격(ITM) 옵션   ② 외가격(OTM) 옵션
③ 등가격(ATM) 옵션   ④ 심내가격(deep ITM) 옵션

 해설 내재가치를 가지고 있는 옵션이 내가격(ITM) 옵션이다. 심내가격(deep ITM) 옵션이란 내재가치가 매우 큰 상태의 옵션을 말한다. 즉 콜옵션의 경우 행사가격이 기초자산 가격보다 매우 낮은 상태인 옵션을, 풋옵션은 행사가격이 기초자산 가격보다 매우 높은 상태인 옵션을 말한다. 참고로 시간가치는 등가격(ATM) 옵션에서 가장 크다. 왜냐하면 등가격과 외가격 옵션은 옵션가격이 모두 시간가치로만 이루어졌는데 등가격 상태인 옵션의 가격이 외가격 옵션보다는 높기 때문이다.

★★★
017 옵션가격(프리미엄)에 영향을 주는 요인으로 보기 어려운 것은?

① 기초자산의 시장가격   ② 기초자산가격의 변동성
③ 옵션만기일까지의 잔존만기   ④ 베이시스

해설 옵션가격(프리미엄) = $f(S_t, K, \sigma, \tau, r, D)$ → 옵션가격에 영향을 주는 요인으로는 기초자산의 시장가격(S_t), 행사가격(K), 기초자산 가격의 변동성(σ), 만기까지 남은 기간(τ), 이자율(r), 기초자산으로부터 발생하는 현금수입(D : 주식의 배당금, 채권의 이표) 등이다.

옵션가격 결정요인	콜옵션 가격	풋옵션 가격
S(기초자산의 시장가격) ↑(⇓)	↑(⇓)	↓(⇑)
K(행사가격) ↑(⇓)	↓(⇑)	↑(⇓)
τ(만기까지 남은기간) ↑(⇓)	↑(⇓)	↑(⇓)
σ(기초자산 가격의 변동성) ↑(⇓)	↑(⇓)	↑(⇓)
r(이자율) ↑(⇓)	↑(⇓)	↓(⇑)
D(기초자산으로부터 발생하는 현금수입) ↑(⇓)	↓(⇑)	↑(⇓)

• 내재가치에 영향을 주는 요인 : 기초자산 가격(S)과 행사가격(K)의 차이, D
• 시간가치에 영향을 주는 요인 : 변동성(σ), 잔존기간(τ), 이자율(r)

★★★
018 옵션가격을 결정하는 요인과 옵션가격과의 관계에 관한 설명으로 옳은 것은? 심화

① 기초자산의 현재 시장가격이 행사가격보다 크면 클수록 콜옵션의 가격은 낮아지고, 행사가격이 기초자산의 현재 시장가격보다 높을수록 풋옵션의 가격은 낮아진다.
② 기초자산 가격의 변동성이 클수록 콜옵션의 가치는 상승하고 풋옵션의 가치는 하락한다.
③ 옵션의 만기까지 남은 기간(잔존기간)이 줄어들수록 콜옵션의 가치는 낮아지고, 풋옵션의 가치는 커진다.
④ 기초자산에서 현금수입이 발생하면 콜옵션의 가격은 하락하고 풋옵션의 가격은 상승하게 된다.

해설 기초자산의 현재 시장가격이 행사가격보다 크면 클수록 콜옵션의 가격은 높아지고, 행사가격이 기초자산의 현재 시장가격보다 높을수록 풋옵션의 가격은 높아진다. 기초자산 가격의 변동성이 클수록 콜옵션과 풋옵션 모두 가치가 상승한다. 왜냐하면, 변동성이 클수록 기초자산 가격이 크게 상승 또는 하락할 수 있기 때문에 만기 이전에 콜옵션, 풋옵션 모두 이익을 볼 가능성이 높아지기 때문이다. 옵션의 만기까지 남은 기간(잔존기간)이 줄수록 콜옵션, 풋옵션 모두 옵션의 가치는 작아진다. 기초자산에서 현금수입(주식의 경우 배당금, 채권의 경우 이표)이 발생하면 기초자산의 가격이 그만큼 하락하여 콜옵션의 가격은 하락하고 풋옵션의 가격은 상승하게 된다. 참고로, 이자율은 다른 요인들과는 달리 옵션가격에 미치는 영향이 일정하지 않으며 옵션의 기초자산의 종류에 따라 다르게 나타나는데, 일반적으로 이자율이 상승하면 콜옵션의 가치는 상승하고 풋옵션의 가치는 하락한다.

★★★
019 옵션가격(프리미엄)에 영향을 미치는 변수와 옵션가격의 관계를 설명한 것으로 옳지 않은 것은?

① 기초자산 가격이 상승하면 풋옵션의 가격은 하락한다.
② 변동성이 커지면 콜옵션 가격은 상승하고, 풋옵션 가격은 하락한다.
③ 배당금을 많이 지급할수록 콜옵션의 가격이 낮아진다.
④ 행사가격이 높은 옵션일수록 콜옵션의 가격은 낮고, 풋옵션의 가격은 높다.

> **해설** 기초자산 가격의 변동성 증가는 콜과 풋 모든 옵션가격을 상승시킨다. 왜냐하면 변동성이 커진다는 것은 기초자산 가격이 크게 상승하거나 하락할 수 있다는 것이므로 콜과 풋 모두에게 도움이 된다. 배당금을 많이 지급할수록 배당락으로 인해 주가가 떨어지므로 콜옵션의 가격이 낮아진다.

★★★
020 선물과 옵션의 가격결정변수에 대한 설명 중 옳지 않은 것은? 심화

① 기초자산 가격이 상승하면 선물가격과 콜옵션 프리미엄은 증가한다.
② 변동성이 커지면 선물가격과 옵션의 프리미엄은 증가한다.
③ 만기가 길수록 선물가격과 옵션의 프리미엄은 높다.
④ 주식의 배당이 커지면 선물가격과 콜옵션의 프리미엄은 감소한다.

> **해설** 변동성은 옵션가격의 결정변수이다. 즉 기초자산 가격의 변동성 증가는 옵션가격을 상승시키지만, 변동성은 방향성을 의미하는 것이 아니므로 선물가격은 상승할 수도 하락할 수도 있다. 선물가격의 결정요인으로는 기초자산의 가격(S), 이자율(r), 배당수익률(d), 잔존기간(T)이다.
>
> $$※ 이론선물가격(F^*) = S\left(1 + (r-d) \times \frac{T}{365}\right) = S + S(r-d) \times \frac{T}{365}$$

★★★
021 유럽형 옵션가격의 상·하한선에 관한 설명으로 옳지 않은 것은?(단, 현금수입은 없다고 가정) 심화

① 콜옵션의 가격은 음(−)의 값을 가질 수 없으며 기초자산 가격보다 클 수는 없다.
② 콜옵션의 가격은 기초자산가격에서 행사가격의 현재가치를 뺀 값보다 클 수는 없다.
③ 콜옵션의 가격은 기초자산가격에서 행사가격의 현재가치를 뺀 값과 영(0), 둘 중의 큰 값보다 작을 수는 없다.
④ 풋옵션의 가격은 행사가격의 현재가치에서 기초자산 가격을 뺀 값과 영(0), 둘 중의 큰 값보다 작을 수는 없다.

> **해설** 콜옵션의 가격은 기초자산가격에서 행사가격의 현재가치를 뺀 값보다 작을 수는 없다.

현재시점 t에서 기초자산 기격을 S_t, 만기일까지의 잔존일수가 T이고 행사가격이 K인 (유럽형) 콜옵션과 풋옵션 가격을 각각 c와 p라고 하자(현금수입은 없다고 가정)

$0 \leq c \leq S$	콜옵션의 가격은 음(−)의 값을 가질 수 없으며, 기초자산 가격보다 클 수는 없음
$c \geq S - Ke^{-rT}$	콜옵션의 가격은 기초자산 가격에서 행사가격의 현재가치를 뺀 값보다 작을 수는 없음
$c \geq \text{Max}[S - Ke^{-rT}, 0]$	콜옵션의 가격은 기초자산 가격에서 행사가격의 현재가치를 뺀 값과 영(0), 둘 중의 큰 값보다 작을 수는 없음
$p \geq \text{Max}[Ke^{-rT} - S, 0]$	풋옵션의 가격은 행사가격의 현재가치에서 기초자산 가격을 뺀 값과 영(0), 둘 중의 큰 값보다 작을 수는 없음

→ Ke^{-rT} : 행사가격(K)을 이자율(r)로 잔존기간(T) 만큼 연속복리(e)로 할인한 현재가치를 의미함(즉, 현재가치로 계산한 행사가격임)

★★★
022 현재시점 t에서 기초자산의 기격을 S_t, 만기일이 T이고 행사가격이 K인 (유럽형) 콜옵션과 풋옵션 가격을 각각 c와 p라고 할 때(현금수입은 없다고 가정), 옵션가격 간의 관계를 나타내는 풋—콜 패리티(put—call parity)를 바르게 나타낸 것은? 심화

① $p + S_t = c + Ke^{-rT}$　　　　　　② $c + S_t = p + Ke^{-rT}$
③ $p + c = S_t + Ke^{-rT}$　　　　　　④ $p - S_t = c + Ke^{-rT}$

해설 만기와 행사가격이 동일한 유럽형 콜옵션과 풋옵션은 일정한 등가관계가 성립하는데, 이를 풋—콜 패리티(put—call parity)라고 한다.

★★★
023 풋—콜 패리티를 이용하여 다음 중 옵션포지션 간의 관계가 적절하지 않은 것을 고르면?(만기와 행사가격이 동일하고 배당이 없는 유럽형 옵션을 가정) 심화

① 콜옵션을 매수하고 풋옵션을 매도한 것은 기초자산을 매수한 포지션과 같은데, 이를 합성매수라고 한다.
② 콜옵션을 매도하고 풋옵션을 매수한 것은 기초자산을 매도한 포지션과 같은데, 이를 합성매도라고 한다.
③ 콜옵션을 매수하고 기초자산을 매도한 것은 풋옵션을 매수한 포지션과 같다.
④ 기초자산을 매수하고 풋옵션을 매수한 것은 콜옵션을 매도한 포지션과 같다.

해설 $p + S_t = c + Ke^{-rT}$ → 풋—콜 패리티 등가식은 옵션포지션 간의 관계를 나타낸다. 이 식을 활용하면, 기초자산을 매수하고 풋옵션을 매수한 것(좌변)은 콜옵션을 매수한 포지션(우변)과 같다.

정답 　019 ②　　020 ②　　021 ②　　022 ①　　023 ④

★★★
024 기초자산의 현재가격이 208, 행사가격이 208인 콜옵션의 현재가격이 10일 때, 만기와 행사가격이 동일한 풋옵션의 가격은 얼마인가?(잔존만기가 1년인 배당이 없는 유럽형 옵션이며, 이자율은 4%이며 이산복리를 가정) 〔심화〕

① 2　　　　　　　　② 4　　　　　　　　③ 6　　　　　　　　④ 8

해설 풋─콜 패리티 등가식을 이용하면, $p + S_t = c + Ke^{-rT}$

$$\rightarrow p + 208 = 10 + \frac{208}{(1 + 0.04)^1}$$, 따라서 p(풋옵션 가격) = 2

2장 | 주식 관련 옵션

···TOPIC 4 주식 관련 옵션의 개요

★★★
025 주식 관련 옵션에 관한 설명으로 옳지 않은 것은?

① 주식 관련 옵션은 기초자산에 따라 현물옵션과 선물옵션으로 분류된다.
② 주식 관련 옵션에서 현물옵션은 기초자산이 주식 또는 주가지수이며, 선물옵션은 기초자산이 주식선물 또는 주가지수선물이다.
③ 주식옵션이 주가지수옵션과 다른 점은 기초자산이 개별주식이라는 점이다.
④ 우리나라의 경우 주식선물은 주식을 만기에 실물 인수도하는 현물결제방식을 취하고, 주가지수선물은 현금결제방식을 택한다.

해설 우리나라의 경우 주식선물과 주가지수선물 모두 현금결제방식을 택한다. 선물옵션에서 주가지수선물 콜옵션은 행사가격으로 주가지수선물 매수포지션을 취할 수 있는 권리이고, 주가지수선물 풋옵션은 행사가격으로 주가지수선물 매도포지션을 취할 수 있는 권리이다.

★★★
026 KOSPI200 지수옵션에 관한 설명으로 옳지 않은 것은?

① 우리나라 장내파생상품 중에서 가장 많은 거래량을 기록하고 있다.

② KOSPI200 주가지수를 기초자산으로 하는 유럽형 옵션으로 만기일에만 권리행사가 가능하다.

③ 만기결제는 현금결제방식이며, 최종거래일은 각 결제월의 두 번째 목요일(공휴일인 경우 순차적으로 앞당김)이다.

④ 거래승수는 계약당 10만원이며, 호가가격단위는 프리미엄 10포인트 미만은 0.01포인트, 프리미엄 10포인트 이상은 0.10포인트이다.

> **해설** KOSPI200옵션의 거래승수는 계약당 25만원으로 KOSPI200 지수선물의 거래승수와 동일하다. 호가가격단위는 프리미엄 10포인트 미만은 0.01포인트, 프리미엄 10포인트 이상은 0.05포인트이다.

🏛 필수핵심정리 ▶ KOSPI200 지수옵션의 상품명세

기초자산	코스피200지수
거래단위	코스피200옵션가격×25만원(거래승수)
결제월	매월
상장결제월	비분기월 4개 및 분기월 7개(3, 9월 각 1개, 6월 2개, 12월 3개)
가격의 표시	프리미엄(포인트)
호가가격단위	프리미엄 10포인트 미만 : 0.01포인트 프리미엄 10포인트 이상 : 0.05포인트
최소가격변동금액	프리미엄 10포인트 미만 : 2,500원(= 25만×0.01 포인트) 프리미엄 10포인트 이상 : 12,500원(= 25만×0.05 포인트)
거래시간	09:00~15:45 (최종거래 09:00~15:20)
최종거래일	각 결제월의 두 번째 목요일(공휴일인 경우 순차적으로 앞당김)
권리행사	최종거래일에만 가능(European 형)
결제방법	현금결제
가격제한폭	기초자산 기준가격 대비 아래에 해당하는 옵션이론가격을 단계적으로 확대 적용 ① ±8% ② ±15% ③ ±20%

★★★
027 개별주식 옵션에 관한 설명으로 옳지 않은 것은?

① 2017년 6월 26일 현재 개별주식 30종목(삼성전자, 현대차 등)에 대한 옵션거래가 이루어지고 있다.
② 한국거래소(KRX)의 주식옵션도 최종거래일에만 권리행사가 가능한 유럽형 옵션이다.
③ 행사가격은 10개이며, 호가가격단위는 100원이다.
④ 거래승수는 1계약당 10주이고, 기타 상품명세는 지수옵션과 매우 유사하다.

해설 행사가격은 9개로 설정되며, 호가가격단위는 옵션가격(프리미엄) 수준에 따라 상이하다.(10원, 20원, 50원, 100원, 200원)

••• TOPIC 6 주식 관련 옵션의 가격결정

★★★
028 이항분포 옵션가격결정모형에 전제되어 있는 가정과 거리가 먼 것은?

① 주식가격(S)은 이항분포 생성과정을 따른다.
② 주식가격은 상승과 하락의 두 가지 경우만 계속해서 반복된다.
③ 주가상승배수(= 1 + 주가상승률)는 (1 + 무위험수익률)과 같고, 주가하락배수(= 1 + 주가하락률)는 (1 + 무위험수익률)보다 작다.
④ 주식보유에 따른 배당금 지급은 없으며, 거래비용과 세금 등이 존재하지 않는다.

해설 주가상승배수(= 1 + 주가상승률)는 (1 + 무위험수익률)보다 크고, 주가하락배수(= 1 + 주가하락률)는 (1 + 무위험수익률)보다 작다. 만일 이러한 관계가 성립되지 않으면 무위험 차익거래기회가 존재하게 된다.

※ 현재시점부터 만기까지의 기간을 단일기간(1년)으로 가정하자. 현재 주식가격(S)은 100, 만기 시 주식가격은 160의 값을 갖거나 60의 값을 가지며, 행사가격(K)이 100인 유럽식 콜옵션이 있다고 할 때, 다음 질문에 답하시오(029~030).

★★★ 029 만기시점에서 콜옵션의 가치는?

① 60 or 30　　② 60 or 0　　③ 100 or 0　　④ 160 or 60

해설 행사가격(K)이 100이므로, 콜옵션의 만기시점에서 가치는 60 또는 0이다.

만기 시 콜옵션의 가치	기초자산(주식)의 만기시점 가격이 160(60% 상승)일 때	기초자산(주식)의 만기시점 가격이 60(40% 하락)일 때
max(0, $S_T - K$)	= max(0, 160−100) = 60	= max(0, 60−100) = 0

★★★ 030 무위험수익률(r)이 10%일 때, 이항모형에 의한 1년 만기 유럽식 콜옵션의 현재가치(c)는?(이산복리 가정)

① 약 21.27　　② 약 24.27　　③ 약 27.27　　④ 약 30.27

해설 현재 100인 주가는 160으로 상승(상승률 60%)하거나 60으로 하락(하락률은 −40%)할 수 있으므로, 행사가격 100원인 콜옵션은 만기 시 60 또는 0의 가치를 갖게 되는데, 이항모형에 의한 옵션의 현재가치는 다음과 같이 계산한다.

🏛 필수핵심정리 　이항모형에 의한 콜옵션의 현재가격 계산

① 무위험 투자를 가정하고 리스크 중립적 확률(p)을 구한다.	$100(1 + 0.10) = 160 \times p + 60(1 - p)$ $\therefore p = 0.5$
② 리스크 중립적 확률을 이용하여 콜옵션의 만기기대가치를 구한다.	$60 \times p + 0 \times (1 - p) = (60 \times 0.5) + (0 \times 0.5) = 30$
③ 무위험수익률로 할인하여 콜옵션의 현재가치를 구한다.	$\dfrac{30}{(1 + 0.1)^1} \fallingdotseq 27.27$

■ 공식을 이용하여 계산하는 방법

① C_u = 주가상승 시 콜 만기가치 = 60, C_d = 주가하락 시 콜 만기가치 = 0

② r(무위험수익률) = 10%, u(주가상승률) = 60%, d(주가하락률) = −40%

③ p(리스크 중립적 확률) = $\dfrac{r - d}{u - d}$ = $\dfrac{0.1 - (-0.4)}{0.6 - (-0.4)}$ = 0.5

④ $c = \dfrac{C_u \times P + C_d \times (1 - p)}{1 + r} = \dfrac{60 \times 0.5 + 0 \times (1 - 0.5)}{1 + 0.1} \fallingdotseq 27.27$

★★★
031 현재 주식가격은 5만원이고, 1년 후 주가는 7만원으로 상승하거나 3만원으로 하락한다고 하자. 무위험이자율은 연 10%이다. 이 주식에 대한 유럽형 풋옵션(만기는 1년이며, 행사가격은 5만원)의 현재가치는?(이산복리 가정) 심화

① 5,818원　　　② 6,818원　　　③ 7,818원　　　④ 8,818원

 현재 50,000원인 주가는 70,000원으로 상승(상승률 40%)하거나 30,000원으로 하락(하락률 −40%)할 수 있으므로, 행사가격 50,000원인 풋옵션은 만기 시 0원[=max(0, $K - S_T$) = max(0, 5만 − 7만)] 또는 20,000원[= max(0, $K - S_T$) = max(0, 5만 − 3만)]의 가치를 갖게 되며, 현재가치는 다음과 같이 구한다.

① P_u = 주가상승 시 풋 만기가치 = 0, P_d = 주가하락 시 풋 만기가치 = 2만원

② r(무위험수익률) = 10%, u(주가상승률) = 40%, d(주가하락률) = −40%

③ p(리스크 중립적 확률) = $\dfrac{r-d}{u-d}$ = $\dfrac{0.1-(-0.4)}{0.4-(-0.4)}$ = 0.625

④ $c = \dfrac{P_u \times p + P_d \times (1-p)}{1+r} = \dfrac{0 \times 0.625 + 20,000 \times (1-0.625)}{1+0.1} ≒ 6,818$

★★★
032 다음은 옵션의 가격결정모형 중 대표적인 블랙–숄즈(Black–Scholes) 모형과 이항분포 모형에 관한 설명이다. 옳지 않은 것은? 심화

① 이항모형은 옵션의 기초자산 가격이 일정한 비율로 오르거나 내리는 이항분포를 따른다고 가정한다.
② 블랙–숄즈 모형에 따르면, 유럽형 콜옵션의 가격은 기초자산인 주식의 가격, 옵션의 행사가격, 무위험수익률, 주식가격의 변동성, 만기까지의 잔존일수 등의 함수로 표현된다.
③ 블랙–숄즈 모형에서 개인의 리스크에 의해 결정되는 '주식의 예상수익률'이란 변수는 옵션의 가격에 영향을 미치지 않는다.
④ 한국거래소는 주식옵션과 주가지수옵션의 이론가격 산출에 블랙–숄즈 모형을 채택하고 있다.

 한국거래소는 주식옵션과 주가지수옵션의 이론가격 산출에 이항모형을 채택하고 있다.

- 블랙–숄즈(Black–Scholes) 모형에 의한 유럽형 콜옵션의 가치(c)

$$c(S, X, r, \sigma, \tau) = S_t \times N(d_1) - Ke^{-rT} \times N(d_2)$$

여기서, $d_1 = \dfrac{\ln\left(\dfrac{S_t}{K}\right) + \left(r + \dfrac{1}{2}\sigma^2\right)^{(T)}}{\sigma\sqrt{T}}$, $d_2 = d_1 - \sigma\sqrt{T}$

S_t : 주식(기초자산)의 현재가격
Ke^{-rT} : 옵션 만기시점에서 행사가격 K만큼을 지급하는 채권의 현재 할인가치
$N(d_1)$: 콜옵션의 델타값
$N(d_2)$: 콜옵션이 내가격(ITM)으로 끝날 확률

★★★
033 풋–콜 패리티(put–call parity)에 대해서 가장 바르게 설명한 것은?

① 동일한 기초자산에 대해서 만기와 행사가격이 같은 등가격 풋옵션과 콜옵션 가격은 항상 같다.

② 동일한 기초자산에 대해서 만기와 행사가격이 같은 풋옵션과 콜옵션 사이에는 이론적인 관계가 성립한다.

③ 동일한 기초자산에 대해서 만기와 행사가격이 다른 등가격 풋옵션과 콜옵션 사이에는 일정한 관계가 있다.

④ 만기가 다른 기초자산 간에도 풋–콜 패리티가 성립한다.

해설 풋–콜 패리티는 동일한 만기와 행사가격의 콜옵션과 풋옵션 사이에 성립하는 이론적 관계식이다. 등가격($S = K$) 옵션에서는 등가격 콜옵션이 등가격 풋옵션보다 가치가 커야 한다.

🏛 필수핵심정리 풋–콜 패리티와 풋–콜–선물 패리티

현재시점 t에서 기초자산의 가격을 S_t, 만기일이 T이고 행사가격이 K인 (유럽형) 콜옵션과 풋옵션 가격을 각각 c와 p라고 할 때

풋–콜 패리티		동일한 기초자산에 대해서 만기와 행사가격이 동일한 유럽형 콜옵션과 풋옵션 사이에는 다음과 같은 이론적 관계가 성립한다는 것 → $p + S_t = c + Ke^{-rT}$
	풋–콜 패리티의 변형	• $p = c - S_t + Ke^{-rT}$ • $c = p + S_t - Ke^{-rT}$ • $c - p = S_t - Ke^{-rT}$ → 등가격옵션의 경우에는 $S=K$이므로, $c - p = S_t - Se^{-rT}$ (따라서 $c > p$)
풋–콜–선물 패리티		동일한 선물에 대해서 행사가격이 같은 유럽형 콜옵션가격, 풋옵션가격, 선물가격 간에는 다음과 같은 이론적 관계가 성립한다는 것 → $c - p = (F_t - K)e^{-rT}$ (즉, 콜옵션가격과 풋옵션가격의 차이는 선물가격과 행사가격 차이의 현재가치와 같아야 한다는 의미)

★★★
034 현재시점 t에서 기초자산의 가격을 S_t, 만기일이 T, 행사가격 K인 (유럽형) 콜옵션과 풋옵션 가격을 각각 c와 p라고 하자. 풋─콜 패리티(put-call parity)에 관한 다음 식 중 옳지 않은 것은?

① $S_t = c - p + Ke^{-rT}$
② $p = c - S_t + Ke^{-rT}$
③ $c = p + S_t - Ke^{-rT}$
④ $p - c = S_t - Ke^{-rT}$

해설 $c - p = S_t - Ke^{-rT}$

★★★
035 현재시점 t에서 기초자산의 기격을 S_t, 만기일이 T이고 행사가격이 K인 (유럽형) 콜옵션과 풋옵션 가격을 각각 c와 p라 하고, 주식옵션의 만기일 내에 지급하는 주식배당금의 현재가치를 D라고 할 때, 옵션가격 간의 관계를 나타내는 풋─콜 패리티(put-call parity)를 바르게 나타낸 것은? 심화

① $p + S_t + D = c + Ke^{-rT}$
② $p + S_t - D = c + Ke^{-rT}$
③ $p + c = S_t + Ke^{-rT} + D$
④ $p - S_t - D = c + Ke^{-rT}$

해설 배당금 지급으로 배당락이 발생하면 주가가 하락한다. 따라서 배당금이 콜옵션의 가치에 음(−)의 효과를 갖기 때문에, 콜옵션의 내재가치 = Max[$(S_t - D) - Ke^{-rT}$, 0]이다. 반면에, 풋옵션의 경우 배당금으로 인한 주가하락이 풋옵션의 가치에 양(+)의 효과를 가지므로, 풋옵션의 내재가치 = Max[$Ke^{-rT} - (S_t - D)$, 0]이다. 따라서 주식배당금을 고려한 풋─콜 패리티는 $p + S_t - D = c + Ke^{-rT}$이다.

★★★
036 기초자산의 가격과 행사가격이 모두 100일 때 유럽형 풋옵션의 가격이 2라면, 시장이 균형상태라고 할 때 만기와 행사가격이 동일한 유럽형 콜옵션의 가격은?(무위험이자율은 연 12%, 옵션의 잔존기간 1개월, 기초자산에 대한 배당금은 없음) 심화

① 약 5
② 약 4
③ 약 3
④ 약 2

해설 풋─콜 패리티에 의해 $p + S_t = c + Ke^{-rT}$, $2 + 100 = c + \dfrac{100}{(1 + 0.12/12)}$

따라서 c(콜옵션의 가격) ≒ 3 (만기가 1개월 남았으므로 1%(= 12%/12)로 할인하는 것에 유의)

★★★
037 배당금을 지급하지 않는 주식의 가격이 10,000원, 30일 만기 유럽형 콜옵션(행사가격 =10,000원)의 가격이 1,000원, 무위험이자율이 연 10%라고 할 때, 동일한 만기와 행사가격을 갖는 유럽형 풋옵션의 가격은 어떻게 형성되어야 차익거래 기회를 제공하지 않는가?(이산 복리 가정)

① 약 618원   ② 약 718원   ③ 약 818원   ④ 약 918원

해설 풋−콜 패리티에 의해 $p + S_t = c + Ke^{-rT}$

$$p + 10{,}000 = 1{,}000 + \frac{10{,}000}{(1 + 0.10 \times 30/365)}$$

따라서 p(풋옵션의 가격) ≒ 918

★★★
038 합성포지션의 구성방법이 옳지 않은 것은?

① 합성 풋 매수 = 콜 매수 + 기초자산 매수
② 합성 콜 매수 = 풋 매수 + 기초자산 매수
③ 합성 콜 매도 = 풋 매도 + 기초자산 매도
④ 합성 기초자산 매도포지션 = 콜 매도 + 풋 매수

해설 합성 풋 매수(p) = 콜 매수(c) + 기초자산 매도($-S$)

🏛 **필수핵심정리** ▷ 풋−콜(−선물) 패리티를 활용한 합성포지션 구성

$p + S_t = c + Ke^{-rT}$, $p = c - S_t + Ke^{-rT}$, $c = p + S_t - Ke^{-rT}$, $c - p = S_t - Ke^{-rT}$

• 합성 기초자산 매수(합성기준물 매수포지션) = 콜옵션 매수 + 풋옵션 매도
• 합성 기초자산 매도((합성기준물 매수포지션) = 콜옵션 매도 + 풋옵션 매수
• 콜옵션 매수 = 풋옵션 매수 + 선물 매수
• 풋옵션 매수 = 콜옵션 매수 + 선물 매도
• 주식 매수 + 풋옵션 매수 = 콜옵션 매수 +채권 매수(만기가치 = K)
• 풋옵션 매수 = 콜옵션 매수 + 주식 매도 + 채권 매수

★★★
039 합성선물 매수포지션은?

① 콜 매수 + 풋 매수   ② 콜 매수 + 풋 매도
③ 콜 매도 + 풋 매수   ④ 콜 매도 + 풋 매도

해설 풋−콜−선물 패리티는 $c - p = (F_t - K)e^{-rT}$이다. 따라서 만기와 행사가격이 동일한 콜옵션 매수와 풋옵션 매도를 결합하면 선물 매수포지션을 만들 수 있다.

정답   034 ④   035 ②   036 ③   037 ④   038 ①   039 ②

★★★
040 옵션의 민감도 지표에 대한 정의를 잘못 표시한 것은?

① 델타 = [옵션가격 변화분 / 기초자산 가격 변화분]
② 감마 = [기초자산 가격 변화분 / 델타 변화분]
③ 세타 = [옵션가격 변화분 / 시간의 변화분]
④ 베가 = [옵션가격 변화분 / 변동성의 변화분]

> **해설** 감마(Gamma) = [델타의 변화분($\partial \Delta$) / 기초자산 가격 변화분(∂S)]

> **🏛 필수핵심정리** 　 옵션의 민감도지표
>
> 옵션가격을 결정하는 여러 요인들(S, K, σ, T, r) 중에 다른 변수들은 일정하다는 가정하에 어느 한 변수가 한 단위 변할 때 옵션가격이 얼마만큼 변하는지(민감도)를 측정하는 것
>
> | 민감도 지표 | | 정의 | |
> |---|---|---|---|
> | Delta (Δ) | 델타 | = 옵션가격 변화분 / 기초자산 가격 변화분 | = $\partial c / \partial S$ |
> | Gamma (Γ) | 감마 | = 델타의 변화분 / 기초자산 가격 변화분 | = $\partial \Delta / \partial S^2$ |
> | Vega (Λ) | 베가 | = 옵션가격 변화분 / 변동성의 변화분 | = $\partial c / \partial \sigma$ |
> | Theta (θ) | 세타 | = 옵션가격 변화분 / 시간의 변화분 | = $\partial c / \partial T$ |
> | Rho (ρ) | 로 | = 옵션가격 변화분 / 금리의 변화분 | = $\partial c / \partial r$ |

★★★
041 옵션의 민감도 지표인 델타에 관한 설명으로 옳지 않은 것은?

① 콜옵션의 델타는 기초자산가격이 상승할수록 1의 값에 근접하며, 기초자산가격이 하락할수록 0의 값에 근접한다.
② 풋옵션의 델타는 기초자산가격이 상승할수록 0의 값에 근접하며, 기초자산가격이 하락할수록 −1의 값에 근접한다.
③ 잔존만기가 긴 옵션의 델타는 주식가격이 변함에 따라 급하게 변하는 반면, 만기가 짧은 옵션의 델타는 완만하게 변한다.
④ 배당금이 없는 경우 주식 콜옵션의 델타는 블랙−숄즈 공식에서 $N(d_1)$이다.

> **해설** 잔존만기가 긴 옵션의 델타는 주식가격이 변함에 따라 완만하게 변하는 반면, 만기가 짧은 옵션의 델타는 매우 급하게 변한다.

🏛 필수핵심정리 | 옵션의 민감도 지표 – 델타(Delta)

델타는 기초자산의 가격이 변하는 경우 옵션프리미엄이 얼마나 민감하게 변하는가를 보여주는 지표

공식		델타 = 옵션가격의 변화분 / 기초자산가격의 변화분 ($= \partial c / \partial S$)
델타의 범위		−1 < 풋옵션의 델타 < 0 < 콜옵션의 델타 < +1 → 기초자산 가격이 상승할수록 콜 · 풋옵션의 델타는 모두 상승
	콜옵션	기초자산의 가격이 상승할수록 1의 값에 근접하며, 기초자산가격이 하락할수록 0의 값에 가까워짐 → 과외가격(deep OTM)일수록 0에 가깝고, 과내가격(deep ITM)일수록 1에 가까워짐(ATM(등가격) 옵션은 0.5)
	풋옵션	기초자산의 가격이 상승할수록 0의 값에 근접하며, 기초자산가격이 하락할수록 −1의 값에 가까워짐 → 과외가격(deep OTM)일수록 0에 가깝고, 과내가격(deep ITM)일수록 −1에 가까워짐(ATM(등가격) 옵션은 −0.5)
잔존기간과 델타		• 잔존기간이 줄어들수록 등가격 옵션의 델타는 큰 변화가 없지만, 내가격 옵션의 델타의 절 댓값은 커지고 외가격 옵션의 델타의 절댓값은 작아짐 • 잔존만기가 긴 옵션의 델타는 주식가격이 변함에 따라 완만하게 변하는 반면, 만기가 짧은 옵션의 델타는 매우 급하게 변함
델타의 특성		• 델타는 옵션가격과 기초자산가격 간의 관계로 함수로 나타내는 곡선의 한 시점에서의 기울기 → 즉, 옵션가격의 변화속도를 의미(선형적인 민감도를 표시) • 델타는 해당 행사가격의 콜옵션이 내가격(ITM)으로 만기를 맞을 확률로 해석 가능 ※ 델타는 기초자산으로 옵션을 헤지할 때 헤지비율로도 사용됨(델타헤지)
델타중립		• 기초자산 가격의 움직임에 무관한 상태 → 포지션의 델타가 0의 값을 갖는 것

★★★
042 델타에 관한 설명으로 옳지 않은 것은?

① 잔존기간이 줄어들수록 등가격 옵션의 델타는 큰 변화가 없지만, 내가격 옵션의 델타의 절댓값은 작아지고 외가격 옵션의 델타의 절댓값은 커진다.
② 델타는 옵션가격과 기초자산 가격 간의 관계를 나타내는 곡선의 기울기로, 옵션가격의 변화속도를 의미한다.
③ 델타는 해당 행사가격의 콜옵션이 내가격(ITM)으로 만기를 맞을 확률로도 해석이 가능하다.
④ 델타는 기초자산으로 옵션을 헤지할 때 헤지비율로도 사용된다.

해설 잔존기간이 줄어들수록 옵션의 가격곡선이 원점에 가까워지기 때문에 등가격 옵션의 델타는 큰 변화가 없지만, 내가격 옵션의 델타 절댓값은 커지고 외가격 옵션의 델타 절댓값은 작아진다.

043 선물 2계약 매수, 델타가 0.4인 콜옵션 5계약 매도, 델타가 −0.5인 풋옵션 6계약 매수포지션을 취하였다. 전체 포지션의 델타는 얼마인가?

① 1.5 　　　　② −1.5 　　　　③ 3.0 　　　　④ −3.0

> **해설** 옵션 민감도는 가법성이 있어서 여러 포지션이 혼재하고 있는 경우에도 각 민감도의 크기를 구할 수 있다. 기초자산(선물)의 델타는 1이며 매수는 (+)로, 매도는 (−)로 표시한다. 따라서 포지션 전체의 델타 = 1×(+2) + 0.4×(−5) + (−0.5)×(+6) = −3. 전체 포지션의 델타가 −3이란 것은 기초자산의 가격이 1단위 하락할 때마다 3배의 이익이 생기는 포지션, 또는 기초자산의 가격이 1단위 상승할 때마다 3배의 손실이 생기는 포지션이라는 뜻이다.

 044 기초자산 1단위를 보유하고 있을 때, 델타 중립을 만들기 위해서는 델타가 −0.5인 풋옵션을 몇 계약 거래하여야 하는가?

① 풋옵션 1계약 매수 　　　　② 풋옵션 1계약 매도
③ 풋옵션 2계약 매수 　　　　④ 풋옵션 2계약 매도

> **해설** 델타중립이란 포지션 전체의 델타를 0으로 만들어 기초자산의 변동과 무관한 포지션을 만드는 것이다. 기초자산을 매수한 포지션의 델타는 +1이기 때문에 델타를 중립(0)으로 만들기 위해서는 −1의 델타를 가지는 포지션을 추가해 주면 된다. 따라서 델타가 −0.5인 풋옵션을 2계약 매수하면, −1[= −0.5×(+2)]의 델타를 만들 수 있으므로 전체 포지션은 델타중립이 된다.

 045 델타가 0.5인 콜옵션 또는 델타가 −0.4인 풋옵션을 이용하여 기초자산 10단위를 매수한 포지션을 델타헤지하고자 한다. 다음 중 옳은 헤지 방법은? 심화

① 콜옵션 20계약 매수 　　　　② 풋옵션 20계약 매도
③ 콜옵션 25계약 매도 　　　　④ 풋옵션 25계약 매수

> **해설** 기초자산 10단위를 매수한 포지션의 델타는 +10(= 1×10)이므로, 헤지를 하기 위해서는 옵션을 이용하여 −10의 델타를 만들어 내면 된다. 따라서 콜옵션의 경우 20계약을 매도(= 0.5×x = −10)하면 되고, 풋옵션의 경우 25계약을 매수(= −0.4×x = −10)하면 된다.

 046 주식 10주와 델타가 −0.5인 풋옵션 10계약을 매수했다. 이 경우 기초자산(주식)의 가치가 한 단위 상승 시, 보유 포지션 전체의 가치변화는 얼마인가?

① +3 　　　　② −7 　　　　③ −13 　　　　④ +5

> **해설** 옵션 민감도는 가법성이 있어서 여러 포지션이 혼재하고 있는 경우에도 각 민감도의 크기를 구할 수 있다. 따라서 포지션의 델타 = (+1)×10주 + (−0.5)×10 = +5. 포지션의 델타가 +5이므로 기초자산(주식) 한 단위 상승 시 보유 포지션의 가치는 5만큼 상승한다. 참고로 기초자산(주식, 선물)의 델타는 1이나.

★★★
047 옵션의 민감도 지표인 감마에 대한 설명으로 옳지 않은 것은?

① 델타가 옵션가격과 기초자산가격 간 곡선의 한 시점에서의 기울기를 의미한다면, 감마는 이 기울기의 변화를 의미한다.

② 델타는 선형적인 민감도를 표시한 반면, 감마는 옵션 수익구조의 특성인 비선형적인 민감도를 측정하는 지표이다.

③ 감마는 내가격(ITM)에서 가장 높고, 외가격(OTM) 및 등가격(ATM)일수록 작아진다.

④ 감마는 옵션 포지션이 매수일 경우에는 (+)의 값을 갖는 반면, 매도일 경우에는 (−)의 값을 갖는다.

해설 감마는 등가격(ATM)에서 가장 높고, 외가격(OTM) 및 내가격(ITM)일수록 작아지는 종모양의 곡선을 형성한다. 감마와 잔존기간의 관계는 잔존기간이 짧을수록 등가격의 감마는 빠르게 높아지고, 외가격과 내가격의 감마는 오히려 0으로 접근한다.

🏛 필수핵심정리 ▷ 옵션의 민감도지표 – 감마(Gamma)

감마는 기초자산의 가격이 변하는 경우 델타가 얼마나 민감하게 변하는가를 보여주는 지표 → 감마의 값이 작으면 델타는 주가변화에 완만하게 변화하며, 감마의 값이 크면 델타는 주가변화에 대해 매우 민감하게 반응

공식	감마 = 델타의 변화분 / 기초자산가격의 변화분 (= $\partial\Delta / \partial S^2$)
감마의 의미	델타가 옵션가격과 기초자산 가격 간 곡선의 한 시점에서의 기울기를 의미한다면, 감마는 이 기울기의 변화를 의미 → 델타는 선형적인 민감도를 표시하는 반면, 감마는 옵션 수익구조의 특징인 비선형적인 민감도를 측정하는 지표
감마의 부호	• 옵션 매수포지션의 감마값은 (+) → long gamma • 옵션 매도포지션의 감마값은 (−) → short gamma
잔존기간과 감마	잔존기간이 짧을수록 등가격(ATM)의 감마는 빠르게 높아지고, 외가격과 내가격의 감마는 오히려 0으로 근접
기초자산 가격과 감마	감마의 값은 등가격(ATM)에서 가장 높고, 외가격(deep−OTM)과 내가격(deep−ITM)으로 갈수록 낮아짐
감마의 특징	• 감마는 델타의 변화분이기 때문에 기초자산가격이 상승할 때, 델타의 변화는 기존 델타와 감마의 합계로 산출할 수 있음 → 델타의 변화분 = 기존 델타 +감마(기초자산가격이 하락할 경우에는 기존 델타의 값에서 감마를 차감함) • 감마의 절댓값이 클수록 기초자산의 가격 변화에 대한 옵션가격 변화가 커지므로 델타 중립 포지션을 유지하기가 매우 어려움

★★★
048 감마에 대한 설명으로 옳지 않은 것은?

① 감마는 옵션 포지션이 매수일 경우에는 양(+)의 값을 갖는 반면, 매도일 경우에는 음(−)의 값을 갖는다.

② 만기일에 근접할수록 등가격(ATM) 옵션의 감마는 느리게 상승하고, 내가격과 외가격 옵션의 감마는 빠르게 상승한다.

③ 감마는 델타의 변화분이기 때문에 기초자산가격이 상승할 때 델타는 기존의 델타와 감마의 합계로 산출할 수 있다.

④ 감마가 큰 경우 델타는 기초자산가격의 변화에 매우 민감하고, 델타중립적인 헤지 포지션을 유지하기 위해 포지션을 빈번하게 재조정하여야 한다.

> **해설** 만기일에 근접할수록 등가격(ATM) 옵션의 감마는 빠르게 상승하고, 내가격과 외가격 옵션의 감마는 오히려 0으로 근접한다.

★★★
049 델타가 0.4이고 감마가 0.03인 콜옵션 10계약 매수와 델타가 −0.5이고 감마가 0.02인 풋옵션 5계약을 매수한 포지션에서 기초자산가격이 1단위 상승하는 경우, 포트폴리오의 델타는 어떻게 되는가? 심화

① 변화가 없다.　　　　　　　　　② 0.5로 변화한다.

③ 1.5로 변화한다.　　　　　　　　④ 1.9로 변화한다.

> **해설** 감마는 델타의 변화분이기 때문에 기초자산가격이 상승할 때 델타의 변화는 기존 델타와 감마의 합계(델타의 변화분 = 기존 델타 + 감마)로 산출할 수 있다. 따라서 전체 포트폴리오의 델타 변화 = (0.4 + 0.03)×10 + (−0.5 + 0.02)×5 = 1.9. 만약 기초자산가격이 하락했다면, 델타의 변화는 기존 델타의 값에서 감마를 차감(델타의 변화분 = 기존 델타 − 감마)하여 구하면 된다.

★★★
050 기초자산이 100, 델타가 0.5인 콜옵션의 감마가 0.01 이라고 할 경우, 다음 중 옳은 설명은?

① 기초자산이 101이 되면 콜옵션 가격이 0.01만큼 상승한다.

② 기초자산이 101이 되면 델타가 0.49가 된다.

③ 기초자산이 99가 되면 콜옵션 가격이 0.01만큼 하락한다.

④ 기초자산이 99가 되면 델타가 0.49가 된다.

> **해설** ① 기초자산이 101이 되면 콜옵션 가격이 델타(= 0.5)만큼 상승한다.
> ② 기초자산이 101이 되면 델타는 감마(= 0.1)만큼 증가하므로 0.51이 된다.
> ③ 기초자산이 99가 되면 콜옵션 가격이 델타(= 0.5)만큼 하락한다.
> ④ 기초자산이 99가 되면 델타가 감마(= 0.1)만큼 감소하므로 0.49가 된다.

★★★ 051 옵션 민감도지표인 세타에 관한 설명으로 옳지 않은 것은?

① 세타값은 옵션의 시간가치 감소를 나타낸다.

② 옵션을 매도한 경우 세타 값은 음(−)의 부호를 갖는다.

③ 잔존만기가 짧아질수록 세타는 커진다.

④ 세타는 등가격(ATM)일 때 가장 크고, 내가격이나 외가격으로 갈수록 작아진다.

> **해설** 옵션을 매도한 경우 세타의 값은 양(+)의 부호를 갖는다. 매도자 입장에서 시간가치의 감소는 매도자의 매도의무 가능성이 줄어들기 때문에 세타가 (+)라는 것은 시간가치 감소로 이익을 본다는 뜻이다. 또한 잔존만기가 짧아질수록 세타가 커진다는 의미는 만기가 다가올수록 시간가치가 급속히 소멸하게 된다는 뜻이다.

🏛 필수핵심정리 | 옵션의 민감도지표 – 세타(Theta)

세타는 시간의 경과에 따른 옵션가격의 변화를 나타내는 지표 → 시간이 지남에 따라(만기일이 가까워질수록) 옵션의 시간가치는 하락(시간가치 감소, time decay)하므로 일반적으로 세타는 음수(−)

공식	세타 = 옵션가격의 변화분 / 잔존만기의 변화분(= $\partial c / \partial T$)
세타의 부호	옵션 매수포지션의 세타값은 (−), 옵션 매도포지션의 세타값은 (+) → 매도자 입장에서 시간가치의 감소는 매도자의 의무이행 가능성이 줄어들기 때문에 세타는 (+)
잔존기간과 세타	만기일까지의 기간이 많이 남아있는 경우, 등가격옵션의 시간가치는 크며 내가격과 외가격옵션의 시간가치는 작음 → 만기에 가까워질수록 등가격옵션의 시간가치는 빠르게 잠식되는 반면, 내가격과 외가격옵션의 시간가치는 느리게 잠식됨
세타의 크기	세타는 등가격(ATM)일 때 가장 크고, 내가격이나 외가격으로 갈수록 작아짐

★★★ 052 기초자산가격의 변동성 및 옵션의 민감도 지표인 베가에 관한 설명으로 옳지 않은 것은?

① 변동성이 상승하면 옵션의 가치가 상승하고, 변동성이 낮아지면 옵션의 가치는 떨어진다.

② 베가는 등가격(ATM) 옵션에서 가장 크다.

③ 잔존기간이 길수록 베가는 높아지며, 잔존기간이 짧을수록 베가는 낮아진다.

④ 가격변동성이 상승할 것으로 예상하면 내가격 옵션의 매수를 고려하고, 가격변동성이 하락할 것으로 예상하면 외가격 옵션의 매도를 고려하는 것이 좋다.

> **해설** 등가격 옵션의 베가가 가장 크기 때문에 가격변동성이 상승할 것으로 예상하면 등가격 옵션의 매수를 고려하고, 가격변동성이 하락할 것으로 예상하면 등가격 옵션의 매도를 고려한다.

베가는 기초자산가격의 변동성이 변하는 경우 옵션가격이 얼마나 민감하게 변하는가를 보여주는 지표 → 다른 변수들이 일정할 때 가격변동성이 높을수록 콜옵션과 풋옵션의 가격은 상승

공식	베가 = 옵션가격의 변화분 / 변동성의 변화분 (= $\partial c / \partial \sigma$)
베가의 부호	옵션 매수포지션의 베가는 (+), 매도포지션의 베가는 (−)
잔존기간과 베가	잔존만기가 길수록 베가는 높아지며, 잔존만기가 짧을수록 베가는 낮아짐
베가의 크기	등가격(ATM) 옵션의 베가가 가장 크며, 외가격과 내가격 옵션의 베가는 낮음
투자에 활용	가격변동성이 상승할 것으로 예상하면 등가격 옵션의 매수를 고려하고, 가격변동성이 하락할 것으로 예상하면 등가격 옵션의 매도를 고려함

★★★
053 다음 중 옵션의 가격에 영향을 미치는 정도가 가장 작은 변수는?

① 기초자산가격　　　　　　　　　② 잔존만기
③ 가격변동성　　　　　　　　　　④ 금리

해설 금리는 옵션가격에 미치는 영향이 가장 작다. 금리의 변화에 따른 옵션가격의 변화를 측정하는 민감도 지표는 로(ρ)라고 하며, 금리 상승 시 콜옵션의 가격은 상승하고 풋옵션의 가격은 하락한다.

로는 이자율이 변하는 경우 옵션가격이 얼마나 민감하게 변하는가를 보여주는 지표 → 다른 변수들과는 달리 이자율변동은 옵션가격에 미치는 영향이 매우 작음

공식	로 = 옵션가격의 변화분 / 금리의 변화분 (= $\partial c / \partial \sigma$)
로의 부호	이자율이 상승하면 행사가격의 현재가치를 감소시키기 때문에 콜옵션의 경우 만기 시 지불할 금액의 현재가치가 감소하고, 풋옵션의 경우 만기 시 받을 금액의 현재가치가 감소하게 됨 → 따라서 이자율 상승은 콜옵션의 가치를 증가시키고 풋옵션의 가치를 감소시킴(콜매수는 +, 풋매수는 −)
로의 크기	내가격 옵션의 로가 가장 높음(내가격 > 등가격 > 외가격)

★★★
054 다음 중 옵션 포지션에 대한 민감도 부호가 잘못된 것은?

① 콜옵션 매수 : 델타 +, 베가 +　　　② 콜옵션 매도 : 감마 +, 세타 +
③ 풋옵션 매수 : 델타 −, 베가 +　　　④ 풋옵션 매도 : 감마 −, 세타 +

해설 콜옵션 매도는 감마 −, 세타 + 이다. 콜이든 풋이든 옵션을 매수한 포지션은 감마와 베가가 (+)이고 세타는 (−)이며, 옵션을 매도한 포지션은 감마와 베가가 (−)이고 세타는 (+)이다.

포지션		델타	감마	세타	베가	로
콜옵션	매수	+	+	−	+	+
	매도	−	−	+	−	−
풋옵션	매수	−	+	−	+	−
	매도	+	−	+	−	+

★★★ 055 옵션민감도에 관한 설명으로 옳은 것은?

① 과내가격(deep ITM) 옵션의 경우 델타의 절댓값은 1에 가깝고 과외가격(deep OTM) 옵션의 경우 델타의 절댓값은 0에 가깝다.
② 콜옵션이든 풋옵션이든 감마는 등가격(ATM)에서 가장 크고, 만기에 근접할수록 감소한다.
③ 콜옵션이든 풋옵션이든 옵션매수는 숏 감마(short gamma), 숏 베가(short vega) 포지션이며, 옵션매도는 롱 감마(long gamma), 롱 베가(longt vega) 포지션이다.
④ 콜옵션이든 풋옵션이든 세타와 감마는 동일한 부호를 갖는다.

> **해설** ② 콜옵션이든 풋옵션이든 감마는 등가격(ATM)에서 가장 크고, 만기에 근접할수록 증가한다.
> ③ 콜옵션이든 풋옵션이든 옵션매도는 숏 감마(short gamma), 숏 베가(short vega) 포지션이며, 옵션매수는 롱 감마(long gamma), 롱 베가(longt vega) 포지션이다.
> ④ 콜옵션이든 풋옵션이든 세타와 감마는 반대방향의 부호를 갖는다.

★★★ 056 옵션의 민감도 지표에 관한 설명으로 옳은 것은?

① 세타포지션이 양(+)일 때 시간의 경과는 포지션의 가치를 증대시킨다.
② 델타포지션이 양(+)일 때 대상자산의 가격이 하락하기를 바라는 상태이다.
③ 감마포지션이 양(+)일 때 방향에 관계없이 천천히 움직이기를 바라는 상태이다.
④ 베가포지션이 양(+)일 때 변동성이 하락하기를 원하는 상태이다.

> **해설** 옵션을 매도한 포지션의 세타는 (+)이다. 즉 시간이 경과할수록 매도포지션은 시간가치 감소로 이익을 본다는 뜻이다.
> ② 델타포지션이 양(+)일 때 대상자산의 가격이 상승하기를 바라는 상태
> ③ 옵션을 매수하면 감마포지션이 양(+)이 되는데, 이것은 방향에 관계없이 기초자산 가격이 급변하기를 바라는 상태
> ④ 베가포지션이 양(+)일 때 변동성이 상승하기를 원하는 상태

TOPIC 9 주식 관련 옵션의 투자전략 – 방향성 매매

★★★
057 주식 관련 옵션을 이용한 방향성 거래전략이 아닌 것은?

① 콜옵션 매수　　② 풋옵션 매수　　③ 스트래들 매수　　④ 풋옵션 매도

해설 스트래들 매수는 변동성 거래전략이다. 방향성 거래전략은 기초자산의 가격(주가) 전망에 근거하여 옵션을 매수하는 것이다. 가격(주가) 상승을 예상하면 콜옵션을 매수하고, 가격 하락을 예상하면 풋옵션을 매수한다. 방향성 거래전략으로는 강세전략인 콜옵션 매수, 풋옵션 매도와 약세전략인 콜옵션 매도, 풋옵션 매수가 있다.

🏛 필수핵심정리 주식 관련 옵션의 투자전략 – 방향성 매매

S : 만기 시 주가, K : 행사가격, C : 콜옵션가격, P : 풋옵션가격

	콜옵션 매수		풋옵션 매도
강세전략	사용시기	주가가 강세일 것으로 예상되고 가격변동성도 증가할 것으로 예상하는 경우	사용시기 주가가 하락할 가능성이 낮고(보합 또는 상승) 가격변동성은 증가하지 않을 것으로 예상하는 경우
약세전략	풋옵션 매수		콜옵션 매도
	사용시기	주가가 약세일 것으로 예상되고 가격변동성도 증가할 것으로 예상하는 경우	사용시기 주가가 상승할 가능성이 낮고(보합 또는 하락) 가격변동성은 감소할 것으로 예상하는 경우

★★★ 058 KOSPI200 콜 100을 1.5포인트에 1계약 매수한 경우, 다음 설명 중 옳지 않은 것은?

① 만기 시 최대손실은 1.5이다.

② 손익분기점은 98.5이다.

③ 만기시점에 KOSPI200이 105이면 콜옵션을 행사하며, 이 경우 프리미엄을 감안한 순수익은 3.5이다.

④ 만기시점에 KOSPI200이 98이면 권리행사를 포기한다.

해설 옵션을 매수한 자의 최대손실은 지불한 프리미엄(= 1.5)이다. 콜옵션 매수의 손익분기점은 101.5[= 행사가격 + 콜옵션가격]이다. 따라서 만기시점에 KOSPI200이(S) 손익분기점 이상으로 상승해야 이익이 발생한다. 만기시점에 KOSPI200이 105인 경우 지불한 프리미엄을 감안한 순수익은 3.5[= (105 − 100) − 1.5]이다. 콜옵션 매수포지션은 만기시점에 KOSPI200이 행사가격(100)보다 낮을 경우 권리행사를 포기한다.

콜옵션 매수($K = 100$, $C = 1.5$인 경우)

손익분기점	$= K + C$
	$= 100 + 1.5 = 101.5$
만기 시 이익	$= (S - K) - C$
	$= (105 - 100) - 1.5 = 3.5$
최대손실	$= C$
	$= 1.5$

★★★ 059 KOSPI200 풋 100을 2포인트에 1계약 매도한 경우, 다음 설명 중 옳지 않은 것은?

① 손익분기점은 98이다.

② 만기시점에 KOSPI200이 손익분기점보다 높으면, 주가상승에 비례하여 이익이 증가한다.

③ 만기시점에 KOSPI200이 손익분기점보다 낮을 경우, 주가하락에 비례하여 손실이 증가하게 된다.

④ 만기시점에 KOSPI200이 95이면, 3만큼 손실이 발생한다.

해설 풋옵션 매도의 손익분기점은 98[=행사가격−풋옵션가격]이다. 따라서 만기시점에 KOSPI200이(S) 손익분기점보다 높으면 최대이익은 프리미엄인 2가 되며, 손익분기점보다 낮을 경우 주가하락에 비례하여 손실이 증가하게 된다. 만기시점에 KOSPI200이 95인 경우 수취한 프리미엄을 감안한 순수익은 −3[= (95 − 100) +2]이 된다.

풋옵션 매도($K = 100$, $P = 2$인 경우)

손익분기점	$= K - P$
	$= 100 - 2 = 98$
최대이익	$= P$
	$= 2$
만기 시 손익	$= (S - K) + P$
	$= (95 - 100) + 2 = -3$

정답 057 ③ 058 ② 059 ②

★★★
060 주가가 하락할 가능성이 낮고 가격변동성은 증가하지 않을 것으로 예상하는 경우에 다음 중 가장 바람직한 옵션 투자전략은?

① 근월물 외가격 콜옵션 매수   ② 원월물 등가격 콜옵션 매수
③ 근월물 등가격 콜옵션 매도   ④ 근월물 등가격 풋옵션 매도

 해설 주가가 하락할 가능성이 낮고(보합 또는 상승) 가격변동성은 증가하지 않을 것으로 예상하는 경우에는 풋옵션을 매도함으로써 옵션의 내재가치나 시간가치의 하락으로 프리미엄의 이익을 얻을 수 있다. 따라서 투자자는 내재변동성이 높으면서 고평가되어 있는 근월물 등가격 풋옵션을 매도하는 것이 바람직하다.

🏛 **필수핵심정리** ▷ 방향성 거래 시 적절한 옵션의 선택

옵션 매수	콜옵션 매수	주가가 단기간에 상승할 것으로 예측되면 옵션가격의 상승속도가 빠르고 레버리지가 높은 근월물 외가격 콜옵션을 매수하고, 주가가 장기간에 걸쳐 안정적인 상승세를 보일 것으로 예상하는 경우에는 원월물 등가격(또는 내가격) 콜옵션을 매수
	풋옵션 매수	주가가 단기간에 큰 폭으로 하락할 것으로 예측하면 옵션가격의 상승속도가 빠르고 레버리지가 높은 근월물 외가격 풋옵션을 매수하고, 주가가 장기간에 걸쳐 서서히 하락세를 보일 것으로 예상하는 경우에는 원월물 등가격(또는 내가격) 풋옵션을 매수
옵션 매도	콜옵션 매도	주가가 상승 가능성이 낮고(보합 또는 하락) 가격변동성은 감소할 것으로 예상하는 경우에는 내재변동성이 높으면서 고평가되어 있는 근월물 등가격 콜옵션을 매도하는 것이 바람직
	풋옵션 매도	주가가 하락할 가능성이 낮고(보합 또는 상승) 가격변동성은 증가하지 않을 것으로 예상하는 경우에는 내재변동성이 높으면서 고평가되어 있는 근월물 등가격 풋옵션을 매도하는 것이 바람직

★★★
061 KOSPI200 풋 100을 2.5포인트에 1계약 매수한 경우, 다음 설명 중 옳지 않은 것은?

① 만기 시 최대손실은 2.5이다.
② 손익분기점은 97.5이다.
③ 기대할 수 있는 최대 순수익은 100이다.
④ 만기시점에 KOSPI200이 103이면, 풋옵션의 권리행사를 포기한다.

 해설 풋옵션을 매수한 자의 최대손실은 지불한 프리미엄(= 2.5)이다. 풋옵션 매수포지션은 만기시점에 KOSPI200(103)이 행사가격(100)보다 높을 경우 권리행사를 포기한다. 풋옵션 매수의 손익분기점은 97.5[= 행사가격 − 풋옵션가 = 100 − 2.5]이다. 따라서 KOSPI200이 97.5 아래로 하락해야 이익이 발생한다. 풋옵션 매수자의 순수익은 [(K−S)−P]인데, 기대할 수 있는 최대 순수익은 KOSPI200이 0일 경우이므로, 만기 시 최대이익은 97.5(= 100 − 0 − 2.5)가 된다.

풋옵션 매수($K = 100$, $P = 2.5$인 경우)		
손익분기점	$= K - P$	
	$= 100 - 2.5 = 97.5$	
만기 시 이익	$= (K - S) - P$	
	$= (100 - 0) - 2.5 = 97.5$	
최대손실	$= P$	
	$= 2.5$	

★★★
062 KOSPI200 콜 100을 3포인트에 1계약 매도한 경우, 다음 설명 중 옳지 않은 것은?

① 손익분기점은 103이다.

② 만기시점에 KOSPI200이 손익분기점보다 높으면, 주가상승에 비례하여 손실이 증가한다.

③ 만기시점에 KOSPI200이 손익분기점보다 낮을 경우, 주가하락에 비례하여 이익이 증가하게 된다.

④ 만기시점에 KOSPI200이 105이면, 2만큼 손실이 발생한다.

해설 콜옵션 매도의 손익분기점은 103[= 행사가격 + 콜옵션가격]이다. 따라서 만기시점에 KOSPI200이(S) 손익분기점보다 낮으면 최대이익은 프리미엄인 3이 되며, 손익분기점보다 높을 경우 주가상승에 비례하여 손실이 증가하게 된다. 만기시점에 KOSPI200이 105인 경우 수취한 프리미엄을 감안한 순수익은 −2[= (100 − 105) + 3]가 된다.

콜옵션 매도($K = 100$, $C = 3$인 경우)		
손익분기점	$= K + C$	
	$= 100 + 3 = 103$	
최대이익	$= C$	
	$= 3$	
만기 시 손실	$= (K - S) + C$	
	$= (100 - 105) + 3 = -2$	

★★★
063 KOSPI200 지수가 250포인트일 때 행사가격이 250포인트인 풋옵션을 3포인트에 1계약 매입하여 만기까지 보유하였다. 만기 시 KOSPI200 지수가 252포인트가 되었다면 이 투자자의 손익은?(1포인트 = 25만원으로 가정)

① 750,000원 손실

② 750,000원 이익

③ 1,000,000원 손실

④ 1,000,000원 이익

해설 풋옵션은 팔 수 있는 권리이므로 행사가격보다 기초자산가격(KOSPI200지수)이 작을 때 가치를 가진다. 문제의 풋옵션은 행사가격(250)보다 만기 시 KOSPI200지수(252)가 더 높아서 풋옵션 매수자는 권리행사를 포기한다. 따라서 매수한 풋옵션 프리미엄만큼의 손실을 보게 된다. KOSPI200지수옵션은 1포인트에 25만원이므로 75만원(= 3p ×25만원)원의 손실을 본다. 또한 다음과 같은 방법으로 계산할 수도 있다. 풋옵션의 만기수익은 Max(0, $K-S$)이며 지불한 프리미엄을 감안한 순손익은 Max(0, $K-S$)−P이다. 따라서 Max(0, 250−252)−3 = −3포인트(손실)

정답 060 ④   061 ③   062 ③   063 ①

★★★
064 옵션을 이용한 스프레드 거래에 관한 설명으로 옳지 않은 것은?

① 수직적 스프레드는 만기는 같으나 행사가격이 다른 콜옵션 또는 풋옵션을 동시에 매수/매도하는 전략이다.

② 수평적 스프레드는 행사가격은 같으나 만기가 다른 콜옵션 또는 풋옵션을 동시에 매수/매도하는 전략이다.

③ 대각 스프레드는 만기와 행사가격이 모두 다른 콜옵션 또는 풋옵션을 동시에 매수/매도하는 전략이다.

④ 수직적 스프레드는 가격상승이 예상될 때는 약세 스프레드(bear spread), 가격하락이 예상될 때는 강세 스프레드(bull spread) 전략을 선택한다.

> **해설** 옵션을 이용한 수직적 스프레드 전략은 가격전망에 따라 가격상승이 예상될 때는 강세 스프레드 전략, 가격하락이 예상될 때는 약세 스프레드 전략을 택한다. 수직적 스프레드 전략은 콜옵션을 이용할 수도 있고, 풋옵션을 이용할 수도 있다.

★★★
065 옵션을 이용한 (수직적) 스프레드 전략에 관한 설명으로 옳지 않은 것은?

① 이익과 손실이 한정되어 있어, 강세장 또는 약세장이 예상되나 확신이 없을 때 선택하는 보수적인 투자전략이다.

② 옵션포지션의 시간가치 소멸효과가 매우 크다.

③ 옵션포지션의 손익이 현물가격의 변동성과 독립적이다.

④ 강세 스프레드 전략은 시장의 강세가 예상되나 확신이 서지 않을 때 택하는 보수적인 투자전략이며, 약세 스프레드 전략은 시장의 약세가 예상되나 확신이 높지 않을 때 택하는 보수적인 투자전략이다.

> **해설** 수직적 스프레드 전략은 만기는 같으나 행사가격이 다른 콜옵션 또는 풋옵션을 동시에 매수/매도하는 전략이다. 만기가 같은 콜옵션 또는 콜옵션을 매수/매도하기 때문에 두 옵션의 세타는 반대부호를 갖게 되므로 시간가치 소멸효과가 거의 없을 정도로 아주 미미하다. 매수/매도하는 두 옵션의 베가는 크기가 같고 반대부호이다. 따라서 옵션포지션의 손익이 기초자산가격의 변동성에 덜 민감(독립적)하다.

S : 만기 시 주가, K_1 : 낮은 행사가격, K_2 : 높은 행사가격
C_1 : 행사가격이 낮은 콜옵션의 프리미엄, C_2 : 행사가격이 높은 콜옵션의 프리미엄
P_1 : 행사가격이 낮은 풋옵션의 프리미엄, P_2 : 행사가격이 높은 풋옵션의 프리미엄

	사용 시기 및 포지션 구성	시장의 강세가 예상되나 확신이 높지 않을 때 이용하는 보수적인 전략 → 행사가격이 낮은 옵션 매수 + 행사가격이 높은 옵션 매도	
강세스프레드	강세 콜옵션 스프레드		강세 풋옵션 스프레드
	행사가격이 낮은(K_1) 콜옵션 매수 + 행사가격이 높은(K_2) 콜옵션 매도		행사가격이 낮은(K_1) 풋옵션 매수 + 행사가격이 높은(K_2) 풋옵션 매도
	사용 시기 및 포지션 구성	시장의 약세가 예상되나 확신이 높지 않을 때 이용하는 보수적인 전략 → 행사가격이 낮은 옵션 매도 + 행사가격이 높은 옵션 매수	
약세스프레드	약세 콜옵션 스프레드		약세 풋옵션 스프레드
	행사가격이 낮은(K_1) 콜옵션 매도 + 행사가격이 높은(K_2) 콜옵션 매수		행사가격이 낮은(K_1) 풋옵션 매도 + 행사가격이 높은(K_2) 풋옵션 매수

★★★
066 KOSPI200 콜 250을 5포인트에 1계약 매수함과 동시에 콜 255를 2포인트에 1계약 매도한 경우, 다음 설명 중 옳지 않은 것은?

① 강세 콜옵션 스프레드 전략으로, 시장의 강세가 예상되나 확신이 높지 않을 때 이용하는 보수적인 전략이다.
② 초기에 포지션을 구성할 때 프리미엄의 순수입이 발생한다.
③ 손익분기점은 253포인트이다.
④ 최대이익은 2, 최대손실은 3으로 한정되어 있으며, 시간가치 감소로부터 상당부분 자유롭다.

해설 만기가 같은 콜옵션 중에 일반적으로 행사가격이 낮은 내가격(ITM) 콜옵션를 매수하고 행사가격이 높은 등가격(ATM) 콜옵션을 매도하므로 초기에 포지션을 구성할 때 프리미엄의 순지출이 발생한다. 행사가격이 낮은(K_1=250) 콜옵션의 가격(5)은 비싸고, 행사가격이 높은(K_2=255) 콜옵션의 가격(2)은 싸다. 따라서 강세 콜옵션 스프레드는 싼 옵션은 팔고 비싼 옵션은 사게 되므로 현금의 순지출이 먼저 발생하게 된다. 옵션은 만기일이 다가올수록 시간가치 소멸효과가 커진다. 따라서 옵션을 매수하면 시간가치 감소로 손실을 본다. 반면에 옵션을 매도하면 시간가치 감소로 이득을 본다. 그런데 수직적 스프레드 거래는 옵션을 하나는 사고 하나는 팔기 때문에 시간가치 감소로부터 상당부분 자유롭다.

강세 콜옵션 스프레드($K_1 = 250$, $K_2 = 255$, $C_1 = 5$, $C_2 = 2$인 경우)

손익분기점	$= K_1 + (C_1 - C_2)$
	$= 250 + (5 - 2) = 253$
최대이익	$= (K_2 - K_1) - (C_1 - C_2)$
	$= (255 - 250) - (5 - 2)$
	$= 2$
최대손실	$= C_1 - C_2$
	$= 5 - 2 = 3$
프리미엄 수취 여부	$=$ 프리미엄 차액$(C_1 - C_2)$ 지불
	$= 5 - 2 = 3$ 지불

★★★
067 KOSPI200 풋 240을 2포인트에 1계약 매수함과 동시에 풋 245를 5포인트에 1계약 매도한 경우, 다음 설명 중 옳지 않은 것은?

① 강세 풋옵션 스프레드 전략으로, 시장의 강세가 예상되나 확신이 높지 않을 때 이용하는 보수적 전략이다.
② 초기에 포지션을 구성할 때 프리미엄의 순지출이 발생한다.
③ 손익분기점은 242포인트이다.
④ 최대이익은 3, 최대손실은 2로 한정되어 있으며, 시간가치 감소로부터 상당부분 자유롭다.

해설 만기가 같은 풋옵션 중에 일반적으로 행사가격이 낮은 외가격(OTM) 풋옵션을 매수하고 행사가격이 높은 등가격(ATM) 풋옵션을 매도하므로 초기에 포지션을 구성할 때 프리미엄의 순수입이 발생한다. 행사가격이 낮은($K_1 = 240$) 풋옵션의 가격(2)은 싸고, 행사가격이 높은($K_2 = 245$) 풋옵션의 가격(5)은 비싸다. 따라서 강세 풋옵션 스프레드는 싼 옵션은 사고 비싼 옵션은 팔게 되므로 현금의 순수입이 먼저 발생하게 된다.

강세 풋옵션 스프레드($K_1 = 240$, $K_2 = 245$, $P_1 = 2$, $P_2 = 5$인 경우)

손익분기점	$= K_2 - (P_2 - P_1)$
	$= 245 - (5 - 2) = 242$
최대이익	$= P_2 - P_1$
	$= 5 - 2 = 3$
최대손실	$= (K_2 - K_1) - (P_2 - P_1)$
	$= (245 - 240) - (5 - 2)$
	$= 2$
프리미엄 수취 여부	$=$ 프리미엄 차액$(P_2 - P_1)$수취
	$= 5 - 2 = 3$ 수취

★★★
068 KOSPI200 콜 250을 5포인트에 1계약 매도함과 동시에 콜 255를 2포인트에 1계약 매수한 경우, 다음 설명 중 옳지 않은 것은?

① 약세 콜옵션 스프레드 전략으로, 시장의 약세가 예상되나 확신이 높지 않을 때 이용하는 보수적 전략이다.

② 초기에 포지션을 구성할 때 프리미엄의 순지출이 발생한다.

③ 손익분기점은 253포인트이다.

④ 최대이익은 3, 최대손실은 2로 한정되어 있으며, 시간가치 감소로부터 상당부분 자유롭다.

해설 만기가 같은 콜옵션 중에 일반적으로 행사가격이 낮은 내가격(ITM) 또는 등가격(ATM) 콜옵션을 매도하고 행사가격이 높은 외가격(OTM) 콜옵션을 매수하므로 초기에 포지션을 구성할 때 프리미엄의 순수입이 발생한다. 행사가격이 낮은($K_1 = 250$) 콜옵션의 가격(5)은 비싸고, 행사가격이 높은($K_2 = 255$) 콜옵션의 가격(2)은 싸다. 따라서 약세 콜옵션 스프레드는 비싼 옵션은 팔고 싼 옵션은 사게 되므로 현금의 순수입이 먼저 발생하게 된다. 옵션은 만기일이 다가올수록 시간가치 소멸효과가 커진다. 따라서 옵션을 매수하면 시간가치 감소로 손실을 본다. 반면에 옵션을 매도하면 시간가치 감소로 이득을 본다. 그런데 수직적 스프레드 거래는 옵션을 하나는 사고 하나는 팔기 때문에 시간가치 감소로부터 상당부분 자유롭다.

약세 콜옵션 스프레드($K_1 = 250$, $K_2 = 255$, $C_1 = 5$, $C_2 = 2$인 경우)

손익분기점	$= K_1 + (C_1 - C_2)$
	$= 250 + (5 - 2) = 253$
최대이익	$= C_1 - C_2$
	$= 5 - 2 = 3$
최대손실	$= (K_2 - K_1) - (C_1 - C_2)$
	$= (255 - 250) - (5 - 2)$
	$= 2$
프리미엄 수취 여부	$=$ 프리미엄 차액$(C_1 - C_2)$수취
	$= 5 - 2 = 3$ 수취

★★★
069 KOSPI200 풋 240을 2포인트에 1계약 매도함과 동시에 풋 245를 5포인트에 1계약 매수한 경우, 다음 설명 중 옳지 않은 것은?

① 약세 풋옵션 스프레드 전략으로, 시장의 약세가 예상되나 확신이 높지 않을 때 이용하는 보수적인 전략이다.

② 초기에 포지션을 구성할 때 프리미엄의 순수입이 발생한다.

③ 손익분기점은 242포인트이다.

④ 최대이익은 2, 최대손실은 3으로 한정되어 있으며, 시간가치 감소로부터 상당부분 자유롭다.

해설 만기가 같은 풋옵션 중에 일반적으로 행사가격이 낮은 외가격(OTM) 풋옵션을 매도하고 행사가격이 높은 등가격(ATM) 또는 내가격(ITM) 풋옵션을 매수하므로 초기에 포지션을 구성할 때 프리미엄의 순지출이 발생한다. 행사가격이 낮은($K_1 = 240$) 풋옵션의 가격(2)은 싸고, 행사가격이 높은($K_2 = 245$) 풋옵션의 가격(5)은 비싸다. 따라서 약세 풋옵션 스프레드는 싼 옵션은 팔고 비싼 옵션은 사게 되므로 현금의 순지출이 먼저 발생하게 된다.

정답 067 ② 068 ② 069 ②

약세 풋옵션 스프레드($K = 240$, $K_2 = 245$, $P_1 = 2$, $P_2 = 5$인 경우)		
	손익분기점	$= K_2 - (P_2 - P_1)$ $= 245 - (5 - 2) = 242$
	최대이익	$= (K_2 - K_1) - (P_2 - P_1)$ $= (245 - 240) - (5 - 2) = 2$
	최대손실	$= P_2 - P_1$ $= 5 - 2 = 3$
	프리미엄 수취 여부	$=$ 프리미엄 차액$(P_2 - P_1)$ 지불 $= 5 - 2 = 3$ 지불

★★★ 070 다음 옵션거래 전략에 관한 설명으로 옳지 않은 것은?(1포인트 = 25만원으로 가정)

> 행사가격이 210포인트인 KOSPI200 풋옵션을 2.5포인트에 10계약 매도하고, 만기일이 동일하면서 행사가격이 205포인트인 KOSPI200 풋옵션을 0.5포인트에 10계약 매수했다.

① 강세 풋옵션 스프레드 전략이고, 손익이 한정되어 있다.
② 만기 시 손익분기점은 208포인트이다.
③ 최대이익은 750만원이다.
④ 최대손실은 750만원이다.

해설 최대이익은 1,000만원이다. 낮은 행사가격($K_1 = 205$)의 풋옵션을 매입하고 동일 수량으로 높은 행사가격($K_2 = 210$)의 풋옵션을 매도했으므로 수직적 스프레드 전략 중에서 강세 풋옵션 스프레드 전략이다. 행사가격이 낮은 풋옵션의 가격(0.5)은 싸고, 행사가격이 높은 풋옵션의 가격(2.5)은 비싸다. 따라서 강세 풋옵션 스프레드는 싼 옵션은 사고 비싼 옵션은 팔게 되므로 현금의 순수입이 먼저 발생하게 된다.

손익분기점	= 높은 행사가격 − 프리미엄 차이 = 210 − (2.5 − 0.5) = 208포인트
최대 이익	= 프리미엄 차이(= 수취 프리미엄−지불 프리미엄) = 2.5 − 0.5 = 2 따라서 500만원(= 2포인트×10계약×25만원) 이익
최대 손실	= 프리미엄 차이 − 행사가격 차이 = 2 − (210 − 205) = −3 따라서 750만원(= −3포인트×10계약×25만원) 손실

★★★
071 주가지수의 상승이 예상될 경우, 이익과 손실을 제한하고 포지션 설정 초기에 현금의 순수입이 발생되게 하는 옵션투자전략은?

① 콜 비율 스프레드
② 스트래들 매수
③ 강세 콜옵션 스프레드
④ 강세 풋옵션 스프레드

> **해설** 상승 시 이익이 발생하며 이익과 손실을 제한하는 전략이 수직적 강세 스프레드 전략이다. 강세 풋옵션 스프레드는 상승 시 이익이 발생하며 이익과 손실을 제한한다는 점에서는 강세 콜옵션 스프레드와 같다. 그러나 강세 콜옵션 스프레드는 초기에 프리미엄의 순지출이 발생하지만, 강세 풋옵션 스프레드는 초기에 프리미엄의 순수입이 발생한다는 점에서 차이가 있다.

★★★
072 옵션의 시간 스프레드(time spread)에 관한 설명으로 옳지 않은 것은?

① 시간 스프레드는 행사가격은 동일하지만 만기가 다른 콜옵션이나 풋옵션을 이용하여 매수와 매도를 조합하는 거래이다.
② 일반적으로 잔존만기가 짧은 근월물을 매수하고 행사가격은 동일하지만 잔존만기가 긴 원월물을 매도하는 포지션으로 구성된다.
③ 시간 스프레드의 특징은 시간가치의 감소가 잔존만기별로 다르게 이루어진다는 점을 이용하는 것이다.
④ 다른 조건이 일정하다면 근월물의 시간가치 감소폭이 원월물의 시간가치 감소폭보다 크기 때문에, 근월물 만기시점에 가서는 매도한 근월물의 가치감소에 따른 이익이 매수한 원월물의 가치감소에 따른 손실보다 커서 이익을 얻게 되는 전략이다.

> **해설** 시간 스프레드를 수평 스프레드 또는 캘린더 스프레드라고도 한다. 시간 스프레드의 특징은 시간가치의 감소가 잔존만기별로 다르게 이루어진다는 점을 이용하는 것이다. 즉 시간가치의 상대적 변화차이를 이용하는 것이 시간 스프레드이다. 일반적으로 만기가 짧은 옵션을 매도하고 동일 행사가격의 만기가 긴 옵션을 매수하는 전략을 매수 시간 스프레드(long time spread)라고 하는데, 이는 기초자산의 가격변동이 작은 상황에서 옵션의 시간가치 잠식효과를 이용하는 전략이다. 즉, 다른 조건이 일정하다면 근월물의 시간가치 감소폭이 원월물의 시간가치 감소폭보다 크기 때문에, 근월물 만기시점에 가서는 매도한 근월물의 가치감소에 따른 이익이 매수한 원월물의 가치감소에 따른 손실보다 커서 이익을 얻게 되는 전략이다.

🏛 **필수핵심정리** │ 주식 관련 옵션의 투자전략 – 시간 스프레드

포지션 구성	일반적으로 잔존만기가 짧은 근월물 매도 + 잔존만기가 긴 원월물 매도
원리	시간가치의 상대적 변화 차이를 이용 → 즉, 다른 조건이 일정하다면, 근월물의 시간가치 감소폭이 원월물의 감소폭보다 크다는 것을 이용

★★☆
073 KOSPI200 옵션시장에서 행사가격이 270포인트인 5월물 콜옵션 10계약을 1.5포인트에 매도하고, 동시에 같은 행사가격의 6월물 콜옵션 10계약을 4.5포인트에 매수하였다. 이것은 어떤 거래전략인가?

① 시간 스프레드 ② 강세 콜옵션 스프레드
③ 강세 풋옵션 스프레드 ④ 약세 콜옵션 스프레드

> **해설** 만기가 짧은 옵션을 매도하고 동일 행사가격의 만기가 긴 옵션을 매수하였기 때문에 매수 시간 스프레드(long time spread) 전략을 사용했다.

···TOPIC 11 주식 관련 옵션의 투자전략 – 변동성 매매

★★★
074 옵션을 이용한 변동성 거래에 관한 설명으로 옳지 않은 것은?

① 선물거래와 달리 옵션은 기초자산의 가격이 상승 또는 하락하는 것 외에 기초자산의 가격변동성이 커지는지 작아지는지를 예상한 전략을 세우는 것도 가능하다.
② 기초자산의 가격변동성이 커질 것으로 예상하는 경우에 이용되는 전략을 변동성에 대한 강세전략(변동성 매수전략)이라 하고, 가격변동성이 작아질 것으로 예상하는 경우에 이용되는 전략을 변동성에 대한 약세전략(변동성 매도전략)이라 한다.
③ 대표적인 변동성 매수전략으로는 스트래들 매수, 스트랭글 매수, 버터플라이 매수 등이 있다.
④ 대부분의 변동성 거래는 구성포지션의 방향위험을 제거한 후, 즉 델타 중립을 만든 후 변동성의 변화에 따른 수익을 올리고자 하는 거래전략이다.

> **해설** 대표적인 변동성 매수전략으로는 스트래들 매수, 스트랭글 매수, 버터플라이 매도 등이 있다. 변동성 매수전략을 이용하면 기초자산의 가격이 오르거나 반대로 내린 경우라 하더라도 그 방향에는 관계없이 변동이 크면 이익을 얻을 수 있다.

★★★
075 다음 옵션전략 중에서 변동성 매도전략과 가장 거리가 먼 것은?

① 스트래들 매도 ② 스트랭글 매도
③ 비율 스프레드 ④ 버터플라이 매도

> **해설** 버터플라이 매도는 변동성 매수전략이다. 변동성 매도전략을 이용하면 기초자산의 가격이 크게 변동하지 않고 일정한 범위 내에 머물러 있으면 이익을 얻을 수 있다.

기초자산의 가격변동성이 커지는지 작아지는지를 예상하여 전략을 세우는 것

<table>
<tr><td rowspan="3">변동성 매수전략</td><td colspan="3">사용 시기 : 기초자산의 가격변동성이 커질 것으로 예상하는 경우에 이용</td></tr>
</table>

변동성 매수전략	스트래들 (straddle) 매수	동일 만기와 동일 행사가격의 콜옵션과 풋옵션을 동시에 (동일 수량) 매수	
	스트랭글 (strangle) 매수	만기는 동일하지만, 낮은 행사가격의 풋옵션과 높은 행사가격의 콜옵션을 동시에 (동일 수량) 매수	
	버터플라이 (butterfly) 매도	낮은 행사가격의 콜옵션을 1계약 매도하고, 중간 행사가격의 콜옵션을 2계약 매수하는 동시에 가장 높은 행사가격의 콜옵션을 1계약 매도	

사용 시기 : 기초자산의 가격변동성이 작아질 것으로 예상하는 경우에 이용

변동성 매도전략	스트래들 (straddle) 매도	동일 만기와 동일 행사가격의 콜옵션과 풋옵션을 동시에 (동일 수량) 매도	
	스트랭글 (strangle) 매도	만기는 동일하지만, 낮은 행사가격의 풋옵션과 높은 행사가격의 콜옵션을 동시에 (동일 수량) 매도	
	버터플라이 (butterfly) 매수	낮은 행사가격의 콜옵션을 1계약 매수하고, 중간 행사가격의 콜옵션을 2계약 매도하는 동시에 가장 높은 행사가격의 콜옵션을 1계약 매수	

★★★ 076 변동성 매수전략에 대한 설명으로 옳지 않은 것은?

① 스트래들 매수는 행사가격이 같은 콜옵션과 풋옵션을 매수한다.
② 변동성 매수전략은 기초자산 가격이 크게 움직이면 이익이 발생한다.
③ 포지션을 장기 보유할수록 시간가치 소멸효과가 커서 손실이 발생한다.
④ 스트랭글 매수는 스트래들 매수의 경우보다 프리미엄 지출이 큰 반면, 기대이익이 크다.

> **해설** 스트랭글 매수는 외가격 콜옵션과 풋옵션을 매수하므로 스트래들 매수의 경우보다 프리미엄 지출이 작은 반면, 기대이익은 작다.

★★★ 077 KOSPI200 콜 250을 3포인트에 1계약 매수함과 동시에 만기가 동일한 KOSPI200 풋 250을 2포인트에 1계약 매수한 경우, 다음 설명 중 옳지 않은 것은?

① 이 전략은 최근에 보합세를 유지했던 주식가격이 단기간 내에 큰 폭으로 움직일 것으로 예상될 때 적합한 투자전략이다.
② 예상대로 가격변동성이 증가하면 만기시점까지 포지션을 장기보유하는 것이 바람직하다.
③ 최대손실은 콜옵션과 풋옵션을 매수할 때 지불한 프리미엄의 합인 5이다.
④ 만기시점에 KOSPI200이 255포인트 이상 상승하거나 245포인트 이하로 하락하면 이익을 본다.

> **해설** 동일 만기와 동일 행사가격의 콜옵션과 풋옵션을 동시에 동일 수량으로 매수했기 때문에 스트래들 매수이다. 스트래들 매수는 주식가격이 단기간 내에 큰 폭으로 움직일 것(변동성 증가)으로 예상될 때 적합한 투자전략이다. 예상대로 가격변동성이 증가하면 즉시 포지션을 청산하여 이익을 실현시키는 것이 바람직하다. 왜냐하면 콜옵션과 풋옵션을 모두 매수하므로 시간가치 소멸효과에 의해 포지션의 가치가 급속히 하락하기 때문이다.

스트래들 매수 ($K = 250$, $C = 3$, $P = 2$인 경우)		
손익분기점	• 주가하락 시 = $K - (C + P) = 250 - (3 + 2) = 245$ • 주가상승 시 = $K + (C + P) = 250 + (3 + 2) = 255$	

	프리미엄 수취 여부	= 프리미엄 총액($C + P$) 지불 = $3 + 2 = 5$ 지불
	만기 이익	= 손익분기점 이상 또는 이하의 주가 변동폭
	만기 손실	= 두 손익분기점 사이에서 주가 형성 시 손실 발생
	최대 손실	= $C + P = 3 + 2 = 5$

078 KOSPI200 콜 255를 2포인트에 1계약 매수함과 동시에 만기가 동일한 KOSPI200 풋 245를 1포인트에 1계약 매수한 경우, 다음 설명 중 옳지 않은 것은?

① 스트랭글 매수 전략으로서, 주가 변동성이 확대될 가능성이 높을 때 사용할 수 있다.

② 내가격(ITM) 옵션들을 매수하기 때문에 스트래들 매수보다 초기에 지불하는 옵션 프리미엄은 많다.

③ 시간가치 소멸에 따른 최대손실액도 스트래들 매수보다 작아서 포지션을 장기간 보유할 수 있고, 스트래들 매수에 비해 손실구간이 넓은 반면 최대손실금액은 적다.

④ 만기시점에 KOSPI200이 258포인트 이상 상승하거나 242포인트 이하로 하락하면 이익을 본다.

해설 낮은 행사가격의 풋옵션과 동일 만기의 높은 행사가격의 콜옵션을 동시에 동일 수량으로 매수했기 때문에 스트랭글 매수이다. 스트랭글 매수도 스트래들 매수와 유사하게 주가 변동성이 확대될 가능성이 높을 때 적합한 투자전략이다. 스트랭글 매수는 외가격(OTM) 옵션들을 매수하기 때문에 등가격(ATM) 옵션들을 매수하는 스트래들 매수보다 초기에 지불하는 옵션 프리미엄은 적다. 따라서 시간가치 소멸에 따른 최대손실액도 스트래들 매수보다 작아서 포지션을 장기간 보유할 수 있다. 그리고 스트랭글 매수는 스트래들 매수에 비해 손실구간이 넓은 반면, 최대손실금액은 적다.

스트랭글 매수($K_1 = 245$, $K_2 = 255$, $C_2 = 2$, $P_1 = 1$인 경우)	
손익분기점	• 주가하락 시 = $K_1 - (C_2 + P_1) = 245 - (2 + 1) = 242$ • 주가상승 시 = $K_2 - (C_2 + P_1) = 255 + (2 + 1) = 258$

프리미엄 수취 여부	= 프리미엄 총액($C_2 + P_1$) 지불 = 2 + 1 = 3 지불
만기 이익	= 손익분기점 이상 또는 이하의 주가 변동폭
만기 손실	= 두 손익분기점 사이에서 주가 형성 시 손실 발생
최대 손실	= $C_2 + P_1 = 2 + 1 = 3$

079 KOSPI200 콜 245을 5포인트에 1계약을 매도함과 동시에 만기가 동일한 KOSPI200 콜 247.5를 3포인트에 2계약 매수하고, KOSPI200 콜 250을 2포인트에 1계약 매도한 경우, 다음 설명 중 옳지 않은 것은?

① 버터플라이 매도전략이다.

② 옵션의 만기는 동일하고 행사가격의 간격이 일정해야 한다.

③ 손실과 이익을 제한하면서 주가 변동성이 하락할 가능성이 높을 때 택하는 전략이다.

④ 포지션 설정에 사용한 세 종류의 콜옵션이 만기에 모두 행사된다면, 최대이익이 발생한다.

해설 낮은 행사가격의 콜옵션을 1계약 매도하고, 중간 행사가격의 콜옵션을 2계약 매수하는 동시에 가장 높은 행사가격의 콜옵션을 1계약 매도했기 때문에 버터플라이 매도이다. 버터플라이 매도는 주가 변동성이 증가할 가능성이 높을 때 택하는 전략이란 점에서는 스트래들 매수나 스트랭글 매수와 유사하지만 손실과 이익을 제한시키는 보수적인 투자전략이다. 포지션 설정에 사용한 세 종류의 콜옵션이 만기에 모두 행사된다는 것은 만기시점에 KOSPI200이 250이상으로 끝났다는 것이므로 이때 버터플라이 매도전략의 이익은 최대가 된다. 또는 포지션 설정에 사용한 세 종류의 콜옵션이 만기에 모두 외가격(OTM)으로 끝나도(권리행사 포기) 이익은 최대가 된다. 외가격으로 끝났다는 것은 만기시점에 KOSPI200이 245 이하가 됐다는 것이므로 이때에도, 버터플라이 매도전략의 이익은 최대가 된다. 버터플라이 매도전략은 만기시점에 KOSPI200이 매수한 옵션의 행사가격(247.5)에서 끝났을 때, 최대의 손실이 발생하게 된다.

버터플라이 매도($K_1 = 245$, $K_2 = 247.5$, $K_3 = 250$, $C_1 = 5$, $C_2 = 3$, $C_3 = 2$인 경우)		
옵션 프리미엄	$C_1 > C_2 > C_3 \rightarrow$ 프리미엄 차액 $= (C_1 + C_3) - 2 \times C_2$	
	$5 > 3 > 2 \rightarrow$ 프리미엄 차액 $= (5 + 2) - 2 \times 3 = 1$	
손익분기점	• 주가하락 시 $= K_1 +$ 프리미엄 차액 $= 245 + 1 = 246$	
	• 주가상승 시 $= K_3 -$ 프리미엄 차액 $= 250 - 1 = 249$	
	만기 이익	주가가 두 손익분기점을 위 또는 아래로 벗어나면 이익 발생
	최대 이익	주가가 K_1 이하 또는 K_3 이상에 있을 때, 최대 이익은 프리미엄 차액 $= (5 + 2) - 2 \times 3 = 1$
	만기 손실	주가가 두 손익분기점 이내에 있을 때 손실 발생
	최대 손실	$= (K_2 - K_1) -$ 프리미엄 차액 또는 $(K_3 - K_2) -$ 프리미엄 차액 $= (247.5 - 245) - 1 = 1.5$

★★★
080 KOSPI200 콜 250을 3포인트에 1계약 매도함과 동시에 만기가 동일한 KOSPI200 풋 250을 2포인트에 1계약 매도한 경우, 다음 설명 중 옳지 않은 것은?

① 이 전략은 변동성이 감소하여 향후 주가가 현재 수준에서 횡보할 것으로 예상될 때 적합한 투자전략이다.
② 원월물 옵션을 매도하는 것이 적합하다.
③ 최대이익은 콜옵션과 풋옵션을 매도하면서 수취한 프리미엄의 합인 5이다.
④ 만기시점에 KOSPI200이 255포인트 이상 상승하거나 245포인트 이하로 하락하면 손실을 본다.

해설 동일 만기와 동일 행사가격의 콜옵션과 풋옵션을 동시에 동일 수량으로 매도했기 때문에 스트래들 매도이다. 스트래들 매도는 변동성이 감소하여 향후 주가가 현재 수준에서 횡보할 것으로 예상될 때 적합한 투자전략이다. 초기에 콜옵션과 풋옵션을 모두 매도하여 프리미엄 수입이 발생하므로 시간이 흐름에 따라 시간가치 소멸효과를 이용하는 전략이다. 시간가치 소멸효과를 극대화하기 위하여 근월물 옵션을 매도하는 것이 적합하다.

스트래들 매도($K = 250$, $C = 3$, $P = 2$인 경우)		
손익분기점	• 주가 하락 시 $= K - (C + P) = 250 - (3 + 2) = 245$	
	• 주가 상승 시 $= K + (C + P) = 250 + (3 + 2) = 255$	
	프리미엄 수취 여부	$=$ 프리미엄 총액($C + P$) 수취 $= 3 + 2 = 5$ 수취
	만기 손실	$=$ 손익분기점 이상 또는 이하의 주가 변동폭 (손실 무제한)
	만기 이익	$=$ 수취한 프리미엄 총액 이내
	최대 이익	$=$ 수취한 프리미엄 총액($C + P$) $= 3 + 2 = 5$

★★★
081 KOSPI200 콜 255를 2포인트에 1계약 매도함과 동시에 만기가 동일한 KOSPI200 풋 245를 1포인트에 1계약 매도한 경우, 다음 설명 중 옳지 않은 것은?

① 스트랭글 매도전략으로서, 주가 변동성이 감소될 가능성이 높을 때 사용할 수 있는 전략이다.

② 일반적으로 외가격(OTM) 옵션들을 매도하기 때문에 스트래들 매도보다 초기에 수취하는 옵션 프리미엄은 적다.

③ 스트래들 매도에 비해 최대이익이 상대적으로 증가하는 대신 이익이 발생하는 주가의 범위가 더 좁다.

④ 만기시점에 KOSPI200이 258포인트 이상 상승하거나 242포인트 이하로 하락하면 손실을 본다.

해설 낮은 행사가격의 풋옵션과 동일 만기의 높은 행사가격의 콜옵션을 동시에 동일 수량으로 매도했기 때문에 스트랭글 매도이다. 스트랭글 매도도 스트래들 매도와 유사하게 주가 변동성이 감소될 가능성이 높을 때 사용할 수 있는 전략이다. 스트랭글 매도는 일반적으로 외가격(OTM) 옵션들을 매도하기 때문에 등가격(ATM) 옵션들을 매도하는 스트래들 매도보다 초기에 수취하는 옵션 프리미엄은 적다. 스트랭글 매도는 스트래들 매도에 비해 최대이익이 상대적으로 감소하는 대신 이익이 발생하는 주가의 범위가 더 넓다. 스트랭글 매도 전략도 옵션의 시간가치 소멸효과를 극대화하기 위하여 근월물 옵션을 매도하는 것이 유리하다.

스트랭글 매도($K_1 = 245$, $K_2 = 255$, $C_2 = 2$, $P_1 = 1$인 경우)	
손익분기점	• 주가하락 시 = $K_1 - (C_2 + P_1) = 245 - (2 + 1) = 242$
	• 주가상승 시 = $K_2 + (C_2 + P_1) = 255 + (2 + 1) = 258$

프리미엄 수취 여부	= 프리미엄 총액($C_2 + P_1$) 수취 = 2 + 1 = 3 수취
만기 손실	= 손익분기점 이상 또는 이하의 주가 변동폭 (손실 무제한)
만기 이익	= 수취한 프리미엄 총액 이내
최대 이익	= 수취한 프리미엄 총액($C + P$) = 2 + 1 = 3

★★★
082 KOSPI200 콜 245을 5포인트에 1계약을 매수함과 동시에 만기가 동일한 KOSPI200 콜 247.5를 3포인트에 2계약 매도하고, KOSPI200 콜 250을 2포인트에 1계약 매수한 경우, 다음 설명 중 옳지 않은 것은?

① 버터플라이 매수 전략이다.

② 옵션의 만기는 동일하고 행사가격의 간격이 일정해야 한다.

③ 손실과 이익을 제한하면서 주가 변동성이 상승할 가능성이 높을 때 택하는 전략이다.

④ 포지션 설정에 사용한 세 종류의 콜옵션이 만기에 모두 행사된다면, 최대손실이 발생한다.

해설 낮은 행사가격의 콜옵션을 1계약 매수하고, 중간 행사가격의 콜옵션을 2계약 매도하는 동시에 가장 높은 행사가격의 콜옵션을 1계약 매수했기 때문에 버터플라이 매수이다. 버터플라이 매수는 주가 변동성이 하락할 가능성이 높을 때 택하는 전략이란 점에서는 스트래들 매도나 스트랭글 매도와 유사하지만 손실과 이익을 제한시키는 보수적인 투자전략이다. 포지션 설정에 사용한 세 종류의 콜옵션이 만기에 모두 행사된다는 것은 만기시점에 KOSPI200이 250 이상으로 끝났다는 것이므로 이때, 버터플라이 매수 전략은 최대손실을 보인다. 또는 포지션 설정에 사용한 세 종류의 콜옵션이 만기에 모두 외가격(OTM)으로 끝나도(권리행사 포기) 손실은 최대가 된다. 외가격으로 끝났다는 것은 만기시점에 KOSPI200이 245 이하가 됐다는 것이므로 이때에도, 버터플라이 매수전략의 손실은 최대가 된다. 버터플라이 매수전략은 만기시점에 KOSPI200이 매도한 옵션의 행사가격(247.5)에서 끝났을 때, 최대의 이익이 발생하게 된다.

버터플라이 매수($K_1 = 245$, $K_2 = 247.5$, $K_3 = 250$, $C_1 = 5$, $C_2 = 3$, $C_3 = 2$인 경우)		
옵션 프리미엄	$C_1 > C_2 > C_3 \rightarrow$ 프리미엄 차액 $= 2 \times C_2 - (C_1 + C_3)$	
	$5 > 3 > 2 \rightarrow$ 프리미엄 차액 $= 2 \times 3 - (5 + 2) = -1$	
손익분기점	• 주가 하락 시 $= K_1 -$ 프리미엄 차액 $= 245 - (-1) = 246$	
	• 주가 상승 시 $= K_3 +$ 프리미엄 차액 $= 250 + (-1) = 249$	
	만기 손실	주가가 두 손익분기점을 위 또는 아래로 벗어나면 손실 발생
	최대 손실	주가가 K_1 이하 또는 K_3 이상에 있을 때, 최대손실은 프리미엄 차액 $= 2 \times 3 - (5 + 2) = -1$
	만기 이익	주가가 두 손익분기점 사이에 있을 때 이익 발생
	최대 이익	$= (K_2 - K_1) +$ 프리미엄 차액 또는 $(K_3 - K_2) +$ 프리미엄 차액 $= (247.5 - 245) + (-1) = 1.5$

···TOPIC 12 주식 관련 옵션의 투자전략 – 방향성 매매와 변동성 매매의 결합

★★★
083 KOSPI200 콜 250을 3포인트에 1계약을 매수함과 동시에 만기가 동일한 KOSPI200 콜 255를 2포인트에 2계약 매도한 경우, 다음 설명 중 옳지 않은 것은?

① 콜 비율 스프레드 전략이다.
② 가격의 변동성이 다소 높은 시기에 주가의 흐름을 확신할 수 없는 상황에서 활용한다.
③ 콜 비율 스프레드 매수의 델타는 단순 콜옵션 매도보다는 작지만 약세 콜 스프레드에 비해서는 크다.
④ 델타를 기준으로 위험순위를 따지면, 콜옵션 매도 > 콜옵션 비율 스프레드 매수 > 콜옵션 강세 스프레드 순이다.

해설 비율 스프레드는 가격의 변동성이 다소 높은 시기에 주가의 흐름을 어느 정도 확신할 수 있는 상황에서 활용이 가능하다. 콜 비율 스프레드는 낮은 행사가격의 콜옵션을 매수하고 높은 행사가격의 콜옵션을 x배 매도하는 포지션이다. 콜 비율 스프레드 매수의 델타는 단순 콜옵션 매도보다는 작지만 약세 콜 스프레드에 비해서는 크다. 델타를 기준으로 위험순위를 따지면, 콜옵션 매도 > 콜옵션 비율 스프레드 매수 > 콜옵션 강세 스프레드 순이다.

방향성이 가미된 변동성 전략

		사용 시기 : 가격의 변동성이 다소 높은 시기에 주가의 흐름을 어느 정도 확신할 수 있는 상황에서 활용 → 방향성이 가미된 변동성 전략	
비율 스프레드	콜 비율 스프레드	낮은 행사가격(K_1)의 콜옵션 매수 + 높은 행사가격(K_2)의 콜옵션 x배 매도	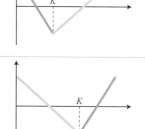
	풋 비율 스프레드	높은 행사가격(K_2)의 풋옵션 매수 + 낮은 행사가격(K_1)의 풋옵션 x배 매도	
스트립 또는 스트랩		스트립 매수와 스트랩 매수는 스트래들 포지션 구성과 유사하나 풋옵션을 더 매수하면 스트립 매수, 콜옵션을 더 매수하면 스트랩 매수임	
	스트립 (strip) 매수	**사용 시기** : 주가의 변동성 확대를 예상하면서 주가의 하락가능성에 더 큰 비중을 두는 전략	
		포지션 구성 : 동일한 행사가격의 풋옵션 두 개와 콜옵션 하나를 매수	
	스트랩 (strap) 매수	**사용 시기** : 주가의 변동성 확대를 예상하면서 주가의 상승가능성에 더 큰 비중을 두는 전략	
		포지션 구성 : 동일한 행사가격의 콜옵션 두 개와 풋옵션 하나를 매수	

★★★
084 KOSPI200 콜 200을 3포인트에 1계약 매수함과 동시에 콜 205를 2포인트에 2계약 매도한 거래전략에 관한 설명으로 옳지 않은 것은?

① 콜 비율 스프레드 전략이라고 한다.

② 상승 가능성이 클 경우에 이용하는 거래전략이다.

③ 변동성이 감소할 경우에 이익이 발생한다.

④ KOSPI200 지수가 205포인트에 끝날 경우, 최대이익이 발생한다.

 콜 비율 스프레드 전략으로서 가격변동성이 감소하면서 주가가 매도한 옵션의 행사가격보다 크게 상승하지 않을 경우에 이익이 발생한다. 이 경우 최대이익은 만기시점에 KOSPI200 지수가 매도한 행사가격에서 끝날 때 발생한다. 따라서 콜 비율 스프레드는 KOSPI200 지수가 [205(매도 옵션) 근처에서 횡보가능성 > 200(매수 옵션)보다 하락할 가능성] 순서대로 시장을 예상할 경우 가장 적절한 투자전략이다.

정답 　083 ②　　084 ②

★★★
085 향후 변동성의 상승이 예상되는 한편, 주가상승의 확률이 상대적으로 높을 것으로 판단될 때 사용할 수 있는 적절한 옵션 투자전략은?

① 버터플라이 매도　　　　　　　② 컨버전
③ 스트립 매수　　　　　　　　　④ 스트랩 매수

> **해설** 스트랩 매수 전략은 두 개의 콜옵션과 한 개의 풋옵션 매수로 구성되며, 변동성 상승과 주가 상승이 예상될 때 사용할 수 있는 전략이다.

※ 6월물 KOSPI200지수 옵션의 가격이 다음과 같다고 가정하고, 질문에 답하시오(현재 KOSPI200 지수는 253.7포인트)(086~095).

call 가격	행사가격	put 가격
0.6	257.5	5.2
1.5	255.0	3.0
2.9	252.5	1.8
4.7	250.0	0.7

★★★
086 행사가격이 252.5인 콜옵션과 풋옵션을 각각 1계약씩 매수하는 옵션거래에 관한 설명으로 옳지 않은 것은?

① 스트래들 매수라고 한다.
② KOSPI200 지수가 크게 상승하면 이익이 발생한다.
③ 만기일의 KOSPI200 지수가 행사가격과 일치하면 최대이익이 발생한다.
④ KOSPI200 지수가 크게 하락하면 이익이 발생한다.

> **해설** 동일한 만기와 행사가격을 가진 콜옵션과 풋옵션을 동일 수량으로 매입하는 전략을 스트래들 매수라 하는데, 만기일에 KOSPI200 지수가 행사가격과 일치하면 최대손실이 발생한다. 그러나 스트래들 매수는 KOSPI200 지수의 방향성과는 관계없이(오르든 내리든 상관없이) 크게 변동하면(변동성이 커지면) 이익이 발생한다.

087 다음 중 스트랭글 매수거래에 해당하는 조합을 고르면?(콜옵션과 풋옵션의 매수수량은 동일하다고 가정)

① 행사가격 257.5 콜 매수 + 행사가격 250 풋 매수
② 행사가격 250 콜 매수 + 행사가격 257.5 풋 매수
③ 행사가격 257.5 콜 매수 + 행사가격 257.5 풋 매수
④ 행사가격 250 콜 매수 + 행사가격 250 풋 매수

해설 스트랭글 매수는 만기는 동일하고 행사가격만 다른 콜옵션과 풋옵션을 같은 수량으로 동시에 매수하는 옵션거래인데, 일반적으로 외가격 옵션을 매수한다. 따라서 현재 KOSPI200 지수(253.7)보다 낮은 행사가격(250)의 풋옵션과 높은 행사가격(257.5)의 콜옵션을 매수한다.

088 다음 중 KOSPI200 지수의 가격 변동성이 크게 증가할 것으로 예상될 때 적절한 옵션거래 전략이 아닌 것은?

① 행사가격 252.5 콜 1계약 매수 + 행사가격 252.5 풋 1계약 매수
② 행사가격 257.5 콜 1계약 매수 + 행사가격 250 풋 1계약 매수
③ 행사가격 250 콜 1계약 매수 + 행사가격 255 콜 1계약 매도
④ 행사가격 250 콜 1계약 매도 + 행사가격 252.5 콜 2계약 매수 + 행사가격 255 콜 1계약 매도

해설 각 포지션의 전략을 알아보면, ① 스트래들 매수, ② 스트랭글 매수, ③ 강세 콜옵션 스프레드, ④ 버터플라이 매도이다. 강세 콜옵션 스프레드는 주가 상승을 예상하나 확신이 서지 않을 때 손익을 제한시키고자 하는 보수적인 방향성 전략이다. 즉 KOSPI200지수가 상승할 때만 제한된 이익이 발생한다. 나머지는 모두 주가방향과는 관계없이 변동성 상승을 예상할 때 사용하는 변동성 매수전략이다.

089 다음 중 KOSPI200지수가 하락할 가능성이 클 경우에 가장 적절한 투자전략은?

① 행사가격 250 콜 1계약 매수 + 행사가격 255 콜 1계약 매도
② 행사가격 250 풋 1계약 매수 + 행사가격 255 풋 1계약 매도
③ 행사가격 250 콜 1계약 매수 + 행사가격 252.5 콜 2계약 매도 + 행사가격 255 콜 1계약 매수
④ 행사가격 252.5 풋 1계약 매수

해설 각 포지션의 전략을 알아보면, ① 강세 콜옵션 스프레드, ② 강세 풋옵션 스프레드, ③ 버터플라이 매수, ④ 풋옵션 매수이다. 풋옵션 매수는 주가가 약세를 보일 것으로 예상되고 가격변동성도 증가할 것으로 예상되는 경우에 가장 바람직한 투자 전략이다.

정답 085 ④ 086 ③ 087 ① 088 ③ 089 ④

★★★
090 다음 중 KOSPI200지수가 횡보할 가능성이 클 경우에 유용한 투자전략이 아닌 것은?

① 행사가격 252.5 콜 1계약 매도 + 행사가격 252.5 풋 1계약 매도

② 행사가격 257.5 콜 1계약 매도 + 행사가격 250 풋 1계약 매도

③ 행사가격 250 콜 1계약 매도 + 행사가격 255 콜 1계약 매수

④ 행사가격 250 콜 1계약 매수 + 행사가격 252.5 콜 2계약 매도 + 행사가격 255 콜 1계약 매수

> **해설** 각 포지션의 전략을 알아보면, ① 스트래들 매도, ② 스트랭글 매도, ③ 약세 콜옵션 스프레드, ④ 버터플라이 매수이다. 약세 콜옵션 스프레드는 주가 하락을 예상하나 확신이 서지 않을 때 손익을 제한시키고자 하는 보수적인 방향성 전략이다. 즉 KOSPI200지수가 하락할 때만 제한된 이익이 발생한다. 나머지는 모두 주가방향과는 관계없이 변동성 하락(주가 횡보)을 예상할 때 사용하는 변동성 매도전략이다.

★★★
091 주가상승을 기대하는 투자자가 이익과 손실을 제한하고 초기 현금유입을 원할 때 적절한 투자전략은?

① 행사가격 250 콜 1계약 매수 + 행사가격 255 콜 1계약 매도

② 행사가격 250 풋 1계약 매수 + 행사가격 255 풋 1계약 매도

③ 행사가격 250 콜 1계약 매수 + 행사가격 252.5 콜 2계약 매도 + 행사가격 255 콜 1계약 매수

④ 행사가격 252.5 콜 1계약 매수

> **해설** 각 포지션의 전략을 알아보면, ① 강세 콜옵션 스프레드, ② 강세 풋옵션 스프레드, ③ 버터플라이 매수, ④ 콜옵션 매수이다. 강세 스프레드 전략은 이익과 손실을 제한하면서 주가상승을 기대하는 전략인데, 특히 초기 포지션 구성 시에 자금이 유입되는 전략은 풋옵션을 이용하여 구성한 강세 풋옵션 스프레드 전략이다.

★★★
092 다음 옵션전략 중 세타의 부호가 양(+)인 투자전략은?

① 행사가격 252.5 콜 1계약 매도 + 행사가격 252.5 풋 1계약 매도

② 행사가격 252.5 콜 1계약 매수

③ 행사가격 255 풋 1계약 매수

④ 행사가격 257.5 콜 1계약 매수 + 행사가격 250 풋 1계약 매수

> **해설** 각 포지션의 전략을 알아보면, ① 스트래들 매도, ② 콜옵션 매수, ③ 풋옵션 매수, ④ 스트랭글 매수이다. 세타의 부호가 양(+)인 경우는 옵션의 매도포지션에서 가능하다. 스트래들 매도는 콜옵션과 풋옵션을 모두 매도하는 포지션이므로, 세타의 부호가 양(+)이다.

★★★
093 다음 옵션전략 중 감마의 부호가 음(-)인 투자전략은?

① 행사가격 252.5 콜 1계약 매수

② 행사가격 255 풋 1계약 매수

③ 행사가격 252.5 콜 1계약 매도 + 행사가격 252.5 풋 1계약 매도

④ 행사가격 257.5 콜 1계약 매수 + 행사가격 250 풋 1계약 매수

> **해설** 각 포지션의 전략을 알아보면, ① 콜옵션 매수, ② 풋옵션 매수, ③ 스트래들 매도, ④ 스트랭글 매수이다. 감마의 부호가 (-)인 경우는 옵션의 매도포지션에서 가능하다. 스트래들 매도는 동일한 행사가격의 콜옵션과 풋옵션을 모두 매도하는 거래이므로 감마의 부호는 (-)이다. 감마의 부호가 음(-)이라는 것은 방향에 관계없이 KOSPI200지수가 급하게 움직이면 손해를 보지만, 큰 변동 없이 천천히 움직이면 이익을 볼 수 있다는 의미이다.

★★★
094 향후 변동성의 상승이 예상되는 한편, 주가하락의 확률이 상대적으로 높을 것으로 판단될 때 사용할 수 있는 적절한 옵션 투자전략은?

① 행사가격 250 콜 1계약 매수 + 행사가격 252.5 콜 2계약 매도 + 행사가격 255 콜 1계약 매수

② 행사가격 252.5 콜 1계약 매수 + 행사가격 252.5 풋 1계약 매수

③ 행사가격 252.5 콜 1계약 매수 + 행사가격 252.5 풋 2계약 매수

④ 행사가격 252.5 콜 2계약 매수 + 행사가격 252.5 풋 1계약 매수

> **해설** 각 포지션의 전략을 알아보면, ① 버터플라이 매수, ② 스트래들 매수, ③ 스트립 매수, ④ 스트랩 매수이다. 스트립 매수 전략은 한 개의 콜옵션과 두 개의 풋옵션 매수로 구성되며, 변동성 상승과 주가 하락이 예상될 때 사용할 수 있는 전략이다.

★★★
095 포지션 델타를 중립으로 유지하면서 향후 변동성의 하락을 예상할 때 사용할 수 있는 가장 적절한 옵션 투자전략은?

① 행사가격 250 콜 1계약 매수 + 행사가격 255 콜 1계약 매도

② 행사가격 252.5 콜 1계약 매수 + 행사가격 252.5 풋 1계약 매수

③ 행사가격 257.5 콜 1계약 매도 + 행사가격 250 풋 1계약 매도

④ 행사가격 252.5 콜 1계약 매도

> **해설** 각 포지션의 전략을 알아보면, ① 강세 콜옵션 스프레드, ② 스트래들 매수, ③ 스트랭글 매도, ④ 콜옵션 매도이다. 스트랭글 매도는 외가격 콜옵션과 풋옵션의 매도를 통해 변동성의 하락을 기대하는 전략이다. 특히 콜과 풋의 매도를 통해 포지션의 델타를 중립으로 유지할 수 있다.

정답 090 ③ 091 ② 092 ① 093 ③ 094 ③ 095 ③

★★★
096 다음 중 스트래들 매도 포지션의 민감도와 가장 거리가 먼 것은?

① 포지션의 델타 ≒ 0

② 포지션의 감마 : (−)

③ 포지션의 세타 : (+)

④ 포지션의 베가 : (+)

> **해설** 스트래들 매도는 등가격 콜옵션과 풋옵션의 동시 매도를 통해 변동성의 하락을 기대하는 전략이므로 감마는 (−), 세타는 (+), 베가는 (−)이며, 콜과 풋의 매도를 통해 포지션의 델타를 중립으로 유지할 수 있다.

🏛 **필수핵심정리** ▶ 주식 관련 옵션의 투자전략(총정리)

★★★
097 주식 관련 옵션을 이용한 헤지거래에 관한 설명으로 옳지 않은 것은?

① 보호적 풋매수(protective put)는 주가하락 예상 시 사용한다.
② 보호적 풋매수(protective put)는 [주식포트폴리오 보유 +풋옵션 매수] 포지션이다.
③ 커버드 콜매도(covered call writing)는 [주식포트폴리오 보유 + 콜매도] 포지션이다.
④ 커버드 콜매도(covered call writing)는 주가가 지속적으로 하락 시 이익이 증가한다.

해설 커버드 콜매도(covered call writing)는 풋옵션을 매도한 것과 손익구조가 유사하기 때문에 주가가 지속적으로 하락하면 손실이 늘어난다.

🏛 필수핵심정리 옵션을 이용한 헤지 거래

	보호적 풋매수(protective put) → 콜 매수와 유사한 수익구조	커버드 콜매도(covered call writing) → 풋 매도와 유사한 수익구조
포지션 구성	주식 보유(S) + 풋옵션 매수(P) = 콜옵션 매수(C)	주식 보유(S) + 콜옵션 매도($-C$) = 풋옵션 매도($-P$)
사용시기	시장이 하락할 위험이 있는 경우 손실을 회피하기 위한 방법	주가가 횡보 국면을 유지하거나 약간 하락할 가능성이 있는 경우, 자산운용수익률의 향상을 도모하는 전략
최대이익	무한대($=S-K-P$)	수취한 콜옵션 프리미엄(C)
최대손실	KOSPI200 손실분과 풋옵션 수익분의 차이	행사가격(K) – 수취한 콜옵션 프리미엄(C)
만기손익 그래프	주식매수 합성포지션 풋매수	주식매수 합성포지션 콜매도

★★★
098 옵션을 이용한 헤지거래와 선물을 이용한 헤지거래의 차이점에 관한 설명으로 옳지 않은 것은?

① 선물을 이용한 매도헤지 거래는 주가 상승 시 유리한 리스크를 제거한다.
② 주가지수 풋옵션을 이용한 포트폴리오 보험은 콜옵션 매수와 유사한 수익구조를 갖는다.
③ 보호적 풋매수(protective put) 전략은 주가하락 리스크를 제거할 수 있고, 주가 상승에 따른 이익기회를 보존할 수 있다.
④ 선물을 이용한 매도헤지와 커버드 콜매도(covered call writing)는 모두 주가하락 리스크를 제거할 수 있는 전략이다.

> **해설** 선물을 이용한 매도헤지는 주가하락 리스크를 제거한다. 커버드 콜매도는 주가 하락 시 콜매도 프리미엄 수입으로 수익률을 제고하나 주가하락 리스크를 제거하는 전략은 아니다. 주식포트폴리오를 주가지수선물로 헤지하는 경우 보유하고 있는 주식포트폴리오의 가치상승 기회를 포기하는 단점이 있다. 반면, 옵션을 이용하면 보유 주식포트폴리오의 가치하락 리스크를 제한시키는 반면, 가치상승에 따른 이익기회를 보존할 수 있다.

★★★
099 커버드 콜매도(covered call)에 관한 설명으로 옳지 않은 것은?

① 주식포트폴리오를 보유하고 있는 투자자는 향후 시장이 횡보 국면을 유지하거나 하락할 가능성이 있는 경우 콜옵션을 매도하여 포트폴리오의 수익률을 제고할 수 있다.
② 보합이나 약세장에서는 원래의 포트폴리오보다 더 높은 수익률을 얻고 강세장에서는 더 낮은 수익률을 얻게 되는 구조이다.
③ 주식가격이 매도한 콜옵션의 손익분기점 이상으로 상승하더라도 포트폴리오의 수익률이 시장수익률보다 높다.
④ 목표수준에서 주식을 무조건 매도하고자 하는 투자자는 콜옵션 매도를 통해 주식포트폴리오의 성과를 관리할 수 있다.

> **해설** 주식가격이 매도한 콜옵션의 손익분기점 이상으로 상승하면 주식에서는 이익이 증가하지만 콜옵션의 매도포지션에서 손실이 생기므로 포트폴리오의 수익률이 시장수익률보다 낮아질 수 있다.

★★★
100 포트폴리오 보험에 관한 설명으로 옳지 않은 것은?

① 주식과 채권포지션을 일정한 규칙에 따라 동적으로 조정함으로써 콜옵션의 손익구조를 창출해내는 전략이다.
② 주식가격이 상승하면 주식편입비중을 증가시키고 무이표채의 편입비중을 감소시킨다.
③ 주식포트폴리오를 보유한 상태에서 풋옵션을 매수하는 전략이다.
④ 주식포트폴리오를 보유한 상태에서 채권의 매수/매도를 결합시키는 전략이다.

> **해설** 포트폴리오 보험은 주식과 채권포지션을 일정한 규칙에 따라 동적으로 조정함으로써 콜옵션의 손익구조를 창출해 내는 전략이다. 즉 주식포트폴리오를 보유한 상태에서 채권의 매수/매도를 결합시키는 전략이 아니라, 주식가격이 상승(하락)하면 주식편입비중을 증가(감소)시키고 채권의 편입비중을 감소(증가)시킨다.

★★★
101 주가지수 풋옵션을 이용한 포트폴리오 보험의 문제점으로 옳지 않은 것은?

① 주가지수 풋옵션의 가격이 보험료에 해당하므로 포트폴리오 보험의 비용이 높은 편이다.

② 해당 포트폴리오에 적절한 옵션이 존재하지 않을 수도 있다.

③ 옵션은 일반적으로 포트폴리오 보험기간처럼 장기의 만기를 가지지 않는다.

④ 유럽형 옵션을 이용하는 경우 포트폴리오 보험의 비용이 증가하게 된다.

> **해설** 미국형 옵션은 만기가 되기 전에 언제든지 행사될 수 있기 때문에 가격이 더 높아서 유럽형 옵션을 이용하는 것보다 포트폴리오 보험의 비용이 증가하게 된다.

···TOPIC 14 주식 관련 옵션의 투자전략 – 합성포지션 구성

★★★
102 합성포지션의 구성방법이 옳지 않은 것은?

① 합성 콜 매수 = 풋 매수 + 기초자산 매수

② 합성 풋 매수 = 콜 매수 + 기초자산 매수

③ 합성 풋 매도 = 콜 매도 + 기초자산 매수

④ 합성 기초자산 매도포지션 = 콜 매도 + 풋 매수

> **해설** 합성 풋 매수 = 콜 매수 + 기초자산 매도

🏛 필수핵심정리 ▷ 합성포지션의 구성

동일한 기초자산에 대해 동일한 만기와 행사가격을 가진 콜옵션과 풋옵션 간에는 일정한 등가관계(즉, 풋–콜 패리티)가 성립

→ $p + S_t = c + Ke^{-rT}$ (풋옵션 매수 + 기초자산 매수 = 콜옵션 매수 + 채권 매수)

※여기서 채권은 만기에 행사가격 K를 지급하는 채권의 현재가치를 뜻함

기초자산의 합성	콜옵션과 풋옵션은 만기와 행사가격이 동일	
	합성 기초자산 매수포지션 = 콜옵션 매수 + 풋옵션 매도 → 합성 기초자산 매수가격 = $K + e^{rT}(C-P)$	
	합성 기초자산 매도포지션 = 콜옵션 매도 + 풋옵션 매수 → 합성 기초자산 매도가격 = $K + e^{rT}(C-P)$	
합성포지션 구성방법 (합성 옵션)	합성 콜 매수(c)	= 풋 매수(p) + 기초자산 매수(S)
	합성 콜 매도($-c$)	= 풋 매도($-p$) + 기초자산 매도($-S$)
	합성 풋 매수(p)	= 콜 매수(c) + 기초자산 매도($-S$)
	합성 풋 매도($-p$)	= 콜 매도($-c$) + 기초자산 매수(S)

★★★
103 현재시점 t에서 기초자산의 가격을 S_t, 만기일이 T이고 행사가격이 K인 (유럽형) 콜옵션과 풋옵션 가격을 각각 c와 p라고 하자. 풋—콜 패리티(put–call parity)에 관한 다음 식 중 옳지 않은 것은?

① $S_t = c - p + Ke^{-rT}$ ② $p = c - S_t + Ke^{-rT}$ ③ $c = p + S_t - Ke^{-rT}$ ④ $p - c = S_t - Ke^{-rT}$

해설 $c - p = S_t - Ke^{-rT}$

···TOPIC **15** 주식 관련 옵션의 투자전략 – 차익거래

★★★
104 다음 중 옵션을 이용한 차익거래 전략이 아닌 것은?

① 보호적 풋 매수 ② 컨버전 ③ 리버설 ④ 크레디트 박스

해설 보호적 풋 매수는 주식포트폴리오를 보유한 상태에서 주식가격 하락 리스크에 대비하여 풋옵션을 매수하는 헤지거래 전략이다.

🏛 필수핵심정리 ▶ 옵션을 이용한 차익거래

옵션가격이 균형상태(풋—콜 패리티)를 벗어났을 때 무위험이익을 얻을 수 있는 전략(풋—콜 패리티 → $p + S_t = c + Ke^{-rT}$)

■ 옵션과 기초자산을 이용한 차익거래

	컨버전(conversion)	리버설(reversal)
사용 시기	$[p + S_t < c + Ke^{-rT}]$일 때 → 콜 고평가, 풋 저평가일 때	$[p + S_t > c + Ke^{-rT}]$일 때 → 콜 저평가, 풋 고평가일 때
포지션 구성	합성 기초자산 매도(= 콜매도 + 풋매수) + 기초자산 매수	합성 기초자산 매수(= 콜매수 + 풋매도) + 기초자산 매도
만기 수익	= (콜옵션가격 – 풋옵션가격) – (기초자산가격 – 행사가격)	= (기초자산가격 – 행사가격) – (콜옵션가격 – 풋옵션가격)

■ 옵션만을 이용한 차익거래 → 박스(box) = 컨버전 + 리버설

	크레디트 박스(credit box)	데빗 박스(debit box)
사용 시기	[높은 행사가격의 합성선물가격 < 낮은 행사가격의 합성선물가격]	[높은 행사가격의 합성선물가격 > 낮은 행사가격의 합성선물가격]
포지션 구성	높은 행사가격의 합성 기초자산 매수(콜매수 + 풋매도) + 낮은 행사가격의 합성 기초자산 매도(콜매도 + 풋매수)	높은 행사가격의 합성 기초자산 매도(콜매도 + 풋매수) + 낮은 행사가격의 합성 기초자산 매수(콜매수 + 풋매도)
특징	포지션 설정 시점에 현금유입 발생	포지션 설정 시점에 현금유출 발생
순이익	= 포지션 설정 시 순이익 – 만기 시 순손실	= 만기 시 순이익 – 포지션 설정 시 순손실

105 옵션을 이용한 차익거래에 대한 설명으로 옳지 않은 것은?

① 풋-콜 패리티가 성립하지 않을 때 실행하는 차익거래에는 컨버전과 리버설이 있다.
② 컨버전은 콜옵션이 풋옵션보다 상대적으로 저평가된 상황을 이용하는 전략이다.
③ 합성물과 합성물을 이용한 차익거래를 박스(box) 거래라고 한다.
④ 크레디트 박스는 포지션 구성 시 순현금이 유입되기 때문에 '박스 매도'라고도 한다.

해설 컨버전은 콜옵션이 풋옵션보다 상대적으로 고평가된 상황을 이용하는 전략이다.

106 컨버전(conversion)에 대한 설명으로 옳지 않은 것은?

① 컨버전은 풋-콜 패리티를 이용하는 차익거래이다.
② 콜옵션이 풋옵션에 비해 상대적으로 고평가되어 있는 상태에서 적용할 수 있는 차익거래이다.
③ 콜옵션을 매도하고 동시에 풋옵션을 매수함으로써 합성선물매도를 만든다.
④ 만기 시 순이익은 (행사가격 - 기초자산가격) - (콜옵션가격 - 풋옵션가격)이다.

해설 만기 시 순이익 = (콜옵션가격 - 풋옵션가격) - (기초자산가격 -행사가격)이다.

107 옵션을 이용한 차익거래에 대한 설명으로 옳은 것은?

① 컨버전(conversion)은 콜옵션 매수, 풋옵션 매도, 주식 매도를 결합하는 차익거래를 의미한다.
② 리버설(reversal)은 콜옵션 매도, 풋옵션 매수, 주식 매수를 결합하는 차익거래를 의미한다.
③ 크레디트 박스(credit box)는 합성매수 포지션의 행사가격이 합성매도 포지션의 행사가격보다 작은 경우 실행하는 차익거래전략이다.
④ 박스(box)는 행사가격이 다른 옵션을 이용하여 옵션가격의 괴리를 포착하고자 하는 차익거래이다.

해설 ① 리버설(reversal)은 콜옵션 매수, 풋옵션 매도, 주식 매도를 결합하는 차익거래를 의미한다.
② 컨버전(conversion)은 콜옵션 매도, 풋옵션 매수, 주식 매수를 결합하는 차익거래를 의미한다.
③ 크레디트 박스(credit box)는 합성매수 포지션의 행사가격이 합성매도 포지션의 행사가격보다 큰 경우 실행하는 차익거래전략이다.

정답 103 ④ 104 ① 105 ② 106 ④ 107 ④

108 컨버전(conversion)과 리버설(reversal)에 관한 설명으로 옳은 것은?

① 합성 기초자산 매수는 콜옵션 매수와 풋옵션 매도로 포지션이 구성된다.
② 컨버전은 합성 기초자산 매수포지션과 실제 기초자산 매도포지션을 결합한 차익거래 전략이다.
③ 리버설은 합성 기초자산 매도포지션과 실제 기초자산 매수포지션을 결합한 차익거래 전략이다.
④ 리버설은 콜옵션에 비해 풋옵션이 상대적으로 저평가되어 있을 때 사용하는 차익거래 전략이다.

해설 ② 컨버전은 합성 기초자산 매도포지션과 실제 기초자산 매수포지션을 결합한 차익거래 전략이다.
③ 리버설은 합성 기초자산 매수포지션과 실제 기초자산 매도포지션을 결합한 차익거래 전략이다.
④ 리버설은 콜옵션에 비해 풋옵션이 상대적으로 고평가되어 있을 때 사용하는 차익거래 전략이다.

109 KOSPI200지수 콜옵션 1계약 매도, 풋옵션 1계약 매수, KOSPI200 선물 매수포지션을 동시에 취했다. 이와 같은 거래전략에 대한 설명으로 옳지 않은 것은? 심화

① 옵션과 기초자산을 활용한 차익거래이다.
② 리버설이다.
③ 합성 기초자산 매도와 실제기초자산 매수로 포지션을 구성한다.
④ 콜옵션이 풋옵션보다 고평가되어 있을 때 사용하는 차익거래 전략이다.

해설 $[p + S_t < c + Ke^{-rt}]$일 때, 즉 콜옵션은 고평가, 풋옵션은 저평가, 기초자산은 저평가 상태일 때 취하는 차익거래 전략이 컨버전(Conversion)이다. 따라서 컨버전인 경우 포지션 구성은 콜옵션 매도, 풋옵션 매수, 기초자산 매수로 이루어진다. 기초자산으로 현물 대신에 선물 매수를 할 수 있다.

110 크레디트 박스(credit box)와 데빗 박스(debit box)에 관한 설명으로 옳지 않은 것은?

① 크레디트 박스와 데빗 박스는 옵션만을 이용하여 옵션가격에서 발생하는 불균형을 이익으로 남기고자 하는 거래방법이다.
② 데빗 박스는 포지션을 설정하는 시점에서 옵션거래에 따른 순현금이 유입되지만, 크레디트 박스는 포지션 개설 시 현금이 필요하다. 따라서 데빗 박스를 박스 매도(selling a box), 크레디트 박스를 박스 매수(buying a box)라고도 한다.
③ 크레디트 박스는 합성기준물 매입포지션(= 콜옵션 매수 + 풋옵션 매도)에 이용된 행사가격이 합성기준물 매도포지션(= 콜옵션 매도 + 풋옵션 매수)에 이용된 행사가격보다 높은 경우를 말한다.

④ 데빗 박스는 합성선물 매입포지션(= 콜옵션 매수 + 풋옵션 매도)에 이용된 행사가격이 합성선물 매도포지션(= 콜옵션 매도 + 풋옵션 매수)에 이용된 행사가격보다 낮은 경우를 말한다.

> **해설** 크레디트 박스는 포지션을 설정하는 시점에서 옵션거래에 따른 순현금이 유입되지만, 데빗 박스는 포지션 개설 시 현금이 필요하다. 따라서 크레디트 박스를 박스 매도(selling a box), 데빗 박스를 박스 매수(buying a box)라고도 한다.

3장 | 금리옵션

···TOPIC 16 금리옵션의 개념

★★☆
111 금리옵션에 관한 설명으로 옳지 않은 것은?

① 금리옵션이란 금리 또는 금리에 의해 가격이 결정되는 채권 및 채권선물을 거래대상으로 하는 금리파생상품이다.

② 현물옵션은 채권을 기초자산으로 하는 금리옵션으로 일반적으로 현금결제방식을 택한다.

③ 선물옵션이 현물옵션보다 투자자로부터 많은 관심을 끄는 이유 중의 하나는 선물옵션과 선물이 동일한 거래소의 피트(pit)에서 거래되는 편리함뿐만 아니라 현물옵션에 비해 거래비용이 작다는 점이다.

④ 선물풋옵션을 매수한 투자자가 풋옵션을 행사하면, 선물에 매수포지션을 취하게 되며, 선물가격과 행사가격의 차이를 받는다.

> **해설** 선물풋옵션을 매수한 투자자가 풋옵션을 행사하면, 선물에 매도포지션을 취하게 되며, 행사가격과 선물가격의 차이를 받는다.

🏛 필수핵심정리 　금리옵션의 개념

금리옵션이란 옵션의 손익이 금리수준에 의해 결정되는 옵션
→ 채권이나 이자율에 관련된 옵션들은 대부분 현물이 아닌 선물을 기초자산으로 하는 선물옵션임

현물옵션	현물시장에서 거래되는 자산(채권)을 기초자산으로 하는 옵션
선물옵션	선물을 기초자산으로 하는 옵션

■ 금리옵션의 유형

채권옵션	T-Bond옵션, T-Note옵션 → 유럽형 옵션으로 현금결제방식
금리선물옵션	유로달러 선물옵션, T-Bond선물옵션, T-Note선물옵션
장외금리옵션	캡(cap), 플로어(floor), 스왑션(swaption) 등

정답 108 ① 　109 ② 　110 ② 　111 ④

★★★
112 30년 T-Bond 수익률의 상승을 예상하는 투자자 또는 채권포트폴리오를 보유하고 있어 금리 상승 리스크에 노출되어 있는 투자자에게 가장 적합한 금리옵션의 투자전략은? 심화

① 5년 T-Note옵션 call 매수   ② 10년 T-Note옵션 call 매수
③ 30년 T-Bond옵션 call 매수   ④ 30년 T-Bond옵션 put 매수

 채권수익률이 상승할 것으로 예상될 때, 채권옵션에서는 call 옵션을 매수해야 한다. 그런데, 30년 T-Bond 수익률의 상승을 예상하고 있으므로 30년 T-Bond옵션 call을 매수하는 것이 가장 적절하다.

🏛 **필수핵심정리**   채권옵션(bond option)

- 채권옵션은 채권현물을 기초자산으로 하는 옵션임
- 거래소(CBOE)에서 거래되는 채권옵션으로는 T-Note옵션과 T-Bond옵션이 있음
- 유럽형 옵션으로 T-Note/Bond의 만기수익률에 근거한 현금결제방식을 택하고 있음

[기초자산가치 > 행사가격]	[기초자산가치 < 행사가격]
기초자산가치 = T-Note/Bond의 만기수익률×10 → 따라서 콜옵션 매수는 채권수익률이 상승할수록 이익, 풋옵션 매수는 채권수익률이 하락할수록 이익 CBOE에서 거래되는 T-Note옵션과 T-Bond옵션의 경우 T-Note/Bond의 기초자산가치가 만기수익률이 높을수록 커진다는 점에 유의	
→ 콜옵션 매수자 이익(즉, 만기수익률이 상승하면 기초자산가치 증가)	→ 풋옵션 매수자 이익(즉, 만기수익률이 하락하면 기초자산가치 하락)

★★★
113 장기이자율이 하락할 것으로 예상하는 투자자에게 가장 적합한 금리옵션의 투자전략은?

① 유로달러선물 콜옵션 매수   ② 유로달러선물 풋옵션 매수
③ T-Note선물 풋옵션 매수   ④ T-Bond선물 콜옵션 매수

 이자율이 상승(가격 하락)할 것으로 예상되면 금리풋옵션을 매수하고, 이자율이 하락(가격 상승)할 것으로 예상되면 금리콜옵션을 매수하면 된다. 그런데, 장기금리의 하락을 예상하고 있으므로 T-Bond선물 콜옵션을 매수하는 것이 적절하다.

	선물옵션은 선물을 기초자산으로 하는 옵션
선물 콜옵션	선물을 매수할 수 있는 권리
	선물콜옵션을 매수한 투자자가 콜옵션을 행사하면, 선물에 매수포지션을 취하게 되며, 선물가격(S)과 행사가격(K)의 차이(= $S - K$)를 받음
	→ 선물콜옵션을 매도한 투자자는 매수자가 권리행사 시 선물 매도포지션을 취함
선물 풋옵션	선물을 매도할 수 있는 권리
	선물풋옵션을 매수한 투자자가 풋옵션을 행사하면, 선물에 매도포지션을 취하게 되며, 행사가격(K)과 선물가격(S)의 차이(= $K - S$)를 받음
	→ 선물풋옵션을 매도한 투자자는 매수자가 권리행사 시 선물 매수포지션을 취함

거래소에서 거래되는 금리선물옵션 중 가장 인기 있는 것은 T-Bond선물, T-Note선물, 유로달러 선물에 대한 옵션임

이자율 하락(채권가격 상승) 예상 시 → 금리선물옵션 콜 매수		이자율 상승(채권가격 하락) 예상 시 → 금리선물옵션 풋 매수	
단기이자율 하락 예상 시	유로달러선물 콜옵션 매수	단기이자율 상승 예상 시	유로달러선물 풋옵션 매수
장기이자율 하락 예상 시	T-Note나 T-Bond에 대한 선물콜옵션 매수	장기이자율 상승 예상 시	T-Note나 T-Bond에 대한 선물풋옵션 매수

★★★
114 T-Bond 선물옵션에 대한 설명으로 옳지 않은 것은?

① T-Bond 선물옵션 1계약을 거래하는 것은 T-Bond 선물 1계약(액면가 10만 달러)을 인수도하기로 약속하는 것과 같다.
② 1/32 단위로 호가한다.
③ 만기일 전에 행사할 수 있는 미국형 옵션이다.
④ 콜옵션이 행사되었을 경우 청산소는 콜옵션 매수자의 계정에 T-Bond 선물을 옵션의 행사가격에 매수한 것으로 기록하고, 콜옵션 매도자의 계정에는 T-Bond 선물을 행사가격에 매도한 것으로 기록한다.

해설 T-Bond 선물은 32진법을 사용하는 반면, T-Bond 선물옵션은 64진법을 사용한다. 따라서 T-Bond 선물옵션 계약은 1/64 단위로 호가되며, 최소가격변동금액은 계약당 $15.625이다.

정답 112 ③ 　113 ④ 　114 ②

T-Bond 선물옵션은 T-Bond 선물을 기초자산으로 하는 옵션거래임
→ T-Bond 선물옵션은 만기일 이전에 권리를 행사할 수 있는 미국식 옵션임

콜옵션이 행사될 경우		풋옵션이 행사될 경우	
콜옵션 매수자	T-Bond 선물을 행사가격에 매수한 것으로 기록	풋옵션 매수자	T-Bond 선물을 행사가격에 매도한 것으로 기록
콜옵션 매도자	T-Bond 선물을 행사가격에 매도한 것으로 기록	풋옵션 매도자	T-Bond 선물을 행사가격에 매수한 것으로 기록

★★★
115 행사가격 100-00, 만기 6월의 T-Bond 선물 콜옵션을 3-48의 프리미엄을 지불하고 매수하였다. 선물가격이 104-16일 때, 옵션매수자가 옵션을 행사한 후 선물포지션을 청산하였을 때 손익은?(거래비용은 없음) 심화

① 0-16 　　　　② 0-32 　　　　③ 0-48 　　　　④ -(1-00)

해설 [콜옵션 매수의 순손익 = 선물가격 - 행사가격 - 프리미엄]이고, T-Bond 선물옵션 계약은 1/64 단위로 호가되며, 최소가격변동금액은 계약당 $15,625이다.

콜옵션 매수의 순손익
= 선물가격 - 행사가격 - 프리미엄
= (104-16) - (100-00) - (3-48)
= (4-16) - (3-48)
= (3-80) - (3-48) = (0-32)
= 32×$15,625 = $500

→ 참고로, 64진법을 사용하므로 (4 - 16)은 (3 - 80)과 같다.

★★★
116 행사가격 103-00, 만기 6월의 T-Bond 선물 풋옵션을 1-32의 프리미엄을 지불하고 매수하였다. 선물가격이 101-00일 때, 옵션매수자가 옵션을 행사한 후 선물포지션을 청산하였을 때 손익은?(거래비용은 없음) 심화

① $200 　　　　② $300 　　　　③ $400 　　　　④ $500

해설 [풋옵션 매수의 순손익 = 행사가격 - 선물가격 - 프리미엄]이고, T-Bond 선물옵션 계약은 1/64 단위로 호가되며, 최소가격변동금액은 계약당 $15,625이다.

풋옵션 매수의 순손익
= 행사가격 − 선물가격 − 프리미엄

= (103−00) − (101−00) − (1−32)
= (2−00) − (1−32)
= (1−64) − (1−32) = (0−32)
= 32×$15.625 = $500

→ 참고로, 64진법을 사용하므로 (2−00)은 (1−64)와 같다.

각각의 금액을 따로따로 계산할 수도 있다.

프리미엄	= 1−32 = (1×64 + 32)×$15.625 = $1,500
행사가격 − 선물가격	= (103 − 00) − (101 − 00) = 2 − 00 = (2×64)×$15.625 = $2,000
순손익	= (행사가격 − 선물가격) − 프리미엄 = $2,000 − $1,500= $500

★★★
117 T−Bond 선물가격이 98−00일 때, 다음 중 내가격(ITM) 상태인 T−Bond 선물옵션은?

① 행사가격 99−00 풋옵션　　　　　② 행사가격 99−00 콜옵션

③ 행사가격 97−00 풋옵션　　　　　④ 행사가격 98−00 콜옵션

해설 콜옵션은 행사가격(K)이 시장가격(S, 선물가격)보다 낮을 때($S>K$) 내가격(ITM)옵션이 되고, 풋옵션은 행사가격(K)이 시장가격(S, 선물가격)보다 높을 때($S<K$) 내가격(ITM)옵션이 된다.
따라서 ① 행사가격 99−00 풋옵션은 내가격, ② 행사가격 99−00 콜옵션은 외가격(OTM), ③ 행사가격 97−00 풋옵션은 외가격, ④ 행사가격 98−00 콜옵션은 등가격(ATM) 상태이다.

★★★
118 금리가 당분간 현 수준에서 안정될 것으로 예상하는 경우 가장 적절한 T−Bond 선물옵션의 투자전략은?

① 버터플라이 매도　　　　　　② 스트랭글 매수

③ 스트래들 매도　　　　　　　④ 풋옵션 매수

해설 금리가 현 수준에서 안정된다면 변동성이 감소되는 것이므로 변동성 매도전략을 사용하는 것이 적절하다. 따라서 동일한 행사가격의 콜옵션과 풋옵션을 동시에 매도하는 스트래들 매도전략이 가장 적절하다. 옵션 거래전략은 주식관련옵션전략을 참조한다. 금리옵션 전략도 기초자산만 금리로 바뀌었을 뿐 기본적으로 옵션거래 전략은 동일하게 적용된다.

★★★
119 CME Group의 유로달러 선물옵션에 대한 설명으로 옳지 않은 것은?

① 유로달러선물계약을 기초자산으로 하는 옵션거래이다.

② 옵션의 행사는 최종거래일까지 영업일 중에는 항상 행사가 가능한 미국형 옵션이다.

③ 유로달러선물 풋옵션은 옵션 행사 시 미리 정한 행사가격으로 유로달러선물을 매도할 권리이다.

④ 향후 Libor가 상승할 것으로 예상할 때, 유로달러선물 콜옵션을 매수해야 한다.

> **해설** 향후 Libor가 상승하면 유로달러선물가격(=100 − 3개월 Libor)이 하락하기 때문에 유로달러선물 풋옵션을 매수해야 한다.

🏛 필수핵심정리 ▶ 유로달러 선물옵션

유로달러 선물옵션은 유로달러 현물이 아닌 선물계약을 기초자산으로 하는 옵션
→ 유로달러 선물옵션은 만기일 이전에 권리를 행사할 수 있는 미국식 옵션임

콜옵션이 행사될 경우		풋옵션이 행사될 경우	
콜옵션 매수자	미리 정한 행사가격으로 유로달러선물을 매수	풋옵션 매수자	미리 정한 행사가격으로 유로달러선물을 매도
단기이자율 하락 예상 시 → 유로달러선물 콜옵션 매수		단기이자율 상승 예상 시 → 유로달러선물 풋옵션 매수	

- 유로달러 선물옵션 1계약을 거래하는 것은 액면가 100만 달러의 유로달러금리를 기초자산으로 하는 선물 1계약을 거래하는 것과 같음
- 최소가격변동폭은 0.005이며, 0.01의 가격은 $25이므로 최소가격변동금액은 $12.50이다.

★★★
120 3개월 Libor에 연동되어 이자가 지급되는 변동금리채권(FRN)에 투자한 채권운용자가 향후 금리변동 리스크를 헤지하고자 할 때, 다음 중 가장 적절한 거래전략은?

① 유로달러선물 콜옵션 매수   ② 유로달러선물 콜옵션 매도

③ 유로달러선물 풋옵션 매수   ④ 유로달러선물 풋옵션 매수

> **해설** 변동금리채권(FRN)은 금리가 하락하면 이자가 줄어들기 때문에 FRN에 투자한 운용자는 금리하락 리스크에 대비하여야 한다. 따라서 금리하락 시 이익을 볼 수 있는 유로달러선물 콜옵션을 매수하는 것이 가장 적절하다.

★★★
121 행사가격이 95인 유로달러선물 콜옵션의 가격이 0.70이고 유로달러선물의 가격이 96일 경우, 옵션거래에 따른 손익은?

① 0.15   ② 0.30   ③ 0.45   ④ −0.15

> **해설** [콜옵션 매수의 순손익 = 선물가격 − 행사가격 − 프리미엄]이다.

	콜옵션 매수의 순손익 = 선물가격 − 행사가격 − 프리미엄
	= 96 − 95 − 0.7 = 0.3 = 0.3×100×$25 = $750
	→ 참고로, 유로달러 선물옵션에서 0.01은 $25에 해당함

122 행사가격이 98인 유로달러선물 풋옵션을 0.50에 매수한 후 유로달러선물의 가격이 96이 되었을 경우 옵션을 행사하여 포지션을 즉시 청산하였다고 할 때, 옵션거래의 손익은?

① $1,750　　　　② $2,750　　　　③ $3,750　　　　④ − $2,750

해설 [풋옵션 매수의 순손익 = 행사가격 − 선물가격 − 프리미엄]이다.

	풋옵션 매수의 순손익 = 행사가격 − 선물가격 − 프리미엄
	= 98 − 96 − 0.5 = 1.5 = 1.5×100×$25 = $3,750
	→ 참고로, 유로달러 선물옵션에서 0.01은 $25에 해당함

각각의 금액을 따로따로 계산할 수도 있다.

프리미엄	= 0.5 = 0.5×100×$25 = $1,250
행사가격 − 선물가격	= 98 −96 = 2 = 2×100×$25 = $5,000
순손익	= (행사가격 − 선물가격) − 프리미엄 = $5,000 − $1,250 = $3,750

123 현재 유로달러선물의 가격은 95.50이다. 행사가격이 93인 유로달러선물 풋옵션의 프리미엄이 3.5일 때 시간가치는?

① 1.00　　　　② 1.50　　　　③ 2.50　　　　④ 3.50

해설 유로달러 선물옵션의 기초자산은 유로달러선물이다. 따라서 풋옵션은 행사가격(K)이 선물가격(F)보다 높은($K >$ F) 경우 내재가치를 갖는다. 현재 [$K(93) < F(95)$]이므로 내재가치가 없는 외가격(OTM) 상태이다. 따라서 프리미엄(3.5)이 모두 시간가치이다.

필수핵심정리 옵션의 내가격, 등가격, 외가격

	call 옵션	put 옵션
내가격(ITM)	선물가격(F) > 행사가격(K)	선물가격(F) < 행사가격(K)
등가격(ATM)	선물가격((F) = 행사가격(K)	선물가격(F) = 행사가격(K)
외가격(OTM)	선물가격((F) < 행사가격(K)	선물가격(F) > 행사가격(K)

★★★
124 현재 유로달러선물의 가격은 98.50이다. 다음 유로달러 선물옵션 중 시간가치가 가장 큰 옵션은?

① 행사가격 98.50 콜옵션   ② 행사가격 99.50 콜옵션
③ 행사가격 97.40 풋옵션   ④ 행사가격 99.50 풋옵션

해설 옵션은 등가격(ATM) 상태[선물가격(F) = 행사가격(K)]일 때, 시간가치가 가장 크다.

···TOPIC 19 금리옵션의 거래유형 – 금리 리스크 관리

★★★
125 다음 중 금리상승 리스크를 관리하는 전략은?

① 유로달러선물 매수   ② 국채선물 매수
③ 유로달러선물 콜옵션 매수   ④ 금리칼라(collar) 매수

해설 금리칼라는 금리상승 리스크를 관리하는 전략이며, 나머지는 모두 금리하락 리스크를 관리하는 전략이다.

필수핵심정리 금리 리스크의 유형과 리스크 관리기법

금리 리스크	리스크 노출	리스크 관리기법
금리 상승 리스크	• 변동금리부채 • 장래의 자금조달(채권발행) 계획 • 채권포트폴리오 등 고정금리 자산 보유	• 캡 매수(capping) • 캡 매수 + 플로어 매도 = collaring • 채권(선물) 풋옵션 매수 • 채권(선물) 풋옵션 매수 + 채권(선물) 콜옵션 매도 • 채권(선물) 콜옵션 매도(covered call writing)
금리 하락 리스크	• 장기고정금리부채 • 장래의 투자(대출) 계획 • 변동금리자산 보유	• 플로어 매수(flooring) • 채권(선물) 콜옵션 매수 • 채권(선물) 콜옵션 매수 + 채권(선물) 풋옵션 매도 • 채권(선물) 풋옵션 매도

★★★
126 채권형 펀드매니저가 금리하락 시 채권가격 상승에 따른 이익이 줄더라도 금리상승에 따른 손실을 제한하고자 할 때 택할 수 있는 적절한 전략은?

① 채권선물 매수   ② 채권선물 매도
③ 채권선물 풋옵션 매수   ④ 채권선물 콜옵션 매수

 해설 이익이 줄더라도 손실을 제한하기 위해서는 선물이 아니라 옵션을 매수하는 전략이 필요하다. 금리하락 시 채권가격 상승에 따른 이익이 (옵션 프리미엄만큼) 줄더라도 금리상승에 따른 손실을 제한시키는 전략은 채권선물 풋옵션을 매수하는 것이다.

★★★
127 Libor 연계 변동금리 자금을 조달한 기업이 향후 Libor의 상승 리스크를 관리하기 위해 선택할 수 있는 전략이 아닌 것은?

① 유로달러선물 콜옵션 매수   ② 유로달러선물 매도
③ Libor 캡 매수   ④ Libor 칼라 매수

해설 유로달러선물 콜옵션 매수는 Libor 하락 리스크를 관리하는 전략이다.

🏛 필수핵심정리 〉 금리상승 리스크 관리

캡을 이용한 금리상한 조건 대출	캡(cap)을 매수하여 금리의 상한을 설정하는 것은 변동금리부채가 있는 기업 또는 금융 기관이 금리상승 리스크를 제거하고 금리가 하락하는 유리한 리스크를 보존하고자 할 때 활용하는 전략	
	금리의 상한설정 (capping)	금리부담이 특정상한(cap 또는 ceiling) 이상으로 상승하는 것을 방지해 주기 때문에 금리캡을 매수하는 것과 같은 개념
채권선물옵션을 이용한 채권포트폴리오 헤지	보호적 풋 (protective put) 헤지	채권포트폴리오를 운용하는 펀드매니저는 채권수익률 상승 시 손실이 발생 → 채권(선물) 풋옵션 매수로 채권가격의 하락에 따른 손실을 상쇄
	→ 채권(선물) 풋옵션 매수는 채권포트폴리오의 듀레이션을 감소시키는 역할을 함	
금리 리스크의 상하한 설정(collaring)	낮은 행사가격의 풋옵션 매수와 높은 행사가격의 콜옵션 매도를 동시에 실시하는 것 → 금리가 미리 정한 하한(floor) 이하로 하락할 경우의 이익을 포기하는 결과를 가져오지만 풋옵션 매수에 따른 비용을 줄이거나 0으로 만들 수 있기 때문에 자주 사용되는 리스크 관리기법	

★★★
128 다음 중 금리변동의 상하한을 제한하는 상품은?

① 금리 캡　　　　② 금리 플로어　　　　③ 금리 칼라　　　　④ 금리 스왑션

해설 낮은 행사가격의 풋매수와 높은 행사가격의 콜매도를 동시에 실시하는 것을 상하한 설정(collaring)이라고 한다. 즉 금리의 상한과 하한을 제한하는 것이 금리 칼라이다.

★★★
129 변동금리채권(FRN) 또는 변동금리 예금상품에 투자하고 있는 기업이 향후 금리하락 리스크를 관리하기 위해 선택할 수 있는 전략이 아닌 것은?

① 금리플로어 매수　　　　　　　② 유로달러선물 매수
③ 채권선물 콜옵션 매수　　　　　④ 금리 칼라 매수

해설 금리 칼라 매수는 캡 매수와 플로어 매도를 결합한 것으로 금리상승 리스크를 관리하는 전략이다.

🏛 필수핵심정리 ▶ 금리하락 리스크 관리

플로어를 이용한 금리하한조건 예금	플로어(floor)를 매수하여 금리의 하한을 설정하는 것은 변동금리채권(FRN) 또는 변동금리 예금상품의 금리하락 리스크를 제거하고 금리가 상승하는 유리한 리스크를 보존하고자 할 때 활용하는 전략	
	금리의 하한 설정 (flooring)	금리부담이 특정 하한(floor) 이하로 하락하는 것을 방지해 주기 때문에 금리 플로어를 매수하는 것과 같은 개념
채권선물 콜옵션 매수에 의한 금리하락 리스크 헤지	금리하락에 따른 손실로부터 보호받기 위해서 채권(선물) 콜옵션을 매수하여 금리가 하락(채권가격 상승)할 경우의 손실을 콜옵션 행사의 이익으로 상쇄시키는 전략	

★★★
130 다음 중 향후 금리변동 리스크를 관리하기 위해 채권선물 콜옵션을 매수해야 하는 경우가 아닌 것은?

① 금융기관이 향후 투자 또는 대출계획이 있는 경우
② 채권포트폴리오를 보유하고 있는 펀드매니저
③ 고정금리부 장기부채가 있는 경우
④ 변동금리채권(FRN)을 보유하고 있는 경우

해설 채권선물 콜옵션을 매수해야 하는 경우는 향후 금리하락(채권가격 상승)에 따른 손실로부터 보호받기 위해 취하는 리스크관리 전략이다. 그런데, 채권포트폴리오를 보유하고 있는 펀드매니저는 금리상승에 따른 채권가격 하락리스크에 대비하여야 하므로 채권선물 풋옵션을 매수하는 보호적 풋헤지 전략이 필요하다.

★★★
131 장외 금리옵션에 관한 설명으로 옳지 않은 것은? 심화

① 금리 캡은 계약상의 최고금리(cap rate) 이상으로 기준금리가 상승하면 갭 매도자가 캡 매수자에게 그 차액만큼을 지급하기로 하는 계약이다.

② 금리 플로어는 계약상의 최저금리(floor rate) 이하로 기준금리가 하락하면 플로어 매도 자가 플로어 매수자에게 그 차액만큼을 지급하기로 하는 계약이다.

③ 금리 캡은 여러 개의 금리에 대한 콜옵션으로 구성된 포트폴리오이며, 각 콜옵션을 캡릿 (caplet)이라 한다.

④ 금리 칼라(4~8%)를 매수하는 것은 금리 캡(8%)을 매도하고 금리 플로어(4%)를 매수하 는 것과 동일하다.

해설 금리 칼라(4~8%)를 매수하는 것은 금리 캡(8%)을 매수하고 금리 플로어(4%)를 매도하는 것과 동일하다.

Ⅲ 필수핵심정리 　장외 금리옵션

금리캡 (cap)	계약상의 최고금리 이상으로 기준금리가 상승하면 캡매도자가 캡매수자에게 차액만큼을 지급하기로 하는 계약 → 금리캡을 매수하면 금리상승 위험을 회피하고 금리하락에 따른 이익을 얻을 수 있음	
금리플로어 (floor)	계약상의 최저금리 이하로 기준금리가 하락하면 플로어 매도자가 플로어 매수자에게 차액만큼을 지급하기로 하는 계약 → 금리플로어를 매수하면 금리하락 위험을 회피하고 금리상승에 따른 이익을 얻을 수 있음	
금리칼라 (collar)	낮은 행사금리의 금리플로어를 매도하고 높은 행사금리의 금리캡을 매입하면, 캡금리 이상으로 또는 플로어금리 이하로 금리가 변동하여 손실이 발생할 가능성을 사전에 제거할 수 있음	
	금리칼라(5~9%) 매수	= 금리캡(9%) 매수 + 금리플로어(5%) 매도
	금리칼라(5~9%) 매도	= 금리캡(9%) 매도 + 금리플로어(5%) 매수
	→ 캡과 플로어의 행사금리가 동일한 칼라는 이자율 스왑과 동일	

★★★
132 금리리스크를 관리하기 위한 다음의 전략 중 잘못된 것은?

① 금리가 하락할 것으로 예상하여 선도금리계약(FRA)을 매도하였다.

② 금리가 하락할 것으로 예상하여 금리선물계약을 매수하였다.

③ 금리가 상승할 것으로 예상하여 금리선물 콜옵션을 매수하였다.

④ 금리가 상승할 것으로 예상하여 금리상한계약(금리 cap)을 매수하였다.

해설 금리가 상승하면 채권가격이 하락하므로 콜옵션을 매입하면 손실이 발생한다. 따라서 금리가 상승할 것으로 예상하면 풋옵션을 매입해야 한다.

★★★
133 채권선물/옵션 차익거래에 관한 설명으로 옳지 않은 것은?

① 풋–콜–선물 패리티의 관계가 성립하지 않을 때 옵션을 이용하여 선물을 복제하여 비싼 것을 매도하고 상대적으로 싼 것을 매수하는 차익거래이다.

② 행사가격이 동일한 콜옵션을 매도하고 풋옵션을 매수하여 합성선물 매수포지션을 만들 수 있다.

③ 선물을 매도하고 합성선물을 매수하는 차익거래를 리버설(reversal)이라고 한다.

④ 선물을 매수하고 합성선물을 매도하는 차익거래를 컨버전(conversion)이라고 한다.

해설 행사가격이 동일한 콜옵션을 매도하고 풋옵션을 매수하여 합성선물 매도포지션을 만들 수 있다.

🏛 필수핵심정리 ⟩ 풋–콜–선물 패리티와 채권선물/옵션 차익거래

풋–콜–선물 패리티	동일한 채권선물에 대해 행사가격(K)이 같은 (유럽형) 콜옵션 가격(C), 풋옵션가격(P), 채권선물가격(F) 간에 성립하는 이론적인 관계식
	$C - P = (F_t - K)e^{-rT}$ → 즉, 콜옵션가격과 풋옵션가격의 차이가 선물가격과 행사가격 차이의 현재가치와 같아야 함을 의미
합성선물 포지션	합성선물 매수포지션 = 콜옵션 매수 + 풋옵션 매도
	합성선물 매도포지션 = 콜옵션 매도 + 풋옵션 매수

■ 채권선물/옵션을 이용한 차익거래

	사용시기	포지션 구성
컨버전 (conversion)	$C - P > (F_t - K)e^{-rT}$인 경우 → 선물 저평가 시	= 선물 매수 + 합성선물 매도 = 선물 매수 + (콜매도 + 풋매수)
리버설 (reversal)	$C - P < (F_t - K)e^{-rT}$인 경우 → 선물 고평가 시	= 선물 매도 + 합성선물 매수 = 선물 매도 + (콜매수 + 풋매도)

134 현재 채권선물 6월물의 시장가격이 108.25이고 행사가격이 107.25인 채권선물 콜옵션 6월물이 2.15, 풋옵션이 1.65에 거래되고 있다. 이때 차익거래 포지션을 설정하는 경우, 다음 설명 중 옳지 않은 것은?(채권선물, 콜옵션, 풋옵션의 잔존만기는 30일, 무위험이자율은 5%, $(F_t - K)e^{-rT} = 0.9959$) [심화]

① 리버설(reversal) 차익거래 기회가 있다.

② 차익거래자는 콜옵션 매수, 풋옵션 매도, 선물 매도 포지션을 가지게 된다.

③ 합성선물 매도포지션을 만드는 동시에 채권선물을 매수하는 차익거래를 실행할 수 있다.

④ 미국형 채권선물의 경우 풋옵션 매수자가 만기일 이전에 옵션을 조기 행사하면 차익거래 포지션 중 풋옵션의 매도포지션의 일부가 의도하지 않은 선물 매수 포지션으로 전환된다.

> **해설** $C - P = 2.15 - 1.65 = 0.5$, $(F_t - K)e^{-rT} = (108.25 - 107.25) \times e^{-0.05 \times \frac{30}{365}} = 0.9959 \rightarrow C - P < (F_t - K)e^{-rT}$인 경우이므로, 리버설(reversal) 차익거래 기회가 있다. 따라서 고평가된 선물을 매도하고 동시에 합성선물 매수포지션(콜 매수 + 풋매도)을 만드는 차익거래를 실행하여야 한다.

4장 | 통화옵션

···TOPIC 21 통화옵션의 개요

135 선물환, 통화선물 및 통화옵션에 관한 설명으로 옳지 않은 것은?

① 선물환 또는 통화선물을 이용하여 미래시점에 결제될 외환거래의 환율을 현재시점에서 미리 확정시킴으로써 환율변동에 따른 불확실성을 제거할 수 있다.

② 선물환이나 통화선물을 이용하여 이용한 헤지전략은 불리한 환율변동으로 인한 손실위험을 제거해주긴 하지만, 유리한 환율변동으로 인한 이익기회까지도 제거해 버린다는 단점이 있다.

③ 통화옵션은 불리한 환율변동으로 인한 손실위험을 제거할 수 있을 뿐만 아니라, 유리한 환율변동으로 인한 이익기회를 유지할 수 있는 장점이 있다.

④ 통화옵션은 장외옵션보다 장내옵션의 거래규모가 훨씬 크다.

> **해설** 통화옵션도 거래소에 상장되어 거래되는 장내옵션과 은행 간 또는 기타 당사자 간에 거래되는 장외옵션으로 구분된다. 선물환과 마찬가지로 외환거래의 특성상 장내옵션보다 장외옵션의 거래규모가 훨씬 크다.

정답 133 ② 134 ③ 135 ④

통화옵션 : 계약기간 또는 만기일에 특정 외국통화를 미리 정한 환율(행사가격)에 매수하거나 또는 매도할 수 있는 권리를 갖는 계약 → 불리한 환율변동으로 인한 손실위험을 제거할 수 있을 뿐만 아니라 동시에 유리한 환율변동으로 인한 이익기회를 유지할 수 있는 장점이 있다.

Call 옵션	특정 통화를 매수할 수 있는 권리
Put 옵션	특정 통화를 매도할 수 있는 권리

★★★
136 통화옵션시장에 관한 설명으로 옳은 것은?

① 현물옵션인 경우 통화옵션의 기초자산은 현물환이며, 선물옵션인 경우 통화선물옵션의 기초자산은 통화선물이다.

② 통화선물옵션의 경우 풋옵션을 행사하면 풋옵션 매수자는 선물매수포지션을 갖게 되며, 풋옵션 매도자는 선물매도포지션을 갖게 된다.

③ 한국거래소에 상장된 미국 달러옵션의 기초자산은 미국 달러선물로 되어 있다. 즉 현물옵션이 아닌 선물옵션의 형태이다.

④ 한국거래소에 상장된 미국 달러옵션의 결제방식은 미국 달러선물과 동일하게 실물인수도 결제이다.

해설 ② 통화선물옵션의 경우 콜옵션을 행사하면 콜옵션 매수자는 선물매수포지션을 갖게 되며, 콜옵션 매도자는 선물매도포지션을 갖게 된다. 또한 풋옵션을 행사하면 풋옵션 매수자는 선물매도포지션을 갖게 되며, 풋옵션 매도자는 선물매수포지션을 갖게 된다.
③ 한국거래소에 상장된 미국 달러옵션의 기초자산은 미국 달러현물로 되어 있다. 즉 선물옵션이 아닌 현물옵션의 형태이다.
④ 한국거래소에 상장된 미국 달러옵션의 결제방식은 미국 달러선물과는 달리 현금결제이다.

거래대상	미국달러화(USD)
거래단위	US $10,000
결제월	분기월 중 2개와 그 밖의 월 중 2개
상장결제월	6개월 이내의 4개 결제월
가격의 표시	프리미엄(원화)
호가가격단위	0.10원
최소가격변동금액	1,000원 (US $10,000×0.10)
거래시간	09:00~15:45(최종거래일 09:00~15:30)
최종거래일	결제월의 세 번째 월요일(공휴일인 경우 순차적으로 앞당김)
최종결제일	최종거래일의 다음 날
권리행사	최종거래일에만 행사 가능(European형)
결제방법	현금결제

★★★
137 통화옵션의 가격결정에 관한 설명으로 옳지 않은 것은?

① 통화옵션의 가치를 구하기 위해서 가장 많이 사용되는 모형은 가면−콜하겐 모형이다.

② 통화옵션에서는 동일한 기초자산(환율)에 대한 콜옵션과 풋옵션은 서로 대칭적이어서 어느 한 통화의 콜옵션은 상대통화의 풋옵션이 된다.

③ 동일한 행사가격과 만기를 가진 콜옵션을 매수하고 풋옵션을 매도하면 동일한 만기의 선물환에 매수포지션을 취한 것과 같은 손익결과를 가져온다.

④ 합성된 선물환계약의 선물환율이 실제 선물환율보다 높으면, 선물환을 합성매수하고 실제 선물환을 매도하면 차익거래 이익을 얻을 수 있다.

해설 합성된 선물환계약의 선물환율이 실제 선물환율보다 높으면, [콜옵션 매도 + 풋옵션 매수]에 의해 선물환을 합성매도하고 실제 선물환을 매수하면 차익거래 이익을 얻을 수 있다. 반대로 합성된 선물환계약의 선물환율이 실제 선물환율보다 낮으면, [콜옵션 매수 + 풋옵션 매도]에 의해 선물환을 합성매수하고 실제 선물환을 매도하면 차익거래 이익을 얻을 수 있다.

🏛 필수핵심정리 ▶ 풋−콜−선물 패리티와 선물환/통화옵션 차익거래

풋−콜−선물 패리티	만기와 행사가격(K)이 같은 (유럽형) 콜옵션 가격(C), 풋옵션가격(P), 선물환율(F) 간에 성립하는 이론적인 관계식
	$C - P = (F_t - K)e^{-rT}$ → 즉, 콜옵션가격과 풋옵션가격의 차이가 선물가격과 행사가격 차이의 현재가치와 같아야 함을 의미
합성선물환 포지션	합성선물환 매수포지션 ⟶ = 콜옵션 매수 + 풋옵션 매도
	합성선물환 매도포지션 ⟶ = 콜옵션 매도 + 풋옵션 매수

■ 선물환/통화옵션을 이용한 차익거래

	사용시기	포지션 구성
컨버전 (conversion)	$C - P > (F_t - K)^{-rT}$인 경우 → 실제 선물환율 저평가 시	= 선물환 매수 + 선물환 합성매도 = 선물환 매수 + (콜매도 + 풋매수)
리버설 (reversal)	$C - P < (F_t - K)^{-rT}$인 경우 → 실제 선물환율 고평가 시	= 선물환 매도 + 선물환 합성매수 = 선물환 매도 + (콜매수 + 풋매도)

138 현재 원-달러 현물환율은 ₩1,105/$, 1개월 만기의 원-달러 선물환율은 ₩1,115/$이다. 원화 금리 연 2%, 미국 달러금리 연 1%라고 하자. 행사가격이 ₩1,110/$인 원-달러 콜옵션이 10원에 거래되고 있을 때, 시장에 차익거래 기회가 없으려면 동일한 행사가격과 만기를 가진 풋옵션은 얼마에 거래되어야 하는가?(이산복리 가정) 심화

① 4.90 ② 5.00 ③ 5.15 ④ 5.25

 해설 이산복리를 가정하면, 풋-콜-선물 패리티는 $\left[c - p = \dfrac{F_t - K}{1 + rT} \right]$이다. 따라서 $10 - P = \dfrac{1,115 - 1,110}{1 + 0.02 \times 1/12}$

∴ $P \fallingdotseq 5.00$이다.

※만약 연속복리(e)를 가정한다면, 풋-콜-선물 패리티는 $[C - P = (F_t - K)e^{-rT}]$이다.

따라서 $10 - P = (1,115 - 1,110)e^{-0.02 \times \frac{1}{12}}$ ∴ $P \fallingdotseq 5.01$

참고로 현물환율과 미국 달러금리는 필요 없는 정보이며, 만약에 $F = K$라면 $C = P$이다.

139 원-달러 통화옵션에서 환율이 상승하면 풋옵션의 프리미엄과 델타값의 변화는? 심화

① 풋옵션의 프리미엄과 풋옵션의 델타값은 상승한다.
② 풋옵션의 프리미엄은 하락하고, 풋옵션의 델타값은 상승한다.
③ 풋옵션의 프리미엄은 상승하고, 풋옵션의 델타값은 하락한다.
④ 풋옵션의 프리미엄과 풋옵션의 델타값은 하락한다.

해설 원-달러 통화옵션에서 기초자산 가격(환율)이 상승하면 풋옵션의 프리미엄은 하락한다. 즉, 원-달러 옵션에서 환율이 상승하면 콜옵션은 내재가치가 증가하지만 풋옵션은 내재가치가 줄어들고 외가격 옵션으로 변하게 된다. 따라서 옵션에서 기초자산 가격이 상승할 때 콜옵션과 풋옵션의 델타는 모두 상승한다. 즉, 콜옵션의 델타는 0(deep OTM 콜옵션)에서 1(deep ITM 콜옵션)로 상승하게 되고, 풋옵션의 델타는 -1(deep ITM 풋옵션)에서 0(deep OTM 풋옵션)으로 상승하게 된다.

140 현재 행사가격이 ₩1,100/$, 만기가 1개월인 원-달러 콜옵션이 65원에, 동일한 행사가격과 만기를 가진 원-달러 풋옵션은 15원에 거래되고 있다. 원-달러 현물환율이 ₩1,150/$이라고 할 경우, 콜옵션과 풋옵션의 내재가치의 합은?

① 15원 ② 50원 ③ 65원 ④ 80원

해설 현재 현물환율(1,150)이 행사가격(1,100)보다 높으므로($S > K$), 콜옵션의 내재가치는 50원[= max($S - K$, 0) = max(1150 - 1100, 0)]이고, 풋옵션의 내재가치는 0원[= max($K - S$, 0) = max(1100 - 1150, 0)]이다. 따라서 콜옵션과 풋옵션의 내재가치의 합은 50원이다.

★★★
141 원-달러 현물환율이 ₩1,115/$일 때, 한국거래소에서 거래되는 미국 달러옵션의 상태를 바르게 나타낸 것은?

① 행사가격 1,050원인 풋옵션 : 내가격　　　② 행사가격 1,100원인 풋옵션 : 외가격

③ 행사가격 1,110원인 콜옵션 : 외가격　　　④ 행사가격 1,120원인 콜옵션 : 내가격

> **해설** 옵션가격의 상태(내가격, 등가격, 외가격)는 기초자산 가격(환율 1,115)과 행사가격을 비교하여 판단한다. 따라서
> ① 외가격, ② 외가격, ③ 내가격, ④ 외가격

	콜옵션	풋옵션
내가격(ITM)	기초자산 가격(S) > 행사가격(K)	기초자산 가격(S) < 행사가격(K)
외가격(OTM)	기초자산 가격(S) < 행사가격(K)	기초자산 가격(S) > 행사가격(K)
등가격(ATM)	기초자산 가격(S) = 행사가격(K)	

★★★
142 현재 행사가격이 ₩1,250/$인 3개월 만기 원-달러 콜옵션의 가격이 10원이고, 원-달러 현물환율은 ₩1,200/$이다. 이때, 콜옵션의 시간가치는?

① 0원　　　　　② 10원　　　　　③ 30원　　　　　④ 50원

> **해설** 행사가격(1,250)이 현물환율(1,200)보다 높으므로($S < K$), 이 콜옵션은 내재가치가 없는 외가격(OTM) 상태이다. 따라서 콜옵션의 가격 10원은 전부 시간가치로 구성되어 있다.

★★★
143 현재 행사가격이 ₩1,100/$인 1개월 만기 원-달러 풋옵션의 가격이 70원이고, 원-달러 현물환율은 ₩1,050/$이다. 이때, 풋옵션의 시간가치는?

① 20원　　　　　② 40원　　　　　③ 60원　　　　　④ 70원

> **해설** 행사가격(1,100)이 현물환율(1,050)보다 높으므로($S < K$), 이 풋옵션은 내재가치가 있는 내가격(ITM) 상태이며, 풋옵션의 내재가치는 [max ($K - S$, 0)]이므로 50원[max(1100 - 1050, 0)]이다. 따라서 시간가치는 20원(= 옵션가격 - 내재가치 = 70 - 50)이다.

★★★
144 현재 행사가격이 ₩1,150/$, 만기가 1개월인 원-달러 콜옵션의 가격이 15원이고, 동일한 행사가격과 만기를 가진 풋옵션이 5원에 거래되고 있다. 원-달러 현물환율은 ₩1,155/$이다. 이때, 콜옵션과 풋옵션의 시간가치의 합은 얼마인가?

① 5원　　　　　② 10원　　　　　③ 15원　　　　　④ 20원

> **해설** 현재 행사가격(1,150)이 현물환율(1,155)보다 낮으므로($S > K$), 콜옵션은 내재가치가 있는 내가격(ITM) 상태이며, 풋옵션은 내재가치가 없는 외가격(OTM) 상태이다.

정답 138 ② 　139 ② 　140 ② 　141 ② 　142 ② 　143 ① 　144 ③

	콜옵션	풋옵션
내재가치	= max$(S - K, 0)$ = max$(1155 - 1150, 0) = 5$	= max$(K - S, 0)$ = max$(1150 - 1155, 0) = 0$
시간가치	= 콜옵션가격 - 내재가치 = 15 - 5 = 10	= 풋옵션가격 - 내재가치 = 5 - 0 = 5
→ [콜옵션의 시간가치 + 풋옵션의 시간가치] = (10 + 5) = 15		

···TOPIC 23 통화옵션을 이용한 환리스크 헤지

★★★
145 6개월 후 100만 달러의 수입대금을 지급해야 하는 수입업자가 원-달러 통화옵션을 이용하여 환리스크를 헤지하고자 할 때, 가장 적절한 전략은?

① 달러 콜옵션 매수
② 달러 콜옵션 매도
③ 달러 풋옵션 매수
④ 달러 풋옵션 매도

해설 수입업자는 원-달러 환율이 상승하면, 6개월 후에 지급해야 하는 원화금액이 증가하여 손실을 보게 된다. 따라서 환율상승에 대비하여 원-달러 콜옵션을 매수하여야 한다.

🏛 필수핵심정리 ▶ 통화옵션을 이용한 환리스크 헤지

	환율상승 위험에 노출되었을 때	환율하락 위험에 노출되었을 때
환리스크 헤지전략	콜옵션 매수(또는 풋옵션 매도)	풋옵션 매수(또는 콜옵션 매도)
	→ 옵션을 매도하는 매도헤지는 리스크가 크기 때문에 사용하기 어려워, 통화옵션을 이용한 헤지는 콜옵션이나 풋옵션을 매수하는 헤지전략이 주로 이용됨	
헤지 효과	선물환이나 통화선물을 매수하여 헤지하는 경우에는 미래 환율을 고정시키지만, 콜옵션 매수헤지는 환율이 불리하게 변동(환율하락)할 경우의 최대손실은 고정시키고 유리하게 변동(환율상승)할 경우 이익의 기회는 유지	선물환이나 통화선물을 매도하여 헤지하는 경우에는 미래 환율을 고정시키지만, 풋옵션 매수헤지는 환율이 불리하게 변동(환율상승)할 경우의 최대손실은 고정시키고 유리하게 변동(환율하락)할 경우 이익의 기회는 유지
	환율의 상한선을 설정하는 효과 (상한선 = 콜옵션의 행사가격 + 프리미엄)	환율의 하한선을 설정하는 효과 (하한선 = 풋옵션의 행사가격 - 프리미엄)
옵션 매수헤지를 해야 하는 경우	외국통화를 보유하고 있거나 장차 외화대금 수취 등으로 외국통화를 보유하게 될 경우(예 수출업자)	향후 외화대금 결제나 자금상환 등으로 외국통화를 필요로 하는 경우(예 수입업자)

★★★
146 3개월 후에 미화 100만 달러의 차입금 상환이 예정된 경우, 환위험을 회피할 수 있는 방법으로 옳지 않은 것은?

① 3개월 만기 달러 선물환 매도
② 3개월간 원화를 차입하여 달러로 바꾼 다음 달러자산에 3개월간 투자
③ 3개월 만기 달러화에 대한 풋옵션 매도
④ 3개월 만기 달러화에 대한 콜옵션 매수

해설 3개월 후에 달러 차입금을 상환할 예정이므로, 환율이 상승할 경우 손실이 발생한다. 따라서 환율상승에 대비하여 선물환이나 통화선물을 매수하거나 통화옵션을 이용하는 경우에는 콜옵션을 매수하여야 한다. 다만, 차이점은 선물환이나 통화선물을 매수하여 헤지하는 경우에는 미래 환율을 고정시키지만, 콜옵션 매수헤지는 환율이 불리하게 변동(환율하락)할 경우의 최대손실은 고정시키고 유리하게 변동(환율상승)할 경우 이익의 기회도 유지할 수 있다.

★★★
147 우리나라의 K기업은 미국에 제품을 수출하고 3개월 후에 수출대금으로 100만 달러를 받기로 하였다. K기업은 향후 원-달러 환율의 변동에 따른 리스크를 줄이기 위해, 한국거래소(KRX)의 3개월 만기 통화선물 및 통화옵션을 이용하여 헤지하기로 하였다. 다음 중 가장 적절한 헤지전략은?

① [달러선물 100계약 매수] 또는 [달러 콜옵션 100계약 매수 + 달러 풋옵션 100계약 매수]
② [달러선물 100계약 매수] 또는 [달러 콜옵션 100계약 매수 + 달러 풋옵션 100계약 매도]
③ [달러선물 100계약 매도] 또는 [달러 콜옵션 100계약 매도 + 달러 풋옵션 100계약 매수]
④ [달러선물 100계약 매도] 또는 [달러 콜옵션 100계약 매수 + 달러 풋옵션 100계약 매도]

해설 K기업은 수출대금으로 3개월 후에 달러를 수취할 예정이므로 환율하락(달러가치 하락) 리스크에 노출되어 있다. 따라서 환율하락에 대비하기 위해서는 통화선물을 매도하거나 통화옵션의 경우 풋옵션을 매수(또는 콜옵션 매도)하여야 한다. 한국거래소의 달러선물 및 달러옵션의 거래단위는 1만 달러이다. 따라서 K기업은 100만 달러에 대한 환율하락 위험을 헤지하기 위해 달러선물을 100계약(= 100만 달러/1만 달러)을 매도해야 한다. 그리고 달러 콜옵션과 풋옵션을 결합하면 합성선물환 포지션을 만들 수 있는데, 환율하락에 대비한 합성선물환 매도포지션은 콜옵션 매도와 풋옵션 매수로 구성된다.

★★☆
148 한국거래소(KRX)에서 거래되는 행사가격이 ₩1,000/$인 달러화 풋옵션(1계약에 $10,000)을 달러당 20원의 프리미엄을 주고 10계약을 매수했는데, 만기에 원-달러 환율이 ₩1,015/$이 되었다면, 순손익은 얼마인가?

① 20만원 이익　　② 20만원 손실　　③ 200만원 이익　　④ 200만원 손실

해설 [풋옵션의 만기시점 순손익 = $\max(K - S, 0) - P$]이다. 따라서 1계약당 순손익은 1달러당 -20원/$[= \max(1000 - 1015, 0) - 20]$이다. 통화옵션의 거래단위는 10,000달러이고 10계약을 매수했으므로 총손익은 2,000,000원 손실$[= (-20$원/$\$) \times \$10,000 \times 10$계약$]$을 본다.

···TOPIC 24 상품옵션의 거래유형 – 매도헤지(short hedge)

★★★
149 상품선물과 상품옵션을 이용한 매도헤지를 비교한 설명으로 옳지 않은 것은?

① 선물을 매도하면 가격수준을 고정할 수 있고, 매도포지션 설정 후 가격이 상승할 경우에 이익실현도 가능하다.

② 옵션을 이용한 기초적인 매도헤지방법은 풋옵션을 매수하는 것이다.

③ 풋옵션을 매수하면 최저매도가격, 즉 하한가격을 설정할 수 있다.

④ 풋옵션을 매수한 매도헤지의 경우, 가격상승 시 그에 따른 혜택도 가능하다.

해설 선물을 매도하는 매도헤지는 가격수준을 고정시킬 수는 있으나, 매도포지션 설정 후 가격이 상승할 경우 가격상승에 따른 이익실현이 불가능하다.

🏛 필수핵심정리 ▷ 옵션을 이용한 매도헤지(short hedge) – 풋옵션 매수

• 풋옵션 매수자는 미리 정해진 가격(행사가격)에 선물계약을 매도할 권리를 가짐
• 풋옵션 매수자는 최저매도가격(하한가격)을 설정할 수 있음 → 가격이 하락할 경우 (풋옵션으로) 가격하락으로부터 보호받을 수 있을 뿐만 아니라, 가격이 상승할 경우에는 (풋옵션의 권리행사를 포기하는 대신) 높은 가격에 매도할 기회를 가짐

■ 선물과 옵션을 이용한 매도헤지의 비교

선물매도(short futures)	풋옵션 매수(long put)
가격수준 설정(고정) : 가격하락으로부터 보호	최저매도가격 설정
매수자와 매도자 각각 증거금 납입	옵션매수자는 증거금을 납부하지 않는 반면, 옵션매도자는 증거금 납부
매수자와 매도자 각각 마진콜 가능	옵션매수자는 결코 마진콜을 당하지 않는 반면, 옵션매도자는 마진콜 가능
포지션 설정에 따른 비용 : 중개수수료, 증거금에 대한 이자기회비용	옵션매수에 따른 비용 : 중개수수료, 옵션프리미엄
매도포지션 설정 후 가격이 상승할 경우 가격상승에 따른 이익실현 불가 → 헤저는 항상 가격에 베이시스를 더한 금액 수취	풋옵션 매수자는 선물가격이 행사가격과 지불한 프리미엄의 합계 이상으로 상승할 경우 가격상승에 따른 혜택을 볼 수 있음

★★★
150 상품선물 풋옵션을 이용한 매도헤지에 대한 설명으로 옳지 않은 것은?

① 상품선물 풋옵션은 행사가격에 선물계약을 매도할 권리이므로 풋옵션을 매수함으로써 최저매도(하한) 가격을 설정할 수 있다.

② 하한가격을 실정하여 가격이 하락하는 불리한 리스크를 제거하고, 가격이 상승하는 유리한 리스크는 보존할 수 있다.

③ 가격이 하락하여 풋옵션을 행사하는 경우 순매도가격은 [현물매도가격 + 선물거래이익 − 풋옵션 프리미엄]으로 결정된다.

④ 가격이 하락하는 경우 풋옵션을 매도하는 것보다 풋옵션을 행사하는 것이 유리하다.

> **해설** 가격이 하락하는 경우 풋옵션을 행사하는 것보다 풋옵션을 매도하는 것이 유리하다. 왜냐하면, 옵션을 행사하는 경우는 옵션의 내재가치만 얻게 될 뿐, 남아있는 시간가치는 포기하기 때문이다. 또한 상품선물옵션의 경우 옵션을 행사함으로써 추가적인 중개수수료가 발생하기 때문이다.

※ 3월 1일, 금 도매업자는 1kg의 금괴를 42,280원/g에 구매하였다. 한 달 후에 금괴를 판매할 계획이며, 그 동안의 가격하락에 대비하기 위해 헤지를 하고자 한다. 3월 1일 현재, 4월물 금선물은 42,430원/g에 거래되고 있으며, 과거의 경험에 의하면 4월 초에 예상되는 베이시스는 4월물 금선물 기준 −140원 수준이다(151~153).

★★★
151 만약, 금 도매업자가 행사가격 42,400원의 4월물 풋옵션을 1계약당 130원/g에 매수하여 헤지를 하였다면, 예상최저매도가격(예상하한가격)은?(수수료는 고려하지 않음)

① 42,130원　　　② 42,280원　　　③ 42,430원　　　④ 42,570원

> **해설** 풋옵션 매수에 따른 예상하한가격(예상최저매도가격)은 다음과 같다.
>
> • 풋옵션 매수에 따른 예상하한가격(예상최저매도가격)
>
> 예상하한가격 = 풋옵션 행사가격 + 예상 베이시스 − 풋옵션 프리미엄
> = 42,400 + (−140) − 130 = 42,130
>
> | 풋옵션 행사가격 | 예상 베이시스 | 풋옵션 프리미엄 |
> |:---:|:---:|:---:|
> | 42,400원 | −140원 | 130원 |
>
> → 풋옵션을 매수하고 나면, 예상최저매도가격을 높이거나 낮추는 유일한 변수는 베이시스의 변동이 됨

---

152 예상한 대로 4월 1일에 금가격이 큰 폭으로 하락하자, 금 도매업자는 금 세공업자에게 금괴 1kg을 41,980/g에 매도하고, 보유한 풋옵션을 행사하여 42,400원/g에 선물매도포지션을 취한 다음 42,110원/g에 환매수하여 거래를 종결하였다. 헤지결과 실제 실현된 순매도가격은?(수수료는 고려하지 않음)

① 41,980원　　　② 42,110원　　　③ 42,140원　　　④ 42,400원

 매수한 풋옵션을 행사할 경우 매도헤지의 결과는 다음과 같다.

• **풋옵션을 행사할 경우 매도헤지의 결과(실현된 순매도가격)**

실현된 순매도가격 = 금현물 매도가격 + 선물거래 이익 − 풋옵션 프리미엄
= 41,980 + 290 − 130 = 42,140

날짜	현물거래	옵션거래
3월 1일	금 1kg 매수 @42,280원	행사가격 42,400원의 4월물 풋옵션 매수 @130원
4월 1일	금 1kg 매도 @41,980원	풋옵션 행사로 4월물 금선물 매도포지션 수취(@42,400원) 후 금선물 환매(@42,110원) → 선물거래이익 290원(= 42,400 − 42,110)

→ 헤지결과 실현된 순매도가격(42,140)과 예상최저매도가격(42,130) 간에 10원의 차이가 발생한 것은 실제 베이시스(−130 = 41,980 − 42,110)가 예상 베이시스(−140)보다 10원만큼 상승했기 때문

153 예상한 대로 4월 1일에 금가격이 큰 폭으로 하락하자, 금 도매업자는 금 세공업자에게 금괴 1kg을 41,980/g에 매도하고, 보유한 풋옵션을 행사하지 않고 310원에 반대매매(매도)하여 거래를 종결하였다. 이 경우 순매도가격은?(수수료는 고려하지 않음)

① 42,110원　　　② 42,130원　　　③ 42,140원　　　④ 42,160원

 매수한 풋옵션을 행사하지 않고 반대매매(매도)할 경우, 매도헤지의 결과는 다음과 같다.

• **풋옵션을 매도할 경우 매도헤지의 결과(실현된 순매도가격)**

순매도가격 = 금현물 매도가격 + 옵션거래 이익 = 41,980 + 180 = 42,160

날짜	현물거래	옵션거래
3월 1일	금 1kg 매수 @42,280원	행사가격 42,400원의 4월물 풋옵션 매수 @130원
4월 1일	금 1kg 매도 @41,980원	행사가격 42,400원의 4월물 풋옵션 매도 @310원 → 옵션거래이익 180원(= 310 − 130)

→ 옵션을 행사할 경우 순매도가격이 42,140원인 반면, 옵션을 매도할 경우는 순매도가격이 42,160원이 된다. 이러한 20원의 차이는 바로 옵션 프리미엄에 남아있는 시간가치 때문

★★★
154 일반적으로 옵션거래의 경우 옵션을 행사하기 보다는 옵션을 매도하는 것이 유리한데, 그 이유에 관한 설명으로 옳지 않은 것은?

① 옵션을 매도하지 않고 행사하는 경우는 옵션의 내재가치만을 얻게 될 뿐, 남아 있는 시간가치는 포기하기 때문에
② 해외 상품선물옵션의 경우 옵션을 행사함으로써 추가적인 중개수수료가 발생하기 때문에
③ 일반적으로 해외상품선물의 경우 중개수수료가 매매체결기준으로 발생하는 반면, 상품선물옵션의 경우는 매매종결기준으로 발생하기 때문에
④ 옵션을 행사할 경우 옵션을 처음 거래할 때 매매체결기준의 수수료를 지불하고, 옵션을 행사하고 나서 선물포지션을 청산할 때 다시 매매종결기준의 수수료를 지불해야 되기 때문에

> **해설** 일반적으로 해외상품선물의 경우 중개수수료가 매매종결(round-turn) 기준으로 발생하는 반면, 상품선물옵션의 경우는 매매체결(per-side) 기준으로 발생한다. 옵션거래의 수수료가 매매체결기준으로 발생하는 것은 옵션을 반대매매하여 청산하는 경우도 있지만 옵션을 만기에 그대로 소멸시키는 경우도 많다는 점을 고려한 것이다.

···TOPIC 25 상품옵션의 거래유형 – 매수헤지(long hedge)

★★★
155 상품선물과 상품옵션을 이용한 매수헤지를 비교한 설명으로 옳지 않은 것은?

① 선물을 매수하면 가격수준을 고정할 수 있으나, 매수포지션 설정 후 가격이 하락할 경우에는 이익실현이 불가능하다.
② 옵션을 이용한 기초적인 매수헤지의 방법은 콜옵션을 매수하는 것이다.
③ 콜옵션을 매수하면 최저매수가격을 설정할 수 있다.
④ 콜옵션을 매수한 매수헤지의 경우, 가격하락 시 그에 따른 혜택도 가능하다.

> **해설** 콜옵션을 매수하면 최고매수가격, 즉 상한가격을 설정할 수 있다.

🏛 필수핵심정리 옵션을 이용한 매수헤지(long hedge) – 콜옵션 매수

- 콜옵션 매수자는 미리 정해진 가격(행사가격)에 선물계약을 매수할 권리를 가짐
- 콜옵션매수자는 최고매수가격(상한가격)을 설정할 수 있음
- → 가격이 상승할 경우 (콜옵션으로) 가격상승으로부터 보호받을 수 있을 뿐만 아니라, 가격이 하락할 경우에는 (콜옵션의 권리행사를 포기하는 대신) 낮은 가격에 매수할 기회를 가짐

156 상품선물 콜옵션을 이용한 매수헤지에 대한 설명으로 옳지 않은 것은?

① 상품선물 콜옵션은 행사가격에 선물계약을 매수할 권리이므로 콜옵션을 매수함으로써 최고매수(상한) 가격을 설정할 수 있다.

② 상한가격을 설정하여 가격이 상승하는 불리한 리스크를 제거하고, 가격이 하락하는 유리한 리스크는 보존할 수 있다.

③ 가격이 상승하여 콜옵션을 행사하는 경우 순매수가격은 [현물매수가격 + 선물거래이익 – 콜옵션 프리미엄]으로 결정된다.

④ 가격이 상승하는 경우 콜옵션을 행사하는 것보다 콜옵션을 매도하는 것이 유리하다.

해설 가격이 상승하여 콜옵션을 행사하는 경우 순매수가격은 [현물매수가격 – 선물거래이익 + 콜옵션 프리미엄]으로 결정된다. 즉 가격이 상승하면 매수한 콜옵션을 행사하여 받은 선물매수포지션에서 이익이 발생하게 되어 그만큼 싼 가격에 매수할 수 있게 된다.

※ 2월 15일, 금 도매업자는 금 세공업자에게 금괴 1kg를 납품하는 계약을 체결하였다. 한 달 후에 금괴를 매수하여 납품할 계획이며, 그 동안의 가격상승에 대비하기 위해 헤지를 하고자 한다. 2월 15일 현재, 4월물 금선물은 42,380원/g에 거래되고 있으며, 과거의 경험에 의하면 3월 중순경에 예상되는 베이시스는 4월물 금선물 기준 −170원 수준이다(157~159).

157 만약, 금 도매업자가 행사가격 42,400원의 4월물 콜옵션을 1계약당 120원/g에 매수하여 헤지를 하였다면, 예상최고매수가격(예상상한가격)은?(수수료는 고려하지 않음)

① 42,210원   ② 42,350원   ③ 42,380원   ④ 42,570원

해설 콜옵션 매수에 따른 예상상한가격(예상최고매수가격)은 다음과 같다.

• 콜옵션 매수에 따른 예상상한가격(예상최고매수가격)

예상상한가격 = 콜옵션 행사가격 + 예상 베이시스 + 콜옵션 프리미엄
= 42,400 +(−170) + 120 = 42,350

콜옵션 행사가격	예상 베이시스	콜옵션 프리미엄
42,400원	−170원	120원

→ 콜옵션을 매수하고 나면, 예상최고매수가격을 높이거나 낮추는 유일한 변수는 베이시스의 변동이 됨

★★★
158 예상한 대로 3월 15일에 금가격이 큰 폭으로 상승하자, 금 도매업자는 금괴 1kg을 42,450/g에 매수하여 금 세공업자에게 납품하였고, 보유한 콜옵션을 행사하여 42,400원/g에 선물매수포지션을 취한 다음 42,640원/g에 전매도하여 거래를 종결하였다. 헤지 결과 실제 실현된 순매수가격은?(수수료는 고려하지 않음)

① 42,330원   ② 42,400원   ③ 42,450원   ④ 42,640원

해설 매수한 콜옵션을 행사할 경우 매수헤지의 결과는 다음과 같다.
- **콜옵션을 행사할 경우 매수헤지의 결과(실현된 순매수가격)**

실현된 순매수가격 = 금현물 매수가격 − 선물거래 이익 + 콜옵션 프리미엄
= 42,450 − 240 + 120 = 42,330

날짜	현물거래	옵션거래
2월 15일		행사가격 42,400원의 4월물 콜옵션 매수 @120원
3월 15일	금 1kg 매수 @42,450원	콜옵션 행사로 4월물 금선물 매수포지션 수취(@42,400원) 후 금선물 전매(@42,640원) → 선물거래이익 240원(=42,640−42,400)

→ 헤지 결과 실현된 순매수가격(42,330)과 예상최고매수가격(42,350) 간에 20원의 차이가 발생한 것은 실제 베이시스(−190 = 42,450 − 42,640)가 예상 베이시스(−170)보다 20원만큼 하락했기 때문

★★★
159 예상한 대로 3월 15일에 금가격이 큰 폭으로 상승하자, 금 도매업자는 금괴 1kg을 42,450/g에 매수하여 금 세공업자에게 납품하였고, 보유한 콜옵션을 행사하지 않고 270원에 반대매매(매도)하여 거래를 종결하였다. 이 경우 순매수가격은?(수수료는 고려하지 않음)

① 42,300원   ② 42,330원   ③ 42,360원   ④ 42,450원

해설 매수한 콜옵션을 행사하지 않고 반매매매(매도)할 경우 매수헤지의 결과는 다음과 같다.
- **콜옵션을 매도할 경우 매수헤지의 결과(실현된 순매수가격)**

순매수가격 = 금현물 매수가격 − 옵션거래 이익 = 42,450 − 150 = 42,300

날짜	현물거래	옵션거래
2월 15일		행사가격 42,400원의 4월물 콜옵션 매수 @120원
3월 15일	금 1kg 매수 @42,450원	행사가격 42,400원의 4월물 콜옵션 매도 @270원 → 옵션거래이익 150원(= 270 − 120)

→ 옵션을 행사할 경우 순매수가격이 42,330원인 반면, 옵션을 매도할 경우는 순매수가격이 42,300원이 된다. 여기서 30원의 차이는 바로 옵션 프리미엄에 남아있는 시간가치 때문이다.

SUMMARY

제2과목 파생상품 2는 총 25문제가 출제되므로 13문제 이상 맞아야 과락을 면할 수 있다. 세부과목을 보면, 스왑 8문제, 기타파생상품 및 파생결합증권 17문제가 출제된다. 스왑에서는 용어와 헤지 방법 등이 중요하고, 기타파생상품은 이색옵션과 신용파생상품이 중요하며, 파생결합증권은 종류와 각각의 구조에 대한 이해가 중요하다. 1과목보다 디소 쉽디고 볼 수도 있지만 임기해야 하는 내용이 많아 충분히 시간을 가지고 꾸준히 학습하는 것이 필요하다.

PART 02

파생상품 Ⅱ

내용 구성 및 주요 출제내용 분석

내용 구성	중요도	주요 출제 내용
스왑의 기초	★★★	• 스왑의 개념 및 스왑에서의 현금흐름 교환 • parallel loan과 back-to-back loan • 스왑시장에서의 주요 용어, 금리 표시 및 이자계산 방법, 날짜표현 등
이자율스왑 거래	★★★	• 이자율스왑과 채권거래, FRA 비교 • 스왑금리 결정 및 고시방법, 스왑 스프레드의 개념 및 변동요인 • 이자율스왑 이용사례 : 유리한 차입조건 달성 등
스왑의 가격산정과 헤징	★★★	• 선도금리의 개념과 계산 • 이자율스왑의 헤징방안 : 반대방향의 거래 체결, 채권을 이용, 선물을 이용, FRA를 이용
이자율스왑의 종류	★★★	• 표준형 스왑의 조건 • 비표준형 스왑의 종류 : 베이시스 스왑, 원금변동형 스왑, step-up과 step-down 스왑 등
원화 이자율 스왑 시장과 원화구조화스왑	★★	• 원화 이자율스왑 시장의 관행 • 음(−)의 스왑 스프레드의 의미 • 이자율연계 구조화 채권의 종류
통화스왑	★★	• 통화스왑에서의 원금과 이자교환 방향 • 통화스왑 이용사례 및 가격고시 방법 • 원화 고정금리 receive 통화스왑 수요와, pay 통화스왑 수요

출제경향 분석 및 학습요령

스왑은 총 8문제가 출제된다. 처음 스왑을 접하는 수험생들은 많이 어려워하는 과목이기도 하다. 용어가 낯설고 영어로 되어 있어서 어렵게 보일 수는 있지만 개념을 이해하고 용어들을 차분히 숙지한다면 생각보다 점수 따기 쉬운 과목이다. 스왑은 현금흐름의 교환이므로 문제에서 제시되는 상황을 그림으로 잘 그려낼 수 있다면 절반은 성공하는 것이다. 위에서 언급한 내용 구성별로 골고루 출제가 이루어지는데 특히 이자율스왑에서 스왑금리 결정, 이자율스왑의 헤지 방법, 비표준형 스왑의 종류, 통화스왑의 현금흐름 등은 자주 출제되는 내용이다.

★★★
001 스왑(Swap)거래에 관한 설명으로 옳지 않은 것은?

① 스왑이란 두 개의 서로 다른 현금흐름을 일정기간 동안 서로 교환하기로 계약하는 거래이다.

② 스왑이 경제적으로 의미가 있기 위해서는 들어오는 현금흐름의 현재가치와 나가는 현금흐름의 현재가치가 원칙적으로 서로 같아야 한다.

③ 스왑거래에서 발생하는 현금흐름은 크게 초기교환, 쿠폰교환, 만기교환으로 나눈다.

④ 일반적으로 통화스왑에서는 원금교환이 없으나 이자율스왑의 경우 원금교환이 이루어진다.

해설 스왑거래는 현물거래와 선도거래 혹은 일련의 선도거래가 여러 개 모인 하나의 거래이다. 이자율스왑(또는 금리스왑)은 동일 통화 간에 원금은 교환하지 않고 이자만 주기적으로 교환하기로 하는 거래이다. 통화스왑에서는 원금교환이 이루어지나(초기 원금교환은 생략 가능하지만, 만기 원금교환은 필수), 금리스왑에서는 원금교환 없이 계약기간 동안 이자 교환만 이루어진다.

🏛 필수핵심정리 ▷ 스왑의 개요

	스왑거래는 현물거래와 선도거래 혹은 일련의 선도거래가 여러 개 모인 하나의 거래 → 스왑이란 두 개의 서로 다른 현금흐름을 일정기간 동안 서로 교환하기로 계약하는 거래	
개념	이자율스왑	동일 표시통화의 고정금리와 변동금리 간의 교환계약 → 동일 통화로 이자(쿠폰)만 교환
	통화스왑	표시통화가 다른 이종통화 간의 원금과 이자의 교환계약 → 이종 통화로 원금과 이자를 교환
현금흐름의 교환	스왑거래에서 발생하는 현금흐름은 크게 초기교환, 쿠폰(이표)교환, 만기교환으로 나눔	
	초기교환에서는 원금교환이 이루어지기도 하고 이루어지지 않기도 함 → 일반적으로 이자율스왑에서는 원금교환이 없으나, 통화스왑의 경우 원금교환이 이루어지는 경우가 많음	

★★★
002 스왑(Swap)거래에서 발생하는 현금흐름에 관한 설명으로 옳지 않은 것은?

① 스왑의 쿠폰교환에는 고정금리쿠폰과 변동금리쿠폰이 있다.
② 고정금리쿠폰 = 명목원금×고정금리×day count fraction, 변동금리쿠폰 = 명목원금×변동금리×day count fraction
③ day count fraction은 이자계산 일수를 정하는 규칙으로 각 통화마다 각각의 계산 관행이 있다.
④ 달러화의 변동금리 계산에는 'act/365', 원화의 변동금리 계산에는 'act/360'이 사용된다.

> **해설** 달러화의 변동금리 계산에는 'act/360'이, 원화의 변동금리 계산에는 'act/365'가 사용된다. act는 actual umber of days의 줄임말로 이자계산기간의 실제 경과일수를 의미하며, 실제 경과일수를 곱하고 360일 또는 365일로 나누라는 의미이다.

★★★
003 스왑거래의 발전과정에 대한 설명으로 옳지 않은 것은?

① 외환시장에서 장기적 환위험을 관리하기 위해 외환스왑(foreign exchange swap) 형태로 거래되었다.
② 통화스왑은 parallel loan과 back-to-back loan의 형태에서 비롯되었다.
③ 유로채(euro-bond)시장에서 장기금리 리스크관리를 위한 과정에서 이자율스왑(interest rate swap) 거래가 발전되었다.
④ 장기자본시장에서의 대표적인 스왑거래는 이자율스왑과 외환스왑이다.

> **해설** 스왑거래는 금융시장에서 장기금융거래 수요를 충족시키기 위해 탄생되었다. 장기자본시장에서의 대표적인 스왑거래는 이자율스왑과 통화스왑이다. 일반적으로 외환스왑은 만기가 1년 이내인 단기거래인 반면, 통화스왑은 만기가 1년 이상인 장기거래이다.

🏛 필수핵심정리 ▶ 통화스왑과 외환스왑의 비교

	통화스왑	외환스왑
만기	1년 이상인 장기거래 → 장기 자본시장(capital market) 거래	1년 이내의 단기거래 → 단기 자금시장(money market) 거래
이자교환	일정기간마다 정기적으로 이자교환	이자교환 없음
거래가격	초기원금교환과 만기원금교환 시 적용되는 환율은 초기의 현물환율로 동일 → 이자로 가격 조정	초기원금교환에는 현물환율, 만기원금교환에는 선물환율이 적용 → 환율로 가격 조정

일반적으로 스왑시장이라고 하면 장기자본시장 스왑거래(통화스왑)를 말함

★★★
004 다음의 외환스왑(FX swap) 거래에 관한 설명으로 옳지 않은 것은?

거래일	A 기업	11억원 → ← 1백만 달러	B 은행
만기일	A 기업	← 11억원 + (α×1백만 달러) 1백만 달러 →	B 은행

① 현물환(spot)과 선물환(forward)을 동시에 체결하는 거래를 말한다.

② A기업은 현물환을 매입하고 선물환을 매도하였다.

③ 현물환율과 선물환율의 차이인 α를 'swap rate(swap point)' 또는 'forward margin(forward point)'이라고 한다.

④ A기업은 달러금리가 원화금리보다 높으면 고금리 금융을 쓴 대가를 지불해야 하므로 α(= swap rate)는 0보다 크게 된다.

> **해설** 외환스왑(FX Swap, foreign exchange swap)거래는 특정 통화에 대한 거래금액은 동일하나 거래방향이 서로 반대인 현물환(spot)과 선물환(forward)을 동시에 체결하는 거래를 말한다. A기업은 만기일까지 백만 달러의 금융을 얻는 대신에 11억원의 금융을 B은행에게 제공한 거래이다. 따라서 달러금리가 원화금리보다 높으면 A기업이 고금리 금융을 쓴 대가를 지불해야 하므로 α < 0이 된다. 즉, A기업이 만기일에 수취하는 원화금액이 11억원보다 적게 되어 고금리 금융을 쓴 비용을 지불하는 효과가 있다. 따라서 α(= swap rate)는 만기에 대한 달러금리와 원화금리 차이에 의해 결정된다. 또한 두 통화의 금리 차이가 커질수록, 스왑기간이 길어질수록 현물환율과 선물환율의 차이는 커진다.

★★★
005 통화스왑의 원초적 형태로 볼 수 있는 parallel loan과 back-to-back loan에 관한 설명으로 옳지 않은 것은?

① back-to-back loan의 경우 모기업끼리 직접 상호대출 계약을 체결한다.

② 두 거래 모두 파생상품 거래로서 재무상태표에 기록되지 않는다.

③ 두 거래 모두 원천징수 부담의 문제가 있다.

④ parallel loan에서는 set-off(채무상쇄) risk가 크다.

> **해설** 파생상품은 재무상태표에 기록되지 않는 부외거래이다. 그러나 두 거래 모두 파생상품이 아니라 loan(대출) 계약이기 때문에 대차대조표에 자산이나 부채로 기록된다. parallel loan은 두 건의 대출계약이 실행되어 채무상계 문제(set-off risk)가 발생한다. 채무상계 문제의 해결방안으로서 back-to-back loan이 고안되었다. 따라서 back-to-back loan에서는 모기업끼리 직접 상호대출 계약을 체결한다.

	parallel loan	back-to-back loan
특징	• 별개의 두 건의 대출계약 존재 → set-off risk(채무상계 문제) 있음 • 둘 다 이자소득세 원천징수의무 발생	• 모기업끼리 1건의 상호 대출계약 → set-off risk(채무상계 문제)는 없지만, 이자소득세 원천징수의무는 발생
공통점	• 이자소득세 원천징수의무 발생 • 실제 대출계약서가 작성되어 실행되는 대출거래이므로 통화스왑 등의 파생금융상품과는 달리 부외(off balance sheet) 거래가 아님 → 즉, 두 거래 모두 파생상품 거래가 아니기 때문에 재무상태표에 기록됨	

★★★
006 스왑(Swap)거래에 관한 설명으로 옳은 것은?

① 이자율스왑과 외환스왑은 장기 자본시장 스왑거래이다.
② 외환스왑에서 swap rate의 부호는 금리평가이론에 의해 결정된다.
③ parallel loan은 back-to-back loan이 갖는 신용위험 문제를 상당히 개선했다.
④ 통화스왑 거래에서 만기 현금흐름은 선물환율에 의해 결정된다.

해설 금리평가이론에 따라 swap rate(α)의 부호는 +(프리미엄) 또는 −(디스카운트)가 된다.
① 외환스왑은 단기 자금시장(money market, 만기 1년 이내)과 연관된 스왑거래이다.
③ parallel loan은 상계권한이 인정되지 않아 상계권한이 인정되는 back-to-back loan에 비해 신용위험이 크다.
④ 통화스왑 거래에서 만기 현금흐름은 거래시점의 현물환율에 의해 결정된다.

★★★
007 투자은행이나 대형 상업은행으로 스왑시장의 시장조성자 역할을 수행하며, 자체 포지션의 운용을 통해 스왑시장을 이끌어 가는 금융기관은?

① broker company
② user
③ warehouse bank
④ manager

 스왑시장의 참여자로는 warehouse bank, 중개기관(broker company), 최종이용자(user) 등이 있다. warehouse bank란 투자은행이나 대형 상업은행으로 스왑시장의 시장조성자(market maker) 역할을 수행하며, 자체 포지션(swap book)의 운용을 통해 스왑시장을 이끌어 가는 금융기관을 말한다.

★★★
008 스왑거래에서 매수포지션(long swap)을 취했다는 의미는?

① 변동금리 지급 + 고정금리 수취
② receiver swap
③ 변동금리 수취 + 고정금리 지급
④ forward start swap

 long swap은 변동금리를 수취하고 반대급부로 고정금리를 지급하는 포지션을 말하며, payer swap이라고 한다. short swap은 고정금리를 수취하고 반대급부로 변동금리를 지급하는 포지션을 말하며, receiver swap이라고 한다.

🏛 **필수핵심정리**   스왑시장에서의 주요 용어

long swap	= payer 스왑	= 고정금리 지급 + 변동금리 수취
short swap	= receiver 스왑	= 고정금리 수취 + 변동금리 지급
명목원금	이자율스왑에서 원금은 상호 교환되지 않고 단지 이자 계산에만 사용되기 때문에 명목원금이라고 함	
고정금리	스왑거래에서 고정금리를 스왑가격 또는 스왑금리라고 함	
	이자계산 방식	act/360, act/365, 30/360
	이자지급 주기	s.a.(1년에 2번), p.a.(1년에 1번), q.a.(분기마다)
변동금리	• 달러화 스왑에서 변동금리지표는 6m Libor, 3m Libor 사용 • 변동금리지표는 BA, CP, CD금리 등도 사용 • 원화 스왑에서는 3개월(91일) CD 금리 사용	
	이자계산 방식	• MMB(Money Market Basis) 방식을 주로 사용 • act/360(미달러화), act/365(엔화, 파운드화, 원화)
Unadj.	이자계산 종료일이 휴일인 경우 이자 지급만 다음 영업일로 넘기고 이자를 다시 계산하지 않음(이자를 재계산 하면 Adj.)	

★★★
009 스왑계약에서의 변동금리에 관한 설명으로 옳지 않은 것은?

① 달러화 스왑계약에서 사용되는 변동금리는 주로 6개월(또는 3개월) 만기 Libor가 많이 사용되나 BA(은행인수어음)금리, CD금리, CP(상업어음)금리 등도 사용된다.
② 원화 스왑계약에서는 3개월 CD금리가 사용된다.
③ 변동금리 이자지급은 6개월 Libor가 사용될 경우 매 6개월마다 이루어지며, 3개월 CD 금리가 사용되면 매 분기마다 이루어진다.
④ 변동금리 이자계산은 bond basis(채권시장기준) 방식이 주로 사용된다.

해설 변동금리 이자계산은 자금시장기준(MMB, Money Market Basis) 방식이 가장 많이 사용된다. 즉 미 달러화는 act/360, 일본 엔화와 영국 파운드는 act/365, 원화 CD는 act/365를 사용한다.

★★★
010 스왑거래에서 스왑가격(swap price)이란?

① 스왑거래에서 고정금리와 교환되는 변동금리 지표를 말한다.
② 스왑거래에서 변동금리와 교환되는 고정금리를 말한다.
③ 변동금리 지표에 부가되는 스프레드(예를 들어, Libor+150bp에서 150bp)를 말한다.
④ 스왑시장에서 딜러에게 지불하는 up-front-fee(선불수수료)를 말한다.

해설 스왑가격(swap price) 또는 스왑금리(swap rate)란 특정 변동금리와 교환되는 고정금리를 말한다.

★★★
011 스왑계약에서의 이자지급에 관한 설명으로 옳지 않은 것은?

① 고정금리 이자지급조건은 통상 해당 통화의 국내 채권시장 관행을 따르지만, 수요자의 요구에 의해 결정되므로 다양한 방법들이 사용될 수 있다.
② 스왑금리가 8%일 때 이자지급이 6개월 단위라면, act/360 기준인 경우 매 6개월마다 정확히 4%의 이자지급이 이루어진다.
③ 고정금리를 반년마다 지급하는 방법을 semi-annual basis라 한다.
④ 고정금리 이자를 1년에 한 번 지급하는 방법을 annual basis 또는 p.a.(per annum), 분기마다 지급하는 방법을 q.a.(quarterly basis)라고 한다.

해설 스왑금리가 8%일 때 이자지급이 6개월 단위라면, 30/360 기준인 경우 매 6개월마다 정확히 4%의 이자지급이 이루어진다. 30/360기준은 이자계산 시작일과 종료일 기간의 1달을 무조건 30일로 가정하고, 1년을 무조건 360일로 고정하여 계산한다. 따라서 매 6개월마다 8%의 고정금리를 지급하는 계약이라면 30/360 기준인 경우 8%의 절반인 4%를 지급한다.

★★★
012 스왑금리를 [10%, s.a., 30/360, Unadj.]로 표시한 경우, 이에 대한 설명으로 옳지 않은 것은?

① 10%는 스왑가격인 고정금리를 표시하는 것이다.

② s.a.는 이자의 지급주기를 나타내는 것으로 1년에 2번, 즉 매 6개월마다 이자를 지급한다는 것을 의미한다.

③ 30/360은 이자계산 방법으로서 이자계산 시작일과 종료일 기간의 1달을 무조건 30일로 가정하고, 1년을 무조건 360일로 고정하여 계산한다.

④ Unadj.(unadjusted)란 이자계산 종료일이 휴일인 경우에는 이자지급이 하루 늦춰지기 때문에 이자를 재계산한다는 의미이다.

> **해설** 이자계산 종료일이 휴일인 경우에는 이자지급이 발생할 수 없고, 영업일관행(business day convention)에 따라 이자지급일이 재결정되게 된다. Unadj.란 unadjusted의 약자로 비록 이자지급은 하루가 늦춰지더라도 이자를 재계산하지 않는다는 것이다. 이자를 재계산한다고 정할 경우에는 Adj.(adjusted)를 사용한다.

★★★
013 스왑거래의 고정금리가 10%일 때, 2016년 2월 10일~2016년 8월 10일 기간(2016년은 윤년)의 이자를 계산하는 방법이 잘못된 것은?

① [act/365] 방식 : 이자 = 원금 × 10% × 182/365

② [act/act] 방식 : 이자 = 원금 × 10% × 182/366

③ [act/360] 방식 : 이자 = 원금 × 10% × 182/360

④ [30/360] 방식 : 이자 = 원금 × 10% × 181/360

> **해설** [30/360] 방식은 이자계산 시작일과 종료일 기간의 1달을 무조건 30일로 가정하고, 1년을 무조건 360일로 고정하여 계산한다. 따라서 실제 날짜 수는 182일이지만 180일로 계산한다.

🏛 필수핵심정리 ▶ 스왑시장에서의 이자계산 방법

act/365	이자계산 시작일과 종료일 기간의 실제 날짜 수를 이자계산에 감안하고 1년을 윤년에 관계없이 365일로 고정하여 계산 → 원화 이자율스왑금리와 CD금리 계산에 사용
act/act	이자계산 시작일과 종료일 기간의 실제 날짜 수를 이자계산에 감안하고 1년을 윤년인 경우에는 366일로, 윤년이 아닌 경우에는 365일로 계산
act/360	이자계산 시작일과 종료일 기간의 실제 날짜 수를 이자계산에 감안하고 1년을 윤년에 관계없이 360일로 고정하여 계산 → 달러화 등 주요 외국통화의 Libor금리 계산에 사용되며, 주로 단기자금시장에서 사용되는 방법이므로 MMB(Money Market Basis)라고 부름
30/360	이자계산 시작일과 종료일 기간의 1달을 무조건 30일로 가정하고, 1년을 무조건 360일로 고정하여 계산 → 달러화 채권이나 대부분의 고정금리 유로본드 채권의 쿠폰계산에 사용되어 이를 bond basis라고 부름

정답 009 ④ 010 ② 011 ② 012 ④ 013 ④

014 013번 문제에서 8월 10일이 공휴일이고 실제 이자지급일이 8월 11일이라고 한다면, [30/360] 기준으로 Unadj.의 경우 이자를 계산하면?

① 이자 = 원금×10%×180/360 ② 이자 = 원금×10%×181/360

③ 이자 = 원금×10%×180/365 ④ 이자 = 원금×10%×181/365

 해설 Unadj.란 이자계산 종료일이 휴일인 경우에 비록 이자지급은 하루가 늦춰지더라도 이자를 재계산하지 않는다. 따라서 Unadj.인 경우엔 180일인 경우와 이자계산이 같다(이자 = 원금×10%×180/360). 그러나 Adj.인 경우에는 이자를 재계산하는 것이므로 1일의 이자를 더 계산해야 한다(이자 = 원금×10%×181/360).

※ 다음 내용을 읽고 질문에 답하시오(015~018).

> 표준형 이자율스왑 거래에서 최초의 이자교환 시, 변동금리의 이자계산 기간이 ㉠ 2017년 6월 7일부터 2017년 12월 7일이면 달러화 Libor의 경우 6월 7일부터 2영업일 전인 2017년 6월 5일에 결정되는 Libor를 적용한다. 이 경우 실제 이자지급은 ㉡ 2017년 12월 7일에 발생한다. 그러나 비표준형 스왑의 경우 ㉢ 2017년 12월 5일 Libor가 결정되고 12월 7일에 이자가 지급되는 스왑도 있을 수 있다.

015 스왑거래에서 스왑계약을 체결하는 날을 무엇이라 하는가?

① payment date ② effective date

③ trade date ④ reset date

해설 스왑계약을 체결하는 날을 trade date라고 하며, 이 사례에서는 2017년 6월 5일이다.

🏛 필수핵심정리 ▶ 스왑거래에서 사용되는 날짜 표현

trade date	스왑계약을 체결하는 날	
effective date	스왑거래의 이자계산이 시작되는 날 → 통상 trade date 이후 2영업일 후(spot date)가 되지만 따로 정할 수 있음(원화 이자율스왑의 경우 trade date 이후 1영업일 후부터 계산이 시작됨)	
	forward starting swap	spot date 이후에 effective date가 있는 비표준형 스왑
payment date	스왑거래에서 자금결제가 발생하는 날(이자지급일 혹은 원금교환일) → 통상 modified following day 방식을 사용	
reset date	변동금리 이자계산에 사용되는 변동금리를 선택하는 날(변동금리 재설정일)	
	Libor in-arrear swap	이자계산 종료일, 즉 이자지급일 제2영업일 전일의 Libor를 적용하여 이자계산을 하는 비표준형 스왑

★★★
016 스왑거래의 이자계산이 시작되는 날인 ⊙ 2017년 6월 7일을 무엇이라 부르는가?

① effective date

② payment date

③ trade date

④ reset date

 스왑거래의 이자계산이 시작되는 날을 effective date라고 한다. 통상 trade date 이후 2영업일 후(spot date)가 되지만 따로 정할 수 있다. 원화 이자율스왑의 경우 trade date 이후 1영업일 후부터 계산이 시작된다.

```
        Spot Date(T+2일)
  ┌─────────┬──────────────────────────────○──────○─────// ┐
 Trade    Effective                       Reset   Payment
 Date(T)    Date                          Date     Date
 6월 5일   6월 7일                        12월 5일  12월 7일
```

★★★
017 ⓛ 2017년 12월 7일을 무엇이라 부르는가?

① effective date

② payment date

③ trade date

④ reset date

 스왑거래에서 자금결제가 발생하는 날로, 이자지급일 혹은 원금교환일을 payment date라고 한다. 만약 결제일이 공휴일이면 통상 modified following day 방식을 사용한다.

🏛 **필수핵심정리** ▷ payment date 결정과 영업일 관행(business day convention)

해당 통화 국가가 공휴일인 경우에 자금 결제일을 정하는 규칙은 크게 3가지가 있으나, 스왑시장에서는 modi-fied following의 영업일 관행을 많이 사용

modified following	자금 결제일을 다음 영업일로 미루는데, 연과 월을 넘길 수 없으며, 이 경우 앞으로 넘김 → payment date가 공휴일이면 다음 영업일로 하지만 다음 달로 넘어갈 경우 직전 영업일로 앞당겨짐
following	자금 결제 예정일이 휴일이면 무조건 다음 영업일로 넘어감(연과 월을 넘길 수 있음)
preceding	자금 결제 예정일이 휴일이면 무조건 이전 영업일로 넘어감(연과 월을 넘길 수 있음)

★★★
018 ⓒ과 같은 형태의 스왑을 무엇이라 부르는가?

① forward start swap

② step-up swap

③ Libor in-arrear swap

④ extendible swap

 이자계산 종료일, 즉 이자지급일 제2영업일 전일의 Libor를 적용하여 이자계산을 하는 비표준형 스왑을 Libor in-arrear swap이라고 한다. 참고로, step-up swap은 스왑금리(swap rate)가 점차 상승하는 스왑, extendible swap은 스왑 계약기간 만료 후 고정금리 지급자가 스왑기간을 일정기간 연장 가능한 스왑을 말한다.

019 스왑거래에서 6월 29일이 자금결제 예정일이지만 토요일이다. modified following의 영업일 관행(business day convention)을 사용하는 경우 자금 결제일은? 심화

① 6월 28일　　　② 6월 29일　　　③ 6월 30일　　　④ 7월 1일

해설 modified following은 자금 결제일이 공휴일인 경우 자금 결제일을 다음 영업일로 미루는데, 연과 월을 넘길 수 없으며, 이 경우 앞으로 넘긴다. 따라서 6월 29일이 자금 결제 예정일이지만 토요일이고, 6월 30일 또한 일요일이라 7월 1일로 미뤄야 하지만, 이 경우 6월 29일 하루 전인 6월 28일에 자금을 결제하게 된다. 만약 6월 28일 또한 공휴일이라면 하루 전인 6월 27일이 자금 결제일이 된다. following 기준으로는 자금 결제일이 공휴일이면 무조건 다음 영업일로 넘어가므로(연과 월을 넘길 수 있음) 7월 1일이 되며, preceding은 자금 결제일이 공휴일인 경우 무조건 이전 영업일로 넘어가므로(연과 월을 넘길 수 있음) 6월 28일이 자금 결제일이 된다.

···TOPIC 3 이자율스왑(IRS, Interest Rate Swap) 거래

※ 다음은 3년 만기 달러화 이자율스왑의 거래내용이다. 질문에 답하시오(020~023).

trade date	Feb. 8, 2017	floating rate payer	B은행
effective date	㉠	fixed rate	3.20%, s.a., 30/360, Unadj.
termination date	㉡	floating rate	US$ 6M Libor + 1.0%, act/360
notional amount	US$10,000,000	business days convention	modified following
fixed rate payer	A은행	documentation	ISDA standard

020 ㉠의 effective date는 언제인가?

① Feb. 8, 2017　　　　　② Feb. 9, 2017
③ Feb. 10, 2017　　　　④ Feb. 11, 2017

해설 effective date는 스왑거래의 이자계산이 시작되는 날로, 통상 trade date(2월 8일) 이후 2영업일 후(spot date)가 된다. 따라서 2017년 2월 10일이다.

021 ㉡ 스왑의 만기일(termination date)은 언제인가?

① Feb. 8, 2020　　　　　② Feb. 9, 2020
③ Feb. 10, 2020　　　　④ Feb. 11, 2020

해설 3년 만기 이자율스왑 거래이다. 따라서 termination date(스왑 만기일)는 이자계산이 시작되는 effective date로부터 3년 후인 2020년 2월 10일이다.

022 A은행의 스왑 포지션에 대한 설명으로 옳지 않은 것은?

★★★

① 고정금리를 지급하고, 변동금리를 수취하는 포지션이다.
② payer swap이다.
③ long swap이다.
④ 변동금리가 3.20% 이상으로 상승할수록 이자 수취액보다 지급액이 많아져 불리해진다.

해설 A은행은 B은행에게 고정금리를 지급하고, B은행으로부터 변동금리를 수취하는 포지션이므로 payer swap 또는 long swap이다. 따라서 A은행 입장에서는 수취하는 변동금리가 지불하는 고정금리인 3.20% 이상으로 상승할수록 이자 지급액보다 수취액이 많아져 이익을 본다. 즉 payer swap은 금리가 상승할수록 유리해지고, receiver swap은 금리가 하락할수록 유리해진다.

023 이 거래에 대한 설명으로 옳지 않은 것은?

★★★

① A은행은 이자계산 기간의 실제 날짜 수와 상관없이 고정금리 3.2%의 절반인 명목원금의 1.6%를 3년 동안 매 6개월마다 총 6번 지급하게 된다.
② B은행은 이자계산 기간의 실제 날짜 수를 감안하여 변동금리 지표인 달러화 6개월 Libor에 연 1%의 가산금리를 더한 이자를 매 6개월 마다 총 6번 지급하게 된다.
③ 최초의 이자지급일은 2017년 8월 10일이다.
④ 2017년 2월 8일의 6개월 Libor가 3.0%라면, 최초의 이자교환일에 A는 B로부터 결제차액을 수취하게 된다.

해설 A은행은 payer swap 포지션이다. 따라서 A은행 입장에서는 수취하는 변동금리가 지불하는 고정금리인 3.20% 이상으로 상승할수록 이자 지급액보다 수취액이 많아져 이익을 본다. 최초 이자교환일의 변동금리 이자를 계산할 때 적용되는 변동금리는 effective date의 2영업일 전인 trade date의 변동금리(6개월 Libor)가 적용된다. 따라서 이날의 Libor가 고정금리인 3.2%보다 낮으므로 A은행은 B은행에게 결제차액을 지불하여야 한다.

024 이자율스왑의 명목원금이 2,000만 달러, 이자지급 주기(결제)는 6개월, 고정금리(스왑금리)는 4%, 변동금리 지표는 6개월 Libor이다. 만일 스왑계약 체결시점의 Libor가 5%이고 6개월 후 Libor가 6%라면, 최초 이자지급일에 고정금리 수취자가 지급 또는 수취해야 할 금액은?(단, 이자계산 일수는 6/12로 하며, 표준스왑을 가정)

★★★

① 10만 달러 지급　　　　　　　　　　② 20만 달러 지급
③ 10만 달러 수취　　　　　　　　　　④ 20만 달러 수취

해설 스왑계약 발효 후 최초 6개월 후의 이자교환 시 적용되는 변동금리는 6개월 후의 Libor가 아니라 스왑계약 체결일(trade date)의 Libor이다. 즉, 표준형 이자율스왑의 경우, 변동금리 결정이 미리 이루어지고 실제 이자교환은 나중(6개월 후)에 발생한다. 따라서 6개월 후의 이자교환에 적용되는 변동금리는 스왑계약 체결시점의 Libor인 5%이다. 6개월 후의 Libor인 6%가 적용되는 것이 아니라는 점에 주의해야 한다.

정답 019 ①　　020 ③　　021 ③　　022 ④　　023 ④　　024 ①

고정금리 수취	= 명목원금×고정금리×(일수/365) = 2,000만 달러×4%×(6/12) = 40만 달러 수취
변동금리 지급	= 명목원금×변동금리×(일수/360) = 2,000만 달러×5%×(6/12) = 50만 달러 지급
수취 혹은 지급	= 2,000만 달러×(4% − 5%)×(6/12) = −10만 달러

→ 고정금리 이자 40만 달러를 수취하고 동시에 변동금리 이자 50만 달러를 지급해야 하는데 스왑은 선도금리
계약처럼 차액만 결제하므로, 이 거래에서 고정금리 수취자는 6개월 후의 첫 번째 이자교환일에 10만 달러
를 지급하면 된다.

···TOPIC 4 이자율스왑과 기타 금리거래의 비교

★★★
025 다음 중 payer 이자율스왑의 현금흐름과 동일한 현금흐름을 갖는 채권거래는?

① 고정금리 채권 매수 + 변동금리 채권(FRN) 발행
② 고정금리 채권 발행 + 변동금리 채권(FRN) 매수
③ 고정금리 채권 매수 + 변동금리 채권(FRN) 매수
④ 고정금리 채권 발행 + 변동금리 채권(FRN) 발행

해설 payer 이자율스왑은 고정금리를 지급하고 변동금리를 수취한다. 고정금리채권을 발행하면 고정금리 이자를 지급
하고, 변동금리채권에 투자하면 변동금리 이자를 수취하게 된다. 따라서 payer 이자율스왑의 현금흐름은 고정금리
채권을 발행하여 변동금리채권에 투자하는 채권거래와 동일한 현금흐름을 보인다.

🏛 필수핵심정리 ▷ 이자율스왑과 채권거래의 비교

Payer 이자율스왑	= 고정금리채권 발행 + FRN(변동금리부채권) 투자 (= 고정금리 지급 + 변동금리 수취)
Receiver 이자율스왑	= FRN(변동금리부채권) 발행 + 고정금리채권 투자 (= 변동금리 지급 + 고정금리 수취)
공통점	현금흐름과 같이 시장(금리)리스크 측면에서는 동일
차이점	• 회계처리상의 차이 → 스왑거래는 부외거래(off B/S)이나 채권발행과 채권투자는 장부상의 거래(on B/S) • 상대방에 대한 신용리스크의 차이 → 이자율스왑 거래는 원금은 교환하지 않고 차액만 결제 하지만, 채권발행과 투자는 실제 원금을 지불하므로 상대방에 대한 신용리스크가 이자율스 왑보다 훨씬 큼

★★★
026 receiver 이자율스왑과 채권투자에 관한 설명으로 옳지 않은 것은?

① receiver swap은 변동금리 채권을 발행하여 고정금리 채권에 투자하는 것과 동일한 현금흐름을 갖는다.

② receiver swap은 시장금리가 하락하면 이익이 발생한다.

③ 이자율스왑 거래와 [채권발행 + 채권투자] 거래는 서로 회계처리방법이 동일하다.

④ 고정금리 채권투자(long position)의 가치는 시장금리와 역(−)의 관계에 있다.

해설 [채권발행 + 채권투자] 거래는 재무상태표상의 거래(on B/S)로서 자산과 부채로 기록되지만, 이자율스왑 거래는 파생상품 거래로서 재무상태표에 기록되지 않고 각주로 표시되는 부외거래(off B/S)이다.

🏛 필수핵심정리 ▷ 시장금리 변화에 따른 채권과 이자율스왑의 손익 변화

	채권투자	채권발행	payer swap	receiver swap
시장금리 상승	손실(−)	이익(+)	이익(+)	손실(−)
시장금리 하락	이익(+)	손실(−)	손실(−)	이익(+)

★★★
027 선도금리계약(FRA, Forward Rate Agreement)에 관한 설명으로 옳지 않은 것은?

① FRA는 미래의 일정시점에서 필요한 자금을 조달이나 운용을 함에 있어서 자금조달 금리 또는 자금운용 금리를 미리 고정시켜 놓는 계약을 의미한다.

② FRA는 만기에 NDF(현금결제선물환, Non-Deliverable Forward)와 같은 차액결제방식을 채택하고 있다.

③ 장래 자금을 차입할 예정인 자는 FRA 매수가, 장래 자금을 대여할 예정인 자는 FRA 매도가 필요하다.

④ 만기시점에서 결제금리가 미리 계약한 계약금리보다 상승했을 경우에, FRA 매도자가 이익을 본다.

해설 FRA는 대표적인 이자율 선도거래인데, FRA 매수자는 금리상승 시, FRA 매도자는 금리하락 시 이익을 본다. 즉, 계약 만기시점의 결제금리가 미리 계약한 계약금리보다 상승했을 경우에, FRA 매수자가 이익을 본다. 이때는 결제금리와 계약금리의 차이에 해당하는 금액을 매도자가 매수자에게 지급해야 한다. 반면에, 만기시점에서 결제금리가 미리 약정한 계약금리보다 하락했을 경우에, FRA 매도자가 이익을 본다. 이때는 결제금리와 계약금리의 차이에 해당하는 금액을 매수자가 매도자에게 지급해야 한다. 따라서 장래 자금을 차입할 예정인 자는 금리상승 리스크에 대비하기 위해 차입금리를 고정하는 효과가 있는 FRA 매수가 필요하고, 장래 자금을 대여할 예정인 자는 금리하락 리스크에 대비하여 대출금리를 고정하는 효과가 있는 FRA 매도가 필요하다.

정답 025 ② 026 ③ 027 ④

★★☆
028 3×9 FRA 거래는 무엇을 의미하는가?

① 3개월 후에 발표되는 6개월 금리에 대한 FRA 계약을 의미한다.
② 3개월 후에 발표되는 9개월 금리에 대한 FRA 계약을 의미한다.
③ 6개월 후에 발표되는 3개월 금리에 대한 FRA 계약을 의미한다.
④ 3개월 후에 발표되는 3개월 금리에 대한 FRA 계약을 의미한다.

> 해설 금리발표 시점은 현재부터 3개월 후, 그리고 발표되는 금리의 만기는 6개월(현재부터 9개월 후)이라는 의미이다. 즉 3×9 FRA는 3개월 후부터 6개월간 적용되는 미래금리를 현재 시점에서 계약하는 거래를 말한다. 따라서 만약, 3개월 후에 6개월 금리가 계약한 금리보다 상승하면 매수자가 차액을 수취하고, 하락하면 매도자가 차액을 수취한다.

★★☆
029 A기업은 향후 6개월 후에 6개월 만기로 차입 예정인 차입금의 금리를 현시점에서 확정하기를 원하고 있다. A기업이 거래해야 하는 것은?

① 6×12 FRA 매도　　　　② 6×12 FRA 매입
③ 6×6 FRA 매도　　　　④ 6×6 FRA 매입

> 해설 향후 6개월 후에 6개월간의 미래기간을 6×12로 표시하며, 이 기간에 해당하는 자금의 차입 금리를 현시점에서 확정하려면, 금리상승 리스크에 대비하여 FRA를 매수해야 한다.

★★☆
030 미 달러화의 3개월 만기 시장금리는 3.0%이고 6개월 만기 시장금리가 3.3%인 경우 3×6 FRA 거래의 이론가격은?(단, 3개월은 90일, 6개월은 180일로 함)

① 3.014%　　　　② 3.115%
③ 3.201%　　　　④ 3.573%

> 해설 FRA의 이론가격은 내재선도금리이다.(내재선도금리 계산은 금리선물 참조)
> $r_1 = 3\%$, $t_1 = 90$, $r_2 = 3.3\%$, $t_2 = 180$
>
> $$\left(1 + 3\% \times \frac{90}{360}\right)\left(1 + R \times \frac{180-90}{360}\right) = \left(1 + 3.3\% \times \frac{180}{360}\right)$$
>
> $$R = \left(\frac{1 + 0.033 \times \dfrac{180}{360}}{1 + 0.03 \times \dfrac{90}{360}} - 1\right) \times \frac{360}{180-90} = 3.573\%$$

★★★
031 이자율스왑과 대표적인 이자율 선도거래인 FRA를 비교한 것으로 옳지 않은 것은?

① 이자지급 주기가 3개월인 1년 만기 이자율스왑은 3개월 단위의 FRA 거래 4개를 연속적으로 체결한 것과 동일한 현금흐름을 유지한다.
② 시리즈의 FRA 매입은 payer 이자율스왑 거래와 동일한 현금흐름이 발생한다.
③ 시장금리 하락 시, FRA 매입과 payer swap 거래는 이익이 발생한다.
④ 시리즈의 FRA 매도는 receiver 이자율스왑 거래와 동일한 현금흐름이 발생한다.

> **해설** 이자지급 주기가 3개월인 1년 만기 이자율스왑은 3개월 단위의 FRA거래 4개를 연속적으로 체결한 것과 동일한 현금흐름을 유지한다. 즉, 1년 이자율스왑 금리 = 4개 FRA 평균금리(0×3 FRA + 3×6 FRA + 6×9 FRA + 9×12 FRA). 시리즈의 FRA 매입은 고정금리(계약금리)를 지급하고 변동금리(결제금리)를 수취하는 거래이므로 payer 이자율스왑 거래와 동일한 현금흐름이 발생한다. 따라서 시장금리 상승 시, FRA 매입과 payer swap 거래는 이익이 발생한다. 반면에, 시리즈의 FRA 매도는 고정금리(계약금리)를 수취하고 변동금리(결제금리)를 지급하는 거래이므로 receiver 이자율스왑 거래와 동일한 현금흐름이 발생한다. 따라서 시장금리 하락 시, FRA 매도와 receiver swap 거래는 이익이 발생한다.

🏛 필수핵심정리 ▷ 이자율스왑과 FRA 현금흐름 비교

Payer 이자율스왑	= 시리즈의 FRA 매입(고정금리 지급 + 변동금리 수취)
Receiver 이자율스왑	= 시리즈의 FRA 매도(변동금리 지급 + 고정금리 수취)

■ 시장금리 변화에 따른 FRA와 이자율스왑의 손익 변화

	FRA 매입	FRA 매도	payer swap	receiver swap
시장금리 상승	이익(+)	손실(−)	이익(+)	손실(−)
시장금리 하락	손실(−)	이익(+)	손실(−)	이익(+)

···TOPIC **5** 스왑금리(swap rate)와 스왑금리의 결정

★★★
032 스왑금리(Swap rate)에 대한 설명으로 옳지 않은 것은?

① 스왑금리는 스왑거래에서 변동금리와 교환되는 고정금리를 말한다.
② 스왑금리를 스왑가격(swap price)이라고 한다.
③ 스왑시장에서 스왑딜러들은 두 개의 스왑금리를 고시하는데, 이를 'two-way quotation'이라고 한다.
④ pay rate는 스왑딜러가 변동금리를 주는 대신에 받고자 하는 고정금리이다.

정답 028 ① 029 ② 030 ④ 031 ③ 032 ④

해설 pay rate를 bid rate라고도 하는데, 이는 스왑딜러가 변동금리를 받는 대신에 지불하고자 하는 고정금리이다. 여기서 변동금리는 자동적으로 각 통화의 기준 변동금리지표를 전제하고 있다. 즉 달러화, 엔화, 유로화는 Libor금리가, 원화는 CD금리가 된다.

🏛 **필수핵심정리** 　스왑딜러들의 스왑금리 고시

offer rate(매도율) = receive rate	스왑딜러가 고객에게 변동금리를 주는 대신에 받고자 하는 고정금리 → 스왑딜러가 고객에게 고정금리를 수취하고 변동금리를 지급하는 스왑(receiver swap)을 할 때 적용하는 고정금리
bid rate(매입률) = pay rate	스왑딜러가 고객에게 변동금리를 받는 대신에 지불하고자 하는 고정금리 → 스왑딜러가 고정금리를 지급하고 변동금리를 수취하는 스왑(payer swap)을 할 때 적용하는 고정금리

• 스왑시장에서는 시장관행상 「receive(= offer)/pay(= bid)」 순서로 고시함
• 「Receive more/Pay less」의 원칙(receive rate > pay rate) → 스왑딜러 입장에서 고정금리를 많이 받고 작게 지급함으로써 호가스프레드만큼 이익 발생

★★★
033 3년 만기 미달러화 이자율스왑의 가격이 「2.57/2.54」라고 하자. 이에 대한 설명으로 옳지 않은 것은?

① receive rate는 2.57%이다.
② offer rate는 2.54%이다.
③ 스왑딜러가 고객에게 변동금리를 지급하는 대신에 2.57%의 고정금리를 수취하겠다는 의미이다.
④ 스왑거래는 최소 1년 이상의 장기거래이고, 스왑금리는 장기 고정금리이기 때문에 스왑금리는 만기가 동일한 채권의 수익률을 기준으로 결정된다.

해설 offer rate는 receive rate이므로 2.57%이다. pay rate는 bid rate라고도 하는데, 이는 스왑딜러가 변동금리를 받는 대신에 지불하고자 하는 고정금리이다. 따라서 bid rate는 2.54%이다.

★★★
034 잔존만기 3년짜리 미국 재무부 채권수익률이 3%이고, 스왑딜러가 고시한 3년 만기 미달러화 이자율스왑의 가격이 「T+40/37」일 경우, 스왑딜러와 payer swap 거래를 하고자 하는 고객에게 적용되는 스왑금리는?

① 3%　　　　② 3.37%　　　　③ 3.40%　　　　④ 3.77%

해설 고객이 스왑딜러에게 고정금리를 지급(변동금리를 수취)하는 payer swap을 하고자 한다. 따라서 스왑딜러 입장에서는 고정금리를 수취하는 포지션이므로 offer rate(receive rate)인 「T + 40」이 적용된다. 여기서 T는 스왑과 만기가 동일한 미국 재무부 채권수익률(3%)이며, 40(40bp = 0.40%)은 offer rate에 붙는 스왑의 offer spread이다. 따라서 offer rate(receive rate)는 3.40%(= 3% + 0.40%)이다.

T + spread 방식	스왑금리 = 재무부 채권 수익률 + 스왑 spread(예 T+35/32) → 스왑 spread = 스왑금리 − 재무부 채권 수익률	
	offer rate	= 재무부 채권 bid 수익률 + 스왑 offer spread
	bid rate	= 재무부 채권 offer 수익률 + 스왑 bid spread
All-in 방식	절대금리로 직접 표시(예 1.99/1.96)	

통상 채권가격의 bid 가격이 offer 가격보다 적으므로 수익률은 반대로 bid 수익률이 offer 수익률보다 크다. 따라서 스왑의 offer rate에는 채권의 bid 수익률을, 스왑의 bid rate에는 채권의 offer 수익률을 사용

※ 다음 표는 각 통화별 이자율스왑의 스왑금리를 고시한 사례이다. 표를 참조하여 다음 질문에 답하시오(035~036).

기간	swap spread (act/365, s.a.)	USD/AMM act/360	EUR/p.a. 30/360
2년	T+35/32	1.99/1.96	2.53/2.51
3년	T+40/37	2.57/2.54	2.88/2.86

★★★
035 다음 설명 중 옳지 않은 것은?

① AMM은 annual money market의 약자로 1년을 360일로 하고 실제경과일수를 감안하여 이자금액을 계산한다.

② 1.99%는 스왑 bid rate로 재무부 채권수익률 방식의 T+35와 같다.

③ AMM 방식 1.99%를 act/365 방식으로 환산하면 2.02%가 된다.

④ 유로화 이자율스왑은 30/360 방식으로 고정금리를 정하고 있다.

> 해설 1.99%는 스왑 offer rate로 재무부 채권수익률 방식의 T+35와 같고, 1.96%는 스왑 bid rate로 재무부 채권수익률 방식의 T+32와 같다. AMM 방식 1.99%를 act/365 방식으로 환산하면 2.02%(=1.99%×365/360)가 된다.

★★★
036 2년 만기 미 달러화 이자율스왑에 적용된 2년 만기 재무부 국채수익률은? 심화

① 1.66%

② 1.86%

③ 1.96%

④ 1.99%

> 해설 1.99%는 스왑 offer rate로 재무부 채권수익률 방식의 T+35와 같고, AMM 방식 1.99%를 act/365 방식으로 환산하면 2.018%(= 1.99%×365/360)가 되며, 이를 반년 복리로 고치면 2.01%[= ($\sqrt{1.02018}$ − 1)×2]가 된다. 스왑 offer spread가 0.35%이므로 이날 적용된 2년 만기 재무부 국채수익률은 1.66%(= 2.01 − 0.35)임을 알 수 있다.

정답 033 ② 034 ③ 035 ② 036 ①

037 A기업은 미 달러화 고정금리 수취 스왑거래를 하려고 한다. 스왑딜러가 제시한 스왑금리가 다음과 같다면, 누구와 스왑거래를 하는 것이 가장 유리한가? 심화

① 스왑딜러 A : 5.20 − 5.15(s.a. 30/360)

② 스왑딜러 B : 5.20 − 5.15(annual, 30/360)

③ 스왑딜러 C : 5.20 − 5.15(s.a. act/360)

④ 스왑딜러 D : 5.20 − 5.15(annual act/360)

해설 고정금리 수취스왑을 할 때는 딜러의 bid rate가 적용된다. 따라서 bid rate(5.15%)가 가장 높은 스왑딜러와 거래하는 것이 A기업에 유리하다. 동일한 bid rate라도 이자계산 기준에 따라 다르게 계산된다. 즉, 1년에 2번 이자를 지급하는(연 2회 복리) 금리(s.a.)가 1번 지급(연복리)하는 금리(annual)보다 유리하고, 연간 경과일수를 365일로 계산하는 「act/360(MMB, Money Market Basis)」 방식이 연간 경과일수를 360일로 계산하는 「30/360」보다 유리하다.

038 현재 시장에서 3년 만기 원화 스왑금리가 「3.92%/3.88%」로 고시되고 있다. A은행의 고객인 K기업은 3개월 CD금리를 지급하고 고정금리를 수취하는 스왑거래를 요청하면서 K기업이 1억원의 up−front−fee를 수취하는 조건이었다. A은행이 제시하는 스왑금리는? 심화

① 3.88%보다 낮음

② 3.92%보다 높음

③ 3.90%로 결정

④ 3.88~3.92% 사이에서 결정

해설 K기업은 딜러로부터 고정금리를 수취하는 스왑을 하므로 딜러입장에서는 지불하는 고정금리인 bid rate가 적용된다. 정상적인 거래이면 고시된 현재의 bid rate인 3.88%에 스왑거래가 가능하겠지만, K기업이 up−fron−fee(선불수수료)를 받는 것을 감안한다면 정상적인 bid rate(3.88%)보다는 낮아져야 합리적이다.

039 스왑딜러가 고시한 3년 만기 이자율스왑의 스왑금리가 'T + 55/52'이다. 변동금리 부채를 갖고 있는 A기업은 향후 금리 상승이 우려되어 스왑딜러와 3년 만기 이자율스왑 거래를 하고자 한다. A기업에게 필요한 스왑포지션은 무엇이며, 이때 A기업에게 적용되는 스왑금리(swap rate)는?

① receiver swap, T + 55

② payer swap, T + 55

③ receiver swap, T + 52

④ payer swap, T + 52

해설 고객인 A기업 입장에서 금리상승 리스크를 헤지하기 위해서는 스왑딜러에게 고정금리를 지급하고 변동금리를 수취하는 스왑, 즉 payer swap이 필요하다. 이 경우에는 딜러가 고정금리를 수취하는 입장이므로, 받고자 하는 고정금리인 offer rate(T + 55)가 적용된다.

★★★
040 스왑금리(swap rate)의 일반적인 관계가 바르게 된 것은?

① swap offer rate = 미 재무부 채권 bid 수익률 + swap offer spread
② swap offer rate = 미 재무부 채권 offer 수익률 + swap offer spread
③ swap bid rate = 미 재무부 채권 bid 수익률 + swap bid spread
④ swap bid rate = 미 재무부 채권 offer 수익률 + swap offer spread

해설 통상 채권가격의 bid 가격이 offer 가격보다 적으므로 수익률은 반대로 bid 수익률이 offer 수익률보다 크다. 따라서 스왑의 offer rate에는 채권의 bid 수익률을, 스왑의 bid rate에는 채권의 offer 수익률을 사용한다. 즉 swap offer rate는 swap bid rate보다 커야 하므로 수익률이 큰 것끼리 더해지고, swap bid rate는 swap offer rate보다 작아야 하므로 수익률이 작은 것끼리 더해진다.

스왑 offer rate(= receive rate)	= 미 재무부 채권 bid 수익률 + swap offer spread
스왑 bid rate(= pay rate)	= 미 재무부 채권 offer 수익률 + swap bid spread

★★★
041 스왑 스프레드(swap spread)란?

① 스왑금리에서 국채 수익률을 뺀 것
② 스왑금리의 offer rate와 bid rate의 차이
③ 국채 수익률에서 스왑금리를 뺀 것
④ 고정금리와 변동금리와의 차이

해설 [스왑금리 = 재무부 채권 수익률 + 스왑 spread] → [스왑 spread = 스왑금리 − 재무부 채권 수익률], 즉 스왑 스프레드는 미 재무부 채권 수익률과 스왑금리의 차이로서「본드−스왑 스프레드」라고도 한다.

★★★
042 스왑 스프레드(swap spread)의 변동요인에 관한 설명으로 옳은 것은?

① 유로시장에서 신용위험이 증가하면 swap spread가 축소된다.
② 장래 금리상승이 예상될 때는 swap spread가 축소되는 경향이 있다.
③ 미국 재무부 채권금리가 높은 상태에 있을 때에는 swap spread가 확대된다.
④ 스왑딜러의 고정금리 지급 스왑포지션이 많은 경우 딜러들이 헤지를 해야 하므로 swap spread가 축소될 수밖에 없다.

해설 스왑 스프레드는 국채수익률과 스왑금리의 차이인데, 기본적으로 고정금리 수취 스왑(receiver swap)이 증가하면 swap spread가 축소되며, 고정금리 지급 스왑(payer swap)이 증가하면 swap spread가 확대된다.
① 스왑 spread는 신용위험(credit risk)으로 일종의 TED(Treasury 금리 vs Eurodollar 금리) 스프레드로 볼 수 있기 때문에 유로시장(은행 간의 자금시장)에서 신용위험이 증가하면 유로달러 금리와 Treasury 금리 간의 차이가 확대되고 이에 따라 스왑 스프레드가 확대된다.
② 장래 금리상승이 예상될 때는 차입자의 금리고정화 수요가 증가하고 이에 따라 payer 스왑이 증가하면서 스왑 스프레드가 확대되는 경향이 있다. 반대로 장래 금리하락이 예상될 때는 투자기관의 금리고정화 수요가 증가하고 이에 따라 receiver 스왑이 증가하면서 스왑 스프레드가 축소되는 경향이 있다.

정답 037 ③　038 ①　039 ②　040 ①　041 ①　042 ②

③ 현재 미국 재무부 채권금리가 매우 높은 상태에 있을 때에는 자금운용기관의 자산스왑이 증가하고 이에 따라 receiver 스왑이 증가하면서 스왑 스프레드가 축소된다. 반대로 저금리 상태일 때는 장기차입자의 금리 고정화 수요가 증가함으로써 payer 스왑이 증가하면서 스왑 스프레드가 확대된다.

④ 스왑딜러의 고정금리 지급 스왑포지션(payer 스왑)이 많은 경우에는 딜러들이 헤지를 위해 고정금리 수취 스왑 (receiver 스왑)을 해야 하므로 스왑 스프레드가 축소될 수밖에 없다. 반대로 스왑딜러의 고정금리 수취 포지션 (receiver 스왑)이 많은 경우에는 딜러들이 헤지를 위해 고정금리 지급 스왑(payer 스왑)을 해야 하므로 스왑 스프레드가 확대된다.

🏛 필수핵심정리 　스왑 spread의 변동요인

스왑 spread = 스왑금리 – 재무부 채권 수익률		
• 고정금리 지급 스왑(payer swap) 증가 시 → 스왑 spread 확대 • 고정금리 수취 스왑(receiver swap) 증가 시 → 스왑 spread 축소		
스왑 spread의 변동요인	① 신용위험에 따른 TED 스프레드	유로시장의 신용위험 증가 → TED 스프레드 확대 → 스왑 스프레드 확대
	② 금리변동에 대한 예상	금리상승 예상 시 스왑 스프레드 확대, 금리하락 예상 시 스왑 스프레드 축소
	③ 미국 재무부 채권금리 수준	금리가 매우 높은 상태에 있을 때에는 스왑 스프레드 축소, 저금리 상태일 때는 스왑 스프레드 확대
	④ major 스왑은행의 포지션 상태	딜러의 고정금리 지급 스왑포지션(payer 스왑)이 많은 경우에는 스왑 스프레드 축소, 딜러의 고정금리 수취 포지션(receiver 스왑)이 많은 경우에는 스왑 스프레드 확대

···TOPIC **6** 스왑거래의 발생원인 및 이자율스왑의 이용사례

★★★
043 이자율스왑을 거래하는 동기 및 활용목적과 거리가 먼 것은?

① 차입상의 비교우위를 이용하여 차입한 후 이자율스왑을 이용하여 유리한 차입조건을 달성하기 위해

② 금리상승 리스크 관리를 위해 변동금리 이자지급을 고정금리로 전환하거나, 금리하락 리스크 관리를 위해 고정금리 차입을 변동금리로 전환하기 위해

③ 서로 다른 통화 간에 발생하는 환율변동 리스크를 관리하기 위해

④ 자산스왑을 통해 투자자산의 수익률을 제고시키거나, 기존 투자자산에서 얻을 수 없는 투자자가 원하는 현금흐름을 얻기 위해

해설 금리뿐만 아니라 환율변동 리스크까지 관리하기 위해서는 이자율스왑이 아니라 통화스왑 거래를 해야 한다.

※ D사는 해외에서 미 달러화로 자금을 조달하고자 하는데 다음과 같은 2개 방안이 있다. 고정금리로 차입(1안)을 원하는 D사가 유리한 차입조건을 달성하기 위해 2안을 선택한 후 스왑딜러와 스왑거래를 한다고 가정하자(044~045).

1안	이자율 4.25%의 고정금리채권 발행	swap rate
2안	[Libor + 0.50%]로 차입	3.50/3.45

★★★ 044 D사의 스왑포지션은 무엇이며, 이때 D사에게 적용되는 스왑금리는?

① payer swap, bid rate
② receiver swap, offer rate
③ payer swap, offer rate
④ receiver swap, bid rate

 해설 D사는 변동금리로 차입(2안을 선택)한 후, 스왑딜러와 고정금리를 지불하고 변동금리를 수취하는 payer swap 거래를 하여야 D사가 원하는 고정금리로 차입한 효과를 보인다. 이때 스왑금리는 스왑딜러 입장에서 고정금리를 수취하는 것이므로 offer rate(receive rate)인 3.50%가 적용된다.

★★★ 045 이자율스왑 거래 후 D사의 차입금리 및 금리이익(비용절감)은?

① 차입금리(3.50%), 금리 절감(0.75%)
② 차입금리(4.00%), 금리 절감(0.25%)
③ 차입금리(4.00%), 금리 절감(0.35%)
④ 차입금리(4.50%), 금리 절감(0.25%)

해설 이자율스왑 거래 후 차입금리가 4%이므로, 그냥 고정금리로 차입했을 때(1안)의 차입금리(4.25%)보다 0.25% 절감(이익)했다. 이를 정리하면 다음과 같다.

🏛 **필수핵심정리** ▷ 이자율스왑의 이용사례 – 유리한 차입조건 달성

일단 원하지 않은 시장에서 차입 → 스왑딜러와 이자율스왑 거래 → 결과적으로 원래의 차입조건보다 유리해짐

수취(+)	= + Libor	= − 4%(vs 4.25%)
지급(−)	= − (Libor + 0.50%) − (3.50%)	∴ 0.25% 절감(이익)

※ A기업과 B기업의 미 달러화 차입시장 여건(차입금리)이 다음과 같다. A사는 변동금리 차입을 선호하고, B사는 고정금리로 차입할 것을 선호하고 있다. 두 기업이 자신의 비교우위를 이용하여 차입한 후 스왑딜러와 각각 이자율스왑 거래를 한다고 가정하자(046~048).

	고정금리 차입시장	변동금리 차입시장	swap rate
A기업	3.50 %	Libor	3.75/3.70
B기업	4.50 %	Libor + 0.50%	

★★★
046 고정금리시장과 변동금리시장에서 각각 차입상의 비교우위가 있는 기업은?

	고정금리 시장	변동금리 시장		고정금리 시장	변동금리 시장
①	A	A	②	A	B
③	B	A	④	B	B

> **해설** A기업은 B기업보다 신용도가 높아 양 시장에서의 차입금리가 모두 B기업보다 낮은 절대우위에 있다. A는 변동금리 차입시장에서는 B보다 0.5%포인트 낮게 차입하는 반면, 고정금리 차입시장에서는 B보다 1%포인트 낮게 차입하므로 상대적으로 A기업은 고정금리 차입시장에서 비교우위에 있다. 반면에, B는 고정금리 차입시장에서는 A보다 1%포인트나 높게 차입하는 반면, 변동금리 차입시장에서는 A보다 0.5%포인트만 높게 차입하므로 상대적으로 B기업은 변동금리 차입시장에서 비교우위에 있다. 쉽게 말하면, A기업은 변동금리보다 고정금리 차입시장에서 더 우대를 받는다는 것이고, B기업은 모든 시장에서 절대적으로는 A에 밀리지만 고정금리보다 변동금리 차입시장에서 좀 더 대우를 받는다는 것이다.

★★★
047 차입상의 비교우위를 이용하여 차입한 후, 딜러와 이자율스왑 거래를 하는 경우 A기업과 B기업의 이자율스왑 포지션은 각각 어떻게 되는가?

① A기업(receiver swap), B기업(payer swap)
② A기업(payer swap), B기업(receiver swap)
③ A기업(payer swap), B기업(payer swap)
④ A기업(receiver swap), B기업(receiver swap)

> **해설** A기업은 고정금리에 비교우위가 있으므로 고정금리(3.50%)로 차입한 후에 스왑딜러와 고정금리를 받고 변동금리를 지급하는 receiver 이자율스왑을 해야 처음에 원하는 것보다 더 유리한 조건으로 변동금리 차입을 하게 된다. B기업은 변동금리에 비교우위가 있으므로 변동금리(L + 0.50%)로 차입한 후에 스왑딜러와 변동금리를 받고 고정금리를 지급하는 payer 이자율스왑을 해야 처음에 원했던 것보다 더 유리한 조건으로 고정금리 차입을 하게 된다.

048 A기업과 B기업의 이자율스왑 거래 후 순차입금리 및 금리이익(비용절감)은?

	A기업		B기업	
	순차입금리	금리이익	순차입금리	금리이익
①	Libor − 0.20%	0.20%	4.25%	0.25%
②	4.25%	0.25%	Libor − 0.20%	0.20%
③	Libor − 0.25%	0.25%	4.20%	0.20%
④	4.20%	0.20%	Libor − 0.25%	0.25%

해설 모든 거래를 정리하면 다음과 같다.

🏛 필수핵심정리 〉 이자율스왑의 이용사례 − 비교우위에 의한 스왑의 이익

일단 차입상의 비교우위에 있는 시장에서 차입 → 스왑딜러와 이자율스왑 거래 → 결과적으로 원래의 차입조건 보다 유리해짐(거래 참가자 모두가 이익)

	고정금리 차입시장	변동금리 차입시장
A기업	3.50%	Libor
B기업	4.50%	Libor + 0.50%
차이(Credit Spread)	1.0%	0.50%
비교우위 시장 및 스왑포지션	A는 고정금리에 비교우위 → 3.50%로 차입 후 receiver 스왑	B는 변동금리에 비교우위 → (Libor + 0.50%)로 차입 후 payer 스왑

■ 비교우위에 의한 스왑의 이익 분석

	A의 거래 종합	B의 거래 종합
비교우위 차입금리	− 3.50%	− (Libor + 0.50%)
스왑에서 지급금리	− Libor	− 3.75%
스왑에서 수취금리	+ 3.70%	+ Libor
순차입금리	−3.50% − Libor + 3.70% = − (L − 0.20%)	−(L + 0.50%) − 3.75% + L = − 4.25%
금리이익(비용절감)	0.20%(vs Libor)	0.25%(vs 4.50%)

※ 현재 G사와 K사는 자금을 차입하려고 하는데 자금시장에서 요구되는 금리가 다음과 같다(049~050).

	고정금리 조달	변동금리 조달
G사	4%	Libor
K사	6%	Libor + 1%

★★★
049 고정금리시장과 변동금리시장에서 각각 비교우위에 있는 기업은?

	고정금리 시장	변동금리 시장		고정금리 시장	변동금리 시장
①	G	G	②	G	K
③	K	G	④	G	K

> **해설** 두 차입시장 모두에서 G는 절대우위에 있다. 즉 G의 신용도가 절대적으로 우수하다. 하지만 G는 고정금리시장에서 B보다 2%포인트 낮게 차입하고, K는 변동금리시장에서 G보다 1%포인트만 높게 차입한다. 따라서 G는 고정금리 시장, K는 변동금리시장에서 각각 비교우위에 있다.

★★★
050 두 기업이 비교우위에 있는 시장에서 각자 자금을 조달한 후, 서로 4.5%와 Libor를 교환하는 이자율스왑을 한다면 G사와 K사의 금리이익(비용절감)은?

	G사	K사		G사	K사
①	1% point 절약	불변	②	불변	1% point 절약
③	불변	불변	④	0.5% point 절약	0.5% point 절약

> **해설** G는 비교우위에 있는 고정금리(4%)로 차입한 후, K에게 고정금리(4.5%)를 받고 Libor를 지급하는 receiver 이자율스왑을 하고, K는 비교우위에 있는 변동금리(Libor+1%)로 차입한 후, G에게 변동금리(Libor)를 받고 고정금리(4.5%)를 지급하는 payer 이자율스왑을 하게 된다. 여기서 이자율스왑 거래의 당사자가 얻을 수 있는 금리이익의 총합계는 1%인데, 이는 [고정금리 차이 − 변동금리 차이]로 간단히 계산할 수 있다. 즉, [(6% − 4%) − (Libor + 1% − Libor)] = 1%

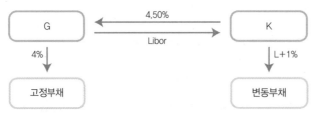

• 비교우위에 의한 스왑의 이익 분석

	G의 거래 종합	K의 거래 종합
비교우위 차입금리	−4%	−(Libor + 1%)
스왑에서 지급금리	−Libor	−4.5%
스왑에서 수취금리	+4.5%	+Libor
순차입금리	−4% − Libor + 4.5% = − (L − 0.5%)	−(L + 1%) − 4.5% + L = − 5.5%
금리이익(비용 절감)	0.5%(vs Libor)	0.5%(vs 6%)

현재 X사와 Y사는 자금을 차입하려고 하는데 자금시장에서 요구되는 금리가 다음과 같다. X사는 변동금리 차입을 원하고 Y사는 고정금리 차입을 원하고 있으나, 각각 비교우위가 있는 방식으로 자금을 조달하고 이자율스왑을 할 경우에 두 회사가 절약하게 될 금리는 총 얼마가 되는가?

	고정금리 조달	변동금리 조달
X사	6.5%	Libor + 1.0%
Y사	8.0%	Libor + 1.5%

① 0.25%　　　② 0.5%　　　③ 0.75%　　　④ 1.0%

해설 두 회사가 절약하게 되는 총 금리이익 = [고정금리 차이(= 8.0% − 6.5%) − 변동금리 차이(= L+1.5% − (L+1.0%)]
= [1.5% − 0.5%] = 1%가 된다. 따라서 1%의 이익을 스왑거래 당사자들이 나누어 갖게 되는데, 이 경우 각자의 이익은 스왑금리가 어떻게 결정되느냐에 따라 달라진다.

 K사의 현재 차입금리는 Libor + 30bp이며 스왑딜러가 제시하고 있는 스왑금리는 3.29/3.26 이다. K사는 향후 금리상승이 예상되어 이자율스왑 거래를 하고자 한다. 이때 K사에 필요한 이자율스왑 포지션과 이자율스왑 거래 후의 차입금리는?

① payer 이자율스왑, 3.59%　　　② receiver 이자율스왑, 3.56%
③ payer 이자율스왑, 3.56%　　　④ receiver 이자율스왑, 3.59%

해설 K사의 현재 차입금리는 변동금리(Libor + 0.30%)이다. 따라서 금리상승 리스크에 노출되어 있다. 금리상승 리스크를 관리하기 위해서는 차입금리를 변동금리에서 고정금리로 전환해야 한다. 따라서 스왑딜러에게 고정금리를 지급하고 변동금리를 수취하는 payer 이자율스왑 거래가 필요하다. 이때 스왑금리는 스왑딜러 입장에서 고정금리를 받는 것이므로 offer rate인 3.29가 적용된다. 이상의 거래를 그림으로 나타내면 다음과 같다. 참고로, 1bp(basis point) = 0.01%

🏛 필수핵심정리 ▶ 이자율스왑의 이용사례 – 변동금리 이자지급 고정(금리상승 리스크 관리)

변동금리 차입자는 금리상승 리스크에 노출됨 → 스왑딜러에게 고정금리를 지급하고 변동금리를 수취하는 payer 이자율스왑 거래 필요

■ 변동금리 차입과 고정금리 지급(payer) 스왑

현재 차입금리	스왑에서 지급금리	스왑에서 수취금리	순차입금리
−(Libor + 0.30%)	− 3.29%	+Libor	3.59%

★★★ 053

G기업은 US$ Libor+1.5%의 변동금리채를 발행하고 이자율스왑을 통해 지급이자를 고정하려고 한다. 현재 스왑딜러가 US$ Libor 금리에 대해 제시하고 있는 스왑금리가 5.50%/5.45%라고 할 때 G기업이 최종적으로 부담해야 하는 고정금리는?

① 5.45%
② 5.50%
③ 6.95%
④ 7.00%

> **해설** G기업은 변동금리(Libor)를 수취하고 고정금리(5.50%)를 지급하는 payer 이자율스왑 거래가 필요하다. 시장조성자가 아닌 시장 follower의 입장에서 스왑딜러에게 지급해야 할 고정금리는 5.50%가 적용되고, 여기에 스프레드 1.5%를 더하면, 7.00%를 최종적으로 지급해야 한다.

• 변동금리 차입과 고정금리 지급(payer) 스왑

현재 차입금리	스왑에서 지급금리	스왑에서 수취금리	순차입금리
−(Libor + 1.5%)	− 5.50%	+Libor	7.00%

★★★ 054

다음 중 payer 이자율스왑의 이용 목적과 거리가 먼 것은?

① 금리상승 위험을 회피하기 위해
② 고정금리 수입을 변동금리 수입으로 바꾸기 위해
③ 변동금리부채를 고정금리부채로 바꾸기 위해
④ 금리하락 시 이익을 얻기 위해

> **해설** 금리하락에 따른 이익 추구 수단이 되기 위해서는 금리하락 시 유리한 스왑, 즉 receiver 이자율스왑(short swap)이 필요하다.

★★★ 055

표면금리 6%의 고정금리채권을 발행하여 자금을 조달한 A기업이 금리하락을 예상하고 있다. A기업이 Libor와 5%를 교환하는 이자율스왑을 체결하여 금리구조를 바꾼다면, A기업의 스왑포지션은 무엇이며 스왑거래 후의 조달금리는 어떻게 되는가?

① 고정금리 수취(receiver) 이자율스왑, Libor−1%
② 고정금리 수취(receiver) 이자율스왑, Libor+1%
③ 고정금리 지급(payer) 이자율스왑, 5%
④ 고정금리 수취(receiver) 이자율스왑, 6%

금리하락 위험을 회피하기 위해서는 고정금리를 수취하고 변동금리를 지불하는 스왑이 필요하다. 즉, 고정금리부채를 변동금리부채로 바꾸기 위해서는 고정금리 수취(receiver) 이자율스왑을 해야 한다.

Ⅲ 필수핵심정리 〉 이자율스왑의 이용사례 – 고정금리 차입을 변동금리로 전환(금리하락 리스크관리)

고정금리 차입자는 금리하락 리스크에 노출됨 → 스왑딜러에게 고정금리를 수취하고 변동금리를 지급하는 receiver 이자율스왑 거래 필요

■ 고정금리 차입과 고정금리 수취(receiver)스왑

현재 차입금리	스왑에서 지급금리	스왑에서 수취금리	순차입금리
−6%	−Libor	+5%	−(Libor + 1%)

★★★
056 투자자 A는 B은행으로부터 Libor + 100bp로 자금을 조달하여 유로채권(쿠폰 4%)을 매입하였다. 그런데 투자자 A는 금리변동 위험을 헤지하기 위해 스왑딜러와 고정금리 4% 지급, 변동금리 Libor + 2% 수취조건의 이자율스왑 거래를 체결하였다. 이 경우 투자자가 예상하는 향후 금리전망은 무엇이며, 스왑거래 후 투자자의 확정 spread는 얼마가 되는가?

① 금리하락, 100bp   ② 금리하락, 200bp
③ 금리상승, 100bp   ④ 금리상승, 200bp

 투자자 A는 변동금리(Libor + 1%)로 자금을 조달하여 고정금리채권(4%)에 투자하고 있으므로 만약 유로달러 금리(Libor)가 상승할 경우 조달비용 증가로 손실을 감수해야 한다. 따라서 투자자 A는 이러한 금리상승 위험을 헤지하기 위해서 스왑딜러와 payer 이자율스왑, 즉 딜러에게 고정금리를 지급(4%)하고 변동금리(Libor + 2%)를 수취하는 스왑을 한다. 이 거래를 통해 투자자 A는 금리변동과 관계없이 100bp(= 1%)의 스프레드가 확정된다. 즉 투자자 A는 고정금리 채권을 매입하고 자산스왑을 함으로써 Libor + 2%의 FRN(Floating Rate Note, 변동금리채권)을 매입한 것과 동일한 경제적 효과를 얻는데, 이러한 상품을 합성 FRN이라 부른다.

이자율스왑은 유리한 차입조건을 달성하거나 금리 리스크 관리에 이용될 뿐만 아니라, 자산스왑을 통해 투자자산의 수익률을 제고시키거나 기존 투자자산에서 얻을 수 없는 투자자가 원하는 현금흐름을 얻을 수 있음

■ 유로채 투자자의 자산스왑 구조

현재 차입금리	현재 투자수익률	이자율스왑 거래		스왑거래 후 투자수익률
		지급금리	수취금리	
−(Libor + 1%)	+ 4%	− 4%	+(Libor + 2%)	+ 1%(= 100bp)

★★★
057 A은행은 유로시장에서 Libor + 30bp로 자금을 조달하여 우대금리− 30bp로 대출하고 있다. 만약 금리변동 리스크를 헤지하기 위하여 스왑은행과 Libor 수취, 우대금리− 80bp를 지급하는 이자율스왑 거래를 한다면 A은행의 net margin은 얼마인가?

① 5bp   ② 10bp   ③ 15bp   ④ 20bp

해설 A은행의 거래를 종합해 보면 다음과 같다. 참고로 스왑 관련 문제를 풀 때에는 먼저 자금이 들어오고 나가는 것을 그림으로 표시해보는 것이 좋다.

• 변동금리(Libor)로 자금을 조달하여 변동금리(우대금리)로 대출하는 금융기관의 자산스왑 구조

현재 차입금리	현재 대출수익률	이자율스왑 거래		스왑거래 후 투자수익률
		지급금리	수취금리	
−(Libor + 0.3%)	우대금리 − 0.3%	−(우대금리 − 0.8%)	+ Libor	+0.2%(= 20bp)

★★★
058 유로달러 선물 3년 strip 거래의 평균금리가 3.5%이고, 현재 스왑시장에서 3년 스왑금리가 3.0%/2.95%로 고시되고 있다면 어떤 차익거래가 가능한가? 심화

① 차익거래 기회가 존재하지 않는다.
② 유로달러 선물 매수 + receiver 스왑
③ 유로달러 선물 매수 + payer 스왑
④ 유로달러 선물 매도 + receiver 스왑

> **해설** 이론적으로 유로달러 선물의 3년 strip 금리와 3년 스왑금리는 같아야 한다. 그런데 괴리가 생기므로 상대적으로 고평가된 높은 금리는 수취하고 저평가된 낮은 금리로 지급하는 거래를 하면 차익을 볼 수 있다. 유로달러 선물을 이용한 금리(3.5%)가 스왑금리(3.0%/2.95%)보다 높으므로, 금리가 저렴한 스왑시장에서 3.0%를 지급(고정금리를 지급하는 입장에서는 매도율인 3.0% 적용)하고 유로달러 선물거래로 3.5%의 고정금리를 수취하면 된다. 고정금리를 확정시켜 수취하는 효과는 유로달러 선물을 매수하는 것이다.

···TOPIC 7 스왑의 가격산정(pricing)

★★★
059 스왑의 가격산정(pricing) 절차를 순서대로 바르게 나타낸 것은?

> ㉠ 시장 수익률곡선을 이용하여 순할인채 수익률(zero-coupon rate)과 할인계수(DF, Discount Factor)를 산출
> ㉡ 고정금리 현금흐름과 내재선도금리를 이용하여 변동금리 현금흐름을 파악
> ㉢ 고정금리 및 변동금리 현금흐름 발생일의 할인계수를 각각 구함
> ㉣ 고정금리 및 변동금리 현금흐름의 현재가치(PV)를 각각 구함
> ㉤ 현금흐름의 순현재가치(NPV)를 산정

① ㉠ → ㉡ → ㉢ → ㉣ → ㉤
② ㉡ → ㉠ → ㉢ → ㉣ → ㉤
③ ㉠ → ㉢ → ㉡ → ㉣ → ㉤
④ ㉢ → ㉡ → ㉠ → ㉣ → ㉤

> **해설** 스왑의 가격산정은 스왑거래에서 지급하는 현금흐름의 현재가치와 수취하는 현금흐름의 현재가치를 비교하여 평가하는 것으로 그 절차는 다음과 같다.

정답 057 ④ 058 ③ 059 ①

개념	미래의 일련의 현금흐름을 현재가치화하여 서로 평가하는 것 → 지급하는 현금흐름의 가치와 수취하는 현금흐름의 가치를 비교하여 공정한 가격에 거래가 될 수 있게 하는 것
절차	㉠ 시장 수익률곡선을 이용하여 순할인채 수익률(zero-coupon rate)과 할인계수(DF, Discount Factor) 산출 ㉡ 고정금리 현금흐름과 내재선도금리를 이용하여 변동금리 현금흐름 파악 ㉢ 고정금리 및 변동금리 현금흐름 발생일의 할인계수를 각각 구함 ㉣ 고정금리 및 변동금리 현금흐름의 현재가치(PV)를 각각 구함 ㉤ 현금흐름의 순현재가치(NPV, net present value) 산정
	스왑의 가치(NPV) = 수취 현금흐름의 PV − 지급 현금흐름의 PV

필수핵심정리 스왑 가격산정(pricing)의 개념 및 절차

★★★
060 이자율스왑이나 통화스왑 등 스왑거래의 가격산정(pricing)시 할인율로 사용하는 각 기간별 시장금리는?

① 만기수익률(YTM, Yield to Maturity) ② 내부수익률(IRR, Internal Rate of Return)
③ 순할인채 수익률(zero coupon rate) ④ 국채수익률

해설 스왑거래의 가격결정 시 할인율로 사용하는 각 기간별 시장금리는 zero coupon bond yield(무이표채 수익률), 즉 순할인채 수익률이다. 순할인채 수익률은 만기까지 이자지급이 전혀 없는 현금흐름에 대한 수익률이다. 채권투자에 있어서 수익률의 표시방법은 모든 현금흐름을 동일한 이자율로 할인하는 내부수익률(IRR)법에 의한 것으로, 일반적으로 고시되는 채권수익률을 만기수익률(YTM)이라 한다. 이표가 있는 채권의 만기수익률법은 만기 이전에 실현되는 현금흐름이 모두 동일한 수익률로 재투자된다는 비현실적인 가정을 한다.

★★★
061 ㉠~㉢에 알맞은 말은?

현실적으로 모든 기간에 해당하는 만기를 지닌 할인채는 존재하지 않으므로 현재 존재하는 단기 (㉠) 수익률을 이용하여 장기 이표채의 만기수익률로부터 장기 (㉡) 수익률을 순차적으로 구하는 것을 (㉢)이라고 한다.

① ㉠ 순할인채, ㉡ 이표채, ㉢ bootstrapping
② ㉠ 이표채, ㉡ 이표채, ㉢ bootstrapping
③ ㉠ 순할인채, ㉡ 순할인채, ㉢ strip rate
④ ㉠ 순할인채, ㉡ 순할인채, ㉢ bootstrapping

해설 단기 순할인채 수익률을 이용하여 장기 이표채 만기수익률로부터 장기 순할인채 수익률을 순차적으로 구하는 것을 부트스래핑(bootstrapping)이라고 한다.

062 시장에서 다음과 같은 만기수익률로 채권이 거래되고 있다고 할 경우, 2년 만기 순할인채 수익률을 구하면? 심화

기간	연이자율(YTM, p.a.)	
1년	4.00%	단, 이자는 연 1회 지급되는 것으로 가정
2년	5.00%	

① 4.00%
② 4.03%
③ 5.00%
④ 5.03%

 1년 만기 이표채의 이자율이 연 4%이고 이자는 1년에 한 번 지급된다고 가정하였으므로 1년 만기 순할인채 수익률도 4%이다. 문제는 2년 만기 순할인채 수익률을 구하는 것이다. 이를 구하기 위해 100만원을 2년간 투자한다고 가정하고, 이표채에 투자하는 경우와 순할인채에 투자하는 경우로 나누어 생각해보자. 즉, 초기에 100만원을 이표채에 투자하여 1년차에 5만의 이자를 받고 2년차에 원금 100만원과 이자 5만원을 받는 첫 번째 투자안과 1년 뒤의 5만원을 받지 않는 대신에 1년 뒤의 5만원의 현재가치만큼을 적게 투자하여 2년 뒤에 105만원을 받는 두 번째 투자안은 투자자에게 동일한 만족을 가져다주는 것으로 볼 수 있다. 먼저 1년 후에 받을 5만원의 현재가치를 구하면 4.81만원[= 5만원/$(1 + 0.04)^1$]이므로 초기투자금액은 95.19만원(= 100만원 − 4.81만원)이 된다. 따라서 2년 만기 순할인채 수익률을 구한다는 것은 95.19만원을 투자해서 2년 뒤에 105만원의 수익이 되는 수익률을 구하는 것이다. 즉, $105 = 95.19(1 + r)^2$, ∴ 2년 만기 순할인채 수익률은 5.03%가 된다.

063 현금흐름에 대한 현재가치를 계산하기 위한 수익률(할인율)에 대한 설명으로 옳지 않은 것은?

① 장래의 현금흐름에 대한 현재가치를 계산하기 위해서는 주어진 기간에 해당되는 수익률을 이용하여 할인해야 한다.
② 현실적으로 시장에서는 특정 만기의 상품만이 거래되고, 특정 만기의 수익률만이 고시되므로 그 사이사이의 기간에 해당되는 수익률은 얻을 수 없다.
③ 시장에서 고시되지 않는 기간에 해당되는 수익률은 고시된 수익률로부터 추정할 수밖에 없는데, 이를 보간법이라고 한다.
④ 보간법에는 선형, 3차 스플라인, 로그선형의 여러 방법이 있지만, 이자율스왑의 현금흐름의 현재가치를 구할 때에는 선형 보간법을 사용하여야 한다.

해설 보간법에는 선형, 3차 스플라인, 로그선형의 여러 방법이 있는데 어떤 방법을 사용하느냐에 따라 순할인채 수익률이 달라질 수 있고 할인계수 값도 달라지게 된다. 보간법은 어느 정도 이론적인 정확성이 있다고 할 수 있지만, 꼭 특정 보간법이 사용되어야 한다고는 말할 수 없다.

064 다음과 같이 순할인채 수익률이 주어졌을 경우, 3개월 후에 시작하여 만기가 3개월인 내재선도금리를 계산하면?

기간	순할인채 수익률
3개월	4.00%
6개월	4.40%

① 4.00%　　　② 4.40%　　　③ 4.75%　　　④ 4.95%

> **해설** 선도금리는 현물금리와 대비되는 금리로서, 미래의 특정 시점에서 시작하여 일정기간 동안에 적용되는 수익률을 의미한다. 내재선도금리란 현재 시장에서 거래되는 순할인채 수익률을 이용해 이론적으로 계산한 선도금리이다.
>
> $$\left(1 + 0.04 \times \frac{90}{360}\right)\left(1 + r \times \frac{90}{360}\right) = \left(1 + 0.044 \times \frac{180}{360}\right)$$
>
> $\therefore r$(내재선도금리) ≒ 4.75%

 065 현재 6month Libor가 4%인데, A은행은 B은행과 고정금리 지급 이자율스왑 계약을 체결하였다. 고정금리는 6%이고 계약기간은 5년이다. 체결시점에서 볼 때 bid/offer spread를 감안하지 않는다면 A은행 swap position의 순현재가치(NPV)는?

① '0'이다.　　　　　　　　　　② A은행이 불리한 조건이다.
③ B은행이 불리한 조건이다.　　④ 첫 이자지급일이 되어야 계산이 가능하다.

> **해설** 체결시점의 스왑 가치는 이론적으로는 0이 되어야 한다. 그러나 현실적으로는 0이 될 수 없다. 왜냐하면 모든 시장에는 bid/offer spread가 존재하며, 또한 스왑거래는 일대일 거래이므로 상대방에 대한 신용리스크를 감안하여 신용도가 낮은 상대방과의 거래에는 신용위험을 감안한 spread나 추가적인 margin이 부가되기 때문이다.

···TOPIC 8 이자율스왑의 헤징(hedging)

---

 066 달러 고정금리 지급 스왑을 거래한 금융기관이 스왑포지션의 리스크를 관리하기 위한 헤지수단으로 적절한 방안은?

① 유로달러 선물을 매도한다.　　② 유로달러 선물을 매입한다.
③ 고정금리 채권을 발행한다.　　④ 미 국채 선물을 매도한다.

> **해설** 고정금리 지급 스왑포지션은 고정금리 채권의 매도포지션과 동일한 리스크, 즉 금리하락 시(채권가격 상승 시) 손실이 발생하는 포지션이다. 따라서 금리하락에 대비하기 위해서는 동일 만기의 채권 현물이나 선물을 매수하거나, 유로달러 선물(스트립) 매수를 해야 한다.

	현재 이자율스왑 포지션	
	payer 스왑	receiver 스왑
헤지 방법	금리하락 리스크에 노출 → 금리하락 시 이익이 되는 포지션 　설정 필요	금리상승 리스크에 노출 → 금리상승 시 이익이 되는 포지션 　설정 필요
반대방향의 이자율스왑 거래	receiver 스왑계약 체결	payer 스왑계약 체결
채권(국채) 이용	① 재무부 채권 매수 ② repo(T-bill 매도) ③ TED spread 매도	① 재무부 채권 매도 ② reverse-repo(T-bill 매수) ③ TED spread 매수
국채선물 이용	국채선물 매입	국채선물 매도
Eurodollar 선물 이용	유로달러선물 스트립(strip) 매수	유로달러선물 스트립(strip) 매도
FRA 이용	시리즈의 FRA 매도	시리즈의 FRA 매수

★★★
067 고정금리를 수취하고 변동금리를 지급하는 이자율스왑으로부터 발생하는 금리변동위험을 제거하는 방법으로 옳지 않은 것은?

① 여러 만기의 유로달러 선물을 매수(strip 매수)한다.
② T-bond를 매도하고, reverse-repo를 실행하며, TED spread를 매수한다.
③ 시리즈의 FRA를 매수한다.
④ 고정금리를 지급하고 변동금리를 수취하는 이자율스왑 거래를 체결한다.

 고정금리를 수취하고 변동금리를 지급하는 스왑포지션은 고정금리 채권을 보유하고 있는 포지션과 동일한 리스크, 즉 금리상승 시(채권가격 하락 시) 손실이 발생하는 포지션이다. 따라서 금리상승에 대비하기 위해서는 고정금리 채권의 매도(고정금리 지급) 헤지가 필요하다. 유로달러선물 스트립 거래를 이용하여 고정금리를 지급하는 효과를 달성하려면 유로달러 선물을 매도하여야 한다.

★★★
068 미 국채시장을 이용하여 receiver 이자율스왑 포지션을 헤지하고자 할 경우에 적절한 거래는?

① 재무부 채권 매수 + repo(T-bill 매도) + TED spread 매도
② 재무부 채권 매수 + reverse-repo(T-bill 매수) + TED spread 매도
③ 재무부 채권 매도 + reverser-repo(T-bill 매수) + TED spread 매수
④ 재무부 채권 매도 + repo(T-bill 매도) + TED spread 매수

해설 receiver 이자율스왑 포지션을 헤지하기 위해서는 고정금리를 지급하고 변동금리를 수취하는 payer 이자율스왑의 현금흐름을 만들어 내야 한다. 따라서 [재무부 채권 매도 + reverse-repo(T-bill 운용)]을 하면 된다. 그렇지만 현재 포지션에서 지급하는 변동금리는 Libor이고 헤지 포지션에서 수취하는 변동금리는 T-bill이므로, TED 스프레드(= Eurodollar-Treasury)가 확대될 것에 대비한 TED spread 선물 매수가 추가로 필요하다. TED spread 매수는 지급하는 Libor 금리와 수취하는 T-bill 금리 간 스프레드를 확정하는 거래이다.

정답　064 ③　　065 ①　　066 ②　　067 ①　　068 ③

reverse-repo	채권 매수 후 약정기간 경과 시 재매도하는 거래 → receiver 이자율스왑을 헤지하기 위해 재무부 채권을 매도하게 되는데, 매도할 재무부 채권은 reverse-repo를 통해 채권을 빌려오고, 채권 매도자금은 T-bill 금리에 운용하는 효과 발생(재무부 채권 reverse-repo 운용이익)
repo	채권 매도 후 나중에 재매입하기로 약정하는 거래

★★★
069 미 국채시장을 이용하여 payer 이자율스왑 포지션을 헤지하고자 할 경우에 적절한 거래는?

① 재무부 채권 매수 + repo(T-bill 매도) + TED spread 매도
② 재무부 채권 매수 + reverse-repo(T-bill 매수) + TED spread 매도
③ 재무부 채권 매도 + reverse-repo(T-bill 매수) + TED spread 매수
④ 재무부 채권 매도 + repo(T-bill 매도) + TED spread 매수

> **해설** payer 이자율스왑 포지션을 헤지하기 위해서는 고정금리를 수취하고 변동금리를 지급하는 receiver 이자율스왑의 현금흐름을 만들어 내야 한다. 따라서 [재무부 채권 매수 + repo(T-bill 차입)]을 하면 된다. 그렇지만 현재 포지션에서 수취하는 변동금리는 Libor이고 헤지 포지션에서 지급하는 변동금리는 T-bill이므로, TED 스프레드(= Eurodollar-Treasury)가 축소될 것에 대비한 TED spread 선물 매도가 추가로 필요하다. TED spread 매도는 수취하는 Libor금리와 지급하는 T-bill 금리 간 스프레드를 확정하는 거래이다.

★★★
070 현재 시장에서 3년 만기 미 달러 스왑금리가 T + 45/40으로 고시되고 있다. A은행은 고객에게 고정금리를 지급하는 스왑을 T + 40bp에 체결하였다. 동시에 이 스왑포지션을 헤지하기 위하여 repo 시장에서 자금을 조달하고 treasury를 매입하였다. A은행 스왑포지션의 리스크는?

① 금리하락 리스크는 모두 헤지되었다.
② 금리상승 리스크는 모두 헤지되었다.
③ 스왑스프레드 축소 리스크가 남아있으므로 TED spread 매도 거래를 추가해야 한다.
④ 스왑스프레드 확대 리스크가 남아있으므로 TED spread 매수 거래를 추가해야 한다.

> **해설** A은행은 고객에게 고정금리를 지급하고 변동금리(3month Libor)를 수취하는 payer 이자율스왑 포지션을 취하고 있으므로, 헤지를 위해서는 고정금리를 수취하고 변동금리를 지급하는 receiver 이자율스왑의 현금흐름을 만들어 내야 한다. 따라서 [재무부 채권 매수 + repo(T-bill 차입)]을 하면 된다. 그렇지만 현재 포지션에서 수취하는 변동금리는 3개월 Libor 금리이고 헤지 포지션에서 지급하는 변동금리는 3개월 T-bill 금리이므로, [3개월 Libor − 3개월 T-bill 금리] 간 스프레드(TED 스프레드) 축소 위험이 있다. 따라서 이를 보완하려면 TED spread 매도 거래를 추가해야 한다.

★★★
071 payer 이자율스왑 포지션을 헤지하는 방법으로 옳지 않은 것은?

① receiver 이자율스왑 거래를 한다.　　② 유로달러 선물 strip 매수 헤지를 한다.
③ Treasury(국채)선물 매수 헤지를 한다.　　④ 시리즈의 FRA를 매수한다.

> **해설** payer 이자율스왑을 한 경우에는 금리하락 위험에 노출되어 있다. 따라서 payer 스왑의 헤지를 위해서는 금리하락 시 유리한 시리즈의 FRA를 매도해야 한다.

···TOPIC **9** 이자율스왑의 종류 – 표준형 스왑과 비정형 스왑

★★★ 072 다음 중 표준형 스왑(generic swap)의 표준적인 계약조건으로 보기 어려운 것은?

① 스왑금리(고정금리) 조건은 스왑 만기까지 동일하게 적용된다.

② 변동금리는 런던시장의 3개월 혹은 6개월 Libor로 하고, 가산금리는 붙지 않으며, 변동 금리 결정과 지급은 모두 이자계산 종료일을 기준으로 한다.

③ 스왑계약의 원금(명목원금)은 계약기간 내에 증감 없이 일정하다.

④ 스왑계약의 효력은 spot date(거래 2영업일 후)부터 발생하며, 만기일에 종료된다.

> **해설** 변동금리는 3개월 혹은 6개월 Libor로 하고, 가산금리는 붙지 않으며, 변동금리 결정은 이자계산 시작일에 결정되나 지급은 이자계산 종료일에 지급한다.

Ⅲ 필수핵심정리 ▷ 표준형 스왑의 표준적인 조건

일반적으로 다음과 같은 표준적인 계약조건을 따르는 스왑형태를 표준형 스왑(generic swap 또는 plain vanilla swap)이라고 부름

① 고정금리 조건은 만기까지 동일하게 적용되며, 해당 통화표시 장기 채권시장의 관행을 따름(미 달러화의 경우 미국채 시장 또는 유로달러 채권시장의 관행이 표준조건임)

② 변동금리는 런던시장의 3개월 혹은 6개월 미달러 Libor로 하고, 가산금리가 붙지 않음(즉, Libor flat 금리)

③ 변동금리의 결정은 이자계산 시작일에 결정되고, 이자지급은 이자계산 종료일에 지급되는 후취조건임(set in advance, paid in arrear)

④ 스왑계약의 원금(명목원금)은 계약기간 내에 동일하게 적용됨

⑤ 스왑계약의 효력은 spot date(거래 2영업일 후)부터 발생하며, 만기일에 종료됨

⑥ 계약에 정한 금리 외에 별도의 지급(up-front fee, back-end fee 등)이 없음

⑦ 옵션 등 특수한 조기청산 조항이 없음

★★★ 073 베이시스 스왑(basis swap)이란?

① 변동금리와 고정금리 채무 간의 교환이다.

② plain vanilla swap을 말한다.

③ 선물시장에서의 basis를 이용한 스왑거래이다.

④ 변동금리 채무 간의 교환이다.

> **해설** 고정금리와 변동금리 채무 간의 교환을 쿠폰스왑(coupon swap)이라 하는데, 이 쿠폰스왑이 표준형 스왑(generic swap 또는 plain vanilla swap)이다. 베이시스 스왑이란 변동금리와 변동금리를 서로 교환하는 거래이다. 선물시장에서의 basis를 이용한 거래는 현물과 선물의 가격 차이를 활용하는 거래이다.

 정답 069 ① 070 ③ 071 ④ 072 ② 073 ④

표준적인 계약조건을 따르지 않는 스왑의 형태를 비표준형 또는 비정형 스왑(non-generic swap 또는 exotic swap)이라고 함

이자지급 조건의 변경	basis swap	두 가지의 변동금리를 상호 교환하는 스왑
	zero-coupon swap	만기에 이자가 일시에 지급되는 스왑
명목원금의 변경 (원금변동형 스왑)	accreting swap	스왑기간이 경과함에 따라 명목원금이 증가하는 것
	amortizing swap	스왑기간이 경과함에 따라 명목원금이 감소하는 것
	rollercoaster swap	스왑기간이 경과함에 따라 명목원금이 증가하기도 하고 감소하기도 하는 것
스왑금리 (고정금리)의 변경	step-up swap	스왑금리(고정금리)가 스왑계약 기간 동안 점차 커지는 형태
	step-down swap	스왑금리(고정금리)가 스왑계약 기간 동안 점차 작아지는 형태
스왑 개시시점의 변경	선도스왑 (forward start swap)	이자계산이 spot date 이후 미래의 특정일부터 시작
변동금리 결정일의 변경	Libor in arrear swap (In-arrear reset swap)	이자계산 기간 종료일의 2영업일 전 일자의 금리를 변동금리로 결정하고 이자계산 종료일에 이자를 지급(set and paid in arrear)
변동금리지표의 변경	CMS 스왑	변동금리 지표로 CMS 금리를 사용하는 스왑(CMS : 매일의 특정 만기의 이자율스왑 금리)
	CMT 스왑	변동금리 지표로 CMT 금리를 사용하는 스왑(CMT : 매일의 특정 만기의 benchmark 국채금리)
	OIS 스왑 (Over-night index swap)	변동금리 지표로 1일의 over-night 금리를 사용하는 것으로, 주로 1년 미만의 단기스왑거래임
스왑거래에 옵션조항을 부가	callable 스왑	이자율스왑 계약 후 일정기간 경과 시점에서 고정금리 지급자가 기존 스왑계약을 취소시킬 수 있는 권한을 가지고 있는 스왑
	puttable 스왑	이자율스왑 계약 후 일정기간 경과 시점에서 고정금리 수취자가 기존 스왑계약을 취소시킬 수 있는 권한을 가지고 있는 스왑
	extendible 스왑	이자율스왑 계약기간 만료 후 고정금리 지급자가 스왑계약 기간을 일정기간 연장 가능한 스왑
스왑에 대한 옵션 거래(swaption)	payer's swaption	일정기간 후에 일정기간 동안 고정금리를 지급하는 스왑을 할 수 있는 권리
	receiver's swaption	일정기간 후에 일정기간 동안 고정금리를 수취하는 스왑을 할 수 있는 권리

★★★
074 이자율스왑과 유사하나 고정금리 지급이 매번 이루어지는 것이 아니라 만기에 일시에 지급되는 스왑은?

① 베이시스 스왑   ② 쿠폰스왑
③ zero-coupon 스왑   ④ 스왑션(Swaption)

해설   표준형 스왑은 일정한 주기마다 이자교환이 이루어지나, zero-coupon 스왑은 고정금리 지급이 만기에 일시에 이뤄지는 비표준형 스왑이다.

★★★
075 분할상환 조건의 자금을 차입한 기업이 자금차입과 연계하여 사용하기에 적절한 스왑은?

① accreting swap

② amortizing swap

③ rollercoaster swap

④ callable swap

 해설 스왑계약 시 원금을 항상 일정하게 정하지 않고, 점차증가(accreting swap), 점차감소(amortizing swap) 또는 증가
와 감소가 복합되어 있는 형태(roller-coaster swap)로 계약할 수 있다. 따라서 원금분할상환대출의 경우 금리위험
에 노출되는 금액이 점차 줄어들게 되므로 스왑계약의 원금이 줄어들도록 하는 amortizing swap이 적절하다.

🏛 필수핵심정리 │ 비표준형 스왑 − 명목원금의 변동(원금변동형 스왑)

표준형 이자율스왑 거래에서는 만기까지 명목원금이 동일하게 적용되지만, 이자율스왑에서 시간이 지남에 따
라 미리 정한 방식으로 명목원금이 변화하는 형태의 스왑이 있을 수 있음

accreting swap (원금증가형 스왑)	스왑기간이 경과함에 따라 명목원금이 증가하는 것 → 특정 사업을 계속하는 동안 사업이 진행될수록 필요자금이 점점 증가하는 경우 에 적합
amortizing swap (원금감소형 스왑)	스왑기간이 경과함에 따라 명목원금이 감소하는 것 → 분할상환 조건의 자금차입과 연계하여 차입금 감소에 따라 스왑원금도 감소해야 하는 경우 적합
rollercoaster swap (롤러코스터 스왑)	스왑기간이 경과함에 따라 명목원금이 증가하기도 하고 감소하기도 하는 것 → 특정 프로젝트를 위한 자본조달을 위해 처음에는 차입액을 늘려나가다가 단계적 으로 차입금을 상환해 나가는 프로젝트 파이낸싱에 활용하기 적합

★★★
076 프로젝트 파이낸싱(project financing)에서 미상환차입금과 스왑의 명목원금을 대응시키기에
적절한 스왑은?

① accreting swap

② amortizing swap

③ rollercoaster swap

④ callable swap

 해설 rollercoaster swap은 스왑기간이 경과함에 따라 명목원금이 증가하기도 하고 감소하기도 하는 것으로, 특정 프로
젝트를 위한 자본조달을 위해 처음에는 차입액을 늘려나가다가 단계적으로 차입금을 상환해 나가는 프로젝트 파이
낸싱에 활용하기 적합하다.

077

A기업은 US$10,000,000을 3개월 Libor+1.5%의 변동금리 조건으로 3년간 차입하였다. 금리상승 리스크를 헤지하기 위해 고정금리를 지급(변동금리 수취)하는 payer 이자율스왑 거래를 하고자 한다. 그러나, 초기의 고정금리 지급 부담을 줄이기 위해 변형된 스왑구조를 이용하려고 한다. 다음 중 A기업에게 가장 적절한 스왑은?

① step-up swap 　　　　　　② step-down swap
③ accreting swap 　　　　　　④ amortizing swap

 해설 초기의 고정금리 이자 지급 부담을 줄이기 위해서는, 초기에는 표준스왑의 고정금리보다 낮은 스왑금리를 적용하다가 나중에 높이는 구조인 step-up swap이 적절하다.

Ⅲ 필수핵심정리 〉 비표준형 스왑 – 스왑금리(고정금리)의 변경

step-up 혹은 step-down swap은 명목원금은 만기까지 동일하게 적용되지만 변동금리와 교환되는 고정금리가 표준스왑과 달리 몇 단계로 나뉘어 커지거나 작아지는 스왑

step-up swap	스왑금리(고정금리)가 스왑계약 기간 동안 점차 커지는 형태 **예** 표준스왑 금리가 6%인데, 처음 5% → 나중 7%로 올라가는 경우 → 수익률곡선이 급한 우상향의 모습을 보일 때, 초기의 고정금리와 변동금리 간 이자 차액의 자금부담을 줄이고자 하는 경우 적절
step-down swap	스왑금리(고정금리)가 스왑계약 기간 동안 점차 작아지는 형태 **예** 표준스왑 금리가 6%인데, 처음 7% → 나중 5%로 내려가는 경우 → 수익률곡선이 우하향하는 상황에서 스왑 초기의 고정금리와 변동금리 간 이자 차액의 자금부담을 줄이고자 하는 경우 적절

078

K기업은 6개월 후에 US$10,000,000를 차입하기로 거래은행과 계약이 되어 있다. K기업이 6개월 후에 발생할 것으로 예상되는 부채의 금리리스크를 지금 헤지하고자 할 때 이용하기 가장 적절한 스왑은?

① step-up swap 　　　　　　② forward start swap
③ accreting swap 　　　　　　④ amortizing swap

 해설 선도스왑(forward start swap 혹은 deferred start swap)은 미래에 발생할 것으로 예상되는 자산 혹은 부채의 현금흐름의 금리리스크를 헤지하거나, 현재 존재하고 있는 자산 혹은 부채의 금리리스크를 일정기간 동안에는 리스크에 노출시키고 향후 특정 시점부터는 헤지하고자 할 때 이용할 수 있다.

• 비표준형 스왑 – 스왑 개시(이자계산 시작)시점, 즉 effective date의 변경

표준형 스왑의 이자계산은 spot date(달러스왑의 경우 거래일 이후 2영업일, 원화스왑의 경우 거래일 이후 1영업일)로부터 시작되지만, 선도스왑은 spot date 이후 특정일부터 시작됨

★★★
079 변동금리를 지급(고정금리 수취)하는 스왑거래가 필요한 기업이 향후 변동금리가 지속적으로 하락할 것으로 예상하고 있다. 이 경우 지급하는 변동금리 이자금액을 줄이고자 할 때 이용하기 가장 적절한 스왑은?

① step-down swap
② forward start swap
③ amortizing swap
④ Libor in-arrear swap

 해설 변동금리를 지급(고정금리 수취)하는 스왑거래가 필요한 기업이 향후 변동금리가 지속적으로 하락할 것으로 예상한다면, 표준형 스왑(변동금리가 미리 결정)보다 Libor in-arrear 스왑에서 결정되는 변동금리가 더 낮고, 지급하는 이자금액을 줄일 수 있다. Libor in-arrear 스왑을 in-arrear reset swap이라고도 한다.

- **비표준형 스왑 – 변동금리 결정일의 변경**

> 표준형 스왑에서의 변동금리 적용은 해당 이자계산 기간 시작일의 2영업일 전에 변동금리가 결정되고 이자지급은 후취되는 데 반해(set in advance, paid in arrears), Libor in-arrear swap은 이자계산 기간 종료일의 2영업일 전에 결정되는 변동금리를 기준으로 변동금리 이자가 결정되는 스왑임(set and paid in arrear)

★★★
080 ㉠, ㉡에 알맞은 말은?

> - (㉠) 스왑은 고정금리와 교환되는 변동금리 지표가 향후 시장에 따라 변하는 특정 만기의 이자율스왑 금리이다.
> - (㉡) 스왑은 스왑금리 대신에 일정만기의 국채 금리를 변동금리 지표로 사용하는 스왑이다.

① ㉠ CMS, ㉡ CMT
② ㉠ CMT, ㉡ CMS
③ ㉠ CMS, ㉡ OIS
④ ㉠ CMT, ㉡ OIS

 해설 ㉠ CMS, ㉡ CMT

🏛 **필수핵심정리** 　비표준형 스왑 – 변동금리 지표(index)의 변경

CMS 스왑	변동금리 지표로 CMS(Constant Maturity Swap) 금리를 사용하는 스왑(CMS : 매일의 특정 만기의 이자율스왑 금리) → CMS금리의 듀레이션은 단기금리 지표보다 장기이므로 CMS 스왑의 금리 민감도는 표준형 스왑보다 큼
CMT 스왑	변동금리 지표로 CMT(Constant Maturity Treasury) 금리를 사용하는 스왑 (CMT : 매일의 특정 만기의 benchmark 국채금리)
OIS 스왑 **(Over-night index swap)**	변동금리 지표로 1일의 over-night 금리를 사용하는 것으로, 주로 1년 미만의 단기스왑거래임

정답 077 ① 　078 ② 　079 ④ 　080 ①

CHAPTER 01 스왑 **259**

★★★
081 고정금리와 변동금리가 서로 교환된다는 점에서는 표준형 스왑과 동일하나, 변동금리의 지표에 1일의 over-night 금리가 적용되는 스왑거래는?

① CMS 스왑   ② puttable 스왑
③ OIS 스왑   ④ extendible 스왑

 OIS 스왑은 변동금리의 지표에 1일의 over-night 금리가 적용되는 스왑으로 일반적으로 1년 미만의 단기 거래이다. 예를 들어, 고정금리를 지급하고 over-night index 금리를 수취하는 스왑거래를 체결한다면, 고정금리를 지급하는 대신 이자계산 기간 동안 매일의 over-night Libor를 복리로 계산하여 수취하게 된다.

★★★
082 2×5 callable 스왑에 관한 설명으로 옳은 것은?

① 고정금리 수취자가 2년 후 취소 가능한 3년짜리 스왑이다.
② 스왑거래 체결 후 금리가 상승하면 고정금리 지급자는 2년 후 스왑거래의 조기 청산으로 손실폭을 줄일 수 있다.
③ 2×5 callable 스왑에 적용되는 고정금리는 5년 만기 표준스왑 금리보다 낮다.
④ 상대 스왑은행은 발행자 조기상환권부 채권(callable bond)을 발행하고, 자금을 변동금리로 운용한다면 callable 스왑 포지션의 금리리스크를 헤지할 수 있다.

해설 2×5 callable 스왑은 2년 후 고정금리 지급자가 취소 가능한 5년짜리 스왑이다. 스왑거래를 체결한 후 금리가 하락하면 고정금리 지급자 입장에서 손실이 발생할 수 있지만, 2년 후 스왑거래의 조기 청산으로 손실폭을 줄일 수 있다. 발행자 조기상환권부 채권(callable bond)은 발행자가 조기상환권을 가지므로 채권투자자는 동일 만기의 일반 채권보다 높은 수익률을 요구하게 되어 callable 스왑에 적용되는 고정금리는 동일만기의 표준스왑 금리보다 높은 것이 정상적이다.

🏛 필수핵심정리 ▶ 비표준형 스왑 – 스왑거래 조건에 옵션조항을 결합

callable 스왑	이자율스왑 계약을 체결한 다음 일정기간 경과 후 고정금리 지급자가 기존 스왑포지션의 취소권을 가지고 있는 스왑 예 1×3 callable 스왑 → 1년 후 고정금리 지급자가 취소 가능한 3년짜리 스왑
puttable 스왑	이자율스왑 계약을 체결한 다음 일정기간 경과 후 고정금리 수취자가 기존 스왑포지션의 취소권을 가지고 있는 스왑 예 1×3 puttable 스왑 → 1년 후 고정금리 수취자가 취소 가능한 3년짜리 스왑
extendible 스왑	스왑 계약기간 만료 후 고정금리 지급자가 스왑기간을 일정기간 연장 가능한 스왑

083 2×5 puttable 스왑에 관한 설명으로 옳은 것은?

① 고정금리 지급자가 2년 후 취소 가능한 3년짜리 스왑이다.

② 스왑거래 체결 후 금리가 하락하면 고정금리 수취자는 2년 후 스왑거래의 조기 청산으로 손실폭을 줄일 수 있다.

③ 2×5 puttable 스왑에 적용되는 고정금리는 5년 만기 표준스왑 금리보다 높다.

④ 상대 스왑은행은 자금을 변동금리로 차입하여 투자자 조기상환권부 채권(puttable bond)을 매입하면, puttable 스왑 포지션의 금리리스크를 헤지할 수 있다.

> **해설** 2×5 puttable 스왑은 2년 후 고정금리 수취자가 취소 가능한 5년짜리 스왑이다. 스왑거래를 체결한 후 금리가 상 승하면 고정금리 수취자의 입장에서 손실이 발생할 수 있지만, 2년 후 스왑거래의 조기 청산으로 손실폭을 줄일 수 있다. 투자자 조기상환권부 채권(puttable bond)은 투자자가 조기상환권을 요구할 수 있으므로 채권발행자는 동일 만기의 일반채권보다 낮은 수익률을 요구하게 되어 puttable 스왑에 적용되는 고정금리는 동일 만기의 표준스왑 금 리보다 낮은 것이 정상적이다.

084 이자율스왑의 계약기간 만료 후 고정금리 지급자가 스왑기간을 일정기간 연장 가능한 형태의 스왑은?

① callable 스왑
② puttable 스왑
③ extendible 스왑
④ 스왑선(swaption)

> **해설** extendible 스왑은 스왑의 계약기간 만료 후 고정금리 지급자가 스왑기간을 일정기간 연장 가능한 스왑이다.

085 A은행은 6% 2×3 payer's swaption을 매입하였는데, 옵션 만기 2년 시점에서 3년 만기 스왑금리가 7%라고 한다면 다음 설명 중 옳지 않은 것은?

① A은행은 프리미엄을 수취한다.

② A은행은 2년 뒤에 3년짜리 고정금리 지급 스왑을 할 수 있는 권리를 가지게 된다.

③ A은행은 6%의 고정금리를 지급하는 스왑거래를 개시할 것이다.

④ swaption 권리 행사 후에는 변동금리(Libor)가 행사금리보다 낮아서 순지급액이 발생하는 기간도 있을 수 있다.

> **해설** 스왑선은 스왑에 대한 옵션거래이다. 따라서 A은행은 swaption을 매입하였기 때문에 스왑선을 매도한 거래 상대방에게 프리미엄을 지불한다. A은행은 2년 뒤에 3년짜리 고정금리(6%) 지급 스왑을 할 수 있는 권리를 가지게 되는데, 옵션 만기 2년 시점에서 3년 만기 스왑금리가 7%이므로 A은행은 6%의 고정금리를 지급하는 스왑거래를 개시할 것이다. 하지만, swaption 권리 행사 후에는 수취하는 변동금리(Libor)가 행사금리(6%)보다 낮아서 순지급액이 발생하는 기간도 있을 수 있다.

payer's swaption	일정기간 후에 일정기간 동안 고정금리를 지급하는 스왑을 할 수 있는 권리 **예** 5% 1×3 payer's swaption → 1년 뒤에 3년짜리 고정금리(5%가 행사금리) 지급 스왑을 할 수 있는 권리(1년 만기 시점에서 3년짜리 스왑금리가 행사금리(5%) 이상 상승 시 매수자는 권리 행사)
	→ 지급금리를 고정시키는 옵션이므로 금리상한계약(interest rate cap)과 비슷하나 프리미엄이 상대적으로 저렴함
receiver's swaption	일정기간 후에 일정기간 동안 고정금리를 수취하는 스왑을 할 수 있는 권리 **예** 5% 1×3 receiver's swaption → 1년 뒤에 3년짜리 고정금리(5%가 행사금리) 수취 스왑을 할 수 있는 권리(1년 만기 시점에서 3년짜리 스왑금리가 행사금리(5%) 이하로 하락 시 매수자는 권리행사)
	→ 수취금리를 고정시키는 옵션이므로 금리하한계약(interest rate floor)과 비슷하나 프리미엄이 상대적으로 저렴함

swaption 거래에서는 옵션 만기일에 행사금리와 스왑금리의 차이를 현금으로 정산하는 방식을 사용하기도 함

★★★
086 1×5 4.6% payer's swaption 가격이 20bp/30bp로 주어졌다. A은행이 스왑션을 매도하였는데, 1년 뒤에 5년 만기 스왑금리가 4.5%가 되었다면 다음 설명 중 옳은 것은?

① A은행은 4.6%의 고정금리를 지급하는 스왑거래를 개시할 것이다.
② 거래상대방은 4.6%의 고정금리를 지급하는 스왑거래를 개시할 것이다.
③ OTM(외가격) 옵션이므로 A은행은 20bp의 프리미엄 이익만 발생한다.
④ A은행은 4.6%와 4.5%의 차이인 10bp의 이익이 발생한다.

 스왑션(swaption)의 만기행사 권한은 스왑션을 매수한 거래상대방이 가지고 있으며, 거래상대방은 OTM 옵션이므로 권리를 행사하지 않을 것이다. 즉, 4.6% payer's swaption은 스왑션을 매수한 자가 4.6%의 고정금리를 지급하는 스왑계약을 요구할 수 있는데, 스왑금리가 4.5%가 되었다면 권리를 포기할 것이다. 따라서 스왑션 매도자인 A은행은 스왑션 매도 시 수취한 프리미엄 20bp의 이익이 발생하고 스왑션은 종료된다.

★★★
087 2×3 4.7% receiver's swaption 가격이 10bp/20bp로 주어졌다. A은행이 스왑션을 매도하였는데, 2년 만기 시점에서 3년짜리 스왑금리가 4.5%가 되었다면 다음 설명 중 옳은 것은?

① A은행은 4.7%의 고정금리를 수취하는 스왑거래를 개시할 것이다.
② 거래상대방은 4.7%의 고정금리를 수취하는 스왑거래를 개시할 것이다.
③ OTM(외가격) 옵션이므로 A은행은 10bp의 프리미엄 이익만 발생한다.
④ A은행은 4.7%와 4.5%의 차이인 20bp의 이익이 발생한다.

 스왑션(swaption)의 만기행사 권한은 스왑션을 매수한 거래상대방이 가지고 있으며, 거래상대방은 ITM(내가격) 옵션이므로 권리를 행사할 것이다. 즉, 4.7% receiver's swaption은 스왑션을 매수한 자가 4.7%이 고정금리를 수취하는 스왑계약을 요구할 수 있는데, 스왑금리가 4.5%가 되었다면 권리를 행사할 것이다. 따라서 스왑션 매도자인 A은행은 스왑션 매도 시 수취한 프리미엄 10bp를 받은 대신에, 비록 현재 스왑금리는 4.5%이지만 거래상대방에게 4.7%의 고정금리를 지급하는 스왑을 행할 의무가 발생한다.

★★★
088 다음 중 payer's swaption과 비슷한 계약은?

① inverse floater   ② interest rate cap

③ CDS   ④ interest rate floor

 payer's swaption은 지급 금리를 고정시키는 옵션이기 때문에 금리상한계약(interest rate cap)과 비슷하다. 금리상한계약은 장외시장에서 거래되는 금리에 대한 옵션거래이다. cap 매수자는 매도자에게 프리미엄을 지불하고, 향후 시장금리가 행사금리(cap rate) 이상으로 상승하는 경우 cap의 매입자가 매도자로부터 그 차액만큼을 지불받기로 하는 옵션계약이다.

★★★
089 다음 중 변동금리로 자금을 빌린 차입자가 금리상승 위험을 회피할 수 있는 방법이 아닌 것은?

① FRA 매도
② 금리선물 매도포지션
③ 이자율스왑에서 payer 스왑(고정금리지급, 변동금리수취 포지션)
④ payer's swaption 매수

해설 FRA 매수를 해야 금리상승 시 이익이 발생하므로, 차입(조달)금리 고정효과가 있다.

···TOPIC **10** 원화 이자율스왑 시장과 원화 구조화 스왑

★★★
090 국내 원화 이자율스왑 시장의 관행에 대한 설명으로 옳지 않은 것은?

① 고정금리와 변동금리가 모두 3개월마다 교환되며, 이자계산 방법은 고정금리와 변동금리 모두 act/365 방식이 적용된다.
② 변동금리 지표는 91일 CD 금리를 사용하며, 이자결정일의 오후 3시30분에 고시되는 금리를 적용한다.
③ 원화의 경우 스왑금리는 '국고채 수익률 + 스왑 스프레드'의 형식으로 고시되고 거래된다.
④ 변동금리의 적용과 관련하여 달러화 Libor는 이자계산 시작일의 2영업일 전에 결정되는 Libor를 적용하지만, 원화 이자율스왑은 이자계산 시작일 1영업일 전의 CD 금리를 적용한다.

해설 원화 이자율스왑의 경우 스왑금리는 「3.75%/3.70%」와 같이 절대 금리로 고시되고 거래된다.

정답   086 ③   087 ②   088 ②   089 ①   090 ③

★★★
091 국내 원화 이자율스왑의 활용에 대한 설명으로 옳지 않은 것은? 심화

① 생명보험회사는 장기 payer 스왑을 통해 자산 듀레이션을 장기화할 수 있다.
② 은행은 receiver 스왑을 통해 자산·부채를 효율적으로 관리할 수 있다.
③ 은행은 스왑대출을 활용하여 고정금리 대출 수요자인 고객에게 더 낮은 금리로 대출을 제공할 수 있고, 추가적인 수익도 창출할 수 있다.
④ 자산운용회사들은 본드-스왑 스프레드를 이용하여 단기채권 펀드에서 장기채권을 매입하고, 시장금리를 헤지하기 위해 payer 스왑을 체결한다.

> **해설** 생명보험회사는 종신보험 등 장기 고정부채를 과다하게 보유하고 있다. 그러나 자산은 주로 단기 채권으로 구성되어 있다. 시장금리가 상승한다면, 높은 수익률로 단기자산을 roll-over할 수 있겠지만, 향후 시장금리가 하향 안정화된다면 자산 수익률은 하락할 것이다. 따라서 생명보험회사는 장기 receiver 스왑을 통해 자산 듀레이션을 장기화할 수 있다.

★★★
092 스왑스프레드에 관한 설명으로 옳지 않은 것은? 심화

① 스왑스프레드 = 스왑금리 − 국채수익률
② 음(−)의 스왑스프레드라는 것은 스왑금리가 국채수익률보다 높다는 것을 의미한다.
③ 음(−)의 스왑스프레드가 확대되면서, 채권투자와 pay 이자율스왑의 재정거래 수요가 증가한다.
④ payer 이자율스왑이 많아지면 음(−)의 스왑스프레드는 축소된다.

> **해설** [스왑금리 = 국채수익률 + 스왑스프레드]에서 [스왑스프레드 = 스왑금리 − 국채수익률]이므로, 음(−)의 스왑스프레드라는 것은 스왑금리가 국채수익률보다 낮다는 것을 의미한다. 즉, 음(−)의 스왑스프레드는 은행 간 거래인 스왑금리 수준이 국가 신용위험인 국채수익률보다 낮은 비정상적인 상황을 의미한다. 이 경우 금리가 높은 국채를 매입한 후, (국채수익률보다 낮은) 고정금리를 지급하고 변동금리를 수취하는 payer 이자율스왑의 재정거래 수요가 증가하여 결국엔 음(−)의 스왑스프레드는 축소된다.

★★★
093 구조화채권(structured note)의 특성과 활용에 대한 설명으로 옳지 않은 것은?

① 구조화채권은 시장위험과 신용위험이 혼재되어 있고 이를 분리할 수 있다.
② 투자자의 요구사항을 수용하여 맞춤형 상품을 만들 수 있다.
③ 투자은행은 구조화채권에 내재되어 있는 각종 파생상품 거래를 공급하고 헤지하는 역할을 수행하므로 구조화상품 시장을 활성화시키는 데 가장 중요한 역할을 한다.
④ 구조화채권은 주로 투자자들에게 수익률 향상 수단으로만 사용되고 있다.

> **해설** 구조화채권은 투자수단뿐만 아니라 다양한 목적으로 활용된다. 첫째, 구조화채권은 리스크관리 수단으로 사용될 수 있다. 예를 들어, 어떤 금융기관이 금리하락 리스크에 노출되어 있다면, Inverse FRN 투자를 통해 금리민감도를 조절할 수 있다. 둘째, 투자자들에게 수익률 향상 수단으로 사용될 수 있다. 셋째, 발행자의 자금조달 수단으로 사용될 수 있다. 넷째, 금융시장에 존재하는 각종 규제를 회피하기 위한 수단으로 사용될 수 있다.

구조화상품	주식(또는 주가지수), 채권, 금리, 통화, 원자재(commodity), 신용 등의 기초자산들에 기반을 두고 선도, 선물, 스왑, 옵션 등의 각종 파생상품이 결합되어 만들어진 새로운 형태의 금융상품	
거래형태별 분류	구조화 채권	채권 형태로 거래(ELS, DLS 등)
	구조화 파생상품펀드	펀드 형태로 거래
	구조화 예금	예금 형태로 거래

★★★
094 주요 이자율연계 구조화채권(structured note)에 대한 설명으로 옳지 않은 것은? 심화

① callable note는 가장 간단한 형태의 구조화채권으로 발행자가 만기 이전에 조기상환할 수 있는 채권이다.

② 역(inverse) FRN은 변동금리 지표인 CD 금리가 상승하면 높은 쿠폰을 지급하고 CD 금리가 하락하면 지급하는 쿠폰이 낮아진다.

③ daily CD range accrual note는 변동금리 지표인 CD 금리가 특정 구간 범위 내에 머무를 경우에만 쿠폰을 계산한다.

④ CMS spread range accrual note는 중장기 금리인 CMS의 spread를 변동금리 지표로 사용하는 것으로, CMS spread가 특정 수준 이상 혹은 이하인 경우에 쿠폰이 누적된다.

해설 역(inverse) FRN은 변동금리 지표인 CD 금리가 상승하면 낮은 쿠폰을 지급하고 CD 금리가 하락하면 지급하는 쿠폰이 높아진다. 반면에, FRN은 변동금리 지표인 CD 금리가 상승하면 높은 쿠폰을 지급하고 CD 금리가 하락하면 지급하는 쿠폰이 낮아진다.

🏛 **필수핵심정리**　주요 이자율연계 구조화채권

callable note	발행자가 만기 이전에 조기상환할 수 있는 채권
역(inverse) FRN	변동금리 지표인 CD 금리가 하락하면 높은 쿠폰을 지급하고, 상승하면 쿠폰이 낮아지는 구조
daily CD range accrual note	변동금리 지표인 CD 금리가 특정 구간 범위 내에 머무를 경우에만 쿠폰을 계산 → 투자자가 수취하는 쿠폰은 특정시점의 CD 금리가 아니라 매일매일의 CD 금리에 따라 결정됨
CMS spread range accrual note	CD range accrual note와 동일한 개념으로 쿠폰이 계산되는데, 변동금리 지표로 중장기 금리인 CMS의 spread를 사용 → CMS spread가 특정 수준 이상(또는 이하)인 경우에 쿠폰이 누적됨
US$ Libor range accrual quanto note	변동금리 지표가 특정 범위 내에 머무를 경우에만 쿠폰를 계산하는데, 변동금리 지표는 US$ Libor이지만 쿠폰은 원화로 지급되는 원화채권
power spread note	이자율스왑 시장에서 음(-)의 스왑스프레드의 왜곡현상을 이용한 구조 → 각각의 수익률곡선에 내재되어 있는 이론적인 단기금리 스프레드의 역전현상(CD < 3m KTB)을 이용한 것

★★★
095 CD range accrual note 구조와 마찬가지로 변동금리 지표가 특정 구간(range) 범위 내에 머무를 경우에만 쿠폰을 계산하는데, 변동금리 지표는 외화(US$ Libor)이지만, 쿠폰은 원화로 지급되는 원화채권은?

① callable note
② CMS spread range accrual note
③ US$ Libor range accrual quanto note
④ power spread note

> **해설** US$ Libor range accrual quanto note는 quanto(quantity adjusted) note가 의미하듯이, range accrual을 관찰하는 변동금리 지표는 외화(US달러 Libor)이지만 쿠폰은 원화로 지급되는 원화채권이다.

★★★
096 스왑시장에서 장기간 지속된 음(−)의 스왑스프레드의 왜곡현상을 이용한 구조화 채권은?

① callable note
② CMS spread range accrual note
③ US$ Libor range accrual quanto note
④ power spread note

> **해설** power spread note는 스왑시장에서 장기간 지속된 음(−)의 스왑스프레드의 왜곡현상을 이용한 구조이다. 즉, 각각의 수익률곡선에 내재되어 있는 이론적인 단기금리 스프레드의 역전현상[CD 금리 < 3개월 국고채금리]을 이용한 것이다.

···TOPIC 11 통화스왑(CRS, Currency Swap)의 개요

★★★
097 통화스왑에 관한 설명으로 옳지 않은 것은?

① 통화스왑은 서로 다른 통화에 대해 각 통화의 원금과 이자를 동시에 교환하는 거래이다.
② 거래 시작 시의 원금교환은 생략할 수도 있지만, 만기 시에는 반드시 거래시점의 원금교환 방향과 반대의 방향으로 원금교환을 하게 된다.
③ 원−달러 통화스왑에서 달러에 대한 이자를 지급하는 포지션은 만기에 원화로 원금을 지불해야 한다.
④ 만기 시 원금교환에 적용되는 환율은 만기시점의 환율과 관계없이 거래 초기의 원금교환에 적용했던 환율, 즉 거래 초기의 현물환율을 그대로 사용한다.

> **해설** 원−달러 통화스왑에서 달러에 대한 이자를 지급하는 포지션은 만기에도 달러로 원금을 지불해야 한다. 즉 거래 초기에 달러를 빌려오고 원화를 빌려준 거래이므로, 빌려온 달러에 대한 이자를 지급하고 빌려준 원화에 대한 이자는 수취한다. 그리고 만기에는 초기의 원금교환과 반대로 빌려온 달러원금을 돌려주고 빌려준 원화원금을 상환받고 통화스왑 거래는 마무리된다. 그러므로 통화스왑의 만기원금 교환과 이자교환은 서로 동일한 방향이다. 그러나 초기 원금 교환과 이자 교환은 반대 방향이다.

통화스왑은 금리스왑과는 달리 원금의 교환이 발생하며, 서로 다른 통화에 대한 현금흐름을 교환하는 거래이므로, 두 통화의 교환비율인 환율이 매우 중요함

개념	이종통화 간에 원금과 이자를 교환하는 계약(환율변동 위험 + 이자율 변동위험을 동시에 관리 가능)
원금교환	• 거래 시작 시의 원금교환은 생략 가능 • 만기 시에는 초기의 원금교환과 반대방향으로 원금교환 • 거래 초기와 만기의 원금교환 시 적용환율은 모두 거래 초기의 현물환율
이자교환	• 수취한 통화의 원금에 대한 이자를 지급하고, 지급한 통화의 원금에 대해서는 이자를 수취 • 한쪽은 고정금리이고 다른 한쪽은 변동금리이거나, 양쪽 다 고정금리 혹은 양쪽 다 변동금리일 수도 있음
통화스왑의 현금흐름	📖 A기업은 천만 달러를 6개월 Libor 금리로 3년간 차입함 위험요인(환율 상승(달러가치 상승) + Libor 금리 상승) → 통화스왑을 이용하여 달러 변동금리 차입을 원화 고정금리 차입으로 전환하는 경우(현물환율 : 1달러 = 1,200원)

통화스왑의 현금흐름 도표:
① 초기 원금교환 : A → 거래상대방 (천만 달러), 거래상대방 → A (120억원)
② 이자교환 : A → 거래상대방 (원화 고정금리), 거래상대방 → A (달러 변동금리(Libor))
③ 만기 원금교환 : A → 거래상대방 (120억원), 거래상대방 → A (천만 달러)

만기 원금교환은 초기 원금교환과 반대방향으로 거래(거래 초기의 현물환율이 동일하게 적용)

★★★
098 통화스왑(Currency Swap), 외환스왑(FX Swap) 및 선물환(Outright Forward Exchange)에 관한 설명으로 옳지 않은 것은?

① 외환스왑 거래 시 환율은 현물환거래에는 현물환율을, 선물환거래에는 해당 기간의 선물환율을 적용한다.
② 선물환거래 시 적용하는 선물환율과 외환스왑 시 적용하는 선물환율은 서로 같다.
③ 통화스왑과 외환스왑은 초기와 만기에 두 통화의 원금을 서로 반대방향으로 교환한다는 점과, 만기 시 교환되는 원금에 대해 선물환율이 적용된다는 점에서 같다.
④ 통상 계약기간이 단기(1년 이내)인 경우는 선물환이나 외환스왑으로 거래되고, 장기(1년 이상)인 경우에는 통화스왑의 형태로 거래된다.

해설 통화스왑도 초기와 만기에 두 통화의 원금을 서로 반대방향으로 교환한다는 면에서는 외환스왑과 같으나, 만기 시 교환되는 원금에 대한 적용환율이 다르다는 점이 가장 큰 차이점이다. 즉 외환스왑 거래와 달리 통화스왑 거래의 만기 원금교환은 선물환율이 아니라 현물환율(계약초기의 환율)로 이루어진다. 또한 외환스왑은 계약기간 중 이자 교환이 없으나 통화스왑은 주기적으로 이자를 교환한다는 점에서 차이가 있다.

🏛 필수핵심정리 ▶ 통화스왑과 외환스왑의 비교

	외환스왑	통화스왑
원금교환	두 통화의 원금을 만기에 교환한다는 점에서는 동일	
적용환율	현물환거래는 현물환율, 선물환거래는 선물환율 적용	초기 원금교환과 만기 원금교환 시에 적용되는 환율은 모두 거래 초기의 현물환율
이자교환	없음	이자를 주기적으로 교환함
계약기간	단기(1년 이내)	장기(1년 이상)

★★★
099 원-달러 통화스왑에서 초기 거래시점의 환율이 ₩1,000/$일 때, 두 당사자 사이에 초기 자금 교환액수가 1,000억원과 1억 달러였다. 통화스왑 계약의 만기시점에 환율이 ₩1,200/$가 되었다면, 두 거래 당사자가 만기에 재교환하는 자금의 액수는?

① 0.8억 달러와 1,200억원 　　　　　 ② 1억 달러와 1,200억원

③ 1.2억 달러와 1,000억원 　　　　　 ④ 1억 달러와 1,000억원

해설 만기 원금교환의 적용환율은 만기환율과 관계없이 최초 거래 시점의 현물환율이 동일하게 적용된다. 즉 거래 초기에 교환한 원금액수 그대로 반대방향으로 재교환하는 것이다. 물론 만기시점의 환율에 따라 각 당사자들의 실제 손익은 달라지게 된다.

★★★
100 다음 중 통화스왑의 신용위험 노출금액이 가장 커지는 시점은?

① 거래 시작 시점 직후 　　　　　　 ② 계약기간의 3분의 1이 지난 시점

③ 계약기간의 3분의 2가 지난 시점 　　④ 만기시점 직전

해설 통화스왑은 만기시점에 원금교환이 일어나므로, 만기시점 직전에 환율변동에 따라 가격위험 및 거래 상대방에 대한 신용위험이 가장 크게 나타난다.

※ 기업 A와 기업 B의 차입시장 여건(차입금리)이 다음과 같다. A사는 미달러화 변동금리 차입을 선호하고, B사는 유로화 고정금리로 차입할 것을 선호하고 있다. 두 기업이 자신의 비교우위를 이용하여 차입한 후 스왑뱅크(딜러)와 각각 통화스왑을 했다고 가정하자.(단, 만기는 5년이며 이자교환 주기는 1년 단위)(101~103).

	유로화 고정금리 차입시장	미달러화 변동금리 차입시장	스왑뱅크의 유로화 고정금리와 미달러화 변동금리 (1년 Libor) 간의 통화스왑 금리(호가)
A사	Euro 3.50 %	USD Libor	3.75/3.70
B사	Euro 4.00 %	USD Libor	

★★★
101 유로화 고정금리시장과 미달러화 변동금리시장에서 각각 차입상의 비교우위가 있는 기업은?

	유로화 고정금리 시장	미달러화 변동금리 시장
①	A	A
②	A	B
③	B	A
④	B	B

 A는 달러화 변동금리 차입시장에서는 B와 동일한 금리(USD Libor)로 차입하는 반면, 유로화 고정금리 차입시장에서는 B보다 0.5%포인트 낮게 차입하므로 상대적으로 A기업은 유로화 고정금리 차입시장에서 비교우위에 있다. 반면에, B는 유로화 고정금리 차입시장에서는 A보다 0.5%포인트나 높게 차입하는 반면, 미달러화 변동금리 차입시장에서는 A와 같은 금리로 차입하므로 상대적으로 B기업은 미달러화 변동금리 차입시장에서 비교우위에 있다. 쉽게 말하면, A기업은 미달러화 변동금리보다 유로화 고정금리 차입시장에서 더 우대를 받는다는 것이고, B기업은 유로화 고정금리보다 미달러화 변동금리 차입시장에서 상대적으로 우대를 받는다는 것이다.

	고정금리 차입시장	변동금리 차입시장
A사	Euro 3.50%	USD Libor
B사	Euro 4.00%	USD Libor
금리차이	0.50%	0.00%
비교우위 시장 및 자금조달	A는 고정금리에 비교우위 → 유로화 고정금리(3.50%)로 차입 후 통화스왑	B는 변동금리에 비교우위 → 달러 변동금리(USD Libor)로 차입 후 통화스왑

★★★
102 차입상의 비교우위를 이용하여 차입한 후 스왑뱅크를 통해 통화스왑 거래를 하는 경우, A기업과 B기업의 현금흐름에 대한 설명으로 옳지 않은 것은?

① 초기원금 교환은 A기업은 유로화 고정금리(3.50%)로 자금을 조달하고, B기업은 미달러화 변동금리(Libor)로 자금을 조달하여 원금을 상호 교환한다.

② 주기적인 이자 교환은 A기업은 매년 1년 만기 US$ Libor flat 변동금리를 스왑뱅크에 지불하고, 연 3.70%의 유로화 고정금리를 받아서 유로화 고정금리 자금대여자에게 고정금리 3.50%를 지불한다.

③ 주기적인 이자 교환은 B기업은 연 3.75%의 유로화 고정금리를 스왑뱅크에게 지불하고, 매년 1년 만기 US$ Libor flat 변동금리를 받아서 미달러화 변동금리 자금대여자에게 1년 만기 US$ Libor flat을 지불한다.

④ 만기원금 교환은 A기업은 유로화 원금을 스왑뱅크를 통해 B기업에게 지급하고, B기업은 미달러화 원금을 스왑뱅크를 통해 A기업에게 지급하며, 양 기업은 돌려받은 원금을 각각의 자금대여자에게 지급함으로써 통화스왑의 모든 현금흐름이 끝난다.

> **해설** 만기원금 교환은 초기원금 교환과 반대방향이다. 따라서 A기업은 미달러화 원금을 스왑뱅크를 통해 B기업에게 지급하고, B기업은 유로화 원금을 스왑뱅크를 통해 A기업에게 지급하며, 양 기업은 돌려받은 원금을 각각의 자금대여자에게 지급함으로써 통화스왑의 모든 현금흐름이 끝난다.

🏛 필수핵심정리 ▶ 통화스왑의 현금흐름

★★★
103 A기업과 B기업의 통화스왑 거래 후 순차입금리 및 금리이익(비용절감)은?(단, 거래비용 무시)

	A기업		B기업	
	순차입금리	금리이익	순차입금리	금리이익
①	Libor − 0.20%	0.20%	3.75%	0.25%
②	3.75%	0.25%	Libor − 0.20%	0.20%
③	Libor − 0.25%	0.25%	3.75%	0.20%
④	3.75%	0.20%	Libor − 0.25%	0.25%

해설 모든 거래를 정리하면 다음과 같다.

🏛 필수핵심정리 통화스왑의 이용사례 – 비교우위에 의한 유리한 조건의 자금차입

일단 차입상의 비교우위에 있는 통화를 차입 → 스왑딜러와 통화스왑 거래 → 결과적으로 원래의 차입비용보다
저렴해짐(거래참가자 모두가 이익)

■ 비교우위에 의한 통화스왑의 이익 분석

	A의 거래 종합	B의 거래 종합
비교우위 차입금리	−3.50%	−(Libor)
스왑에서 지급금리	−Libor	−3.75%
스왑에서 수취금리	+3.70%	+Libor
순차입금리	−3.50% − Libor + 3.70% = −(L − 0.20%)	−(Libor) − 3.75% + Libor = −3.75%
금리이익(비용절감)	0.20%(vs Libor)	0.25%(vs 4.00%)

104 H자동차와 S전자의 자금조달 여건은 다음과 같다. 스왑딜러가 유로화 고정금리와 미달러화 변동금리(1년 Libor) 간의 통화스왑 offer/bid 호가를 각기 9.20%와 9.00%로 고시하였을 때, 차입상의 비교우위를 이용한 통화스왑으로 발생하는 두 기업의 금리이익(비용절감)의 합은? 심화

	고정금리시장	변동금리시장	통화스왑 호가
H자동차	Euro 8.50%	USD Libor	9.20/9.00
S전자	Euro 9.80%	USD Libor + 0.20%	

① H자동차 0.70%, S전자 0.40% 　② H자동차 0.50%, S전자 0.40%

③ H자동차 1.10%, S전자 0.20% 　④ H자동차 1.30%, S전자 0.20%

> **해설** 비교우위에 의한 통화스왑 거래 시 스왑딜러를 포함한 모든 거래참가자가 이익을 본다. 이때 총이익은 고정금리차이에서 변동금리차이를 뺀 절대치[총이익 = |고정금리차이 − 변동금리차이|]가 된다. 따라서 총이익은 1.1%[1.3%(= 9.8%−8.5%) − 0.2%(= L+0.2% − L)]가 된다. 여기서 스왑딜러의 이익은 offer/bid 호가의 차이만큼이므로 0.20%(= 9.20% − 9.00%)이다. 따라서 통화스왑을 통한 두 기업의 이익의 합은 총이익 1.1%에서 딜러의 이익인 0.20%를 뺀 0.90%가 되어야 한다. 지문 중에 두 기업의 이익의 합이 0.90%인 것은 ②번밖에 없으므로 쉽게 답을 고를 수 있다. H자동차와 S전자의 이익이 왜 0.50%와 0.40%가 되었는지는 이전 문제를 참고하여 그림을 그려보면서 확인해 보면 알 수 있다.

105 우리나라의 S보험회사는 A은행으로부터 유로화 고정금리 5.5%로 자금을 차입하고, 그 대가로 원화 고정금리 6.5%로 자금을 제공해 주는 유로/원 통화스왑 계약을 체결하였다. 동시에 S보험사는 차입한 유로화 자금으로 통화스왑의 계약기간과 동일한 만기를 가진 고정금리 5.5%의 유로화 채권에 투자하였다. 다음 설명 중 옳지 않은 것은?

① 초기원금 교환은 S는 A에게 유로화 원금을 지급하고, KRW 원금을 수취한 후 이 자금을 유로화 채권에 투자한다.

② 주기적인 이자교환은 S는 유로화 채권투자에서 얻는 쿠폰 5.5%를 A에게 지급하고, 원화 쿠폰 6.5%를 수취하게 된다.

③ 만기원금 교환은 S는 유로화 채권에서 상환 받은 유로화 원금을 A에게 지급하고, KRW 원금을 수취하면서 거래가 종결된다.

④ 결국 S보험사는 유로화 채권에 투자했음에도 불구하고, 통화스왑을 통해 유로/원 환율 변동 위험을 헤지하였으며, 원화채권에 투자한 것과 동일한 효과를 거둘 수 있다.

> **해설** 초기원금 교환은 S는 A에게 KRW 원금을 지급하고, 유로화 원금을 수취한 후 이 자금을 유로화 채권에 투자한다. 초기원금 교환과 이자교환의 통화 방향은 반대방향이며, 만기원금 교환과 이자교환의 통화 방향은 같은 방향이다. 각자 그림을 그려가면서 현금흐름을 확인해보면 통화스왑을 이해하는 데 큰 도움이 된다. 이처럼 금융기관과 기업은 통화스왑을 이용하여 자산·부채의 환율변동 리스크와 금리 리스크를 효율적으로 관리할 수 있다.

106 우리나라의 K기업은 5년 만기 달러표시 채권 1,000만 달러(coupon 5%)를 발행하였다. K기업이 필요한 자금은 원화 고정금리 자금이며 향후 달러가치의 상승을 예상하고 있는 경우, K기업이 취해야 할 가장 적절한 형태의 스왑거래는?

① 원화 고정금리 지급 이자율스왑
② 원화 고정금리 지급, 달러화 고정금리 수취 통화스왑
③ 원화 고정금리 수취, 달러화 고정금리 지급 통화스왑
④ 원화 고정금리 지급, 달러화 변동금리 수취 통화스왑

해설 달러가치가 상승하면 K기업은 부채가치의 증가로 손실이 예상되므로, [원화 고정금리 지급 + 달러 고정금리 수취] 통화스왑 거래를 통해 달러 고정금리 부채를 원화 고정금리 부채로 전환한 효과를 얻을 수 있어, 원화 고정금리로 차입한 것과 동일한 결과를 만들 수 있다. 또한 달러 고정금리 수취를 통해 발행한 달러표시 채권의 coupon 5% 지급 금리도 고정시킬 수 있다.

107 우리나라의 H기업은 향후 3년간 120억원에 대한 투자수입을 기대하고 있는 반면, 1,000만 달러의 차관 원리금을 3년간 상환해야 한다. 현재 환율은 ₩1,200/$이나 향후 3년간 환율이 안정될지는 불투명하다. 다음 중 H기업에게 향후 3년간의 위험관리를 위해 가장 적절한 대안은?

① 달러 고정금리를 수취하고, Libor를 지급하는 달러 이자율스왑 거래를 한다.
② 달러 고정금리를 지급하고, Libor를 수취하는 달러 이자율스왑 거래를 한다.
③ 만기에 원화 원금을 지급하고, 달러 원금을 수취하는 통화스왑 거래를 한다.
④ 만기에 달러 원금을 지급하고, 원화 원금을 수취하는 통화스왑 거래를 한다.

해설 H기업은 현재 130억원을 원화자산에 투자하고 있는 반면에 1,000만 달러의 달러부채를 동시에 보유하고 있다. 따라서 환율변동 위험을 관리하기 위해서는 지급하는 달러 현금흐름과 수취하는 원화 현금흐름을 상쇄시키는 통화스왑거래가 필요하다. 즉, 통화스왑 거래 만기 시 달러 원금을 수취하여 달러 차관을 상환할 수 있어야 한다. 그러므로 H기업은 만기에 원화 원금을 지급하고, 달러 원금을 수취하는 통화스왑 거래를 하여야 한다. 즉, 만기에 원화로 투자한 자산에서 나오는 원금을 받아서 통화스왑 상대방에게 지급하고, 상대방으로부터 달러 원금을 수취하여 달러 부채를 상환하면 환율변동 리스크를 관리할 수 있다.

108 우리나라 D은행의 통화스왑 거래에 있어 원화 고정금리 수취의 현재 가치가 15억원이고, 미달러화 변동금리 지급의 현재 가치가 US$100만 불이다. 현재 대미환율이 ₩1,200/$이고 스왑원금에 대한 평가를 제외할 경우, A은행의 평가손익은?

① 평가익 200,000,000원   ② 평가익 300,000,000원
③ 평가손 200,000,000원   ④ 평가손 300,000,000원

해설 스왑의 순현재가치(NPV) = 수취하는 현금흐름의 현재가치 − 지급하는 현금흐름의 현재가치
= 15억원 − US$100만불×(1,200원/$)
= 3억원

정답   104 ②   105 ①   106 ②   107 ③   108 ②

109 스왑시장에서의 결제관행에 대한 설명으로 옳지 않은 것은?

① 이자율스왑 거래에서는 차액결제가 일반적이다.

② 미국 treasury가 고정금리로 사용되며, 6개월마다 결제한다.

③ 국내시장에서는 3개월마다 결제한다.

④ 통화스왑 거래에서는 비용을 절감하기 위해서 차액결제를 한다.

> **해설** 통화스왑 거래에서는 서로 다른 통화 간에 원금 및 이자의 교환이 이루어지므로 원칙적으로 차액결제를 하지 않는다.

···TOPIC 13 통화스왑의 가격고시

110 스왑딜러가 달러/엔 3년 통화스왑 금리를 「0.12/0.08」로 고시하였을 때, 이에 대한 설명으로 옳지 않은 것은?

① 통화 스왑딜러가 엔화 고정금리와 교환되는 미달러화 6month Libor 금리를 나타낸 것이다.

② offer 가격이 0.12%이며, bid 가격이 0.08%이다.

③ 0.12%는 가격을 고시한 스왑딜러가 3년간 미달러화 6month Libor flat을 지급하고, 수취(receive)하고자 하는 엔화 고정금리를 나타낸다.

④ 0.08%는 가격을 고시한 스왑딜러가 3년간 미달러화 6month Libor flat을 수취하고, 지급(pay)하고자 하는 엔화 고정금리를 나타낸다.

> **해설** 통화 스왑딜러가 미달러화 6month Libor와 교환되는 엔화 고정금리를 나타낸 것이다.

통화스왑 시장에서는 이자율스왑과 같이 변동금리와 교환되는 고정금리의 절대금리를 고시하는 방법과, 두 통화의 변동금리의 베이시스 형식으로 고시하는 방법이 있음

쿠폰 통화스왑	변동금리와 고정금리를 교환하는 방식 → 미달러화 변동금리(6month Libor flat)와 교환되는 이종통화의 고정금리를 (절대금리로) offer/bid로 고시 예 1.99/1.96
베이시스(basis) 통화스왑	변동금리와 변동금리를 서로 교환하는 방식 → 미달러화 변동금리(6month Libor flat)와 교환되는 이종통화의 변동금리(6M Libor 또는 원화의 경우 3M CD)에 가산되는 스프레드를 offer/bid로 고시 예 −0.63/−0.73

■ 통화스왑 금리고시 예

기간	이자율스왑	통화스왑	베이시스 통화스왑
	KRW/q.a act/365	USD/KRW s.a., act/365	USD/KRW Basis
3년	4.44/4.40	3.77/3.71	−0.63/−0.73

① 3년 만기 USD/KRW (쿠폰)통화스왑 가격 「3.77/3.71」의 의미

offer rate = 3.77%	bid rate = 3.71%
통화스왑 딜러가 미달러화 6개월 Libor flat을 지급하고, 3.77%의 원화 고정금리를 수취(receive)하겠다는 의미	통화스왑 딜러가 미달러화 6개월 Libor flat을 수취하고, 3.71%의 원화 고정금리를 지급(pay)하겠다는 의미

② 3년 만기 USD/KRW 베이시스(basis) 통화스왑 가격 「−0.63/−0.73」의 의미
→ 6month Libor와 교환되는 원화변동금리(CD)에 추가되는 스프레드

offer rate = −0.63%	bid rate = −0.73%
통화스왑 딜러가 미달러화 6개월 Libor flat을 지급하고, 원화금리인 (CD−0.63%)를 수취(receive)하겠다는 의미	통화스왑 딜러가 미달러화 6개월 Libor flat을 수취하고, 원화금리인 (CD−0.73%)를 지급(pay)하겠다는 의미
베이시스 통화스왑 offer(−0.63%) = 통화스왑 offer(3.77%) − 이자율스왑 bid(4.40%)	베이시스 통화스왑 bid(−0.73%) = 통화스왑 bid(3.71%) − 이자율스왑 offer(4.44%)

★★★
111 스왑딜러가 달러/엔 3년 베이시스 통화스왑 금리를 「−0.01/−0.08」로 고시하였을 때, 이에 대한 설명으로 옳지 않은 것은? 심화

① 엔화 6month Libor와 교환되는 미달러화 6month Libor flat에 추가되는 스프레드를 나타낸 것이다.

② offer 가격이 −0.01%이며, bid 가격이 −0.08%이다.

③ −0.01%는 스왑딜러가 3년간 미달러화 6month Libor flat을 지급하고, 엔화 '6month Libor−0.01%'를 수취(receive)하겠다는 의미이다.

④ −0.08%는 스왑딜러가 3년간 미달러화 6month Libor flat을 수취하고, 엔화 '6month Libor−0.08%'를 지급(pay)하겠다는 의미이다.

해설 미달러화 6month Libor flat과 교환되는 엔화 6month Libor에 추가되는 스프레드를 나타낸 것이다.

정답 109 ④ 110 ① 111 ①

★★★
112 스왑딜러가 고시한 이자율스왑의 가격이 3.25/3.20이고, 통화스왑의 가격이 3.15/3.10일 때, 베이시스 통화스왑의 가격은?(단, 스왑의 만기는 동일)

① 0.05/0.15

② −0.15/−0.05

③ −0.05/−0.15

④ 0.15/0.05

해설 베이시스 통화스왑의 가격은 통화스왑과 이자율스왑의 가격으로부터 구할 수 있다.

통화스왑 베이시스 스프레드 = 통화스왑 금리 − 이자율스왑 금리		
베이시스 통화스왑의 offer rate	= 통화스왑 offer − 이자율스왑 bid = 3.15% − 3.20% = −0.05%	→ 따라서 베이시스 통화스왑의 가격은 −0.05/−0.15
베이시스 통화스왑의 bid rate	= 통화스왑 bid − 이자율스왑 offer = 3.10% − 3.25% = −0.15%	

★★★
113 미국의 A펀드는 한국의 H은행과 미달러화 Libor를 지급하고, KOSPI200지수 수익률+50bp를 수취하는 주가지수 스왑거래를 체결하였다. 이에 대한 설명으로 옳은 것은? 심화

① 미국의 A펀드는 한국 증권시장에 투자를 한 효과가 있다.

② 미국의 A펀드는 Libor 상승 시 이익을 본다.

③ 미국의 A펀드는 주가 하락 시에는 Libor 지급비용만 부담하게 된다.

④ 미국의 A펀드가 고정금리로 자금을 조달하여 주가지수 스왑거래를 하였다면, 국제금리의 변동 리스크 없이 한국 증권시장에 투자를 한 효과를 얻는다.

해설 미국의 A펀드는 KOSPI200지수가 상승할수록 높은 수익을 얻을 수 있기 때문에 한국 증권시장에 투자를 한 것과 동일한 효과가 있다. 그러나 KOSPI200지수가 하락할 때에는 H은행에게 Libor를 지급하는 것 이외에도 주가지수 하락분도 지급해야 한다. 즉, 주가지수 스왑거래에서 주가가 많이 하락해서 KOSPI200지수 수익률이 음(−)의 수익률을 나타낼 경우에는, 미국의 A펀드가 이자비용(Libor)에 더해서 음(−)의 수익률까지 H은행에 보상해줘야 한다. 그리고, 미국의 A펀드는 국제금리의 변동리스크에 노출되어 있다.

• 주가지수 스왑거래

★★★
114 국내 달러/원 통화스왑 시장에 대한 설명으로 옳지 않은 것은? 심화

① 가격고시는 미달러화 6month Libor와 교환되는 원화 고정금리(s.a, act/365)로 표시되거나, 통화스왑 베이시스 형태로 고시되기도 한다.

② 원화 이자율스왑에 비해 상대적으로 유동성이 부족하다.

③ 국내에 달러가 부족할 경우, 원화 고정금리 receive 방향의 통화스왑에 대한 수요가 높아져 통화스왑 금리는 낮아지게 된다.

④ 국내에 달러가 부족할 경우, 통화스왑 베이시스 스프레드의 마이너스는 축소된다.

해설 국내에 달러가 부족할 경우, 스왑뱅크들은 원화 고정금리 receive 통화스왑(거래초기 미달러 원금을 수취하고, 원화 원금을 지급하는 원금교환)을 통해 달러를 조달하고자 한다. 따라서 원화 고정금리 receive 방향의 통화스왑에 대한 수요가 높아져 통화스왑 금리는 낮아지게 된다. 결국 통화스왑 베이시스 스프레드(= 통화스왑 금리 – 이자율스왑 금리)의 마이너스는 확대된다. 반대로 국내에 달러 유동성이 풍부할 경우, 통화스왑을 이용한 재정거래(원화 고정금리 pay 방향의 미달러화/원화 통화스왑)가 일어나고, 통화스왑의 마이너스 베이시스 스프레드는 축소된다.

🏛 **필수핵심정리** ▶ 미달러화 유동성과 통화스왑의 베이시스 스프레드

미달러화 유동성 부족 시	거래 초기 미달러 원금을 수취하고, 원화 원금을 지급하는 원금교환을 통해 달러를 조달
	→ 원화 고정금리 receive 미달러화/원화 통화스왑 수요확대 → 통화스왑 음(–)의 베이시스 확대(절댓값이 높아짐)
미달러화 유동성 과잉 시	거래초기 미달러 원금을 지급하고, 원화 원금을 수취하는 원금교환을 통해 원화를 조달(달러를 운용)
	→ 원화 고정금리 pay 미달러화/원화 통화스왑 수요 확대 → 통화스왑 음(–)의 베이시스 축소(절댓값이 낮아짐)

★★★
115 국내 통화스왑 시장에서 원화 고정금리 receive 통화스왑 수요를 가져오는 요인이 아닌 것은? 심화

① 보험회사 등 기관투자자의 해외투자가 늘어날 때

② 조선사 및 중공업체 등의 수주물량 증가로 장기 선물환 매도 수요가 많아질 때

③ 외국인의 통화스왑을 이용한 재정거래 포지션이 증가할 때

④ 국내 해외펀드 투자 증가로 환율변동 리스크관리를 위한 선물환 매도 수요가 많아질 때

해설 외국인의 통화스왑을 이용한 재정거래 포지션이 증가할 때가 아니라 포지션을 청산할 때, 원화 고정금리 receive 통화스왑 수요가 발생한다.

정답 112 ③ 113 ① 114 ④ 115 ③

원화 고정금리 receive 통화스왑 수요	원화 고정금리 pay 통화스왑 수요
미달러화 원금 현물환 Buy & 선물환 Sell 방향 → 국내에서 달러 유동성의 유출을 가져오는 수요와 동일	미달러화 원금 현물환 Sell & 선물환 Buy 방향 → 국내로 달러 유동성 유입을 가져오는 수요와 동일
① 보험회사 등 기관투자자의 해외투자가 늘어나고, 통화스왑(자산스왑 : 원화 고정금리 receive 스왑)의 수요가 늘어날 때 ② 조선사 및 중공업체 등의 수주물량 증가로 장기 선물환 매도 수요가 많아질 때 ③ 외국인의 통화스왑을 이용한 재정거래 포지션을 청산할 때 ④ 국내 해외펀드 투자 증가로 환율변동 리스크관리를 위한 선물환 매도 수요가 많아질 때	① 국내 기업의 해외채권 발행이 늘어나고, 통화스왑(부채스왑 : 원화 고정금리 pay 스왑)의 수요가 늘어날 때 ② 외국계 은행 혹은 외국인의 통화스왑을 이용한 재정거래 포지션이 증가할 때 ③ 해외 펀드투자의 손실 증가로 인해, 선물환 매도 거래의 포지션 청산이 발생할 때

★★★
116 **국내 통화스왑 시장에 대한 설명으로 옳지 않은 것은?** 심화

① 국내 자금시장에서 달러의 유동성이 확대되면, 통화스왑의 음(−)의 베이시스가 축소된다.

② 원화 고정금리 receive 달러/원 통화스왑 수요가 높아지면, 통화스왑의 음(−)의 베이시스가 확대된다.

③ 해외 펀드투자의 손실 증가로 인해 선물환 매도거래의 포지션 청산이 발생할 때, 원화 고정금리 pay 통화스왑(미달러화 원금 현물환 Sell & 선물환 Buy 방향) 수요가 증가한다.

④ 보험회사 등 기관투자자의 해외투자가 늘어나면, 원화 고정금리 pay 달러/원 통화스왑 수요가 늘어난다.

해설 보험회사 등 기관투자자의 해외투자가 늘어나면, 원화 고정금리 receive 통화스왑(자산스왑)의 수요가 늘어난다.

CHAPTER 02 기타 파생상품

내용 구성 및 주요 출제내용 분석

내용 구성	중요도	주요 출제 내용
장외파생상품	★★	• 장내파생상품과 장외파생상품의 비교 • 장외파생상품의 경제적 기능 및 거래리스크
장외옵션	★★★	장외옵션의 종류와 수익구조 이해 : 경로의존형 옵션, 첨점수익구조형 옵션, 시간의존형 옵션, 다중변수수익의존형 옵션
통화관련 장외파생상품	★★	• 선물환과 환위험관리, 선물환율 결정 및 고시방법 • 외환스왑을 이용한 환위험관리 • 통화옵션을 이용한 환위험관리 : 합성선물환, 범위 선물환, 인핸스드 포워드, 목표 선물환
신용파생상품	★★★	• 신용파생상품의 개념, 용어, 특징, 유용성 · 위험성 • 주요 신용파생상품의 구조 : CDS, TRS, CLN
구조화상품	★★★	주가연계구조화상품 : ELD, ELS, ELF
장외파생상품의 위험관리	★★★	• 위험의 유형, 파생상품 투자실패사례와 교훈 • 시장위험 관리 : VaR의 개념 및 측정(역사적 시뮬레이션, 몬테카를로 시뮬레이션) • 분석적 분산–공분산 방법 : 개별 VaR과 포트폴리오 VaR

출제경향 분석 및 학습요령

기타 파생상품과 파생결합증권에서 총 17문제가 출제되는데, 기타 파생상품에서는 대략 10문제 내외로 출제된다고 보면 된다. 주로 출제가 이루어지는 과목은 장외옵션과 신용파생상품이다. 장외옵션의 경우 이색옵션의 종류별 구분과 각 옵션의 수익구조 파악이 중요하며, 신용파생상품은 CDS, TRS, CLN 등의 구조에 대한 이해가 중요하다. 장외파생상품의 위험관리도 중요한데, 제3과목의 리스크관리와 중복되는 내용이므로 VaR에 대한 이해와 측정방법의 비교, 포트폴리오 VaR의 계산 등은 반드시 숙지해야 한다.

···TOPIC 1 장외파생상품 개요

★★★
001 장외파생상품(OTC derivatives)의 특징에 해당되는 것을 모두 고르면?

㉠ 거래내용의 표준화	㉡ 거래 상대방을 반드시 알아야 함
㉢ 유동성이 낮음	㉣ 상품 종류가 제한적임
㉤ 계약불이행위험이 큼	㉥ 거래의 보증을 당사자 간의 신용도에 의존함

① ㄴ, ㄷ, ㅁ, ㅂ   ② ㄴ, ㄹ, ㅂ

③ ㄱ, ㄹ   ④ ㄷ, ㅁ, ㅂ

 해설 ㉠, ㉣은 장내파생상품(exchange-traded derivatives)의 특징이다.

Ⅲ 필수핵심정리 ▸ 장내파생상품과 장외파생상품의 비교

	장내파생상품	장외파생상품
종류	선물, (장내)옵션	선도, (장외)옵션, 스왑
거래방식	거래소에서 공개경매 혹은 전자경매	사적이고 개별적인 흥정
표준화	거래내용이 표준화됨	공통적인 요소는 있으나 표준화된 내용은 없음
거래상대방	거래상대방을 서로 모름	거래상대방을 반드시 알아야 함
가격 형성	가격 형성이 투명하고 실시간 공개	가격 형성이 비교적 불투명
거래시간과 규정	거래소가 거래시간과 거래방식에 대해 규정	유동성은 떨어지나 24시간 거래 가능
포지션청산	반대거래로 포지션이 쉽게 청산될 수 있음	포지션을 청산할 수 있으나 비용이 많이 소요됨
거래의 보증	모든 거래가 거래소에 의해 보증됨	보증해 주는 기관이 없어 거래당사자 간의 신용도에 의존함
정산 및 가치평가	가격변동에 따른 손익정산을 매일 수행(증거금 및 일일정산제)	• 거래 초기 및 만기에 대금지급 • 기간 내 정기적인 가치평가

★★★
002 장내파생상품과 장외파생상품의 특징에 관한 설명으로 옳지 않은 것은?

① 장내파생상품은 모든 거래의 이행을 거래소가 보증하나, 장외파생상품은 보증해주는 기관이 없어 당사자 간의 신용도에 의존한다.

② 장내파생상품은 거래소가 규정한 시간에만 거래를 할 수 있으나, 장외파생상품은 24시간 언제든지 거래할 수 있다.

③ 장내파생상품은 표준화되어 있으나, 장외파생상품은 거래조건이 당사자 간의 협의에 따라 정해진다.

④ 장내파생상품은 가격변동에 따라 손익을 매일 정산하나, 장외파생상품은 만기 이전에 손익의 정산이나 가치평가가 필요 없다.

해설 장외파생상품은 만기 이전에 손익이 정산되지는 않으나 정기적으로 가치평가는 필요하며, 금융기관은 평가액을 재무제표에 반영하여야 한다.

★★★
003 장외파생상품의 경제적 기능과 거리가 먼 것은?

① 리스크관리수단   ② 투자수단
③ 기존 금융상품의 제공   ④ 자금조달수단

> **해설** 장외파생상품은 투자자(고객)가 원하는 위험–손익구조를 갖는 새로운 금융상품을 제공하는 기능을 한다. 즉, 장내파생상품이 기성복이라면 장외파생상품은 맞춤형 상품을 제공할 수 있다는 것이다.

🏛 필수핵심정리 ▷ 장외파생상품의 경제적 기능

리스크관리수단	장외파생상품을 이용하면 투자자의 투자기간과 원하는 헤지 규모에 의해 보유 기초자산의 가격변동리스크를 정확하게 헤지할 수 있음
투자수단	장외파생상품은 기업 및 금융기관들의 개별 수요에 적합한 효율적인 투자상품으로 활용될 수 있음
자금조달수단	다양한 조건의 장외파생상품이 내재된 구조화채권을 활용하여 좋은 조건에 자금조달 가능
투자자의 요구에 부합하는 금융상품의 제공	장외파생상품을 통해 고객이 원하는 위험–손익구조를 갖는 맞춤형 금융상품을 제공하는 것이 가능

★★★
004 장외파생상품의 주요 기능에 대한 설명으로 옳지 않은 것은?

① 장외파생상품을 이용하여 고객의 욕구에 맞는 맞춤형 상품을 제공할 수 있다.
② 장외파생상품은 채권발행 형태로 이루어져 자금조달 수단으로 활용될 수 있다.
③ 장외파생상품을 통해 보유하고 있는 포트폴리오의 리스크를 효율적으로 관리할 뿐만 아니라 안정적인 수익을 확보할 수 있다.
④ 장외파생상품은 리스크관리수단으로 이용될 수 있으나, 투자수단으로서는 적절하지 못하다.

> **해설** 장외파생상품 그 자체로 투자수단이 될 수 있다. 예를 들어, 금리하락이 예상될 경우 고정금리를 수취하고 변동금리를 지급하는 이자율스왑 계약을 체결하면 이익을 볼 수 있다.

★★★
005 장외파생상품을 거래하는 과정에서 발생하는 리스크 중에서 시장에서의 거래량이 부족하여
정상적인 가격으로 거래할 수 없는 위험은 무엇인가?

① 시장위험
② 시장유동성 위험
③ 자금조달 유동성 위험
④ 운영위험

해설 유동성 위험 중에서 시장에서의 거래량이 부족하여 정상적인 가격으로 거래할 수 없는 위험을 시장유동성 위험이
라고 한다.

 필수핵심정리 ▷ 장외파생상품의 거래리스크

시장위험	• 기초자산가격(주가, 금리, 환율, 상품가격 등)의 불리한 변화로 인하여 손실을 초래할 수 있는 상황 • 시장가격에 노출된 헤지되지 않은 포지션의 위험(시장위험 = 포지션의 크기×가격변동성)	
신용위험	• 거래상대방 또는 채권의 발행기관이 경영상태 악화, 신용도 하락 또는 채무불이행 등의 이유로 계약상의 의무를 이행할 수 없거나 고의적으로 의무를 이행하지 않으려 할 때 손실을 초래할 수 있는 상황 • 상대방의 신용등급 하락 등으로 인한 자산가격의 하락위험이나 거래상대방이 속하는 산업이나 국가 전체에 대한 위험을 포함함	
결제위험	채권의 매매, 외환거래 및 파생상품 등 개별 거래의 결제 당일에 발생하는 신용위험	
유동성 위험	계약에 의해 지급기일까지 지급해야 하는 현금성 자산을 확보하지 못하여 부도에 이를 수 있는 위험	
	시장유동성 위험	시장에서의 거래량이 부족하여 정상적인 가격으로 거래할 수 없는 위험
	자금조달 유동성 위험	비정상적인 시장상황의 변동으로 인해 자금을 적기에 확보할 수 없거나, 자금 확보에 불필요한 비용이 발생할 수 있는 위험
운영위험	부적절한 관리시스템, 시장과 괴리된 모델의 이용, 시스템 마비 또는 중단, 자금이체의 지연, 거액자금의 방치, 직원의 각종 실수, 고의적 사기, 자연재해, 회계처리방식의 오류, 각종 범죄행위와 연계, 고의적인 정보나 자료의 왜곡 등 금융기관 운영 또는 자금운용 과정에서 발생하는 내부적 위험	
법률위험	거래상대방이 거래를 할 수 있는 법적인 또는 규제상의 자격이나 지위가 없어 거래 자체가 원천적으로 무효화됨에 따라 발생하는 위험이나, 계약서류를 제대로 점검하지 않아 일방적으로 불리한 계약을 체결하거나 특정 사안의 발생 시 보호받을 수 없는 위험(대고객 위험고지의무 불이행 등)	

정답 003 ③   004 ④   005 ②

006 부적절한 관리시스템, 직원의 실수 및 사기, 자연재해, 시스템 마비 등으로 발생하는 위험은?

① 법률위험　　　② 결제위험　　　③ 유동성위험　　　④ 운영위험

> **해설** 운영위험은 금융기관의 사람과 시스템 등으로부터 발생하는 모든 위험으로서 금융기관의 운영 또는 자금운용 과정에서 발생하는 내부적 위험을 말한다.

···TOPIC 4 장외옵션 – 경로의존형 옵션(path dependent option)

007 다음 중 경로의존형 옵션이 아닌 것은?

① 선택옵션(chooser option)　　　② 평균옵션(average option)
③ 장애옵션(barrier option)　　　④ 룩백옵션(lookback option)

> **해설** 선택옵션(chooser option)은 시간의존형 옵션이다. 경로의존형 옵션이란 옵션의 최종수익이 옵션만기시점의 기초자산 가격에 의해서 결정되는 것이 아니라, 현재 시점부터 만기시점까지 기초자산의 가격이 어떤 경로로 움직여왔는가에 의해 만기 시 결제금액이 결정되는 옵션을 말한다.

 필수핵심정리 ▶ 이색옵션(장외옵션)의 분류

경로의존형옵션	평균옵션(average option) 혹은 아시안 옵션(asian option), 장애옵션(barrier option), 룩백옵션(lookback option), 클리켓옵션(cliquet option) 혹은 래칫옵션(rachet option)
첨점수익구조형 옵션	디지털옵션(digital or binary option), 디지털배리어옵션(digital barrier option)
시간의존형 옵션	버뮤다옵션(bermudan option), 선택옵션(chooser option)
다중변수의존형 옵션	레인보우옵션(rainbow option), 퀀토옵션(quanto option)

→ 이 밖에도 중첩옵션(옵션에 대한 옵션), 레버리지형 등도 있음

008 기초자산의 만기시점 가격이 옵션수익 구조의 기본이 되는 것이 아니라, 일정기간 동안의 기초자산의 평균가격이 옵션의 손익구조를 결정하는 옵션은?

① 미국식 옵션(american option)　　　② 유럽식 옵션(european option)
③ 아시안 옵션(asian option)　　　④ 선택옵션(chooser option)

> **해설** 평균옵션(average option) 혹은 아시안 옵션(asian option)에 관한 설명이다.

경로의존형 옵션은 기초자산 가격이 옵션계약기간 동안 어떠한 가격경로를 통해 움직여왔는가에 의해 만기 시 결제금액이 결정되는 옵션을 말함

1. 평균옵션(average option)
   • 가격평균의 변동성은 기초자산 자체의 가격변동성보다 작기 때문에, 평균옵션의 프리미엄은 표준옵션의 프리미엄보다 작음
   • 평균옵션은 일정기간 동안의 환율변동 위험을 관리할 목적으로 외환시장에서 많이 사용됨

평균가격 옵션 (아시안옵션)	일정기간 동안의 기초자산 가격의 평균($S_{평균}$)이 옵션의 수익구조를 결정	
	Call 옵션	Put 옵션
	$\max(S_{평균} - X, 0)$	$\max(X - S_{평균}, 0)$
평균 행사가격 옵션	일정기간 동안의 기초자산의 평균가격($S_{평균}$)을 옵션의 행사가격으로 이용(S_T : 만기일의 기초자산가격)	
	Call 옵션	Put 옵션
	$\max(S_T - S_{평균}, 0)$	$\max(S_{평균} - S_T, 0)$

2. 장애옵션(barrier option)
   • 옵션계약기간 동안 기초자산 가격이 일정한 가격(촉발가격, trigger price)에 도달한 적이 있을 경우 옵션이 소멸(knock-out)되거나 혹은 비로소 옵션이 발효(knock-in)되도록 하는 조항을 추가한 옵션
   • 표준옵션 = 녹아웃옵션(knock-out option) + 녹인옵션(knock-in option)
   예 표준 call 옵션 = knock-out call 옵션 + knock-in call 옵션

녹아웃옵션 (knock-out option)	기초자산가격이 촉발가격을 건드리면 옵션이 소멸(무효)되는 옵션(촉발가격에 도달하지 않는 한 유효) → 녹아웃옵션은 옵션이 무효가 될 가능성 때문에 표준옵션보다 프리미엄이 저렴	
	up-and-out	down-and-out
	촉발가격이 기초자산가격보다 높게 설정된 경우, 기초자산가격이 촉발가격 이상으로 오를 때 옵션이 무효가 됨을 의미	촉발가격이 기초자산가격보다 낮게 설정된 경우, 기초자산가격이 촉발가격 이하로 하락하면 옵션이 무효가 됨을 의미
	up-and-out 풋옵션	down-and-out 콜옵션
	기초자산가격이 촉발가격 이상으로 오르면 무효되는 풋옵션 → 장래에 어떤 자산을 매도해야 할 경우(**예** 원유생산업자) 유용	기초자산가격이 촉발가격 이하로 내리면 무효되는 콜옵션 → 장래에 어떤 자산을 매입해야 할 경우(**예** 정유회사)에 유용
녹인옵션 (knock-in option)	기초자산가격이 촉발가격을 건드리면 옵션이 발효(유효)되는 옵션 → 촉발가격에 도달하지 않는 한 효력이 없다가 촉발가격에 도달하면 효력이 생김	

3. 룩백옵션(lookback option)
   옵션 보유자에게 옵션 계약기간 동안 가장 유리한 기초자산가격을 행사가격으로 사용할 수 있도록 하는 경로의존형 옵션 → 룩백옵션의 가치는 미국식 옵션의 가치와 같거나 그보다 훨씬 큼

룩백 콜옵션의가치	$= \max[(S_T - S_{low}), 0]$ (S_{low} : 계약기간 중 가장 낮은 기초자산가격)
룩백 풋옵션의가치	$= \max[(S_{high} - S_T), 0]$ (S_{high} : 계약기간 중 가장 높은 기초자산가격)

4. 클리켓옵션(cliquet option) 혹은 래칫옵션(rachet option)
   표준옵션처럼 초기에 행사가격을 정하여두지만 일정한 시점이 되면, 그 시점의 시장가격(기초자산가격)이 새로운 행사가격이 되도록 하는 옵션 → 행사가격이 재확정될 때마다 그 시점에서의 내재가치가 실현된 것으로 하여 차액지급이 보장됨

★★★
009 장애옵션(Barrier option)에 관한 설명으로 옳은 것은?

① 첨점수익구조형 옵션이다.
② 녹아웃옵션(knock-out option)과 녹인옵션(knock-in option)으로 분류할 수 있다.
③ 녹아웃(knock-out) 콜옵션과 녹아웃(knock-out) 풋옵션을 합성하면 표준옵션과 동일하다.
④ 장애옵션의 프리미엄은 표준옵션보다 프리미엄이 비싸다.

> **해설** 장애옵션은 경로의존형 옵션이며 녹아웃옵션(knock-out option)과 녹인옵션(knock-in option)으로 분류할 수 있는데 녹아웃옵션(knock-out option)과 녹인옵션(knock-in option)을 합성해야 표준옵션과 동일하다. 따라서, [표준 콜옵션 = 녹아웃 콜옵션 + 녹인 콜옵션]이 된다. 그리고 장애옵션은 무효가능성으로 인해 표준옵션보다 프리미엄이 저렴하다.

★★★
010 옵션의 손익구조가 다음과 같이 표현되는 옵션은?

> S_t : 기초자산의 현재가격, S_T : 기초자산의 만기가격, H : 촉발가격, X : 행사가격
> • 옵션 계약기간 중 S_t > H이면, $Max(S_T-X, 0)$
> • 옵션 계약기간 중 한 번이라도 S_t ≤ H이면, 0 혹은 일부의 현금보상

① down-and-out 콜옵션   ② down-and-out 풋옵션
③ up-and-out 콜옵션   ④ down-and-in 콜옵션

> **해설** 옵션 계약기간 중 기초자산의 가격이 촉발가격보다 높으면(S_t > H) 표준콜옵션의 수익[$Max(S_T-X, 0)$]을 지급하고, 옵션 계약기간 중 한 번이라도 기초자산의 가격이 촉발가격 아래로 떨어지면(S_t ≤ H) 0 혹은 일부의 현금보상이 이루어지는 옵션이다. 따라서 이 옵션은 장애옵션 중에서 녹아웃 콜옵션이면서 촉발가격이 아래에 설정되어 있는 down-and-out 콜옵션이다.

★★★
011 환율이 일정한 가격(촉발가격, trigger price) 이상으로 오를 때 옵션이 무효가 된다는 것을 의미하는 것은?

① down-and-out   ② down-and-in
③ up-and-out   ④ up-and-in

> **해설** up은 상승, down은 하락을 의미하고 in은 발효, out은 무효를 의미한다. 따라서 촉발가격 이상으로 환율(기초자산 가격)이 상승 시 무효가 됨을 의미하는 것은 up-and-out이다.

★★★ 012 기초자산 가격이 미리 정한 일정한 가격(촉발가격, trigger price) 이하로 하락할 때 비로소 효력이 발생하는 옵션은?

① down-and-in
② down-and-out
③ up-and-in
④ up-and-out

해설 하락 시 발효 = down-and-in(녹인 옵션)

★★★ 013 장애옵션에서 up-and-out 풋옵션이란?

① 기초자산 가격이 촉발가격 이하로 하락 시 무효가 되는 풋옵션
② 기초자산 가격이 촉발가격 이하로 하락 시 발효가 되는 풋옵션
③ 기초자산 가격이 촉발가격 이상으로 상승 시 무효가 되는 풋옵션
④ 기초자산 가격이 촉발가격 이상으로 상승 시 발효가 되는 풋옵션

해설 up은 상승, out은 무효를 의미한다. 따라서 up-and-out 풋옵션이란 촉발가격 이상으로 기초자산 가격이 상승 시 무효가 되는 풋옵션이다.

★★★ 014 장애옵션에서 down-and-out 콜옵션이란?

① 기초자산 가격이 촉발가격 이하로 하락 시 콜옵션이 무효가 된다.
② 기초자산 가격이 촉발가격 이하로 하락 시 콜옵션이 발효가 된다.
③ 기초자산 가격이 촉발가격 이상으로 상승 시 콜옵션이 무효가 된다.
④ 기초자산 가격이 촉발가격 이상으로 상승 시 풋옵션이 발효가 된다.

해설 down은 하락, out은 무효를 의미한다. 따라서 down-and-out 콜옵션이란 기초자산 가격이 촉발가격 이하로 하락 시 콜옵션이 무효가 된다.

★★★ 015 다음 중 표준형 콜옵션과 프리미엄 수준이 동일한 것은?

① 가격 하락 시 무효 콜옵션 + 가격 하락 시 유효 콜옵션
② 가격 하락 시 무효 콜옵션 + 가격 상승 시 유효 콜옵션
③ 가격 하락 시 무효 콜옵션 + 가격 하락 시 유효 풋옵션
④ 가격 하락 시 무효 콜옵션 + 가격 하락 시 무효 풋옵션

★★★ 016

K기업은 연중 내내 외국과 수출입 거래가 빈번한 기업이다. 장내선물 및 옵션을 이용하여 환율 변동위험을 헤지하기 위해서는 결제월을 너무 많이 이용해야 하는 문제점이 있다. 다음 중 K기업이 빈번한 수출입 거래에 따른 환율 변동위험을 커버하기 위해 사용하기 적절한 장외옵션은?

① 룩백옵션(lookback option) ② 선택옵션(chooser option)
③ 평균옵션(average option) ④ 장애옵션(barrier option)

해설 연중 내내 수출입 거래를 하므로 특정 시점의 환율리스크의 관리보다는 연평균 환율에 대한 헤지가 필요하다. 평균옵션은 일정기간 동안의 환율변동 위험을 관리할 목적으로 외환시장에서 많이 사용된다.

★★★ 017

장애옵션에 관한 설명으로 옳지 않은 것은?

① 많이 사용되는 장애옵션은 다운앤 아웃(down-and-out) 콜옵션과 업앤 아웃(up-and-out) 풋옵션이 있다.
② 수출업자가 환율하락에 따른 위험에 대비하고자 하면 달러강세 시 무효가 되는 풋(up and out put)을 이용할 수 있을 것이다.
③ 장애옵션에서 콜옵션의 경우에는 촉발가격을 행사가격과 현재 기초자산 가격보다 낮게 설정하는 것이 일반적이다.
④ 녹인(knock-in) 옵션은 시작할 때는 표준옵션과 동일하나, 기초자산 가격이 촉발가격 도달 시 무효가 되는 옵션을 말한다.

해설 시작할 때는 표준옵션과 동일하나, 기초자산 가격이 촉발가격 도달 시 무효가 되는 옵션은 녹아웃(knock-out) 옵션이다.

★★★ 018

원유를 매입해야 하는 정유회사에서 유가변동위험을 헤지하려고 한다. 다음 중 가장 적절한 선택은?

① up-and-in 풋옵션 매입 ② up-and-out 콜옵션 매입
③ down-and-in 콜옵션 매입 ④ down-and-out 콜옵션 매입

해설 정유회사는 원유를 매입해야 하는 위치에 있으므로 유가상승에 대비한 콜옵션을 매수해야 한다. 헤지비용을 줄이려면 프리미엄이 저렴한 녹아웃(knock-out) 옵션을 이용하는 것이 바람직한데, 이 경우 유가하락 시 무효가 되는 down-and-out 콜옵션을 이용하는 것이 좋다. 왜냐하면, 유가가 하락하면 옵션이 무효가 되더라도 현재의 싼 가격으로 원유를 살 수 있고, 유가상승 시에는 옵션이 소멸(knock-out)되지 않으므로 콜옵션을 행사하면 되기 때문이다.

★★★
019 행사가격이 80, 촉발가격이 90인 up-and-out 풋옵션이 있다. 기초자산의 가격은 계약기간 동안 최소 70에서 최대 95까지 움직였으며, 만기일에는 79가 되었다. 이 옵션을 보유한 자의 만기손익은?(단, rebate는 없음) 심화

① 0   ② 1   ③ 10   ④ -2

> **해설** 기초자산 가격이 계약기간 동안 70~95 사이에서 움직였으므로 만기일 전에 촉발가격인 90을 건드렸다. 따라서 이 풋옵션은 만기일 전에 무효(knock-out)가 되어 소멸되었기 때문에 만기손익은 0이다. 옵션이 녹아웃되면 옵션이 무효가 되어 아무런 대가가 없거나 때로는 약간의 현금보상(rebate)이 이루어진다. 만약 녹아웃 풋옵션이 아니라 표준옵션인 풋옵션이었다면 만기손익은 1[= max($X-S_T$, 0) = max(80-79, 0)]이 되었을 것이다.

★★★
020 룩백옵션(lookback option)은 옵션 만기까지의 기초자산 가격 중 옵션매입자에게 가장 유리한 가격으로 행사가격이 결정된다. 따라서 룩백 콜옵션의 경우에는 만기까지의 기초자산 가격 중 (㉠)가격이, 룩백 풋옵션의 경우에는 (㉡)가격이 행사가격이 된다. ㉠, ㉡에 맞는 말은?

① ㉠ 최저, ㉡ 최고   ② ㉠ 최고, ㉡ 최저
③ ㉠ 최저, ㉡ 평균   ④ ㉠ 평균, ㉡ 최고

> **해설** 콜옵션은 가장 낮은 기초자산 가격을 행사가격으로 하는 것이 유리하며, 풋옵션은 반대로 가장 높은 기초자산 가격을 행사가격으로 해야 옵션매입자에게 유리하다.
>
> | 룩백 콜옵션의 가치 | = Max(S_T-S_{low}, 0) | S_{low} : 계약기간 중 가장 낮은 기초자산 가격 |
> | --- | --- | --- |
> | 룩백 풋옵션의 가치 | = Max($S_{high}-S_T$, 0) | S_{high} : 계약기간 중 가장 높은 기초자산 가격 |

★★★
021 룩백옵션에 관한 설명으로 옳지 않은 것은?

① 룩백옵션은 만기일 당일에 행사가격을 결정한다는 측면에서 미국식 옵션보다 훨씬 유리하다고 할 수 있다.
② 콜옵션의 경우에는 만기까지 기초자산의 최저가격이, 풋옵션의 경우에는 기초자산의 최고가격이 행사가격이 된다.
③ 룩백옵션의 프리미엄이 표준옵션보다 저렴하기 때문에 실제 이용 가능성이 많다.
④ 절대로 외가격(OTM) 옵션이 될 수 없다.

> **해설** 룩백옵션의 프리미엄은 표준옵션보다 매우 비싸고 미국식 옵션의 가치와 같거나 그보다 훨씬 커질 수밖에 없다. 또한 룩백옵션의 수익 발생 양상과 부합되는 위험에 노출되어 있는 경우를 현실에서는 거의 찾아볼 수 없기 때문에, 룩백옵션의 실용 가능성은 희박하다.

022 만기 이전에 손익정산(내재가치 지급보장) 및 행사가격의 재조정이 이루어지는 옵션은?

① 클리켓옵션(cliquet option) ② 평균옵션(average option)
③ 장애옵션(barrier option) ④ 룩백옵션(lookback option)

> **해설** 클리켓옵션(cliquet option) 혹은 래칫옵션(rachet option)은 표준옵션처럼 초기에 행사가격을 정하여 두지만 일정한 시점이 되면, 그 시점의 시장가격(기초자산가격)이 새로운 행사가격이 되도록 하는 옵션으로서, 행사가격이 재확정될 때마다 그 시점에서의 내재가치가 실현된 것으로 하여 차액 지급이 보장된다.

023 클리켓옵션(Cliquet option)에 관한 설명으로 옳지 않은 것은?

① 경로의존형 옵션이다.
② 래칫옵션(rachet option)이라고도 한다.
③ 초기에 행사가격을 정해 두지만 옵션매입자가 외치는 시점의 시장가격이 새로운 행사가격이 되도록 하는 옵션이다.
④ 행사가격이 재확정될 때마다 그 시점에서의 옵션의 내재가치가 실현된 것으로 하여 차액 지급이 보장된다.

> **해설** 초기에 행사가격을 정해 두지만 일정한 시점(발행 당시 미리 일정을 정해 놓음)이 되면, 그 시점의 시장가격이 새로운 행사가격이 되도록 하는 옵션이다. 옵션매입자가 외치는 시점의 시장가격이 새로운 행사가격이 되도록 하는 옵션을 샤우트(shout)옵션이라고 한다.

024 초기의 행사가격이 50이고, 1개월 후와 2개월 후에 당일의 시장가격을 행사가격으로 재확정하도록 하는 클리켓 옵션이 있다. 기초자산의 시장가격이 다음과 같을 때, 클리켓 콜옵션을 보유한 자의 만기 시 정산손익은? 심화

일자	1개월 후	2개월 후	만기일
기초자산 가격	53	51	55

① 0 ② 3 ③ 5 ④ 7

> **해설** 1개월 후에 시장가격이 53이므로 3[= max(53−50, 0)]의 이익이 보장되면서 행사가격은 초기의 50에서 53으로 재확정된다. 2개월 후에 시장가격이 51이므로 이 경우에는 이익이 없으며[0 = max(51−53, 0)], 행사가격은 53에서 51이 된다. 만기일에 시장가격이 55이므로 4[= max(55−51, 0)]의 차액이 지급된다. 따라서 전체적으로 7(= 3 + 0 + 4)의 이익이 발생한다. 만약 표준콜옵션이었다면 5[= max(55−50, 0)]의 이익만 발생하였을 것이다.

★★★
025 기초자산의 가격 움직임이 다음과 같을 때, 각 옵션의 만기 시 정산손익을 계산한 식이 옳지 않은 것은?

초기 가격 : 3,000원	최고가격 : 3,600원	평균가격 : 3,250원
만기 가격 : 3,200원	최저가격 : 2,500원	행사가격 : 3,100원

① 표준 콜옵션 : $Max(3200 - 3100, 0) = 100$
② 평균가격 콜옵션 : $Max(3250 - 3100, 0) = 150$
③ 평균행사가격 콜옵션 : $Max(3200 - 3250, 0) = 0$
④ 룩백 콜옵션 : $Max(3600 - 3200, 0) = 400$

> **해설** 룩백 콜옵션 : $Max(3200 - 2500, 0) = 700$
> 룩백 풋옵션 : $Max(3600 - 3200, 0) = 400$

🏛 **필수핵심정리** ▷ 주요 경로의존형 옵션들의 만기손익 계산

	콜옵션	풋옵션
표준형 옵션	Max(만기가격 − 행사가격, 0)	Max(행사가격 − 만기가격, 0)
평균가격옵션	Max(평균가격 − 행사가격, 0)	Max(행사가격 − 평균가격, 0)
평균행사가격옵션	Max(만기가격 − 평균가격, 0)	Max(평균가격 − 만기가격, 0)
룩백옵션	Max(만기가격 − 최저가격, 0)	Max(최고가격 − 만기가격, 0)

···TOPIC **5** 장외옵션 – 첨점수익구조형 옵션(singular payoff option)

★★★
026 다음 이색옵션 중 첨점수익구조형 옵션에 속하는 것은?

① 선택옵션(chooser option)
② 디지털옵션(digital option)
③ 버뮤다옵션(bermudan option)
④ 퀀토옵션(quanto option)

> **해설** 버뮤다옵션(bermudan option)과 선택옵션(chooser option)은 시간의존형 옵션이며, 퀀토옵션(quanto option)은 다중변수의존형 옵션이다.

첨점수익구조란 옵션의 수익구조가 불연속한 형태로 나타나는 경우를 의미함
(첨점(singular)이라는 용어는 수학에서 미분이 불가능한 점을 의미)

1. 디지털옵션(digital option)

옵션이 만기일에 내가격(ITM) 상태이면 사전에 약정된 금액(수익)이 지불되고, 그렇지 않으면(등가격, 외가격인 경우) 수익이 없는 옵션

→ 따라서, 디지털옵션은 만기일에 내가격의 크기는 의미가 없고, 내가격 상태인지 아닌지만이 의미가 있음

cash-or-nothing	asset-or-nothing
만기일에 내가격이 되면, 수익을 일정한 금액으로 지급하는 방식	만기일에 내가격이 되면, 수익을 기초자산으로 지급하는 방식

2. 디지털배리어옵션(digital barrier option)
   • 경로종속형 디지털옵션으로, 디지털옵션에 장애옵션이 내재되어 있는 원터치 옵션(one-touch option)임
   • 디지털옵션과 같이 만기시점에서 기초자산가격의 내가격 여부를 판별하는 것이 아니라 만기까지 한번이라도 내가격이 되면 일정한 금액을 지급하는 방식

★★★
027 디지털옵션에 관한 설명으로 옳지 않은 것은?

① 디지털옵션의 수익구조는 옵션이 만기일에 내가격 상태이면 사전에 약정한 금액이 지급되고, 그렇지 않으면 아무것도 지급하지 않는다.

② 만기 때에 가서 기초자산의 가격이 외가격 상태이면 디지털옵션 매수자는 프리미엄을 지불하지 않는다.

③ 디지털옵션은 옵션매입자의 입장에서 만기일에 옵션이 내가격으로 끝나는 것이 중요한 게 아니라 내가격의 크기가 중요하다.

④ 디지털옵션의 형태로는 일정한 금액을 지급하는 방식(cash or nothing)과 내가격으로 끝났을 때 기초자산을 지급하는 방식(asset or nothing)이 있다.

해설 디지털옵션의 수익은 사전에 정해져 있기 때문에 만기일에 얼마만큼 내가격 상태에 있는가는 의미가 없고, 내가격 상태인지 아닌지만이 의미가 있다.

★★★
028 다음과 같은 만기 수익구조를 갖는 이색옵션은?

> S_T : 기초자산의 만기가격, X : 행사가격
> 옵션 만기일에 $S_T > X$이면 S를 지급하고, $S_T \leq X$이면 수익은 '0'

① asset-or-nothing call option
② cash-or-nothing call option
③ digital barrier option
④ knock-out call option

해설 만기일에 기초자산의 가격이 행사가격보다 크면 기초자산을 주고, 기초자산의 가격이 행사가격보다 작거나 같으면 아무것도 지급하지 않으므로, digital 옵션 중에서 asset or nothing call option이다.

029 디지털옵션에 장애옵션이 내재되어 있는 원터치옵션으로서, 만기까지 한 번이라도 내가격 상태였으면 약정한 금액을 지급하는 방식의 옵션은?

① digital option
② barrier option
③ digital barrier option
④ look back option

 디지털배리어옵션(digital barrier option)에 관한 설명이다.

···TOPIC 6 장외옵션 – 시간의존형 옵션(time dependent option)

030 다음 이색옵션 중 시간의존형 옵션에 속하는 것은?

① 선택옵션(chooser option)
② 디지털옵션(digital option)
③ 평균옵션(average option)
④ 퀀토옵션(quanto option)

 디지털옵션(digital option)은 첨점수익구조형, 평균옵션(average option)은 경로의존형, 퀀토옵션(quanto option)은 다중변수의존형 옵션이다.

🏛 필수핵심정리 시간의존형 옵션

시간의존형 옵션이란 모든 옵션거래가 시간가치를 가지고 있지만, 다른 것에 비해 시간에 더욱 민감하거나 시간에 종속적인 옵션을 말함

1. 버뮤다옵션(bermudan option)
   유럽식과 미국식의 중간 형태로 볼 수 있는 옵션으로서 만기 이전에 미리 정한 특정 일자들 중에서 한 번 권리행사가 가능한 옵션 **예** 신주인수권부 전환사채(convertible bond)는 주식전환권을 매입일 이후부터 곧바로 주식으로 전환할 수 있는 것이 아니라 일정한 기일 후부터 일정 기일까지만 행사할 수 있도록 제한을 두는 것이므로 버뮤다옵션이 내장되어 있다고 볼 수 있음

미국식 옵션	만기일 이전에 아무 때나 권리행사 가능
유럽식 옵션	만기일 당일에만 권리행사 가능

2. 선택옵션(chooser option)
   • 선택옵션은 옵션보유자가 만기일 이전에 미래의 특정 시점에서 이 옵션이 콜옵션인지 풋옵션인지 여부를 선택할 수 있는 권리를 가짐
   • 선택옵션은 스트래들 매수와 유사한 측면이 많은데 비용면에서 유리함(프리미엄이 저렴) → 이유 : 스트래들 매수자는 만기일까지 콜과 풋을 함께 계속해서 보유하는 데 반해, 선택옵션은 일단, 풋인지 콜인지를 선택한 후에는 선택한 한 가지 옵션만 보유할 수 있기 때문

정답 027 ③ 028 ① 029 ③ 030 ①

★★★
031 만기가 한 달이라면 유럽식 옵션의 행사 가능 시점은 만기일에만 가능하고, 미국식 옵션의 행사가능 시점은 만기 이전 아무 때나 한 번인데, 예를 들어 10, 20, 30일 중 1회로 행사 가능일이 설정되어 있는 옵션은?

① 디지털옵션(digital option)
② 선택옵션(chooser option)
③ 버뮤다옵션(bermudan option)
④ 퀀토옵션(quanto option)

> **해설** 버뮤다옵션은 유럽식과 미국식의 중간 형태로 볼 수 있는 시간의존형 옵션으로서 만기 이전에 미리 정한 특정 일자들 중에서 한 번 행사가 가능한 옵션이다.

★★★
032 다음 중에서 스트래들(straddle) 매수 전략과 가장 유사한 옵션은?

① 디지털옵션(digital option)
② 선택옵션(chooser option)
③ 버뮤다옵션(bermudan option)
④ 퀀토옵션(quanto option)

> **해설** 선택옵션은 옵션보유자가 만기일 이전에 미래의 특정 시점에서 이 옵션이 콜옵션인지 풋옵션인지 여부를 선택할 수 있는 권리를 가지는 시간의존형 옵션으로서 동일한 행사가격의 Call과 Put을 동시에 보유하는 straddle 매수전략과 유사하다.

⋯⋯ TOPIC 7 장외옵션 – 다중변수의존형 옵션(multi-factor dependent option)

★★★
033 다음 이색옵션 중 다중변수의존형 옵션에 속하는 것은?

① 선택옵션(chooser option) ② 디지털옵션(digital option)
③ 평균옵션(average option) ④ 퀀토옵션(quanto option)

> **해설** 선택옵션(chooser option)은 시간의존형, 디지털옵션(digital option)은 첨점수익구조형, 평균옵션(average option)은 경로의존형 옵션이다.

필수핵심정리 ▷ 다중변수의존형 옵션

다중변수의존형 옵션이란 옵션의 가치가 두 개 이상의 기초자산의 가격변동과 가격의 상관관계에 의해 결정되는 옵션을 말함

1. 레인보우 옵션(rainbow option)
   - 둘 또는 그 이상의 자산 중 실적이 가장 좋은 것의 손익구조에 따라 가치가 결정되는 것
   - n개의 기초자산을 포함한 레이보우옵션의 가치 : 레인보우 콜옵션은 여러 기초자산 중에서 가격이 가장 높은 기초자산의 가격에 의해서, 레인보우 풋옵션은 가장 낮은 기초산의 가격에 의해서 수익이 결정됨

   레인보우 Call 옵션의 가치 = $Max[0, max(S_T^1, S_T^2, S_T^3 \cdots\cdots S_T^n) - X]$
   레인보우 Put 옵션의 가치 = $Max[0, X - min(S_T^1, S_T^2, S_T^3 \cdots\cdots S_T^n)]$

   예 최선 레인보우 옵션(2개의 기초자산)의 가치
   $Max[DAX, FTSE]$ 또는 $Max[$주가지수수익률, 채권수익률$]$

2. 퀀토옵션(quanto option) : 수량조절옵션(quantity adjusted option)의 약어
   - 수익은 하나의 기초자산 가격에 의해서 결정되지만, 위험에 노출된 정도나 크기는 다른 기초자산의 가격에 의해서 결정되는 형태
   → 주로 한 통화로 표시된 기초자산에 대한 옵션의 수익이 다른 통화로 표시되는 경우가 대부분임
      (**예** Nikkei225 지수에 대한 옵션의 수익이 미 달러로 이루어지는 형태)
   - 만약 국내 투자자가 해외자산에 투자를 하는 경우, 해외자산의 수익률이 원화로 환산되는 퀀토옵션을 이용하면 수익률과 함께 환위험도 동시에 헤지됨

★★★
034 어떤 투자자가 독일 주가지수 DAX와 영국 주가지수 FTSE 사이에서 어느 지수에 투자할지를 고민하는 경우, 투자하기에 적절한 옵션은?

① 최선레인보우옵션
② 최악레인보우옵션
③ 퀀토옵션(quanto option)
④ 선택옵션(chooser option)

해설 레인보우옵션의 가장 기본적인 형태인 최선레인보우옵션은 둘 또는 그 이상의 기초자산 중 실적이 가장 좋은 것의 손익구조에 따라 가치가 결정되는 것이다. 만약 DAX가 5% 상승하고 FTSE가 12% 상승하였다면, 최선레인보우옵션을 매수한 투자자는 12%의 수익을 올리게 된다. $Max[DAX, FTSE] = Max(5\%, 12\%) = 12\%$

★★★
035 옵션의 수익이 하나의 기초자산 가격에 의해 결정되지만, 위험에 노출된 정도나 크기는 다른 기초자산의 가격에 의해서 결정되는 옵션은?

① 디지털옵션(digital option)
② 선택옵션(chooser option)
③ 버뮤다옵션(bermudan option)
④ 퀀토옵션(quanto option)

해설 퀀토(quanto)옵션은 수량조절옵션의 약어로, 한 통화로 표시된 기초자산에 대한 옵션의 수익이 다른 통화로 표시되는 경우가 주종을 이룬다.

정답 031 ③ 032 ② 033 ④ 034 ① 035 ④

★★★
036 다음 옵션 중 다른 조건이 동일하다면, 풋옵션의 가격(프리미엄)이 가장 높은 것은?

① 미국식 옵션(american option)　　　② 유럽식 옵션(european option)

③ 버뮤다옵션(bermudan option)　　　④ 장애옵션(barrier option)

> **해설** 일반적으로 장애옵션(barrier option)은 표준옵션보다 프리미엄이 저렴하며, 미국식 옵션은 옵션보유자가 만기 전에 아무 때나 행사가 가능하므로 유럽식 옵션보다 가격이 비싸고, 버뮤다옵션은 미국식과 유럽식의 중간 형태이다.

★★★
037 다음 옵션 중 현재 시장가치가 가장 낮은 것은?

① 현재 기초자산 가격이 녹아웃(knock-out) 콜옵션의 촉발가격에 근접했을 때

② 두 개 기초자산의 레인보우 콜옵션에서 각 기초자산이 행사가격보다 각각 10%와 20% 상승했을 때

③ 만기가 얼마 남지 않은 디지털 콜옵션의 기초자산가격이 행사가격보다 상당히 높은 수준을 유지할 때

④ 룩백 콜옵션에서 기초자산의 오늘 종가가 그동안의 옵션의 계약기간 중 최저가와 상당히 벌어져 있을 때

> **해설** 장애옵션에서 기초자산의 가격이 녹아웃(knock-out)옵션의 촉발가격을 건들면 옵션이 무효화되므로 가치가 없어진다. 따라서 현재 기초자산 가격이 녹아웃(knock-out) 콜옵션의 촉발가격에 근접해있을 때 가격이 아주 저렴할 것이다.

※ 다음은 옵션 계약기간 동안의 기초자산 가격이다. 표를 보고 질문에 답하시오(038~043).

1일	2일	3일	4일	5일	6일	7일	8일(만기일)
100	106	112	107	102	105	100	108

★★★
038 촉발가격이 111에 설정되어 있는 up-and-out 풋옵션(행사가격 = 105, rebate = 2)의 만기 손익은?

① 0　　　　　　② 2　　　　　　③ 5　　　　　　④ 7

> **해설** 3일에 기초자산 가격이 촉발가격인 111을 통과했으므로 up-and-out 풋옵션은 무효(out)가 되기 때문에 보상수익(rebate) 2만 받는다.

★★★
039 촉발가격이 99로 설정되어 있는 down-and-out 콜옵션(행사가격 = 100, rebate = 2)의 만기손익은?

① 0 　　　　　　 ② 3 　　　　　　 ③ 6 　　　　　　 ④ 8

> **해설** 기초자산 가격이 만기일까지 촉발가격인 99에 도달하지 않았기 때문에 옵션이 소멸되지 않고 표준 콜옵션과 동일하게 만기가격과 행사가격의 차이인 8[= Max(108 − 100, 0)]의 수익이 확정된다.

★★★
040 룩백 콜옵션의 만기손익은?

① 6 　　　　　　 ② 7 　　　　　　 ③ 8 　　　　　　 ④ 9

> **해설** 룩백 콜옵션의 만기손익 = Max(만기가격 − 최저가격, 0)
> 따라서 Max(108 − 100, 0) = 8

★★★
041 초기 행사가격이 100인 래칫(Ratchet) 콜옵션의 행사시점이 3일째와 6일째로 설정되었다면 만기정산 손익은 얼마인가?

① 13 　　　　　　 ② 14 　　　　　　 ③ 15 　　　　　　 ④ 16

> **해설** 3일째 수익 12(= 112 − 100) 확보하고 행사가격은 112로 변경, 6일째 수익은 0(112 < 105)이며 행사가격은 105로 변경, 만기 시 수익은 3(= 108 − 105). 따라서 총 수익은 15(= 12 + 0 + 3)

★★★
042 행사가격이 107이고 수익금이 15인 디지털 콜옵션의 만기수익은?

① 0 　　　　　　 ② 5 　　　　　　 ③ 10 　　　　　　 ④ 15

> **해설** 내가격 옵션(기초자산가격 108 > 행사가격 107)으로 끝났으므로, 미리 정한 수익금 15를 받는다. 즉, 디지털 콜옵션은 내가격의 크기인 1(= 108 − 107)이 수익이 아니라, 내가격으로만 끝나면 사전에 정해진 수익(15)을 받는다.

★★★
043 평균행사가격 콜옵션과 평균가격 콜옵션(행사가격 = 99)의 만기수익은 각각 얼마인가?

① 6, 3 　　　　　　 ② 5, 8 　　　　　　 ③ 3, 6 　　　　　　 ④ 8, 5

> **해설** 8거래일의 평균가격을 계산하면 105가 된다. 따라서 평균행사가격 콜옵션의 만기수익은 3(= 만기일 가격 − 평균가격 = 108 − 105), 평균가격 콜옵션의 만기수익은 6(= 평균가격 − 행사가격 = 105 − 99 = 6)이다.

정답 036 ① 　 037 ① 　 038 ② 　 039 ④ 　 040 ③ 　 041 ③ 　 042 ④ 　 043 ③

★★★
044 환위험 관리수단으로 이용되는 통화 관련 장외파생상품과 거리가 먼 것은?

① 선물환(Fx forward)　　　　　　　② 외환스왑(Fx swap)
③ 통화스왑　　　　　　　　　　　　④ 이자율스왑

해설 이자율스왑은 환위험과는 상관없이 이자율 변동 위험만을 관리할 수 있는 장외파생상품이다.

🏛 필수핵심정리 ▶ 통화 관련 장외파생상품

파생상품의 기초자산이 각 통화의 교환비율인 환율에 연계되어 장외시장에서 거래되는 파생상품

다양한 환위험 관리수단	• 선도거래 형태 : 선물환(Fx forward) • 옵션거래 형태 : 통화옵션(Fx option) • 스왑거래 형태 : 외환스왑(Fx swap), 통화스왑

★★★
045 빈칸 ㉠, ㉡에 적절한 말은?

> 수출기업처럼 원–달러 환율의 (㉠)위험에 노출되어 있을 때, 환위험을 헤지하기 위한
> 선물환 거래는 달러 short 포지션에 해당하는 선물환 (㉡)거래가 필요하다.

① ㉠ 상승, ㉡ 매도　　　　　　　② ㉠ 하락, ㉡ 매수
③ ㉠ 하락, ㉡ 매도　　　　　　　④ ㉠ 상승, ㉡ 매수

해설 수출기업은 장래에 수취할 달러의 가치하락(환율하락) 위험에 노출되어 있다. 따라서 환율하락에 대비하여 선물환
을 매도하여야 한다.

🏛 필수핵심정리 ▶ 선물환을 이용한 환위험 관리

선물환(Fx forward) 거래는 현물환 결제일(spot date) 이후의 특정일에 미리 정한 환율(forward rate)로 외환거
래를 하기로 약정하는 계약

수출기업	장래에 외화 수취 예정 → 외화가치 하락(환율하락) 위험에 노출 → 외화 선물환 매도 헤지
수입기업	장래에 외화 지급 예정 → 외화가치 상승(환율상승) 위험에 노출 → 외화 선물환 매수 헤지

★★☆
046 선물환(Fx forward)에 대한 설명으로 옳은 것은?

① 선물환은 현물환 결제일에 외환거래를 하기로 약정하는 계약이다.
② 선물환은 표준만기와 비표준만기로 구분하여 모두 거래가 가능하다.
③ 일방향 선물환(outright forward)은 외화를 매입하는 한쪽 방향의 거래를 말한다.
④ 스왑 선물환(swap forward)은 외환스왑(Fx swap) 거래를 말한다.

 선물환은 현물환 결제일 이후에 외환거래를 하기로 약정하는 계약이며, 표준만기와 비표준만기로 구분하여 모두 거래가 가능하다. 일방향 선물환(outright forward)은 외화를 매입하거나 매도하는 한쪽 방향의 거래를 의미하고, 스왑 선물환(swap forward)은 외환스왑(Fx swap) 거래에서의 선물환을 의미한다.

※ 현재 시장상황이 다음과 같다고 가정하자(047~048).

현물환율	US$ 3개월 Libor	원화 3개월 금리
₩1,120/$	연리 1.5%	연리 3.5%

★★☆
047 금리평가이론에 의한 3개월 만기 원-달러 선물환율은?(단, 소수점 둘째 자리에서 반올림)

① ₩1,120.00/$ ② ₩1,122.60/$
③ ₩1,125.60/$ ④ ₩1,128.60/$

 금리평가이론에 의한 이론적인 선물환 결정공식은 다음과 같다.

$$F(t)^* = S \times \frac{1 + i_{krw} \times t/365}{1 + i_{US\$} \times t/360} = 1,120 \times \frac{1 + 0.035 \times 3/12}{1 + 0.015 \times 3/12} \fallingdotseq 1,125.60$$

★★☆
048 forward point 혹은 swap point는? 심화

① 2.60 ② 3.60 ③ 4.60 ④ 5.60

두 통화의 금리 차이를 환율단위로 환산한 수치를 forward point 혹은 swap point라고 한다. 즉, forward poin = 1,120×(3.5% − 1.5%)×(3개월/12개월) = 5.6원(5.6원은 560points라고 읽음). 따라서 3개월 선물환율은 현물환율 1,120에서 5.60을 가산한 1,125.600이 된다.

---

049 다음은 환거래은행이 고시한 미달러화/원화와 미달러화/일본엔화의 forward point 가격이다. 이에 대한 설명으로 옳지 않은 것은? 심화

	US$/원화	US$/엔화
SPOT	1,120/1,121	83.15/83.20
3개월	+300/+400	-13/-10

① 원화에 대한 달러화의 선물환 가격이 현물환 가격보다 비싸다.
② 미 달러화의 금리가 원화보다 낮다는 것을 의미한다.
③ 엔화에 대한 달러화의 선물환 가격이 현물환 가격보다 비싸다.
④ 3개월물 미달러화/원화 간 선물환율은 bid가격이 1,123이고, offer가격이 1,125이다.

> **해설** 두 통화의 금리차이를 환율단위로 환산한 forward point를 표기할 때, 현물환 가격과 마찬가지로 bid와 offer 양방향 (two-way)으로 표시한다. 이때 forward point의 bid가격이 offer가격보다 절댓값이 작으면(bid가격 절댓값 < offer 가격 절댓값), forward point는 현물환율(SPOT)에 가산되는 것(원화에 대한 미달러화의 선물환 가격이 현물환 가격 보다 비싸진다는 의미)이다. 반면에, 미달러화/엔화 가격의 경우처럼 forward point의 bid가격이 offer가격보다 절 댓값이 크면(bid가격 절댓값 > offer가격 절댓값), forward point는 현물환율에서 차감된다(엔화에 대한 미달러화 의 선물환 가격이 현물환 가격보다 저렴해진다는 의미). 3개월물 미달러화/원화 간 선물환율의 bid가격은 현물환율 bid가격인 1,120에 forward point +300(3.00원)이 가산되어 1,123이고, offer가격은 현물환율 offer가격인 1,121에 forward point +400(4.00원)이 가산되어 1,125가 된다. 그리고 금리평가이론에 의해서 원화에 대한 달러화의 선물 환율이 현물환율보다 높으면 원화금리가 달러금리보다 높다는 것을 의미한다.

••• T O P I C ❾ 통화 관련 장외파생상품 – 외환스왑(Fx swap)을 이용한 환위험 관리

---

050 A기업은 2영업일 후에 수출대금 US$1천만의 입금이 예정되어 있고, 3개월 후 US$1천만의 수입대금 결제가 예정되어 있다. 이와 같이 외환의 수취와 지급시점의 불일치로 인한 환위험을 헤지하고 또한 거래비용도 절약할 수 있는 가장 적절한 거래는 무엇인가?

① 현물환 매도와 3개월 선물환 매입거래가 한 쌍으로 체결되는 외환스왑
② 현물환 매수와 3개월 선물환 매도거래가 한 쌍으로 체결되는 외환스왑
③ 개별적인 현물환 매도거래와 3개월 선물환 매입 헤지거래
④ 현물환 매도와 3개월 선물환 매도거래가 한 쌍으로 체결되는 외환스왑

> **해설** 만일 2영업일 후에 입금예정인 US$1천만을 현물환 시장에 매도하여 원화자금을 이용하고 3개월 후에 수입대금을 당시의 시장환율에 매입하여 결제하고자 한다면 3개월 후의 환율변동 위험에 노출되게 된다. 따라서 3개월 후의 수 입대금에 대한 환위험을 헤지하기 위해서는 환율상승에 대비하여 3개월 달러 선물환 매수헤지가 필요하다. 또한, 개별적인 현물환 매도거래와 선물환 매수헤지거래를 하는 것보다는 현물환 매도와 선물환 매수거래가 한 쌍으로 체결되는 외환스왑을 이용하면 거래비용도 절약된다.

외환스왑을 이용하여 외환의 수취, 지급시점의 불일치를 해소할 수 있음

예 2영업일 뒤에 수출대금 수취 예정 + 3개월 후 수입대금 결제 예정

개별적으로 거래 시	현물환 매도거래 + 선물환 매수헤지 거래
외환스왑 이용 시	[현물환 매도 + 선물환 매수]를 동시에 거래(한 쌍) → 개별적으로 따로 거래하는 것보다 거래비용 절약

★★★
051 현재 달러화에 대한 현물환율이 1,250원, 1년 만기 선물환율이 1,295원 일 때, 다음 설명 중 옳지 않은 것은?

① 달러화의 금리는 원화의 금리보다 낮다.

② 1년 만기 외환스왑 거래 시, 거래 초기 원금교환은 1,250원에, 만기 시 원금교환은 1,295원에 교환된다.

③ 1년 만기 선물환 거래 시, 적용환율은 1,295원이다.

④ 1년 만기 통화스왑 거래 시, 거래 초기 원금교환은 1,250원에, 만기 시 원금교환은 1,295원에 교환된다.

해설 통화스왑 거래의 원금교환 시 적용하는 환율은 거래 초기나 만기 시 모두 초기의 현물환율인 1,250원이다. 이자율평가이론에 따르면, 원화 금리가 달러화 금리보다 높아야 선물환율이 현물환율보다 높다.

···**TOPIC 10** 통화 관련 장외파생상품 – 통화옵션(Fx option)을 이용한 환위험 관리

★★★
052 다음 중 통화옵션을 이용한 환위험 관리수단과 거리가 먼 것은?

① range forward
② enhanced forward
③ target forward
④ forward rate agreement

해설 FRA(Forward Rate Agreement)는 금리선도계약이다. 반면에, 범위 선물환(range forward), 인핸스드 포워드(enhanced forward), 목표 선물환(target forward) 등은 통화옵션을 이용한 환위험 관리방법이다.

선물환과 외환스왑을 이용한 환위험 관리는 미래의 환율 움직임에 관계없이 외환포지션을 선물환 환율에 고정시키므로 기획이익마저도 제거해 버린다. 반면에, 통화옵션을 이용한 환위험 관리는 외환포지션에 대한 선택적인 헤지를 가능하게 한다. 즉, 이익의 기회도 가질 수 있다.

	통화옵션을 이용하여 일반선물환을 복제하는 방법	
합성선물환	합성 선물환 매수	= 콜옵션 매수 + 풋옵션 매도
	합성 선물환 매도	= 풋옵션 매수 + 콜옵션 매도
	→ 무비용(zero-cost) 옵션 : 옵션매수 시 지급하는 프리미엄과 옵션매도 시 수취하는 프리미엄이 동일	
범위 선물환 (Range forward)	• 일반 합성선물환에 사용되는 콜옵션과 풋옵션의 행사가격을 다르게 하는 구조 • 수출기업의 경우 환율상승 시 이익이 가능하지만, 환율하락 시 손실도 감수해야 함(다만, 이익과 손실은 제한됨)	
인핸스드 포워드 (Enhanced forward)	• 일반 합성선물환 거래에 행사가격이 낮은 외가격 풋옵션을 추가로 매도하여 가격(환율)조건을 개선한 구조 • 수출기업의 경우 환율이 크게 하락하지 않으면 일반 선물환거래보다 유리하지만 환율급락 시 손실이 커짐	
목표선물환 (Target forward)	• 일반 합성선물환 거래에 콜옵션을 추가로 매도하여 가격(환율)조건을 개선한 구조 • 수출기업의 경우 일반 선물환거래보다 가격 개선효과가 크지만, 환율 급등 시 시장환율보다 낮은 환율로 두 배에 해당하는 거래를 이행해야 하는 위험을 부담	

★★★
053 통화옵션을 이용한 환위험 관리에 대한 설명으로 옳지 않은 것은?

① 옵션 매입과 매도를 동시에 거래하여 프리미엄을 없게 만든 옵션거래를 제로 코스트 옵션이라 한다.
② 범위선도(Range forward)의 손익구조는 이익이 제한될 뿐만 아니라 손실 또한 제한된다.
③ 통화옵션에서 만기와 행사가격이 동일한 콜옵션을 매수하고 풋옵션을 매도하면 선물환을 매도한 것과 같은 효과가 있다.
④ 인핸스드 포워드(Enhanced forward)란 일반 합성선물환 거래에 행사가격이 낮은 외가격 풋옵션을 추가로 매도하여 가격(환율)조건을 개선한 구조이지만, 수출기업의 경우 환율급락 시 손실이 커진다.

해설 통화옵션에서 만기와 행사가격이 동일한 콜옵션을 매도하고 풋옵션을 매수하면 선물환을 매도한 것과 같은 효과가 있다.

★★★
054 다음에서 설명하고 있는 환위험 관리기법은?

> • 일반 합성선물환 거래에 콜옵션을 추가로 매도하여 가격(환율)조건을 개선한 구조이다.
> • 수출기업의 경우 일반 선물환거래보다 가격 개선효과가 크지만, 환율 급등 시 시장환율보다 낮은 환율로 두 배에 해당하는 거래를 이행해야 하는 위험을 부담하게 된다.

① range forward   ② enhanced forward
③ target forward   ④ 합성성물환 매도

 통화옵션을 이용한 환위험 관리방법 중에서 목표선물환(Target forward)에 관한 설명이다.

> ••• T O P I C **11** 신용파생상품 – 신용파생상품의 개요, 특징, 유용성과 위험성

★★★
055 신용위험(credit risk)의 특징에 대한 설명으로 옳지 않은 것은?

① 신용위험은 시장가격변화(시장리스크)와 함께 채무자의 신용등급 변화, 부도확률, 부도 시 회수율 등에 따라 달라진다.
② 신용리스크는 시장리스크에 비해 계량화하는 것이 매우 용이하다.
③ 시장리스크는 법적인 문제가 고려되지 않는 반면, 신용위험은 법적 문제가 매우 중요하다.
④ 신용위험은 시장리스크에 비해 장기이다.

 ② 신용리스크는 시장리스크에 비해 계량화하는 것이 어렵다.
③ 법적인 문제로는 예를 들어 담보 여부, 선순위 · 후순위 여부 등에 따라 회수율이 달라져 신용위험이 크게 변할 수 있다.

🏛 **필수핵심정리** 〉 신용위험

신용위험이란 자금의 차입자(or 채권발행자)가 원금이나 이자를 약속한 시간에 상환하지 못할 위험을 말함

신용위험의 특징	• 신용위험은 시장위험과는 달리 시장가격 변화와 함께 채무자의 신용등급 변화, 부도확률, 부도 시 회수율 등에 따라 달라짐 • 신용위험은 시장위험에 비해 장기이고, 법적문제가 중요하게 고려됨 • 신용위험은 시장위험에 비해 계량화 하는 것이 어려움
신용파생상품	신용파생상품은 채권이나 대출 등 신용위험이 내재된 부채에서 신용위험만을 분리하여 거래 당사자 간에 이전하는 금융계약

★★★
056 신용파생상품 시장의 주요 용어에 대한 설명으로 옳지 않은 것은?

① 준거기업은 신용파생상품의 거래대상이 되는 채무(채권, 대출 등)를 부담하는 주체로서, 개별 기업뿐만 아니라 국가나 신용포트폴리오도 준거기업이 될 수 있다.
② CDS 프리미엄은 보장매도자가 보장매입자에게 지급하는 비용으로 매년 일정 스프레드를 지급하거나 특정 시점에 지급한다.
③ 신용사건은 준거기업의 파산, 지급불이행, 채무재조정, 채무불이행, 기한의 이익상실, 지급이행거절과 모라토리움 선언으로 구성된다.
④ 회수율은 준거기업의 신용사건 발생 시 자산의 회수비율을 말한다.

> **해설** CDS 프리미엄은 보장매입자가 보장매도자에게 지급하는 비용으로 매년 일정 스프레드를 지급하거나 특정 시점에 지급한다.

★★★
057 신용디폴트스왑(CDS, Credit Default Swap)에 관한 설명으로 옳지 않은 것은?

① 준거기업 또는 준거자산에 대한 신용위험을 보장매입자가 보장매도자에게 일정한 프리미엄을 지불하고 이전하는 계약이다.
② 만약 만기 이전에 신용사건이 발생할 경우, 보장매도자는 손실금을 보장매입자에게 지급해야 한다.
③ 손실금의 지급방법은 현금으로 정산할 수도 있고, 미리 정한 준거자산을 직접 이전할 수도 있다.
④ 보장매입자는 준거기업에 대한 신용위험을 이전하였기 때문에 새롭게 발생되는 신용위험은 없다.

> **해설** 보장매입자는 준거기업에 대한 신용위험을 보장매도자에게 이전하는 대신 보장매도자의 신용위험을 인수하게 된다. 즉 보장매도자가 파산하면 준거자산이 부도가 나도 손실을 보상받을 수 없게 된다. 따라서 신용위험의 인수대가인 CDS 프리미엄은 준거자산의 신용사건 발생 가능성, 신용사건 발생 시 준거자산의 회수율, 보장매도자의 신용도 등에 따라 결정된다.

CDS란 보장매입자(protection buyer, 신용위험 매도자)가 보장매도자(protection seller, 신용위험 매수자)에게 일정한 수수료(CDS 프리미엄)를 지불하고 준거기업(or 준거자산)에 대한 신용위험을 이전하는 계약
→ 신용파생상품 중 가장 대표적이고 거래가 많은 상품임

CDS의 구조	• 만기 이전에 신용사건 발생 시, 보장매도자는 보장매입자에게 손실금(= 채무원금 − 회수금액)을 지급 • 보장매입자는 준거기업의 신용위험을 이전하는 대신에 보장매도자의 신용위험은 새롭게 인수 • 보장매입자가 손해 볼 확률은 CDS 거래 이전에는 준거기업이 파산할 확률이었지만, CDS 거래 이후에는 준거기업과 보장매도자가 동시에 부도날 확률로 줄어듦
CDS 프리미엄 결정요인	CDS 프리미엄(신용위험 인수의 대가)은 다음의 경우에 높아짐 • 준거자산의 신용사건 발생 가능성이 높을수록 • 신용사건 발생시, 준거자산의 회수율이 낮을수록 • 보장매도자의 신용도가 높을수록 • 준거자산과 보장매도자의 신용위험의 상관관계가 낮을수록

★★★
058 보장매입자 입장에서, CDS 계약 이후의 상황에 관한 내용으로 옳지 않은 것은? 심화

① 준거기업 생존 : 전액 회수
② 준거기업 생존 & 보장매도자 파산 : 회수가치(RV)만 회수(손해 발생)
③ 준거기업 파산 & 보장매도자 생존 : 전액 회수
④ 준거기업 파산 & 보장매도자 파산 : 회수가치(RV)만 회수(손해 발생)

해설 준거기업 생존 & 보장매도자 파산 : 전액 회수(프리미엄 비용은 손실)한다. 즉, 준거기업에게 아무 문제가 없기 때문에 보장매도자가 파산하더라도 전액 회수가 가능하다.

★★★
059 CDS 프리미엄의 수준을 결정하는 요인과 프리미엄과의 관계에 관한 설명으로 옳지 않은 것은?

① CDS 계약의 만기가 길어질수록 프리미엄은 높아진다.
② 준거자산의 채무불이행 가능성이 높아질수록 프리미엄은 높아진다.
③ 준거자산의 회수율이 높아 회수가치가 높을수록 프리미엄은 낮아진다.
④ 보장매도자의 신용등급이 높을수록 프리미엄은 낮아진다.

> **해설** 보장매도자의 신용등급이 높을수록 프리미엄은 높아진다. 즉, 보장매도자의 신용등급이 높을수록 신용위험을 확실히 지켜줄 수 있으니 수수료를 더 많이 받는다고 생각하면 된다. 우량한 보험회사의 보험료가 더 비싼 것을 떠올리면 이해하기 쉽다. 그 밖에도, 준거자산의 신용과 보장매도자 신용 간의 상관관계가 낮을수록 프리미엄은 높아진다. 양자 간에 상관관계가 높으면 준거자산이 채무불이행에 처했을 때 거래상대방도 채무불이행에 처할 가능성이 높기 때문에 보장매입자 입장에서는 CDS 거래를 통해 신용위험을 회피하려는 목적을 달성할 수가 없게 되므로 높은 프리미엄을 지불할 필요가 없는 것이다.

★★★
060 신용파생상품인 CDS와 채권(회사채)을 비교한 설명으로 옳지 않은 것은?

① CDS 프리미엄은 준거기업이 발행한 회사채 신용스프레드와 유사하다.
② 채권투자자는 투자시점에 반드시 원금을 지불해야 하는 반면, CDS의 보장매도자는 원금의 투자 없이 레버리지 효과를 거둘 수 있다.
③ CDS 거래는 실물채권을 직접 갖고 있지 않아도 신용위험만을 분리하여 거래할 수 있으므로 채권시장의 유동성에 직접적으로 영향을 미치지 않는다.
④ 준거기업에 대한 부정적 전망으로 신용위험의 증가가 예상될 경우, 회사채 공매도는 현실적인 어려움이 있는 반면, CDS의 경우 보장매도를 통해 신용위험에 대한 매도포지션을 쉽게 취할 수 있다.

> **해설** 준거기업에 대한 부정적 전망으로 신용위험의 증가가 예상될 경우, 회사채 공매도 전략을 생각할 수 있으나 현실적인 어려움이 있는 반면, CDS의 경우 보장매입(protection buy)을 통해 신용위험에 대한 매도포지션(short position)을 쉽게 취할 수 있다.

🏛 **필수핵심정리** ▷ 신용파생상품의 특징(채권이나 대출과 다른 특징)

① 채권투자는 투자시점에 원금을 지급(funded)하지만, CDS의 보장매도자는 신용사건이 발생하는 경우에만 손실금을 지급하면 되므로 원금투자 없이(unfunded) 레버리지 효과를 거둘 수 있음
② CDS 거래는 실물채권 없이도 신용위험만 분리해서 거래할 수 있으므로 채권시장 유동성에 직접적으로 영향을 미치지 않음
③ 준거기업의 신용위험 증가 시 회사채 공매도 전략은 어렵지만, 신용파생상품은 보장매입을 통해 신용위험 매도포지션(short)을 쉽게 취할 수 있음
④ 신용파생상품은 기존 자산을 그대로 보유하면서 신용위험을 타인에게 전가할 수 있으므로 거래의 비밀 유지 가능
⑤ 신용파생상품은 부외거래임

★★★ 061 신용파생상품의 유용성에 관한 설명으로 옳지 않은 것은?

① 금융기관에게는 효율적인 신용위험 관리수단이 된다. 그러나 기존 자산을 그대로 보유하면서 신용위험을 관리하기 때문에 신용공여 여력은 감소한다.

② 유동성이 떨어지는 자산의 유동성을 증가시킬 수 있다.

③ 신용위험에 대한 새로운 투자기회를 제공한다.

④ 신용위험의 가격 발견 기능이 제고될 수 있다.

> **해설** 금융기관은 기존 자산을 그대로 보유하면서 신용위험을 관리할 수 있다. 따라서 신용위험 이전에 따른 위험자산의 감소로 추가적인 신용공여 여력을 창출하게 된다.

★★★ 062 신용파생상품의 위험성에 관한 설명으로 옳지 않은 것은?

① 신용파생상품에 대한 금융당국의 리스크관리가 소홀할 경우 금융시스템의 안정성이 저해될 소지가 크다.

② 금융기관의 경우 신용위험이 이전되면, 신용공여의 사후관리 소홀 등의 도덕적 해이 현상이 발생할 수 있다.

③ 신용구조화상품은 구조가 복잡하여 정보의 비대칭 현상이 발생할 수 있고, 이로 인해 소수의 대형 전문투자자들에 의해 가격과 변동성이 왜곡될 수 있다.

④ 고수익만을 추구하여 보장매입을 확대할 경우, 대규모의 손실 위험에 노출될 수 있다.

> **해설** 고수익만을 추구하여 보장매도(protection sell)를 확대할 경우, 준거기업의 신용사건 발생이 많아지면 대규모의 손실 위험에 노출될 수 있다. 이런 상황(sub-prime mortgage의 신용사건)이 바로 2008년 미국에서 촉발된 글로벌 금융위기의 주범으로 지목되고 있다. 또한 신용위험에 대해 상대적으로 이해도가 낮은 일반투자자들에게 위험자산을 복잡한 구조 등으로 가공함으로써 잠재적인 위험을 간과하게 만드는 결과를 가져올 수 있다.

★★★
063 총수익률스왑(TRS, Total Return Swap)에 관한 설명 중 옳지 않은 것은?

① TRS는 보장매입자가 준거자산에서 발생하는 이자, 자본수익(손실) 등 모든 현금흐름을 보장매도자에게 지급하고, 보장매도자로부터 약정한 수익을 지급받는 계약이다.

② 계약 만기 시에 준거자산의 시장가격이 계약 당시의 가격보다 상승한 경우, 보장매입자가 보장매도자에게 차액을 지불한다.

③ CDS(신용디폴트스왑)와는 달리 TRS는 신용위험은 이전하지 않고 시장위험만을 이전하는 거래이다.

④ 자금조달 비용이 낮은 우량한 금융기관의 입장에서는 준거자산을 매각하는 효과를 거두면서 동시에 높은 수익을 얻을 수 있다.

> **해설** CDS(신용디폴트스왑)와는 달리 TRS는 준거자산의 신용위험뿐만 아니라, 시장위험까지도 동시에 이전하는 형태의 상품이다. CDS는 신용사건이 발생하는 경우에만 준거자산에서 발생하는 손실의 결제가 일어나는 반면, TRS는 신용사건이 발생하지 않는 평상시에도 준거자산의 시장가치를 반영한 현금흐름이 발생하기 때문이다.

🏛 필수핵심정리 　 총수익률스왑(TRS, Total Return Swap)

TRS란 보장매입자(총수익지급자, total return payer)가 준거자산에서 발생하는 이자, 자본수익(손실) 등 모든 현금흐름을 보장매도자(총수익수취자, total return receiver)에게 지급하고, 보장매도자로부터 약정한 수익을 지급받는 계약

TRS의 구조	• 스왑기간 동안 보장매입자는 자신이 보유한 준거자산에서 발생하는 이자소득을 보장매도자에게 지급하고, 보장매도자는 보장매수자에게 Libor 금리에 고정 스프레드를 더한 이자를 줌 • 만기 시에 준거자산의 시장가격이 계약 당시의 가격보다 상승한 경우, 보장매입자가 보장매도자에게 차액을 지불하고, 가격이 하락한 경우 반대방향의 현금흐름이 발생함 • 계약기간 중 준거자산이 도산하는 경우에는 보장매도자가 보장매수자에게 준거자산의 액면가에서 시장가격을 뺀 만큼을 지급하거나, 준거자산의 액면가격만큼을 지급하고 도산한 준거자산을 인도받게 됨
TRS의 특징	• 준거자산은 법적으로나 장부상(B/S) 총수익지급자(보장매입자)의 소유이나, 현금흐름 측면에서는 기초자산을 매각한 것과 동일 • CDS와는 달리 TRS는 신용위험과 시장위험이 동시에 이전됨 • TRS의 준거자산은 개별 기업의 특정 자산이 될 수도 있고, 여러 자산으로 구성된 포트폴리오를 대상으로 할 수도 있음

★★★
064 신용연계채권(CLN, Credit Linked Note)에 관한 설명으로 옳지 않은 것은?

① CLN은 보장매입자가 준거기업의 신용도와 가치가 연동된 채권(CLN)을 발행하고, 보장매도자는 이 CLN을 매수하고 채권매수대금을 보장매입자에게 지불하는 거래이다.

② CLN을 발행하는 자는 보장매입자, CLN을 매수(투자)하는 자가 보장매도자이다.

③ CDS 거래와 CLN 거래 모두 보장매도자가 우수한 신용도를 가진 기관이라야 한다.

④ CDS 계약은 프리미엄만 오가지만(unfunded), CLN에서는 원금이 최초에 지불된다는 (funded) 점에서 큰 차이가 있다.

> **해설** CDS 거래에서는 보장매도자가 우수한 신용도를 가진 기관이라야 하지만, CLN에서는 보장매도자(CLN 매수자)에 대한 요건이 필요 없다. 왜냐하면, 보장매도자는 원금 전액을 지불하고 채권을 매수하기 때문이다.

🏛 필수핵심정리 ▶ 신용연계채권(CLN, Credit Linked Note)

CLN이란 일반적으로 고정금리채권에 신용파생상품이 내재된 형태의 신용구조화상품을 말함 → 현재 시장에서는 CDS가 추가된 CLN이 가장 일반적으로 거래됨

- **CLN의 구조**
  - CDS의 경우 투자자금 없이(unfunded) 프리미엄만 받는 구조이지만, CLN은 초기 채권 매입에 원금을 투자(funded)함
  - CLN 투자자는 CLN 발행자 외의 다른 준거기업(CDS)에 대한 신용위험을 추가로 인수하여 그 준거자산의 신용사건이 발생하는 경우, 채권투자 원금을 손실 보는 대신, 연계된 준거기업의 자산을 인수받음
  - CLN 투자자는 준거기업(CDS)에 대한 신용위험을 떠안는 대가로 CLN 발행자의 일반채권보다 더 높은 투자수익률을 기대할 수 있고, 발행자는 CLN 발행을 통해 자금조달 비용을 낮출 수 있음

★★★
065 신용연계채권(CLN, Credit Linked Note)에 관한 설명으로 옳지 않은 것은?

① CLN은 일반적으로 고정금리채권에 신용파생상품이 내재된 형태의 신용구조화 상품이다.

② 현재 시장에서는 CDS가 추가된 CLN이 가장 일반적으로 거래되고 있다.

③ CDS는 초기 채권 매입에 원금을 투자하는 구조이지만, CLN은 투자자금 없이 프리미엄만 받는 구조이다.

④ CLN 투자자는 CLN 발행자 외의 다른 준거기업(CDS)에 대한 신용위험을 추가로 인수한다.

> **해설** CDS의 경우 투자자금 없이(unfunded) 프리미엄만 받는 구조이지만, CLN은 초기 채권 매입에 원금을 투자(funded) 한다.

★★★
066 CDS 거래와 CLN 거래에 관한 설명으로 옳지 않은 것은?

① CDS 거래는 초기 원금이 수반되지 않고 신용위험 인수에 대한 대가로 프리미엄만이 수수되는 unfunded 형태의 스왑거래이다.
② CLN은 투자자금이 수반되므로 funded 형태의 거래이다.
③ CDS 거래에서 보장매입자는 신용사건 발생 시 보장매도자에게 준거기업의 손실금을 보전받아야 하므로 거래상대방(보장매도자)에 대한 위험에 노출된다.
④ CLN의 경우 보장매입자인 CLN 발행자는 준거기업의 부도시 거래상대방에 대한 위험에 노출된다.

해설 CLN의 경우 보장매입자인 CLN 발행자는 준거기업의 부도 시 CLN 발행대금에서 손실금을 회수할 수 있으므로 거래상대방에 대한 위험이 없다.

🏛 필수핵심정리 　신용연계채권(CLN) 거래의 특징

- CDS 거래는 초기 원금이 수반되지 않고 신용위험 인수에 대한 대가로 프리미엄만이 수수되는 unfunded 형태의 스왑거래인 반면, CLN은 투자자금이 수반되므로 funded 형태의 거래임
- CDS 거래에서 보장매입자는 신용사건 발생 시 보장매도자에게 준거기업의 손실금을 보전받아야 하므로 거래상대방(보장매도자)에 대한 위험에 노출되는 반면, CLN의 경우 보장매입자인 CLN 발행자는 준거기업의 부도 시 CLN 발행대금에서 손실금을 회수할 수 있으므로 거래상대방에 대한 위험이 없음
- 보장매입자의 입장에서는 투자자와 직접 CDS 거래를 하는 데는 제한이 있을 수 있으므로 CLN을 통한 신용보장 매입을 선호하게 됨

★★★
067 CLN에 관한 설명으로 옳지 않은 것은?

① CLN 발행자(보장매입자)가 보유자산 등을 기초로 하여 준거기업에 대한 CDS가 내장된 CLN을 직접 발행할 수도 있고, 특수목적회사(SPV)를 통해 발행할 수도 있다.
② 보장매입자가 CDS가 내장된 CLN을 직접 발행하는 경우, CLN 투자자는 발행자의 신용위험뿐만 아니라 내재된 준거기업의 신용위험 또한 감수하게 된다.
③ 보장매입자가 특수목적회사(SPV)를 설립해 CLN을 발행하는 경우, CLN 투자자는 준거기업의 손실을 부담하지만, CLN의 원리금 상환은 보존된다.
④ 보장매입자가 CDS가 내장된 CLN을 직접 발행하는 경우, CLN의 수익률은 담보채권의 수익률과 보장매입자로부터 수취하는 CDS 프리미엄의 합이 된다.

해설 보장매입자가 특수목적회사(SPV)를 통해 CLN을 발행하면, SPV는 투자자의 투자원금으로 국채 등의 우량 담보채권을 매입하게 되므로, CLN 투자자가 발행자의 신용위험을 감수해야 하는 문제를 해결할 수 있다. 이 경우, CLN의 수익률은 담보채권의 수익률과 보장매입자로부터 수취하는 CDS 프리미엄의 합이 된다. 반면에, 보장매입자가 CDS가 내장된 CLN을 직접 발행하는 경우, 투자자는 발행자의 일반채권 수익률에 준거기업에 대한 CDS 프리미엄이 추가된 수익을 얻을 수 있다.

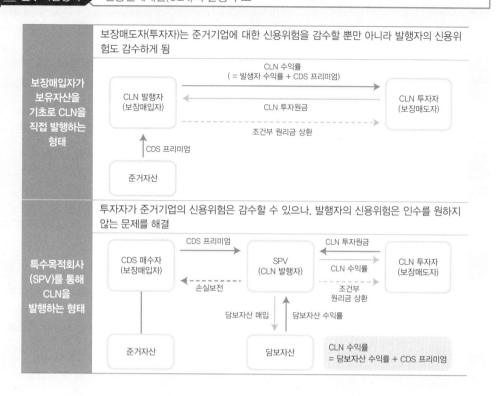

| 보장매입자가
보유자산을
기초로 CLN을
직접 발행하는
형태 | 보장매도자(투자자)는 준거기업에 대한 신용위험을 감수할 뿐만 아니라 발행자의 신용위험도 감수하게 됨 |
| 특수목적회사
(SPV)를 통해
CLN을
발행하는 형태 | 투자자가 준거기업의 신용위험은 감수할 수 있으나, 발행자의 신용위험은 인수를 원하지 않는 문제를 해결 |

···TOPIC **13** 구조화 상품 – 주가연계구조화 상품(Equity linked products)

★★★
068 구조화 상품에 관한 설명으로 옳지 않은 것은?

① 신종증권이란 주가 또는 주가지수, 채권, 금리, 통화 등의 상품과 다양한 형태의 파생상품이 결합된 새로운 형태의 금융상품을 말한다.

② 주가연계증권(ELS)은 원금의 일정부분으로 warrant(옵션)를 매입하므로 원금보장이 원칙적으로 불가능하다.

③ 국내에는 knock-out형, bull spread형, digital형 등의 수익구조를 갖는 주가연계증권(ELS)이 판매되었다.

④ 국내에서 판매된 주가연계예금(ELD), 주가연계증권(ELS), 주가연계 파생상품펀드(ELF)는 판매기관만 다를 뿐 유사한 상품이다.

해설 warrant(옵션)를 매입하는 데 드는 프리미엄을 제외한 원금의 대부분을 안전자산에 투자하여 만기에 원금이 보장되도록 구조를 설계할 수 있고, 원금의 상당부분을 장외파생상품에 투자하는 경우에는 원금보장이 안 될 수도 있다.

정답 066 ④ 067 ④ 068 ②

★★★
069 주가연계구조화 상품인 주가연계예금(ELD), 주가연계증권(ELS), 주가연계 파생상품펀드(ELF)에 관한 설명으로 옳지 않은 것은?

① 은행은 워런트를 예금에 편입하여 주가에 연동시킨 ELD를 제공하고, 투자매매업자는 직접 고객들에게 ELS를 발행하고, 집합투자업자는 ELS를 편입하여 ELF를 제공한다.

② ELD, ELS, ELF는 모두 원금보장 구조로 발행이 가능하다.

③ ELD의 수익은 이자소득으로 과세하며, ELS와 ELF의 수익은 배당소득으로 과세한다.

④ ELD는 예금자보호법에 의해 5,000만원까지 예금자보호가 되지만, ELS와 ELF는 예금자보호법으로는 보호가 되지 않는다.

해설 ELD와 ELS는 원금보장 구조로 발행이 가능하지만, ELF는 파생상품펀드에 해당되어 원금보장이라는 표현을 사용할 수 없으며, 펀드는 실적배당 상품이므로 원금보장 구조인 경우라도 원금보존 추구형으로 제공한다. 참고로, 펀드 자산의 100분의 10 이상을 파생상품 등에 투자하는 펀드를 파생상품펀드라고 한다.

🏛 필수핵심정리 〉 거래형태별로 나눈 주가연계 구조화상품

구분	주식연계 예금 (ELD)	주가연계 증권(ELS)	주식연계 파생상품펀드(ELF)
판매형태	(정기)예금	채권/증권	파생상품펀드
판매사	은행	증권회사 (투자매매·중개업자)	펀드판매사 (은행, 보험, 증권 등)
원금보장 유무	원금보장	원금보장 혹은 상품구조에 따라 비보장	원금보장 추구 또는 상품구조에 따라 비보장
원금보장/추구의 주체	예금은행/ 예금보험공사	증권발행자	펀드자산

★★★
070 다음 중 ELS(주가연계증권)를 발행하는 자는?

① 투자매매업자　　② 자산운용사　　③ 은행　　④ 보험회사

해설 ELS(주가연계증권)의 발행자는 투자매매업자(증권회사)이다.

★★★
071 원금의 90%를 1년 만기 국채에 투자하고, 나머지 10%를 콜옵션 매입에 사용하여 원금보장형 ELD를 만들기 위해서는 현재 1년 만기 국채수익률은 얼마이어야 하는가? 심화

① 약 8%　　② 약 9%　　③ 약 10%　　④ 약 11%

해설 원금보장을 위해선 현재 원금의 90%를 투자한 국채가 만기에 원금(100%)과 같은 금액이 되어야 한다. 그래야 원금의 10%를 투자한 콜옵션이 가치가 없어져도 원금을 보장받을 수 있다. 따라서 [90(1 + r) = 100]에서 r ≒ 11%

★★★
072 1993년 G30(group of 30)이 발표한 파생상품의 시장위험과 신용위험의 측정과 관리에 대한 내용으로 옳지 않은 것은?

① 파생상품의 포지션은 매일 시장가격으로 평가되어야 한다.

② 시장위험은 일반적으로 VaR(Value-at-Risk) 방법을 이용하여 측정치를 구한다.

③ 극단적인 상황에서의 잠재적 손실을 반영하는 위기분석을 추가로 실시해야 한다.

④ 신용위험은 현재노출과 잠재노출을 모두 고려해야 하며, 상계 처리하지 말아야 한다.

해설 신용위험은 현재노출과 잠재노출을 모두 고려해야 하며, 상계 처리되어야 한다.

🏛 필수핵심정리 G30이 발표한 파생상품의 시장위험과 신용위험의 측정과 관리 지침

시장 위험	• 정확한 시장위험 측정을 위해 파생상품의 포지션은 매일 시장가격으로 평가되어야 함 • 포지션의 시장위험을 측정하기 위해서는 일관성 있는 측정치를 사용하여야 하는데, 일반적으로 VaR(Value-at-Risk) 방법을 이용하여 측정치를 구함 • VaR 방법은 정상적인 시장여건하에서의 위험을 측정하므로 극단적인 상황에서의 잠재적 손실을 반영하는 위기분석을 추가로 실시해야 함	
신용 위험	• 신용위험은 거래상대방이 약속한 금액을 지불하지 못하는 경우에 발생하는 손실에 대한 위험, 즉 상대방 채무불이행위험을 말함 • 신용위험을 측정할 때는 현재노출과 잠재노출을 모두 고려해야 함 • 신용위험은 상계 처리되어야 하며, 독립적인 부서에 의하여 관리되어야 함	
	현재노출(current exposure)	포지션의 현재 시장가치 또는 대체비용
	잠재노출(potential exposure)	계약의 남은 기간 동안 채무불이행으로 발생할 수 있는 미래의 잠재적 손실

★★★
073 베어링(Barings) 은행의 투자실패사례에 대한 내용으로 옳지 않은 것은?

① 트레이더인 닉 리슨의 파생상품에 대한 과도한 투기거래로 인해 파산했다.

② 닉 리슨은 가격 변동이 없을 것으로 예상하고 롱 스트래들 포지션을 취했는데, 1995년 1월 고베 대지진이 발생하면서 Nikkei225 지수의 급락으로 큰 손실을 입었다.

③ 손실을 특별계좌에 감췄다.

④ 베어링 은행이 파산한 것은 결국 지나친 변동성 거래와 감독체계가 미흡했던 것에 기인한다.

해설 가격 변동이 없을 것으로 예상할 땐, 동일한 행사가격의 콜과 풋을 모두 매도하는 숏 스트래들(short straddle) 포지션을 취해야 한다. 그런데 예상과 달리 1995년 1월 고베 대지진이 발생하면서 Nikkei225 지수의 급락으로 큰 손실을 입었다. 그는 이 손실을 특별계좌에 감춘 후 이번에는 Nikkei225 지수가 급격히 회복될 것으로 예상하고 매수포지션에 집중 투자하였으나, 지수가 회복되지 못하면서 결국 보름 만에 손실금액이 13억 파운드가 되었다.

정답 069 ②　　070 ①　　071 ④　　072 ④　　073 ②

★★★
074 파생상품 투자 실패 사례로부터 배울 수 있는 교훈으로 옳지 않은 것은?

① 위험한도를 명확하게 정의하고 이를 엄격히 준수할 것
② 유동성 위험을 과소평가하지 말 것
③ 초기 이익을 적극적으로 인식할 것
④ 거래자를 주의 깊게 감시할 것

> **해설** 초기 이익을 보수적으로 인식하는 것이 바람직하다.

🏛 필수핵심정리 | 파생상품 투자 실패 사례로부터 얻을 수 있는 교훈

- 위험한도를 명확하게 정의하자.
- 시장을 읽을 수 있다고 자.신하지 말자.
- 위기분석을 병행하자.
- 전방부서(front office), 후방부서(back office), 위험관리부서(middle office)를 분리시키자.
- 모형을 맹목적으로 신뢰하지 말자.
- 초기 이익을 보수적으로 인식하자.
- 부적절한 상품을 고객에게 매도하지 말자.
- 유동성 위험을 과소평가하지 말자.
- 모든 사람이 동일한 투자.전략을 이행할 때에는 극히 조심하자.
- 위험한도를 엄격히 준수하자.
- 분산효과를 과소평가하지 말자.
- 거래자.를 주의 깊게 감시하자.

••• TOPIC 15 시장위험(Market Risk) 관리 – VaR의 개념

★★★
075 95% 신뢰수준에서 포트폴리오의 1일 VaR가 20억원이라는 의미는?

① 정상적인 시장 여건에서 해당 포트폴리오를 하루 동안 보유하였을 때, 20억원 미만의 손실을 보게 될 확률은 95%이다.
② 정상적인 시장 여건에서 해당 포트폴리오를 하루 동안 보유하였을 때, 20억원 이상의 손실을 보게 될 확률은 95%이다.
③ 정상적인 시장 여건에서 해당 포트폴리오를 하루 동안 보유하였을 때, 20억원 이하의 손실을 보게 될 확률은 5%이다.
④ 정상적인 시장 여건에서 해당 포트폴리오를 하루 동안 보유하였을 때, 19억원(= 20억원 ×95%)의 손실을 보게 된다.

> **해설** 정상적인 시장 여건에서 하루 동안 해당 포트폴리오를 보유하였을 때 발생할 수 있는 손실이 100번 중 95번은 (95%의 확률) 20억원 미만이라는 것이다.

🏛 필수핵심정리 ▷ VaR(Value-at-Risk)의 개념

VaR은 정상적인 시장 여건하에서, 주어진 신뢰수준(=1 − 유의수준)으로 일정 기간(목표기간) 동안 특정 포트폴리오를 보유하였을 때, 이로부터 발생할 수 있는 최대 손실금액을 의미함

예 [포트폴리오의 VaR (95%, 10일) = 100억원]의 의미

현재 포지션에서 향후 10일간 발생 가능한 손실이 100억원 미만일 확률이 95%(신뢰수준) → 또는, 현재 포지션에서 향후 10일간 발생 가능한 손실이 100억원을 초과할 확률이 5%(유의수준)

N일의 VaR = 1일의 VaR×$\sqrt{N}$

- 시장위험에 대한 은행의 자본을 계산할 때, 금융기관은 10일 기준과 99% 신뢰수준을 사용할 것을 권고함
- 감독기관이 은행으로 하여금 유지하도록 하는 자본은 VaR의 최소 3배 수준

★★★
076 1일 보유기간 기준의 VaR이 100억원일 때, 10일 기준의 VaR은?

① 316.2억원   ② 500억원
③ 716.2억원   ④ 1,000억원

해설 10일 기준의 VaR은 [100억원×$\sqrt{10}$ = 316.2억원]이다.

★★★
077 J.P. Morgan 사의 RiskMetrics가 계산한 VaR(95% 신뢰수준, 1일 보유기간)이 10억원일 경우, 이를 감독기관(BIS 바젤위원회)이 권고하는 VaR(99% 신뢰수준, 10일 보유기간)로 전환하면 얼마인가?

① 25억원   ② 35억원
③ 40억원   ④ 45억원

해설 J.P. Morgan의 Riskmetrics는 95% 신뢰수준과 1일 보유기간을 사용하여 VaR을 계산하며, BIS의 바젤위원회는 99% 신뢰수준과 10일 보유기간을 기준으로 VaR을 계산한다. 이처럼 신뢰수준과 보유기간이 모두 다를 경우에는 다음과 같이 VaR을 계산할 수 있다.

$$VaR_2 = \frac{\alpha_2}{\alpha_1} \times \frac{\sqrt{t_2}}{\sqrt{t_1}} \times VaR_1 \ (\alpha는\ 신뢰수준,\ t\ 는\ 보유기간)$$

$$\rightarrow VaR_{(99\%,10일)} = \frac{2.33}{1.65} \times \frac{\sqrt{10}}{\sqrt{1}} \times VaR_{(95\%,1일)} = 4.5 \times VaR_{(95\%,1일)}$$

$$= 4.5 \times 10억원 = 45억원$$

···TOPIC 16 시장위험(Market Risk) 관리 – VaR의 측정

★★★
078 일반적으로 VaR을 측정하는 3가지 방법과 거리가 먼 것은?

① 역사적 시뮬레이션   ② 몬테카를로 시뮬레이션
③ 분석적 분산–공분산 방법   ④ 사후검증

> **해설** 사후검증(Back testing)은 금융기관이 VaR을 측정하는 내부모형을 이용하여 리스크관리를 하는 경우, 내부관리모형에 의한 리스크 측정치와 실제 포트폴리오 가치의 변화를 사후적으로 비교하는 방법으로서 VaR 모형의 정확성, VaR의 측정방법을 검증하는 방법이다.

시뮬레이션 방법	역사적 시뮬레이션	과거의 실제 자료를 이용하는 방법
	몬테카를로 시뮬레이션	모형에 의하여 위험요인의 미래가격을 생성시켜 사용하는 방법
모형에 의한 접근방법	분석적 분산–공분산 방법	델타–노말 방법이라고도 하며, 정규분포를 가정하고 공식을 이용하여 빠르게 계산할 수 있는 방법

★★★
079 VaR을 측정하는 다음의 방법 중 가치평가모형이 반드시 필요하지 않은 것을 모두 고르면?

> ㉠ 역사적 시뮬레이션
> ㉡ 몬테카를로 시뮬레이션
> ㉢ 분석적 분산–공분산 방법

① ㉠, ㉡   ② ㉠, ㉢
③ ㉠, ㉡, ㉢   ④ ㉢

> **해설** 분석적 분산–공분산 방법은 델타–노말 방법이라고도 하며, 정규분포를 가정하고 공식을 이용하여 빠르게 계산할 수 있는 방법으로 가치평가모형이 반드시 필요하지 않다.

	장점	단점
분석적 분산-공분산 방법	• 계산이 빠름 • 가치평가모형이 반드시 필요하지 않음 • 위험요인이 정규분포를 따르지 않아도 적용 가능	• 정규분포 가정으로 실제 분포의 두터운 꼬리를 반영하지 못함 • 위험요인의 분산과 공분산 추정 필요 • 비선형자산인 옵션의 위험을 적절히 반영하지 못함 • 민감도 분석을 수행하기 어려움
역사적 시뮬레이션	• 위험요인의 분포에 대한 가정을 필요로 하지 않음 • 변동성과 상관계수를 추정할 필요가 없음 • 두터운 꼬리와 극단적 사건들을 고려할 수 있음	• 역사적 자료에 지나치게 의존함 • 일시적으로 증가한 변동성을 고려하지 못함 • 민감도분석을 하기 어려움 • 완전가치평가방법이 요구됨 • 오직 1개의 가격변화과정만이 이용됨 • 이용자료가 적으면 VaR 추정치의 정확성이 떨어짐
몬테카를로 시뮬레이션	• 위험요인의 분포를 어떤 분포로도 가정할 수 있음 • 복잡한 포트폴리오의 경우에 적용 가능 • 민감도분석과 위기분석이 쉬움	• 완전가치평가모형이 요구됨 • 모형위험이 큼 • 시간과 비용이 많이 듦

★★★
080 역사적 시뮬레이션에 의한 VaR 측정방법에 관한 설명으로 옳지 않은 것은?

① 특정 분포를 가정하지 않고 실제의 변동성과 상관관계를 이용한다는 점에서 우수하다.

② 오직 1개의 가격변화만이 고려된다는 점과 완전가치평가를 위하여 가치평가모형이 요구된다는 점이 단점이다.

③ 일시적으로 증가한 변동성을 잘 고려하는 방법이다.

④ 과거자료에 극단치가 포함되어 있으면 역사적 시뮬레이션으로 구한 VaR은 이 관찰치의 영향을 크게 받는다.

> **해설** 역사적 시뮬레이션은 특정 분포를 가정하지 않고 실제의 변동성과 상관관계를 이용한다는 점에서 우수하다. 그러나 오직 1개의 가격변화만이 고려된다는 점과 완전가치평가를 위하여 가치평가모형이 요구된다는 점이 단점이다. 위험은 시간적으로 변하고 예측할 수 있는 패턴을 갖는데, 역사적 시뮬레이션은 일시적으로 증가한 변동성을 고려하지 못한다는 단점을 갖고 있다. 또한 과거자료에 극단치(outlier)가 포함되어 있으면 역사적 시뮬레이션으로 구한 VaR은 이 관찰치의 영향을 크게 받는다.

★★★
081 확률모형을 선택하고, 이 모형으로 위험요인의 변화를 생성시키는 방법으로 VaR을 계산하는 방법은?

① 몬테카를로 시뮬레이션　　　　　② 역사적 시뮬레이션

③ Stress Test　　　　　　　　　　④ 델타-노말 방법

> **해설** 몬테카를로 시뮬레이션은 VaR를 구하기 위해 모형에 의하여 위험요인의 미래 가격을 생성시켜 사용하는 방법이다.

정답 078 ④　　079 ④　　080 ③　　081 ①

082 VaR을 구하는 몬테카를로 시뮬레이션 방법에 관한 설명으로 옳지 않은 것은?

① 비선형성, 변동성의 변화, 두터운 꼬리, 극단적인 상황 등을 모두 고려할 수 있다.
② 단점은 계산비용이 많이 든다는 것이다.
③ 가격변화과정을 생성하기 위해 선택된 확률과정이 비현실적이면 VaR 추정치도 비현실적이 된다.
④ 모든 자산에 대하여 가치평가 모형이 필요 없다는 장점이 있다.

해설 모든 자산에 대하여 가치평가 모형이 요구된다. 또한, 몬테카를로 시뮬레이션은 가장 효과적으로 VaR를 계산할 수 있는 방법으로서 비선형성, 변동성의 변화, 두터운 꼬리, 극단적인 상황 등을 모두 고려할 수 있다. 단점은 계산비용이 많이 든다는 것이다.

083 옵션과 같은 비선형상품의 VaR을 가장 잘 측정할 수 있는 방법은?

① 델타-노말 방법
② 몬테카를로 시뮬레이션
③ 역사적 시뮬레이션
④ 분석적 분산-공분산 방법

해설 역사적 시뮬레이션이나 몬테카를로 시뮬레이션은 옵션의 가치를 가격모형을 이용하여 평가하지만, 델타분석법(델타-노말 방법)에서는 옵션가치 평가 시 델타를 이용하여 선형으로 근사치를 계산하기 때문에 기초자산(리스크요인)의 가격변동이 큰 경우에는 오차가 크다. 옵션포지션을 포함하는 경우에는 델타분석법보다는 역사적 시뮬레이션이나 몬테카를로 시뮬레이션이 유용한 방법이다. 그러나 역사적 시뮬레이션은 과거 한 기간의 표본에만 의존하기 때문에 시간이 지남에 따라 바뀔 수 있는 리스크 요인의 변동을 감안하는 데 취약하다는 단점이 있다. 반면에 몬테카를로 시뮬레이션은 옵션같은 비선형포지션, 비정규분포, 그리고 심지어는 사용자 임의로 정한 시나리오까지 포함하여 모든 경우에 VaR 측정을 가능하게 해주는 방법이다.

084 A주식의 일일 변동성(표준편차)이 4%일 때, A주식에 100억원을 투자한 포지션의 일별 VaR을 95% 신뢰수준에서 계산하면?

① 6.6억원
② 7.6억원
③ 8.6억원
④ 9.6억원

해설 A주식의 개별 VaR(VaR_A) = 1.65 × 100억원 × 0.04 = 6.6억원

🏛 필수핵심정리 ▶ 분석적 분산-공분산 방법에 의한 개별 포지션의 VaR 계산

정규분포를 가정하고 표준편차로부터 VaR을 계산하는 방법으로 모수적 방법이라고 함

A포지션의 개별 VaR	$VaR_A = \alpha \times V_A \times \sigma_A$
	• α는 신뢰수준에 상응하는 상수값으로, 95% 신뢰수준의 경우 1.65, 97.5% 신뢰수준의 경우 1.96, 99% 신뢰수준의 경우 2.33이 됨
	• V_A는 보유한 A포지션의 현재가치, σ_A는 A수익률의 변동성(표준편차)을 나타냄

★★★
085 A포지션의 VaR은 2억원이고, B포지션의 VaR은 1억이다. A와 B로 구성된 포트폴리오를 보유하고 있을 때, 다음 설명 중 옳지 않은 것은?

① 포트폴리오 VaR은 3억원보다 작을 수 있다.

② 포트폴리오 VaR은 2억원보다 작을 수는 없다.

③ 포트폴리오 VaR은 3억원보다 클 수는 없다.

④ 포트폴리오 VaR은 포트폴리오를 구성하는 각 포지션의 상관관계에 따라 그 크기가 달라진다.

> **해설** $VaR_P = \sqrt{VaR_A{}^2 + VaR_B{}^2 + 2 \times \rho_{AB} \times VaR_A \times VaR_B}$, 여기서 상관계수는 최저 −1에서 최고 +1까지의 범위를 가진다. 포지션의 상관계수가 1이면 포트폴리오 VaR은 개별 포지션 VaR의 합과 같고, 포지션의 상관계수가 −1이면 포트폴리오 VaR은 개별 포지션 VaR의 절대 차와 같다. 따라서 포트폴리오 VaR은 개별 VaR의 합인 3억보다는 작거나 같고, 개별 VaR의 차이인 1억원보다는 크거나 같다.

🏛 **필수핵심정리** ▷ 분석적 분산–공분산 방법에 의한 포트폴리오의 VaR 계산

ρ_{AB} : A포지션과 B포지션과의 상관계수 → 포트폴리오의 VaR은 포트폴리오를 구성하고 있는 포지션 간의 상관계수에 따라 달라짐

포트폴리오의 $VaR_P = \sqrt{VaR_A{}^2 + VaR_B{}^2 + 2 \times \rho_{AB} \times VaR_A \times VaR_B}$

$\rho = -1$ 일 때	$VaR_P = \lvert VaR_A - VaR_B \rvert$
$\rho_{AB} = +1$ 일 때	$VaR_P = VaR_A + VaR_B$
$\rho_{AB} = 0$ 일 때	$VaR_P = \sqrt{VaR_A{}^2 + VaR_B{}^2}$

★★★
086 VaR_A = 60억원, VaR_B = 80억원이다. A와 B의 상관계수가 0일 때, 포트폴리오의 VaR은?

① 50억원　　　　② 70억원　　　　③ 100억원　　　　④ 130억원

> **해설** $VaR_P = \sqrt{VaR_A{}^2 + VaR_B{}^2 + 2 \times \rho_{AB} \times VaR_A \times VaR_B} = \sqrt{60억^2 + 80억^2}$
> $= 100억$

★★★
087 정규분포를 가정하고 VaR을 계산할 때, 두 포지션이 모두 매입포지션인 경우에 상관계수가 얼마이면 포트폴리오의 VaR은 최소가 되는가?

① 0　　　　② −1　　　　③ 1　　　　④ −1 또는 1

> **해설** 모두 매입포지션인 경우, 상관계수가 −1일 때 $VaR_P = \lvert VaR_A - VaR_B \rvert$이므로 포트폴리오의 VaR은 최소가 된다. 즉 모두 매입포지션이라면 포지션 간의 상관계수가 −1일 경우 위험분산효과가 가장 크게 된다.

정답 082 ④　　083 ②　　084 ①　　085 ②　　086 ③　　087 ②

088 A주식을 매입한 포지션의 개별 VaR은 300억원이고, B주식을 매도한 포지션의 개별 VaR은 400억원이다. 두 포지션 간의 상관계수가 +1이면, 두 포지션으로 구성된 포트폴리오의 VaR은?

① 100억원 ② 286억원 ③ 647억원 ④ 700억원

 해설
$$VaR_P = \sqrt{VaR_A^2 + VaR_B^2 + 2 \times \rho_{AB} \times VaR_A \times VaR_B}$$
$$= \sqrt{300억^2 + (-400억)^2 + 2 \times 1 \times (300억) \times (-400억)}$$
$$= 100억$$
→ A와 B의 포지션이 반대 방향이므로 상관계수가 +1일 때, 분산효과가 최대가 되어 포트폴리오의 VaR은 두 개별 VaR의 차이인 100억원이 된다.

089 VaR에 대한 설명으로 옳지 않은 것은?

① 다른 조건이 동일하면 95% 신뢰수준의 VaR이 99% 신뢰수준의 VaR보다 작다.
② 다른 조건이 동일하면 2주일의 VaR이 1개월의 VaR보다 작다.
③ 두 자산의 상관계수가 0인 포트폴리오의 VaR은 개별 VaR의 합과 같다.
④ VaR을 이용하면 성격이 다른 상품 간 포지션 위험의 비교가 가능하다.

해설 VaR은 측정기간이 길어질수록, 신뢰구간이 높을수록 커진다. 두 자산의 상관계수(ρ_{AB})가 0인 포트폴리오의 $VaR_P = \sqrt{VaR_A^2 + VaR_B^2}$ 이므로, 개별 자산 VaR의 합보다는 작다.

090 자산 A의 VaR은 300억원, 자산 B의 VaR은 500억원이다. 자산 A와 B 간의 상관계수가 1/15이라면, 분산효과로 인한 VaR의 감소금액은?

① 100억원 ② 125억원 ③ 200억원 ④ 400억원

해설 [분산효과(VaR 감소금액) = |VaR_A| + |VaR_B| − VaR_P]. 먼저 포트폴리오의 VaR을 구하면,
$$VaR_P = \sqrt{300^2 + 500^2 + 2 \times \frac{1}{15} \times 300 \times 500} = 600억원,$$
따라서 분산효과 = 300억원 + 500억원 − 600억원 = 200억원

★★★
091 VaR의 한계점에 관한 설명으로 옳지 않은 것은?

① VaR는 여러 포지션의 상계 효과를 감안하지 않고, 전체적인 위험을 측정한다는 한계점을 지닌다.
② VaR은 VaR보다 더 큰 손실이 발생하였을 때의 손실규모에 대해서는 아무런 정보를 주지 못한다.
③ 어떤 모형 또는 어떤 방법론을 사용하느냐에 따라서 VaR 값이 크게 달라질 수 있다.
④ 모수 추정 혹은 시나리오 생성의 기초가 되는 표본자료로 무엇을 사용하는지에 따라 결과가 크게 달라질 수 있다.

해설 VaR는 여러 포지션의 상계 효과(상관계수에 따른 위험감소 효과)를 감안하여 전체적인 위험을 측정할 수 있다는 장점을 가지고 있다. 또한 BIS나 금융감독원에서는 가격위험 VaR을 산출하는 경우에 적어도 과거 1년 이상의 관측 자료를 사용하되, 최소 3개월에 한 번 이상은 자료를 업데이트할 것을 요구하고 있다.

···TOPIC **18** 신용위험(Credit Risk) 관리

★★★
092 신용위험의 평가 방법에 대한 설명으로 옳지 않은 것은? [심화]

① 신용위험은 시장위험에 비해 평가하기가 더욱 어렵다.
② CreditMetrics는 대출 및 사모채권 같은 비거래 자산들의 가치와 위험을 결정하기 위한 VaR 모형으로 J.P. Morgan의 주도하에 도입되기 시작하였다.
③ Credit Risk+는 CSFP에 의하여 개발된 모형으로 대출의 기대손실 및 손실의 분포를 추정하고자 한다.
④ CreditMetrics는 어느 수준 이상의 손실에 대비하기 위한 필요자기자본을 계산하는 데 초점을 맞추고 있다.

해설 완전한 VaR 모형을 개발하고자 한 CreditMetrics와는 달리, Credit Risk+는 어느 수준 이상의 손실에 대비하기 위한 필요자기자본을 계산하는 데 초점을 맞추고 있다.

03 파생결합증권

내용 구성 및 주요 출제내용 분석

내용 구성	중요도	주요 출제 내용
개요	★★	• 파생결합증권의 정의와 종류 • 파생결합증권의 발행자격 및 투자권유 방법
ELS	★★★	• ELS의 개념과 ELS, ELD, ELF의 비교 • 백투백 발행과 자체헤지 발행 비교 <table><tr><td>상품 구조</td><td>• 만기상환형 ELB : 녹아웃 옵션형, 콜 스프레드형, 디지털형, 양방향 녹아웃형 • 조기상환형 ELS : 스탭다운 ELS, 월지급식 스탭다운 ELS</td></tr></table> ELS/ELB의 투자전략
ELW	★★★	• ELW의 개념, 특징, 개별주식옵션과의 차이점 • ELW의 경제적 기능, 종류, 권리행사 등 • 가격결정요인과 투자지표(민감도지표, 전환비율, 손익분기점, 기어링, 유효기어링 등) • 투자전략 : 레버리지전략, 프로텍티브 풋 전략, 변동성 매수전략(straddle과 strangle)
ETN	★★★	• ETN의 개념, 특징, 기초지수의 의미와 구성 • ETN의 상장요건, 진입 및 퇴출요건, 매매제도 • 투자지표(일일 지표가치, 실시간 지표가치, 괴리율)와 투자위험의 유형

출제경향 분석 및 학습요령

기타 파생상품과 파생결합증권에서 총 17문제가 출제되는데, 파생결합증권에서는 대략 7문제 내외로 출제된다고 보면 된다. 위에서 언급한 내용 구성별로 골고루 출제가 이루어지는데, 특히 파생결합증권의 종류, ELS, ELD, ELF의 비교, 백투백 발행과 자체헤지 발행 비교, ELW의 가격결정요인과 투자지표(민감도지표, 전환비율, 손익분기점, 기어링, 유효기어링 등), ETN의 특징 및 기초지수, ETN의 상장요건(진입 및 퇴출요건) 및 매매제도 등은 자주 출제되는 핵심적인 내용이다. 따라서 본서에 제시된 문제를 풀어보는 것만으로도 시험대비에 충분하다고 할 수 있다.

★★★
001 파생결합증권에 대한 설명으로 옳지 않은 것은?

① 파생결합증권은 타인의 노력과 무관하게 외생적 지표에 의해 수익이 결정되는 증권이다.
② 파생결합증권 기초자산의 종류는 투자자보호를 위해 한정적으로 열거하고 있다.
③ 다른 금융투자상품을 기초자산으로 하는 파생결합증권을 발행할 수 있다.
④ 탄소배출권과 같은 환경적 위험 등도 기초자산으로 편입할 수 있다.

> **해설** 파생결합증권 기초자산의 종류는 포괄적으로 정의하고 있다.

> **🏛 필수핵심정리** 파생결합증권의 정의

〈자본시장법〉 파생결합증권은 기초자산의 가격, 이자율, 지표, 단위 또는 이를 기초로 하는 지수등의 변동과 연계하여 미리 정하여진 방법에 따라 지급금액 또는 회수금액이 결정되는 권리가 표시된 것
→ 타인의 노력과 무관하게 외생적 지표에 의해 수익이 결정되는 증권

파생결합증권의 기초자산의 범위	포괄적으로 정의 : 금융투자상품, 통화, 일반상품, 신용위험, 그밖에 자연적 · 환경적 · 경제적 현상 등에 속하는 위험으로서 평가가 가능한 것

★★★
002 다음 상품 중 파생결합증권이 아닌 것은?

① ELW(주식워런트증권) ② ELS(주가연계증권)
③ ETN(상장지수증권) ④ ELB(주가연계파생결합사채)

> **해설** ELB(Equity Linked Bond, 주가연계파생결합사채)와 DLB(Derivatives Linked Bond, 기타파생결합사채)는 파생결합사채로서 2013년 자본시장법 개정으로 파생결합증권이 아닌 채무증권으로 분류되었다. 대표적인 파생결합증권에는 ELS, DLS, ELW, ETN 등이 있다.

ELS		Equity Linked Securities(주가연계파생결합증권 또는 주가연계증권) → 주식의 가격이나 주가지수의 변동과 연계하여 사전에 정해진 수익조건에 따라 상환금액을 지급하는 유가증권(파생결합증권)
	DLS	Derivatives Linked Securities(기타파생결합증권) → 이자율, 환율, 원자재, 신용위험 등의 변동과 연계하여 사전에 정해진 수익조건에 따라 상환금액을 지급하는 유가증권(파생결합증권)
ELW		Equity Linked Warrant(주식워런트증권) → 특정 주가 또는 주가지수의 변동과 연계하여 미리 정해진 방법에 따라 만기 시 주권의 매매 또는 현금을 수수하는 권리가 부여된 파생결합증권
ETN		Exchange Traded Note(상장지수증권) → 기초지수 변동과 수익률이 연동되도록 증권회사가 발행한 파생결합증권으로 주식처럼 거래소에 상장되어 거래되는 증권

파생결합사채인 ELB(주가연계파생결합사채)와 DLB(기타파생결합사채)는 2013년 자본시장법 개정으로 파생결합증권이 아닌 채무증권으로 분류함

파생결합 사채	발행과 동시에 투자자가 지급한 금전 등에 대한 이자, 그 밖의 과실에 대하여만 해당 기초자산의 가격 · 이자율 · 지표 · 단위 또는 이를 기초로 하는 지수 등의 변동과 연계된 증권(즉, 투자자에게 원금이 보장되면서 기초자산의 변동과 연계하여 이자만 변동하는 채무증권)

★★★
003 다음 상품 중 파생결합증권인 것은?

① ELD ② 원자재투자수익증권
③ DLS ④ CP

해설 ELD(주가연동예금)는 은행에서 취급하는 정기예금, 원자재투자수익증권은 수익증권, DLS(Derivatives Linked Securities, 기타파생결합증권)는 파생결합증권, CP는 기업어음이다.

★★★
004 이자율, 환율, 신용위험, 원자재 등의 변동과 연계하여 사전에 정해진 수익조건에 따라 상환금액을 지급하는 유가증권은?

① ETN ② ELW
③ DLS ④ ELS

해설 DLS(Derivatives Linked Securities, 기타파생결합증권)는 주가나 주가지수 이외의 이자율, 환율, 원자재, 신용위험 등의 변동과 연계하여 상환금액을 지급하는 유가증권(파생결합증권)이다.

★★★
005 다음 중 DLS의 기초자산에 해당하는 것은?

① 삼성전자
② WTI
③ KOSPI200지수, HSCEI지수
④ S&P500지수, EuroStoxx지수

해설 WTI(West Texas Intermediate, 서부 텍사스 중질유)는 원자재이기 때문에 기초자산에 WTI가 포함되어 있으면 ELS 가 아니라 DLS로 분류되어야 한다. 즉 DLS(기타파생결합증권)는 주가나 주가지수 이외의 기초자산의 변동과 연계 하여 상환금액을 지급하는 파생결합증권이다. HSCEI는 Hang Seng China Enterprises Index의 약자로 홍콩항셍중 국기업지수, 일명 홍콩 H지수라고 한다. EuroStoxx지수는 유럽 12개국 증시에 상장된 기업 중 우량 기업을 선정하 여 만든 주가지수로 스톡스가 산출한다.

★★★
006 다음 상품 중 채무증권으로 분류되는 것은?

① ELB
② ELW
③ DLS
④ ETN

해설 ELB(주가연계파생결합사채)와 DLB(기타파생결합사채)는 파생결합사채로서 2013년 자본시장법 개정으로 파생결 합증권이 아닌 채무증권으로 분류되었다.

★★★
007 파생결합증권의 발행과 관련된 설명으로 옳은 것은?

① 파생결합증권의 발행을 위해서는 증권신고서를 작성하여 제출하여야 한다.
② 파생결합증권의 증권신고서는 수리된 날로부터 7일이 경과한 후에 효력이 발생한다.
③ 파생결합증권은 일괄신고서를 이용할 수 없다.
④ 거래소에 상장되는 파생결합증권은 상장예비심사를 받지 않아도 된다.

해설 파생결합증권의 발행을 위해서 발행자는 증권신고서를 작성하여 금융위원회에 제출하여야 하며, 파생결합증권의 증권신고서는 수리된 날로부터 15일이 경과한 후에 효력이 발생한다. 발행기간을 단축하고 발행편의를 도모하기 위해 파생결합증권도 일괄신고서를 이용할 수 있다. 또한, 거래소에 상장되는 파생결합증권은 상장예비심사를 받 아야 한다. 참고로, ELS와 같은 파생결합증권을 일반투자자를 대상으로 발행하기 위해서 증권회사는 해당 금융투 자업 인가를 얻기 위해 증권에 대한 투자매매업과 함께 장외파생상품 투자매매업 인가를 받아야 한다.

• 증권신고서 : 모집과 매출(공모)을 위한 공시규제

★★★
008 일반투자자에게 파생결합증권의 투자를 권유하는 경우에 적용되는 원칙으로 적절하지 않은 것은?

① Know-your-Customer-Rule   ② 적합성의 원칙

③ 적정성의 원칙   ④ 합리성의 원칙

 자본시장법은 일반투자자에게 파생결합증권의 투자를 권유하는 경우 상품의 내용과 위험 등을 투자자가 이해하도록 설명하여야 할 의무와 금융투자회사가 투자자의 특성에 적합하게 투자를 권유하도록 하는 적합성의 원칙을 도입하고 있다. 이와 더불어 투자권유를 하기 전에 투자자의 특성을 파악하도록 하는 Know-your-Customer-Rule과 투자자가 부적절한 상품거래를 원할 경우 경고 등을 하는 것을 의무화한 적정성의 원칙도 도입하고 있다.

🏛 필수핵심정리 ▶ 투자권유에 따르는 원칙

Know-your-Customer-Rule	투자자의 특성을 파악하기 위해 투자권유를 하기 전에 투자목적, 재산상태, 투자경험 등을 파악하고 서면으로 확인받도록 하는 것
적합성의 원칙	고객의 투자자정보에 비추어 해당 고객에게 적합하지 아니하다고 인정되는 투자권유를 하여서는 아니 된다는 것
적정성의 원칙	금융투자업자가 일반투자자에게 투자권유를 하지 아니하고 파생상품등을 판매하려고 하는 경우, 그 일반투자자에게 적정하지 아니하다고 판단되는 경우에는 그 사실을 일반투자자에게 알리고 일반투자자로부터 확인을 받아야 한다는 것
설명의무	고객을 상대로 투자권유를 하는 경우에는 금융투자상품의 내용, 투자에 따르는 위험, 금융투자상품의 투자성에 관한 구조 및 성격, 수수료 등 비용에 관한 사항 등과 같은 투자유의사항을 고객이 이해할 수 있도록 설명하고 고객이 이해하였음을 서명 등의 방법으로 확인받아야 한다는 것

★★★
009 자본시장법은 일반투자자에게 파생결합증권의 투자를 권유하는 경우, 금융투자회사가 투자자의 특성에 적합하게 투자를 권유하도록 하는 원칙을 도입하고 있는데, 이 원칙을 무엇이라 하는가?

① Know-your-Customer-Rule   ② 적합성의 원칙

③ 적정성의 원칙   ④ 안전성의 원칙

해설 금융투자회사가 투자자의 특성에 적합하게 투자를 권유(상품을 권유)하도록 하는 것은 적합성(suitability)의 원칙이다.

010 파생결합증권의 투자권유에 대한 설명으로 옳지 않은 것은?

① 투자자의 투자성향을 파악하고 위험에 맞는 상품에 한하여 투자를 권유할 수 있다.
② 고객 자신의 투자성향보다 투자위험도가 높은 파생결합증권에 투자하려는 투자자는 부적합 확인 절차를 거친 후 투자자확인서를 작성하여야 한다.
③ 파생결합증권의 투자권유를 위해서는 나이와 투자경험에 따른 투자적합성의 원칙을 확인해야 한다.
④ 투자자들은 위험에 따른 투자한도를 부여받는다.

> **해설** 금융투자업자에게 적합성(suitability) 및 설명의무 등을 준수하도록 하고 있지만, 투자한도를 제한하지는 않는다.

011 투자자가 만 65세 이상이고 파생상품등에 대한 투자경험이 1년 이상 3년 미만인 개인에게는 원금손실률이 몇 % 이내인 파생결합증권만 투자권유가 가능한가?

① 10%　　　　② 20%　　　　③ 30%　　　　④ 50%

> **해설** 투자자가 만 65세 이상이고 파생상품 등에 대한 투자경험이 1년 이상 3년 미만인 개인에게는 원금손실률이 20% 이내인 파생결합증권만 투자권유가 가능하다.

🏛 **필수핵심정리**　▶　투자자의 나이와 투자경험에 따른 파생결합증권의 투자권유

투자자가 만 65세 이상이고 파생상품등에 대한 투자경험이 1년 미만인 개인	투자자가 지급한 금전 등에 대한 이자 등 과실만이 해당 기초자산의 가격·이자율·지표·단위 또는 이를 기초로 하는 지수 등의 변동과 연계된 파생결합증권만 투자권유 가능
투자자가 만 65세 미만이고 파생상품등에 대한 투자경험이 1년 미만이거나, 만 65세 이상이고 파생상품등에 대한 투자경험이 1년 이상 3년 미만인 개인	원금손실률이 20% 이내로 제한되는 파생결합증권만 투자권유 가능

012 공모발행 파생결합증권(ELW 제외)의 만기일 또는 최종 환매청구일 이전에 최초로 원금손실 조건이 발생한 경우, 금융투자회사가 일반투자자에게 통지해야 하는 내용이 아닌 것은?

① 원금손실조건이 발생하였다는 사실
② 원금손실률 및 원금손실 확정금액
③ 조기상환조건 및 조기상환 시 예상수익률
④ 중도상환청구방법, 중도상환 청구기간 및 중도상환수수료

> **해설** 원금손실조건이 발생했다는 것이지 손실률이나 금액이 확정된 것은 아니기 때문에 원금손실률 및 원금손실 확정금액을 알 수 없다.

013 금융투자회사의 임직원이 고객을 상대로 투자권유를 하는 경우, 고객에게 설명해야 하는 투자 유의사항과 거리가 먼 것은?

① 금융투자상품의 내용
② 투자에 따르는 위험
③ 계약의 해제·해지에 관한 사항
④ 원금보장조건

> **해설** 원금보장은 절대 해서는 안 되는 사항이다.

> **🏛 필수핵심정리** ▷ 설명의무 및 위험고지
>
> | 설명의무 | 고객을 상대로 투자권유를 하는 경우에는 금융투자상품의 내용, 투자에 따르는 위험, 금융투자상품의 투자성에 관한 구조 및 성격, 고객이 직접 또는 간접으로 부담하는 수수료 등 비용에 관한 사항, 조기상환조건이 있는 경우 그에 관한 사항, 계약의 해제·해지에 관한 사항 등과 같은 투자 유의사항을 고객이 이해할 수 있도록 설명하고 고객이 이해하였음을 서명 등의 방법으로 확인받아야 함 |
> | --- | --- |
>
> 또한, 일반투자자가 공모로 발행된 파생결합증권(ELW 제외)을 매매하고자 하는 경우, 파생결합증권의 투자설명서 및 간이투자설명서를 투자자에게 교부하고 이를 충분히 설명하여야 함

••• TOPIC **2** ELS(Equity Linked Securities) – 개념, 특징, 시장구조

014 ELD, ELS, ELF에 대한 설명으로 옳은 것은?

① ELD는 은행에서 발행되는 금융상품이지만 예금자보호법의 대상에는 속하지 않는다.
② ELS는 은행에서 발행하는 파생결합증권이다.
③ ELF는 자산운용사에서 운용하는 수익증권으로서 원금은 보장되지 않는다.
④ ELS는 100% 원금을 보장한다.

> **해설** 주가지수 및 개별 주식에 연동되어 수익이 지급되는 금융상품으로는 ELD(Equity Linked Deposit, 주가연동예금), ELS(Equity Linked Securities, 주가연계증권), ELF(Equity Linked Fund, 주가연계펀드), ELT(Equity Linked Trust, ELS 신탁), ELS 랩(Wrap) 등이 있다. ELD는 은행에서 발행되는 예금상품으로 예금자보호법의 보호를 받기 때문에 원금(1인당 5천만원까지)이 보장된다. ELS는 증권사에서 발행하는 파생결합증권으로 사전에 약정한 수익률을 지급한다. ELF는 자산운용사에서 운용하는 수익증권으로서 원금은 보장되지 않고 실적배당한다.

	ELD	ELS	ELF
발행기관	은행	증권회사	자산운용사
투자형태	정기예금	파생결합증권	수익증권
자산운용	고유계정	고유계정	고유계정과 분리
예금보호	보호	비보호	비보호
원금보장	100% 보장	사전약정	보장 없음
만기수익률	사전약정수익률	사전약정수익률	실적배당

2000년 이후에는 ELS를 투자자의 요청에 따라 신탁에 편입하여 운용하는 은행의 신탁상품인 ELT(Equity Linked Trust, ELS신탁)와 랩(Wrap)에 편입하여 운용하는 ELS 랩의 형태도 많이 활용되고 있음

★★★
015 ELS에 대한 설명으로 옳은 것은?

① ELS의 구조는 정형화되어 있다.
② ELS가 펀드에 직접 편입될 수 없다.
③ ELS 발행 증권사의 back-to-back 거래는 신용위험이 없다.
④ ELS의 헤지가 현물주식의 가격에 영향을 미칠 수 있다.

해설 ELS의 구조는 정형화되어 있지 않으며, ELS가 펀드에 직접 편입된 것이 ELF이다. ELS 발행 증권사의 back-to-back 거래는 장외거래이므로 거래상대방에 대한 신용위험이 있어 반드시 점검해야 한다. 증권사들이 ELS를 헤지하는 과정에서 현물주식의 가격에 영향을 미칠 수 있다.

필수핵심정리 ▶ ELS의 시장구조(발행사가 상환금을 준비하는 방법에 따른 분류)

back-to-back	국내외 다른 금융기관으로부터 동일한 상품을 매입하는 방법
자체 헤지	현물주식, 장내파생상품, 장외파생상품의 매매를 통하여 ELS의 지급구조를 복제하는 헤지 방법

★★★
016 만기 기초자산 가격에 따라 일정구간까지는 상승수익을 지급하고, 그 이상은 고정된 최대수익을 지급하는 ELB의 상품구조는?

① 녹아웃 옵션(knock-out option)형　　② 콜 스프레드(call spread)형
③ 디지털(digital)형　　　　　　　　　④ 양방향 녹아웃(knock-out)형

해설 콜스프레드형에 대한 설명이다.

🏛 필수핵심정리 　만기상환형 ELB의 상품구조(수익구조)

	수익구조	옵션형 ELB의 만기수익 그래프
녹아웃 옵션형	일정 구간까지는 상승수익을 지급하고, 상승 배리어를 초과한 적이 있으면 미리 정한 리베이트 수익(고정수익)을 지급하는 형태 → 원금 비보장형 파생결합증권(ELS)보다는 파생결합사채(ELB)에 주로 사용되는 대표적인 상품구조	}리베이트　배리어
콜 스프레드형	만기 기초자산가격에 따라 일정구간까지는 상승수익을 지급하고, 그 이상은 고정된 최대수익을 지급하는 형태	
디지털형	미리 정한 행사가격 미만에서는 원금을 지급하고, 그 행사가격 이상에서는 미리 정한 고정수익을 지급하는 형태	행사가격
양방향 녹아웃형	상승 시 수익을 얻을 수 있는 녹아웃 콜옵션과 하락 시 수익을 얻을 수 있는 녹아웃 풋옵션을 합쳐놓은 형태	배리어　배리어

★★★
017 다음 그림과 같은 만기수익 구조를 가진 ELB의 상품형태는?

행사가격

① 녹아웃 옵션(knock-out option)형
② 콜 스프레드(call spread)형
③ 디지털(digital)형
④ 양방향 녹아웃(knock-out)형

> **해설** 미리 정한 행사가격 미만에서는 원금을 지급하고, 그 행사가격 이상에서는 미리 정한 고정수익을 지급하는 형태로 디지털형이다.

★★★
018 조기상환형 ELS에 대한 설명으로 옳지 않은 것은?

① 통상적으로 만기가 2년이나 3년으로 설계되었다.
② 발행 후 6개월 단위로 기초자산의 주가가 사전에 정해진 조기상환가격 이상으로 상승하면 사전에 약정한 수익을 액면금액과 함께 투자자에게 지급하고 계약이 종료되는 형태이다.
③ 만약, 6개월 후 조기상환시점에 기초자산의 주가가 조기상환가격 수준 미만이면 다음 조기상환시점으로 순연된다.
④ 계속 조기상환되지 않고 만기까지 간다면 만기상환조건에 따라 상환금액이 결정되며, 만기 시점에 만기상환조건을 달성하지 못하더라도 손실은 발생하지 않는다.

> **해설** 계속 조기상환되지 않고 만기까지 간다면 만기상환조건에 따라 상환금액이 결정되며, 만기시점에 만기상환조건을 달성하지 못하면 원금손실이 발생한다. 조기상환형 스텝다운 ELS는 대표적인 원금비보장형 ELS이므로 금융투자상품 위험도 분류상 보통 고위험 또는 초고위험 상품으로 분류된다.

🏛 필수핵심정리   조기상환형 ELS

조기상환형 ELS는 통상 만기가 2년이나 3년으로 설계되었으며, 발행 후 6개월 단위로 기초자산의 주가가 사전에 정해진 조기상환가격 이상으로 상승하면 사전에 약정한 수익을 액면금액과 함께 투자자에게 지급하고 계약이 종료되는 형태

worst performer	기초자산이 2개인 조기상환형 ELS에서 두 기초자산 중 주가가 더 낮은 기초자산의 가격을 기준으로 수익상환조건이 결정되는 것 → 최근에는 기초자산이 3개인 경우도 증가함

최근에는 개별 주식보다는 주가지수를 기초자산으로 하는 ELS가 대부분을 차지
→ 주로 사용되는 기초자산은 국내지수인 KOSPI200지수뿐만 아니라 해외지수인 HSCEI지수, EuroStoxx50지수, S&P500지수, NIKKEI지수 등이 있음

★★★
019 조기상환형 스텝다운 ELS에 대한 설명으로 옳지 않은 것은?

① 조기상환형 스텝다운 ELS는 원금손실발생조건인 녹인(KI, Knock-In)조건이 없는 경우도 있다.
② 조기상환형 스텝다운 ELS는 ELS 구조에 매월 월수익지급조건을 추가한 상품 구조도 있다.
③ 변동성이 낮은 지수 2개로 구성된 ELS는 상환조건이 동일하고 변동성이 높은 종목 2개로 구성된 ELS보다 제시수익률이 낮다.
④ 원금손실발생조건인 녹인(KI)을 터치할 경우, 해당 하락분만큼 손실이 확정된다.

 해설 원금손실발생조건인 녹인(KI, Knock-In)은 손실이 발생할 가능성이 생겼다는 의미일 뿐, 녹인이 발생한 ELS가 그 시점에 해당 주가하락분만큼 손실이 확정된 것은 아니다. 녹인(KI)을 터치한 경우라도 그 이후에 기초자산이 재상승하여 조기 및 만기상환 조건을 달성하는 경우 수익을 내고 상환이 가능하므로 녹인 터치가 바로 손실확정을 의미하는 것은 아니다.

🏛 **필수핵심정리** ▷ 조기상환형 스텝다운(autocall stepdown) ELS

- 조기상환형 스텝다운 ELS는 매 조기상환 시점마다 일정비율씩 조기상환가격 수준을 낮춰줌으로써 조기상환의 가능성을 높인 구조(예를 들어 만기가 3년인 경우 조기상환조건을 매 6개월마다 최초기준가격의 90% → 90% → 85% → 85% → 80% → 80%로 설정하는 구조)
- 조기상환형 스텝다운 ELS는 현재 발행되는 ELS의 주종을 차지하는 상품 중 가장 보편적으로 판매되고 있는 구조

1. 조기상환형 스텝다운 ELS : 녹인(KI, knock-in)형
   - 만기 전 투자기간 중에 원금손실발생조건인 녹인(KI)이 있는 조기상환형 스텝다운 ELS
   - 녹인은 손실이 발생할 가능성이 생겼다는 의미일 뿐, 녹인이 발생한 ELS가 그 시점에 해당 주가하락분만큼 손실이 확정된 것은 아님 → 녹인이 발생한 ELS라 하더라도 그 다음 조기 또는 만기상환 시점에 다시 기초자산인 주가가 재상승하여 상환조건을 달성하면 원금과 수익금액을 모두 지급받을 수 있음

2. 조기상환형 스텝다운 ELS : 노녹인(No knock-in)형
   - 만기 전 투자기간 중에 원금손실발생조건인 녹인(KI)이 없는 조기상환형 스텝다운 ELS
   - 녹인이 없으므로 투자기간 중에 발생하는 기초자산의 일시적인 급락에도 원금손실조건이 적용되지 않도록 변형하여 녹인형보다 안전성을 더욱 보강한 구조 → 따라서, 다른 상환조건이 비슷하더라도 노녹인형 ELS는 녹인형 ELS보다 제시수익률이 약간 낮은 편

★★★
020 조기상환형 스텝다운 ELS[녹인(knock-in)형]에 대한 설명으로 옳지 않은 것은?

① 녹인(knock-in)형 ELS가 원금손실조건이 발생하지 않으면, 해당 ELS는 조기 또는 만기에 수익상환된다.

② 녹인(knock-in)형 ELS는 일반적으로 같은 수익구조의 노녹인(No knock-in)형 ELS보다 제시수익률이 더 높다.

③ 녹인(knock-in)형 ELS가 원금손실조건이 발생하면 손실이 확정되므로 이를 중도상환하여 재투자하는 것이 유리하다.

④ 녹인(knock-in)형 ELS가 만기일 이전에 최초로 원금손실조건이 발생하는 경우에는 해당 사실을 투자자에게 통지하여야 한다.

해설 녹인(knock-in)형 ELS가 원금손실조건이 발생한다고 해서, 즉 KI(nock-in)를 터치한다고 해서 손실이 확정되는 것은 아니며, 다시 기초자산이 재상승하여 조기 또는 만기에 수익을 내고 상환되는 경우도 있다.

★★★
021 조기상환형 월지급식 스텝다운 ELS에 대한 설명으로 옳지 않은 것은?

① 월지급식 스텝다운 ELS는 매월 지정된 날짜에 최초기준가격의 일정 수준 이상이면 월쿠폰을 지급하는 조건을 첨가한 구조이다.

② 월지급식 스텝다운 ELS는 기존 조기상환조건에 월지급 조건이 추가되었으므로 안정성이 더 보강된 구조이다.

③ 월지급식 스텝다운 ELS는 조기 및 만기상환조건뿐만 아니라 월지급 조건이 추가되었으므로 안정성보다는 수익성이 더 강화된 구조이다.

④ 월지급식 스텝다운 ELS는 다른 수익상환조건이 유사한 조기상환형 스텝다운 ELS보다 제시수익률이 더 낮다.

해설 월수익 지급조건이 추가된 월지급식 스텝다운 ELS는 안정성이 더 강화된 구조이며, 동일 구조의 스텝다운 ELS보다는 수익성(제시수익률)이 더 낮은 것이 일반적이다.

🏛 필수핵심정리 ▷ 조기상환형 월지급식 스텝다운 ELS

조기상환형 월지급식 스텝다운 ELS는 매월 지정된 날짜에 최초기준가격의 일정 수준(보통 50~65% 수준) 이상이면 월쿠폰을 지급하는 조건을 첨가한 구조로서 월지급식 또는 월수익지급식이라고 함
→ 기존의 조기상환조건에다가 매월 수익이 지급되도록 구조를 첨가하여 안정성을 보강한 구조이므로 다른 수익상환조건이 유사한 조기상환형 스텝다운 ELS보다 제시수익률이 조금 낮은 편

★★★
022 조기상환형 스텝다운 ELS에 대한 설명으로 옳지 않은 것은?

① 기초자산이 2개인 ELS는 해당 2개 기초자산에 1개를 더 추가하여 기초자산이 3개인 ELS보다 제시수익률이 더 낮다.

② 기초자산의 변동성이 큰 종목형 ELS는 상대적으로 변동성이 작은 지수형 ELS보다 제시수익률이 더 높다.

③ 만기 전 투자기간 중 원금손실조건인 KI(Knock-In)조건이 없는 노녹인(No knock-in)형 ELS는 다른 조건이 비슷할 경우 녹인형 ELS보다 제시수익률이 더 높다.

④ 조기상환형 스텝다운 ELS에 다른 조건이 동일하고 월지급식 조건을 추가한 ELS는 제시수익률이 더 낮다.

> **해설** 기본적으로 투자자에게 불리할수록(안전성이 떨어질수록) 제시수익률은 높다. 즉 기초자산의 변동성이 높을수록, 기초자산의 개수가 많을수록, 녹인 조건이 있을수록 투자자가 손실을 볼 가능성이 커지므로 제시수익률은 높아진다. 따라서 녹인(KI, Knock-In)조건이 없어서 안정성이 더 보강된 노녹인(No knock-in)형 ELS는 다른 조건이 비슷할 경우 녹인(Knock-In)형 ELS보다 제시수익률이 더 낮다.

🏛 **필수핵심정리** ▸ ELS/ELB의 투자전략

ELB 투자	대부분의 만기상환형 ELB는 발행사의 신용위험 등을 제외한다면 만기상환 시 원금 이상의 수익금액을 지급하는 경우가 대부분이므로 저위험 성향의 투자자들에게 적합

	조기상환형 ELS의 투자전략	
ELS 투자	기초자산	• 변동성이 큰 종목형보다 상대적으로 변동성이 작은 지수형 기초자산이 보다 안정적 • 기초자산의 개수가 적을수록 더 안정적
	최초기준가격	기초자산이 일정기간 동안 고점일 때보다는 저점일 때가 더 상대적으로 유리 → 즉, 최초기준가격이 상대적으로 낮아졌을 때가 수익상환 가능성이 더 커져 안정성 측면에서 유리
	조기 및 만기상환조건	• 조기상환조건의 경우, 최초기준가격 대비 더 낮은 수준에서 시작하는 것이 수익상환 가능성 측면에서 투자자에게 유리 • 만기상환조건도 최초기준가격 대비 낮을수록 안전성 측면에서 투자자에게 유리
	원금손실 발생조건(KI)	녹인(KI)조건이 있는 조기상환형 스텝다운 ELS는 녹인조건이 최초기준가격 대비 낮을수록 안전성 측면에서 유리
	손실가능성 보완 조건을 가미한 구조	조기상환형 ELS 중 손실가능성을 보완하여 투자기간 중 원금손실발생조건인 녹인(KI) 조건을 제거한 노녹인 조기상환형 ELS이거나, 월지급식 조기상환형 ELS 등은 기존의 조기상환형 스텝다운 ELS보다 안전성 측면에서 투자자에게 유리

안전성과 수익성(제시수익률)은 서로 상충(trade-off)관계 → 따라서, 안전성이 높을수록 수익상환 가능성은 높지만, 제시수익률은 낮아지므로 수익성은 떨어짐

★★★
023 안전성을 최우선으로 고려하는 투자자가 조기상환형 스텝다운 ELS 투자를 고민할 경우, 다음 중 적합하지 않은 투자전략은?

① 조기상환조건이 최초기준가격의 85%로 시작하는 ELS보다 최초기준가격의 95%로 시작하는 ELS를 선택한다.
② 기초자산이 최근 일정기간 동안 많이 하락하여 최초기준가격이 낮아져 있는 ELS를 선택한다.
③ 기초자산이 3개인 경우보다 기초자산이 1개인 조기상환형 ELS를 선택한다.
④ 원금손실발생조건인 녹인(KI, knock-in)조건이 낮아서 상대적으로 제시수익률이 낮은 ELS를 선택한다.

해설 조기상환조건이 최초기준가격의 95%로 시작하는 ELS보다 최초기준가격의 85%로 시작하는 ELS를 선택한다. 조기상환조건의 경우, 최초기준가격 대비 더 낮은 수준에서 시작하는 것이 수익상환 가능성 측면에서 투자자에게 유리하다. 예를 들어, 6개월 후 시점에 기초자산의 가격이 최초기준가격의 93%에 머물러 있다면, 최초기준가격의 95%가 조기상환조건인 ELS는 수익상환되지 않고 다음 12개월째로 순연되어 불확실성에 한 번 더 노출되지만 최초기준가격의 85%가 조기상환조건인 ELS는 바로 수익상환되기 때문이다.

★★★
024 조기상환형 스텝다운 ELS의 투자권유 시 판매프로세스로 올바르지 않은 것은?

① 조기상환형 ELS 투자경험이 있는 투자자는 투자자성향 파악 단계를 생략가능하다.
② 고객이 자신의 투자성향보다 위험도가 높은 조기상환형 스텝다운 ELS를 투자하는 것은 원칙적으로 불가능하다.
③ 공모 ELS의 투자권유 시에는 투자설명서 및 간이투자설명서를 제공하여야 한다.
④ 조기상환형 ELS의 명칭, 종류, 위험등급, 기초자산에 대한 내용, 조기 및 만기상환조건, 최대손실액 및 제반 위험사항 등에 대해 구체적으로 설명해야 한다.

해설 자신의 투자성향보다 위험도가 높은 ELS를 투자하고자 하는 고객은 부적합 안내 절차를 통해 투자자확인서 등의 서명을 거친 후에는 가능하므로 절대 불가능한 것은 아니다.

🏛 필수핵심정리 │ 조기상환형 ELS 판매/투자 시 투자권유준칙 준수

① 먼저 고객의 투자자 정보 및 투자성향을 파악하여야 함 → 만약, 고객이 자신의 투자성향보다 위험도가 높은 파생결합증권을 투자하고자 하는 경우 부적합 안내절차를 통해 투자자확인서 등의 서명을 거친 후에야 가능함
② 투자성향을 파악하고 난 후에는 조기상환형 ELS의 상품구조 및 여러 가지 위험사항에 대해 투자설명서 및 간이투자설명서를 통해 제공하고 설명하여야 함 → 조기상환형 ELS는 복잡한 구조이므로 다른 상품에 비하여 상품구조 및 위험사항에 대해 비교적 더 자세에게 설명하고 관련 서류도 빠짐없이 제시하여야 함

설명 내용	• ELS 명칭, 종류, 위험등급과 기초자산에 대한 내용 • ELS의 조기상환조건 및 만기상환조건, 최대손실액, 시나리오별 투자손익 • ELS의 중도상환 내용, 일반적 투자위험 및 조기종결위험, 과세위험 등

★★★
025 다음 중 조기상환형 ELS를 판매할 때, 금융투자회사가 고객에게 반드시 설명해야 하는 내용이 아닌 것은?

① ELS 명칭, 종류, 위험등급 및 기초자산에 대한 내용
② ELS 판매사의 투자실적 및 과세실적
③ ELS의 최대손실액 및 일반적 투자위험
④ ELS의 조기상환조건 및 만기상환조건

> **해설** ELS의 투자위험과 과세위험 등은 설명하여야 하지만, ELS 판매사의 투자실적 및 과세실적 등은 불필요한 사항이다.

···TOPIC 5 ELW(Equity Linked Warrants)의 기본 개념

★★★
026 다음 중 ELW(Equity Linked Warrant)의 특징이 아닌 것은?

① 보유주식에 대한 위험 헤지가 가능한 투자이다.
② 시장의 상승 시나 하락 시에도 다양하게 투자할 수 있는 양방향성 투자이다.
③ 투자원금 이상으로 손실이 발생할 수 없는 투자이다.
④ 매도를 통해 안정된 수익을 확보할 수 있다.

> **해설** 일반투자자는 ELW를 매도할 수 없고 매입만 가능하기 때문에, ELW의 투자위험은 ELW의 매입에 지불한 프리미엄(투자원금)으로 한정되어 있다.

🏛 필수핵심정리 ELW(Equity Linked Warrant, 주식워런트증권)

개념		• ELW는 개별주식 및 주가지수 등의 기초자산을 만기시점에 미래 정해진 가격으로 사거나 팔 수 있는 권리를 나타내는 옵션으로서 자본시장법상 증권의 한 종류인 파생결합증권으로 분류함 • 일반투자자도 주식계좌를 이용하여 주식과 동일하게 매매 가능(단, 투자성향 등록 및 투자성향에 따른 적정성 확인을 통해야 거래가 가능)
특징	레버리지 효과	적은 투자금액으로도 큰 수익(또는 손실)이 가능
	한정된 손실위험	투자위험은 투자원금(프리미엄)으로 한정됨 → 일반투자자는 ELW의 매입만 가능하기 때문
	위험의 헤지	ELW를 매수하여 주가의 불리한 변동으로부터 보호
	양방향성 투자수단	기초자산인 주식이 상승할 때는 콜 ELW, 하락할 때는 풋 ELW에 투자하면 되므로 시장의 상승 시나 하락 시에도 다양하게 투자 가능
	유동성의 보장	유동성공급자(LP)가 매수 또는 매도호가를 제공함으로써 원활한 거래를 도움

★★★
027 ELW와 개별주식옵션을 비교한 설명으로 옳은 것은?

① ELW와 개별주식옵션은 모두 파생상품이다.
② ELW와 개별주식옵션 모두 계약기간은 3개월~3년이다.
③ ELW는 발행자에 대한 신용위험이 존재한다.
④ 개별주식옵션은 유동성공급자가 시장유동성을 공급한다.

해설 ELW는 증권(파생결합증권)이고 개별주식옵션은 파생상품이다. 개별주식옵션의 계약기간은 결제월제도를 따르나 ELW의 계약기간은 3개월~3년이다. ELW는 발행자의 자기신용으로 계약이행을 보증하므로 발행자에 대한 신용위험이 존재한다.

 필수핵심정리 ▷ ELW와 개별주식옵션 비교

	개별주식옵션	ELW
법적 특성	(장내)파생상품	파생결합증권
발행주체	거래소	투자매매업, 증권, 장외파생상품의 일반투자자 및 전문투자자의 인가를 획득한 금융투자회사
의무이행자	매도포지션 보유자	발행자
계약이행보증	거래소의 결제이행보증	발행자의 자기신용
유동성 공급	시장의 수요와 공급	1개 이상의 유동성공급자
대상종목	주가지수를 포함한 30개 종목	주요 국내외 주가지수, 주요 개별주식
계약기간	결제월제도에 따름	3개월~3년
표준화	표준화된 조건	원칙적으로 비표준상품
결제수단	현금	현금 또는 실물

※유동성공급자가 시장유동성을 공급한다.

★★★
028 다음 중 ELW의 경제적 기능으로 볼 수 없는 것은?

① 투자수단의 다양화   ② 저비용 소액투자
③ 자본의 형성   ④ 가격효율성 증대

해설 대부분의 만기가 있는 파생상품과 마찬가지로 ELW는 제로섬(zero-sum) 게임이다. 즉, ELW 매매로 인해 자본이 느는 것이 아니라 이익금과 손실금을 합하면 제로(0)가 된다는 것이다. 반면에 주식은 자본형성 기능이 있다. 주가가 상승하면 모든 주주의 부가 증가하게 된다.

정답 025 ②   026 ④   027 ③   028 ③

029 ELW의 종류에 대한 설명으로 옳지 않은 것은? ★★★

① 콜 ELW는 기초자산 가격이 상승하면 이익이 발생하고, 풋 ELW는 기초자산 가격이 하락하면 이익이 발생한다.

② 풋 ELW는 만기에 발행자로부터 기초자산의 [만기평가가격 – 권리행사가격]만큼을 수령할 수 있는 권리가 부여된다.

③ 디지털옵션이란 기초자산의 가격상승이나 하락에 비례하여 수익이 증가하지 않고, 일정 수준에 도달 시 미리 정해진 고정수익으로 확정 지급하는 옵션이다.

④ 배리어옵션이란 기초자산 가격이 미리 정해진 수준(배리어)에 도달하게 되면 옵션의 효력이 없어지거나 새로 생성되는 형태를 갖는다.

해설 풋 ELW는 만기에 기초자산의 [권리행사가격 – 만기평가가격]만큼을 수령할 수 있는 권리가 부여된다.

🏛 필수핵심정리 ▶ ELW의 종류(권리의 종류에 따른 분류)

콜 ELW	만기에 기초자산을 발행자로부터 권리행사가격으로 인수하거나, 그 차액(만기평가가격 – 권리행사가격)을 수령할 수 있는 권리가 부여된 ELW → 기초자산 가격상승에 따라 이익이 발생
풋 ELW	만기에 기초자산을 발행자에게 권리행사가격으로 인도하거나, 그 차액(권리행사가격 – 만기평가가격)을 수령할 수 있는 권리가 부여된 ELW → 기초자산 가격하락에 따라 이익이 발생

030 다음 중 ELW의 기초자산이 될 수 없는 것은? ★★★ 심화

① KOSPI200 지수
② 일본 NIKKEI225 지수
③ 홍콩 HSI 지수
④ 미국 S&P500 지수

해설 외국증권시장 중에서는 우리나라와 거래시간이 유사한 일본의 NIKKEI225 지수, 홍콩의 HSI 지수로 한정되어 있다. ELW의 기초자산은 자본시장법상 유가증권시장, 코스닥시장 및 해외시장의 주식, 주가지수가 가능하다. 그러나 유가증권시장 상장규정에서는 상장할 수 있는 ELW의 기초자산을 제한하고 있다.

031 ELW의 권리행사와 만기결제에 관한 설명으로 옳지 않은 것은? ★★★

① ELW 보유자는 권리행사일에 내재가치가 있는 경우 이익을 볼 수 있으며, 만기에 기초자산가격이 불리하게 움직일 경우 권리행사를 포기할 수 있다.

② 콜 ELW의 내재가치 = (기초자산가격 – 권리행사가격) × 전환비율

③ 현재 상장된 ELW는 발행사가 현금결제방식을 채택하고 있다.

④ 현금결제방식의 ELW는 자동권리행사가 인정되지 않는다.

해설 현금결제방식의 ELW는 자동적으로 권리가 행사된다. 자동권리행사는 권리행사 만기일에 ELW 보유자가 권리행사를 신청하지 않아도 자동적으로 권리행사가 되도록 하는 제도이다(현금결제 방식의 ELW에만 적용됨). 발행자와 ELW 보유자 간 최종 결제방식은 현금결제와 실물인수도결제의 두 가지 방법이 있는데, 현재 상장된 ELW는 발행사가 현금결제방식을 채택하고 있다. 현금결제 시 만기지급금액의 지급일은 권리행사일(만기일)로부터 2일째 되는 날이다.

- 현금결제 시 만기지급금액(내재가치)

콜 ELW의 내재가치	= (기초자산가격 − 권리행사가격) × 전환비율
풋 ELW의 내재가치	= (권리행사가격 − 기초자산가격) × 전환비율

★★★
032 ELW에 대한 설명으로 옳은 것은?

① ELW를 상장하기 위해서는 LP(유동성공급자)가 있어야 한다.
② ELW의 만기시점에 거래소가 결제이행을 보증한다.
③ ELW는 장내 파생상품으로 분류된다.
④ 일반투자자도 ELW를 발행할 수 있다.

해설 결제이행 보증은 발행자의 신용으로 하며, ELW는 파생상품이 아니라 파생결합증권으로 분류된다. 일반투자자는 ELW를 발행할 수 없다. 거래소에 ELW를 상장하기 위해서 발행증권사는 반드시 1개 이상의 LP(Liquidity Provider, 유동성공급자)와 유동성 공급계약을 맺어 계약서를 거래소에 제출하여야 한다.

···TOPIC 6 ELW의 가격결정요인과 투자지표

★★★
033 다음 중 ELW의 가격결정요인과 거리가 먼 것은?

① 기초자산가격   ② 환율
③ 금리   ④ 배당

해설 ELW의 가격을 결정하는 요인으로는 기초자산가격, 권리행사가격, 변동성, 만기까지의 잔존기간, 금리, 배당 등이 있다.

기초자산 가격	주가가 상승하면 콜 ELW의 가격이 상승하고, 주가가 하락하면 풋 ELW의 가격이 상승함	
권리행사 가격	행사가격이 높을수록 콜 ELW의 가격은 낮아지고, 풋 ELW의 가격은 상승함	
변동성	변동성이 증가하면 콜 ELW와 풋 ELW 모두 가격이 상승함	
	역사적 변동성	과거 일정기간 동안의 기초자산 수익률의 표준편차
	내재 변동성	ELW의 시장가격에서 역으로 가격모형에 내재된 변동성을 추출한 것
만기까지의 잔존기간	• 잔존만기가 증가할수록 ELW의 가격이 상승함 • ELW의 가격 = 내재가치 + 시간가치	
	내재가치	현재시점에 옵션을 행사한다고 가정했을 때 ELW가 갖는 가치
	시간가치	만기까지의 잔존만기 동안 기초자산가격변동 등에 따라 얻게 될 기대가치 → 시간가치는 만기일에 근접할수록 감소하여 0에 근접함(시간가치의 소멸)
금리	금리가 상승하면 콜 ELW의 가치는 상승하고, 풋 ELW의 가치는 하락함 → 금리가 ELW의 가격결정에 미치는 영향은 아주 작음	
배당	현금배당률이 증가하면 콜 ELW의 가격은 하락하고, 풋 ELW의 가격은 상승함	

★★★
034 ELW의 가격결정요인과 가격과의 관계를 잘못 설명한 것은?

① 기초자산가격(주가)이 상승하면 콜 ELW의 가격이 상승하고, 기초자산가격이 하락하면 풋 ELW의 가격이 상승한다.
② 행사가격이 낮을수록 콜 ELW의 가격은 높아지고, 풋 ELW의 가격은 낮아진다.
③ 변동성이 증가하면 콜 ELW의 가격은 상승하고, 풋 ELW의 가격은 하락한다.
④ 현금배당이 증가하면 콜 ELW의 가격은 하락하고, 풋 ELW의 가격은 상승한다.

> **해설** 변동성이 증가하면 콜 ELW와 풋 ELW 모두 가격이 상승한다. 즉, 변동성이 증가하면 기초자산가격이 행사가격 이상(콜 ELW의 경우)이나 이하(풋 ELW의 경우)로 움직일 가능성이 커지므로 모든 ELW의 가격이 상승하게 된다. 현금배당이 증가하면 주식을 매입할 경우 배당수익 증가로 인해 주식의 보유비용이 감소한다. 하지만 주식매입효과를 갖는 콜 ELW는 배당수익을 받을 수 없기 때문에 그만큼 낮은 가격에 거래가 되어야 한다.

★★★
035 ELW의 민감도지표가 잘못 표시된 것은?

① 델타(Δ) = $\dfrac{\text{ELW 가격 변화분}}{\text{기초자산가격 변화분}}$

② 감마(Γ) = $\dfrac{\text{기초자산가격 변화분}}{\text{델타의 변화분}}$

③ 세타(θ) = $\dfrac{\text{ELW 가격 변화분}}{\text{잔존만기 변화분}}$

④ 베가(v) = $\dfrac{\text{ELW 가격 변화분}}{\text{기초자산가격 변동성의 변화분}}$

> **해설** 감마(Γ) = $\dfrac{\text{델타의 변화분}}{\text{기초자산가격 변화분}}$

델타	기초자산가격이 1단위 변화할 때 ELW의 가격이 변화하는 비율 → 델타 = ELW 가격 변화분/기초자산 가격변화분
감마	기초자산가격이 1단위 변화함에 따라 델타가 변화하는 비율 → 감마 = 델타의 변화분/기초자산 가격 변화분
베가	기초자산가격의 변동성이 1%p 변화할 때 ELW의 가격이 변화하는 비율 → 베가 = ELW 가격변화분/기초자산가격 변동성의 변화분
세타	잔존만기가 1일 감소할 때 ELW의 가격이 변화하는 비율(시간가치가 감소하므로 대부분 세타가 음수로 나타남) → 세타 = ELW 가격변화분/잔존만기 변화분
로	무위험이자율이 1%p 변화할 때 ELW의 가격이 변화하는 비율 → 로 = ELW 가격변화분/무위험이자율 변화분

★★★
036 ELW의 투자지표가 잘못 표시된 것은? 심화

① 콜 ELW 손익분기점 = 행사가격 + $\dfrac{\text{ELW 가격}}{\text{전환비율}}$

② 풋 ELW 패리티 = $\dfrac{\text{기초자산가격}}{\text{행사가격}}$

③ 기어링 = $\dfrac{\text{기초자산가격}}{\text{ELW 가격}}$ × 전환비율

④ 유효기어링 = 기어링 × 델타

해설 풋 ELW 패리티 = $\dfrac{\text{행사가격}}{\text{기초자산가격}}$

전환비율	만기에 ELW 1증권을 행사하여 얻을 수 있는 기초자산의 수 → 전환비율이 0.2인 경우, ELW 5개가 있어야 권리 행사 시 기초자산 하나를 가질 수 있음	
손익분기점	콜 ELW 손익분기점= 행사가격 + $\dfrac{\text{ELW 가격}}{\text{전환비율}}$	풋 ELW 손익분기점 = 행사가격 − $\dfrac{\text{ELW 가격}}{\text{전환비율}}$
패리티 (parity)	행사가격과 기초자산가격의 상대적 크기를 나타낸 것 → 1이면 등가격(ATM), 1보다 크면 내가격(ITM), 1보다 작으면 외가격(OTM)	
	콜 ELW 패리티= $\dfrac{\text{기초자산가격}}{\text{행사가격}}$	풋 ELW 패리티 = $\dfrac{\text{행사가격}}{\text{기초자산가격}}$
기어링 (gearing)	기초자산을 대신하여 ELW를 매입하였을 경우 갖게 되는 포지션의 증폭효과 → 기어링 = $\dfrac{\text{기초자산가격}}{\text{ELW 가격}}$×전환비율	
유효기어링	기초자산의 변화율에 따른 ELW의 가격변화율 → 유효기어링 = 기어링×델타	

037 주가가 10,000원이고 행사가격이 5,000원일 때, 전환비율이 50%인 콜 ELW의 내재가치는 얼마인가?

① 2,500원　　　　② 5,000원　　　　③ 10,000원　　　　④ 15,000원

해설 콜 ELW의 내재가치 = (10,000 − 5,000) × 0.50 = 2,500

콜 ELW의 내재가치	= (기초자산가격 − 권리행사가격) × 전환비율
풋 ELW의 내재가치	= (권리행사가격 − 기초자산가격) × 전환비율

038 ELW의 투자지표 중 행사가격과 기초자산가격의 상대적 크기를 나타낸 것은 무엇인가?

① 전환비율　　　　② 손익분기점　　　　③ 패리티　　　　④ 기어링

해설 패리티(parity)는 행사가격과 기초자산가격의 상대적 크기를 나타낸 것으로, 패리티가 1이면 등가격(ATM), 1보다 크면 내가격(ITM), 1보다 작으면 외가격(OTM)이 된다.

039 기초자산가격(주가)이 40,000원인 콜 ELW의 가격이 2,000원이다. 전환비율이 1일 경우, 기어링은 얼마인가?

① 10　　　　② 20　　　　③ 100　　　　④ 200

해설 기어링 = $\dfrac{\text{기초자산가격}}{\text{ELW가격}}$ × 전환비율 = $\dfrac{40,000}{2,000}$ × 1 = 20

040 ELW의 투자지표 중 기어링과 유효기어링에 대한 설명으로 옳지 않은 것은? 심화

① 기어링이 5인 ELW를 매입하면 기초자산을 직접 매입한 것보다 1/5의 비용이 소요된다는 것을 의미한다.
② 기어링이 높을수록 레버리지 효과가 커진다.
③ 기어링은 고정적인 값을 가진다.
④ 유효기어링이 10인 ELW를 매입하면, 기초자산이 1% 상승할 때 ELW의 가격은 10% 상승하게 된다.

해설 $\left[\text{기어링} = \dfrac{\text{기초자산가격}}{\text{ELW가격}} \times \text{전환비율} \right]$, 기초자산과 ELW의 가격요인이 다르므로 가격움직임이 같지 않기 때문에 기어링은 고정적인 값이 아니다.

★★★
041 주가가 큰 폭의 변동을 보일 것으로 예상할 때, 다음 중 가장 적절한 ELW 투자전략은?

① 콜 ELW 매수
② 풋 ELW 매수
③ 프로텍티브 풋(protective put) 전략
④ 스트래들(straddle) 매수전략

해설 기초자산(주가)의 방향성보다는 변동성 증가를 기대하므로, 변동성 매수전략인 스트래들(straddle)이나 스트랭글(strangle) 매수전략이 필요하다.

🏛 필수핵심정리 ▷ ELW의 투자전략

레버리지 전략	기초자산(주가)의 방향성을 예상하여 현물주식에 직접 투자하기 보다는 레버리지가 높은 ELW를 이용하는 전략 → 주가 상승이 예상되면 콜 ELW를 매수하고, 주가 하락이 예상되면 풋 ELW를 매수	
프로텍티브 풋 (protective put) 전략	보유주식에 대한 풋 ELW를 매수하여 위험을 회피하는 전략(일종의 보험전략으로 풋 ELW 매수는 주식 공매도의 효과를 발휘함) → 주가 하락 시 하락을 방어하면서, 주가 상승 시에는 수익을 취할 수 있는 장점이 있음	
변동성 매수전략	기초자산(주가)의 방향성보다는 변동성 증가를 기대하는 투자전략 → 기초자산가격이 큰 폭의 변동을 보일 경우 수익이 발생	
	straddle 전략	기초자산, 행사가격, 전환비율이 같은 콜 ELW와 풋 ELW를 동시에 매수
	strangle 전략	행사가격만 서로 다른(풋 행사가격＜콜 행사가격) 콜 ELW와 풋 ELW를 동시에 매수

··· T O P I C **8** ETN(Exchange Traded Note)의 기본 개념

★★★
042 기초지수 변동과 수익률이 연동되도록 증권회사가 발행하는 파생결합증권으로 주식처럼 거래소에 상장되어 거래되는 증권은?

① ETN
② ELS
③ DLS
④ ELW

해설 ETN(상장지수증권)에 대한 설명이다.

정답 037 ① 038 ③ 039 ② 040 ③ 041 ④ 042 ①

ETN은 기초지수 변동과 수익률이 연동되도록 증권회사가 발행하는 파생결합증권으로 주식처럼 거래소에 상장되어 거래되는 증권

→ 금융기관이 10~30년까지의 만기 동안 이표 없이 사전에 정의된 벤치마크지수에 연동된 수익을 투자자에게 지급하고, 자신의 신용으로 발행하면서 별도의 담보나 보증을 받지 않는 선순위 무보증 채권

■ ETN의 특징

신상품에 대한 접근성	ETN은 일반투자가 에너지, 곡물 등의 원자재 상품 등의 다양한 자산에 투자가 가능하도록 해줌
유연성과 신속성	ETN은 채권형식으로 발행되기에 일반적인 공모펀드의 신규 발행에 비하여 신속하고 유연한 구조로 발행 가능
추적오차 최소화	ETN 상품이 추적오차가 없는 것은 아니지만, 공모펀드와 비교해서 ETN이 추적오차에 대해 자유로움
유통시장이 존재	ETN이 거래소 상장을 통해 유통시장이 존재하므로 유동성뿐만 아니라 투자자의 접근성을 높여줌
가격투명성	ETN은 벤치마크지수가 명확히 설정되어 있어서 내재가치 산정의 어려움이 다른 금융상품에 비해 매우 적음
세제상의 장점	국내주식형 ETN은 증권거래세가 면제되며, 매매차익에 대해서도 비과세 혜택이 있어 투자에 유리

★★★ 043 ETN의 특징에 대한 설명으로 옳지 않은 것은?

① ETN은 기초지수와의 추적오차를 최소화할 수 있다.
② ETN은 일반적인 주식거래에 비해 세제상 유리하다.
③ ETN은 신용위험에서 자유롭다.
④ ETN은 신상품에 대한 접근성이 뛰어나다.

> **해설** ETN이 거래소에 상장되긴 하지만, 발행회사에 대한 신용위험이 없어지는 것은 아니다.

★★★ 044 ETN의 특징에 대한 설명으로 옳지 않은 것은?

① ETN은 원자재 상품에도 투자를 가능하게 해준다.
② ETN은 공모펀드와 달리 추적오차가 전혀 없다.
③ ETN은 공모펀드에 비해 발행이 신속하다.
④ ETN은 벤치마크지수가 명확히 설정되어 있어서 가격투명성이 높다.

> **해설** 공모펀드와 비교해서 ETN이 추적오차에 대해 자유롭다는 점은 ETN의 장점이다. 그러나 모든 ETN 상품이 추적오차가 없는 것은 아니다.

★★★
045 주식으로 기초지수를 구성하는 경우, ETN의 기초지수에 편입되는 종목의 수는 최소 몇 종목 이상이어야 하는가?

① 2종목　　　　② 5종목　　　　③ 10종목　　　　④ 15종목

> **해설** ETN은 5종목 이상이면 된다. 참고로 ETF(Exchange Traded Fund, 상장지수펀드)는 10종목 이상이어야 한다.

🏛 필수핵심정리 ▷ ETN의 기초지수

기초지수란 ETN이 투자대상으로 삼고 있는 것으로서 주식, 채권, 파생상품, 금과 같이 특정 자산가격의 흐름을 종합적으로 나타낸 지표를 말함

■ ETN의 기초지수 구성의 특징

- ETN은 기초지수가 주식을 기초로 하는 경우 최소 5종목 이상으로 만들어야 함(반면, ETF는 최소 10종목 이상)
- 지수선물과 주식으로 ETN의 기초지수를 구성하는 경우에 주식은 1종목 이상으로 조합하면 가능
- 지수구성종목에 있어 ETN이 ETF에 비해 요건이 완화되어 있지만, 경쟁을 피하기 위해 시장대표지수(KOSPI200과 KRX100 등)나 섹터지수(반도체, 자동차 등)를 시가총액 가중방식으로 단순히 추종하는 ETN 상품의 출시는 제한하고 있음
- → 그러나, 시장대표지수나 섹터지수를 변형하여 전략을 가미할 경우 ETN의 기초지수로 활용할 수 있음

★★★
046 ETN의 기초지수에 관한 설명으로 옳지 않은 것은?

① KOSPI200과 KRX100은 기초지수가 될 수 없다.
② 섹터지수를 시가총액 가중방식으로 그대로 추종하는 기초지수를 설정할 수 있다.
③ 국채로만 구성되는 기초지수의 경우엔 3종목 이상이면 기초지수가 될 수 있다.
④ 주식을 기초로 하는 기초지수의 경우엔 동일 종목 비중이 30% 이내이어야 한다.

> **해설** KOSPI200과 KRX100과 같은 시장대표지수나 섹터지수를 시가총액가중 방식으로 단순히 추종하는 ETN 상품의 출시는 제한하고 있다. 그 이유는 시장대표지수나 섹터지수형 상품은 이미 ETF 시장만으로도 투자자에게 많은 상품이 제공되고 있어서 경쟁이 치열하기 때문이다.

★★☆
047 ETN과 ETF의 기초지수에 대한 설명으로 옳지 않은 것은?

① ETN과 ETF는 투자대상이 기초자산 가격 및 지수로 동일하다.
② ETN은 주식으로 구성된 경우 기초지수 구성종목은 5종목 이상이다.
③ ETN의 핵심시장영역은 주식과 채권상품이다.
④ ETN은 맞춤형 지수 등 신규개발지수 활용을 중심으로 하고 있다.

> **해설** ETN의 핵심시장영역은 전략형/구조화/변동성 상품이다.

정답 043 ③ 　 044 ② 　 045 ② 　 046 ② 　 047 ③

	ETN	ETF
투자대상	기초자산 가격, 지수	
기초지수 구성종목 수 (주식으로 구성된 경우)	5종목 이상	10종목 이상
핵심 시장영역	전략형/구조화/변동성 상품 (맞춤형 지수 등 신규개발지수 활용 중심)	주식, 채권 상품 (지수산출기관의 기존지수 활용 중심)

★★★ 048 ETN 시장의 참가자에 대한 설명으로 옳지 않은 것은?

① 발행회사는 ETN을 기획하고 발행하는 업무, 지수 수익률 지급, 자산운용(헤지) 활동, 공시업무 등 ETN 시장에서 중추적인 역할을 한다.

② 유동성공급자(LP)는 발행된 ETN을 최초로 투자자에게 매도(매출)하는 한편, 상장 이후 지속적으로 유동성공급호가를 제출한다.

③ ETN 지수산출기관은 전문성과 독립성을 갖추어야 한다.

④ 일반사무관리회사는 ETN의 사무처리를 위해 발행회사로터 일부 업무를 위탁받아 수행하는 곳으로, 현재는 한국거래소에서 해당 업무를 담당한다.

> 해설 일반사무관리회사는 ETN의 사무처리를 위해 발행회사로터 일부 업무를 위탁받아 수행하는 곳으로, 현재는 한국예탁결제원에서 해당 업무를 담당한다.

···TOPIC 9 ETN의 시장구조

★★★ 049 ETN의 발행제도에 대한 설명으로 옳지 않은 것은?

① ETN은 발행사가 직접 또는 발행된 ETN을 인수한 제3자의 유동성공급자가 거래소 시장을 통해 매출(매도)함으로써 거래가 시작된다.

② ETN은 신규상장 후 추가발행이 가능하고, 일정규모 이상을 모아 중도상환도 가능하다.

③ 발행절차 간소화를 위해서 ETN은 발행 전에 거래소의 상장예비심사를 받지 않아도 된다.

④ 최근 1년 이내에 ETN의 발행실적이 있으면 일괄신고서를 통해 발행할 수 있도록 발행절차가 간소화되어 있다.

> 해설 주식과 동일하게 ETN도 발행 전에 거래소의 상장예비심사를 받도록 되어 있다. 그러나 주식과는 달리 최근 1년 이내에 ETN의 발행실적이 있으면 일괄신고서를 통해 발행할 수 있도록 발행절차가 간소화되어 있다.

★★★
050 ETN의 상장제도에 대한 설명으로 옳지 않은 것은?

① 신속한 상장을 위해 ETN의 심사기간은 15일로 설정하고 있다.
② ETN 발행회사의 영업용순자본비율(NCR)은 300% 이상이어야 한다.
③ 신규상장하는 ETN의 발행총액은 최소 70억원 이상이어야 한다.
④ ETN 발행자는 자기자본의 50%까지만 ETN을 발행할 수 있다.

해설 ETN 발행사의 영업용 순자본비율(NCR)은 200% 이상이어야 한다. 신속한 상장을 위해 ETN의 심사기간은 15일로 짧게 설정하여 심사기간이 45일인 ETF보다 빠른 시일 내에 상장이 가능하다.

🏛 필수핵심정리 ▷ ETN의 상장요건

거래소 시장에 ETN을 상장하기 위해서는 ETN을 발행하는 증권회사에 대한 요건과 추적하는 지수에 대한 요건, 그밖에 상장 상품으로서 필요한 요건을 갖추어야 함

발행회사의 자격	ETN을 발행하기 위해서는 신용위험을 최소화하기 위해 매우 높은 수준의 신용도와 재무 건전성 등 엄격한 자격요건을 충족해야 함
	㉠ 증권 및 장외파생상품 매매업 인가를 3년 이상 유지한 금융투자업자 ㉡ 자기자본 5천억원 이상 ㉢ 신용등급 AA⁻ 이상 ㉣ 영업용순자본비율(NCR) 200% 이상, 순자본비율 100% 이상 ㉤ 최근 3년간 감사의견 적정
기초지수 요건	㉠ KRX 시장에서 거래되는 기초자산 가격의 변동을 종합적으로 나타내는 지수(단, KOS-PI200, KRX100 등 시장대표지수 및 섹터지수 제외) ㉡ 외국거래소 시장 등 거래소가 인정하는 시장에서 거래되는 기초자산 가격의 변동을 나타내는 기초지수 ㉢ 기초지수에 국내외 주식, 또는 채권이 포함되는 경우 주식, 채권 각각 최소 5종목 이상, 동일 종목 비중 30% 이내로 분산될 것(단, 국채, 통안채, 지방채 등으로만 구성된 지수의 경우 3종목 이상)
발행규모와 발행한도	㉠ 신규상장하는 ETN의 발행총액은 최소 70억원 이상이고, 발행증권 수가 10만 증권 이상이어야 함 ㉡ ETN 발행자는 자기자본의 50%까지만 ETN을 발행할 수 있음
만기	ETN은 1년 이상 20년 이내의 만기로 발행할 수 있음
지수이용계약 및 유동성공급 계약	㉠ ETN의 발행자는 지수에 관한 법적 권한을 가진 기관과 지수사용계약을 체결해야 함 ㉡ ETN의 발행자는 원활한 유동성공급을 위해 유동성공급계약을 체결하거나 자신이 직접 유동성을 공급하여야 함
발행방법	ETN은 공모로 발행되어야 함 → 청약절차를 거치지 않고 발행사 또는 유동성공급자가 전량 보유한 상태에서 상장 이후 매출이 시작되는 간주모집을 이용

★★★
051 ETN의 상장제도에 대한 설명으로 옳지 않은 것은?

① ETN 발행회사의 자기자본은 5천억원 이상이어야 한다.
② ETN의 기초지수는 KOSPI200, KRX100 등 시장대표지수이어야 한다.
③ ETN은 1년 이상 20년 이내의 만기로 발행할 수 있다.
④ ETN은 공모로 발행되어야 하고, 간주모집을 이용한다.

해설 ETN의 기초지수는 KRX 시장에서 거래되는 기초자산 가격의 변동을 종합적으로 나타내는 지수이어야 한다. 그러나 KOSPI200, KRX100 등 시장대표지수 및 섹터지수는 제외된다.

★★★
052 ETN의 상장 및 상장폐지에 대한 설명으로 옳지 않은 것은?

① ETN도 추가상장과 변경상장이 가능하며, 추가상장 시 발행한도 요건은 적용되지 않는다.
② ETN이 상장폐지 기준에 해당할 경우, 거래소는 만기 이전이라 하더라도 해당 종목을 상장폐지한다.
③ ETN 기초지수의 산출기준이 변경되는 경우 상장폐지된다.
④ ETN 종목의 발행원본액과 지표가치금액이 모두 100억원에 미달하면 상장폐지된다.

해설 ETN 종목의 발행원본액과 지표가치금액이 모두 50억원에 미달하면 상장폐지된다.

🏛 필수핵심정리   ETN의 상장폐지 기준

거래소는 다음과 같은 상장폐지 기준에 해당할 경우 투자자보호를 위하여 만기 이전이라 하더라도 해당 종목을 상장폐지함

발행회사 자격요건 미달	발행회사의 증권 또는 장외파생상품 투자매매업 인가가 취소되거나 영업정지로 정상적 업무수행이 불가능한 경우
기초지수 요건 미달	• ETN 기초자산의 가격 또는 지수를 이용할 수 없거나 이용할 수 없게 되는 경우 • 기초지수의 산출기준이 변경되는 경우
유동성공급 능력 부족	발행회사가 유동성공급을 할 수 없게 되거나 유동성공급계약을 체결한 LP가 없게 되는 경우, 그 날로부터 1개월 이내에 다른 LP와 유동성공급계약을 체결하지 않거나 발행회사가 직접 유동성공급계획서를 제출하지 않는 경우
상장규모 및 거래규모 부족	ETN 종목의 발행원본액과 지표가치금액이 모두 50억원에 미달하거나, 반기 일평균거래대금이 500만원에 미달하는 경우에는 관리종목으로 지정한 후 다음 반기 말에도 동일 기준에 미달하는 경우
신고의무 위반	ETN 발행회사가 ETN 상장 이후 고의, 중과실 또는 상습적으로 신고의무를 위반하는 경우

★★★
053 다음 중 ETN 발행회사의 퇴출요건이 잘못된 것은?

① 자기자본이 1,000억원 미만인 경우
② 신용등급이 투자적격등급인 BBB⁻ 미만인 경우
③ 순자본비율이 100% 미만으로 3개월 지속되거나 또는 50% 미만인 경우
④ 감사의견이 부적정이나 의견거절인 경우

> **해설** 자기자본이 2,500억원 미만인 경우에 퇴출된다.

🏛 필수핵심정리 ｜ ETN 발행회사의 진입 및 퇴출요건

	진입요건	퇴출요건
인가	인가	인가 취소
자기자본	5,000억원 이상	2,500억원 미만
신용등급	AA⁻ 이상	투자적격등급(BBB⁻) 미만
영업용순자본비율	200% 이상	–
순자본비율	100% 이상	100% 미만 3개월 지속 또는 50% 미만

★★★
054 ETN의 유동성공급자(LP) 제도에 관한 설명으로 옳지 않은 것은?

① LP는 매도와 매수 주문의 가격 차이가 클 경우, 이 가격 차이를 좁히기 위해 매도와 매수 양쪽 방향으로 최소 1,000증권 이상씩 호가를 제출할 의무가 있다.
② LP의 역할은 ETN을 발행한 증권회사 또는 제3의 증권회사가 담당한다.
③ LP의 또 다른 기능은 ETN 시장가격이 지표가치에서 벗어나는 현상인 가격괴리가 발생하지 않도록 하는 것이다.
④ 거래소는 가격괴리가 크게 발생하지 않도록 LP들로 하여금 호가스프레드비율(매수호가와 매도호가 간 간격)을 일정 수준 이하에서 유지되도록 규제를 한다.

> **해설** LP는 매도와 매수 주문의 가격 차이가 클 경우, 이 가격 차이를 좁히기 위해 매도와 매수 양쪽 방향으로 최소 100 증권 이상씩 호가를 제출할 의무가 있다.

★★★
055 다음 중 ETN의 LP(유동성공급자)가 호가를 제출할 의무가 없는 시간은? 심화

① 오전 8시 4분　　　　　　　　② 오전 9시 4분
③ 오후 3시 4분　　　　　　　　④ 오후 3시 24분

> **해설** 오전 단일가 매매 호가접수시간(08:00~09:00), 증권시장 개시 후 5분간(09:00~09:05), 오후 단일가 매매 호가 접수시간(15:20~15:30)에는 LP가 호가를 제출하지 않아도 된다. 한편, 09:05~15:20 사이라도 호가스프레드 비율이 해당 ETN의 상장 시 거래소에 신고한 비율 이하이면 호가를 제출하지 않아도 된다.

정답 051 ② 　052 ④ 　053 ① 　054 ① 　055 ③

★★★
056 ETN의 매매제도에 대한 설명으로 옳지 않은 것은? 심화

① ETN도 현금에 갈음하여 위탁증거금으로 사용할 수 있도록 대용증권으로 지정되어 있다.

② ETN의 경우 대용증권 사정비율은 80%를 적용하며, 상장폐지사유에 해당되어 매매거래
가 정지되었거나 투자위험종목으로 지정된 종목은 대용 증권에서 제외한다.

③ ETN 결제는 주식과 같이 거래성립일로부터 2일째 되는 날(T+2)에 이루어지며, ETF와
같이 예탁기관에 전부 예탁되어 계좌대체를 통해 인수도가 이루어진다.

④ ETN의 호가가격단위는 5원이며, 매매수량단위는 1증권이다.

> 해설 ETN의 경우 대용증권 사정비율은 70%를 적용하며, 상장폐지사유에 해당되어 매매거래가 정지되었거나 투자위험
> 종목으로 지정된 종목은 대용 증권에서 제외한다.

🏛 필수핵심정리 ▷ ETN의 매매제도

매매시간	정규시장(09:00~15:30), 시간외시장(07:30~08:30, 15:40~18:00)
호가가격단위	5원
매매수량단위	1증권
가격제한폭	기준가격의 상하 30%(레버리지가 있는 ETN의 경우 그 배율을 곱한 금액)
주문의종류	지정가주문, 시장가주문, 조건부지정가주문, 최유리지정가주문, 최우선지정가 주문

···TOPIC 10 ETN의 투자지표와 투자위험

★★★
057 ETN의 투자지표에 대한 설명으로 옳지 않은 것은?

① 일일 지표가치는 당일 시장가격과의 괴리율의 판단기준으로 사용할 수 있다.

② 중도상환기준가는 당일 지표가치에서 중도상환수수료를 공제하여 산출한다.

③ 실시간 지표가치는 최대 30초 이내로 산출해야 한다.

④ 일일 지표가치의 산출은 한국예탁결제원 등 일반사무관리회사가 담당한다.

> 해설 실시간 지표가치의 산출주기는 최대 15초 이내로 설정해야 한다.

일일 지표가치 (IV, Indicative Value)	• ETN 1증권당 실질가치 → ETF의 순자산가치(NAV)와 유사 • 투자자가 발행자에게 중도상환을 요청할 경우 중도상환기준가(= 당일 지표가치 – 중도상환수수료)로 활용 • 당일 시장가격과의 괴리율의 판단기준이 됨 • 산출은 매 영업일 장종료 후 한국예탁결제원 등 일반사무관리회사가 담당
실시간 지표가치 (IIV, Intraday In- dicative Value)	• 일일 지표가치를 보완하기 위해 실시간으로 변하는 ETN의 가치변화를 나타냄 • 산출주기는 기초지수 산출주기와 동일하게 하되 최대 15초 이내로 설정해야 함
괴리율	$괴리율(\%) = \dfrac{\text{ETN의 시장가격} - \text{지표가치}}{\text{지표가치}} \times 100$

★★★
058 ETN의 투자위험에 대한 설명으로 옳지 않은 것은?

① 기초자산 가격변동위험이 있다.
② 발행회사 신용위험이 있다.
③ 유동성 부족 위험이 있다.
④ ETN은 ETF에 비해 추적오차의 위험이 크다.

해설 ETN은 ETF에 비해 추적오차의 위험이 적다.

🏛 **필수핵심정리** ETN의 투자위험

발행회사 신용위험	ETN은 신탁재산을 별도 보관하는 ETF와 달리 무보증·무담보 일반사채와 동일한 발행자 신용위험을 가짐
기초자산 가격변동 위험	ETN은 기초자산인 추적대상지수가 하락하면 손실이 나타날 수 있는, 원금이 보장되지 않는 상품임
유동성 부족 위험	ETN은 LP가 원활한 거래를 지원하지만, LP는 일정한 기준에 의해 호가를 제출해야 하는 의무가 있을 뿐이지, 투자자들이 원하는 가격 수준에 반드시 호가를 제출해야 한다거나 거래를 체결시켜야 하는 의무가 있는 것이 아님
단기거래 비용증가 위험	국내 주식형 ETN은 매도할 때 증권거래세가 면제되는 장점이 있어 단기 투자에 이용될 가능성이 높지만, 매매가 빈번할 경우 증권회사에 지불하는 위탁수수료 부담이 커짐
상장폐지 위험	일반 기업의 주식처럼 ETN의 경우도 일정 요건에 미달하면 상장이 폐지될 수 있음 → 다만, 상장폐지되더라도 주식처럼 큰 손실을 보는 것은 아니고, 발행회사의 부도가 아니라면 ETN 발행회사가 최종거래일의 지표가치에 해당하는 금액은 투자자에게 지급함

★★★
059 ETN 투자위험으로 적절치 않은 것은?

① 발행회사의 채무불이행 위험이 있다.

② 시장전체의 변동에 따른 지수하락 위험은 피할 수 없다.

③ 장기투자 시 비용증가 위험이 있다.

④ 투자자가 원하는 가격으로 반드시 호가를 제출하지 못할 위험이 있다.

> **해설** 국내 주식형 ETN은 매도할 때 증권거래세가 면제되는 장점이 있지만, 단기투자로 매매가 빈번할 경우 증권회사에 지불하는 위탁수수료 부담이 증가할 위험이 있다.

SUMMARY

제3과목 리스크 관리 및 직무윤리는 총 25문제가 출제되므로 13문제 이상 맞아야
과락을 면할 수 있다. 세부과목을 보면 리스크 관리 8문제, 영업실무 5문제, 직무윤
리 및 투자자분쟁예방 12문제가 출제된다. 출제 문항 수에 비해 학습해야 할 과목과
분량이 많은 편이다. 3과목은 리스크 관리와 직무윤리 과목을 정복하는 것이 중요하
다. 특히, 리스크 관리에서는 계산문제도 자주 출제되므로 공식을 암기하고 문제를
풀어보면서 시험에 대비하여야 한다.

PART **03**

리스크 관리
및 직무윤리

CONTENTS

내용 구성 및
주요 출제내용
분석

내용 구성	중요도	주요 출제 내용
리스크 관리 개관	★★	• 리스크의 개념 및 리스크의 유형 • 장외파생상품의 리스크 관리가 어려운 이유
시장리스크	★★★	• VaR의 정의와 측정 • 전통적 위험측정치의 문제점과 VaR의 필요성 • 포트폴리오의 VaR와 분산효과 • 변동성 추정 : EWMA와 단순이동평균모형 • 파생상품(옵션, 금리스왑 등) VaR의 추정 • VaR의 세 가지 측정방법과 위기상황분석
신용리스크	★★★	• 신용리스크와 시장리스크의 비교 • 기대손실과 기대외손실의 계산 • 장외시장의 신용증대제도, 장외파생상품의 신용리스크 측정, 장외파생상품 유형별 노출금액 및 노출금액의 시간적 변화
기타 리스크	★★	• 운영리스크의 정의 및 유형, 유동성리스크 지표 • 비계량리스크의 종류 및 개념
파생상품 리스크 관리	★★	• 선물 헤지거래와 리스크 관리 : 베이시스 위험, 롤오버 유동성 리스크 • 장외파생상품의 유동성리스크 : 증거금과 담보 요구에 따른 유동성 위험, 계약 청산에 따른 유동성위험 • 파생결합증권의 리스크(시장위험, 발행사 신용위험 등) • 헤지거래의 이해 : 백투백헤지 거래, 동적 헤지 전략

출제경향 분석
및 학습요령

리스크 관리는 총 8문제가 출제된다. 개념을 이해하기는 좀 어렵지만 공식을 암기하고 핵심
내용을 숙지하면서 본서에 제시된 문제를 풀 수만 있다면 난이도에 비해 학습 분량도 많지
않기 때문에 고득점도 가능한 과목이다. VaR의 측정 및 측정방법들의 장단점, 신용위험의
기대손실과 기대외손실의 계산, 장외시장의 신용증대제도, 장외파생상품의 신용리스크 측
정, 파생결합증권의 리스크, 백투백헤지와 동적헤지 전략 등은 자주 출제되는 내용들이다.

··· T O P I C **1** 리스크(risk)의 정의와 유형

★★★
001 다음 리스크 중 재무리스크(financial risk)에 속하는 것은?

① 시장리스크　　　② 운영리스크　　　③ 법률리스크　　　④ 평판리스크

> **해설** 시장리스크는 재무리스크이다. 재무리스크는 가격변동, 채무불이행, 신용경색 등과 같이 시장에서 발생 가능한 리스크를 말한다.

🏛 필수핵심정리 재무리스크(financial risk)와 비재무리스크(nonfinancial risk)

재무리스크	가격변동, 채무불이행, 신용경색 등과 같이 시장에서 발생 가능한 리스크 → 시장리스크, 신용리스크, 금리리스크, 유동성리스크
비재무리스크	시장 외의 요인에 의해 발생 가능한 리스크 → 운영리스크, 전략리스크, 법률리스크, 평판리스크

★★★
002 다음 리스크 중 비계량리스크가 아닌 것은?

① 전략리스크　　　② 운영리스크　　　③ 법률리스크　　　④ 평판리스크

> **해설** 운영리스크는 계량리스크이다.

 필수핵심정리 계량리스크와 비계량리스크

계량리스크	계량리스크는 객관적인 자료로 측정이 가능한 리스크 → 시장리스크, 신용리스크, 금리리스크, 유동성리스크, 운영리스크
비계량리스크	비계량리스크는 객관적인 자료로 측정이 불가능한 리스크 → 전략리스크, 법률리스크, 평판리스크, 시스템리스크

정답 001 ①　　002 ②

★★★
003 부적절하거나 또는 실패한 내부통제, 인력과 시스템, 또는 외부사건으로 인해 발생하는 손실 위험은?

① 유동성리스크　　② 운영리스크　　③ 법률리스크　　④ 평판리스크

해설 운영리스크에 관한 설명이다.

🏛 필수핵심정리 | 리스크의 개념 및 유형

리스크(risk)는 불확실성에의 노출(불확실성 + 노출) 또는 기대하지 않은 결과의 변동성으로 정의 → 수학적으로 리스크는 사건의 결과가 목표 또는 기댓값으로부터 벗어난 정도를 의미

시장리스크 (market risk)	시장상황(주가, 금리, 환율, 상품가격)의 불리한 변동으로 인해 손실을 보게 되는 위험	
	종류	주식가격변동리스크, 이자율변동리스크, 환율변동리스크, 상품가격변동리스크
신용리스크 (credit risk)	거래상대방이 계약조건에 의한 채무를 이행하지 못하여 입는 경제적 손실위험	
	종류	채무불이행리스크, 신용등급하락리스크
운영리스크 (operational risk)	부적절하거나 또는 실패한 내부통제, 인력과 시스템, 또는 외부사건으로 인해 발생하는 손실위험	
	종류	인적리스크, 내부시스템리스크, 프로세스리스크, 외부사건리스크
유동성리스크 (liquidity risk)	포지션을 마감하는 데서 발생하는 비용에 대한 위험	
	종류	시장유동성리스크(미청산위험), 자금조달유동성리스크(결제자금 부족)
법률리스크 (legal risk)	계약 당사자에 대하여 계약을 강제할 수 없을 때 발생할 수 있는 손실위험 → 계약이 잘못 문서화된 경우와 거래상대방이 법적으로 계약할 권한이 없는 경우에 발생	
평판리스크 (reputational risk)	금융투자회사 외부의 여론 또는 이미지가 악화되어 금융투자회사가 경제적 손실(주가하락, 수익악화 등)을 입을 수 있는 위험	
시스템리스크 (systemic risk)	개별 금융투자회사, 금융시장, 결제시스템의 붕괴 등으로 인해 금융산업 전체가 입게 되는 손실위험	

★★★
004 다음 중 운영리스크가 아닌 것은?

① 인적리스크　　　　　　　② 내부시스템리스크
③ 프로세스리스크　　　　　④ 신용등급하락리스크

해설 신용등급하락리스크는 신용리스크이다. 운영리스크에는 인적리스크, 내부시스템리스크, 프로세스리스크 및 외부사건리스크가 있다.

★★★
005 장외파생상품이 거래소파생상품보다 리스크 관리가 어려운 이유를 설명한 것으로 옳지 않은 것은?

① 장외파생상품은 거래되지 않으므로 가격정보가 없어서, 가치는 가치평가모형으로 이론적으로 평가되어야 하기 때문에

② 장외파생상품은 사적인 계약이므로 유동성이 낮으며, 상대방 부도리스크에 직접 노출되기 때문에

③ 장외파생상품은 계약의 만기가 상대적으로 길기 때문에

④ 장외파생상품시장에 대한 규제가 상대적으로 강하며, 각 거래자들 간 계약관계가 단순하기 때문에

> **해설** 장외파생상품시장에 대한 규제가 상대적으로 약하며, 각 거래자들 간 계약관계가 상호 복잡하게 얽혀있기 때문이다.

···TOPIC **2** 시장리스크(market risk)

★★★
006 리스크를 관리하는 방법을 개별관리법과 통합관리법으로 구분할 때, 통합관리법에서 주로 사용하는 위험측정치는 무엇인가?

① VaR   ② 델타   ③ 감마   ④ 베가

> **해설** 델타, 감마, 베가 등의 그릭문자는 주로 리스크 개별관리법에서 사용하는 위험측정치이다.

🏛 필수핵심정리 ▷ 시장리스크 관리의 두 가지 접근방법

리스크 개별관리법	주로 거래부서(trading office)가 사용하는 방법 → 델타, 감마, 베가 등과 같은 그릭문자를 이용하여 특정 포지션의 위험을 개별적으로 헤지하는 방법
리스크 통합관리법	• 주로 리스크 관리부서인 중간부서(middle office)가 사용하는 방법 → 매일 모든 시장위험요인에 대해 금융회사가 통합적으로 노출된 정도를 측정(통합관리법에서 주로 사용하는 위험측정치가 VaR) • 신용리스크는 전통적으로 개별관리법보다 통합관리법으로 관리

★★★
007 리스크를 통합관리하는 리스크 관리부서를 무엇이라 하는가?

① 거래부서(trading office) ② 후방부서(back office)
③ 중간부서(middle office) ④ 전방부서(front office)

> **해설** 거래부서(trading office)를 전방부서(front office), 리스크 관리부서를 중간부서(middle office), 지원부서를 후방부서(back office)라고 한다.

••• T O P I C **3** VaR(Value at Risk)의 정의와 측정

★★★
008 목표기간 5일, 신뢰수준 95%에서 계산된 어떤 포지션의 VaR가 10억원이라는 것의 통계학적 의미는?

① 포지션의 가치에 영향을 미치는 리스크 요인의 변화로 인해 5일 동안에 발생할 수 있는 손실이 10억원보다 작을 확률이 95%이다.
② 포지션의 가치에 영향을 미치는 리스크 요인의 변화로 인해 5일 동안 발생할 수 있는 손실이 10억원보다 클 확률이 95%이다.
③ 포지션의 가치에 영향을 미치는 리스크 요인의 변화로 인해 5일 동안 발생할 수 있는 손실이 10억원보다 작을 확률이 5% 이다.
④ 포지션의 가치에 영향을 미치는 리스크 요인의 변화로 인해 5일 동안 발생할 수 있는 손실이 9.5억원(= 10억원 × 95%)이다.

> **해설** 포지션의 가치에 영향을 미치는 리스크 요인의 변화로 인해 5일 동안에 발생할 수 있는 손실이 10억원보다 작을 확률이 95%(신뢰수준)이다. 또는 포지션의 가치에 영향을 미치는 리스크 요인의 변화로 인해 5일 동안에 발생할 수 있는 손실이 10억원보다 클 확률이 5%(허용수준)이다.

> **🏛 필수핵심정리** ▶ VaR(Value at Risk)의 정의
>
> 정상적인 시장에서, 주어진 신뢰수준(= 1 − 허용수준)으로 목표기간 동안에 발생할 수 있는 최대손실금액
>
> | | |
> |---|---|
> | **목표기간** | 포지션을 정상적인 상황에서 헤지하거나 또는 청산하는 데 소요되는 기간을 고려하여 결정 |
> | **신뢰수준** | 리스크의 회피 정도와 VaR보다 더 큰 손실이 발생하는 경우 기업이 부담해야 하는 비용을 고려하여 결정 |
>
> 대체로 목표기간이 길어지거나 신뢰수준이 높아지면 VaR는 커짐 → 바젤위원회는 10일 기준, 99% 신뢰수준에서 VaR를 측정하도록 권장

★★★
009 95% 신뢰수준에서 추정한 VaR가 100억원이면 100억원보다 더 큰 손실이 발생할 확률은?

① 2.5%

② 5%

③ 7.5%

④ 알 수 없다.

> **해설** VaR보다 더 큰 손실이 발생할 확률은 5%[= 1 − 신뢰수준 = 1 − 0.95]이다.

★★★
010 리스크 측정치로 표준편차보다 VaR를 선호하는 이유로 가장 거리가 먼 것은?

① VaR는 손실에 초점을 맞추어 계산되므로 직관적인 리스크 측정치이다.

② VaR는 정규분포에 대한 가정을 반드시 필요로 하지 않는다.

③ VaR는 대칭적인 수익률 분포에서 계산한다.

④ VaR를 이용하면 자본관리가 용이하다.

> **해설** 변동성(표준편차)은 하향손실과 상향이익이 발생할 확률을 동일하게 측정하는데, 옵션과 같은 비선형자산의 경우 대칭관계가 성립하지 않으므로 표준편차는 적절한 위험측정치가 되지 못한다. 반면에, VaR는 비대칭적인 수익률 분포에서 하향손실에 초점을 맞추어 계산되므로 변동성보다 직관적인 리스크 측정치가 된다.

🏛 **필수핵심정리** ▶ 전통적 위험측정치의 문제점과 VaR의 필요성

■ 리스크 측정치의 종류

통계학적인 리스크 측정치	표준편차, VaR
리스크 요인에 대한 민감도 측정치	베타, 듀레이션, 델타 등

■ 리스크 측정치로 표준편차보다 VaR를 선호하는 이유

• 표준편차가 리스크의 척도가 되려면 정규분포를 가정해야 하지만, VaR는 정규분포에 대한 가정을 반드시 필요로 하지는 않음

• 표준편차는 하향손실과 상향이익을 모두 고려하지만, VaR는 분포의 하향손실에 초점을 맞추어 계산되므로 변동성(표준편차)보다 직관적인 리스크 측정치가 됨

• VaR를 이용하면 자본관리(위험자산에 대한 소요자기자본 계산)가 용이함

※ 다음 자료를 이용하여 질문에 답하시오(011~014).

구분	자산가치	일별 변동성	A와 B의 상관계수
자산 A	1,000억원	4%	−1
자산 B	400억원	5%	

신뢰수준에 따른 상수값 : 95%는 1.65이고 97.5%는 1.96이며 99%는 2.33

***
011 1일 기준으로 95% 신뢰수준에서 개별 VaR는 각각 얼마인가?

① A(66억원), B(33억원)　　　② A(33억원), B(66억원)

③ A(55억원), B(44억원)　　　④ A(44억원), B(55억원)

 자산 A의 VaR(VaR$_A$) = $\alpha \times V_A \times \sigma_A$ = 1.65 × 1,000억 × 0.04 = 66억원
자산 B의 VaR(VaR$_B$) = $\alpha \times V_B \times \sigma_B$ = 1.65 × 400억 × 0.05 = 33억원

🏛 필수핵심정리 ▶ 개별자산의 VaR와 포트폴리오의 VaR

개별자산의 VaR	정규분포를 가정할 때, 개별자산 j의 VaR는 다음과 같음 → VaR$_j$ = $\alpha \times V_j \times \sigma_j$ [α는 신뢰수준에 따른 상수, V_j는 자산 j의 현재가치, σ_j는 자산 j의 수익률의 표준편차(변동성)]
포트폴리오의 VaR	A와 B의 두 자산으로 구성된 포트폴리오의 VaR(VaR$_P$)는 다음과 같음(σ_{AB}는 두 자산 간의 상관계수) → VaR$_P$ = $\sqrt{\text{VaR}_A^2 + \text{VaR}_B^2 + 2 \times \rho_{AB} \times \text{VaR}_A \times \text{VaR}_B}$
상관계수에 따른 분산효과	상관계수가 +1일 때 : VaR$_P$ = VaR$_A$ + VaR$_B$ → 분산효과 없음
	상관계수가 −1일 때 : VaR$_P$ = |VaR$_A$ − VaR$_B$| → 분산효과 극대화
	상관계수가 0일 때 : VaR$_P$ = $\sqrt{\text{VaR}_A^2 + \text{VaR}_B^2}$ → 분산효과 있음
	[|VaR$_A$ − VaR$_B$| ≤ VaR$_P$ ≤ (VaR$_A$ + VaR$_B$)] → 즉, 포트폴리오의 VaR는 개별자산 VaR의 절대차이보다는 크거나 같고, 개별자산 VaR의 합보다는 작거나 같음
	분산효과 (VaR의 감소금액) : = VaR$_A$ + VaR$_B$ − VaR$_P$ → 상관계수가 −1에 접근할수록 분산효과는 커짐

★★★
012 1일 기준으로 95% 신뢰수준에서 A와 B의 두 자산으로 구성된 포트폴리오의 VaR는 얼마인가?

① 33억원 　　　　② 44억원 　　　　③ 55억원 　　　　④ 66억원

해설 포트폴리오의 VaR(VaR_P) $= \sqrt{VaR_A^2 + VaR_B^2 + 2 \times \rho_{AB} \times VaR_A \times VaR_B}$
$= \sqrt{66억^2 + 33억^2 + 2 \times (-1) \times 66억 \times 33억} = 33억원$
즉 상관계수가 −1이므로 포트폴리오의 VaR는 개별자산 VaR의 절대차($|VaR_A - VaR_B| = |66억 - 33억|$)와 같다.

★★★
013 분산효과로 인한 VaR의 감소금액은 얼마인가?

① 33억원 　　　　② 44억원 　　　　③ 55억원 　　　　④ 66억원

해설 분산효과(VaR의 감소금액) $= VaR_A + VaR_B - VaR_P = 66억원 + 33억원 - 33억원 = 66억원$

★★★
014 만약 B자산이 매도포지션이라면 포트폴리오의 VaR는?

① 33억원 　　　　② 66억원 　　　　③ 99억원 　　　　④ 0원

해설 포트폴리오의 $VaR_P = \sqrt{66억^2 + (-33억)^2 + 2 \times (-1) \times 66억 \times (-33억)} = 99억원$. 따라서 상관계수가 −1일 경우 두 자산 중 하나를 매도한 포지션은 상관계수가 +1인 두 자산을 매수한 포트폴리오의 VaR와 같게 되는데, 이 경우 포트폴리오의 VaR는 개별자산 VaR의 합(= 66억 + 33억)과 같다.

★★★
015 A포지션의 VaR가 100억원이고 B포지션의 VaR가 200억원이다. 두 포지션 간의 상관계수가 −0.51이면 포트폴리오를 구성할 때 기대되는 분산효과는 얼마인가?

① 100억원 　　　　② 128억원 　　　　③ 158억원 　　　　④ 200억원

해설 포트폴리오의 VaR(VaR_P) $= \sqrt{VaR_A^2 + VaR_B^2 + 2 \times \rho_{AB} \times VaR_A \times VaR_B}$
$= \sqrt{100억^2 + 200억^2 + 2 \times (-0.51) \times 100억 \times 200억} \fallingdotseq 172억원$
따라서 분산효과(VaR의 감소금액) $= VaR_A + VaR_B - VaR_P = 100억원 + 200억원 - 172억원 = 128억원$

★★★
016 A주식을 매입하고 B주식을 공매도하여 구성한 포트폴리오에서 분산효과가 극대화되려면 두 주식 간의 상관계수가 얼마이어야 하는가?

① −1 　　　　② 0 　　　　③ +1 　　　　④ −1 또는 +1일 때

해설 둘 다 매입포지션인 경우 상관계수가 −1일 때 분산효과가 극대화되지만, 하나가 매도포지션인 경우에는 상관계수가 +1일 때 분산효과가 극대화된다.

정답 011 ① 　 012 ① 　 013 ④ 　 014 ③ 　 015 ② 　 016 ③

★★★
017 변동성을 추정하는 단순이동평균모형에 관한 설명으로 옳지 않은 것은?

① 단순이동평균모형은 계산하기가 편리하다.
② 단순이동평균모형은 이동평균기간 설정이 자의적이다.
③ 단순이동평균모형에서는 이동기간에 포함된 모든 과거수익률은 동일한 가중치를 갖는다.
④ 단순이동평균모형은 최근의 자료가 과거의 자료에 비해 더 많은 정보를 가지고 있다는 점을 강조한다.

 단순이동평균모형은 일정기간을 설정하고 그 기간 동안의 단순이동평균치를 구하여 변동성을 측정하는 방법이다. 이 모형에서는 변동성을 계산할 때, 과거수익률이 모두 동일한 비중을 가지고 있으므로 최근의 자료가 더 많은 정보를 반영하고 있다는 점이 무시된다.

🏛 **필수핵심정리** ▶ 변동성의 추정

변동성의 시간가변성	• 시간가변성이란 변동성(σ)이 시간에 따라 변한다는 것을 의미 • 변동성의 군집(또는 집중)이란 변동성이 한 번 커지게 되면 큰 상태로 어느 정도 지속되고, 그런 다음 상대적으로 변동성이 작은 기간이 이를 뒤따르는 패턴을 말함

■ 변동성을 추정하는 방법

단순 이동평균 모형	일정기간의 이동기간을 설정하고 그 기간 동안의 단순이동평균치를 구하여 변동성을 추정하는 방법(이 모형에서 이동기간에 포함된 모든 과거수익률은 동일한 가중치를 가짐) • $\sigma_t = \sqrt{\dfrac{1}{m}\sum_{i=0}^{m} r_{t-i}^2}$ (이동기간을 m일로 하였을 때 단순이동평균모형에 의한 변동성) • 단순이동평균법은 계산하기 편리하다는 장점이 있지만, 과거수익률은 모두 동일한 비중을 가지므로 최근의 자료가 오래된 자료보다 더 많은 정보를 내포하고 있다는 점을 무시함
EWMA 모형	• JP Moprgan의 리스크메트릭스(RiskMetrics)에서 사용하는 방법 • EWMA(Exponentially Weighted Moving Average) 모형은 변동성을 구할 때, 오래된 수익률일수록 가중치를 지수적으로 감소시키는 지수가중이동평균법을 말함 • $\sigma_t^2 = \lambda \sigma_{t-1}^2 + (1-\lambda)r_t^2$ → 즉, t시점에서의 변동성 추정치(σ_t^2)는 전기에 계산한 추정치(σ_{t-1}^2)와 최근수익률의 제곱(r_t^2)을 가중평균하여 계산함(여기서 λ 는 소멸계수이며, 0과 1 사이의 값을 가짐) • EWMA 모형은 과거자료를 보관할 필요가 없고, 단 2개의 자료로 변동성을 간단히 계산한다는 장점을 가짐 • 이 식을 반복적으로 적용하면 r_t^2에 주어지는 비중이 과거로 갈수록 각각 $(1-\lambda)$, $(1-\lambda)\lambda$, $(1-\lambda)\lambda^2$....$(1-\lambda)\lambda^{t-1}$이라는 것을 알 수 있음(예를 들어, λ 가 94%이면, r_t^2의 비중은 과거로 갈수록 각각 6%, 5.64%, 5.30%, 4.98% 등으로 지수적으로 감소함)

★★★
018 변동성을 구할 때, 오래된 수익률일수록 가중치를 지수적으로(exponentially) 감소시키는 방법은?

① 단순이동평균
② EWMA
③ stress testing
④ 변동성의 군집현상(volatility clustering)

해설 변동성을 구할 때, 오래된 수익률일수록 가중치를 지수적으로 감소시키는 방법을 지수가중이동평균법(EWMA, Exponentially Weighted Moving Average) 또는 EWMA모형이라고 한다.

★★★
019 변동성을 추정하는 리스크메트릭스의 EWMA모형에 관한 설명으로 옳지 않은 것은? 심화

① 지수가중이동평균법이라고 한다.
② 최근수익률(r_t)이 급등락할 때, EWMA모형에 의한 변동성 추정치는 단순이동평균모형에 의한 추정치보다 위험요인(r_t^2)의 변화를 빠르게 반영한다.
③ 오래된 자료일수록 최근수익률의 제곱(r_t^2)에 주어지는 비중을 증가시켜 변동성을 구하는 방법이다.
④ EWMA모형은 최근 수익률의 변화에 보다 많은 가중치를 부여하므로 변동성의 집중현상(volatility clustering)을 적절히 반영한다.

해설 최근수익률의 제곱(r_t^2)에 주어지는 비중이 과거로 갈수록 각각 $(1-\lambda)$, $(1-\lambda)\lambda$, $(1-\lambda)\lambda^2 \cdots (1-\lambda)\lambda^{t-1}$처럼 지수적으로 감소한다. 즉 EWMA모형은 변동성을 구할 때, 오래된 수익률일수록 가중치를 지수적으로 감소시키는 방법이다.

★★★
020 소멸계수(λ)는 0.94, 어제의 변동성(σ_{t-1})은 4%이며 오늘의 수익률(r_t)이 1%일 때, EWMA모형을 이용하여 변동성(σ_t)을 추정(update)하면? 심화

① 2.7277%   ② 3.1135%   ③ 3.8859%   ④ 4.0023%

해설 $\sigma_t^2 = \lambda\sigma_{t-1}^2 + (1-\lambda)r_t^2$, $\therefore \sigma_t = \sqrt{0.94(0.04)^2 + (1-0.94)(0.01)^2} = 3.8859\%$

정답 017 ④   018 ②   019 ③   020 ③

★★★ 021 옵션의 내재변동성에서 '변동성 스마일(volatility smile)' 현상이란?

① 외가격 또는 내가격옵션의 내재변동성이 등가격옵션의 내재변동성보다 높은 경향

② 외가격옵션의 내재변동성이 내가격옵션의 내재변동성보다 높은 경향

③ 내가격옵션의 내재변동성이 외가격옵션의 내재변동성보다 높은 경향

④ 등가격옵션의 내재변동성이 외가격 또는 내가격옵션의 내재변동성보다 높은 경향

> **해설** 내재변동성이란 현재의 옵션가격으로부터 블랙–숄즈 공식을 역산하여 추정해낸 변동성을 말하는데, 이렇게 계산된 내재변동성은 옵션의 만기까지 기초자산의 변동성에 대한 기대치라고 볼 수 있다. 옵션의 내재변동성은 행사가격에 따라 달라지는 특성이 있다. 외가격 또는 내가격옵션의 내재변동성이 등가격옵션의 내재변동성보다 높은 경향을 가지는데, 이를 '변동성 스마일'현상이라고 한다. 옵션의 내재변동성을 가중평균하여 변동성 지수를 산출하는데, S&P500지수에 대한 변동성 지수를 VIX 지수, KOSPI200 지수에 대한 변동성 지수를 V–KOSPI라고 한다.

··· TOPIC 6 파생상품(옵션, 금리스왑, 선물환, 선도금리계약) VaR의 추정

★★★ 022 다음 중 대표적인 비선형 자산은?

① 선물   ② 주식   ③ 스왑   ④ 옵션

> **해설** 비선형이라는 것은 위험요인과 포지션의 가치변동이 직선 형태를 보이지 않는 것을 말한다. 예를 들어 옵션의 경우, 위험요인(기초자산 가격)과 옵션프리미엄의 관계는 선형이 아닌 비선형이다. 즉, 옵션은 수익구조가 비대칭적인 비선형 자산이다.

★★★ 023 연간 변동성이 32%이면 일별 변동성은 얼마인가?(연간 거래일수는 256일 가정)

① 2%   ② 3%   ③ 4%   ④ 0.125%

> **해설** $\sigma_{연} = \sigma_{일} \times \sqrt{연간거래일수}$, $\therefore$ 일별 변동성$(\sigma_{일}) = \dfrac{\sigma_{연}}{\sqrt{연간거래일수}}$
>
> $= \dfrac{32\%}{\sqrt{256}} = 2\%$

★★★
024 보유기간 1일의 VaR가 100억원일 때, 보유기간 10일의 VaR는?

① 316.2억원　　　② 500억원　　　③ 716.2억원　　　④ 1,000억원

 [N일의 VaR = 1일의 VaR $\times \sqrt{N}$]이다. 따라서 보유기간 10일의 VaR = 100억원 $\times \sqrt{10}$ = 316.2억원

★★★
025 삼성전자 1주의 가격은 1,800,000원이고 연간 변동성은 20%이다. 행사가격이 1,850,000원인 삼성전자 주식 콜옵션의 가격은 100,000원이고 콜옵션의 델타는 현재 0.8이다. 삼성전자 주식 1주에 대한 콜옵션의 VaR(보유기간 1일, 신뢰수준 95%)를 델타-노말 방법으로 구하면?(연간 거래일수는 256일 가정)

① 19,700　　　② 29,700　　　③ 30,000　　　④ 39,700

 델타-노말 방법에 의한 옵션포지션의 VaR = $\alpha \times V \times \sigma \times \Delta$(옵션의 델타) = $1.65 \times 1,800,000 \times \dfrac{0.20}{\sqrt{256}} \times 0.8$

= 29,700. 이 문제에서 주의할 점은 1일 VaR를 계산할 때는 연간 변동성(20%)을 일별 변동성(= 20%/$\sqrt{256}$)으로 환산해서 VaR를 계산해야 한다는 것이다. 또한, 델타-노말 방법에 의해 옵션포지션의 VaR를 계산할 때, 옵션가격이나 행사가격은 이용되지 않고 오로지 델타만 사용된다.

🏛 필수핵심정리 ▷ 델타-노말 방법에 의한 옵션의 VaR

옵션의 VaR	= 기초자산의 VaR×옵션포지션의 델타(Δ) = ($\alpha \times V \times \sigma$) $\times \Delta$

■ 델타-노말 VaR를 계산할 때 주의사항
• 옵션의 VaR를 계산하는 데, 옵션의 가격을 사용하지 않고 기초자산의 가격을 사용함
• 옵션 매입포지션의 VaR와 매도포지션의 VaR는 동일함

★★★
026 KOSPI200 지수는 현재 255포인트이고 지수의 연간 변동성은 40%이다(연간 거래일수는 256일 가정). 만기가 1년이고 행사가격이 250포인트인 KOSPI200 지수 콜옵션의 가격이 현재 15포인트이며 델타는 0.6이다. 무위험이자율은 현재 2%이고 지수 1포인트는 50만원을 나타낸다. 99% 신뢰수준에서 일별 기준으로 KOSPI200 지수 콜옵션의 델타-노말 VaR를 구하면? 심화

① 3,456,125　　　② 4,456,125　　　③ 5,456,125　　　④ 6,456,125

해설 델타-노말 방법에 의한 옵션포지션의 VaR = $\alpha \times V \times \sigma \times \Delta$(옵션의 델타)

= $2.33 \times (255$포인트 $\times 500,000) \times \dfrac{0.40}{\sqrt{256}} \times 0.6 = 4,456,125$

기초자산이 개별주식이 아니고 지수인 경우에도 옵션의 VaR를 구하는 방법은 동일하다.

정답 021 ①　　022 ④　　023 ①　　024 ①　　025 ②　　026 ②

★★★
027 옵션의 VaR를 델타-노말 방법으로 계산할 때의 문제점을 설명한 것으로 옳지 않은 것은?

① 포트폴리오가 무위험 상태가 아니어도 옵션포트폴리오의 델타가 0일 수 있다.

② 델타가 0.5인 콜옵션을 매도하고 델타가 −0.5인 풋옵션을 매도하여 구성한 스트래들 매도포지션의 VaR를 델타-노말법으로 구하면 매우 큰 값이 나온다.

③ 콜옵션과 풋옵션의 매입포지션처럼 양(+)의 감마를 갖는 포지션의 경우, 선형으로 추정한 VaR는 실제의 VaR보다 과대평가된다.

④ 콜옵션과 풋옵션의 매도포지션처럼 음(−)의 감마를 갖는 포지션의 경우, 선형으로 추정한 VaR는 실제의 VaR보다 과소평가된다.

해설 옵션포트폴리오의 델타는 개별옵션의 델타를 합산한 금액이다. 만일 델타가 0.5인 콜옵션을 매도하고 델타가 −0.5인 풋옵션을 매도하여 구성한 스트래들 매도포지션의 델타는 0이지만 이 포지션의 위험은 대단히 크다. 즉, 이 경우 포지션의 델타가 0이므로 델타-노말 방법으로 구한 VaR는 0이 되어 마치 위험이 하나도 없는 것처럼 계산된다는 것이다. 옵션의 가격과 기초자산의 가격은 선형관계에 있지 않으므로(비선형) 델타-노말 방법은 옵션의 시장리스크를 정확하게 평가하지 못한다. 따라서 기초자산가치 변화와 옵션가치 변화 간의 비선형성을 측정하는 감마를 추가적으로 고려하면 VaR의 정확성이 향상된다.

> 🏛 **필수핵심정리** ▶ 감마와 델타-노말 VaR의 편의(bias)

포지션	감마	편의
콜옵션 매수, 풋옵션 매수	양(+)	→ 델타-노말 VaR는 위험을 과대평가함
콜옵션 매도, 풋옵션 매도	음(−)	→ 델타-노말 VaR는 위험을 과소평가함

★★★
028 선형(델타-노말 방법)으로 추정한 풋옵션 매입포지션의 VaR는 실제의 위험을 어떻게 평가하게 되는가?

① 과소평가   ② 과대평가
③ 적절히 평가   ④ 과대 또는 과소평가

해설 풋옵션(또는 콜옵션)의 매입포지션처럼 양(+)의 컨벡시티(convexity, 볼록성) 또는 양(+)의 감마를 갖는 포지션의 경우, 선형(델타-노말 방법)으로 추정한 VaR는 실제의 VaR보다 과대평가된다.

★★★
029 금리스왑 매입포지션의 VaR를 구하는 방법으로 적절한 것은? 심화

① 차기 금리변동일을 만기로 하는 채권의 매입포지션과 스왑종료일을 만기로 하는 채권의 매도포지션으로 분해하여 구한다.

② 차기 금리변동일을 만기로 하는 채권의 매도포지션과 스왑종료일을 만기로 하는 채권의 매입포지션으로 분해하여 구한다.

③ 차기 금리변동일을 만기로 하는 채권의 매입포지션과 스왑종료일을 만기로 하는 채권의 매입포지션으로 분해하여 구한다.

④ 차기 금리변동일을 만기로 하는 채권의 매도포지션과 스왑종료일을 만기로 하는 채권의 매도포지션으로 분해하여 구한다.

> **해설** 금리스왑의 매입포지션(long swap, payer 이자율스왑)은 고정금리를 지급하고 변동금리를 수취하는 포지션이다. 이는 고정금리채권을 발행(매도)하고 변동금리채권을 매입한 거래와 동일하다. 변동금리채권은 차기 금리변동일까지의 만기를 갖는 채권과 동일한 현금흐름을 제공하는 것으로 간주된다. 따라서 금리스왑의 매입포지션은 차기 금리변동일을 만기로 하는 채권(변동금리채권)의 매입포지션과 스왑종료일을 만기로 하는 채권의 매도포지션으로 분해된다.

🏛 필수핵심정리 ▷ 금리스왑의 VaR

금리스왑의 VaR는 각 포지션을 동일한 현금흐름을 갖는 현물포지션으로 분해한 다음에 각 포지션 간의 상관계수를 이용하여 합산하여 구함

금리스왑 매입포지션의 VaR	고정금리를 지급하고 변동금리를 수취하는 포지션(long swap)
	= 차기 금리변동일을 만기로 하는 채권 매입포지션의 VaR + 스왑종료일을 만기로 하는 채권 매도포지션의 VaR
금리스왑 매도포지션의 VaR	고정금리를 수취하고 변동금리를 지급하는 포지션(short swap)
	= 차기 금리변동일을 만기로 하는 채권 매도포지션의 VaR + 스왑종료일을 만기로 하는 채권 매입포지션의 VaR

★★★
030 원/달러 통화선도계약 매입포지션의 VaR를 구하는 방법으로 적절한 것은?

① 원화채권 매도포지션의 VaR + 현물환 매입포지션의 VaR + 달러채권 매입포지션의 VaR
② 원화채권 매도포지션의 VaR + 현물환 매입포지션의 VaR + 달러채권 매도포지션의 VaR
③ 원화채권 매도포지션의 VaR + 현물환 매도포지션의 VaR + 달러채권 매입포지션의 VaR
④ 원화채권 매도포지션의 VaR + 현물환 매입포지션의 VaR + 달러채권 매도포지션의 VaR

> **해설** 통화선도계약 또는 선물환 매입포지션은 원화채권 매도, 현물환 매입, 외화채권 매입으로 복제되므로(통화선물 참조), 통화선도계약의 VaR는 외화채권 VaR, 원화채권 VaR, 현물환 VaR를 위험요인 간 상관계수를 이용하여 합산하여 구한다.

정답 027 ② 028 ② 029 ① 030 ①

통화선도거래 또는 선물환은 일정 금액의 통화를 다른 통화로 미래 약정된 환율로 미래의 특정 시점에서 교환하는 계약 → 각 포지션을 동일한 현금흐름을 갖는 현물포지션으로 분해한 다음에 각 포지션 간의 상관계수를 이용하여 합산하여 VaR를 구함

통화선도계약 매입포지션의 VaR	= 원화채권 매도포지션의 VaR + 현물환 매입포지션의 VaR + 달러채권 매입포지션의 VaR
통화선도계약 매도포지션의 VaR	= 달러채권 매도포지션의 VaR + 현물환 매도포지션의 VaR + 원화채권 매입포지션의 VaR

★★★
031 3 × 6 FRA 매입포지션의 VaR를 구하는 방법으로 적절한 것은? 심화

① 3개월 만기 채권 매입포지션의 VaR + 6개월 만기 채권 매입포지션의 VaR
② 3개월 만기 채권 매입포지션의 VaR + 6개월 만기 채권 매도포지션의 VaR
③ 3개월 만기 채권 매도포지션의 VaR + 6개월 만기 채권 매입포지션의 VaR
④ 3개월 만기 채권 매입포지션의 VaR + 9개월 만기 채권 매도포지션의 VaR

해설 3 × 6 FRA는 3개월 후에 3개월간 적용되는 미래의 수취 또는 지급 이자율을 현재 시점에서 약정하는 계약이다. 3 × 6 FRA 매입포지션은 [3개월 만기 채권 매입포지션 + 6개월 만기 채권 매도포지션]으로 복제된다.

🏛 **필수**핵심정리 ▷ 선도금리계약(FRA)의 VaR

FRA(Forward Rate Agreement, 선도금리계약)는 미래 일정기간 동안에 적용되는 미래의 수취 또는 지급 이자율을 현재 시점에서 약정하는 계약 → 각 포지션을 동일한 현금흐름을 채권포지션으로 분해한 다음에 각 포지션 간의 상관계수를 이용하여 합산하여 VaR를 구함

FRA($t_1 \times t_2$) 매입포지션의 VaR	= t_1만기 채권 매입포지션의 VaR + t_2만기 채권 매도포지션의 VaR
FRA($t_1 \times t_2$) 매도포지션의 VaR	= t_1만기 채권 매도포지션의 VaR + t_2만기 채권 매입포지션의 VaR

★★★
032 일반적으로 VaR를 측정하는 세 가지 방법과 거리가 먼 것은?

① 분석적 분산–공분산 방법　　　　② 역사적 시뮬레이션
③ 몬테카를로 시뮬레이션　　　　　④ 사후검증

> **해설** 사후검증은 VaR 모형의 정확성을 검증하는 방법이다.

🏛 필수핵심정리 ▷ VaR의 세 가지 측정방법

VaR를 측정하는 다음의 세 가지 방법은 정상적인 시장여건을 가정하고 발생할 수 있는 최대손실 금액을 계산함(더 세밀한 리스크 관리를 위해서는 극단적인 사건이 발생하는 경우의 손실금액을 추정하는 위기상황분석이 필요)

분석적 분산 – 공분산 방법	• 과거 자료를 이용하여 분산과 공분산을 추정하고 이 값들을 이용하여 VaR를 계산 • 모든 자산(및 포트폴리오)의 수익률이 정규분포를 따른다고 가정 • 부분가치평가방법을 이용함	
	단점	실제 분포의 두터운 꼬리를 반영하지 못하여 리스크를 과소평가할 수 있으며, 비선형 자산인 옵션의 리스크를 정확히 평가하지 못함
역사적 시뮬레이션	• 특정 확률분포를 가정하지 않고 시장변수들의 과거 변화에 기초하여 완전가치평가방법으로 시뮬레이션을 함으로써 VaR를 계산 • 실제 가격을 이용하므로 비선형성과 비정규분포를 모두 수용할 수 있는 방법 • 특정 분포를 가정하지 않고 실제의 변동성과 상관관계를 이용	
	단점	• 오직 1개의 가격변화만이 고려된다는 점과 완전가치평가를 위하여 가치평가모형이 필요하다는 것 • 일시적으로 증가한 변동성을 고려하지 못하고, 과거자료에 극단치가 포함되어 있으면 이 관찰치의 영향을 크게 받음
몬테카를로 시뮬레이션	• 가장 효과적으로 VaR를 계산할 수 있는 방법 • 비선형성, 변동성의 변화, 두터운 꼬리, 극단적인 상황 등을 모두 고려할 수 있음	
	단점	계산비용이 많이 들고(완전가치평가법), 생성된 가격이 실제 가격이 아니므로 모형리스크가 크다는 점

★★★
033 VaR를 측정하기 위해서 자산의 수익률이 정규분포를 따른다고 가정하고, 부분가치평가방법을 이용하여 계산하는 방법은?

① 분석적 분산–공분산 방법　　　　② 역사적 시뮬레이션
③ 몬테카를로 시뮬레이션　　　　　④ 사후검증

> **해설** 분석적 분산–공분산 방법은 분산과 공분산을 추정하고 자산의 수익률이 정규분포를 따른다고 가정한다. 또한 VaR를 측정할 때, 잠재적 손실을 선형으로 측정하는 부분가치평가방법을 이용한다.

★★★
034 역사적 시뮬레이션에 의해 VaR를 측정하는 방법과 관계가 있는 것은?

① 선형성 가정　　　　　　　　　② 정규분포 가정
③ 부분가치평가법　　　　　　　　④ 실제의 변동성과 상관관계를 이용

> **해설** 역사적 시뮬레이션에 의해 VaR를 측정하는 방법의 특징은 완전가치평가법, 선형성과 비선형 상품 모두에 적용, 특정 확률분포를 가정하지 않고 실제의 변동성과 상관관계를 이용한다.

★★★
035 역사적 시뮬레이션에 의해 VaR를 측정하는 방법에 관한 설명으로 옳지 않은 것은?

① 역사적 시뮬레이션은 특정 분포를 가정하지 않고 실제의 변동성과 상관관계를 이용한다는 점에서 우수하다.
② 오직 1개의 가격변화만이 고려된다는 점과 완전가치평가를 위하여 가치평가모형이 요구된다는 점이 단점이다.
③ 일시적으로 증가한 변동성을 잘 고려하는 방법이다.
④ 과거자료에 극단치가 포함되어 있으면 역사적 시뮬레이션으로 구한 VaR는 이 관찰치의 영향을 크게 받는다.

> **해설** 역사적 시뮬레이션은 일시적으로 증가한 변동성을 고려하지 못한다는 단점을 갖고 있다.

★★★
036 확률모형을 선택하고 이 모형으로 위험요인의 변화를 생성시키는 방법으로 VaR를 계산하는 방법은?

① 몬테카를로 시뮬레이션　　　　　② 역사적 시뮬레이션
③ Stress Test　　　　　　　　　　④ 델타-노말 방법

> **해설** 확률모형을 선택하고 이 모형으로 위험요인의 변화를 생성시키는 방법으로 VaR를 계산하는 것은 몬테카를로 시뮬레이션이다. 확률모형으로 가장 많이 사용되는 모형은 옵션가격결정모형의 기초가 되는 기하적 브라운 운동이다.

★★★
037 몬테카를로 시뮬레이션에 의해 VaR를 측정하는 방법에 관한 설명으로 옳지 않은 것은?

① 비선형성, 변동성의 변화, 두터운 꼬리, 극단적인 상황 등을 모두 고려할 수 있다.
② 단점은 계산비용이 많이 든다는 것이다.
③ 가격변화과정을 생성하기 위해 선택된 확률과정이 비현실적이면 VaR 추정치도 비현실적이 된다.
④ 모든 자산에 대하여 가치평가 모형이 필요 없다는 장점이 있다.

> **해설** 몬테카를로 시뮬레이션은 확률모형을 이용하여 가상적인 가격변화를 모든 변수에 대하여 시뮬레이션하는데, 주어진 목표기간 동안에 포트폴리오의 시장가치는 완전가치평가모형에 의해서 계산된다.

★★★
038 VaR를 계산할 때, 완전가치평가가 필요 없는 방법은?

① 분석적 분산-공분산 방법
② 역사적 시뮬레이션
③ 몬테카를로 시뮬레이션
④ 시나리오 분석

> **해설** 분석적 분산-공분산 방법(델타-노말 방법)은 리스크 요인의 변화에 대한 잠재적 손실을 선형으로 측정하는 부분가치평가방법을 이용한다. 리스크 요인의 움직임에 선형 노출된 정도를 측정하는 지표로는 주식의 경우 베타, 파생상품의 경우 델타, 채권의 경우 수정듀레이션이 있다.

★★★
039 옵션의 VaR를 측정하는 경우 정확성이 상대적으로 떨어지는 방법은?

① 델타-노말 방법
② 역사적 시뮬레이션
③ 몬테카를로 시뮬레이션
④ 델타-감마 방법

> **해설** 델타-노말 방법(분석적 분산-공분산 방법)은 선형 자산의 VaR 계산에는 비교적 정확하나, 옵션과 같은 비선형 자산의 경우 감마 리스크(델타의 변화)를 감안하지 못하는 단점이 있기 때문에 정확성이 떨어진다.

★★★
040 주요 변수의 극단적인 변화가 포트폴리오에 미치는 영향을 시뮬레이션하는 기법을 무엇이라 하는가?

① 몬테카를로 시뮬레이션
② 사후검증
③ stress testing
④ 역사적 시뮬레이션

> **해설** 위기상황분석 또는 스트레스 검증(Stress Testing)에 관한 설명이다.

정답 034 ④　　035 ③　　036 ①　　037 ④　　038 ①　　039 ①　　040 ③

🏛 필수핵심정리 ▶ 위기상황 분석 또는 스트레스 검증(stress testing)

위기상황 분석 또는 스트레스 검증은 주요 변수의 극단적인 변화가 포트폴리오에 미치는 영향을 시뮬레이션하는 기법 → 즉, 관심 있는 변수가 변할 수 있는 상황을 주관적인 시나리오로 결정한 후 이 변화가 포트폴리오의 가치에 미치는 영향을 분석하는 것

시나리오 설정 시 고려 사항	위기상황 분석에서 가장 중요한 것은 현실성 있고 적절한 시나리오를 설정하는 것
	• 현재 포지션에 적절해야 함 • 관련된 모든 변수의 변화를 고려해야 함 • 구조적 변화의 가능성을 고려해야 함 • 유동성 위기 상황을 포함시켜야 함 • 시장리스크와 신용리스크 간의 상호작용을 반영해야 함

★★★
041 위기상황분석에서 시나리오를 설정할 때 고려해야 할 사항과 가장 거리가 먼 것은? 심화

① 관련된 모든 변수의 변화를 고려해야 한다.
② 구조적 변화의 가능성을 고려해야 한다.
③ 유동성 위기상황을 포함시켜야 한다.
④ 시장리스크와 신용리스크는 분리해야 한다.

해설 시장리스크와 신용리스크 간의 상호작용을 반영해야 한다.

••• TOPIC 8 신용리스크(credit risk)

★★★
042 신용리스크에 관한 설명으로 옳지 않은 것은?

① 신용리스크는 거래상대방이 계약의무를 이행하지 않을 때 발생한다.
② 신용리스크의 분포는 대체로 정규분포의 특성을 갖는다.
③ 신용리스크를 측정(신용 VaR)할 때는, 비모수적 방법이 바람직하다.
④ 넓은 의미로 신용리스크는 채무불이행리스크뿐만 아니라 신용등급하락리스크까지도 포함한다.

해설 신용리스크의 분포는 시장리스크의 분포와는 달리 정규분포를 따르지 않는다. 신용리스크에 의해 야기된 포지션의 가치변화는 비대칭(한쪽으로 치우친)적이고, 두터운 꼬리를 가지므로 정규분포를 가정하는 모수적 방법으로 리스크를 측정하는 경우 정확성이 떨어진다. 따라서 실제분포를 이용하여 분포의 퍼센타일로부터 직접 신용 VaR를 구하는 비모수적 방법이 바람직하다.

- 국제결제은행(BIS)의 신용리스크에 대한 정의 : 거래상대방이 계약조건에 의한 채무를 이행하지 못하여 입는 경제적 손실의 가능성
- 신용리스크는 좁은 의미로 채무불이행리스크를 뜻하지만, 넓게는 신용등급하락리스크까지도 포함(신용리스크의 원천 : 채무불이행리스크, 회수율리스크, 신용등급하락리스크, 시장리스크)

신용리스크의 특징	• 시장리스크는 측정기간을 짧게 설정하는 데 반하여, 신용리스크는 보통 1년을 기준으로 측정 • 신용리스크의 분포는 정규분포를 따르지 않으며, 신용포지션의 가치변화는 비대칭적이고 두터운 꼬리를 가짐(따라서, 실제분포를 이용하여 분포의 퍼센타일로부터 직접 신용VaR를 구하는 비모수적 방법이 바람직)

★★★
043 시장리스크와 신용리스크를 비교한 내용이 잘못된 것은?

		시장리스크	신용리스크
①	목표기간	길다(보통 1년).	짧다(1일 또는 며칠).
②	리스크한도 적용대상	거래조직계층(level)	거래상대방
③	수익률 분포	정규분포(옵션 제외)	정규분포가 아님
④	법률리스크	없다.	법률리스크가 크다.

해설 시장리스크는 측정기간(목표기간)을 짧게(1일 또는 며칠) 설정하는 데 반하여, 신용리스크는 보통 1년을 기준으로 측정한다.

···· **TOPIC 9** 신용리스크 – 기대손실과 기대외손실의 계산

★★★
044 신용리스크의 분포를 결정짓는 주요 변수와 거리가 먼 것은?

① 채무불이행확률　　　　　　　　② 신용리스크노출금액(익스포저)

③ 채무불이행 시 손실률　　　　　④ 외부사건리스크

해설 외부사건리스크는 금융기관이 통제할 수 없는 외부사건(정치 및 법적 환경의 변화, 화재, 지진 등)으로부터 발생한 손실과 연관된 위험으로 운영리스크에 속한다.

정답 041 ④　　042 ②　　043 ①　　044 ④

🏛 필수핵심정리 | 신용리스크의 주요 변수

신용리스크의 분포는 다음 세 가지 변수에 의해 결정됨

채무불이행 확률	PD(Probability of Default) → 기대손실과 기대외손실을 1년 기준으로 측정하므로 1년 기준의 채무불이행확률을 이용
신용리스크 노출금액 (익스포저)	• EAD(Exposure At Default) → EAD는 회수율이 0%라는 가정하에서 계산된 최대손실금액 • 채무불이행 시점에서의 리스크노출금액은 max(자산의 시장가치, 0)으로 계산 • 채권(or 대출)의 경우 리스크노출금액은 원금 또는 시장가치로 계산 • 파생상품의 경우 경제적 가치가 양(+)이면(즉, 이익보고 있으면) 리스크노출금액은 해당 금액, 경제적 가치가 음(−)이면(즉, 손해보고 있으면) 리스크노출금액은 '0'
채무불이행 시 손실률	LGD(Loss Given Default) → 채무불이행으로 인해 회수하지 못하는 손실(즉, LGD = 1−회수율)

★★★
045 어느 은행이 100억원의 대출을 하고 있다. 대출의 부도율(채무불이행확률)은 4%이고, 손실률은 80%이다. 예상손실(기대손실)은 얼마인가?

① 1.7억원　　　　② 2.1억원　　　　③ 2.8억원　　　　④ 3.2억원

> **해설** 기대손실(EL) = EAD × 부도율 × LGD = 100억원 × 4% × 80% = 3.2억원

🏛 필수핵심정리 | 기대손실(EL)과 기대외손실(UL)의 계산

미래에 발생가능한 상황이 채무불이행 또는 정상인 두 경우만 가능하다고 가정할 경우, 신용리스크는 채무불이행리스크만을 의미함

신용손실 (CL)	채무불이행으로 인한 손실을 신용손실(Credit Loss)이라 함 → CL(신용손실) = EAD(익스포저) × LGD(손실률)
기대손실 (EL)	기대손실(Expected Loss)은 신용손실(CL)을 확률로 가중한 값 → EL(기대손실) = PD(채무불이행확률) × EAD × LGD
기대외손실 (UL)	기대외손실(Unexpected Loss) 또는 비예상손실은 주어진 신뢰수준에서의 최대손실금액 (UL= $\alpha \times \sigma$)을 말함(기대외손실을 신용 VaR라고 부르기도 함) → UL(기대외손실) = $\alpha \times \sigma_{CL} = \alpha \times \sqrt{PD(1-PD)} \times EAD \times LGD$ (신용손실의 변동성(σ_{CL}) = $\sqrt{PD(1-PD)} \times EAD \times LGD$)

★★★
046 신용리스크 익스포저가 100억원이고 부도 시 회수율이 30%로 추정된다. 1년 기준 채무불이행확률(부도율)이 2%로 추정된다면 기대손실은?

① 0.6억원　　　　② 1억원　　　　③ 1.4억원　　　　④ 3억원

> **해설** [기대손실(EL) = 익스포저(EAD)×채무불이행확률(PD)×손실률(LGD)]이며, [손실률 = 1 − 회수율]이므로,
기대손실 = 100억원 × 0.02 × (1 − 0.3) = 1.4억원

★★★
047 어느 은행이 500억원의 대출을 하고 있다. 예상손실(기대손실)이 4억원이고 회수율이 60%이다. 대출의 부도율(채무불이행확률)은 얼마인가?

① 1% ② 2% ③ 3% ④ 4%

> **해설** 기대손실(EL) = 익스포저(EAD)×채무불이행확률(PD)×손실률(LGD) = 500억원×PD×(1 − 60%) = 4억원.
> 따라서 부도율(PD)은 2%

※ 다음 자료를 이용하여 질문에 답하시오(048~051).

	현재가치	채무불이행확률	회수율	두 채권의 채무불이행 간 상관계수
A채권	10,000원	5%	0%	0.1
B채권	9,500원	10%	0%	

★★★
048 A채권과 B채권의 기대손실은 각각 얼마인가?

① A채권(500원), B채권(950원) ② A채권(500원), B채권(950원)
③ A채권(500원), B채권(950원) ④ A채권(500원), B채권(950원)

> **해설** 두 채권의 기대손실(EL)을 구하면 다음과 같다.
>
> | A채권 | EL_A = EAD × PD×LGD = 10,000 × 0.05 × (1 − 0%) = 500 |
> |---|---|
> | B채권 | EL_B = EAD × PD×LGD = 9,500 × 0.10 × (1 − 0%) = 950 |

★★★
049 A와 B의 두 채권으로 구성된 포트폴리오의 기대손실은 얼마인가? 심화

① 450원 ② 1,450원 ③ 2,450원 ④ 3,450원

> **해설** 기대손실(EL)의 경우, 개별채권의 기대손실을 단순히 합산하면 채권포트폴리오의 기대손실이 계산된다.
> 따라서 [채권포트폴리오의 기대손실 = A채권의 기대손실 + B채권의 기대손실] = 500 + 950 = 1,450

050 95% 신뢰수준에서 A채권과 B채권의 기대외손실은 각각 얼마인가? 심화

① A채권 3,596원, B채권 4,703원   ② A채권 4,596원, B채권 5,703원
③ A채권 5,596원, B채권 6,703원   ④ A채권 6,596원, B채권 7,703원

해설 두 채권의 기대외손실(UL)을 구하면 다음과 같다.

A채권	$UL_A = \alpha \times \sqrt{PD(1-PD)} \times EAD \times LGD$ $= 1.65 \times \sqrt{0.05(1-0.05)} \times 10,000 \times 1 \fallingdotseq 3,596$
B채권	$UL_B = \alpha \times \sqrt{PD(1-PD)} \times EAD \times LGD$ $= 1.65 \times \sqrt{0.10(1-0.10)} \times 9,500 \times 1 \fallingdotseq 4,703$

 051 95% 신뢰수준에서 A와 B의 두 채권으로 구성된 포트폴리오의 기대외손실(신용 VaR)은 얼마인가? 심화

① 3,199원   ② 4,199원   ③ 5,199원   ④ 6,199원

해설 포트폴리오의 기대외손실$(UL_P) = \sqrt{UL_A^2 + UL_B^2 + 2 \times \rho_{AB} \times UL_A \times UL_B}$
$= \sqrt{3,596^2 + 4,703^2 + 2 \times 0.1 \times 3,596 \times 4,703} = 6,199$

··· T O P I C 10 장외파생상품의 신용리스크 측정

 052 채무불이행과 관련해서 대출과 이자율스왑의 차이점을 설명한 내용이 옳지 않은 것은?

① 대출의 경우 신용리스크는 원금의 상환 여부와 관련해서 발생하나, 이자율스왑의 경우 원금이 신용리스크에 노출되는 것은 아니다.
② 대출에서는 금리의 수준에 의해 현금흐름이 결정되지만, 이자율스왑에서 교환되는 현금흐름은 고정금리와 변동금리의 차이에 의해 결정된다.
③ 대출의 경우 채무불이행은 차입자가 재무적 곤경에 처하여 계약을 이행할 수 없을 때에 발생한다.
④ 스왑에서 상대방 채무불이행리스크에 실제로 노출되려면 상대방 입장에서 계약의 가치가 양(+)이면서, 동시에 상대방이 채무불이행하여야 한다.

해설 스왑에서 상대방 채무불이행리스크에 실제로 노출되려면(즉, 상대방이 채무불이행하여 실제로 손실이 발생하려면), 다음의 두 가지 조건이 동시에 충족되어야 한다. 첫째, 상대방 입장에서 계약의 가치가 음(−)이어야 한다(즉, 계약자에게 계약의 순현가는 양(+)이어야 함). 둘째, 상대방이 채무불이행하여야 한다. 다시 말하면, 스왑에서 상대방 채무불이행리스크에 실제로 노출되려면 내가 이익을 보고 있는 상황에서 상대방이 채무불이행할 때라는 것이다.

필수핵심정리 채무불이행 측면에서 대출과 금리스왑의 차이점

구분	대출	금리스왑
위험	원금전체가 노출	원금 노출 안 됨(원금교환 안 함)
현금흐름	현재 금리수준	고정금리와 변동금리의 차이
채무불이행 리스크 노출	차입자가 계약불이행 시	계약자에게 계약의 순현가가 양(+)일 때, 상대방이 채무불이행하는 경우

★★★ 053 다음 중 장외시장의 신용증대제도와 거리가 먼 것은?

① 네팅(netting)협약
② 증거금과 담보 요구
③ 자산부채 종합관리전략(ALM)
④ 계약종료조항(termination provision)

해설 자산부채 종합관리전략(ALM, Asset Liability Management)은 자산과 부채관리를 말하는 것으로, 금융기관이나 기업이 보유하는 자산과 부채를 리스크의 관점에서 합리적으로 관리하고자 하는 것을 말한다.

 필수핵심정리 장외시장의 신용증대제도

네팅(netting)협약	• 네팅은 두 당사자 간 복수의 채권·채무를 하나로 단일화하는 과정(단순차감계산을 의미하는 상계보다는 넓은 의미) • 기본스왑계약서(master swap agreement)는 모든 계약에 대해 지급금액의 상계가 가능하도록 하므로, 네팅협약의 적용을 받는 모든 계약의 리스크노출금액은 순지급금액으로 제한됨
포지션한도 설정	장외시장 파생상품에 포지션을 취하는 투자자들은 리스크에 노출되는 금액의 한도를 상대방별로 설정(포지션 한도는 포트폴리오 측면에서 최종적으로 검토되어야 함)
증거금과 담보 요구	만기가 긴 스왑은 자주 시장가치를 반영하여 증거금을 조정하도록 요구하고, 또한 적절한 규모의 담보를 요구하기도 함
계약종료 조항	계약자 중 한쪽이 투자부적격으로 하락하면 다른 한쪽이 스왑계약의 현금결제를 요구할 수 있는 권리를 갖도록 규정한 조항
이자율 조정	상대방의 신용리스크를 반영하여 스왑계약의 고정금리를 조정

★★★ 054 현재 A은행이 보유하고 있는 금리스왑 포지션의 대체비용이 −30억원이라고 한다면, 현재노출(CE, Current Exposure)은 얼마인가?

① 0원
② 30억원
③ −30억원
④ 알 수 없다.

해설 현재노출은 [max(계약의 대체비용 또는 현재가치, 0)]이므로, 현재노출금액은 없다. 즉, A은행은 금리스왑에서 현재 30억원의 손실을 보고 있는 상태이므로 A은행 입장에서 신용리스크노출금액은 없다. 반면에 A은행과 금리스왑을 체결한 상대방은 30억원의 이익을 보고 있으므로 A은행에 대한 신용리스크에 노출되어 있다.

정답 050 ①   051 ④   052 ④   053 ③   054 ①

BIS(국제결제은행)의 자기자본비율 규정은 거래소 파생상품과 장외파생상품을 명확하게 구별하고 있음 → 거래소 파생상품은 거래소가 계약의 이행을 보장하므로 신용리스크는 없는 것으로 간주하고, 장외파생상품은 신용리스크에 대한 자본금을 요구함

■ BIS 규정에 의한 장외파생상품의 신용리스크 및 요구자본금 계산

신용리스크 노출금액 (CEA)	CEA = 현재노출(Current Exposure) + 잠재노출(Potential Exposure)	
	현재노출(CE)	CE = max(계약의 대체비용 또는 현재가치, 0) → 현재노출은 만일 상대방이 지금 채무불이행하는 경우 계약을 대체하는 데 필요한 대체비용으로 계약의 현재가치(순현가)를 의미함
	잠재노출(PE)	= 액면금액×신용환산율
요구자본금	• 위험가중자산가치 = 신용리스크노출금액×상대방별 위험가중치 • 요구 자본금 = 위험가중자산가치×8%	

※ 다음 자료를 이용하여 질문에 답하시오(055~057).

A은행의 포지션(단위 : 천만 달러)

포지션 구분	액면금액	시장가치	신용환산율
이자율스왑	100	5	0.5%
선물환 계약	60	−2	5%

★★★
055 상계(네팅)가 인정되지 않을 경우, A은행의 현재노출(CE)과 잠재노출(PE)은 각각 얼마인가?
(단위 : 천만 달러)

① 현재노출(5), 잠재노출(−2)　　　　② 현재노출(5), 잠재노출(3.5)
③ 현재노출(0), 잠재노출(−2)　　　　④ 현재노출(3), 잠재노출(3.5)

해설 상계가 허용되지 않을 경우, 현재노출과 잠재노출은 다음과 같이 계산한다.

현재노출	= max(계약의 대체비용 또는 현재가치, 0)		
	이자율 스왑	= max(5, 0) = 5	현재노출 합계 = 5 + 0 = 5
	선물환 계약	= max(−2, 0) = 0	
잠재노출	= 액면금액×신용환산율		
	이자율 스왑	= 100 × 0.005 = 0.5	잠재노출 합계 = 0.5 + 3 = 3.5
	선물환 계약	= 60 × 0.05 = 3	

056 상계(네팅)가 인정되지 않을 경우, A은행 전체의 신용리스크 노출금액(CEA)은 얼마인가?(단위 : 천만 달러)

★★★

① 8.0 　　　　② 8.5 　　　　③ 9.0 　　　　④ 9.5

해설 신용리스크 노출금액 = 현재노출 + 잠재노출 = 5 + 3.5 = 8.5

057 A은행의 두 포지션이 동일한 상대방과의 거래이어서 상계(네팅)가 인정될 경우, A은행의 현재노출은 얼마인가?(단위 : 천만 달러)

★★★

① −2 　　　　② 0 　　　　③ 3 　　　　④ 5

해설 네팅이 허용되므로 이자율스왑의 시장가치(5)와 선물환계약의 시장가치(−2)를 더하면 3이 된다. 따라서 현재노출은 3[= max(3, 0)]이다.

058 국제결제은행(BIS)의 요구 자기자본비율은?

★★★

① 6% 　　　　② 8% 　　　　③ 10% 　　　　④ 20%

해설 국제결제은행(BIS)의 요구 자기자본비율은 8%이다.

059 다음 중 신용리스크 노출금액이 0인 포지션은?

★★★

① 이자율스왑 매도포지션 　　　　② FRA 매도포지션
③ 장외옵션 매입포지션 　　　　④ 장외옵션 매도포지션

해설 장외옵션 매도포지션(발행포지션)의 경우 프리미엄을 이미 수취하였고 미래에 발생할 수 있는 것은 잠재적 손실뿐이므로 현재노출과 잠재노출이 전부 0이다. 따라서 신용리스크에 전혀 노출되지 않는다.

🏛 필수핵심정리 ▶ 장외파생상품 유형별 신용리스크 노출금액

선형 장외파생상품 (스왑과 선도계약)	계약의 양 당사자가 기초자산을 매입 또는 매도할 의무를 가지므로, 가치에 영향을 미치는 리스크 요인의 움직임에 따라 현재노출과 잠재노출은 0부터 대단히 큰 값을 가질 수 있음
장외옵션 매입포지션	현재노출과 잠재노출은 리스크 요인의 움직임에 의해 결정됨 → 옵션은 음(−)의 가치를 결코 갖지 않으므로 현재가치가 0보다 작을 수 없음
장외옵션 매도포지션	현재노출과 잠재노출이 전부 '0'(왜냐하면, 프리미엄을 이미 수령했고 미래에 발생할 수 있는 것은 손실뿐이기 때문)

★★★
060 다음 중 신용리스크 노출금액이 '0'이 아닌 옵션 포지션은?

① 콜 강세 스프레드   ② 콜 약세 스프레드
③ 풋 강세 스프레드   ④ 스트래들 매도

> **해설** 콜 강세 스프레드는 낮은 행사가격의 콜옵션을 매수하고 만기가 동일한 높은 행사가격의 콜옵션을 매도하는 포지션으로 초기에 순투자(현금지출)가 발생한다. 즉, 프리미엄을 이미 지출했고 미래에 발생할 수 있는 것은 이익뿐이기 때문에 신용리스크에 노출된다. 반면에, 나머지 포지션들은 프리미엄을 이미 수령했고 미래에 발생할 수 있는 것은 손실뿐이기 때문에 현재노출과 잠재노출이 전부 '0'이다.

★★★
061 장외파생상품의 신용리스크에 관한 설명으로 옳지 않은 것을 모두 고르면? 심화

> ㉠ 장외파생상품의 신용리스크는 일반 대출이나 채권과 동일한 방법으로 측정하면 아니된다.
> ㉡ 보유하고 있는 파생상품의 시장가치가 음(−)이 될수록, 계약보유자 입장에서 신용리스크는 증가하게 된다.
> ㉢ payer 이자율스왑의 보유자는 금리가 상승할수록 신용리스크가 감소한다.
> ㉣ 거래상대방이 헤지 목적으로 파생상품을 거래하는 경우, 투기적인 경우에 비해 상대적으로 채무불이행 확률이 낮다.
> ㉤ 옵션매도포지션의 현재노출과 잠재노출은 모두 '0'이다.
> ㉥ 이자율스왑의 시장가치가 +5억원이고, 통화스왑의 시장가치가 −4억원이다. 상계가 허용되지 않는다면, 현재노출은 5억원이다.

① ㉡, ㉢, ㉥   ② ㉡, ㉢   ③ ㉡   ④ ㉢

> **해설** 시장가치가 양(+)이 될수록 상대방으로부터 받을 금액이 늘어나게 되므로 신용리스크가 증가한다. payer 이자율스왑(매입포지션)은 고정금리를 지급하고 변동금리를 수취하는 포지션이므로, 금리상승 시 포지션의 가치가 증가하게 되어 신용리스크가 증가한다.

★★★
062 이자율스왑에서 시간이 지남(만기일에 접근함)에 따라 남은 지급횟수가 줄어들어 리스크 노출금액을 감소시키는 효과를 무엇이라 부르는가?

① 금리확산효과   ② 금리감소효과
③ 상각효과   ④ 헤지효과

> **해설** 만기효과(maturity effect) 또는 상각효과(amortization effect)라고 한다.

🏛 **필수**핵심정리 ▷ 장외파생상품 신용리스크 노출금액의 시간적 변화

고정금리와 변동금리를 교환하는 이자율스왑에서 리스크노출금액에 영향을 미치는 요인은 두 가지임

금리확산효과 (변동성 효과)	시간이 지남에 따라 변동금리가 고정금리로부터 멀어지는 현상 → 이 효과로 만기일에 접근할수록 리스크노출금액은 증가함
만기효과 (상각효과)	시간이 지남에 따라(만기일에 접근함에 따라) 남은 지급횟수의 감소로 리스크노출금액이 감소하는 효과 → 금리확산효과를 상쇄시키는 효과

★★★
063 이자율스왑의 만기가 6년, 통화스왑의 만기가 9년일 경우, 리스크 노출금액이 가장 극대화되는 시점은 대략 언제인가?

① 이자율스왑 6년째, 통화스왑 3년째
② 이자율스왑 2년째, 통화스왑 9년째
③ 이자율스왑 3년째, 통화스왑 6년째
④ 이자율스왑 9년째, 통화스왑 2년째

해설 이자율스왑에서 리스크노출금액은 대략적으로 (만기/3)시점, 즉 2년째(= 6/3)시점에서 극대화된다. 그러나 통화스왑은 만기일에 원금을 교환해야 하므로 확산효과가 만기효과를 항상 지배하게 되어 리스크노출금액은 계속 증가한다.

🏛 **필수**핵심정리 ▷ 이자율스왑과 통화스왑 리스크노출금액의 시간적 변화

금리 스왑	• 처음에는 확산효과가 만기효과를 지배하여 리스크노출금액이 증가 • 잔존만기 감소 시 교환해야 하는 현금흐름의 수가 감소함에 따라 만기효과가 확산효과를 지배하여 리스크노출금액은 감소 → 대략(만기/3) 시점에서 리스크노출금액이 극대화	
통화 스왑	만기일에 원금을 교환해야 하므로 확산효과가 항상 만기효과를 지배하게 되어 리스크노출금액은 계속 증가	

★★★
064 운영리스크에 대한 설명으로 옳지 않은 것은?

① BIS는 운영리스크를 부적절하거나 또는 실패한 내부통제, 인력과 시스템 또는 외부사건 등으로 인해 발생하는 손실의 위험으로 정의한다.

② 운영리스크에 평판리스크와 전략리스크를 포함하지만 법률리스크는 포함하지 않는다.

③ BIS는 운영리스크의 원천으로 인간의 실수, 시스템 실패, 부적절한 절차 및 통제, 외부 사건을 들고 있다.

④ 운영리스크는 비재무리스크이며, 계량리스크이다.

> **해설** 운영리스크에 법률리스크를 포함하지만 평판리스크와 전략리스크는 포함하지 않는다.

🏛 **필수핵심정리** 　 운영리스크

운영리스크는 부적절하거나 또는 실패한 내부통제, 인력과 시스템 또는 외부사건 등으로 인해 발생하는 손실의 위험(운영리스크에 법률리스크를 포함하지만 평판리스크와 전략리스크는 포함하지 않음)

■ 운영리스크의 4가지 유형

인적 리스크	인간의 실수, 사기, 내부규정의 고의적 위반 등으로 인해 발생하는 손실과 관련된 위험
시스템 리스크	정보시스템과 IT 분야에서 하드웨어/소프트웨어 실패, 해킹, 바이러스, 커뮤니케이션 실패 등으로 인한 손실과 관련된 위험
프로세스 리스크	내부 절차와 통제에서의 부적절함으로 인한 손실과 연관된 위험 → 결제 실수, 모형리스크, 장부기장 실수, 가격평가의 오류, 부적절한 통제로 인한 보안실패 등
외부사건 리스크	은행이 통제할 수 없는 외부사건(정치적 또는 법적 환경의 변화, 화재, 지진 등)으로부터 발생한 손실과 관련된 위험

★★★
065 다음은 운영리스크 중 어떤 리스크에 관한 설명인가? 심화

> • 내부 절차와 통제에서의 부적절함으로 인한 손실과 연관된 위험이다.
> • 결제 시의 실수, 모형리스크, 장부기장 실수, 가격평가의 오류, 부적절한 통제로 인한 보안실패 등이 이 유형에 속한다.

① 인적리스크　　　　　　　　　② 시스템리스크
③ 프로세스리스크　　　　　　　④ 외부사건리스크

> **해설** 운영리스크 중 프로세스리스크(process risk)에 관한 설명이다.

★★★
066 유동성리스크에 관한 설명으로 옳지 않은 것은?

① 유동성리스크는 시장유동성리스크와 자금조달유동성리스크로 구별된다.

② 유동성을 높이면 수익성은 좋아지나 안정성은 낮아진다.

③ 장외시장에서 거래할 때와 헤징을 동적으로 실행할 때에 특히 유동성리스크는 크게 된다.

④ 금융기관은 VaR를 계산한 후에 유동성리스크를 반영하기 위하여 계산된 VaR를 상향조정하기도 한다.

> **해설** 은행이 대출(위험자산)을 하지 않고 유동성만 높인다면, 안전성은 높아지지만 수익성은 떨어진다.

🏛 필수핵심정리 ▶ 유동성리스크

유동성리스크는 포지션을 마감하는 데서 발생하는 비용에 대한 위험 → 유동성리스크는 재무리스크이며 계량리스크임

시장유동성 리스크	특정 자산과 시장과 연관된 리스크 **예** 기업이 소유하고 있는 자산을 매각하고자 하는 경우, 매입자가 없어 매우 불리한 조건으로 자산을 매각해야만 할 때 노출되는 유동성리스크
자금조달유동성 리스크	금융기관의 일반적인 자금조달과 관련된 리스크 **예** 금융기관이 정산일에 또는 증거금 납입 요청을 받고 지급금액을 확보하지 못할 때 발생하는 유동성리스크

···TOPIC 12 기타 리스크 – 비계량리스크

★★★
067 다음 중 비계량리스크가 아닌 것은?

① 신용리스크   ② 법률리스크

③ 평판리스크   ④ 전략리스크

> **해설** 신용리스크는 객관적인 자료로 측정이 가능한 계량리스크이다.

 정답   064 ②   065 ③   066 ②   067 ①

법률리스크	계약 당사자에 대하여 계약을 강제할 수 없을 때 발생할 수 있는 손실위험 → 법률리스크는 계약이 잘못 문서화된 경우와 거래 상대방이 법적으로 계약할 권한이 없는 경우에 발생
법규준수리스크	금융회사가 규정, 법령, 내규, 관행, 도덕적 기준을 위반 또는 준수하지 않음에 따라 입을 수 있는 경제적 손실(금융회사는 법규준수리스크로 인해 계약의 파기, 벌금, 과태료, 평판의 악화, 영업기회의 축소 등의 불이익을 받음) → 준법감시제도(준법감시인) 운영
평판리스크	금융회사 외부의 여론 또는 이미지가 악화되어 금융회사가 경제적 손실을 입을 수 있는 위험 → 평판은 시장에서 금융기관이 지속적으로 영업을 할 수 있는 기반을 제공하는 무형자산
전략리스크	• 정치와 경제환경의 근본적인 변화로 인해 발생 가능한 손실위험(경영진의 정책결정 오류에서 발생하는 손실위험을 포함) • 평판리스크처럼 객관적 측정이 어렵기 때문에 '판단의존법'과 같은 정성적 방법으로 판단해야 함
시스템리스크	• 개별 금융투자회사, 금융시장, 결제시스템의 붕괴 등으로 인해 금융산업 전체가 입게 되는 손실위험 • 한 금융투자회사의 파산 또는 재무적 곤경이 다른 회사에 연쇄적으로 영향을 미치는 도미노효과를 의미 → 리스크 관리부서는 위기상황계획을 수립해야 함

★★★
068 비경제적 사업의 결정, 사업환경 변화에 따른 적절한 대응책 결여 등으로 발생하는 손실위험은 어떤 리스크에 속하는가?

① 전략리스크
② 법률리스크
③ 평판리스크
④ 시스템리스크

 전략리스크는 정치와 경제환경의 근본적인 변화로 인해 발생 가능한 손실위험으로 경영진의 정책결정 오류에서 발생하는 손실위험을 포함한다. 전략리스크는 측정하기 어렵기(비계량리스크) 때문에 이에 대한 소요자기자본을 산출하고자 하는 경우 리스크 관리정책, 절차, 내부통제의 적정성을 감안하여 판단의존법과 같은 정성적 방법으로 판단한다.

···TOPIC **13** 파생상품 리스크 관리

★★★
069 선물계약을 이용하여 헤지를 할 때, 선물의 만기가 헤지 목표기간과 불일치하여 선물의 만기일 이전에 선물거래를 청산해야 할 때 노출되는 위험의 유형은?

① 롤오버 리스크　　　　　　　　　② 베이시스 리스크
③ 거래상대방 리스크　　　　　　　④ 유동성 리스크

해설 롤오버 리스크에 대한 설명이다.

🏛 **필수핵심정리** │ 선물 헤지거래와 리스크 관리

선물을 이용한 헤지가 항상 완벽한 것은 아니고, 다음의 리스크는 존재함

베이시스 위험 (basis risk)	선물을 이용한 헤지에서 투자자의 자산 매도 또는 매입시점이 선물의 만기일과 정확히 일치하지 않는 경우, 베이시스(선물가격과 현물가격의 차이) 위험에 노출됨 → 즉, 헤지개시시점과 헤지종결시점의 베이시스의 변동에 따라서 헤지거래에 따른 손익의 변동이 발생함
교차헤지의 위험	교차헤지(헤지 대상 자산과 선물의 기초자산이 정확히 일치하지 않는 헤지)의 경우, 자산의 가격이 서로 다른 방향으로 움직일 때, 헤지 효과가 감소하고 손실이 발생할 가능성이 높아짐
롤오버 유동성 리스크	롤오버(roll-over)란 목표 헤지 기간이 선물계약의 만기보다 긴 경우, 기존의 선물계약을 청산하고 다음 만기의 선물계약을 체결하여 헤지를 연장하는 거래 → 롤오버를 통한 헤지 전략은 때로는 심각한 유동성 위험을 초래함(선물계약은 일일정산을 하므로, 특정 금액 이상의 손실이 발생하면 증거금 납입 요청을 받음) **예** 1990년대 초 독일 메탈게젤샤프트의 헤지거래가 대표적

★★★
070 1990년대 초 독일의 메탈게젤샤프트가 휘발유의 장기공급계약을 선물을 이용하여 헤지를 할 때, 선물포지션에서 일일정산에 따른 증거금 납입에 어려움을 겪은 위험의 유형은?

① 교차헤지 리스크　　　　　　　② 베이시스 리스크
③ 거래상대방 리스크　　　　　　④ 롤오버 유동성 리스크

해설 메탈게젤샤프트는 휘발유를 장기 공급하는 계약을 체결하고, 유가상승 위험을 헤지하기 위해 원유선물을 매수하여 단기 롤오버하는 전략을 취하였다. 그런데 유가가 지속적으로 하락하면서 선물포지션에서 증거금 납입을 요청받아 단기유동성 부족을 겪게 되었다. 결국 모든 헤지포지션을 마감하고 13억 3천만 달러의 손실을 입었다.

정답 068 ①　069 ①　070 ④

★★★
071 장외파생상품의 리스크에 대한 설명으로 옳지 않은 것은?

① 장외파생상품은 장내파생상품과 달리 거래상대방 신용위험이 있다.

② 장외파생상품 거래에서 평가손실이 발생하여 거래상대방으로부터 증거금과 담보를 요청하는 마진콜을 받는 경우, 적정 유동성을 확보하지 못할 위험이 있다.

③ 장외파생상품은 계약의 만기 이전에 계약을 종료하기 위해서는 시장에서 반대매매를 통해 청산하여야 한다.

④ 장외파생상품은 계약청산에 따른 비용이 크다.

> **해설** 장외파생상품은 계약의 만기 이전에 계약을 종료하기 위해서는 시장에서 반대매매를 통해 청산할 수 없고, 거래상대방에게 계약의 해지를 요청하여야 한다. 이 경우 계약의 적정 가치에 대한 평가의 문제와 계약의 해지에 따른 패널티가 발생한다. 따라서 유동성이 높은 시장에서 거래되는 장내파생상품과 비교하여 청산에 따른 비용이 크다.

🏛 필수핵심정리 ▷ 장외파생상품의 유동성 리스크

증거금과 담보 요구에 따른 유동성 위험	계약의 가치 변동에 따라 평가이익이 발생한 거래상대방은 평가손실이 발생한 거래상대방에게 추가 증거금 또는 담보를 요청하는 마진콜을 할 수 있음 → 급격하게 시장 상황이 변동하는 경우 유동성을 확보하지 못하는 경우 발생(예 2008년 글로벌 금융위기)
계약 청산에 따른 유동성 위험	장외파생상품은 1:1의 쌍방계약이므로 만기 이전에 계약을 종료하기 위해서는 시장에서 반대매매를 통해 청산할 수 없고 거래상대방에게 계약의 해지를 요청해야 함 → 청산비용이 크게 발생

★★★
072 파생결합증권(ELS, DLS)의 리스크에 대한 설명으로 옳지 않은 것은?

① 파생결합증권 투자자는 시장위험에 노출된다.

② 파생결합증권 투자자는 판매사의 신용위험에 노출된다.

③ 파생결합증권 투자자는 유동성 위험에 노출된다.

④ 파생결합증권 투자자는 모델위험에 노출된다.

> **해설** 파생결합증권 투자자는 발행사의 신용위험에 노출된다. 파생결합증권은 발행사의 신용으로 발행이 되는 증권이다. 따라서 발행사의 부도나 채무불이행으로 투자금을 회수하지 못할 가능성이 있다.

파생결합증권(ELS)의 투자위험에는 시장위험, 발행자의 신용위험, 높은 환매수수료로 인한 유동성 위험 등이 있음

	파생결합증권의 가격변동(시장위험) 요인 : 기초자산의 가격, 변동성, 기초자산의 수익률 간의 상관관계, 금리와 배당, 해외 기초자산이 있는 경우 콴토위험	
시장위험	기초자산의 가격변동	기초자산의 가격이 하락하면, stepdown ELS의 가치 하락
	변동성	변동성이 상승하면, stepdown ELS의 가치 하락
	상관관계	기초자산 수익률 간의 상관관계가 낮아지면, stepdown ELS의 가치 하락
	금리	금리가 상승하면, 두 가지 효과(stepdown ELS의 현재가치 하락 + 자산의 기대수익률 상승으로 ELS의 가치 상승)가 나타나지만 일반적으로 할인율의 상승으로 현재가치를 하락하는 효과가 더 큼
	배당	배당이 커지면 stepdown ELS의 가치 하락(배당은 배당락 효과에 의해 미래 주가(지수)를 하락시키기 때문)
	콴토위험	• 기초자산이 해외자산인 경우 발생하는 위험 • 일반적으로 환율의 변동성이 커질수록, ELS의 가치 상승
발행사 신용위험	파생결합증권의 투자자는 발행사의 신용위험에 노출됨(파생결합증권은 발행사의 신용으로 발행되는 증권이므로 발행사가 부도나거나 채무불이행을 하여 투자금을 회수하지 못할 가능성이 있기 때문)	
유동성위험	투자기기 만기 이전에 발행사에 환매를 요청하는 경우, 중도 환매에 대한 패널티 부과	
모델 위험	파생결합증권은 시장가격이 존재하지 않아 평가모델에 의한 평가가격에 의존하여 환매기준가격이 결정되므로, 평가모델의 불확실성에 따른 리스크에 노출됨	

★★★
073 일반적인 상황에서 스텝다운(stepdown) ELS의 가치가 상승하는 경우는?

① 기초자산 가격 하락　　　　　　　② 변동성 상승
③ 기초자산 수익률 간의 상관관계 상승　　④ 금리 상승

해설 기초자산 수익률 간의 상관관계가 높을수록 스텝다운(stepdown) ELS의 가치는 상승한다.

★★★
074 파생결합증권의 리스크에 대한 설명으로 옳은 것은?

① 배당이 커지면 stepdown ELS의 가치는 상승한다.
② 기초자산이 해외자산인 경우, 일반적으로 환율의 변동성이 커질수록 ELS의 가치는 하락한다.
③ 투자자가 만기 이전에 발행사에 환매를 요청하는 경우, 중도 환매에 대한 패널티가 부과된다.
④ 파생결합증권은 시장가격이 존재하여 시장가격에 의존하여 환매기준가격이 결정되므로, 평가모델의 불확실성에 따른 리스크에 노출되지 않는다.

정답　071 ③　　072 ②　　073 ③　　074 ③

해설 배당은 배당락 효과에 의해 미래 주가(지수)를 하락시키기 때문에, 배당이 커지면 stepdown ELS의 가치는 하락한다. 콴토위험은 기초자산이 해외자산인 경우 발생하는 위험으로, 일반적으로 환율의 변동성이 커질수록 ELS의 가치는 상승한다. 파생결합증권은 유통시장이 존재하지 않으므로 만기까지 보유하는 것을 기본으로 한다. 따라서, 투자자기 만기 이전에 유동화하기 위해서 발행사에 환매를 요청하는 경우 중도환매에 대한 패널티가 부과된다. 파생결합증권은 시장가격이 존재하지 않아 평가모델에 의한 평가가격에 의존하여 환매기준가격이 결정되므로, 평가모델의 불확실성에 따른 리스크에 노출된다.

★★★
075 파생결합증권의 발행사가 발행되는 파생결합증권과 동일한 수익구조의 스왑계약을 다른 거래상대방과 체결하여 헤지하는 거래를 무엇이라 하는가?

① 동적헤지 ② 백투백헤지
③ 델타헤지 ④ fully − funded 스왑

해설 파생결합증권의 발행사는 헤지거래를 통해 정해진 수익을 수익자에게 제공하는데, 파생결합증권의 발행사가 발행되는 파생결합증권과 동일한 수익구조의 스왑계약을 다른 거래상대방과 체결하여 헤지하는 거래를 백투백(back − to − back)헤지라고 한다.

🏛 필수핵심정리 | 파생결합증권 발행사의 헤지거래

파생결합증권 발행사의 헤지거래는 백투백(back-to-back) 헤지와 동적헤지로 구분

		파생결합증권의 발행사가 발행되는 파생결합증권과 동일한 수익구조의 스왑계약을 다른 거래상대방과 체결하여 헤지하는 거래
백투백 헤지	fully − funded 스왑	파생결합증권을 발행하여 조달한 투자원금을 헤지거래 상대방에게 지급하고 만기에 상환받는 헤지거래 → 스왑계약의 거래상대방의 신용위험에 노출
	unfunded 스왑	투자원금은 발행사에서 운용하며 스왑거래 상대방에게는 3개월 또는 6개월마다 변동금리를 지급하고 만기에 수익금액을 정산하는 방식 → 금리변동에 따른 투자원금 운용수익 변동위험과 스왑계약의 가치 변동에 따른 추가 담보 납입 요청(마진콜) 시 유동성위험 발생
동적 헤지		• 파생결합증권의 발행에 따라서 투자자에게 지급해야 하는 수익구조를 복제하기 위해서 기초자산을 직접 거래하여 헤지하는 전략 • 부채(발행한 ELS)의 변동액과 자산의 변동액이 일치하도록 포트폴리오(델타 중립 포트폴리오)를 유지해 나가는 전략

★★★
076 파생결합증권의 동적헤지전략에 대한 설명으로 옳지 않은 것은?

① 델타 중립 포트폴리오를 유지하는 전략이다.
② 감마, 베가 위험을 헤지하기 위해 선물거래를 이용한다.
③ 시장상황의 변화에 따라 헤지포트폴리오의 지속적인 리밸런싱이 필요하다.
④ 헤지 불가능한 위험요인이 있을 수 있다.

해설 감마, 베가 위험을 헤지하기 위해서는 옵션거래를 이용하여야 한다.

모델 리스크	파생결합증권의 평가에 사용되는 모델이 부정확해서 잘못된 민감도가 계산되는 위험
헤지 불가능한 위험요인	파생결합증권의 모든 위험이 헤지가 가능하지 않는 경우가 있음(예 자산 수익률 간의 상관계수)
유동성 리스크	헤지를 위해 선물이나 옵션을 이용할 때, 마진콜 발생으로 증거금을 추가 납입해야 하는 경우 발생

★★★
077 파생결합증권 발행사의 헤지거래에 대한 설명으로 옳지 않은 것은?

① 백투백헤지의 경우 fully-funded 스왑을 하면, 스왑계약의 거래상대방의 신용위험에 노출되지 않는다.

② 백투백헤지의 경우 unfunded 스왑을 하면, 추가 담보 납입 요청(마진콜) 시 유동성 위험이 발생할 수 있다.

③ 동적헤지 전략은 부채의 변동액과 자산의 변동액이 일치하도록 델타 중립 포트폴리오를 유지해 나가는 전략이다.

④ 동적헤지 전략의 경우, 파생결합증권의 모든 위험이 헤지가 가능하지 않은 경우가 있다.

> **해설** fully-funded 스왑은 파생결합증권을 발행하여 조달한 투자원금을 헤지거래 상대방에게 지급하고 만기에 상환받는 헤지거래이다. 따라서 원금을 교환하는 거래이므로 스왑계약의 거래상대방의 신용위험에 노출된다.

내용 구성 및 주요 출제내용 분석

내용 구성		중요도	주요 출제 내용
영업 실무	투자권유, 계좌개설, 입출금 업무	★★	• 적합성의 원칙, 적정성의 원칙, 부당권유의 금지 • 실명확인, 서명거래, 해외파생상품 거래 계좌 • 현금 과부족 시 처리, 입출금 시의 실명확인
	주문의 접수 및 거래체결 업무	★★★	• 거래시간 및 휴장일, 주문접수의 유형 및 조건 • 주문가격 및 수량의 제한 • 거래의 중단, 거래의 체결, 증거금제도(기본예탁금, 위탁증거금) • 착오거래의 정정
	정산, 결제, 인수도	★★★	일일정산 및 결제방법(현금결제와 인수도 결제하는 파생상품의 구분), 추가증거금(마진콜)
	대용증권, 회계	★★	• 대용증권 종류 및 대용가격 산정방법 • 금융투자업자의 회계 및 파생상품거래 회계처리기준
금융 투자 상품 세제	세제 일반	★★	• 조세의 분류, 총칙, 납세의무의 성립과 소멸 • 소득세법, 상속세 및 증여세, 신고와 납부
	파생상품 세제	★★	• 이자소득세 원천징수 기한, 세율 • 양도소득세 과세대상 자산, 장기보유특별공제와 양도소득 기본공제, 양도소득세 신고와 납부

출제경향 분석 및 학습요령

총 5문제가 출제되는 영업실무는 한국거래소규정과 중복되는 내용을 많이 포함하고 있지만 금융투자상품 세제도 학습하여야 하기 때문에 출제 문항 수에 비해 학습 분량이 많은 편이다. 세제를 제외한 중요한 내용들은 투자권유절차(적합성, 적정성 원칙), 대리인에 의한 계좌개설, 해외파생상품 거래 계좌의 종류, 현금 과부족 시 처리방법, 주문의 유형 및 조건, 일중 가격제한제도과 실시간 가격제한제도 비교, 개별경쟁거래의 원칙, 기본예탁금, 사전위탁증거금과 사후위탁증거금, 일일정산방법(정산차금과 당일차금 계산), 대용증권(종류 및 대용가격) 등으로 자주 출제된다.

⋯ T O P I C **1** 투자권유

★★★
001 투자권유와 관련된 설명으로 옳지 않은 것은?

① 최근 판례의 경향은 대상 금융거래 자체의 사법상 효력은 대체로 인정하면서, 투자자보호의무 위반에 따른 손해배상의무를 인정하는 방식으로 금융기관에게 법적 책임을 부담시키고 있다.

② 금융투자상품의 매매 또는 계약체결의 권유가 수반되지 않은 정보제공을 하는 경우에도 일반투자자정보확인서를 작성하여야 한다.

③ 회사는 투자자 방문 시 방문목적 및 투자권유희망 여부를 확인한 후, 투자권유를 희망하지 않는 투자자에 대하여는 투자권유에 해당하는 행위를 해서는 아니 된다.

④ 회사는 투자자에게 투자권유 전 일반투자자인지 전문투자자인지 확인해야 한다.

> **해설** 금융투자상품의 매매 또는 계약체결의 권유가 수반되지 않은 정보제공 등은 투자권유로 보기 어려우며, 이 경우 '일반투자자정보확인서'를 작성할 필요가 없다.

🏛 필수핵심정리 | 투자권유의 정의 및 투자권유 전 확인사항

투자권유란 특정 투자자를 상대로 금융투자상품의 매매 또는 투자자문계약 · 투자일임계약 · 신탁계약의 체결을 권유하는 것 → 금융투자상품의 매매 또는 계약체결의 권유가 수반되지 않은 정보제공 등은 투자권유가 아니므로 '일반투자자정보확인서'를 작성할 필요가 없음

■ 투자권유 전 확인사항

방문목적 확인	투자권유를 희망하지 않는 투자자에 대하여는 투자권유에 해당하는 행위를 하면 안 됨
일반 · 전문 투자자의 구분	투자권유 전 일반투자자인지 전문투자자인지 확인해야 함 → 일반투자자인 경우에 일반투자자정보를 확인하고 투자성향을 분류하고 투자성향에 적합한 투자권유를 하여야 함

★★★
002 투자권유와 관련된 설명으로 옳지 않은 것은?

① 투자자 유형에 따라 투자권유의 내용이 달라질 수 있으므로 먼저 일반투자자인지 전문투자자인지를 구분해야 한다.

② 정부, 금융기관, 한국은행은 전문투자자이다.

③ 주권상장법인이 금융투자업자와 장외파생상품 거래를 하는 경우에는 전문투자자와 같은 대우를 받겠다는 의사를 서면으로 통지하는 경우에만 전문투자자가 된다.

④ 투자자가 전문투자자인 경우에 투자자정보를 확인하고 투자성향을 분류하여 투자성향에 적합한 금융투자상품을 투자권유하여야 한다.

정답 001 ② 002 ④

해설 투자자가 일반투자자인 경우에 '일반투자정보'를 확인하고 투자성향을 분류하고 투자성향에 적합한 금융투자상품을 투자권유하여야 한다.

🏛 필수핵심정리 ▶ 자본시장법상 투자자의 구분

	전문투자자란 금융투자상품에 관한 전문성 구비 여부, 소유자산규모 등에 비추어 투자에 따른 위험감수능력이 있는 투자자로서 다음의 어느 하나에 해당하는 자를 말함
전문 투자자	• 국가 • 한국은행 • 금융기관(산림조합 · 신협 · 새마을금고의 경우 중앙회 · 연합회만 해당) • 주권상장법인(다만, 금융투자업자와 장외파생상품거래를 하는 경우에는 전문투자자와 같은 대우를 받겠다는 의사를 금융투자업자에게 서면으로 통지하는 경우에 한함) • 공사, 모든 집합투자기구, 기금, 공제회, 해외증권시장에 상장된 주권을 발행한 국내법인, 지방자치단체 • 외국정부 및 외국중앙은행, 국제기구 등 • 금융투자상품 잔고가 100억원(외감법에 따라 외부감사를 받는 주식회사는 50억원) 이상인 일반법인 • 금융투자상품 잔고가 5억원 이상(계좌를 개설한 날부터 1년이 지났을 것) 및 직전년도의 소득액이 1억원 이상이거나 재산가액이 10억원 이상인 개인
일반 투자자	• 전문투자자가 아닌 자 • 주권상장법인, 일반법인, 개인 등으로서 전문투자자의 요건에 해당하기는 하나 일반투자자로 대우를 받겠다는 서면의 의사표시를 한 자 • 주권 상장법인이 회사와 장외파생상품 거래를 하는 경우에는 일반투자자로 봄(전문투자자로 대우를 받겠다는 의사를 회사에게 서면으로 통지하는 경우에는 전문투자자로 봄)

★★★
003 일반투자자에 대한 투자권유 3대 준수사항과 거리가 먼 것은?

① 적합성 원칙　　　② 적정성 원칙　　　③ 설명의무　　　④ 손해배상 의무

해설 일반투자자에 대한 투자권유 3대 준수사항으로는 적합성 원칙, 적정성 원칙, 설명의무 등이 있다.

🏛 필수핵심정리 ▶ 일반투자자에 대한 투자권유 3대 준수사항

적합성 원칙	• 일반투자자에게 투자권유를 하기 전에 면담, 질문 등을 통해 투자목적, 재산상황 및 투자경험 등의 정보를 파악하고 서명, 기명날인, 녹취 등의 방법으로 확인받아야 함 • 확인 내용을 투자자에게 제공하고, 관련 자료를 유지 · 관리 • 투자자의 특성에 적합하지 않은 투자권유 금지
적정성 원칙	일반투자자에게 투자권유를 하기 전에 투자목적, 재산상황 및 투자경험 등에 비추어 해당 파생상품 등이 일반투자자에게 적정하지 않다고 판단되는 경우 그 사실을 알리고 서명, 기명날인, 녹취 등의 방법으로 확인을 받아야 함
설명의무	• 일반투자자를 상대로 투자권유를 하는 경우에는 상품의 내용, 투자위험 등을 일반투자자가 이해하였음을 서명, 기명날인, 녹취 등의 방법으로 확인을 받아야 함 • 설명의무 위반 시 투자자에 대한 손해배상책임이 있으며, 이 경우 원본결손액 전부를 손해배상액으로 추정

★★★
004 투자권유에 대한 설명으로 옳지 않은 것은?

① 회사의 임직원은 투자권유를 희망하지 않는 투자자에게 투자권유를 할 수 없음을 알려야 한다.

② 회사는 투자권유를 희망하지 않는 투자자로부터 '투자권유 불원 확인' 내용이 포함된 확인서를 투자자로부터 징구하고 후속 판매절차를 진행한다.

③ 투자자가 투자권유를 받지 않고 투자하는 경우에는 투자에 수반되는 유의사항을 알릴 의무가 없다.

④ 투자권유를 희망하는 일반투자자에 대하여 투자권유 전에 면담 · 질문 등을 통하여 투자자의 투자정보를 '일반투자자정보확인서'에 따라 파악하고, 투자자로부터 서명 등의 방법으로 확인을 받아 보관하여야 한다.

> **해설** 투자자가 투자권유를 받지 않고 투자하는 경우라도 원금손실 가능성, 투자에 따른 손익은 모두 투자자에게 귀속된다는 사실 등 투자에 수반되는 유의사항을 알려야 한다.

🏛 필수핵심정리 〉 투자권유 절차(process)

★★★
005 투자권유에 대한 설명으로 옳지 않은 것은?

① 투자자에게 파생상품등을 판매하려는 경우에는 투자권유를 하지 않더라도 투자자정보를 파악하여야 하며, 투자자정보를 제공하지 않는 투자자에게는 파생상품등을 판매할수 없다.

② 고령투자자에게 금융투자상품을 판매하는 경우 적합성 판단기준과 강화된 고령투자자보호기준을 준수하여야 한다.

③ 회사는 일반투자자가 제공한 투자자정보의 내용에 따라 문항별로 배점하여 scoring한결과에 따라 분류된 투자자 성향을 투자자에게 지체 없이 제공해야 한다.

④ 임직원은 투자자 본인으로부터 투자자 정보를 파악하여야 하며, 투자자의 대리인으로부터 투자자 본인의 정보를 파악할 수는 없다.

해설 임직원은 원칙적으로 투자자 본인으로부터 투자자정보를 파악하여야 하며, 투자자의 대리인이 그 자신과 투자자의 실명확인증표 및 위임장 등 대리권을 증빙할 수 있는 서류 등을 지참하는 경우 대리인으로부터 투자자 본인의 정보를 파악할 수 있다. 이 경우, 회사는 위임의 범위에 투자자정보 작성권한이 포함되어 있는지 확인한다.

★★★
006 투자권유에 대한 설명으로 옳지 않은 것은?

① 회사는 회사가 정한 투자자 성향분류와 금융투자상품 위험도 평가분류를 참조하여 투자권유의 적합성 여부를 판단할 수 있는 기준을 정하여야 한다.

② 회사가 정한 적합성 판단기준에 비추어 보아 투자자에게 적합하지 아니하다고 인정되는투자권유를 해서는 아니 된다.

③ 회사는 이미 투자자정보를 알고 있는 투자자에 대하여는 기존 투자자 성향을 알리고 투자권유를 하여야 한다.

④ 임직원은 '공격투자형'인 투자자에게만 초고위험 상품인 '파생상품'을 추천할 수 있으며,투자자에게 적합하지 않은 것으로 판단되는 금융투자상품은 판매할 수 없다.

해설 권유가 제한되는 것이지 판매가 불가한 것은 아니다. 임직원은 '공격투자형'인 투자자에게만 초고위험 상품인 '파생상품'을 추천할 수 있으며, 투자자에게 적합하지 않은 것으로 판단되는 금융투자상품에 투자자가 투자하고자 하는 경우 투자자로부터 투자자 확인내용(부적합/부적정 금융투자상품 거래 확인)이 포함된 확인서를 받고 판매하거나, 해당 거래를 중단할 수 있다.

★★★
007 투자권유에 대한 설명으로 옳지 않은 것은?

① 투자자가 본인에게 적합하지 않은 것으로 판단되는 금융투자상품을 투자하고자 하는 경우, 투자자에게 투자의 위험성을 알리고 해당 투자자로부터 서명 등의 방법으로 이를 고지받았다는 사실을 확인받아야 한다.

② 투자자에게 파생상품등을 판매하려는 경우에는 투자권유를 하지 아니하더라도 면담·질문 등을 통하여 그 투자자의 투자목적·재산상황 및 투자경험 등의 정보를 파악하여야 한다.

③ 파악한 투자자정보에 비추어 해당 파생상품등이 그 투자자에게 적정하지 아니하다고 판단되는 경우에는, 해당 투자가 투자자정보에 비추어 적정하지 아니하다는 사실을 투자자에게 알리고 서명 등의 방법으로 확인받아야 한다.

④ 투자권유 없이 파생상품을 거래하는 일반투자자의 경우에는 적정성 원칙에 의한 판별을 하지 않아도 된다.

해설 투자권유 없이 파생상품을 거래하는 일반투자자의 경우에도 적정성 원칙에 의한 판별을 하여야 한다.

★★★
008 투자자의 올바른 투자판단을 유도하기 위하여 계약체결 이전에 교부하여야 하는 '적합성 보고서'의 교부대상자와 거리가 먼 자는?

① 신규투자자
② 일반투자자
③ 투자성향 부적합투자자
④ 고령투자자 및 초고령투자자

해설 신규투자자, 일반투자자 중 투자성향 부적합투자자, 고령투자자 및 초고령투자자에게 ELS 등을 판매하고자 하는 경우, 투자자의 올바른 투자판단을 유도하기 위하여 추천사유 및 유의사항 등을 기재한 '적합성 보고서'를 계약체결 이전에 투자자에게 교부하여야 한다.

🏛 필수핵심정리 ▶ '적합성 보고서'의 교부대상자 및 대상상품

교부대상자	신규투자자, 일반투자자 중 투자성향 부적합투자자, 고령투자자 및 초고령투자자
대상상품	ELS(주가연계증권), ELF(주가연계펀드), ELT(주가연계신탁), DLS(파생결합증권), DLF(파생결합펀드), DLT(파생결합신탁)

★★★
009 설명의무에 대한 설명으로 옳지 않은 것은?

① 임직원 등은 투자자에게 투자권유를 하는 경우 금융투자상품의 내용, 투자에 따르는 위험 등 주요 내용을 투자자가 이해할 수 있도록 설명하여야 한다.

② 임직원 등은 투자자에게 설명한 내용을 투자자가 이해하였음을 서명 등의 방법으로 확인을 받아야 한다.

③ 투자자는 공평하게 대우해야 하므로 투자경험과 금융투자상품에 대한 지식수준 등 투자자의 이해수준을 고려하여 설명의 정도를 다르게 할 수는 없다.

④ 임직원은 투자자가 추후에도 파생상품등에 대하여 문의할 수 있도록 자신의 성명, 직책, 연락처 및 콜센터 또는 상담센터 등의 이용방법을 알려야 한다.

 투자자의 투자경험과 금융투자상품에 대한 지식수준 등 투자자의 이해수준을 고려하여 설명의 정도를 다르게 할 수 있다. 또한 투자자의 합리적인 투자판단 또는 해당 금융투자상품의 가치에 중대한 영향을 미칠 수 있는 중요사항을 거짓 또는 왜곡하여 설명하거나 누락하여서는 아니 된다.

★★★
010 금융투자회사의 임직원이 투자자에게 투자권유를 하는 경우, 투자자에게 설명하여야 할 내용과 거리가 먼 것은?

① 원금보장 수준 ② 투자에 따르는 위험
③ 투자자가 부담하는 수수료 ④ 계약의 해제 · 해지에 관한 사항

해설 원금보장을 약속하는 행위를 해서는 아니 된다. 임직원 등은 투자자에게 투자권유를 하는 경우 금융투자상품의 내용, 투자에 따르는 위험 등을 투자자가 이해할 수 있도록 설명하고, 설명한 내용을 투자자가 이해하였음을 서명 등의 방법으로 확인을 받아야 한다.

🏛 필수핵심정리 설명의무 이행 시 설명하여야 할 사항

① 금융투자상품의 내용
② 투자에 따르는 위험
③ 금융투자상품의 투자성에 관한 구조와 성격
④ 투자자가 부담하는 수수료에 관한 사항
⑤ 조기상환조건이 있는 경우 그에 관한 사항
⑥ 계약의 해제 · 해지에 관한 사항 등

011 투자권유 유의사항에 대한 설명으로 옳지 않은 것은?

① 임직원은 투자자와 계약을 체결한 경우, 그 계약서류를 지체 없이 투자자에게 교부한다.

② 투자자문계약을 체결한 투자자에게는 계약서류를 교부받은 날부터 10일 이내에 투자자문계약을 해제할 수 있음을 고지하여야 한다.

③ 매매거래계좌를 설정하는 등 거래를 위한 기본계약을 체결하고 그 계약내용에 따라 계속적·반복적으로 거래를 하는 경우에는 계약서류를 교부하지 않아도 된다.

④ 투자자가 입을 손실의 전부 또는 일부를 보전하여 줄 것을 사전에 약속하거나 사후에 보전하여 주는 행위는 금지된다.

> **해설** 임직원은 투자자문계약을 체결한 투자자에게 계약서류를 교부받은 날부터 7일 이내에 투자자문계약을 해제할 수 있음을 고지하여야 한다.

🏛 필수핵심정리 ▶ 손실보전 등의 금지행위

① 투자자가 입을 손실의 전부 또는 일부를 보전하여 줄 것을 사전에 약속하는 행위
② 투자자가 입은 손실의 전부 또는 일부를 사후에 보전하여 주는 행위
③ 투자자에게 일정한 이익을 보장할 것을 사전에 약속하는 행위
④ 투자자에게 일정한 이익을 사후에 제공하는 행위

---

012 다음 중 투자자와 계약을 체결한 경우 그 계약서류를 교부하지 않아도 되는 경우를 모두 고르면?

> ㉠ 매매거래계좌를 설정하는 등 금융투자상품을 거래하기 위한 기본계약을 체결하고 그 계약내용에 따라 계속적·반복적으로 거래를 하는 경우
> ㉡ 투자자가 계약서류를 받기를 거부한다는 의사를 구두로 표시한 경우
> ㉢ 투자자가 우편이나 전자우편으로 계약서류를 받을 의사를 서면으로 표시한 경우로서 투자자의 의사에 따라 우편이나 전자우편으로 계약서류를 제공하는 경우

① ㉠

② ㉠, ㉡

③ ㉠, ㉢

④ ㉡, ㉢

> **해설** ㉡ 투자자가 계약서류를 받기를 거부한다는 의사를 서면으로 표시한 경우에 그 계약서류를 교부하지 않아도 된다.

★★★
013 투자매매업자 및 투자중개업자의 금지행위에 대한 설명으로 옳지 않은 것은?

① 투자자의 투자목적, 재산상황 및 투자경험 등을 고려하지 않고 일반투자자에게 빈번하거나 또는 과도한 규모의 금융투자상품의 매매거래를 권하여서는 아니 된다.
② 투자자를 거래상대방으로 하여 매매하는 경우 외에 금융투자상품시장에서 회사 또는 자기계산에 따라 금융투자상품 매매를 유리하게 또는 원활하게 할 목적으로 투자자에게 특정 금융투자상품의 매매를 권유하여서는 아니 된다.
③ 금융투자상품의 가치에 중대한 영향을 미치는 사항을 미리 알고 있으면서도 이를 투자자에게 알리지 않고 해당 금융투자상품의 매수나 매도를 권유하는 행위는 금지된다.
④ 회사가 발행한 주식의 매매를 권유하는 행위는 허용된다.

> **해설** ①은 과당매매, ②는 자기매매를 위한 권유, ③과 ④는 부당한 권유로 모두 금지된다.

Ⅲ 필수핵심정리 ▶ 투자매매업자 및 투자중개업자의 금지행위

① 과당매매의 권유금지
② 자기매매를 위한 권유금지
③ 부당한 권유금지
④ 파생상품 등에 대한 투자권유대행인에 의한 투자권유는 금지
⑤ 투자의 일임은 별도의 투자일임계약에 의하지 않을 경우 불가능(불법)

★★★
014 과당매매와 관련하여 특정 거래가 빈번한 거래인지 또는 과도한 거래인지를 판단할 때에 고려되어야 할 사항으로 부적절한 것은?

① 일반투자자가 당해 거래로 인하여 실제 투자손실을 입었는지의 여부
② 일반투자자가 부담하는 수수료의 총액
③ 일반투자자의 재산상태 및 투자목적에 적합한지 여부
④ 일반투자자가 투자지식이나 경험에 비추어 당해 거래에 수반되는 위험을 잘 이해하고 있는지 여부

> **해설** 일반투자자가 결과적으로 투자이익을 얻은 경우에도 과당매매가 될 수 있다. 따라서 일반투자자가 당해 거래로 인하여 실제 투자손실을 입었는지의 여부는 과당매매를 판단할 때의 고려사항이 아니다.
> ②~④ 외에도 개별 매매거래 시 권유 내용의 타당성 여부 등을 종합적으로 고려하여 판단한다.

★★★
015 투자권유에 대한 설명으로 옳은 것은?

① 투자권유 없이 파생상품을 거래하는 일반투자자의 경우에도 적정성 원칙에 의한 판별을 하여야 한다.

② 일반투자자에게 투자권유를 하기 전에 면담, 질문 등을 통해 투자목적, 재산상황 및 투자경험 등의 정보를 파악하고 서명(전자서명은 불가), 기명날인, 녹취 등의 방법으로 확인받아야 한다.

③ 투자의 일임은 시기, 가격 등 제한적인 범위 내에서 가능하다.

④ 투자권유대행인은 파생상품 등에 대한 투자권유가 가능하다.

> **해설** ② 전자서명도 가능하다.
> ③ 투자의 일임은 별도의 투자일임계약에 의하지 않을 경우 불가능하다. 자본시장법에서는 별도의 일임계약에 의하지 않은 일임거래는 불법이므로 유의하여야 한다.
> ④ 파생상품 등에 대한 투자권유대행인에 의한 투자권유는 금지된다.

···TOPIC 2 계좌개설

★★★
016 계좌개설 시의 서류준비에 관한 설명으로 옳지 않은 것은?

① 파생상품계좌 개설 신청서, 파생상품거래 위험고지서, 파생상품거래 약관, 일반투자자 투자자정보 확인서, 일중매매거래위험고지서 등을 징구하여야 한다.

② 계좌개설 신청서는 대리인에게 위임할 수 없으며 투자자 본인이 작성하여야 한다.

③ 법인의 경우 사용인감을 따로 등록하여 거래편의성을 도모하기 위해서는 사용인감신고서를 제출하여야 한다.

④ 투자자와 주문대리인은 주문대리인위임장 등 서면서류를 작성하여야 한다.

> **해설** 계좌개설 신청서는 투자자 본인이 작성하는 것이 원칙이지만 대리인에게 위임할 수 있다. 만약 본인이 아닌 대리인이 계좌를 개설할 경우 위임장을 징구하여야 한다.

★★★
017 파생상품거래와 관련한 거래 유의사항 및 관련 위험을 고지하고 거래의 주요 내용을 설명하는 서류로서, 관련법규에 의해 고객에게 설명되고 제공되어야 하는 기본서류는?

① 일반투자자 투자자정보 확인서　　② 파생상품거래 위험고지서

③ 파생상품거래 약관　　④ 일중매매거래위험고지서

정답 013 ④　014 ①　015 ①　016 ②　017 ②

파생상품거래 위험고지서에 대한 내용이다. 일반투자자 투자자정보 확인서는 투자자의 투자목적, 재산상황, 투자경험 등을 감안한 적합한 투자권유를 하기 위하여 제출받는 서류이다. 파생상품거래 약관은 파생상품거래와 관련된 회사와 고객 간의 기본적인 계약사항이며, 일중매매거래위험고지서는 일중매매거래 손실위험에 대하여 설명하는 서류이다.

★★★ 018 적격개인투자자 제도에 대한 설명으로 옳지 않은 것은? 심화

① 개인투자자의 거래 단계를 확인하기 위해 장내파생상품거래확인서를 받는다.
② 신규개인투자자는 사전교육수료확인증과 모의거래이수확인서를 제출하여야 한다.
③ 파생상품을 별도 과목으로 둔 금융자격증 보유자는 사전교육과 모의거래가 모두 면제된다.
④ 금융투자회사에서 파생상품 업무경력이 1년 이상인 업계종사자는 사전교육과 모의거래가 모두 면제된다.

해설 파생상품을 별도 과목으로 둔 금융자격증 보유자는 사전교육이 면제되고 모의거래만 이수하면 된다. 신규개인투자자는 사전교육수료확인증(금융투자협회 사전교육 30시간 이수)과 모의거래이수확인서(한국거래소 모의거래 50시간 참여)를 제출하여야 한다.

🏛 필수핵심정리 ▶ 투자자 진입제도(적격개인투자자제도) 완화(2017. 3. 27 변경)

※2017년 3월 27일부터 투자자 진입제도(적격개인투자자제도)를 완화하여 옵션매수거래의 진입요건을 완화하고 사전교육을 2단계로 분리하였음

구분	투자가능상품	기본예탁금	기타 진입요건
1단계	선물(변동성 지수선물 제외) 및 옵션 매수	2,000만원~5,000만원	• 사전교육(1단계) 20시간 • 모의거래 50시간
2단계	모든 선물/옵션	3,000만원~1억원	• 사전교육(2단계) 10시간 • 계좌개설일 1년 경과 • 선물/옵션 거래경험(1년 내 10영업일)

★★★ 019 신규계좌개설 신청서류 접수와 관련된 설명으로 옳지 않은 것은?

① 위탁자명 및 비밀번호는 필히 고객 자필로 작성하여야 한다.
② 비밀번호는 숫자로 4~6자리(4자리 필수)로 하여야 한다.
③ 통신용 비밀번호와 계좌원장 비밀번호를 구분해서 사용하여야 한다.
④ 실명확인증표를 징구하고 대리인일 경우 위임장과 대리인의 인감증명서 및 위임인과 위임받은 사람의 실명확인증표를 징구하여야 한다.

해설 실명확인증표를 징구하고 대리인일 경우 위임장과 위임한 고객의 인감승명서 및 뷔임인과 위임받은 사람의 실명확인증표를 징구하여야 한다.

★★★
020 파생상품거래 약관의 필수적 기재사항이 아닌 것은? 심화

① 일정한 경우 수탁을 거부할 수 있다는 수탁의 거부에 관한 사항
② 기본예탁금의 예탁에 관한 사항
③ 회사의 리스크 관리정책에 관한 사항
④ 위탁수수료의 징수에 관한 사항

> **해설** 회사의 리스크 관리정책은 파생상품거래 약관의 필수적 기재사항이 아니다.

> **🏛 필수핵심정리** 파생상품거래 약관의 필수적 기재사항
>
> • 파생상품 관계법규 및 관련 조치의 준수에 관한 사항
> • 수탁의 거부에 관한 사항
> • 지정결제회원에 관한 사항
> • 기본예탁금 및 위탁증거금의 예탁에 관한 사항
> • 대용증권 및 외화증권의 이용 제한사항
> • 위탁수수료의 징수에 관한 사항
> • 기초자산 수수의 제한 및 책임에 관한 사항
> • 위탁증거금의 추가예탁 통지 등 위탁자에 대한 통지에 관한 사항 등

★★★
021 파생상품거래 약관의 신고 및 변경에 대한 설명으로 옳지 않은 것은?

① 금융투자업자는 약관을 제정하거나 변경하고자 할 때는 금융위원회에 사전에 신고하여야 한다.
② 금융위원회는 금융투자업자로부터 신고받은 약관을 공정거래위원회에 통보하여 필요시 조치를 취하여야 한다.
③ 금융투자협회가 제정한 표준약관을 사용할 경우에는 금융투자업자가 사전에 신고할 의무가 없다.
④ 일반투자자만을 대상으로 하는 약관을 제정 또는 변경하는 경우에는 제정·변경 후 7일 이내에 금융위원회 및 금융투자협회에 보고하면 된다.

> **해설** 전문투자자만을 대상으로 하는 약관을 제정 또는 변경하는 경우에는 제정·변경 후 7일 이내에 금융위원회 및 금융투자협회에 보고하면 된다.

금융투자업자는 약관의 제정·변경 시 금융위원회에 사전에 신고하여야 함

■ 약관 제정·변경 이후 7일 이내에 금융위 및 금융투자협회에 보고하면 되는 경우

① 투자자의 권리·의무와 관련 없는 사항을 변경하는 경우
② 금융투자협회의 표준약관을 그대로 사용하는 경우
③ 제정 또는 변경하고자 하는 약관의 내용이 이미 다른 금융투자업자가 신고한 약관의 내용과 같은 경우
④ 전문투자자만을 대상으로 하는 약관을 제정 또는 변경하는 경우

★★★
022 다음의 내용이 기재된 파생상품거래와 관련된 서류는?

- 위탁증거금 이상의 손실발생 가능성
- 위탁증거금의 추가 예탁 가능성 및 위탁증거금의 인상 가능성

① 일반투자자 투자자정보 확인서　　　② 파생상품거래 위험고지서
③ 파생상품거래 약관　　　　　　　　④ 일중매매거래 위험고지서

해설 거래소 회원은 위탁자와 파생상품 계좌설정 계약을 체결하기 전에 위탁증거금 이상의 손실발생 가능성, 위탁증거금의 추가 예탁 가능성 등의 내용이 기재된 파생상품거래 위험고지서를 위탁자에게 교부하고 그 내용을 충분히 설명하여야 한다(위탁자로부터 교부확인서 징구).

★★★
023 거래소 회원은 파생상품 계좌설정계약에 관한 서면, 파생상품거래 위험고지서 교부확인서 및 위탁자 관련 사항에 관한 서면을 몇 년 이상 보관하여야 하는가?

① 3년　　　　　② 5년　　　　　③ 7년　　　　　④ 10년

해설 10년 이상 보관하여야 한다.

★★★
024 실명확인의 방법으로 옳지 않은 것은?

① 내국인인 개인은 주민등록표상에 기재된 성명 및 주민등록번호
② 외국인은 여권(외국인등록증)에 기재된 성명 및 여권번호(등록번호)
③ 법인은 법인등기부등본에 기재된 법인명 및 등록번호
④ 법인이 이닌 단체는 당헤 단체를 대표하는 실지 명의

해설 법인은 사업자등록증에 기재된 법인명 및 등록번호로 실명을 확인한다.

'금융실명거래 및 비밀보장에 관한 법률'에 의해 모든 금융기관과의 계좌개설 및 입출금 거래 시에 실질 명의에 의해 거래가 이루어져야 함

개인	내국인	주민등록표상에 기재된 성명 및 주민등록번호
	재외국인	• 여권에 기재된 성명 및 여권번호 • 여권이 발급되지 않은 외국인 : 재외국인 등록부에 기재된 성명 및 등록번호 • 외국인계좌(외화계좌)를 개설하는 경우 : 투자등록증상의 성명과 투자등록번호(고유번호)
	외국인	• 여권에 기재된 성명 및 여권번호 • 외국인등록증에 기재된 성명 및 등록번호 • 투자등록증상의 성명과 투자등록번호(고유번호)
법인		• 사업자등록증에 기재된 법인명 및 등록번호 • 사업자등록증을 교부받지 않은 법인 : 법인명 및 납세번호
법인이 아닌 단체		당해 단체를 대표하는 실지 명의
외국단체		• 투자등록증에 기록된 명칭 및 투자등록번호 • 외국단체 등록증에 기록된 명칭 및 등록번호

★★★
025 실명확인에 대한 설명으로 옳지 않은 것은?

① 실제로 고객의 실명을 확인한 직원이 실명확인필을 날인한다.
② 실명확인자는 실명확인업무에 대한 권한·의무가 주어진 영업점(본부 영업부서 포함) 직원이다.
③ 본부직원 및 청원경찰은 실명확인을 할 수 있다.
④ 금융기관의 임직원이 아닌 금융상품 모집인 및 카드모집인(임시사용인) 등은 실명확인을 할 수 없다.

해설 실명확인자는 실명확인 업무에 대한 권한·의무가 주어진 영업점(본부 영업부서 포함) 직원이며, 후선부서 직원(본부직원, 서무원, 청원경찰 등)은 실명확인을 할 수 없다. 금융기관의 임직원이 아닌 금융상품 모집인 및 카드모집인(임시사용인) 등은 실명확인을 할 수 없으나, 본부부서 근무 직원이 실명확인 관련 업무를 처리하도록 명령 받은 경우는 실명확인을 할 수 있다. 또한 업무위탁계약에 의해 은행 및 다른 금융투자업자에게 실명확인 업무를 위탁한 경우, 다른 은행 및 금융투자업자에 의한 실명확인이 가능하다(이 경우에도 위험고지 등 필수적인 업무의 위탁은 불가).

★★★
026 대리인에 의한 계좌개설 시 실명확인 방법으로 옳지 않은 것은? 심화

① 가족 외의 대리인이 계좌를 개설하는 경우 본인 및 대리인 모두의 실명확인증표, 본인의 인감증명서, 위임장 등을 징구한다.

② 가족 외의 대리인이 계좌를 개설하는 경우 본인의 실명확인증표는 사본도 가능하다.

③ 가족이 계좌를 개설하는 경우 본인 및 대리인 모두의 실명확인증표와 가족확인서류를 징구한다.

④ 가족의 범위는 본인의 직계존비속(배우자 부모 포함) 및 배우자이다.

> **해설** 가족이 계좌를 개설하는 경우 대리인의 실명확인증표(본인의 실명확인증표는 불필요)와 가족확인서류를 징구한다.

★★★
027 서명거래에 대한 설명으로 옳지 않은 것은?

① 법인계좌도 서명거래가 가능하다.

② 서명등록은 반드시 본인이 등록한다.

③ 인감 없이 서명만 등록이 가능하다.

④ 성명과 서명이 같더라도, 성명과 서명은 필히 별도로 기재하여야 한다.

> **해설** 법인계좌는 계좌특성상 서명거래가 불가능하다. 또한 서명거래 시 필수적으로 실명확인증표에 의해 본인을 확인하여야 한다. 거래하는 신고인감 외에 본인의 서명을 사전에 등록하고 등록된 서명을 사용하여 거래할 경우 인감거래와 동일하다.

★★★
028 외국인의 계좌개설 및 입 · 출금 업무에 대한 설명으로 옳지 않은 것은? 심화

① 외국인이 파생상품거래를 위한 계좌를 개설하는 경우 외국인의 실명확인증표가 있으면 가능하다.

② 거래증거금으로 대용증권을 사용할 경우는 투자등록증이 필요하다.

③ 외국인 거주자의 경우에는 외화계좌를 의무적으로 개설하여야 한다.

④ 외국인은 은행의 '외국인 투자전용 비거주자 원화계좌'의 이체를 통해서만 입 · 출금이 가능하다.

> **해설** 외화계좌 개설은 비거주 외국인의 경우에는 의무적으로 개설하여야 한다. 또한 외국인은 취득한 유가증권을 투자매매업자, 투자중개업자, 예탁결제원, 외국환은행, 투자신탁회사, 외국보관기관 등에 보관하여야 한다. 그리고 금융투자업자에게 외화계좌를 개설한 자는 반드시 은행에 파생상품투자전용 대외계정(은행 외화계좌)과 파생상품투자전용 비거주자 원화계정(은행 원화계좌)을 개설해야 한다.

★★★
029 장내파생상품의 투자중개업자가 자기의 명의와 위탁자의 계산으로 해외파생상품시장 거래를 하기 위하여 해외파생상품시장회원 또는 해외파생상품중개인에게 개설하는 계좌는?

① 자기계좌　　　　　　　　　　　② 총괄계좌
③ 중개계좌　　　　　　　　　　　④ 지정계좌

 총괄계좌는 금융투자업자 명의의 단일 계좌이지만 회사는 내부적으로 여러 고객을 Sub계좌로 관리하는 것이며, 거래상대방인 해외파생상품시장회원 또는 해외파생상품중개인은 금융투자업자 명의의 1계좌로만 처리한다. 총괄계좌를 옴니버스(omnibus) 계좌라고도 한다.

Ⅲ 필수핵심정리 ▷ 해외파생상품 거래계좌의 종류

자기 계좌	자기(금융투자업자)의 명의와 자기의 계산
	장내파생상품의 투자매매업자 또는 투자중개업자가 해외파생상품시장 거래를 자기의 명의와 계산으로 하기 위하여 해외파생상품시장회원 또는 해외파생상품중개인에게 거래를 중개할 수 있는 자에게 개설하는 계좌
총괄 계좌	자기(금융투자업자)의 명의와 위탁자의 계산
	장내파생상품의 투자중개업자가 자기의 명의와 위탁자의 계산으로 해외파생상품시장 거래를 하기 위하여 해외파생상품시장회원 또는 해외파생상품중개인에게 개설하는 계좌(옴니버스 계좌)
중개 계좌	위탁자 명의와 위탁자의 계산
	위탁자가 장내파생상품의 투자중개업자의 중개를 통하여 해외파생상품시장 거래를 하기 위하여 해외파생상품시장회원 또는 해외파생상품중개인에게 자기(위탁자)의 명의와 계산으로 개설하는 계좌

★★★
030 해외파생상품 거래계좌 중 위탁자가 자기의 명의와 계산으로 개설하는 계좌는?

① 중개계좌　　　　　　　　　　　② 총괄계좌
③ 자기계좌　　　　　　　　　　　④ 지정계좌

해설 중개계좌는 위탁자가 장내파생상품의 투자중개업자의 중개를 통하여 해외파생상품시장 거래를 하기 위하여 해외파생상품시장회원 또는 해외파생상품중개인에게 자기(위탁자)의 명의와 계산으로 개설하는 계좌이다.

031

해외파생상품 거래와 관련된 설명으로 옳지 않은 것은? 심화

① 중개계좌에서 중개자인 금융투자업자는 주문의 집행 등 중개업무만 수행하고 실질적인 자금의 이체 등은 위탁자가 직접 해외파생상품시장회원 또는 해외파생상품중개인과 수행한다.

② 해외파생상품 거래의 특성상 환율변동위험이 수반된다는 사실, 가격정보 및 주문처리 등 거래여건이 불리하다는 사실, 국내제도와 다를 수 있다는 사실 등을 위험고지서에 포함시켜야 한다.

③ 금융투자업자 또는 중개계좌를 개설한 위탁자는 해외파생상품시장회원 또는 해외 금융투자업자인 중개인(FCM)이 제공하는 신용으로 거래할 수 없다.

④ 금융투자업자는 총괄계좌에 대하여 해외신용을 획득한 경우라도 이를 위탁자에게 제공하거나 그 사용대가를 위탁자에게 부담시킬 수 없다.

> **해설** 금융투자업자 또는 중개계좌를 개설한 위탁자는 해외파생상품시장회원 또는 해외 금융투자업자인 중개인(FCM)이 제공하는 신용으로 거래가 가능하다. 반면에, 국내 파생상품거래는 신용공여가 일절 불가능하다.

032

계좌개설과 관련된 설명으로 옳은 것은?

① 계좌 개설 시 인감 없이 서명만으로 등록이 불가능하다.

② 실명확인은 위탁자 본인을 통해서만 할 수 있다.

③ 계좌개설 신청서는 투자자가 작성하는 것이 원칙이다.

④ 해외선물계좌를 개설할 경우 제공되는 위험고지서는 국내선물의 경우와 같다.

> **해설** ① 계좌개설 시 인감 없이 서명만으로 등록이 가능하다.
> ② 실명확인은 대리인을 통해서도 가능하다.
> ④ 해외선물계좌를 개설할 경우 제공되는 위험고지서는 해외파생상품거래의 특성상 환율변동위험이 수반된다는 사실, 가격정보 및 주문처리 등 거래여건이 불리하다는 사실, 국내제도와 다를 수 있다는 사실 등을 위험고지서에 포함시켜야 한다.

★★★
033 입출금 업무에 관한 설명으로 옳지 않은 것은?

① 입금 실수로 잘못 입금하였을 경우 필요한 부분만큼 일부 취소를 한 후에 정확한 전표를 작성하여 정상처리하여야 한다.

② 입금취소 업무는 당일 중 입금지점에서만 처리할 수 있다.

③ 인출가능금액보다 많은 금액을 출금하거나, 사고등록계좌, 미수금이 발생되어 있는 계좌 등은 출금할 수 없다.

④ 이체출금이란 사전에 약정된 본인 명의의 계좌로 이체하여 출금하는 경우로 반드시 사전에 등록된 계좌로만 출금 가능하다.

해설 입금취소는 당일 중 입금지점에서만 처리 가능하며, 일부 취소는 불가능하며, 전부를 취소처리한 후 정확한 전표를 작성하여 정상 처리하여야 한다.

🏛 필수핵심정리 ｜ 입출금 업무

입금 취소		• 고객이 전표를 잘못 작성한 경우에도 담당자의 확인부주의로 인정하여 자체 처리하도록 함 • 취소업무는 당일 중 입금지점에서만 처리할 수 있으며, 일부 취소는 불가능하며, 전부 취소 처리하고 정확한 전표를 작성하여 처리해야 함
출금	출금이 불가한 경우	• 인출가능금액보다 많은 금액을 출금할 경우 • 출금 불응의 사고가 등록된 경우(분실계좌 등) • 미수금이 발생되어 있는 계좌인 경우
	출금 방법	창구출금, 이체출금(반드시 사전에 등록된 본인명의 계좌로만 가능), 대체출금
	출금 취소	책임자의 확인을 받은 후, 책임자 카드를 사용하여 당일 중 출금지점에서 정확한 전표를 작성하여 전부 취소처리를 해야 함
현금 과부족	현금 부족 시	부족금액을 일시적으로 기타 유동자산으로 처리 → 일정기간 후에도 원인이 규명되지 않을 경우 잡손실로 처리
	현금 과잉 시	과잉금액을 일시적으로 기타 예수금으로 처리 → 일정기간 후에도 원인규명이 안 될 경우 잡이익으로 처리

★★★
034 입출금 업무에 관한 설명으로 옳지 않은 것은?

① 출금 취소 시 책임자의 확인을 받은 후 책임자 카드를 사용하여 당일 중 출금지점에서 정확한 전표를 작성하여 전부 취소처리를 해야 한다.
② 현금 부족 시 부족금을 일시적으로 기타 유동자산으로 처리하고, 일정기간 후에도 원인이 규명되지 않을 경우 잡손실로 처리한다.
③ 현금 과잉 시 과잉금액을 일시적으로 선수금으로 처리하고 일정기간 후에도 원인 규명이 되지 않을 경우 잡이익으로 처리한다.
④ 당일의 모든 입·출금 업무 마감 후 자금은 기타 예치기관과 증권금융으로 입금한다.

해설 현금과잉 시 과잉금액을 일시적으로 기타 예수금으로 처리하고 일정기간 후에도 원인 규명이 되지 않을 경우 잡이익으로 처리한다.

···TOPIC 4 주문의 접수

★★★
035 파생상품의 거래시간 및 휴장일에 대한 설명으로 옳지 않은 것은?

① 모든 상품의 거래시간은 9시부터 15시 45분까지이다. (단, 돈육선물의 경우에는 10시 15분부터 15시 45분까지이다.)
② 선물스프레드 거래의 거래시간은 대상선물거래의 접속거래시간에만 가능하다.
③ 호가 접수시간은 거래시간과 동일하다.
④ 근로자의 날과 12월 31일은 휴장일이다.

해설 호가 접수시간은 거래시간과 다른 개념이다. 호가 접수시간은 거래시간의 개시 60분 전부터 거래시간의 종료 전까지이다(즉, 일반적으로 8시부터 호가를 접수하고, 거래는 9시부터 시작되며, 거래종료 시점인 15시 45분에 호가 접수와 거래가 종료됨).

🏛 필수핵심정리 ▷ 거래시간 및 휴장일

	모든 상품의 거래시간은 09:00~15:45(단, 돈육선물은 10:15~15:45)		
거래시간	최종거래일이 도래한 종목의 경우	주식상품시장	09:00~15:20
		금리·통화시장	09:00~11:30
		돈육선물	10:15~15:45
	선물스프레드 거래의 거래시간은 대상선물거래의 접속거래시간에만 가능		
호가 접수시간	거래시간의 개시 60분 전부터 거래시간의 종료 전까지(즉, 일반적으로 8시부터 호가를 접수하고, 거래는 9시부터 시작되며, 거래종료 시점인 15시 45분에 호가 접수와 거래가 종료)		
휴장일	• 토요일, 공휴일, 근로자의 날 • 12월 31일(휴일인 경우에는 직전 거래일) • 기타 시장관리상 필요하다고 인정되는 날		

★★★
036 최종거래일이 도래한 종목의 거래시간이 옳지 않은 것은? 심화

① 주식상품시장 : 09:00~15:20　　　② 돈육선물 : 09:00~11:30

③ 금리·통화시장 : 09:00~11:30　　　④ 금선물 : 09:00~15:20

> **해설** 돈육선물은 최종거래일이 도래한 종목의 거래시간도 평상시의 거래시간과 동일하게 10시 15분부터 15시 45분(10:15~15:45)까지이다.

★★★
037 주문 접수에 관한 설명으로 옳지 않은 것은?

① 회원은 위탁자로부터 거래의 위탁을 받는 경우에는 성명(법인명), 주민등록번호(법인등록번호), 비밀번호 및 파생상품계좌번호 등을 확인하여야 한다.

② 회원이 위탁자로부터 주문수탁 시 문서에 의한 방법, 전화 등에 의한 방법, 전자통신에 의한 방법으로 할 수 있다.

③ 주문 접수에 관한 기록은 그 접수일로부터 5년 이상 보관하여야 한다.

④ 거래의 수탁을 거부한 경우 그 이유를 주문표, 전산주문표, 그밖에 주문내용을 기록한 문서에 기재하고 그 사실을 즉시 위탁자에게 통지하여야 한다.

> **해설** 주문 접수에 관한 기록은 그 접수일로부터 10년 이상 보관하여야 한다.

🏛 필수핵심정리 ▶ 주문 접수의 방법

주문내용의 확인	• 성명(법인명), 주민등록번호(법인등록번호), 비밀번호, 파생상품계좌번호 • 주문의 유형, 종목, 수량, 가격(지정되는 경우) • 매도와 매수의 구분 • 위탁거래와 자기거래의 구분 • 주문의 조건과 유효기간(있는 경우)
주문의 수탁방법	문서(주문표), 전화 등(전화, 전보, 팩스), 전자통신(HTS 혹은 on-line 거래로서 컴퓨터 및 스마트폰 통신)
주문처리	(전산)주문표 혹은 시스템에 접수시간을 기록하고 10년 이상 보관

★★★
038 종목 및 수량은 지정하되 가격은 지정하지 않는 호가는?

① 지정가호가　　　　　　　② 시장가호가

③ 조건부지정가호가　　　　④ 최유리지정가

> **해설** 시장가호가는 가격을 지정하지 않는 호가이다.

지정가호가	종목, 수량, 가격을 지정하는 호가로 지정된 가격 또는 지정된 가격보다 유리한 가격으로 거래를 하고자 하는 주문
시장가호가	종목 및 수량은 지정하되 가격은 지정하지 않는 호가
조건부 지정가호가	시장에 도달된 때에는 지정가주문으로 거래하나, 만약 종가 단일가격 거래 전까지 체결되지 않은 경우에는 종가 단일가격 거래 시에 시장가호가로 전환되는 주문
최유리 지정가호가	종목 및 수량은 지정하되 가격은 시장에 도달하는 시점에서 가장 유리하게 거래되는 가격으로 지정되는 주문으로 시장가호가와 지정가호가를 결합한 것

입력된 주문은 거래체결, 주문의 취소 · 정정 등의 경우를 제외하면 접수된 때부터 당일의 거래종료 시까지 효력을 지속함

일부충족조건(FAK, IOC)	전량충족조건(FOK)
당해 주문의 접수시점에서 주문한 수량 중 체결될 수 있는 수량에 대하여는 거래를 성립시키고 체결되지 아니한 수량은 취소하는 조건	당해 주문의 접수시점에서 주문한 수량의 전부에 대하여 체결할 수 있는 경우에는 거래를 성립시키고 그러하지 아니한 경우에는 당해 수량 전부를 취소하는 조건

★★★
039 한국거래소의 주문 유형 및 조건에 대한 설명으로 옳지 않은 것은?

① 조건부지정가호가는 시장에 도달된 때에는 지정가주문으로 거래하나, 만약 종가 단일가격 거래 전까지 체결되지 않은 경우에는 종가 단일가격 거래 시에 시장가호가로 전환되는 주문이다.

② 최유리지정가호가는 종목 및 수량은 지정하되 가격은 시장에 도달하는 시점에서 가장 유리하게 거래되는 가격으로 지정되는 주문이다.

③ 일부충족조건은 당해 주문의 접수시점에서 주문한 수량 중 체결될 수 있는 수량에 대하여는 거래를 성립시키고 체결되지 아니한 수량은 호가잔량으로 남기는 조건이다.

④ 전량충족조건은 당해 주문의 접수시점에서 주문한 수량의 전부에 대하여 체결할 수 있는 경우에는 거래를 성립시키고 그러하지 아니한 경우에는 당해 수량 전부를 취소하는 조건이다.

해설 일부충족조건은 당해 주문의 접수시점에서 주문한 수량 중 체결될 수 있는 수량에 대하여는 거래를 성립시키고 체결되지 아니한 수량은 취소하는 조건이다.

★★★
040 파생상품거래 호가의 입력제한에 대한 설명으로 옳지 않은 것은?

① 최근월물 이외의 원월물 종목인 경우 시장가호가 및 지정가호가로 입력하여야 한다.

② 선물스프레드 거래인 경우에는 지정가호가만 입력하여야 한다.

③ 단일가 호가인 경우에는 최유리지정가호가의 신규 입력이 제한된다.

④ 최종거래일이 도래한 종목인 경우에는 조건부지정가호가의 입력이 제한된다.

해설 원월물 종목인 경우 호가가 거의 없기 때문에 착오거래 등을 방지하는 차원에서 지정가호가로만 입력하여야 한다.

🏛 필수핵심정리 　호가의 입력제한

적용대상	입력제한
원월종목	시장가호가, 조건부지정가호가 및 최유리지정가호가
단일가호가	최유리지정가호가(단, 취소호가는 입력가능)
종가단일가 호가시간	조건부지정가호가(단, 취소호가는 입력가능)
최종거래일 도래 종목	조건부지정가호가
일부 · 전량 충족조건	조건부지정가호가, 단일가호가, 시장조성계좌를 통한 호가
조건부지정가호가	상한가로 지정한 매수호가, 하한가로 지정한 매도호가
예상체결가격 공표시간	단일가호가 시간의 종료 전 1분간 정정 · 취소호가

★★★
041 일중 가격제한제도(price limit)에 대한 설명으로 옳지 않은 것은?

① 기준가격을 기준으로 상한가(=기준가격+가격제한폭)보다 높거나 하한가(= 기준가격 − 가격제한폭)보다 낮은 가격은 주문이 제한된다.

② 거래개시일부터 최초 거래성립일까지의 기준가격은 이론가격이다. 다만, 주식선물거래에서 배당락이 있는 경우에는 주식선물조정이론가격으로 한다.

③ 돈육선물의 기준가격은 전일에 공표된 돈육대표가격이며, 코스피200변동성지수선물거래의 경우 전일의 최종 코스피200변동성지수의 수치이다.

④ 최초 거래성립일의 다음 거래일 이후의 기준가격은 전일의 평균가격이다.

> **해설** 최초 거래성립일의 다음 거래일 이후의 기준가격은 전일의 정산가격이다. 다만, 미국달러플렉스선물거래의 경우에는 선물이론가격으로 한다.

★★★
042 실시간 가격제한제도(price band)에 대한 설명으로 옳지 않은 것은?

① 실시간 가격제한제도는 거래가 체결될 때마다 그 약정가격을 기준으로 실시간 상 · 하한가(직전 약정가격 ± 가격변동폭)를 설정하는 제도이다.

② 접속매매시간 중에만 적용된다.

③ 실시간 가격제한 적용대상상품은 코스피200선물거래, 코스피200옵션거래, 주식선물거래, 3년국채선물거래 및 10년국채선물거래, 통화선물거래이다.

④ 실시간 가격제한제도 적용 상품은 모든 거래시간 동안 지정가호가만 허용된다.

> **해설** 실시간 가격제한제도가 적용되지 않는 상품은 모든 거래시간 동안 지정가호가만 허용된다.

정답 039 ③　040 ①　041 ④　042 ④

접속매매 시간 중, 거래가 체결될 때마다 그 약정가격을 기준으로 실시간 상 · 하한가(직전 약정가격 ±가격변동폭)를 설정하는 것 → 착오거래로 인한 장중 직전가 대비 과도한 가격 급변을 방지하기 위함

■ 실시간 가격제한 적용 거래 및 종목

실시간 가격제한 적용대상상품	코스피200선물거래, 코스피200옵션거래, 주식선물거래, 3년국채선물거래 및 10년 국채선물거래, 통화선물거래	
실시간 가격제한 적용종목	선물거래 및 옵션거래	최근월종목(다만, 최근월종목의 최종거래일부터 소급한 4거래일 간은 차근월종목을 포함)
	선물스프레드 거래	선물거래의 최근월종목과 차근월종목 간 1개의 종목

■ 실시간 가격제한제도가 적용되지 않는 경우
- 시가 · 종가 · 장중 단일가호가 접수시간과 당일 중 시가 형성 전까지
- 야간거래, 협의거래, 기초자산이 정리매매종목인 주식선물거래
→ 실시간 가격제한제도 미적용 상품은 모든 거래시간 동안 지정가호가만 허용

★★★
043 실시간 가격제한제도에 대한 설명으로 옳지 않은 것은? 심화

① 실시간 가격제한을 적용하는 거래는 코스피200선물거래, 코스피200옵션거래, 협의거래이다.
② 주식선물거래(주식선물스프레드거래 포함)의 경우에는 거래상황 등을 고려하여 기초주권별로 실시간 가격제한의 적용 여부를 별도로 정할 수 있다.
③ 실시간 가격제한 적용종목은 선물거래 및 옵션거래의 경우 최근월종목이다. 다만, 최근월종목의 최종거래일부터 소급한 4거래일 간은 차근월종목을 포함한다.
④ 시가 · 종가 · 장중 단일가호가 접수시간과 당일 중 시가 형성 전까지는 실시간 가격제한제도가 적용되지 않는다.

해설 협의거래는 실시간 가격제한을 적용하지 않는다. 참고로 가격제한폭은 시장상황 등에 따라 거래소가 거래의 상황에 이상이 있거나 시장관리상 필요하다고 인정하는 경우에는 바꿀 수 있다.

🏛 **필수핵심정리** ▶ 일중 가격제한제도와 실시간 가격제한제도 비교

구분	일중 가격제한제도	실시간 가격제한제도
목적	경제급변 등으로 인한 과도한 가격변동 방지	장중 직전가 대비 과도한 가격급변 방지
상 · 하한가	당일기준가격 ± 가격변동폭 (전일 장 종료 후 당일 고정)	직전약정가격 ± 가격변동폭 (거래체결 시 실시간 변동)
적용 상품	전 상품	유동성이 풍부한 상품
적용종목	전 종목	• 선물 : 최근월물, 차근월물, 제1스프레드 • 옵션 : 최근월물, 차근월물
설정 횟수	1일 중 1회	체결 시마다
적용시간	정규거래 호가접수시간	접속거래시간 중(09:00~15:35)

★★★
044 호가수량의 제한에 대한 설명으로 옳지 않은 것은? 심화

① 호가수량한도 이상으로 주문을 일시에 넣을 수 없는 것이지 주문수량을 쪼개어 여러 번 넣는다면 주문이 가능하다.
② 코스피200선물거래(정규거래), 코스피200변동성지수선물거래의 호가수량한도는 2,000계약이다.
③ 코스피200옵션거래의 호가수량한도는 5,000계약이다.
④ 누적호가수량한도는 코스피200선물거래와 코스피200옵션거래를 하는 회원의 자기거래계좌와 사후위탁증거금계좌에 한정하여 적용한다.

해설 코스피200옵션거래의 호가수량한도는 2,000계약이다.

🏛 필수핵심정리 　　호가수량의 제한

호가수량 한도	• 호가당 지정할 수 있는 수량의 최대치 → 주문을 한도 초과해 일시에 넣을 수 없는 것이지 주문수량을 쪼개어 여러 번 넣는 것은 가능 • 유동성 관리상품의 경우에는 정상적인 호가수량한도 계약수의 1/10 수준			
	선물거래	코스닥150선물, 섹터지수선물, 해외지수선물, 주식선물, ETF선물, 국채선물, 미국달러선물(글로벌거래), 금선물, 돈육선물		1,000계약
		코스피200선물(정규거래), 코스피200변동성지수선물		2,000계약
		통화선물거래		5,000계약
		미니코스피200선물거래		10,000계약
		코스피200거래(글로벌거래)		100계약
	옵션거래	주식옵션거래		1,000계약
		코스피200옵션거래		2,000계약
		통화옵션거래		5,000계약
		미니코스피200옵션거래		10,000계약
누적호가 수량한도	• 주문 시스템의 오류로 호가가 반복 또는 잘못 제출되는 사고를 사전에 통제하기 위해 계좌별 누적호가수량한도를 설정함 • 코스피200선물거래, 코스피200옵션거래, 미니코스피200선물거래 및 미니코스피200옵션거래에 대하여 회원의 자기거래계좌와 사후위탁증거금계좌에 한하여 적용함(단, 협의거래와 글로벌 거래는 제외)			
	자기거래 계좌 · 사후 위탁증거금 계좌	코스피200선물 코스피200옵션	알고리즘 거래계좌	상승 · 하락 방향별 15,000계약
			알고리즘 거래계좌 가 아닌 계좌	상승 · 하락 방향별 30,000계약
		미니코스피200선물 미니코스피200옵션	알고리즘 거래계좌	상승 · 하락 방향별 75,000계약
			알고리즘 거래계좌 가 아닌 계좌	상승 · 하락 방향별 150,000계약

★★☆ 045 미결제약정의 제한에 관한 설명으로 옳지 않은 것은?

① 시세 조종 등 불공정 행위의 사전 예방, 과당투기 방지 및 결제불이행을 방지할 목적으로 미결제약정을 제한한다.
② 회원이 자기계산으로 행하거나 동일인 위탁자별로 위탁받을 수 있는 순미결제약정 수량 또는 종목별 미결제약정수량을 제한하고 있다.
③ 헤지거래에만 미결제약정수량을 제한하고 있다.
④ 코스피200선물, 코스피200옵션, 미니코스피200선물, 미니코스피200옵션거래의 미결제약정 보유한도는 20,000계약(개인일반투자자의 경우 10,000계약)이다.

해설 투기거래에만 미결제약정수량을 제한하고 있다. 차익 · 헤지거래 관련수량은 보유수량 산출 시 제외한다. 이 경우 증빙서류를 다음 거래일의 10시까지 거래소에 제출하여야 한다.

★★☆ 046 사전에 정한 일정한 규칙에 따라 투자의 판단, 호가의 생성 및 제출 등을 사람의 개입 없이 자동화된 시스템으로 하는 거래를 무엇이라 하나?

① 알고리즘거래
② 일중매매거래
③ 시스템거래
④ 자동화거래

해설 알고리즘계좌를 신설, 변경 또는 해지하는 경우 사전에 거래소에 신고하여야 한다. 알고리즘계좌로 신고하지 않은 계좌의 당일 호가건수가 20,000건 이상인 경우 소명자료를 다음 거래일 장종료 시까지 제출하여야 한다. 알고리즘 오류, 시스템 장애 등의 발생 시 해당 계좌에서 제출된 모든 호가를 일괄 취소 후, 추가적인 호가 접수를 차단한다. [계좌단위 호가처리(Kill Switch)]

★★★ 047 현물가격이 급락하는 경우 일정 냉각기간을 부여하기 위해 필요적으로 모든 종목의 대상이 동일한 주가지수선물거래를 중단하도록 하는 거래소의 조치를 무엇이라 하는가?

① Side Car
② Circuit Breakers
③ Shut Down
④ 일중 가격제한제도

해설 Circuit Breakers는 현물주가가 급락하는 경우에만 발동한다.

- 거래소 파생상품시스템 또는 회원 파생상품시스템의 장애발생으로 정상적인 거래를 할 수 없는 경우 거래를 중단
- 주식시장의 시스템 장애발생으로 주가지수 구성종목 중 일정 종목수 이상의 거래를 할 수 없는 경우 및 옵션거래에 있어서 기초주권의 매매거래가 중단·정지된 경우 거래를 중단
- 현물시장(유가증권시장 or 코스닥시장) 지수의 급변에 따른 자체 Circuit Breakers가 발동된 경우에는 파생상품(선물·옵션) 거래를 중단

···TOPIC **5** 거래체결업무

★★☆
048 거래소의 거래체결 원칙에 관한 설명으로 옳지 않은 것은?

① 파생상품거래는 거래소에 제출된 호가끼리 일정한 경쟁원칙에 따라 개별적으로 거래를 성립시키는 개별경쟁거래가 원칙이다.
② 개별경쟁거래방식은 집중거래방법의 단일가격에 의한 개별경쟁거래(단일가거래)와 계속적 거래방법의 복수가격에 의한 개별경쟁거래(접속거래)로 구분된다.
③ 상대거래방식으로 거래를 체결하는 협의거래제도를 두고 있다.
④ 협의거래로는 협의대량거래, 기초자산조기인수도부거래 및 미국달러선물거래가 있다.

 상대거래방식으로 거래를 체결하는 협의거래로는 협의대량거래, 기초자산조기인수도부거래 및 미국달러플렉스선물거래가 있다. 협의거래는 대량의 주문을 일정한 가격으로 체결시키기를 희망하는 대량의 거래, 만기 등을 거래당사자 간 정할 수 있는 플렉스상품 등 경쟁거래방식이 적합하지 않은 거래에 대하여 적용하고 있다.

🏛 **필수**핵심정리 ▶ 경쟁거래와 상대거래

경쟁거래	매도 측과 매수 측이 모두 복수인 경우로서, 매도자는 매도자끼리 매수자는 매수자끼리 가격경쟁을 하고, 다시 매도 측과 매수 측 간에 가격을 통해 경쟁하여 거래를 체결하는 방법
상대거래 (협의거래)	매도 측과 매수 측이 모두 단수인 경우의 체결유형으로, 거래당사자 쌍방이 임의로 상대방을 선택하고 서로의 합의에 의해 수량, 가격 등을 결정하여 거래를 체결시키는 방법 → 협의거래로는 협의대량거래, 기초자산조기인수도부거래 및 미국달러플렉스선물거래가 있다.

049 개별경쟁거래의 원칙과 거리가 먼 것은?

① 자기매매 우선의 원칙　　　　　　　　② 가격우선의 원칙
③ 시간우선의 원칙　　　　　　　　　　　④ 수량우선의 원칙

해설 개별경쟁거래의 원칙으로는 가격우선의 원칙, 시간우선의 원칙, 수량우선의 원칙이 적용된다.

🏛 필수핵심정리 　개별경쟁거래의 원칙

① 가격우선의 원칙	매수호가	가격이 높은 호가가 낮은 호가에 우선
	매도호가	가격이 낮은 호가가 높은 호가에 우선
	시장가호가	지정가호가에 우선
② 시간우선의 원칙	가격이 동일한 호가 간에는 먼저 접수된 호가가 우선	
③ 수량우선의 원칙	단일가거래의 약정가격이 상·하한가로 결정되는 경우에 상·하한가로 제출된 단일가호가 간에는 시간우선의 원칙이 배제되는 대신에 호가수량이 많은 호가부터 수량을 배분함	

050 개별경쟁거래의 원칙에 대한 설명으로 옳지 않은 것은?

① 매수호가는 가격이 높은 호가가 가격이 낮은 호가에 우선하고, 매도호가는 가격이 낮은 호가가 가격이 높은 호가에 우선한다.
② 시장가호가는 지정가호가에 우선한다.
③ 가격이 동일한 호가 간에는 먼저 접수된 호가가 나중에 접수된 호가에 우선한다.
④ 단일가거래의 약정가격이 상한가·하한가로 결정되는 경우에 상한가 또는 하한가로 제출된 단일가호가 간에는 호가수량이 적은 호가부터 수량을 배분한다.

해설 단일가거래의 약정가격이 상한가·하한가로 결정되는 경우에 상한가 또는 하한가로 제출된 단일가호가 간에는 호가수량이 많은 호가부터 수량을 배분한다.

051 개별경쟁거래에 대한 설명으로 옳지 않은 것은?

① 단일가매매는 시가 및 종가를 결정하는 때와 매매거래를 중단한 후 재개 시의 최초가격을 결정하는 때에 적용한다.
② 단일가거래는 매도호가의 합계수량과 매수호가의 합계수량이 일정한 가격에서 합치한 가격(합치가격)으로 호가의 우선순위에 따라 합치가격으로 거래를 체결시킨다.
③ 단일가거래에서 매도호가의 합계수량과 매수호가의 합계수량이 합치된다는 의미는 동일하다는 뜻이 아니다.

④ 접속매매는 매수호가의 가격이 매도호가의 가격 이하인 경우에 나중에 접수된 호가의 가격을 약정가격으로 하여 거래를 체결한다.

> **해설** 접속매매는 매수호가의 가격이 매도호가의 가격 이상(또는 매도호가의 가격이 매수호가의 가격 이하)인 경우에 먼저 접수된 호가의 가격을 약정가격으로 하여 거래를 체결한다. 단일가매매에서 합치된다는 의미는 동일하다는 뜻이 아니라 매도·매수자 모두에게 가격적으로 불리하지 않으면서 가장 많은 수량이 체결될 수 있는 상황이다.

🏛 **필수**핵심정리 ▷ 개별경쟁거래의 종류 – 단일가매매와 접속매매

단일가 매매	• 일정 시간 동안 접수된 다수의 호가에 대하여 매도호가 간의 경합, 매수호가 간의 경합에 의하여 하나의 단일가격으로 계약을 체결함 • 매도호가의 합계수량과 매수호가의 합계수량이 일정한 가격에서 합치한 가격(합치가격)으로 호가의 우선순위에 따라 합치가격으로 거래를 체결	
	적용시기	• 시가 및 종가를 결정하는 때 • 매매거래를 중단한 후 재개시의 최초가격을 결정하는 때
접속 매매	• 단일가매매를 이용하는 경우를 제외한 경우에 이용됨 • 거래시간 중에 언제든지 거래가 가능한 호가가 접수되면 즉시 거래가 이루어지고 복수의 약정가격이 계속적으로 형성됨	

★★★
052 협의대량거래(Block Trade)에 대한 설명으로 옳은 것을 모두 고르면? 심화

> ㉠ 협의가 완료된 시각으로부터 1시간 이내에 거래소에 신청하여야 한다.
> ㉡ 협의대량거래 신청시간은 정규거래시간이다(단일가호가시간 포함).
> ㉢ 10년 국채선물은 협의대량거래가 불가능하다.

① ㉠, ㉡, ㉢　　　　　　　　　　　② ㉠, ㉡
③ ㉠, ㉢　　　　　　　　　　　　　④ ㉠

> **해설** 10년 국채선물은 협의대량거래가 가능하다.

🏛 **필수**핵심정리 ▷ 협의대량거래(Block Trade)

당사자 간에 사전에 협의된 가격이나 수량으로 거래를 체결시키는 상대거래방식의 협의거래 제도 → 기관투자자 등이 대량의 포지션을 신속, 원활하게 결제월 간 이월하도록 해줌

협의거래 대상	코스피200선물, 코스피200옵션, 미니코스피200선물, 미니코스피200옵션, 코스닥150선물, 섹터지수선물, 해외지수선물, 주식선물, 주식옵션, ETF선물, 3년국채선물, 10년국채선물, 미국달러선물, 엔선물, 유로선물, 위안화선물, 금선물과 일부 상품의 스프레드거래(3년국채·10년국채선물, 미국달러·엔·유로·위안선물)에 대해 적용
신청 시한	정규거래시간(단일가호가시간 포함) 중에 협의가 완료된 시각으로부터 1시간 이내에 거래소로 신청, 최종거래일도 신청가능(다만, 상품별로 신청시간 다름)

053 ★★★ 거래당사자가 선물거래의 미결제약정을 최종거래일 이전에 해소하기 위하여 거래소에 신청하여 당사자 간에 협의한 대로 기초자산과 대금을 수수하는 제도는?

① 기초자산조기인수도부거래   ② 플렉스협의거래
③ 협의대량거래   ④ 대량투자자착오거래

 기초자산조기인수도부거래(EFP, Exchange of Futures for Physicals)는 현재 미국달러선물에 도입되어 있으며, 거래자가 원하는 시기에 한 번의 거래로 선물포지션 해소와 실물인수도가 가능하여 수출기업 등 외환 실수요자들이 유용하게 이용할 수 있다.

054 ★★★ 최종거래일, 최종결제방법, 가격 및 수량에 관하여 당사자 간에 협의된 내용을 거래소에 신청한 경우 거래를 체결시켜주는 제도는?

① 기초자산조기인수도부거래   ② 플렉스협의거래
③ 협의대량거래   ④ 대량투자자착오거래

 플렉스협의거래(FLEX, Flexible Exchange)는 현재 미국달러플렉스선물에 도입되어 있으며, 중소기업 등이 은행과 행하고 있는 미국달러 선물환거래와 유사한 성격의 거래를 거래소 장내통화선물시장에서 낮은 거래비용으로 보다 안전하고 편리하게 이용할 수 있다.

055 ★★★ 거래체결 내역의 통지에 관한 설명으로 옳지 않은 것은?

① 업무의 효율성을 위하여 거래의 체결을 담당한 직원과 거래내역을 통보하는 직원은 동일인이 하는 것이 바람직하다.
② 위탁자의 주문에 대하여 거래가 체결된 경우, 즉시 거래내용을 통지하여야 한다.
③ 월간 거래내용 통지는 거래가 있는 고객의 경우 다음달 20일까지 통지한다.
④ 반기 잔고현황 통지는 반기간(6개월) 거래가 없는 고객의 경우에도 반기 말 잔고현황을 반기 종료 후 20일까지 통지하여야 한다.

해설 내부직원에 의한 부정이나 오류를 방지하기 위해 거래 체결을 담당한 직원과 거래내역을 통보하는 직원은 분리되어 운영되는 것이 바람직하다(front office와 back office의 분리). 또한 사고 및 변경은 투자자에게 지체 없이 통보하여야 한다.

056 ★★★ 착오거래의 정정에 대한 설명으로 옳지 않은 것은?

① 착오거래의 정정 신청은 착오가 발생한 날의 장 종료 후 30분 이내에 회원이 신청하여야 한다.
② 착오거래의 정정 신청은 장중에도 신청이 가능하다.

③ 기초자산조기인수도부거래(EFP)는 착오거래의 정정신청이 활발하게 이루어지고 있다.

④ 회원의 착오거래인 경우, 정정방법은 회원의 자기거래로 인수한다.

> **해설** 기초자산조기인수도부거래(FEP)의 경우에는 거래체결 즉시 실물인수도가 이루어지기 때문에 착오거래의 정정대상에서 제외된다.

🏛 필수핵심정리 ▶ 착오거래의 발생원인 및 정정방법

구분	발생원인	정정방법
거래소의 착오거래	거래소 시스템 장애, 프로그램 오작동	회원의 자기거래로 인수 후 단일가호가로 반대거래한 손익을 해당 회원과 거래소가 정산
회원의 착오거래	• 회원 시스템이나 프로그램 장애 • 영업직원의 인적 실수 : 주문집행상의 키보드 조작 오류 등	회원의 자기거래로 인수

★★★
057 대량투자자착오거래의 구제요건으로 옳지 않은 것은? 심화

① 대량투자자착오거래에 대하여 회원의 신청이 있는 경우에 구제할 수 있다.

② 약정가격과 착오거래구제기준가격의 차이에 약정수량 및 거래승수를 곱하여 산출되는 수치를 합산한 금액이 상품시장별로 100억원 이상이어야 한다.

③ 약정가격이 착오거래구제 제한범위를 벗어나야 하며, 착오거래가 동일한 착오에 의하여 연속적으로 체결된 것이어야 한다.

④ 해당 착오거래가 발생한 때부터 60분 이내에 신청하여야 한다.

> **해설** 해당 착오거래가 발생한 때부터 30분 이내에 신청하여야 한다. 거래소는 요건을 모두 충족하는 경우에 해당 착오거래를 구제할 수 있다(단, 협의거래와 글로벌 거래의 경우에는 착오거래의 구제를 신청할 수 없음).

🏛 필수핵심정리 ▶ 대량투자자착오거래의 취소

대량투자자착오거래의 구제요건은 파생상품계좌별로 다음의 요건을 모두 충족하여야 함

구제요건	• 약정가격과 착오거래구제기준가격의 차이에 해당 거래의 약정수량 및 거래승수를 곱하여 산출되는 수치를 합산한 금액이 상품시장별로 100억원 이상일 것 • 약정가격이 착오거래구제 제한범위를 벗어날 것 • 착오거래가 동일한 착오에 의하여 연속적으로 체결될 것 • 착오자가 대량투자자착오거래 구제제도를 악용하지 않을 것 • 그밖에 안정적이고 원활한 결제를 위하여 해당 착오거래를 구제할 필요가 있을 것

대량투자자착오거래의 구제신청은 착오거래가 발생한 때부터 30분 이내에 하여야 함

★★★
058 글로벌 거래에 대한 설명으로 옳지 않은 것은? 심화

① 글로벌 거래의 거래상품으로는 코스피200선물과 미국달러선물이 있다.
② 거래소의 정규시장이 휴장이거나 CME Globex가 휴장인 경우 글로벌 거래도 이루어지지 않는다.
③ 글로벌 거래의 가격제한폭은 정규시장종가 ±5%이다.
④ 글로벌 거래의 기준가격은 익일 정규거래의 기준가격과 동일한 가격을 적용하며, 글로벌 거래의 종가는 익일 정규거래의 기준가격으로 사용된다.

해설 글로벌 거래의 기준가격은 익일 정규거래의 기준가격과 동일한 가격을 적용하나 T일 글로벌 거래의 종가는 기준가격 등 다른 용도로 사용되지 않는다.

Ⅲ 필수핵심정리 　글로벌(야간) 거래

- 글로벌(야간) 거래는 국내외 투자자에게 정규시간 장 종료 이후부터 익일 장 개시 이전까지 해외시장에서 발생하는 가격변동위험에 대한 헤지수단을 제공하기 위해 도입
- 거래소가 거래제도, 청산·결제 및 시장운영을 담당하고, 거래에 대한 체결 및 호가접수 서비스는 CME의 Globex가 제공하는 방식의 연계거래를 의미함

거래상품	코스피200선물, 미국달러선물	
거래시간	18:00~익일 05:00	
거래일	거래소의 정규시장이 휴장이거나 CME Globex가 휴장인 경우 글로벌 거래도 이루어지지 않음	
가격제한폭 (코스피200선물)	정규시장종가 ±5%	
기준가격	글로벌 거래의 기준가격은 익일 정규거래의 기준가격과 동일한 가격을 적용 → T일 글로벌 거래의 종가는 기준가격 등 다른 용도로 사용되지 않음	
호가한도수량	코스피200선물	정규거래의 1/10 수준(100계약)
	미국달러선물	정규거래의 1/5 수준(1,000계약)

★★★
059 코스피200선물의 정규거래와 글로벌(야간) 거래를 비교한 내용으로 옳지 않은 것은? 심화

		정규거래	글로벌(야간) 거래
①	거래체결방식	접속거래 및 단일가거래	접속거래만 적용
②	호가 취소	수량 전부 및 일부 취소	수량 일부 취소만 가능
③	호가 정정	전체 및 일부 수량 가격정정	일부 수량 가격정정 불가
④	호가공표	매도·매수별 총호가수량 공표	총호가수량 미공표

해설 정규거래는 수량 전부 취소 및 일부 취소가 가능하나, 글로벌 거래는 수량 전부 취소만 가능하고 수량 일부 취소는 불가능하다.

★★★
060 한국거래소(KRX)의 기본예탁금제도에 대한 설명으로 옳지 않은 것은?

① 기본예탁금은 미결제약정이 없는 위탁자가 파생상품거래를 하기 위하여 금융투자업자에게 예탁하여야 하는 최소한의 거래개시 기준금액이다.

② 미결제약정이 없는 위탁자는 기본예탁금을 납부한 이후에만 거래가 가능하다.

③ 사후위탁증거금 적용계좌는 기본예탁금이 면제된다.

④ 기본예탁금은 현금, 대용증권, 외화 또는 외화증권으로 납부할 수 있으나, 위탁증거금으로 사용(충당)할 수는 없다.

해설 기본예탁금은 현금, 대용증권, 외화 또는 외화증권으로 납부할 수 있으며, 위탁증거금으로 사용(충당)할 수 있다.

🏛 필수핵심정리 ▶ 기본예탁금

기본예탁금은 미결제약정이 없는 위탁자가 파생상품거래를 하기 위하여 금융투자업자에게 예탁하여야 하는 최소한의 거래개시기준금액 → 따라서, 미결제약정이 없는 위탁자는 기본예탁금을 납부한 이후에만 거래가 가능

기본 예탁금의 예탁시점	• 미결제약정이 없는 위탁자가 신규주문 시 예탁 • 미결제약정을 보유하고 있는 경우에는 기본예탁금의 체크 없이 신규주문 가능 • 미결제약정을 전량 반대매매하여 미결제약정이 '0'이 된 경우에도 결제시한인 익일 12시까지는 기본예탁금의 체크 없이 신규주문 가능 • 결제시한인 익일 12시 이후에는 미결제약정이 완전 소멸되었기 때문에 신규주문 시 기본예탁금을 예탁하여야 함
기본 예탁금의 예탁	• 기본예탁금은 현금, 대용증권, 외화 또는 외화증권으로 납부할 수 있으며, 위탁증거금으로 사용(충당)할 수 있음 • 신용상태, 투자목적, 투자경험 등을 감안하여 위탁자별로 구분하여 차등 적용(다만, 최초로 적용하는 경우에는 제1단계를 적용해서는 아니 됨) • 사후위탁증거금 적용계좌는 기본예탁금 면제 • 금선물거래 또는 돈육선물거래만을 위해 파생상품계좌를 설정하는 위탁자에 대하여는 기본예탁금을 50만원 이상으로 정할 수 있음 • 기본예탁금을 인출한 위탁자로부터 다시 매매거래를 위탁받는 경우에는 사전에 기본예탁금을 예탁받아야 함
기본 예탁금의 인출	• 반대거래, 최종결제, 권리행사의 신고 · 배정 또는 옵션의 소멸로 미결제약정이 전량 해소된 때 • 옵션매수의 미결제약정만 보유한 상태에서 미결제약정의 전량을 해소하기 위하여 하한가로 위탁한 매도의 주문이 호가된 때

061 한국거래소의 기본예탁금제도에 대한 설명으로 옳지 않은 것은?

① 기본예탁금은 미결제약정이 없는 위탁자가 신규주문 시 예탁한다.
② 미결제약정을 보유하고 있는 경우에는 기본예탁금의 체크 없이 신규주문이 가능하다.
③ 미결제약정을 전량 반대매매하여 미결제약정이 '0'이 된 경우에는 결제시한에 상관없이 신규 주문 즉시 기본예탁금을 예탁하여야 한다.
④ 결제시한인 익일 12시 이후에는 미결제약정이 완전 소멸되었기 때문에 신규주문 시 기본예탁금을 예탁하여야 한다.

> **해설** 미결제약정을 전량 반대매매하여 미결제약정이 '0'이 된 경우에도 결제시한인 익일 12시까지는 미결제약정이 있는 것으로 보며, 따라서 기본예탁금의 체크없이 신규주문이 가능하다.

062 한국거래소의 기본예탁금제도에 대한 설명으로 옳지 않은 것은?

① 기본예탁금은 위탁자의 신용상태, 투자목적, 투자경험 등을 감안하여 위탁자별로 구분하여 차등적용하여야 한다.
② 위탁자별로 기본예탁금을 최초로 적용하는 경우에는 각각에 해당하는 제3단계를 적용해서는 아니 된다.
③ 금선물거래 또는 돈육선물거래만을 위해 파생상품계좌를 설정하는 위탁자에 대하여는 기본예탁금을 50만원 이상으로 정할 수 있다.
④ 기본예탁금을 인출한 위탁자로부터 다시 매매거래를 위탁받는 경우에는 사전에 기본예탁금을 예탁받아야 한다.

> **해설** 위탁자별로 기본예탁금을 최초로 적용하는 경우에는 각각에 해당하는 제1단계를 적용해서는 아니 된다.

🏛 필수핵심정리 | 기본예탁금액

	기관투자자, 전문개인투자자, 비거주 외국인투자자	코스피200변동성지수 선물거래를 제외한 선물거래 및 옵션매수를 하고자 하는 일반개인투자자	모든 파생상품거래를 하고자 하는 일반개인투자자
제1단계	500만원 이상 1,500만원 이하	2,000만원 이상 3,000만원 이하	3,000만원 이상 5,000만원 이하
제2단계	1,500만원 이상 3,000만원 이하	3,000만원 이상 5,000만원 이하	5,000만원 이상 1억원 이하
제3단계	3,000만원 이상	5,000만원 이상	1억원 이상

···TOPIC 8 증거금제도

★★★
063 증거금제도에 대한 설명으로 옳지 않은 것은?

① 증거금은 현금, 대용증권, 외화 또는 회화증권으로 납입할 수 있다.

② 납부주체에 따라 고객이 회원에 납부하는 위탁증거금과 회원이 거래소에 납부하는 거래 증거금으로 구분된다.

③ 납부시기에 따라 주문제출 전에 납부하는 사전증거금과 거래종료 후에 납부하는 사후증거금으로 구분된다.

④ 거래증거금은 사전증거금제도가 적용되며, 위탁증거금의 경우 적격기관투자자는 사후증거금제도가 그 외 일반투자자는 사전증거금제도가 적용된다.

> **해설** 거래증거금은 모두 사후증거금제도가 적용되며, 위탁증거금의 경우 적격기관투자자는 사후증거금제도가 그 외 일반투자자는 사전증거금제도가 적용된다.

🏛 **필수핵심정리** 〉 증거금(margin)제도

증거금이란 거래 및 결제이행을 담보하기 위한 보증금(증거금은 현금, 대용증권, 외화 또는 외화증권으로 납입 가능) → 증거금제도란 각 참가자별 보유 포지션(위험 노출액)에 상응하는 액수의 금전을 징수하는 제도

■ 증거금의 종류

납부주체에 따른 구분	위탁증거금	고객이 회원에게 파생상품거래의 주문을 위탁할 때 납부	
		사전위탁증거금	주문 제출 전에 예탁(일반투자자)
		사후위탁증거금	거래종료 후에 예탁(적격기관투자자)
		개시증거금	신규거래 시 납부
		위탁유지증거금	미결제약정을 유지하는 데 필요한 최소한의 증거금
	거래증거금	위탁증거금 중에서 회원이 거래소에 납부하는 증거금 → 거래증거금은 위탁증거금의 2/3 수준으로 설정	
납부시기에 따른 구분	사전증거금	주문제출 전에 납부하는 증거금	
	사후증거금	거래종료 후에 납부하는 증거금 → 거래증거금은 모두 사후증거금제도가 적용됨	

★★★
064 위탁증거금에 관한 설명으로 옳지 않은 것은?

① 고객이 보유한 미결제약정 및 주문의 위험을 고려하여 회원이 고객으로부터 예탁받을 금액을 산출한 것이 위탁증거금액이다.
② 위탁증거금은 반드시 현금으로 예탁받아야 한다.
③ 위탁자의 파생상품계좌별로 위탁증거금을 예탁받아야 하며, 증거금을 납부하는 주문은 해당 종목의 미결제약정을 증가시키는 주문에 한한다.
④ 위탁증거금률, 계약당 위탁증거금액 및 위탁증거금 부과방식 등을 고객별로 차등징수가 가능하다.

> **해설** 위탁증거금은 현금으로 예탁받아야 하지만, 현금예탁필요액을 제외한 위탁증거금액은 현금에 갈음하여 대용증권, 외화 또는 외화증권으로 예탁받을 수 있다. 고객은 회원에게 파생상품 거래의 주문을 위탁할 때에는 해당주문에 대한 위탁증거금을 납부하여야 한다. 위탁증거금은 거래의 위탁을 받기 이전에 예탁받는 사전위탁증거금과 정규거래 시간의 종료 후에 예탁받는 사후위탁증거금(적격기관투자자에 한해 적용됨)이 있다.

🏛 **필수핵심정리** ▶ 한국거래소의 증거금제도(COMS, Composite optimized margin system)

- 보유하고 있는 선물 및 옵션거래 전체 포트폴리오를 고려하여 순위험방식으로 평가하는 증거금 체계
- 기초자산의 특성이 유사한 상품군별로 증거금을 산출 후, 상품군별 증거금을 단순 합산하는 방식

★★★
065 다음은 위탁증거금에 대한 설명이다. 옳지 않은 것은? 심화

① 사전위탁증거금 = 주문증거금 + 순위험증거금 + 결제예정금액
② 미결제약정이 없는 선물거래의 매도·매수주문 시 위탁증거금은 1/2 이상을 현금으로 예탁받는다.
③ 미결제약정이 없는 선물스프레드거래 주문 시 위탁증거금은 전액 현금으로 납부해야 한다.
④ 미결제약정이 없는 옵션 매수주문 시 위탁증거금은 전액 현금으로 납부해야 하며, 옵션 매도주문 시 전액 대용증권으로 가능하다.

> **해설** 사전위탁증거금은 위탁자로부터 거래의 위탁을 받기 이전에 예탁받는 위탁증거금을 말한다. 미결제약정이 없는 선물스프레드거래 주문 시 위탁증거금은 전액 대용증권으로 가능하다.

필수핵심정리 사전위탁증거금

- 사전위탁증거금은 위탁자로부터 거래의 위탁을 받기 이전에 예탁받는 위탁증거금을 말함
- 사전위탁증거금 = 주문증거금 + 순위험증거금 + 결제예정금액

■ 미결제약정이 없는 주문의 증거금 계산

선물거래의 매도·매수주문 시	전일기초자산기준가격 × 위탁증거금률 → 1/2 이상 현금예탁
선물스프레드거래 주문 시	위탁수량 × 스프레드위탁증거금액 → 전액 대용증권 가능
옵션 매수주문 시	위탁금액 전액 → 전액 현금
옵션 매도주문 시	전액 대용증권 예탁이 가능(회원 자율)

★★★
066 다음 주문 중 사전위탁증거금을 적용받는 위탁자가 위탁증거금 전액을 대용증권으로 예탁할 수 있는 것은?(보유 미결제 약정 없음)

① 코스피200선물 매수 2계약(지정가 255p)
② 코스닥150선물 매수 3계약(시장가)
③ 코스피200옵션 매수 1계약(지정가 0.85p)
④ 삼성전자주식옵션 매도 3계약(시장가)

해설 미결제약정이 없는 선물거래의 매도·매수주문인 경우 위탁증거금액의 1/2 이상은 현금예탁 필요액이며, 코스피200옵션과 주식옵션의 매수주문인 경우 프리미엄 전액이 현금예탁 필요액이다. 옵션 매도는 전액 대용증권 예탁이 가능하다.

★★★
067 위탁증거금에 대한 설명으로 옳지 않은 것은?

① 사전위탁증거금은 적격투자자 이외의 모든 위탁자에게 적용된다.
② 사전위탁증거금은 주문이 집행되기 전에 위탁증거금액을 계산하여 사전 납부되지 않으면 주문체결이 불가하다.
③ 사후위탁증거금은 적격투자자만을 대상으로 한다.
④ 사후위탁증거금은 장 종료 시점에 보유하고 있는 미결제약정에 대한 순위험증거금액과 익일결제예정금액을 더한 위탁증거금액을 계산하여 당일 16시까지 예탁한다.

해설 사후위탁증거금은 장 종료 시점에 보유하고 있는 미결제약정에 대한 순위험증거금액과 익일결제예정금액을 더한 위탁증거금액을 계산하여 다음 거래일 10시 이내에서 회원이 정하는 시간까지 예탁한다.

정답 064 ② 065 ③ 066 ④ 067 ④

★★★
068 사후위탁증거금이 적용되는 적격기관투자자가 아닌 자는?

① 국가, 한국은행
② 금융기관
③ 예금보험공사, 한국자산관리공사, 집합투자기구 등 기타 전문투자자
④ 주권상장법인, 투자자문업자

> **해설** 전문투자자 중에서 주권상장법인, 금융위에 전문투자자로 신고한 법인·개인, 금융투자업자 중 투자자문업자는 적격기관투자자에서 제외된다.

> **🏛 필수핵심정리** ┃ 사후위탁증거금이 적용되는 적격기관투자자의 범위
>
> • 국가, 한국은행, 금융기관
> • 기타 전문투자자 : 예금보험공사, 한국자산관리공사, 한국주택금융공사, 한국투자공사, 집합투자기구, 신용보증기금, 지방자치단체, 외국정부, 국제기구 등
> → 자본시장법에 명기된 전문투자자 중 주권상장법인, 금융위에 전문투자자로 신고한 법인·개인, 금융투자업자 중 투자자문업자는 적격기관투자자에서 제외됨

★★★
069 사후위탁증거금에 대한 설명으로 옳지 않은 것은?

① 사후위탁증거금이란 정규거래시간의 종료 후에 예탁받는 위탁증거금을 말한다.
② 사후위탁증거금이 적용되는 고객의 계좌 중에서 투기거래 또는 스프레드거래를 하는 계좌에 대하여는 증거금액을 할인하여 적용한다.
③ 사후위탁증거금은 장종료시점의 미결제약정에 대하여만 증거금을 부과하므로 주문에 대한 증거금은 없다.
④ 미결제약정을 감소시키는 거래(반대매매)만 있는 계좌나 당일 중 거래가 성립되지 않은 계좌는 당일 중 사후증거금의 예탁은 필요하지 않고, 예탁금이 유지증거금 수준을 하회한 경우에만 다음 거래일 12시까지 추가증거금을 예탁하면 된다.

> **해설** 사후위탁증거금이 적용되는 고객의 계좌 중에서 차익거래 또는 헤지거래를 하는 계좌에 대하여는 증거금액을 할인하여 적용한다.

★★★
070 다음 중 기본예탁금을 예탁하지 않아도 되는 투자자는?

① 사전위탁증거금계좌의 건전투자자
② 사전위탁증거금계좌의 일반투자자
③ 사전위탁증거금계좌의 관리대상투자자
④ 사후위탁증거금일반계좌의 적격기관투자자

> **해설** 기본예탁금을 예탁하지 않고 파생상품거래가 가능한 계좌는 사후위탁증거금계좌(일반·할인)를 개설한 적격투자자뿐이다.

★★★
071 다음 중 사후위탁증거금의 할인계좌에서 할인되지 않는 항목은? 심화

① 가격변동증거금 ② 선물스프레드증거금
③ 옵션가격 위탁증거금 ④ 최소순위험위탁증거금

 해설 최소순위험위탁증거금은 할인되지 않으며 나머지는 80% 수준으로 할인된다.

···**TOPIC 9** 일일정산 및 결제

★★★
072 다음 자료를 이용하여 당일의 미결제약정수량을 계산하면?

전일 미결제약정 현황	당일 거래체결 내역
매수미결제약정수량 : 160	• 당일 체결 매수거래 : 100 • 당일 체결 매도거래 : 300

① 매수미결제약정 40계약 ② 매도미결제약정 40계약
③ 매수미결제약정 360계약 ④ 매도미결제약정 360계약

 해설 당일미결제약정수량 = 전일 매수미결제약정수량 + (당일 매수거래수량 − 당일 매도거래수량) = 160 + (100 − 300) = −40. 즉, 매수미결제약정을 보유하고 있다가 당일 매도거래의 증가로 인해 매도미결제약정의 보유로 바뀌었다.

🏛 **필수핵심정리** ▷ 일일정산을 위한 미결제약정수량 산출

• 파생상품 거래는 소액의 증거금만으로 만기까지 비교적 장기간의 거래를 약속하는 계약이므로 결제불이행 위험을 막기 위하여 매 거래일마다 일일정산을 하여 이에 따른 차손익을 매일 수수함
• 업무처리 순서 : 미결제약정수량 산출 → 정산차금의 산출

■ 미결제약정수량 산출

매수미결제약정수량	= 전일 매수미결제약정수량 + (당일 매수거래수량 − 당일 매도거래수량)
매도미결제약정수량	= 전일 매도미결제약정수량 + (당일 매도거래수량 − 당일 매수거래수량)

매수 · 매도 대등수량의 소멸 : 회원은 위탁자의 파생상품계좌별로 동일한 종목의 매수와 매도의 약정수량 중 대등한 수량을 소멸시킴(자동상계)

★★★
073 다음과 같은 거래를 한 경우, 갱신차금을 구하면?

> • 전일 매수미결제약정 : 5년 국채선물 10계약(체결가격 111.50, 정산가격 111.55)
> • 당일 신규 매수 2계약(체결가격 111.62)
> • 당일 매도 5계약(체결가격 111.58, 정산가격 111.65)

① −500,000 　　② 500,000 　　③ −1,000,000 　　④ 1,000,000

 해설 갱신차금은 전일의 미결제약정에 대하여 전일의 정산가격과 당일의 정산가격을 비교하여 산출한 손익이다. 따라서 갱신차금을 구할 때는 체결가격이나 당일의 계약수는 불필요한 자료이다. 당일의 정산가격은 111.65, 전일의 정산가격은 111.55, 국채선물의 거래승수는 1,000,000이다. 따라서 갱신차금을 구하면 다음과 같다. [갱신차금 = 전일 매수미결제약정수량×(당일 정산가격 − 전일 정산가격)×거래승수] = 10 × (111.65 − 111.55)×1,000,000 = 1,000,000원

🏛 필수핵심정리 ▷ 정산차금 산출방법

정산차금이란 선물거래의 가격변화에 따라 매 거래일 각 종목에 대하여 정산가격으로 산정한 당일차금 및 갱신차금을 결제회원과 거래소, 거래전문회원과 지정결제회원 간에 수수하여야 할 금액

■ 정산차금 = 당일차금 + 갱신차금

당일 차금	당일 체결된 매수 · 매도거래 수량에 대하여 해당 거래체결가격과 당일 정산가격을 비교하여 산출한 손익	
	당일 매수거래	당일차금 = 당일 매수수량 × (당일 정산가격 − 당일 체결가격) × 거래승수
	당일 매도거래	당일차금 = 당일 매도수량 × (당일 체결가격 − 당일 정산가격) × 거래승수
갱신 차금	전일의 미결제약정에 대하여 전일의 정산가격과 당일의 정산가격을 비교하여 산출한 손익	
	매수 미결제약정	갱신차금 = 전일 매수미결제약정수량 × (당일 정산가격 − 전일 정산가격) × 거래승수
	매도 미결제약정	갱신차금 = 전일 매도미결제약정수량 × (전일 정산가격 − 당일 정산가격) × 거래승수

★★★
074 다음은 미국달러선물 거래에 관한 자료이다. T일의 정산차금을 계산하면?

T−1일	T일
매수 10계약	• 매수 2계약 (체결가격 : 1,100원) • 매도 6계약 (체결가격 : 1,109원)
정산가격 : 1,108원	정산가격 : 1,111원

① 100,000 　　② 200,000 　　③ −100,000 　　④ −200,000

해설 정산차금은 당일차금과 갱신차금의 합으로 계산되며, 다음과 같이 계산한다. 그리고 미국달러선물의 거래승수는 10,000이다.

종류	내역
당일차금	$= [(1,111 - 1,100) \times 2 \times 10,000] + [(1,109 - 1,111) \times 6 \times 10,000]$ $= 20,000 - 120,000 = -100,000$
갱신차금	$= (1,111 - 1,108) \times 10 \times 10,000 = 300,000$
합계(정산차금)	$= -100,000 + 300,000 = 200,000$

★★★
075 다음 중 거래승수(단위는 무시)가 같은 것끼리 짝지어진 것은? 심화

① 3년국채선물, 5년국채선물, 10년국채선물
② 돈육선물, 금선물
③ 미국달러선물, 미국달러옵션, 위안선물
④ 코스피200선물, 코스피200옵션, 코스닥150선물

해설 국채선물의 거래승수는 모두 1,000,000이다.

🏛 필수핵심정리 　거래승수

3·5·10년 국채선물, 엔선물	1,000,000
코스피200선물, 코스피200옵션, 변동성지수선물	250,000
미니코스피200선물, 미니코스피200옵션	50,000
코스닥150선물, 섹터지수선물, 유로스톡스50선물, 미국달러선물, 미국달러옵션, 엔선물, 유로선물	10,000
돈육선물	1,000
금선물	100
주식선물, 주식옵션	10

※2017년 3월 27일부터 코스피200선물/옵션과 변동성지수선물의 거래승수가 기존의 50만원에서 25만원으로 인하되었으며, 미니코스피200선물/옵션의 거래승수는 기존의 10만원에서 5만원으로 인하되었다.

★★★
076 선물·옵션의 최종결제방법은 현금결제와 인수도결제로 구분된다. 다음 중 현금결제방식이 아닌 것은?

① 금선물　　　　　　　　　② 미국달러선물
③ 10년 국채선물　　　　　　④ 돈육선물

해설 통화선물(미국달러선물, 엔선물, 유로선물, 위안선물)은 실물 인수도결제를 하며, 이를 제외한 대부분의 선물·옵션 거래는 현금결제한다.

결제란 장중 또는 거래분에 대한 익일결제대금을 계좌잔고 또는 주문가능액에 반영하는 업무 → 위탁자는 결제에 대한 의무를 지니며, 결제회원은 이에 대한 보증과 대납의 의무를 수행

결제금액 산출	장종료 후 일일정산을 하여 예탁현금에 반영되는 금액 → 예탁현금이 부족할 경우 추가증거금 징수(마진콜)		
선물거래 결제	결제회원은 거래소, 거래전문회원은 지정결제회원, 회원은 위탁자와 거래일마다 결제금액을 수수		
	결제금액(차감결제) = 총지급액과 총수령액의 차감액		
	최종결제	현금결제	최종거래일의 정산가격과 최종결제가격(현물가격) 간의 차에 의해 산출되는 최종결제금액을 최종결제일에 현금으로 수수하는 방법 → 인수도결제를 하는 상품을 제외한 대부분의 선물·옵션거래
		인수도결제	최종거래일까지 반대매매 되지 않고 남은 미결제약정에 대해서 최종결제일에 기초자산(실물)을 직접 인수도하고 그에 대한 결제대금을 수수하는 방식 → 통화선물(미국달러선물, 엔선물, 유로선물, 위안선물)
옵션거래 결제	결제방법	옵션(권리)과 프리미엄(대가) 의 수수	매도자가 매수자로부터 받는 대가(프리미엄) = 체결가격 × 체결수량 × 거래승수
		반대매매	매수자는 자유롭게 선택할 수 있지만, 옵션매도자는 반대매매만 가능
		권리행사 또는 포기	
	결제대금 수수시한은 결제금액이 발생한 익일 12시까지 → 다만, 실물인수도결제인 경우에는 최종결제일의 12시		

★★★
077 선물거래와 옵션거래의 결제에 대한 설명으로 옳지 않은 것은?

① 선물거래의 결제금액은 총지급액(수량)과 총수령액(수량)의 차감액(차감수량)을 수수한다.
② 옵션거래의 결제방법으로는 옵션(권리)과 프리미엄(대가)의 수수, 반대매매, 권리행사 또는 권리포기의 방법이 있다.
③ 옵션매도자가 옵션매수자에게 권리를 부여하는 대가로 매수자로부터 받는 옵션대금(프리미엄)은 [체결가격 × 체결수량 × 거래승수]이다.
④ 옵션매수자와 옵션매도자는 반대매매, 권리행사, 권리포기 중에서 자유롭게 선택할 수 있다.

해설　권리보유자인 옵션매수자는 반대매매, 권리행사, 권리포기 중에서 자유롭게 선택할 수 있지만, 의무부담자인 옵션매도자는 자신의 의무를 소멸시키는 방법으로 반대매매만 선택할 수 있다.

★★★
078 추가증거금(margin call)에 관한 설명으로 옳지 않은 것은?

① 장종료시점을 기준으로 위탁자의 예탁총액이 유지위탁증거금액보다 적은 경우에는 위탁증거금을 추가로 예탁받아야 한다.

② 장종료시점을 기준으로 위탁자의 예탁현금이 유지현금예탁 필요액보다 적은 경우에는 위탁증거금을 추가로 예탁받아야 한다.

③ 정규거래시간 중 위탁자의 예탁총액이 장중 유지위탁증거금액보다 적은 경우에는 위탁증거금을 추가로 예탁받아야 한다.

④ 위탁증거금의 추가예탁 기한은 부족액이 발생한 당일 장 종료시점까지이다.

> **해설** 추가증거금(마진콜)은 일별추가증거금과 장중 추가증거금으로 나눌 수 있는데, 위탁증거금의 추가예탁 기한은 다음 거래일 12시까지이다. 만약 위탁자가 추가예탁을 하지 않을 경우, 회원은 위탁자 예탁자산의 처분, 미결제약정의 정리 등 조치를 취하게 된다.

★★★
079 결제불이행 시(결제금액 및 추가증거금의 미납부 시) 조치에 관한 설명으로 옳지 않은 것은? 심화

① 회원은 결제불이행 위탁자의 미결제약정을 소멸시키게 되는 매도 또는 매수 거래를 할 수 있다.

② 미결제약정을 소멸시키게 되는 매도 또는 매수 거래를 행하고자 하는 경우에는 상대편 최우선주문가격 또는 그 가격으로부터 9틱 이내의 지정가 또는 조건부지정가호가로 행하여야 한다.

③ 미결제약정을 소멸시키게 되는 매도 또는 매수 거래를 행하고자 하는 경우에 위탁자의 동의 또는 요구가 있더라도 시장가로 할 수 없다.

④ 회원은 위탁자가 결제불이행 시 위탁증거금으로 예탁받은 대용증권 또는 외화를 매도할 수 있다.

> **해설** 미결제약정을 소멸시키게 되는 매도 또는 매수 거래를 행하고자 하는 경우에 위탁자의 동의 또는 요구가 있는 경우에는 시장가로 행할 수 있다. 회원은 미결제약정, 대용증권 또는 외화의 반대매매 후에도 부족액이 있는 때에는 위탁자에 대하여 그 부족액의 납부를 청구할 수 있다. 또한 위탁자의 미수금에 대하여 연체이자를 징수할 수 있으며, 결제불이행으로 인하여 회원이 부담한 손실 및 제반비용을 징구할 수 있다.

080 다음 중 위탁증거금률이 가장 낮은 것은? 심화

① 코스피200선물   ② 돈육선물   ③ 3년국채선물   ④ 금선물

해설 증거금 산출 시 적용하는 증거금률은 원칙적으로 해당 기초자산의 가격변동성을 고려하되, 파생상품별 특성이나 시장상황 등의 제반 사정을 감안하여 결정한다. 거래소는 시장급변 등의 사유가 있을 때마다 증거금률을 수시로 조정하기 때문에 위탁증거금률을 암기할 필요는 없고, 주식선물 · 옵션을 제외하면 대체로 국채선물이 낮고(3년국채선물이 가장 낮음) 변동성지수선물이 가장 높다는 것만 숙지하고 있으면 된다. 그리고 유지증거금률은 위탁증거금률의 2/3 수준으로 설정된다.

🏛 필수핵심정리 　 한국거래소의 파생상품 위탁증거금률(2016. 10. 4. 기준)

- 코스피200선물, 코스피200옵션, 미니코스피200선물, 미니코스피200 · 옵션 : 9%
- 3년국채선물(0.60%), 5년국채선물(1.05%), 10년국채선물(2.25%)
- 미국달러선물 · 미국달러옵션(5.1%), 엔선물(7.2%), 유로선물(5.7%), 위안선물(4.5%)
- 금선물(7.5%), 돈육선물(21%)
- 변동성지수선물 : 48.75%

···TOPIC 11 대용증권 및 외화관리업무

---

081 다음 중 거래증거금으로 예탁가능한 대용증권은?

① 관리종목   ② 상장지수펀드(ETF)
③ 비상장채권   ④ 회원 자기가 발행한 유가증권

해설 이 중에는 상장지수펀드(ETF)만이 거래증거금으로 예탁가능한 대용증권이다.

🏛 필수핵심정리 　 대용증권

대용증권이란 현금을 대신하여 증거금으로 사용할 수 있는 일정 기준 이상의 유가증권을 말함

대용증권의 예탁	• 위탁자는 위탁증거금에서 현금예탁필요액을 제외한 금액에 대해서 대용증권으로 예탁할 수 있음 • 회원은 위탁자가 위탁증거금으로 예탁한 대용증권을 거래증거금 등으로 이용할 수 있음(단, 위탁자의 서면에 의한 사전동의 필요)
대용증권 종류	**거래증거금으로 예탁 가능한 대용증권의 종류** • 상장주권(유가증권시장 · 코스닥시장 · 코넥스시장) • 상장외국주식예탁증서(DR) • 상장채권, 채권으로 보는 수익증권(MBS) • 상장지수펀드(ETF), 유가증권시장에 상장된 주식연계증권(ELS) 등
	제외대상 • 관리종목, 투자위험종목, 정리매매종목, 매매거래정지종목 • 회원 자기가 발행한 유가증권

대용가격 산정	대용가격	대용가격 = 대용증권의 기준시세×사정비율	
	사정비율	95%	채권(국채, 지방채, 특수채, 은행·여신전문금융회사·종금사·증권금융회사가 발행한 채권)
		85%	일반적인 사채권(주식 관련 사채권 제외)
		80%	주식 관련 사채권, ELS, MBS
		70%	상장주권, DR(단, 종목별로 60~80%)
	후순위채권은 사정비율의 90%만 인정		
대용증권의 인출	증거금으로 예탁된 대용증권 중 증거금필요액을 초과하는 대용증권은 장중에 수시로 인출할 수 있음		

★★★ 082 다음과 같이 유가증권을 예탁한 고객의 대용가격은 얼마로 산출되는가?(보유금액은 기준시세 기준임) 심화

> ㉠ 거래소에 상장되어 있는 신한은행 후순위채권 : 100억원
> ㉡ 배당 예정 종목인 거래소에 상장된 삼성전자 주식 : 100억원
> ㉢ 삼성전자의 전환사채 : 50억원
> ㉣ 주가연계증권(ELS) : 10억원
> ㉤ 정리매매종목인 코스닥상장주식 : 100억원

① 210.5억원　　　② 213.5억원　　　③ 220.5억원　　　④ 223.5억원

해설 ㉠ (100억 × 95% × 90%) + ㉡ (100억 × 80%) + ㉢ (50억 × 80%) + ㉣ (10억 × 80%) + ㉤ (100억 × 0%) = 213.5억원 → 상장채권의 사정비율은 95%이지만 후순위채는 사정비율의 90%만을 적용한다. 상장주권은 유가증권시장의 일평균거래대금 상위 50% 이내에 해당하는 KOSPI200 구성종목 및 코스닥시장의 일평균거래대금 상위 20% 이내에 해당하는 코스닥지수 구성종목의 경우는 80%, 유가증권시장 및 코스닥시장의 일평균거래대금 하위 5% 이내 종목의 경우는 60%를 적용한다. 전환사채는 주식 관련 사채권으로 80%, ELS도 80%를 적용하며, 정리매매종목은 대용증권으로 사용할 수 없으므로 0%이다.

★★★ 083 다음 중 한국거래소에 증거금으로 예탁 가능한 외화가 아닌 것은?

① 중국 위안화
② 스위스 프랑화
③ 캐나다 달러화
④ 프랑스 프랑화

해설 증거금으로 예탁 가능한 외화로는 미국 달러화, 캐나다 달러화, 호주 달러화, 홍콩 달러화, 싱가포르 달러화, 영국 파운드화, 일본 엔화, 유럽연합 유로화, 스위스 프랑화, 중국 위안화 등 총 10개 통화이다.

증거금으로 예탁가능한 외화	미국 달러화, 캐나다 달러화, 호주 달러화, 홍콩 달러화, 싱가포르 달러화, 영국 파운드화, 일본 엔화, 유럽연합 유로화, 스위스 프랑화, 중국 위안화 등 총 10개 통화		
	사정비율	기준시세의 95%	
	기준시세	장 중	미국 달러화는 산출 당일 매매기준율, 기타 통화는 산출 전일 재정된 매매기준율
		장 종료	미국 달러화는 산출 익일 매매기준율, 기타 통화는 산출 당일 재정된 매매기준율
증거금으로 예탁가능한 외화증권	• 미국 단기 재무부 국채(Treasury Bill) • 미국 중기 재무부 국채(Treasury Note) • 미국 장기 재무부 국채(Treasury Bond) • 그밖에 거래소가 인정하는 외화증권		
	사정비율	미국 단기 재무부 국채, 잔존만기가 1년 미만인 미국 중·장기 재무부 국채	100분의 92
		미국 중기 및 장기 재무부 국채	잔존만기가 10년 미만인 경우 : 100분의 88 *10년 이상인 경우 : 100분의 84

★★★
084 다음 중 한국거래소에 증거금으로 사용할 수 없는 것은?

① 싱가포르 달러화
② 상장외국주식예탁증서(DR)
③ 관리종목
④ 미국재무부 국채(Treasury Bill, Note, Bond)

 해설 예탁증거금은 현금, 대용증권, 외화 또는 회화증권으로 납입할 수 있는데, 관리종목은 대용증권으로 사용할 수 없다.

★★★
085 현재 한국거래소(KRX)에 상장되어 거래되고 있는 파생상품이 아닌 것은?

① CD금리선물 ② 금선물
③ 10년 국채선물 ④ 미국달러옵션

해설 CD금리선물은 현재 상장폐지된 상품이다.

★★★
086 상품군(product group)에 속하는 종목군(class group)이 바르게 짝지어지지 않은 것은?

① 국채 : 3년국채선물, 5년국채선물, 10년국채선물
② 주가지수 : KOSPI200선물, KOSPI200옵션, 코스닥150선물, 주식선물
③ 통화 : 미국달러선물, 엔선물, 유로선물, 위안선물
④ 금 : 금선물

> **해설** 주식선물은 주가지수상품군이 아니라 개별주식상품이다.

···TOPIC 12 회계관리업무

★★★
087 자본시장법에 명시된 금융투자업자의 회계처리에 대한 설명으로 옳지 않은 것은?

① 회계연도는 4월 1일부터 익년 3월 31일로 한다. 다만, 금융위원회가 정하여 고시하는 경우에는 1월 1일부터 12월 31일까지로 할 수 있다.
② 금융투자업자의 고유재산과 신탁재산, 그리고 위탁자의 재산을 명확히 구분하여 계리한다.
③ 금융투자업자의 재무제표상 계정과목은 금융위원회의 승인 없이는 신설 또는 개정하지 못한다.
④ 증권선물위원회의 심의를 거쳐 금융위원회가 정하여 고시하는 금융투자업자 회계처리 준칙 및 기업회계기준을 따라야 한다.

> **해설** 금융투자업자의 재무제표상 계정과목은 금융감독원장의 승인 없이는 신설 또는 개정하지 못한다.

★★★
088 금융투자업자의 회계에 대한 설명으로 옳지 않은 것은?

① 금융투자업자의 회계처리에 관한 사항으로 회계처리방법, 계정과목의 종류와 배열순서, 그밖에 필요한 사항은 금융위원회가 정하여 고시한다.
② 자산건전성 분류의 경우 대출채권, 미수수익, 미수금 등에 대해 5단계(정상, 요주의, 고정, 회수의문, 추정손실)로 분류하도록 하고 있고, 각 단계에 따라 일정비율 이상의 대손충당금을 적립하도록 강제하고 있다.
③ 금융투자업자는 반기별로 가결산을 실시하여야 한다.
④ 금융투자업자는 회계 및 재무에 관한 서류는 10년 이상, 업무에 관한 서류는 종류별로 3~10년의 기간 이상 동안 기록·유지하여야 한다.

> **해설** 금융투자업자는 분기별로 가결산을 실시하여야 한다.

★★★
089 금융투자업자의 장부 중 회계에 관한 장부가 아닌 것은?

① 일계표
② 일일정산대장
③ 현금 및 예금출납부
④ 총계정원장 및 보조원장

> **해설** 회계에 관한 장부는 일계표, 현금 및 예금출납부, 총계정원장 및 보조원장이 있으며, 일일정산대장은 업무에 관한 장부이다.

★★★
090 파생상품거래 회계처리기준에 관한 설명으로 옳지 않은 것은?

① 파생상품거래의 계약금액은 외화로 표시된 경우 외화로 계산한다.
② 모든 거래는 공정가액으로 평가하여 그 평가손익을 재무제표에 반영한다.
③ 장내파생상품의 공정가액은 평가일 현재 당해 거래소에서 거래되는 해당 상품의 종가로 한다.
④ 위험회피회계를 적용하고자 하는 경우에는 유사한 위험회피활동은 모두 위험회피회계를 적용하여야 한다.

> **해설** 파생상품거래의 계약금액은 외화로 표시된 경우 원화로 환산한다. 그리고 파생상품은 거래시점에서 그 목적에 따라 유형을 매매목적거래와 위험회피목적거래로 구분하여 관리하여야 한다.

🏛 필수핵심정리 ▶ 파생상품 거래유형

매매목적거래	위험회피목적거래가 아닌 모든 파생상품의 거래
위험회피목적 거래	위험회피대상 항목의 공정가액 또는 미래현금흐름 변동을 부분적으로 또는 전체적으로 상계하기 위하여, 하나 이상의 위험회피수단을 지정함과 동시에 위험회피회계의 적용요건을 모두 충족하는 거래

★★★
091 금융투자업자의 대외보고서에 관한 설명으로 옳지 않은 것은? 심화

① 금융투자업자는 업무보고서를 매 분기별로 분기 종료 후 45일 이내에 금융감독원과 금융투자협회에 제출하여야 한다.
② 금융투자업자는 영업용순자본비율 보고서를 매 분기별로 분기 익월 말일까지 금융감독원과 금융투자협회에 제출하여야 한다.
③ 금융투자업자는 매 영업일마다 영업용순자본비율이 120%에 미달하거나 미달할 우려가 있을 때에는 수시보고를 하여야 한다.
④ 영업용순자본은 [재무상태표상의 자기자본 − 차감항목 + 가산항목]이며, 총위험액은 [시장 위험액 + 신용 위험액 + 운영 위험액]이다.

> **해설** 금융투자업자는 매 영업일마다 영업용순자본비율이 150%에 미달하거나 미달할 우려가 있을 때에는 수시보고를 하여야 한다.

★★★
092 다음 중 금융투자업자의 영업용 순자본을 산정할 때, 자기자본에 가산되는 항목은? 심화

① 선급금   ② 후순위차입금   ③ 선급비용   ④ 고정자산

해설 후순위차입금을 제외한 나머지는 영업용 순자본을 산정할 때 자기자본에서 차감되는 항목들이다.

🏛 필수핵심정리 ▷ 영업용순자본의 산정

영업용 순자본 = 재무상태표상의 자기자본 − 차감항목 + 가산항목

차감항목	선급금, 선급비용, 선급법인세, 고정자산, 특수관계인 채권, 자회사의 결손액에 소유지분을 곱하여 산정한 금액 등
가산항목	유동자산에 설장한 대손충당금, 후순위차입금 등

2장 | 금융투자상품 세제

···TOPIC ⑬ 조세의 의의와 분류

★★★
093 조세의 정의에 대한 설명으로 옳지 않은 것은?

① 조세란 국가 또는 지방자치단체가 재정수요에 충당하기 위하여 부과한다.
② 법률에 규정된 과세요건을 충족한 모든 자로부터 부과 및 징수한다.
③ 특정한 개별적 보상을 전제로 부과 및 징수한다.
④ 강제적으로 부과 및 징수한다.

해설 조세는 법률에 규정된 과세요건을 충족한 모든 자로부터 특정한 개별적 보상 없이 강제적으로 부과 및 징수한다.

★★★
094 조세의 전가성을 기준으로 조세는 어떻게 분류하는가?

① 국세와 지방세   ② 직접세와 간접세
③ 보통세와 목적세   ④ 비례세와 누진세

해설 조세의 전가성에 따라 조세부담의 전가가 예상되지 않는 조세는 직접세, 조세부담의 전가가 예상되는 조세는 간접세라 한다.

정답 089 ②   090 ①   091 ③   092 ②   093 ③   094 ②

분류기준		분류
과세 주체	국세	과세권자가 국가인 조세
	지방세	과세권자가 지방자치단체인 조세
조세의 전가성	직접세	조세부담의 전가가 예상되지 않는 조세
	간접세	조세부담의 전가가 예상되는 조세
지출의 목적성	보통세	세수의 용도가 불투명한 조세(일반적인 지출 충당)
	목적세	세수의 용도가 특정된 조세(특정목적 지출 충당)
과세표준단위	종가세	가격을 과세표준으로 하는 조세
	종량세	양을 과세표준으로 하는 조세
세율의 구조	비례세	과세표준과 관계없이 일정률의 세율이 적용되는 조세
	누진세	과세표준의 크기에 따라 세율의 차이가 있는 조세

★★★
095 우리나라 조세체계상 직접세와 거리가 먼 것은?

① 소득세　　　　　　　　　　② 법인세
③ 증권거래세　　　　　　　　④ 상속세와 증여세

해설 증권거래세는 조세부담이 전가되는 간접세에 해당한다.

🏛 **필수**핵심정리 ▷ 우리나라의 조세체계

국세 (12종)	내국세	직접세	소득세, 법인세, 상속세와 증여세, 종합부동산세
		간접세	부가가치세, 주세, 인지세, 증권거래세, 개별소비세
		목적세	교육세, 농어촌특별세
	관세		–
지방세 (11종)	보통세		취득세, 등록면허세, 레저세, 담배소비세, 지방소비세, 주민세, 지방소득세, 재산세, 자동차세
	목적세		지역자원시설세, 지방교육세

★★★
096 우리나라에서 증권거래세의 조세체계로 적절한 것은?

① 국세, 내국세, 간접세　　　　② 지방세, 내국세, 목적세
③ 국세, 관세, 간접세　　　　　④ 국세, 내국세, 직접세

해설 증권거래세는 국세, 내국세, 간접세이다.

★★★
097 다음 중 국세에 해당하지 않는 것은?

① 자동차세   ② 주세

③ 부가가치세   ④ 증권거래세

> **해설** 자동차세는 지방세이다.

···TOPIC 14 기간과 기한, 서류의 송달

★★★
098 기간과 기한에 대한 설명으로 옳지 않은 것은?

① 기간은 어느 시점에서 어느 시점까지의 계속된 시간을 뜻하며, 기한은 법률행위의 효력 발생·소멸·채무의 이행 등을 위하여 정한 일정시점을 뜻한다.

② 세법에 규정하는 기한이 공휴일·토요일이거나 근로자의 날에 해당하는 때에는 그 다음 날을 기한으로 한다.

③ 우편으로 서류를 제출하는 경우에는 통신일부인이 찍힌 날에 신고가 된 것으로 본다.

④ 국세정보 통신망이 장애로 가동이 정지된 경우 그 장애가 복구되어 신고 또는 납부할 수 있게 된 날을 기한으로 한다.

> **해설** 국세정보 통신망이 장애로 가동이 정지된 경우 그 장애가 복구되어 신고 또는 납부할 수 있게 된 날의 다음날을 기한으로 한다.

★★★
099 서류의 송달에 대한 설명으로 옳지 않은 것은?

① 교부송달은 당해 행정기관의 소속공무원이 송달 장소에서 송달받을 자에게 서류를 교부하는 것이다.

② 우편송달은 서류의 송달을 우편으로 하는 것으로서 우편송달의 경우 보통우편에 의하여야 한다.

③ 전자송달은 정보통신망을 이용한 것으로서 전자송달은 서류의 송달을 받아야 할 자가 신청하는 경우에 한한다.

④ 공시송달은 서류의 요지를 공고한 날로부터 14일이 경과함으로써 서류가 송달된 것으로 본다.

> **해설** 우편송달은 서류의 송달을 우편으로 하는 것으로서 우편송달의 경우 등기우편에 의하여야 한다.

정답 095 ③   096 ①   097 ①   098 ④   099 ②

교부송달	당해 행정기관의 소속공무원이 송달 장소에서 송달받을 자에게 서류를 교부하는 것
우편송달	서류의 송달을 우편으로 하는 것으로서 우편송달의 경우 등기우편에 의하여야 함
전자송달	정보통신망을 이용한 것으로서 전자송달은 서류의 송달을 받아야 할 자가 신청하는 경우에 한함
공시송달	서류의 요지를 공고한 날로부터 14일이 경과함으로써 서류가 송달된 것으로 봄

★★★
100 다음 중 공시송달을 할 수 있는 경우가 아닌 것은?

① 송달 장소가 국외에 있어 송달이 곤란한 때
② 송달 장소가 분명하지 아니한 때
③ 등기송달하였으나 수취인 부재로 확인되어 납부기한 내에 송달이 곤란한 때
④ 교부송달을 할 수 없는 때

해설 교부송달을 할 수 없는 때가 아니라, 2회 이상 교부송달하였으나 수취인 부재로 확인되어 납부기한 내에 송달이 곤란한 때에 공시송달을 할 수 있다.

···TOPIC **15** 납세의무

★★★
101 다음 중 납세의무의 성립시기가 잘못 연결된 것은?

① 부가가치세 – 과세기간이 끝나는 때
② 증권거래세 – 매매거래가 확정되는 때
③ 상속세 – 상속재산을 처분한 때
④ 증여세 – 증여에 의하여 재산을 취득하는 때

해설 상속세의 납세의무가 성립하는 시기는 상속이 개시되는 때이다.

소득세, 법인세, 부가가치세, 금융·보험업자의 수익금액에 부과되는 교육세	과세기간이 끝나는 때
상속세	상속이 개시되는 때
증여세	증여에 의하여 재산을 취득하는 때
인지세	과세문서를 작성한 때
증권거래세	매매거래가 확정되는 때
종합부동산세	과세기준일
가산세	가산할 국세의 납세의무가 성립하는 때
원천징수하는 소득세, 법인세	소득금액, 수입금액을 지급하는 때

★★★
102 국세기본법상 납세의무의 성립시기가 같은 것끼리 바르게 묶은 것은?

> ㉠ 소득세 　　　　　　　　　㉡ 법인세
> ㉢ 부가가치세 　　　　　　　 ㉣ 증권거래세

① ㉠, ㉡ 　　　　　　　　　　② ㉠, ㉡, ㉢
③ ㉠, ㉢, ㉣ 　　　　　　　　④ ㉡, ㉢, ㉣

해설 　㉠~㉢은 과세기간이 끝나는 때에 납세의무가 성립하며, ㉣ 증권거래세는 매매거래가 확정되는 때에 납세의무가 성립한다.

★★★
103 납세의무의 확정에 관한 설명으로 옳지 않은 것은?

① 납세의무의 확정에는 신고확정, 부과확정, 자동확정이 있다.
② 신고확정은 납세의무자가 과세표준과 세액을 정부에 신고함으로써 확정된다.
③ 부과확정은 정부가 과세표준과 세액을 결정함으로써 확정되는 것으로 증권거래세, 상속세, 증여세가 있다.
④ 자동확정은 납세의무가 성립하는 때에 특별한 절차 없이 확정되는 것으로 인지세, 원천징수하는 소득세 및 법인세 등이 이에 해당한다.

해설 　증권거래세는 신고확정이다. 부과확정은 정부가 과세표준과 세액을 결정함으로써 확정되는 것으로 상속세, 증여세가 있다.

납세의무의 확정이란 과세요건의 충족으로 발생한 추상적 납세의무를 납세의무자 또는 세무관청이 일정한 절차를 거쳐 구체적 납세의무(현실적 금전채무)로 확정하는 절차

신고확정	소득세, 법인세, 부가가치세, 증권거래세 등은 납세의무자가 과세표준과 세액을 정부에 신고함으로써 확정됨
부과확정	상속세, 증여세 등은 정부가 과세표준과 세액을 결정함으로써 확정됨
자동확정	인지세, 원천징수하는 소득세 및 법인세, 납세조합이 징수하는 소득세, 중간예납하는 법인세는 납세의무가 성립하는 때에 특별한 절차 없이 확정됨

★★★
104 다음 중 납세의무가 소멸되는 경우가 아닌 것은?

① 납부·충당(국세환급금을 납부할 국세 등과 상계시키는 것)되거나 부가가 취소된 때
② 국세부과의 제척기간이 만료된 때
③ 국세징수권의 소멸시효가 완성된 경우
④ 상속인이 승계한 경우

해설 　상속인이 승계한 경우엔 납세의무가 소멸하지 않는다. 확정된 납세의무는 ①~③의 경우에만 소멸한다.

★★★
105 다음 중 국세부과의 제척기간이 옳지 않은 것은? 　심화

① 사기 등 부정행위로 국세를 포탈 또는 환급받는 경우 일반조세는 10년, 상속·증여세는 15년이다.
② 법정신고기한까지 과세표준신고서를 제출하지 아니한 경우 일반조세는 7년, 상속·증여세는 15년이다.
③ 법정신고기한까지 상속·증여세 과세표준을 신고했으나 허위, 누락신고한 경우 10년이다.
④ 사기나 부정한 상속·증여세를 포탈하는 경우로서 신고대상 재산가액이 50억원을 초과하는 경우 확인일 후 1년이다.

해설 　법정신고기한까지 상속·증여세 과세표준을 신고했으나 허위, 누락신고한 경우 국세 부과의 제척기간은 15년이다. 국세 부과의 제척기간은 국가가 납세의무자에게 국세를 부과할 수 있는 법정기간으로 그 기간이 만료하면 국세부과권의 소멸로 인하여 납세의무도 소멸한다.

★★★
106 국세징수권은 국가가 권리를 행사할 수 있는 때로부터 (㉠)년간[(5억원 이상 국세채권은 (㉡) 년] 행사하지 아니하면 소멸시효가 완성하고 이로 인하여 납세의무도 소멸한다. ㉠, ㉡에 알맞은 숫자는?

① ㉠ 3, ㉡ 5   ② ㉠ 5, ㉡ 10   ③ ㉠ 7, ㉡ 10   ④ ㉠ 7, ㉡ 15

해설 소멸시효는 권리자가 권리를 행사할 수 있음에도 일정기간 권리를 행사하지 않는 경우 그 권리가 소멸하는 것으로, 국세징수권은 국가가 권리를 행사할 수 있는 때로부터 5년간(5억원 이상 국세채권은 10년) 행사하지 아니하면 소멸시효가 완성하고 이로 인하여 납세의무도 소멸한다.

★★★
107 다음 중 국세징수권의 시효기간의 효력이 중단하는 경우가 아닌 것은?

① 압류   ② 물납   ③ 독촉   ④ 교부청구

해설 국세징수권의 소멸시효는 납세고지 · 독촉 또는 납부청구 · 교부청구 · 압류의 경우는 이미 경과한 시효기간의 효력이 중단된다.

★★★
108 납세의무의 승계와 제2차 납세의무자에 대한 설명으로 옳지 않은 것은?

① 법인이 합병한 경우, 합병법인은 피합병법인의 납세의무를 부담한다.
② 상속인은 피상속인의 납세의무를 전액 부담한다.
③ 청산인과 잔여재산을 분배받은 자는 그 해산법인의 국세 등에 대하여 제2차 납세의무를 진다.
④ 양도 · 양수한 사업과 관련하여 양도일 이전에 확정된 국세 등은 사업양수인이 제2차 납세의무를 진다.

해설 상속인은 피상속인의 납세의무를 상속으로 인하여 얻은 재산을 한도로 부담한다.

🏛 **필수핵심정리** ▶ 제2차 납세의무자

- 제2차 납세의무란 납세의무자의 재산으로 체납처분을 하여도 체납세액에 미달하는 경우 납세의무자와 법정관계에 있는 자가 그 부족을 부담케 하는 세법상의 고유한 이행책임을 말함
- 국세기본법은 제2차 납세의무로 다음 4가지 유형을 규정하고 있음

청산인 등	청산인과 잔여재산을 분배받은 자는 그 해산법인의 국세 등에 대하여 제2차 납세의무를 진다.
출자자	법인(상장법인은 제외)의 재산으로 국세 등을 충당하고 부족한 금액은 납세의무 성립일 현재의 무한책임사원과 과점주주가 제2차 납세의무를 진다.
법인	국세의 납부기한 현재 법인의 무한책임사원과 과점주주가 당사자의 재산으로 국세 등을 충당한 후에도 부족한 금액은 당해 법인이 제2차 납세의무를 진다.
사업양수인	양도 · 양수한 사업과 관련하여 양도일 이전에 확정된 국세 등은 사업양수인이 제2차 납세의무를 진다.

정답 104 ④   105 ③   106 ②   107 ②   108 ②

★★★
109 다음 중 국세기본법에 규정된 제2차 납세의무자의 유형과 거리가 먼 것은?

① 청산인과 잔여재산을 분배받은 자 　　② 출자자
③ 법인 　　④ 사업양도인

> **해설** 양도·양수한 사업과 관련하여 양도일 이후에 확정된 국세 등은 사업양수인이 제2차 납세의무를 진다.

★★★
110 주주 또는 유한책임사원 1명과 그의 특수관계인으로 시행령에서 정하는 자로서 그들의 소유 주식 합계 또는 출자액 합계가 해당 법인의 발행주식 총수 또는 출자총액의 50%를 초과하면서 그에 관한 권리를 실질적으로 행사하는 자들을 무엇이라 하는가?

① 소액주주 　　② 대주주
③ 과점주주 　　④ 지배주주

> **해설** 과점주주에 대한 설명이다.

···TOPIC 16 소득세법

★★★
111 납세의무자와 과세소득의 범위에 대한 설명으로 옳지 않은 것은?

① 소득세는 자연인인 개인을 납세의무자로 한다.
② 국세기본법상 법인으로 보는 단체가 아닌 단체(동창회, 종중 등)는 세법상 개인으로 보아 소득세의 납세의무자가 된다.
③ 거주자는 국내에 주소를 두거나 1년 이상 거소를 둔 개인으로 국내·외의 모든 소득에 대해서 납세의무가 있다.
④ 개인인 비거주자는 국내원천소득에 대해서만 납세의무가 있다.

> **해설** 거주자는 국내에 주소를 두거나 183일 이상 거소를 둔 개인으로 국내외의 모든 소득에 대해서 납세의무가 있다. 소득세법은 납세의무자인 개인을 거주자와 비거주자로 구분하여 과세소득의 범위와 과세방법을 달리하고 있다.

★★★ 112 거주자의 소득별 과세방법에 대한 설명으로 옳지 않은 것은?

① 종합과세는 개인의 소득 중 해마다 발생하는 경상소득을 개인별로 합산하여 종합소득세율에 의해 신고·납부과세하는 것으로 이자소득, 배당소득, 사업소득, 근로소득, 연금소득, 기타소득 등 6가지 소득을 종합과세대상 소득으로 한다.

② 분류과세는 종합과세소득에 포함되지 않는 퇴직소득, 양도소득 등 비경상적인 소득을 종합소득과 구분하여 각 소득별로 별도 방법에 따라 신고·납부하는 제도이다.

③ 분리과세는 원천징수함으로써 종합소득세의 납세의무가 종료되지 아니하고 종합소득과세표준에 합산하는 제도이다.

④ 비과세소득이란 과세에서 제외되는 소득을 말한다.

해설 분리과세는 소득의 유형이 종합소득에 속하는 소득이나 법정률(원천징수세율)만을 원천징수함으로써 종합소득세의 납세의무가 종료되어 종합소득과세표준에 합산하지 아니하는 제도이다.

★★★ 113 소득세법상 거주자의 소득 구분 중 종합소득에 해당하지 않는 것은?

① 이자소득　　　　② 배당소득　　　　③ 근로소득　　　　④ 퇴직소득

해설 퇴직소득과 양도소득은 별도로 분류과세된다. 현행 소득세법은 이자소득, 배당소득, 사업소득, 근로소득, 연금소득, 기타소득 등 6가지 소득을 종합과세대상 소득으로 한다.

★★★ 114 소득세는 분리과세소득과 종합과세소득으로 구분할 수 있는데, 다음의 거주자가 반드시 확정신고를 하여야 하는 경우로 가장 올바른 것은? 심화

① 근로소득만 있는 거주자

② 근로소득과 퇴직소득만 있는 자

③ 근로소득과 사업소득만 있는 자

④ 퇴직소득과 연말정산하는 사업소득만 있는 자

해설 근로소득과 사업소득만 있는 거주자는 소득세 확정신고 대상에 해당한다.

🏛 필수핵심정리　　소득세의 신고와 납부

소득세는 신고확정 세목으로 납세자가 정부에 신고함으로써 과세표준과 세액이 확정됨 → 소득금액과 세액을 계산하여 다음 연도 5월 1일부터 5월 31일까지 주소지 관할세무서에 신고 및 납부하여야 함

- **소득세 확정신고를 하지 않아도 되는 거주자**
  - 근로소득만 있는 거주자
  - 법정연금소득만 있는 자
  - 근로소득과 퇴직소득만 있는 거주자
  - 퇴직소득과 원천징수 연말정산하는 사업소득만 있는 자
  - 퇴직소득만 있는 거주자
  - 원천징수 연말정산하는 사업소득만 있는 자
  - 퇴직소득과 법정연금소득만 있는 자
  - 분리과세이자·배당·연금·기타소득만 있는 자

정답　109 ④　110 ③　111 ③　112 ③　113 ④　114 ③

CHAPTER 02 영업(투자권유)실무 **447**

★★★
115 상속세에 대한 설명으로 옳지 않은 것은?

① 우리나라의 경우 상속세는 유산취득세 방식을 원칙으로 한다.
② 상속인 및 유증을 받는 자(수유자)는 각자가 취득하는 재산의 비율에 따라 상속세 납세의무를 갖는다.
③ 상속세 납세의무자들은 상속세를 연대하여 납부할 의무를 갖는다.
④ 상속세법은 보험금, 신탁재산, 그리고 퇴직금을 상속재산에 포함하고 있다.

해설 우리나라의 경우 상속세는 유산세 방식을 원칙으로 한다.

🏛 필수핵심정리 〉 상속세

상속세는 자연인의 사망을 원인으로 무상이전되는 재산을 과세대상으로 하여 그 재산의 취득자(상속인)에게 과세하는 조세

과세방식	유산세 방식	피상속인의 유산총액을 기준하여 과세하는 방식 → 우리나라는 유산세 방식을 원칙으로 함
	유산취득세 방식	상속인 각 인이 취득하는 상속재산을 기준하여 과세하는 방식
납세의무자	상속인 및 유증을 받는 자(수유자) → 각자가 취득하는 재산의 비율에 따라 상속세 납세의무를 가지며, 상속세 납세의무자들은 상속세를 연대하여 납부할 의무를 가짐	
상속재산	= 민법상의 상속재산 + 유증재산 + 사인증여재산 +특별연고자분여재산 + [보험금 + 신탁재산 + 퇴직금]	
상속세 과세가액	= 상속재산가액 + 생전 증여재산가액 + 생전 재산처분가액 + 생전 부채부담액 − 법정 공제액(= 공과금 + 장례비 + 채무)	
과세표준	= 상속세과세가액 − 상속공제액(= 기초공제 + 인적공제 + 물적공제 + 감정평가수수료) → 과세표준이 50만원 미만인 때에는 상속세를 부과하지 않음	
세액공제	= 증여세액공제 + 외국납부세액공제 + 단기재상속세액공제 + 신고세액공제	

★★★
116 다음 중 상속재산에 포함되는 것 중 가장 거리가 먼 것은?

① 유증재산   ② 공과금
③ 보험금   ④ 퇴직금

해설 공과금은 상속세과세가액 계산 시 공제되는 법정공제액에 해당한다.

★★★
117 상속세에 대한 설명으로 옳지 않은 것은?

① 상속세과세가액은 상속재산가액에 생전 증여재산가액과 생전 재산처분 및 부채부담액을 가산하고 법정 공제액을 공제한 금액으로 한다.
② 국가·지방자치단체 또는 공공단체에 유증한 재산은 과세가액에 불산입한다.
③ 상속세의 과세표준은 상속세과세가액에서 기초공제, 인적공제 및 물적공제를 한 금액으로 한다.
④ 과세표준이 100만원 미만인 때에는 상속세를 부과하지 않는다.

해설 과세표준이 50만원 미만인 때에는 상속세를 부과하지 않는다.

★★★
118 상속세 및 증여세법상 상속세가 비과세되는 항목으로 옳지 않은 것은?

① 신탁재산
② 공공단체에 유증한 재산
③ 정당법의 규정에 따라 정당에 유증한 재산
④ 사회통념상 인정되는 이재구호금품

해설 신탁재산은 상속재산에 포함된다.

★★★
119 상속세 과세표준이 (　)억원을 초과하는 금액에 대한 상속세율은 50%이다. (　)에 알맞은 것은?

① 10
② 20
③ 30
④ 40

해설 상속세 과세표준이 30억원을 초과하는 금액에 대한 상속세율은 50%이다.

★★★
120 증여세에 대한 설명으로 옳지 않은 것은?

① 증여세의 납세의무자는 재산을 증여받은 자, 즉 수증자이다.

② 수증자가 거주자인 경우에는 증여로 취득한 재산의 소재가 국내인지 국외인지 불문하고 취득재산 전부에 대하여 납세의무가 있다.

③ 수증자가 비거주자인 경우에는 국내에 있는 수증재산에 대하여만 증여세를 납부할 의무가 있다.

④ 거주자가 비거주자에게 국외에 있는 재산을 증여하는 경우에는 수증자가 납세의무를 진다.

> **해설** 거주자가 비거주자에게 국외에 있는 재산을 증여하는 경우에는 증여자가 납세의무를 진다.

🏛 **필수**핵심정리 ▶ 증여세

증여세는 증여에 의하여 수증되는 재산을 과세대상으로 수증자에게 과세하는 조세 → 상속세는 피상속인의 유산, 즉 사후 이전 재산에 과세함에 반하여 증여세는 생전 이전 재산에 과세하는 차이를 가짐

납세 의무자	• 재산을 증여받은 자(수증자) → 수증자가 비거주자이거나, 수증자의 주소·거소가 불명이거나, 수증자가 담세력이 없는 경우에는 증여자가 연대납세의무를 짐 • 수증자가 거주자인 경우에는 증여로 취득한 재산의 소재가 국내인지 국외인지 불문하고 취득재산 전부에 대하여 납세의무가 있음 • 수증자가 비거주자인 경우에는 국내에 있는 수증재산에 대하여만 증여세를 납부할 의무가 있음 • 수증자에게 증여재산에 대하여 법인세, 소득세, 농업소득세가 부과되는 때에는 증여세는 부과되지 아니함 • 거주자가 비거주자에게 국외에 있는 재산을 증여하는 경우에는 증여자가 납세의무를 짐
증여세 과세가액	= 증여재산가액 + 동일인으로부터 10년 이내에 받은 1천만원 이상의 증여재산 − 수증인이 인수한 채무
과세표준	과세표준이 50만원 미만인 때에는 증여세를 부과하지 않음
세율	상속세 세율과 같음

★★★
121 다음 중 수증자가 증여세를 납부할 능력이 없는 때에 증여세를 면제하는 경우와 거리가 먼 것은?

① 저가, 고가양도에 따른 증여　　　② 채무면제 등에 따른 증여
③ 부동산 유상 사용에 따른 증여　　④ 금전무상대부에 따른 증여

> **해설** 부동산 무상 사용에 따른 증여의 경우로서 수증자가 증여세를 납부할 능력이 없는 때에 증여세를 면제한다.

★★★
122 상속 및 증여세의 신고에 대한 설명으로 옳지 않은 것은?

① 상속세는 상속개시일이 속하는 달의 말일을 기준으로 6월(국외거주인 경우에는 9월) 내에 신고 및 납부를 하여야 한다.

② 증여세는 증여개시일이 속하는 달의 말일을 기준으로 6월 내에 신고 및 납부를 하여야 한다.

③ 상속 및 증여세를 법정신고기간 내에 신고한 경우에는 산출세액의 10%를 공제한다.

④ 상속 및 증여세를 법정신고기간 내에 신고를 하지 아니하거나 과세표준에 미달하게 신고한 경우와 법정기간 내에 세금을 납부하지 아니한 경우에는 가산세가 부과된다.

해설 증여세는 증여개시일이 속하는 달의 말일을 기준으로 3월 내에 신고 및 납부를 하여야 한다.

★★★
123 상속 및 증여세의 납부에 대한 설명으로 옳지 않은 것은?

① 상속세는 상속재산 중 부동산과 유가증권의 가액이 상속재산가액의 1/2을 초과하고, 납부세액이 2천만원을 초과하며, 납부세액이 상속재산가액 중 금융재산가액을 초과하는 경우에만 세무서의 허가를 받아 물납할 수 있다.

② 증여세도 상속세와 마찬가지의 조건을 갖추면 물납할 수 있다.

③ 상속세 또는 증여세액이 1천만원을 초과하는 경우에 일정한 금액을 납부기한 경과일로부터 2개월 이내에 분납할 수 있다.

④ 상속 또는 증여세액이 2천만원을 초과하는 경우에는 세무서의 허가를 받아 연부연납할 수 있다.

해설 증여세는 물납이 허용되지 않는다.

★★★
124 다음 중 소득세법상 이자소득에 해당하지 않는 것은?

① 채권 또는 증권의 환매조건부 매매차익　　② 저축성 보험의 보험차익(저축기간 10년 미만)

③ 직장공제회 초과반환금　　　　　　　　　④ 영업대금의 이익

해설 비영업대금의 이익이 이자소득이다. 즉 대금업에 해당하지 않는 금전대여로 인해 받는 이자는 이자소득이다. 반면에, 대금업자가 받는 영업대금의 이익은 이자소득이 아니라 사업소득에 해당한다.

정답 120 ④　121 ③　122 ②　123 ②　124 ④

- 채권 또는 증권의 이자와 할인액
- 국내 또는 국외에서 받는 예금·적금(부금·예탁금과 우편대체 포함)의 이자
- 상호저축은행법에 의한 신용계 또는 신용부금으로 인한 이익
- 채권 또는 증권의 환매조건부 매매차익
- 저축성 보험의 보험차익(1인당 보험료합계액이 2억원 이하인 저축성 보험으로서 저축기간이 10년 이상인 것은 제외)
- 직장공제회 초과반환금
- 비영업대금의 이익
- 유사 이자소득 : 금전의 사용에 따른 대가의 성격이 있는 것
- 이자소득을 발생시키는 거래와 파생상품이 결합된 경우 해당 파생상품의 이익

★★★
125 원천징수의무자가 소득 지급 시 소득세를 원천징수하여 납부하는 기한으로 옳은 것은?

① 다음달 10일　　　　　　　　② 지급일의 말일
③ 지급일의 말일로부터 2월 이내　④ 지급일의 분기말

해설 　원천징수의무자는 소득의 지급 시에 소득세를 원천징수하여 다음달 10일까지 납부하여야 한다.

필수핵심정리 　원천징수

원천징수란 소득금액 지급 시 지급자(원천징수의무자)가 지급받는 자의 부담세액을 국가를 대신하여 미리 징수하는 것 → 원천징수의무자는 소득의 지급 시에 소득세를 원천징수하여 다음달 10일까지 납부하여야 함

원천징수의무자	이자소득지급자(금융기관, 법인 등), 대리·위임을 받은 자
원천징수세율	• 거주자에게 이자소득(예탁금이용료, 채권이자)을 지급하는 경우 : 이자소득금액의 14% • 비거주자에게 이자소득을 지급하는 경우 : 조세조약상 제한세율 적용(정부산하기관은 비과세) • 조세조약이 체결되지 않은 국가의 거주자인 경우 : 20%

★★★
126 거주자에게 예탁금 이용료를 지급하는 경우에 적용되는 이자소득세율로 옳은 것은?

① 14%　　　　② 15%　　　　③ 20%　　　　④ 25%

해설 　거주자에게 이자소득(예탁금이용료, 채권이자)을 지급하는 경우 원천징수세율(이자소득세율)은 이자소득금액의 14%(개인의 경우 이자소득세의 10%를 지방소득세로 부과)이다.

★★★
127 비거주자에게 이자소득을 지급하는 경우 조세협약이 체결되지 않은 국가의 거주자에게 적용되는 이자소득세율로 옳은 것은?

① 14%　　　　　② 15%　　　　　③ 20%　　　　　④ 25%

해설 비거주자에게 이자소득(예탁금이용료, 채권이자)을 지급하는 경우 조세조약이 체결되지 않은 국가의 거주자인 경우 원천징수세율(이자소득세율)은 이자소득금액의 20%이다.

···TOPIC 21 양도소득

★★★
128 양도소득에 대한 설명으로 옳지 않은 것은?

① 양도소득이란 재고자산 이외의 자산 중 토지·건물·부동산의 권리 및 주식 등 소득세법이 정한 자산의 양도로 인하여 발생하는 일시적인 소득을 말한다.
② 부동산매매업이나 주택건설업자가 양도하는 토지·건물 등의 양도차익은 사업소득으로 종합소득세가 과세된다.
③ 사업목적이 아니고 개인이 소유하던 부동산 등을 양도함으로써 발생하는 소득이 양도소득이다.
④ 양도라 함은 자산의 등기·등록에 관계없이 매도·교환·법인의 현물출자 등을 이유로 자산이 사실상 무상으로 이전되는 것을 말한다.

해설 양도라 함은 자산의 등기·등록에 관계없이 매도·교환·법인의 현물출자 등을 이유로 자산이 사실상 유상으로 이전되는 것을 말한다.

★★★
129 다음 중 양도소득세 과세대상 자산에 해당하는 것을 모두 고르면?

> ㉠ 토지, 건물 등 부동산　　　　　　　　㉡ 부동산 이용권 및 부동산 취득권 등의 부동산
> ㉢ 소주주가 거래소에서 양도하는 주식　　㉣ 파생결합증권
> ㉤ 채무증권

① ㉠, ㉡　　　② ㉠, ㉡, ㉢　　　③ ㉠, ㉡, ㉣　　　④ ㉠, ㉤

해설 ㉢ 상장주식은 대주주소유주식과 소주주가 거래소 외(장외시장)에서 양도하는 주식이 양도소득세 과세대상이다.
㉣~㉤ 파생결합증권과 채무증권은 양도소득세 과세대상이 아니며, 코스피200선물·옵션 등의 파생상품이 양도소득세 과세대상이다.

정답 125 ①　126 ①　127 ③　128 ④　129 ①

- 토지, 건물 등 부동산
- 부동산 이용권 및 부동산 취득권 등의 부동산
- 기타자산 : 특정주식, 특정시설물 이용권 주식, 부동산 과다보유 법인의 주식, 사업용 자산과 함께 양도하는 영업권
- 비상장주식
- 상장주식 : 대주주 소유주식, 소주주가 거래소 외에서 양도하는 주식
- 파생상품 : 이와 유사한 파생상품으로서 기획재정부령이 정하는 것

★★★
130 대주주가 소유하는 상장주식은 양도소득세 과세대상이 되는데, 여기서 대주주의 범위를 설명한 것으로 ㉠, ㉡에 알맞은 숫자는? 심화

> 주주 1인과 그와 특수관계에 있는 자가 발행주식의 (㉠)%(코스닥 2%, 코넥스상장법인 · 벤처기업은 4%) 이상을 소유하거나 시가총액 (㉡)억원(코스닥 20억원, 벤처기업 40억원, 코넥스상장법인은 10억원) 이상을 보유한 주주

① ㉠ 1, ㉡ 25   ② ㉠ 1, ㉡ 30
③ ㉠ 3, ㉡ 25   ④ ㉠ 3, ㉡ 30

해설 대주주란 주주 1인과 그와 특수관계에 있는 자가 발행주식의 1%(코스닥 2%, 코넥스상장법인 · 벤처기업은 4%) 이상을 소유하거나 시가총액 25억원(코스닥 20억원, 벤처기업 40억원, 코넥스상장법인은 10억원) 이상을 보유한 주주이다.

★★★
131 양도소득세 과세표준의 계산에 대한 설명으로 옳지 않은 것은?

① 양도차익 = 양도금액 − 필요경비(취득가액, 자본적 지출, 양도비, 증권거래세 등)
② 양도소득금액 = 양도차익 − 장기보유특별공제
③ 양도소득과세표준 = 양도소득금액 − 양도소득기본공제
④ 양도차익은 당해 자산의 양도가액과 취득가액을 기준시가에 의하여 계산함을 원칙으로 한다.

해설 양도차익은 당해 자산의 양도가액과 취득가액을 실지거래가액에 의하여 계산함을 원칙으로 하나, 실지거래가액이 확인되지 아니하는 경우에는 기준시가에 의하여 양도차익을 계산한다.

★★★
132 다음 중 양도소득세 계산 시 장기보유특별공제 대상인 자산은?

① 1세대 1주택   ② 미등기양도 자산
③ 비사업용토지   ④ 주식

해설 1세대 1주택 이외의 주택이 장기보유특별공제 대상이 아니다.

★★★
133 양도소득세 계산 시 장기보유특별공제는 토지·건물로서 보유기간이 ( )년 이상인 경우에 해당되는가?

① 1 　　　　　② 3 　　　　　③ 5 　　　　　④ 7

> **해설** 장기보유특별공제는 토지·건물로서 보유기간이 3년 이상인 경우에 해당된다.

★★★
134 양도소득세 계산 시 기본공제액으로 옳은 것은?

① 200만원 　　　　　② 250만원
③ 300만원 　　　　　④ 350만원

> **해설** 양도소득이 있는 거주자에 대하여는 당해 연도의 양도소득금액에서 각 소득별로 연간 250만원을 공제한다.

★★★
135 현행 파생상품 양도소득에 대한 세율은?

① 3%(탄력세율) 　　　　　② 5%(탄력세율)
③ 10%(탄력세율) 　　　　　④ 15%(탄력세율)

> **해설** 파생상품에 대한 양도소득세 과세는 2016년 1월 1일부터 시행되고 있으며, 세율은 기본세율 20%이며(5%까지 탄력세율 적용 가능) 2018년 4월 1일부터 국내외 양도손익을 합산하여 탄력세율 10%를 적용한다.

★★★
136 비상장 주식을 2018년 11월 11일 양도한 경우 양도소득세 예정신고기간은?

① 2018년 12월 31일 　　　　　② 2019년 1월 10일
③ 2019년 1월 31일 　　　　　④ 2019년 2월 28일

> **해설** 양도소득세 과세대상 자산 중 주권상장법인주식·주권비상장주식을 양도한 경우에는 양도일이 속하는 분기의 말일부터 2월 이내에 예정신고 납부를 하여야 한다. 2018년 11월에 주식을 양도하였으므로 양도일이 속하는 분기의 말일은 2018년 12월 31일이며, 이때부터 2월 이내에 예정신고 납부하여야 하므로 2019년 2월 28일까지 예정신고 납부하면 된다.

 필수핵심정리 　 양도소득세 신고와 납부

예정신고 납부	• 주권상장법인주식·주권비상장주식을 양도한 경우 : 양도일이 속하는 분기의 말일부터 2월 이내 예정신고 납부 • 그 밖의 자산을 양도한 경우 : 양도일이 속하는 달의 말일부터 2월 이내 예정신고 납부
확정신고 납부	양도소득과세표준을 양도한 해의 다음 연도 5.1~5.31까지 신고납부하여야 함

**내용 구성 및
주요 출제내용
분석**

내용 구성		중요도	주요 출제내용
직무윤리	직무윤리 일반	★★	• 윤리경영과 직무윤리가 강조되는 이유 • 금융투자업에서 직무윤리가 특히 강조되는 이유 • 직무윤리의 사상적 배경 및 국내외 환경
	금융투자업 직무윤리	★★★	• 고객 우선의 원칙 • 신의성실의 원칙(이해상충의 방지 의무, 금융소비자 보호 의무) • 본인, 회사 및 사회에 대한 윤리
	직무윤리의 준수절차 및 위반시 제재	★★	내부통제기준, 준법감시인, 직무윤리 위반 시의 제재조치
투자자 분쟁 예방	분쟁예방을 위한 시스템	★★	• 금융투자상품 권유/판매와 관련한 각종 의무 • 개인정보 처리원칙, 금융소비자보호의 필요성
	준수절차 및 위반시 제재	★★★	분쟁조정제도의 종류와 효력
	분쟁사례 분석	★★★	• 금융투자상품 관련 분쟁의 특징, 내재적 특성, 분쟁의 유형, 분쟁예방 요령 • 분쟁사례에서 무엇을 위반했는지 판단
자금세탁방지제도			• 자금세탁방지제도의 개념(★★) • 자금세탁 절차(★★★) • 자금세탁 유형(★★) • 주요 제도(★★★) : CDO, STR, CTR

**출제경향 분석
및 학습요령**

직무윤리 및 투자자분쟁예방에서는 총 12문제가 출제되기 때문에 제3과목에서 가장 출제
비중이 높은 중요한 과목이다. 주목할 점은 2017년부터 협회 기본서의 내용이 크게 바뀌었
다는 것이다. 변화된 내용의 핵심은 기존과는 달리 총 16조로 구성된 '금융투자회사의 표준
윤리준칙'을 중심으로 직무윤리의 교재내용을 기술하고 있다는 것이다. 따라서 수험생들은
무엇보다도 표준윤리준칙에 대한 숙지가 가장 필요하다. 세부적 내용은 일부를 제외하고는
기존의 직무윤리와 큰 차이는 없다. 전체적인 내용은 고객 우선의 원칙, 신의성실의 원칙(이
해상충의 방지 의무, 금융소비자 보호 의무), 본인, 회사 및 사회에 대한 윤리로 구분되어 있
다. 수험생들은 각각의 파트에서 어떤 윤리기준이 있는지를 먼저 파악하고 세부내용은 문
제를 풀면서 익히면 된다. 직무윤리는 출제 문항 수에 비해 학습할 내용이 많지만 모든 자격
시험에 공통과목이기 때문에 소홀히 할 수 없는 과목이며, 공부를 하지 않으면 낭패를 볼 수
있는 과목임과 동시에 공부를 하면 고득점을 얻을 수 있는 과목이기도 하다. 투사자분쟁예
방과 자금세탁방지제도는 본서에 제시된 문제만 풀 수 있다면 시험대비에 충분하다.

1장 | 직무윤리

···TOPIC 1 윤리경영과 직무윤리가 강조되는 이유

★★★
001 윤리경영과 직무윤리의 필요성이 강조되는 이유에 관한 설명으로 부적절한 것은?

① 현대 사회는 고도의 정보화 기술 및 시스템에 의해 움직이는 사회인데, 이를 잘못 사용할 경우에 초래될 재난을 방지하기 위하여 이를 다루는 자들에게 직무윤리가 요구된다.
② 현대 사회에서는 위험비용을 제외한 거래비용의 최소화를 요구하기 때문이다.
③ 현대 사회에서 직무윤리는 공정하고 자유로운 경쟁의 전제조건이기 때문이다.
④ 현대 사회에서 직무윤리는 새로운 무형의 자본으로 인정되고 있기 때문이다.

해설 위험비용을 포함하여 거래비용의 최소화를 요구하기 때문이다. 개별 경제주체는 눈에 보이는 비용(거래수수료 등) 이외에 상대방이 자신의 이익에 반하는 행동을 할 경우에 발생하는 위험비용(부실한 자산관리에 따른 손해 위험 등)까지를 거래비용에 포함시켜 그 거래비용이 가장 적은 쪽을 선택하게 된다.

 필수핵심정리 ▷ 윤리경영과 직무윤리가 강조되는 이유(필요성)

21세기는 윤리경영의 시대 → 윤리경쟁력은 기업과 개인의 경쟁력을 평가하는 중요한 잣대 중의 하나가 되고 있음

환경의 변화	현대 사회는 고도의 정보화 기술 및 시스템에 의해 움직이는 사회인데, 이를 잘못 사용되는 경우에 초래될 재난을 방지하기 위하여 이를 다루는 자들에게 직무윤리가 요구됨
위험과 거래비용	현대 사회에서는 위험비용을 포함한 거래비용의 최소화를 요구
생산성 제고	직무윤리는 더 많은 경제적 효용의 산출을 위하여 필요한 투입 → 생산성의 제고를 통한 장기적 생존의 목적으로 윤리경영의 중요성을 강조
신종 자본	직무윤리는 새로운 무형의 자본으로 인정되고 있음
인프라 구축	윤리는 공정하고 자유로운 경쟁의 전제조건 → 윤리는 지속적인 성장을 위한 인프라의 하나(윤리 인프라)
생존의 조건	윤리경영은 기업의 생존조건이 되고 지속가능한 성장의 원동력
실용성	윤리는 결과적으로는 경제적으로도 이익 → 윤리의 실용적 측면 강조
사회적 비용	비윤리적 행동은 더 큰 사회적 비용을 가져옴

정답 001 ②

★★★
002 윤리경영과 직무윤리의 중요성에 관한 설명으로 적절하지 않은 것은?

① 기업윤리는 공정하고 자유로운 경쟁의 전제조건이다.

② 직무윤리는 더 많은 경제적 효용의 산출을 위하여 필요한 투입이라는 인식이 보편화되어 있다.

③ 윤리는 명분적 측면에서 봤을 때 당연히 준수해야 하는 것이지만, 실용적 측면에서 봤을 때 준수한다고 이득(기업성과 개선 등)이 되는 것은 아니다.

④ 직무윤리는 오늘날 새로운 무형의 자본으로 인식되고 있다.

> **해설** 윤리는 결과적으로는 경제적으로도 이득이 된다(윤리의 실용적 측면을 강조). 즉, 윤리경영과 직무윤리가 기업에서 실천될 때 조직의 구성원은 보람을 느끼고 기업활동에 대한 몰입도가 강화되어 경영성과가 개선될 수 있다.

★★★
003 윤리경영과 직무윤리가 강조되는 이유에 관한 설명으로 옳지 않은 것은?

① 비윤리적인 행동은 더 큰 사회적 비용을 가져오며, 개인 및 기업들도 비윤리적 행동으로 신뢰와 평판이 실추되면 이를 만회하기 위해서는 더 큰 비용이 소요된다.

② 윤리경영은 기업들이 착하게 살고 있다는 것을 홍보하는 수단이므로 기업의 생존조건은 아니다.

③ 불확실성과 불신이 팽배한 사회에서는 눈에 보이는 비용 이외에 상대방이 자신의 이익에 반하는 행동을 할 경우에 발생하는 위험비용까지를 거래비용에 포함시켜 그 거래비용이 가장 적은 쪽을 선택하게 된다.

④ 기업윤리는 공정하고 자유로운 경쟁의 전제조건이 되므로, 기업윤리는 지속적 성장을 위한 인프라가 된다(윤리 인프라).

> **해설** 윤리의 시대에 비윤리적인 기업은 결국 시장으로부터 외면당하고 퇴출될 가능성이 크다. 윤리경영은 홍보수단에 그치는 것이 아니라 기업의 생존조건이며 지속가능한 성장의 원동력이 된다. 윤리경영은 단순히 착하게 살자는 것이 아니고 가치 있는 장기생존이 그 목적이다. 따라서 능력과 윤리는 전문가가 구비하여야 할 2대 핵심요소이다.

★★★
004 다음 중 조직과 개인의 생존가능성을 결정짓는 정당성의 요소와 거리가 먼 것은?

① 철학　　　　② 이념　　　　③ 명분　　　　④ 실리

> **해설** 실리, 전략, 생산성 등은 효율성 및 효과성의 요소이다.

🏛 필수핵심정리 ▷ 조직과 개인의 생존가능성

생존가능성 = 효율성 및 효과성 × 정당성

효율성 및 효과성의 요소(실용적 측면)	생산성, 전략, 실리 등 → 직무윤리를 지키면 결과적으로 이득이 됨
정당성의 요소(명분적 측면)	철학, 이념, 윤리, 명분 등 → 직무윤리는 당연히 지켜야 하는 정신적 가치임

★★★
005 다른 산업에 비하여 금융투자산업에서 직무윤리가 특히 강조되는 이유와 가장 거리가 먼 것은?

① 금융투자상품의 전문화·복잡화 등으로 고객이 관련 상품의 내용을 정확하게 파악하는 것이 어렵다.
② 직무윤리를 준수하는 것이 관련 업무종사자를 보호하는 안전장치가 된다.
③ 금융소비자의 자산을 관리하는 산업의 속성상 이익상충의 가능성이 크다.
④ 자본시장에서 취급하는 금융투자상품은 손실위험의 가능성을 지닌다.

해설 직무윤리를 준수하는 것은 관련 업무종사자를 보호하는 안전장치가 되는데, 이것은 금융산업에서뿐만이 아니라 비금융산업을 포함한 모든 산업에서 직무윤리가 요구되는 공통의 이유가 된다.

🏛 필수핵심정리 ▷ 금융투자업에서 윤리경영과 직무윤리의 중요성이 더욱 강조되는 이유

산업의 속성	고객의 자산을 위탁받아 운영·관리하는 것을 주요 업무로 하므로 고객의 이익을 침해할 가능성(이해상충 발생가능성)이 높음
상품의 특성	금융투자상품은 투자성(원본손실 가능성)을 내포하고 있어 고객과의 분쟁가능성 상존
금융소비자의 질적 변화	금융투자상품의 전문화·복잡화·다양화로 인해 단순한 정보제공의 차원을 넘어 금융소비자보호를 위한 노력이 요구됨
안전장치	직무윤리를 준수하는 것은 금융투자업종사자들을 보호하는 안전장치의 역할을 함(타 산업에도 적용됨)

★★★
006 자본시장과 금융투자산업에서의 윤리경영과 직무윤리의 중요성이 다른 분야에 비해 더욱 강조되는 이유와 거리가 먼 것은?

① 자본시장에서 다루는 상품은 대부분 투자성(원본손실가능성)이 있어서 고객과의 분쟁가능성이 상존한다.
② 고객의 자산을 위탁받아 운영·관리하는 것이 주요 업무이므로, 고객의 자산을 유용하거나 이익을 침해할 가능성이 많다.
③ 직무윤리를 준수하는 것은 외부의 부당한 요구로부터 자신을 지키는 수단이 된다.
④ 금융투자업은 고객을 직접 대면하여 거래를 하기 때문에 어떤 산업보다도 규제의 필요성이 적은 분야이다. 따라서 법규로 규제하기보다는 윤리가 필요하다.

해설 금융투자업은 불특정 다수에 대한 비대면 거래의 특성 때문에 어떤 산업보다도 규제의 필요성이 많은 분야인데, 법규로 규제하는 것만으론 한계가 있기 때문에 윤리는 이러한 법규의 보완적 기능을 한다.

정답 002 ③   003 ②   004 ④   005 ②   006 ④

007 자본시장법(자본시장과 금융투자업에 관한 법률)에서의 직무윤리의 역할에 대한 설명으로 가장 옳은 것은? 심화

① 자본시장법에서 금융투자상품을 포괄적으로 정의함으로써 그 적용대상과 범위가 확대됨에 따라 법의 사각지대를 메워주는 직무윤리의 중요성이 커졌다.
② 자본시장법상 직무윤리는 금융소비자에 대한 배려차원에서 법적의무 부여보다는 금융기관 자체 서비스 중심의 금융소비자보호를 강조한다.
③ 자본시장법상 전문투자자의 경우 법상 주된 보호대상에서 제외됨에 따라 직무윤리 책임도 한결 완화된 측면이 있다.
④ 자본시장법은 금융소비자 보호와 금융투자업자의 평판리스크 관리를 위해 내부통제 중심의 자발적 직무윤리를 강조하였다.

> **해설** 자본시장법에서는 투자자보호에 관한 법제적 장치가 강화되어, 종전에는 고객 배려차원에서 이루어지던 서비스의 상당 부분이 고객(특히 일반투자자)에 대한 법적 의무로 제도화되었다. 전문투자자는 자본시장법에서는 보호대상에서 빠져 있지만, 이에 대한 윤리적 책임까지 완전히 면제되는 것은 아니다. 자본시장법에서는 투자자보호를 위한 법적 규제 수준이 높아짐에 따라 윤리적 의무의 수준도 한층 높아졌다. 따라서 전문지식의 습득과 고객에 대한 고도의 윤리의식으로 고객의 신뢰를 확보하는 것은 평판위험을 관리하는 차원에서도 금융투자업 종사자들에게 더욱 중요한 자질로 인식되고 있다.

⋯ T O P I C **2** 직무윤리의 기초사상 및 국내외 동향

---

008 근검, 정직, 절제를 통하여 부를 얻는 행위는 신앙인의 정당하고 신성한 의무라는 점을 강조한 사상가는 누구인가? 심화

① 칼뱅(Calvin)   ② 루터(Luther)   ③ 베버(Weber)   ④ 칸트(Kant)

> **해설** 칼뱅의 금욕적 생활윤리는 초기 자본주의 발전의 정신적 토대가 된 직업윤리의 중요성을 강조하고 있다.

🏛 필수핵심정리 ▶ 직업윤리의 사상적 배경

칼뱅	• 금욕적 생활윤리(근검, 정직, 절제) → 종교적인 일과 세속적인 일을 구분하는 카톨릭에 반대, 모든 신앙인은 노동과 직업이 신성하다는 소명을 가져야 한다고 역설 • 초기 자본주의 발전의 정신력 원동력이자 지주로서의 역할(초기 자본주의 발전의 정신적 토대가 된 직업윤리의 중요성을 강조
베버	프로테스탄티즘(개신교)의 윤리와 자본주의 정신(합리성, 체계성, 조직성, 합법성) → 자본주의는 탐욕의 산물이 아니라 합리적으로 자본을 축적하고 사업을 경영함으로써 생긴 이윤축적의 결과(근대 자본주의 발전의 동인을 설명하는 이론의 하나)

009 윤리강령을 실천하는 기업의 제품과 서비스만을 국제거래의 대상으로 삼도록 하자는 취지로, 비윤리적인 기업의 국제거래를 규제하는 다자간 협상을 무엇이라 하는가?

① GR

② ER

③ BR

④ TR

 해설 윤리라운드(ER : Ethics Round)에 관한 설명이다. WTO와 OECD 등의 세계적 무역기구는 New Round라는 새로운 규범으로 국제무역을 규제하고 있는데, 환경문제와 무역을 연계시키는 GR(Green Round), 노동문제와 무역을 연계시키는 BR(Blue Round), 기술문제와 무역을 연계시키는 TR(Technology Round), 기업윤리와 무역을 연계시키는 ER(Ethics Round)이 있다.

010 국제투명성기구(TI : Transparency International)와 관련된 설명으로 옳지 않은 것은?

① 1995년 이래 매년 각 국가별 부패인식지수(CPI)를 발표하고 있다.

② 전문가, 기업인, 애널리스트들의 견해를 반영하여 공무원들과 정치인들의 부패수준이 어느 정도인지에 대한 인식의 정도를 지수로 나타낸 것이다.

③ 부패인식지수가 높을수록 부패 정도가 심한 것이다.

④ 우리나라는 아직도 경제규모에 비해 윤리수준이 낮게 평가됨으로써 국제신인도와 국제 경쟁력에 부정적인 영향을 미치고 있는 실정이다.

해설 부패인식지수가 낮을수록 부패 정도가 심한 것이다.

011 2016년 9월 28일부터 시행된 '부정청탁 및 금품 수수등의 금지에 관한 법률(이하 '청탁금지법'이라 함)'에 대한 설명으로 옳지 않은 것은?

① 법안을 발의한 당시 국민권익위원회의 위원장이었던 김영란 전 대법관의 이름을 따 '김영란법'이라고도 불린다.

② 그동안 우리나라에서 관행, 관습이라는 이름하에 묵인되어 왔던 공직자 등에 대한 부정청탁 행위 및 부당한 금품 등을 제공하는 행위 등을 강력하게 금지하고 있다.

③ 공직자 등이 직무 관련성, 대가성 등이 있는 금품 등의 수수를 하는 경우에는 제재가 가능하도록 하고 있다.

④ 단순히 공직자 등에게만 국한된 것이 아니라 일반 국민 전체를 적용대상으로 하고 있다는 점에서 그 영향력이 매우 크며, 위반 시 제재조치 또한 강력하다.

해설 공직자 등이 직무 관련성, 대가성 등이 없더라도 금품 등의 수수를 하는 경우에는 제재가 가능하도록 하고 있다.

정답 007 ① 008 ① 009 ② 010 ③ 011 ③

012 기업은 영리활동을 통하여 얻은 이익의 일부를 수익의 원천이 되는 사회에 환원하여야 한다는 것을 무엇이라 하는가?

① 기업의 윤리적 책임　　　　　　　　② 기업의 사회적 책임
③ 기업의 도덕적 책임　　　　　　　　④ 초과이익공유제

> **해설** 최근 자본주의 경제가 갖는 문제점이 부각되면서 자본주의체제가 갖추어야 할 윤리와 기업의 사회적 책임(CSR : Corporate Social Responsibility)이 강조되고 있다. CSR은 기업은 영리활동을 통해 얻은 이익의 일부를 사회에 환원하여야 한다는 것이다.

013 기업의 사회적 책임(CSR)에 대한 설명으로 옳지 않은 것은?

① '사회적 기업 육성법'은 기업의 사회적 책임을 법제화한 사례이다.
② 기업의 사회적 책임이 강조된다고 해서 영리와 이익추구를 목적으로 하는 기업 본연의 모습이 달라지는 것은 아니다.
③ 기업의 사회적 책임의 이행은 생산과 분배의 과정 중에서 그 이익을 분배하는 과정에서만 요구된다.
④ 실제로 미국의 Dow Jones 지수에 편입된 기업들을 조사한 결과 사회적 책임을 다하는 기업일수록 오랜 기간 생존율이 높다는 연구결과가 있다.

> **해설** 기업의 사회적 책임의 이행은 생산과 분배 전 과정에서 요구되지만 오늘날은 그 이익을 분배하는 과정에서 특히 강조되는 경향이 있다.

014 다음 중 윤리경영의 환경이 나머지 셋과 다른 하나는?

① 2016년 9월 28일부터 '부정청탁 및 금품 수수 등의 금지에 관한 법률(청탁금지법)'이 시행되었다.
② 현대는 개방화, 국제화된 시대이다.
③ WTO와 OECD 등 세계적 무역기구는 GR, BR, TR, ER 등의 규범을 통해 무역을 규제하고 있다.
④ 국제투명성기구(TI)는 1995년 이래 매년 각 국가별 부패인식지수(CPI)를 발표하고 있다.

> **해설** ①은 윤리경영의 국내적 환경을, ②~④는 윤리경영의 국제적 환경에 대해서 설명하고 있다.

★★★
015 직무윤리의 적용대상에 관한 설명으로 적절하지 않은 것은?

① 회사와의 위임, 고용관계, 고객과의 법률관계 및 보수의 유무를 불문하고 모든 금융투자 업종사자는 직무윤리를 준수해야 한다.

② 무보수직 및 임시직도 직무윤리를 준수해야 되지만, 회사와 정식 고용관계에 있지 않은 자나 고객과 아무런 계약관계를 맺고 있지 않은 잠재적 고객은 적용대상에서 제외된다.

③ 직무윤리를 인지하지 못한 자도 준수해야 한다.

④ 직무윤리의 적용대상이 되는 직무행위는 자본시장과 금융투자업에 직접 또는 간접적으로 관련된 일체의 직무행위를 포함한다.

> **해설** 무보수직 및 임시직도 직무윤리를 준수해야 되고, 회사와 정식 고용관계에 있지 않은 자나, 고객과 아무런 계약관계를 맺고 있지 않은 잠재적 고객에 대해서도 직무윤리를 준수해야 한다.

★★★
016 직무윤리의 적용대상에 관한 설명으로 부적절한 것은?

① 금융투자전문인력이 아니더라도 금융투자행위에 종사하는 자는 직무윤리 적용대상이다.

② 직무윤리의 적용대상인 직무행위란 금융투자업에 관련된 일체의 직무활동을 말한다.

③ 투자권유자문인력은 직무윤리 준수 대상이다.

④ 잠재적 고객은 아직 정식 고객이 아니므로 직무윤리를 준수할 대상이 아니다.

> **해설** 잠재적 고객도 금융투자업종사자가 준수하여야 할 직무윤리의 대상이다.

★★★
017 직무윤리의 성격에 관한 설명으로 옳지 않은 것은?

① 법은 외형적 행위나 결과를 규제하는 강행적·타율적인 성격을 가지고 있지만, 직무윤리 및 직무윤리기준은 자율규제로서의 성격을 지닌다.

② 직무윤리는 자율적 준수라는 장점이 있다.

③ 직무윤리는 법규에 비해 강제수단이 미흡하기 때문에, 직무윤리를 위반하는 경우 단순히 윤리적으로 잘못된 것이라는 비난에 그치게 된다.

④ 법적 규제에는 한계가 있으므로 이를 보완하는 것이 직무윤리이다. 또한 윤리는 사전예방 차원에서 필요하지만 법은 결과에 대해서 책임을 묻는다.

> **해설** 직무윤리 위반 시 단순한 윤리적 비난에 그치지 않고, 실정법 위반행위로서 국가기관에 의한 행정제재·민사배상 책임·형사책임 등의 타율적 규제와 제재의 대상이 되는 경우가 많다. 그리고 윤리는 법제적 접근방식의 공백과 한계를 메워주는 역할을 하므로, 법은 최소한의 도덕(윤리)이다. 즉, 윤리가 더 포괄적인 개념이다.

정답 012 ② 　 013 ③ 　 014 ① 　 015 ② 　 016 ④ 　 017 ③

018 ( )에 가장 적절한 말은?

> 직무윤리의 핵심적 내용은 "자신과 상대방이 이해가 상충하는 상황에 서는 경우 상대방 이익의 입장에서 자신에 대한 상대방의 ( )을(를) 저버리지 않는 행동을 선택하라." 는 것이다.

① 요구　　　　② 신뢰　　　　③ 지시　　　　④ 청탁

해설 직무윤리의 핵심은 상대방의 신뢰를 저버리지 않는 것이다.

···TOPIC **4** 금융투자업 직무윤리 – 고객 우선의 원칙

019 금융투자회사 임직원이 업무를 수행함에 있어 지켜야 할 직무윤리와 관련하여 금융투자협회에서 작성한 표준은?

① 표준윤리준칙　　　　② 직무윤리준칙
③ 표준윤리강령　　　　④ 직무윤리총칙

해설 금융투자회사는 금융투자협회가 제시하는 표준윤리준칙을 기준으로, 각 회사별 특성에 맞추어 직무윤리와 관련된 규정을 제정·운영하게 된다.

🏛 필수핵심정리 　금융투자회사의 표준윤리준칙

제1조 (목적)	이 준칙은 금융투자회사(이하 "회사"라 한다)의 윤리경영 실천 및 임직원의 올바른 윤리의식 함양을 통해 금융인으로서의 책임과 의무를 성실히 수행하고, 투자자를 보호하여 자본시장의 건전한 발전 및 국가경제 발전에 기여함을 목적으로 한다.
제2조 (고객우선)	회사와 임직원은 항상 고객의 입장에서 생각하고 고객에게 보다 나은 금융서비스를 제공하기 위해 노력하여야 한다.
제3조 (법규준수)	회사와 임직원은 업무를 수행함에 있어 관련 법령 및 제 규정을 이해하고 준수하여야 한다.
제4조 (신의성실)	회사와 임직원은 정직과 신뢰를 가장 중요한 가치관으로 삼고 신의성실의 원칙에 입각하여 맡은 업무를 충실히 수행하여야 한다.
제5조 (시장질서 존중)	회사와 임직원은 공정하고 자유로운 시장경제 질서를 존중하고, 이를 유지하기 위하여 노력하여야 한다.
제6조 (정보보호)	회사와 임직원은 업무수행 과정에서 알게 된 회사의 업무정보와 고객정보를 안전하게 보호하고 관리하여야 한다.
제7조 (자기혁신)	회사와 임직원은 경영환경 변화에 유연하게 적응하기 위하여 창의적 사고를 바탕으로 끊임없이 자기혁신에 힘써야 한다.

제8조 (상호존중)	회사는 임직원 개개인의 자율과 창의를 존중하고 삶의 질 향상을 위하여 노력하여야 하며, 임직원은 서로를 존중하고 원활한 의사소통과 적극적인 협조 자세를 견지하여야 한다.
제9조 (주주가치 극대화)	회사와 임직원은 합리적인 의사결정과 투명한 경영활동을 통하여 주주와 기타 이해관계자의 가치를 극대화하기 위하여 최선을 다하여야 한다.
제10조 (사회적 책임)	회사와 임직원 모두 시민사회의 일원임을 인식하고, 사회적 책임과 역할을 다하여야 한다.
제11조 (경영진의 책임)	회사의 경영진은 직원을 대상으로 윤리교육을 실시하는 등 올바른 윤리문화 정착을 위하여 노력하여야 한다.
제12조 (위반행위의 보고)	임직원은 업무와 관련하여 법규 또는 윤리강령의 위반 사실을 발견하거나 그 가능성을 인지한 경우, 회사가 정하는 절차에 따라 즉시 보고하여야 한다.
제13조 (품위유지)	임직원은 회사의 품위나 사회적 신뢰를 훼손할 수 있는 일체의 행위를 하여서는 아니 된다.
제14조 (사적이익 추구금지)	임직원은 회사의 재산을 부당하게 사용하거나 자신의 지위를 이용하여 사적 이익을 추구하여서는 아니 된다.
제15조 (고용계약 종료 후의 의무)	임직원은 회사를 퇴직하는 경우 업무 관련 자료의 반납 등 적절한 후속조치를 취하여야 하며, 퇴직 이후에도 회사와 고객의 이익을 해하는 행위를 하여서는 아니 된다.
제16조 (대외활동)	임직원이 외부 강연이나 기고, 언론매체 접촉, Social Network Service(SNS) 등 전자통신수단을 이용한 대외활동을 하는 경우 다음 각 호의 사항을 준수하여야 한다. 1. 회사의 공식의견이 아닌 경우 사견임을 명백히 표현하여야 한다. 2. 대외활동으로 인하여 회사의 주된 업무 수행에 지장을 주어서는 아니 된다. 3. 대외활동으로 인하여 금전적인 보상을 받게 되는 경우 회사에 신고하여야 한다. 4. 공정한 시장질서를 유지하고 건전한 투자문화 조성을 위해 최대한 노력하여야 한다. 5. 불확실한 사항을 단정적으로 표현하거나 다른 금융투자회사를 비방하여서는 아니 된다.

★★★
020 금융투자회사의 표준윤리준칙 제2조에 규정된 "회사와 임직원은 항상 고객의 입장에서 생각하고 고객에게 보다 나은 금융서비스를 제공하기 위해 노력하여야 한다."는 어떤 직무윤리 원칙을 강조하고 있는 것인가?

① 신의성실의 원칙　　　　　　　　② 고객 우선의 원칙
③ 품위유지 의무　　　　　　　　　④ 공정성 의무

 고객 우선의 원칙을 강조하고 있다.

고객 우선의 원칙	개요	(금융투자회사의 표준윤리준칙 제2조) 회사와 임직원은 항상 고객의 입장에서 생각하고 고객에게 보다 나은 금융서비스를 제공하기 위해 노력하여야 한다.
	기본적 관계 및 의무	신임관계 및 신임의무
신의성실의 원칙	이해상충의 방지의무	• 기본원칙 – 충실의무 • 이해상충의 발생원인 • 이해상충의 방지체계 – 이해상충발생 가능성 파악 등 관리 의무, 이해상충발 생 가능성 고지 및 저감 후 거래 의무, 이해상충발생 회피 의무, 정보교류의 차단의무, 조사분석자료의 작성 대상 및 제공의 제한, 자기거래의 금지
	금융소비자 보호의무	• 기본원칙 – 주의의무 • 상품판매 이전 단계의 금융소비자 보호 – KYC, 적합성의 원칙, 적정성의 원칙, 설명의무, 적정한 표시 의무, 요청하지 않은 투자권유의 금지 • 상품판매 이후 단계의 금융소비자 보호 – 보고 및 기록의무, 정보의 누설 및 부당이용 금지, 공정성 유지 의무
본인, 회사 및 사회에 대한 윤리	본인에 대한 윤리	• 법규준수 • 자기혁신 • 품위유지 • 사적이익 추구금지 – 부당한 금품수수 및 제공의 금지, 직무 관련 정보를 이용한 사적 거래 제한, 직위의 사적 이용 금지
	회사에 대한 윤리	• 상호존중 • 공용재산의 사적 사용 및 수익금지 • 경영진의 책임 • 정보보호 – 비밀정보의 범위, 비밀정보의 관리, 비밀정보의 제공절차 • 위반행위의 보고 • 대외활동 – 대외활동의 범위, 허가 등의 절차, 준수사항, 금지사항, 대외활 동의 중단, 정보제공 및 정보통신수단의 사용 • 고용계약 종료 후의 의무
	사회 등에 대한 윤리	• 시장질서 존중 – 대상자의 범위, 대상정보, 불공정거래행위와의 차이점, 준수사항 • 주주가치 극대화 • 사회적 책임

★★★
021 금융투자업종사자와 금융소비자 사이의 기본적 관계 및 기본적 의무에 대한 설명으로 옳지 않은 것은?

① 금융투자업종사자와 금융소비자 사이에는 기본적으로 신임관계에 있으며, 이에 따라 금융투자업종사자는 금융소비자에 대하여 신임의무(fiduciary duty)가 발생한다.

② '신임의무'란 위임자로부터 신임을 받은 수임자는 위임자에 대하여 진실로 충실하고, 직업적 전문가로서 충분한 주의를 가지고 업무를 처리하여야 할 의무이다.

③ 신임사의 이익을 우선시할 의무는 모든 금융투자입자에게 직용되는 공통 행위규칙으로 서 신의성실 원칙과도 연결된다.

④ 수임자와 신임자의 이익이 서로 충돌하는 경우, 수임자는 자기의 이익을 우선하는 것이 금지되고 회사 또는 신임자의 이익을 우선시하여야 할 의무를 진다.

해설 수임자와 신임자의 이익이 서로 충돌하는 경우, 수임자는 자기(혹은 회사 또는 주주를 포함한 제3자)의 이익을 우선하는 것이 금지되고 신임자의 이익을 우선시하여야 할 의무를 진다.

★★★
022 금융투자업종사자의 직무수행에 있어서 가장 중요한 원칙이라고 할 수 있는 것은?

① 신의성실의 원칙　　　　　　　② 공정성의 원칙
③ 상호존중의 원칙　　　　　　　④ 독립성의 원칙

해설 신의성실의 원칙은 윤리적 의무이며 동시에 법적 의무로서 모든 윤리기준의 근간이 된다.

★★★
023 다음 규정에 공통적으로 들어갈 말은?

- (금융투자회사의 표준윤리준칙 제4조) 회사와 임직원은 정직과 신뢰를 가장 중요한 가치관으로 삼고 (㉠)에 입각하여 맡은 업무를 충실히 수행하여야 한다.
- (자본시장법 제37조 제1항) 금융투자업자는 (㉡)에 따라 공정하게 금융투자업을 영위하여야 한다.

① 신의성실의 원칙　　　　　　　② 상호존중의 원칙
③ 고객우선의 원칙　　　　　　　④ 공평성의 원칙

해설 공통적으로 신의성실의 원칙을 강조한다.

★★★
024 자본시장법 제37조 제1항 및 금융투자회사의 표준윤리준칙 제4조에서 명시적으로 규정하고 있는 금융투자업자의 영업행위규칙으로서 윤리적 성격을 띠는 것에 해당하지 않는 것은?

① 신의의 원칙　　　　　　　　　② 성실의 원칙
③ 공정의 원칙　　　　　　　　　④ 효율성의 원칙

해설 문제 23번 본문 및 해설 참조

025 ㉠~㉢에 알맞은 말은?

> 금융투자회사의 표준윤리준칙 제4조에서는 "회사와 임직원은 (㉠)과(와)(㉡)를(을) 가장 중요한 가치관으로 삼고 (㉢)에 입각하여 맡은 업무를 충실히 수행하여야 한다."라고 규정하고 있다.

① ㉠ 정직, ㉡ 신뢰, ㉢ 신의성실의 원칙   ② ㉠ 공정, ㉡ 공평, ㉢ 독립성의 원칙
③ ㉠ 합리, ㉡ 이성, ㉢ 효율성의 원칙   ④ ㉠ 자주, ㉡ 독립, ㉢ 기회균등의 원칙

 문제 23번 본문 및 해설 참조

026 신의성실의 원칙에 대한 설명으로 옳지 않은 것은?

① 신의성실은 상대방의 정당한 이익을 배려하여 형평에 어긋나거나 신뢰를 저버리는 일이 없도록 성실하게 행동해야 한다는 것을 말한다.
② 윤리적 원칙이면서 동시에 법적 의무이기도 하다.
③ 금융투자상품 판매 이전 단계에만 적용되는 원칙이다.
④ 이해상충의 방지 및 금융소비자 보호와 관련된 기본원칙이다.

해설 신의성실 원칙은 계약 이전의 단계에서 발생하는 금융소비자 보호의무와 계약 체결 이후의 단계에서 발생하는 선관주의 의무를 모두 망라하여 적용할 수 있는 일반적이고 보충적인 계약 해석의 원칙으로서 적용이 가능하다. 신의성실의 원칙은 크게 금융투자업종사자의 충실의무와 주의의무에 모두 적용된다.

027 신의성실의 원칙(신의칙)이 가지는 기능에 대한 설명으로 옳지 않은 것은? (심화)

① 권리의 행사와 의무를 이행함에 있어서 행위준칙이며, 법률관계를 해석함에 있어서 해석상의 지침이 된다.
② 계약이나 법규에 흠결이나 불명확한 점이 있는 경우, 신의칙은 이를 메워주고 명확하게 하는 기능을 한다.
③ 권리의 행사가 신의칙에 반하는 경우에는 권리남용이 되어 권리행사로서의 법률효과가 인정되지 않는다.
④ 신의칙 위반이 법원에서 다루어지는 경우, 당사자의 주장이 있는 경우에만 법원은 신의칙 위반 여부를 판단할 수 있다.

해설 신의칙 위반이 법원에서 다루어지는 경우, 이는 강행법규에 대한 위반이기 때문에 당사자가 주장하지 않더라도 법원은 직권으로 신의칙 위반 여부를 판단할 수 있다. 또한 신의성실의 원칙은 법규의 형식적 적용에 의하여 야기되는 불합리와 오류를 시정하는 역할을 한다.

★★★
028 금융투자업 직무윤리에 대한 설명으로 옳지 않은 것은?

① 금융투자업종사자와 금융소비자 사이에는 기본적으로 신임관계에 있다.

② 신임의무는 특히 금융투자업종사자와 금융소비자의 이해가 충돌될 때 문제가 된다.

③ 신의성실의 원칙이 법원에서 다루어지는 경우 이는 강행법규의 위반이 아니므로 법원이 신의성실의 원칙을 판단할 수 없다.

④ 적합성 원칙은 상품 판매 이전 단계에서 적용된다.

> **해설** 강행법규의 위반으로 법원이 위반 여부를 직권으로 판단할 수 있다.

···TOPIC **5** 신의성실의 원칙 - 이해상충의 방지 의무

★★★
029 이해상충 방지 의무에 대한 설명으로 옳지 않은 것은?

① 금융투자업자는 금융투자업을 영위함에 있어 정당한 사유 없이 투자자의 이익을 해하면서 자기가 이익을 얻거나 제3자가 이익을 얻도록 하여서는 아니 된다.

② 금융투자업종사자는 신의성실의 원칙에 입각하여 투자자의 이익을 최우선으로 하여 업무를 수행하여야 한다.

③ 이해상충 방지 의무는 금융투자업종사의 충실의무와 직접적인 연관성이 있다.

④ '최선의 이익'이란 결과에 있어서 최대의 수익률을 얻어야 한다는 뜻이다.

> **해설** '최선의 이익'이란 단순히 결과에 있어서 최대의 수익률을 얻어야 한다는 뜻이 아니라 결과와 과정 양자 모두에 있어서 최선의 결과를 얻도록 노력하여야 한다는 뜻이다. 즉 '최선의 이익'이란 소극적으로 고객 등의 희생 위에 자기 또는 제3자의 이익을 도모해서는 안 된다는 것에 그치는 것이 아니고, 적극적으로 금융소비자 등의 이익을 위하여 실현 가능한 최대한의 이익을 추구하여야 하는 것을 말한다(최선집행의무).

★★★
030 다음 중 이해상충의 발생원인과 거리가 먼 것은?

① 회사 내의 사적 업무영역에서 공적 업무영역의 정보를 이용하기 때문이다.

② 금융투자업자와 금융소비자 간 존재하는 정보의 비대칭 때문이다.

③ 금융투자업종사자가 금융소비자의 이익을 희생하여 본인 또는 제3자의 이익을 추구할 가능성이 항상 존재하기 때문이다.

④ 금융투자업자의 겸영 업무 허용범위가 넓어졌기 때문이다.

해설 금융투자업자 내부의 문제로서 금융투자업을 영위하는 회사 내에서 공적 업무영역에서 사적 업무영역의 정보를 이용하기 때문이다.

공적 업무영역	자산관리, 증권중개 등 공개된 정보에 의존하거나 이러한 정보를 이용하여 투자권유 또는 거래를 하는 부서 및 소속 직원
사적 업무영역	기업의 인수 · 합병 · 주선업무 등 미공개중요정보를 취득할 수 있는 부서 및 소속 직원

★★★ 031 일반적으로 금융투자업자와 금융소비자 사이에 대표적으로 발생하는 이해상충의 사례는?

① 선행매매
② 과당매매
③ 스캘핑
④ 시세조종

해설 금융투자중개업자인 경우 금융소비자로부터 많은 수수료 수입을 창출하여야 하는 반면, 금융소비자는 보다 저렴한 수수료를 부담하기 원하는 경우가 일반적이다. 이때, 금융투자중개업자에 속하는 임직원이 회사 또는 자신의 영업실적을 증대시키기 위해 금융소비자의 투자경험 등을 고려하지 않고 지나치게 자주 투자권유를 하여 매매가 발생하는 경우 이해상충이 발생하게 된다. 자본시장법 시행령에서는 '일반투자자의 투자목적, 재산상황 및 투자경험 등을 고려하지 아니하고 일반투자자에게 지나치게 투자권유를 하는 행위'를 금지하고 있다.

★★★ 032 과당매매와 관련하여 특정 거래가 빈번한 거래인지 또는 과도한 거래인지를 판단할 때에 고려되어야 할 사항으로 부적절한 것은?

① 일반투자자가 당해 거래로 인하여 실제 투자손실을 입었는지의 여부
② 일반투자자가 부담하는 수수료의 총액
③ 일반투자자의 재산상태 및 투자목적에 적합한지 여부
④ 일반투자자가 투자지식이나 경험에 비추어 당해 거래에 수반되는 위험을 잘 이해하고 있는지 여부

해설 일반투자자가 결과적으로 투자이익을 얻은 경우에도 과당매매가 될 수 있다. 따라서 일반투자자가 당해 거래로 인하여 실제 투자손실을 입었는지의 여부는 과당매매를 판단할 때의 고려사항이 아니다.
②~④ 외에도 개별 매매거래 시 권유 내용의 타당성 여부 등을 종합적으로 고려하여 판단한다.

★★★ 033 자본시장법상의 이해상충 방지 체계에 관한 설명으로 옳지 않은 것은?

① 자본시장법에서는 금융투자업 간 겸영허용 범위가 넓어짐에 따라 이해상충방지체제를 금융투자업의 인가 · 등록 시부터 갖추도록 의무화하고 있다.
② 금융투자업자는 이해상충이 발생할 가능성을 파악 · 평가하고, 내부통제 기준이 정하는 방법 및 절차에 따라 이를 적절히 관리하여야 한다.
③ 금융투자업자는 이해상충이 발생할 가능성이 있는 경우에는 그 사실을 미리 해당 투자자에게 알려야 하며, 이해상충이 발생할 가능성을 투자자보호에 문제가 없는 수준으로 낮춘 후 매매, 그 밖의 거래를 하여야 한다.

④ 금융투자업자는 이해상충이 발생할 가능성을 낮추는 것이 곤란하다고 판단되는 경우에는 그 사실을 해당 투자자에게 알린 이후에 거래를 하여야 한다.

> **해설** 금융투자업자는 이해상충 발생가능성을 낮추는 것이 곤란하다고 판단되는 경우에는 매매, 그 밖의 거래를 하여서는 아니 된다.

★★★
034 자본시장법상의 이해상충 방지 체계에 관한 설명으로 옳지 않은 것은?

① 금융투자업자는 영위하는 금융투자업 간 또는 계열회사 및 다른 회사와의 이해상충의 발생을 방지하기 위하여 정보교류 차단벽(Chiness Wall)을 구축할 의무가 있다.
② 금융투자협회의 영업규정에서는 금융투자업자 자신이 발행하였거나 관련되어 있는 대상에 대한 조사분석자료의 공표와 제공을 원칙적으로 금지하고 있다.
③ 금융투자업자는 금융소비자의 거래당사자가 되거나 자기 이해관계인의 대리인이 될 수 있다.
④ 자기거래 금지 규정에서 '자기 이해관계인'에는 법률적 이해관계에 국한하지 않고 사실상의 이해관계까지도 모두 포함한다.

> **해설** 이해상충 발생을 방지하기 위하여 금융소비자가 동의한 경우를 제외하고는 금융투자업자가 거래당사자가 되거나 자기 이해관계인의 대리인이 되어서는 안 된다. 이것이 자기거래의 금지 규정이다.

★★★
035 자본시장법상의 정보교류 차단장치를 무엇이라 부르는가?

① Chinese Wall   ② Side Car
③ American Wall   ④ Circuit Breakers

> **해설** 정보차단벽(Chinese Wall)은 회사의 중요 정보가 정당한 접근 권한이 없는 부서나 임직원, 외부 등으로 유출되는 것을 차단하기 위하여 사용하는 유·무형의 모든 수단, 절차, 규정 및 시스템을 말한다.

🏛 **필수핵심정리** 〉 자본시장법상의 정보교류의 차단의무(Chinese Wall 구축의무)

금융투자업자는 그 영위하는 금융투자업 간에 이해상충이 발생할 가능성이 큰 경우로서 대통령령으로 정하는 경우에는, 다음의 어느 하나에 해당하는 행위를 할 수 없음

정보제공행위	금융투자상품의 매매에 관한 정보제공행위
겸직행위	임원 및 직원을 겸직하게 하는 행위
공간·설비 공동이용행위	사무공간 또는 전산설비를 대통령령으로 정하는 방법으로 공동으로 이용하는 행위
기타	그 밖에 이해상충이 발생할 가능성이 있는 행위로서 대통령령으로 정하는 행위

036 이익이 상충되는 경우 이익의 우선순위를 바르게 나타낸 것은?

① 고객 > 임직원 > 회사, 주주
② 고객 > 회사, 주주 > 임직원
③ 주주 > 고객 > 회사 > 임직원
④ 고객 > 주주 > 임직원 > 회사

해설 금융투자회사의 표준내부통제기준에서는 이익이 상충되는 경우 우선순위를 다음과 같이 정하고 있다.

🏛 필수핵심정리 ▶ 이익이 상충되는 경우 우선순위를 정하는 방법

- 고객의 이익은 회사와 회사의 주주 및 임직원의 이익에 우선
- 회사의 이익은 임직원의 이익에 우선
- 모든 고객의 이익은 동등하게 다루어져야 함

037 다음에서 설명하고 있는 이해상충 방지체제를 무엇이라 하는가?

> 금융투자업종사자는 금융소비자가 동의한 경우를 제외하고는 금융소비자와의 거래 당사자가 되거나 자기 이해관계인의 대리인이 되어서는 아니 된다.

① 임의매매의 금지
② 일임매매의 금지
③ 자기거래의 금지
④ 과당매매의 금지

해설 자기거래의 금지에 관한 설명이다.

038 자기거래의 금지에 관한 설명으로 옳지 않은 것은?

① 금융투자업종사자가 직접 금융소비자의 거래당사자가 되는 것은 아니지만 '이해관계인의 대리인'이 되는 경우도 금지된다.
② '자기 이해관계인'에는 친족이나 소속 회사 등과 같이 경제적으로 관련성을 갖는 자를 제외한다.
③ 자기거래 금지 규정을 위반한 경우 형사처벌의 대상이 된다.
④ 증권시장 또는 파생상품시장을 통하여 매매가 이루어지는 경우에는 자기거래 금지 규정이 적용되지 않는다.

해설 '자기 이해관계인'에는 친족이나 소속 회사 등과 같이 경제적으로 관련성을 갖는 자 등이 모두 포함된다. 즉, 법률적 이해관계에 국한하지 않고 사실상의 이해관계까지도 모두 포함한다.

★★★
039 금융투자업 직무윤리에 관한 설명으로 옳은 것은?

① 직무윤리는 일종의 자율규제의 성격을 지닌다.

② 직무윤리를 위반한 경우 대부분은 윤리적 지탄을 받을 뿐 법적 강제수단이 동원되지 않는다.

③ 금융투자업에서 이해상충의 문제가 발생되는 경우는 흔하지 않다.

④ 이해상충의 문제가 발생되는 경우 윤리기준에 따라 [주주>금융소비자>임직원]의 순서대로 가치를 두어야 한다.

> **해설** ② 직무윤리를 위반한 경우 대부분은 법적 강제수단과 중첩된다.
> ③ 금융투자종사자가 이해상충의 문제가 발생되는 경우가 많다.
> ④ 이해상충의 문제가 발생되는 경우 윤리기준에 따라 [금융소비자>주주>임직원]의 순서대로 가치를 두어야 한다.

··· T O P I C **6** 신의성실의 원칙 – 금융소비자 보호 의무

★★★
040 금융소비자 보호의 기본원칙인 주의의무에 관한 설명으로 옳지 않은 것은?

① 금융투자업종사자는 금융소비자 등의 업무를 수행함에 있어서 그때마다의 구체적인 상황에서 전문가로서의 주의를 기울여야 한다.

② 금융투자업종사자는 일반인에게 요구되는 정도의 주의를 기울여 그 업무를 수행하여야 한다.

③ 어떻게 행동하면 주의업무를 다하는 것인가는 구체적 업무내용에 따라서 다르지만, 일반적으로 '신중한 투자자의 원칙(Prudent Investor Rule)'이 기준이 될 수 있다.

④ 수탁자가 포트폴리오 이론에 따라서 자산운용을 한다면 그것은 일반적으로 적법한 것으로 인정된다.

> **해설** 금융투자업종사자는 일반인(아마추어)에게 요구되는 것 이상의 '전문가로서의 주의'를 기울여 그 업무를 수행하여야 한다.

★★★
041 주의의무에 관한 설명으로 옳지 않은 것은?

① '전문가로서의'라는 것은 일반인 내지 평균인(문외한) 이상의 당해 전문가집단에 평균적으로 요구되는 수준의 주의가 요구된다는 뜻이다.
② 주의의무는 사무 처리의 대가가 유상인 업무에 대해서만 요구된다.
③ 금융투자업자는 금융기관의 공공성으로 인하여 일반 주식회사에 비하여 더욱 높은 수준의 주의의무를 요한다.
④ 주의의무는 금융소비자가 금융투자상품을 매수하는 거래 이전과 매수한 이후 모두 적용된다.

해설 주의의무는 업무수행이 신임관계에 의한 것인 한, 사무처리의 대가가 유상이건 무상이건을 묻지 않고 요구된다.

★★★
042 금융소비자 보호 의무에 대한 설명으로 옳지 않은 것은?

① 신의성실의 원칙에 바탕을 두고 있다.
② 윤리적 의무인 동시에 법적인 의무이다.
③ 회사의 평판위험(reputation risk) 관리와도 관련이 있다.
④ 전문투자자에 대해서는 적용되지 않는다.

해설 일반투자자에 비해 적기는 하지만 전문투자자에 대해서도 법적으로 일부 보호되고 있으며, 전문투자자에 대한 금융투자업자의 윤리적 책임까지도 면할 수는 없다.

★★★
043 KYC(Know-Your-Customer-Rule)의 실행순서를 바르게 나타낸 것은?

> ⊙ 파악된 정보를 서명 등 기타 방법으로 확인
> ⓒ 투자권유를 원하는지 확인
> ⓒ 투자목적, 재산상황, 투자경험 확인
> ⓔ 일반투자자 여부 확인
> ⓜ 확인받은 내용을 지체 없이 투자자에게 제공

① ⓒ → ⓔ → ⓒ → ⊙ → ⓜ
② ⓔ → ⓒ → ⓒ → ⊙ → ⓜ
③ ⓔ → ⓒ → ⓒ → ⊙ → ⓜ
④ ⓒ → ⓔ → ⓒ → ⊙ → ⓜ

해설 KYC(금융소비자에 대한 정보파악)는 다음의 순서대로 실행된다. ⓒ 투자권유를 원하는지 확인 → ⓔ 일반투자자 여부 확인 → ⓒ 투자목적, 재산상황, 투자경험 확인 → ⊙ 파악된 정보를 서명 등 기타 방법으로 확인 → ⓜ 확인받은 내용을 지체 없이 투자자에게 제공

★★★
044 Know-Your-Customer-Rule에 관한 설명으로 옳지 않은 것은?

① 투자권유를 하기 전에 먼저 당해 고객이 투자권유를 원하는지 아니면 원하지 않는지를 확인하여야 하며, 투자권유를 원하지 않는 고객에 대하여는 투자권유를 하여서는 아니 된다.

② 상대방이 일반투자자인지 전문투자자인지를 확인하여야 한다.

③ 일반투자자인 경우 면담 · 질문 등을 통하여 투자목적 · 재무상황 및 투자경험 등의 정보를 파악하여야 한다.

④ 파악한 정보를 서명(전자서명 제외), 기명날인 및 그 밖의 방법으로 확인받고, 확인받은 내용을 투자자에게 지체 없이 제공하여야 한다.

> **해설** 파악한 정보를 일반투자자로부터 서명(전자서명 포함), 기명날인, 녹취, 그 밖에 전자우편 또는 이와 비슷한 전자통신, 우편, 전화자동응답시스템의 방법으로 확인을 받고, 확인받은 내용을 투자자에게 지체 없이 제공하여야 한다.

★★★
045 적합성의 원칙에 관한 설명으로 옳지 않은 것은?

① 금융투자업자는 일반투자자에게 투자권유를 하는 경우에는 일반투자자의 투자목적 · 재산상황 및 투자경험 등에 비추어 적합하지 아니하다고 인정되는 투자권유를 하여서는 아니 된다.

② 적합성의 원칙에는 소극적 원칙뿐만 아니라 금융소비자의 투자의향 · 경험 및 자금력 등에 가장 적합한 금융투자상품을 권유해야 한다는 적극적 원칙까지를 포함한다.

③ 합리적 근거 없이 투기적인 증권투자를 권유하는 과잉권유(Boiler Room)는 적합성의 원칙에 반한다.

④ 자본시장법은 일반투자자와 전문투자자 모두에 대해서 적합성 원칙과 설명의무를 부과하고 있다.

> **해설** 자본시장법은 투자자를 일반투자자와 전문투자자로 구분하는데, 일반투자자에 대해서만 적합성 원칙과 설명의무를 부과하고 전문투자자에 대해서는 이를 적용하지 않고 있다.

★★★
046 다음 중 적합성의 원칙에 따라 파악하여야 할 일반투자자의 정보와 가장 거리가 먼 것은?

① 고객의 소비성향   ② 고객의 투자목적

③ 고객의 투자경험   ④ 고객의 재무상황

> **해설** 금융투자업자는 일반투자자에게 투자권유를 하기 전에 면담 · 질문 등을 통하여 일반투자자의 투자목적, 재무상황 및 투자경험 등의 정보를 파악하고(KYC), 이에 적합하지 아니하다고 인정되는 투자권유를 하여서는 아니 된다(적합성의 원칙).

047 퇴직 후 안정적인 소득을 얻고자 하는 투자자에게, 향후 주식시장의 상승 전망을 설명하고 주식형펀드에 투자를 하게 하여 손실을 입혔다. 이 경우 투자권유를 한 자는 어떤 직무윤리를 위반한 것인지 가장 적절한 것은?

① 적정성 원칙
② 적합성 원칙
③ 민법상 선량한 관리자의 의무
④ 신의성실 원칙

> **해설** 고객의 투자목적에 적합하지 않은 투자권유를 한 경우이므로 투자목적 등에 적합하여야 할 의무, 즉 적합성 원칙을 위반한 경우이다.

048 다음에서 설명하고 있는 금융소비자 보호 원칙은?

> 파생상품등과 같이 위험성이 큰 금융투자상품을 판매하는 경우에는 투자자보호를 위하여 각별한 주의를 기울여야 하고, 해당 파생상품등이 그 금융소비자에게 적정하지 아니하다고 판단되는 경우에는 그 사실을 알리고 확인을 받아야 한다.

① 합리적 근거의 제공 및 적정한 표시의무
② 적합성의 원칙
③ 적정성의 원칙
④ 설명의무

> **해설** 적정성의 원칙은 파생상품등과 같이 위험성이 큰 금융투자상품을 판매하는 경우에 적용되는 원칙이다.

049 금융투자업종사자가 고객에게 투자권유를 하거나 이에 관련된 직무를 수행함에 있어서 따라야 할 기준으로 부적절한 것은?

① 투자권유 전 고객의 재무상황·투자경험·투자목적에 관하여 적절한 조사를 하여야 한다.
② 투자권유가 환경과 시장의 변화를 반영할 수 있도록 필요에 따라 당해 정보를 변경하여야 한다.
③ 고객을 위하여 투자권유를 하는 경우에는 모든 고객에게 동일한 투자권유를 하여야 한다.
④ 파생상품과 같이 위험성이 큰 금융투자상품의 경우에는 일반 금융투자상품에 요구되는 수준 이상의 각별한 주의를 기울이고 필요한 조치를 취해야 한다.

> **해설** 고객을 위하여 투자권유를 하는 경우에는 각 포트폴리오 또는 각 고객별로 투자권유의 타당성과 적합성을 검토하여야 한다.

★★★
050 금융소비자 보호를 위한 설명의무에 대한 설명으로 옳지 않은 것은?

① 금융투자업자는 일반투자자를 상대로 투자권유를 하는 경우에는 금융투자상품의 내용, 투자에 따르는 위험 등을 일반투자자가 이해할 수 있도록 설명하여야 한다.

② 금융투자업자는 설명내용을 일반투자자가 이해하였음을 서명, 기명날인, 녹취 등의 방법으로 확인을 받아야 한다.

③ 중요사항을 거짓 또는 왜곡하여 설명하거나 누락하여서는 아니 된다.

④ 투자자의 투자경험 등 투자자의 이해 수준을 고려하여 설명의 정도를 달리하여서는 아니 된다.

해설 투자자의 투자경험과 금융투자상품에 대한 지식수준 등 투자자의 이해 수준을 고려하여 설명의 정도를 달리할 수 있다. 금융투자업종사자는 설명의무 위반으로 인하여 발생한 일반투자자의 손해를 배상할 책임이 있다.

🏛 **필수**핵심정리 ▶ 설명의무(일반투자자에게만 적용됨)

금융투자업종사자는 다음 사항을 고객에게 고지하고 중요한 내용에 대해서는 고객이 이해할 수 있도록 설명하여야 함
- 투자대상의 선정과 포트폴리오를 구축할 때 적용되는 기본적 원칙 및 방법(운용정책, 운용방침, 운용을 실행하기 위한 체제 및 절차)과 이들에 영향을 미칠 가능성이 있는 모든 사항과 그 중대한 변경
- 개별 투자대상의 기본적인 특징과 이에 수반되는 위험성

중요한 내용	사회통념상 투자 여부의 결정에 영향을 미칠 수 있는 사항으로, 투자자의 합리적인 투자판단 또는 해당 금융투자상품의 가치에 중대한 영향을 미칠 수 있는 사항
설명사항	금융투자상품의 내용, 투자에 따르는 위험, 투자성에 관한 구조와 성격, 수수료, 조기상환조건, 계약의 해제·해지에 관한 사항 등

★★★
051 증권회사 직원이 금융소비자를 상대로 미국 주식에 투자하는 펀드에 투자하도록 권유할 때, 설명해야 할 사항으로 거리 먼 것은?

① 미국 달러 환율의 변동에 따른 손실 위험

② 펀드에서 개별 주식이 차지하는 비중

③ 종목선정 방식 및 운용전략

④ 금융소비자가 얻게 될 확정수익률

해설 과거 수익률은 객관적 자료로 설명할 수 있으나 미래의 수익률은 확정된 것이 아니므로 투자권유 시 확정수익률을 설명할 수는 없으며 확정적으로 알릴 경우 불건전영업행위에 해당한다.

---

052 '약관의 규제에 관한 법률'상 명시·설명의무에 대한 설명으로 옳지 않은 것은?

① 약관이란 그 명칭이나 형태를 불문하고, 계약의 일방 당사자가 일방의 상대방과 계약을 체결하기 위하여 일정한 형식에 의하여 미리 마련한 계약의 내용을 말한다.

② 사업자는 계약을 체결할 때에는 고객에게 약관의 내용을 분명히 밝히고, 고객이 요구할 경우 약관의 사본을 내주어 고객이 약관의 내용을 알 수 있게 하여야 한다.

③ 사업자는 약관에 정하여져 있는 중요한 내용을 설명하여야 한다.

④ 사업자가 명시·설명의무를 위반하여 계약을 체결한 때에는 해당 약관을 계약의 내용으로 주장할 수 없다.

해설 약관이란 그 명칭이나 형태를 불문하고, 계약의 일방 당사자가 다수의 상대방과 계약을 체결하기 위하여 일정한 형식에 의하여 미리 마련한 계약의 내용을 말한다.

053 금융소비자 보호 의무 중 합리적 근거의 제공 의무에 관한 설명으로 옳지 않은 것은?

① 금융소비자에 대한 투자정보 제공 및 투자권유는 정밀한 조사·분석에 의한 자료에 기하여 합리적이고 충분한 근거에 기초하여야 한다.

② 여러 관련 요소 중에서 선택하여야 할 사항이 있는 경우, 그 취사 여부는 금융소비자에게 유리한 방향으로 선택하여야 한다.

③ '합리적 판단'이란 유사한 상황에서 유사한 지식을 보유한 자가 대부분 선택할 수 있어야 함을 의미하며 이는 선량한 관리자로서의 주의의무와 연결된다.

④ 금융소비자의 의사결정에 중대한 영향을 미칠 수 있는 정보를 제공할 때에는 당해 사실 또는 정보의 출처를 밝힐 수 있어야 한다.

해설 여러 요소 중에서 선택하여야 할 사항이 있는 경우, 그 취사 여부는 합리적 판단에 기초하여야 한다. 자본시장법은 ㉠ 거짓의 내용을 알리는 행위, ㉡ 불확실한 사항에 대하여 단정적 판단을 제공하거나 확실하다고 오인하게 할 소지가 있는 내용을 알리는 행위를 부당권유행위로 규정하고 이를 엄격히 금지하고 있다.

054 투자상담업무를 담당하고 있는 자가 객관적이고 중립적인 자료에 근거하여 투자권유를 하지 않고 미래에 대한 낙관적인 전망을 기초로 하여 투자를 권유하였다면, 이는 어떤 윤리기준을 위배한 것인가?

① 모든 고객을 평등하게 취급할 의무   ② 품위유지의무

③ 합리적인 근거를 제시할 의무   ④ 보고 및 기록의무

해설 투자상담업무종사자는 고객에게 객관적인 근거에 기초하여 합리적 근거를 가지고 투자권유를 하여야 한다.

★★★
055 다음은 중요 사실에 대한 정확한 표시의무에 관한 설명이다. 옳지 않은 것은?

① 중요한 사실에 대해서는 모두 정확하게 표시하여야 한다.
② '중요한 사실'이란 고객의 투자판단에 중요한 영향을 미친다고 생각되는 사실이며, 국내에 영향을 미칠 수 있는 외국의 정보도 중요 사실에 해당한다.
③ '정확한 표시'란 투자판단에 필요한 중요한 사항은 빠짐없이 모두 포함시켜야 하고, 그 내용이 충분하고 명료할 것을 의미한다.
④ 상대방에게 불필요한 오해를 유발할 소지가 있는 경우라도 모든 사실은 빠짐없이 정확하게 표시하여야 한다.

> **해설** 전체적 맥락에서 당해 정보가 불필요한 오해를 유발할 소지가 있는 경우인지, 내용의 복잡성이나 전문성에 비추어 정보의 전달방법이 상대방에게 정확하게 정보가 전달될 수 있는지를 고려하여 중요한 사실이 아니라면 생략이 가능하다.

★★★
056 투자성과보장 등에 관한 표현의 금지 규정을 설명한 것으로 옳지 않은 것은?

① 금융소비자에게 투자권유를 하면서 투자성과를 보장하는 듯한 표현을 사용해서는 안 된다.
② 증권투자상담을 하면서 일정한 기대성과를 확약하는 것은 투자성과의 보장에 해당한다.
③ 금융투자업자가 투자자의 손실을 보전해 줄 것을 사전에 약속하거나 사후에 보전하는 행위, 이익을 보장할 것을 사전에 약속하거나 사후에 제공하는 행위는 금지된다.
④ 금융투자업종사자가 금융소비자에게 손실부담을 약속하여 투자권유가 이루어진 경우 금융소비자가 그 권유에 따라 위탁을 하지 않는다면 금지규정을 위반한 것이 아니다.

> **해설** 금융투자업종사자가 금융소비자에게 손실부담을 약속하여 투자권유가 이루어진 경우 금융소비자가 그 권유에 따라 위탁을 하지 않더라도 금지규정을 위반한 것이다.

★★★
057 허위 · 과장 · 부실표시의 금지 규정을 설명한 것으로 옳지 않은 것은?

① 소속 회사 또는 자신의 실적을 좋게 보이기 위하여 자의적으로 부풀려진 실적을 제시하는 것은 금지된다.
② 실적의 허위 · 과장 · 부실표시 금지 규정은 예외적으로 투자중개업이나 투자자문업에 종사하는 자에게는 적용되지 않는다.
③ 운용실적 산출과정에서 여러 가지 선택 가능한 방법 중 자의적으로 취사선택을 함으로써 고객을 오인시킬 소지가 있는 행위도 허용되지 않는다.
④ 수탁된 자산규모를 부풀린다든지, 운용실적이 좋은 펀드매니저를 대표 펀드매니저로 제시하는 행위도 허용되지 않는다.

> **해설** 실적의 허위 · 과장 · 부실표시 금지 규정은 집합투자기구의 운용역뿐만 아니라 투자중개업이나 투자자문업에 종사하는 자에게도 적용된다.

정답 052 ① 053 ② 054 ③ 055 ④ 056 ④ 057 ②

★★★
058 요청하지 않은 투자권유의 금지 규정에 대한 설명으로 옳지 않은 것은?

① 금융투자업종사자는 고객으로부터의 요청이 없으면 방문·전화 등의 방법에 의하여 투자권유 등을 하여서는 아니 된다. 즉, 투자권유는 고객이 원하는 경우에만 하여야 한다.

② 특히 장외파생상품은 원본손실의 가능성이 매우 크고 분쟁 가능성이 크기 때문에 요청하지 않은 투자권유를 하여서는 아니 된다.

③ 증권과 장내파생상품의 경우에도 손실위험이 있기 때문에 요청하지 않은 투자권유를 할 수 없다.

④ 투자권유를 받은 투자자가 이를 거부하는 취지의 의사를 표시하였음에도 불구하고 투자권유를 계속하는 행위는 금지된다.

> **해설** 자본시장법은 요청하지 않고 방문·전화 등 실시간 대화의 방법을 이용한 투자권유를 원칙적으로 금지하고 있다. 다만, 투자자보호 및 건전한 거래질서를 해할 우려가 없는 행위로서 증권과 장내파생상품의 경우에는 이를 금지하지 않는다.

★★★
059 다음 중 투자권유를 받은 투자자가 이를 거부하는 취지의 의사를 표시하였음에도 불구하고 재권유가 가능한 경우를 모두 고르면?

> ㉠ 처음과 다른 방법(예 전화 → SNS)을 이용하여 투자권유를 하는 행위
> ㉡ 투자자가 거부 의사표시를 한 후 금융위가 정하여 고시하는 기간(1개월)이 지난 후에 다시 투자권유를 하는 행위
> ㉢ 처음과 다른 종류의 금융투자상품에 대하여 투자권유를 하는 행위

① ㉠   ② ㉡   ③ ㉠, ㉢   ④ ㉡, ㉢

> **해설** 예외적으로 ㉡, ㉢의 경우에는 재권유가 가능하다. ㉠ 처음과 다른 방법을 이용하여 투자권유를 하는 행위는 1개월이 지나지 않았다면 투자권유를 계속하는 행위이므로 금지된다.

★★★
060 상품 판매 이후 단계의 금융소비자 보호를 위한 보고 및 기록의무에 대한 설명으로 옳지 않은 것은?

① 금융투자업종사자는 고객으로부터 위임받은 업무에 대하여 그 결과를 고객에게 지체 없이 보고하고 그에 따른 필요한 조치를 취하여야 한다.

② '지체 없이'란 위임받은 업무를 처리한 후에 보고에 필요한 최소한의 소요기간 내에 가급적 신속하게 통지하여야 한다는 뜻이다.

③ '보고'는 단순히 위임받은 업무를 처리하였다는 사실을 통지하면 충분하며, 구두로 보고해서는 안 된다.

④ 금융투자업종사자는 업무를 처리함에 있어서 필요한 기록 및 증거물을 절차에 따라 보관하여야 한다.

해설 '보고'는 단순히 위임받은 업무를 처리하였다는 사실을 통지하는 것만이 아니라 금융소비자가 업무처리내용을 구체적으로 알 수 있고, 그에 따라 금융소비자가 적절한 지시를 할 수 있도록 필요한 사항을 알리는 것을 말한다. 보고의 방법은 합리적인 것이라면 제한이 없으므로, 구두 · 문서 · 전화 · 모사전송(팩스) · 기타 e-mail 등의 전자통신의 방법으로도 가능하다.

★★★
061 자본시장법에서는 '매매명세의 통지'에 관하여 다음과 같이 규정하고 있다. ㉠, ㉡에 알맞은 말은?

> 매매가 체결된 후 (㉠) 매매의 유형, 종목 · 품목, 수량, 가격, 수수료 등 모든 비용, 그 밖의 거래내용을 통지하고, 매매가 체결된 날의 다음달 (㉡)까지 월간 매매내역 · 손익내역, 월말 현재 잔액현황 · 미결제약정현황 등을 통지할 것

	㉠	㉡
①	2일 이내에	10일
②	지체 없이	20일
③	2일 이내에	20일
④	지체 없이	10일

해설 ㉠ 지체 없이, ㉡ 20일

★★★
062 고객정보의 누설 및 부당이용 금지 규정에 관한 설명으로 옳지 않은 것은?

① 금융투자업종사자는 업무를 수행하는 과정에서 알게 된 금융소비자의 정보를 누설하거나 이용할 수 있는 처분권한은 없다.
② 매매내역 등 직무와 관련하여 알게 된 금융소비자의 정보를 정당한 사유 없이 자기 또는 제3자의 이익을 위하여 부당하게 이용하여서는 아니 된다.
③ 고객정보에 대하여 그 이용의 부당성을 문제 삼는 것이지, 고객정보를 누설하는 행위 자체를 금지하는 것은 아니다.
④ 고객정보의 제공을 허용하는 별도의 법적 근거가 있는 경우에는 고객정보를 이용할 수 있다.

해설 고객정보에 대하여 그 이용의 부당성 여부를 불문하고 고객정보를 누설하는 행위 자체를 금지하는 것이다. 자본시장법에서는 금융투자업자는 직무상 알게 된 정보로서 외부에 공개되지 아니한 정보를 정당한 사유 없이 자기 또는 제3자의 이익을 위하여 이용해서는 안 된다고 하여 포괄적으로 직무정보를 부당하게 이용하는 행위를 금지하는 규정을 두고 있다. 다만, 고객정보의 제공을 허용하는 별도의 법적 근거가 있는 경우, 이를테면 법원제출명령, 조세관련법률 및 금융위원회의 감독을 위해 필요한 경우에는 업무상 필요한 범위 내에서만 제한적으로 제공이 가능하다.

★★★
063 금융투자업자의 공정성 유지 의무에 대한 설명으로 옳지 않은 것은?

① 금융투자업종사자는 업무를 수행함에 있어서 개인적인 관계 등에 의하여 금융소비자를 차별해서는 아니 되고 모든 금융소비자를 공평하게 취급하여야 한다.

② '공평하게'란 '동일하게'라는 의미로 예를 들면, 투자정보를 제공하는 경우 모든 고객에게 동일한 조건이어야 한다는 것을 의미한다.

③ '공평하게'란 공정성 유지 의무를 뜻한다.

④ 회사는 거래소로부터 받은 시세정보를 투자자에게 제공하는 경우, 특정 위탁자에게만 매매주문 관련 자료나 정보를 차별적으로 제공하는 행위를 해서는 아니 된다.

> **해설** '공평하게'라고 하는 것은 반드시 '동일하게'라는 의미보다는 '공정하게'라는 의미가 더 강하다. 예를 들면, 투자정보를 제공하는 경우 모든 고객에게 완전한 동일한 조건이어야 하는 것은 아니고 고객의 투자목적, 지식 · 경험, 정보제공에 대한 대가 등에 따라서 필요한 정보를 적절하게 차별하여 제공하는 것은 허용된다. 즉, 동일한 성격을 가진 금융소비자 내지 금융소비자군에 대하여 제공되는 서비스의 질과 양 및 시기 등이 동일하여 공정성을 유지하면 된다.

★★★
064 투자상담업무를 담당하고 있는 자가 고객에 대하여 투자를 권유할 때에 직무윤리기준을 위반하지 않은 것은?

① 정밀한 조사 · 분석을 거치지지는 않았지만, 자신의 주관적인 예감에 확실히 수익성이 있다고 생각되는 금융투자상품을 권한다.

② 주가는 미래의 가치를 반영하는 것이므로 투자정보를 제시할 때에 현재의 객관적인 사실보다는 미래의 전망을 위주로 하여 설명한다.

③ 고객을 강하게 설득하기 위해 필요하다면 투자성과가 어느 정도 보장된다는 취지로 설명하는 것도 가능하다.

④ 중요한 사실이 아니라면 오히려 그것을 설명함으로 인하여 고객의 판단에 혼선을 줄 수 있는 사항은 설명을 생략할 수 있다.

> **해설** 투자판단에 중요한 사실은 빠짐없이 설명해야 하지만 중요한 사실이 아니라면 오히려 그것을 설명함으로 인하여 고객의 판단에 혼선을 줄 수 있는 사항은 설명을 생략할 수 있다. 또한 투자권유는 객관적인 사실에 기초하여야 하며, 사실과 의견을 구분하여야 한다.

★★★
065 금융투자업종사자가 준수하여야 할 직무윤리로 그 성격이 나머지 셋과 다른 하나는?

① 상호존중 　　　② 법규준수 　　　③ 자기혁신 　　　④ 품위유지

해설 상호존중은 회사와의 관계에서 적용되는 윤리이며, 나머지 셋은 본인에 대한 윤리이다.

Ⅲ 필수핵심정리 　 금융투자업 직무윤리(본인, 회사 및 사회에 대한 윤리)

본인에 대한 윤리	• 법규준수 • 자기혁신 • 품위유지 • 사적이익 추구금지 – 부당한 금품수수 및 제공의 금지, 직무관련 정보를 이용한 사적 거래 　제한, 직위의 사적 이용 금지
회사에 대한 윤리	• 상호존중 • 공용재산의 사적 사용 및 수익금지 • 경영진의 책임 • 정보보호 – 비밀정보의 범위, 비밀정보의 관리, 비밀정보의 제공절차 • 위반행위의 보고 • 대외활동 – 대외활동의 범위, 허가 등의 절차, 준수사항, 금지사항, 대외활동의 중단, 정보 　제공 및 정보통신수단의 사용 • 고용계약 종료 후의 의무
사회 등에 대한 윤리	• 시장질서 존중 – 대상자의 범위, 대상정보, 불공정거래행위와의 차이점, 준수사항 • 주주가치 극대화 • 사회적 책임

★★★
066 본인에 대한 윤리로서 법규준수에 관한 설명으로 옳지 않은 것은?

① 금융투자업무종사자는 직무와 관련된 윤리기준, 그리고 이와 관련된 모든 법률과 그 하부규정, 정부 · 공공기관 또는 당해 직무활동을 규제하는 자율단체의 각종 규정을 숙지하고 그 준수를 위하여 노력하여야 한다.
② 금융투자업종사자가 법규의 존재 여부와 내용을 알지 못하여 위반한 경우에는 그에 대한 법적 제재가 가해지지 않는다.
③ 준수해야 할 법규는 자본시장법과 같이 직무와 직접적으로 관련 있는 법령뿐만 아니라, 직무와 관련하여 적용되는 인접 분야의 법령 및 자율적으로 만든 사규까지도 포함한다.
④ 준수하여야 할 법규는 법조문으로 되어 있는 것은 물론이고, 그 법정신과 취지에 해당하는 것도 포함한다.

해설 법에 대한 무지는 변명되지 아니한다. 이는 금융투자업종사자가 법규의 존재 여부와 내용을 알지 못하여 위반한 경우라도 그에 대한 법적 제재가 가해진다는 뜻이다. 운동선수가 해당 게임의 룰(rule)을 알지 못하여 반칙하면 퇴장당하는 것과 같은 의미이다.

🏛 필수핵심정리 ▶ **법규준수(금융투자회사의 표준윤리준칙 제3조)**

> 회사와 임직원은 업무를 수행함에 있어 관련 법령 및 제 규정을 이해하고 준수하여야 한다.

★★★
067 ㉠, ㉡에 알맞은 말은?

> 금융투자회사의 표준윤리준칙 제7조에서는 "회사와 임직원은 경영환경 변화에 유연하게 적응하기 위하여 (㉠)를 바탕으로 끊임없이 (㉡)에 힘써야 한다."라고 규정하고 있다.

	㉠	㉡		㉠	㉡
①	창의적 사고	자기혁신	②	도전정신	자기개발
③	유연한 사고	자기혁신	④	직업윤리	전문지식 배양

해설 ㉠ 창의적 사고, ㉡ 자기혁신

🏛 필수핵심정리 ▶ **자기혁신(금융투자회사의 표준윤리준칙 제7조)**

> 회사와 임직원은 경영환경 변화에 유연하게 적응하기 위하여 창의적 사고를 바탕으로 끊임없이 자기혁신에 힘써야 한다.

★★★
068 본인에 대한 윤리로서 자기혁신에 관한 설명으로 옳지 않은 것은?

① 자기혁신의 방법 중 하나는 금융투자업종사자 본인이 담당하고 있는 직무에 관한 이론과 실무를 숙지하고 전문지식을 배양하는 것이다.

② 또 다른 자기혁신의 방법 중 하나는 금융투자업종사자가 윤리경영 실천에 대한 의지를 스스로 제고하기 위해 노력하는 것이다.

③ 금융투자업종사자가 윤리기준을 위반하는 경우 사람들의 지탄을 받게 되지만 법률을 위반하는 것은 아니다.

④ 금융투자협회는 표준윤리준칙을 제정하여 개별 회원사들이 준용할 수 있도록 권고하고 있다.

해설 금융투자업종사자들은 기본적으로 준수하여야 할 윤리기준이 있는데, 이는 법률로써 강제화되어 있어 중첩되는 부분이 많다. 이는 금융투자업종사자가 윤리기준을 위반하는 경우 단순히 사람들의 지탄을 받는 것으로 끝나는 것이 아니라 관련 법률을 위반하게 되는 경우가 많다는 의미이다.

★★★
069 (   )에 알맞은 말은?

> 금융투자회사의 표준윤리준칙 제13조에서는 "임직원은 회사의 (   )나 사회적 신뢰를 훼손할 수 있는 일체의 행위를 하여서는 아니 된다."라고 규정하고 있다.

① 가치   ② 품위   ③ 법규   ④ 직무

해설 품위유지의 일반적 정의는 "일정한 직업 또는 직책을 담당하는 자가 그 직업이나 직책에 합당한 체면과 위신을 손상하는데 직접적인 영향이 있는 행위를 하지 아니하여야 할 것"을 말한다.

🏛 필수핵심정리 ◀ 품위유지(금융투자회사의 표준윤리준칙 제13조)

임직원은 회사의 품위나 사회적 신뢰를 훼손할 수 있는 일체의 행위를 하여서는 아니 된다.

★★★
070 본인에 대한 윤리로서 품위유지에 관한 설명으로 옳지 않은 것은?

① 금융투자업종사자의 품위유지는 공정성 및 독립성을 유지하는 것과도 관련이 깊다.
② 따라서 금융투자업종사자는 해당 직무를 수행함에 있어서 항상 공정한 입장에 서야 하고 독립적이고 객관적인 판단을 하도록 하여야 한다.
③ 온정주의나 적당한 타협은 업무의 공정성과 독립성을 해치는 가장 큰 걸림돌이 된다.
④ 직위를 이용하여 상급자가 하급자에게 부당한 명령이나 지시를 하지 않으며, 부당한 명령이나 지시를 받은 직원은 일단 지시에 따른 후 이를 준법감시인에게 보고하여야 한다.

해설 직위를 이용하여 상급자가 하급자에게 부당한 명령이나 지시를 하지 않으며, 부당한 명령이나 지시를 받은 직원은 이를 거절해야 한다.

★★★
071 품위유지를 위한 공정성과 독립성에 관한 설명으로 옳지 않은 것은?

① 금융투자업종사자는 다양한 이해관계의 상충 속에서 어느 한쪽으로 치우치지 아니하고 특히 금융소비자보호를 위하여 항상 공정한 판단을 내릴 수 있도록 하여야 한다.
② 직무수행의 공정성을 기하기 위해서는 금융투자업종사자 스스로가 독립적으로 판단하고 업무를 수행하여야 한다.
③ '독립성'이란 자기 또는 제3자의 이해관계에 의하여 영향을 받는 업무를 수행하여서는 안 되며, 독립성과 객관성을 유지하기 위해 합리적 주의를 기울여야 한다는 것이다.
④ 공정성과 독립성을 유지해야 하는 대표적인 금융투자업의 업무 중 하나는 기업금융 업무이다.

정답 067 ①   068 ③   069 ②   070 ④   071 ④

해설 공정성과 독립성을 유지해야 하는 대표적인 금융투자업의 업무 중 하나는 조사분석업무이다. 금융투자협회 영업규정은 조사분석업무의 독립성을 규정하고 있는데, 이는 특히 조사분석 담당부서의 기업금융업무 관련부서 등에 대한 직무상의 독립성을 확보하기 위한 것이다.

★★★
072 다음에서 설명하고 있는 금융투자협회의 '금융투자회사의 영업 및 업무에 관한 규정'은 어떤 직무윤리를 강조하고 있는 것인가?

> • 금융투자회사 및 그 임직원은 금융투자분석사에게 부당한 압력이나 권한 행사 금지
> • 조사분석 담당임원의 기업금융·법인영업 및 고유계정 운용업무 겸직금지
> • 금융투자분석사와 기업금융업무 관련 부서 간의 의견교환 제한

① 조사분석업무의 정확성 유지　　　　② 조사분석업무의 독립성 유지
③ 조사분석업무의 객관성 유지　　　　④ 조사분석업무의 효율성 유지

해설 조사분석업무의 직무상 독립성을 확보하기 위한 것이다.

★★★
073 본인에 대한 윤리로서 부당한 금품수수 및 제공 금지 규정에 관한 설명으로 옳지 않은 것은?

① 금융투자업종사자는 업무수행의 대가로 이해관계자로부터 부당한 재산적 이득을 제공받아서는 아니 된다.
② 금융투자업종사자는 금융소비자로부터 직무수행의 대가로 또는 직무수행과 관련하여 사회상규에 벗어나는 향응, 선물, 그 밖의 금품 등을 수수하여서는 아니 된다.
③ 자본시장법 시행령에서는 투자자 또는 거래상대방에게 직접 또는 간접으로 재산상의 이익을 제공하거나 제공받는 행위를 불건전영업행위로 금지하고 있다.
④ 재산상의 이익을 제공하거나 제공받는 행위는 예외 없이 엄격히 규제하고 있다.

해설 다만, 사회적으로 허용되는 범위 내에서는 예외적으로 인정하되, 제공(수령) 내역의 준법감시인 승인 및 기록의 유지 관리 등을 의무화하여 통제를 엄격히 하고 있다.

🏛 **필수핵심정리**　　사적이익 추구금지(금융투자회사의 표준윤리준칙 제14조)

임직원은 회사의 재산을 부당하게 사용하거나 자신의 지위를 이용하여 사적 이익을 추구하여서는 아니 된다.
→ 부당한 금품수수 및 제공의 금지, 직무 관련 정보를 이용한 사적 거래 제한, 직위의 사적 이용 금지, 공용재산의 사적 사용 및 수익금지

★★★
074 다음은 금품수수 및 제공과 관련된 예외규정이다. ㉠~㉢에 알맞은 숫자는?

> • 금융투자업자가 금융소비자에게 선물 등을 하는 경우 해당 선물의 가액은 회당 (㉠)만
> 원을 초과할 수 없으며, 동일 상대방인 경우에는 연간 제공 가능금액은 연간 (㉡)만원
> 을 초과할 수 없다.
> • 다만, 준법감시인 또는 대표이사에게 문서로 보고하여 사전 승인을 받은 경우에는 그 합
> 계액이 연간 (㉢)만원을 초과할 수 없다.

	㉠	㉡	㉢
①	10	100	500
②	20	100	500
③	20	100	300
④	10	50	200

해설 ㉠ 20, ㉡ 100, ㉢ 500

🏛 필수핵심정리 | 재산상 이익의 제공 한도

동일 거래상대방에게 제공할 수 있는 한도	• 1회당 한도 : 최대 20만원 • 연간(또는 동일회계연도) 한도 : 100만원
승인 후 제공 가능한 연간 총한도	대표이사 또는 준법감시인의 사전승인을 받은 경우에는 한도초과 가능 → 연간 최대 500만원

★★★
075 자본시장법상 수수료 및 성과보수의 제한 규정에 대한 설명으로 옳지 않은 것은?

① 금융투자업자는 수수료 부과기준을 정함에 있어서 투자자별로 차별이 불가능하다.
② 투자매매업자 · 투자중개업자가 조사분석자료의 작성을 담당하는 자에 대하여 기업금융
   업무와 연동된 성과보수를 지급하는 행위를 불건전 영업행위로 금지하고 있다.
③ 투자자문업자 및 투자일임업자의 경우 투자자문과 관련된 투자결과 또는 투자일임재산
   의 운용실적과 연동된 성과보수를 받는 행위가 금지된다.
④ 다만, 투자자문업자 및 투자일임업자는 대통령령으로 정하는 경우에는 성과보수를 받을
   수 있으며, 이때에는 성과보수 산정방식 등을 계약서류에 기재하여야 한다.

해설 금융투자업자는 수수료 부과기준을 정함에 있어서 정당한 사유 없이 차별하여서는 아니 된다. 즉, 정당한 사유(예탁
자산 규모 등)가 있으면 차별이 가능하다.

★★★ 076 다음 사례에서 K씨가 위반한 내용과 거리가 먼 것은?

> ○○공제회 주식운용역 K씨는 지인들에게 내부정보를 알려 해당 종목을 먼저 사게 한 뒤, 자신이 운용하는 ○○공제회의 자금 운용계좌에서 같은 종목을 매수하여 주가를 인위적으로 상승시킨 후, 지인들이 낮은 가격에 산 주식을 팔게 하여 단기매매로 차익을 얻게 하였다. 그는 위법 사실을 숨기기 위하여 자신의 명의로는 매매를 하지 않았고 그와 공모한 지인들로부터 발생한 수익의 일정부분을 되돌려 받는 형식으로 이익을 취하였다. 결국 그는 불공정거래 및 배임 혐의로 20XX년 X월 XX일에 검찰에 구속 기소되었다.

① 선행매매   ② 스캘핑
③ 통정매매   ④ 직무관련정보를 이용한 사적 거래 제한

 해설 스캘핑은 원래 초단타 매매를 말하지만, 조사분석자료 공표 전 매매행위로서 불법거래행위를 의미한다. 그러나 이 문제의 사례와는 거리가 멀다.

선행매매 (front running)	고객의 주문정보를 이용하는 행위로서 사전에 입수한 주식정보를 통해 정상적인 거래가 이뤄지기 전에 미리 주식을 사고 팔아 그 차액을 취득하는 행위로 불건전영업행위
통정매매	자기가 매도(매수)하는 것과 같은 시기에 그와 같은 가격 또는 약정수치로 타인이 매수(매도)할 것을 사전에 서로 짠 후 매도하는 행위로서 위장거래에 의한 시세조종행위임
직무 관련 정보를 이용한 사적 거래 제한	• 금융투자업종사자는 직무수행 중 알게 된 (중요 미공개)정보를 이용하여 금융투자상품 등과 관련된 거래를 하거나, 다른 사람에게 그러한 정보를 제공하여 재산상 거래 또는 투자를 도와주는 행위를 해서는 아니 됨 • 자본시장법 등 관련 규정은 이러한 행위들을 '미공개 중요정보의 이용 금지'및 '시장질서 교란행위'로 규정하고 직무수행 중 알게 되는 정보를 이용하거나 이를 다른 사람에게 알리는 유통행위를 엄격히 금지하고 있음

★★★ 077 다음 사례에서 D부장이 위반한 윤리기준과 가장 관계가 깊은 것은?

> ○○증권회사 D부장은 평소 알고 지내던 친구가 금융투자업 관련 자격증 취득반이 있는 학원을 개업하면서 "○○증권회사가 소속 임직원들에게 해당 학원에 대해 이용 등 협찬을 하고 있는 것처럼 해 달라."는 부탁을 받고 마치 ○○증권회사에서 해당 학원을 협찬하는 것처럼 현수막 등 광고물에 회사의 명칭 등을 사용토록 하여 많은 사람들이 해당 학원의 공신력을 믿고 수강하도록 유도하였다.

① 부당한 금품수수 및 제공의 금지   ② 품위유지
③ 직위의 사적 이용 금지   ④ 직무관련정보를 이용한 사적 거래 제한

 해설 직위의 사적 이용 금지 규정을 위반한 사례이다. 금융투자업종사자는 직무의 범위를 벗어나 사적 이익을 위하여 회사의 명칭이나 직위를 공표, 게시하는 등의 방법으로 이용하거나 이용하게 해서는 아니 된다. 하지만 일상적이고 득정인의 이익을 위한 목적이 아닌 경우에는 윤리기준 위반행위로 볼 수 없다. 대표적으로 경조사 봉투 및 화환 등에 회사명 및 직위를 기재하는 행위나 지점 개업식 또는 계열사의 창립기념일에 축하 화환 등을 보내면서 회사의 명칭을 기재하는 것 등은 직무와 관련하여 회사 명칭이나 직위를 사용하는 행위로서 위반행위에 해당하지 않는다.

★★★
078 금융투자업 종사자의 직무윤리에 관한 설명으로 옳지 않은 것은?

① 신의성실의무는 윤리적 의무에 그치는 것이 아니라 법적 의무이다.

② 전문가로서의 능력배양의무는 관련 이론과 실무 모두에 걸친 전문능력을 포함한다.

③ 법규준수의무에서 준수의 대상은 법조문으로 되어 있는 것뿐만이 아니라 그 법정신에 해당하는 것도 포함한다.

④ 직무윤리를 준수함에 있어서 관련 업무 종사자 간의 관계는 상호 협조관계라기보다는 경쟁관계가 주된 것이다.

> **해설** 사회적 역할을 수행함에 있어서는 경쟁관계라기보다는 상호 협조관계가 대부분이다.

···TOPIC 8 본인, 회사 및 사회에 대한 윤리 – 회사에 대한 윤리

★★★
079 금융투자업종사자가 준수하여야 할 직무윤리로 그 성격이 나머지 셋과 다른 하나는?

① 법규준수
② 자기혁신
③ 품위유지
④ 상호존중

> **해설** 상호존중은 회사에 대한 윤리이며, 나머지 셋은 본인에 대한 윤리이다.

🏛 필수핵심정리 | 금융투자업 직무윤리(본인, 회사 및 사회에 대한 윤리)

본인에 대한 윤리	• 법규준수 • 자기혁신 • 품위유지 • 사적이익 추구금지 – 부당한 금품수수 및 제공의 금지, 직무 관련 정보를 이용한 사적 거래 제한, 직위의 사적 이용 금지
회사에 대한 윤리	• 상호존중 • 공용재산의 사적 사용 및 수익금지 • 경영진의 책임 • 정보보호 – 비밀정보의 범위, 비밀정보의 관리, 비밀정보의 제공절차 • 위반행위의 보고 • 대외활동 – 대외활동의 범위, 허가 등의 절차, 준수사항, 금지사항, 대외활동의 중단, 정보제공 및 정보통신수단의 사용 • 고용계약 종료 후의 의무
사회 등에 대한 윤리	• 시장질서 존중 – 대상자의 범위, 대상정보, 불공정거래행위와의 차이점, 준수사항 • 주주가치 극대화 • 사회적 책임

★★★
080 금융투자업종사자의 회사에 대한 윤리를 설명한 내용으로 옳지 않은 것은?

① 금융투자업종사자는 회사에서 맡긴 자신의 직무를 신의로서 성실히 수행하여야 한다.

② 금융투자업종사자는 소속 회사의 직무수행에 영향을 줄 수 있는 지위를 겸하거나 업무를 수행할 때에는 사전에 회사의 승인을 얻어야 하고 부득이한 경우에는 사후에 즉시 보고하여야 한다.

③ 소속 회사의 직무수행에 영향을 줄 수 있는 것이라 할지라도 회사와 경쟁관계에 있지 않거나 이해상충 관계에 있지 않으며, 일시적인 경우에는 예외가 인정된다.

④ 회사와의 신임관계 및 신임의무의 존부를 판단함에 있어서는 정식의 고용계약관계의 유무, 보수 지급의 유무, 계약기간의 장단은 문제되지 않는 것이 원칙이다.

> **해설** 소속 회사의 직무수행에 영향을 줄 수 있는 것이면 회사와 경쟁관계에 있거나 이해상충 관계에 있는지의 여부를 불문하며, 계속성 여부도 불문하고 금지된다.

★★★
081 금융투자업종사자의 회사에 대한 윤리로서 상호존중에 관한 설명으로 옳지 않은 것은?

① 상사의 부당한 지시가 있을 경우 상호존중의 차원에서 일단 따른 후에 해당 지시내용의 잘못된 점은 회사에 보고하여야 한다.

② 회사는 임직원 개개인의 자율과 창의를 존중함으로써 임직원이 자신의 삶의 질을 향상시킬 수 있도록 도와주어야 한다.

③ 상호존중에 포함되는 것 중의 하나가 성희롱방지로 넓은 의미의 품위유지의무에도 해당하나 그 이상의 것이 포함된다.

④ 금융투자회사는 정부의 권고에 따라 매년 1회 이상 성희롱 예방 등에 관한 교육을 정기적으로 실시하고 있다.

> **해설** 상사의 부당한 지시에 대해 이를 거부하거나 해당 지시내용의 잘못된 점은 회사에 보고하여야 한다.

🏛 **필수핵심정리** ▶ 상호존중(금융투자회사의 표준윤리준칙 제8조)

회사는 임직원 개개인의 자율과 창의를 존중하고 삶의 질 향상을 위하여 노력하여야 하며, 임직원은 서로를 존중하고 원활한 의사소통과 적극적인 협조 자세를 견지하여야 한다.

★★★
082 금융투자업종사자의 공용재산의 사적사용 및 수익금지 규정에 대한 설명으로 옳지 않은 것은?

① 회사의 재산을 사적인 용도로 사용하거나 자신의 지위를 이용하여 사적 이익을 추구하는 행위는 금지된다.
② 회사의 중요정보를 사전에 회사와 협의하지 않고 유출하는 행위는 금지된다.
③ 고객관계, 영업기회 등과 같은 무형의 것도 회사의 재산에 모두 포함된다.
④ 회사가 임직원에게 부여한 지위는 회사의 재산으로 볼 수 없다.

> **해설** 회사의 재산은 매우 넓은 개념으로서 동산, 부동산, 무체재산권, 영업비밀과 정보, 고객관계, 영업기회 등과 같은 유형·무형의 것이 모두 포함된다. 회사가 임직원에게 부여한 지위도 그 지위를 부여받은 개인의 것이 아니고 넓은 의미에서의 회사재산이 된다. 회사의 재산을 부당하게 유용하거나 유출하는 행위는 형사법상 처벌의 대상이 될 수 있다(횡령죄, 배임죄, 절도죄, 업무방해죄).

★★★
083 금융투자업종사자의 공용재산의 사적 사용 및 수익금지 사항에 해당하지 않는 것은?

① 회사의 비품이나 자재를 사적인 용도로 사용하는 행위
② 사적인 용도로 회사전화를 장시간 사용하는 행위
③ 신문, 방송 등 언론매체 접촉을 준법감시인 등의 승인 없이 하는 행위
④ 회사의 업무와 무관한 e – mail을 사용하거나 게임을 하는 행위

> **해설** 신문, 방송 등 언론매체 접촉을 준법감시인 등의 승인 없이 하는 행위는 대외활동시의 준법절차 준수의무에 관한 사항이다. 또한 회사 내에서의 지위를 이용하여 사적인 이익을 추구하는 행위, 회사의 정보를 무단으로 유출하는 행위 등도 공용재산의 사적 사용 및 수익금지 사항이다.

★★★
084 A금융투자회사의 직원인 K는 업무상 해외출장이 잦은 관계로 그로 인하여 유럽 왕복권 2장에 해당하는 마일리지를 적립하게 되었다. K는 이를 이용하여 이번 겨울 휴가기간 동안 친구와 함께 유럽여행을 다녀왔다. K의 이와 같은 행위는 어떤 직무윤리기준을 위반한 것인가?

① 상호존중
② 품위유지
③ 직위의 사적 이용
④ 사적 이익 추구

> **해설** 회사의 비용으로 업무상 적립된 마일리지는 원칙적으로 회사의 재산에 속한다. 따라서 K가 회사가 정한 마일리지 사용방법에 의하지 않고, 이를 자신의 사적 용도로 사용하는 행위는 회사재산을 부당하게 이용한 행위에 해당한다. 즉, 공용재산의 사적 사용은 사적 이익 추구 금지와 관련된 사항이다.

정답 080 ③ 081 ① 082 ④ 083 ③ 084 ④

★★★
085 사적인 용도로 회사전화를 장시간 사용하거나 회사의 업무와 무관한 인터넷쇼핑몰사이트를 방문하는 행위는 어떤 직무윤리 기준의 위반인가?

① 상호존중   ② 품위유지

③ 사적 이익 추구   ④ 직위의 사적 이용

 해설 공용재산의 사적 사용 및 수익금지 규정은 회사의 재산은 오로지 회사의 이익 그 자체만을 위하여 사용되어야 하고 이를 회사의 이익이 아닌 사적 용도로 이용하는 일체의 행위가 금지된다. 따라서 사적인 용도로 회사전화를 장시간 사용하거나 회사의 업무와 무관한 인터넷쇼핑몰사이트를 방문하는 행위는 공용재산의 사적 사용이며 이는 사적 이익 추구 금지와 관련된 사항이다.

★★★
086 금융투자회사 경영진의 책임에 대한 설명으로 옳지 않은 것은?

① 금융투자업종사자가 소속된 회사 및 그 경영진은 스스로 법규 및 직무윤리기준을 준수하여야 함은 물론, 당해 회사 소속 업무종사자가 관계 법규 등에 위반되지 않고 직무윤리를 준수하도록 필요한 지도와 지원을 하여야 한다.

② 지도와 지원을 할 최종적인 책임은 당해 법인 또는 단체의 업무집행권한을 보유하는 대표자에게 있지만, 경영진을 포함한 중간책임자도 자신의 지위와 직제를 통하여 지도와 지원을 하게 된다.

③ 지도의 부족으로 소속 업무당자가 업무수행과 관련하여 타인에게 손해를 끼친 경우, 회사와 경영진은 사용자로서 피해자에게 배상책임(사용자책임)을 질 수도 있다.

④ 투자권유대행인은 회사의 피용자가 아니므로, 투자권유대행인이 투자권유를 대행함에 있어 투자자에게 손해를 끼친 경우 민법의 사용자책임 규정을 준용할 수 없다.

 해설 자본시장법에서는 투자권유대행인이 투자권유를 대행함에 있어 투자자에게 손해를 끼친 경우 민법의 사용자책임 규정을 준용한다. 투자권유대행인은 개인사업자로서 회사의 피용자는 아니지만, 투자자를 두텁게 보호하기 위하여 이러한 준용규정을 둔 것이다.

🏛 **필수핵심정리** ▶ 경영진의 책임(금융투자회사의 표준윤리준칙 제11조)

회사의 경영진은 직원을 대상으로 윤리교육을 실시하는 등 올바른 윤리문화 정착을 위하여 노력하여야 한다.

민법상 사용자 책임	타인을 사용하여 어느 사무에 종사하게 한 자(사용자)와 중간감독자는 피용자가 업무 집행상 타인에게 불법행위를 한 경우, 피용자의 선임과 감독에 상당한 주의를 하였어도 손해가 발생하였을 것임을 입증하지 못하는 한, 피용자의 불법행위에 대하여 피해자에게 손해배상 책임을 짐(투자권유대행인에게도 준용)
자본시장법상 관리 · 감독 책임	금융위원회는 자본시장법에 따라 금융투자업자의 임직원에 대하여 조치를 취하거나 이를 요구하는 경우, 그 임직원에 대하여 관리 · 감독의 책임이 있는 임직원에 대한 조치를 함께 히거나 이를 요구할 수 있음(디만, 관리 · 감독에 상당한 주의를 디한 경우에는 조치를 감면할 수 있음)

★★★
087 금융투자회사와 그 임직원의 정보보호에 대한 설명으로 옳지 않은 것은?

① 미공개된 회사의 경영전략이나 새로운 상품 및 비즈니스 등에 관한 정보는 기록 형태나 기록 유무와 관계없이 비밀정보로 본다.

② 특정한 정보가 비밀정보인지 불명확한 경우, 그 정보를 이용하기 전에 준법감시인의 사전 확인을 받아야 한다.

③ 특정한 정보가 비밀정보인지 불명확한 경우, 준법감시인의 사전 확인을 받기 전까지 당해 정보는 비밀정보가 아닌 것으로 분류되어야 한다.

④ 비밀정보를 제공하는 경우에는 '필요성에 의한 제공원칙(Need to Know Rule)'에 부합하는 경우에 한하여 준법감시인의 사전 승인을 받아 제공하여야 한다.

> **해설** 특정한 정보가 비밀정보인지 불명확한 경우, 준법감시인의 사전 확인을 받기 전까지 당해 정보는 표준내부통제기준이 정하는 바에 따라 비밀정보로 분류·관리되어야 한다. 비밀정보의 제공은 그 필요성이 인정되는 경우에 한하여 회사가 정하는 사전 승인절차에 따라 이루어져야 하며, 일체의 비밀정보는 정보차단의 원칙에 의거하여 관리되고, 적절한 보안장치를 구축하여 관리하여야 한다. '필요성에 의한 제공원칙(Need to Know Rule)'이란 회사에서 부여한 업무를 수행하기 위하여 필요한 최소한의 범위 내에서만 제공하여야 한다는 원칙이다.

🏛 필수핵심정리 | 정보보호(금융투자회사의 표준윤리준칙 제6조)

회사와 임직원은 업무수행 과정에서 알게 된 회사의 업무정보와 고객정보를 안전하게 보호하고 관리하여야 한다.
다음에 해당하는 미공개 정보는 기록 형태나 기록 유무와 관계없이 비밀정보로 본다.
• 회사의 재무건전성이나 경영 등에 중대한 영향을 미칠 수 있는 정보
• 고객 또는 거래상대방에 관한 신상정보, 매매거래내역, 계좌번호, 비밀번호 등
• 회사의 경영전략이나 새로운 상품 및 비즈니스 등에 관한 정보
• 기타 이에 준하는 미공개 정보

★★★
088 금융투자회사와 그 임직원의 정보보호에 대한 설명으로 옳지 않은 것은?

① 법에 대한 무지는 변명되지 아니한다.

② 업무 수행 중 알게 된 회사 또는 금융소비자의 정보를 누설하거나 부당하게 이용하여서는 아니 된다.

③ 금융소비자별로 중요한 정보를 차별적으로 제공하는 것은 공정성을 훼손하지 않는다.

④ 금융소비자의 매매내역은 신용정보에 해당한다.

> **해설** 중요한 정보는 동등하게 제공되어야 한다.

089 금융투자회사의 임직원이 직무와 관련한 법규 위반, 부조리 및 부당행위 등의 윤리기준 위반행위가 있거나 있을 가능성이 있는 경우 신분노출의 위험 없이 해당 행위를 회사에 제보할 수 있게 만든 제도는?

① Whistle Blower
② Chinese Wall
③ Know Your Customer Rule
④ Need to Know Rule

해설 내부제보(Whistle Blower)제도에 관한 설명이다.

🏛 필수핵심정리 위반행위의 보고(금융투자회사의 표준윤리준칙 제12조)

임직원은 업무와 관련하여 법규 또는 윤리강령의 위반 사실을 발견하거나 그 가능성을 인지한 경우, 회사가 정하는 절차에 따라 즉시 보고하여야 한다.

090 내부제보제도에 대한 설명으로 옳지 않은 것은?

① 제보자는 육하원칙에 따라 정확한 사실만을 제보하여야 한다.
② 제보 대상에는 법규 위반, 윤리기준 위반 및 성희롱 등이 포함된다.
③ 제보자의 신분 및 제보사실은 어떠한 경우라도 보장된다.
④ 제보자가 제보로 인하여 신분상의 불이익을 당한 경우 준법감시인에게 신분보장조치를 요구할 수 있다.

해설 제보자가 무고, 음해, 비방 등 악의적인 목적으로 제보한 경우 또는 사실과 다른 내용을 제보하는 경우에는 비밀보장 및 근무조건 차별금지 등을 보장받을 수 없다.

091 금융투자회사의 임직원이 대외활동 시 준수사항에 대한 설명으로 옳지 않은 것은?

① 회사의 공식의견이 아닌 사견을 표현하여서는 아니 된다.
② 대외활동으로 인하여 회사의 주된 업무 수행에 지장을 주어서는 아니 된다.
③ 대외활동으로 인하여 금전적인 보상을 받게 되는 경우 회사에 신고하여야 한다.
④ 불확실한 사항을 단정적으로 표현하거나 다른 금융투자회사를 비방하여서는 아니 된다.

해설 사견도 말할 수 있다. 다만, 회사의 공식의견이 아닌 경우 사견임을 명백히 표현하여야 한다.

血 필수핵심정리 　대외활동(금융투자회사의 표준윤리준칙 제16조)

임직원이 외부 강연이나 기고, 언론매체 접촉, Social Network Service(SNS) 등 전자통신수단을 이용한 대외활동을 하는 경우 다음 각 호의 사항을 준수하여야 한다.
- 회사의 공식의견이 아닌 경우 사견임을 명백히 표현하여야 한다.
- 대외활동으로 인하여 회사의 주된 업무 수행에 지장을 주어서는 아니 된다.
- 대외활동으로 인하여 금전적인 보상을 받게 되는 경우 회사에 신고하여야 한다.
- 공정한 시장질서를 유지하고 건전한 투자문화 조성을 위해 최대한 노력하여야 한다.
- 불확실한 사항을 단정적으로 표현하거나 다른 금융투자회사를 비방하여서는 아니 된다.

★★★ 092 금융투자업종사자가 대외활동을 하는 경우의 준법절차에 대한 설명으로 옳지 않은 것은?

① 대외활동이란 외부 강연, 연설, 교육, 기고 등의 활동, 신문, 방송 등 언론매체 접촉활동, 회사가 운영하는 온라인 커뮤니티(블로그, 인터넷 카페 등), SNS, 웹사이트 등 전자통신수단을 이용한 대외 접촉활동 등을 말한다.
② 금융투자업종사자가 대외활동을 함에 있어서는 회사, 주주 또는 고객과 이해상충이 발생하지 않도록 하며 필요한 준법절차를 밟아야 한다.
③ 해당 활동의 성격, 이해상충의 정도 등에 따라 소속 부점장, 준법감시인 또는 대표이사의 사전 승인을 얻어야 한다.
④ 회사가 대외활동의 중단을 요구할 때에는 즉시 회사의 요구에 따라야 한다.

> **해설** 대외활동이란 외부 강연, 연설, 교육, 기고 등의 활동, 신문, 방송 등 언론매체 접촉활동, 회사가 운영하지 않는 온라인 커뮤니티(블로그, 인터넷 카페 등), SNS, 웹사이트 등 전자통신수단을 이용한 대외 접촉활동 등을 말한다.

★★★ 093 금융투자회사 임직원의 대외활동 시 금지사항이 아닌 것은?

① 중요자료나 홍보물 등을 배포하거나 사용하는 행위
② 불확실한 사항을 단정적으로 표현하는 행위 또는 오해를 유발할 수 있는 주장이나 예측이 담긴 내용을 제공하는 행위
③ 합리적인 논거 없이 시장이나 특정 금융투자상품의 가격 또는 증권발행기업 등에 영향을 미칠 수 있는 내용을 언급하는 행위
④ 경쟁업체의 금융투자상품, 인력 및 정책 등에 대하여 사실과 다르거나 명확한 근거 없이 부정적으로 언급하는 행위

> **해설** 회사가 승인하지 않은 중요자료나 홍보물 등을 배포하거나 사용하는 행위가 금지된다. 그밖에 자신이 책임질 수 없는 사안에 대해 언급하는 행위, 주가조작 등 불공정거래나 부당권유 소지가 있는 내용을 제공하는 행위도 금지된다.

094 임직원의 언론기관 접촉 활동을 하는 경우의 준수사항에 대한 설명으로 가장 거리가 먼 것은?

① 임직원이 언론기관 등에 대하여 업무와 관련된 정보를 제공하고자 하는 경우 사전에 관계부서(홍보부 등)와 충분히 협의하여야 한다.

② 관계부서의 장은 제공하는 정보가 거짓의 사실 또는 근거가 희박하거나, 일반인의 오해를 유발할 수 있는 주장이나 예측을 담고 있는지의 여부를 검토하여야 한다.

③ 관계부서의 장은 정보제공자가 언급하고자 하는 주제가 회사를 충분히 홍보할 수 있는 내용을 담고 있는지의 여부를 검토하여야 한다.

④ 관계부서의 장은 내용의 복잡성이나 전문성에 비추어 언론기관 등을 통한 정보 전달이 적합한지의 여부 등을 검토하여야 한다.

> **해설** 관계부서의 장은 정보제공자가 언급하고자 하는 주제에 대하여 충분한 지식과 자격을 갖추고 있는지의 여부를 검토하여야 한다.

095 임직원이 전자통신수단(이메일, 대화방, 게시판 및 웹사이트 등)을 사용하는 경우의 준수사항으로 옳지 않은 것은?

① 회사 이외의 장소에서 임직원과 금융소비자 간의 이메일은 개인정보이므로 표준내부통제기준 및 관계법령 등의 적용을 받지 않는다.

② 임직원의 사외 대화방 참여는 공중포럼으로 간주하여 언론기관과 접촉할 때와 동일한 윤리기준을 준수하여야 한다.

③ 임직원이 인터넷 게시판이나 웹사이트 등에 특정 금융투자상품에 대한 분석이나 권유와 관련된 내용을 게시하고자 하는 경우 사전에 준법감시인이 정하는 절차와 방법에 따라야 한다.

④ 임직원이 인터넷 게시판이나 웹사이트 등에 자료의 출처를 명시하고 그 내용을 인용하거나 기술적 분석에 따른 투자권유를 하는 경우에는 사전에 준법감시인이 정하는 절차와 방법을 따르지 않아도 된다.

> **해설** 임직원과 금융소비자 간의 이메일은 사용 장소에 관계없이 표준내부통제기준 및 관계법령 등의 적용을 받는다.

096 금융투자업종사자의 대외활동에 대한 설명으로 옳은 것은?

① 금전적인 보상은 수고에 대한 대가이므로 반드시 신고할 필요는 없다.

② 대외활동이 회사의 주된 업무수행에 지장을 주어서는 아니 된다.

③ 경쟁회사에 대한 부정적인 언급은 정도가 심하지 않은 경우 허용된다.

④ 회사의 공식의견이 아닌 사견은 대외활동 시 발표할 수 없다.

> **해설** 대외활동 시 금전적인 보상은 반드시 신고해야 하며, 경쟁회사에 대한 비방은 금지된다. 사견임을 명백히 표시한 경우엔 사견을 발표할 수 있다.

★★★
097 금융투자업종사자의 고용계약 종료 후의 의무에 대한 설명으로 옳지 않은 것은?

① 금융투자업종사자의 회사에 대한 선관주의 의무는 재직 중에는 물론이고 퇴직 등의 사유로 회사와의 고용 내지 위임계약관계가 종료된 이후에도 합리적인 기간 동안 지속된다.

② 고용기간이 종료된 이후에도 회사로부터 명시적으로 서면에 의한 권한을 부여받지 않으면 비밀정보를 출간, 공개 또는 제3자가 이용하도록 하여서는 아니 된다.

③ 고용기간의 종료와 동시에 또는 회사의 요구가 있을 경우에는 보유하고 있거나 자신의 통제하에 있는 기밀정보를 포함한 모든 자료를 회사에 반납하여야 한다.

④ 고용기간 동안 본인이 생산한 지적재산물은 회사의 재산으로 반환하여야 하며, 고용기간이 종료한 후에야 퇴직자가 이용이나 처분권한을 가지게 된다.

> **해설** 고용기간 동안 본인이 생산한 지적재산물은 회사의 재산으로 반환하여야 하며, 고용기간이 종료한 후라도 그 이용이나 처분권한은 회사가 가지는 것이 원칙이다. 또한, 고용기간이 종료되면 어떠한 경우나 이유로도 회사명, 상표, 로고 등을 사용하여서는 아니 된다. 회사에 대한 선관주의 의무는 회사와의 고용 내지 위임계약관계가 종료된 이후에도 상당기간 지속된다. 이러한 의무는 일정기간(계약서에 3년으로 되어 있으면 3년) 동안 지속되지만 지나치게 장기간이면 합리적인 기간으로 제한된다.

🏛 **필수핵심정리** 〉 고용계약 종료 후의 의무(금융투자회사의 표준윤리준칙 제15조)

> 임직원은 회사를 퇴직하는 경우 업무 관련 자료의 반납 등 적절한 후속조치를 취하여야 하며, 퇴직 이후에도 회사와 고객의 이익을 해하는 행위를 하여서는 아니 된다.

★★★
098 금융투자업종사자의 소속 회사에 대한 의무를 설명한 것으로 옳지 않은 것은?

① 회사의 재산은 회사의 이익을 위한 용도로만 사용되어야지 개인의 사적 이익을 위하여 부당하게 사용되어서는 아니 된다.

② 회사, 주주 또는 고객과 이해상충이 발생할 수 있는 대외활동을 하는 경우 준법감시인에게 사후보고를 하여야 한다.

③ 임직원과 고객 간의 이메일은 사용장소에 관계없이 표준내부통제기준 및 관계법령 등의 적용을 받는다.

④ 회사에 대한 선관주의의무는 퇴직 등의 사유로 고용관계가 종료된 이후에도 상당기간 지속된다.

> **해설** 회사, 주주 또는 고객과 이해상충이 발생할 수 있는 대외활동을 하는 경우 해당 활동의 성격, 이해상충의 정도 등에 따라 소속 부점장, 준법감시인 또는 대표이사의 사전승인을 받아야 한다.

★★★
099 금융투자업종사자가 준수하여야 할 직무윤리로 그 성격이 나머지 셋과 다른 하나는?

① 상호존중 ② 시장질서 존중

③ 주주가치 극대화 ④ 사회적 책임

해설 상호존중은 회사에 대한 윤리이며, 나머지 셋은 사회 등에 대한 윤리이다.

⊪ 필수핵심정리 　금융투자업 직무윤리(본인, 회사 및 사회에 대한 윤리)

본인에 대한 윤리	• 법규준수 • 자기혁신 • 품위유지 • 사적이익 추구금지 – 부당한 금품수수 및 제공의 금지, 직무 관련 정보를 이용한 사적 거래 제한, 직위의 사적 이용 금지
회사에 대한 윤리	• 상호존중 • 공용재산의 사적 사용 및 수익금지 • 경영진의 책임 • 정보보호 – 비밀정보의 범위, 비밀정보의 관리, 비밀정보의 제공절차 • 위반행위의 보고 • 대외활동 – 대외활동의 범위, 허가 등의 절차, 준수사항, 금지사항, 대외활동의 중단, 정보 제공 및 정보통신수단의 사용 • 고용계약 종료 후의 의무
사회 등에 대한 윤리	• 시장질서 존중 – 대상자의 범위, 대상정보, 불공정거래행위와의 차이점, 준수사항 • 주주가치 극대화 • 사회적 책임

★★★
100 금융투자회사 및 임직원의 시장질서 존중에 대한 설명으로 옳지 않은 것은?

① 금융투자업종사자는 자본시장의 건전성을 훼손하거나 시장질서를 교란하는 행위가 발생하지 않도록 각별히 노력하여야 한다.

② 기존의 불공정거래행위 규제와는 달리 시장질서 교란행위에 대한 규제는 그 적용대상을 크게 확대함으로써 시장질서를 교란하는 행위를 사전에 방지하고자 하였다.

③ 자본시장법의 개정으로 비록 부당이득을 얻을 목적 등이 없어도 시세에 부당한 영향을 주는 행위는 시장질서 교란행위로 보고 제재할 수 있게 되었다.

④ 프로그램 오류 등으로 대량의 매매가 체결되어 시세의 급변을 초래한 경우엔 기존의 자본시장법상 불공정거래행위로 제재할 수 있다.

해설 기존의 불공정행위는 매매유인이나 부당이득을 얻을 목적 등 목적성을 가져야 불공정거래행위로 규제할 수 있었으나, 개정 자본시장법에서는 비록 목적성이 없어도 시세에 부당한 영향을 주는 행위는 시장질서 교란행위로 보고 제재할 수 있게 되었다. 따라서 프로그램 오류 등으로 대량의 매매가 체결되어 시세의 급변을 초래한 경우라 할지라도 시장질서 교란행위로 보고 제재할 수 있다. 시장질서 교란행위의 대상이 되는 정보는 상장증권·장내파생상품 등의 매매 조건에 중대한 영향을 줄 가능성이 있는 불특정다수인이 알 수 있도록 공개되기 전의 정보이다.

🏛 **필수핵심정리**　시장질서 존중(금융투자회사의 표준윤리준칙 제5조)

　회사와 임직원은 공정하고 자유로운 시장경제 질서를 존중하고, 이를 유지하기 위하여 노력하여야 한다.

★★★
101 자본시장법상의 '시장질서 교란행위'에 대한 설명으로 옳은 것은?

① 정보의 1차 수령자뿐만 아니라 모든 수령자까지 적용대상이 된다.
② 타인을 거래에 끌어들이는 등 거래의 목적성이 있어야 한다.
③ 단순 프로그램 오류로 시세에 영향을 미치는 경우는 위반행위가 아니다.
④ 타인의 해킹 등을 통해 획득한 정보이지만 이를 단순히 전달하는 것은 위반행위가 아니다.

해설 시장질서 교란행위는 목적성이 없이 단순 프로그램 오류 등을 통해서도 시세에 영향을 주는 행위를 모두 위반행위로 규정하고 있으며, 해킹 등을 통한 정보 획득임을 알면서도 전달하는 행위 역시 금지하고 있다. 과거에는 미공개 중요정보의 내부자, 준내부자, 1차 수령자만이 제재의 대상이었던 것과는 달리 이를 전달한 자, 자신의 직무와 관련하여 정보를 알게 된 자, 해킹·기망 등의 부정한 방법으로 정보를 알게 된 자 등으로 그 적용대상을 확대함으로써 시장질서를 교란하는 행위를 사전에 방지하고자 하였다.

★★★
102 (　　)에 알맞은 말은?

> 금융투자회사의 표준윤리준칙 제9조에서는 "회사와 임직원은 합리적인 의사결정과 투명한 경영활동을 통하여 (　　)와 기타 이해관계자의 가치를 극대화하기 위하여 최선을 다하여야 한다."라고 규정하고 있다.

① 주주　　　　　　　　　　　② 금융소비자
③ 회사　　　　　　　　　　　④ 국민경제

해설 주주가치 극대화를 위해 최선을 다하여야 한다.

★★★
103 주주가치 극대화를 위해서 금융투자업종사자가 준수하여야 할 사항과 가장 거리가 먼 것은?

① 주주의 이익보호를 위하여 탁월한 성과창출로 회사의 가치를 높여야 한다.
② 회계자료의 정확성과 신뢰성을 유지하여야 한다.
③ 주주와 금융소비자에게 필요한 정보를 관련 법규 등에 따라 적시에 공정하게 제공하여야 한다.
④ 주주와 금융소비자의 모든 요구와 제안을 존중하여 상호 신뢰관계를 구축하여야 한다.

해설 주주와 금융소비자의 정당한 요구와 제안을 존중하여 상호 신뢰관계를 구축하여야 한다. 또한 투명하고 합리적인 의사결정과정과 절차를 마련하고 준수하여야 하며, 효과적인 리스크 관리체계 및 내부통제시스템을 운영하여 금융사고 등 제반 위험을 미연에 방지하고 경영환경에 능동적으로 대처할 수 있어야 한다.

★★★
104 ( )에 알맞은 말은?

> 금융투자회사의 표준윤리준칙 제10조에서는 "회사와 임직원 모두 시민사회의 일원임을 인식하고, ( )적 책임과 역할을 다하여야 한다."라고 규정하고 있다.

① 국민
② 기업가
③ 사회
④ 국가

해설 사회적 책임과 역할을 다하여야 한다.

★★★ 105 금융투자회사의 내부통제기준에 대한 설명으로 옳지 않은 것은?

① 내부통제는 회사의 임직원이 업무수행 시 법규를 준수하고 조직운영의 효율성 제고 및 재무보고의 신뢰성을 확보하기 위해 회사 내부에서 수행하는 모든 절차와 과정을 말한다.

② 금융투자업자는 효과적인 내부통제 활동을 수행하기 위한 조직구조, 위험평가, 업무분장 및 승인절차 등의 종합적 체제로서 내부통제체제를 구축하여야 한다.

③ 금융투자업종사자가 기본적으로 준수하여야 할 윤리기준은 상당 부분 법률 등과 중첩되어 강제되고 있어, 회사들은 윤리기준을 사규로 제정하는 등의 노력을 하고 있다.

④ 금융투자업종사자가 윤리기준을 위반하는 것은 비난과 지탄의 대상이 되지만 다른 사규들의 위반행위와 동일하게 제재의 대상이 되지는 않는다.

> **해설** 금융투자업종사자가 윤리기준을 위반하는 것은 사규 및 관련 법규를 위반하는 것으로 다른 사규들의 위반행위와 동일하게 제재의 대상이 된다.

★★★ 106 금융투자업자가 법령을 준수하고, 자산을 건전하게 운용하며, 이해상충방지 등 투자자를 보호하기 위하여 금융투자업자의 임직원이 직무를 수행함에 있어서 준수해야 할 적절한 기준 및 절차를 정한 것은?

① 내부통제기준   ② 준법감시제도

③ 컴플라이언스 매뉴얼   ④ 자금세탁방지제도

> **해설** 내부통제기준에 대한 설명이다.

★★★ 107 금융투자업자의 내부통제기준에 관한 설명으로 옳지 않은 것은?

① 모든 금융투자업자는 반드시 내부통제기준을 두어야 한다.

② 내부통제기준의 제정·변경 시에는 반드시 주주총회의 결의를 거쳐야 한다.

③ 관계 법령 등의 제·개정 및 폐지 등에 따른 개정이나 단순 자구수정 등의 개정은 이사회 보고로 그 의결에 갈음할 수 있다.

④ 준법감시인은 내부통제기준을 기초로 내부통제의 구체적인 지침, 컴플라이언스 매뉴얼, 임직원 윤리강령 등을 제정·시행할 수 있다.

> **해설** 내부통제기준의 제정·변경 시에는 이사회의 결의를 거쳐야 한다. 금융투자협회는 표준내부통제기준을 작성하고 금융투자업자에게 사용을 권고할 수 있으며, 금융투자업자는 이를 그대로 사용하거나 또는 수정하여 사용할 수 있다.

정답   103 ④   104 ③   105 ④   106 ①   107 ②

108 금융투자회사의 임직원 모두가 금융소비자의 이익을 위해 최선을 다했는지, 업무를 수행함에 있어 윤리기준을 포함한 제반 법규를 엄격히 준수하고 있는지에 대하여 사전적으로 또는 상시적으로 통제 · 감독하는 장치는?

① 내부통제제도
② 준법감시제도
③ 이사회
④ 내부제보제도

해설 금융투자업에 있어서 내부통제의 하나로 두고 있는 준법감시제도는 '감사'로 대표되는 관련 법규에 의한 사후적 감독만으로는 자산운용의 안정성 유지와 금융소비자 보호라는 기본적인 역할을 수행하는 데 한계가 있다는 점에 착안하여 감사와는 달리 사전적, 상시적 사고예방 등의 목적을 위해 도입된 내부통제시스템이다.

109 금융투자회사의 표준내부통제기준에 따른 준법감시인에 대한 설명으로 옳지 않은 것은?

① 내부통제기준의 적정성을 정기적으로 점검해야 한다.
② 이사회와 대표이사의 지휘를 받아 그 업무를 수행한다.
③ 내부통제체제의 구축 · 유지 · 운영 및 감독책임이 있다.
④ 관련 규정상 조건 충족 시 준법감시업무 중 일부를 준법감시업무를 담당하는 임직원에게 위임할 수 있다.

해설 내부통제체제의 구축 · 유지 · 운영 및 감독책임은 대표이사에게 있다. 준법감시인은 이사회와 대표이사의 지휘를 받아 그 업무를 수행하며, 대표이사와 감사(위원회)에 아무런 제한 없이 보고할 수 있다. 또한, 내부통제기준의 적정성을 정기적으로 점검하고 문제점 또는 미비사항이 발견된 경우 이의 개선 또는 개정을 요구할 수 있다.

110 준법감시인의 권한 및 의무에 대한 설명으로 옳지 않은 것은?

① 임직원들의 내부통제기준 준수 여부를 정기 또는 수시 점검한다.
② 임직원의 부당행위 발견 시 감사 및 이사회에 보고하고 시정을 요구한다.
③ 준법감시인은 감사의 지휘를 받아 그 업무를 수행한다.
④ 임직원에게 업무와 관련하여 각종 자료나 정보제출을 요구할 수 있다.

해설 준법감시인은 이사회 및 대표이사의 지휘를 받아 그 업무를 수행한다.

★★★
111 금융투자회사의 내부통제의 근간이 되는 내부통제체제 구축 및 운영에 관한 기준을 정하는 주체는?

① 이사회

② 대표이사

③ 준법감시인

④ 지점장

> **해설** 이사회는 내부통제의 근간이 되는 내부통제체제 구축 및 운영에 관한 기준을 정한다. 대표이사는 내부통제체제의 구축 및 운영에 필요한 제반 사항을 수행·지원하고 적절한 내부통제 정책을 수립하여야 한다.

★★★
112 내부통제기준 준수를 위한 준법감시체제에 관한 설명으로 옳지 않은 것은?

① 회사는 임직원의 업무수행의 공정성 제고 및 위법·부당행위의 사전 예방 등에 필요한 효율적인 준법감시체제를 구축·운영하여야 한다.

② 준법감시인은 임직원의 관계법령 등 및 내부통제기준의 준수 여부를 점검하기 위해 회사의 업무전반에 대한 준법감시 프로그램을 구축·운영하여야 한다.

③ 임직원은 회사가 정하는 준법서약서를 작성하여 준법감시인에게 제출하여야 한다.

④ 내부제보제도는 조직문화를 흐리고 조직의 결속력을 해칠 우려가 있으므로 회사는 가급적 내부제보제도의 운영을 자제하여야 한다.

> **해설** 회사는 내부통제의 효율적 운영을 위하여 내부제보제도를 운영하여야 하며, 이에 필요한 세부운영지침을 정할 수 있다. 이 경우 회사는 정당한 내부제보자에 대하여 부당한 인사상 불이익을 부과하여서는 아니 된다.

★★★
113 내부통제기준 준수를 위한 준법감시체제에 관한 설명으로 옳지 않은 것은?

① 회사는 임직원이 금융투자업무를 수행하는데 필요한 직무윤리와 관련된 윤리강령을 제정·운영하여야 한다.

② 준법감시 담당부서는 해당 회사의 임직원이 다른 회사의 임직원을 겸직하려는 경우 겸직 개시 전에 겸직의 내용을 검토하며, 준법감시인은 검토결과 필요하다고 인정하는 경우 겸직내용의 시정 및 중단을 요구할 수 있다.

③ 회사는 임직원 업무수행의 적정성을 점검하기 위해 금융사고 발생 우려가 높은 업무를 수행하고 있는 임직원을 대상으로 권고휴가제도를 운영하여야 한다.

④ 회사는 입·출금 등 금융사고 발생 우려가 높은 단일거래에 대해 복수의 인력이 참여하도록 하는 등의 직무윤리 기준을 마련·운영하여야 한다.

> **해설** 회사는 임직원의 위법·부당한 행위를 사전에 방지하기 위하여 명령휴가제도를 운영하여야 한다. 명령휴가제도란 금융사고 발생 우려가 높은 업무를 수행하고 있는 임직원을 대상으로 일정기간 휴가를 명령하고, 동 기간 중 해당 임직원의 업무수행 적정성을 점검하는 제도를 말한다.

정답 108 ② 109 ③ 110 ③ 111 ① 112 ④ 113 ③

★★★
114 준법감시인이 영업점에 대한 준법감시업무를 위하여 지명하는 영업점별 영업관리자가 구비하여야 할 요건으로 옳지 않은 것은? 심화

① 영업점에서 1년 이상 근무한 경력이 있거나 준법감시·감사업무를 1년 이상 수행한 경력이 있는 자로서 당해 영업점에 상근하고 있을 것

② 본인이 수행하는 업무가 과다하거나 수행하는 업무의 성격으로 인하여 준법감시업무에 곤란을 받지 아니할 것

③ 영업점장일 것

④ 준법감시업무를 효과적으로 수행할 수 있는 충분한 경험과 능력, 윤리성을 갖추고 있을 것

> **해설** 영업점장이 아닌 책임자급일 것. 다만, 당해 영업점의 직원 수가 적어 영업점장을 제외한 책임자급이 없는 경우에는 그러하지 아니하다.

★★★
115 회사가 특정 고객을 위하여 고객전용공간을 제공하는 경우 준수하여야 할 사항에 대한 설명으로 옳지 않은 것은?

① 당해 공간은 직원과 분리되어야 하며, 영업점장 및 영업관리자의 통제가 용이한 장소에 위치하여야 한다.

② 사이버룸의 경우 반드시 '사이버룸'임을 명기하고 외부에서 내부를 관찰할 수 있도록 개방형 형태로 설치되어야 한다.

③ 고객에 대한 서비스 차원에서 명패, 명칭, 개별 직통전화 등을 사용하도록 하거나 제공해야 한다.

④ 영업점장 및 영업관리자는 고객전용공간에서 이루어지는 매매거래의 적정성을 모니터링하고 이상매매가 발견되는 경우 지체 없이 준법감시인에게 보고하여야 한다.

> **해설** 다른 고객이 사이버룸 사용 고객을 직원으로 오인하지 않도록 명패, 명칭, 개별 직통전화 등을 사용하도록 하거나 제공해서는 안 된다.

★★★
116 내부통제기준을 위반한 경우 5천만원 이하의 과태료를 부과하는 경우에 해당하지 않는 것은? 심화

① 내부통제기준을 마련하지 아니한 자

② 준법감시인을 두지 아니한 자

③ 주주총회의 결의를 거치지 아니하고 준법감시인을 임면한 자

④ 준법감시인의 겸직금지업무를 수행한 자와 이를 담당하게 한 자

> **해설** 이사회 결의를 거치지 아니하고 준법감시인을 임면한 자이다. 준법감시인은 이사회에서 임면한다. 회사는 내부통제기준 위반자에 대한 처리기준을 사전에 규정하고, 위반자에 대해서는 엄정하고 공정하게 조치하여야 한다.

★★★
117 직무윤리의 절차적 규정 중 성격이 다른 하나는?

① 민사책임   ② 형사책임

③ 행정제재   ④ 내부통제

> **해설** ①~③은 모두 직무윤리기준의 절차적 규정 중 외부통제에 대한 규정이다.

★★★
118 직무윤리 및 내부통제기준 위반행위에 대한 제재를 설명한 내용으로 옳지 않은 것은?

① 금융투자협회는 회원 간의 건전한 영업질서 유지 및 투자자 보호를 위한 자율규제업무를 담당한다.

② 금융위원회는 금융투자업자의 직원에 대하여 면직, 6개월 이내의 정직, 감봉, 견책, 경고, 주의 등의 조치를 할 수 있다.

③ 형사처벌은 법에 명시적 규정이 없더라도 가능하며, 이 경우 행위자와 법인 양자 모두를 처벌하는 경우가 많다.

④ 직무윤리강령 및 직무윤리기준 등을 위반한 행위에 대하여 법적 제재를 받지 않을 수도 있으나, 고객 및 시장으로부터의 신뢰상실과 명예실추, 고객과의 단절이 야기된다.

> **해설** 형사처벌은 법에서 명시적으로 규정하고 있는 것에 한정하며(죄형법정주의), 그 절차는 형사소송법에 의한다. 또 행위자와 법인 양자 모두를 처벌하는 양벌규정을 두는 경우가 많다.

🏛 필수핵심정리 ▶ 직무윤리 및 내부통제제도 위반행위에 대한 제재

자율규제	금융투자협회는 회원 및 그 임직원에 대한 자율규제업무를 담당 → 주요 직무 종사자의 등록 및 관리권과 회원의 제명 또는 그 밖의 제재권(회원의 임직원에 대한 제재의 권고를 포함)을 발동할 수 있음	
행정제재	행정제재는 금융감독기구인 금융위원회, 증권선물위원회, 금융감독원 등에 의한 제재가 중심이 됨	
	금융위원회의 제재조치	
	금융투자업자에 대한 제재권	감독권, 조치명령권, 승인권, 보고요구권, 검사권, 금융업등록 취소권, 6개월 이내의 업무정지 명령권 등
	금융투자업자의 임원에 대한 조치권	해임요구, 6개월 이내의 직무정지, 문책경고, 주의적 경고, 주의, 그 밖에 자본시장법 시행령으로 정하는 조치
	금융투자업자의 직원에 대한 조치권	면직, 6개월 이내의 정직, 감봉, 견책, 경고, 주의, 그 밖에 자본시장법 시행령으로 정하는 조치 등
	청문 및 이의신청	금융위원회가 위의 조치를 하기 위하여 그 사전절차로서 청문을 요하는 경우가 있고, 금융위원회의 처분 또는 조치에 대한 이의신청권을 인정하고 있음

민사 책임	법률 행위의 실효	• 법률행위에 중대한 하자가 있는 경우에는 무효로 하고, 가벼운 하자가 있는 경우에는 취소 • 계약당사자 일방의 채무불이행으로 계약의 목적을 달성할 수 없는 경우, 일시적인 거래인 경우에는 계약을 해제할 수 있고, 계속적인 거래인 경우에는 계약을 해지할 수 있음 → 계약을 해제하면 계약이 소급적으로 실효되어 원상회복의무가 발생하고, 계약을 해지하면 해지시점부터 계약이 실효됨
	손해 배상	• 계약책임은 계약관계에 있는 당사자(주로 채권자와 채무자) 사이에 계약 위반을 이유로 함 • 불법행위책임은 계약관계의 존부를 불문하고, 고의 또는 과실의 위법행위로 타인에게 손해를 가한 경우를 말하고, 가해자는 피해자에게 발생한 손해를 배상하여야 함
형사 책임		• 형사처벌은 법에서 명시적으로 규정하고 있는 것에 한정하며(죄형법정주의), 그 절차는 형사소송법에 의함 • 행위자와 법인 양자 모두를 처벌하는 양벌규정을 두는 경우가 많음
시장의 통제		직무윤리 위반행위에 대해 아무런 법적 제재를 받지 않을 수도 있으나 고객과 시장으로부터의 신뢰상실과 명예실추, 고객과의 단절은 당해 업무에 종사하는 자에게 가해지는 가장 무섭고 만회하기 어려운 제재가 됨

★★★
119 직무윤리 및 내부통제기준을 위반한 행위에 대하여 행정제재를 할 수 있는 기관이 아닌 것은?

① 금융투자협회
② 금융위원회
③ 금융감독원
④ 증권선물위원회

해설 금융투자협회는 회원 간의 건전한 영업질서 유지 및 투자자 보호를 위한 자율규제업무를 담당한다(금융투자협회의 자율규제위원회).

★★★
120 직무윤리 및 내부통제기준을 위반한 행위에 대하여 다음과 같은 제재를 결정할 수 있는 기관은?

- 6개월 이내의 업무의 전부 또는 일부의 정지
- 위법행위의 시정명령 또는 중지명령
- 위법행위로 인한 조치를 받았다는 사실의 공표명령

① 금융투자협회 자율규제위원회
② 금융위원회
③ 금융감독원
④ 증권선물위원회

해설 금융위원회는 금융투자업자에 대하여 6개월 이내의 업무의 전부 또는 일부의 정지, 위법행위의 시정명령 또는 중지명령, 위법행위로 인한 조치를 받았다는 사실의 공표명령 또는 게시명령 등을 내릴 수 있다.

★★★
121 자본시장법상 금융위원회의 금융투자업자의 임원에 대한 제재조치와 거리가 먼 것은? [심화]

① 해임요구   ② 6개월 이내의 정직
③ 문책경고   ④ 주의

> **해설** 6개월 이내의 직무정지를 조치할 수 있으며, 6개월 이내의 정직은 직원에 대한 제재 조치권이다.

2장 | 투자자분쟁예방

···TOPIC 12 금융분쟁

★★★
122 금융분쟁에 관한 설명으로 옳지 않은 것은?

① 금융수요자 등이 금융업무 등과 관련하여 이해관계 등이 발생함에 따라 금융 관련 기관을 상대로 제기하는 분쟁이 금융분쟁이다.
② 비록 금융업무 관련이라도 금융 관련 기관이 금융 관련 기관을 상대로 제기하는 분쟁은 금융분쟁에 해당하지 않는다.
③ 금융투자 관련 금융분쟁은 주로 자본시장법령 등에서 금융투자업자에게 부여하는 의무 이행 여부가 쟁점이 된다.
④ 금융투자업 영위과정에서 거래관계가 수반되는 권리의무에 대한 상반된 주장을 분쟁이라는 형태로 도출된다.

> **해설** 금융 관련 기관이 금융업무 관련하여 금융관련기관을 상대로 제기하는 분쟁도 금융분쟁에 해당된다.

🏛 필수핵심정리 ▶ 금융분쟁

- 금융업무 등과 관련하여 금융기관을 상대로 제기하는 분쟁
- 금융분쟁은 대부분 법령에서 부여하는 의무 이행 여부가 쟁점 → 금융투자업자가 연루된 금융분쟁은 자본시장법(자본시장과 금융투자업에 관한 법률)이 준거기준으로 적용됨
- 실제 분쟁이 발생할 경우 자본시장법과 시행령 및 시행규칙, 금융투자업규정 등이 적용됨(하위규범이 상대적으로 더 명확하거나 상세한 경향)

···TOPIC 13 금융투자상품 판매와 관련한 각종 의무

★★★
123 금융투자상품 권유 및 판매와 관련한 의무와 가장 거리가 먼 것은?

① 선관의무 등 – 고객이익 최우선의 원칙
② 금융투자회사 임직원의 소속회사에 대한 충실의무
③ 회사재산과 정보의 부당한 사용 및 유출 금지의무
④ 고객에게 정확한 정보제공 의무

> **해설** 회사재산과 정보의 부당한 사용 및 유출 금지의무는 임직원이 회사에 대해 지켜야 할 의무로서, 고객에 대한 상품의 권유 및 판매와 관련된 의무와는 거리가 멀다.

★★★
124 자본시장법(제37조)은 금융투자업자에 공통으로 적용되는 의무 등을 규정하고 있는데, 다음 중 이와 거리가 먼 것은?

① 신의의 원칙   ② 성실의 원칙
③ 공정의 원칙   ④ 효율성의 원칙

> **해설** (자본시장법 제37조) 금융투자업자는 신의성실의 원칙에 따라 공정하게 금융투자업무를 영위하여야 하며, 금융투자업을 영위함에 있어 정당한 사유 없이 투자자의 이익을 해하면서 자기가 이익을 얻거나 제3자가 이익을 얻도록 하여서는 아니 된다.

★★★
125 자본시장법 제79조에서는 집합투자업자에게 적용되는 의무 등을 별도로 규정하고 있는데, 다음 중 이와 가장 관계가 깊은 것은?

① 신의성실의무   ② 공정성 유지의무
③ 선관의무 및 충실의무   ④ 전문지식배양의무

> **해설** (자본시장법 제79조) 집합투자업자는 투자자에 대하여 선량한 관리자의 주의로써 집합투자재산을 관리하여야 하며, 투자자의 이익을 보호하기 위해 해당 업무를 충실하게 수행해야 한다.

★★★
126 고객과 이해충돌이 발생할 경우의 우선순위 등에 대한 설명으로 옳지 않은 것은?

① 고객이익 최우선의 원칙은 단순히 고객의 희생 위에 자기 또는 제3자의 이익을 취하는 것을 금지하는 소극적인 의무이다.
② 어떠한 경우에도 고객의 이익은 회사와 회사의 주주 및 임직원의 이익에 우선한다.

③ 회사의 이익은 임직원의 이익에 우선한다.

④ 모든 고객의 이익은 상호 동등하게 취급한다.

> **해설** 고객이익 최우선의 원칙은 소극적으로 고객의 희생 위에 자기 또는 제3자의 이익을 취하는 것을 금지하는 것에 그치는 것이 아니라, 적극적으로 고객이 실현 가능한 최대한의 이익을 취득할 수 있도록 업무를 수행하여야 할 의무를 진다는 것으로 이해하여야 한다.

★★★
127 금융투자회사 임직원이 회사에 대하여 지켜야 할 충실의무 등을 설명한 것으로 옳지 않은 것은?

① 금융투자회사 임직원은 회사와 위임계약 또는 고용계약에 의하여 맡은 업무를 수임자로서 성실하게 수행하여야 할 의무가 있으며 또한 직무에 전념할 의무를 진다.

② 금융투자회사 직원은 소속 회사의 승인을 받은 경우가 아니면 회사와의 이해상충 관계에 있는 지위를 맡거나 업무를 수행하여서는 안 되며, 회사의 승인을 받은 경우에도 대외활동을 함에 있어서 자신의 이익을 위하여 회사의 자산이나 인력 등을 사용할 수 없다.

③ 만일 이해상충의 우려가 있는 거래의 경우에는 반드시 준법감시인과 협의하여 고객과 회사의 이익이 침해받지 않는 범위 내에서 합리적인 절차를 거쳐 행하도록 하여야 한다.

④ 약정한 고용계약기간이 종료된 시점에 회사에 대해 지켜야 할 의무가 사라진다.

> **해설** 미리 약정한 고용계약기간이 종료된 경우에도 일정한 의무가 부가된다. 예를 들어 자신이 고용기간 중에 직무상 알게 된 비밀정보 등 자료를 회사에 반납하여야 하며 이를 공개하거나 제3자로 하여금 이용하게 해서는 안 된다. 또한 고용계약 종료 후에는 고객으로 하여금 소속회사에 대한 오해를 유발하는 명함 등을 교부하는 행위를 하여서는 안 된다.

★★★
128 금융투자회사의 임직원은 고객에게 정확한 정보를 제공할 의무가 있는데, 이와 관련한 설명으로 옳지 않은 것은?

① 고객에게 정확하고 충분한 정보를 제공하는 것이야 말로 고객인 투자자로 하여금 최적의 상품을 선택하게 하는 기초가 된다.

② 정보를 제공함에 있어서 되도록 고객에게 유리한 정보에 치중하여야 하며, 고객에게 불리한 정보는 최소한으로 제공하여야 한다.

③ 경험상으로 볼 때 대부분의 분쟁은 고객에게 정확한 정보를 제공하였는가에서 출발한다.

④ 고객에게 특별한 위험이 내재된 상품에 대한 고지 또는 설명의무 등을 위반하였을 경우에는 회사 또는 직원이 손해배상책임을 질 수도 있다.

> **해설** 정보를 제공함에 있어서 일시적으로 약정을 많이 올리기 위해서 고객에게 유리한 정보에 치중하여서는 안 되며, 반드시 고객에게 불리한 정보도 제공하여 고객이 이를 이해할 수 있도록 하여야 한다.

***
129 금융투자회사 임직원이 직무수행과정에서 알게 된 고객의 정보와 관련하여 준수하여야 할 내용으로 옳지 않은 것은?

① 금융투자회사의 임직원은 투자상담 등 직무수행과정에서 알게 된 고객정보를 누설하거나 고객이 아닌 자의 이익을 위하여 부당하게 이용하는 행위를 하여서는 아니 된다.

② 만일 고객에 관한 어떤 사항이 비밀정보인지 여부가 불명확할 경우에는 일단 비밀정보가 아닌 것으로 취급하여야 한다.

③ 법관이 발부한 영장에 의한 경우 등의 예외적인 경우를 제외하고는 금융기관 임직원이 고객의 금융거래정보를 타인에게 제공하거나 누설하는 것이 원칙적으로 금지되어 있다.

④ 자본시장법은 고객의 정적인 금융거래정보 외에도 동적인 정보(고객의 매매주문 동향 등)도 자기 또는 제3자의 이익을 위하여 이용하는 행위를 금지하고 있다.

> **해설** 만일 고객에 관한 어떤 사항이 비밀정보인지 여부가 불명확할 경우에는 일단 비밀이 요구되는 정보인 것으로 취급하여야 한다.

***
130 금융투자회사 임직원이 직무수행과정에서 알게 된 회사의 정보와 관련하여 준수하여야 할 내용으로 옳지 않은 것은?

① 금융투자회사의 임직원이 직무수행 중 알게 된 회사의 정보는 회사의 재산에 속하는 것이고, 오로지 회사의 이익을 위해서만 사용되어야 한다.

② 임직원이 고객 또는 회사의 비밀정보를 관련 법령에 따라 제공하는 경우에는, 정보를 제공한 후 준법감시인에게 보고하여야 한다.

③ 정부 또는 감독기관과 연락하거나 정보를 제공하는 경우에는 준법감시인에게 사전 통보를 하고 협의를 거쳐야 한다.

④ 회사로부터 사전 허락을 받아 강연·방송 등에 참여하는 경우에도 원고 등을 준법감시인의 사전승인을 받은 후 사용하여야 하고, 고객의 동의 없이 특정고객에 대한 언급이나 확정되지 아니한 기획단계의 상품 등에 대한 언급을 하여서는 아니 된다.

> **해설** 임직원이 고객 또는 회사의 비밀정보를 관련 법령에 따라 제공하는 경우에도 준법감시인의 사전승인을 받아 직무수행에 필요한 최소한의 범위 내에서 제공하여야 한다.

···TOPIC **15** 개인정보보호법

★★★
131 일반법과 특별법의 관계에 있어 특별법에 의거하여 우선 처리하고 특별법에 정함이 없으면 일반법을 적용한다. 다음 중 다른 법의 일반법의 지위에 있는 법은?

① 개인정보보호법
② 금융실명거래 및 비밀보장에 관한 법률
③ 전자금융거래법
④ 신용정보의 이용 및 보호에 관한 법률

해설 개인정보보호법은 일반법으로서 관련 특별법이 있을 경우는 해당 법의 적용이 되나 관련 규정이 특별법에 없을 경우에는 개인정보보호법에 따라 처리해야 한다. 개인정보보호법은 개인정보의 처리 및 보호에 관한 사항을 정함으로써 개인의 자유와 권리를 보호하고, 나아가 개인의 존엄과 가치 구현을 목적으로 하여 2011년 9월 30일 시행되었다.

★★★
132 다음 개인정보 중 민감정보에 해당하는 것은?

① 성명
② 여권번호
③ 건강상태
④ 신용카드번호

해설 건강상태는 민감정보이다.

🏛 **필수**핵심정리 ▶ 개인정보

살아 있는 개인에 관한 정보로서 성명, 주민등록번호 및 영상 등을 통하여 개인을 알아 볼 수 있는 정보

고유식별정보	주민등록번호, 여권번호 등
민감정보	건강상태, 진료기록, 병력, 정당의 가입 등
금융정보	신용카드번호, 통장계좌번호 등

★★★
133 다음 중 개인정보처리자의 개인정보 보호 원칙으로 옳지 않은 것은?

① 개인정보의 처리목적에 필요한 범위에서 적합하게 개인정보를 처리하여야 하며, 그 목적 외의 용도로 활용해서는 안 된다.
② 개인정보의 처리방침 등 개인정보의 처리에 관한 사항을 공개하여야 한다.
③ 정보주체의 사생활 침해를 최소화하는 방법으로 개인정보를 처리하여야 한다.
④ 개인정보는 정확한 정보를 필요로 하므로, 익명처리를 하여서는 안 된다.

해설 개인정보의 익명처리가 가능한 경우에는 익명에 의하여 처리될 수 있도록 하여야 한다.

정답 129 ②　130 ②　131 ①　132 ③　133 ④

★★★
134 개인정보 처리 및 관리에 대한 설명으로 옳지 않은 것은?

① 개인정보처리자는 불가피한 경우를 제외하고는 정보주체의 동의를 받은 경우 개인정보를 수집할 수 있다.

② 보유기간이 경과하여 개인정보가 불필요하게 된 경우에는 다른 법령에 따른 보존의무가 없는 경우를 제외하고 지체 없이 개인정보를 파기하여야 한다.

③ 민감정보 및 고유식별정보는 정보주체에게 별도의 동의를 얻거나, 법령에서 구체적으로 허용된 경우에 한하여 예외적으로 처리를 하도록 엄격하게 제한하고 있다.

④ 주민등록번호는 원칙적으로 정보주체의 동의를 받은 경우에만 처리할 수 있다.

해설 주민등록번호는 법 개정에 따라 정보주체의 동의를 받았더라도 법령 근거가 없는 경우에는 원칙적으로 처리가 금지되므로 2016년 8월 6일까지 수집된 주민등록번호에 대한 삭제 조치를 취해야 한다.

★★★
135 개인정보 유출에 대한 처벌에 대해 설명한 것으로 옳지 않은 것은? 심화

① 개인정보보호법은 정보유출에 대한 손해배상을 강화하면서 징벌적 손해배상제도를 도입하였다.

② 고의·중과실로 개인정보를 유출한 기관에 대해 가중된 책임을 물어 피해액의 3배까지 배상액을 중과할 수 있도록 하였다.

③ 개인정보 유출로 인해 피해를 입었을 경우에 구체적 피해액을 입증한다면, 법원 판결을 통해 정해진 일정금액을 보상받는 법정 손해배상제도를 도입하였다.

④ 개인에 대해서도 부정한 방법으로 개인정보를 취득하여 타인에게 제공하는 자에게는 징역 5년 이하 또는 벌금 5천만원 이하의 벌금에 처하도록 규정하고 있다.

해설 개인정보 유출로 인해 피해를 입었을 경우에는 구체적 피해액을 입증하지 못하더라도 법원 판결을 통해 정해진 일정금액(300만원 이내)을 보상받는 법정 손해배상제도를 도입하였다.

···TOPIC 16 금융소비자 보호

★★★
136 금융소비자 보호가 필요한 이유와 가장 거리가 먼 것은?

① 금융소비자가 금융상품의 공급자에 비해 교섭력이 떨어지기 때문

② 금융상품은 일반상품과 달리 소비자가 선택할 수 있는 상품이 다양하지 못하고, 가격 흥정 및 교체하기도 어렵기 때문

③ 금융회사와 소비자 간에 존재하는 정보의 대칭성 때문

④ 금융상품은 계약이 복잡하고, 전문성을 요하기 때문

해설 금융소비자 보호가 필요한 이유는 금융소비자가 금융상품의 공급자에 비해 교섭력이 떨어지기 때문이다. 특히, 금융회사와 소비자 간에 존재하는 정보력의 차이에 의한 정보의 비대칭성은 교섭력의 불균형을 초래하는 가장 직접적인 원인이라 할 수 있다.

🏛 필수핵심정리 ▷ 금융소비자

금융소비자는 금융회사와 직접 또는 간접적으로 금융서비스 또는 금융상품계약 체결 등의 거래를 하는 상대방을 말함 → 은행의 예금자, 금융투자회사의 투자자, 보험회사의 보험계약자, 신용카드사의 신용카드 이용자 등 금융회사와 거래하고 있는 당사자뿐 아니라 잠재적으로 금융회사의 상품이나 서비스를 이용하고자 하는 자를 포함함

금융소비자 보호의 필요성	금융소비자 보호가 필요한 이유는 금융소비자가 금융상품의 공급자에 비해 교섭력이 떨어지기 때문	
	교섭력의 판단기준	상품 선택의 다양성, 가격 흥정 가능성, 거래교체 용이성, 정보의 비대칭성

⭐⭐⭐
137 다음 ( )에 적절한 말은?

> 금융산업에 있어서 내부적 통제로서의 ( )는 임직원이 고객재산의 선량한 관리자로서 고객이익을 위해 선관주의의무를 다하였는지, 업무처리과정에서 제반 법규 등을 잘 준수하였는지에 대하여 사전적 또는 사후적으로 통제 · 감독하기 위한 것이다.

① 준법감시제도 ② 직무윤리 ③ 신의성실의무 ④ 감사제도

해설 투자자 보호를 위해 관련법규에 의한 사후적 감독이 가능하지만, 준법감시제도는 상시적인 내부통제시스템을 통한 사전적인 예방장치가 필요함에 따라 만들어진 제도이다.

⭐⭐⭐
138 직무윤리 및 내부통제기준을 위반한 행위에 대하여 취해지는 제재조치와 거리가 먼 것은?

① 형사벌칙 ② 행정제재
③ 민사책임 ④ 금융분쟁조정위원회 회부

해설 금융분쟁조정위원회는 금융기관과 예금자 등 금융수요자 기타 이해관계인 사이에 발생하는 금융 관련 분쟁의 조정에 관한 사항을 심의 · 의결하기 위하여 금융감독원에 설치된 기구이다.
①~③ 이외에도 자율규제기관에 의한 제재, 회사 자체의 제재조치 등이 있다. 또한, 직무윤리 위반행위에 대하여 아무런 법적 제재가 가해지지 않는 경우에도 고객의 신뢰상실과 명예실추 등으로 인하여 전문직업인으로서의 업무수행에 장애를 받을 수 있다.

정답 134 ④ 135 ③ 136 ③ 137 ① 138 ④

★★★
139 직무윤리 및 내부통제기준을 위반한 행위에 대하여 취해지는 형사벌칙에 관한 설명으로 옳지 않은 것은?

① 거짓의 내용을 알리는 행위나 불확실한 사항에 대하여 단정적 판단을 제공하거나 확실하다고 오인하게 할 소지가 있는 내용을 알리는 행위를 하는 경우에는 3년 이하의 징역 또는 1억원 이하의 벌금형에 처해질 수 있다.

② 법을 위반하여 투자광고를 한 자, 사전에 자기가 투자매매업자인지 투자중개업자인지를 밝히지 아니하고 금융투자상품의 매매에 관한 청약 또는 주문을 받은 자는 1년 이하의 징역 또는 3천만원 이하의 벌금에 처해질 수 있다.

③ 형사벌칙은 징역과 벌금을 병과하여 부과할 수 없다.

④ 법인의 대표자나 법인 또는 개인의 대리인·사용인, 그 밖의 종업원이 위반행위를 한 경우에는 그 행위자를 벌하는 외에 그 법인 또는 개인에게도 벌금형이 부과된다.

해설 형사벌칙은 징역과 벌금을 병과하여 부과할 수 있다.

★★★
140 직무윤리 및 내부통제기준을 위반한 행위에 대하여 취해지는 제재조치에 관한 설명이다. ( ) 에 적절한 말을 바르게 나타낸 것은? 심화

- (㉠)는 금융투자업자에 대하여 자본시장법에 따라 6개월 이내의 업무의 전부 또는 일부의 정지 조치를 할 수 있으며, 관련 기관이나 수사기관에 통보 등의 조치를 취할 수 있다.
- 위규행위가 발견되는 경우 (㉡)의 자율규제위원회는 회원의 임원에 대하여 해임, 6개월 이내의 업무집행정지, 경고, 주의를 권고할 수 있다.
- (㉢)는 내부통제기준 위반자에 대한 처리기준을 사전에 규정화하고, 위반자에 대하여 견책, 경고, 감봉, 정직, 해고 등 엄정하고 공정하게 조치하여야 한다.

	㉠	㉡	㉢
①	금융위원회	금융투자협회	금융투자회사
②	금융투자협회	금융위원회	금융투자회사
③	금융위원회	금융투자회사	금융투자협회
④	금융투자회사	금융투자협회	금융위원회

해설 금융위원회(행정제재), 금융투자협회(자율규제기관에 의한 규제), 금융투자회사(회사 자체의 제재조치)

★★★
141 분쟁조정제도에 관한 설명으로 옳지 않은 것은?

① 금융기관과 예금자 등 금융수요자, 기타 이해관계인 사이에 발생하는 금융 관련 분쟁의 조정에 관한 사항을 심의·의결하기 위하여 금융감독원에 금융분쟁조정위원회를 두고 있다.

② 금융감독원장은 분쟁조정의 신청을 받은 때에는 관계당사자에게 그 내용을 통지하고 합의를 권고할 수 있다.

③ 금융감독원에 설치된 금융분쟁조정위원회의 조정안을 당사자가 수락하여 조정안이 성립되더라도 이는 사적 조정안이기 때문에 법률상 효력을 갖는 것은 아니다.

④ 금융감독원 이외의 기관(한국거래소 분쟁조정심의위원회, 금융투자협회 분쟁조정위원회 등)에 의한 조정은 민법상 화해계약으로서의 효력을 갖는다.

> **해설** 금융감독원에 설치된 금융분쟁조정위원회의 조정안을 당사자가 수락하면 당해 조정안은 재판상 화해와 동일한 효력을 갖는다. 금융감독원 이외의 기관(한국거래소 분쟁조정심의위원회, 금융투자협회 분쟁조정위원회 등)에 의한 조정은 민법상 화해계약으로서의 효력을 갖는다.

★★★
142 분쟁조정제도에 관한 설명으로 옳지 않은 것은?

① 분쟁조정기관은 중립적인 조정안을 제시하기 위해 통상적으로 분쟁의 양당사자와 법조계, 학계, 소비자단체, 업계 전문가로 구성된 분쟁조정위원회를 구성하고 운영한다.

② 조정은 법원의 판결과는 달리 그 자체로서는 구속력이 없고 당사자가 이를 수락하는 경우에 한하여 효력을 갖는다.

③ 금융감독원장은 조정신청사건의 진행 중에 일방당사자가 소를 제기한 경우에는 조정의 처리를 중지하고 이를 당사자 쌍방에게 통보하여야 한다.

④ 분쟁조정제도의 단점은 분쟁조정기관에 따라 결과의 차이가 있을 수 있으며, 양당사자의 합의가 도출되지 아니하면 분쟁처리가 지연될 수 있다는 것이다.

> **해설** 분쟁조정위원회 구성에 분쟁의 양당사자는 제외된다. 분쟁조정제도의 장점은 소송비용 없이 최소한의 시간 내에 합리적으로 분쟁처리가 가능하며, 전문가의 조언 및 도움을 받을 수 있고, 개인이 직접 확인 어려운 금융회사의 자료를 조정기관을 통해 간접적으로 확인이 가능하다는 점이다.

정답 139 ③ 140 ① 141 ③ 142 ①

★★★
143 금융감독원 금융분쟁조정위원회의 분쟁조정 절차를 순서대로 바르게 나타낸 것은?

⊙ 분쟁내용의 통지 및 합의권고　　　　ⓒ 조정위원회의 회부
ⓒ 조정안의 작성　　　　　　　　　　　ⓔ 조정안의 제시 및 수락권고

① ⊙ → ⓒ → ⓒ → ⓔ　　　　　　　② ⊙ → ⓒ → ⓔ → ⓒ
③ ⓒ → ⊙ → ⓒ → ⓔ　　　　　　　④ ⓒ → ⓔ → ⊙ → ⓒ

해설 금융분쟁조정위원회의 분쟁조정 절차는, ⊙ 분쟁내용의 통지 및 합의권고 → ⓒ 조정위원회의 회부 → ⓒ 조정안의 작성 → ⓔ 조정안의 제시 및 수락권고 순서로 진행된다.

★★★
144 금융분쟁조정절차에 대한 설명이다. (　)에 들어갈 날짜로 옳은 것은?

• 금융감독원장은 분쟁조정의 신청을 받은 날로부터 (⊙) 이내에 당사자 간에 합의가 이루어지지 아니한 때에는 지체 없이 이를 금융분쟁조정위원회에 회부하여야 한다.
• 금융분쟁조정위원회는 조정의 회부를 받은 때에는 (ⓒ) 이내에 이를 심의하여 조정안을 작성하여야 한다.

	⊙	ⓒ
①	7일	10일
②	10일	30일
③	14일	60일
④	30일	60일

해설 금융감독원장은 분쟁조정의 신청을 받은 날로부터 30일 이내에 금융분쟁조정위원회에 회부하여야 하고, 조정위원회는 60일 이내에 조정안을 작성하여야 한다.

🏛 **필수핵심정리** ▶ 금융감독원 금융분쟁조정위원회의 분쟁조정 절차

① 분쟁내용의 통지 및 합의권고	금융감독원장은 분쟁조정의 신청을 받은 때에는 관계당사자에게 그 내용을 통지하고 합의를 권고할 수 있음
② 조정위원회에 회부	감독원장은 분쟁조정의 신청을 받은 날부터 30일 이내에 당사자 간에 합의가 이루어지지 아니한 때에는 지체 없이 이를 조정위원회에 회부하여야 함
③ 조정안의 작성	조정위원회는 조정의 회부를 받은 때에는 60일 이내에 이를 심의하여 조정안을 작성하여야 함
④ 조정안의 제시 및 수락권고	감독원장은 조정위원회가 조정안을 작성한 때에는 신청인과 관계당사자에게 이를 제시하고 수락을 권고할 수 있음

★★★
145 금융투자상품 관련 분쟁의 특징과 가장 거리가 먼 것은?

① 증권 또는 선물거래는 은행거래, 보험거래 등 다른 금융거래와는 달리 투자대상의 높은 가격변동에 따른 고투자위험, 투자과정에서의 전문성 필요 등과 같은 내재적인 특성을 가지고 있다.

② 고객의 증권회사 직원에 대한 높은 의존성, 금융투자회사 직원의 폭넓은 개입기회, 불공정거래 가능성 등 일반적인 위임의 법률관계와는 다른 특성이 존재한다.

③ 계좌개설부터 거래종료까지의 거래과정 중에 고객과 금융투자회사 임직원 간에 예기치 못한 분쟁이 발생할 개연성이 높다.

④ 고객과 금융투자회사 임직원 간에 분쟁 발생 시, 금융분쟁조정위원회의 도움을 받을 수 있어 당사자 간에 분쟁해결이 쉽다.

> **해설** 계좌개설부터 결제 등 거래종료까지의 거래과정 중에 고객과 금융투자회사 임직원 간에 예기치 못한 분쟁이 발생할 개연성이 높은 특징을 가지며, 분쟁 발생 시 당사자 간에 분쟁해결이 쉽지 않은 경향이 있다.

★★★
146 금융투자상품의 내재적 특성과 가장 거리가 먼 것은?

① 원금손실 가능성

② 투자결과에 대한 본인책임

③ 안정성

④ 투자상품에 대한 지속적인 관리 요구(필요성)

> **해설** 은행이나 보험과 달리 증권 또는 파생상품 거래는 투자대상 자산의 투자위험(원금손실 가능성), 높은 변동성, 투자과정에서의 전문성 등이 요구되므로 안정성과는 거리가 멀다.

🏛 **필수**핵심정리 ▶ 금융투자상품

금융투자상품은 투자손실 발생이 가능한(원본손실 가능성이 있는) 모든 금융상품

자본시장법상 금융투자상품	이익을 얻거나 손실을 회피할 목적으로 현재 또는 장래의 특정시점에 금전, 그 밖의 재산적 가치가 있는 것을 지급하기로 약정함으로써 취득하는 권리로서, 그 권리를 취득하기 위하여 지급하였거나 지급하여야 할 금전 등의 총액이 그 권리로부터 회수하였거나 회수할 수 있는 금전 등의 총액을 초과하게 될 위험(투자성)이 있는 것

★★★
147 고객과 금융회사 임직원 간 금융투자상품 관련 분쟁의 유형으로 보기 어려운 것은?

① 임의매매　　　② 일임매매　　　③ 부당권유　　　④ 내부자거래

 해설 내부자거래란 상장기업의 주요주나 임직원이 자신의 지위를 통하여 취득한 미공개의 중대한 정보(내부 정보)를 이용하여 자기 회사의 주식을 매매하는 등 부당하게 이득을 취하는 것을 말한다. 따라서 내부자거래는 고객과 금융회사 임직원 간 금융투자상품 관련 분쟁과는 거리가 멀다.

🏛 **필수핵심정리** ▶ 금융투자상품 관련 분쟁의 유형

임의매매	고객이 증권회사 또는 선물회사 직원에게 금융투자상품의 관리를 맡기지 아니하였고 그 금융투자회사 직원이 매매주문을 받지 않았음에도 고객의 예탁자산으로 마음대로 매매한 경우에는 민사상 손해배상책임뿐만 아니라 직원의 처벌이 가해질 수 있음
일임매매	증권회사, (투자일임업 등록한)선물회사 또는 투자일임업자가 고객과 투자일임계약을 체결한 상태에서 당초의 일임계약 취지를 위반하여 수수료 수입 목적 등의 사유로 인하여 과도한 매매를 일삼는 경우 등 고객충실의무 위반이 인정될 수 있는 경우에는 민사상 손해배상책임이 발생할 수 있음
부당권유	증권회사 또는 선물회사 등의 금융투자회사 또는 은행, 보험 등의 겸영 금융투자회사 직원이 고객에게 투자권유를 하면서 금융투자상품에 대한 설명의무를 충실히 이행하지 않아 위험성에 대한 투자자의 인식형성을 방해하거나, 과대한 위험성이 있는 투자를 부당하게 권유한 경우에는 사안에 따라 민사상 손해배상책임이 발생할 수 있음
집합투자증권 등 불완전판매	불완전판매도 부당권유의 한 유형으로 분류되는 것이 보통이므로 적합성의 원칙, 적정성의 원칙, 설명의무, 손실보전약정 금지 등을 종합적으로 고려하여 민법상의 불법행위 여부를 판단해야 함
주문 관련	고객이 낸 주문을 증권회사, 선물회사 등 투자중개업자인 금융투자회사가 다르게 처리하거나, 주문권한이 없는 자로부터의 매매주문을 제출받아 처리한 경우 민사상 손해배상책임이 발생할 수 있음
기타 분쟁	전산장애로 매매가 불가능하여 발생된 손해, 금융투자회사의 부적절한 반대매매처리로 인한 분쟁, 기타 무자격상담사로 인한 분쟁 사례 등이 있음

★★★
148 분쟁예방 요령에 대한 설명으로 가장 적절하지 않은 것은?

① 부당권유행위의 경우에는 금전제공, 수수료 할인 또는 비정상적 조건 등 고객에 대한 직간접적 손실보전행위를 금지한다.
② 과다 일임매매와 관련하여 고객으로부터 포괄적 일임매매를 받는 것이 최선이며, 빈번하거나 과도한 거래권유를 삼간다.
③ 임의매매의 경우 위반 시 엄격한 제재 등을 감안할 때 고객의 위임 없는 거래는 금지하여야 한다.
④ 금융투자상품 주문거래에서는 녹취와 서류 등의 증빙을 갖추어 분쟁예방 또는 분쟁발생 시를 대비하여야 한다.

해설 과다 일임매매와 관련하여 고객으로부터 포괄적 일임매매를 받지 않는 것이 최선이며, 일임의 경우에는 관련 규정을 준수하여 분쟁소지를 제거하는 것이 바람직하다. 또한 고객을 상대로 빈번하거나 과도한 거래권유를 삼가야 한다. 또한 금융실명제를 비롯한 각종 규정을 준수하여 고객과의 분쟁에서 불리한 상황을 미연에 방지하여야 한다. 분쟁은 일단 발생하면 당사자 간 해결이 쉽지 않기 때문에 무엇보다도 사전에 분쟁이 발생하지 않도록 철저히 예방하는 것이 최선이다.

···TOPIC 20 파생상품 관련 주요 분쟁 사례

★★★
149 다음의 분쟁 사례를 통해 강조되는 판매회사 임직원의 의무로 가장 적절한 것은? 심화

> M은행이 5개월 전에 판매하였던 파생상품펀드의 수익증권을 매입한 고객 갑이 투자매매업자·투자중개업자인 은행지점을 찾아와서 자신은 은행예금인줄 알고 거래했으며 원본손실이 날 줄 알았더라면 애당초 거래를 하지 않았을 것이라고 주장하면서 원리금상당액의 보전을 요구하였다.

① 전문지식배양의무
② 투자설명서 교부 및 주요내용 설명의무
③ 공정성의무
④ 소속회사의 직원에 대한 지도·지원의무

해설 투자설명서 교부 및 주요내용 설명의무는 투자자보호의 기능뿐 아니라 분쟁발생 시 판매회사와 그 임직원을 보호하는 수단으로도 작용할 수 있으므로 투자설명서 교부의무를 철저히 준수하여야 한다.

★★★
150 파생상품펀드를 판매한 회사의 직원이 고객에게 써준 수익률 보장각서의 효력에 관한 설명으로 가장 거리가 먼 것은?

① 일반거래약관이든 개별약정이든 강행법규에 위반하는 내용은 무효이다.
② 자본시장법은 투자원금의 보장 등 수익을 보장하는 권유행위를 금지하고 있다.
③ 비록 판매회사 직원이 임의로 수익률 보장각서를 제공하였다고 하더라도 이는 강행규정 위반행위로서 무효이다.
④ 직원이 제공한 수익률 보장각서의 내용은 무효이나 해당 직원은 불법행위에 대한 책임을 지며 소속 회사는 책임을 부담하지 않는다.

해설 직원이 제공한 수익률 보장각서의 내용은 무효이며 직원은 불법행위책임을, 회사는 사용자로서 손해배상책임을 지게 된다.

정답 147 ④   148 ②   149 ②   150 ④

★★★
151 신탁상품의 운용 및 판매와 관련된 설명으로 가장 옳지 않은 것은? 심화

① 위탁회사가 수집된 정보를 바탕으로 신중하게 신탁재산의 운용에 관한 지시를 하였더라도 그 예측이 빗나가 신탁재산에 손실이 발생하였을 경우에는 선량한 관리자로서의 주의의무를 다한 것이라고 볼 수 없다.

② 임직원이 고객에게 수익증권의 매입을 권유하는 때에는 투자에 따르는 위험 등의 주요 내용을 명확히 설명하지 않음으로써 고객에게 손해가 발생한 때에는 불법행위로 인한 손해배상책임이 성립한다.

③ 투자경험이 전무한 투자자에게 투자를 권유하는 경우에는 각종 위험에 관하여 명확히 설명함으로써 고객으로 하여금 합리적인 투자판단을 할 수 있도록 고객을 보호하여야 할 주의의무가 있다.

④ 신탁상품에 가입하려는 자는 회사에 당해 상품에 부실채권 등이 포함되어 있는지 등에 관하여 확인하여 볼 필요가 있다고 할 것이므로, 이러한 사실을 확인하지 않은 투자자의 과실도 일정 부분 있다고 할 수 있다.

> **해설** 위탁회사가 가능한 범위 내에서 수집된 정보를 바탕으로 신탁재산의 최상의 이익에 합치된다는 믿음을 가지고 신중하게 신탁재산의 운용에 관한 지시를 하였다면, 설사 그 예측이 빗나가 신탁재산에 손실이 발생하였다고 하더라도 그것만으로는 선량한 관리자로서의 주의의무를 다하지 못한 것이라고 볼 수 없다.

★★★
152 펀드판매와 관련한 판매회사 임직원의 설명의무 준수 여부 및 불법행위 성립 여부를 판단하는 기준으로서 대법원 판례의 입장과 가장 거리가 먼 것은?

① 투자대상 상품의 특성 　　② 투자대상 상품의 위험도 수준
③ 고객의 투자경험 및 능력 　　④ 판매회사 임직원의 전문지식 수준

> **해설** 고객에게 어느 정도의 설명을 하여야 하는지는 투자대상인 상품의 특성 및 위험도의 수준, 고객의 투자경험 및 능력 등을 종합적으로 고려하여 판단해야 한다.

···TOPIC **21** 자금세탁방지제도와 다른 제도의 관계

★★★
153 자금세탁방지제도와 여타 제도를 비교한 설명으로 옳지 않은 것은?

① 자본시장법상 양대 의무인 자산건전성 및 투자자보호와 자금세탁방지제도는 회사의 내부통제활동을 통해 투자자를 보호한다는 점에서 본질적으로 같다.

② 적합성의 원칙에 따른 영업정책과 자금세탁방지제도는 자산운용을 건전하게 하고 투자자를 보호한다는 측면에서 공통의 목적을 가진다.

③ 자금세탁방지제도는 회사 내부에서의 통제인 반면, 적합성의 원칙에 입각한 영업활동은 금융회사 외부, 즉 거래 고객과의 관계를 규정하는 것이다.

④ 차명금융거래는 권리의 귀속관계를 외부로 숨길 수 있기 때문에 비자금 형성이나 자금세탁, 불법 조세포탈 등 여러 가지 불법행위의 수단으로 이용되고 있다.

> **해설** 적합성의 원칙에 입각한 영업활동은 금융투자회사의 영업활동이 관련 법규의 내용과 취지 내에서 이루어지는 회사 내부에서의 통제인 반면, 자금세탁방지제도는 불법자금이 범죄 목적으로 금융회사를 이용하지 못하게 하는 것으로 금융회사 외부, 즉 거래 고객과의 관계를 규정하는 것이다. 자금세탁방지업무는 영업과 관련한 금융회사 내 모든 부서와 관련되며 그 업무의 책임과 역할도 자금세탁방지부서(준법감시부서)에만 있는 것이 아니며 본사관리, 본사영업, 영업점 등 여러 부서에 있다. 차명금융거래는 자신의 금융자산을 타인의 명의로 거래하는 것이다. 차명금융거래는 권리의 귀속관계를 외부로 드러난 것과 다르게 숨길 수 있기 때문에 비자금 형성이나 자금세탁, 불법 조세포탈 등 여러 가지 불법행위의 수단으로 이용되고 있다.

···TOPIC **22** 자금세탁의 개념, 절차, 유형

★★★
154 자금세탁(Money Laundering)의 절차를 바르게 나타낸 것은?

① 예치(placement)단계 → 은폐(layering)단계 → 합법화(integration)단계

② 은폐(layering)단계 → 예치(placement)단계 → 합법화(integration)단계

③ 은폐(layering)단계 → 합법화(integration)단계 → 예치(placement)단계

④ 합법화(integration)단계 → 은폐(layering)단계 → 예치(placement)단계

> **해설** 자금세탁은 단일한 행위가 아니라 일련의 단계로 이루어지는 과정이며, 3단계 모델이론에 따르면, 자금세탁은 예치(placement)단계, 은폐(layering)단계, 합법화(integration)단계를 거쳐 이루어진다.

정답 151 ①   152 ④   153 ③   154 ①

자금세탁은 범죄행위로부터 얻은 불법재산을 합법재산인 것처럼 위장하는 과정 또는 불법적으로 획득한 수익을 합법적인 원천에서 생긴 것으로 보이게 하기 위하여 그 동일성 또는 원천을 은폐하거나 가장하는 절차임

예치단계	자금세탁행위자가 범죄행위로부터 얻은 불법재산을 취급하기 용이하고 덜 의심스러운 형태로 변형하여 수사기관 등에 적발되지 않도록 금융회사에 유입시키거나 국외로 이송하는 단계
은폐단계	자금세탁행위자가 불법자금의 출처와 소유자를 감추기 위하여 여러 가지 복잡한 금융거래를 거쳐 거래빈도, 거래량 등에서 정상적인 금융거래와 유사하게 만들어 자금추적을 불가능하게 만드는 단계
합법화단계	자금세탁의 마지막 단계인 합법화 단계는 충분한 반복단계를 거쳐 자금출처 추적이 불가능하게 된 불법자금을 정상적인 경제활동에 재투입하는 단계

★★★
155 자금세탁과정에서 성공하기 가장 어려운 단계라고 할 수 있는 것은?

① 예치(placement)단계　　　　　　　② 은폐(layering)단계
③ 고객확인(CDO)단계　　　　　　　④ 합법화(integration)단계

> **해설** 예치단계는 자금세탁을 위해 금융회사 등을 통해 입출금함으로써 자금세탁행위자의 입장에서는 발각되기 쉬워 자금세탁과정에서 성공하기 가장 어려운 단계라고 할 수 있다.

★★★
156 자금의 출처 또는 소유자에 대한 허위서류 작성, 입출금 반복, 유가증권 매입·매각의 반복, 전자자금이체 등의 방법을 이용하는 자금세탁 단계는?

① 예치(placement)단계　　　　　　　② 은폐(layering)단계
③ 고객확인(CDO)단계　　　　　　　④ 합법화(integration)단계

> **해설** 은폐(layering)단계에서 이용하는 방법이다.

★★★
157 자금세탁의 은폐단계에서 자주 이용되는 역외금융피난처(offshore banking heaven)와 가장 관계가 적은 곳은?

① 버뮤다　　　　　　　　　　　　② 베네수엘라
③ 케이만군도　　　　　　　　　　④ 바하마제도

> **해설** 자금세탁은 금융비밀이 엄격히 보장되는 역외금융피난처를 이용하기도 하는데, 베네수엘라는 남미에 있는 국가이지만 역외금융피난처와는 관계가 거의 없다.

★★★
158 자금세탁 방지를 위한 우리나라의 금융제도와 거리가 먼 것은?

① 의심스러운 거래 보고제도(STR : Suspicious Transaction Report)
② 고객확인제도(CDO : Customer Due Diligence)
③ 고액현금거래보고제도(CTR : Currency Transaction Report)
④ 고객알기제도(KYCR : Know Your Customer Rule)

> **해설** 고객알기제도(KYCR, Know Your Customer Rule)는 금융투자업자가 일반투자자에게 투자권유를 하기 전에 면담 · 질문 등을 통하여 일반투자자의 투자목적, 재무상황 및 투자경험 등의 정보를 파악하여야 하는 것을 말한다.

★★☆
159 다음 중 자금세탁의 유형으로 보기 어려운 것은? 심화

① 자기앞수표를 반복적으로 유통하여 영업소에서 현금과 자기앞수표를 교환하는 방법
② 범죄수익인 소액의 현금이 모아진 후, 한 번에 인출해가는 방법
③ 불법자금을 국외로 송금하여 해외은행에 예치한 후, 동 예치금을 담보로 대출을 받아 합법적인 대출금으로 위장하는 방법
④ 사이버 공간에서 전자화폐(예 : 비트코인)를 구입한 후 현금화하는 방법

> **해설** 범죄수익인 현금을 금융기관의 감사대상에서 제외되는 일정금액 이하의 소액으로 분할하여 다수의 은행계좌에 입금하는 방법을 사용한다. 이 밖에도, 차명, 도명의 방법, 가명계좌를 실명으로 전환하는 과정에서 전주들이 사채업자를 통하여 실명전환을 부탁하고, 부탁받은 자는 실명으로 전환하여 돈을 기업 돈으로 빌려주는 방법, 은행 대출위장의 방법으로 전주가 자신의 금융거래 노출을 피하는 방법, 어음보관계좌조작수법, 수표 바꿔치기 수법, 돈세탁의 증거를 인멸하는 방법으로 증거가 되는 전표와 마이크로필름을 없애서 서류의 추적을 피하는 방법, 현금입출금을 위장하는 방법, 전표를 조작하는 방법 등이 있으며, 최근에는 이런 다양한 자금세탁방법들이 사이버 공간에서 전자화폐(예 비트코인)를 통하여 널리 이루어지고 있음

★★★
160 다음 중 자금세탁이 의심스러운 상황으로 보기 어려운 것은? 심화

① 금 · 토 · 일요일 집중거래
② 심야, 새벽시간에도 다수거래
③ 국내 다수인 입금 후 해외송금
④ 계좌이체 후 입금 익일 현금출금

> **해설** 계좌이체 후 입금 당일 현금 출금하는 거래형태로 주로 도매상이나 주요소 등에서 세금계산서 자료상 허위 매출전표를 이용하여 비자금을 조성하기 위해서 사용하는 방법이다.

★★★
161 다음 중 자금세탁방지제도에 관한 설명으로 옳지 않은 것은?

① 자금세탁방지 규제체제는 국내 · 국제적으로 이루어지는 불법자금의 세탁을 적발 · 예방하기 위한 법적 · 제도적 장치로서 사법제도, 금융제도, 국제협력을 연계하는 시스템을 말한다.

② 자금세탁은 단일한 행위가 아니라 일련의 단계로 이루어지는 과정이며, 미국 관세청에 의해 개발된 3단계 모델이론에 따르면 예치, 은폐, 합법화의 단계를 거치고 있다.

③ 금융회사 등의 종사자는 범죄수익 수수 사실을 알게 된 때 또는 금융거래의 상대방이 범죄수익 등의 은닉 · 가장의 죄에 해당하는 행위를 하고 있다는 사실을 알게 된 경우 관할 수사기관에 신고하여야 한다.

④ 금융실명법에서는 금융거래정보의 원활한 보고와 자금세탁행위 및 공중협박자금조달행위 방지를 위한 보고책임자 임명, 내부보고체계 수립, 업무지침 작성 · 운용, 임직원 교육 및 연수 등의 의무를 규정하고 있다.

> **해설** 해당 규정은 금융실명법이 아니라 우리나라 자금세탁방지제도의 모법인 특정금융거래보고법에 규정되어 있다.

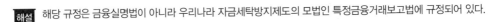

···TOPIC ㉓ 자금세탁방지 주요 제도 및 관련 법령

★★★
162 자금세탁방지를 위한 주요 제도에 관한 설명으로 옳지 않은 것은?

① 고객확인제도(CDO)란 금융기관이 거래하는 고객의 신원, 실소유자 여부, 거래목적 등을 파악하는 등 고객에 대한 합당한 주의를 기울이는 제도이다.

② 강화된 고객확인(EDD : Enhanced Due Diligence)이란 자금세탁의 우려가 있는 경우 금융회사는 금융거래의 목적과 거래자금의 원천을 확인하여야 한다는 것이다.

③ 의심스러운 거래 보고제도(STR)란 거액(10억원 이상)의 현금거래에 대해서는 금융정보분석원에 즉시 보고토록 하는 제도이다.

④ 고액현금거래보고제도(CTR)는 일정금액(2천만원 이상의 현금, 외국통화는 제외) 이상의 현금거래를 금융정보분석원에 보고하도록 하는 제도이다.

> **해설** 의심스러운 거래 보고제도(STR)란 금융기관 종사자의 주관적 판단에 의해 어떤 금융거래가 불법자금 또는 자금세탁을 하고 있다는 의심이 갈 경우, 금융정보분석원(FIU : Financial Intellifence Unit)에 보고토록 하는 제도이다. 고액현금거래보고제도(CTR)는 일정금액 이상의 현금거래를 보고하도록 하는 것인 반면에, 혐의거래제도(STR)는 금융기관이 자금세탁의 의심이 있다고 주관적으로 판단하는 금융거래에 대하여만 보고토록 한다는 점에서 차이가 있다.

🏛 필수핵심정리 자금세탁방지 주요 제도

고객 확인제도 (CDO)	금융기관이 거래하는 고객의 신원, 실소유자 여부, 거래목적 등을 파악하는 등 고객에 대한 합당한 주의를 기울이는 제도	
	기본 고객확인	계좌의 신규개설이나 2천만원(미화 1만달러) 이상의 일회성 금융거래 시 고객의 신원에 관한 사항, 고객을 최종적으로 지배하거나 통제하는 자연인(실제 소유자)에 관한 사항을 확인하는 것
	강화된 고객확인 (EDD)	고객이 실제 소유자인지 여부가 의심되는 등 고객이 자금세탁행위나 공중협박자금조달행위를 할 우려가 있는 경우에는, 기본적인 고객확인 사항에 추가하여, 금융거래의 목적과 거래자금의 원천 등 금융정보분석원장이 정하여 고시하는 사항을 확인하는 것
의심스러운 거래 보고제도	금융기관 종사자의 주관적 판단에 의해 어떤 금융거래가 불법자금이라는 의심이 가거나 거래상대방이 자금세탁을 하고 있다는 의심이 갈 경우, 금융정보분석원(FIU)에 보고토록 하는 것	
고액 현금거래 보고제도	일정 금액(2천만원 이상의 현금, 외국통화는 제외) 이상의 현금거래를 금융정보분석원에 보고하도록 하는 제도	

★★★
163 자금세탁방지를 위한 고객확인제도(CDO)에서 2천만원(미화 1만달러) 이상의 일회성 금융거래에 해당되지 않는 것은? 심화

① 무통장 입금(송금)
② 외화송금 · 환전
③ 계좌이체
④ 선불카드 매매

 고객확인제도(CDO)에서 2천만원(미화 1만달러) 이상의 일회성 금융거래란 금융기관 등에 개설된 계좌에 의하지 아니한 금융거래를 말하며, 무통장입금(송금), 외화송금 · 환전, 자기앞수표 발행, 어음 · 수표의 지급, 선불카드 매매 등이 이에 해당한다. 따라서 이미 개설된 계좌에서 이루어지는 계좌이체는 이에 해당되지 않는다.

★★★
164 고객확인제도(CDO)에 대한 설명으로 옳지 않은 것은? 심화

① 금융기관의 고객확인의무는 자금세탁방지 측면에서는 금융기관이 평소 고객에 대한 정보를 파악 · 축적함으로써 고객의 의심거래 여부를 파악하는 토대가 된다.
② 금융기관은 실제 당사자 여부가 의심되는 등 고객이 자금세탁행위를 할 우려가 있는 경우에는 고객별 신원확인 외에 거래자금의 원천 및 금융거래 목적까지 확인하여야 한다.
③ 고객확인 정책에 대하여 자신의 고객이 누구인지를 알고 그중 범죄자에게는 자신의 금융서비스를 제공하지 말아야 하는 정책을 'Know Your Customer Policy'라고 한다.
④ 계좌의 신규개설이나 모든 1회성 금융거래 시 금융실명법에 의해 실제 당사자 여부 등 고객의 신원을 확인해야 한다.

해설 1회성 금융거래 중 일정액 이상의 거래만이 특정금융거래보고법의 대상이 된다.

정답 161 ④　　162 ③　　163 ③　　164 ④

165 의심거래보고제도(STR, 혐의거래보고제도)에서 보고대상으로 적절하지 않은 것은?

① 금융거래와 관련하여 수수한 재산이 불법재산이라고 의심되는 합당한 근거가 있는 경우
② 금융거래의 상대방이 불법적인 금융거래(차명거래 등)를 하는 등 자금세탁행위나 공중협박자금조달행위를 하고 있다고 의심되는 합당한 근거가 있는 경우
③ 관계 법률에 따라 금융회사 등의 종사자가 관할 수사기관에 신고한 경우
④ '특정금융거래정보의 보고 및 이용에 관한 법률(특정금융거래보고법)'에서 정한 기준금액 이상의 현금거래가 이루어진 경우

> **해설** 의심스러운 거래 보고제도(STR)에서 기준금액은 폐지되었다.

166 의심거래보고제도(STR)에서 다음 중 '의심되는 합당한 근거가 있는 경우'로 보기 어려운 것은? `심화`

① 직업 등이 명확히 확인되지 않은 고객이 다수의 타인명의 계좌를 가지고 거액의 금융거래를 하는 경우
② 평소에 평이한 거래를 하고 있는 급여생활자, 개인사업자, 중소기업 등의 계좌에서 거액의 금융거래가 발생하는 경우
③ 미성년자 명의의 계좌에서 거액의 금융거래가 발생하는 경우
④ 평소와 다른 거액의 금융거래 또는 분할거래를 하고 있다고 의심되는 경우

> **해설** 평소에 평이한 거래를 하고 있는 급여생활자, 개인사업자, 중소기업 등의 계좌에서 거액의 금융거래가 발생하고, 자금의 실제 당사자 여부가 의심되는 경우가 의심되는 합당한 근거가 있는 경우라고 볼 수 있다. 수법이 다양하고 수시로 변하고 있어 의심되는 합당한 근거의 객관적인 기준을 마련하기는 어렵다. 따라서 고객확인의무를 통해 확인·검증된 고객의 직업, 소득, 평소 거래상황, 사업내용 등을 감안하여 업무지식이나 전문성, 경험 등을 바탕으로 종합적으로 판단하여야 한다.

167 의심거래보고제도(STR)에 대한 설명으로 옳지 않은 것은?

① 의심거래보고의 기준금액은 폐지되었으며, 모든 차명거래의 경우에도 의심거래보고의무를 부과하고 있다.
② 직업 및 사업내용 등이 명확히 파악되지 않은 고객이 다수의 타인명의의 계좌를 소지하고 거액의 금융거래를 하는 경우, 미성년자 명의로 개설된 계좌에서 거액의 금융거래가 발생하는 경우 등은 자금세탁행위나 공중협박자금조달행위를 하고 있다고 '의심되는 합당한 근거'가 있는 경우라고 볼 수 있다.

③ 의심스러운 거래 보고를 한 금융회사 및 금융회사 종사자는 고의 또는 중대한 과실로 인하여 허위의 보고를 한 경우를 제외하고는 당해 보고와 관련된 금융거래의 상대방 및 그의 관계자에 대하여 손해배상책임을 지지 아니한다.

④ 금융회사 종사자는 의심스러운 거래 보고를 하고자 하거나 보고를 한 경우에는 그 사실을 당해 보고와 관련된 금융거래의 상대방을 포함하여 다른 사람에게 누설하여서는 아니 된다.

해설 불법적인 차명거래를 보고하는 것이고, 합법적인 차명거래까지 보고할 필요는 없다.

★★★
168 고액현금거래보고제도(CTR)에 관한 설명으로 옳지 않은 것은?

① 1일 거래일 동안 2천만원 이상의 현금을 입금하거나 출금한 경우 거래자의 신원과 거래일시, 거래금액 등을 자동으로 보고하여야 한다.

② 금액을 산정함에 있어서는 금융회사가 실지명의가 동일한 1거래일 동안의 금융거래에 따라 지급한 금액, 영수한 금액을 각각 합산하는 실질주의 방식을 취하고 있다.

③ 금융기관이 자금세탁의 의심이 있다고 판단하는 금융거래를 보고하는 제도이다.

④ 금융거래 발생 후 30일 이내에 기준금액 이상 현금거래 내용을 금융정보분석원에 보고해야 한다.

해설 금융기관이 자금세탁의 의심이 있다고 주관적으로 판단하는 금융거래에 대하여만 보고토록 하는 제도는 혐의거래보고제도(STR)이다.

★★★
169 금융기관이 고액현금거래 및 의심스러운 거래를 보고하는 곳은?

① 금융정보분석원
② 금융위원회
③ 금융감독원
④ 검찰청 · 경찰청

해설 금융기관 등 보고기관이 의심스러운 거래(STR, 혐의거래)의 내용에 대해 금융정보분석원(FIU : Financial Intellifence Unit)에 보고하면, 금융정보분석원은 관련 자료를 종합 · 분석한 후 불법 또는 자금세탁행위와 관련된 거래라고 판단되는 때에는 해당 금융거래자료를 검찰청, 경찰청, 국세청, 관세청, 금융위원회, 선거관리위원회 등 법집행 기관에 제공한다.

★★★
170 고액현금거래보고제도에 대한 설명으로 옳지 않은 것은?

① 객관적 기준에 의해 일정금액 이상의 현금거래를 반드시 보고토록 함으로써 불법자금 유출입 또는 자금세탁의심이 있는 비정상적 금융거래를 효율적으로 규제하려는 데 주목적이 있다.

② 금융기관이 자금세탁의 의심이 있다고 주관적으로 판단하는 금융거래에 대하여만 보고 토록 하는 의심거래보고제도(STR)와는 구별된다.

③ 금액을 산정함에 있어서는 금융회사가 실지명의가 동일한 1거래일 동안의 금융거래에 따라 지급한 금액, 영수한 금액을 각각 합산하는 실질주의 방식을 취하고 있다.

④ 기준금액 산정 시 100만원 이하의 원화송금 금액, 100만원 이하에 상당하는 외국통화의 매입·매각 금액, 공과금 등을 수납한 금액, 법원공탁금, 정부·법원보관금, 송달료를 지출한 금액, 은행지로장표에 의하여 수납한 금액, 100만원 이하의 선불카드 거래금액 등 소액거래의 경우에도 보고기준액 산정에 포함한다.

해설 일정 요건에 해당하는 소액거래의 경우 보고기준액 산정에서 제외한다.

★★★
171 다음 중 자금세탁방지와 관련된 법령과 관계가 가장 적은 것은?

① 특정금융거래정보의 보고 및 이용 등에 관한 법률(특정금융거래보고법)
② 범죄수익 은닉의 규제 및 처벌 등에 관한 법률(범죄수익규제법)
③ 공중 등 협박 목적을 위한 자금조달행위의 금지에 관한 법률(공중협박자금조달금지법)
④ 특정범죄 가중처벌 등에 관한 법률(특가법)

해설 특정범죄 가중처벌 등에 관한 법률(특가법)은 형법·관세법·조세범처벌법·산림법 및 마약류 관리에 관한 법률에 규정된 특정범죄에 대한 가중처벌 등을 규정함으로써 건전한 사회질서의 유지와 국민경제의 발전에 기여함을 목적으로 하는 법률로서 이중에서는 자금세탁과 가장 관계가 적다고 볼 수 있다.

★★★
172 금융을 이용한 자금세탁에 효과적으로 대처하기 위해 1989년 G7 정상회의 합의로 설립된 국제자금세탁방지지구는?

① FATF
② OECD
③ WTO
④ ICPO(Interpol)

> **해설** 국제자금세탁방지기구를 FATF(Financial Action Task Force)라고 한다. 우리나라도 FATF에 정회원으로 가입되어 있다.

🏛 필수핵심정리 　국제자금세탁방지기구(FATF)

FATF는 자금세탁방지(AML) 및 테러자금조달금지(CFT)에 관한 국제 Network 구성, 국제기준 제정 및 이행평가·감독, 자금세탁 및 테러자금조달 수법에 대한 연구와 대응수단 개발 등의 활동을 함

■ FATF의 40 권고사항
• 자금세탁·테러자금조달방지 분야에서 가장 광범위한 영향력을 행사하고 있는 국제규범 중 하나
• 자금세탁 및 테러자금조달에 대처하기 위하여 각국이 취해야 할 사법제도, 금융시스템 및 규제, 국제협력 등 포괄적인 분야에 대한 권고사항을 제시하고 있음
• 구속력이 있는 다자협약은 아니나 회원국에 대한 상호평가, 자금세탁방지 비협조국가 지정 등을 통하여 사실상의 구속력을 발휘하고 있음

★★★
173 자금세탁방지국제규범(FATF 40)에 대한 설명으로 옳지 않은 것은? 심화

① 범죄처벌 관련 체제구축, 금융회사의 특정 전문직·비금융사업자의 자금세탁방지의무 이행, 법인 및 신탁 등의 금융투명성 강화조치, 관계당국의 권한 및 감독체계, 국제적 협력관계구축 등 5개 분야에서 효과적인 금융투명성 제도 구축에 대한 내용을 담고 있다.
② FATF의 권고사항은 자금세탁·테러자금조달방지 분야에서 전 세계적으로 가장 광범위한 영향력을 행사하고 있는 국제 규범 중 하나이다.
③ FATF의 권고사항은 자금세탁 및 테러자금조달에 대처하기 위하여 각국이 취해야 할 사법제도, 금융시스템 및 규제, 국제협력 등 포괄적인 분야에 대한 권고사항을 제시하고 있다.
④ FATF의 권고사항은 구속력이 있는 다자협약으로 회원국에 대한 상호평가, 자금세탁방지 비협조국가 지정 등을 통하여 영향력을 발휘하고 있다.

> **해설** 구속력이 있는 다자협약은 아니지만 회원국에 대한 상호평가, 자금세탁방지 비협조국가 지정 등을 통하여 사실상의 구속력을 발휘하고 있다.

정답 170 ④　171 ④　172 ①　173 ④

★★★
174 자금세탁 방지를 위한 내부통제에 대한 설명으로 옳지 않은 것은?

① 이사회는 경영진이 자금세탁방지 등을 위해 설계·운영하는 내부통제 정책에 대한 감독 책임을 진다.

② 경영진은 자금세탁방지 등을 위한 내부통제 정책의 설계·운영·평가, 내부통제 규정 승인, 내부통제 정책 이행과정에서 발견된 취약점을 개선할 책임이 있다.

③ 보고책임자는 의심되는 거래 또는 고액현금거래의 보고, 고객확인의 이행과 관련된 업무의 총괄, 관련 규정 및 세부 업무지침의 작성 및 운용을 담당한다.

④ 직원알기제도(Know Your Employee)란 회사가 자금세탁 등에 자신의 임직원이 이용되지 않도록 하기 위해 임직원을 채용(재직 중 제외)하는 때에 그 신원사항 등을 확인하는 것을 말한다.

> **해설** 재직 중을 포함한다. 즉, 채용하는 때뿐만 아니라 임직원의 신원과 관련된 정보를 지속적으로 파악·관리하여야 한다. 또한 자금세탁 방지를 위해선 독립적 감사체제를 확립해야 한다. 독립적 감사체제란 금융기관 등이 자금세탁방지 등의 업무를 수행하는 부서와는 독립된 부서에서 그 업무수행의 적절성, 효과성을 검토·평가하고 이에 따른 문제점 등을 개선하기 위해 취하는 절차 및 방법 등을 말한다.

★★★
175 자금세탁 방지를 위한 고객확인에 대한 설명으로 옳지 않은 것은?

① 금융회사는 고객과 거래가 유지되는 동안 자금세탁 등의 위험도에 따라 고객확인의 재이행 주기를 설정하고, 지속적으로 고객확인을 하여야 한다.

② 고객과 금융거래를 하는 때에는 그 신원을 확인하여야 하며 신뢰할 수 있는 문서·자료·정보 등을 통하여 그 정확성을 검증하여야 한다.

③ 개인, 법인 또는 그 밖의 단체를 대신하여 금융거래를 하는 자에 대해서는 고객 본인보다는 완화된 방법으로 고객확인을 하여야 한다.

④ 고객을 궁극적으로 지배하거나 통제하는 자연인 또는 대행거래의 실질혜택을 보는 당사자(실소유자)가 누구인지를 신뢰할 수 있는 관련 정보 및 자료 등을 이용하여 자금세탁 등의 위험도에 따라 그 신원을 확인하여야 한다.

> **해설** 개인, 법인 또는 그 밖의 단체를 대신하여 금융거래를 하는 자(대리인)에 대해서도 고객 본인에 준해서 고객확인을 하여야 한다. 고객확인이란 금융기관 등이 고객과 금융거래를 하는 때에 자신이 제공하는 금융상품 또는 서비스가 자금세탁 등에 이용되지 않도록 법에 따라 고객의 신원확인 및 검증, 거래목적 및 실소유자 확인 등 고객에 대하여 합당한 주의를 기울이는 것을 말한다. 그리고 고위험 고객일수록 지속적인 고객확인 재이행을 자주(재이행주기를 짧게) 해야 한다.

★★★
176 금융기관 등은 ㉠ 100만원(㉡ 미화 1천 달러)을 초과하는 모든 ㉢ 국외 전신송금에 대하여 고객(㉣ 송금자)과 관련된 정보를 확인하고 보관하여야 한다. 밑줄 친 내용 중 틀린 것은? 심화

① ㉠   ② ㉡   ③ ㉢   ④ ㉣

> **해설** 국내·외의 전신송금에 적용된다. 전신송금이란 고객이 계좌보유 여부를 불문하고 금융기관 등을 이용하여 국내·외의 다른 금융기관 등으로 자금을 이체하는 서비스를 말한다.

★★★
177 금융회사는 고객확인기록, 금융거래기록, 의심되는 거래 및 고액현금거래 보고서를 포함한 내·외부 보고서 및 관련 자료 등을 고객과의 거래관계 종료 후 몇 년 이상 보존하여야 하는가?

① 1년   ② 3년   ③ 5년   ④ 10년

> **해설** 5년 이상 보존하여야 한다.

★★★
178 차명거래금지제도에 대한 설명으로 옳지 않은 것은?

① 불법행위를 목적으로 하는 차명 금융거래를 금지한다.
② 실명이 확인된 계좌에 보유하고 있는 금융자산은 '자금출연자의 소유'로 추정한다.
③ 금융회사 종사자의 차명거래 알선·중개를 금지하고, 위반 시 형사처벌(5년 이하 징역 또는 5천만원 이하 벌금)한다.
④ 금융회사 종사자는 거래자에게 불법 차명거래가 금지된다는 사실을 설명하여야 한다.

> **해설** 실명이 확인된 계좌에 보유하고 있는 금융자산은 '명의자(차명계좌주)의 소유'로 추정한다. 2014년 11월부터 범죄수익 은닉, 자금세탁, 조세포탈 등 불법행위나 범죄의 수단으로 악용될 수 있는 차명거래를 방지하기 위해, '차명거래금지제도'가 적용되고 있다.

★★★
179 반부패협약(OECD 해외뇌물방지협약) 및 미국의 해외부패방지법(FCPA : Foreugn Corrupt Practices Act)에 대한 설명으로 옳은 것은? 심화

① OECD 해외뇌물방지협약은 뇌물수뢰행위가 아닌 뇌물공여행위를 형사처벌하는 것을 목적으로 한다.
② 규제대상 뇌물공여 행위는 외국 공무원 및 민간간의 뇌물공여행위를 포함한다.
③ FCPA에서 뇌물이란 현금, 증여·선물(gift) 등 기타 각종 형태의 가치 있는 것을 말하며, 현금지불에 대한 약속은 뇌물로 보지 않는다.
④ FCPA는 제3자 또는 중개인을 통해 이루어진 뇌물제공행위에 대해서는 규제하고 있지 않다.

> **해설** 규제대상 뇌물공여 행위는 외국 공무원에 한정되며, 민간 간의 뇌물공여행위는 제외된다. FCPA에서 뇌물이란 현금, 현금지불에 대한 약속, 증여·선물(gift) 등 기타 각종 형태의 가치 있는 것을 말한다. FCPA는 제3자 또는 중개인을 통해 이루어진 뇌물제공행위에 대해서도 규제하고 있다.

정답 174 ④   175 ③   176 ③   177 ③   178 ②   179 ①

SUMMARY

제4과목 파생상품법규는 총 25문제가 출제되므로 13문제 이상 맞아야 과락을 면할 수 있다. 세부과목을 보면, 자본시장과 금융투자업에 관한 법률 9문제, 금융위원회규정 8문제, 한국금융투자협회규정 4문제, 한국거래소규정 4문제가 출제된다. 파생상품법규는 학습할 분량도 많아 모든 수험생들이 가장 어려워하는 과목이며, 실제 과락도 많이 발생한다. 법규를 다루기 때문에 암기할 분량이 많아 단번에 정복하기가 쉽지 않으므로 무엇보다도 반복학습이 중요하다.

PART 04

파생상품 법규

CONTENTS

내용 구성 및 주요 출제내용 분석

내용 구성	중요도	주요 출제내용
총설	★	자본시장법의 법제정 철학, 의의 · 효과, 감독 · 관계기관
금융투자상품 및 금융투자업	★★★	금융투자상품의 의의와 분류, 금융투자업자의 분류, 투자자의 분류 등
금융투자업자에 대한 규제 · 감독	★★★	금융투자업 인가 · 등록 요건, 건전성 규제(자산건전성 분류, 영업용순자본, 경영실태평가 · 적기시정조치, 대주주와의 거래 제한), 영업행위규칙
투자매매업자 및 투자중개업자에 대한 영업행위규제	★★★	매매 또는 중개 관련 규제, 선행매매 · 스캘핑 등 금지, 신용공여 기준, 투자자예탁금
장외거래 및 주식 소유제한	★★	장외거래 유형, 공공적 법인 및 외국인의 증권 소유제한
불공정거래행위에 대한 규제	★★★	미공개정보 이용(내부자거래) 규제, 시세조종행위 규제대상, 기타 규제사항
기타 금융위원회규정 및 금융감독원규정	★★	검사 및 제재 효과 등, 금융분쟁조정(절차 및 효력)
〈부록〉 금융회사의 지배구조에 관한 법률	★	금융회사 지배구조 개선내용

출제경향 분석 및 학습요령

자본시장과 금융투자업에 관한 법률(자본시장법)은 총 9문제가 출제되며, 금융위원회규정은 총 8문제가 출제된다. 따라서 4과목 파생상품법규에서는 이 두 과목에 의해 당락이 좌우된다고 해도 과언이 아니다. 법규는 학습 분량도 많고 대부분을 암기해야 하기 때문에 시험 준비에 끈기가 필요한 과목이다. 금융투자업자의 분류, 투자자의 분류, 금융투자업 인가 · 등록 요건, 건전성 규제(자산건전성 분류, 영업용순자본, 경영실태평가 · 적기시정조치, 대주주와의 거래 제한), 영업행위규칙, 미공개정보 이용(내부자거래) 규제 등은 자주 출제되는 핵심적인 내용이다. 암기해야 할 내용들이 많기 때문에 어떤 과목보다도 반복 학습이 꼭 필요한 과목이다.

★★★
001 자본시장과 금융투자업에 관한 법률(자본시장법) 제정의 기본철학에 관한 설명으로 옳지 않은 것은?

① 금융투자상품의 종류를 구체적으로 나열하는 열거주의를 채택하고 있다.
② 경제적 실질이 동일한 금융기능을 동일하게 규율하는 기능별 규율체제로 전환하였다.
③ 6개 금융투자업 상호 간 겸영을 허용하고, 부수업무를 포괄적으로 허용하며, 투자권유대행인 제도를 도입하고, 외국환 업무의 범위를 확대하며, 결제·송금업무를 허용하였다.
④ 설명의무·적합성 원칙·적정성 원칙 등 투자권유 규제를 도입하고, 투자광고 규제를 도입하며, 이해상충방지체제를 도입하였다.

> **해설** 자본시장법은 금융투자상품의 종류를 구체적으로 나열하는 열거주의에서 금융투자상품의 개념을 추상적으로 정의하는 포괄주의로 규제체계로 전환하였다. 즉, 자본시장법은 원본손실 가능성(투자성)이 있는 금융상품을 금융투자상품으로 정의하고, 이에 해당하면 자본시장법의 규제대상에 포함시키는 포괄주의를 채택하고 있다.

🏛 필수핵심정리 ▶ 자본시장법 제정의 기본 철학

	자본시장법 이전	자본시장법의 내용
금융투자 상품	열거주의	포괄주의로 전환 → 금융투자상품의 개념을 추상적으로 정의(투자성의 특징을 갖는 모든 금융상품)
규제체계	기관별 규제	기능별 규제로 전환 → 금융서비스를 투자자, 금융투자상품 및 금융투자업의 유형에 따라 구분(경제적 실질이 동일한 금융서비스를 동일하게 규율)
업무범위	엄격한 업무 규제 (겸영 불허)	• 업무범위 확장 → 6개 금융투자업 간 겸영 허용, 부수업무의 범위를 포괄적으로 허용(투자권유대행인 제도 도입, 금융투자업자의 준법감시 및 내부통제 제도 도입) • 업무범위 확대에 따른 투자자 피해를 방지하기 위해 정보교류 차단장치 등 이해상충방지체제 도입
투자자 보호제도	투자자 보호 미흡	원칙중심 투자자보호 제도 도입 → 금융투자업자에 적용되는 공통 영업행위 규칙과 금융투자업별 특성을 고려하여 세분화된 영업행위 규칙을 규정

★★★
002 자본시장법에서 금융서비스(금융기능)를 분류한 유형과 거리가 먼 것은?

① 금융투자업
② 금융투자상품
③ 투자자
④ 금융투자업 감독기관

> **해설** 자본시장법은 금융서비스를 금융투자업, 금융투자상품 및 투자자의 유형에 따라 구분한다. 경제적 실질이 동일한 금융서비스에 대해서는 동일한 규제를 적용하고, 이 유형의 조합이 달라지면 이를 구분하여 차등 규제한다.

정답 001 ① 002 ④

★★★
003 자본시장법의 의의 및 기대효과와 가장 거리가 먼 것은?

① 자본시장의 유연성 및 효율성 제고
② 자본시장의 지속가능성 제고
③ 금융투자업자의 규제차익 유인 최대화
④ 범위의 경제 효과 가능

해설 기능별 규율체계는 업자별 규제격차를 이용해 규제를 회피하고자 하는 규제차익 행위를 최소화하는 데 효과적이다. 즉, 포괄주의 규율체제는 규제회피를 목적으로 새로운 금융투자상품이 출현하지 못하도록 사전적으로 방지하는 역할을 한다. 금융투자업 겸업의 허용으로 금융투자회사는 영업비용을 절감할 수 있고, 투자자는 거래비용을 절감할 수 있는데, 이를 범위의 경제(economies of scale)가 존재한다고 한다.

```
•••TOPIC 2 금융투자업 감독기관 및 관계기관
```

★★★
004 다음 중 금융투자업자의 감독기관으로 볼 수 없는 것은?

① 금융위원회   ② 금융감독원
③ 한국거래소 시장감시위원회   ④ 증권선물위원회

해설 금융투자업자의 감독기관으로는 금융위원회(금융위), 금융감독원(금감원), 증권선물위원회(증선위)가 있다. 한국거래소 시장감시위원회는 유가증권·코스닥·파생상품 시장에서의 시세조정 등 불공정거래를 감시하기 위해 자본시장법에 의해 설립된 자율규제기관이다.

★★★
005 다음의 업무를 수행하는 감독기관은 어디인가?

> • 자본시장의 불공정거래 조사
> • 기업회계의 기준 및 회계감리에 관한 업무
> • 자본시장의 관리·감독 및 감시 등을 위하여 금융위로부터 위임받은 업무 등

① 금융위원회   ② 증권선물위원회
③ 한국금융투자협회   ④ 한국거래소

해설 자본시장의 불공정거래 조사 및 회계 관련 업무는 증권선물위원회의 소관 사무이다.

금융위원회	금융정책, 외국환업무 취급기관의 건전성 감독 및 금융감독에 관한 업무를 독립적으로 수행
	• 국무총리 소속의 중앙행정기관, 금융위원회는 9인으로 구성 • 재적위원 과반수 출석과 출석위원 과반수 찬성으로 의결
증권선물 위원회	• 자본시장의 불공정거래 조사 • 기업회계의 기준 및 회계감리에 관한 업무
	증권선물위원회는 5인으로 구성
금융감독원	• 금융위 및 증선위의 지도 · 감독을 받아 금융기관에 대한 검사 · 감독업무를 수행 • 금융민원 해소 및 금융분쟁 조정 업무를 수행
	• 무자본 특수법인으로 정부, 한국은행, 예금보험공사 등의 출연금, 금융회사가 지급하는 감독분담금, 기타수입금으로 경비를 충당

★★★
006 회원 상호 간의 건전한 영업질서 유지 및 공정한 거래질서 확립, 투자자보호 및 금융투자업의 건전한 발전을 목적으로 설립되어 자율규제업무를 하는 금융투자업 관계기관은?

① 금융위원회   ② 증권선물위원회
③ 한국금융투자협회   ④ 한국거래소

해설 한국금융투자협회에 대한 설명이다.

🏛 **필수**핵심정리 ▷ 금융투자업 관계기관

한국거래소 시장감시위원회	유가증권 · 코스닥 · 파생상품 시장에서의 시세조정 등 불공정거래를 감시하기 위해 자본 시장법에 의해 설립된 자율규제기관
한국 금융투자협회	회원 간의 건전한 영업질서 유지 및 투자자보호를 위한 자율규제업무(주요 직무 종사자의 등록 및 관리 등)
한국 예탁결제원	증권의 집중예탁과 계좌 간 대체, 매매거래에 따른 결제업무, 증권 등의 보호예수업무 및 원활한 유통을 위해 설립
증권금융회사	• 자기자본 20억원 이상의 주식회사로 금융위 인가를 받아 설립할 수 있으며, 현재 한국 증권금융(주)가 유일하게 인가받은 회사임 • 금융투자상품 매매에 필요한 자금 또는 증권의 대여, 증권을 담보로 하는 대출업무
금융투자상품 거래청산회사	• 자본시장법에 따라 금융위로부터 청산업 인가업무 단위의 전부나 일부를 택하여 금융 투자상품거래청산업 인가를 받은 회사 • 청산대상거래는 장외파생상품의 거래, 증권의 장외거래 중 환매조건부매매 · 증권의 대 차거래 · 채무증권의 거래 등
신용평가회사	자본시장법에서의 신용평가업이란 금융투자상품, 기업 · 집합투자기구, 그 밖에 대통령령 으로 정하는 자에 대한 신용상태를 평가하여 그 결과를 이해관계인에게 제공하는 것을 영 업으로 하는 회사

007 우리나라의 금융법규 체계 및 행정지도에 대한 설명으로 옳지 않은 것은?

① 우리나라 금융법규 체계는 국회에서 제정·개정되는 법, 대통령령인 시행령, 국무총리령인 시행규칙, 금융위원회가 제정·개정하는 감독규정, 금융감독원이 제정·개정하고 금융위원회에 보고하는 시행세칙으로 이루어져 있다.

② 금융감독원판례, 비조치의견서, 법규유권해석, 행정지도, 실무해석·의견, 모범규준, 업무해설서, 검사매뉴얼 등이 금융법규를 보완한다.

③ 우리나라 금융법규는 은행, 금융투자, 보험, 서민금융 등 금융권역별로 나누어져 있기 때문에, 동일한 금융서비스에 대해서도 금융권역별로도 다르게 적용할 때가 있다.

④ 금융위원회 및 금융감독원은 행정지도 불이행 사유로 행정지도를 받은 해당 금융회사 등에게 불이익한 조치를 취할 수 있다.

해설 행정지도는 금융 관련 법규상 목적에 부합되는 필요한 최소한도에 그쳐야 하며 행정지도를 받은 금융회사 등의 의사에 반하여 부당하게 강요하거나 행정지도 불이행 사유로 해당 금융회사 등에게 불이익한 조치를 하지 아니한다. 행정지도란 금융위원회 및 금융감독원이 금융 관련 법규 등에 의한 소관업무를 수행하기 위해 금융회사 등의 임의적 협력에 기초하여 지도·권고·지시·협조요청 등을 하는 것을 말하는데, 행정지도를 한 경우 그 내용을 원칙적으로 공개하여야 한다.

008 금융회사가 새로운 금융상품 또는 사업을 하고자 할 경우 명확하게 적용받을 법규가 없는 경우 이에 대하여 금융위원회가 반대하거나 제재하지 않겠다는 견해를 표명하는 것은?

① 법규유권해석   ② 비조치의견서
③ 모범규준   ④ 행정지도

해설 비조치의견서에 대한 설명이다.

 필수핵심정리 　금융법규 체계상 주요 용어

법규유권해석	금융회사가 금융위원회가 소관하는 금융법규 등과 관련된 사안에 대해 법규적용 여부를 명확하게 확인하기 위하여 요청하는 경우 관련 금융법규를 유권으로 해석하는 것
비조치의견서 (비의견조치서)	금융회사가 새로운 금융상품 또는 사업을 하고자 할 경우 명확하게 적용받을 법규가 없는 경우 이에 대하여 금융위원회가 반대하거나 제재하지 않겠다는 견해를 표명하는 것
모범규준	금융위원회, 금융감독원, 금융회사가 공동으로 상호 준수할 것으로 약속하는 모범이 되는 규준으로, 이를 준수하지 않을 경우 그 사유에 대하여 설명할 의무를 가지며, 필요한 경우 제재를 부과할 수 있음

★★★
009 금융투자상품에 관한 설명으로 적절하지 않은 것은?

① 금융투자상품은 원금손실 가능성(투자성) 여부에 따라 증권과 파생상품으로 구분한다.

② 투자성이란 원금손실 가능성을 의미하는 것으로, 투자금액이 회수금액을 초과하게 될 위험을 의미한다.

③ 증권은 취득과 동시에 어떤 명목으로든 추가적인 지급의무를 부담하지 아니하는 금융투자상품이다.

④ 파생상품은 취득 이후에 추가적인 지급의무를 부담할 수 있는 금융투자상품이다.

> **해설** 금융상품은 원금손실 가능성 여부에 따라 금융투자상품과 비금융투자상품으로 구분하고, 금융투자상품은 추가지급의무 부과(원금초과손실 가능성) 여부에 따라 증권과 파생상품으로 구분한다.(원금초과손실의 가능성이 없으면 증권, 있으면 파생상품)

🏛 **필수핵심정리** 금융투자상품

금융투자상품은 원본손실 가능성(투자성)이 있는 금융상품으로 증권과 파생상품으로 구분함

구분	증권	원금초과손실 가능성이 없는 금융투자상품(투자자의 최대손실이 투자원금으로 한정됨)
		종류	채무증권, 지분증권, 수익증권, 투자계약증권, 파생결합증권, 증권예탁증권
	파생상품	원금초과손실 가능성이 있는 금융투자상품
		종류	선도/선물, 옵션, 스왑
명시적 배제	원화로 표시된 양도성 예금증서, 관리형신탁 수익권, 주식매수선택권(스톡옵션) → 자본시장법에서 명시적으로 금융투자상품에 해당하지 않는 것으로 정함	

★★★
010 투자성(원금손실 가능성)을 판단할 때, 투자금액(원금) 산정 시 제외되는 항목과 거리가 먼 것은? 심화

① 투자자가 지급하는 판매수수료   ② 투자자가 지급하는 환매 · 해지수수료

③ 보험계약에 따른 사업비   ④ 위험보험료

> **해설** 투자자가 지급하는 환매 · 해지수수료는 회수금액 산정 시 포함되는 항목이다.

투자금액 산정 시 제외항목	회수금액 산정 시 포함항목
투자자가 지급하는 판매수수료, 보험계약에 따른 사업비, 위험보험료 등	투자자가 지급하는 환매 · 해지수수료, 각종 세금, 발행인 · 거래상대방이 채무불이행으로 지급하지 않은 미지급액 등

정답 007 ④   008 ②   009 ①   010 ②

★★★
011 다음 중 자본시장법상 금융투자상품에 해당하는 것은?

① 원화표시 CD(양도성예금증서) ② 관리형신탁의 수익권
③ 주식매수선택권(스톡옵션) ④ 증권예탁증권

해설 ①~③은 자본시장법에서 명시적으로 금융투자상품에 해당하지 않는 것으로 정하고 있다. 증권예탁증권은 자본시장법상 증권에 속한다. 증권은 취득과 동시에 어떤 명목으로든 추가적인 지급의무를 부담하지 아니하는 금융투자상품이다.

★★★
012 금융투자상품에 관한 설명으로 옳지 않은 것은?

① 금융투자상품은 추가지급의무 부과 여부에 따라 증권과 파생상품으로 구분된다.
② 증권은 채무증권, 지분증권, 수익증권, 증권예탁증권, 투자계약증권, 파생결합증권으로 분류한다.
③ 사적인 금전채권도 지급청구권이 표시되어 있으나 유통성이 없으므로 채권증권으로 인정하지 않는다.
④ 워런트(warrants)와 같이 기초자산에 대한 매매를 성립시킬 수 있는 권리를 포함한 금융투자상품의 경우 추가지급의무가 있는 파생상품이다.

해설 워런트(warrants)와 같이 기초자산에 대한 매매를 성립시킬 수 있는 권리를 포함한 금융투자상품의 경우 추가지급의무가 있더라도 증권으로 구분한다.

🏛 **필수핵심정리** ▶ 자본시장법상 금융상품의 구분

★★★
013 자본시장법상 증권에 대한 설명으로 옳지 않은 것은?

① 채무증권으로는 국채, 지방채, 특수채, 사채권(이자연계 파생결합채권), 기업어음 등이 포함된다.

② 지분증권으로는 법인이 발행한 출자증권, 신주인수권증권·증서, 합명회사의 지분 등이 포함된다.

③ 수익증권으로는 금전신탁의 수익증권, 투자신탁의 수익증권, 주택저당증권, 자산유동화증권 등이 포함된다.

④ 주가연계증권(ELS)은 파생결합증권이다.

해설 합명회사의 지분과 합자회사의 무한책임사원의 지분은 무한책임사원 지분의 특성에 비추어 볼 때 이를 금융투자상품에 포함시키는 것은 타당하지 않으므로 지분증권의 범위에서 제외한다.

🏛 **필수핵심정리** ▷ 자본시장법상 증권의 종류

채무증권	발행인에 의하여 원금이 보장되나, 유통과정에서 원금손실이 발생할 수 있는 증권 → 지급청구권이 표시된 증권	국채, 지방채, 특수채, 사채권(이자연계 파생결합채권), 기업어음
지분증권	출자지분 또는 출자지분을 취득할 권리가 표시된 증권	주식, 출자증권, 신주인수권증권·증서, 출자지분 등
수익증권	신탁의 수익권이 표시된 것	금전신탁의 수익증권, 투자신탁의 수익증권, 주택저당증권
증권예탁증권	증권을 예탁받은 자가 그 증권이 발행된 국가 외의 국가에서 발행한 것으로서 예탁받은 증권에 관련된 권리가 표시된 증권	KDR, GDR, ADR 등
투자계약증권	공동사업의 결과에 따른 손익을 귀속받는 계약상의 권리가 표시된 증권	
파생결합증권	기초자산의 변동과 연계하여 미리 정해진 방법에 따라 지급금액 또는 회수금액이 결정되는 권리가 표시된 증권	ELS, DLS, ELW, CLN, CAT Bond

★★★
014 다음에서 설명하고 있는 금융투자상품을 자본시장법상 무엇이라 하는가?

> 특정 투자자가 그 투자자와 타인 간의 공동사업에 금전 등을 투자하고 주로 타인이 수행한 공동사업의 결과에 따른 손익을 귀속받는 계약상의 권리가 표시된 증권

① 파생결합증권

② 옵션

③ 투자계약증권

④ 증권예탁증권

해설 투자계약증권에 관한 정의이며, 투자계약증권은 자본시장법상 증권이다.

★★★ 015 다음에서 설명하고 있는 금융투자상품을 자본시장법상 무엇이라 하는가?

> 기초자산의 가격 · 이자율 · 지표 · 단위 또는 이를 기초로 하는 지수 등의 변동과 연계하여 미리 정하여진 방법에 따라 지급금액 또는 회수금액이 결정되는 권리가 표시된 증권

① 파생결합증권
② 파생상품
③ 투자계약증권
④ 증권예탁증권

해설 파생결합증권에 관한 정의이며, 파생결합증권은 자본시장법상 증권이다.

★★★ 016 다음 중 파생결합증권의 기초자산으로 가능한 것을 모두 고르면?

> ㉠ 금융투자상품
> ㉡ 통화(외국통화 포함)
> ㉢ 일반상품(농산물 · 축산물 · 수산물 · 임산물 · 광산물 · 에너지 등)
> ㉣ 신용위험

① ㉠
② ㉠, ㉡
③ ㉠, ㉢
④ ㉠, ㉡, ㉢, ㉣

해설 자본시장법은 파생결합증권이나 파생상품의 기초자산으로 금융투자상품, 통화, 일반상품, 신용위험, 그 밖에 자연적 · 환경적 · 경제적 현상 등에 속하는 위험으로서 합리적이고 적정한 방법에 의하여 가격 · 이자율 · 지표 · 단위의 산출이나 평가가 가능한 것으로 정하고 있다.

★★★ 017 다음 중 파생결합증권이 아닌 것은?

① 이자율연계 파생결합채권(DLB)
② 주가연계증권(ELS)
③ 주가연계워런트(ELW)
④ 파생연계증권(DLS)

해설 이자율연계 파생결합채권(DLB)은 파생결합증권에서 제외되고 채무증권으로 분류된다. 이자율연계 파생결합채권(DLB)은 발행과 동시에 투자자가 지급한 금전 등에 대한 이자, 그 밖의 과실에 대하여만 해당 기초자산의 가격 · 이자율 · 지표 · 단위 또는 이를 기초로 하는 지수 등의 변동과 연계된 증권을 말한다. 파생결합증권으로는 주가연계증권(ELS), 주가연계워런트(ELW), 파생연계증권(DLS), 신용연계증권(CLN), 재해연계증권(CAT Bond) 등이 있다.

★★★
018 자본시장법상 파생결합증권에 관한 설명으로 옳은 것은?

① 원본초과손실 가능성이 있는 금융투자상품이다.
② 파생상품에 속한다.
③ 농산물은 기초자산으로 할 수 없다.
④ 자본시장법상 증권이다.

> **해설** 파생결합증권은 자본시장법상 원본초과손실 가능성이 없는 금융투자상품으로서 증권으로 분류하며, 농산물도 파생결합증권의 기초자산이 될 수 있다.

★★★
019 자본시장법상 파생상품이 아닌 것은?

① 선도   ② 옵션(Option)   ③ ELW   ④ 스왑(Swap)

> **해설** 주가연계워런트(ELW)는 파생결합증권이다. 따라서 ELW는 자본시장법상 파생상품이 아니라 증권이다. 파생상품이란 증권과는 달리 금전 등의 지급 시기가 장래의 일정 시점이고, 투자원금 이상의 손실이 발생할 수 있는 계약상의 권리를 말하며, 자본시장법상 파생상품으로는 선도, 옵션, 스왑이 있다.

★★★
020 「장래의 일정기간 동안 미리 정한 가격으로 기초자산이나 기초자산의 가격 · 이자율 · 지표 · 단위 또는 이를 기초로 하는 지수 등에 의하여 산출된 금전 등을 교환할 것을 약정하는 계약」은 자본시장법상 어떤 금융투자상품인가?

① 선도   ② 옵션   ③ 파생결합증권   ④ 스왑

> **해설** 스왑(swap)의 정의이다.

🏛 필수핵심정리 〉 파생상품

파생상품은 증권과는 달리 금전 등의 지급 시기가 장래의 일정 시점이고, 투자원금 이상의 손실이 발생할 수 있는 계약상의 권리를 말함

선도	기초자산이나 기초자산의 가격 · 이자율 · 지표 · 단위 또는 이를 기초로 하는 지수 등에 의하여 산출된 금전 등을 장래의 특정 시점에 인도할 것을 약정하는 계약
옵션	당사자 어느 한쪽이 의사표시에 의하여 기초자산이나 기초자산의 가격 · 이자율 · 지표 · 단위 또는 이를 기초로 하는 지수 등에 의하여 산출된 금전 등을 수수하는 거래를 성립시킬 수 있는 권리를 부여하는 것을 약정하는 계약
스왑	장래의 일정기간 동안 미리 정한 가격으로 기초자산이나 기초자산의 가격 · 이자율 · 지표 · 단위 또는 이를 기초로 하는 지수 등에 의하여 산출된 금전 등을 교환할 것을 약정하는 계약

★★★
021 금융투자업에 대한 설명으로 옳지 않은 것은?

① 금융투자업은 그 경제적 실질에 따라 투자매매업, 투자중개업, 집합투자업, 투자자문업, 투자일임업 및 신탁업으로 분류한다.

② 투자매매업은 누구의 명의로 하든지 자기의 계산으로 금융투자상품의 매매, 증권의 발행·인수 또는 그 청약의 권유, 청약, 청약의 승낙을 영업으로 하는 것이다.

③ 투자중개업은 누구의 명의로 하든지 타인의 계산으로 금융투자상품의 매매, 그 청약의 권유, 청약, 청약의 승낙 또는 증권의 발행·인수에 대한 청약의 권유, 청약, 청약의 승낙을 중개하는 것을 영업으로 하는 것이다.

④ 투자자문업은 투자자로부터 금융투자상품에 대한 투자판단의 전부 또는 일부를 일임받아 투자자별로 구분하여 금융투자상품을 취득·처분, 그 밖의 방법으로 운용하는 것을 영업으로 하는 것이다.

해설 ④는 투자일임업에 대한 설명이다.

🏛 필수핵심정리 ▶ 자본시장법상 금융투자업의 분류

인가제	투자매매업	누구의 명의로 하든지 자기의 계산으로 금융투자상품의 매매, 발행, 인수, 청약과 그 권유 및 승낙을 영업으로 하는 것
	투자중개업	누구의 명의로 하든지 타인의 계산으로 금융투자상품의 매매, 발행, 인수, 청약과 그 권유 및 승낙을 영업으로 하는 것
	집합투자업	2인 이상의 투자자로부터 모은 금전 등을 투자자로부터 일상적인 운용지시를 받지 아니하고, 재산적 가치가 있는 투자대상 자산에 운용하고, 그 결과를 투자자 또는 기금관리 주체에게 배분하여 귀속시키는 것(투자자 책임) → 사모펀드, 종합금융회사 어음관리계좌(CMA) 등은 적용 배제
	신탁업	신탁을 영업으로 하는 것
등록제	투자자문업	금융투자상품의 가치 또는 금융투자상품에 대한 투자판단에 관하여 자문에 응하는 것을 영업으로 하는 것
	투자일임업	투자자로부터 금융투자상품에 대한 투자판단의 전부 또는 일부를 일임받아 투자자별로 구분하여 금융투자상품을 취득, 처분, 그 밖의 방법으로 운용하는 것을 영업으로 하는 것

★★★
022 다음 중 투자매매업의 적용이 배제되는 경우를 모두 고르면? 심화

> ㉠ 투자신탁 수익증권, 투자성 있는 예금·보험 및 특정 파생결합증권을 발행하는 경우를 제외하고 자기가 증권을 발행하는 경우
> ㉡ 투자매매업자를 상대방으로 하거나 투자중개업자를 통하여 금융투자상품을 매매하는 경우
> ㉢ 한국은행이 공개시장 조작을 하는 경우

① ㉠   ② ㉡, ㉢   ③ ㉠, ㉡, ㉢   ④ ㉠, ㉢

해설 ㉠~㉢의 경우 모두 투자매매업의 적용이 배제된다.

🏛 필수핵심정리 〉 투자매매업의 적용이 배제되는 경우

- 투자신탁 수익증권, 투자성 있는 예금·보험 및 특정 파생결합증권을 발행하는 경우를 제외하고 자기가 증권을 발행하는 경우
- 투자매매업자를 상대방으로 하거나 투자중개업자를 통하여 금융투자상품을 매매하는 경우
- 국가·지방자치단체가 공익을 위하여 관련 법령에 따라 금융투자상품을 매매하는 경우
- 한국은행이 공개시장 조작을 하는 경우
- 특정 전문투자자 간에 환매조건부 매매를 하는 경우
- 외국 투자매매업자가 일정 요건을 갖추고 국외에서 파생결합증권을 발행하는 경우 등

★★★
023 다음 중 투자중개업의 적용이 배제되는 경우가 아닌 것은? 심화

① 전자증권중개회사가 상장주권 매매의 중개업무를 하는 경우
② 투자권유대행인이 투자권유를 대행하는 경우
③ 거래소가 증권시장 및 파생상품시장을 개설·운영하는 경우
④ 협회가 장외 주식중개시장(K-OTC)을 개설·운영하는 경우

해설 전자증권중개회사가 상장주권 매매의 중개업무를 하는 것은 투자중개업이다.

🏛 필수핵심정리 〉 투자중개업의 적용이 배제되는 경우

- 투자권유대행인이 투자권유를 대행하는 경우
- 거래소가 증권시장 및 파생상품시장을 개설·운영하는 경우
- 협회가 장외 주식중개시장(K-OTC)을 개설·운영하는 경우
- 한국은행이 공개시장 조작을 하는 경우
- 특정 전문투자자 간에 환매조건부 매매를 하는 경우
- 외국 투자중개업자가 국외에서 투자매매업자 또는 투자중개업자를 상대로 투자중개업을 하는 경우 등

정답 021 ④   022 ③   023 ①

★★★
024 투자중개업자가 따로 대가 없이 금융투자상품에 대한 투자판단을 전부 또는 일부 위임받는 경우 중에서 투자일임업으로 보지 않는 경우로 가장 거리가 먼 것은? 심화

① 주식 매매주문을 받으면서 하루를 정하여 총매매수량, 총매매금액, 가격, 수량 및 시기에 대한 투자판단을 일임받는 경우
② 투자자가 여행으로 일시적으로 부재하는 중에 주가가 폭락하면 주식을 매도하도록 미리 일임받는 경우
③ 투자자가 투자중개업자로부터 신용공여를 받아 주식을 매수한 후 상환하지 않으면 주식을 매도하도록 일임받는 경우
④ 투자자가 CMA 계좌에서 입출금하면 따로 의사표시가 없어도 자동으로 단기금융집합투자증권을 매매하도록 일임받는 경우

해설 투자중개업자가 그 대가를 받지 않고 불가피하게 투자판단을 일임받는 경우는 투자일임업으로 보지 않는데, 투자일임업으로 보지 않으려면 투자자가 총매매수량 또는 총매매금액은 지정해야 한다. 그 지정 범위에서 가격, 수량 및 시기에 대한 투자판단의 일임을 받는 경우에는 투자일임업으로 보지 않는다.

★★★
025 전문사모집합투자기구(헤지펀드) 등에 대하여 효율적인 신용공여와 담보관리 등을 위하여 증권의 대여 또는 그 중개·주선이나 대리업무, 금전의 융자, 전문사모집합투자기구의 재산의 보관 및 관리 등의 업무를 주된 영업으로 하는 자는?

① 온라인소액투자중개업자
② 종합금융투자사업자(프라임브로커)
③ 투자중개업자
④ 집합투자업자

해설 종합금융투자사업자(프라임브로커)에 대한 설명이다.

🏛 필수핵심정리 종합금융투자사업자(프라임브로커)와 온라인소액투자중개업자(증권형 크라우드펀딩업자)

종합금융투자사업자 (프라임브로커)	전문사모집합투자기구(헤지펀드) 등에 대하여 효율적인 신용공여와 담보관리 등을 위하여 증권의 대여 또는 그 중개·주선이나 대리업무, 금전의 융자, 전문사모집합투자기구의 재산의 보관 및 관리 등의 업무를 주된 영업으로 하는 자
온라인소액투자 중개업자 (증권형 크라우드 펀딩업자)	온라인상에서 누구의 명의로 하든지 타인의 계산으로 채무증권, 지분증권, 투자계약증권의 모집 또는 사모에 관한 중개를 영업으로 하는 투자중개업자
	온라인소액투자중개업자가 금융위원회에 등록한 경우 인가를 받은 것으로 보며, 주요 등록요건은 다음과 같음 ① 상법에 따른 주식회사 또는 지점 또는 영업소를 설치한 외국 온라인소액투자중개업자 ② 5억원 이상의 자기자본을 갖출 것 ③ 사업계획이 타당하고 건전할 것 ④ 투자자의 보호가 가능하고 업무 수행에 충분한 인력과 전산설비, 그 밖의 물적 설비를 갖출 것

★★★
026 다음 중 증권형 크라우드펀딩(crowd funding)업자로 불리는 자는?

① 온라인소액투자중개업자　　　　　② 종합금융투자사업자(프라임브로커)
③ 투자중개업자　　　　　　　　　　④ 집합투자업자

> **해설** 온라인소액투자중개업자에 대한 설명이다.

★★★
027 온라인소액투자중개업자에 대한 설명으로 옳지 않은 것은?

① 5억원 이상의 자기자본을 갖추어야 한다.
② 자신이 온라인소액투자중개를 하는 증권을 자기의 계산으로 취득하거나, 증권의 발행 또는 그 청약을 주선 또는 대리하는 행위를 할 수 없다.
③ 온라인소액투자중개업자는 투자자의 자격 등을 제한할 수 없다.
④ 온라인소액투자중개업자 또는 온라인소액증권발행인은 온라인소액투자중개업자가 개설한 인터넷 홈페이지 이외의 수단을 통해서 투자광고를 할 수 없다.

> **해설** 온라인소액투자중개업자는 온라인소액증권발행인의 요청에 따라 투자자의 자격 등을 합리적이고 명확한 기준에 따라 제한할 수 있다.

··· T O P I C **5** 투자자

★★★
028 자본시장법상 투자자 분류에 관한 설명으로 옳지 않은 것은?

① 금융상품에 관한 전문성 및 소유자산 규모 등에 비추어 투자에 따른 위험감수 능력이 있는지 여부를 기준으로 전문투자자와 일반투자자로 구분한다.
② 절대적 전문투자자란 일반투자자 대우를 받을 수 없는 전문투자자를 말한다.
③ 상대적 전문투자자란 일반투자자 대우를 받겠다는 의사를 금융투자업자에게 서면으로 통지한 경우 일반투자자로 간주되는 자를 말한다.
④ 자발적 전문투자자란 전문투자자 대우를 받고자 하는 법인 및 개인으로서 일정 요건을 갖추었음을 금융위에 신고한 자이다. 이 경우 금융위 확인 후 1년간 전문투자자 대우를 받을 수 있다.

> **해설** 자발적 전문투자자는 금융위 확인 후 2년간 전문투자자 대우를 받을 수 있다.

정답 024 ① 025 ② 026 ① 027 ③ 028 ④

금융상품에 관한 전문성, 위험감수 능력(자산규모) 유무를 기준으로 구분

전문 투자자	절대적 전문투자자	일반투자자 대우를 받을 수 없는 전문투자자
		• 국가 • 한국은행 • 금융기관 : 은행, 보험, 금융투자업자, 증권금융, 종합금융, 자금중개, 금융지주, 여신전문금융, 상호저축은행 및 동 중앙회, 산림조합중앙회, 새마을금고연합회, 신협중앙회 및 이에 준하는 외국금융기관 • 기타 기관 : 예금보험공사, 한국자산관리공사, 한국주택금융공사, 한국투자공사, 금융투자협회, 한국예탁결제원, 한국거래소, 금융감독원, 집합투자기구, 신용보증기금, 기술신용보증기금 및 이에 준하는 외국인 • 외국정부 · 외국중앙은행 · 국제기구 등
	상대적 전문투자자	일반투자자 대우를 받겠다는 의사를 금융투자업자에게 서면으로 통지한 경우 일반투자자로 간주되는 자
		• 주권상장법인 • 기타 기관 : 기금 관리 · 운용법인, 공제사업 영위법인, 지방자치단체, 해외 주권상장 국내법인 및 이에 준하는 외국인 • 자발적 전문투자자(이에 준하는 외국인) 등
		• 주권상장법인 등이 장외파생상품 거래를 하는 경우에는 별도 의사를 표시하지 아니하면 일반투자자로 대우 → 전문투자자 대우를 받기 위해서는 그 내용을 서면으로 금융투자업자에게 통지하여야 함 • 상대적 전문투자자는 일반투자자로 대우받기를 원할 경우 또는 장외파생상품 거래를 위해 전문투자자 대우받기를 원할 경우 그 내용을 서면으로 금융투자업자에게 통지해야 함
	자발적 전문투자자	다음 요건을 갖춘 법인 및 개인이 전문투자자로 대우받고자 할 경우 금융위에 신고하여야 하며, 금융위 확인 후 2년간 전문투자자 대우를 받을 수 있음
		• 금융투자상품 잔고가 100억원(외부감사 대상법인은 50억원) 이상인 일반법인 • 5억원 이상의 금융투자상품 잔고를 보유하고 계좌 개설 후 1년이 경과한 자 중 직전년도 소득액이 1억원 이상이거나 재산가액이 10억원 이상인 개인
일반 투자자	절대적 일반투자자	전문투자자(절대적 또는 상대적)가 아닌 투자자
	상대적 일반투자자	상대적 전문투자자로서 일반투자자 대우를 받겠다는 의사를 금융투자업자에게 서면으로 통지한 자

★★★
029 자본시장법상 투자자 분류에 관한 설명으로 옳지 않은 것은?

① 국가, 한국은행, 금융기관, 기타기관, 외국정부 · 외국중앙은행 · 국제기구 등은 절대적 전문투자자이다.

② 주권상장법인 및 기타기관(기금관리 · 운용법인, 지방자치단체 등) 등이 상대적 전문투자자에 해당된다.

③ 주권상장법인 등이 장외파생상품 거래를 하는 경우에는 별도 의사표시를 하지 아니하면 일반투자자 대우를 받게 되며, 전문투자자 대우를 받기 위해서는 그 내용을 서면으로 금융투자업자에게 통지하여야 한다.

④ 금융투자상품 잔고가 10억원(외부감사 대상법인은 25억원) 이상인 일반법인은 금융위에 신고하여 확인을 받은 후 자발적 전문투자자가 될 수 있다.

> **해설** 금융투자상품 잔고가 100억원(외부감사 대상법인은 50억원) 이상인 일반법인은 금융위에 신고하여 확인을 받은 후 자발적 전문투자자가 될 수 있다.

★★★
030 자본시장법에서 정하고 있는 절대적 전문투자자가 아닌 자는?

① 상호저축은행　　② 새마을금고연합회　　③ 주권상장법인　　④ 집합투자기구

> **해설** 주권상장법인은 상대적 전문투자자이며, 장외파생 거래 시에는 별도의 의사표시가 없으면 일반투자자로 대우한다.

★★★
031 금융투자업자가 일반투자자 및 전문투자자를 구분하여 거래를 함에 있어 유의할 사항 또는 그 예외에 대한 설명으로 옳은 것은? 심화

① 비상장법인이라도 금융위원회의 전문투자자 확인 시 별도 의사표시 없이 위험회피목적과 무관한 장외파생상품거래를 할 수 있다.

② 전문투자자에게는 투자권유의 요청을 받지 않은 경우에도 실시간 대화의 방법으로 장외파생상품에 대한 투자권유를 할 수 있다.

③ 상호저축은행중앙회와 장외파생상품을 거래하려면 전문투자자로 대우받겠다는 취지의 서면을 제출받아야 한다.

④ 일반투자자라도 금융위원회의 전문투자자 확인 시 적정성 원칙과 무관하게 파생결합증권에 투자할 수 있다.

> **해설** ① 비상장법인은 금융위원회로부터 전문투자자로 확인받아도 자발적 전문투자자이므로 장외파생상품 거래 시 일반투자자로 대우받는다.
> ② 불초청권유 금지원칙은 전문투자자와 일반투자자 구분 없이 적용되므로 전문투자자라도 장외파생상품은 투자권유 요청 없이는 실시간 대화의 방법으로 투자권유를 할 수 없다.
> ③ 상호저축은행중앙회는 절대적 전문투자자이므로 전문투자자로 대우받겠다는 취지의 서면 없이도 장외파생상품 거래를 할 수 있다.

정답 029 ④　　030 ③　　031 ④

★★★
032 자본시장법상 금융투자업 신규 진입 시 인가를 요건으로 하는 업무가 아닌 것은?

① 투자일임업   ② 투자중개업

③ 투자매매업   ④ 집합투자업

해설 투자일임업과 투자자문업은 신규 진입 시 등록을 요건으로 한다.

🏛 **필수**핵심정리   인가대상/등록대상 금융투자업

인가대상 금융투자업	투자매매업, 투자중개업, 집합투자업, 신탁업
등록대상 금융투자업	투자자문업, 투자일임업, 온라인소액투자중개업

★★★
033 금융투자업 인가요건으로 거리가 먼 것은?

① 사업계획의 타당성 요건   ② 최저 자본금 요건

③ 이해상충 방지체계 구비 요건   ④ 인력요건 및 전산설비 등 물적 시설 요건

해설 자기자본 요건은 있지만 자본금 요건은 없다.

🏛 **필수**핵심정리   금융투자업 인가요건

법인격 요건	• 상법에 따른 주식회사 • 대통령령이 정하는 금융기관 • 외국금융투자업자로서 지점 또는 영업소를 설치한 자
자기자본 요건	자기자본이 인가업무 단위별 5억원과 대통령령이 정하는 금액 중 큰 금액 이상이어야 함
인력 요건	• 임원의 자격 : 미성년자, 금치산자, 한정치산자 등의 결격요건에 해당하지 않을 것 • 최소 전문인력 요건을 충족하여야 함
물적 시설 요건	충분한 전산설비, 그 밖의 물적 설비를 갖출 것
사업계획 요건	사업계획이 건전하고 타당할 것
대주주 요건	대주주 및 신청인이 ① 충분한 출자능력(자기자본이 출자금액의 4배 이상) ② 건전한 재무상태(부채비율 300% 미만) ③ 사회적 신용을 갖출 것
이해상충 방지체계	정보교류차단상치 등 이해상충 방지를 위한 장치를 구비하여야 힘

★★★
034 금융투자업 인가요건에 대한 설명으로 옳지 않은 것은?

① 상법에 따른 주식회사, 대통령령이 정하는 금융기관 및 외국금융투자업자로서 지점 또는 영업소를 설치한 자이어야 한다.
② 자기자본이 인가업무 단위별 10억원과 대통령령이 정하는 금액 중 큰 금액 이상이어야 한다.
③ 투자자의 보호가 가능하고 금융투자업을 영위하기에 충분한 전산설비, 그 밖의 물적 설비를 갖추어야 한다.
④ 대주주 및 신청인이 충분한 출자능력(자기자본이 출자금액의 4배 이상), 건전한 재무상태(부채비율 300% 미만), 사회적 신용을 갖추어야 한다.

> **해설** 자기자본이 인가업무 단위별 5억원과 대통령령이 정하는 금액 중 큰 금액 이상이어야 한다.

★★★
035 금융투자업 인가요건 중 인력에 관한 요건으로 옳지 않은 것은? 심화

① 금융업의 허가·인가·등록 등이 취소된 법인 또는 회사의 임직원이었던 자로서 그 법인 또는 회사에 대한 취소가 있는 날부터 5년이 경과되지 아니한 자는 임원이 될 수 없다.
② 금융 관련 법령에 따라 해임되거나 면직된 날로부터 5년이 경과되지 아니한 자는 임원이 될 수 없다.
③ 집합투자업 및 신탁업의 경우 각 필요업무에 5년 이상 종사한 경력이 있는 전문인력 요건을 충족하여야 한다.
④ 집합투자증권의 투자매매업자·투자중개업자는 투자권유자문인력을 5인 이상 갖추어야 한다.

> **해설** 집합투자업 및 신탁업의 경우 각 필요업무에 2년 이상 종사한 경력이 있는 전문인력 요건을 충족하여야 한다.

🏛 필수핵심정리 〉 금융투자업 인가요건 – 인력에 관한 요건

	다음 중 어느 하나에 해당하지 않아야 함
임원의 자격	• 미성년자, 금치산자 또는 한정치산자 • 파산선고를 받은 자로서 복권되지 아니한 자 • 금고 이상의 실형을 선고받거나 벌금 이상의 형을 선고받고 그 집행이 종료되거나 집행이 면제된 날로부터 5년이 경과되지 아니한 자 • 금고 이상 형의 집행유예를 선고받고 그 유예기간 중에 있는 자 • 금융업의 허가·인가·등록 등이 취소된 법인 또는 회사의 임직원이었던 자로서 그 법인 또는 회사에 대한 취소가 있는 날부터 5년이 경과되지 아니한 자 • 금융 관련 법령에 따라 해임되거나 면직된 날로부터 5년이 경과되지 아니한 자 등

최소 전문인력 요건	집합투자업 및 신탁업	각 필요업무에 2년 이상 종사한 경력이 있는 전문인력 요건을 충족하여야 함
	집합투자증권의 투자매매업자·투자중개업자	투자권유자문인력을 5인 이상 갖추어야 함

★★★
036 금융투자업 인가요건 중 대주주에 대한 요건으로 옳지 않은 것은? 심화

① 대주주 및 신청인이 충분한 출자능력(자기자본이 출자금액의 4배 이상), 건전한 재무상태(부채비율 300% 미만), 사회적 신용을 갖추어야 한다.

② 심사대상 대주주의 범위는 최대주주, 주요주주, 최대주주의 특수관계인인 주주, 최대주주가 법인인 경우 그 법인의 최대주주 및 대표자 등이다.

③ 대주주 요건은 대주주의 형태에 따라 별도의 세부요건을 금융위가 정한다.

④ 겸영 금융투자업자의 경우와 금융투자업자가 다른 회사와 합병·분할·분할합병을 하는 경우에는 금융위가 대주주 요건을 강화할 수 있다.

> **해설** 겸영 금융투자업자의 경우와 금융투자업자가 다른 회사와 합병·분할·분할합병을 하는 경우에는 금융위가 대주주 요건을 완화할 수 있다.

🏛 필수핵심정리 ▶ 금융투자업 인가요건 – 대주주에 대한 요건

대주주 및 신청인이 충분한 출자능력(자기자본이 출자금액의 4배 이상), 건전한 재무상태(부채비율 300% 미만), 사회적 신용을 갖추어어 함

심사대상 대주주의 범위	최대주주, 주요주주, 최대주주의 특수관계인인 주주, 최대주주가 법인인 경우 그 법인의 최대주주(사실상의 지배자 포함) 및 대표자
대주주 요건	대주주의 형태에 따라 별도의 세부요건을 금융위가 정함
대주주 요건의 완화	겸영 금융투자업자의 경우와 금융투자업자가 다른 회사와 합병·분할·분할합병을 하는 경우에는 금융위가 대주주 요건을 완화할 수 있음

★★★
037 금융투자업 인가요건 유지 의무에 대한 설명으로 옳지 않은 것은?

① 금융투자업자가 인가요건을 유지하지 못할 경우 금융위의 인가가 취소될 수 있다.

② 매 회계연도 말 기준 자기자본이 인가업무 단위별 최저 자기자본의 80% 이상을 유지하여야 한다.

③ 대주주의 출자능력(자기자본이 출자금액의 4배 이상), 재무건전성, 부채비율(300%) 요건은 출자 이후인 점을 감안하여 인가요건 유지의무에서 배제시켰다.

④ 최대주주의 경우 최근 5년간 5억원 이상의 벌금형만을 적용한다.

> **해설** 매 회계연도 말 기준 자기자본이 인가업무 단위별 최저 자기자본의 70% 이상을 유지하여야 한다.

🏛 필수핵심정리 ▷ 금융투자업 인가요건 유지 의무

금융투자업자는 인가·등록을 받은 이후에도 인가·등록 요건을 계속 유지하여야 함 → 다만, 자기자본 요건과 대주주 요건은 완화하여 적용

위반 시 제재	금융투자업자가 인가요건을 유지하지 못할 경우 금융위의 인가가 취소될 수 있음
자기자본 요건	매 회계연도 말 기준 자기자본이 인가업무 단위별 최저 자기자본의 70% 이상을 유지하여야 하며, 다음 회계연도 말까지 자본보완이 이루어지는 경우 요건을 충족한 것으로 간주
대주주 요건	• 대주주의 출자능력(자기자본이 출자금액의 4배 이상), 재무건전성, 부채비율(300%) 요건은 출자 이후인 점을 감안하여 인가요건 유지 의무에서 배제 • 최대주주의 경우 최근 5년간 5억원 이상의 벌금형만을 적용 • 금산법에 의하여 부실금융기관으로 지정된 금융기관의 최대주주·주요주주 또는 그 특수관계인이 아닐 것

★★★
038 금융투자업 등록요건으로 거리가 먼 것은?

① 사업계획의 타당성 요건 ② 대주주 요건
③ 자기자본 요건 ④ 전문인력 요건

 해설 사업계획의 타당성 요건(사업계획이 타당하고 건전할 것)은 일종의 적합성 기준으로 금융위의 주관적 개입을 의미하는데, 이 요건은 인가요건에만 적용된다. 또한 등록요건은 전문인력 요건만 적용하고 전산 등 물적 설비 요건은 적용하지 않는다.

🏛 필수핵심정리 ▷ 금융투자업 등록요건

자기자본 요건	등록업무 단위별로 일정 수준 이상의 자기자본을 갖출 것(둘 이상의 등록업무 단위를 영위할 경우 각각의 최저자기자본을 합산)
인력 요건	• 임원의 자격 : 인가대상 금융투자업의 임원에 대한 요건과 동일 • 금융투자전문인력을 확보할 것 : 투자자문업의 경우 1인 이상, 투자일임업의 경우 2인 이상을 확보해야 함 → 둘 다 영위할 경우 각각의 인력을 모두 확보해야 함(총 3인 이상)
대주주 요건	투자자문·투자일임업을 등록하고자 하는 회사의 대주주는 다음의 요건에 적합하여야 함 • 최근 5년간 벌금형 이상의 형사처벌을 받은 사실이 없을 것 • 최근 5년간 채무불이행 등으로 건전한 신용질서를 해친 사실이 없을 것 • 금산법에 따라 부실금융기관으로 지정되었거나 자본시장법 등에 따라 영업의 허가·인가 등이 취소된 금융기관의 대주주 또는 특수관계인이 아닐 것 • 그 밖에 금융위가 정하는 건전한 금융거래질서를 해친 사실이 없을 것 등

정답 036 ④ 037 ② 038 ①

CHAPTER 01 자본시장법과 금융투자업에 관한 법률·금융위원회규정 **553**

★★★
039 금융투자업 등록요건에 대한 설명으로 옳지 않은 것은?

① 등록업무 단위별로 일정수준 이상의 자기자본을 갖추어야 한다.
② 금융투자전문인력을 투자자문업의 경우 2인 이상, 투자일임업의 경우 3인 이상을 확보해야 한다.
③ 대주주는 최근 5년간 벌금형 이상의 형사처벌을 받은 사실이 없어야 한다.
④ 대주주는 최근 5년간 채무불이행 등으로 건전한 신용질서를 해친 사실이 없어야 한다.

> **해설** 금융투자전문인력을 투자자문업의 경우 1인 이상, 투자일임업의 경우 2인 이상을 확보해야 하며, 둘 다 영위할 경우 각각의 인력을 모두 확보해야(총 3인 이상) 한다.

★★★
040 금융투자업의 진입규제에 대한 설명으로 옳은 것은?

① 인가제와 등록제는 진입요건이 동일하다.
② 금융투자업자가 인가·등록된 업무 외에 타 업무에 대하여 추가하고자 할 때, 변경인가·등록을 하여야 한다.
③ 금융투자업자는 인가를 받은 이후에도 모든 인가요건을 계속 동일하게 유지하여야 한다.
④ 투자자문업과 투자일임업은 인가제이다.

> **해설** ① 인가제의 진입요건이 보다 엄격하다.
> ③ 자기자본요건과 대주주요건은 일부 완화하여 적용하고 있다.
> ④ 투자자문업과 투자일임업은 등록제이다.

★★★
041 다음 중 자본시장법상 투자자문업자 규제에 대한 설명으로 옳지 않은 것은?

① 투자자문업의 진입제도는 등록제를 채택하고 있다.
② 전업 투자자문업자는 영업용순자본비율 유지의무 적용대상에서 배제된다.
③ 투자일임 재산이 5천억원 이상인 전업 투자자문업자에 한하여 준법감시인 설치의무가 부과된다.
④ 전업 투자자문업자가 발행한 주식을 취득하여 대주주가 되기 위해서는 사전에 금융위원회의 승인을 받아야 한다.

> **해설** 전업 투자자문업자의 대주주 변경은 금융위원회의 사전승인 대상이 아니라 사후보고 대상이다.

★★★
042 금융투자업 인가 및 등록 절차에 대한 설명으로 옳지 않은 것은? 심화

① 금융위는 인가신청서 접수 후 3개월(예비인가를 받은 경우 1개월) 이내에 인가 여부를 결정하여 신청인에게 문서로 통지한다.

② 금융위는 인가를 함에 있어 경영의 건전성 확보 및 투자자 보호에 필요한 조건을 붙일 수 있다.

③ 금융투자업 인가를 받으려는 자는 미리 금융위에 예비인가를 신청할 수 있다.

④ 금융위는 등록신청서 접수 후 2개월(예비등록을 받은 경우 1개월) 이내에 등록 여부를 결정하여 신청인에게 문서로 통지한다.

> **해설** 등록제인 경우에는 예비등록 절차가 없다. 금융위는 등록신청서 접수 후 2개월 이내에 등록 여부를 결정하여 신청인에게 문서로 통지하면 된다.

┈┈TOPIC 7 금융투자업자에 대한 규제 · 감독 – 건전성 규제

★★★
043 금융투자업자의 회계처리에 관한 설명으로 옳지 않은 것은?

① 금융투자업자의 회계처리는 한국채택국제회계기준에 따르며, 한국채택국제회계기준에 정하지 않은 사항은 금융투자업규정 및 시행세칙에 따라야 한다.

② 투자중개업자는 투자자의 예탁자산과 투자중개업자의 자기재산을 구분계리하여야 한다.

③ 금융투자업자는 반기별로 가결산을 실시하여야 한다.

④ 신탁부문은 고유부문과 분리하여 독립된 계정으로 회계처리한다.

> **해설** 금융투자업자는 분기별로 가결산을 실시하여야 한다. 또한 재무상태표 및 포괄손익계산서의 표준 양식과 계정과목별 처리내용 및 외국환계정의 처리기준은 금융감독원장이 정한다.

★★★
044 금융투자업자의 자산건전성 분류에 대한 설명으로 옳지 않은 것은?

① 금융투자업자는 매 분기마다 자산 및 부채에 대한 건전성을 정상, 요주의, 고정, 회수의문, 추정손실의 5단계로 분류하여야 한다.

② 금융투자업자는 매 분기 말 현재 '요주의' 이하로 분류된 채권에 대하여 적정한 예상회수가액을 산정하여야 한다.

③ 금융감독원장은 금융투자업자의 자산건전성 분류 및 대손충당금 등 적립의 적정성을 점검하고 부적정하다고 판단되는 경우 이의 시정을 요구할 수 있다.

④ 금융투자업자는 회수의문 또는 추정손실로 분류된 자산(부실자산)을 조기에 상각하여 자산의 건전성을 확보하여야 한다.

해설 매 분기 말 현재 '고정' 이하로 분류된 채권에 대하여 적정한 예상회수가액을 산정하여야 한다.

★★★
045 금융투자업자의 충당금 적립기준에 대한 설명으로 옳지 않은 것은?

① 대출채권, 가지급금과 미수금, 미수수익, 대여금, 대지급금, 부도어음, 부도채권, 그밖에 금융투자업자가 건전성 분류가 필요하다고 인정되는 자산에 대하여 한국채택국제회계기준에 따라 대손충당금을 적립한다.

② 정형화된 거래로 발생하는 미수금에 대하여는 대손충당금을 적립하지 않아도 된다.

③ '정상'으로 분류된 대출채권 중 콜론, 환매조건부매도에 대하여는 대손충당금을 적립하지 아니할 수 있다.

④ 채권중개전문회사 및 다자간매매체결회사에 관하여는 자산건전성 분류 및 대손충당금 등의 적립기준에 관한 규정을 적용하지 아니한다.

해설 정상으로 분류된 대출채권 중 콜론, 환매조건부매수에 대하여는 대손충당금을 적립하지 아니할 수 있다. 환매조건부매수란 되파는 조건으로 매수한 것이기 때문이다.

🏛 필수핵심정리 ▶ 금융투자업의 자산건전성 분류 및 대손충당금 적립기준

자산건전성 분류	대손충당금 적립비율(해당 분류 자산에 대한 비율)	
정상	0.5%	매분기마다 자산건전성을 5단계로 분류해야 하며, 고정 이하로 분류된 채권은 회수예상가격을 산정해야 함
요주의	2%	
고정	20%	
회수의문	75%	
추정손실	100%	

• 대손충당금을 적립하지 않아도 되는 것 : 정형화된 거래로 발생하는 미수금, 정상으로 분류된 대출채권 중 콜론, 환매조건부매수, 한국채택국제회계기준에 따라 당기손익인식금융자산이나 매도가능금융자산으로 지정하여 공정가치로 평가한 금융자산

• '고정' 이하로 분류되는 채무보증에 대하여는 대손충당금 기준을 준용하여 채무보증충당금 및 대손충당금을 적립하여야 함

★★★
046 금융투자업자는 대손충당금 적립액이 '정상'분류자산의 100분의 0.5, '요주의'분류자산의 100분의 (㉠), '고정'분류자산의 100분의 20, '회수의문'분류자산의 100분의 (㉡), '추정손실'분류자산의 100분의 100의 합계액에 미달하는 경우 그 미달액을 대손준비금으로 적립하여야 한다. ㉠, ㉡에 알맞은 숫자는?

① ㉠ 2, ㉡ 75　　　② ㉠ 3, ㉡ 75　　　③ ㉠ 2, ㉡ 70　　　④ ㉠ 3, ㉡ 70

> **해설** 대손충당금 적립액이 '정상'분류자산의 100분의 0.5, '요주의'분류자산의 100분의 2, '고정'분류자산의 100분의 20, '회수의문'분류자산의 100분의 75, '추정손실'분류자산의 100분의 100의 합계액에 미달하는 경우 그 미달액을 대손준비금으로 적립하여야 한다.

★★★
047 금융투자업자의 순자본비율 규제에 대한 설명으로 옳지 않은 것은?

① 적기시정조치의 기준비율로 금융투자업자는 자본적정성 유지를 위해 순자본비율이 150% 이상 유지되도록 하여야 한다.
② 금융감독원은 순자본비율이 일정수준에 미달하는 금융투자업자에 대하여는 단계별로 경영개선조치를 취한다.
③ 금융투자업자가 파산할 경우 고객 및 이해관계자에게 손실을 입히지 않기 위해서는 '위험손실을 감안한 현금화 가능자산의 규모'가 '상환의무 있는 부채의 규모'보다 항상 크게 유지되어야 한다.
④ 순자본비율의 기초가 되는 금융투자업자의 자산, 부채, 자본은 연결재무제표에 계상된 장부가액(평가성 충당금을 차감한 것)을 기준으로 한다.

> **해설** 적기시정조치의 기준비율로 금융투자업자는 자본적정성 유지를 위해 순자본비율이 100% 이상 유지되도록 하여야 한다.

★★★
048 금융투자업자의 순자본비율 산정 원칙에 대한 설명으로 옳은 것은? 심화

① 시장위험과 신용위험을 동시에 내포하는 자산에 대하여는 시장위험액과 신용위험액 중 높은 금액을 산정한다.
② 영업용순자본 가산항목에 대하여는 원칙적으로 위험액을 산정하지 않는다.
③ 영업용순자본의 차감항목과 위험액 산정대상 자산 사이에 위험회피 효과가 있는 경우에는 위험액 산정대상 자산의 위험액을 감액할 수 있다.
④ 부외자산과 부외부채에 대해서는 위험액을 산정하지 않는 것을 원칙으로 한다.

> **해설** ① 시장위험과 신용위험을 동시에 내포하는 자산에 대하여는 시장위험액과 신용위험액을 모두 산정한다.
> ② 영업용순자본 차감항목에 대하여는 원칙적으로 위험액을 산정하지 않는다.
> ④ 부외자산과 부외부채에 대해서도 위험액을 산정하는 것을 원칙으로 한다.

정답 044 ②　045 ③　046 ①　047 ①　048 ③

★★★
049 금융투자업자의 순자본비율 산정방식에 대한 설명으로 옳지 않은 것은?

① 영업용순자본은 순재산액(= 자산 − 부채)에서 현금화곤란 자산을 가산하고 보완자본을 차감하여 계산한다.

② 총위험액은 시장위험액, 신용위험액 및 운영위험액을 합산하여 계산한다.

③ 순자본비율 = $\dfrac{\text{영업용순자본} - \text{총위험액}}{\text{필요유지자기자본}}$

④ 특수관계인에 대한 금전 또는 증권에 관한 청구권과 특수관계인이 발행한 증권은 전액 영업용순자본에서 차감한다.

> **해설** 영업용순자본은 기준일 현재 금융투자업자의 순자산 가치로서 순재산액(= 자산 − 부채)에서 현금화곤란 자산을 차감하고 보완자본을 가산하여 계산한다. 또한, 총위험액은 금융투자업자가 영업을 영위함에 있어 직면하게 되는 손실을 미리 예측하여 계량화한 것이다.

🏛 **필수**핵심정리　금융투자업자의 순자본비율 산정방식

영업용 순자본		**= 자산 − 부채 − 차감항목 + 가산항목** → 자산, 부채, 자본은 재무제표에 계상된 장부가액을 기준으로 함
	차감항목	자산 중 즉시 현금화하기 곤란한 자산
	가산항목	부채로 계상되었으나 실질적인 채무이행 의무가 없거나 실질적으로 자본의 보완적 기능을 하는 항목 등
총위험액		**= 시장위험액 + 신용위험액 + 운영위험액**
	시장위험액	= 주식위험액 + 금리위험액 + 외환위험액 + 집합투자증권 등 위험액 + 일반 상품위험액 + 옵션위험액
	신용위험액	= 신용위험액
	운영위험액	= 운영위험액 + 집합투자재산위험액
필요유지 자기자본		금융투자업자가 영위하는 인가업무 또는 등록업무 단위별로 요구되는 자기자본을 합계한 금액
순자본 비율		$= \dfrac{\text{영업용순자본} - \text{총위험액}}{\text{필요유지자기자본}} = \dfrac{\text{순자본}}{\text{필요유지자기자본}}$ [영업용순자본비율 = 영업용순자본 / 총위험액] → 따라서, 영업용순자본과 총위험액이 같으면 순자본비율은 0%가 되고 영업용순자본비율은 100%가 됨

★★★
050 금융투자업규정상 금융투자업자의 총위험액 산정 시 시장위험액에 해당하지 않는 것은? [심화]

① 외환위험액　　　　　　② 주식위험액

③ 신용위험액　　　　　　④ 금리위험액

> **해설** 신용위험액은 거래상대방의 계약불이행 등으로 인하여 발생할 수 있는 잠재적인 위험으로 시장위험액이 아니다.

★★★
051 다음 자료를 이용하여 계산한 금융투자업자의 순자본비율은? 심화

총자산	총부채	차감항목	가산항목
1,000억원	400억원	40억원	100억원
시장위험액	**신용위험액**	**운영위험액**	**필요유지자기자본**
300억원	100억원	20억원	160억원

① 100% ② 130%

③ 150% ④ 170%

해설 순자본비율을 계산하면 다음과 같다.

영업용순자본	$= 자산 - 부채 - 차감항목 + 가산항목$ $= 1,000 - 400 - 40 + 100 = 660$
총위험액	$= 시장위험액 + 신용위험액 + 운영위험액$ $= 300 + 100 + 20 = 420$
필요유지자기자본	$= 160$
순자본비율	$= \dfrac{영업용순자본 - 총위험액}{필요유지자기자본} = \dfrac{660 - 420}{160} = 1.5 = 150\%$

★★★
052 금융투자업자의 순자본비율 산정 및 보고시기에 대한 설명으로 옳지 않은 것은? 심화

① 금융투자업자는 최소한 일별로 순자본비율(또는 영업용순자본비율)을 산정해야 한다.

② 순자본비율(영업용순자본비율)과 산출내역은 매월 말 기준으로 1개월 이내에 업무보고서를 통하여 금융감독원장에게 제출하여야 한다.

③ 분기별 업무보고서 제출 시에는 순자본비율(영업용순자본비율)에 대한 외부감사인의 검토보고서를 첨부하여야 한다.

④ 순자본비율이 150%(영업용순자본비율은 200%) 미만이 된 경우에는 지체 없이 금융감독원장에게 보고하여야 한다.

해설 순자본비율이 100%(영업용순자본비율의 경우 150%) 미만이 된 경우에는 지체 없이 금감원장에게 보고하여야 한다. 참고로, 분기별 업무보고서 제출 시에는 순자본비율(영업용순자본비율)에 대한 외부감사인의 검토보고서를 첨부하여야 한다. 다만, 최근 사업연도 말 자산총액(투자자예탁금 제외)이 1천억원 미만이거나, 장외파생상품에 대한 투자매매업 또는 증권에 대한 투자매매업(인수업 포함)을 영위하지 않는 금융투자업자는 외부감사인 검토보고서를 반기별로 제출한다.

★★★
053 금융투자업자의 레버리지비율은 개별재무상태표상의 (㉠) 대비 (㉡)의 비율로 계산되며 구체적인 산정방식은 금융감독원장이 정한다. ㉠, ㉡에 알맞은 말은?

① ㉠ 자기자본, ㉡ 총자산   ② ㉠ 타인자본, ㉡ 총자산
③ ㉠ 자기자본, ㉡ 순자산   ④ ㉠ 타인자본, ㉡ 순자산

해설 [레버리지비율 = 총자산 / 자기자본] → 레버리지 규제는 당기순손실 등 경영실적이 저조하면서 외부차입비중이 높아 부실 우려가 있는 경영부진 회사에 대한 선제적 경영개선을 유도하기 위해 증권사 및 선물사에 대해 레버리지비율을 일정수준 이하로 유지하도록 요구하는 것이다.

★★★
054 금융감독원의 금융투자업자에 대한 경영실태평가를 설명한 것으로 옳지 않은 것은?

① 경영실태평가는 금융투자업자(전업투자자문·일임업자 제외)의 경영 및 재무건전성을 판단하기 위하여 재산과 업무상태 및 위험을 종합적·체계적으로 분석·평가하는 것이다.
② 경영실태평가는 금융투자업의 종류에 따라 공통부문(자본적정성, 수익성, 내부통제)과 업종부문(유동성, 안전성)으로 구분하여 평가하고, 그 결과를 감안하여 종합평가한다.
③ 경영실태평가는 금융투자업 본점, 해외 현지법인 및 해외지점을 대상으로 한다.
④ 경영실태평가 결과는 10단계 등급으로 구분한다.

해설 경영실태평가 결과는 5단계 등급으로 구분하여 나타낸다.

🏛 필수핵심정리 ▶ 금융감독원의 금융투자업자에 대한 경영실태평가

금융감독원이 검사 실시 → 5단계 등급으로 구분

평가등급	1등급(우수) > 2등급(양호) > 3등급(보통) > 4등급(취약) > 5등급(위험)

★★★
055 금융위의 금융투자업자에 대한 적기시정조치와 그 해당 사유의 연결이 바르지 않은 것은?

① 경영개선권고 : 순자본비율 50% 이상 100% 미만인 경우
② 경영개선요구 : 순자본비율 0% 이상 50% 미만인 경우
③ 경영개선명령 : 순자본비율 또는 영업용순자본비율 0% 미만인 경우
④ 경영개선명령 : 부실금융기관에 해당하는 경우

해설 순자본비율 0%(영업용순자본비율의 경우 100%) 미만인 경우 경영개선명령의 적기시정조치가 취해진다.

경영개선 권고 → 경영개선 요구 → 경영개선 명령 순으로 적기시정조치의 강도가 세짐

	적기시정조치 해당 요건			조치사항
	종합평가등급	순자본비율	레버리지비율	
경영개선권고	종합평가등급 3등급 이상으로서 자본적정성 부문의 평가등급이 4등급 이하	100% 미만	• 2년 연속 적자이면서 레버리지비율 900% 초과 • 레버리지비율 1,100% 초과	• 인력의 조직운용의 개선 • 경비절감 • 점포관리의 효율화, 부실자산 처분 • 신규업무 진출의 제한 등
경영개선요구	종합평가등급 4등급 이하	50% 미만	• 2년 연속 적자이면서 레버리지비율 1,100% 초과 • 레버리지비율 1,300% 초과	• 고위험자산 보유제한 및 자산처분 • 점포폐쇄, 통합, 신설제한 • 조직 축소, 영업 일부정지 • 교체 요구 등
경영개선명령	부실금융기관에 해당하는 경우	순자본비율 0% 미만(영업용순자본비율의 경우 100% 미만)		• 주식 소각 • 임원의 직무집행정지 및 관리인 선임 • 합병, 금융지주회사의 자회사로 편입 • 영업의 양도, 6개월 이내의 영업정지 등

• 경영개선계획 제출 : 당해 적기시정조치일로부터 2개월 이내
• 경영개선계획의 이행기간 : 경영개선계획 승인일로부터 경영개선권고는 6개월 이내, 경영개선요구는 1년 이내, 경영개선명령은 금융위가 정함

★★★
056 금융위가 금융투자업자에 대해 경영개선권고를 하는 경우와 거리가 먼 것은?

① 순자본비율이 100% 미만인 경우
② 종합평가등급이 3등급 이상으로서 자본적정성 부문의 평가등급을 4등급 이하로 판정받은 경우
③ 2년 연속 적자이면서 레버리지비율이 900%를 초과하는 경우
④ 레버리지비율이 1,000%를 초과하는 경우

해설 레버리지비율이 1,100%를 초과하는 경우이다.

057 금융위원회가 긴급조치를 취할 수 있는 사유와 거리가 먼 것은?

① 발행한 어음 또는 수표가 부도로 되거나 은행과의 거래가 정지 또는 금지되는 경우
② 유동성이 일시적으로 급격히 악화되어 투자예탁금 등의 지급불능 사태에 이른 경우
③ 휴업 또는 영업의 정지 등으로 돌발사태가 발생하여 정상적인 영업이 불가능하거나 어려운 경우
④ 순자본비율이 0% 미만인 경우 및 부실금융기관에 해당하는 경우

해설 순자본비율이 0%(영업용순자본 비율이 100%) 미만인 경우 및 부실금융기관에 해당하는 경우에는 경영개선명령을 한다.

🏛 **필수**핵심정리 〉 금융위의 긴급조치 사항

- 투자자예탁금 등의 일부 또는 전부의 반환명령 또는 지급정지
- 투자자예탁금 등의 수탁금지 또는 다른 금융투자업자로의 이전
- 채무변제행위의 금지, 경영개선명령조치, 증권 및 파생상품의 매매 제한

---

058 금융투자업규정상 금융투자업자의 위험관리체제에 대한 설명으로 옳지 않은 것은?

① 각종 거래에서 발생할 수 있는 시장위험, 운영위험, 신용위험 및 유동성위험 등 각종 위험을 종류별로 평가하고 관리하여야 한다.
② 각종 거래에서 발생하는 제반위험을 적시에 인식, 평가, 감시, 통제하는 등 위험관리를 위한 체제를 갖추어야 한다.
③ 주요 위험변동사항을 자회사와 연결지어 인식하고 감시해서는 안 되며, 별도로 위험관리체제를 갖추어야 한다.
④ 위험을 효율적으로 관리하기 위하여 부서별, 거래별, 상품별 위험부담한도, 거래한도 등을 설정 · 운영하여야 한다.

해설 금융투자업자는 주요 위험변동사항을 자회사와 연결하여 종합적으로 인식하고 감시하여야 한다.

★★★
059 외국환업무를 취급하는 금융투자업자의 위험관리에 대한 설명으로 옳지 않은 것은? 심화

① 외국환업무취급 금융투자업자는 국가별 위험, 지역신용위험, 시장위험 등 외국환 거래에 따르는 위험의 종류별로 관리기준을 자체적으로 설정·운영하여야 한다.

② 외국환업무취급 금융투자업자는 감독원장이 설정하는 '외환파생상품거래위험관리기준'을 그대로 따라야 한다.

③ 외국환업무취급 금융투자업자는 '외환파생상품'거래를 체결할 경우 거래상대방에 대하여 그 거래가 규정에 따른 위험회피 목적인지 여부를 확인하여야 한다.

④ 외국환업무취급 금융투자업자는 거래상대방별로 거래한도를 설정하여야 한다.

해설 외국환업무취급 금융투자업자는 '외환파생상품거래위험관리기준'을 자체적으로 설정·운영하여야 한다. 다만, 감독원장은 외국환업무취급 금융투자업자의 건전성을 위하여 필요한 경우 '외환파생상품거래위험관리기준'의 변경 및 시정을 요구할 수 있다.

★★★
060 외국환업무를 취급하는 금융투자업자의 외화유동성비율에 대한 설명으로 옳지 않은 것은?

① 외화자산 및 외화부채를 각각 잔존만기별로 구분하여 관리하여야 한다.

② 잔존만기 3개월 이내 부채에 대한 잔존만기 3개월 이내 자산의 비율이 100% 이상이어야 한다.

③ 외화자산 및 외화부채의 만기 불일치비율을 유지하여야 한다.

④ 총자산에 대한 외화부채의 비율이 100분의 1에 미달하는 외국환업무취급 금융투자업자에 대하여는 만기 불일치비율을 적용하지 않는다.

해설 잔존만기 3개월 이내 부채에 대한 잔존만기 3개월 이내 자산의 비율이 100분의 80(80%) 이상이어야 한다.

★★★
061 다음은 외국환업무를 취급하는 금융투자업자의 외화자산 및 외화부채의 만기 불일치비율을 설명한 것이다. ㉠, ㉡에 알맞은 숫자는? 심화

> 잔존만기 7일 이내의 경우에는 자산이 부채를 초과하는 비율 100분의 (㉠) 이상, 잔존만기 1개월 이내의 경우에는 부채가 자산을 초과하는 비율 100분의 (㉡) 이내를 유지하여야 한다.

① ㉠ 0, ㉡ 10　　　　　　　　　　② ㉠ 10, ㉡ 0

③ ㉠ 10, ㉡ 10　　　　　　　　　 ④ ㉠ 10, ㉡ 20

해설 외화자산 및 외화부채의 만기 불일치비율(잔존만기 7일 이내의 경우에는 자산이 부채를 초과하는 비율 100분의 0 이상, 잔존만기 1개월 이내의 경우에는 부채가 자산을 초과하는 비율 100분의 10 이내)을 유지하여야 한다. 다만, 총자산에 대한 외화부채의 비율이 100분의 1에 미달하는 외국환업무취급 금융투자업자에 대하여는 적용하지 않는다.

정답 057 ④　　058 ③　　059 ②　　060 ②　　061 ①

062 외국환업무를 취급하는 금융투자업자의 외국환포지션 한도에 대한 설명으로 옳지 않은 것은? 심화

① 외국환포지션 중 종합포지션은 각 외국통화별 종합매입초과포지션의 합계액과 종합매각초과포지션의 합계액 중 큰 것으로 한다.
② 외국환포지션 중 선물환포지션은 각 외국통화별 선물환매입초과포지션의 합계액과 선물환매각초과포지션의 합계액 중 큰 것으로 한다.
③ 종합매입초과포지션은 각 외국통화별 종합매입초과포지션의 합계액 기준으로 전월말 자기자본의 100분의 50에 상당하는 금액을 한도로 한다.
④ 선물환매입초과포지션은 각 외국통화별 선물환매입초과포지션의 합계액 기준으로 전월말 자기자본의 100분의 50에 상당하는 금액을 한도로 한다.

> **해설** 외국환포지션 중 선물환포지션은 각 외국통화별 선물환매입초과포지션의 합계에서 선물환매각초과포지션의 합계를 차감하여 산정한다.

063 금융투자업자의 업무보고 및 경영공시에 대한 설명으로 옳지 않은 것은?

① 금융투자업자는 매 사업연도 개시일부터 6개월간 및 12개월간의 업무보고서를 작성하여 그 기간 경과 후 45일 이내에 금융위에 제출하여야 한다.
② 회계감사를 받은 감사보고서, 재무제표 및 부속명세서, 수정재무제표에 따라 작성한 순자본비율보고서 또는 영업용순자본비율보고서 및 자산부채비율보고서 등을 금융감독원장이 요청할 경우에 제출하여야 한다.
③ 금융투자업자는 상장법인의 공시의무 사항의 발생, 부실채권 또는 특별손실의 발생, 임직원이 형사처벌을 받은 경우에는 금융위에 보고하고 인터넷 홈페이지 등을 이용하여 공시하여야 한다.
④ 회계기간 변경을 결정한 경우에도 금융위에 보고하고 인터넷 홈페이지 등을 이용하여 공시하여야 한다.

> **해설** 금융투자업자는 매 사업연도 개시일부터 3개월간 · 6개월간 · 9개월간 및 12개월간의 업무보고서를 작성하여 그 기간 경과 후 45일 이내에 금융위에 제출하여야 한다.

★★★
064 금융투자업자의 대주주와의 거래제한에 관한 설명으로 옳지 않은 것은?

① 금융투자업자는 원칙적으로 대주주가 발행한 증권을 소유할 수 없다.

② 금융투자업자는 원칙적으로 그 계열회사가 발행한 주식, 채권 및 약속어음을 소유할 수 없다.

③ 금융투자업자는 원칙적으로 대주주 및 대주주의 특수관계인에 대하여 신용공여가 금지되며, 대주주 및 대주주의 특수관계인은 금융투자업자로부터 신용공여를 받는 것이 금지된다.

④ 금융투자업자는 계열회사 발행 증권을 한도 내에서 예외적으로 취득하거나, 대주주 및 대주주의 특수관계인에 대하여 예외적으로 신용공여를 하는 경우에는 재적이사 전원의 찬성에 의한 이사회 결의를 거쳐야 한다.

> **해설** 금융투자업자는 예외적인 경우를 제외하고는 그 계열회사가 발행한 주식, 채권 및 약속어음을 자기자본의 8%를 초과하여 소유할 수 없다.

🏛 필수핵심정리 ▶ 금융투자업자의 대주주와의 거래 제한

대주주 및 특수관계인 발행 증권	원칙	소유 금지
	예외	담보권 실행 등 권리행사, 시장조성 · 안정조작, 대주주 아닌 자가 대주주가 되는 경우, 인수, 보증사채 특수채증권의 경우
계열회사 발행 주식 · 채권 · 약속어음	원칙	소유비율 제한(자기자본의 8%를 초과하여 소유 못함)
	예외	담보권 실행 등 권리행사, 시장조성 · 안정조작, 계열회사가 아닌 자가 계열회사가 되는 경우, 인수, 보증사채 특수채증권, 경영참여목적의 출자 등, 차익거래, 투자위험회피거래, 자기자본 변동 등의 사유로 인한 한도 초과 등
신용공여	원칙	대주주 및 대주주의 특수관계인에 대하여 신용공여 금지
	예외	임원에 대한 제한적 신용공여, 해외현지법인에 대한 채무보증, 담보권 실행 등 권리행사

- 예외적용의 요건

  금융투자업자가 계열회사 발행 증권을 한도 내에서 예외적으로 취득하거나, 대주주 및 대주주의 특수관계인에 대하여 예외적으로 신용공여를 하는 경우 ⊙ 재적이사 전원의 찬성에 의한 이사회 결의 필요(단, 단일거래 금액이 자기자본의 10/10,000과 10억원 중 적은 금액의 범위인 경우 이사회 결의 불필요), ⓒ 그 내용을 금융위에 보고하고 인터넷 홈페이지 등에 공시

- 위반 시 제재

  금융위는 금융투자업자 또는 그 대주주에게 자료제출을 명할 수 있으며, 금융투자업자에게 대주주 발행증권의 신규 취득 등을 제한할 수 있음

★★★
065 자본시장법상 금융투자업자의 공통 영업행위 규칙에 관한 설명으로 옳지 않은 것은?

① 금융투자업자는 신의성실의 원칙에 따라 공정하게 금융투자업을 영위하여야 한다.

② 금융투자업자는 정당한 사유 없이 투자자의 이익을 해하면서 자기 또는 제3자의 이익을 추구해서는 아니 된다.

③ 금융투자업자가 아닌 자가 금융투자업자로 오인될 수 있는 문자를 상호에 사용하는 것을 금지한다.

④ 금융투자업자는 자기의 명의를 대여하여 타인에게 금융투자업을 영위하게 할 수 있다.

> **해설** 금융투자업자는 자기의 명의를 대여하여 타인에게 금융투자업을 영위하게 하여서는 아니 된다.

🏛 필수핵심정리 〉 금융투자업자의 영업행위 규칙(공통 영업행위 규칙)

신의성실의무	신의성실 원칙에 따라 공정하게 금융투자업을 영위해야 함
상호 규제	금융투자업자가 아닌 자가 금융투자업자로 오인될 수 있는 문자를 상호에 사용하는 것을 금지
명의대여 금지	금융투자업자는 자신의 명의를 대여하여 타인에게 금융투자업을 영위하게 해서는 안 됨
겸영 제한	금융투자업자는 다른 금융업무를 겸영하고자 하는 경우 영업예정일 7일 전까지 금융위에 신고
부수업무 영위	금융투자업자는 금융투자업에 부수하는 업무를 겸영하고자 하는 경우 영위하고자 하는 날의 7일 전까지 금융위에 신고
업무위탁	업무의 일부를 제3자에게 위탁 가능(원칙적으로 허용) → (예외로 금지) 핵심업무는 위탁 금지
재위탁	원칙적으로 금지 → (예외로 허용) 단순업무, 외화자산 운용 · 보관업무는 재위탁 가능
이해상충관리	이해상충관리 의무
정보교류 차단장치	정보제공, 임직원 겸직, 사무공간 및 전산설비 공동이용 등 정보교류 금지(Chinese Wall 구축)

★★★
066 자본시장법상 금융투자업자의 영업행위규칙에 관한 설명으로 옳지 않은 것은?

① 금융투자업자는 다른 금융업무를 겸영하고자 하는 경우 영위예정일 7일 전까지 금융위에 신고하여야 한다.
② 금융투자업자는 금융투자업에 부수하는 업무를 영위하고자 하는 경우 영위하고자 하는 날의 7일 전까지 금융위에 신고하여야 한다.
③ 금융투자업자는 영위 업무(금융투자업, 겸영업무, 부수업무)의 일부를 제3자에게 위탁할 수 없다.
④ 원칙적으로 위탁받은 업무의 재위탁은 금지되나, 단순업무 및 외화자산 운용·보관업무는 위탁자의 동의를 받아 재위탁을 할 수 있다.

> **해설** 금융투자업자는 영위 업무(금융투자업, 겸영업무, 부수업무)의 일부를 제3자에게 위탁할 수 있다. 다만, 핵심업무는 위탁이 금지된다. 금융투자업의 본질적 업무(인가·등록과 직접 관련된 필수업무)를 위탁하는 경우에는 위탁받은 자가 당해 업무 수행에 필요한 인가·등록한 자이어야 한다.

★★★
067 다음 중 금융투자업자가 제3자에게 위탁할 수 있는 업무는? 심화

① 투자매매업 관련 계약의 체결 및 해지 업무
② 투자매매업자의 매매호가 제시, 인수업무
③ 투자중개업 관련 증거금 관리 및 거래종결 업무
④ 집합투자업자의 운용업무와 관련한 조사분석업무

> **해설** 집합투자업, 투자자문업, 투자일임업, 신탁업의 경우에는 원칙적으로 모든 본질적 업무가 핵심업무에 해당하므로 본질적 업무에 대한 제3자의 위탁이 원칙적으로 금지된다. 다만, 일부 자산(외화자산 및 20% 이내의 원화자산)에 대한 운용(조언)업무, 운용업무와 관련한 조사분석업무 및 단순 매매주문업무, 일부 자산의 보관·관리업무는 위탁이 가능하다.

🏛 필수핵심정리 〉 금융투자업자의 핵심업무(위탁이 금지됨)

투자매매업	계약 체결·해지, 매매호가 제시, 인수
투자중개업	계약 체결·해지, 증거금 관리 및 거래종결
집합투자업 투자자문업 투자일임업	원칙적으로 모든 본질적 업무가 핵심업무에 해당 → 다만, 일부 자산(외화자산 및 20% 이내의 원화자산)에 대한 운용(조언)업무, 운용업무와 관련한 조사분석업무 및 단순 매매주문업무, 일부 자산의 보관·관리업무는 위탁이 가능

★★★
068 금융투자업자의 이해상충관리 규제체계 중 직접 규제와 거리가 먼 것은?

① 선행매매 금지
② 과당매매 금지
③ 직무 관련 정보이용 금지
④ 이해관계인과의 투자자 재산 거래 제한

해설 직무 관련 정보이용 금지는 일반 규제에 해당된다.

🏛 필수핵심정리 ▶ 금융투자업자의 이해상충관리 규제체계

일반 규제	신의성실의무, 투자자의 이익을 해하면서 자기 또는 제3자의 이익도모 금지, 직무 관련 정보 이용 금지, 선관주의의무(선관주의의무는 집합투자업, 신탁업, 투자자문 · 일임업 등 자산관리업자에게만 적용됨)
직접 규제	선행매매 금지, 과당매매 금지, 이해관계인과의 투자자 재산 거래 제한 등
정보교류 차단장치	사내 · 외 정보차단벽 간 정보제공, 임직원 겸직, 사무공간 · 전산설비 공동이용 등 정보교류 금지(Chinese Wall)

★★★
069 금융투자업자의 이해상충관리의무에 관한 설명으로 옳지 않은 것은?

① 금융투자업자는 금융투자업자와 투자자 간, 특정 투자자와 다른 투자자 간 이해상충을 방지하기 위해 이해상충발생 가능성을 파악 · 평가하고, 내부통제기준이 정하는 방법 · 절차에 따라 이를 적절히 관리하여야 한다.
② 이해상충이 발생할 가능성이 있다고 인정되는 경우에는 투자자에게 그 사실을 미리 알려야 한다.
③ 이해상충이 발생할 가능성이 있다고 인정되는 경우, 발생 가능성을 내부통제 기준에 따라 투자자 보호에 문제가 없는 수준으로 낮춘 후에 거래를 하여야 한다.
④ 금융투자업자는 이해상충이 발생할 가능성을 낮추는 것이 곤란하다고 판단되는 경우에는 고객에게 알리고 동의를 받은 후 거래를 하여야 한다.

해설 금융투자업자는 이해상충이 발생할 가능성을 낮추는 것이 곤란하다고 판단되는 경우에는 거래를 하여서는 아니 된다.

★★★
070 금융투자업자의 내부 정보교류 차단장치의 내용으로 옳지 않은 것은?

① 금융투자상품의 매매 정보 및 소유현황 정보의 제공 금지
② 임원 및 직원 겸직 금지
③ 투자자가 예탁한 증권의 총액과 증권의 종류별 총액에 관한 정보 제공 금지
④ 사무공간 및 전산설비 공동이용 금지

해설 투자자가 예탁한 증권의 총액과 증권의 종류별 총액에 관한 정보 등은 별도 제한 없이 제공이 가능하다.

정보의 제공 금지	대상정보 : 금융투자업자 또는 투자자의 금융투자상품의 매매 정보, 금융투자상품의 소유현황 정보, 집합투자재산의 구성내역과 운용 정보, 기업금융업무를 하면서 알게 된 미공개 중요정보 (예외 : 투자자가 예탁한 증권의 총액과 증권의 종류별 총액에 관한 정보 등은 별도 제한 없이 제공 가능)	
임원 및 직원 겸직 금지	임원(대표이사, 감사, 사외이사가 아닌 감사위원회 의원은 제외) 및 직원 겸직 금지	
사무공간 · 전산설비 공동이용 금지	사무공간	벽이나 칸막이 등을 통하여 공간적으로 분리되어야 하며, 출입문을 별도로 이용하여야 함
	전산설비	규제대상 정보에 관한 전산자료가 공유되지 못하도록 독립적으로 저장 · 관리 · 열람되어야 함
부서 및 업무의 독립	정보차단벽 대상 업무 간에 담당부서를 독립적으로 구분하고, 업무를 독립적으로 처리해야 함	
회의 · 통신 관리	정보차단벽 대상 업무를 수행하는 임직원 간에 업무에 관한 회의 · 통신을 하는 경우 기록을 유지하여야 하며, 내부통제기준이 정하는 바에 따라 준법감시인의 확인을 받아야 함	

★★★
071 금융투자업자의 외부 정보교류 차단장치 설치 범위에 해당되지 않는 것은?

① 계열회사
② 외국 금융투자업자 본점(외국 금융투자업자 지점의 경우)
③ 집합투자증권 판매회사(집합투자업자의 경우)
④ 투자자문업자

해설 투자자문업자는 외부 정보교류 차단장치 설치 범위에 해당되지 않는다.

★★★
072 다음 중 자본시장법상 금융투자업자의 투자권유 규제가 적용되는 대상이 아닌 것은?

① 금융투자상품의 매매　　　　　　② 투자자문계약의 체결
③ 투자일임계약의 체결　　　　　　④ 관리형신탁계약의 체결

해설 투자권유 규제가 적용되는 대상으로는 금융투자상품의 매매, 투자자문계약 · 투자일임계약 · 신탁계약의 체결을 권유하는 경우이다. 다만, 관리형신탁 및 투자성 없는 신탁계약은 해당되지 않는다.

★★★
073 금융투자업자의 투자권유 원칙에 관한 설명이다. ㉠, ㉡에 알맞은 말은?

> • 금융투자업자는 투자자가 일반투자자인지 전문투자자인지를 확인하여야 한다.
> • (㉠) : 금융투자업자는 일반투자자에게 투자권유를 하기 전에 투자자의 투자목적 · 재산상황 · 투자경험 등의 정보를 파악하고, 투자자로부터 서명 등의 방법으로 확인을 받아 유지 · 관리하여야 하며, 확인받은 내용을 투자자에게 제공하여야 한다.
> • (㉡) : 금융투자업자는 일반투자자에게 투자권유를 하는 경우 그 일반투자자의 투자목적 등에 비추어 적합하지 아니하다고 인정되는 투자권유를 하여서는 아니 된다.

① ㉠ 고객파악의무(Know Your Customer Rule)   ㉡ 적합성 원칙
② ㉠ 적합성 원칙   ㉡ 적합성 원칙
③ ㉠ 고객파악의무(Know Your Customer Rule)   ㉡ 적정성 원칙
④ ㉠ 적정성 원칙   ㉡ 적합성 원칙

해설 고객파악의무(Know Your Customer Rule)와 적합성 원칙에 관한 설명이다.

Ⅲ 필수핵심정리 ▶ 금융투자업자의 투자권유 영업행위 규제

먼저 투자자가 일반투자자인지 전문투자자인지를 확인하여야 함

고객파악 의무	일반투자자의 투자목적, 재산상황, 투자경험 등의 정보를 파악 후 확인받아야 함
적합성 원칙	일반투자자에게 투자권유를 하는 경우 그 일반투자자의 투자목적 등에 비추어 적합하지 아니하다고 인정되는 투자권유를 하여서는 아니 됨
적정성 원칙	일반투자자에게 투자권유 없이 파생상품등을 판매하려는 경우 투자자의 투자목적 등의 정보를 파악하고, 적정하지 않다고 판단되는 경우 사실을 알리고 서명 등으로 확인받아야 함
설명의무	일반투자자가 이해할 수 있도록 금융투자상품의 내용 등을 설명하며, 투자자가 이해하였음을 확인(서명 등)하여야 함
부당권유 금지	• 거짓내용, 단정적 판단의 제공, 오해소지가 있는 내용을 알리는 행위 금지 • 투자권유 요청을 받지 않고 장외파생상품의 투자권유 행위 금지(불초청권유 금지) • 투자권유를 거부한 투자자에게 투자권유를 하는 행위(재권유) 금지(예외 : 투자성 있는 보험계약, 1개월 경과 후 투자권유, 다른 상품에 대한 투자권유) • 금전 대여 등의 조건으로 투자권유 금지
투자권유준칙	• 금융투자업자는 투자권유를 함에 있어 임직원이 준수해야 할 구체적인 기준 및 절차를 정해야 함(파생상품등에 대해서는 투자자 등급별로 차등화된 투자권유준칙을 마련해야 함) • 협회는 표준투자권유준칙을 정할 수 있음

★★★
074 다음 중 자본시장법상 전문투자자에게도 적용되는 투자권유 원칙은?

① 고객파악의무   ② 부당권유의 금지
③ 설명의무   ④ 적합성 원칙

> **해설** 부당권유의 금지 규정은 일반투자자뿐만 아니라 전문투자자에게도 적용되는 투자권유 규제이다.

★★★
075 다음에서 설명하고 있는 금융투자업자의 투자권유 원칙을 무엇이라 하는가?

> ㉠ 금융투자업자는 일반투자자에게 투자권유를 하지 아니하고 파생상품등을 판매하는 경우에는 면담·질문 등을 통하여 그 일반투자자의 투자목적 등의 정보를 파악하여야 한다.
> ㉡ 금융투자업자는 일반투자자의 투자목적 등에 비추어 해당 파생상품등이 그 일반투자자에게 적정하지 아니하다고 판단되는 경우에는 그 사실을 알리고, 일반투자자로부터 서명 등의 방법으로 확인을 받아야 한다.

① 고객파악의무(Know Your Customer Rule)
② 적합성 원칙
③ 적정성 원칙
④ 설명의무

> **해설** 적정성 원칙에 관한 설명이다. 적정성 원칙은 '파생상품등'에만 적용되는 원칙이다.

★★★
076 다음 중 자본시장법상 적정성 원칙의 적용대상이 되는 '파생상품등'에 해당되지 않는 것은?

① 파생상품
② 파생결합증권(원금보장형 제외)
③ 집합투자재산의 10%를 초과하여 파생결합증권에 운용하는 집합투자기구의 집합투자증권
④ 파생상품 매매에 따른 위험평가액이 펀드자산총액의 10%를 초과하여 투자할 수 있는 집합투자기구의 집합투자증권

> **해설** 적정성의 원칙이 적용되는 '파생상품등'에는 파생상품, 파생결합증권(원금보장형 제외), 집합투자재산의 50%를 초과하여 파생결합증권에 운용하는 집합투자기구의 집합투자증권, 파생상품 매매에 따른 위험평가액이 펀드자산총액의 10%를 초과하여 투자할 수 있는 집합투자기구의 집합투자증권 등이 이에 해당된다.

정답 073 ①   074 ②   075 ③   076 ③

★★★
077 다음 중 자본시장법상 투자권유 규제에 대한 설명으로 옳지 않은 것은?

① 적정성 원칙은 투자권유 없이 일반투자자에 대하여 파생상품등을 판매하는 경우에만 적용된다.
② 금융투자업자는 정보를 제공하지 않는 일반투자자라도 투자권유를 하지 않는다면 해당 고객에게 파생상품등을 판매할 수 있다.
③ 금융투자업자는 파생상품등의 투자권유업무는 투자권유대행인에게 위탁할 수 없다.
④ 금융투자업자는 파생상품등을 권유하는 경우에는 해당 상품의 내용 등을 일반투자자가 이해할 수 있도록 설명하여야 한다.

> **해설** 정보를 제공하지 않는 투자자에 대해서는 파생상품등을 판매할 수 없다.

★★★
078 설명의무에 관한 설명으로 옳지 않은 것은?

① 금융투자업자는 일반투자자에게 투자권유를 하는 경우에는 금융투자상품의 내용 등을 투자자가 이해할 수 있도록 설명하여야 하며, 투자자가 이해하였음을 서명 등의 방법으로 확인하여야 한다.
② 금융투자업자는 설명을 함에 있어 투자자에게 불리한 내용에 관해서는 설명을 누락할 수 있다.
③ 금융투자업자는 설명의무 위반으로 인해 발생한 투자자의 손해를 배상할 책임이 있다.
④ 손해를 배상하는 경우 일반투자자 손실액 전부를 손해액으로 추정한다.

> **해설** 금융투자업자는 설명을 함에 있어 투자자의 합리적인 투자판단이나 해당 금융투자상품의 가치에 중대한 영향을 미칠 수 있는 중요사항을 거짓으로 설명하거나 설명을 누락하여서는 아니 된다.

★★★
079 투자권유 시 부당권유의 금지에 관한 설명으로 옳지 않은 것은?

① 거짓의 내용을 알리는 행위 및 불확실한 사항에 대하여 단정적 판단을 제공하거나 확실하다고 오인하게 될 소지가 있는 내용을 알리는 행위는 금지된다.
② 투자자에게 투자권유의 요청을 받지 않고 방문·전화 등 실시간 대화의 방법을 이용하여 파생상품의 투자권유를 하는 행위는 금지된다.
③ 원칙적으로 투자권유를 거부한 투자자에게 투자권유를 하는 행위는 금지된다.
④ 일반투자자(신용공여 경험이 있는 투자자 제외)로부터 금전의 대여나 그 중개·주선·대리의 요건을 받지 않고 이를 조건으로 투자권유를 하는 행위는 금지된다.

> **해설** 투자자로부터 투자권유의 요청을 받지 않고 방문·전화 등 실시간 대화의 방법을 이용하여 장외파생상품의 투자권유를 하는 행위는 금지된다. 그러나 증권과 장내파생상품에 대하여는 투자권유가 가능하다.

★★★
080 투자권유를 받은 투자자가 이를 거부하는 취지의 의사를 표시하였음에도 불구하고 재권유가 가능한 경우가 아닌 것은?

① 처음과 다른 방법을 이용한 투자권유
② 투자성 있는 보험계약에 대한 투자권유
③ 1개월 경과 후 투자권유
④ 다른 종류의 금융투자상품에 대한 투자권유

> **해설** ①을 제외한 나머지 경우에만 재권유가 가능하다. 처음과 다른 방법을 이용하여 투자권유를 하는 행위는 1개월이 지나지 않았다면 투자권유를 계속하는 행위이므로 금지된다. 참고로 투자성 있는 보험계약을 변액보험이라고 한다.

★★☆
081 투자권유준칙에 관한 설명으로 옳지 않은 것은?

① 금융투자업자는 투자권유를 함에 있어 임직원이 준수하여야 할 구체적인 기준 및 절차(투자권유준칙)를 정하여야 한다.
② 파생상품등에 대하여는 모든 투자자에게 동등하게 적용되는 투자권유준칙을 마련하여야 한다.
③ 금융투자협회는 표준투자권유준칙을 정할 수 있다.
④ 금융투자업자는 투자권유준칙을 제정하거나 변경한 경우 인터넷 홈페이지 등을 통하여 공시하여야 한다.

> **해설** 파생상품에 대하여는 일반투자자의 투자목적 등을 고려하여 투자자 등급별로 차등화된 투자권유준칙을 마련하여야 한다.

★★★
082 투자권유대행인에 관한 설명으로 옳지 않은 것은?

① 금융투자업자는 투자권유대행인에게 투자권유를 위탁할 수 있다. 그러나 투자권유대행인 외의 자에게 투자권유를 대행하게 하는 것은 금지된다.
② 금융투자업자는 투자권유대행인에게 파생상품등에 대한 투자권유를 위탁할 수 있다.
③ 투자권유자문인력·투자운용인력 시험에 합격한 자 또는 보험모집에 종사하고 있는 보험설계사·중개사·대리점 등록요건을 갖춘 자로서 금융투자협회가 정한 교육을 이수한 자는 투자권유대행인 자격을 가질 수 있다.
④ 금융투자업자는 투자권유대행인에게 투자권유를 위탁하는 경우 위탁받은 자를 금융위에 등록하여야 한다.

> **해설** 금융투자업자는 투자권유대행인에게 파생상품등에 대한 투자권유를 위탁할 수는 없다.

★★★
083 다음 중 투자권유대행인의 금지행위에 해당되지 않는 것은?

① 위탁한 금융투자업자를 대리하여 계약을 체결하는 행위
② 투자자로부터 금전·증권 등의 재산을 수취하는 행위
③ 투자권유대행업무를 제3자에게 재위탁하는 행위
④ 보험설계사가 소속 보험회사와 투자권유 위탁계약을 체결하는 행위

> **해설** 보험설계사가 소속 보험회사가 아닌 보험회사와 투자권유 위탁계약을 체결하는 행위가 금지된다.

★★★
084 투자권유대행인에 대한 설명으로 옳지 않은 것은?

① 투자권유대행인은 둘 이상의 금융투자업자와 투자권유 위탁계약을 체결할 수 있다.
② 투자권유대행인은 투자권유를 대행함에 있어 자신이 투자권유대행인이라는 사실을 나타내는 표지를 게시하거나 증표를 내보여야 한다.
③ 금융투자업자는 투자권유대행인 투자권유를 대행함에 있어서 투자자에게 손해를 끼친 경우 민법상의 사용자 책임이 준용된다.
④ 투자권유대행인은 투자권유대행과 관련하여 업무 및 재산상황에 대하여 금감원장의 검사를 받아야 한다.

> **해설** 투자권유대행인은 둘 이상의 금융투자업자와 투자권유 위탁계약을 체결하는 행위를 할 수 없다.

★★★
085 금융투자업자의 약관에 대한 설명으로 옳지 않은 것은?

① 금융투자업자는 예외적인 경우를 제외하고는 금융투자업 영위와 관련하여 약관을 제정·변경하고자 하는 경우 미리 금융위에 신고하여야 한다.
② 금융투자업자는 약관을 제정·변경한 경우 공시하여야 한다.
③ 금융투자협회는 전문투자자만을 대상으로 하는 표준약관을 제정·변경하고자 하는 경우에는 미리 금융위에 신고하여야 한다.
④ 금융위는 약관이 법령에 위반되거나 투자자 이익을 침해할 우려가 있는 경우에는 금융투자업자 또는 협회에 약관의 변경을 명할 수 있다.

> **해설** 금융투자협회는 표준약관을 제정·변경하고자 하는 경우에는 미리 금융위에 신고하여야 한다(사전신고). 다만, 전문투자자만을 대상으로 하는 표준약관을 제정·변경한 경우에는 제정·변경 후 7일 이내에 금융위에 보고하여야 한다(사후보고).

086 금융투자업자가 약관을 제정·변경하는 경우에는 미리 금융위에 신고하여야 하는데, 다음 중 예외적으로 제정·변경 후 7일 이내에 금융위 및 협회에 보고하면 되는 경우가 아닌 것은?

① 약관 내용 중 투자자의 권리·의무와 관련이 없는 사항을 변경하는 경우
② 다른 금융투자업자가 신고한 약관과 동일하게 약관을 제정·변경하는 경우
③ 전문투자자만을 대상으로 약관을 제정·변경하는 경우
④ 신상품을 대상으로 한 약관을 제정·변경하는 경우

> **해설** ①~③의 경우에만 사후 보고할 수 있다.

087 금융투자업자의 투자광고에 대한 설명으로 옳지 않은 것은?

① 금융투자업자가 아닌 자, 금융투자협회, 금융지주회사는 투자광고를 할 수 없으나, 증권의 발행인 및 매출인은 그 증권의 투자광고를 할 수 있다.
② 투자광고(집합투자증권 제외)에는 금융투자업자의 명칭, 금융투자상품의 내용, 투자위험 등을 포함하여야 한다.
③ 집합투자증권의 투자광고에는 취득 전 투자설명서를 읽어볼 것, 원금손실이 발생할 수 있다는 사실, 과거 운용실적이 미래 수익률을 보장하는 것은 아니라는 내용 등을 포함하여야 한다.
④ 금융투자업자는 투자광고를 하는 경우 준법감시인의 사전 확인을 받는 등 금융위가 정하는 방법에 따라야 한다.

> **해설** 금융투자업자가 아닌 자는 금융투자업자의 영위업무 또는 금융투자상품에 관한 광고를 하여서는 아니 된다. 다만 금융투자협회, 금융지주회사는 투자광고를 할 수 있고, 증권의 발행인 및 매출인은 그 증권의 투자광고를 할 수 있다.

088 금융투자업자가 투자광고(집합투자증권에 대한 투자광고 제외)에 포함시켜야 하는 사항으로 옳지 않은 것은?

① 타 기관으로부터 수상을 받은 내용을 표기하는 경우 당해 기관의 명칭, 수상의 시기 및 내용
② 과거의 재무상태 또는 영업실적을 표기하는 경우 투자광고 시점 및 미래에는 이와 다를 수 있다는 내용
③ 금융통계수치나 도표 등을 인용하는 경우 해당 자료의 출처
④ 최소비용을 표기하는 경우 그 최대수익

> **해설** 최소비용을 표기하는 경우 그 최대비용을 표기해야 하며, 최대수익을 표기하는 경우 그 최소수익을 표기해야 한다.

정답 083 ④   084 ①   085 ③   086 ④   087 ①   088 ④

★★★
089 금융투자업자가 집합투자증권에 대한 투자광고를 하는 경우 투자광고에 포함할 수 있는 사항이 아닌 것은?

① 집합투자재산은 신탁업자의 고유재산과 분리하여 안전하게 보관 · 관리되고 있다는 사실
② 손실보전 또는 이익보장 내용
③ 집합투자기구평가회사 등이 평가한 평가결과
④ 집합투자기구의 수익구조

> **해설** 금융투자업자는 투자광고를 함에 있어서 법령에서 정하는 경우를 제외하고는 손실보전 또는 이익보장으로 오인하게 하는 표시를 하여서는 아니 된다.

★★★
090 금융투자업자의 투자광고 방법 및 절차에 대한 설명으로 옳지 않은 것은?

① 광고의 제작 및 내용에 있어서 관련 법령의 준수를 위하여 내부통제기준을 수립하여 운영할 것
② 금융투자업자의 경영실태평가결과와 영업용순자본비율 등을 다른 금융투자업자의 그것과 비교하는 방법으로 광고하지 아니할 것
③ 준법감시인의 사전 확인을 받으며, 투자광고계획신고서와 투자광고안을 금융위원회에 제출하여 심사를 받을 것
④ 투자광고문에 협회 심사필 또는 준법감시인 심사필을 표시할 것

> **해설** 투자광고계획신고서와 투자광고안을 금융투자협회에 제출하여 심사를 받아야 한다.

★★★
091 금융투자업자의 영업행위규칙에 대한 설명으로 옳지 않은 것은?

① 금융투자업자는 투자자로부터 받는 수수료 부과기준을 정함에 있어 정당한 사유 없이 투자자를 차별하여서는 아니 된다.
② 금융투자업자는 투자자와 계약을 체결한 경우 예외적인 경우를 제외하고는 그 계약서류를 투자자에게 10일 내에 교부하여야 한다.
③ 금융투자업자는 업무 관련 자료를 종류별로 일정한 기간 동안(영업 · 재무 관련 자료는 10년, 내부통제자료는 5년 등) 기록 · 유지하여야 한다.
④ 금융투자업자(겸영업자 제외)는 고유재산으로 소유하는 증권 및 원화 CD를 예탁결제원에 예탁하여야 하며, 외화증권의 경우에는 외국 보관기관에 예탁할 수 있다.

> **해설** 금융투자업자는 투자자와 계약을 체결한 경우 예외적인 경우를 제외하고는 그 계약서류를 투자자에게 지체 없이 교부하여야 한다.

092

(㉠)계약을 체결한 투자자는 계약서류를 교부받은 날로부터 (㉡)일 이내에 계약을 해제할 수 있다. ㉠, ㉡에 알맞은 것은?

	㉠	㉡		㉠	㉡
①	투자자문계약	7	②	투자일임계약	7
③	신탁계약	7	④	신탁계약	10

해설 투자자문계약을 체결한 투자자는 계약서류를 교부받은 날로부터 7일 이내에 계약을 해제할 수 있다. 이 경우 금융투자업자는 계약해제 기간에 상당하는 수수료 외에 손해배상금이나 위약금의 지급을 청구할 수 없으며, 미리 대가를 지급받은 때에는 투자자에게 반환하여야 한다.

093

금융투자업자의 영업행위규칙에 대한 설명으로 옳지 않은 것은?

① 금융투자업자는 금융투자업을 폐지하거나 지점·영업소의 영업을 폐지하는 경우에는 폐지 30일 전에 일간신문에 공고하여야 하며, 알고 있는 채권자에게는 통지를 생략할 수 있다.

② 금융투자업자의 임직원은 자기 계산으로 특정 금융투자상품을 매매하는 경우 자기의 명의로 하나의 투자중개업자를 통하여 매매하여야 하며, 매매명세를 분기별(주요직무종사자는 월별)로 소속 회사에 통지하여야 한다.

③ 금융투자업자는 법령·약관·집합투자규약·투자설명서를 위반하거나 그 업무를 소홀히 하여 투자자에게 손해를 발생시킨 경우 배상책임이 있다.

④ 외국 금융투자업자의 지점·영업소는 영업기금과 부채액의 합계액에 상당하는 자산을 국내에 두어야 한다.

해설 금융투자업자는 금융투자업을 폐지하거나 지점·영업소의 영업을 폐지하는 경우에는 폐지 30일 전에 일간신문에 공고하여야 하며, 알고 있는 채권자에게는 각각 통지하여야 한다.

••• T O P I C 9 투자매매업자 및 투자중개업자에 대한 영업행위규제 – 매매 또는 중개업무 관련 규제

094

다음 중 투자매매업자 및 투자중개업자에게만 적용되는 영업행위 규제가 아닌 것은?

① 매매형태 명시 ② 자기계약 금지
③ 임의매매 금지 ④ 대주주와의 거래제한

해설 대주주와의 거래제한은 모든 금융투자업자에게 적용되는 공통 영업행위 규칙이다.

정답 089 ② 090 ③ 091 ② 092 ① 093 ① 094 ④

매매형태의 명시	투자자로부터 매매주문을 받는 경우 사전에 투자자에게 자기가 투자매매업자인지 투자중개업자인지를 밝혀야 함
자기계약의 금지	동일한 매매에 있어서 자신이 본인이 됨과 동시에 상대방의 투자중개업자가 될 수 없음
최선집행의 의무	금융투자상품의 매매에 관한 투자자의 청약 또는 주문을 처리하기 위하여 최선의 거래조건으로 집행하기 위한 기준을 마련해야 함
자기주식의 예외적 취득	투자매매업자는 투자자로부터 그 투자매매업자가 발행한 자기주식으로서 증권시장의 매매수량단위 미만의 주식에 대하여 매도의 청약을 받은 경우에는 이를 증권시장 밖에서 취득할 수 있음
임의매매 금지	매매주문을 받지 않고는 금융투자상품의 매매를 할 수 없음

★★★
095 투자매매업자 및 투자중개업자에 대한 영업행위 규제에 관한 설명으로 옳지 않은 것은?

① 투자매매업자 또는 투자중개업자는 투자자로부터 금융투자상품의 매매에 관한 주문을 받는 경우에는 사전에 자기가 투자매매업자인지 투자중개업자인지를 밝혀야 한다.

② 매매형태 명시의무를 위반하여 투자자의 주문을 받은 투자매매업자 또는 투자중개업자는 1년 이하의 징역 또는 3천만원 이하의 벌금에 처할 수 있다.

③ 투자매매업자 또는 투자중개업자는 금융투자상품에 관한 같은 매매에 있어서 자신이 본인이 됨과 동시에 상대방의 투자중개업자가 될 수 없다.

④ 투자매매업자 또는 투자중개업자가 증권시장이나 파생상품시장을 통하여 매매가 이루어지도록 한 경우에도 자기계약금지 규정이 적용된다.

> **해설** 투자매매업자 또는 투자중개업자가 증권시장이나 파생상품시장을 통하여 매매가 이루어지도록 한 경우에는 자기계약의 금지 규정이 적용되지 않는다. ①은 매매형태의 명시로서 이를 알리는 방법상의 제한은 없다.

필수핵심정리 ▷ 자기계약 금지의 예외

- 투자매매업자 또는 투자중개업자가 증권시장이나 파생상품시장을 통하여 매매가 이루어지도록 한 경우
- 투자매매업자 또는 투자중개업자가 자기가 판매하는 집합투자증권을 매수하는 경우
- 투자매매업자 또는 투자중개업자가 다자간매매체결회사를 통하여 매매가 이루어지도록 한 경우

★★★
096 투자매매업자 및 투자중개업자의 최선집행의무에 대한 설명으로 옳지 않은 것은?

① 투자매매업자 또는 투자중개업자는 최선집행기준에 따라 금융투자상품의 매매에 관한 청약 또는 주문을 집행하여야 한다.

② 최선집행기준이 적용되는 금융투자상품은 채무증권, 지분증권(주권은 제외), 수익증권, 투자계약증권, 파생결합증권, 증권예탁증권(주권관련 증권예탁증권은 제외), 장내파생상품이다.

③ 투자매매업자 또는 투자중개업자는 해당 투자자가 그 청약 또는 주문이 최선집행기준에 따라 처리되었음을 증명하는 서면 등을 요구하는 경우에는 제공하여야 한다.

④ 투자매매업자 또는 투자중개업자는 3개월마다 최선집행기준의 내용을 점검하여야 한다.

> **해설** 채무증권, 지분증권(주권은 제외), 수익증권, 투자계약증권, 파생결합증권, 증권예탁증권(주권 관련 증권예탁증권은 제외), 장내파생상품은 최선집행기준이 적용되지 않는 금융투자상품이다.

★★★
097 투자매매업자 및 투자중개업자의 영업행위 규제에 관한 설명으로 옳지 않은 것은?

① 증권시장에 상장되지 아니한 증권의 매매, 장외파생상품의 매매 등은 최선집행기준이 적용되지 않는 거래이다.

② 최선집행기준에는 금융투자상품의 가격, 투자자가 매매체결과 관련하여 부담하는 수수료 및 그 밖의 비용, 그밖에 최선의 거래조건으로 집행하기 위한 방법 및 이유 등이 포함되어야 한다.

③ 투자매매업자는 투자자로부터 그 투자매매업자가 발행한 자기주식으로서 증권시장의 매매 수량단위 미만의 주식에 대하여 매도의 청약을 받은 경우에는 이를 증권시장에서 취득할 수 있다.

④ 투자매매업자 또는 투자중개업자는 투자자나 그 대리인으로부터 금융투자상품의 매매주문을 받지 아니하고는 투자자로부터 예탁받은 재산으로 금융투자상품의 매매를 할 수 없다.

> **해설** 증권시장 밖에서 취득할 수 있다. ④는 임의매매의 금지를 말하며 임의매매는 투자자로부터 매매에 대한 위탁 또는 위임이 있는 일임매매와 구분하여야 한다. 임의매매를 한 투자매매업자 또는 투자중개업자는 5년 이하의 징역 또는 2억원 이하의 벌금에 처할 수 있다.

★★★
098 금융투자업자가 자기매매와 위탁매매업무를 겸영하므로 인하여 발생할 수 있는 이해상충을 방지하기 위해서 정한 영업행위 규칙과 거리가 먼 것은?

① 자기계약의 금지   ② 자기주식 취득 금지
③ 매매형태의 명시 의무   ④ 임의매매금지

> **해설** 자기주식의 예외적 취득을 허용한다. 즉, 투자매매업자는 투자자로부터 그 투자매매업자가 발행한 자기주식으로서 증권시장의 매매 수량단위 미만의 주식에 대하여 매도의 청약을 받은 경우에는 이를 증권시장 밖에서 취득할 수 있다.

★★★
099 투자매매업자 및 투자중개업자의 불건전 영업행위의 금지에 관한 설명으로 옳지 않은 것은?

① 투자매매업자 또는 투자중개업자는 영업의 영위와 관련하여 투자자 보호 또는 건전한 거래질서를 해칠 우려가 있는 행위를 할 수 없다.

② 불건전 영업행위를 한 금융투자업자 및 그 임직원은 손해배상책임과 행정조치뿐 아니라 형사벌칙의 대상이 된다.

③ 자본시장법은 불건전 영업행위 중 그 정도가 중하고 대표적인 유형을 직접 열거하여 그 위반행위에 대하여 10년 이하의 징역 또는 5억원 이하의 벌금에 처하도록 하고 있다.

④ 시행령 등 하위규정의 위반행위에 대해서는 5천만원 이하의 과태료를 부과하도록 하고 있다.

해설 자본시장법은 불건전 영업행위 중 그 정도가 중하고 대표적인 유형을 직접 열거하여 그 위반행위에 대하여 5년 이하의 징역 또는 2억원 이하의 벌금에 처하도록 하고 있다.

🏛 필수핵심정리 ▷ 투자매매업자 및 투자중개업자의 불건전 영업행위 금지

- 선행매매(front-running)의 금지 → 고객의 주문정보 이용 행위 금지
- 조사분석자료 공표 후 24시간이 경과하기 전까지 매매(scalping) 금지
- 조사분석자료 작성자에 대한 성과보수 금지
- 주권의 모집·매출과 관련된 조사분석자료의 공표·제공 금지 → 증권시장에 상장된 후 40일
- 투자권유대행인 및 투자권유자문인력 이외의 자의 투자권유 금지
- 일임매매의 금지 → 투자매매업자 또는 투자중개업자는 일임매매 불가(예외 : 투자일임업자는 가능)

기타 불건전 영업 행위 금지	• 과당매매 금지 • 직간접으로 재산상의 이익을 제공하거나 제공받는 행위 금지 • 일반투자자 대우를 받겠다고 통지한 전문투자자의 요구를 거부하는 행위 금지 등등

★★★
100 투자매매업자 및 투자중개업자의 불건전 영업행위의 금지에 관한 설명으로 옳지 않은 것은?

① 투자매매업자 또는 투자중개업자는 투자자로부터 금융투자상품의 가격에 중대한 영향을 미칠 수 있는 주문을 받거나 받게 될 가능성이 큰 경우 고객의 주문을 체결하기 전에 자기의 계산으로 매수 또는 매도하거나 제3자에게 매수 또는 매도를 권유하는 행위(선행매매)를 할 수 없다.

② 선행매매의 금지는 투자매매업자 또는 투자중개업자가 고객의 매매주문정보를 이용하여 시장에서의 정보의 평등을 해치는 것을 막기 위한 것이다.

③ 투자매매업자 또는 투자중개업자는 조사분석자료의 내용이 사실상 확정된 때부터 공표 후 일주일이 경과하기 전까지 그 조사분석의 대상이 된 금융투자상품을 자기의 계산으로 매매(scalping)할 수 없다.

④ 조사분석자료의 작성을 담당하는 자에 대해서는 일정한 기업금융업무와 연동된 성과보수를 지급할 수 없다.

> **해설** 투자매매업자 또는 투자중개업자는 조사분석자료의 내용이 사실상 확정된 때부터 공표 후 24시간이 경과하기 전까지 그 조사분석의 대상이 된 금융투자상품을 자기의 계산으로 매매(scalping)할 수 없다(스캘핑 금지).

★★☆
101 다음 중 선행매매 금지의 예외사항에 해당하지 않는 것은?

① 투자자의 매매주문에 관한 정보를 이용하지 않았음을 입증하는 경우
② 증권시장과 파생상품시장 간의 가격 차이를 이용한 차익거래
③ 투자자의 정보를 의도적으로 이용하지 아니하였다는 사실이 객관적으로 명백한 경우
④ 보유한 주식포트폴리오의 가치하락 위험에 대비하여 선물을 매도하는 헤지거래

> **해설** ①~③의 경우에만 선행매매 금지의 예외사항이다.

★★★
102 투자매매업자 및 투자중개업자의 불건전 영업행위의 금지에 관한 설명으로 옳지 않은 것은?

① 투자매매업자 또는 투자중개업자는 주권 등 일정한 증권의 모집 매출과 관련된 계약을 체결한 날로부터 그 증권이 최초로 증권시장에 상장된 후 30일 이내에 그 증권에 대한 조사분석자료를 공표하거나 특정인에게 제공할 수 없다.

② 투자매매업자 또는 투자중개업자는 투자권유대행인 또는 투자권유자문인력이 아닌 자에게 투자권유를 하도록 할 수 없다.

③ 투자매매업자 또는 투자중개업자는 투자자로부터 금융투자상품에 대한 투자판단의 전부 또는 일부를 일임받아 투자자별로 구분하여 금융투자상품의 취득 · 처분 그 밖의 방법으로 운용하는 행위, 즉 일임매매를 할 수 없다.

④ 투자매매업자 또는 투자중개업자에게 서면으로 일반투자자와 같은 대우를 받겠다고 통지한 전문투자자의 요구에 정당한 사유 없이 동의하지 아니하는 행위를 할 수 없다.

> **해설** 증권이 최초로 증권시장에 상장된 후 40일 이내에 그 증권에 대한 조사분석자료를 공표하거나 특정인에게 제공할 수 없다.

103 투자매매업자 및 투자중개업자의 불건전 영업행위의 금지에 관한 설명으로 옳지 않은 것은?

① 일반투자자의 투자목적, 재산상황 및 투자경험 등을 고려하지 아니하고 일반투자자에게 지나치게 자주 투자권유를 하는 행위를 할 수 없다.

② 투자자 또는 거래상대방 등에게 업무와 관련하여 금융위가 정하여 고시하는 기준을 위반하여 직접 또는 간접으로 재산상의 이익을 제공하거나 이들로부터 재산상의 이익을 제공받는 행위는 금지된다.

③ 금융투자상품의 가치에 중대한 영향을 미치는 사항을 미리 알고 있으면서 이를 투자자에게 알리지 아니하고 해당 금융투자상품의 매수나 매도를 권유하여 해당 금융투자상품을 매도하거나 매수하는 행위를 할 수 없다.

④ 투자자에게 다른 투자매매업자·투자중개업자가 발행한 주식의 매매를 권유하는 행위를 할 수 없다.

> **해설** 투자자에게 해당 투자매매업자·투자중개업자가 발행한 자기주식의 매매를 권유하는 행위를 할 수 없다.

104 투자매매업자 및 투자중개업자의 불건전 영업행위의 금지에 관한 설명으로 옳지 않은 것은?

① 금융투자상품의 매매, 그 밖의 거래와 관련하여 결제가 이행되지 아니할 것이 명백하다고 판단되는 경우임에도 정당한 사유 없이 그 매매, 그 밖의 거래를 위탁받는 행위를 할 수 없다.

② 투자자로부터 집합투자증권(증권시장에 상장된 집합투자증권은 제외)을 매수하거나 그 중개·주선 또는 대리하는 행위를 할 수 없다.

③ 장내 주식거래의 위험을 회피할 목적으로 하는 행위로서 장외파생상품거래, 신탁계약, 연계거래 등을 이용하는 행위는 할 수 없다.

④ 채권자로서 그 권리를 담보하기 위하여 백지수표나 백지어음을 받는 행위는 금지된다.

> **해설** 손실보전 금지 및 불건전영업행위의 금지 등을 회피할 목적으로 하는 행위로서 장외파생상품거래, 신탁계약, 연계거래 등을 이용하는 행위는 할 수 없다.

★★★
105 자본시장법상 투자매매업자 및 투자중개업자의 불건전 영업행위 금지에 관한 설명으로 옳지 않은 것은?

① 조사분석자료가 이미 공표된 자료와 비교하여 새로운 내용을 담고 있지 아니한 경우에는 내용이 사실상 확정된 때부터 공표 후 24시간 이내라도 대상 금융투자상품을 자기의 계산으로 매매할 수 있다.

② 조사분석자료의 작성을 담당하는 자에 대해서는 일정한 기업금융업무와 연동된 성과보수를 지급할 수 있다.

③ 일반적으로 투자매매업자 또는 투자중개업자는 일임매매를 할 수 없지만 예외적으로 투자일임업의 형태로 하는 것은 가능하다.

④ 일반적으로 가격에 중대한 영향을 미칠 수 있는 고객의 주문을 체결하기 전에 자기의 계산으로 매수 또는 매도를 해서는 아니 된다.

해설 조사분석자료의 작성을 담당하는 자에 대해서는 일정한 기업금융업무와 연동된 성과보수를 지급할 수 없다.

★★★
106 투자매매업자 및 투자중개업자의 불건전 영업행위에 관한 설명이 바르게 연결된 것은?

> ㉠ 투자자로부터 금융투자상품의 가격에 중대한 영향을 미칠 수 있는 고객의 주문을 체결하기 전에 자기의 계산으로 매수 또는 매도하거나 제3자에게 매수 또는 매도를 권유하는 행위
> ㉡ 조사분석자료의 내용이 사실상 확정된 때부터 공표 후 24시간이 경과하기 전까지 그 조사분석의 대상이 된 금융투자상품을 자기의 계산으로 매매하는 행위
> ㉢ 일반투자자의 투자목적, 재산상황 및 투자경험 등을 고려하지 아니하고 일반투자자에게 지나치게 자주 투자권유를 하는 행위

① ㉠ 선행매매 ㉡ 스캘핑 ㉢ 과당매매
② ㉠ 스캘핑 ㉡ 선행매매 ㉢ 과당매매
③ ㉠ 선행매매 ㉡ 스캘핑 ㉢ 일임매매
④ ㉠ 선행매매 ㉡ 스캘핑 ㉢ 임의매매

해설 ㉠ 선행매매, ㉡ 스캘핑, ㉢ 과당매매

★★★
107 투자매매업자 및 투자중개업자의 신용공여에 관한 설명으로 옳지 않은 것은? 심화

① 신용공여라 함은 증권과 관련하여 금전의 융자 또는 증권 대여의 방법으로 투자자에게 신용을 공여하는 것을 말한다.

② 신용공여 행위는 투자매매업자 또는 투자중개업자의 고유업무는 아니지만, 증권과 관련된 경우에는 예외적으로 허용된다.

③ 투자매매업자는 증권의 인수일로부터 3개월 이내에 투자자에게 그 증권을 매수하게 하기 위하여 그 투자자에게 금전의 융자, 그 밖의 신용공여를 할 수 없다.

④ 신용공여에 관한 규제를 위반한 투자매매업자 또는 투자중개업자에 대해서는 형사상의 제재와 함께, 회사 및 임직원에 대한 금융위의 행정조치의 대상이 된다.

해설 신용공여에 관한 규제를 위반한 투자매매업자 또는 투자중개업자에 대해서는 형사상의 제재는 없고, 회사 및 임직원에 대한 금융위의 행정조치의 대상이 된다.

★★★
108 투자매매업자 및 투자중개업자의 신용공여에 관한 설명으로 옳지 않은 것은?

① 투자매매업자 또는 투자중개업자는 해당 업자에게 증권 매매거래계좌를 개설하고 있는 자에 대하여 증권 매수대금을 융자하거나 매도하려는 증권을 대여하는 방법으로 투자자에게 신용을 공여할 수 있다.

② 해당 투자매매업자 또는 투자중개업자에게 증권을 예탁하고 있는 자에 대하여 그 증권을 담보로 금전을 융자하는 방법으로 투자자에게 신용을 공여할 수 있다.

③ 투자매매업자 또는 투자중개업자는 투자자로부터 신용거래 계좌설정보증금으로 100만원을 징구해야 한다.

④ 투자매매업자 또는 투자중개업자의 총 신용공여 규모는 총자본의 범위 이내로 한다.

해설 투자매매업자 또는 투자중개업자의 총 신용공여 규모는 자기자본의 범위 이내로 한다.

★★★
109 투자매매업자 및 투자중개업자의 신용공여에 관한 설명으로 옳지 않은 것은?

① 투자매매업자 또는 투자중개업자는 청약자금을 대출할 때에 청약하여 배정받은 증권을 담보로 징구하여 한다.
② 청약하여 배정받은 증권이 교부되지 아니한 때에는 교부될 때까지 납입영수증으로 갈음할 수 있다.
③ 투자매매업자 또는 투자중개업자가 예탁증권을 담보로 융자를 할 때 가치산정이 곤란한 증권을 담보로 징구해서는 안 된다.
④ 투자매매업자 또는 투자중개업자는 신용공여금액의 100% 이상에 상당하는 담보를 징구하여야 한다.

해설 담보비율은 140% 이상이다.

★★★
110 신용공여와 관련하여 담보 및 보증금으로 제공된 증권의 평가로 옳지 않은 것은?

① 청약주식 : 취득가액(다만, 상장된 후에는 당일 종가)
② 상장증권 및 상장지수집합투자기구의 집합투자증권 : 당일 종가
③ 집합투자증권 : 전일에 고시된 기준가격
④ 상장채권 및 공모 파생결합증권(ELS에 한함) : 2 이상의 채권평가회사가 제공하는 가격정보를 기초로 투자매매업자 또는 투자중개업자가 산정한 가격

해설 집합투자증권 : 당일에 고시된 기준가격

★★★
111 신용공여의 임의상환 시 처분대금의 충당 순서는? 심화

① 처분제비용 → 연체이자 → 이자 → 채무원금
② 연체이자 → 이자 → 처분제비용 → 채무원금
③ 채무원금 → 처분제비용 → 연체이자 → 이자
④ 채무원금 → 이자 → 연체이자 → 처분제비용

해설 처분대금은 처분제비용 → 연체이자 → 이자 → 채무원금의 순서로 충당한다.

★★☆
112 다음 중 신용거래로 매매할 수 있는 증권이 아닌 것은? 심화

① 상장주권
② 상장채무증권
③ 상장주권과 관련된 증권예탁증권
④ 상장지수집합투자기구 증권

> **해설** 상장채무증권은 신용거래 매매가 가능한 증권이 아니다.

★★☆
113 신규 신용거래가 제한되는 경우가 아닌 것은? 심화

① 투자자계좌의 순재산액이 100만원에 미달하는 투자자
② 거래소가 투자주의종목으로 지정한 증권
③ 거래소가 투자경고종목으로 지정한 증권
④ 거래소가 매매호가 전 예납조치 또는 결제 전 예납조치를 취한 증권

> **해설** 거래소가 투자경고종목, 투자위험종목, 관리종목으로 지정한 증권, 거래소가 매매호가 전 예납조치 또는 결제 전 예납조치를 취한 증권에 대해서는 신규의 신용거래를 할 수 없다.

> ···TOPIC **12** 투자매매업자 및 투자중개업자에 대한 영업행위규제 – 투자자 재산 보호를 위한 규제

★★☆
114 투자자 재산 보호를 위한 투자매매업자 및 투자중개업자에 대한 규제를 설명한 것으로 옳지 않은 것은?

① 투자매매업자 또는 투자중개업자가 파산하는 경우 투자자들이 이들에게 예탁하거나 보관을 의뢰한 금전 또는 증권이 파산재단에 속하게 되는 경우 투자자를 보호하기 위하여 사전에 예탁금 및 예탁증권을 별도로 보관하도록 하고 있다.
② 투자매매업자 또는 투자중개업자는 투자자예탁금을 고유재산과 구분하여 예탁결제원에 예치하여야 한다.
③ 투자자예탁금을 신탁업자에 신탁할 수 있는 금융투자업자는 은행, 한국산업은행, 중소기업은행, 보험회사 등이다.
④ 투자매매업자 또는 투자중개업자는 증권금융회사 또는 신탁업자(예치기관)에게 투자자예탁금을 예치 또는 신탁하는 경우에는 그 투자자예탁금이 투자자의 재산이라는 점을 명시하여야 한다.

해설 투자매매업자 또는 투자중개업자는 투자자예탁금을 고유재산과 구분하여 증권금융회사에 예치하거나 신탁업자에 신탁하여야 한다.
- 투자자 예탁금의 별도 예치 → 고유재산과 구분하여 증권금융회사에 예치
- 투자자 예탁증권의 예탁 → 예탁결제원에 지체 없이 예탁

★★★
115 투자자예탁금에 대한 설명으로 옳지 않은 것은?

① 투자매매업자 또는 투자중개업자를 제외하고는 누구든지 예치기관에 예치 또는 신탁한 투자자예탁금을 상계 · 압류하지 못한다.

② 투자자예탁금을 예치 또는 신탁한 투자매매업자 또는 투자중개업자(예치금융투자업자)는 시행령으로 정하는 경우 외에는 투자자예탁금을 양도하거나 담보로 제공할 수 없다.

③ 예치금융투자업자는 인가 취소, 해산 결의, 파산선고 등이 발생하는 경우에는 예치기관에 예치 또는 신탁한 투자자예탁금을 인출하여 투자자에게 우선하여 지급하여야 한다.

④ 예치기관은 투자자예탁금의 안정적 운용을 해할 우려가 없는 것으로서 시행령으로 정하는 방법 등으로 투자자예탁금을 운용하여야 한다.

해설 누구든지 예치기관에 예치 또는 신탁한 투자자예탁금을 상계 · 압류하지 못한다.

★★★
116 예치기관이 투자자예탁금을 운용할 수 있는 방법으로 옳지 않은 것은?

① 국채증권 또는 지방채증권의 매수

② 정부 · 지방자치단체 또는 시행령으로 정하는 금융기관이 지급을 보증한 채무증권의 매수

③ 증권 또는 원화로 표시된 양도성 예금증서를 담보로 한 대출, 한국은행 또는 체신관서에의 예치, 특수채증권의 매수

④ 상장법인의 주식 매수

해설 예치기관은 투자자예탁금의 안정적 운용을 해할 우려가 없는 안정적 자산에 운용하여야 한다. 따라서 상장주식의 매수는 할 수 없다.

117 다음 설명 중 옳지 않은 것은? ★★★

① 은행 또는 보험회사가 투자성 있는 보험계약을 체결하는 경우에는 투자매매업 또는 투자중개업의 인가를 받은 것으로 보고, 금융투자업자에게 적용되는 적합성 원칙, 설명의무 등 일부 행위규제를 적용한다.

② 다자간매매체결회사의 인가요건은 기본적으로 투자매매업자 및 투자중개업자의 그것과 동일하지만, 업무인가단위와 소유한도에서 차이가 있다.

③ 종합금융투자사업자라 함은 투자매매업자 또는 투자중개업자 중 금융위로부터 종합금융투자사업자의 지정을 받은 자를 말한다.

④ 종합금융투자사업자는 자본시장법 또는 다른 금융 관련 법령에 의해 기업에 대한 신용공여업무를 영위할 수 없다.

> **해설** 종합금융투자사업자는 자본시장법 또는 다른 금융 관련 법령에도 불구하고 기업에 대한 신용공여업무를 영위할 수 있다.

118 한국형 헤지펀드라고 할 수 있는 전문사모집합투자기구에 대한 신용공여, 증권대차, 재산의 보관과 관리 등 헤지펀드에 대하여 투자은행업무를 종합적으로 서비스하는 것이 주된 기능인 금융투자회사는? ★★★

① 대체거래시스템　　　　　　　　② 다자간매매체결회사
③ 종합금융투자사업자　　　　　　④ 투자매매업자

> **해설** 종합금융투자사업자에 관한 설명이다.

119 종합투자금융사업자의 지정요건으로 옳지 않은 것은? [심화] ★★★

① 상법에 따른 주식회사일 것
② 증권에 관한 집합투자업을 영위할 것
③ 3조원 이상의 자기자본을 갖출 것
④ 적절한 내부통제기준과 이해상충방지체계를 갖출 것

> **해설** 증권에 관한 인수업을 영위할 것

★★★
120 자본시장법상 장외거래에 대한 설명으로 옳지 않은 것은?

① 장외거래란 증권시장 및 파생상품시장 외에서 금융투자상품을 매매하는 것이다.
② 장외거래는 일정한 예외를 제외하고는 원칙적으로 단일 매도자와 매수자 간 매매하는 방법으로 하여야 한다.
③ 투자매매업자 또는 투자중개업자는 증권의 대차거래 또는 그 중개·주선이나 대리업무를 하는 경우에는 차입자로부터 담보를 받아서는 아니 된다.
④ 투자매매업자 또는 투자중개업자는 증권의 대차거래 또는 그 중개·주선이나 대리업무를 하는 경우에는 그 대상증권의 인도와 담보의 제공을 동시에 이행하여야 한다.

해설 투자매매업자 또는 투자중개업자는 증권의 대차거래 또는 그 중개·주선이나 대리업무를 하는 경우에는 차입자로부터 담보를 받아야 한다.

🏛 **필수핵심정리** ▷ 장외거래

장외거래란 증권시장 및 파생상품시장 외에서 금융투자상품을 매매하는 것

■ 장외거래의 종류

금융투자협회를 통한 비상장주권의 장외거래	금융투자협회가 증권시장에 상장되지 아니한 주권의 장외매매거래에 관한 업무를 수행
채권중개전문회사를 통한 채권장외거래	채권투자자만을 대상으로 채무증권에 대한 투자중개업 인가를 받은 투자중개업자(채권중개전문회사)가 증권시장 외에서 채무증권 매매의 중개업무를 수행
채권전문자기매매업자를 통한 장외거래	채권을 대상으로 하여 투자매매업을 하는 자가 소유하고 있는 채권에 대하여 매도호가 및 매수호가를 동시에 제시하는 방법으로 해당 채권의 거래를 원활하게 하는 역할을 수행하는 자로서 금융위가 지정하는 자
환매조건부매매	투자매매업자가 일반투자자 등과 환매조건부매매를 수행
증권 대차거래	투자매매업자 또는 투자중개업자는 증권의 대차거래 또는 그 중개·주선이나 대리업무를 수행
기업어음증권의 장외거래	투자매매업자 또는 투자중개업자는 기업어음증권을 매매하거나 중개·주선이나 대리업무를 수행
기타의 장외거래 (해외시장 거래 등)	일반투자자는 해외 증권시장이나 해외 파생상품시장에서 외화증권 및 장내파생상품의 매매거래를 하려는 경우에는 투자중개업자를 통하여 거래를 하여야 함
장외파생상품의 매매	투자매매업자 또는 투자중개업자는 장외파생상품을 대상으로 하여 투자매매업 또는 투자중개업을 수행

121 자본시장법상 장외거래에 대한 설명으로 옳지 않은 것은?

① 투자중개업자는 하나 이상의 신용평가업자로부터 신용평가를 받은 기업어음증권만을 중개할 수 있다.

② 투자매매업자 또는 투자중개업자는 기업어음증권을 매매하거나 중개·주선이나 대리하는 경우에 기업어음증권에 대해 직접 또는 간접의 지급보증을 하지 아니하여야 한다.

③ 일반투자자가 해외증권시장에서 외화증권을 매매거래 하고자 하는 경우에는 투자중개업자를 통하여야 한다.

④ 투자매매업자가 아닌 자는 보유하지 아니한 채권을 증권시장 및 다자간매매체결회사 외에서 매도할 수 없다.

> **해설** 둘 이상의 신용평가업자로부터 신용평가를 받은 기업어음증권만을 중개할 수 있다.

122 투자매매업자가 일반투자자 등과 환매조건부매매를 하는 경우 준수하여야 할 사항으로 옳지 않은 것은?

① 증권을 일정기간 후에 환매수할 것을 조건으로 매도하는 것을 환매조건부매도라고 한다.

② 환매조건부매매는 국채증권, 지방채증권, 특수채증권, 그 밖에 금융위가 정하여 고시하는 증권을 대상으로 하여야 한다.

③ 환매조건부매매는 투자매매업자와 투자자가 협의하는 가격으로 매매하여야 한다.

④ 환매수 또는 환매도하는 날을 정하여야 한다.

> **해설** 환매조건부매매는 금융위가 정하여 고시하는 매매가격으로 매매하여야 한다.
>
> | 환매조건부매매 | 환매조건부매도 | 증권을 일정기간 후에 환매수할 것을 조건으로 매도하는 것 |
> |---|---|---|
> | | 환매조건부매수 | 증권을 일정기간 후에 환매도할 것을 조건으로 매수하는 것 |

123 장외파생상품을 대상으로 하여 투자매매업을 영위하고자 하는 금융투자업자가 준수하여야 할 사항으로 옳지 않은 것은?

① 장외파생상품의 상대방이 일반투자자인 경우에는 그 일반투자자가 위험회피 목적의 거래를 하는 경우에 한한다.

② 장외파생상품에 대한 투자권유 시 적정성의 원칙은 일반투자자 및 전문투자자 모두에게 적용하여야 한다.

③ 장외파생상품의 매매에 따른 위험평가액이 금융위원회가 정하여 고시하는 한도를 초과하여서는 아니 된다.

④ 위험액은 시장위험액, 신용위험액, 운영위험액을 합산하여 산정한다.

> **해설** 적정성의 원칙은 일반투자자에게만 적용되는 투자권유준칙이다.

★★★
124 투자매매업자 및 투자중개업자가 장외파생상품을 대상으로 영업을 하는 경우 적용되는 사항에 대한 설명으로 옳지 않은 것은? 심화

① 겸영금융투자업자 이외의 투자매매업·투자중개업자의 경우 위험액이 자기자본의 100분의 100을 초과하여서는 아니 된다.

② 영업용순자본이 총위험액의 2배(200%)에 미달하는 경우에는 그 미달사태가 해소될 때까지 새로운 장외파생상품의 매매를 중지하여야 한다.

③ 원칙적으로 장외파생상품의 매매를 할 때마다 해당 업무를 관장하는 파생상품업무책임자의 승인을 받아야 한다.

④ 월별 장외파생상품의 거래내역을 다음달 10일까지 금융위원회에 보고해야 한다.

> **해설** 겸영금융투자업자 이외의 투자매매업·투자중개업자의 경우 위험액이 자기자본의 100분의 30을 초과하여서는 아니 된다.

★★★
125 공공적 법인의 주식 소유제한에 대한 설명으로 옳지 않은 것은?

① 공공적 법인이 상장된 당시 발행주식총수의 10% 이상을 소유한 주주는 그 소유비율을 초과하여 소유할 수 없다.

② 공공적 법인이 상장된 당시 발행주식총수의 10% 미만을 소유한 주주는 발행주식총수의 1% 이내에서 정관이 정하는 비율을 초과하여 소유할 수 없다.

③ 기준을 초과하여 사실상 주식을 소유하는 자는 그 초과분에 대하여는 의결권을 행사할 수 없다.

④ 기준을 초과하여 주식을 소유하는 자에 대해 금융위는 6개월 이내의 기간을 정하여 기준을 충족하도록 시정을 명할 수 있다.

> **해설** 공공적 법인이 상장된 당시 발행주식총수의 10% 미만을 소유한 주주는 발행주식총수의 3% 이내에서 정관이 정하는 비율을 초과하여 소유할 수 없다.

Ⅲ 필수핵심정리 ▷ 공공적 법인의 주식 소유제한

내국인 등	상장 당시 10% 이상 소유주주	그 소유비율까지
	이 외의 주주	3% 이내에서 정관이 정하는 비율
외국인 또는 외국법인	종목별 1인 취득한도	해당 공공적 법인의 정관에서 정한 한도
	종목별 전체 취득한도	해당 종목의 지분증권 총수의 40%

이 기준을 초과하여 사실상 주식을 소유하는 자는 그 초과분에 대하여는 의결권을 행사할 수 없으며, 금융위는 6개월 이내의 기간을 정하여 기준을 충족하도록 시정을 명할 수 있음

★★★ 126 외국인의 증권 소유제한에 대한 설명으로 옳지 않은 것은?

① 외국인은 국내에 6개월 이상 주소 또는 거소를 두지 아니한 개인을 말하며, 외국법인은 외국 정부, 외국 지방자치단체 등을 말한다.

② 공공적 법인이 발행한 지분증권에 대한 종목별 외국인 또는 외국법인 등의 1인 취득한도는 해당 공공적 법인의 정관에서 정한 한도이다.

③ 공공적 법인이 발행한 지분증권에 종목별 외국인 및 외국법인 등의 전체 취득한도는 해당 종목의 지분증권총수의 100분의 30이다.

④ 외국인 또는 외국법인등에 의한 공공적 법인의 주식 취득에 관하여는 위의 제한에 추가하여 그 공공적 법인의 정관이 정하는 바에 따라 따로 이를 제한할 수 있다.

> **해설** 공공적 법인이 발행한 지분증권에 종목별 외국인 및 외국법인 등의 전체 취득한도는 해당 종목의 지분증권총수의 100분의 40이다. 외국인 또는 외국법인등은 상장증권 또는 증권시장에 상장하기 위하여 모집·매출하는 증권 등 상장이 예정된 증권을 취득 또는 처분하려는 경우에는 미리 본인의 인적 사항을 금융위에 등록하여야 한다.

··· T O P I C **15** 불공정거래행위에 대한 규제 – 미공개정보 이용(내부자거래) 규제

★★★ 127 다음 중 자본시장법상 내부자거래 규제와 거리가 먼 것은? 심화

① 시세조종행위의 금지
② 미공개 중요정보 이용행위의 금지
③ 단기매매차익의 반환의무
④ 임원 및 주요주주의 주식소유상황의 보고

> **해설** 시세조종행위의 금지는 내부자뿐만 아니라 누구든지 상장증권 또는 장내파생상품에 대하여 시세조종행위를 할 수 없게 하는 규정이다.

🏛 필수핵심정리 ◁ 자본시장법상의 내부자거래 규제 구성

- 미공개 중요정보 이용행위의 금지
- 공개매수 관련 정보의 이용행위 금지
- 대량취득 및 처분 관련 정보 이용행위 금지
- 내부자의 단기매매차익 반환제도
- 임원 및 주요주주의 특정증권등 소유상황 보고제도
- 장내파생상품의 대량보유 보고제도

★★★
128 미공개정보 중요정보 이용행위의 금지에 관한 설명으로 옳지 않은 것은?

① 내부자거래 규제의 적용대상 법인은 상장법인 및 6개월 내 상장이 예정된 법인이다.

② 내부자거래 규제의 대상증권은 당해 법인이 발행한 증권으로 한정한다.

③ 내부자거래 규제대상자는 내부자, 준내부자, 정보수령자의 어느 하나에 해당하는 자를 말한다.

④ 규제대상 행위는 증권의 매매거래 자체가 금지되는 것이 아니라 미공개 중요정보의 이용행위가 금지되는 것이다.

> **해설** 내부자거래 규제의 대상증권은 당해 법인이 발행한 증권에 한정되지 않고, 당해 법인과 관련한 증권을 기초자산으로 하는 금융투자상품을 포함한다.

🏛 필수핵심정리 ▷ 미공개 중요정보 이용행위의 금지

적용대상	상장법인(6개월 내 상장이 예정된 법인도 포함)		
규제대상	• 상장법인이 발행한 증권[전환사채(CB), 신주인수권부사채(BW), 이익참가부사채(PB), 교환사채(EB) 이외의 채무증권, 수익증권, 파생결합증권은 규제대상에서 제외. 다만, 파생결합증권 중 ELS와 ELW는 규제대상임] • 증권예탁증권(DR) • 상장법인 외의 자가 발행한 교환사채권 • 증권만을 기초자산으로 하는 금융투자상품(ELS, ELW, 파생상품 등)		
규제 대상자	내부자	• 그 법인(계열사 포함) 및 그 법인의 임직원·대리인으로서 직무와 관련하여 중요정보를 알게 된 자 • 그 법인(계열사 포함)의 주요주주로서 권리를 행사하는 과정에서 미공개 중요정보를 알게 된 자	
	준내부자	• 그 법인에 대해 인가나 감독권한을 가지는 자로서 권한을 행사하는 과정에서 미공개 중요정보를 알게 된 자 • 그 법인과 계약을 체결하고 있거나 교섭하고 있는 자(변호사, 세무사 등)로서 미공개 중요정보를 알게 된 자	
	정보수령자	내부자나 준내부자(내부자나 준내부자에 해당되지 아니하게 된 날로부터 1년이 경과되지 아니한 자를 포함)로부터 미공개 중요정보를 받은 자	
규제대상 행위	증권의 매매거래 자체가 금지되는 것이 아니라 미공개 중요정보의 이용행위가 금지됨		
	① 서류에 기재되어 있는 정보	서류가 비치된 날로부터 1일	
	② 금융위 또는 거래소가 운영하는 전자 전달매체를 통해 내용이 공개된 정보	공개된 때부터 3시간	
		DART	금융위(금감원) 전자공시시스템
		KIND	거래소 상장공시시스템
	③ 신문 또는 방송	공개된 때부터 6시간	

★★★ 129 다음 중 내부자거래의 규제대상인 '특정증권등'에 포함되지 않는 것은?

① 상장법인이 발행한 증권　　　　② 수익증권
③ ELS　　　　　　　　　　　　　④ CB(전환사채)

> **해설** 내부자거래 규제의 대상증권은 당해 법인이 발행한 증권에 한정되지 않고, 당해 법인과 관련된 증권을 기초자산으로 하는 금융투자상품이 포함되며 국내기업이 외국에서 발행한 증권예탁증권(DR)과 ELS, ELW 등과 같은 파생결합증권은 물론, 옵션 등 파생상품의 매매도 당해 법인과 관련한 증권만을 기초자산으로 하는 경우 규제대상에 포함된다.

★★★ 130 다음 중 자본시장법상 미공개 중요정보 이용행위금지 규제대상에 해당하지 않는 것은?

① 권리행사 과정에서 미공개 중요정보를 알게 된 해당 법인 주주
② 직무와 관련하여 미공개 중요정보를 알게 된 해당 법인 임직원
③ 해당 법인과 계약체결을 하고 있는 자로서 계약체결과정에서 미공개 중요정보를 알게 된 자
④ 회사 내부자로부터 미공개 중요정보를 받은 자

> **해설** 권리를 행사하는 과정에서 미공개 중요정보를 알게 된 그 법인(계열사 포함)의 주요주주가 규제대상에 해당된다. 미공개 중요정보 이용금지 규정은 주요주주, 즉 해당 법인의 10% 이상 보유주주 및 법인의 주요 경영사항에 대하여 사실상 영향력을 행사하고 있는 주주를 규제대상으로 하고 있다. ④는 정보수령자로서 규제대상이다. 만약 퇴직한 지 1년이 경과한 직원으로부터 정보를 받았다면 정보수령자가 아니다.

★★★ 131 다음의 어느 하나에 해당하는 방법으로 정보를 공개하고 해당 기간(시간)이 지나는 것은 미공개 중요정보의 이용행위에 해당하지 않는다. 다음 중 해당 기간(시간)이 잘못 표시된 것은? 심화

① 금융위 또는 거래소에 신고되거나 보고된 서류에 기재되어 있는 정보 : 그 내용이 기재되어 있는 서류가 비치된 날부터 1일
② 일간신문 또는 경제신문 중 전국을 보급지역으로 하는 둘 이상의 신문에 그 내용이 게재된 정보 : 게재된 날부터 3시간
③ 금융위 또는 거래소가 설치 · 운영하는 전자전달매체를 통하여 그 내용이 공개된 정보 : 공개된 때부터 3시간
④ 전국을 가시청권으로 하는 지상파방송을 통하여 그 내용이 방송된 정보 : 방송된 때부터 6시간

> **해설** 일간신문 또는 경제신문 중 전국을 보급지역으로 하는 둘 이상의 신문에 그 내용이 게재된 정보는 게재된 날의 다음날 0시부터 6시간이다. 다만, 법률에 따른 전자간행물의 형태로 게재된 경우에는 게재된 때부터 6시간이다. 또한 연합뉴스사를 통하여 그 내용이 제공된 정보는 제공된 때부터 6시간이다.

★★★
132 공개매수에 대한 설명으로 옳은 것은?

① 공개매수는 의결권이 있는 주식 등을 전제로 하므로 의결권이 없는 주식에 대해서는 의무공개매수 규정이 적용되지 않는다.

② 공개매수자는 공개매수 공고일 이후라도 철회신고서 제출로써 언제든지 공개매수를 철회할 수 있다.

③ 적용대상증권인 '주식 등'에는 주권, 신주인수권증권, 신주인수권부사채 등이 포함되나, 전환사채 및 교환사채는 포함되지 않는다.

④ 공개매수 해당 여부 판단 시 본인과 특수관계인이 보유한 지분을 합산하되, 공동보유자의 지분은 합산하지 않는다.

> **해설** ② 원칙적으로 공개매수 공고일 이후 공개매수 철회는 금지된다.
> ③ 적용대상증권인 '주식 등'에는 전환사채 및 교환사채도 포함된다.
> ④ 공개매수 해당 여부 판단 시 본인과 특별관계자의 지분을 합산하며, 특별관계자란 특수관계인과 공동보유자를 말한다.

★★☆
133 주식 등의 대량취득·처분은 정해진 요건을 모두 충족하는 주식 등의 취득·처분을 말한다. 다음 중 이 요건과 거리가 먼 것은? 심화

① 회사나 그 임원에 대하여 사실상 영향력을 행사할 목적의 취득

② 금융위가 정하여 고시하는 비율 이상의 대량취득·처분일 것

③ 그 취득·처분이 5% 보고대상에 해당할 것

④ 그 취득·처분이 1개월 내에 이루어질 것

> **해설** 주식 등의 대량취득·처분은 ①~③까지의 요건을 모두 충족하는 주식 등의 취득·처분을 말한다.

★★★
134 내부자의 단기매매차익 반환제도에 대한 설명으로 옳은 것은?

① 주권상장법인의 모든 임원과 직원 또는 주요주주가 특정증권등을 매수한 후 6개월 이내에 매도하거나, 특정증권등을 매도한 후 6개월 이내에 매수하여 이익을 얻은 단기매매차익에 적용한다.

② 일정범위의 내부자가 특정증권등을 6개월 이내에 매매하여 얻은 이익은 그것이 미공개중요정보를 이용한 것일 경우 무조건 회사에게 반환하도록 하고 있다.

③ 주요 주주가 매도·매수한 시기 중 어느 한 시기에 있어서 주요주주가 아닌 경우에는 단기매매차익 반환 규정을 적용하지 아니한다.

④ 단기매매차익 계산의 구체적인 기준과 방법 등 필요한 세부사항은 한국거래소가 정한다.

해설 ① 단기매매차익 반환대상자를 주권상장법인의 주요주주, 임원 및 직원으로 규정하고 있다. 다만 직원의 경우 미공개중요정보를 알 수 있는 자로 인정한 자에 한한다. 즉 그 법인에서 주요사항보고 대상에 해당하는 사항의 수립 · 변경 · 추진 · 공시, 그 밖에 이에 관련된 업무에 종사하고 있는 직원 또는 그 법인의 재무 · 회계 · 기획 · 연구개발에 관련된 업무에 종사하고 있는 직원에 한한다.
② 일정범위의 내부자가 특정증권등을 6개월 이내에 매매하여 얻은 이익은 그것이 미공개 중요정보를 이용한 것인지의 여부와 관계없이 무조건 회사에게 반환하도록 하고 있다.
④ 단기매매차익 계산의 구체적인 기준과 방법 등 필요한 세부사항은 증권선물위원회가 정한다.

🏛 필수핵심정리 　내부자의 단기매매차익 반환제도

반환 대상자	• 상장법인의 주요주주, 임원, 직원(단, 직원은 그 법인의 주요한 업무에 종사하고 있는 직원만 해당) • 내부자에 대해 미공개 중요정보의 이용여부와 관계없이 단기매매차익을 회사에 반환하여야 함
반환 대상	단기매매차익(상장법인의 특정증권등을 매수한 후 6개월 이내에 매도하거나 특정증권등을 매도한 후 6개월 이내에 매수하여 얻은 이익)

★★★
135 다음 해당 회사에 근무하는 직원 중 증권선물위원회가 미공개중요정보를 알 수 있는 자로 인정하지 않는 자는?

① 재무담당 과장　　　　　　　　② 기획담당 대리
③ 생산담당 차장　　　　　　　　④ 공시담당 사원

해설 직원의 경우 미공개중요정보를 알 수 있는 자로 인정한 자는 재무, 회계, 기획, 연구개발, 공시 담당부서에 근무하는 직원만 인정하고 있다.

★★★
136 내부자의 단기매매차익 반환의 예외에 해당하는 것을 모두 고르면?

> ㉠ 안정조작이나 시장조성을 위하여 매수 · 매도 또는 매도 · 매수하는 경우
> ㉡ 주식매수선택권의 행사에 따라 주식을 취득하는 경우
> ㉢ 증권예탁증권의 예탁계약 해지에 따라 증권을 취득하는 경우
> ㉣ 모집 · 매출하는 특정증권등의 청약에 따라 취득하는 경우

① ㉠　　　　　　　　　　　　　② ㉠, ㉡
③ ㉠, ㉡, ㉢　　　　　　　　　④ ㉠, ㉡, ㉢, ㉣

해설 ㉠~㉣ 모두 단기매매차익의 반환을 적용하지 않는 경우에 해당된다.

★★★
137 임원 및 주요주주의 특정증권등 소유상황 보고에 대한 설명으로 옳은 것은?

① 보고대상자는 주권상장법인의 임원 및 주요주주와 중요한 직무를 맡고 있는 직원이다.

② 임원 또는 주요주주가 된 날로부터 3일(휴일 제외) 이내에 누구의 명의로든 자기의 계산으로 소유하고 있는 특정증권등의 소유상황을 증권선물위원회와 거래소에 보고하여야 한다.

③ 임원 또는 주요주주는 그 특정증권등의 소유상황에 변동이 있는 경우에는 그 변동이 있는 날부터 3일(휴일 제외)까지 증권선물위원회와 금융투자협회에 보고하여야 한다.

④ 보고서 기재사항은 보고자, 해당 주권상장법인, 특정증권등의 종류별 소유현황 및 그 변동에 관한 사항이다.

> **해설** ① 자본시장법은 보고대상자를 주권상장법인의 임원(상법에 따른 업무집행지시자 포함) 및 주요주주로 규정하고 있다.
> ② 임원 또는 주요주주가 된 날로부터 5일(휴일 제외) 이내에 누구의 명의로든 자기의 계산으로 소유하고 있는 특정증권등의 소유상황을 증권선물위원회와 거래소에 보고하여야 한다.
> ③ 그 특정증권등의 소유상황에 변동이 있는 경우에는 그 변동이 있는 날부터 5(휴일 제외)일까지 증권선물위원회와 거래소에 보고하여야 한다.

★★★
138 장내파생상품의 대량보유 보고에 대한 설명으로 옳지 않은 것은?

① 동일 품목의 장내파생상품을 금융위가 정하여 고시하는 수량 이상 보유하게 된 자는 그 날부터 5일(휴일 제외) 이내에 그 보유 상황 등을 금융위와 거래소에 보고하여야 한다.

② 그 보유 수량이 금융위가 정하여 고시하는 수량 이상으로 변동된 경우에는 그 변동된 날부터 5(휴일 제외) 이내에 그 변동 내용을 금융위와 거래소에 보고하여야 한다.

③ 보고대상 파생상품은 통화, 금리, 일반상품 및 금융위가 정하여 고시하는 기준과 방법에 따른 주가지수를 기초자산으로 하는 것으로서 파생상품시장에서 거래되는 것에 한한다.

④ 금융위와 거래소에 보고하여야 할 자가 위탁자인 경우에는 금융투자업자로 하여금 대신하여 보고하게 할 수 있다.

> **해설** 보고대상 파생상품은 일반상품 및 금융위가 정하여 고시하는 기준과 방법에 따른 주가지수를 기초자산으로 하는 것으로서 파생상품시장에서 거래되는 것(장내파생상품)에 한한다.

★★★
139 파생상품 관련 정보의 누설 금지 규정의 적용을 받는 대상자와 거리가 먼 자는?

① 장내파생상품의 시세에 영향을 미칠 수 있는 정책을 입안·수립 또는 집행하는 자

② 장내파생상품의 시세에 영향을 미칠 수 있는 정보를 생성·관리하는 자

③ 장내파생상품의 기초자산의 중개·유통 또는 검사와 관련된 업무에 종사하는 자

④ 장내파생상품의 시세에 영향을 미칠 수 있는 대량의 매매를 하는 전문투자자

> **해설** ①~③이 대상자이다. ①~③의 어느 하나에 해당하는 자로서 파생상품시장에서의 시세에 영향을 미칠 수 있는 정보를 업무와 관련하여 알게 된 자와 그 자로부터 정보를 전달받은 자는 그 정보를 누설하거나, 장내파생상품 및 그 기초자산의 매매나 그 밖의 거래에 이용하거나, 타인으로 하여금 이용하게 할 수 없다.

★★★
140 다음의 어느 하나에 해당하는 자는 형사책임과 손해배상책임을 질 수 있는데, 이에 관한 설명으로 옳지 <u>않은</u> 것은?

> ㉠ 상장법인의 업무 등과 관련된 미공개 중요정보를 특정증권등의 매매, 그 밖의 거래에 이용하거나 타인에게 이용하게 한 자
> ㉡ 주식등에 대한 공개매수의 실시 또는 중지에 관한 미공개 정보를 그 주식등과 관련된 특정증권등의 매매, 그 밖의 거래에 이용하거나 타인에게 이용하게 한 자
> ㉢ 주식등의 대량취득·처분의 실시 또는 중지에 관한 미공개 정보를 그 주식등과 관련된 특정증권등의 매매, 그 밖의 거래에 이용하거나 타인에게 이용하게 한 자

① 5년 이하의 징역 또는 1억원 이하의 벌금에 처할 수 있다.
② 다만, 그 위반행위로 얻은 이익 또는 회피한 손실액의 3배에 해당하는 금액이 5억원을 초과하는 경우에는 그 이익 또는 회피한 손실액의 3배에 상당하는 금액 이하의 벌금에 처할 수 있다.
③ ㉠~㉢에 해당하는 자는 특정증권등의 매매, 그 밖의 거래를 한 자가 입은 손해를 배상할 책임을 진다.
④ 손해배상청구권은 청구권자가 위반행위가 있었던 사실을 안 날로부터 1년간 또는 그 행위가 있었던 날로부터 3년간 이를 행사하지 아니한 경우에는 시효로 인하여 소멸한다.

 해설 형사책임으로는 10년 이하의 징역 또는 5억원 이하의 벌금에 처할 수 있다.

★★★
141 미공개 중요정보, 공개매수 관련 정보, 주식등의 대량취득·처분의 실시 또는 중지에 관한 미공개 정보를 이용하여 얻은 이익(또는 회피한 손실액)이 6억원이라고 한다면, 벌금은 최대 얼마까지 가능한가?

① 5억원　　　　　　　　　　　② 6억원
③ 12억원　　　　　　　　　　④ 18억원

해설 5억원 이하의 벌금에 처할 수 있다. 다만, 그 위반행위로 얻은 이익(또는 회피한 손실액)의 3배에 해당하는 금액이 5억원을 초과하는 경우에는 그 이익(또는 회피한 손실액)의 3배에 상당하는 금액 이하의 벌금에 처할 수 있다. 따라서 최대 18억원의 벌금이 가능하다.

★★★
142 시세조종행위 규제에 관한 설명으로 옳지 않은 것은?

① 통정매매나 가장매매는 위장거래에 의한 시세조종행위이다.

② 상장증권 또는 장내파생상품의 시세가 자기 또는 타인의 시장 조작에 의하여 변동한다는 말을 유포하는 행위는 허위표시 등에 의한 시세조종행위이다.

③ 투자매매업자가 시장조성이나 안정조작을 하는 행위는 가격고정 또는 안정조작 행위로서 시세조종행위이다.

④ 삼성전자 주식 옵션거래에서 부당한 이익을 얻을 목적으로 삼성전자 주식의 시세를 변동 또는 고정시키는 행위는 현·선 연계 시세조종행위이다.

해설 상장증권 또는 장내파생상품의 시세를 고정시키거나 안정시킬 목적으로 그 증권 또는 장내파생상품에 관한 일련의 매매 또는 그 위탁이나 수탁을 하는 행위는 가격고정 또는 안정조작 행위로서 시세조종행위이다. 그러나 투자매매업자가 시장조성이나 안정조작을 하는 행위는 시세조종행위로 보지 않는다.

🏛 필수핵심정리 시세조종행위 규제

시세조종행위란 협의로는 증권시장 및 파생상품시장에서 시장기능에 의하여 자연스럽게 형성되어야 할 가격이나 거래동향을 인위적으로 변동시킴으로써 부당이득을 취하는 행위(자본시장법은 시세조종행위에 대한 규제를 강화 : 협의의 시세조종행위는 물론, 합리성이 결여된 비경제적 매매주문 또는 매매성황을 오인케 하거나 중요사실에 대한 허위의 표시 등 시장기능을 저해하는 일련의 행위를 유형화하여 엄격히 금지)

■ 규제대상

1. 위장거래에 의한 시세조종
   누구든지 상장증권 또는 장내파생상품의 매매에 관하여 그 매매가 성황을 이루고 있는 듯이 잘못 알게 하거나, 그 밖에 타인에게 그릇된 판단을 하게 할 목적으로 하는 행위 및 그 행위를 위탁하거나 수탁할 수 없음

통정매매	자기가 매도(매수)하는 것과 같은 시기에 그와 같은 가격 또는 약정수치로 타인이 매수(매도)할 것을 사전에 서로 짠 후 매매하는 행위
가장매매	상장증권 또는 장내파생상품의 매매를 함에 있어서 권리의 이전을 목적으로 하지 아니하는 거짓으로 꾸민 매매를 하는 행위

2. 현실거래에 의한 시세조종
   누구든지 상장증권 또는 장내파생상품의 매매를 유인할 목적으로 매매가 성황을 이루고 있는 듯이 잘못 알게 하거나 그 시세를 변동시키는 매매 또는 그 위탁이나 수탁하는 행위를 할 수 없음

3. 허위표시 등에 의한 시세조종
   누구든지 상장증권 또는 장내파생상품의 매매를 유인할 목적으로 다음의 행위를 할 수 없음
   • 그 증권 또는 장내파생상품의 시세가 자기 또는 타인의 시장 조작에 의하여 변동한다는 말을 유포하는 행위
   • 그 증권 또는 장내파생상품의 매매를 함에 있어서 중요한 사실에 관하여 거짓의 표시 또는 오해를 유발시키는 표시를 하는 행위

---

4. 가격고정 또는 안정조작행위

누구든지 상장증권 또는 장내파생상품의 시세를 고정시키거나 안정시킬 목적으로 그 증권 또는 장내파생상품에 관한 일련의 매매 또는 그 위탁이나 수탁을 하는 행위를 할 수 없음(예외 : 규정에 따른 투자매매업자의 안정조작과 시장조성)

5. 현·선연계(현·현연계) 시세조종행위

누구든지 상장증권 또는 장내파생상품의 매매와 관련하여 다음의 행위를 할 수 없음

현·선연계 시세조종	장내파생상품(장내파생상품의 기초자산) 매매에서 부당한 이익을 얻거나 제3자에게 부당한 이익을 얻게 할 목적으로 그 장내파생상품의 기초자산(장내파생상품)의 시세를 변동 또는 고정시키는 행위
현·현연계 시세조종	증권의 매매에서 부당한 이익을 얻거나 제3자에게 부당한 이익을 얻게 할 목적으로 그 증권과 연계된 증권의 시세를 변동 또는 고정시키는 행위

★★★ 143 시세조종행위 규제에 관한 설명으로 옳지 않은 것은? 심화

① 현실거래에 의한 시세조종에서의 시세란 증권이나 파생상품시장에서 형성된 시세, 다자간매매체결회사가 상장주권의 매매를 중개함에 있어서 형성된 시세, 상장되는 증권에 대하여 증권시장에서 최종적으로 형성되는 시세를 말한다.

② 시세조종으로 보지 않는 안정조작이란 투자매매업자가 그 증권의 모집 또는 매출이 원활하도록 하기 위해 청약기간의 종료일 전 20일부터 그 청약기간의 종료일까지의 기간 동안 증권의 가격을 안정시키는 매매거래를 말한다.

③ 시세조종으로 보지 않는 시장조성이란 투자매매업자가 모집·매출한 증권이 상장된 날부터 1개월 이상 6개월 이내에서 인수계약으로 정한 기간 동안 수요·공급을 조성하는 매매거래를 말한다.

④ 모집·매출되는 증권 발행인의 임원 등이 투자매매업자에게 안정조작을 위탁하는 경우, 투자매매업자가 안정조작을 수탁하는 경우, 모집·매출되는 증권의 인수인이 투자매매업자에게 시장조성을 위탁하는 경우, 투자매매업자가 시장조성을 수탁하는 경우는 시세조종행위가 아니다.

해설 시세조종의 적용대상이 되는 시세란 증권이나 파생상품시장에서 형성된 시세, 다자간매매체결회사가 상장주권의 매매를 중개함에 있어서 형성된 시세, 상장되는 증권에 대하여 증권시장에서 최초로 형성되는 시세를 말한다.

144 자기가 매도하는 것과 같은 시기에 그와 같은 가격 또는 약정수치로 타인이 매수할 것을 사전에 서로 짠 후 매도하는 행위, 또는 자기가 매수하는 것과 같은 시기에 그와 같은 가격 또는 약정수치로 타인이 매도할 것을 사전에 서로 짠 후 매도하는 행위를 무엇이라 하는가?

① 현실거래에 의한 시세조종　　　　　② 통정매매
③ 가장매매　　　　　　　　　　　　　④ 위장매매

> **해설** 통정매매는 위장거래에 의한 시세조종행위로 규제대상이다.

145 다음 중 시세조종행위에 해당되지 않는 것은?

① 현대차 주식 옵션거래에서 부당한 이익을 얻을 목적으로 현대차 주식의 시세를 변동 또는 고정시키는 행위
② 삼성전자 주식 매매에서 부당한 이익을 얻을 목적으로 삼성전자 주식 옵션의 시세를 변동 또는 고정시키는 행위
③ 삼성전자 주식 매매에서 부당한 이익을 얻을 목적으로 삼성전자의 전환사채권이나 신주인수권부사채권의 시세를 변동 또는 고정시키는 행위
④ 삼성전자 주식 옵션거래에서 부당한 이익을 얻을 목적으로 삼성전자 주식 선물의 시세를 변동 또는 고정시키는 행위

> **해설** ①과 ②는 현·선 연계 시세조종행위이며, ③은 현·현 연계 시세조종행위이다. 그러나 ④는 선·선 연계로 시세조종행위가 아니다. 파생상품의 가격은 해당 기초자산의 가격에 영향을 받으므로 기초자산(현물)이 개입된 연계거래만이 시세조종행위에 해당된다고 할 수 있다.

146 시세조종 금지에 위반한 자에 대해서는 (㉠)년 이하의 징역 또는 5억원 이하의 벌금에 처할 수 있다. 다만, 그 위반행위로 얻은 이익 또는 회피한 손실액의 (㉡)배에 해당하는 금액이 5억원을 초과하는 경우에는 그 이익 또는 회피한 손실액의 (㉢)배에 상당하는 금액 이하의 벌금에 처할 수 있다. (㉠ + ㉡ + ㉢)은?

① 9　　　　　　　② 20　　　　　　　③ 16　　　　　　　④ 20

> **해설** ㉠ 10, ㉡ 3, ㉢ 3 따라서 ㉠ + ㉡ + ㉢ = 16
> 또한 시세조종행위 금지를 위반한 자는 그 위반행위로 인하여 형성된 가격에 의하여 해당 상장증권 또는 장내파생상품의 매매를 하거나 위탁을 한 자가 그로 인해 입은 손해를 배상할 책임을 진다.

★★★
147 부정거래행위 규제에 대한 설명으로 옳지 않은 것은?

① 누구든지 금융투자상품의 매매, 그 밖의 거래와 관련하여 부정한 수단, 계획 또는 기교를 사용하는 행위를 하거나, 거래를 유인할 목적으로 거짓의 시세를 이용하는 행위를 할 수 없다.

② 누구든지 중요사항에 관하여 거짓의 기재 또는 표시를 하거나 타인에게 오해를 유발시키지 아니하기 위하여 필요한 중요사항의 기재 또는 표시가 누락된 문서, 그 밖의 기재 또는 표시를 사용하여 금전, 그 밖의 재산상의 이익을 얻고자 하는 행위를 할 수 없다.

③ 증권의 경우 공모(모집과 매출)는 물론 사모의 경우에도 부정거래행위를 금지한다.

④ 부정거래행위 금지를 위반한 자에 대해서는 5년 이하의 징역 또는 3억원 이하의 벌금에 처할 수 있다.

해설 부정거래행위 금지를 위반한 자에 대해서는 10년 이하의 징역 또는 5억원 이하의 벌금에 처할 수 있다. 다만, 그 위반행위로 얻은 이익(또는 회피한 손실액)의 3배에 해당하는 금액이 5억원을 초과하는 경우에는 그 이익(또는 회피한 손실액)의 3배에 상당하는 금액 이하의 벌금에 처할 수 있다. 또한 부정거래행위 금지를 위반한 자는 그 위반행위로 인하여 금융투자상품의 매매, 그 밖의 거래를 한 자가 그로 인해 입은 손해를 배상할 책임을 진다. 증권시장에서 발생하는 불공정행위의 수법은 매우 다양하며 새로운 유형의 불공정거래 행위가 계속 등장하고 있어 자본시장법은 포괄적으로 부정거래행위를 금지하고 있다.

★★★
148 시장질서 교란행위 규제에 대한 설명으로 옳지 않은 것은?

① 시장질서 교란행위는 크게 '정보이용 교란행위'와 '시세관여 교란행위'로 나눌 수 있다.

② 시장질서 교란행위(정보이용 교란행위) 규제의 도입으로 기존 미공개중요정보 금지조항으로 규제할 수 없었던 2차 이상의 다차 정보수령자의 미공개정보이용, 외부정보이용, 해킹 등 부정한 방법으로 지득한 정보이용 등이 규제된다.

③ 허수성 주문을 대량으로 제출하는 경우 매매유인이나 부당이득을 얻을 목적 등이 없다고 판단되면 해당 행위자에게 과징금을 부과할 수 없다.

④ 시장질서 교란행위에 대해서는 5억원 이하의 과징금을 부과할 수 있다.

해설 기존 시세조종행위 금지조항은 매매유인이나 부당이득을 얻을 목적 등이 없으면 규제하기 어려웠으나, 시장질서 교란행위(시세관여 교란행위) 규제가 도입되면서 비록 매매유인이나 부당이득을 얻을 목적 등이 없다고 할지라도 허수성 주문을 대량으로 제출하거나, 가장성 매매, 통정성 매매, 풍문유포 등을 하여 시세에 부당한 영향을 주거나 줄 우려가 있다고 판단되면 해당 행위자에게 과징금을 부과할 수 있다. 시장질서 교란행위에 대해서는 5억원 이하의 과징금을 부과(행정책임)할 수 있으며, 위반행위와 관련된 거래로 얻은 이득 등의 1.5배가 5억원을 넘는 경우에는 그 금액 이하의 과징금을 부과할 수 있다.

★★★
149 상장증권과 장내파생상품에 관한 매매 등과 관련한 시세관여 교란행위를 잘못 설명한 것은? 심화

① 거래 성립 가능성이 희박한 호가를 대량으로 제출하거나 호가를 제출한 후 해당 호가를 반복적으로 정정·취소하는 행위로 시세에 부당한 영향을 주거나 줄 우려가 있는 경우
② 권리이전을 목적으로 하지 않고 거짓으로 꾸민 매매를 하는 행위로 시세에 부당한 영향을 주거나 줄 우려가 있는 경우
③ 손익이전 또는 조세회피를 목적으로 타인과 서로 짜고 하는 매매 행위로 시세에 부당한 영향을 주거나 줄 우려가 있는 경우
④ 풍문을 유도하거나 거짓으로 계책을 꾸며 상장증권 등의 수급상황이나 가격에 대하여 오해를 유발하거나 가격을 왜곡할 우려가 있는 행위로 시세에 부당한 영향을 주거나 줄 우려가 있는 경우

해설 ①~③은 해당 거래로 시세에 부당한 영향을 주거나 줄 우려가 있는 경우에 시세관여 교란행위에 해당되지만, ④는 풍문을 유도하거나 거짓으로 계책을 꾸며 상장증권 등의 수급상황이나 가격에 대하여 오해를 유발하거나 가격을 왜곡할 우려가 있는 행위 자체가 시세관여 교란행위가 된다.

★★★
150 단기매매차익 거래 규제에 대한 설명으로 옳지 않은 것은?

① 규제대상자는 회사의 임직원 또는 주요주주이다.
② 규제대상(증권)은 주권, 전환사채권, 신주인수권부사채권 등 주식관련사채와 신주인수권증서, 이익참가부사채권 및 주권상장법인의 비상장 사채권·주식 등이다.
③ 규제대상행위는 규제대상증권을 매수(매도)한 후 6월 이내에 매도(매수)하여 이익을 얻는 거래이다.
④ 규제방법은 거래로 차익이 발생하는 경우 그 매매차익을 회사에 반환할 민·형사상 책임을 부과하는 것이다.

해설 규제방법은 거래로 차익이 발생하는 경우 그 매매차익을 회사에 반환할 민사상 책임을 부과하는 것이다. 단기매매를 한 경우라도 거래상의 필요에 의하여 법령에서 예외적으로 허용하는 경우(주식매수선택권 행사, 근로자증권저축 매매, 증권시자의 최소거래단위 미만의 매매, 이미 소유한 증권에서 나온 신주취득, 우리사주 청약 등)에는 단기매매차익을 반환할 의무가 없다. 단기매매차익 거래 규제는 회사내부자가 그 직무에 의하여 취득한 비밀정보를 부당하게 이용하는 것을 방지하기 위한 제도로서, 미공개정보(내부자거래) 이용규제와는 다른 규제책이다.

151 불공정거래행위에 대한 설명으로 옳은 것은? [심화]

① 단기매매차익반환의무는 상장법인의 주요주주 및 모든 임직원이 부담한다.
② 내부자거래 금지규정 적용대상은 상장법인 및 6개월 내 상장예정법인으로, 6개월 내 우회상장예정법인은 대상이 아니다.
③ 차입한 상장증권으로 결제하고자 하는 매도는 공매도에 해당하지 않는다.
④ 임원·주요주주 소유상황보고가 면제되는 경미한 변동의 기준은 변동수량 1천주 미만, 그 취득 및 처분금액 1천만원 미만이다.

> **해설** ① 단기매매차익반환의무는 대상 직원은 미공개중요정보를 알 수 있는 직원으로 한정된다.
> ② 자본시장법 개정으로 6개월 이내에 상장법인과의 합병, 주식의 포괄적 교환, 그밖에 대통령령으로 정하는 기업결합 방법에 따라 상장되는 효과가 있는(우회상장) 비상장법인도 내부자거래 금지규정 적용대상에 포함된다.
> ③ 소유하지 아니한 상장증권의 매도뿐 아니라 차입한 상장증권으로 결제하고자 하는 매도도 공매도에 해당한다. 다만, 차입할 상장증권으로 결제하고자 하는 매도는 일정요건하에 허용되는 공매도이다.

•••TOPIC 18 기타 금융위원회규정 및 금융감독원 규정 – 금융기관 검사 및 제재에 관한 규정

---

152 금융감독원의 검사에 대한 설명으로 옳지 않은 것은?

① 감독원장은 금융기관의 업무 및 재산상황 또는 특정부문에 대한 검사를 실시한다.
② 검사절차는 주로 사전조사 → 검사실시 → 결과보고 → 검사결과조치 → 사후관리의 순에 의한다.
③ 검사의 종류는 종합검사와 부문검사로 구분하고, 검사의 실시는 현장검사 또는 서면검사의 방법으로 행한다.
④ 종합검사는 대부분 현장검사의 방법으로 실시한다.

> **해설** 종합검사는 대부분 서면검사의 방법으로 실시한다.

🏛 필수핵심정리 ▶ 금융감독원의 금융기관 검사

검사의 종류	종합검사	금융기관의 업무전반 및 재산상황에 대하여 종합적으로 실시하는 검사
	부문검사	금융사고 예방, 금융질서 확립, 기타 금융감독원장이 필요에 의하여 금융기관의 특정부문에 대하여 실시하는 검사
검사의 실시방법	현장검사	검사대상기관에 실제로 임하여 필요한 사항을 조사하는 것
	서면검사	장부, 서류를 제출받아 그 내용을 조사·검토하는 것 → 종합검사는 대부분 서면검사의 방법으로 실시

★★★
153 '금융기관의 검사와 제재에 관한 규정'상 금융기관 검사에 대한 설명으로 옳지 않은 것은? 심화

① 금융기관의 업무 외에 재산상황에 대해서도 검사할 수 있다.

② 원칙적으로 검사결과에 대한 조치는 금융감독원장이 한다.

③ 임직원이 2회 이상의 주의조치를 받고도 3년 이내 다시 주의조치에 해당하는 행위를 한 경우 제재를 가중할 수 있다.

④ 금융투자업자의 금융투자상품 일임운용제한이나 불법자전거래 또는 임직원의 금융투자 상품 위법매매거래가 전번 건사와 이번 검사에서 계속적으로 지적되는 경우 1단계 가중하여 제재한다.

> **해설** 검사결과 조치는 원칙적으로 금융위원회의 심의 및 의결을 거쳐 이루어진다. 다만, 금융감독원장에게 위임한 사항에 대해서는 금융감독원장이 직접 조치를 할 수 있다. 그리고 금융투자업자 또는 그 임직원에 대한 과태료 부과, 자본시장법에 의한 조치 · 명령 등은 증선위의 사전 심의를 거쳐 조치한다.

★★★
154 금융기관은 민사소송에서 패소확정되거나, 소송물 가액이 최적근 분기말 현재 자기자본의 100분의 1(자기자본의 100분의 1이 10억원 미만인 경우에는 10억원) 또는 (   )원을 초과하는 민사소송에 피소된 경우, 그 내용을 금융감독원장에게 보고하여야 한다. (   )에 알맞은 금액은? 심화

① 10억   ② 20억   ③ 50억   ④ 100억

> **해설** 100억원을 초과하는 민사소송에 피소된 경우 금융감독원장에게 보고하여야 한다.

···TOPIC 19 기타 금융위원회 규정 및 금융감독원 규정 – 자본시장 조사업무 규정

★★★
155 자본시장 조사업무 규정상 조사대상에 포함되는 행위와 거리가 먼 것은? 심화

① 상장법인 임직원의 미공개정보 이용행위

② 상장법인 주식에 대한 시세조종 등 불공정거래행위

③ 상장법인의 공시의무 위반행위

④ 상장법인 임직원의 회사재산 횡령

> **해설** 임직원의 회사재산 횡령행위는 형법에 저촉되는 사항으로 자본시장 조사업무 규정상 직접적인 조사대상에 포함되지 않는다. 조사의 주요 대상은 미공개정보 이용행위, 시세조종 등 불공정거래행위, 내부자의 단기매매차익 취득, 상장법인의 공시의무 위반, 상장법인 임원 등의 특정증권등 및 변동사항 보고의무 위반 등, 주식의 대량보유 등의 보고(5% rule) 등이다. 불공정거래에 대한 조사는 원칙적으로 당사자의 동의와 협조를 전제로 한 청문적 성격의 행정상 임의조치의 성격을 띠지만, 시세조종 등에 대한 조사와 같이 압수 · 수색 등 강제조사의 성격이 함께 혼재된 특수한 성격을 갖기도 한다.

| 정답 | 151 ④ | 152 ④ | 153 ② | 154 ④ | 155 ④ |

★★★
156 금융분쟁조정세칙에 의한 금융분쟁 조정절차에 대한 설명으로 옳지 않은 것은?

① 분쟁이 발생하면 투자자는 1차적으로 해당 금융투자업자의 자체 감사실에 민원을 제기하여 분쟁 해결을 도모할 수 있다.

② 금융 관련 기관, 금융수요자 및 기타 이해관계인은 금융분쟁이 있는 때에는 금융감독원장에게 분쟁의 조정을 신청할 수 있다.

③ 접수된 조정신청사건 중 분쟁의 원만한 해결을 위하여 합의 권고를 할 수 있으며, 이를 수락한 경우 재판상 화해와 동일한 효력이 부여된다.

④ 조정위원회 조정 결정 후 조정결과에 중대한 영향을 미치는 새로운 사실이 나타난 경우 1개월 이내에 재조정을 신청할 수 있다.

> **해설** 합의 권고를 수락하는 경우 분쟁이 종결될 뿐이지 재판상 화해와 동일한 효력이 발생되는 것은 아니다. 재판상 화해와 동일한 효력은 분쟁조정위원회의 조정안을 분쟁당사자가 수락한 경우에 부여된다. 따라서 당사자가 수락하여 확정된 조정결정내용을 어느 일방이 이행하지 않을 경우에는 별도의 소송절차 없이 조정결정서를 근거로 강제집행을 신청할 수 있다.

🏛 필수핵심정리 ▷ 금융분쟁조정세칙(금융분쟁조정제도)

금융분쟁조정제도는 소비자보호제도의 일환으로 금융기관과의 각종 거래에서 발생한 금융기관 이용자의 부당한 피해를 구제해 주기 위한 제도이다.

금융(증권)분쟁 조정 절차	분쟁조정 신청 → 사실조사 등 → 합의권고 → (합의 불성립) → 금융분쟁조정위원회 회부 → 합의조정 → 합의 성립(종결) → (합의 불성립 시) 심의 · 의결 → 조정결정 통지 → (특별 사유 발생 시 재조정 신청)
조정의 효력	분쟁조정위원회의 조정안을 분쟁당사자가 수락한 경우에 재판상 화해와 동일한 효력 부여

★★★
157 금융분쟁조정위원회의 조정결정 후 재조정을 신청할 수 있는 사유로서 옳지 않은 것은?

① 조정 당시에는 제출되지 아니한 것으로서 조정의 결과에 중대한 영향을 미치는 새로운 사실이 나타난 경우

② 조정의 증거로 된 문서, 증인의 증언, 참고인의 진술 등의 자료가 위조 또는 변조된 것이거나 허위임이 밝혀진 경우

③ 조정의 기초가 된 법률, 판결 등이 변경된 경우

④ 조정 당사자가 당초 조정신청을 할 때에 그 사유를 주장하였거나 이를 알면서 주장하지 아니한 경우

해설 조정 당사자가 당초 조정신청을 할 때에 그 사유를 주장하였거나 이를 알면서 주장하지 아니한 경우에는 재조정신청을 할 수 없다. ①~③의 경우 이외에도 조정에 영향을 미칠 중요한 사항에 관하여 위원회가 판단하지 않은 경우, 제척되어야 할 위원이 조정에 간여한 경우에는 조정결정통지를 받은 날부터 1개월 이내에 재조정을 신청할 수 있다.

★★★
158 금융분쟁조정세칙에 대한 설명으로 옳지 않은 것은? 심화

① 금융분쟁조정위원회는 30인 이내의 위원회로 구성되며, 위원장은 금융감독원 부원장이 맡는다.

② 신청인이 동일한 내용으로 정당한 사유 없이 2회 이상 반복하여 분쟁조정을 신청한 경우에 2회 이상 그 처리결과를 통지한 후 접수되는 신청에 대하여는 종결처리할 수 있다.

③ 이미 법원에 제소된 사건이거나 조정신청이 있은 후 소를 제기한 경우 합의권고 또는 위원회에 회부하지 않고 직접 종결처리하거나 해당 기관에 이첩한다.

④ 조정신청 접수일로부터 30일 이내에 합의가 성립하지 않으면 분쟁조정위원회에 회부하고, 조정위원회는 회부일부터 60일 이내에 심의하여 조정 또는 각하를 결정한다.

해설 신청인이 동일한 내용으로 정당한 사유 없이 3회 이상 반복하여 분쟁조정을 신청한 경우에 2회 이상 그 처리결과를 통지한 후 접수되는 신청에 대하여는 종결처리할 수 있다.

┈┈┈ TOPIC **21** 〈부록〉 금융회사의 지배구조에 관한 법률

★★★
159 '금융회사의 지배구조에 관한 법률(금융회사 지배구조법)'에 따른 금융회사 지배구조 개선내용과 가장 거리가 먼 것은? 심화

① 위험관리와 내부통제 기능의 강화

② 보상체계의 투명성 확보와 인센티브 구조의 개선

③ 지배구조 평가와 투명성 강화

④ 이사회의 권한 강화

해설 금융회사 지배구조법은 주주권한을 강화하는 내용을 담고 있으며, 이사회의 역할과 책임성을 명시하고 있다.

정답 156 ③   157 ④   158 ②   159 ④

★★★
160 금융회사 지배구조법이 담고 있는 위험관리와 내부통제기능 강화에 대한 설명으로 옳지 않은 것은? 심화

① 금융회사는 이사회 내에 과반수 사외이사로 구성된 위험관리위원회를 설치하여야 한다.

② 금융회사는 위험관리기준과 위험관리를 전담하는 조직을 마련하여야 하며, 각종 거래에서 발생하는 위험을 관리하는 위험관리책임자를 지정해야 한다.

③ 금융회사는 내부통제기준을 마련하고, 최고경영자가 위원장인 내부통제위원회를 설치하고, 내부통제를 전담하는 조직을 마련하여야 한다.

④ 금융회사의 준법감시인은 주주총회 의결을 거쳐 사외이사 또는 업무집행책임자 중에서 선임되어야 하며, 내부통제 관련 업무를 총괄하여야 한다.

> **해설** 금융회사의 준법감시인은 이사회 의결을 거쳐 사내이사 또는 업무집행책임자 중에서 선임되어야 하며, 내부통제 관련 업무를 총괄하여야 한다.

CHAPTER 02 한국금융투자협회규정

내용 구성 및 주요 출제내용 분석

내용 구성	중요도	주요 출제내용
개관	★	한국금융투자협회규정의 성격 : 자율규제
금융투자회사의 영업 및 업무에 관한 규정	★★★	투자권유 등, 조사분석자료 작성 및 공표, 투자광고, 영업보고서 및 경영공시, 재산상 이익의 제공 및 수령, 투자자계좌 관리, 신용공여 등
금융투자회사의 약관운용에 관한 규정	★★	표준약관 및 수정약관, 개별약관
분쟁조정에 관한 규정	★★	협회 분쟁조정위원회의 분쟁조정
자율규제위원회 운영 및 제재에 관한 규정	★	자율규제위원회 결의사항 및 제재

출제경향 분석 및 학습요령

한국금융투자협회 규정에서는 총 4문제가 출제된다. 따라서 한국거래소규정과 더불어 출제비중이 가장 낮은 과목이다. 시험은 주로 금융투자회사의 영업 및 업무에 관한 규정이나 약관운용 규정에서 출제되는데, 특히 투자권유, 조사분석자료 작성 및 공표, 투자광고, 영업보고서 및 경영공시, 재산상 이익의 제공 및 수령, 약관 등은 자주 출제되는 핵심적인 내용들이다. 출제비중이 높지 않기 때문에 본서에 제시된 문제만 풀 수 있다면 시험대비에 충분하다고 할 수 있다.

··· TOPIC 1 한국금융투자협회 규정 개관

★★★
001 자본시장에 있어서 대표적인 자율규제기관의 수행업무에 대한 설명이 바르게 연결된 것은?

> ㉠ 금융투자업자의 업무 및 영업행위에 대한 자율규제업무 수행
> ㉡ 자본시장 운영 및 시장감시 부문에 대한 자율규제업무 수행

① ㉠ 한국금융투자협회 ㉡ 한국거래소
② ㉠ 한국거래소 ㉡ 한국금융투자협회
③ ㉠ 금융감독원 ㉡ 한국거래소
④ ㉠ 한국금융투자협회 ㉡ 금융감독원

해설 금융감독원 같은 공적규제기관의 규제는 시간 및 규제비용이 많이 들고 엄격하며 일률적 적용으로 규제의 비효율성이 있다. 이러한 이유로 자율규제는 공적 규제를 보완하는 수단이 된다. 한국거래소와 한국금융투자협회는 대표적인 자율규제기관으로서 전문성, 효율성, 즉시성, 유연성이 뛰어나다. 자율규제란 규율 위반 시 스스로 이를 제재하는 재량적 감독행위이다.

··· TOPIC 2 금융투자회사의 영업 및 업무에 관한 규정 – 투자권유 등

★★★
002 일반투자자에 대한 투자권유에 관한 설명으로 옳은 것은?

① 투자목적·재산상황·투자경험 등 고객정보를 파악하지 않은 일반투자자에 대하여는 투자권유를 할 수 없다.
② 투자권유 전 파악한 일반투자자의 투자성향 등 분석 결과는 서명 또는 기명날인의 방법으로만 일반투자자로부터 확인을 받을 수 있다.
③ 투자권유를 희망하지 않는 투자자에 대해서는 파생상품을 판매하더라도 고객정보를 파악할 필요가 없다.
④ 증권신고서를 제출한 집합투자증권의 경우 판매 시 반드시 투자설명서를 교부하여야 한다.

해설 서명(전자서명 포함), 기명날인 이외에 녹취, 전자우편 또는 이와 유사한 전자통신, 우편, 전화자동응답시스템의 방법을 통하여 고객으로부터 확인을 받을 수 있다. 파생상품을 판매하고자 하는 경우에는 투자권유를 희망하지 않는 투자자라도 반드시 고객정보를 확인하고 적정하지 않은 경우 이를 알리고 확인받아야 한다. 집합투자증권의 경우 간이투자설명서를 교부하거나, 투자자가 원하는 경우 투자설명서를 교부하여야 한다.

🏛 필수핵심정리 ▷ 투자권유의 적합성 확보

투자자정보 확인의무 등	투자자정보 확인	고객이 일반투자자인지 전문투자자인지를 확인 → 일반투자자이면 투자권유를 하기 전에 고객의 투자목적, 재산상황, 투자경험 등의 정보를 파악
	투자자정보 확인 방법	• 대면만이 아닌 전화 등 사실상 기록·보관이 가능한 여러 매체를 인정 • 투자권유를 하기 전에 투자성향 분석결과를 서명 등의 방법으로 확인받아야 함 → 확인한 내용은 지체 없이 일반투자자에게 제공하며, 10년 이상 기록보관
	투자권유의 적합성	일반투자자에게 적합하지 아니하다고 인정되는 투자권유를 해서는 아니 됨 → 그래도 고객이 하고자 한다면 투자위험성을 다시 고지하고 서명 등의 방법으로 확인받아야 함
파생상품등에 대한 특례	파생상품등의 경우 투자권유를 하지 않더라도 일반투자자에게 파생상품등을 판매하고자 하는 경우에 면담·질문 등을 통하여 투자자정보를 파악하고 확인받아야 함(적정성 원칙) → 고객정보를 파악하지 못하면 일반투자자에게 파생상품등을 판매할 수 없음	

★★★ 003 적정성의 원칙이 적용되는 '파생상품등'에 해당되지 않는 것은? 심화

① 파생상품
② 파생결합증권(단, 금적립 계좌 등은 제외)
③ 조건부 자본증권
④ 파생결합증권의 매매에 따른 위험평가액이 집합투자기구 자산총액의 100분의 10을 초과하여 투자할 수 있는 집합투자기구의 집합투자증권

> **해설** 파생상품의 매매에 따른 위험평가액이 집합투자기구 자산총액의 100분의 10을 초과하여 투자할 수 있는 집합투자기구(파생상품펀드)의 집합투자증권이 파생상품등에 해당된다. 이 외에도 금융투자상품(파생상품, 파생결합증권, 파생상품 집합투자증권, 조건부 자본증권)에 운용하는 금전신탁계약의 수익증권이 파생상품등에 해당된다.

★★★ 004 적정성의 원칙 외에 파생상품등에 대한 (일반)투자자 보호장치로서 옳지 않은 것은? 심화

① 주권상장법인은 일반적으로 전문투자자로 간주되지만 장외파생상품 거래 시에는 전문투자자의 대우를 받겠다는 의사를 금융투자회사에 서면으로 통지하여야 전문투자자가 될 수 있다.
② 금융투자업자의 일반투자자와의 장외파생상품 매매를 불허한다.
③ 금융투자업자는 파생상품등의 투자권유 시, 투자목적·투자경험 등을 고려하여 일반투자자 등급별로 차등화된 투자권유준칙을 마련하여야 한다.
④ 파생상품등에 대해서는 투자권유대행 위탁을 불허한다.

> **해설** 금융투자업자가 일반투자자와 장외파생상품 매매를 할 경우, 일반투자자가 위험회피목적의 거래를 하는 경우로 한정한다.

★★★ 005 일반투자자를 대상으로 투자권유를 하는 경우 준수하여야 할 설명의무에 대한 설명으로 옳지 않은 것은?

① 일반투자자에게 투자권유를 하는 경우에는 금융투자상품의 내용, 투자에 따르는 위험 등을 투자자가 이해할 수 있도록 설명하고, 설명한 내용을 일반투자자가 이해하였음을 서명 등의 방법으로 확인하여야 한다.
② 해당 일반투자자가 서명 또는 기명날인의 방법으로 설명서의 수령을 거부하는 경우를 제외하고는 투자설명사항을 명시한 설명서를 교부하여야 한다.
③ 설명서는 제안서, 계약서 등의 명칭이 붙은 것을 제외한 법에 따른 (정식)투자설명서 및 간이투자설명서만 해당된다.
④ 집합투자증권(펀드)을 투자권유하는 경우에는 투자자가 투자설명서 교부를 별도로 요청하는 경우 외에는 간이투자설명서를 교부하여도 된다.

> **해설** 설명서는 제안서, 계약서, 설명서 등 명칭을 불문하며, 법에 따른 (정식)투자설명서 및 간이투자설명서를 포함한다.

1. 투자설명서

투자설명서 설명의무	일반투자자에게 투자권유를 하는 경우에는 상품의 내용, 위험, 투자성, 수수료 등을 설명하고 서명 등의 방법으로 확인받아야 함
교부의무 및 방법	투자자가 서명 등의 방법으로 설명서의 수령을 거부하는 경우를 제외하고는 투자설명사항을 명시한 설명서를 교부하여야 함

2. 핵심설명서

교부 대상	㉠ 공모로 발행된 파생결합증권(주식워런트증권 및 상장지수증권은 제외) ㉡ 신용융자거래 ㉢ 유사해외통화선물거래

핵심설명서는 설명을 위한 추가자료(투자설명서의 보조자료)이므로 (투자)설명서는 교부하지 않고 핵심설명서만을 교부해서는 안 됨
→ 핵심설명서 교부 시 고객의 확인을 받을 필요는 없으며, 설명한 임직원의 실명만 기입하면 됨

3. 파생결합증권에 대한 특례
만기 전 조건에 따라 만기 시 손실 여부에 영향을 미치는 파생결합증권의 경우 손실요건이 발생할 시 지체 없이 알려야 할 사항(공모로 발행된 파생결합증권에만 적용, 고지대상도 일반투자자만)
㉠ 원금손실조건에 해당되었다는 사실   ㉡ 조기상환조건 및 조기상환 시 예상수익률
㉢ 환매청구방법, 기한 및 환매수수료 등

4. 주식워런트증권(ELW) 및 상장지수증권(ETN)에 대한 투자자보호 특례
일반투자자가 최초로 ELW나 ETN을 매매하고자 하는 경우
㉠ 별도 거래신청서 작성   ㉡ 사전 교육 실시(ELW의 경우)

5. 장내파생상품 적격개인투자자제도
투자능력을 갖춘 개인투자자에 한해 파생상품시장 신규진입을 허용
㉠ 사전교육   ㉡ 모의거래 이수
㉢ 기본예탁금 예탁

6. 일반투자자에 대해 판매 후 확인절차를 모든 상품으로 적용 확대

★★★
006 설명의무와 관련된 금융투자협회 규정에 대한 설명으로 옳지 않은 것은?

① 설명서(투자설명서, 간이투자설명서 제외)는 준법감시인 또는 금융소비자보호 총괄책임자의 사전심의를 받아야 한다.
② 설명서의 내용 중 원금손실 가능성, 예금자보호 여부, 투자위험 등과 관련된 중요단어는 붉은색 문자로 표기하여야 한다.
③ 금융투자상품의 판매를 용이하게 할 목적으로 임직원이 위험성에 대한 설명 등을 제대로 하지 않은 보조자료를 개인적으로 만들어 고객에게 교부하는 것은 금지된다.
④ 금융투자회사는 금융투자협회의 권고안을 참고로 자율적으로 정한 설명서를 사용할 수 있다.

해설 설명서의 내용 중 원금손실 가능성, 예금자보호 여부, 투자위험 등과 관련된 중요단어는 상대적으로 크고 굵은 문자로 표기하여야 한다.

★★★
007 설명의무와 관련된 금융투자협회 규정에 대한 설명으로 옳지 않은 것은?

① 금융투자회사는 일반투자자가 공모의 방법으로 발행된 파생결합증권을 매매하고자 하는 경우 투자설명서 대신에 핵심설명서를 교부하고 그 내용을 충분히 설명하여야 한다.

② 일반투자자가 최초로 주식워런트증권이나 상장지수증권을 매매하고자 하는 경우에는 기존에 위탁매매거래계좌가 있더라도 별도의 서면신청서를 징구하여야 한다.

③ 일반투자자가 주식워런트증권을 매매하고자 하는 경우 협회가 인정하는 교육을 사전에 이수하여야 한다.

④ 개인투자자는 사전교육 및 모의거래를 이수하고 기본예탁금을 예탁하여야만 장내파생상품 거래가 가능하다.

> **해설** 기존의 투자설명서와는 별도로 핵심설명서를 추가로 교부하고 그 내용을 충분히 설명하여야 한다.

★★★
008 금융투자협회 규정에 의해 핵심설명서를 교부해야 하는 경우가 아닌 것은?

① 일반투자자가 공모의 방법으로 발행된 파생결합증권을 매매하고자 하는 경우
② 일반투자자가 최초로 주식워런트증권이나 상장지수증권을 매매하고자 하는 경우
③ 일반투자자가 신용거래융자를 하고자 하는 경우
④ 일반투자자가 유사해외통화선물거래를 하고자 하는 경우

> **해설** 주식워런트증권(ELW)이나 상장지수증권(ETN)은 거래소에 상장되어 있는 특성상 핵심설명서 교부의무가 면제되며, 사모의 방법으로 발행된 파생결합증권을 매매하고자 하는 경우에도 핵심설명서를 교부하지 않아도 된다.

★★★
009 만기 전 조건에 따라 만기 시 손실 여부에 영향을 미치는 파생결합증권의 경우에는 일반투자자에게 만기 전(또는 최종환매청구일 전) 손실요건이 발생할 경우 지체 없이 다음의 사항을 알려야 한다. 알려야 할 사항과 거리가 먼 것은?

① 원금손실조건에 해당되었다는 사실
② 조기상환조건 및 조기상환 시 예상수익률
③ 환매청구방법, 환매청구기한 및 환매수수료 등
④ 만기 시의 예상수익률

> **해설** 고객이 손실요건에 도달하였음을 미리 알게 함으로써 중도환매의 기회를 주기 위한 것이므로 ①~③을 고지하면 된다. 모든 파생결합증권에 대하여 적용되는 것이 아니고 공모로 발행되는 상품에 한하며, 일반투자자에게만 고지하면 된다.

★★★
010 주식워런트증권(ELW)에 대한 금융투자협회 규정의 내용으로 옳지 않은 것은?

① 금융투자회사는 일반투자자가 공모의 방법으로 발행된 주식워런트증권을 매매하고자 하는 경우 핵심설명서를 추가로 교부하고 그 내용을 충분히 설명하여야 한다.

② 금융투자회사는 일반투자자가 최초로 주식워런트증권을 매매하고자 하는 경우 별도의 서면(전자문서 포함)신청서를 징구하여야 한다.

③ 일반투자자가 주식워런트증권을 매매하고자 하는 경우 주식워런트증권의 투자설명사항 등이 포함되고 협회가 인정하는 교육을 사전에 이수하여야 한다.

④ 해당 투자자가 법인·단체 또는 외국인의 경우 사전 교육 이수 요건이 제외된다.

> **해설** 주식워런트증권(ELW)이나 상장지수증권(ETN)은 핵심설명서 교부의무가 면제된다.

★★★
011 한국금융투자협회 규정상 거래계좌 개설 시 '일중매매거래 위험고지서'를 교부하지 않아도 되는 거래는?

① 주가연계증권(ELS)　　　　　　　　② 주식

③ 주식워런트증권(ELW)　　　　　　　④ 장내파생상품(선물, 옵션)

> **해설** 주가연계증권(ELS)은 거래소에서 거래되는 상품이 아닌 장외파생상품으로 일중매매거래를 할 수 없기 때문에 일중매매거래 위험고지의 대상이 아니다.

🏛 필수핵심정리 ▶ 위험고지

일중 매매거래	같은 날에 동일 종목의 금융투자상품을 매수한 후 매도하거나, 매도한 후 매수함으로써 해당 금융투자상품의 일중 가격등락의 차액을 얻을 목적으로 행하는 거래(day trading) → 회사가 정한 '일중매매거래 위험고지서'를 교부하고 충분히 설명하여야 함
시스템 매매	투자자 자신의 판단을 배제하고 사전에 내장된 일련의 조건에 의하여 금융투자상품 매매종목, 매매시점 또는 매매호가에 대한 의사결정정보를 제공하거나 이에 의하여 자동매매주문을 내는 전산소프트웨어에 의하여 금융투자상품을 매매하는 투자방법 → 회사가 정한 '시스템매매 위험고지서'를 교부하고 충분히 설명하여야 함

012 한국금융투자협회 규정상 위험고지에 관한 설명으로 옳지 않은 것은?

① 금융투자회사는 일중매매거래에 대하여 인터넷 홈페이지 및 온라인 거래를 위한 컴퓨터 화면에 일중매매위험을 설명하는 설명서를 제시하여야 한다.

② 금융투자회사는 인터넷 홈페이지 및 온라인 거래를 위한 컴퓨터 화면에 시스템매매 위험고지서를 제시하여야 한다.

③ 일반투자자가 시스템매매 프로그램에 의한 매매거래를 신청하는 경우 시스템매매는 제한된 수익만을 가져다준다는 내용과 프로그램에 대한 올바른 이해 없이 매매거래를 하는 경우 이익이 매우 적을 수 있다는 내용을 고지하여야 한다.

④ 일반투자자가 시스템매매 프로그램에 의한 매매거래를 신청하는 경우 프로그램에 내재된 가격예측이론 및 사용방법 등에 대한 사전교육 이수 여부를 확인하여야 하며, 별도의 신청서에 의하여 처리하여야 한다.

> **해설** 일반투자자가 시스템매매 프로그램에 의한 매매거래를 신청하는 경우 시스템매매가 반드시 수익을 보장해 주지 않는다는 내용과 프로그램에 대한 올바른 이해 없이 매매거래를 하는 경우 커다란 손실을 입을 수 있다는 내용을 고지하여야 한다.

013 한국금융투자협회 규정상 펀드(집합투자증권) 판매 시 금지행위와 거리가 먼 것은?

① 투자자의 이익에 부합된다고 볼 수 있는 합리적 근거가 있어 특정 펀드의 판매에 차별적인 판매촉진노력을 하는 행위

② 펀드 판매의 대가로 집합투자재산의 매매주문을 판매회사나 제3자에게 배정하도록 집합투자업자에게 요구하는 행위

③ 투자자의 집합투자증권 취득자금을 판매회사 임직원 이외의 자를 통해 받는 행위

④ 판매회사의 직원이 집합투자업과 관련된 수탁업무 · 자산보관업무 · 일반사무관리업무 또는 고유재산 운용업무를 겸직하는 경우

> **해설** 회사가 받는 판매보수 또는 판매수수료가 높다는 이유로 특정 펀드의 판매에 차별적인 판매촉진노력을 하는 행위는 금지된다. 다만, 투자자의 이익에 부합된다고 볼 수 있는 합리적 근거가 있어 판매대상을 단일 집합투자업자의 펀드로 한정하거나 특정 펀드의 판매에 차별적인 판매촉진노력을 하는 행위는 허용된다.

★★★
014 한국금융투자협회 규정상 판매회사가 펀드(집합투자증권) 판매 시 준수사항으로 옳지 않은 것은?

① 펀드 판매 창구와 자금입출금 창구의 통합 표시
② 임직원의 펀드 판매실적 및 투자권유대행인의 투자권유 실적평가 시 법규 등 준수 여부 반영
③ 펀드 온라인 판매 시 투자자의 적합 또는 적정 여부를 확인할 수 있는 절차 마련
④ 계열회사 등인 집합투자회사가 운용하는 펀드를 투자권유하는 경우 그 집합투자회사가 자기의 계열회사 등이라는 사실 고지

> **해설** 판매회사는 영업점에 자금입출 등 통상적인 창구와 구분될 수 있도록 집합투자증권의 투자권유 및 판매업무를 수행하는 창구에 별도의 표시를 하여야 한다.

★★★
015 자본시장법 및 금융투자업 규정상 투자자에 대한 설명으로 옳지 않은 것은?

① 전문투자자란 금융투자상품에 관한 전문성 구비 여부, 소유자산규모 등에 비추어 투자에 따른 위험감수 능력이 있는 투자자로서 인정되는 자를 말한다.
② 국가, 금융기관(은행, 보험회사, 금융투자업자 등), 증권유관단체 등은 일반투자자로 전환될 수 없는 전문투자자이다.
③ 주권상장법인, 지방자치단체 등은 일반투자자로 전환이 가능한 전문투자자이다.
④ 금융투자상품 잔고가 5억원 이상인 법인은 신청을 통해 전문투자자로 전환할 수 있다.

> **해설** 금융투자상품 잔고가 100억원(외감법에 따라 외부감사를 받는 주식회사는 50억원) 이상인 법인 또는 단체는 신청을 통해 전문투자자로 전환할 수 있다.

🏛 필수핵심정리 | 전문투자자

전문투자자란 금융투자상품에 관한 전문성 구비 여부, 소유자산규모 등에 비추어 투자에 따른 위험감수 능력이 있는 투자자로서 인성되는 자를 말함

절대적 전문투자자	자신의 의사 여부에 관계없이 전문투자자로 구분되는 전문투자자(즉 일반투자자로 전환될 수 없는 전문투자자) → 국가, 한국은행, 금융기관(은행, 보험회사, 금융투자업자 등), 증권유관단체(한국금융투자협회, 금융감독원) 등
상대적 전문투자자	일반투자자로의 전환을 신청할 수 있는 전문투자자 → 주권상장법인, 지방자치단체 등
자발적 전문투자자	일반투자자가 일정 요건을 갖추고 전문투자자로의 지정을 신청하여 전환된 전문투자자 → 금융투자상품 잔고가 100억원(외감법에 따라 외부감사를 받는 주식회사는 50억원) 이상인 법인 또는 단체 → 금융투자상품 잔고가 5억 이상 and [연소득 1억원 이상 또는 재산가액 10억원 이상] and 금융투자업자에 계좌를 개설한 날부터 1년 경과요건을 모두 충족하는 개인

일반투자자 : 전문투자자 이외의 투자자를 말함

정답 012 ③　013 ①　014 ①　015 ④

★★★ 016 금융투자업 규정상 전문투자자의 관리에 대한 설명으로 옳지 않은 것은?

① 일반투자자로 전환이 가능한 전문투자자가 일반투자자와 같은 대우를 받겠다는 의사를 금융투자회사에 서면으로 통지하는 경우 금융투자회사는 정당한 사유가 없는 한 이에 동의하여야 한다.
② 일반투자자가 위험회피 목적의 장외파생상품거래를 하기 위하여는 전문투자자가 되어야 가능하다.
③ 전문투자자로의 지정 신청은 본인이 직접 하거나 또는 금융투자회사가 대행할 수 있다.
④ 전문투자자로 한번 지정이 되면 2년간 모든 금융투자회사에 대하여 전문투자자로서 대우받을 수 있지만 일반투자자로 대우받기를 원한다면 해당 금융기관에 서면으로 요청을 하면 된다.

> **해설** 일반투자자가 장외파생상품거래를 하고자 할 경우 법에서 위험회피 목적의 경우로 한정하고 있기 때문에 만약 위험회피 목적 이외의 장외파생상품거래를 하기 위하여는 전문투자자가 되어야 가능하다. 즉, 위험회피 목적의 장외파생상품거래를 하는 경우에는 일반투자자로서도 가능하다. 그리고 금융투자회사는 일반투자자의 요청에 의해 일반투자자를 전문투자자로 분류하는 경우 해당 전문투자자에게 향후 위험고지 및 설명 등을 받지 못한다는 사실을 충분히 설명하여야 한다.

★★★ 017 금융투자업 규정상 투자권유대행인에 대한 설명으로 옳지 않은 것은?

① 투자권유대행인은 금융투자회사의 임직원이 아닌 자로서 금융투자회사와의 계약에 의하여 투자권유업무를 위탁받은 개인 및 법인을 말한다.
② 파생상품등에 대해서는 투자권유대행인에게 투자권유를 위탁할 수 없다.
③ 투자권유대행인은 펀드투자권유대행인과 증권투자권유대행인으로 구분하여, 위탁받은 범위 내에서만 투자권유가 가능하다.
④ 투자권유대행인은 투자권유를 위탁한 금융투자회사의 명칭 및 금지사항을 투자자에게 미리 알려야 하며, 자신이 투자권유대행인이라는 사실을 나타내는 표시를 제시하거나 증표를 투자자에게 내보여야 한다.

> **해설** 법인은 투자권유대행인이 될 수 없다.

★★★ 018 금융투자업 규정상 투자권유대행인에 대한 설명으로 옳지 않은 것은?

① 투자권유대행인은 금융투자회사의 임직원이 아니다.
② 투자권유대행인은 투자권유 시 필요한 고객의 적합성을 확인하고 금융투자상품 등에 대한 설명을 할 수 있다.
③ 투자권유대행인은 고객의 계좌개설이나 주문 수탁을 할 수 있다.
④ 투자권유대행인은 협회가 실시하는 소정의 보수교육을 2년마다 1회 이상 이수하여야 한다. 투자권유대행인으로 협회에 등록된 당해 연도는 1년으로 계산한다.

> **해설** 투자권유대행인은 고객의 계좌개설이나 주문 수탁을 할 수 없다.

★★★
019 금융투자업 규정상 투자권유대행인의 금지행위가 아닌 것은?

① 회사 또는 고객을 대리하여 계약을 체결하는 행위
② 회사가 이미 발행한 주식의 매수 또는 매도를 권유하는 행위
③ 회사로부터 위탁받은 투자권유대행업무를 제3자에게 재위탁하는 행위
④ 단 하나의 금융투자회사와 투자권유 위탁계약을 체결하는 행위

> **해설** 둘 이상의 금융투자회사와 투자권유 위탁계약을 체결하는 행위가 금지된다. 투자권유대행인은 1사 전속계약이다.

🏛 필수핵심정리 ▶ 투자권유대행인의 금지행위

- 회사 또는 고객을 대리하여 계약을 체결하는 행위
- 고객으로부터 금전·증권, 그 밖의 재산을 수취하는 행위
- 회사로부터 위탁받은 투자권유대행업무를 제3자에게 재위탁하는 행위
- 고객으로부터 금융투자상품 등에 대한 매매권한을 위탁받는 행위
- 제3자로 하여금 고객에게 금전을 대여하도록 중개·주선 또는 대리하는 행위
- 투자일임재산이나 신탁재산을 각각의 고객별 또는 신탁재산별로 운용하지 아니하고 집합하여 운용하는 것처럼 그 투자일임계약이나 신탁계약의 체결에 대한 투자권유를 하거나 투자광고를 하는 행위
- 둘 이상의 금융투자회사와 투자권유 위탁계약을 체결하는 행위
- 집합투자증권에 대한 투자권유를 대행하는 보험설계사가 소속 보험회사가 아닌 보험회사와 투자권유 위탁계약을 체결하는 행위
- 회사가 이미 발행한 주식의 매수 또는 매도를 권유하는 행위 등

★★★
020 금융투자업 규정상 투자권유대행인의 금지행위가 아닌 것은?

① 고객으로부터 금융투자상품 등에 대한 매매권한을 위탁받는 행위
② 고객으로부터 금전, 증권을 수취하는 행위
③ 투자일임재산이나 신탁재산을 집합하여 운용하지 아니하고 각각의 고객별 또는 신탁재산별로 운용하는 것처럼 투자권유를 하거나 투자광고를 하는 행위
④ 집합투자증권에 대한 투자권유를 대행하는 보험설계사가 소속 보험회사가 아닌 보험회사와 투자권유 위탁계약을 체결하는 행위

> **해설** 투자일임재산이나 신탁재산을 각각의 고객별 또는 신탁재산별로 운용하지 아니하고 집합하여 운용하는 것처럼 투자권유를 하거나 투자광고를 하는 행위가 금지된다.

★★★
021 조사분석 및 조사분석자료의 작성 원칙에 대한 설명으로 옳지 않은 것은?

① 금융투자회사 및 금융투자분석사는 조사분석업무를 수행함에 있어 선량한 관리자로서의 주의의무를 다하여야 한다.

② 금융투자회사 및 금융투자분석사는 조사분석의 대가로 조사분석 대상법인 등 이해관계자로부터 부당한 재산적 이득을 제공받아서는 아니 된다.

③ 금융투자회사 및 금융투자분석사는 조사분석 대상법인 등 외부로부터 취득한 자료를 인용하여서는 아니 된다.

④ 금융투자회사 및 금융투자분석사는 공정성을 현저하게 결여하거나 합리적 근거가 없는 조사분석자료를 작성하거나 이를 공표하여서는 아니 된다.

> **해설** 금융투자회사 및 금융투자분석사는 조사분석 대상법인 등 외부로부터 취득한 자료를 인용하는 경우 해당 자료의 신뢰도를 철저히 검증하여야 한다.

★★★
022 조사분석자료의 작성 원칙에 대한 설명으로 옳지 않은 것은?

① 금융투자분석사는 조사분석자료를 타인의 부당한 압력이나 간섭 없이 본인의 의견을 정확하게 반영하여 신의성실하게 작성한 경우 그 사실을 조사분석자료에 명시하여야 한다.

② 금융투자회사는 금융투자분석사의 확인 없이 조사분석자료를 공표하여서는 아니 된다.

③ 금융투자회사는 금융투자분석사의 확인 없이 조사분석자료를 제3자에게 제공하여서는 아니 된다.

④ 금융투자회사는 해당 금융투자회사의 임직원이 아닌 제3자가 작성한 조사분석자료를 공표하여서는 아니 된다.

> **해설** 금융투자회사는 해당 금융투자회사의 임직원이 아닌 제3자가 작성한 조사분석자료를 공표하는 경우 해당 제3자의 성명(법인의 경우 법인명)을 조사분석자료에 기재하여야 한다.

★★★
023 조사분석업무의 독립성을 확보하기 위한 조치로 보기 어려운 것은?

① 금융투자회사 및 임직원의 금융투자분석사에 대한 부당한 압력이나 권한 행사 금지
② 조사분석업무 독립적 수행을 위한 내부통제기준 제정 등 필요한 조치 이행의무
③ 조사분석자료 공표 전 임직원 등에 대한 사전 제공 금지 및 금지대상 명문화
④ 금융투자분석사의 기업금융업무부서와의 의견 교환 명문화

해설 금융투자분석사와 기업금융업무부서 간의 의견 교환을 원칙적으로 제한하되 준법감시부서의 통제하에 예외적으로 허용하고 있다.

🏛 **필수핵심정리** 　조사분석업무의 독립성 확보를 위한 조치

- 금융투자회사 및 임직원의 금융투자분석사에 대한 부당한 압력이나 권한 행사 금지
- 조사분석업무 독립적 수행을 위한 내부통제기준 제정 등 필요조치 이행의무
- 조사분석자료 공표 전 임직원등에 대한 사전 제공 금지 → 금융투자회사 및 금융투자분석사는 조사분석자료 를 공표하기 전에 내부기준에 따른 승인 절차를 거치지 않고 제3자에게 조사분석자료 또는 그 주된 내용을 제공할 수 없음
- 조사분석자료 사전제공 금지대상 명문화 → 금융투자회사 및 금융투자분석사는 조사분석자료를 공표하기 전 에 조사분석대상법인 및 조사분석자료의 작성 · 심의에 관여하지 않은 임직원에게 조사분석자료 또는 그 주 된 내용을 제공할 수 없음
- 금융투자분석사의 기업금융업무부서와의 협의 조건 → 금융투자분석사와 기업금융업무부서 간의 의견 교환 을 원칙적으로 제한하되 준법감시부서의 통제하에 예외적으로 허용
- 조사분석 담당임원의 기업금융 · 법인영업 및 고유계정 운용업무 겸직 금지(다만, 임원수의 제한 등으로 겸직 이 불가피한 경우엔 가능)

★★★
024 금융투자회사가 조사분석자료를 공표하거나 특정인에게 제공하는 것이 제한되는 금융투자상품이 아닌 것은?

① 자신이 발행한 금융투자상품
② 자신이 발행한 주식을 기초자산으로 하는 주식선물 · 주식옵션 및 주식워런트증권(ELW)
③ 자신이 발행주식총수의 100분의 5 이상의 주식등(신주인수권, 신주인수권증서, CB, BW, EB를 통해 취득 가능한 주식수 포함)을 보유하고 있는 법인이 발행한 주식
④ 회사가 보증, 배서, 담보제공 · 채무인수 등의 방법으로 채무이행을 직접 또는 간접으로 보장하고 있는 법인이 발행한 금융투자상품

해설 금융투자회사는 자신이 채무이행을 직 · 간접으로 보장하거나, 발행주식의 1% 이상의 주식등을 보유하고 있는 법 인에 대한 조사분석자료 공표 시 회사와의 이해관계 사실을 조사분석자료에 명시하면 된다.

금융투자회사는 다음의 어느 하나에 해당하는 금융투자상품에 대해서는 조사분석자료를 공표하거나 특정인에게 제공하여서는 아니 됨
㉠ 자신이 발행한 금융투자상품
㉡ 자신이 발행한 주식을 기초자산으로 하는 주식선물·주식옵션 및 주식워런트증권(ELW)
㉢ 다음의 어느 하나에 해당하는 법인이 발행한 주식 및 주식 관련 사채권과 해당 주식을 기초자산으로 하는 주식선물·주식옵션 및 주식워런트증권
　• 자신이 안정조작 또는 시장조성업무를 수행하고 있는 증권을 발행한 법인
　• 자신이 발행주식총수의 100분의 5 이상의 주식등(신주인수권, 신주인수권증서, CB, BW, EB를 통해 취득 가능한 주식수 포함)을 보유 또는 소유하고 있는 법인
　• 최근 사업연도 재무제표에 대한 감사인의 감사의견이 부적정 또는 의견거절이거나 한정인 법인(다만, 투자등급 및 목표가격 등을 하향 조정하기 위한 경우에는 가능)

| 회사와의 이해관계 고지 | 다음에 해당하는 법인이 발행한 주식 등의 금융투자상품에 대한 조사분석자료를 공표하거나 특정인에게 제공하는 경우, 회사와의 이해관계를 조사분석자료에 명시하여야 함(즉, 조사분석자료 공표는 가능)
㉠ 금융투자회사 자신이 채무이행을 직·간접으로 보장하고 있는 법인
㉡ 발행주식의 1% 이상의 주식등을 보유하고 있는 법인 |

　• 주권의 모집 또는 매출과 관련한 계약을 체결한 날부터 그 주권이 증권시장에 최초로 상장된 후 40일 이내에 그 주권에 대한 조사분석자료를 공표하거나 특정인에게 제공하는 행위는 금지됨
　• 회사는 증권시장에 주권을 최초로 상장하기 위하여 대표주관업무를 수행한 경우 해당 법인에 대하여 최초 거래일로부터 1년간 2회 이상의 조사분석자료를 무료로 공표하여야 함

★★★
025 금융투자회사 및 금융투자분석사의 매매거래 제한에 대한 설명으로 옳지 않은 것은?

① 조사분석자료가 확정된 시점부터 공표 후 24시간까지는 회사의 고유재산으로 조사분석대상이 된 금융투자상품을 매매할 수 없다.
② 금융투자분석사는 자신이 담당하는 업종에 속하는 법인이 발행한 주식 등을 매매하는 경우에는 조사분석자료 공표 후 7일이 경과하여야 한다.
③ 금융투자분석사는 소속 회사에서 조사분석자료를 공표한 금융투자상품을 매매하는 경우에는 공표 후 24시간이 경과하여야 하며, 공표일로부터 7일 동안은 공표한 투자의견과 같은 방향으로 매매하여야 한다.
④ 금융투자분석사는 금융투자상품 매매내역을 매월 회사에 보고하여야 한다.

해설 　금융투자분석사는 불가피한 경우를 제외하고는 자신이 담당하는 업종에 속하는 법인이 발행한 주식 등을 매매하여서는 안 된다. 일반적인 금융투자회사 임직원은 금융투자상품 매매내역을 분기별로 회사에 보고하면 되지만 금융투자분석사는 매월 보고하여야 한다.

★★★
026 금융투자분석사의 24시간 매매거래 제한의 예외 사항으로 옳지 않은 것은?

① 조사분석자료의 내용이 직접 또는 간접으로 특정 금융투자상품의 매매를 유도하는 것이 아닌 경우

② 조사분석자료의 공표로 인한 매매유발이나 가격변동을 의도적으로 이용하였다고 볼 수 없는 경우

③ 공표된 조사분석자료의 내용을 이용하여 매매하지 아니하였음을 증명하는 경우

④ 해당 조사분석자료가 이미 공표한 조사분석자료와 비교하여 새로운 내용을 담고 있는 경우

> **해설** 해당 조사분석자료가 이미 공표한 조사분석자료와 비교하여 새로운 내용을 담고 있지 아니한 경우에는 24시간 매매거래 제한이 적용되지 않는다.

★★★
027 조사분석자료 관련 각종 공시 등에 대한 설명으로 옳지 않은 것은?

① 금융투자회사는 조사분석자료를 공표하는 경우 투자등급의 의미와 공표일로부터 과거 2년간 해당 금융투자상품에 대하여 제시한 투자등급 및 목표가격 변동추이를 게재하여야 한다.

② 금융투자회사는 조사분석자료를 공표하는 경우 목표가격과 해당 금융투자상품의 가격 변동추이를 그래프로 표기하여야 한다.

③ 금융투자회사는 조사분석자료에 해당 조사분석자료의 작성에 관여한 금융투자분석사의 성명, 재산적 이해관계, 외부자료를 인용한 경우 해당 자료의 출처 등을 명기하여야 한다.

④ 금융투자회사는 최근 1년간 투자의견을 2단계(매수/매도)로 구분하여 최소 분기 1회 이상 갱신하여 조사분석자료에 명기하여야 한다.

> **해설** 금융투자회사는 최근 1년간 투자의견을 3단계(매수/중립/매도)로 구분하여 최소 분기 1회 이상 갱신하여 조사분석자료에 명기하여야 한다.

···TOPIC **4** 금융투자회사의 영업 및 업무에 관한 규정 – 투자광고

★★★
028 투자광고에 대한 설명으로 옳은 것은?

① 투자권유와 투자광고는 동일한 개념이다.

② 원칙적으로 금융투자업자가 아닌 자는 투자광고를 할 수 없다.

③ 협회가 심사하는 투자광고는 준법감시인의 사전 승인 절차가 필요 없다.

④ 단순한 이미지 광고나 지점광고도 협회의 심사가 필요하다.

정답 025 ②　　026 ④　　027 ④　　028 ②

해설 투자권유와 투자광고는 구별되는 개념이다. 즉, 투자권유는 특정 투자자를 대상으로 하는 반면, 투자광고는 통상적으로 불특정 다수를 대상으로 한다. 자본시장법에서 금융투자업자는 투자광고를 시행하기 전에 준법감시인의 사전 확인을 거친 후 협회의 심사를 받도록 강제하고 있다. 단순한 이미지 광고나 지점광고 등은 협회의 심사절차를 거치지 않고 준법감시인의 사전 승인만 받으면 된다.

★★★
029 다음 중 투자광고를 할 수 없는 자는?

① 한국금융투자협회
② 금융지주회사
③ 증권의 발행인 및 매출인(해당 발행 · 매출 증권에 한정)
④ 상장회사

해설 원칙적으로 금융투자업자가 아닌 자는 투자광고를 할 수 없다. 다만, 금융투자업자가 아닌 자 중에서 ①~③에 대하여는 예외적으로 투자광고를 허용하고 있다.

★★★
030 다음 중 투자광고 시 일반적인 의무표시사항(펀드 제외)이 아닌 것은?

① 금융투자업자의 명칭
② 투자에 따른 위험
③ 최소비용을 표기하는 경우 그 최대수익
④ 수수료에 관한 사항

해설 최소비용을 표기하는 경우 그 최대비용을, 최대수익을 표기하는 경우 그 최소수익을 표기하여야 한다.

🏛 필수핵심정리 ▶ 투자광고 시 일반적 의무표시사항(펀드 제외)

- 금융투자업자의 명칭, 금융투자상품의 내용, 투자에 따른 위험
- 회사는 금융투자상품에 대해 충분히 설명할 의무가 있다는 내용
- 회사로부터 설명을 듣고서 투자할 것을 권고하는 내용
- 수수료에 관한 사항
- 타 기관 등으로부터 수상, 인증, 특허 등을 받은 내용을 표기하는 경우 당해 기관의 명칭, 수상 등의 시기 및 내용
- 과거의 재무상태 또는 영업실적을 표기하는 경우 투자광고 시점 및 미래에는 이와 다를 수 있다는 내용
- 최소비용을 표기하는 경우 그 최대비용, 최대수익을 표기하는 경우 그 최소수익
- 통계수치나 도표 등을 인용하는 경우 해당 자료의 출처
→ 다만, 이미지 광고와 휴대전화 · 라디오를 이용한 투자광고에는 의무표시사항을 표시하지 않을 수 있음

★★★
031 다음 중 펀드 투자광고 시 의무표시사항이 아닌 것은?

① 운용전문인력
② 투자원금의 손실 가능성
③ 집합투자기구의 위험성
④ 환매수수료

> **해설** 운용전문인력은 의무표시 사항에 해당하지 않는다.

 필수핵심정리 | 펀드 투자광고 시 의무표시사항(한정된 공간에 다수의 펀드를 광고하는 경우에는 일부 완화)

- 집합투자증권을 취득하기 전에 투자설명서를 읽어볼 것을 권고하는 내용
- 집합투자기구는 투자원금의 손실이 발생할 수 있으며, 그 손실은 투자자에게 귀속된다는 사실
- 집합투자기구의 운용실적을 포함하여 광고를 하는 경우에는 그 운용실적이 미래의 수익률을 보장하는 것은 아니라는 내용
- 환매 신청 후 환매금액의 수령이 가능한 구체적인 시기 및 환매수수료
- 투자자가 부담하는 각종 보수 및 수수료. 이 경우 보수는 총보수, 운용보수, 판매보수, 기타보수 등으로 구분 표시하여야 함
- 고유한 특성 및 위험성 등이 있는 집합투자기구의 경우 해당 특성 및 위험성 등에 관한 설명

★★★☆
032 투자광고 시 주요 매체별 위험고지 표시기준으로 옳지 않은 것은? 심화

① 바탕색과 구별되는 색상으로 선명하게 표시할 것
② A4용지 기준 9포인트 이상의 활자체로 투자자가 쉽게 알아볼 수 있도록 표시할 것. 다만, 신문에 전면으로 게재하는 광고물의 경우 10포인트 이상의 활자체로 표시
③ 영상매체를 이용한 투자광고의 경우 1회당 투자광고 시간의 2분의 1 이상의 시간 동안 투자자가 쉽게 알아볼 수 있도록 충분한 면적에 걸쳐 해당 위험고지내용을 표시할 것
④ 인터넷 배너를 이용한 투자광고의 경우 위험고지내용이 3초 이상 보일 수 있도록 할 것. 다만 파생상품, 그밖에 투자위험성이 큰 거래는 5초 이상 보일 수 있도록 할 것

> **해설** 투자광고 시간의 3분의 1 이상의 시간 동안 투자자가 쉽게 알아볼 수 있도록 충분한 면적에 걸쳐 해당 위험고지내용을 표시할 것

★★★
033 투자광고 시 금지행위가 아닌 것은?

① 수익률이나 운용실적이 좋은 기간의 것만을 표시하는 행위
② 운용실적에 따라 수익이 결정되는 금융투자상품에 대하여 예상수익률 또는 목표수익률 등 실현되지 아니한 수익률을 표시하는 행위
③ 세전 및 세후수익률을 구분하여 표시하는 행위
④ 금융투자회사의 경영실태평가 결과와 영업용순자본비율 등을 다른 금융투자회사의 그 것과 비교하여 표시하는 행위

> **해설** 세전·세후 여부를 누락하여 표시하는 행위가 금지된다.

정답 029 ④　030 ③　031 ①　032 ③　033 ③

🏛 **필수**핵심정리   투자광고 시 금지행위

- 손실보전 또는 이익보장으로 오인할 우려가 있는 표시를 하는 행위
- 운용실적이 좋은 기간의 수익률만을 표시하는 행위
- 실현되지 아니한 수익률을 표시하는 행위
- 사모의 방법으로 발행한 금융투자상품에 관한 내용을 표시하는 행위
- 비교광고를 하는 경우 명확한 근거 없이 다른 비교대상이 열등한 것처럼 표시하는 행위 (명확한 근거가 있으면 비교광고 가능)
- 금융투자회사의 경영실태평가결과와 영업용순자본비율 등을 다른 금융투자회사의 그것과 비교하여 표시하는 행위
- 수익률 및 수수료 등을 특별히 우대하여 제시하면서 우대조건·기간 등을 수익률 및 수수료 글자크기의 1/3 미만으로 표시하거나 이를 수익률 및 수수료와 분리하여 표시하는 행위

★★★
034 펀드의 운용실적 표시에 관한 설명으로 옳지 않은 것은?

① 펀드 설립일로부터 1년 이상 경과하고 순자산총액이 100억(세제펀드는 50억) 이상인 펀드를 대상으로 한다.

② 기준일로부터 과거 1개월 이상 수익률을 사용하되, 과거 6개월 및 1년 수익률을 함께 표시한다.

③ 집합투자기구의 유형, 기준일 및 기준일 현재의 순자산총액, 설립일, 수익률 산출기간 및 산출기준, 세전·세후 여부, 벤치마크 수익률은 의무표시사항이다.

④ MMF의 경우 다른 금융투자회사가 판매하는 MMF와 운용실적을 비교하여 광고하여야 한다.

해설   다른 금융투자회사가 판매하는 MMF와 운용실적 등에 관한 비교광고를 하지 말아야 한다.

🏛 **필수**핵심정리   펀드의 운용실적 표시

대상	펀드 설립일로부터 1년 이상 경과하고 순자산총액이 100억(세제펀드는 50억) 이상인 펀드(단, 펀드의 유형별 운용실적 표기 시 기준일 현재 동일 유형 내 펀드의 순자산 총액이 500억 이상일 것)
표시방법	기준일로부터 과거 1개월 이상 수익률을 사용하되, 과거 6개월 및 1년 수익률을 함께 표시(단, 3년 이상 펀드는 과거 1년 및 3년, 설립일로부터 기준일까지의 수익률 함께 표시)
의무 표시사항	집합투자기구의 유형, 기준일 및 기준일 현재의 순자산총액, 설립일, 수익률 산출기간 및 산출기준, 세전·세후 여부, 벤치마크 수익률(단, MMF, 부동산펀드 등 벤치마크 선정이 어려운 펀드는 벤치마크 수익률 생략 가능)
준수사항	• 방송을 이용한 광고 불가 • 집합투자증권의 가격으로 평가한 운용실적 사용 • 종류형 집합투자기구의 운용실적을 표시하는 경우 종류별 집합투자증권에 부과되는 보수·수수료의 차이로 운용실적이 달라질 수 있다는 사실 표시 • MMF 운용실적을 표시하는 경우 과거 1개월 수익률을 표시할 것 • 다른 금융투자회사가 판매하는 MMF와 운용실적 등에 관한 비교광고를 하지 말 것

★★★
035 투자광고의 심의에 대한 설명으로 옳지 않은 것은?

① 투자광고를 하고자 하는 경우 준법감시인의 사전승인을 거친 후 협회에 심사를 청구하여야 한다.
② 단순한 이미지 광고나 지점 광고 등 일부의 경우에는 협회 심사 절차를 거치지 않고 준법감시인의 사전승인만 얻으면 투자광고가 가능하다.
③ 협회의 투자광고 심사결과에 이의가 있는 경우 심사결과 통보서를 받은 날부터 7영업일 이내에 협회에 재심사를 청구할 수 있다.
④ 단순 이미지광고의 경우 유효기간은 1년이다.

> **해설** 단순 이미지광고의 경우 유효기간은 별도로 있지 아니하며, 펀드 운용실적을 포함하고 있는 광고는 6개월, 기타 광고는 1년이지만 수익률변동이 커지거나 펀드등급변동 등 중요한 내용이 변경되는 경우에는 다시 심사를 받아야 한다.

⋯ T O P I C **5** 금융투자회사의 영업 및 업무에 관한 규정 – 영업보고서 및 경영공시 등

★★★
036 금융투자회사의 영업보고서 및 경영공시에 관한 설명으로 옳지 않은 것은?

① 금융투자회사는 영업보고서를 매분기 종료 후 45일(결산기 영업보고서의 경우 결산기 종료 후 90일) 이내에 전산파일과 함께 협회에 제출하여야 한다.
② 금융투자회사는 직전 분기 말 자기자본의 100분의 10에 상당하는 금액을 초과하는 부실채권이 발생하는 등 공시사항이 발생한 경우 지체 없이 금융투자회사의 인터넷 홈페이지에 게시하여야 한다.
③ 사업보고서 제출대상 금융투자회사는 반기보고서와 분기보고서를 각각 그 기간 경과 후 45일 이내에 전산파일과 함께 협회에 제출하여야 한다.
④ 금융투자회사는 수수료 부과기준 및 절차에 관한 사항을 정하거나 이를 변경한 경우 7일 이내에 그 내용을 협회에 통보하여야 한다.

> **해설** 수수료 부과기준 및 절차에 관한 사항을 정하거나 이를 변경한 경우 지체 없이 협회에 통보하여야 한다. 참고로, 금융투자회사의 대표이사는 영업보고서 기재내용이 사실과 다름없음을 확인한 후 영업보고서에 기명날인하여야 한다. 금융투자회사는 분기별 업무보고서를 금융위에 제출한 날부터 1년간 영업보고서를 해당 금융투자회사의 본점 및 영업점에 비치하고 인터넷 홈페이지 등을 통하여 일반인이 열람할 수 있도록 하여야 한다.

★★★
037 다음은 금융투자업 관련 규정상 재산상 이익으로 보지 않는 범위가 잘못된 것은?

① 금융투자상품에 대한 주문 집행 등을 위하여 자체적으로 개발한 소프트웨어 및 컴퓨터 등 전산기기
② 금융투자회사가 자체적으로 작성한 조사분석자료
③ 경제적 가치가 5만원 이하의 물품 또는 식사
④ 20만원 이하의 경조비 및 조화 · 화환

해설 경제적 가치가 3만원 이하의 물품 또는 식사는 재산상 이익으로 보지 아니한다. 또한 국내에서 불특정 다수를 대상으로 하여 개최되는 세미나 또는 설명회로서 1인당 재산상 이익의 제공금액을 산정하기 곤란한 경우 그 비용은 재산상 이익으로 보지 아니한다(이 경우 대표이사 또는 준법감시인은 그 비용의 적정성을 사전에 확인하여야 함). 재산상 이익이란 금융투자회사가 업무와 관련하여 거래상대방에게 제공하거나 이들로부터 제공받는 금전, 물품, 편익 등을 말한다.

★★★
038 재산상 이익의 제공 한도에 관한 설명으로 옳지 않은 것은?

① 동일 거래상대방(개인인 경우 본인 및 배우자, 직계존비속 포함)에 대한 재산상 이익의 제공 한도는 1회당 최대 20만원, 연간 최대 100만원이다.
② 대표이사 또는 준법감시인의 사전 승인(부득이한 경우 사후보고)을 받은 경우에는 그 한도를 초과할 수 있다.
③ 승인 후 제공 가능한 연간 총한도는 거래상대방이 투자자가 아닌 경우 500만원, 투자자인 경우 회사가 직전 또는 당해 회계연도 기간 중 당해 투자자로부터 받은 수수료 등 합계액의 10%와 500만원 중 작은 금액이다.
④ 해외에서 이루어지는 외국인투자자를 상대로 한 기업설명회와 관련하여 투자대상기업의 임직원에게 제공하는 교통비 및 숙박비는 대표이사 또는 준법감시인의 확인을 받아 한도 산정 시 이를 제외할 수 있다.

해설 승인 후 제공 가능한 연간 총한도는 거래상대방이 투자자가 아닌 경우 500만원, 투자자인 경우 회사가 직전 또는 당해 회계연도 기간 중 당해 투자자로부터 받은 수수료 등 합계액의 10%와 500만원 중 큰 금액이다. 단, 투자자가 법인, 그 밖의 단체인 경우 그 임직원에 대하여는 한도가 500만원이다.

Ⅲ 필수핵심정리 　재산상 이익의 제공 한도

동일 거래상대방에게 제공할 수 있는 한도	• 1회당 한도 : 최대 20만원 • 연간(또는 동일 회계연도) 한도 : 100만원
	→ 대표이사 또는 준법감시인의 사전승인을 받은 경우에는 한도초과 가능
승인 후 제공 가능한 연간 총한도	• 거래상대방이 투자자가 아닌 경우 : 500만원 • 거래상대방이 투자자인 경우 : 투자자로부터 받은 수수료 등 합계액의 10%와 500만원 중 큰 금액(단, 투자자가 법인, 그 밖의 단체인 경우 그 임직원에 대하여는 500만원 한도)
연간 모든 거래상대방에게 제공할 수 있는 한도	• 영업수익이 1천억원 이하인 경우 : 영업수익의 3%와 10억원 중 큰 금액 • 영업수익이 1천억원을 초과하는 경우 : 영업수익의 1%와 30억원 중 큰 금액

★★★
039 재산상 이익의 제공 한도에 관한 설명으로 옳지 않은 것은? 심화

① 금융투자회사가 연간 또는 동일 회계연도 기간 중 모든 거래상대방에게 제공할 수 있는 재산상 이익의 합계액은 영업수익이 1천억원 이하인 경우 영업수익의 3%와 10억원 중 큰 금액이며, 영업수익이 1천억원을 초과하는 경우 영업수익의 1% 또는 30억원 중 큰 금액이다.

② 추첨, 기타 우연성을 이용하는 방법 또는 특정행위의 우열이나 정오의 방법으로 선정된 거래상대방에 대하여 제공하는 재산상 이익에 대하여는 재산상 이익의 제공한도를 적용하지 않는다.

③ 파생상품(유사해외통화선물 제외)과 관련하여 추첨 등의 방법으로 선정된 동일 일반투자자에게 1회당 제공할 수 있는 재산상 이익은 500만원을 초과할 수 없다.

④ 유사해외통화선물 및 주식워런트증권과 관련하여 추첨 등의 방법으로 선정된 동일 일반투자자에 대하여는 재산상 이익을 제공할 수 없다.

해설 파생상품(유사해외통화선물 제외)과 관련하여 추첨 등의 방법으로 선정된 동일 일반투자자에게 1회당 제공할 수 있는 재산상 이익은 300만원을 초과할 수 없다.

정답 037 ③ 　038 ③ 　039 ③

★★★
040 재산상 이익의 제공 및 수령에 관한 설명으로 옳지 않은 것은?

① 재산상 이익의 수령 한도는 재산상 이익의 제공 한도보다 훨씬 강화되어 1회당 최대 10만원, 연간 최대 50만원이다.

② 외부에서 개최하는 연수, 기업설명회, 기업탐방, 세미나의 경우 거래상대방으로부터 받은 교통비 및 숙박비는 대표이사 또는 준법감시인의 확인을 받아 재산상 이익에서 제외할 수 있도록 하고 있다.

③ 거래상대방에게 재산상 이익을 제공하거나 제공받고자 하는 경우 제공목적, 제공내용, 제공일자, 거래상대방, 경제적 가치 등이 기재된 문서를 미리 준법감시인에게 보고하여야 한다.

④ 부득이한 사유로 사전 보고가 곤란한 경우에는 사후에 보고할 수 있으며, 회사는 관련 기록을 5년 이상의 기간 동안 기록 · 보관하여야 한다.

> **해설** 재산상 이익의 수령 한도는 협회가 일률적인 금액 기준을 제시하고 있지 않으며, 회사가 스스로 정하여 준수하도록 하고 있다. 이 경우 재산상 이익의 한도는 일반적으로 용인되는 사회적 상규를 초과해서는 아니 된다.

★★★
041 부당한 재산상 이익의 제공으로 볼 수 없는 경우는?

① 거래상대방만 참석한 여가 및 오락활동 등에 수반되는 비용을 제공하는 경우

② 자체적으로 개발한 소프트웨어 및 해당 소프트웨어의 활용에 불가피한 컴퓨터 등 전산기기를 제공하는 경우

③ 집합투자회사가 자신이 운용하는 집합투자기구의 집합투자증권의 판매실적에 연동하여 이를 판매하는 투자매매회사 · 투자중개회사(임직원 및 투자권유대행인 포함)에게 재산상 이익을 제공하는 경우

④ 투자매매회사 또는 투자중개회사가 판매회사의 변경 또는 변경에 따른 이동액을 조건으로 하여 재산상 이익을 제공하는 행위

> **해설** 금융투자상품 및 경제정보 등과 관련된 전산기기의 구입이나 통신서비스 이용에 소요되는 비용을 제공하는 경우는 부당한 이익의 제공으로 본다. 하지만 자체적으로 개발한 소프트웨어 및 해당 소프트웨어의 활용에 불가피한 컴퓨터 등 전산기기는 재산상 이익으로 보지 않는다.

★★★
042 금융투자회사의 직원채용 및 복무기준에 대한 설명으로 옳지 않은 것은? 심화

① 금융투자회사로부터 징계퇴직 처분을 받은 자는 해당 처분일로부터 5년이 경과하지 아니한 경우 다른 금융투자회사에서 채용할 수 없다.

② 금융투자회사는 임직원이 금고 이상의 형의 선고를 받은 사실을 인지하거나 임직원에게 주의적 경고 또는 견책 이상의 징계처분을 부과한 경우 10영업일 이내에 협회에 보고하여야 한다.

③ 투자자가 자신의 계좌 또는 자산을 관리하는 직원의 징계내역 열람을 서면으로 신청하는 경우 회사는 해당 직원의 동의가 없더라도 협회에 징계내역 열람신청을 하여야 한다.

④ 감봉 이상의 자격제재를 부과받은 임직원은 1개월 내에 자율규제위원장이 정하는 준법교육을 받아야 한다.

> **해설** 투자자가 자신의 계좌 또는 자산을 관리하는 직원의 징계내역 열람을 서면으로 신청하는 경우 회사는 지체 없이 해당 직원의 동의서를 첨부하여 협회에 징계내역 열람신청을 하여야 한다. 다만, 해당 직원이 투자자의 징계내역 열람에 동의하지 않는 경우에는 협회에 열람신청을 하지 않아도 되며, 조회를 신청한 투자자에게 해당 직원이 징계내역 열람에 동의하지 않는다는 사실을 통보하여야 한다.

★★★
043 다음 중 금융투자협회규정의 신상품으로 볼 수 없는 것은?

① 새로운 비즈니스 모델을 적용한 금융투자상품 또는 이에 준하는 서비스

② 국외에서 이미 판매된 적이 있지만 국내에서는 판매된 적이 없는 금융투자상품 또는 이에 준하는 서비스

③ 금융공학 등 선진금융기법을 이용하여 개발한 금융투자상품 또는 이에 준하는 서비스

④ 기존의 금융투자상품 또는 이에 준하는 서비스와 구별되는 독창성이 있는 금융투자상품 또는 이에 준하는 서비스

> **해설** 신상품으로 보호받기 위해서는 국내외에서 이미 공지되었거나 판매된 적이 없어야 한다.

정답 040 ① 041 ② 042 ③ 043 ②

신상품	금융투자상품 또는 이에 준하는 서비스로서 다음의 어느 하나에 해당되는 것을 말한다. 다만, 국내외에서 이미 공지되었거나 판매된 적이 없어야 함 • 새로운 비즈니스 모델을 적용한 금융투자상품 또는 이에 준하는 서비스 • 금융공학 등 선진금융기법을 이용하여 개발한 금융투자상품 또는 이에 준하는 서비스 • 기존의 금융투자상품 또는 이에 준하는 서비스와 구별되는 독창성이 있는 금융투자상품 또는 이에 준하는 서비스
배타적 사용권	신상품을 개발한 금융투자회사가 일정기간 동안 독립적으로 신상품을 판매할 수 있는 권리

★★★
044 금융투자협회 규정 중 금융투자회사의 신상품 보호에 대한 설명으로 옳지 않은 것은?

① 배타적 사용권이란 신상품을 개발한 금융투자회사가 일정기간 동안 독점적으로 신상품을 판매할 수 있는 권리를 말한다.

② 배타적 사용권을 부여받은 금융투자회사는 배타적 사용권에 대한 직접적인 침해가 발생하는 경우, 협회 신상품 심의위원회가 정한 서식에 따라 침해배제를 신청할 수 있다.

③ 심의위원회 위원장은 침해배제 신청 접수일로부터 7영업일 이내에 심의위원회를 소집하여 배타적 사용권 침해배제 신청에 대하여 심의하여야 한다.

④ 침해배제 신청이 이유가 있다고 결정된 경우 심의위원회는 결정 후 7영업일 이내에 침해회사에 대해 침해의 정지를 명할 수 있다.

> **해설** 침해배제 신청이 이유가 있다고 결정된 경우 심의위원회는 지체 없이 침해회사에 대해 침해의 정지를 명할 수 있다.

···TOPIC 9 금융투자회사의 영업 및 업무에 관한 규정 – 계좌관리 및 예탁금이용료의 지급 등

★★★
045 금융투자회사의 투자자계좌 관리에 대한 설명으로 옳지 않은 것은?

① 예탁자산의 평가액이 10만원 이하이고 최근 6개월간 투자자의 매매거래 및 입출금 · 입출고 등이 발생하지 아니한 계좌는 다른 계좌와 구분하여 통합계좌로 별도 관리할 수 있다.

② 통합계좌로 분류된 계좌에 대하여는 입 · 출금(고) 및 매매거래 정지 조치를 취하여야 한다.

③ 통합계좌로 분류된 계좌에서 배당금 및 투자자예탁금 이용료 등의 입 · 출금(고)을 하기 위해서는 통합계좌 해제 절차를 거친 후 처리하여야 한다.

④ 통합계좌로 분류된 계좌의 투자자가 입·출금(고) 또는 매매거래의 재개를 요청하는 경우 본인확인 및 통합계좌 해제 절차를 거친 후 처리하여야 한다.

해설 통합계좌로 분류된 계좌에 대하여는 입·출금(고) 및 매매거래 정지 조치를 취하여야 한다. 다만, 배당금 및 투자자 예탁금 이용료 등의 입·출금(고)은 예외로 한다.

★★★ 046 다음 중 투자자 예탁자산의 평가방법으로 적절하지 않은 것은?

① 청약하여 취득하는 주식(상장 전) – 취득가액
② 상장주권·주식워런트증권·상장지수집합투자기구의 집합투자증권 – 당일 종가
③ 상장채권 및 공모 주가연계증권 – 당일 종가
④ 집합투자증권(상장지수집합투자기구의 집합투자증권 제외) – 당일에 고시된 기준가격

해설 상장채권 및 공모 주가연계증권은 2 이상의 채권평가회사가 제공하는 가격정보를 기초로 금융투자회사가 산정한 가격으로 평가한다.

🏛 필수핵심정리 ▷ 예탁자산의 평가

예탁자산의 평가는 다음에서 정하는 방법에 따라 산정하며, 그 밖의 금융투자상품은 금융투자회사가 정하는 방법에 따라 산정함
- 청약하여 취득하는 주식 – 취득가액(다만, 증권시장에 상장된 후에는 당일 종가, 당일 종가로 평가가 불가능한 경우에는 최근일 기준가격)
- 상장주권(주권과 관련된 증권예탁증권을 포함)·주식워런트증권·상장지수집합투자기구(ETF)의 집합투자증권 – 당일 종가(다만, 당일 종가로 평가가 불가능한 경우에는 최근일 기준가격)
- 상장채권 및 공모 주가연계증권 – 2 이상의 채권평가회사가 제공하는 가격정보를 기초로 금융투자회사가 산정한 가격
- 집합투자증권(상장지수집합투자기구의 집합투자증권 제외) – 당일에 고시된 기준가격(당일에 고시된 기준가격으로 평가가 불가능한 경우에는 최근일에 고시된 기준가격)

★★★ 047 금융투자회사의 투자자계좌의 폐쇄에 대한 설명으로 옳지 않은 것은?

① 금융투자회사는 투자자가 계좌의 폐쇄를 요청하는 경우 해당 계좌를 폐쇄할 수 있다.
② 금융투자회사는 투자자 계좌의 잔액·잔량이 0이 된 날로부터 6개월이 경과한 경우에는 해당 계좌를 폐쇄할 수 있다.
③ 폐쇄된 계좌의 투자자가 배당금(주식) 등의 출금(고)을 요청하는 경우 본인확인 절차를 거친 후 처리하여야 한다.
④ 폐쇄된 계좌의 계좌번호를 새로운 투자자에게 부여할 수 없다.

해설 계좌가 폐쇄된 날부터 6개월이 경과한 때에는 해당 계좌의 계좌번호를 새로운 투자자에게 부여할 수 있다.

정답 044 ④　045 ③　046 ③　047 ④

★★★
048 거래소규정상 금융투자회사가 투자자에게 이용료를 지급하여야 하는 투자자예탁금과 거리가 먼 것은?

① 장내파생상품거래예수금 중 현금예탁필요액
② 장내파생상품거래예수금 중 현금예탁필요액을 초과하여 현금으로 예탁한 위탁증거금
③ 위탁자예수금
④ 집합투자증권투자자예수금

해설 장내파생상품거래예수금 중 한국거래소의 '파생상품시장 업무규정'에 따른 현금예탁필요액은 이용료를 지급하지 않을 수 있다.

> 🏛 **필수핵심정리** 〉 고객예탁금이용료
>
> 금융투자회사가 투자자에게 이용료를 지급하여야 하는 투자자예탁금은 다음과 같으며, 투자자계좌에 입금하는 방법으로 지급하여야 함
> • 위탁자예수금
> • 집합투자증권투자자예수금
> • 장내파생상품거래예수금. 단, 장내파생상품거래예수금 중 한국거래소의 '파생상품시장 업무규정'에 따른 현금예탁필요액은 제외 가능 → 즉, 거래소규정상 필요한 현금예탁필요액을 초과하여 현금으로 예탁한 위탁증거금이 투자자예탁금이용료 지급대상임

•••TOPIC 🔟 금융투자회사의 영업 및 업무에 관한 규정 – 신용공여

★★★
049 다음 중 금융투자회사가 예탁증권담보융자를 하고자 하는 경우 담보로 징구하여서는 아니 되는 증권과 거리가 먼 것은?

① 투자주의종목
② 매매호가 전 예납조치 또는 결제 전 예납조치를 취한 증권
③ 상장폐지를 예고하였거나 매매거래를 정지시킨 증권
④ 주식워런트증권

해설 투자주의종목은 담보증권으로 징구할 수 있다. 참고로 신용공여는 크게 청약자금대출, 신용거래(융자·대주) 및 예탁증권담보융자로 나뉜다. 기존의 유가증권매입자금대출은 자본시장법에서는 신용거래융자로 통합되었다.

금융투자회사가 예탁증권담보융자를 하고자 하는 경우 다음의 증권은 담보로 징구하여서는 아니 됨

① 증권시장 상장주권 및 상장지수증권 중 다음의 어느 하나에 해당하는 증권
- 투자경고종목, 투자위험종목, 관리종목
- 매매호가 전 예납조치 또는 결제 전 예납조치를 취한 증권
- 상장폐지를 예고하였거나 매매거래를 정지시킨 증권

② 비상장주권 중 다음의 어느 하나에 해당하는 증권
- 외부감사의 대상이 아니거나 최근 사업연도 재무제표에 대한 외부감사인의 감사의견이 적정의견이 아닌 법인이 발행한 주권
- 신용등급을 받지 아니하거나 최근 1년 이내에 투자적격등급 미만의 판정을 받은 상장채권 발행법인이 발행한 주권
- 비상장채권(단, 파생결합사채는 담보 가능)
- 투자적격등급 미만의 판정을 받은 기업어음증권 또는 유가증권시장 상장채권
- 중도환매 또는 중도해지가 불가한 집합투자증권 및 신탁수익증권
- 주식워런트증권(ELW)
- 신주인수권을 표시하는 것
- 관계법규에 따라 한국예탁결제원에 의무보호예수 중인 증권

★★★
050 다음 중 금융투자회사가 예탁증권담보융자를 하고자 하는 경우 담보로 인정되는 증권은?

① 주식워런트 증권   ② 상장채권
③ 환매금지형 집합투자증권   ④ 관리종목으로 지정된 상장주식

해설 상장채권은 담보로 인정된다.

★★★
051 금융투자회사가 신용공여와 관련하여 담보로 징구한 증권 중 증권시장에 상장되지 아니한 증권의 처분방법으로 부적절한 것은?

① 상장지수집합투자기구(ETF) 이외의 집합투자증권 – 해당 집합투자증권을 운용하는 금융투자회사에 환매 청구
② 상장지수집합투자기구(ETF) 이외의 집합투자증권 – 해당 집합투자증권을 판매한 금융투자회사에 환매 청구
③ 파생결합증권 – 판매회사에 상환청구
④ 그 밖의 증권 – 금융투자회사와 투자자가 사전에 합의한 방법

해설 파생결합증권은 발행회사에 상환청구 한다.

★★★
052 금융투자회사의 신용공여 시 담보로 제공되는 증권의 금융투자업규정상 담보가격 산정방법으로 옳지 않은 것은?

① 청약하여 취득하는 주식(상장 전) – 취득가액
② 상장주권 – 당일종가
③ 상장채권 – 당일종가
④ 집합투자증권(ETF는 제외) – 당일에 고시된 기준가격

> **해설** 상장채권 – 2 이상의 채권평가회사가 제공하는 가격정보를 기초로 투자매매업자 또는 투자중개업자가 산정한 가격

🏛 필수핵심정리 ▶ 금융투자업규정상 신용공여 시 담보가격 산정방법

- 청약하여 취득하는 주식 – 취득가액(다만, 증권시장에 상장된 후에는 당일 종가, 당일 종가로 평가가 불가능한 경우에는 최근일 기준가격)
- 상장주권(주권과 관련된 증권예탁증권을 포함) 또는 상장지수집합투자기구의 집합투자증권(ETF) – 당일 종가(다만, 당일 종가로 평가가 불가능한 경우에는 최근일 기준가격)
- 상장채권 및 공모파생결합증권(주가연계증권만을 말함) – 2 이상의 채권평가회사가 제공하는 가격정보를 기초로 투자매매업자 또는 투자중개업자가 산정한 가격
- 집합투자증권(ETF 제외) – 당일에 고시된 기준가격(당일에 고시된 기준가격으로 평가가 불가능한 경우에는 최근일에 고시된 기준가격)

★★★
053 금융투자회사가 신용공여와 관련하여 담보로 징구한 증권의 협회가 정하는 담보가격 산정방법으로 옳지 않은 것은?

① 비상장주권 중 해외 증권시장에 상장된 주권 – 당일 해당 증권시장의 최종시가
② 기업어음증권, 파생결합사채 및 파생결합증권(상장지수증권은 제외) – 금융위원회에 등록된 채권평가회사 중 2 이상의 채권평가회사가 제공하는 가격정보를 기초로 금융투자회사가 산정한 가격
③ 상장지수증권(ETN) – 당일 종가
④ 그 밖의 증권 – 당일에 고시된 기준가격

> **해설** 그 밖의 증권은 금융투자회사와 투자자가 사전에 합의한 방법으로 담보가격을 산정한다. 즉, 비상장주권이나 외화증권의 경우 가격평가 방법이 여러 가지가 존재할 수 있어 협회는 일률적으로 기준을 정하지 않고 회사가 고객과 합의한 방법으로 정하도록 하고 있다.

★★★
054 유사해외통화선물거래(FX 마진거래) 제도에 대한 설명으로 옳지 않은 것은?

① 원화–외국통화 간 환율은 거래대상에서 제외된다.

② 거래단위는 기준통화의 100,000단위이다.

③ 위탁증거금은 거래단위당 미화 1만 달러 이상이며, 미국달러만 증거금으로 인정된다.

④ 동일 투자자가 동일 통화상품에 대하여 매수와 매도 양방향 포지션을 동시에 취할 수 있다.

해설 동일 투자자가 동일 통화상품에 대하여 매수와 매도 양방향 포지션을 동시에 취할 수 없다.

Ⅲ 필수핵심정리 ▶ 유사해외통화선물거래(FX 마진거래) 제도

유사해외통화선물(FX 마진)이란 미국선물협회 규정에 따른 장외외국환거래, 일본 상품거래소법에 따른 장외외국환거래 또는 이와 유사한 거래로서 해외 파생상품시장에서 거래되는 외국환거래임

특성	• 표준화된 계약단위(기준통화의 100,000단위) • 소액의 증거금(거래대금의 10%) 등을 적용 • 이종통화 간 환율변동을 이용하여 시세차익을 추구하는 거래(자본시장법상 장내파생상품)

■ 거래제도

거래대상	원화를 제외한 이종통화, 즉 달러–유로화, 유로–엔화, 달러–엔화 간 등 이종통화 간의 환율이 거래대상임 → 원화–외국통화간 환율은 거래대상에서 제외됨
거래단위	기준통화의 100,000단위
위탁증거금	거래단위당 미화 1만 달러 이상이며, 미국달러만 증거금으로 인정
유지증거금	위탁증거금의 50% 이상의 미화
거래방법	금융투자회사의 명의와 투자자의 계산으로 유사해외통화선물거래를 하도록 하여야 함
양방향 포지션 보유 금지	동일 투자자가 동일 통화상품에 대하여 매수와 매도 양방향 포지션을 동시에 취할 수 없음

정답 052 ③   053 ④   054 ④

★★★
055 금융투자회사의 파생결합증권 및 파생결합사채의 발행과 관련된 설명으로 옳지 않은 것은?

① 금융투자회사는 파생결합증권(ELW는 제외) 및 파생결합사채의 만기를 6개월 이상으로 하여야 한다.

② 파생결합증권(ELW는 제외) 및 파생결합사채에 조기상환조건이 있는 경우에는 최초조기상환 기간을 3개월 이상으로 설정하여야 한다.

③ 금융투자회사는 파생결합증권 및 파생결합사채의 발행대금을 헤지자산의 운용에 사용하여야 하며, 헤지자산을 고유자산과 구분하여 관리하여야 한다.

④ 원칙적으로 금융투자회사는 계열회사가 발행한 증권(상장주식은 제외) 및 계열회사의 자산을 기초로 하여 발행한 유동화증권으로 헤지자산을 운용하여서는 아니 된다.

> **해설** 금융투자회사는 파생결합증권(ELW는 제외) 및 파생결합사채의 만기를 3개월 이상으로 하여야 한다(단기물 발행 제한).

🏛 **필수핵심정리** ▶ 금융투자회사의 파생결합증권 및 파생결합사채 발행

단기물 발행 제한	금융투자회사는 파생결합증권(ELW는 제외) 및 파생결합사채의 만기를 3개월 이상으로 하여야 하며, 조기상환조건이 있는 경우에는 최초조기상환 기간을 3개월 이상으로 설정하여야 함
기초자산	공모파생결합증권 및 공모파생결합사채의 기초자산은 발행 당시 유동성이 풍부하여야 하고, 투자자가 기초자산에 대한 정보를 금융투자회사의 인터넷 홈페이지 등을 통해 쉽게 확인할 수 있어야 함
헤지자산의 구분관리	금융투자회사는 파생결합증권 및 파생결합사채의 발행대금을 헤지자산의 운용에 사용하여야 하며, 헤지자산을 고유자산과 구분하여 관리하여야 함
헤지자산의 건전성 확보	금융투자회사는 계열회사가 발행한 증권(상장주식은 제외) 및 계열회사의 자산을 기초로 하여 발행한 유동화증권으로 헤지자산을 운용하여서는 아니 됨 → 다만, 법령을 준수하는 경우로서 해당 증권이 투자가능등급 이상인 경우에는 운용이 가능

★★★
056 집합투자회사의 집합투자기구 명칭 사용에 대한 설명으로 옳지 않은 것은?

① 집합투자기구의 명칭에 집합투자기구의 종류를 표시하는 문자(증권·부동산·특별자산·혼합자산 및 단기금융을 말함)를 사용하여야 한다.
② 집합투자회사의 회사명을 집합투자기구의 명칭에 포함할 경우 명칭의 앞부분에 표기하여야 한다.
③ 판매회사의 명칭을 집합투자기구 명칭의 앞부분에 표기하여야 한다.
④ 사모집합투자기구의 경우 집합투자기구 명칭에 '사모'를 포함하여야 한다.

해설 판매회사의 명칭을 사용하지 아니하여야 한다.

🏛 필수핵심정리 　집합투자회사의 집합투자기구 명칭 사용

- 집합투자기구의 명칭에 집합투자기구의 종류를 표시하는 문자(증권·부동산·특별자산·혼합자산 및 단기금융을 말함)를 사용할 것
- 집합투자회사의 회사명을 집합투자기구의 명칭에 포함할 경우 명칭의 앞부분에 표기할 것. 다만, 회사 명칭이 긴 경우 생략·조정하여 표기할 수 있음
- 판매회사의 명칭을 사용하지 아니할 것
- 집합투자기구의 투자대상·운용전략 등 상품내용과 다르거나 투자자를 오인하게 할 우려가 있는 명칭을 사용하지 아니할 것
- 다른 금융투자회사가 사용하고 있는 명칭과 동일하거나 유사한 명칭을 사용하지 아니할 것
- 실적배당형 상품의 특성과 다르게 수식어를 부가함으로써 투자자의 오해를 야기할 우려가 있는 집합투자기구의 명칭을 사용하지 아니할 것
- 사모집합투자기구의 경우 집합투자기구 명칭에 '사모'를 포함할 것
- 운용전문인력의 이름을 사용하지 아니할 것

판매회사는 집합투자기구를 판매(광고선전, 통장인자 등을 포함)함에 있어 집합투자규약에서 정한 집합투자기구의 명칭을 사용하여야 함(다만, 긴 명칭인 경우 생략·조정하여 사용할 수 있음)

★★★
057 집합투자회사는 집합투자재산 총액의 (　)% 이상을 특정 종류의 증권 또는 특정 국가·지역에 투자하는 경우 그 사실을 집합투자기구의 명칭에 포함할 수 있다. (　)에 알맞은 숫자는?

① 30　　　　　② 40　　　　　③ 50　　　　　④ 60

해설 집합투자회사는 집합투자재산 총액의 60% 이상을 특정 종류의 증권 또는 특정 국가·지역에 투자하는 경우 그 사실을 집합투자기구의 명칭에 포함할 수 있다. 다만, 그 이외의 자산이 집중투자자산(60%)의 성격에 큰 영향을 미치거나 부합하지 않는 경우에는 포함할 수 없다.

정답 055 ①　　056 ③　　057 ④

★★★
058 집합투자기구의 공시에 대한 설명으로 옳지 않은 것은?

① 투자신탁 등은 집합투자재산에 관한 매 분기의 영업보고서를 매 분기 종료 후 2개월 이내 협회에 제출하여야 한다.
② 투자신탁 등은 회계감사인으로부터 회계감사보고서를 제출받은 경우 이를 다음 달 10일까지 협회에 제출하여야 한다.
③ 집합투자회사 또는 투자회사의 감독이사는 투자신탁 등이 산정한 집합투자기구의 기준가격과 신탁회사가 산정한 기준가격의 편차가 1,000분의 3을 초과하는 경우 이 내역을 지체 없이 협회에 제출하여야 한다.
④ 투자신탁 등은 각 집합투자기구에 대한 기타 비용에 관한 자료를 매월 말일을 기준으로 작성하여 다음 달 10일까지 협회에 제출하여야 한다.

 투자신탁 등은 회계감사인으로부터 회계감사보고서를 제출받은 경우 이를 지체 없이 협회에 제출하여야 한다.

★★★
059 집합투자기구의 운용실적공시에 대한 설명으로 옳지 않은 것은?

① 협회가 운용실적을 비교·공시하는 경우에는 운용실적분류기준, 집합투자회사, 집합투자기구의 종류 등을 구분하여 공시한다.
② 운용실적 비교·공시의 공시주기는 1개월로 하며, 발표 이후 투자신탁 등은 정당한 사유 없이 수정을 요구할 수 없다.
③ 상환된 집합투자기구는 상환일의 다음 달에 공시한다.
④ 운용실적 비교·공시 대상 집합투자기구는 모든 집합투자기구를 대상으로 한다.

 운용실적 비교·공시 대상 집합투자기구는 공모집합투자기구를 대상으로 한다. 단, 공모집합투자기구(존속하는 동안 투자금을 추가로 모집할 수 있는 집합투자기구로 한정)로서 원본액 50억원 미만과 50억원 이상의 집합투자기구의 수익률은 별도로 비교·공시하여야 한다.

★★★
060 집합투자증권의 판매회사 변경에 대한 설명으로 옳지 않은 것은?

① 판매회사 변경제도는 판매회사가 판매할 수 있는 모든 펀드에 대하여 적용함을 원칙으로 한다.
② 판매회사는 판매회사 변경의 절차를 이행하는 대가로 투자자로부터 별도의 비용(변경수수료)을 청구할 수 없다.
③ 판매회사 변경의 경우 환매수수료를 부과할 수 없지만 판매회사 변경효력이 발생하는 날이 집합투자규약에서 정하는 환매수수료 부과 기간 이내인 경우에 판매회사는 투자자로부터 환매수수료를 징구할 수 있다.

④ 판매회사 변경 또는 변경에 따른 이동액을 조건으로 하는 재산상 이익 제공 및 수령은 부당한 행위로서 금지된다.

해설 판매회사 변경효력이 발생하는 날이 집합투자규약에서 정하는 환매수수료 부과 기간 이내라 하더라도 판매회사는 투자자로부터 환매수수료를 징구할 수 없다.

···TOPIC 14 금융투자회사의 영업 및 업무에 관한 규정 – 투자자문업 및 투자일임업

★★★
061 투자자문회사가 일반투자자에게 교부하여야 하는 서면자료에 포함하여야 할 사항으로 적절하지 않은 것은?

① 투자자문의 범위를 주식, 채권, 증권 관련 지수 파생상품 등 구체적으로 기재할 것
② 투자자문의 방법을 구술, 문서, 그 밖의 방법으로 구분하고 구체적인 방법 및 시기를 기재할 것
③ 해당 투자자문회사와 이해관계가 있는 회사가 발행한 증권에 대해서는 투자권유를 할 수 없다는 내용을 기재할 것
④ 투자자의 투자자문 요구 방법이나 시기에 특별한 제한이 있는 경우 그 내용을 기재할 것

해설 해당 투자자문회사와 이해관계가 있는 회사가 발행한 증권 및 투자자문대상 자산에 대한 투자권유를 하고자 하는 경우에는 투자자에게 미리 그 사실을 통보한다는 내용을 기재할 것

★★★
062 투자일임회사가 일반투자자에게 교부하여야 하는 서면자료에 포함하여야 할 사항으로 적절하지 않은 것은?

① 투자일임의 범위를 구체적으로 기재할 것
② 투자일임의 대상이 되는 금융투자상품의 범위를 기재할 것
③ 자신과 이해관계가 있는 회사가 발행한 투자일임대상 자산을 매매하고자 하는 경우에는 투자자에게 동의를 얻어 매매한다는 내용을 기재할 것
④ 투자자가 주로 거래하는 투자중개회사를 통해서만 거래한다는 내용을 기재할 것

해설 투자일임업자가 주로 거래하는 투자중개회사가 있는 경우 그 명칭 및 해당 투자일임회사와의 관계를 기재할 것

정답 058 ②　059 ④　060 ③　061 ③　062 ④

★★★
063 신탁의 설정 및 해지에 따른 회계처리가 옳지 않은 것은?

① 금전을 신탁하는 경우 금액이 납입되는 날이 신탁의 설정시기이다.

② 금전 외의 재산을 신탁하는 경우 소유권이 이전되는 날이 신탁의 설정시기이다.

③ 신탁계약에 따라 금전이 지급되는 날에 해지 처리한다.

④ 현물해지의 경우 현물이 매각되는 날에 해지 처리한다.

> **해설** 현물해지의 경우 현물이 출고되는 날에 해지 처리한다.

🏛 필수핵심정리 ▷ 신탁회사의 신탁의 설정시기 및 해지에 따른 회계처리

신탁의 설정시기	• 금전을 신탁하는 경우 금액이 납입되는 날 • 금전 외의 재산을 신탁하는 경우 소유권이 이전되는 날
해지에 따른 회계처리	• 신탁계약에 따라 금전이 지급되는 날에 해지 처리할 것 • 현물해지의 경우 현물이 출고되는 날에 해지 처리할 것

신탁회사는 신탁재산을 운용함에 있어서 업무의 일부를 제3자에게 위탁할 수 있고, 신탁업을 영위하는 자는 계약규모 등을 작성하여 협회에 보고하여야 함

··· T O P I C **16** 금융투자전문인력과 자격시험에 관한 규정

★★★
064 다음 중 '금융투자전문인력과 자격시험에 관한 규정'에 따른 금융투자전문인력과 거리가 먼 자는?

① 펀드투자권유자문인력　　　　　② 투자자산운용사

③ 투자상담관리인력　　　　　　　④ 채권평가인력

> **해설** 채권평가인력은 펀드관계회사인력의 일종이다.

금융투자 전문인력	• 투자권유자문인력 – 펀드투자권유자문인력, 증권투자권유자문인력, 파생상품투자권유자 문인력 • 투자상담관리인력(투자권유자문관리인력) • 투자자산운용사(투자운용인력) • 금융투자분석사(조사분석인력) • 위험관리전문인력 • 신용평가전문인력
펀드관계 회사인력	• 집합투자재산계산전문인력(펀드사무관리인력) • 집합투자기구평가전문인력(펀드평가인력) • 집합투자재산평가전문인력(채권평가인력)

★★★
065 금융투자분석사의 등록요건을 갖춘 자가 아닌 것은?(단, 금융투자분석사로 최초로 등록하는 자가 아님을 가정) 심화

① 집합투자기구 평가전문인력(자본시장법 시행령 제280조 제2항)
② 지점 또는 영업소 등의 업무를 실질적으로 관리 · 감독하는 자
③ 국가가 출자한 연구기관에서 연구업무에 3년 이상 종사한 자
④ 공인회계사

해설 지점 또는 영업소 등의 업무를 실질적으로 관리 · 감독하는 자가 투자상담관리인력 등록교육을 이수할 경우 투자상담관리인력 등록요건을 갖추게 된다.

★★★
066 금융투자전문인력의 의무와 거리가 먼 것은? 심화

① 신의성실의 원칙에 따라 업무를 수행하여 투자자를 보호하여야 한다.
② 전문성의 유지를 위하여 보수교육을 이수하여야 한다.
③ 협회 또는 금융투자회사 등의 관리 · 감독에 성실히 응하여야 한다.
④ 퇴직 시 그 사실을 퇴직일로부터 10영업일 이내에 협회에 보고하여야 한다.

해설 금융투자전문인력을 해임하거나 금융투자전문인력이 퇴직한 경우 그 내용을 퇴직일로부터 10영업일 이내에 협회에 보고하여야 하는 것은 금융투자회사(또는 신용평가회사)의 의무이다.

★★★
067 금융투자협회가 금융투자전문인력에 대하여 제재를 부과하는 사유와 거리가 먼 것은?

① 금융투자전문인력의 업무와 관련하여 자본시장법령 등을 위반한 경우
② 정당한 사유 없이 보수교육을 이수하지 않은 경우
③ 금융투자회사의 임직원이 아닌 자를 등록 신청한 경우
④ 준법교육을 이수하지 아니한 경우

> **해설** 금융투자회사의 임직원이 아닌 자를 등록 신청한 경우는 금융투자전문인력의 등록을 거부할 수 있는 사유에 해당한다.

🏛 필수핵심정리 ▶ 금융투자전문인력에 대한 제재 사유

- 금융투자전문인력의 업무와 관련하여 자본시장법령 등을 위반한 경우
- 정당한 사유 없이 보수교육을 이수하지 않은 경우
- 등록의 신청과 관련된 사항을 허위로 기재한 경우
- 횡령, 배임, 절도, 업무와 관련한 금품수수 등 범죄행위를 한 경우
- 금융투자전문인력이 아닌 자를 고용하여 투자자를 유치하거나 금융투자상품의 매매주문을 수탁한 경우
- 금융투자전문인력의 자격 또는 명의를 대여한 경우
- 협회가 실시하는 자격시험에서 부정행위를 한 경우
- 준법교육을 이수하지 아니한 경우 등

★★★
068 금융투자협회가 금융투자전문인력에 대하여 부과할 수 있는 제재의 종류와 거리가 먼 것은?

① 제재금 부과
② 자격취소
③ 금융투자전문인력 등록말소, 등록의 효력정지 또는 등록거부
④ 자격시험 응시 제한

> **해설** 제재금 부과 및 6개월 이내의 금융투자전문인력 신규등록 정지조치는 금융투자회사에 대한 제재이다.

🏛 필수핵심정리 ▶ 협회의 금융투자전문인력 및 금융투자회사 등에 대한 제재의 종류

금융투자 전문인력에 대한 제재	• 자격취소(모든 금융투자전문인력 자격시험 합격 취소) • 자격시험 응시 제한 • 금융투자전문인력 등록말소, 등록의 효력정지 또는 등록거부 • 소속 회사에 위법·부당행위 사실 통보 후 자체규정에 따른 문책 등 요구 • 그밖에 필요한 조치
금융투자회사 등에 대한 제재	• 6개월 이내의 금융투자전문인력 신규등록 정지조치 • 제재금 부과

★★★
069 금융투자회사의 약관운용 규정에 대한 설명으로 옳지 않은 것은?

① 금융투자협회는 금융투자업 영위와 관련하여 표준약관을 정할 수 있다.

② 금융투자회사는 협회가 정한 표준약관이 있는 경우에는 이를 우선적으로 사용하여야 한다.

③ 금융투자회사는 표준약관의 본질을 해하지 않는 범위 내에서 이를 수정하여 사용할 수 있다.

④ 금융투자회사는 수정약관을 사용하고자 하는 경우에 시행일 전일까지 협회에 보고하여야 한다.

해설 금융투자회사는 수정약관을 사용하고자 하는 경우에 시행예정일 10영업일 전까지 협회에 보고하여야 한다.

🏛 필수핵심정리 ▷ 약관의 구분과 사용·변경 시의 보고기한

구분	의의	협회로의 보고기한
표준약관	협회가 제정한 금융투자업영위와 관련하여 표준이 되는 약관	보고특례 적용 시→변경 후 7일 이내
수정약관	표준약관의 본질을 해치지 않는 범위 내에서 금융투자업자가 수정하여 사용하는 약관	시행예정일 10영업일 전까지
	• '전자금융거래 이용에 관한 기본약관'은 수정하여 사용할 경우에 금융감독원에 보고함 • 모든 표준약관을 다 수정하여 사용할 수 있지는 않고 일반투자자를 대상으로 한 '외국 집합투자증권 매매거래에 관한 표준약관'은 표준약관 그대로 사용하여야 함	
개별약관	협회가 정한 표준약관이 없어 금융투자회사가 별도로 제정하여 사용하는 약관	시행예정일 10영업일 전까지

협회는 약관을 심사하여 접수일로부터 10영업일(수정약관의 경우 7영업일) 이내에 해당 금융투자회사에 통보함

★★★
070 다음 중 금융투자회사의 약관에 대한 설명으로 옳지 않은 것은?

① 금융투자회사가 '전자금융거래 이용에 관한 기본약관'을 수정하여 사용할 경우에 금융감독원에 보고한다.

② 금융투자회사는 기관투자자를 대상으로 한 '외국 집합투자증권 매매거래에 관한 표준약관'은 수정하여 사용할 수 없다.

③ 금융투자회사는 표준약관이 없어 별도의 개별약관을 제정하거나 변경하는 경우 시행예정일 10영업일 전까지 협회에 보고하여야 한다.

④ 약관내용 중 고객의 권리 또는 의무와 관련이 없는 사항을 변경하는 경우에는 변경한 후 7영업일 이내에 협회에 보고하여야 한다.

해설 금융투자회사는 일반투자자를 대상으로 한 '외국 집합투자증권 매매거래에 관한 표준약관'은 수정하여 사용할 수 없다. 다만, 기관투자자만을 대상으로 외국 집합투자증권을 판매하는 경우에는 표준약관을 수정하여 사용할 수 있다.

정답 067 ③   068 ①   069 ④   070 ②

★★★
071 다음 중 금융투자회사의 약관에 대한 설명으로 옳지 않은 것은? 심화

① 협회가 제정한 표준약관을 그대로 사용하는 경우 시행예정일 10영업일 전까지 협회에 보고하여야 한다.
② 협회는 약관을 심사하여 접수일로부터 10영업일(수정약관의 경우 7영업일) 이내에 해당 금융투자회사에 통보한다.
③ 협회는 약관을 심사한 결과 약관내용의 변경이 필요한 경우 금융투자회사에 접수일로부터 10영업일(수정약관의 경우 7영업일) 이내에 변경을 권고할 수 있다.
④ 금융투자회사가 이미 사용하고 있는 약관이 관계법령 개정 등의 사유로 변경이 필요한 경우 협회는 해당 약관의 변경을 권고할 수 있다.

> **해설** 협회가 제정한 표준약관을 그대로 사용하는 경우 금융투자회사는 약관을 제정 또는 변경한 후 7일 이내에 협회에 보고하여야 한다.

★★★
072 금융투자회사가 약관의 제정 또는 변경한 후 7일 이내에 협회에 보고하여야 하는 경우와 거리가 먼 것은?

① 협회가 제정한 표준약관을 그대로 사용하는 경우
② 제정 또는 변경하고자 하는 약관의 내용이 다른 금융투자회사가 이미 협회에 신고한 약관의 내용과 같은 경우
③ 전문투자자만을 대상으로 하는 약관을 제정 또는 변경하는 경우
④ 협회가 정한 표준약관이 없어 별도의 약관(개별약관)을 제정하거나 이를 변경하고자 하는 경우

> **해설** 금융투자회사는 협회가 정한 표준약관이 없어 별도의 약관(개별약관)을 제정하거나 이를 변경하고자 하는 경우 해당 약관과 관계서류를 시행예정일 10영업일 전까지 협회에 보고하여야 한다.

🏛 필수핵심정리 ▷ 약관의 보고 특례(사후 보고)

약관의 제정 및 변경이 다음 중 어느 하나에 해당하는 경우 금융투자회사는 약관을 제정 또는 변경한 후 7일 이내에 협회에 보고하여야 함
• 약관내용 중 고객의 권리 또는 의무와 관련이 없는 사항을 변경하는 경우
• 협회가 제정한 표준약관을 그대로 사용하는 경우
• 제정 또는 변경하고자 하는 약관의 내용이 다른 금융투자회사가 이미 협회에 신고한 약관의 내용과 같은 경우
• 전문투자자만을 대상으로 하는 약관을 제정 또는 변경하는 경우

★★★
073 다음 중 금융투자부문에서 분쟁조정업무를 수행하는 기관과 관계가 없는 곳은?

① 금융투자협회   ② 금융감독원
③ 금융정보분석원   ④ 한국거래소

 분쟁조정은 금융투자회사와 투자자 간에 분쟁이 발생되는 경우 신속하고 합리적인 해소를 위해 소송 단계 이전에 당사자 간 해결방안을 모색하는 대안적 분쟁해결수단이다. 금융투자부문에서는 협회, 금융감독원 및 한국거래소가 분쟁조정업무를 수행 중이다.

★★★
074 금융투자협회규정의 분쟁조정에 대한 설명으로 옳지 않은 것은?

① 분쟁조정의 신청을 하고자 하는 자는 분쟁조정에 필요한 증거서류 또는 자료를 첨부한 분쟁조정신청서를 협회에 제출하여야 한다.
② 분쟁조정위원회는 외부전문가 등을 포함한 15인 이내의 위원으로 구성되어 있다.
③ 분쟁조정위원회 위원장은 신청사건의 조사를 위하여 필요하다고 인정되는 경우에는 협회 직원으로 하여금 당사자 방문, 현장답사 및 기록조회를 할 수 있다.
④ 분쟁조정위원회 위원장은 신청사건이 수사기관이 수사 중이거나 법원에 제소된 경우에는 즉시 분쟁조정위원회에 회부하여야 한다.

해설 분쟁조정위원회 위원장은 신청사건이 수사기관이 수사 중이거나 법원에 제소된 경우에는 이를 위원회에 회부하기 전에 종결처리할 수 있다.

★★★
075 금융투자협회 분쟁조정위원회의 분쟁조정에 대한 설명으로 옳지 않은 것은?

① 분쟁조정위원회 위원장은 신청사건을 접수일로부터 10일 이내에 위원회에 회부하여야 한다.
② 위원회는 분쟁의 조정을 위하여 필요한 경우에는 신청사건에 대한 사실조사 또는 관련 자료의 수집을 할 수 있다.
③ 위원회는 당사자 그밖에 이해관계인·감정인·참고인 등의 의견을 들을 필요가 있다고 인정되는 때에는 회의에 출석하여 의견을 진술할 것을 요청할 수 있다.
④ 위원회는 신청사건이 회부된 날로부터 30일 이내에 이를 심의하여 조정결정하여야 한다.

해설 분쟁조정위원회 위원장은 신청사건을 접수일로부터 30일 이내에 위원회에 회부하여야 한다. 다만, 위원장이 불가피하다고 인정하는 경우에는 사유발생일로부터 30일 이내에 위원회 회부를 연기할 수 있다.

정답 071 ①   072 ④   073 ③   074 ④   075 ①

① 위원회 회부 – 신청사건 접수일로부터 30일 이내
② 조사 – 필요한 경우에는 신청사건에 대한 사실조사를 할 수 있음
③ 당사자 등의 의견 청취
④ 결정 – 신청사건이 회부된 날로부터 30일 이내에 조정결정
⑤ 조정결정 등의 통지 – 그 사실을 지체 없이 당사자에게 통지
⑥ 조정의 성립 – 당사자가 조정결정수락서에 기명 날인한 후 이를 조정결정의 통지를 받은 날로부터 20일 이내에 협회에 제출함으로써 성립
⑦ 재조정신청 – 조정의 결과에 중대한 영향을 미치는 새로운 사실이 나타나는 등의 사유가 있는 때 재조정을 신청 가능

★★★
076 금융투자협회 분쟁조정위원회의 분쟁조정에 대한 설명으로 옳지 않은 것은?

① 위원회는 신청사건이 조정의 실익이 없다고 판단되는 경우에는 각하 결정을 할 수 있다.
② 협회는 위원회의 조정결정 또는 각하결정이 이루어질 경우 그 사실을 지체 없이 당사자에게 통지하여야 한다.
③ 조정은 당사자가 조정결정수락서에 기명 날인한 날부터 성립한다.
④ 당사자는 조정의 결과에 중대한 영향을 미치는 새로운 사실이 나타나는 등의 사유가 있는 때에는 조정결정에 대하여 재조정을 신청할 수 있다.

해설 조정은 당사자가 조정결정수락서에 기명 날인한 후 이를 조정결정의 통지를 받은 날로부터 20일 이내에 협회에 제출함으로써 성립한다. 참고로 당사자는 조정의 결과에 중대한 영향을 미치는 새로운 사실이 나타나는 등의 사유가 있는 때에는 조정결정에 대하여 재조정을 신청할 수 있다. 다만, 당사자가 조정신청을 할 때에 미리 그 사유를 주장하였거나 그 사유를 알고도 주장하지 않은 경우에는 재조정을 신청할 수 없다.

···TOPIC 19 자율규제위원회 운영 및 제재에 관한 규정

★★★
077 금융투자협회 자율규제위원회의 구성과 결의방법에 대한 설명으로 옳지 않은 것은? 심화

① 자율규제위원회는 총 7인으로 구성되며 회원의 대주주 또는 임직원이 아닌 자 중에서 후보추천위원회의 추천을 받아 총회에서 선임되며, 연임은 불가능하다.
② 위원회는 재적위원 과반수 출석으로 성립하며 출석위원 과반수 찬성으로 결의한다.
③ 위원은 직접 회의에 출석하지 아니하고 모든 위원이 동영상 및 음성을 동시에 송·수신할 수 있는 통신수단에 의하여 결의에 참가할 수 있다.
④ 위원장이 부득이한 사정이 있다고 인정하는 경우에는 의안을 서면으로 결의할 수 있다.

★★★
078 다음 중 자율규제위원회가 회원사의 임원에 대하여 권고할 수 있는 제재의 종류와 거리가 먼 것은? 심화

① 해임   ② 감봉
③ 경고   ④ 주의

해설 감봉은 회원사의 직원에 대하여만 권고할 수 있는 제재이다.

🏛 **필수핵심정리** ▶ 금융투자협회 자율규제위원회의 제재조치

회원인 금융투자회사 또는 그 임직원이 금융 관련 법령의 위반, 협회 정관 · 규정 등 위반 시 자율규제위원회는 다음의 제재를 할 수 있음

회원(금융투자회사)에 대한 제재	• 총회에 대한 회원의 제명 요구 • 회원자격의 정지 • 협회가 회원에게 제공하는 업무의 일부 또는 전부 정지 • 제재금 부과 • 경고 • 주의		
회원의 임직원에 대하여 권고할 수 있는 제재의 종류	협회는 회원사의 임직원에 대하여는 회원사에 대하여 다음에 해당하는 제재를 권고할 수 있으며, 회원 임직원에 대한 직접 제재는 할 수 없음		
	임원에 대한 제재권고	• 해임 • 경고	• 6개월 이내의 업무집행정지 • 주의
	직원에 대한 제재권고	• 징계면직 • 견책	• 정직 • 감봉 • 주의

CHAPTER
03 한국거래소규정

내용 구성 및 주요 출제내용 분석

내용 구성	중요도	주요 출제내용
거래소 파생상품 시장 개요	★	파생상품시장 구성, 거래소 규정
회원구조	★★	회원의 종류, 파생상품시장의 결제 방법, 거래소의 위험관리 수단
상장상품	★★	주식상품거래를 중심으로 상장상품의 구분, 거래명세(거래단위, 거래승수, 거래시간, 최종결제방법 등) 파악
매매거래제도	★★★	거래시간, 호가(종류, 방법, 유효기간 및 제한), 거래체결방법, 협의거래, 거래중단조치, 착오거래의 취소
시장조성자	★	시장조성자 요건, 의무, 혜택
거래증거금	★★★	증거금 예탁수단, 거래증거금 산출방법
거래소 회원 간 결제방법	★★★	결제시한, 선물거래 결제방법(일일정산, 정산가격, 최종결제방식), 옵션거래 결제방법(권리행사 차금)
거래의 수탁 등	★★★	파생상품계좌 개설, 위험고지서, 기본예탁금, 주문수탁 방법 및 거부사유, 위탁증거금
기타	★★	미결제약정수량의 제한 및 보유한도, 위탁수수료

출제경향 분석 및 학습요령

한국거래소규정에서는 총 4문제가 출제되며, 전체 시험과목 중에서 출제 문항수가 가장 적다. 문항수에 비해 학습내용은 다소 까다로운 편이지만 2과목의 영업실무와 상당부분 중복되는 내용이 많아 일석이조의 효과를 볼 수 있는 과목이므로 소홀히 다루는 것도 바람직하지 않다. 매매거래제도, 증거금 예탁수단, 거래증거금 산출방법, 선물거래와 옵션거래의 결제방법, 기본예탁금 및 위탁증거금 등은 자주 출제되는 중요한 부분이다. 본서에서는 영업실무와 중복되는 부분이라도 빼놓지 않고 문제를 제시하여 복습 효과를 거둘 수 있도록 하였다.

··· T O P I C 1 파생상품시장 현황 및 한국거래소 규정

★★★
001 한국거래소에서 거래되는 파생상품의 거래시장을 잘못 나타낸 것은?

① 코스피200변동성지수선물, 유럽연합유로선물 → 주식상품시장

② 3년국채선물, 5년국채선물 → 금리상품시장

③ 미국달러옵션, 중국위안선물 → 통화상품시장

④ 금선물, 돈육선물 → 일반상품시장

해설 유럽연합유로선물은 통화상품시장이다.

🏛 필수핵심정리 〉 한국거래소(KRX) 파생상품시장의 구성

주식상품시장	개별 주식 및 주가지수를 기초자산으로 하는 선물·옵션시장 → 코스피200선물, 미니코스피200선물, 코스닥150선물, 코스피200섹터지수선물, 코스피200변동성지수선물, 주식선물, 배당지수선물, 유로스톡스50선물, 코스피200옵션, 미니코스피200옵션, 주식옵션, ETF선물
금리상품시장	단기금리, 채권, 채권지수 등을 기초자산으로 하는 선물·옵션시장 → 3년국채선물, 5년국채선물, 10년국채선물
통화상품시장	외국통화 또는 환율을 기초자산으로 하는 선물·옵션시장 → 미국달러선물, 유럽연합유로선물, 일본엔선물, 중국위안선물, 미국달러옵션
일반상품시장	금융상품 이외의 농·축·수산물, 광물 등을 기초자산으로 하는 선물·옵션시장 → 금선물, 돈육선물
선물스프레드시장	동일한 기초자산, 거래단위 및 결제방법을 지니고 결제월이 다른 두 개의 선물종목으로 구성된 스프레드거래로 모든 선물거래를 대상으로 구성되어 있음

★★★
002 다음 중 현재 한국거래소(KRX) 파생상품시장에서 거래되고 있는 상품은?

① 은선물   ② 중국위안선물

③ 3년국채옵션   ④ 일본엔옵션

해설 현재 은선물, 3년국채옵션, 일본엔옵션 등은 상장되어 있지 않다.

정답 001 ①   002 ②

★★★
003 한국거래소(KRX) 및 장내파생상품 연혁에 대한 설명으로 옳지 않은 것은?

① 한국거래소의 파생상품시장에서 최초로 거래된 상품은 코스피200옵션이다.
② 한국거래소의 파생상품시장과 관련한 규정에는 거래소 정관, 파생상품시장업무규정, 회원관리규정, 시장감시규정 및 분쟁조정규정이 있다.
③ 한국거래소의 파생상품시장과 관련한 규정은 금융위원회의 승인으로 개정된다.
④ KRX 파생상품시장은 전산시스템에 의해 매매체결, 결제가 이루어지고 있는 전산거래이다.

해설 한국거래소의 파생상품시장은 1996년 5월 코스피200선물시장을 개설하면서 시작되었다.

··· T O P I C 2 회원구조, 거래소의 위험관리수단

★★★
004 한국거래소의 회원구조에 관한 설명으로 옳지 않은 것은? 심화

① KRX의 회원은 참가할 수 있는 시장과 매매거래 가능한 금융투자상품의 범위에 따라 증권회원, 지분증권전문회원, 채무증권전문회원, 파생상품회원, 주권기초파생상품전문회원 및 통화·금리기초파생상품전문회원 등 6가지 종류로 구분된다.
② 파생상품회원은 KRX 파생상품시장에서 거래되는 모든 선물거래와 옵션거래를 매매 거래할 수 있는 회원이다.
③ KRX의 회원은 거래소에 대하여 결제이행책임을 누가 부담하느냐에 따라 결제회원과 매매전문회원으로 구분된다.
④ 매매전문회원은 자기의 명의로 성립된 증권 또는 파생상품의 거래에 따른 매매체결과 결제를 직접 수행하는 회원이다.

해설 매매전문회원은 매매체결은 직접 수행하나 결제업무는 결제회원을 통해서 수행하는 회원이다. 반면에, 결제회원은 매매체결도 직접 수행하면서 자기명의로 결제를 하는 회원이다. 매매전문회원이 결제업무를 수행하기 위해서는 결제회원과 결제위탁계약을 체결하여 해당 결제회원(지정결제회원)에게 결제업무를 위탁하여야 한다. 매매전문회원은 하나 이상의 결제회원과 결제위탁계약을 체결할 수 있다.

🏛 필수핵심정리 ▶ 결제이행책임 부담 여부에 따른 한국거래소(KRX) 회원 구분

결제 회원	자기의 명의로 성립된 증권매매거래나 파생상품거래 또는 매매전문회원으로부터 결제를 위탁받은 증권 또는 파생상품거래에 대해 자기 명의로 결제를 하는 회원
매매전문 회원	자기의 명의로 성립된 증권 또는 파생상품의 거래에 따른 결제를 직접 수행하지 못하고 결제회원에게 결제를 위탁해야 하는 회원 → 매매체결은 직접 수행하나 결제업무는 결제회원을 통해서 수행하는 회원

★★★
005 다음 중 주권기초파생상품전문회원이 거래할 수 없는 상품은?

① 코스피200선물　　　　　　　　② 코스피200옵션
③ 3년국채선물　　　　　　　　　　④ 주식선물

해설 파생상품회원은 KRX 파생상품시장에 상장된 모든 선물거래와 옵션거래를 매매 거래할 수 있으나, 주권기초파생상품전문회원은 주식 및 주가지수 관련 선물거래(코스피200선물, 미니코스피200선물, 코스닥150선물, 섹터지수선물, 코스피200변동성지수선물, 주식선물)와 옵션거래(코스피200옵션, 미니코스피200옵션, 주식옵션)만을 거래할 수 있는 회원이다.

🏛 필수핵심정리 ▶ 시장 및 금융투자상품 범위에 따른 한국거래소(KRX) 회원 구분

시장 및 회원 구분		영업범위
증권 시장	증권회원	증권 전체(주권, 채권, 수익증권 등)
	지분증권전문회원	지분증권(주권, 신주인수권 등)
	채무증권전문회원	채무증권(국채, 지방채, 특수채, 사채권 등)
파생상품 시장	파생상품회원	파생상품(선물 · 옵션) 전체
	주권기초파생상품전문회원	주권을 기초로 한 파생상품
	통화 · 금리기초파생상품전문회원	통화 또는 채무증권을 기초로 한 파생상품

★★★
006 한국거래소 회원가입과 관련된 설명으로 옳지 않은 것은? 심화

① 파생상품회원이 되고자 하는 자는 금융위원회로부터 장내파생상품 거래에 관한 투자매매업 또는 투자중개업의 허가를 받아야 한다.
② 거래소 회원이 되고자 하는 자는 적정한 재무요건을 충족하고, 전산설비 등을 갖추고, 전문성과 건전성을 갖춘 인력을 충분히 보유하고, 사회적 신용이 충분하여야 한다.
③ 거래소 회원으로 가입하였다가 임의로 회원탈퇴한 자는 탈퇴일로부터 3년이 경과한 후에 거래소 회원으로 가입할 수 있다.
④ 거래소 회원 가입 승인 및 승인 취소는 증권선물위원회(증선위)의 결의를 통하여 이루어진다.

해설 거래소 회원 가입 승인 및 승인 취소는 거래소 이사회의 결의를 통하여 이루어진다.

007 거래소가 장내파생상품시장에서 수행하는 위험관리수단과 거리가 먼 것은?

① 일일정산
② 거래증거금의 장중추가징수
③ 미결제약정 보유제한
④ 위탁증거금 사후예탁

 해설 파생상품거래를 하고자 하는 위탁자는 위탁증거금을 투자중개업자에게 주문을 위탁하기 전에 미리 예탁하여야 한다(사전위탁증거금 제도). 다만, 적격기관투자자에 대해서는 장종료 후 또는 다음 거래일 10시 이내에 위탁증거금을 예탁할 수 있는 사후위탁증거금을 인정하고 있다. 국내 파생상품시장의 결제안정성 확보를 위해 자본금 규모가 큰 적격기관투자자를 제외한 일반투자자에 대해서는 사전위탁증거금제도를 유지하고 있다.

🏛 필수핵심정리 ▶ 한국거래소의 위험관리수단

- 일일정산
- 충분한 결제이행재원의 확보 : 증거금 징수, 공동기금 적립, 회원보증금 예탁, 거래소의 결제적립금 적립, 은행과의 차입약정
- 미결제약정 보유제한
- 위탁증거금 사전예탁
- 고객자금의 분리보관
- 위탁자에 대한 위험고지
- 거래증거금의 장중추가징수

---

008 거래소의 위험관리수단으로 올바르지 않은 것은?

① 이틀 치 가격변동에 따른 손실을 추정하여 증거금 징수
② 모든 회원에 대한 손해배상 공동기금 적립의무 부과
③ 위탁자에 대한 위험고지(파생상품거래위험고지서 교부)
④ 고객자금을 회원의 자금과 분리하여 외부 예치기관에 예탁

해설 결제회원에게만 손해배상공동기금제도가 적용된다. 결제회원의 채무불이행으로 인한 손해를 공동으로 배상하기 위하여 결제회원별로 최소 5억원 이상 일평균 거래증거금의 비율에 따라 총 2,000억원의 공동기금을 거래소에 적립하고 있다.

★★★
009 선물스프레드거래에 관한 설명으로 옳지 않은 것은?

① 선물스프레드거래는 기초자산이 동일한 선물거래에 대해서만 구성되며, 기초자산이 다른 경우에는 구성되지 않는다.

② 금리상품의 경우 매수 선물스프레드거래는 원월물종목을 매수하고 근월물종목을 매도하는 스프레드거래이다.

③ 10년국채선물의 선물스프레드 거래종목은 1종목이다.

④ 선물스프레드거래는 지정가호가만 입력 가능하며, 일부충족조건의 호가조건을 이용할수 있다.

해설 금리상품을 제외한 여타 선물상품의 경우 매수 선물스프레드거래는 원월물을 매수하고 근월물을 매도하는 거래이나, 금리상품의 경우 매수 선물스프레드거래는 근월물을 매수하고 원월물을 매도하는 거래이다. 선물스프레드종목은 상장결제월종목수보다 1종목 적다. 국채선물의 경우 상장결제월은 2개로 정해져 있으므로 국채선물의 선물스프레드 거래종목은 1종목이다.

🏛 필수핵심정리 〉 선물스프레드종목

기초자산, 거래단위 및 최종결제방법은 동일하나 결제월(또는 최종결제일)이 상이한 두 종목의 선물종목을 하나의 종목으로 구성하여, 한 종목을 매수(매도)하고 동시에 다른 종목을 매도(매수)하는 스프레드종목

선물스프레드 매수	= 원월종목 매수 + 최근월종목 매도 → 금리상품의 경우에는 [원월종목 매도 + 최근월종목 매수]
선물스프레드 매도	= 원월종목 매도 + 최근월종목 매수 → 금리상품의 경우에는 [원월종목 매수 + 최근월종목 매도]

선물스프레드종목은 상장결제월종목 수보다 1종목 적음
• 3년국채선물, 5년국채선물, 10년국채선물 : 1종목
• 해외지수선물 : 2종목
• 미니코스피200선물, 코스피200변동성지수선물, 돈육선물 : 5종목
• 코스피200선물, 코스닥150선불, 섹터지수선물, 금선물 : 6종목
• 엔선물, 유로선물, 위안선물 : 7종목
• 주식선물 : 8종목
• 미국달러선물 : 19종목

★★★
010 코스피200선물 및 미니코스피200선물에 관한 내용으로 옳지 않은 것은?

① 기초자산(거래대상)은 코스피200지수이고, 최종결제방법은 현금결제이다.

② 최종거래일은 결제월 둘째 주 목요일(휴장일인 경우 순차적으로 앞당김)이다.

③ 거래승수는 코스피200선물은 250,000원, 미니코스피200선물은 50,000원이다.

④ 최소가격변동금액은 코스피200선물은 25,000원, 미니코스피200선물은 2,000원이다.

> **해설** 최종거래일(만기일)은 결제월 두 번째 목요일(휴장일인 경우 순차적으로 앞당김)이다. 둘째 주 목요일과 두 번째 목요일이 항상 같지는 않다. 예를 들어 어느 결제월의 1일이 금요일이면 둘째 주 목요일은 7일이지만 두 번째 목요일은 14일이 된다. 따라서 이런 경우 만기일(최종거래일)은 7일이 아니라 14일이다.

🏛 **필수핵심정리** 〉 코스피200선물 및 미니코스피200선물

	코스피200선물	미니코스피200선물
기초자산	코스피200지수	
거래단위	코스피200선물가격 × 25만(거래승수)	미니코스피200선물가격 × 5만(거래승수)

	코스피200선물	미니코스피200선물
결제월	3, 6, 9, 12월	매월
상장결제월	거래기간 3년의 분기월 7개	연속월 6개(분기월 2개, 비분기월 4개)
가격의 표시	코스피200선물 수치(포인트)	미니코스피200선물 수치(포인트)
호가가격단위	0.05포인트	0.02포인트
최소가격변동금액	12,500원(= 25만원 × 0.05)	1,000원(= 5만 × 0.02포인트)

	코스피200선물	미니코스피200선물
거래시간	09 : 00~15 : 45(최종거래일 09 : 00~15 : 20)	
최종거래일	각 결제월의 두 번째 목요일(공휴일인 경우 순차적으로 앞당김)	
최종결제일	최종거래일의 다음 거래일	
결제방법	현금결제	

★★★
011 코스피200옵션 및 미니코스피200옵션에 관한 내용으로 옳지 않은 것은?

① 기초자산(거래대상)은 코스피200지수이고, 최종결제방법은 현금결제이다.
② 권리행사 유형은 미국식이다.
③ 거래승수는 코스피200옵션은 250,000원, 미니코스피200옵션은 50,000원이다.
④ 코스피200옵션의 호가가격단위는 옵션가격 10포인트 이상은 0.05포인트이며, 옵션가격 10포인트 미만은 0.01포인트이다.

> **해설** 권리행사 유형은 만기일에만 권리행사가 가능한 유럽식 옵션이다. 참고로 미니코스피200옵션의 호가가격단위는 옵션가격 10포인트 이상은 0.05포인트, 3포인트 이상 10포인트 미만은 0.02포인트, 3포인트 미만은 0.01포인트이다.

🏛 필수핵심정리 ▷ 코스피200옵션 및 미니코스피200옵션

	코스피200옵션	미니코스피200옵션
기초자산	코스피200지수	
거래단위	코스피200옵션가격 × 25만(거래승수)	미니코스피200옵션가격 × 5만(거래승수)

	코스피200옵션	미니코스피200옵션
결제월	3, 6, 9, 12월	매월
상장결제월	거래기간 3년의 11개 (분기월 7개 및 비분기월 4개)	연속 6개월 (분기월 2개, 비분기월 4개)
가격의 표시	코스피200옵션 수치(포인트)	미니코스피200옵션 수치(포인트)
권리행사	최종거래일에만 가능(European형)	
거래시간	09:00~15:45(최종거래일 09:00~15:20)	
최종거래일	각 결제월의 두 번째 목요일(공휴일인 경우 순차적으로 앞당김)	
최종결제일	최종거래일의 다음 거래일	
결제방법	현금결제	

★★★
012 코스피200변동성지수선물에 관한 내용으로 옳지 않은 것은?

① 기초자산(거래대상)은 코스피200지수이고, 최종결제방법은 현금결제이다.
② 상장결제월은 연속 6개 결제월이다.
③ 거래승수는 250,000원이며, 호가가격단위는 0.05포인트이다.
④ 가격제한폭은 기준가격 대비 각 단계별로 확대(±30% → ±45% → ±60%) 적용한다.

> **해설** 코스피200변동성지수선물의 기초자산(거래대상)은 코스피200변동성지수이다.

★★★
013 개별 주식선물 및 주식옵션에 관한 내용으로 옳지 않은 것은?

① 기초자산(거래대상)은 개별주식이며, 거래대상 주식은 유가증권시장에 상장된 종목보다 코스닥 시장에 상장된 종목이 훨씬 많다.
② 상장결제월은 3년 이내의 9개 결제월이다.
③ 거래승수는 10(주)이다.
④ 최종결제방법은 현금결제이다.

> **해설** 주식선물 및 주식옵션은 유통주식수, 소액주주수, 거래대금 및 시가총액과 재무상태 등을 감안하여 선정한 기업이 발행한 주식(보통주)을 기초자산으로 하는 상품이므로 거래대상 주식은 유가증권시장에 상장된 종목이 코스닥 시장에 상장된 종목보다 훨씬 많다.

🏛 필수핵심정리 ▶ 주식선물 및 주식옵션

	주식선물	주식옵션
기초자산	개별주식 (유가증권시장, 코스닥시장 총 124종목)	개별주식 (유가증권시장 20종목)
거래단위	주식선물가격 × 10(거래승수)	주식옵션가격 × 10(거래승수)
상장결제월	3년 이내의 9개 결제월	
가격의 표시	주식선물가격(원)	프리미엄(원)
호가가격단위	주식선물가격 수준에 따라 상이	옵션가격(프리미엄) 수준에 따라 상이
거래시간	09 : 00~15 : 45(최종거래일 09 : 00~15 : 20)	
최종거래일	각 결제월의 두 번째 목요일(공휴일인 경우 순차적으로 앞당김)	
최종결제일	최종거래일의 다음 거래일	
결제방법	현금결제	

★★★
014 다음 중 주식옵션의 거래대상 종목이 아닌 것은? 심화

① 삼성전자   ② 현대차
③ 신라젠   ④ KT

> **해설** 주식옵션의 거래대상은 유가증권에 상장된 종목(20종목)으로만 구성되어 있다. 신라젠은 코스닥시장 상장종목이다.

★★☆ 015 3년국채선물에 대한 설명으로 옳지 않은 것은?

① 거래대상은 만기 3년, 표면금리 5%의 6개월단위 이자지급방식의 액면가 1억원의 국고채권 표준물이다.

② 상장결제월 수는 6개월 이내의 분기월 2개이며, 최종거래일 도래종목의 거래시간은 9시부터 11시 30분까지이다.

③ 최종결제기준채권의 결제수익률은 최종거래일에 한국금융투자협회가 공시하는 10시, 10시 30분, 11시의 수익률 중 최고치와 최저치를 제외한 수익률과 11시 30분에 공시된 수익률을 평균한 수익률로 한다.

④ 최종결제방법은 실물 인수도결제 방식이다.

해설 최종결제방법은 현금결제 방식이다.

🏛 필수핵심정리 〉 금리선물

	3년국채선물	5년국채선물	10년국채선물
기초자산 (거래대상)	만기 3년, 표면금리 연 5%, 6개월 단위 이자지급 방식의 국고채권 표준물	만기 5년, 표면금리 연 5%, 6개월 단위 이자지급 방식의 국고채권 표준물	만기 10년, 표면금리 연 5%, 6개월 단위 이자지급 방식의 국고채권 표준물
거래단위	액면가 1억원		
거래승수	100만원		
상장결제월	6월 이내의 분기월물 2개		
가격의 표시	액면 100원당 원화(백분율 방식)		
호가가격단위	0.01포인트		
최소가격변동금액	10,000원(= 1억원 × 0.01 × 1/100)		
거래시간	09 : 00~15 : 45(최종거래일 09 : 00~11 : 30)		
최종거래일	결제월의 세 번째 화요일(휴장일인 경우 순차적으로 앞당김)		
최종결제일	최종거래일의 다음 거래일		
결제방법	현금결제		
가격제한폭	기준가격 대비 상하 ± 1.5%	기준가격 대비 상하 ± 1.8%	기준가격 대비 상하 ± 2.7%

★★★
016 통화선물에 대한 설명으로 옳지 않은 것은?

① 최소가격변동폭은 달러·엔·유로선물은 0.10원이며, 위안선물은 0.01원이다.

② 최소가격변동금액은 위안선물은 1,000원이며, 달러·엔·유로선물은 10,000원이다.

③ 최종결제일은 최종거래일로부터 기산하여 3일째 거래일(T + 2)이며, 최종결제방법은 실물 인수도결제 방식이다.

④ 최종거래일에도 최종거래일 장종료 전 10분간(11 : 20~11 : 30) 종가결정을 위한 단일가주문 접수시간을 두고 있다.

> **해설** 최소가격변동금액은 달러·엔·유로·위안선물 모두 1,000원이다.

🏛 필수핵심정리 ▸ 통화선물(2017. 1. 16. 기준)

	미국달러선물	엔선물	유로선물	위안선물
거래대상	미국달러화	일본엔	유로화	중국위안화
거래단위	10,000달러	1,000,000엔	10,000유로	100,000위안
상장결제월	총 20개	1년 이내 8개	1년 이내 8개	1년 이내 8개
가격의 표시	1달러당 원화	100엔당 원화	1유로당 원화	1위안당 원화
호가가격단위	0.1원	0.1원	0.1원	0.01원
최소가격 변동금액	1,000원(10,000달러 × 0.10원)	1,000원(1,000,000 엔/100 × 0.1원)	1,000원(10,000유로 × 0.1원)	1,000원(100,000 위안 × 0.01원)
거래시간	09:00~15:45(최종거래일 09:00~11:30)			
최종거래일	결제월의 세 번째 월요일(휴장일인 경우 순차적으로 앞당김)			
최종결제일	최종거래일로부터 기산하여 3일째 거래일(T + 2)			
결제방법	인수도결제			
가격제한폭	기준가격 대비 상하 ± 4.5%	기준가격 대비 상하 ± 5.25%	기준가격 대비 상하 ± 5.25%	기준가격 대비 상하 ± 4.5%

통화선물은 최종거래일에도 최종거래일 장종료 전 10분간(11:20~11:30) 종가결정을 위한 단일가주문 접수시간을 두고 있으며, 인수도결제를 한다는 특징을 지님

★★★
017 미국달러옵션에 관한 설명으로 옳지 않은 것은? 심화

① 거래대상, 거래단위, 호가가격단위, 최소가격변동금액, 최종거래일 등은 달러선물과 같다.

② 상장결제월은 6개월 이내의 4개 결제월이며, 행사가격은 등가격(ATM)을 기준으로 10원 간격으로 상하 각 3개(총 7개)이다.

③ 거래시간은 09:00~15:45(최종거래일 09:00~15:30)이다.

④ 최종결제일은 최종거래일의 다음 날이며, 최종거래일에만 행사 가능한 유럽식 옵션으로 달러선물과 마찬가지로 실물인수도 방식에 의해 최종결제된다.

> **해설** 인수도결제를 하는 달러선물과는 달리 달러옵션은 현금결제 방식에 의해 최종결제된다.

★★★
018 금선물에 대한 설명으로 옳지 않은 것은?

① 거래대상은 순도 99.99% 이상의 1kg 벽돌모양의 직육면체 금지금(금괴)이며, 가격은 1g당 원화로 표시된다.

② 거래단위(1계약의 크기)는 100g이며, 호가가격단위는 10원이다.

③ 상장 결제월수는 2, 4, 6, 8, 10, 12월 중 6개와 짝수월이 아닌 월 중 1개의 총 7개이며, 최장거래기간은 1년이다.

④ 최종거래일의 거래시간은 9시부터 11시 30분까지이며, 실물인수도 방식에 의해 최종결제된다.

해설 최종거래일의 거래시간은 9시부터 15시 20분까지이며, 현금결제 방식에 의해 최종결제된다.

🏛 필수핵심정리 > 상품선물(2017. 1. 16. 기준)

	금선물	돈육선물
대상자산	순도 99.99% 이상 1kg 금괴	돈육대표가격(축산물품질평가원)
계약크기	100g	1,000kg
결제월	짝수월 중 6개와 짝수월이 아닌 월 중 1개의 총 7개	분기월 중 2개와 그 밖의 월 중 4개의 총 6개
가격표시방법	원/g	원/kg
호가가격단위	10원/g	5원/kg
최소가격변동금액	1,000원(100g × 10원)	5,000원(1,000kg × 5원)
거래시간	09:00~15:45 (최종거래일 09:00~15:20)	10:15~15:45 (최종거래일도 동일)
최종거래일(만기)	각 결제월의 세 번째 수요일(당일이 휴장일인 경우 직전 영업일로 앞당김)	
최종결제일	최종거래일 다음 거래일(T + 1) 16:00시	결제월의 최종거래일부터 기산하여 3일째(T + 2) 거래일
가격제한폭	기준가격대비 상하 ± 10%	기준가격대비 상하 ± 21%
결제방법	현금결제	

돈육선물은 거래시간이 10시 15분에 시작하여 15시 45분에 끝나는데, 최종거래일의 거래시간도 동일하다는 특징을 지님

★★★
019 돈육선물에 대한 설명으로 옳지 않은 것은?

① 거래대상은 돈육대표가격이다.

② 거래단위(1계약의 크기)는 1,000kg이며, 호가가격단위는 5원이다.

③ 상장 결제월수는 분기월 중 2개와 그 밖의 월 중 4개의 총 6개이다.

④ 최종거래일의 거래시간은 9시부터 11시 30분까지이며, 실물인수도 방식에 의해 최종결제된다.

정답 016 ② 017 ④ 018 ④ 019 ④

★★★
020 한국거래소에 상장된 파생상품거래에 대한 설명으로 옳은 것은? 심화

① 코스피200옵션, 엔선물과 5년국채선물 중 최종거래일의 거래시간은 코스피200옵션이 가장 길다.

② 코스피200선물과 3년국채선물 중 호가가격단위당금액(최소가격변동금액)은 3년국채선물이 크다.

③ 코스닥150선물, 금선물과 미국달러선물 중 상장결제월종목수는 코스닥150선물이 가장 많다.

④ 미국달러선물, 미국달러옵션, 엔선물, 유로선물, 위안선물은 최종결제일에 실물인수도 되는 상품들이다.

해설 문제에서 제시된 내용을 정리하면 다음과 같다.

최종거래일의 거래시간	• 코스피200옵션 : 09:00~15:20 • 엔선물과 5년국채선물 : 09:00~11:30
호가가격단위당 금액 (최소가격변동금액)	코스피200선물 25,000원, 3년국채선물 1만원
상장결제월종목수	코스닥150선물 7개, 금선물 7개, 미국달러선물 20개
최종결제방법	• 미국달러선물, 엔선물, 유로선물, 위안선물 : 실물인수도 • 미국달러옵션 : 현금결제

★★★
021 한국거래소에 상장된 파생상품거래에 대한 설명으로 옳지 않은 것은? 심화

① 코스피200선물의 호가접수시간은 오전 8:00부터 15:45까지이며, 결제월종목수는 3, 6, 9, 12월로 3년 이내의 7개 결제월이 상장된다.

② 코스피200옵션의 가격이 10포인트 미만인 경우 호가가격단위는 0.01포인트이다.

③ 미국달러선물의 호가가격단위는 0.01원이며, 종가 단일가 호가접수시간에는 실시간 예상체결가격이 공표되지 않는다.

④ 3년국채선물의 거래시간은 오전 9:00부터 15:45이며, 결제월종목수는 3, 6, 9, 12월 중 6개월 이내의 2개 결제월이 상장된다.

해설 미국달러선물의 호가가격단위는 0.1원이며, 종가 단일가 호가접수시간에는 실시간 예상체결가격이 공표된다. 참고로, 2019년 4월 29일부터 시가단일가 호가접수 개시 시간만 30분 늦춰진다.

★★★
022 파생상품시장의 거래시간에 대한 설명으로 옳지 않은 것은?

① 정규거래 평일의 거래시간은 돈육선물을 제외한 모든 선물·옵션상품의 경우 오전 9:00
부터 15:45이며, 돈육선물은 오전 10:15부터 15:45까지이다.

② 코스피200선물 및 미국달러선물의 글로벌거래의 거래시간은 오후 18:00부터 다음 날
오전 5:00까지이다.

③ 선물스프레드의 거래시간은 선물스프레드를 구성하는 선물거래에 포함된 종목의 거래
시간보다 1시간 짧다.

④ 글로벌거래의 경우 최종거래일이 도래한 종목에 대해 거래를 하지 않으므로 최종거래일
이나 평일 모두 거래시간이 동일하다.

> **해설** 선물스프레드의 거래시간은 선물스프레드를 구성하는 선물거래에 포함된 종목의 거래시간과 동일하다.

★★★
023 파생상품시장의 호가(주문) 접수시간에 대한 설명으로 옳지 않은 것은?

① 정규거래의 호가(주문) 접수시간은 거래시간 1시간 전부터 거래시간 종료 시까지이며,
글로벌거래의 호가접수시간은 거래시간과 동일하다.

② 정규거래의 호가접수 시작시간은 최종거래일에 관계없이 모두 8시(돈육선물의 경우
9:15)이나 종료시간은 평일 15:45이다.

③ 최종거래일의 호가접수시간은 최종결제방법과는 상관없이 장종료 전 10분간 단일가거
래로 거래를 종료한다.

④ 단일가거래를 위한 호가접수시간은 시초가의 경우 1시간, 거래중단 후 재개 시의 최초가
의 경우 10분, 종가의 경우 10분이다.

> **해설** 최종거래일의 호가접수시간은 최종결제방법에 따라 상품별로 차이가 있다. 현금결제에 의해 최종결제되는 상품은
> 종가 단일가호가접수기간 없이 접속거래로 거래가 종료되며, 인수도결제에 의해 최종결제되는 상품(통화선물)은
> 장종료 전 10분간(11:20~11:30) 단일가거래로 거래를 종료한다.

★★★
024 다음 중 최종거래일의 거래시간 종료 전 10분간 종가 결정을 위한 단일가격 경쟁거래를 위한
호가접수시간이 있는 거래는?

① 금선물   ② 코스피200선물
③ 3년국채선물   ④ 미국달러선물

★★★
025 인수도결제방식에 의해 최종결제되는 상품의 단일가거래에 대한 설명으로 옳지 않은 것은?

① 최종거래일에 도래한 종목의 경우 최종거래일에 시가와 종가 모두 단일가거래에 의해 가격이 결정된다.
② 최종거래일에 도래한 종목의 종가 단일가호가접수시간은 11:20~11:30까지 10분간이다.
③ 시가 단일가호가접수시간에는 예상체결가격이 실시간으로 공표된다.
④ 종가 단일가호가접수시간에는 예상체결가격이 공표되지 않고 매수ㆍ매도별 총호가수량이 공표된다.

★★★
026 201X년 9월의 달력이 다음과 같을 때, 다음 중 최종거래일 또는 최종결제일이 다른 것은? 심화

일	월	화	수	목	금	토
	1	2	3	4	5	6
7	8	9	10	11	12	13(추석)
14(추석)	15(추석)	16	17	18	19	20
21	22	23	24	25	26	27
28	29	30				

① 삼성전자 주식옵션 201X년 9월 결제월종목의 최종결제일
② 코스피200옵션 201X년 9월 결제월종목의 최종결제일
③ 미국달러선물 201X년 9월 결제월종목의 최종거래일
④ 5년국채선물 201X년 9월 결제월종목의 최종거래일

	거래시간	최종거래일(T)	최종결제일
코스피200선물 코스피200옵션 주식선물 · 옵션	09:00~15:45 (최종거래일 09:00~ 15:20)	결제월의 두 번째 목요일	최종거래일의 다음 거래일(T + 1)
3년 · 5년 · 10년 국채선물	09:00~15:45 (최종거래일 09:00~11:30)	결제월의 세 번째 화요일	최종거래일의 다음 거래일(T + 1)
통화선물 (달러선물 등)	09:00~15:45 (최종거래일 09:00~11:30)	결제월의 세 번째 월요일	최종거래일로부터 기산하여 3일째 거래일(T + 2)
금선물	09:00~15:45 (최종거래일 09:00~15:20)	결제월의 세 번째 수요일	최종거래일의 다음 거래일(T + 1) 16:00시
돈육선물	10:15~15:45 (최종거래일 동일)	결제월의 세 번째 수요일	최종거래일로부터 기산하여 3일째 거래일(T + 2)

최종거래일이 공휴일인 경우 순차적으로 앞당김

★★★
027 다음 중 호가입력 시 호가입력 사항이 아닌 것은?

① 위탁자명
② 종목코드
③ 매수와 매도의 구분
④ 가격(지정가호가의 경우)

해설 위탁자명은 호가입력 사항이 아니며, 위탁자명 대신에 계좌번호가 주문입력 시에 입력되어야 한다.

🏛 **필수**핵심정리 호가입력 사항

KRX 파생상품시장에서는 거래소 회원만이 호가를 제출할 수 있으며, 회원은 다음의 호가내용을 거래소파생상품시스템에 입력하여 호가를 제출함

호가입력 사항	거래소가 회원에게 부여한 번호, 종목코드, 수량, 가격(지성가호가의 경우), 매수와 매도의 구분, 위탁거래와 자기거래의 구분, 호가의 구분, 호가의 조건, 국적의 구분, 투자자의 구분

028 호가의 종류에 관한 설명으로 옳은 것은?

① 지정가호가는 종목, 수량, 가격을 지정하는 호가로서 선물스프레드종목을 포함하여 모든 선물·옵션 종목에 대해 사용 가능한 호가이며, 다른 호가에 우선하여 체결된다.

② 조건부지정가호가는 지정가호가로 거래하되 해당 호가수량이 호가 당시 전부 체결될 수 있으면 체결시키고, 그렇지 않을 경우 해당 호가를 취소할 것을 조건으로 하는 호가이다.

③ 시장가호가는 종목 및 수량은 지정하되, 가격지정 없이 시장에서 형성되는 가격으로 거래하고자 하는 호가이다.

④ 최유리지정가호가는 종목 및 수량은 지정하되, 가격은 시장에 도달된 때의 가장 유리한 가격을 지정한 것으로 간주하여 거래에 참여하는 호가이며, 선물스프레드종목에 대해서도 사용 가능하다.

해설 ① 지정가호가는 다른 호가와 동일하게 가격·시간 우선원칙에 따라 체결된다.
② 지정가호가의 전량충족조건에 대한 설명이다.
④ 최유리지정가호가는 선물스프레드종목에 대해서는 허용되지 않는다.

🏛 필수핵심정리 　호가의 종류

호가는 지정가, 시장가, 최유리지정가, 조건부지정가로 구분됨

지정가 호가	종목, 수량 및 가격을 지정하는 호가로서 지정한 가격 또는 그 가격보다 유리한 가격으로 거래를 하고자 하는 호가로 가장 일반적이고 많이 사용하는 호가	
시장가 호가	종목, 수량만 지정하고 가격은 지정하지 않는 호가로서 호가수량이 전량 충족될 때까지 가장 빨리 집행할 수 있는 가격으로, 즉 시장에 호가된 상대편 가격으로 즉시 거래하고자 할 때 이용하는 호가	
	접속거래 시 시장가호가의 의제약정가격	
	매도 시장가호가	가장 낮은 매도호가의 가격에서 호가가격단위를 뺀 가격과 가장 낮은 매수호가의 가격 중 낮은 가격
	매수 시장가호가	가장 높은 매수호가의 가격에서 호가가격단위를 더한 가격과 가장 높은 매도호가의 가격 중 높은 가격
최유리 지정가 호가	호가를 할 때에는 가격을 지정하지는 않으나 호가가 시장에 도달된 때 가장 빨리 집행될 수 있는 가격을 지정한 것으로 간주하는 호가로서 시장가호가와 지정가호가의 성격을 동시에 갖고 있음	
	매도 최유리지정가	가장 높은 매수호가의 가격을 지정한 것으로 함
	매수 최유리지정가	가장 낮은 매도호가의 가격을 지정한 것으로 함
조건부 지정가 호가	호가가 시장에 도달된 때에는 지정가호가로 거래되지만, 종가 단일가거래 전까지 체결되지 않은 경우에는 종가 단일가거래 시에 시장가호가로 전환되는 호가	

★★★
029 호가에 대한 설명으로 옳지 않은 것은?

① 매도 최유리지정가는 가장 높은 매수호가의 가격을 지정한 것으로 한다.

② 거래소에 접수된 호가는 접수된 때로부터 당일의 장종료 때까지 효력이 지속된다.

③ 접속거래 시 매도시장가호가는 가장 낮은 매도호가의 가격에서 호가가격단위를 뺀 가격과 가장 낮은 매수호가의 가격 중 낮은 가격으로 한다.

④ 전량충족조건은 해당 호가의 접수시점에서 호가한 수량 중 체결할 수 있는 수량에 대해서만 거래를 체결하고 체결되지 않은 호가잔량은 취소하는 조건이다.

> **해설** 해당 호가의 접수시점에서 호가한 수량 중 체결할 수 있는 수량에 대해서만 거래를 체결하고 체결되지 않은 호가잔량은 취소하는 조건은 일부충족조건이다.

🏛 **필수**핵심정리 ▷ 호가의 조건

일부충족조건	해당 호가의 접수시점에서 호가한 수량 중 체결할 수 있는 수량에 대해서만 거래를 체결하고 체결되지 않은 호가잔량은 취소하는 조건
전량충족조건	해당 호가의 접수시점에서 호가한 수량 전량을 체결할 수 있는 경우에는 거래를 체결하고, 전량체결이 안 되는 경우에는 호가수량 전량을 취소하는 조건

★★★
030 3년국채선물의 접속거래 시간에 거래소에 접수된 호가의 상황이 다음과 같다. 이런 상황에서 10계약의 매도주문이 최유리지정가호가로 제출되었을 경우, 체결가격과 체결수량은 각각 얼마인가?

매도	가격(p)	매수
30	105.80	
20	105.70	
8	105.65	
	105.60	
	105.55	7
	105.50	5

① 105.55p 7계약
② 105.55p 7계약, 105.50p 3계약
③ 105.65p 8계약
④ 105.65p 8계약, 105.70p 2계약

> **해설** 매도 최유리지정가호가는 가장 높은 매수호가의 가격을 지정한 것으로 한다. 즉, 매도 최유리지정가는 가장 높은 매수호가의 가격으로 매도가격을 지정하는 지정가호가와 동일하다. 현재 가장 높은 매수호가는 105.55이므로 105.55에 10계약 매도호가를 제출한 셈이므로 105.55p에 7계약이 체결되고, 3계약은 105.55에 매도주문으로 대기한다.

 정답 028 ③　029 ④　030 ①

★★★
031 다음은 접속거래시간의 코스피200선물에 대한 호가집계장을 나타낸 것이다. 이런 상황에서 일부충족조건의 지정가 244.95p에 15계약의 매도주문이 제출될 경우 체결가격, 체결수량 및 취소수량은 각각 얼마인가?

매도	가격(p)	매수
10	245.15	
5	245.10	
15	245.05	
25	245.00	
	244.95	10
	244.90	5

① 244.95p 10계약 체결, 244.90p 5계약 체결, 취소 0계약

② 244.95p 10계약 체결, 취소 5계약

③ 245.00p 5계약 체결, 취소 20계약

④ 0계약 체결, 취소 15계약

> **해설** 일부충족조건은 체결 가능한 수량은 모두 체결하고 미체결수량은 모두 취소하는 조건이므로, 244.95p에 매수호가의 수량이 10계약이니까 매도주문수량 15계약 중에서 244.95p에 10계약만 체결되고 나머지 5계약은 자동 취소된다.

★★★
032 호가에 관한 설명으로 옳지 않은 것은?

① 최근월물의 경우 일부충족조건 또는 전량충족조건은 조건부지정가호가에는 사용할 수 없다.

② 원월물종목에 대해서는 지정가호가만 사용할 수 있다.

③ 최유리지정가호가는 호가의 조건을 사용할 수 없다.

④ 전량충족조건은 호가가 입력되는 즉시 호가수량 전부가 체결되지 않으면 호가 전량을 취소하는 조건이다.

> **해설** 호가의 조건(일부충족조건 또는 전량충족조건)은 지정가호가, 시장가호가, 최유리지정가호가에 사용할 수 있고 조건부지정가호가에는 사용할 수 없다. 그리고 호가의 조건은 접속거래에만 사용할 수 있고, 단일가호가접수시간에는 사용할 수 없다.

단, 호가의 조건(일부/전량 충족조건)은 접속거래에만 사용할 수 있고, 단일가호가접수시간에는 사용할 수 없음
(○는 허용, X는 입력 불가)

	최근 월물종목	원월종목	일부/전량 충족조건
시장가호가	○	X	○
지정가호가	○	○	○
최유리지정가호가	○	X	○
조건부지정가호가	○	X	X

★★★
033 호가의 입력(제출) 제한에 관한 설명으로 옳지 않은 것은?

① 원월물종목인 경우에는 지정가호가를 입력할 수 없다.

② 단일가호가인 경우에는 최유리지정가호가를 입력할 수 없다. 다만, 취소호가는 허용
된다.

③ 최종거래일이 도래한 종목(통화상품과 일반상품이 종목은 제외)에는 조건부지정가호가
를 입력할 수 없다.

④ 선물스프레드거래인 경우에는 지정가호가만 가능하며, 단일가호가시간에는 선물스프레
드호가를 입력할 수 없다.

해설 원월물종목인 경우에는 시장가호가, 조건부지정가호가 및 최유리지정가호가를 입력할 수 없다. 즉 원월물종목에
대해서는 지정가호가만 사용할 수 있다.

필수핵심정리 ▶ 거래유형별 사용 가능한 호가의 유형

단, 최근월종목이며 최종거래일은 제외함(○는 허용, X는 입력불가)

	시가 단일가	접속거래	종가 단일가
시장가호가	○	○	○
지정가호가	○	○	○
최유리지정가호가	X	○	X
조건부지정가호가	○	○	X
선물스프레드호가	X	○	X

034

호가의 가격제한에 관한 설명으로 옳지 않은 것은? 심화

① 코스피200선물의 가격제한폭은 기준가격 대비 각 단계별로 확대 적용하는데 1단계는 ± 8%, 2단계는 ± 15%, 3단계는 ± 20%이다.
② 주식옵션의 가격제한폭은 기초주권의 15% 가격변동을 적용하여 산출한 이론가격 중 가장 높은 가격과 가장 낮은 가격으로 한다.
③ 3년국채선물의 가격제한폭은 [전일 기준가격 ±(전일 기준가격 × 1.5%)]이다.
④ 미국달러선물의 가격제한폭은 [전일 기준가격 ±(전일 기준가격 × 4.5%)]이다.

해설 주식옵션의 가격제한폭은 기초주권 가격의 10%(1단계), 20%(2단계), 30%(3단계) 변동을 적용하여 산출한 최대의 이론가격과 최소의 이론가격으로 한다. 참고로, 코스피200옵션의 가격제한폭은 기초자산 기준가격의 8%(1단계), 15%(2단계), 20%(3단계) 변동을 적용하여 산출한 최대의 이론가격과 최소의 이론가격으로 한다.

🏛 필수핵심정리 | 파생상품의 상품별 가격제한비율

거래구분	가격제한비율	거래구분	가격제한비율
주가지수선물	1단계(± 8%), 2단계(± 15%), 3단계(± 20%)	미국달러선물 및 중국위안선물	4.5%
변동성지수선물	1단계(± 30%), 2단계(± 45%), 3단계(± 60%)	엔선물 및 유로선물	5.25%
주식선물, ETF선물	1단계(± 10%), 2단계(± 20%) 3단계(± 30%)	금선물	10%
3년국채선물	1.5%	돈육선물	21%
5년국채선물	1.8%	주가지수옵션	1단계(± 8%), 2단계(± 15%), 3단계(± 20%)
10년국채선물	2.7%	주식옵션	1단계(± 10%), 2단계(± 20%), 3단계(± 30%)
		미국달러옵션	4.5%

가격제한폭을 설정할 때 기준이 되는 기준가격에 대한 설명으로 옳지 않은 것은?

① 선물거래의 경우 거래개시일부터 최초 거래성립일까지의 기준가격은 해당 선물거래의 대상인 기초자산의 가격이다.
② 선물거래의 경우 최초 거래성립일 이후의 기준가격은 전일 정산가격이다.
③ 옵션거래의 경우 거래개시일부터 최초 거래성립일까지의 기준가격은 옵션이론가격이다.
④ 옵션거래의 경우 최초 거래성립일 이후의 기준가격은 전일 거래증거금기준가격(전일 종가)이다.

해설 선물거래의 경우 거래개시일부터 최초 거래성립일까지의 기준가격은 선물이론가격(돈육선물의 경우 직전거래일에 공표된 돈육대표가격, 주식선물에 배당락 등이 있는 경우에는 주식선물조정이론가격)이다.

★★★
036 호가의 실시간 가격제한에 대한 설명으로 옳지 않은 것은?

① 실시간 가격제한은 접속매매 시간 중, 거래가 체결될 때마다 그 약정가격을 기준으로 실시간 상·하한가(직전 약정가격 ± 가격변동폭)를 설정하는 것이다.

② 실시간 가격제한의 가격변동폭은 각 거래의 가격변동률(코스피200선물거래 1%, 코스피200옵션거래 2%)을 감안하여 일정한 산식에 따라 산출되는 수치로 한다.

③ 실시간 가격제한은 단일가격에 의한 개별경쟁거래(단일가거래)에도 적용한다.

④ 실시간 가격제한은 최근월물종목에 대하여 적용한다. 다만, 차근월물종목은 최근월물종목의 최종거래일부터 기산하여 소급한 4거래일부터 포함한다.

> **해설** 실시간 가격제한은 단일가격에 의한 개별경쟁거래(단일가거래)에는 적용하지 않고 복수가격에 의한 개별경쟁거래(접속거래)에만 적용한다.

★★★
037 호가수량한도 및 누적호가수량한도에 대한 설명으로 옳지 않은 것은? 심화

① 회원이 1회 호가할 수 있는 최대호가수량(호가수량한도)은 코스피200선물, 코스피200변동성지수선물, 미니코스피200선물과 통화선물을 제외한 모든 선물거래는 1,000계약(유동성관리상품 100계약)이다.

② 코스피200선물과 코스피200변동성지수선물의 호가수량한도는 2,000계약(유동성관리상품 200계약)이다.

③ 코스피200선물 글로벌거래의 호가수량한도는 100계약으로 한다.

④ 누적호가수량한도는 통화선물거래에 대하여 회원의 자기거래계좌와 사전위탁증거금계좌에 한하여 적용한다.

> **해설** 누적호가수량한도는 코스피200선물거래, 코스피200옵션거래, 미니코스피200선물거래 및 미니코스피200옵션거래에 대하여 회원의 자기거래계좌와 사후위탁증거금계좌에 한하여 적용한다.

🏛 필수핵심정리 ▶ 호가수량의 제한

호가수량한도	• 호가당 지정할 수 있는 수량의 최대치 • 주문을 한도를 초과해 일시에 넣을 수 없는 것이지 주문수량을 쪼개어 여러 번 넣는 것은 가능 • 유동성관리상품의 경우에는 정상적인 호가수량한도 계약수의 1/10수준	
	코스피200선물, 코스피200변동성지수선물, 미니코스피200선물과 통화선물을 제외한 모든 선물거래	1,000계약
	코스피200선물, 코스피200변동성지수선물	2,000계약
	통화선물	5,000계약
	미니코스피200선물	10,000계약

누적호가 수량한도	• 주문 시스템의 오류로 호가가 반복 또는 잘못 제출되는 사고를 사전에 통제하기 위해 계좌별 누적호가수량한도를 설정함 • 코스피200선물거래, 코스피200옵션거래, 미니코스피200선물거래 및 미니코스피200옵션거래에 대하여 회원의 자기거래계좌와 사후위탁증거금계좌에 한하여 적용함(단, 협의거래와 글로벌거래는 제외)

★★★ 038 파생상품거래의 체결방법에 대한 설명으로 옳지 않은 것은?

① 파생상품거래의 체결방법은 가격—시간 우선의 원칙에 따라 거래를 체결하는 개별경쟁거래방법으로 한다.
② 낮은 가격의 매도호가는 높은 가격의 매도호가에 우선하고, 높은 가격의 매수호가는 낮은 가격의 매수호가에 우선한다.
③ 가격이 동일한 호가 간에는 거래소에 먼저 접수된 호가가 나중에 접수된 호가에 우선한다.
④ 상한가 및 하한가의 단일가호가 간에는 적은 수량의 호가가 큰 수량의 호가에 우선한다.

> **해설** 상한가 및 하한가의 단일가호가 간에는 큰 수량의 호가가 적은 수량의 호가에 우선하고, 수량이 동일한 경우에는 먼저 접수된 호가가 나중에 접수된 호가에 우선한다.

★★★ 039 거래소의 파생상품시장에 접수된 호가에 대해 호가의 우선순위(가격–시간 우선의 원칙)에 따라 매수호가와 매도호가의 가격이 합치하는 가격으로 즉시 연속적으로 거래를 체결하는 방법은?

① 상대거래
② 협의대량거래
③ 단일가격에 의한 개별경쟁거래
④ 접속거래

> **해설** 복수가격에 의한 개별경쟁거래 또는 접속거래라고 한다. 단일가격에 의한 개별경쟁거래는 단일가거래라고 한다.

🏛 필수핵심정리 ▷ 개별경쟁거래의 종류 : 단일가매매와 접속매매

단일가 매매	• 일정시간 동안 접수된 다수의 호가에 대하여 매도호가 간의 경합, 매수호가 간의 경합에 의하여 하나의 단일가격으로 계약을 체결함 • 매도호가의 합계수량과 매수호가의 합계수량이 일정한 가격에서 합치한 가격(합치가격)으로 호가의 우선순위에 따라 합치가격으로 거래를 체결	
	적용시기	• 시가 및 종가를 결정하는 때 • 매매거래를 중단한 후 재개 시의 최초가격을 결정하는 때
접속 매매	• 단일가매매를 이용하는 경우를 제외한 경우에 이용됨 • 거래시간 중에 언제든지 거래가 가능한 호가가 접수되면 즉시 거래가 이루어지고 복수의 약정가격이 계속적으로 형성됨	

★★★
040 다음 중 단일가거래가 적용되는 경우가 아닌 것은?

① 최초약정가격(시가) 및 최종약정가격(종가)을 결정하는 경우
② 현금결제방식으로 최종 결제되는 상품의 최종거래일 도래종목의 최종약정가격을 결정하는 경우
③ 기초주권이 정리매매종목인 주식선물거래 및 주식옵션의 약정가격을 결정하는 경우
④ 임의적 또는 필요적 거래중단 후 거래재개 시의 최초약정가격을 결정하는 경우

> **해설** 최종약정가격을 결정하는 경우 현금결제방식에 의해 최종 결제되는 상품의 최종거래일 도래 종목은 접속거래로 거래를 종료하며, 인수도결제방식으로 최종결제되는 상품의 최종거래일 도래종목은 단일가거래로 거래를 종료한다. 다만, 돈육선물은 최종결제방식이 현금결제임에도 불구하고 최종거래일과 평일의 거래종료시간이 동일함에 따라 최종거래일의 종가도 단일가거래방식을 적용한다.

> 🏛 **필수핵심정리** ▶ 단일가거래가 적용되는 경우
>
> • 최초약정가격 결정 시
> • 임의적 또는 필요적 거래중단 후 거래재개 시의 최초약정가격 결정 시
> • 최종약정가격 결정 시
> • 기초주권이 정리매매종목인 주식선물거래 및 주식옵션거래의 약정가격 결정 시

★★★
041 다음 중 협의대량거래를 할 수 없는 상품은?

① 미국달러선물 ② 3년국채선물
③ 코스피200변동성지수선물 ④ 코스피200선물

> **해설** 코스피200변동성지수선물은 협의대량거래가 가능한 상품이 아니다.

> 🏛 **필수핵심정리** ▶ 협의대량거래(Block Trade)
>
> 당사자 간에 사전에 협의된 가격이나 수량으로 거래를 체결시키는 상대거래 방식의 협의거래 제도 ,기관투자자 등이 대량의 포지션을 신속, 원활하게 결제월 간 이월하도록 해줌
>
> | 협의거래 대상 | 코스피200선물, 코스피200옵션, 3년국채선물, 10년국채선물, 미국달러선물, 엔선물, 유로선물, 위안화선물, 금선물과 일부 상품의 스프레드거래(3년국채 · 10년국채선물, 미국달러 · 엔 · 유로 · 위안선물)에 대해 적용 |
> | --- | --- |
> | 신청시한 | 정규거래시간(단일가호가시간 포함) 중에 협의가 완료된 시각으로부터 1시간 이내에 거래소로 신청, 최종거래일도 신청 가능(다만, 상품별로 신청시간 다름) |

★★★
042 EUREX 시장에서의 코스피200옵션선물의 인수도결제를 위해 국내 정규시장 개장 전에 코스피200옵션의 미결제약정을 인수도하기 위한 거래는? 심화

① 협의대량거래
② 기초자산조기인수도부거래(EFP)
③ 장개시 전 협의거래
④ 플렉스협의거래

> **해설** 투자자의 거래편의를 위해 장외시장에서 이용되고 있는 거래자 간 쌍방의 협의에 의한 거래체결방법인 상대거래방식을 협의거래라고 한다. 협의거래에는 협의대량거래, 기초자산조기인수도부거래(EFP), 플렉스협의거래, EUREX 시장에서 체결된 코스피200옵션선물의 인수도결제를 위한 장 개시전 협의거래가 있다.

···TOPIC **5** 매매거래제도 – 거래의 중단, 착오거래의 정정 및 취소

★★★
043 파생상품 거래의 임의적 중단에 관한 설명으로 옳지 않은 것은?

① 거래소파생상품시스템의 장애로 10분 이상 호가접수 및 정상적 거래를 할 수 없는 경우 해당 종목의 거래를 중단한다.
② 회원파생상품시스템의 장애로 호가입력 또는 거래내용의 통지를 받을 수 없는 회원들의 총약정수량이 전체 약정수량의 75%를 초과하는 경우 해당 종목의 거래를 중단한다.
③ 주식시장시스템에 10분 이상 장애가 발생하여 코스피200지수 구성종목 중 75종목 이상 매매할 수 없는 경우 (미니)코스피200선물 · 옵션의 거래를 중단한다.
④ 코스닥시장 전산시스템에 10분 이상 장애가 발생하여 코스닥150의 구성종목 중 75종목 이상 매매거래를 할 수 없는 경우 코스닥150 선물거래를 중단한다.

> **해설** 주식시장시스템에 10분 이상 장애가 발생하여 코스피200지수 구성종목 중 100종목 이상 매매할 수 없는 경우 (미니)코스피200선물 · 옵션의 거래를 중단한다.

★★★ 044 파생상품 거래의 임의적 중단에 관한 설명으로 옳지 않은 것은?

① 주식시장시스템에 10분 이상 장애가 발생하여 섹터지수별 구성종목 중 1/2 이상 매매거래를 할 수 없는 경우 해당 섹터지수선물의 거래를 중단한다.

② 주식선물 및 주식옵션거래의 경우 기초주권 매매거래의 중단·정지 시 해당 주식선물 및 주식옵션의 거래를 중단한다.

③ 선물스프레드거래의 경우 스프레드거래 구성종목 중 한 종목의 거래가 중단된 경우 해당 선물스프레드거래를 중단한다.

④ 돈육선물거래의 경우 축산물 품질평가원이 정한 축산물도매시장의 전체가 거래를 중단하는 경우에만 돈육선물거래를 중단한다.

> **해설** 돈육선물거래의 경우 축산물 품질평가원이 정한 축산물도매시장의 과반수가 거래를 중단하는 경우 돈육선물거래를 중단한다. 참고로, 금선물거래에 있어서는 KRX금시장의 매매거래가 중단되는 경우에 금선물거래를 중단한다.

★★★ 045 주식상품거래의 필요적 거래중단 및 종결(CB : Circuit Breakers)에 대한 설명으로 옳지 않은 것은?

① 코스피지수 또는 코스닥지수가 직전 매매거래일의 종가보다 8% 이상 상승 또는 하락하여 1분간 지속되어 유가증권시장 또는 코스닥시장의 모든 종목의 거래가 중단되는 경우 20분간 주식상품거래를 중단한다.

② 코스피지수 또는 코스닥지수가 직전 매매거래일의 종가보다 15% 이상 하락하여 1분간 지속되어 유가증권시장 또는 코스닥시장의 모든 종목의 거래가 중단되는 경우 20분간 주식상품거래를 중단한다.

③ 코스피지수 또는 코스닥지수가 직전 매매거래일의 종가보다 20% 이상 하락하여 1분간 지속되어 유가증권시장 또는 코스닥시장의 모든 종목의 거래가 종결되는 경우 당일 주식상품의 정규거래를 종결한다.

④ 주식시장의 필요적 거래중단은 14시 50분 이후에는 발동되지 않으나, 필요적 거래 종결은 14시 50분 이후에도 적용된다.

> **해설** 주식상품거래의 필요적 거래중단 및 종결(CB : Circuit Breakers)은 코스피지수 또는 코스닥지수가 직전 매매거래일의 종가보다 하락하는 경우에만 적용한다. 또한 기존의 선물가격의 급변에 따라 적용되는 필요적 거래중단(선물 CB)은 주식시장의 CB제도 개선에 따라 폐지되었으며, 주식파생상품의 필요적 거래중단 후 주식시장 등의 매매거래를 재개하는 경우에 거래소는 지체 없이 10분간 단일가호가접수시간을 거쳐 단일가거래로 거래를 재개한다.

임의적 중단	• 거래소파생상품시스템 또는 회원파생상품시스템 장애 시 • 주식시장의 전산시스템 장애로 주가지수 구성종목의 매매거래 중단 시 • 주식선물 및 주식옵션의 경우 기초주권 매매거래의 중단·정지 시 해당 주식선물 및 주식옵션의 거래를 중단 • 선물스프레드거래의 경우 스프레드 구성종목 중 한 종목의 거래가 중단된 경우 해당 선물스프레드거래를 중단
필요적 거래 중단 및 종결 (CB)	• 코스피지수 또는 코스닥지수가 직전 매매거래일의 종가보다 8% 이상 하락하여 1분간 지속되어 유가증권시장 또는 코스닥시장의 모든 종목의 거래가 중단되는 경우 → 20분간 주식상품거래를 중단 • 코스피지수 또는 코스닥지수가 직전 매매거래일의 종가보다 15% 이상 하락하여 1분간 지속되어 유가증권시장 또는 코스닥시장의 모든 종목의 거래가 중단되는 경우 → 20분간 주식상품거래를 중단 • 코스피지수 또는 코스닥지수가 직전 매매거래일의 종가보다 20% 이상 하락하여 1분간 지속되어 유가증권시장 또는 코스닥시장의 모든 종목의 거래가 종결되는 경우 → 당일 주식상품의 정규거래를 종결 ※ 주식시장의 필요적 거래 중단은 14시 50분 이후에는 발동하지 않으나, 필요적 거래 종결은 14시 50분 이후에도 적용됨

★★★ 046 다음 중 주식상품거래의 필요적 거래중단이 발동될 수 있는 시간은?

① 8시 55분   ② 9시 40분   ③ 14시 55분   ④ 15시 20분

> **해설** 필요적 중단은 개장 후 1분 전과 장종료 40분 전(14시 50분) 이후로는 발동되지 않는다. 다만, 3단계(20% 이상 하락 시)의 필요적 거래 종결은 14시 50분 이후에도 발동이 가능하다.

★★★ 047 착오거래의 정정에 대한 설명으로 옳지 않은 것은? 심화

① 종목, 수량, 가격, 매도와 매수, 호가의 종류 및 위탁자의 파생상품계좌번호 등에 대한 착오거래의 경우에는 회원의 자기거래로 인수하게 한다.

② 기초자산인수도부거래의 경우 위탁거래와 자기거래의 구분 및 투자자의 구분에 대한 착오거래는 그 구분에 부합되도록 정정할 수 있다.

③ 회원은 착오거래가 발생한 날의 장종료 후 30분 이내에 거래소에 착오거래의 정정을 신청하여야 한다.

④ 거래소에 의한 착오거래를 회원이 자기거래로 인수한 경우에는 지체 없이 단일가호가로 반대거래를 하여야 한다.

> **해설** 위탁거래와 자기거래의 구분 및 투자자의 구분에 대한 착오거래는 그 구분에 부합되도록 정정할 수 있다. 다만, 기초자산인수도부거래는 착오거래에 따른 정정을 할 수 없다.

★★★
048 대량투자자착오거래의 구제요건으로 옳지 않은 것은?

① 약정가격과 착오거래구제기준가격과의 차이에 해당 거래의 약정수량 및 거래승수를 곱하여 산출되는 수치를 합산한 금액이 상품시장별로 100억원 이상일 것
② 약정가격이 착오거래구제 제한범위를 벗어나지 않을 것
③ 착오거래가 동일한 착오에 의하여 연속적으로 체결될 것
④ 착오자가 대량투자자착오거래 구제제도를 악용하지 않을 것

해설 약정가격이 착오거래구제 제한범위를 벗어나야 한다.

🏛 필수핵심정리 ▷ 대량투자자착오거래의 취소

대량투자자착오거래의 구제요건은 파생상품계좌별로 다음의 요건을 모두 충족하여야 함

구제요건	• 약정가격과 착오거래구제기준가격과의 차이에 해당 거래의 약정수량 및 거래승수를 곱하여 산출되는 수치를 합산한 금액이 상품시장별로 100억원 이상일 것 • 약정가격이 착오거래구제 제한범위를 벗어날 것 • 착오거래가 동일한 착오에 의하여 연속적으로 체결될 것 • 착오자가 대량투자자착오거래 구제제도를 악용하지 않을 것 • 그 밖에 안정적이고 원활한 결제를 위하여 해당 착오거래를 구제할 필요가 있을 것

대량투자자착오거래의 구제신청은 착오거래가 발생한 때부터 30분 이내에 하여야 함

···TOPIC 6 시장조성자

★★★
049 시장조성자 및 시장기여자에 대한 설명으로 옳지 않은 것은?

① 시장조성자는 금융위로부터 승인받은 투자매매업자이면서 거래소 파생상품회원이어야 하며, 소속 임직원 중에서 시장조성담당자를 지정해야 한다.
② 거래소는 시장조성자에게 시장조성기간 동안 시장조성상품의 수수료의 범위에서 거래실적에 따라 대가를 지급할 수 있다.
③ 주식선물·옵션 시장조성자의 경우에는 거래하는 모든 주식에 대해 증권거래세를 면제한다.
④ 거래소는 시장조성자 이외에 시장 활성화에 기여한 자(시장기여자)에 대하여 시장기여자가 납부한 수수료의 범위에서 거래실적에 따라 대가를 지급할 수 있다.

해설 주식선물·옵션 시장조성자의 경우에는 위험을 회피하기 위한 목적으로 거래하는 주식에 대해 증권거래세를 면제한다. 시장조성자는 거래소와 시장조성계약을 체결하여 시장조성상품 및 종목에 대한 매수호가와 매도호가를 동시에 집행하여 시장을 조성하는 자를 말한다. 시장조성종목은 시장조성계약에서 정한 시장조성상품의 모든 종목을 대상으로 한다. 다만, 시장조성호가를 의무적으로 제출하도록 정한 종목에 대하여서 시장조성호가를 제출하여야 하며, 시장조성자는 시장조성계좌를 이용하여야 한다.

••••TOPIC 7 거래증거금

★★★
050 거래증거금 예탁수단에 대한 설명으로 옳지 않은 것은?

① 거래증거금은 현금으로 예탁하여야 하나 대용증권, 외화 또는 외화증권으로 전액 예탁할 수 있다.
② 거래증거금으로 예탁할 수 있는 외화의 평가가격은 기준시세에 90%를 곱하여 산출한 가격으로 한다.
③ 회원은 자기가 발행한 증권을 거래증거금 또는 매매전문회원증거금으로 예탁할 수 없다.
④ 지정결제회원은 매매전문회원증거금으로 예탁받은 현금, 대용증권, 외화 또는 외화증권을 해당 매매전문회원 이외의 자를 위하여 사용할 수 없다.

> **해설** 거래증거금으로 예탁할 수 있는 외화의 평가가격은 기준시세에 95%를 곱하여 산출한 가격으로 한다.

★★★
051 다음 중 한국거래소에 거래증거금으로 예탁 가능한 외화가 아닌 것은?

① 중국 위안화
② 호주 달러화
③ 프랑스 프랑화
④ 캐나다 달러화

> **해설** 증거금으로 예탁 가능한 외화로는 미국 달러화, 캐나다 달러화, 호주 달러화, 홍콩 달러화, 싱가포르 달러화, 영국 파운드화, 일본 엔화, 유럽연합 유로화, 스위스 프랑화, 중국 위안화 등 총 10개 통화이다.

★★☆
052 거래증거금으로 예탁할 수 있는 외화증권에 대한 설명으로 옳지 않은 것은? 심화

① 거래증거금으로 예탁 가능한 외화증권은 미국 단기 재무부 국채(Treasury Bill), 미국 중기 재무부 국채(Treasury Note), 미국 장기 재무부 국채(Treasury Bond) 등이다.
② 미국 단기 재무부 국채의 경우 사정비율은 92%이다.
③ 잔존만기가 1년 미만인 미국 중·장기 재무부 국채의 경우 사정비율은 90%이다.
④ 사정비율은 미국 중기 및 장기 재무부 국채의 경우 잔존만기가 10년 미만이면 88%, 10년 이상이면 84%이다.

> **해설** 미국 단기 재무부국채 및 잔존만기가 1년 미만인 미국 중·장기 재무부 국채의 경우 사정비율은 92%이다. 외화증권의 평가가격은 기준시세에 사정비율을 곱하여 산출한 가격으로 한다.

★★★
053 다음 중 거래증거금으로 예탁할 수 있는 대용증권이 아닌 것은?

① 모든 주가연계증권(ELS)
② 채무증권과 유사한 수익증권
③ 유가증권시장에 상장된 채권
④ 위탁자로부터 예탁받은 증권이 자기(회원)가 발행한 증권인 경우

> **해설** 유가증권시장에 상장된 주가연계증권(ELS)만을 거래증거금으로 예탁할 수 있다. 자기(회원)가 발행한 증권인 경우 거래증거금으로 예탁할 수 없으나, 위탁자로부터 예탁받은 증권이 자기가 발행한 증권인 경우는 제외된다.

Ⅲ 필수핵심정리　대용증권

대용증권이란 현금을 대신하여 증거금으로 사용할 수 있는 일정 기준 이상의 유가증권을 말함

거래증거금으로 예탁 가능한 대용증권의 종류	• 상장주권(유가증권시장 · 코스닥시장 · 코넥스시장) • 상장외국주식예탁증서(DR) • 상장채권(유가증권시장), 채권으로 보는 수익증권(MBS) • 상장지수펀드(ETF), 유가증권시장에 상장된 주가연계증권(ELS) 등
	제외대상	• 관리종목, 투자위험종목, 정리매매종목, 매매거래정지종목 • 회원 자기가 발행한 유가증권(단, 위탁자로부터 예탁받은 증권이 자기가 발행한 증권인 경우는 제외)

★★★
054 거래증거금 산출방법에 대한 설명으로 옳지 않은 것은?

① 거래증거금의 산출은 파생상품계좌별로 산출하며, 동일인이 파생상품계좌를 2개 이상 개설한 경우에는 이를 모두 합하여 거래증거금을 산출한다.
② 파생상품계좌는 거래증거금할인계좌(차익거래 또는 헤지거래를 위한 회원 또는 사후위탁증거금 적용 적격기관투자자의 계좌)와 거래증거금일반계좌로 구분한다.
③ 계좌별 순위험거래증거금액은 파생상품계좌 내의 모든 상품군별 순위험증거금액을 단순 합산한 금액으로 한다.(0보다 적은 경우 0으로 하며, 10원 미만은 절사)
④ KRX 파생상품시장은 주가지수상품군, 각 기초주권상품군, 국채상품군, 통화상품군 및 금상품군으로 분류하고 있다.

> **해설** 거래증거금은 위탁증거금 중에서 회원이 실제로 거래소에 예탁하는 증거금으로, 거래증거금의 산출은 파생상품계 좌별로 산출하며, 동일인이 파생상품계좌를 2개 이상 개설한 경우에도 각 계좌별로 산출한다.

★★★
055 거래증거금에 대한 설명으로 옳지 않은 것은?

① 순위험거래증거금액은 가격변동거래증거금액, 선물스프레드거래증거금액, 인수도거래 증거금액과 최종결제가격확정전거래증거금액의 합계액과 최소순위험거래증거금액 중 큰 금액에 옵션가격거래증거금액을 합산하여 산출된다.

② 가격변동거래증거금액은 파생상품거래의 미결제약정수량에 대하여 동일한 순위의 증거 금구간수치별 선물가격변동증거금과 옵션가격변동증거금액의 합계액이 가장 큰 금액으 로 산출된다.

③ 선물스프레드거래증거금액은 매수의 종목별 선물스프레드거래증거금액과 매도의 종목 별 선물스프레드거래증거금액 중 큰 금액으로 한다.

④ 최종결제가격확정전거래증거금액은 돈육선물에만 적용된다.

> **해설** 선물스프레드거래증거금액은 매수의 종목별 선물스프레드거래증거금액과 매도의 종목별 선물스프레드거래증거금 액 중 적은 금액으로 한다.

★★★
056 다음은 상품군순위험증거금액 산출방법에 대한 설명이다. ㉠, ㉡에 알맞은 말은? 심화

> 상품군순위험증거금액은 동일한 상품군으로 속한 선물 및 옵션 종목의 거래에 대하여 산 출되는 4가지 금액(가격변동증거금액, 선물스프레드증거금액, 인수도증거금액, 최종결제 가격확정전증거금액)의 합계액과 최소순위험증거금액 중 (㉠) 금액에 (㉡)을 합산하여 산출한다.

① ㉠ 큰, ㉡ 옵션가격증거금액   ② ㉠ 작은, ㉡ 옵션가격증거금액

③ ㉠ 큰, ㉡ 선물가격증거금액   ④ ㉠ 작은, ㉡ 선물가격증거금액

> **해설** 거래증거금 산출과정은 상품군 구분 → 상품군순위험증거금액 산출 → 계좌별 거래증거금액 산출 순으로 진행된다.

🏛 **필수핵심정리** ▶ 상품군순위험증거금액

057 금일 미국달러선물의 기초자산기준가격이 1,140원이다. 이 경우 미국달러선물의 거래증거금 산정을 위한 가장 낮은 증거금구간수치와 가장 높은 증거금구간수치는?(거래증거금률 3% 가정)

① 1105.8~1174.2

② 1095.8~1214.2

③ 1055~1274

④ 995.8~1374.2

 거래증거금률이 3%라고 했으므로 증거금구간은 [기초자산기준가격 ± (기초자산기준가격 × 3%)]이다. 가격변동 거래증거금액 산출 시 선물거래의 경우 근월물과 원월물의 구분 없이 모든 종목이 기초자산기준가격의 변동폭(|기초자산기준가격 - 증거금구간수치|)만큼 손익이 발생하는 것으로 가정하여 산출한다.

가장 낮은 증거금구간수치	= 기초자산기준가격 - (기초자산기준가격 × 3%) = 1140 - (1140 × 0.03) = 1105.8
가장 높은 증거금구간수치	= 기초자산기준가격 + (기초자산기준가격 × 3%) = 1140 + (1140 × 0.03) = 1174.2

058 다음 거래증거금 항목 중 돈육선물에만 적용되는 증거금액은?

① 인수도거래증거금액

② 선물스프레드거래증거금액

③ 가격변동거래증거금액

④ 최종결제가격확정전거래증거금액

 최종결제가격확정전거래증거금액은 돈육선물에만 적용되는 것으로, 돈육선물의 최종결제가격이 최종거래일의 다음 거래일에 발표됨에 따라 최종거래일로부터 최종거래일 익일까지의 가격변동에 대한 위험을 커버하기 위한 증거금이다.

059 다음 중 상품별 계약당 최소순위험증거금액이 가장 작은 것은? 심화

① 돈육선물

② 코스피200옵션

③ 3년국채선물

④ 코스피200선물

해설 돈육선물은 1만원, 코스피200선물과 코스피200옵션은 2만 5천원, 3년 국채선물은 5만원이다.

	거래구분	계약당 최소순위험증거금액
선물 거래	3년국채선물, 5년국채선물, 10년국채선물	5만원
	코스피200선물, 코스피200변동성지수선물	2만 5천원
	해외지수선물거래	2만원
	코스닥150선물, 섹터지수선물, 미국달러선물, 엔선물, 유로선물, 위안선물, 돈육선물, 금선물, 미국달러플렉스선물	1만원
	미니코스피200선물	5천원
	코스피고배당50선물, 코스피배당성장50선물	2천원
	주식선물거래, ETF선물거래	당일의 기초자산기준가격이 • 10만원 미만인 경우 : 1천원 • 10만원 이상인 경우 : 1만원
옵션 거래	코스피200옵션	2만 5천원
	코스피200옵션	1만원
	미니코스피200옵션	5천원

···TOPIC 8 거래소와 회원 간 결제방법

★★★
060 선물거래의 결제방법에 대한 설명으로 옳지 않은 것은?

① 선물거래의 결제금액은 일일정산차금과 최종결제차금 또는 최종결제대금으로 구분된다.
② 거래소와 결제회원, 지정결제회원과 매매전문회원은 선물거래의 각 종목에 대하여 거래일마다 정산가격으로 정산하여야 한다.
③ 글로벌거래의 경우 정규거래와는 별도로 정산한다.
④ 일일정산에 따른 차금은 당일차금과 갱신차금으로 구성된다.

> **해설** 글로벌거래의 경우 글로벌거래 종료 후 개시되는 정규거래에 포함하여 정산한다.

★★★
061 선물거래의 일일정산에 따른 당일차금과 갱신차금에 대한 설명으로 옳지 않은 것은?

① 당일차금은 당일의 약정가격과 당일의 정산가격의 차에 당일 약정수량과 거래승수를 곱하여 산출한다.
② 갱신차금은 전일의 정산가격과 당일의 정산가격의 차에 전일의 미결제약정수량과 거래승수를 곱하여 산출한다.
③ 당일 매수거래인 경우 당일차금은 [당일 매수수량 × (당일 정산가격 − 당일 약정가격) × 거래승수]로 계산된다.
④ 매도 미결제약정을 보유한 경우 갱신차금은 [전일 매도미결제약정수량 × (당일 정산가격 − 전일 정산가격) × 거래승수]로 계산된다.

해설 매도 미결제약정을 보유한 경우 갱신차금은 [전일 매도미결제약정수량 × (전일 정산가격 − 당일 정산가격) × 거래승수]로 계산된다.

🏛 **필수핵심정리** 정산차금 산출방법

정산차금 = 당일차금 + 갱신차금

당일 차금	당일 체결된 매수 · 매도거래 수량에 대하여 해당 거래체결가격과 당일 정산가격을 비교하여 산출한 손익	
	당일 매수거래	당일차금 = 당일 매수수량 × (당일 정산가격 − 당일 체결가격) × 거래승수
	당일 매도거래	당일차금 = 당일 매도수량 × (당일 체결가격 − 당일 정산가격) × 거래승수
갱신 차금	전일의 미결제약정에 대하여 전일의 정산가격과 당일의 정산가격을 비교하여 산출한 손익	
	매수 미결제약정	갱신차금 = 전일 매수미결제약정수량 × (당일 정산가격 − 전일 정산가격) × 거래승수
	매도 미결제약정	갱신차금 = 전일 매도미결제약정수량 × (전일 정산가격 − 당일 정산가격) × 거래승수

★★★
062 선물거래에서 일일정산의 기준이 되는 정산가격을 결정하는 순서에서 가장 우선시되는 가격은?

① 당일 정규거래시간 중 가장 나중에 성립된 약정가격
② 기세가 있는 경우 기세
③ 전일 정산가격
④ 선물이론정산가격

해설 당일 정규거래시간 중 성립된 약정가격이 있는 경우에는 가장 나중에 성립된 약정가격을 우선 적용한다.

★★★
063 다음 중 최종결제일에 현금결제를 하지 않는 상품은?

① 미국달러선물 　　　　　　　② 국채선물
③ 금선물 　　　　　　　　　　④ 돈육선물

> **해설** 통화선물(달러선물, 엔선물, 유로선물, 위안선물)은 인수도결제, 나머지 선물은 모두 현금결제로 한다.

🏛 필수핵심정리 　선물거래의 최종결제 방법

현금결제	코스피200선물, 코스닥150선물, 섹터지수선물, 주식선물, 금선물, 유로스톡스50선물, 국채선물, 돈육선물
인수도결제	미국달러선물, 엔선물, 유로선물, 위안선물 → 인수도 결제시한 : 최종결제일의 12시

★★★
064 선물거래의 최종결제 방법에 대한 설명으로 옳지 않은 것은?

① 현금결제는 최종거래일의 정산가격과 최종결제가격의 차에 의해 산출되는 최종결제차금을 최종결제일에 수수하여 선물거래를 종결시키는 방법이다.
② 인수도결제는 최종결제수량에 대하여 매도자는 매수자에게 인도물품을 인도하고 그 대가로 최종결제가격 기준으로 산출한 최종결제대금을 수수하는 방법으로 최종결제한다.
③ 인수도결제 시 최종결제가격은 현물시장의 가격으로 한다.
④ 통화선물의 최종결제대금(인수도금액)은 [최종결제수량 × 최종결제가격 × 거래승수]이다.

> **해설** 인수도결제 시 최종결제가격은 선물시장의 가격으로 한다. 참고로 인수도결제시한은 최종결제일의 12시이다.

★★★
065 선물거래의 최종결제가격에 대한 설명으로 옳지 않은 것은?

① 코스피200선물, 코스닥150선물, 섹터지수선물, 주식선물, 금선물의 최종결제가격은 최종거래일의 기초자산 종가(지수)이다.
② 유로스톡스50선물의 최종결제가격은 유렉스가 상장한 유로스톡스50선물의 최종결제가격이다.
③ 돈육선물의 최종결제가격은 최종거래일의 다음 날 최초로 공표되는 돈육대표가격이다.
④ 3년/5년/10년 국채선물의 최종결제가격은 각 선물거래의 기초자산에 대하여 한국금융투자협회가 최종거래일 11:30분에 공표하는 수익률을 최종설제가격 산출 산식에 의해 환산한 가격이다.

> **해설** 3년/5년/10년 국채선물의 최종결제가격은 각 선물거래의 기초자산에 대하여 한국금융투자협회가 최종거래일 10:00, 10:30, 11:00에 공표하는 중간수익률과 11:30분에 공표하는 수익률의 평균수익률을 최종결제가격 산출 산식에 의해 환산한 가격이다.

★★★
066 옵션거래의 최종결제 방법(권리행사)에 대한 설명으로 옳지 않은 것은?

① 결제회원은 옵션의 권리행사를 위해서 최종거래일(권리행사일)의 장종료 시점부터 장종료 후 30분(15:45~16:15) 이내에 권리행사 수량을 파생상품계좌별 옵션종목별로 신고하여야 한다.

② 현금결제방식에 의해 최종결제되는 옵션거래의 경우에는 손실종목에 대하여 권리행사를 신고할 수 없다.

③ 권리행사로 이익이 발생하는 종목에 대해서는 회원이 반드시 권리행사를 신고하여야 한다.

④ 한국거래소에서 현재 인수도결제방식의 옵션상품은 없다.

해설 권리행사로 이익이 발생하는 종목에 대해서는 회원이 권리행사를 신고하지 않아도 권리행사를 신청한 것으로 본다(권리행사신고의제).

🏛 필수핵심정리 　옵션거래의 최종결제 방법

• 결제회원은 옵션의 권리행사를 위해서 최종거래일(권리행사일)의 장종료 시점부터 장종료 후 30분 이내에 권리행사 수량을 파생상품계좌별 옵션종목별로 신고하여야 함
• 현금결제방식에 의해 최종결제되는 옵션거래의 경우에는 손실종목에 대하여 권리행사를 신고할 수 없음
• 권리행사로 이익이 발생하는 종목에 대해서는 회원이 권리행사를 신고하지 않아도 권리행사를 신청한 것으로 봄(권리행사신고의제)
• 한국거래소에서 현재 인수도결제방식의 옵션상품은 없음

★★★
067 오늘은 코스피200옵션의 최종거래일이다. 당일 코스피200 최종지수가 280.50p일 때, 다음 중 권리행사신고가 불가능한 종목은?

① 콜옵션 행사가격 280.55p
② 콜옵션 행사가격 280.45p
③ 풋옵션 행사가격 280.65p
④ 풋옵션 행사가격 280.55p

해설 손실종목에 대하여 권리행사를 신고할 수 없다. 즉, 콜옵션은 [행사가격 ≥ 코스피200 최종지수]일 때, 풋옵션은 [행사가격 ≤ 코스피200 최종지수]일 때 권리행사를 할 수 없다. 따라서 ①번의 옵션종목에 대해서는 권리행사를 신고할 수 없다.

🏛 필수핵심정리 　권리행사 불가종목

현금결제방식에 의해 최종결제되는 옵션거래의 경우에는 손실종목에 대하여 권리행사를 신고할 수 없음

콜옵션	행사가격 ≥ 권리행사결제기준가격
풋옵션	행사가격 ≤ 권리행사결제기준가격

코스피200옵션의 권리행사결제기준가격 : 권리행사일의 코스피200 최종지수

★★★
068 오늘은 코스피200옵션의 최종거래일이다. 당일 코스피200 최종지수가 275.10p일 때, 다음 중 권리행사신고가 의제되는 종목은?

① 콜옵션 행사가격 275.50p ② 콜옵션 행사가격 275.25p
③ 풋옵션 행사가격 275.25p ④ 풋옵션 행사가격 275.00p

 콜옵션의 자동권리행사 기준은 [코스피200 최종지수 − 행사가격 ≥ 0.01]이고, 풋옵션의 자동권리행사 기준은 [행사가격 − 코스피200 최종지수 ≥ 0.01]이다. 따라서 ③번의 옵션종목에 대해서만 자동권리행사가 수행된다.

🏛 필수핵심정리 | 권리행사신고의제(자동권리행사) 기준

권리행사로 이익이 발생하는 종목에 대해서는 회원이 권리행사를 신고하지 않아도 권리행사를 신청한 것으로 봄(권리행사신고의제)

(미니) 코스피200옵션	콜옵션	권리행사결제기준가격 − 행사가격 ≥ 0.01
	풋옵션	행사가격 − 권리행사결제기준가격 ≥ 0.01
	권리행사결제기준가격 : 권리행사일의 코스피200 최종지수	
주식옵션	콜옵션	권리행사결제기준가격 − 행사가격 ≥ 5원
	풋옵션	행사가격 − 권리행사결제기준가격 ≥ 5원
	권리행사결제기준가격 : 권리행사일의 기초주권의 종가	
미국달러옵션	콜옵션	권리행사결제기준가격 − 행사가격 ≥ 0.01원
	풋옵션	행사가격 − 권리행사결제기준가격 ≥ 0.01원
	권리행사결제기준가격 : 권리행사일의 11:30에 서울외국환중개에서 체결된 미국달러 현물환거래의 환율	

★★★
069 다음 중 최종결제 또는 권리행사결제방식이 동일한 품목끼리 짝지어지지 않은 것은?

① 주식선물, 코스닥150선물 ② 3년 국채선물, 유로선물
③ 코스피200옵션, 주식옵션 ④ 미국달러선물, 위안선물

 ①은 모두 현금결제방식
② 3년 국채선물은 현금결제방식이나 유로선물은 인수도결제방식
③은 모두 현금결제방식
④는 모두 인수도결제방식으로 최종결제가 이루어진다.

★★★
070 결제제도에 대한 다음 설명 중 옳지 않은 것은?

① 주식선물의 최종결제방법은 실물인수도에 의한 결제이며, 최종결제대금의 결제시한은 최종거래일로부터 3일째 날의 15시이다.
② 돈육선물의 최종결제는 최종거래일 다음 거래일에 공표되는 돈육대표가격으로 현금결제방식에 의한다.
③ 미국달러선물의 최종결제방법은 인수도결제방식에 의한 결제이며, 인수도결제시한은 최종거래일로부터 3일째 날(T + 2)의 12시이다.
④ 10년국채선물의 최종결제차금의 결제시한은 최종결제일의 16시이다.

해설 주식선물의 최종결제방법은 현금결제에 의한 결제이며, 최종결제차금은 다음 거래일 16시에 거래소와 회원 간에 수수한다.

🏛 **필수핵심정리** 　 결제시한

거래소와 결제회원 간 현금 또는 기초자산을 수수하는 결제시한은 다음과 같음

당일차금 및 갱신차금	해당 차금이 발생한 날의 다음 거래일의 16시
옵션대금	옵션거래가 성립한 날의 다음 거래일의 16시
최종결제차금, 권리행사차금 (현금결제방식에 의해 최종결제되는 상품)	최종결제일 또는 권리행사결제일의 16시
최종결제대금, 권리행사결제대금 (인수도결제방식에 의해 최종결제되는 상품)	미국달러선물, 엔선물, 유로선물, 위안선물 → 최종결제일(최종거래일로부터 3일째 날)의 12시

⋯⋯ T O P I C 9 거래의 수탁 등 – 파생상품계좌 설정, 기본예탁금, 위탁증거금

★★★
071 파생상품거래 약관의 필수적 기재사항이 아닌 것은?

① 일정한 경우 수탁을 거부할 수 있다는 수탁의 거부에 관한 사항
② 기본예탁금의 예탁에 관한 사항
③ 회사의 리스크관리 정책에 관한 사항
④ 위탁수수료의 징수에 관한 사항

해설 회사의 리스크관리 정책은 파생상품거래 약관의 필수적 기재사항이 아니다.

정답 068 ③ 　 069 ② 　 070 ① 　 071 ③

- 파생상품 관계법규 및 관련 조치의 준수에 관한 사항
- 수탁의 거부에 관한 사항
- 지정결제 회원에 관한 사항
- 기본예탁금 및 위탁증거금의 예탁에 관한 사항
- 대용증권 및 외화증권의 이용제한 사항
- 위탁수수료의 징수에 관한 사항
- 기초자산 수수의 제한 및 책임에 관한 사항
- 위탁증거금의 추가예탁 통지 등 위탁자에 대한 통지에 관한 사항 등

★★★
072 다음 중 거래소 회원이 위탁자와 파생상품계좌설정계약을 체결하기 전에 반드시 위탁자에게 교부하고 그 내용을 충분히 설명하여야 하며, 위탁자의 서명 또는 기명날인한 교부확인서를 징구해야 하는 것은?

① 파생상품계좌설정약정서   ② 파생상품거래위험고지서
③ 파생상품거래약관   ④ 파생상품거래설명서

> **해설** 거래소 회원은 파생상품계좌설정계약을 체결하기 전에 파생상품거래위험고지서를 위탁자에게 교부하고 그 내용을 충분히 설명하여야 한다.

★★★
073 기본예탁금에 대한 설명으로 옳지 않은 것은?

① 미결제약정이 없는 위탁자는 기본예탁금을 납부한 이후에만 거래가 가능하다.
② 파생상품계좌를 최초로 설정하는 위탁자에 대해서는 2단계 또는 3단계의 기본예탁금액을 적용하여야 한다.
③ 돈육선물 또는 금선물만을 거래하기 위한 전용계좌를 개설한 위탁자에 대해서는 기본예탁금을 100만원 이상의 금액에서 정할 수 있다.
④ 사후위탁증거금을 예탁하는 파생상품계좌에 대해서는 기본예탁금을 예탁받지 아니할 수 있다.

> **해설** 돈육선물 또는 금선물만을 거래하기 거래하기 위한 전용계좌를 개설한 위탁자에 대해서는 기본예탁금을 50만원 이상의 금액에서 정할 수 있다. 기본예탁금이란 미결제약정이 없는 위탁자가 파생상품거래를 하기 위하여 금융투자업자에게 예탁하여야 하는 최소한의 거래개시기준금액을 말한다.

★★★
074 다음 중 기본예탁금을 예탁하지 않아도 되는 투자자는?

① 사전위탁증거금계좌의 건전투자자
② 사전위탁증거금계좌의 일반투자자
③ 사전위탁증거금계좌의 관리대상투자자
④ 사후위탁증거금일반계좌의 적격기관투자자

> **해설** 기본예탁금을 예탁하지 않고 파생상품 거래가 가능한 계좌는 사후위탁증거금계좌(일반·할인)를 개설한 적격투자자뿐이다.

★★☆
075 다음 중 회원이 주문의 수탁을 거부해야 하는 경우와 거리가 먼 것은?

① 기본예탁금을 예탁하지 않은 위탁자로부터 거래의 위탁을 받는 경우
② 위탁증거금의 추가예탁 또는 결제를 이행하지 아니하거나 사후위탁증거금을 예탁시한까지 예탁하지 아니한 위탁자로부터 위탁증거금을 증가시키는 거래의 위탁을 받는 경우
③ 미결제약정수량의 제한수량을 초과하게 되는 거래의 위탁을 받는 경우
④ 동시에 또는 이에 준하여 연속적으로 위탁을 받는 다수의 주문이 체결될 경우 위탁증거금을 증가시키지 않는 거래

> **해설** 동시에 또는 이에 준하여 연속적으로 위탁을 받는 다수의 주문이 체결될 경우 위탁증거금을 증가시키지 않는 거래는 수탁을 거부하지 아니할 수 있다.

🏛 **필수핵심정리** ▶ 주문수탁의 거부

다음의 경우에는 반드시 주문의 수탁을 거부하여야 하며, 이 경우 그 이유를 주문표, 전산주문표, 그 밖의 주문 내용을 기록한 문서에 기재하고 그 사실을 즉시 위탁자에게 통지하여야 함
- 기본예탁금을 예탁하지 않은 위탁자로부터 거래의 위탁을 받는 경우
- 위탁증거금의 추가예탁 또는 결제를 이행하지 아니하거나 사후위탁증거금을 예탁시한까지 예탁하지 아니한 위탁자로부터 위탁증거금을 증가시키는 거래의 위탁을 받는 경우
- 미결제약정수량의 제한수량을 초과하게 되는 거래의 위탁을 받는 경우
- 주문가격이 가격제한폭을 벗어나는 등 규정 등에 위반하는 거래의 위탁을 받는 경우
- 사전위탁증거금 또는 사후위탁증거금 적용 등 파생상품계좌의 구분에 부합되지 아니하는 거래의 위탁을 받는 경우
- 파생상품교육과정 및 모의거래과정을 이수하지 아니한 일반개인투자자로부터 거래의 위탁을 받는 경우
- 파생상품계좌를 개설한 날로부터 1년이 지나지 아니한 일반개인투자자로부터 코스피200변동성지수선물거래 또는 옵션거래의 위탁을 받는 경우 등

★★★
076 위탁증거금의 예탁 및 미예탁 시 조치에 대한 설명으로 옳지 않은 것은?

① 회원은 위탁자의 파생상품계좌별로 사전위탁증거금과 사후위탁증거금으로 구분하여 위탁증거금을 예탁받아야 한다.

② 위탁증거금은 원칙적으로 현금으로 예탁받아야 하나, 반드시 현금으로 예탁하여야 하는 현금예탁필요액을 제외한 위탁증거금은 대용증권, 외화 또는 외화증권으로 예탁받을 수 있다.

③ 회원은 위탁자가 위탁증거금을 추가로 예탁하지 아니하거나 사후위탁증거금을 예탁하지 아니하는 경우에는 해당 위탁자의 미결제약정을 소멸시키게 되는 매도 또는 매수를 할 수 있다.

④ 회원은 위탁자의 미결제약정을 반대거래하는 경우에는 반드시 규정에서 정해진 가격의 지정가호가 또는 조건부지정가호가로만 입력하여야 하며 시장가호가로 입력할 수 없다.

> **해설** 회원은 위탁자의 미결제약정을 반대거래하는 경우에는 규정에서 정해진 가격의 지정가호가 또는 조건부지정가호가로 입력하여야 한다. 다만, 위탁자의 동의 또는 요구가 있는 경우에는 시장가호가로 입력할 수 있다.

★★★
077 다음은 위탁증거금 미예탁 시 회원이 위탁자의 미결제약정을 반대거래하는 경우의 가격에 대한 설명이다. ㉠~㉢에 알맞은 말은? 심화

매도호가	최우선매수호가의 가격(최우선매수호가의 가격이 없는 경우 최우선매도호가의 가격) 및 그 가격에서 호가가격단위를 순차적으로 (㉠) (㉢)개의 가격
매수호가	최우선매도호가의 가격(최우선매도호가의 가격이 없는 경우 최우선매수호가의 가격) 및 그 가격에서 호가가격단위를 순차적으로 (㉡) (㉢)개의 가격

① ㉠ 뺀, ㉡ 더한, ㉢ 9
② ㉠ 더한, ㉡ 뺀, ㉢ 9
③ ㉠ 뺀, ㉡ 더한, ㉢ 10
④ ㉠ 더한, ㉡ 뺀, ㉢ 10

···TOPIC 10 미결제약정수량

★★★
078 다음 중 미결제약정보유한도가 가장 적은 상품은? 심화

① 돈육선물

② 해외지수선물

③ 코스피200선물

④ 미니코스피200옵션

해설 돈육선물이 3,000계약으로 가장 적다.

🏛 **필수핵심정리** 상품별 미결제약정보유한도

회원은 거래소가 설정한 미결제약정 보유제한수량(시장조성계좌에 보유하고 있는 수량은 제외)을 초과하여 자기거래 또는 동일인 위탁자로부터 수탁을 받을 수 없음(파생상품계좌 기준이 아니라 투자자 기준으로 제한)

코스피200선물, 코스피200옵션, 미니코스피200선물, 미니코스피200옵션	선물환산순델타포지션 기준으로 20,000계약(개인투자자는 10,000계약)
코스피200변동성지수선물	순미결제약정수량 기준으로 20,000계약(개인투자자는 10,000계약)
코스닥150선물	순미결제약정수량 기준으로 10,000계약(개인투자자는 5,000계약)
해외지수선물	순미결제약정수량 기준으로 50,000계약(개인투자자는 25,000계약)
섹터지수선물	순미결제약정수량 기준으로 10,000계약(개인투자자는 5,000계약)
돈육선물	순미결제약정수량 기준으로 3,000계약(최근월종목의 경우 최종거래일이 속하는 월의 두 번째 목요일부터는 미결제약정수량을 기준으로 900계약)
금선물	순미결제약정수량 기준으로 3,000계약

★★★
079 파생상품회원이 코스피200선물거래에 대해 보유할 수 있는 미결제약정 보유한도수량은? 심화

① 선물델타환산수량 5,000계약

② 선물델타환산수량 7,500계약

③ 선물델타환산수량 8,000계약

④ 선물델타환산수량 20,000계약

해설 코스피200선물의 미결제약정의 보유한도수량은 선물델타환산수량 기준으로 20,000계약이다.

PART **05**

모의고사

CONTENTS

제1과목 **파생상품 I**

001 다음 중 주가지수 산출방법이 나머지 셋과 다른 주가지수는?

① KOSPI200
② DJIA
③ S&P500
④ TOPIX

002 주가지수선물의 균형가격(이론가격)과 가격결정 요인과의 관계를 나타낸 것으로 옳지 않은 것은?

	선물가격 결정요인	선물이론가격
①	KOSPI200 상승	상승
②	이자율 하락	하락
③	배당수익률 상승	상승
④	잔존만기 하락	하락

003 선물시장이 콘탱고 상태라면, 다음 설명 중 옳은 것은?

① 매도헤지 시 선물가격의 상승폭이 현물가격의 상승폭보다 크면 이익
② 매도헤지 시 선물가격의 하락폭이 현물가격의 하락폭보다 크면 손실
③ 매수헤지 시 선물가격의 하락폭이 현물가격의 하락폭보다 작으면 이익
④ 매수헤지 시 선물가격의 상승폭이 현물가격의 상승폭보다 크면 손실

004 펀드운용자는 시장이 상승할 것으로 예상하여 주식포트폴리오의 베타를 0.9로부터 1.5로 증가시키기를 원한다. 이때 가장 적절한 전략은?(1포인트 = 25만원으로 가정)

① KOSPI200 선물 100계약을 매도　　② KOSPI200 선물 120계약을 매수

③ KOSPI200 선물 140계약을 매수　　④ KOSPI200 선물 160계약을 매수

005 현재 단기이자율이 4%, 주가지수의 배당수익률은 2%, 주가지수는 250.00이며, 선물 잔존만기가 6개월인 주가지수선물의 시장가격이 254.00이다. 거래비용이 없다고 할 때 시장 상황에 대한 다음 설명 중 옳은 것은?

① 보유비용 모형에 의하면 주가지수선물의 이론가격은 253.00이다.

② 콘탱고 상황이므로 선물을 매도한다.

③ 주가지수선물이 저평가되어 있으므로 역현물보유전략(reverse cash & carry)이 적합하다.

④ 선물을 매도하고 주식 현물을 매수하는 차익거래가 적합한 시장 상황이다.

006 선물을 이용한 스프레드 거래에 관한 설명으로 옳은 것은?

① 스프레드 거래에는 결제월 간 스프레드 거래와 만기간 스프레드 거래가 있다.

② 상품 간 스프레드 거래란 향후 스프레드의 변화를 예측하여 거래대상이 동일한 선물 중에서 한 결제월물은 매수하고 다른 결제월물은 매도하는 거래를 말한다.

③ 주식 관련 선물의 경우 일반적으로 순보유비용(= 이자비용 − 배당금수입)이 양(+)이므로 만기가 먼 원월물 가격이 만기가 가까운 근월물 가격보다 낮게 형성된다.

④ 콘탱고 상태에서 향후 스프레드 확대를 예상할 경우, 근월물을 매도하고 원월물을 매수하는 스프레드 매수전략을 택한다.

007 단기금리의 하락이 예상될 경우 다음 중 가장 바람직한 방향성 거래는?

① 유로달러선물 매수　　② T-Note선물 매수

③ T-Bond선물 매수　　④ 한국 국채선물 매도

008 상품 간 스프레드거래 및 채권거래 전략에 대한 설명으로 옳지 않은 것은?

① NOB(Notes over Bonds) 스프레드 거래는 장기 채권선물이 단기 채권선물보다 금리변화에 민감한 특성을 이용하는 전략이다.

② 금리상승 시 단기채권을 매수하고 장기채권을 매도한다. 반대로 금리 하락 시 단기채권을 매도하고 장기채권을 매수한다.

③ 장단기 금리가 동일하게 상승할 것으로 예상하여 NOB 스프레드 매수전략을 택하고, 유로달러(Euro-Dollar)선물을 매도했다.

④ NOB 스프레드 매도전략은 T-Note선물을 매수하고 T-Bond선물을 매도하는 거래를 말한다.

009 국채선물 3년물과 국채선물 10년물의 상품 간 스프레드를 이용하면 수익률곡선 거래전략이 가능하다. 만약 수익률곡선이 플래트닝(flatening)해질 것으로 예측한다면, 다음 중 어떤 포지션이 바람직한가?

① 국채선물 3년물 매도 + 국채선물 10년물 매수

② 국채선물 3년물 매수 + 국채선물 10년물 매도

③ 국채선물 3년물 매수 + 국채선물 10년물 매수

④ 국채선물 3년물 매도 + 국채선물 10년물 매도

010 원-달러 환율은 $1 = ₩1,100에서 $1 = ₩1,000으로 변동하였고, ¥100 = ₩1,000에서 ¥100 = ₩1,100으로 변동하였다. 이에 대한 설명으로 틀린 것은?

① 달러화가 원화에 비하여 가치 상승

② 엔화가 원화에 비하여 가치 상승

③ 원화가 달러화에 비하여 가치 상승

④ 원화가 엔화에 비하여 가치 하락

011 현재 한국의 이자율은 연 4%, 미국의 이자율은 연 2%, 일본의 이자율은 연 1%이다. 이자율 평형이론(IRP)이 성립한다면, 1년 만기 원-달러(₩/$) 선물환율과 엔-달러(¥/$) 선물환율의 할증 및 할인상태에 대해 바르게 설명한 것은?

① 원-달러 신물환 할증, 엔 달러 선물환 할인

② 원-달러 선물환 할증, 엔-달러 선물환 할증

③ 원-달러 선물환 할인, 엔-달러 선물환 할증

④ 원-달러 선물환 할인, 엔-달러 선물환 할인

012 ○○년 3월 13일 현재 금 현물가격과 선물가격이 다음과 같을 때, 시장구조에 관한 설명으로 옳은 것은?

현물가격	4월물	6월물	8월물	10월물
42,360원	42,330원	42,720원	42,540원	42,940원

① 현물가격과 4월물 선물가격은 정상시장 구조이다.
② 6월물 선물가격과 8월물 선물가격은 정상시장 구조이다.
③ 4월물 선물가격과 10월물 선물가격은 정상시장 구조이다.
④ 현물가격과 6월물 선물가격은 역조시장 구조이다.

013 2월 1일 현재 돈육 현물가격이 5,200원/kg인 상황에서 양돈농가가 돈육선물을 매도하여 헤지한 후 7월 1일에 환매하여 청산하였다. 헤지기간 동안 베이시스가 120원/kg 상승하였다면, 순매도가격(NSP)은?

① 5,080원　　　　② 5,200원　　　　③ 5,320원　　　　④ 5,440원

014 합성포지션의 구성방법이 옳지 않은 것은?

① 합성 풋매수 = 콜매수 + 기초자산 매수
② 합성 콜매수 = 풋매수 + 기초자산 매수
③ 합성 콜매도 = 풋매도 + 기초자산 매도
④ 합성 기초자산 매도포지션 = 콜매도 + 풋매수

015 옵션의 민감도지표인 감마에 대한 설명으로 옳지 않은 것은?

① 델타가 옵션가격과 기초자산가격간 곡선의 한 시점에서의 기울기를 의미한다면, 감마는 이 기울기의 변화를 의미한다.
② 델타는 선형적인 민감도를 표시한 반면, 감마는 옵션 수익구조의 특성인 비선형적인 민감도를 측정하는 지표이다.
③ 감마는 내가격(ITM)에서 가장 높고, 외가격(OTM) 및 등가격(ATM)일수록 작아진다.
④ 감마는 옵션 포지션이 매수일 경우에는 (+)의 값을 갖는 반면, 매도일 경우에는 (−)의 값을 갖는다.

016 다음 중 옵션 포지션에 대한 민감도 부호가 잘못된 것은?

① 콜옵션 매수 : 델타 +, 베가 +
② 콜옵션 매도 : 감마 +, 세타 +
③ 풋옵션 매수 : 델타 −, 베가 +
④ 풋옵션 매도 : 감마 −, 세타 +

017 옵션을 이용한 (수직적) 스프레드 전략에 관한 설명으로 옳지 않은 것은?

① 이익과 손실이 한정되어 있어, 강세장 또는 약세장이 예상되나 확신이 없을 때 선택하는 보수적인 투자전략이다.
② 옵션포지션의 시간가치 소멸효과가 매우 크다.
③ 옵션포지션의 손익이 현물가격의 변동성과 독립적이다.
④ 강세 스프레드 전략은 시장의 강세가 예상되나 확신이 서지 않을 때 택하는 보수적인 투자전략이며, 약세 스프레드 전략은 시장의 약세가 예상되나 확신이 높지 않을 때 택하는 보수적인 투자전략이다.

018 다음 옵션전략 중에서 변동성 매도전략과 가장 거리가 먼 것은?

① 스트래들 매도
② 스트랭글 매도
③ 비율 스프레드
④ 버터플라이 매도

019 향후 변동성의 상승이 예상되는 한편, 주가상승의 확률이 상대적으로 높을 것으로 판단될 때 사용할 수 있는 적절한 옵션 투자전략은?

① 버터플라이 매도
② 컨버전
③ 스트립 매수
④ 스트랩 매수

020 다음 중 스트래들 매도 포지션의 민감도와 가장 거리가 먼 것은?

① 포지션의 델타 ≒ 0
② 포지션의 감마 : (−)
③ 포지션의 세타 : (+)
④ 포지션의 베가 : (+)

021 옵션을 이용한 차익거래에 대한 설명으로 옳지 않은 것은?

① 풋-콜 패리티가 성립하지 않을 때 실행하는 차익거래에는 컨버전과 리버설이 있다.
② 컨버전은 콜옵션이 풋옵션보다 상대적으로 저평가된 상황을 이용하는 전략이다.
③ 합성물과 합성물을 이용한 차익거래를 박스(box)거래라고 한다.
④ 크레디트 박스는 포지션 구성 시 순현금이 유입되기 때문에 '박스 매도'라고도 한다.

022 현재 유로달러선물의 가격은 95.50이다. 행사가격이 93인 유로달러선물 풋옵션의 프리미엄이 3.5일 때 시간가치는?

① 1.00　　　　② 1.50　　　　③ 2.50　　　　④ 3.50

023 금리리스크를 관리하기 위한 다음의 전략 중 잘못된 것은?

① 금리가 하락할 것으로 예상하여 선도금리계약(FRA)을 매도하였다.
② 금리가 하락할 것으로 예상하여 금리선물계약을 매수하였다.
③ 금리가 상승할 것으로 예상하여 금리선물 콜옵션을 매수하였다.
④ 금리가 상승할 것으로 예상하여 금리상한계약(금리 cap)을 매수하였다.

024 6개월 후 100만 달러의 수입대금을 지급해야 하는 수입업자가 원-달러 통화옵션을 이용하여 환리스크를 헤지하고자 할 때, 가장 적절한 전략은?

① 달러 콜옵션 매수　　　　② 달러 콜옵션 매도
③ 달러 풋옵션 매수　　　　④ 달러 풋옵션 매도

025 상품선물과 상품옵션을 이용한 매도헤지를 비교한 설명으로 옳지 않은 것은?

① 선물을 매도하면 가격수준을 고정할 수 있고, 매도포지션 설정 후 가격이 상승할 경우에 이익실현도 가능하다.
② 옵션을 이용한 기초적인 매도헤지 방법은 풋옵션을 매수하는 것이다.
③ 풋옵션을 매수하면 최저매도가격, 즉 하한가격을 설정할 수 있다.
④ 풋옵션을 매수한 매도헤지의 경우, 가격상승 시 그에 따른 혜택도 가능하다.

026 스왑거래에서 스왑가격(swap price)이란?

① 스왑거래에서 고정금리와 교환되는 변동금리 지표를 말한다.

② 스왑거래에서 변동금리와 교환되는 고정금리를 말한다.

③ 변동금리 지표에 부가되는 스프레드(예를 들어, Libor + 150bp에서 150bp)를 말한다.

④ 스왑시장에서 딜러에게 지불하는 up-front-fee(선불수수료)를 말한다.

027 스왑딜러가 고시한 3년 만기 이자율스왑의 스왑금리가 'T + 55/52'이다. 변동금리 부채를 갖고 있는 A기업은 향후 금리상승이 우려되어 스왑딜러와 3년 만기 이자율스왑 거래를 하고자한다. A기업에게 필요한 스왑포지션은 무엇이며, 이때 A기업에게 적용되는 스왑금리(swap rate)는?

① receiver swap, T+55

② payer swap, T+55

③ receiver swap, T+52

④ payer swap, T+52

028 G사의 차입금리는 고정금리 4%, 변동금리 Libor이다. K사의 차입금리는 고정금리 6%, 변동금리 Libor + 1%이다. 두 기업이 비교우위에 있는 시장에서 각자 자금을 조달한 후, 서로 4.5%와 Libor를 교환하는 이자율스왑을 한다면 G사와 K사의 금리이익(비용절감)은?

	G사	K사
①	1% point 절약	불변
②	불변	1% point 절약
③	불변	불변
④	0.5% point 절약	0.5% point 절약

029 다음 중 payer 이자율스왑의 이용 목적과 거리가 먼 것은?

① 금리상승 위험을 회피하기 위해

② 고정금리 수입을 변동금리 수입으로 바꾸기 위해

③ 변동금리부채를 고정금리부채로 바꾸기 위해

④ 금리하락 시 이익을 얻기 위해

030 미 국채시장을 이용하여 receiver 이자율스왑 포지션을 헤지하고자 할 경우에 적절한 거래는?

① 재무부 채권 매수 + repo(T-bill 매도) + TED spread 매도
② 재무부 채권 매수 + reverse-repo(T-bill 매수) + TED spread 매도
③ 재무부 채권 매도 + reverser-repo(T-bill 매수) + TED spread 매수
④ 재무부 채권 매도 + repo(T-bill 매도) + TED spread 매수

031 2×5 callable 스왑에 관한 설명으로 옳은 것은?

① 고정금리 수취자가 2년 후 취소 가능한 3년짜리 스왑이다.
② 스왑거래 체결 후 금리가 상승하면 고정금리 지급자는 2년 후 스왑거래의 조기 청산으로 손실폭을 줄일 수 있다.
③ 2×5 callable 스왑에 적용되는 고정금리는 5년 만기 표준스왑 금리보다 낮다.
④ 상대 스왑은행은 발행자 조기상환권부 채권(callable bond)을 발행하고, 자금을 변동금리로 운용한다면 callable 스왑 포지션의 금리리스크를 헤지할 수 있다.

032 A은행은 6% 2×3 payer's swaption을 매입하였는데, 옵션 만기 2년 시점에서 3년 만기 스왑금리가 7%라고 한다면 다음 설명 중 옳지 않은 것은?

① A은행은 프리미엄을 수취한다.
② A은행은 2년 뒤에 3년짜리 고정금리 지급 스왑을 할 수 있는 권리를 가지게 된다.
③ A은행은 6%의 고정금리를 지급하는 스왑거래를 개시할 것이다.
④ swaption 권리 행사 후에는 변동금리(Libor)가 행사금리보다 낮아서 순지급액이 발생하는 기간도 있을 수 있다.

033 원-달러 통화스왑에서 초기 거래시점의 환율이 ₩1,000/$일 때, 두 당사자 사이에 초기자금 교환액수가 1,000억원과 1억 달러였다. 통화스왑 계약의 만기시점에 환율이 ₩1,200/$가 되었다면, 두 거래당사자가 만기에 재교환하는 자금의 액수는?

① 0.8억 달러와 1,200억원
② 1억 달러와 1,200억원
③ 1.2억 달러와 1,000억원
④ 1억 달러와 1,000억원

034 다음 중 경로의존형 옵션이 아닌 것은?

① 선택옵션(chooser option)
② 평균옵션(average option)
③ 장애옵션(barrier option)
④ 룩백옵션(lookback option)

035 원유를 매입해야 하는 정유회사에서 유가변동위험을 헤지하려고 한다. 다음 중 가장 적절한 선택은?

① up-and-in 풋옵션 매입
② up-and-out 콜옵션 매입
③ down-and-in 콜옵션 매입
④ down-and-out 콜옵션 매입

036 만기 이전에 손익정산(내재가치 지급보장) 및 행사가격의 재조정이 이루어지는 옵션은?

① 클리켓옵션(cliquet option)
② 평균옵션(average option)
③ 장애옵션(barrier option)
④ 룩백옵션(lookback option)

037 디지털옵션에 관한 설명으로 옳지 않은 것은?

① 디지털옵션의 수익구조는 옵션이 만기일에 내가격 상태이면 사전에 약정한 금액이 지급되고, 그렇지 않으면 아무것도 지급하지 않는다.
② 만기 때에 가서 기초자산의 가격이 외가격 상태이면 디지털옵션 매수자는 프리미엄을 지불하지 않는다.
③ 디지털옵션은 옵션매입자의 입장에서 만기일에 옵션이 내가격으로 끝나는 것이 중요한 게 아니라 내가격의 크기가 중요하다.
④ 디지털옵션의 형태로는 일정한 금액을 지급하는 방식(cash or nothing)과 내가격으로 끝났을 때 기초자산을 지급하는 방식(asset or nothing)이 있다.

038 옵션의 수익이 하나의 기초자산 가격에 의해 결정되지만, 위험에 노출된 정도나 크기는 다른 기초자산의 가격에 의해서 결정되는 옵션은?

① 디지털옵션(digital option)
② 선택옵션(chooser option)
③ 버뮤다옵션(bermudan option)
④ 콴토옵션(quanto option)

039 현재 달러화에 대한 현물환율이 1,250원, 1년 만기 선물환율이 1,295원일 때, 다음 설명 중 옳지 않은 것은?

① 달러화의 금리는 원화의 금리보다 낮다.
② 1년 만기 외환스왑 거래 시, 거래초기 원금교환은 1,250원에, 만기 시 원금교환은 1,295원에 교환된다.
③ 1년 만기 선물환 거래 시, 적용환율은 1,295원이다.
④ 1년 만기 통화스왑 거래 시, 거래초기 원금교환은 1,250원에, 만기 시 원금교환은 1,295원에 교환된다.

040 신용위험(credit risk)의 특징에 대한 설명으로 옳지 않은 것은?

① 신용위험은 시장가격변화(시장리스크)와 함께 채무자의 신용등급 변화, 부도확률, 부도 시 회수율 등에 따라 달라진다.
② 신용리스크는 시장리스크에 비해 계량화하는 것이 매우 용이하다.
③ 시장리스크는 법적인 문제가 고려되지 않는 반면, 신용위험은 법적 문제가 매우 중요하다.
④ 신용위험은 시장리스크에 비해 장기이다.

041 CDS 프리미엄의 수준을 결정하는 요인과 프리미엄과의 관계에 관한 설명으로 옳지 않은 것은?

① CDS 계약의 만기가 길어질수록 프리미엄은 높아진다.
② 준거자산의 채무불이행 가능성이 높아질수록 프리미엄은 높아진다.
③ 준거자산의 회수율이 높아 회수가치가 높을수록 프리미엄은 낮아진다.
④ 보장매도자의 신용등급이 높을수록 프리미엄은 낮아진다.

042 CDS거래와 CLN거래에 관한 설명으로 옳지 않은 것은?

① CDS거래는 초기원금이 수반되지 않고 신용위험 인수에 대한 대가로 프리미엄만이 수수되는 unfunded 형태의 스왑거래이다.
② CLN은 투자자금이 수반되므로 funded 형태의 거래이다.
③ CDS거래에서 보장매입자는 신용사건 발생 시 보장매도자에게 준거기업의 손실금을 보전받아야 하므로 거래상대방(보장매도자)에 대한 위험에 노출된다.
④ CLN의 경우 보장매입자인 CLN 발행자는 준거기업의 부도 시 거래상대방에 대한 위험에 노출된다.

043 역사적 시뮬레이션에 의한 VaR 측정방법에 관한 설명으로 옳지 않은 것은?

① 특정 분포를 가정하지 않고 실제의 변동성과 상관관계를 이용한다는 점에서 우수하다.
② 오직 1개의 가격 변화만이 고려된다는 점과 완전가치평가를 위하여 가치평가모형이 요구된다는 점이 단점이다.
③ 일시적으로 증가한 변동성을 잘 고려하는 방법이다.
④ 과거자료에 극단치가 포함되어 있으면 역사적 시뮬레이션으로 구한 VaR은 이 관찰치의 영향을 크게 받는다.

044 다음 상품 중 파생결합증권이 아닌 것은?

① ELW(주식워런트증권)
② ELS(주가연계증권)
③ ETN(상장지수증권)
④ ELB(주가연계파생결합사채)

045 ELS에 대한 설명으로 옳은 것은?

① ELS의 구조는 정형화되어 있다.
② ELS가 펀드에 직접 편입될 수 없다.
③ ELS 발행 증권사의 back-to-back 거래는 신용위험이 없다.
④ ELS의 헤지가 현물주식의 가격에 영향을 미칠 수 있다.

046 조기상환형 스텝다운 ELS에 대한 설명으로 옳지 않은 것은?

① 기초자산이 2개인 ELS는 해당 2개 기초자산에 1개를 더 추가하여 기초자산이 3개인 ELS보다 제시수익률이 더 낮다.
② 기초자산의 변동성이 큰 종목형 ELS는 상대적으로 변동성이 작은 지수형 ELS보다 제시수익률이 더 높다.
③ 만기 전 투자기간 중 원금손실조건인 KI(knock-in)조건이 없는 노녹인(No knock-in)형 ELS는 다른 조건이 비슷할 경우 녹인형 ELS보다 제시수익률이 더 높다.
④ 조기상환형 스텝다운 ELS에 다른 조건이 동일하고 월지급식 조건을 추가한 ELS는 제시수익률이 더 낮다.

047 기초자산가격(주가)이 40,000원인 콜 ELW의 가격이 2,000원이다. 전환비율이 1일 경우, 기어링은 얼마인가?

① 10 　　　　　② 20 　　　　　③ 100 　　　　　④ 200

048 ETN의 기초지수에 관한 설명으로 옳지 않은 것은?

① KOSPI200과 KRX100은 기초지수가 될 수 없다.
② 섹터지수를 시가총액가중 방식으로 그대로 추종하는 기초지수를 설정할 수 있다.
③ 국채로만 구성되는 기초지수의 경우엔 3종목 이상이면 기초지수가 될 수 있다.
④ 주식을 기초로 하는 기초지수의 경우엔 동일 종목 비중이 30% 이내이어야 한다.

049 ETN의 상장제도에 대한 설명으로 옳지 않은 것은?

① ETN 발행회사의 자기자본은 5천억원 이상이어야 한다.
② ETN의 기초지수는 KOSPI200, KRX100 등 시장대표지수이어야 한다.
③ ETN은 1년 이상 20년 이내의 만기로 발행할 수 있다.
④ ETN은 공모로 발행되어야 하고, 간주모집을 이용한다.

050 ETN의 투자위험에 대한 설명으로 옳지 않은 것은?

① 기초자산 가격변동위험이 있다.
② 발행회사 신용위험이 있다.
③ 유동성 부족 위험이 있다.
④ ETN은 ETF에 비해 추적오차의 위험이 크다.

051 다음 리스크 중 비계량리스크가 아닌 것은?

① 전략리스크   ② 운영리스크   ③ 법률리스크   ④ 평판리스크

052 목표기간 5일, 신뢰수준 95%에서 계산된 어떤 포지션의 VaR가 10억원이라는 것의 통계학적 의미는?

① 포지션의 가치에 영향을 미치는 리스크요인의 변화로 인해 5일 동안에 발생할 수 있는 손실이 10억원보다 작을 확률이 95%이다.
② 포지션의 가치에 영향을 미치는 리스크요인의 변화로 인해 5일 동안 발생할 수 있는 손실이 10억원보다 클 확률이 95%이다.
③ 포지션의 가치에 영향을 미치는 리스크요인의 변화로 인해 5일 동안 발생할 수 있는 손실이 10억원보다 작을 확률이 5%이다.
④ 포지션의 가치에 영향을 미치는 리스크요인의 변화로 인해 5일 동안 발생할 수 있는 손실이 9.5억원(= 10억원 × 95%)이다.

053 A포지션의 VaR가 100억원이고 B포지션의 VaR가 200억원이다. 두 포지션 간의 상관계수가 −0.51이면 포트폴리오를 구성할 때 기대되는 분산효과는 얼마인가?

① 100억원   ② 128억원   ③ 158억원   ④ 200억원

054 옵션의 VaR를 델타-노말 방법으로 계산할 때의 문제점을 설명한 것으로 옳지 않은 것은?

① 포트폴리오가 무위험 상태가 아니어도 옵션포트폴리오의 델타가 0일 수 있다.
② 델타가 0.5인 콜옵션을 매도하고 델타가 −0.5인 풋옵션을 매도하여 구성한 스트래들 매도포지션의 VaR를 델타-노말법으로 구하면 매우 큰 값이 나온다.
③ 콜옵션과 풋옵션의 매입포지션처럼 양(+)의 감마를 갖는 포지션의 경우, 선형으로 추정한 VaR는 실제의 VaR보다 과대평가된다.
④ 콜옵션과 풋옵션의 매도포지션처럼 음(−)의 감마를 갖는 포지션의 경우, 선형으로 추정한 VaR는 실제의 VaR보다 과소평가된다.

055 원/달러 통화선도계약 매입포지션의 VaR를 구하는 방법으로 적절한 것은?

① 원화채권 매도포지션의 VaR + 현물환 매입포지션의 VaR + 달러채권 매입포지션의 VaR

② 원화채권 매입포지션의 VaR + 현물환 매도포지션의 VaR + 달러채권 매도포지션의 VaR

③ 원화채권 매도포지션의 VaR + 현물환 매도포지션의 VaR + 달러채권 매입포지션의 VaR

④ 원화채권 매입포지션의 VaR + 현물환 매입포지션의 VaR + 달러채권 매도포지션의 VaR

056 어느 은행이 500억원의 대출을 하고 있다. 예상손실(기대손실)이 4억원이고 회수율이 60%이다. 대출의 부도율(채무불이행확률)은 얼마인가?

① 1% ② 2% ③ 3% ④ 4%

057 다음 중 신용리스크 노출금액이 '0'이 아닌 옵션 포지션은?

① 콜 강세 스프레드 ② 콜 약세 스프레드
③ 풋 강세 스프레드 ④ 스트래들 매도

058 파생결합증권 발행사의 헤지거래에 대한 설명으로 옳지 않은 것은?

① 백투백헤지의 경우 fully-funded 스왑을 하면, 스왑계약의 거래상대방의 신용위험에 노출되지 않는다.
② 백투백헤지의 경우 unfunded 스왑을 하면, 추가 담보 납입 요청(마진콜) 시 유동성위험이 발생할 수 있다.
③ 동적헤지 전략은 부채의 변동액과 자산의 변동액이 일치하도록 델타 중립 포트폴리오를 유지해 나가는 전략이다.
④ 동적헤지 전략의 경우, 파생결합증권의 모든 위험이 헤지가 가능하지 않는 경우가 있다.

059 한국거래소의 주문의 유형 및 조건에 대한 설명으로 옳지 않은 것은?

① 조건부지정가호가는 시장에 도달된 때에는 지정가주문으로 거래하나, 만약 종가 단일가격 거래 전까지 체결되지 않은 경우에는 종가 단일가격 거래 시에 시장가주문으로 전환되는 주문이다.

② 최유리지정가호가는 종목 및 수량은 지정하되 가격은 시장에 도달하는 시점에서 가장 유리하게 거래되는 가격으로 지정되는 주문이다.

③ 일부충족조건은 당해 주문의 접수시점에서 주문한 수량 중 체결될 수 있는 수량에 대하여는 거래를 성립시키고 체결되지 아니한 수량은 호가잔량으로 남기는 조건이다.

④ 전량충족조건은 당해 주문의 접수시점에서 주문한 수량의 전부에 대하여 체결할 수 있는 경우에는 거래를 성립시키고 그러하지 아니한 경우에는 당해 수량 전부를 취소하는 조건이다.

060 개별경쟁거래의 원칙에 대한 설명으로 옳지 않은 것은?

① 매수호가는 가격이 높은 호가가 가격이 낮은 호가에 우선하고, 매도호가는 가격이 낮은 호가가 가격이 높은 호가에 우선한다.

② 시장가호가는 지정가호가에 우선한다.

③ 가격이 동일한 호가 간에는 먼저 접수된 호가가 나중에 접수된 호가에 우선한다.

④ 단일가거래의 약정가격이 상한가 · 하한가로 결정되는 경우에 상한가 또는 하한가로 제출된 단일가호가 간에는 호가수량이 적은 호가부터 수량을 배분한다.

061 다음 주문 중 사전위탁증거금을 적용받는 위탁자가 위탁증거금 전액을 대용증권으로 예탁할 수 있는 것은?(보유 미결제약정 없음)

① 코스피200선물 매수 2계약(지정가 255p)

② 코스닥150선물 매수 3계약(시장가)

③ 코스피200옵션 매수 1계약(지정가 0.85p)

④ 삼성전자주식옵션 매도 3계약(시장가)

062 다음과 같은 거래를 한 경우, 갱신차금을 구하면?

> • 전일 미결제약정 : 5년 국채선물 10계약(체결가격 111.50, 정산가격 111.55)
> • 당일 신규 매수 2계약(체결가격 111.62)
> • 당일 매도 5계약(체결가격 111.58, 정산가격 111.65)

① −500,000　　　② 500,000　　　③ −1,000,000　　　④ 1,000,000

063 다음 중 거래증거금으로 예탁 가능한 대용증권은?

① 관리종목
② 상장지수펀드(ETF)
③ 비상장채권
④ 회원 자기가 발행한 유가증권

064 다른 산업에 비하여 금융투자산업에서 직무윤리가 특히 강조되는 이유와 가장 거리가 먼 것은?

① 금융투자상품의 전문화·복잡화 등으로 고객이 관련 상품의 내용을 정확하게 파악하는 것이 어렵다.
② 직무윤리를 준수하는 것이 관련 업무종사자를 보호하는 안전장치가 된다.
③ 금융소비자의 자산을 관리하는 산업의 속성상 이익상충의 가능성이 크다.
④ 자본시장에서 취급하는 금융투자상품은 손실위험의 가능성을 지닌다.

065 2016년 9월 28일부터 시행된 '부정청탁 및 금품 수수 등의 금지에 관한 법률(이하 '청탁금지법'이라 함)에 대한 설명으로 옳지 않은 것은?

① 법안을 발의한 당시 국민권익위원회의 위원장이었던 김영란 전 대법관의 이름을 따 '김영란법'이라고도 불린다.
② 그동안 우리나라에서 관행, 관습이라는 이름하에 묵인되어 왔던 공직자 등에 대한 부정청탁 행위 및 부당한 금품 등을 제공하는 행위 등을 강력하게 금지하고 있다.
③ 공직자 등이 직무관련성, 대가성 등이 있는 금품 등의 수수를 하는 경우에는 제재가 가능하도록 하고 있다.
④ 단순히 공직자 등에게만 국한된 것이 아니라 일반 국민 전체를 적용대상으로 하고 있다는 점에서 그 영향력이 매우 크며, 위반 시 제재조치 또한 강력하다.

066 다음 중 이해상충의 발생원인과 거리가 먼 것은?

① 회사 내의 사적 업무영역에서 공적 업무영역의 정보를 이용하기 때문이다.
② 금융투자업자와 금융소비자간 존재하는 정보의 비대칭 때문이다.
③ 금융투자업종사자가 금융소비자의 이익을 희생하여 본인 또는 제3자의 이익을 추구할
　가능성이 항상 존재하기 때문이다.
④ 금융투자업자의 겸영 업무 허용범위가 넓어졌기 때문이다.

067 자본시장법상의 이해상충 방지 체계에 관한 설명으로 옳지 않은 것은?

① 자본시장법에서는 금융투자업간 겸영허용 범위가 넓어짐에 따라 이해상충방지체제를
　금융투자업의 인가 · 등록시부터 갖추도록 의무화하고 있다.
② 금융투자업자는 이해상충이 발생할 가능성을 파악 · 평가하고, 내부통제 기준이 정하는
　방법 및 절차에 따라 이를 적절히 관리하여야 한다.
③ 금융투자업자는 이해상충이 발생할 가능성이 있는 경우에는 그 사실을 미리 해당 투자
　자에게 알려야 하며, 이해상충이 발생할 가능성을 투자자보호에 문제가 없는 수준으로
　낮춘 후 매매, 그 밖의 거래를 하여야 한다.
④ 금융투자업자는 이해상충이 발생할 가능성을 낮추는 것이 곤란하다고 판단되는 경우에
　는 그 사실을 해당 투자자에게 알린 이후에 거래를 하여야 한다.

068 다음 중 적합성의 원칙에 따라 파악하여야 할 일반투자자의 정보와 가장 거리가 먼 것은?

① 고객의 소비성향　　　　　　　② 고객의 투자목적
③ 고객의 투자경험　　　　　　　④ 고객의 재무상황

069 금융투자업종사자가 준수하여야 할 직무윤리로 그 성격이 나머지 셋과 다른 하나는?

① 상호존중　　　　　　　　　　② 법규준수
③ 자기혁신　　　　　　　　　　④ 품위유지

070 사적인 용도로 회사전화를 장시간 사용하거나 회사의 업무와 무관한 인터넷쇼핑몰사이트를 방문하는 행위는 어떤 직무윤리 기준의 위반인가?

① 상호존중
② 품위유지
③ 사적이익 추구
④ 직위의 사적 이용

071 금융투자업종사자의 대외활동에 대한 설명으로 옳은 것은?

① 금전적인 보상은 수고에 대한 대가이므로 반드시 신고할 필요는 없다.
② 대외활동이 회사의 주된 업무수행에 지장을 주어서는 아니 된다.
③ 경쟁회사에 대한 부정적인 언급은 정도가 심하지 않은 경우 허용된다.
④ 회사의 공식의견이 아닌 사견은 대외활동 시 발표할 수 없다.

072 자본시장법상의 '시장질서 교란행위'에 대한 설명으로 옳은 것은?

① 정보의 1차 수령자뿐만 아니라 모든 수령자까지 적용대상이 된다.
② 타인을 거래에 끌어들이는 등 거래의 목적성이 있어야 한다.
③ 단순 프로그램 오류로 시세에 영향을 미치는 경우는 위반행위가 아니다.
④ 타인의 해킹 등을 통해 획득한 정보이지만 이를 단순히 전달하는 것은 위반행위가 아니다.

073 회사가 특정 고객을 위하여 고객전용공간을 제공하는 경우 준수하여야 할 사항에 대한 설명으로 옳지 않은 것은?

① 당해 공간은 직원과 분리되어야 하며, 영업점장 및 영업관리자의 통제가 용이한 장소에 위치하여야 한다.
② 사이버룸의 경우 반드시 '사이버룸'임을 명기하고 외부에서 내부를 관찰할 수 있도록 개방형 형태로 설치되어야 한다.
③ 고객에 대한 서비스 차원에서 명패, 명칭, 개별 직통전화 등을 사용하도록 하거나 제공해야 한다.
④ 영업점장 및 영업관리자는 고객전용공간에서 이루어지는 매매거래의 적정성을 모니터링하고 이상매매가 발견되는 경우 지체 없이 준법감시인에게 보고하여야 한다.

074 금융분쟁조정절차에 대한 설명이다. 빈칸에 들어갈 날짜로 옳은 것은?

> • 금융감독원장은 분쟁조정의 신청을 받은 날로부터 (㉠) 이내에 당사자 간에 합의가 이루어지지 아니한 때에는 지체 없이 이를 금융분쟁조정위원회에 회부하여야 한다.
> • 금융분쟁조정위원회는 조정의 회부를 받은 때에는 (㉡) 이내에 이를 심의하여 조정안을 작성하여야 한다.

① ㉠ 7일, ㉡ 10일

② ㉠ 10일, ㉡ 30일

③ ㉠ 14일, ㉡ 60일

④ ㉠ 30일, ㉡ 60일

075 자금세탁(Money Laundering)의 절차를 바르게 나타낸 것은?

① 예치(placement)단계 → 은폐(layering)단계 → 합법화(integration)단계

② 은폐(layering)단계 → 예치(placement)단계 → 합법화(integration)단계

③ 은폐(layering)단계 → 합법화(integration)단계 → 예치(placement)단계

④ 합법화(integration)단계 → 은폐(layering)단계 → 예치(placement)단계

제4과목　**파생상품법규**　　　　　　　　　　　　　　　모/의/고/사

076 자본시장법상 증권에 대한 설명으로 옳지 않은 것은?

① 채무증권으로는 국채, 지방채, 특수채, 사채권(이자연계 파생결합채권), 기업어음 등이 포함된다.

② 지분증권으로는 법인이 발행한 출자증권, 신주인수권증권·증서, 합명회사의 지분 등이 포함된다.

③ 수익증권으로는 금전신탁의 수익증권, 투자신탁의 수익증권, 주택저당증권, 자산유동화증권 등이 포함된다.

④ 주가연계증권(ELS)은 파생결합증권이다.

077 금융투자업자가 일반투자자 및 전문투자자를 구분하여 거래를 함에 있어 유의할 사항 또는 그 예외에 대한 설명으로 옳은 것은?

① 비상장법인이라도 금융위원회의 전문투자자 확인 시 별도의 의사표시 없이 위험회피목적과 무관한 장외파생상품거래를 할 수 있다.
② 전문투자자에게는 투자권유의 요청을 받지 않은 경우에도 실시간 대화의 방법으로 장외파생상품에 대한 투자권유를 할 수 있다.
③ 상호저축은행중앙회와 장외파생상품을 거래하려면 전문투자자로 대우받겠다는 취지의 서면을 제출받아야 한다.
④ 일반투자자라도 금융위원회의 전문투자자 확인 시 적정성 원칙과 무관하게 파생결합증권에 투자할 수 있다.

078 자본시장법상 금융투자업 신규 진입 시 인가를 요건으로 하는 업무가 아닌 것은?

① 투자일임업
② 투자중개업
③ 투자매매업
④ 집합투자업

079 금융투자업 등록요건으로 거리가 먼 것은?

① 사업계획의 타당성 요건
② 대주주 요건
③ 자기자본 요건
④ 전문인력 요건

080 금융투자업의 진입규제에 대한 설명으로 옳은 것은?

① 인가제와 등록제는 진입요건이 동일하다.
② 금융투자업자가 인가 · 등록된 업무 외에 타 업무에 대하여 추가하고자 할 때, 변경인가 · 등록을 하여야 한다.
③ 금융투자업자는 인가를 받은 이후에도 모든 인가요건을 계속 동일하게 유지하여야 한다.
④ 투자자문업과 투자일임업은 인가제이다.

081 금융투자업자의 충당금 적립기준에 대한 설명으로 옳지 않은 것은?

① 대출채권, 가지급금과 미수금, 미수수익, 대여금, 대지급금, 부도어음, 부도채권, 그밖에 금융투자업자가 건전성 분류가 필요하다고 인정되는 자산에 대하여 한국채택국제회계기준에 따라 대손충당금을 적립한다.
② 정형화된 거래로 발생하는 미수금에 대하여는 대손충당금을 적립하지 않아도 된다.
③ '정상'으로 분류된 대출채권 중 콜론, 환매조건부매도에 대하여는 대손충당금을 적립하지 아니할 수 있다.
④ 채권중개전문회사 및 다자간매매체결회사에 관하여는 자산건전성 분류 및 대손충당금 등의 적립기준에 관한 규정을 적용하지 아니한다.

082 금융투자업자의 순자본비율 규제에 대한 설명으로 옳지 않은 것은?

① 적기시정조치의 기준비율로 금융투자업자는 자본적정성 유지를 위해 순자본비율이 150% 이상 유지되도록 하여야 한다.
② 금융감독원은 순자본비율이 일정수준에 미달하는 금융투자업자에 대하여는 단계별로 경영개선조치를 취한다.
③ 금융투자업자가 파산할 경우 고객 및 이해관계자에게 손실을 입히지 않기 위해서는 '위험손실을 감안한 현금화 가능자산의 규모'가 '상환의무 있는 부채의 규모'보다 항상 크게 유지되어야 한다.
④ 순자본비율의 기초가 되는 금융투자업자의 자산, 부채, 자본은 연결재무제표에 계상된 장부가액(평가성 충당금을 차감한 것)을 기준으로 한다.

083 금융위의 금융투자업자에 대한 적기시정조치와 그 해당 사유의 연결이 바르지 않은 것은?

① 경영개선권고 : 순자본비율 50% 이상 100% 미만인 경우
② 경영개선요구 : 순자본비율 0% 이상 50% 미만인 경우
③ 경영개선명령 : 순자본비율 또는 영업용순자본비율 0% 미만인 경우
④ 경영개선명령 : 부실금융기관에 해당하는 경우

084 다음 중 금융투자업자가 제3자에게 위탁할 수 있는 업무는?

① 투자매매업 관련 계약의 체결 및 해지 업무
② 투자매매업자의 매매호가 제시, 인수업무
③ 투자중개업 관련 증거금 관리 및 거래종결 업무
④ 집합투자업자의 운용업무와 관련한 조사분석업무

085 다음 중 투자권유대행인의 금지행위에 해당되지 않는 것은?

① 위탁한 금융투자업자를 대리하여 계약을 체결하는 행위
② 투자자로부터 금전·증권 등의 재산을 수취하는 행위
③ 투자권유대행업무를 제3자에게 재위탁하는 행위
④ 보험설계사가 소속 보험회사와 투자권유 위탁계약을 체결하는 행위

086 투자매매업자 및 투자중개업자의 불건전 영업행위의 금지에 관한 설명으로 옳지 않은 것은?

① 투자매매업자 또는 투자중개업자는 투자자로부터 금융투자상품의 가격에 중대한 영향을 미칠 수 있는 주문을 받거나 받게 될 가능성이 큰 경우 고객의 주문을 체결하기 전에 자기의 계산으로 매수 또는 매도하거나 제3자에게 매수 또는 매도를 권유하는 행위(선행매매)를 할 수 없다.
② 선행매매의 금지는 투자매매업자 또는 투자중개업자가 고객의 매매주문정보를 이용하여 시장에서의 정보의 평등을 해치는 것을 막기 위한 것이다.
③ 투자매매업자 또는 투자중개업자는 조사분석자료의 내용이 사실상 확정된 때부터 공표 후 일주일이 경과하기 전까지 그 조사분석의 대상이 된 금융투자상품을 자기의 계산으로 매매(scalping)할 수 없다.
④ 조사분석자료의 작성을 담당하는 자에 대해서는 일정한 기업금융업무와 연동된 성과보수를 지급할 수 없다.

087 금융투자업자의 내부 정보교류 차단장치의 내용으로 옳지 않은 것은?

① 금융투자상품의 매매 정보 및 소유현황 정보의 제공 금지
② 임원 및 직원 겸직 금지
③ 투자자가 예탁한 증권의 총액과 증권의 종류별 총액에 관한 정보 제공 금지
④ 사무공간 및 전산설비 공동이용 금지

088 금융투자업자가 약관을 제정·변경하는 경우에는 미리 금융위에 신고하여야 하는데, 다음 중 예외적으로 제정·변경 후 7일 이내에 금융위 및 협회에 보고하면 되는 경우가 아닌 것은?

① 약관 내용 중 투자자의 권리·의무와 관련이 사항을 변경하는 경우
② 다른 금융투자업자가 신고한 약관과 동일하게 약관을 제정·변경하는 경우
③ 전문투자자만을 대상으로 약관을 제정·변경하는 경우
④ 신상품을 대상으로 한 약관을 제정·변경하는 경우

089 다음 중 신용거래로 매매할 수 있는 증권이 아닌 것은?

① 상장주권
② 상장채무증권
③ 상장주권과 관련된 증권예탁증권
④ 상장지수집합투자기구 증권

090 공공적 법인의 주식 소유제한에 대한 설명으로 옳지 않은 것은?

① 공공적 법인이 상장된 당시 발행주식총수의 10% 이상을 소유한 주주는 그 소유비율을 초과하여 소유할 수 없다.
② 공공적 법인이 상장된 당시 발행주식총수의 10% 미만을 소유한 주주는 발행주식총수의 1% 이내에서 정관이 정하는 비율을 초과하여 소유할 수 없다.
③ 기준을 초과하여 사실상 주식을 소유하는 자는 그 초과분에 대하여는 의결권을 행사할 수 없다.
④ 기준을 초과하여 주식을 소유하는 자에 대해 금융위는 6개월 이내의 기간을 정하여 기준을 충족하도록 시정을 명할 수 있다.

091 다음 중 자본시장법상 미공개중요정보 이용행위금지 규제대상에 해당하지 않는 것은?

① 권리행사 과정에서 미공개 중요정보를 알게 된 해당 법인 주주
② 직무와 관련하여 미공개 중요정보를 알게 된 해당 법인 임직원
③ 해당 법인과 계약체결을 하고 있는 자로서 계약체결과정에서 미공개 중요정보를 알게 된 자
④ 회사 내부자로부터 미공개 중요 정보를 받은 자

092 다음 해당 회사에 근무하는 직원 중 증권선물위원회가 미공개중요정보를 알 수 있는 자로 인정하지 않는 자는?

① 재무담당 과장
② 기획담당 대리
③ 생산담당 차장
④ 공시담당 사원

093 금융투자회사 및 금융투자분석사의 매매거래 제한에 대한 설명으로 옳지 않은 것은?

① 조사분석자료가 확정된 시점부터 공표 후 24시간까지는 회사의 고유재산으로 조사분석 대상이 된 금융투자상품을 매매할 수 없다.
② 금융투자분석사는 자신이 담당하는 업종에 속하는 법인이 발행한 주식 등을 매매하는 경우에는 조사분석자료 공표 후 7일이 경과하여야 한다.
③ 금융투자분석사는 소속 회사에서 조사분석자료를 공표한 금융투자상품을 매매하는 경우에는 공표 후 24시간이 경과하여야 하며, 공표일로부터 7일 동안은 공표한 투자의견과 같은 방향으로 매매하여야 한다.
④ 금융투자분석사는 금융투자상품 매매내역을 매월 회사에 보고하여야 한다.

094 펀드의 운용실적 표시에 관한 설명으로 옳지 않은 것은?

① 펀드 설립일로부터 1년 이상 경과하고 순자산총액이 100억(세제펀드는 50억) 이상인 펀드를 대상으로 한다.
② 기준일로부터 과거 1개월 이상 수익률을 사용하되, 과거 6개월 및 1년 수익률을 함께 표시한다.
③ 집합투자기구의 유형, 기준일 및 기준일 현재의 순자산총액, 설립일, 수익률 산출기간 및 산출기준, 세전·세후 여부, 벤치마크 수익률은 의무표시사항이다.
④ MMF의 경우 다른 금융투자회사가 판매하는 MMF와 운용실적을 비교하여 광고하여야 한다.

095 다음 중 투자자 예탁자산의 평가방법으로 적절하지 않은 것은?

① 청약하여 취득하는 주식(상장 전) – 취득가액
② 상장주권·주식워런트증권·상장지수집합투자기구의 집합투자증권 – 당일 종가
③ 상장채권 및 공모 주가연계증권 – 당일 종가
④ 집합투자증권(상장지수집합투자기구의 집합투자증권 제외) – 당일에 고시된 기준가격

096 다음 중 '금융투자전문인력과 자격시험에 관한 규정'에 따른 금융투자전문인력과 거리가 먼 자는?

① 펀드투자권유자문인력
② 투자자산운용사
③ 투자상담관리인력
④ 채권평가인력

097 호가에 대한 설명으로 옳지 않은 것은?

① 매도 최유리지정가는 가장 높은 매수호가의 가격을 지정한 것으로 한다.
② 거래소에 접수된 호가는 접수된 때로부터 당일의 장종료 때까지 효력이 지속된다.
③ 접속거래 시 매도시장가호가는 가장 낮은 매도호가의 가격에서 호가가격단위를 뺀 가격과 가장 낮은 매수호가의 가격 중 낮은 가격으로 한다.
④ 전량충족조건은 해당 호가의 접수시점에서 호가한 수량 중 체결할 수 있는 수량에 대해서만 거래를 체결하고 체결되지 않은 호가잔량은 취소하는 조건이다.

098 다음 중 협의대량거래를 할 수 없는 상품은?

① 미국달러선물
② 3년국채선물
③ 코스피200변동성지수선물
④ 코스피200선물

099 거래증거금 예탁수단에 대한 설명으로 옳지 않은 것은?

① 거래증거금은 현금으로 예탁하여야 하나 대용증권, 외화 또는 외화증권으로 전액 예탁할 수 있다.

② 거래증거금으로 예탁할 수 있는 외화의 평가가격은 기준시세에 90%를 곱하여 산출한 가격으로 한다.

③ 회원은 자기가 발행한 증권을 거래증거금 또는 매매전문회원증거금으로 예탁할 수 없다.

④ 지정결제회원은 매매전문회원증거금으로 예탁받은 현금, 대용증권, 외화 또는 외화증권을 해당 매매전문회원 이외의 자를 위하여 사용할 수 없다.

100 선물거래의 최종결제가격에 대한 설명으로 옳지 않은 것은?

① 코스피200선물, 코스닥150선물, 섹터지수선물, 주식선물, 금선물의 최종결제가격은 최종거래일의 기초자산 종가(지수)이다.

② 유로스톡스50선물의 최종결제가격은 유렉스가 상장한 유로스톡스50선물의 최종결제가격이다.

③ 돈육선물의 최종결제가격은 최종거래일의 다음 날 최초로 공표되는 돈육대표가격이다.

④ 3년/5년/10년 국채선물의 최종결제가격은 각 선물거래의 기초자산에 대하여 한국금융투자협회가 최종거래일 11:30분에 공표하는 수익률을 최종결제가격 산출 산식에 의해 환산한 가격이다.

제1과목 **파생상품 I** 모/의/고/사

001 KOSPI200 지수는 200포인트, 이자율은 4%, 배당수익률은 2%일 때, 만기가 3개월 남아 있는 KOSPI200 지수선물의 이론가격은?

① 199포인트　　　　② 200포인트　　　　③ 201포인트　　　　④ 202포인트

002 단기이자율이 배당수익률보다 크다고 가정할 때, 주가지수(S), 주가지수선물의 이론가격(F^*), 시장가격(F)과의 관계에 대한 설명으로 옳지 않은 것은?

① 주가지수선물 이론가격은 기초자산인 주가지수보다 높다.
② 주가지수선물이 콘탱고 상태이면 당연히 고평가된 것이다.
③ 주가지수선물이 백워데이션 상태이면 저평가된 것이다.
④ 주가지수선물이 저평가되어 있더라도 반드시 백워데이션 상태는 아니다.

003 선물을 이용한 헤지(Hedge)거래에 관한 설명으로 옳지 않은 것은?

① 헤지거래는 선물시장에서 현물포지션과 동일한 포지션을 취함으로써 현물가격의 변동리스크를 제거하고자 하는 거래이다.
② 헤지를 하면, 현물포지션의 손실이 선물포지션의 이익으로 상쇄되거나 현물포지션의 이익이 선물포지션의 손실로 상쇄된다.
③ 매수헤지(long hedge)는 향후 현물가격의 상승에 따른 기회손실을 회피하기 위해 선물을 미리 매수하는 것이다.
④ 매도헤지(short hedge)는 보유하고 있는 현물의 가격하락에 대비하여 현물과 대응되는 선물을 매도함으로써 향후 가격하락 리스크를 제거하는 거래이다.

004 펀드운용자는 시장이 하락할 것으로 예상하여 주식포트폴리오의 베타를 0.9로부터 0.5로 감소시키기를 원한다. 이때 가장 적절한 전략은?(1포인트 = 25만원으로 가정)

① KOSPI200 선물 40계약을 매도   ② KOSPI200 선물 60계약을 매수

③ KOSPI200 선물 80계약을 매도   ④ KOSPI200 선물 100계약을 매도

005 현재 KOSPI200 주가지수는 202, 선물지수는 204, 이론선물지수는 203이며, 만기까지의 잔존일수가 30일이다. 현재 선물의 시장가격을 평가하면?

① Contango, 저평가 상태   ② Backwardation, 저평가 상태

③ Contango, 고평가 상태   ④ Backwardation, 고평가 상태

006 선물시장이 백워데이션(Backwardation) 상태라면, 이를 이용한 차익거래 전략으로 가장 적절한 것은?

① 현물매도 + 선물매수   ② 현물매수 + 선물매도

③ 현물매수 + 선물매수   ④ 현물매도 + 선물매도

007 현재 단기이자율이 5%, 배당수익률이 3%라고 할 경우, 주가지수선물 시장에서 결제월 간 스프레드 확대가 예상될 때 취할 수 있는 바람직한 거래 전략은?

① 근월물 매수 + 원월물 매도   ② 근월물 매도 + 원월물 매도

③ 근월물 매도 + 원월물 매수   ④ 근월물 매수 + 원월물 매수

008 채권형 펀드매니저인 A씨는 현재 300억원의 원화 채권 포트폴리오를 관리하고 있다. 현재 포트폴리오의 평균 듀레이션은 2년이며, 국채선물 3년물의 가격은 100이고 국채선물 3년물의 듀레이션은 3년이라고 하자. 향후 국채수익률의 하락이 예상되어 채권 포트폴리오의 듀레이션을 3년으로 증가시키고자 할 때, 필요한 국채선물의 계약수는?

① 100계약 매수   ② 200계약 매수

③ 300계약 매수   ④ 200계약 매도

009 채권선물의 결제월 간 스프레드거래에 대한 설명으로 옳지 않은 것은?(수익률곡선이 우상향하는 일반적인 상황(단기이자율 < 채권이자율)을 가정)

① 스프레드가 확대될 것으로 예상하는 경우, 근월물을 매수하고 원월물을 매도한다.
② 스프레드가 확대될 것으로 예상하는 경우, 강세 스프레드 전략을 사용한다.
③ 스프레드가 축소될 것으로 예상하는 경우, 근월물을 매도하고 원월물을 매수한다.
④ 스프레드가 축소될 것으로 예상하는 경우, 매수 스프레드 전략을 사용한다.

010 현재 원-달러 현물환율이 달러당 1,000원이고 6개월 선물환율이 달러당 900원이다. 그러면 6개월 선물환의 할증률(또는 할인율)은?

① 10% 할증   ② 20% 할증   ③ 10% 할인   ④ 20% 할인

011 현재 원-달러 현물환율은 ₩1,000/$, 만기가 3개월(92일)인 선물환율은 ₩1,001/$, 달러화 3개월 금리는 2%(act/360), 원화 3개월 금리는 3%(act/365)이다. 다음 설명 중 옳지 않은 것은?

① 시장 선물환율은 할증상태이다.
② 이론 선물환율은 ₩1,002.44/$이다.
③ 시장 선물환율은 이론 선물환율보다 저평가되어 있다.
④ 원화를 차입하고 이를 달러로 바꾸어 달러로 예금하고, 달러선물환을 매수하는 차익거래를 할 수 있다.

012 4월 1일 현재 금 현물가격이 42,880원/g, 선물가격은 43,040원/g인 상황에서 금 보유자가 금선물을 매도하여 헤지한 후 5월 15일에 환매하여 청산하였다. 5월 15일의 금 현물가격은 42,340원/g, 선물가격은 42,460원/g이다. 이 경우 순매도가격(NSP)은?

① 42,850원   ② 42,920원   ③ 43,400원   ④ 43,530원

013 금 선물가격이 표와 같이 움직인다고 가정하면, 7월 1일에 어떤 스프레드 포지션을 취해야 7월 10일에 가장 큰 이익이 발생하겠는가?

날짜	8월물 선물	10월물 선물
7월 1일	42,450원	42,620원
7월 10일	42,270원	42,480원

① 8월물 매수 + 10월물 매수
② 8월물 매도 + 10월물 매도
③ 8월물 매수 + 10월물 매도
④ 8월물 매도 + 10월물 매수

014 현재 주식가격은 5만원이고, 1년 후에 주가는 7만원으로 상승하거나 3만원으로 하락한다고 하자. 무위험이자율은 연 10%이다. 이 주식에 대한 유럽형 풋옵션(만기는 1년이며, 행사가격은 5만원)의 현재가치는?(이산복리 가정)

① 5,818원
② 6,818원
③ 7,818원
④ 8,818원

015 옵션가격(프리미엄)에 영향을 미치는 변수와 옵션가격과의 관계를 설명한 것으로 옳지 않은 것은?

① 기초자산 가격이 상승하면 풋옵션의 가격은 하락한다.
② 변동성이 커지면 콜옵션 가격은 상승하고, 풋옵션 가격은 하락한다.
③ 배당금을 많이 지급할수록 콜옵션의 가격이 낮아진다.
④ 행사가격이 높은 옵션일수록 콜옵션의 가격은 낮고, 풋옵션의 가격은 높다.

016 기초자산의 가격과 행사가격이 모두 100일 때 유럽형 풋옵션의 가격이 2라면, 시장이 균형상태라고 할 때 만기와 행사가격이 동일한 유럽형 콜옵션의 가격은?(무위험이자율은 연 12%, 옵션의 잔존기간 1개월, 기초자산에 대한 배당금은 없음)

① 약 5
② 약 4
③ 약 3
④ 약 2

017 델타가 0.4이고 감마가 0.03인 콜옵션 10계약 매수와 델타가 −0.5이고 감마가 0.02인 풋옵션 5계약을 매수한 포지션에서 기초자산 가격이 1단위 상승하는 경우, 포트폴리오의 델타는 어떻게 되는가?

① 변화가 없다.
② 0.5로 변화한다.
③ 1.5로 변화한다.
④ 1.9로 변화한다.

018 주가가 하락할 가능성이 낮고 가격변동성은 증가하지 않을 것으로 예상하는 경우에, 다음 중 가장 바람직한 옵션 투자전략은?

① 근월물 외가격 콜옵션 매수
② 원월물 등가격 콜옵션 매수
③ 근월물 등가격 콜옵션 매도
④ 근월물 등가격 풋옵션 매도

019 주가지수의 상승이 예상될 경우, 이익과 손실을 제한하고 포지션 설정 초기에 현금의 순수입이 발생되게 하는 옵션투자전략은?

① 콜 비율 스프레드
② 스트래들 매수
③ 강세 콜옵션 스프레드
④ 강세 풋옵션 스프레드

020 KOSPI200 콜 250을 3포인트에 1계약을 매수함과 동시에 만기가 동일한 KOSPI200 콜 255를 2포인트에 2계약 매도한 경우, 다음 설명 중 옳지 않은 것은?

① 콜 비율 스프레드 전략이다.
② 가격의 변동성이 다소 높은 시기에 주가의 흐름을 확신할 수 없는 상황에서 활용한다.
③ 콜 비율 스프레드 매수의 델타는 단순 콜옵션 매도보다는 작지만 약세 콜 스프레드에 비해서는 크다.
④ 델타를 기준으로 위험순위를 따지면, 콜옵션 매도 > 콜옵션 비율 스프레드 매수 > 콜옵션 강세 스프레드 순이다.

021 다음 중 KOSPI200 지수의 가격 변동성이 크게 증가할 것으로 예상될 때 적절한 옵션거래 전략이 아닌 것은?

① 행사가격 252.5 콜 1계약 매수 + 행사가격 252.5 풋 1계약 매수
② 행사가격 257.5 콜 1계약 매수 + 행사가격 250 풋 1계약 매수
③ 행사가격 250 콜 1계약 매수 + 행사가격 255 콜 1계약 매도
④ 행사가격 250 콜 1계약 매도 + 행사가격 252.5 콜 2계약 매수 + 행사가격 255 콜 1계약 매도

022 주식 관련 옵션을 이용한 헤지거래에 관한 설명으로 옳지 않은 것은?

① 보호적 풋매수(protective put)는 주가하락 예상 시 사용한다.
② 보호적 풋매수(protective put)는 [주식포트폴리오 보유 + 풋옵션 매수] 포지션이다.
③ 커버드 콜매도(covered call writing)는 [주식포트폴리오 보유 + 콜매도] 포지션이다.
④ 커버드 콜매도(covered call writing)는 주가가 지속적으로 하락 시 이익이 증가한다.

023 3개월 Libor에 연동되어 이자가 지급되는 변동금리채권(FRN)에 투자한 채권운용자가 향후 금리변동 리스크를 헤지하고자 할 때, 다음 중 가장 적절한 거래전략은?

① 유로달러선물 콜옵션 매수　　　　② 유로달러선물 콜옵션 매도
③ 유로달러선물 풋옵션 매수　　　　④ 유로달러선물 풋옵션 매수

024 다음 중 금리상승 리스크를 관리하는 전략은?

① 유로달러선물 매수　　　　　　　② 국채선물 매수
③ 유로달러선물 콜옵션 매수　　　　④ 금리칼라(collar) 매수

025 3개월 후에 미화 100만 달러의 차입금 상환이 예정된 경우, 환위험을 회피할 수 있는 방법으로 옳지 않은 것은?

① 3개월 만기 달러 선물환 매도
② 3개월간 원화를 차입하여 달러로 바꾼 다음 달러자산에 3개월간 투자
③ 3개월 만기 달러화에 대한 풋옵션 매도
④ 3개월 만기 달러화에 대한 콜옵션 매수

제2과목 **파생상품 Ⅱ** 모/의/고/사

026 잔존만기 3년짜리 미국 재무부 채권수익률이 3%이고, 스왑딜러가 고시한 3년 만기 미달러화 이자율스왑의 가격이 'T + 40/37'일 경우, 스왑딜러와 payer swap 거래를 하고자 하는 고객에게 적용되는 스왑금리는?

① 3%   ② 3.37%   ③ 3.40%   ④ 3.77%

027 A기업은 미 달러화 고정금리 수취 스왑거래를 하려고 한다. 스왑딜러가 제시한 스왑금리가 다음과 같다면, 누구와 스왑거래를 하는 것이 가장 유리한가?

① 스왑딜러 A : 5.20 − 5.15 (s. a. 30/360)
② 스왑딜러 B : 5.20 − 5.15 (annual, 30/360)
③ 스왑딜러 C : 5.20 − 5.15 (s. a. act/360)
④ 스왑딜러 D : 5.20 − 5.15 (annual act/360)

028 K사의 현재 차입금리는 Libor + 30bp이며 스왑딜러가 제시하고 있는 스왑금리는 3.29/3.26이다. K사는 향후 금리상승이 예상되어 이자율스왑 거래를 하고자 한다. 이때 K사에 필요한 이자율스왑 포지션과 이자율스왑 거래 후의 차입금리는?

① payer 이자율스왑, 3.59%   ② receiver 이자율스왑, 3.56%
③ payer 이자율스왑, 3.56%   ④ receiver 이자율스왑, 3.59%

029 유로달러 선물 3년 strip 거래의 평균금리가 3.5%이고, 현재 스왑시장에서 3년 스왑금리가 3.0%/2.95%로 고시되고 있다면 어떤 차익거래가 가능한가?

① 차익거래 기회가 존재하지 않는다.

② 유로달러 선물 매수 + receiver 스왑

③ 유로달러 선물 매수 + payer 스왑

④ 유로달러 선물 매도 + receiver 스왑

030 달러 고정금리 지급 스왑을 거래한 금융기관이 스왑포지션의 리스크를 관리하기 위한 헤지 수단으로 적절한 방안은?

① 유로달러 선물을 매도한다.　　② 유로달러 선물을 매입한다.

③ 고정금리 채권을 발행한다.　　④ 미 국채 선물을 매도한다.

031 A기업은 US$10,000,000을 3개월 Libor + 1.5%의 변동금리 조건으로 3년간 차입하였다. 금리상승 리스크를 헤지하기 위해 고정금리를 지급(변동금리 수취)하는 payer 이자율스왑 거래를 하고자 한다. 그러나 초기의 고정금리 지급 부담을 줄이기 위해 변형된 스왑구조를 이용하려고 한다. 다음 중 A기업에 가장 적절한 스왑은?

① step-up swap　　　　　　② step-down swap

③ accreting swap　　　　　　④ amortizing swap

032 다음 중 변동금리로 자금을 빌린 차입자가 금리상승 위험을 회피할 수 있는 방법이 아닌 것은?

① FRA 매도

② 금리선물 매도포지션

③ 이자율스왑에서 payer 스왑(고정금리지급, 변동금리수취 포지션)

④ payer's swaption 매수

033 우리나라의 K기업은 5년 만기 달러표시 채권 1,000만 달러(coupon 5%)를 발행하였다. K기업이 필요한 자금은 원화 고정금리 자금이며 향후 달러가치의 상승을 예상하고 있는 경우, K기업이 취해야 할 가장 적절한 형태의 스왑거래는?

① 원화 고정금리 지급 이자율스왑
② 원화 고정금리 지급, 달러화 고정금리 수취 통화스왑
③ 원화 고정금리 수취, 달러화 고정금리 지급 통화스왑
④ 원화 고정금리 지급, 달러화 변동금리 수취 통화스왑

034 환율이 일정한 가격(촉발가격, trigger price) 이상으로 오를 때 옵션이 무효가 된다는 것을 의미하는 것은?

① down-and-out
② down-and-in
③ up-and-out
④ up-and-in

035 행사가격이 80, 촉발가격이 90인 up-and-out 풋옵션이 있다. 기초자산의 가격은 계약기간 동안 최소 70에서 최대 95까지 움직였으며, 만기일에는 79가 되었다. 이 옵션을 보유한 자의 만기손익은?(단, rebate는 없음)

① 0
② 1
③ 10
④ -2

036 기초자산의 가격 움직임이 다음과 같을 때, 각 옵션의 만기 시 정산손익을 계산한 식이 옳지 않은 것은?

초기가격 : 3,000원	최고가격 : 3,600원	평균가격 : 3,250원
만기가격 : 3,200원	최저가격 : 2,500원	행사가격 : 3,100원

① 표준 콜옵션 : $Max(3,200 - 3,100, 0) = 100$
② 평균가격 콜옵션 : $Max(3,250 - 3,100, 0) = 150$
③ 평균행사가격 콜옵션 : $Max(3,200 - 3,250, 0) = 0$
④ 룩백 콜옵션 : $Max(3,600 - 3,200, 0) = 400$

037 다음 중에서 스트래들(straddle) 매수 전략과 가장 유사한 옵션은?

① 디지털옵션(digital option)　　　　② 선택옵션(chooser option)

③ 버뮤다옵션(bermudan option)　　④ 콴토옵션(quanto option)

038 다음 옵션 중 다른 조건이 동일하다면, 풋옵션의 가격(프리미엄)이 가장 높은 것은?

① 미국식 옵션(american option)　　② 유럽식 옵션(european option)

③ 버뮤다옵션(bermudan option)　　④ 장애옵션(barrier option)

039 통화옵션을 이용한 환위험 관리에 대한 설명으로 옳지 않은 것은?

① 옵션 매입과 매도를 동시에 거래하여 프리미엄을 없게 만든 옵션거래를 제로 코스트 옵션이라 한다.

② 범위선도(Range forward)의 손익구조는 이익이 제한될 뿐만 아니라 손실 또한 제한된다.

③ 통화옵션에서 만기와 행사가격이 동일한 콜옵션을 매수하고 풋옵션을 매도하면 선물환을 매도한 것과 같은 효과가 있다.

④ 인핸스드 포워드(Enhanced forward)란 일반 합성선물환 거래에 행사가격이 낮은 외가격 풋옵션을 추가로 매도하여 가격(환율)조건을 개선한 구조이지만, 수출기업의 경우 환율급락 시 손실이 커진다.

040 신용디폴트스왑(CDS : Credit Default Swap)에 관한 설명으로 옳지 않은 것은?

① 준거기업 또는 준거자산에 대한 신용위험을 보장매입자가 보장매도자에게 일정한 프리미엄을 지불하고 이전하는 계약이다.

② 만약 만기 이전에 신용사건이 발생할 경우, 보장매도자는 손실금을 보장매입자에게 지급해야 한다.

③ 손실금의 지급방법은 현금으로 정산할 수도 있고, 미리 정한 준거자산을 직접 이전할 수도 있다.

④ 보장매입자는 준거기업에 대한 신용위험을 이전하였기 때문에 새롭게 발생되는 신용위험은 없다.

041 총수익률스왑(TRS : Total Return Swap)에 관한 설명 중 옳지 않은 것은?

① TRS는 보장매입자가 준거자산에서 발생하는 이자, 자본수익(손실) 등 모든 현금흐름을 보장매도자에게 지급하고, 보장매도자로부터 약정한 수익을 지급받는 계약이다.

② 계약 만기 시에 준거자산의 시장가격이 계약 당시의 가격보다 상승한 경우, 보장매입자가 보장매도자에게 차액을 지불한다.

③ CDS(신용디폴트스왑)와는 달리 TRS는 신용위험은 이전하지 않고 시장위험만을 이전하는 거래이다.

④ 자금조달 비용이 낮은 우량한 금융기관의 입장에서는 준거자산을 매각하는 효과를 거두면서 동시에 높은 수익을 얻을 수 있다.

042 파생상품 투자 실패 사례로부터 배울 수 있는 교훈으로 옳지 않은 것은?

① 위험한도를 명확하게 정의하고 이를 엄격히 준수할 것
② 유동성위험을 과소평가하지 말 것
③ 초기이익을 적극적으로 인식할 것
④ 거래자를 주의 깊게 감시할 것

043 J.P Morgan사의 RiskMetrics가 계산한 VaR(95% 신뢰수준, 1일 보유기간)이 10억원일 경우, 이를 감독기관(BIS 바젤위원회)이 권고하는 VaR(99% 신뢰수준, 10일 보유기간)로 전환하면 얼마인가?

① 25억원　　　　② 35억원　　　　③ 40억원　　　　④ 45억원

044 ELD, ELS, ELF에 대한 설명으로 옳은 것은?

① ELD는 은행에서 발행되는 금융상품이지만 예금자보호법의 대상에는 속하지 않는다.
② ELS는 은행에서 발행하는 파생결합증권이다.
③ ELF는 자산운용사에서 운용하는 수익증권으로서 원금은 보장되지 않는다.
④ ELS는 100% 원금을 보장한다.

045 ELW의 권리행사와 만기결제에 관한 설명으로 옳지 않은 것은?

① ELW 보유자는 권리행사일에 내재가치가 있는 경우 이익을 볼 수 있으며, 만기에 기초자산가격이 불리하게 움직일 경우 권리행사를 포기할 수 있다.
② 콜 ELW의 내재가치 = (기초자산가격 − 권리행사가격) × 전환비율
③ 현재 상장된 ELW는 발행사가 현금결제방식을 채택하고 있다.
④ 현금결제방식의 ELW는 자동권리행사가 인정되지 않는다.

046 주가가 10,000원이고 행사가격이 5,000원일 때, 전환비율이 50%인 콜 ELW의 내재가치는 얼마인가?

① 2,500원　　　　② 5,000원　　　　③ 10,000원　　　　④ 15,000원

047 기초지수 변동과 수익률이 연동되도록 증권회사가 발행하는 파생결합증권으로 주식처럼 거래소에 상장되어 거래되는 증권은?

① ETN　　　　② ELS　　　　③ DLS　　　　④ ELW

048 주식으로 기초지수를 구성하는 경우, ETN의 기초지수에 편입되는 종목의 수는 최소 몇 종목 이상이어야 하나?

① 2종목　　　　② 5종목　　　　③ 10종목　　　　④ 15종목

049 ETN의 상장제도에 대한 설명으로 옳지 않은 것은?

① 신속한 상장을 위해 ETN의 심사기간은 15일로 설정하고 있다.
② ETN 발행회사의 영업용순자본비율(NCR)은 300% 이상이어야 한다.
③ 신규상장하는 ETN의 발행총액은 최소 70억원 이상이어야 한다.
④ ETN 발행자는 자기자본의 50%까지만 ETN을 발행할 수 있다.

050 다음 중 ETN의 LP(유동성공급자)가 호가를 제출할 의무가 없는 시간은?

① 오전 8시 4분
② 오전 9시 4분
③ 오후 3시 4분
④ 오후 3시 24분

제3과목 리스크관리 및 직무윤리

모/의/고/사

051 다음 중 운영리스크가 아닌 것은?

① 인적리스크
② 내부시스템리스크
③ 프로세스리스크
④ 신용등급하락리스크

052 A자산의 VaR은 66억, B자산의 VaR은 33억, 두 자산 간의 상관계수가 −1일 때, A와 B의 두 자산으로 구성된 포트폴리오의 VaR는 얼마인가?

① 33억원
② 44억원
③ 55억원
④ 66억원

053 KOSPI200 지수는 현재 255포인트이고 지수의 연간 변동성은 40%이다(연간 거래일수는 256일 가정). 만기가 1년이고 행사가격이 250포인트인 KOSPI200 지수 콜옵션의 가격이 현재 15포인트이며 델타는 0.55이다. 무위험이자율은 현재 2%이고 지수 1포인트는 50만원을 나타낸다. 99% 신뢰수준에서 일별 기준으로 KOSPI200 지수 콜옵션의 델타-노말 VaR를 구하면?

① 3,456,125
② 4,456,125
③ 5,456,125
④ 6,456,125

054 3×6 FRA 매입포지션의 VaR를 구하는 방법으로 적절한 것은?

① 3개월 만기 채권 매입포지션의 VaR + 6개월 만기 채권 매입포지션의 VaR
② 3개월 만기 채권 매입포지션의 VaR + 6개월 만기 채권 매도포지션의 VaR
③ 3개월 만기 채권 매도포지션의 VaR + 6개월 만기 채권 매입포지션의 VaR
④ 3개월 만기 채권 매입포지션의 VaR + 9개월 만기 채권 매도포지션의 VaR

055 VaR를 계산할 때, 완전가치평가가 필요 없는 방법은?

① 분석적 분산-공분산 방법 ② 역사적 시뮬레이션
③ 몬테카를로 시뮬레이션 ④ 시나리오 분석

056 어느 은행이 100억원의 대출을 하고 있다. 대출의 부도율(채무불이행확률)은 4%이고, 손실률은 80%이다. 예상손실(기대손실)은 얼마인가?

① 1.7억원 ② 2.1억원 ③ 2.8억원 ④ 3.2억원

057 다음 중 신용리스크 노출금액이 0인 포지션은?

① 이자율스왑 매도포지션 ② FRA 매도포지션
③ 장외옵션 매입포지션 ④ 장외옵션 매도포지션

058 파생결합증권의 리스크에 대한 설명으로 옳은 것은?

① 배당이 커지면 stepdown ELS의 가치는 상승한다.
② 기초자산이 해외자산인 경우, 일반적으로 환율의 변동성이 커질수록 ELS의 가치는 하락한다.
③ 투자자가 만기 이전에 발행사에 환매를 요청하는 경우, 중도 환매에 대한 패널티가 부과된다.
④ 파생결합증권은 시장가격이 존재하여 시장가격에 의존하여 환매기준가격이 결정되므로, 평가모델의 불확실성에 따른 리스크에 노출되지 않는다.

059 해외파생상품 거래계좌 중 위탁자가 자기의 명의와 계산으로 개설하는 계좌는?

① 중개계좌 ② 총괄계좌 ③ 자기계좌 ④ 지정계좌

060 파생상품거래 호가의 입력제한에 대한 설명으로 옳지 않은 것은?

① 최근월물 이외의 원월물 종목인 경우 시장가호가 및 지정가호가로 입력하여야 한다.
② 선물스프레드 거래인 경우에는 지정가호가만 입력하여야 한다.
③ 단일가 호가인 경우에는 최유리지정가호가의 신규 입력이 제한된다.
④ 최종거래일이 도래한 종목인 경우에는 조건부지정가호가의 입력이 제한된다.

061 사후위탁증거금이 적용되는 적격기관투자자가 아닌 자는?

① 국가, 한국은행
② 금융기관
③ 예금보험공사, 한국자산관리공사, 집합투자기구 등 기타 전문투자자
④ 주권상장법인, 투자자문업자

062 다음 중 기본예탁금을 예탁하지 않아도 되는 투자자는?

① 사전위탁증거금계좌의 건전투자자
② 사전위탁증거금계좌의 일반투자자
③ 사전위탁증거금계좌의 관리대상투자자
④ 사후위탁증거금일반계좌의 적격기관투자자

063 선물 · 옵션의 최종결제방법은 현금결제와 인수도결제로 구분된다. 다음 중 현금결제 방식이 아닌 것은?

① 금선물
② 미국달러선물
③ 10년 국채선물
④ 돈육선물

064 자본시장법(자본시장과 금융투자업에 관한 법률)에서의 직무윤리의 역할에 대한 설명으로 가장 옳은 것은?

① 자본시장법에서 금융투자상품을 포괄적으로 정의함으로써 그 적용대상과 범위가 확대됨에 따라 법의 사각지대를 메워주는 직무윤리의 중요성이 커졌다.

② 자본시장법상 직무윤리는 금융소비자에 대한 배려차원에서 법적의무 부여보다는 금융기관 자체 서비스 중심의 금융소비자보호를 강조한다.

③ 자본시장법상 전문투자자의 경우 법상 주된 보호대상에서 제외됨에 따라 직무윤리 책임도 한결 완화된 측면이 있다.

④ 자본시장법은 금융소비자 보호와 금융투자업자의 평판리스크 관리를 위해 내부통제 중심의 자발적 직무윤리를 강조하였다.

065 신의성실의 원칙(신의칙)이 가지는 기능에 대한 설명으로 옳지 않은 것은?

① 권리의 행사와 의무를 이행함에 있어서 행위준칙이며, 법률관계를 해석함에 있어서 해석상의 지침이 된다.

② 계약이나 법규에 흠결이나 불명확한 점이 있는 경우, 신의칙은 이를 메워주고 명확하게 하는 기능을 한다.

③ 권리의 행사가 신의칙에 반하는 경우에는 권리남용이 되어 권리행사로서의 법률효과가 인정되지 않는다.

④ 신의칙 위반이 법원에서 다루어지는 경우, 당사자의 주장이 있는 경우에만 법원은 신의칙 위반여부를 판단할 수 있다.

066 과당매매와 관련하여 특정 거래가 빈번한 거래인지 또는 과도한 거래인지를 판단할 때에 고려되어야 할 사항으로 부적절한 것은?

① 일반투자자가 당해 거래로 인하여 실제 투자손실을 입었는지의 여부

② 일반투자자가 부담하는 수수료의 총액

③ 일반투자자의 재산상태 및 투자목적에 적합한지 여부

④ 일반투자자가 투자지식이나 경험에 비추어 당해 거래에 수반되는 위험을 잘 이해하고 있는지 여부

067 금융소비자 보호 의무에 대한 설명으로 옳지 않은 것은?

① 신의성실의 원칙에 바탕을 두고 있다.
② 윤리적 의무인 동시에 법적인 의무이다.
③ 회사의 평판위험(reputation risk) 관리와도 관련이 있다.
④ 전문투자자에 대해서는 적용되지 않는다.

068 금융소비자 보호를 위한 설명의무에 대한 설명으로 옳지 않은 것은?

① 금융투자업자는 일반투자자를 상대로 투자권유를 하는 경우에는 금융투자상품의 내용, 투자에 따르는 위험 등을 일반투자자가 이해할 수 있도록 설명하여야 한다.
② 금융투자업자는 설명내용을 일반투자자가 이해하였음을 서명, 기명날인, 녹취 등의 방법으로 확인을 받아야 한다.
③ 중요사항을 거짓 또는 왜곡하여 설명하거나 누락하여서는 아니 된다.
④ 투자자의 투자경험 등 투자자의 이해 수준을 고려하여 설명의 정도를 달리하여서는 아니 된다.

069 다음 사례에서 D부장이 위반한 윤리기준과 가장 관계가 깊은 것은?

> ○○증권회사 D부장은 평소 알고 지내던 친구가 금융투자업 관련 자격증 취득반이 있는 학원을 개업하면서 "○○증권회사가 소속 임직원들에게 해당 학원에 대해 이용 등 협찬을 하고 있는 것처럼 해 달라."는 부탁을 받고 마치 ○○증권회사에서 해당 학원을 협찬하는 것처럼 현수막 등 광고물에 회사의 명칭 등을 사용토록 하여 많은 사람들이 해당 학원의 공신력을 믿고 수강하도록 유도하였다.

① 부당한 금품수수 및 제공의 금지
② 품위유지
③ 직위의 사적 이용 금지
④ 직무 관련 정보를 이용한 사적 거래 제한

070 임직원이 전자통신수단(이메일, 대화방, 게시판 및 웹사이트 등)을 사용하는 경우의 준수사항으로 옳지 않은 것은?

① 회사 이외의 장소에서 임직원과 금융소비자 간의 이메일은 개인정보이므로 표준내부통제기준 및 관계법령 등의 적용을 받지 않는다.

② 임직원의 사외 대화방 참여는 공중포럼으로 간주하여 언론기관과 접촉할 때와 동일한 윤리기준을 준수하여야 한다.

③ 임직원이 인터넷 게시판이나 웹사이트 등에 특정 금융투자상품에 대한 분석이나 권유와 관련된 내용을 게시하고자 하는 경우 사전에 준법감시인이 정하는 절차와 방법에 따라야 한다.

④ 임직원이 인터넷 게시판이나 웹사이트 등에 자료의 출처를 명시하고 그 내용을 인용하거나 기술적 분석에 따른 투자권유를 하는 경우에는 사전에 준법감시인이 정하는 절차와 방법을 따르지 않아도 된다.

071 금융투자업종사자의 고용계약 종료 후의 의무에 대한 설명으로 옳지 않은 것은?

① 금융투자업종사자의 회사에 대한 선관주의 의무는 재직 중에는 물론이고 퇴직 등의 사유로 회사와의 고용 내지 위임계약관계가 종료된 이후에도 합리적인 기간 동안 지속된다.

② 고용기간이 종료된 이후에도 회사로부터 명시적으로 서면에 의한 권한을 부여받지 않으면 비밀정보를 출간, 공개 또는 제3자가 이용하도록 하여서는 아니 된다.

③ 고용기간의 종료와 동시에 또는 회사의 요구가 있을 경우에는 보유하고 있거나 자신의 통제하에 있는 기밀정보를 포함한 모든 자료를 회사에 반납하여야 한다.

④ 고용기간 동안 본인이 생산한 지적재산물은 회사의 재산으로 반환하여야 하며, 고용기간이 종료한 후에야 퇴직자가 이용이나 처분권한을 가지게 된다.

072 금융투자회사의 표준내부통제기준에 따른 준법감시인에 대한 설명으로 옳지 않은 것은?

① 내부통제기준의 적정성을 정기적으로 점검해야 한다.

② 이사회와 대표이사의 지휘를 받아 그 업무를 수행한다.

③ 내부통제체제의 구축·유지·운영 및 감독책임이 있다.

④ 관련 규정상 조건 충족 시 준법감시업무 중 일부를 준법감시업무를 담당하는 임직원에게 위임할 수 있다.

073 자본시장법상 금융위원회의 금융투자업자의 임원에 대한 제재조치와 거리가 먼 것은?

① 해임요구 ② 6개월 이내의 정직
③ 문책경고 ④ 주의

074 금융투자상품의 내재적 특성과 가장 거리가 먼 것은?

① 원금손실 가능성
② 투자결과에 대한 본인책임
③ 안정성
④ 투자상품에 대한 지속적인 관리 요구(필요성)

075 자금세탁방지를 위한 주요 제도에 관한 설명으로 옳지 않은 것은?

① 고객확인제도(CDO)란 금융기관이 거래하는 고객의 신원, 실소유자 여부, 거래목적 등을 파악하는 등 고객에 대한 합당한 주의를 기울이는 제도이다.
② 강화된 고객확인(EDD : Enhanced Due Diligence)이란 자금세탁의 우려가 있는 경우 금융회사는 금융거래의 목적과 거래자금의 원천을 확인하여야 한다는 것이다.
③ 고액현금거래보고제도(CTR)는 일정금액(2천만원) 이상의 현금거래를 금융정보분석원에 보고하도록 하는 제도이다.
④ 의심스러운 거래 보고제도(STR)란 거액(10억원 이상)의 현금거래에 대해서는 금융정보분석원에 즉시 보고토록 하는 제도이다.

076 자본시장법상 파생결합증권에 관한 설명으로 옳은 것은?

① 원본초과손실 가능성이 있는 금융투자상품이다.
② 파생상품에 속한다.
③ 농산물은 기초자산으로 할 수 없다.
④ 자본시장법상 증권이다.

077 금융투자업 인가요건에 대한 설명으로 옳지 않은 것은?

① 상법에 따른 주식회사, 대통령령이 정하는 금융기관 및 외국금융투자업자로서 지점 또는 영업소를 설치한 자이어야 한다.
② 자기자본이 인가업무 단위별 10억원과 대통령령이 정하는 금액 중 큰 금액 이상이어야 한다.
③ 투자자의 보호가 가능하고 금융투자업을 영위하기에 충분한 전산설비, 그 밖의 물적 설비를 갖추어야 한다.
④ 대주주 및 신청인이 충분한 출자능력(자기자본이 출자금액의 4배 이상), 건전한 재무상태(부채비율 300% 미만), 사회적 신용을 갖추어야 한다.

078 금융투자업 인가요건 유지 의무에 대한 설명으로 옳지 않은 것은?

① 금융투자업자가 인가요건을 유지하지 못할 경우 금융위의 인가가 취소될 수 있다.
② 매 회계연도 말 기준 자기자본이 인가업무 단위별 최저 자기자본의 80% 이상을 유지하여야 한다.
③ 대주주의 출자능력(자기자본이 출자금액의 4배 이상), 재무건전성, 부채비율(300%) 요건은 출자 이후인 점을 감안하여 인가요건 유지의무에서 배제시켰다.
④ 최대주주의 경우 최근 5년간 5억원 이상의 벌금형만을 적용한다.

079 다음 중 자본시장법상 투자자문업자 규제에 대한 설명으로 옳지 않은 것은?

① 투자자문업의 진입제도는 등록제를 채택하고 있다.
② 전업 투자자문업자는 영업용순자본비율 유지의무 적용대상에서 배제된다.
③ 투자일임 재산이 5천억원 이상인 전업 투자자문업자에 한하여 준법감시인 설치의무가 부과된다.
④ 전업 투자자문업자가 발행한 주식을 취득하여 대주주가 되기 위해서는 사전에 금융위원회의 승인을 받아야 한다.

080 금융투자업자의 자산건전성 분류에 대한 설명으로 옳지 않은 것은?

① 금융투자업자는 매 분기마다 자산 및 부채에 대한 건전성을 정상, 요주의, 고정, 회수의문, 추정손실의 5단계로 분류하여야 한다.
② 금융투자업자는 매 분기 말 현재 '요주의' 이하로 분류된 채권에 대하여 적정한 예상회수가액을 산정하여야 한다.
③ 금융감독원장은 금융투자업자의 자산건전성 분류 및 대손충당금 등 적립의 적정성을 점검하고 부적정하다고 판단되는 경우 이의 시정을 요구할 수 있다.
④ 금융투자업자는 회수의문 또는 추정손실로 분류된 자산(부실자산)을 조기에 상각하여 자산의 건전성을 확보하여야 한다.

081 금융투자업자의 순자본비율 산정 원칙에 대한 설명으로 옳은 것은?

① 시장위험과 신용위험을 동시에 내포하는 자산에 대하여는 시장위험액과 신용위험액 중 높은 금액을 산정한다.
② 영업용순자본 가산항목에 대하여는 원칙적으로 위험액을 산정하지 않는다.
③ 영업용순자본의 차감항목과 위험액 산정대상 자산 사이에 위험회피 효과가 있는 경우에는 위험액 산정대상 자산의 위험액을 감액할 수 있다.
④ 부외자산과 부외부채에 대해서는 위험액을 산정하지 않는 것을 원칙으로 한다.

082 외국환업무를 취급하는 금융투자업자의 외화유동성비율에 대한 설명으로 옳지 않은 것은?

① 외화자산 및 외화부채를 각각 잔존만기별로 구분하여 관리하여야 한다.

② 잔존만기 3개월 이내 부채에 대한 잔존만기 3개월 이내 자산의 비율이 100% 이상이어야 한다.

③ 외화자산 및 외화부채의 만기 불일치비율을 유지하여야 한다.

④ 총자산에 대한 외화부채의 비율이 100분의 1에 미달하는 외국환업무취급 금융투자업자에 대하여는 만기 불일치비율을 적용하지 않는다.

083 금융투자업자의 대주주와의 거래제한에 관한 설명으로 옳지 않은 것은?

① 금융투자업자는 원칙적으로 대주주가 발행한 증권을 소유할 수 없다.

② 금융투자업자는 원칙적으로 그 계열회사가 발행한 주식, 채권 및 약속어음을 소유할 수 없다.

③ 금융투자업자는 원칙적으로 대주주 및 대주주의 특수관계인에 대하여 신용공여가 금지되며, 대주주 및 대주주의 특수관계인은 금융투자업자로부터 신용공여를 받는 것이 금지된다.

④ 금융투자업자는 계열회사 발행 증권을 한도 내에서 예외적으로 취득하거나, 대주주 및 대주주의 특수관계인에 대하여 예외적으로 신용공여를 하는 경우에는 재적이사 전원의 찬성에 의한 이사회 결의를 거쳐야 한다.

084 금융투자업자의 이해상충관리의무에 관한 설명으로 옳지 않은 것은?

① 금융투자업자는 금융투자업자와 투자자 간, 특정 투자자와 다른 투자자 간 이해상충을 방지하기 위해 이해상충발생 가능성을 파악·평가하고, 내부통제기준이 정하는 방법·절차에 따라 이를 적절히 관리하여야 한다.

② 이해상충이 발생할 가능성이 있다고 인정되는 경우에는 투자자에게 그 사실을 미리 알려야 한다.

③ 이해상충이 발생할 가능성이 있다고 인정되는 경우, 발생 가능성을 내부통제 기준에 따라 투자자 보호에 문제가 없는 수준으로 낮춘 후에 거래를 하여야 한다.

④ 금융투자업자는 이해상충이 발생할 가능성을 낮추는 것이 곤란하다고 판단되는 경우에는 고객에게 알리고 동의를 받은 후 거래를 하여야 한다.

085 다음 중 자본시장법상 적정성 원칙의 적용대상이 되는 '파생상품등'에 해당되지 않는 것은?

① 파생상품
② 파생결합증권(원금보장형 제외)
③ 집합투자재산의 10%를 초과하여 파생결합증권에 운용하는 집합투자기구의 집합투자증권
④ 파생상품 매매에 따른 위험평가액이 펀드자산총액의 10%를 초과하여 투자할 수 있는 집합투자기구의 집합투자증권

086 다음 중 자본시장법상 금융투자업자의 투자권유 규제가 적용되는 대상이 아닌 것은?

① 금융투자상품의 매매
② 투자자문계약의 체결
③ 투자일임계약의 체결
④ 관리형신탁계약의 체결

087 신용공여와 관련하여 담보 및 보증금으로 제공된 증권의 평가로 옳지 않은 것은?

① 청약주식 : 취득가액(다만, 상장된 후에는 당일 종가)
② 상장증권 및 상장지수집합투자기구의 집합투자증권 : 당일 종가
③ 집합투자증권 : 전일에 고시된 기준가격
④ 상장채권 및 공모 파생결합증권(ELS에 한함) : 2 이상의 채권평가회사가 제공하는 가격정보를 기초로 투자매매업자 또는 투자중개업자가 산정한 가격

088 예치기관이 투자자예탁금을 운용할 수 있는 방법으로 옳지 않은 것은?

① 국채증권 또는 지방채증권의 매수
② 정부·지방자치단체 또는 시행령으로 정하는 금융기관이 지급을 보증한 채무증권의 매수
③ 증권 또는 원화로 표시된 양도성 예금증서를 담보로 한 대출, 한국은행 또는 체신관서에의 예치, 특수채증권의 매수
④ 상장법인의 주식 매수

089 다음 중 내부자거래의 규제대상인 '특정증권등'에 포함되지 않는 것은?

① 상장법인이 발행한 증권　　　　② 수익증권
③ ELS　　　　　　　　　　　　　④ CB(전환사채)

090 내부자의 단기매매차익 반환제도에 대한 설명으로 옳은 것은?

① 주권상장법인의 모든 임원과 직원 또는 주요주주가 특정증권등을 매수한 후 6개월 이내에 매도하거나, 특정증권등을 매도한 후 6개월 이내에 매수하여 이익을 얻은 단기매매차익에 적용한다.

② 일정범위의 내부자가 특정증권등을 6개월 이내에 매매하여 얻은 이익은 그것이 미공개중요정보를 이용한 것일 경우 무조건 회사에게 반환하도록 하고 있다.

③ 주요 주주가 매도·매수한 시기 중 어느 한 시기에 있어서 주요주주가 아닌 경우에는 단기매매차익 반환 규정을 적용하지 아니한다.

④ 단기매매차익 계산의 구체적인 기준과 방법 등 필요한 세부사항은 한국거래소가 정한다.

091 시장질서 교란행위 규제에 대한 설명으로 옳지 않은 것은?

① 시장질서 교란행위는 크게 '정보이용 교란행위'와 '시세관여 교란행위'로 나눌 수 있다.

② 시장질서 교란행위(정보이용 교란행위) 규제의 도입으로 기존 미공개중요정보 금지조항으로 규제할 수 없었던 2차 이상의 다차 정보수령자의 미공개정보이용, 외부정보이용, 해킹 등 부정한 방법으로 지득한 정보이용 등이 규제된다.

③ 허수성 주문을 대량으로 제출하는 경우 매매유인이나 부당이득을 얻을 목적 등이 없다고 판단되면 해당 행위자에게 과징금을 부과할 수 없다.

④ 시장질서 교란행위에 대해서는 5억원 이하의 과징금을 부과할 수 있다.

092 다음 중 시세조종행위에 해당되지 않는 것은?

① 현대차 주식 옵션거래에서 부당한 이익을 얻을 목적으로 현대차 주식의 시세를 변동 또는 고정시키는 행위
② 삼성전자 주식 매매에서 부당한 이익을 얻을 목적으로 삼성전자 주식 옵션의 시세를 변동 또는 고정시키는 행위
③ 삼성전자 주식 매매에서 부당한 이익을 얻을 목적으로 삼성전자의 전환사채권이나 신주인수권부사채권의 시세를 변동 또는 고정시키는 행위
④ 삼성전자 주식 옵션거래에서 부당한 이익을 얻을 목적으로 삼성전자 주식 선물의 시세를 변동 또는 고정시키는 행위

093 다음 중 펀드 투자광고 시 의무표시 사항이 아닌 것은?

① 운용전문인력
② 투자원금의 손실 가능성
③ 집합투자기구의 위험성
④ 환매수수료

094 재산상 이익의 제공 한도에 관한 설명으로 옳지 않은 것은?

① 동일 거래상대방(개인인 경우 본인 및 배우자, 직계존비속 포함)에 대한 재산상 이익의 제공 한도는 1회당 최대 20만원, 연간 최대 100만원이다.
② 대표이사 또는 준법감시인의 사전 승인(부득이한 경우 사후보고)을 받은 경우에는 그 한도를 초과할 수 있다.
③ 승인 후 제공 가능한 연간 총한도는 거래상대방이 투자자가 아닌 경우 500만원, 투자자인 경우 회사가 직전 또는 당해 회계연도 기간 중 당해 투자자로부터 받은 수수료 등 합계액의 10%와 500만원 중 작은 금액이다.
④ 해외에서 이루어지는 외국인투자자를 상대로 한 기업설명회와 관련하여 투자대상기업의 임직원에게 제공하는 교통비 및 숙박비는 대표이사 또는 준법감시인의 확인을 받아 한도 산정 시 이를 제외할 수 있다.

095 다음 중 금융투자회사가 예탁증권담보융자를 하고자 하는 경우 담보로 징구하여서는 아니 되는 증권과 거리가 먼 것은?

① 투자주의종목
② 매매호가 전 예납조치 또는 결제 전 예납조치를 취한 증권
③ 상장폐지를 예고하였거나 매매거래를 정지시킨 증권
④ 주식워런트증권

096 다음 중 금융투자회사의 약관에 대한 설명으로 옳지 않은 것은?

① 금융투자회사가 '전자금융거래 이용에 관한 기본약관'을 수정하여 사용할 경우에 금융감독원에 보고한다.
② 금융투자회사는 기관투자자를 대상으로 한 '외국 집합투자증권 매매거래에 관한 표준약관'은 수정하여 사용할 수 없다.
③ 금융투자회사는 표준약관이 없어 별도의 개별약관을 제정하거나 변경하는 경우 시행예정일 10영업일 전까지 협회에 보고하여야 한다.
④ 약관내용 중 고객의 권리 또는 의무와 관련이 없는 사항을 변경하는 경우에는 변경한 후 7영업일 이내에 협회에 보고하여야 한다.

097 다음 중 최종거래일의 거래시간 종료 전 10분간 종가 결정을 위한 단일가격 경쟁거래를 위한 호가접수시간이 있는 거래는?

① 금선물 ② 코스피200선물 ③ 3년국채선물 ④ 미국달러선물

098 호가의 입력(제출) 제한에 관한 설명으로 옳지 않은 것은?

① 원월물종목인 경우에는 지정가호가를 입력할 수 없다.
② 단일가호가인 경우에는 최유리지정가호가를 입력할 수 없다. 다만, 취소호가는 허용된다.
③ 최종거래일이 도래한 종목(통화상품과 일반상품이 종목은 제외)에는 조건부지정가호가를 입력할 수 없다.
④ 선물스프레드거래인 경우에는 지정가호가만 가능하며, 단일가호가시간에는 선물스프레드호가를 입력할 수 없다.

099 주식상품거래의 필요적 거래중단 및 종결(CB : Circuit Breakers)에 대한 설명으로 옳지 않은 것은?

① 코스피지수 또는 코스닥지수가 직전 매매거래일의 종가보다 8% 이상 상승 또는 하락하여 1분간 지속되어 유가증권시장 또는 코스닥시장의 모든 종목의 거래가 중단되는 경우 20분간 주식상품거래를 중단한다.
② 코스피지수 또는 코스닥지수가 직전 매매거래일의 종가보다 15% 이상 하락하여 1분간 지속되어 유가증권시장 또는 코스닥시장의 모든 종목의 거래가 중단되는 경우 20분간 주식상품거래를 중단한다.
③ 코스피지수 또는 코스닥지수가 직전 매매거래일의 종가보다 20% 이상 하락하여 1분간 지속되어 유가증권시장 또는 코스닥시장의 모든 종목의 거래가 종결되는 경우 당일 주식상품의 정규거래를 종결한다.
④ 주식시장의 필요적 거래중단은 14시 50분 이후에는 발동하지 않으나, 필요적 거래 종결은 14시 50분 이후에도 적용된다.

100 다음 거래증거금 항목 중 돈육선물에만 적용되는 증거금액은?

① 인수도거래증거금액 ② 선물스프레드거래증거금액
③ 가격변동거래증거금액 ④ 최종결제가격확정전거래증거금액

01회 모의고사

1	2	3	4	5	6	7	8	9	10	11	12	13	14	15
②	③	③	②	④	④	①	④	①	①	①	③	③	①	③

16	17	18	19	20	21	22	23	24	25	26	27	28	29	30
②	②	④	④	④	②	④	③	①	①	②	②	④	④	③

31	32	33	34	35	36	37	38	39	40	41	42	43	44	45
④	①	④	①	④	①	③	④	④	②	④	④	③	④	④

46	47	48	49	50	51	52	53	54	55	56	57	58	59	60
③	②	②	②	④	②	①	②	②	①	②	①	①	③	④

61	62	63	64	65	66	67	68	69	70	71	72	73	74	75
④	④	②	②	③	①	④	①	①	③	②	①	③	④	①

76	77	78	79	80	81	82	83	84	85	86	87	88	89	90
②	④	①	①	②	③	①	③	④	④	③	③	④	②	②

91	92	93	94	95	96	97	98	99	100					
①	③	②	④	⑤	④	④	③	②	④					

제1과목 파생상품 I

001

다우존스산업평균지수(DJIA), NIKKEI225 지수는 가격가중지수이며, 나머지는 시가총액가중지수이다.

002

주식 관련 선물의 이론가격(F^*) $= S + S(r-d) \times \dfrac{T}{365}$

여기서 배당수익률(d)은 이론가격을 계산하는 식에서 차감되는 항목이므로 배당수익률(d)이 높아질수록 선물가격은 낮아진다.

003

콘탱고 상태[선물가격(F) > 현물가격(S)]에서 선물가격의 상승폭이 현물가격의 상승폭보다 크거나 선물가격의 하락폭이 현물가격의 하락폭보다 작은 경우에 베이시스는 확대되고, 선물가격의 상승폭이 현물가격의 상승폭보다 작거나 선물가격의 하락폭이 현물가격의 하락폭보다 큰 경우에 베이시스는 축소된다. 따라서 매도헤지는 베이시스 축소 시에 이익이 발생하고, 매입헤지는 베이시스 확대 시에 이익이 발생한다.

004

$N = \dfrac{100억원}{200 \times 250,000} \times (1.5 - 0.9) = 120(계약)$

N이 양(+)이므로 매수포지션을 취해야 할 지수선물 계약수를 나타낸다.

005

① 보유비용 모형에 의하면 주가지수선물의 이론가격은 252.50이다.

② 선물의 시장가격이 현물가격보다 높은 콘탱고 상황은 맞지만 차익거래를 할 때에는 선물 시장가격과 이론가격의 괴리로 판단한다. 만약 투기거래를 한다 하더라도 시장 하락이 예상될 때에만 선물을 매도해야 한다.

③ 현재 선물가격(254)이 이론가격(252.5)보다 높은 고평가 상태이므로 현물보유전략(cash & carry)이 적합하다. 즉, 선물을 매도하고 주식 현물을 매수하는 차익거래가 적합한 시장 상황이다.

006

① 스프레드 거래에는 결제월 간(또는 만기간) 스프레드 거래와 상품 간 스프레드 거래가 있다.

② 결제월 간 스프레드 거래란 향후 스프레드의 변화를 예측하여 거래대상이 동일한 선물 중에서 한 결제월물은 매수하고 다른 결제월물은 매도하는 거래를 말한다.

③ 주식 관련 선물의 경우 일반적으로 순보유비용(= 이자비용 − 배당금수입)이 양(+)이므로 만기가 먼 원월물 가격이 만기가 가까운 근월물 가격보다 높게 형성된다.

007

단기금리의 하락이 예상되면 향후 금리하락에 대비하여 대출(운용)금리를 고정시키는 거래가 필요하다. 따라서 유로달러선물을 매수하여야 한다. 반면에, 단기금리의 상승이 예상되면 향후 금리상승에 대비하여 차입(조달)금리를 고정시키는 거래가 필요하다. 이 경우에는 유로달러선물을 매도하여야 한다.

008

NOB 스프레드 매도전략은 T−Note선물을 매도하고 T−Bond선물을 매수하는 거래를 말한다. 금리상승 시 장기채권의 가격이 단기채권의 가격보다 하락률이 크기 때문에 단기채권을 매수하고 장기채권을 매도한다. 반대로 금리하락 시 장기채권의 가격이 단기채권의 가격보다 상승률이 높기 때문에 단기채권을 매도하고 장기채권을 매수한다.

009

단기물의 수익률 상승폭이 장기물의 수익률 상승폭보다 커서(또는 장기물의 수익률 하락폭이 단기물의 수익률 하락폭보다 커서) 수익률곡선이 플래트닝(flattening, 평탄)해질 것으로 예상하는 경우, 단기물(국채선물 3년물)을 매도하고 장기물(국채선물 10년물)을 매수하는 전략이 필요하다.

010

원−달러 환율은 달러가 기준인데, 원−달러 환율이 하락하였으므로 원화에 비해 달러화의 가치는 하락(달러화 평가절하)했고, 달러화에 비해 원화의 가치는 상승(원화 평가절상)한 것이다. 엔−원 환율은 엔화가 기준이다. 엔−원 환율은 상승하였으므로 원화에 비해 엔화의 가치는 상승(엔화 평가절상)했고, 엔화에 비해 원화의 가치는 하락(원화 평가절하)한 것이다.

011

한국의 이자율(4%)이 미국의 이자율(2%)보다 높으므로 원−달러 선물환율은 할증상태에 있다. 반면에, 일본의 이자율(1%)은 미국의 이자율(2%)보다 낮으므로 엔−달러 선물환율은 할인상태에 있다.

012

① 현물가격과 4월물 선물가격은 역조시장 구조이다.

② 6월물 선물가격과 8월물 선물가격은 역조시장 구조이다.

④ 현물가격과 6월물 선물가격은 정상시장 구조이다.

013

$NSP = S_1 + (B_2 - B_1) = S_1 + \Delta B = 5,200 + 120 = 5,320$원 → 헤지를 청산하는 시점에서 베이시스가 상승(+120원/kg)하였기 때문에, 매도헤지 시에는 베이시스 상승분만큼 순매도가격(NSP)을 높여준다. 만약, 베이시스가 감소했다면, 베이시스 하락분만큼 순매도가격(NSP)을 낮추게 된다.

014

합성 풋매수(p) = 콜매수(c) + 기초자산 매도($- S$)

015

감마는 등가격(ATM)에서 가장 높고, 외가격(OTM) 및 내가격(ITM)일수록 작아지는 종모양의 곡선을 형성한다. 감마와 잔존기간의 관계는 잔존기간이 짧을수록 등가격의 감마는 빠르게 높아지고, 외가격과 내가격의 감마는 오히려 0으로 접근한다.

016

콜옵션 매도는 감마 −, 세타 +이다. 콜이든 풋이든 옵션을 매수한 포지션은 감마와 베가가 (+)이고 세타는 (−)이며, 옵션을 매도한 포지션은 감마와 베가가 (−)이고 세타는 (+)이다.

017

수직적 스프레드 전략은 만기는 같으나 행사가격이 다른 콜옵션 또는 풋옵션을 동시에 매수/매도하는 전략이다. 만기가 같은 콜옵션 또는 콜옵션을 매수/매도하기 때문에 두 옵션의 세타는 반대부호를 갖게 되므로 시간가치 소멸효과가 거의 없을 정도로 아주 미미하다. 매수/매도하는 두 옵션의 베가는 크기가 같고 반대부호이다. 따라서 옵션포지션의 손익이 기초자산가격의 변동성에 덜 민감(독립적)하다.

018

버터플라이 매도는 변동성 매수전략이다. 변동성 매도전략을 이용하면 기초자산의 가격이 크게 변동하지 않고 일정한 범위 내에 머물러 있으면 이익을 얻을 수 있다.

019

스트랩 매수 전략은 두 개의 콜옵션과 한 개의 풋옵션 매수로 구성되며, 변동성 상승과 주가 상승이 예상될 때 사용할 수 있는 전략이다.

020

스트래들 매도는 등가격 콜옵션과 풋옵션의 동시 매도를 통해 변동성의 하락을 기대하는 전략이므로 감마는 (−), 세타는 (+), 베가는 (−)이며, 콜과 풋의 매도를 통해 포지션의 델타를 중립으로 유지할 수 있다.

021

컨버전은 콜옵션이 풋옵션보다 상대적으로 고평가된 상황을 이용하는 전략이다.

022

유로달러 선물옵션의 기초자산은 유로달러선물이다. 따라서 풋옵션은 행사가격(K)이 선물가격(F)보다 높은 $K > F$ 경우 내재가치를 갖는다. 현재 $[K(93) < F(95)]$이므로 내재가치가 없는 외가격(OTM) 상태이다. 따라서 프리미엄(3.5)이 모두 시간가치이다.

023

금리가 상승하면 채권가격이 하락하므로 콜옵션을 매입하면 손실이 발생한다. 따라서 금리가 상승할 것으로 예상하면 풋옵션을 매입해야 한다.

024

수입업자는 원-달러 환율이 상승하면, 6개월 후에 지급해야 하는 원화금액이 증가하여 손실을 보게 된다. 따라서 환율상승에 대비하여 원-달러 콜옵션을 매수하여야 한다.

025

선물을 매도하는 매도헤지는 가격수준을 고정시킬 수는 있으나, 매도포지션 설정 후 가격이 상승할 경우 가격상승에 따른 이익 실현이 불가능하다.

제2과목 파생상품 Ⅱ

026

스왑가격(swap price) 또는 스왑금리(swap rate)란 특정 변동금리와 교환되는 고정금리를 말한다.

027

고객인 A기업 입장에서 금리상승 리스크를 헤지하기 위해서는 스왑딜러에게 고정금리를 지급하고 변동금리를 수취하는 스왑, 즉 payer swap이 필요하다. 이 경우에는 딜러가 고정금리를 수취하는 입장이므로, 받고자 하는 고정금리인 offer rate(T + 55)가 적용된다.

028

G는 비교우위에 있는 고정금리(4%)로 차입한 후, K에게 고정금리(4.5%)를 받고 Libor를 지급하는 receiver 이자율스왑을 하고, K는 비교우위에 있는 변동금리(Libor + 1%)로 차입한 후, G에게 변동금리(Libor)를 받고 고정금리(4.5%)를 지급하는 payer 이자율스왑을 하게 된다. 여기서 이자율스왑 거래의 당사자가 얻을 수 있는 금리이익의 총합계는 1%인데, 이는 |고정금리 차이 − 변동금리 차이| 로 간단히 계산할 수 있다. 즉, |(6% − 4%) − (Libor + 1% − Libor)| = 1%

029

금리하락에 따른 이익 추구 수단이 되기 위해서는 금리하락 시 유리한 스왑, 즉 receiver 이자율스왑(short swap)이 필요하다.

030

receiver 이자율스왑 포지션을 헤지하기 위해서는 고정금리를 지급하고 변동금리를 수취하는 payer 이자율스왑의 현금흐름을 만들어 내야 한다. 따라서 [재무부 채권 매도 + reverse-repo(T-bill 운용)]을 하면 된다. 그렇지만 현재 포지션에서 지급하는 변동금리는 Libor이고 헤지 포지션에서 수취하는 변동금리는 T-bill이므로, TED 스프레드(= Eurodollar−Treasury)가 확대될 것에 대비한 TED spread 선물 매수가 추가로 필요하다. TED spread 매수는 지급하는 Libor금리와 수취하는 T-bill금리 간 스프레드를 확정하는 거래이다.

031

2 × 5 callable 스왑은 2년 후 고정금리 지급자가 취소 가능한 5년짜리 스왑이다. 스왑거래를 체결한 후 금리가 하락하면 고정금리 지급자 입장에서 손실이 발생할 수 있지만, 2년 후 스왑거래의 조기 청산으로 손실폭을 줄일 수 있다. 발행자 조기상환권부 채권(callable bond)은 발행자가 조기상환권을 가지므로 채권투자자는 동일 만기의 일반채권보다 높은 수익률을 요구하게 되어 callable 스왑에 적용되는 고정금리는 동일만기의 표준스왑 금리보다 높은 것이 정상적이다.

032

스왑션은 스왑에 대한 옵션거래이다. 따라서 A은행은 swaption을 매입하였기 때문에 스왑션을 매도한 거래상대방에게 프리미엄을 지불한다. A은행은 2년 뒤에 3년짜리 고정금리(6%) 지급스왑을 할 수 있는 권리를 가지게 되는데, 옵션 만기 2년 시점에서 3년 만기 스왑금리가 7%이므로 A은행은 6%의 고정금리를 지급하는 스왑거래를 개시할 것이다. 하지만 swaption 권리 행사 후에는 수취하는 변동금리(Libor)가 행사금리(6%)보다 낮아서 순지급액이 발생하는 기간도 있을 수 있다.

033

만기 원금교환의 적용환율은 만기환율과 관계없이 최초 거래 시점의 현물환율이 동일하게 적용된다. 즉, 거래 초기에 교환한 원금액수 그대로 반대방향으로 재교환하는 것이다. 물론 만기시점의 환율에 따라 각 당사자들의 실제 손익은 달라지게 된다.

034

선택옵션(chooser option)은 시간의존형 옵션이다. 경로의존형 옵션이란 옵션의 최종수익이 옵션만기시점의 기초자산 가격에 의해서 결정되는 것이 아니라, 현재시점부터 만기시점까지 기초자산의 가격이 어떤 경로로 움직여왔는가에 의해 만기 시 결제금액이 결정되는 옵션을 말한다.

035

정유회사는 원유를 매입해야 하는 위치에 있으므로 유가상승에 대비한 콜옵션을 매수해야 한다. 헤지비용을 줄이려면 프리미엄이 싼 녹아웃(knock-out) 옵션을 이용하는 것이 바람직한데, 이 경우 유가하락 시 무효가 되는 down-and-out 콜옵션을 이용하는 것이 좋다. 왜냐하면 유가가 하락하면 옵션이 무효가 되더라도 현재의 싼 가격으로 원유를 살 수 있고, 유가상승 시에는 옵션이 소멸(knock-out)되지 않으므로 콜옵션을 행사하면 되기 때문이다.

036

클리켓옵션(cliquet option) 혹은 래칫옵션(rachet option)은 표준옵션처럼 초기에 행사가격을 정하여두지만 일정한 시점이 되면, 그 시점의 시장가격(기초자산가격)이 새로운 행사가격이 되도록 하는 옵션으로서, 행사가격이 재확정될 때마다 그 시점에서의 내재가치가 실현된 것으로 하여 차액지급이 보장된다.

037

디지털옵션의 수익은 사전에 정해져 있기 때문에 만기일에 얼마만큼 내가격 상태에 있는가는 의미가 없고, 내가격 상태인지 아닌지만이 의미가 있다.

038

콴토(quanto)옵션은 수량조절옵션의 약어로, 한 통화로 표시된 기초자산에 대한 옵션의 수익이 다른 통화로 표시되는 경우가 주종을 이룬다.

039

통화스왑 거래의 원금교환 시 적용하는 환율은 거래 초기나 만기 시 모두 초기의 현물환율인 1,250원이다. 이자율평가이론에 따르면, 원화 금리가 달러화 금리보다 높아야 선물환율이 현물환율보다 높다.

040

② 신용리스크는 시장리스크에 비해 계량화 하는 것이 어렵다.
③ 법적인 문제로는 예를 들어 담보여부, 선순위·후순위 여부 등에 따라 회수율이 달라져 신용위험이 크게 변할 수 있다.

041

보장매도자의 신용등급이 높을수록 프리미엄은 높아진다. 즉, 보장매도자의 신용등급이 높을수록 신용위험을 확실히 지켜줄 수 있으니 수수료를 더 많이 받는다고 생각하면 된다. 우량한 보험회사의 보험료가 더 비싼 것을 떠올리면 이해하기 쉽다. 그밖에도, 준거자산의 신용과 보장매도자 신용 간의 상관관계가 낮을수록 프리미엄은 높아진다. 양자 간에 상관관계가 높으면 준거자산이 채무불이행에 처했을 때 거래상대방도 채무불이행에 처할 가능성이 높기 때문에 보장매입자 입장에서는 CDS 거래를 통해 신용위험을 회피하려는 목적을 달성할 수가 없게 되므로 높은 프리미엄을 지불할 필요가 없는 것이다.

042

CLN의 경우 보장매입자인 CLN 발행자는 준거기업의 부도 시 CLN 발행대금에서 손실금을 회수할 수 있으므로 거래상대방에 대한 위험이 없다.

043

역사적 시뮬레이션은 특정 분포를 가정하지 않고 실제의 변동성과 상관관계를 이용한다는 점에서 우수하다. 그러나 오직 1개의 가격변화만이 고려된다는 점과 완전가치평가를 위하여 가치평가모형이 요구된다는 점이 단점이다. 위험은 시간적으로 변하고 예측할 수 있는 패턴을 갖는데, 역사적 시뮬레이션은 일시적으로 증가한 변동성을 고려하지 못한다는 단점이 있다. 또한 과거자료에 극단치(outlier)가 포함되어 있으면 역사적 시뮬레이션으로 구한 VaR은 이 관찰치의 영향을 크게 받는다.

044

ELB(Equity Linked Bond, 주가연계파생결합사채)와 DLB(Derivatives Linked Bond, 기타파생결합사채)는 파생결합사채로서 2013년 자본시장법 개정으로 파생결합증권이 아닌 채무증권으로 분류되었다. 대표적인 파생결합증권에는 ELS, DLS, ELW, ETN 등이 있다.

045

ELS의 구조는 정형화되어 있지 않으며, ELS가 펀드에 직접 편입된 것이 ELF이다. ELS 발행 증권사의 back-to-back 거래는 장외거래이므로 거래상대방에 대한 신용위험이 있어 반드시 점검해야 한다. 증권사들이 ELS를 헤지하는 과정에서 현물주식의 가격에 영향을 미칠 수 있다.

046

기본적으로 투자자에게 불리할수록(안전성이 떨어질수록) 제시수익률은 높다. 즉 기초자산의 변동성이 높을수록, 기초자산의 개수가 많을수록, 녹인조건이 있을수록 투자자가 손실을 볼 가능성이 커지므로 제시수익률은 높아진다. 따라서 녹인(KI, knock-in)조건이 없어서 안정성이 더 보강된 노녹인(No knock-in)형 ELS는 다른 조건이 비슷할 경우 녹인(knock-in)형 ELS보다 제시수익률이 더 낮다.

047

$$기어링 = \frac{기초자산가격}{ELW가격} \times 전환비율 = \frac{40,000}{2,000} \times 1 = 20$$

048

KOSPI200과 KRX100과 같은 시장대표지수나 섹터지수를 시가총액가중 방식으로 단순히 추종하는 ETN 상품의 출시는 제한하고 있다. 그 이유는 시장대표지수나 섹터지수형 상품은 이미 ETF 시장만으로도 투자자에게 많은 상품이 제공되고 있어서 경쟁이 치열하기 때문이다.

049

ETN의 기초지수는 KRX 시장에서 거래되는 기초자산 가격의 변동을 종합적으로 나타내는 지수이어야 한다. 그러나 KOSPI200, KRX100 등 시장대표지수 및 섹터지수는 제외된다.

050

ETN은 ETF에 비해 추적오차의 위험이 적다.

제3과목 **리스크관리 및 직무윤리**

051

운영리스크는 계량리스크이다.

052

포지션의 가치에 영향을 미치는 리스크요인의 변화로 인해 5일 동안에 발생할 수 있는 손실이 10억원보다 작을 확률이 95%(신뢰수준)이다. 또는 포지션의 가치에 영향을 미치는 리스크요인의 변화로 인해 5일 동안에 발생할 수 있는 손실이 10억원보다 클 확률이 5%(허용수준)이다.

053

포트폴리오의 VaR(VaR$_P$)

$$= \sqrt{VaR_A^2 + VaR_B^2 + 2 \times \rho_{AB} \times VaR_A \times VaR_B}$$
$$= \sqrt{100억^2 + 200억^2 + 2\times(-0.51) \times 100억 \times 200억}$$
$$\fallingdotseq 172억원$$

따라서 분산효과(VaR의 감소금액)
$$= VaR_A + VaR_B - VaR_P$$
$$= 100억원 + 200억원 - 172억원$$
$$= 128억원$$

054

옵션포트폴리오의 델타는 개별옵션의 델타를 합산한 금액이다. 만일 델타가 0.5인 콜옵션을 매도하고 델타가 −0.5인 풋옵션을 매도하여 구성한 스트래들 매도포지션의 델타는 0이지만 이 포지션의 위험은 대단히 크다. 즉, 이 경우 포지션의 델타가 0이므로 델타-노말 방법으로 구한 VaR는 0이 되어 마치 위험이 하나도 없는 것처럼 계산된다는 것이다. 옵션의 가격과 기초자산의 가격은 선형관계에 있지 않으므로(비선형) 델타-노말 방법은 옵션의 시장리스크를 정확하게 평가하지 못한다. 따라서 기초자산 가치 변화와 옵션가치 변화 간의 비선형성을 측정하는 감마를 추가적으로 고려하면 VaR의 정확성이 향상된다.

055

통화선도계약 또는 선물환 매입포지션은 원화채권 매도, 현물환 매입, 외화채권 매입으로 복제되므로(통화선물 참조), 통화선도 계약의 VaR는 외화채권 VaR, 원화채권 VaR, 현물환 VaR를 위험요인 간 상관계수를 이용하여 합산하여 구한다.

056

기대손실(EL) = 익스포저(EAD) × 채무불이행확률(PD) × 손실률(LGD) = 500억원 × PD × (1 − 60%) = 4억원, 따라서 부도율(PD)은 2%

057

콜 강세 스프레드는 낮은 행사가격의 콜옵션을 매수하고 만기가 동일한 높은 행사가격의 콜옵션을 매도하는 포지션으로 초기에 순투자(현금지출)가 발생한다. 즉, 프리미엄을 이미 지출했고 미래에 발생할 수 있는 것은 이익뿐이기 때문에 신용리스크에 노출된다. 반면에, 나머지 포지션들은 프리미엄을 이미 수령했고 미래에 발생할 수 있는 것은 손실뿐이기 때문에 현재노출과 잠재노출이 전부 '0'이다.

058

fully-funded 스왑은 파생결합증권을 발행하여 조달한 투자원금을 헤지거래 상대방에게 지급하고 만기에 상환 받는 헤지거래이다. 따라서 원금을 교환하는 거래이므로 스왑계약의 거래상대방의 신용위험에 노출된다.

059

일부충족조건은 당해 주문의 접수시점에서 주문한 수량 중 체결될 수 있는 수량에 대하여는 거래를 성립시키고 체결되지 아니한 수량은 취소하는 조건이다.

060

단일가거래의 약정가격이 상한가·하한가로 결정되는 경우에 상한가 또는 하한가로 제출된 단일가호가 간에는 호가수량이 많은 호가부터 수량을 배분한다.

061

미결제약정이 없는 선물거래의 매도·매수주문인 경우 위탁증거금액의 1/2 이상은 현금예탁이 필요액이며, 코스피200옵션과 주식옵션의 매수주문인 경우 프리미엄 전액이 현금예탁필요액이며, 옵션 매도는 전액 대용증권 예탁이 가능하다.

062

갱신차금은 전일의 미결제약정에 대하여 전일의 정산가격과 당일의 정산가격을 비교하여 산출한 손익이다. 따라서 갱신차금을 구할 때는 체결가격이나 당일의 계약수는 불필요한 자료이다. 당일에 매도를 5계약 한 것으로 볼 때 전일의 미결제약정 10계약은 매수미결제약정이며, 당일의 정산가격은 111.65, 전일의 정산가격은 111.55, 국채선물의 거래승수는 1,000,0000이다. 따라서 갱신차금을 구하면 다음과 같다. [갱신차금 = 전일 매수미결제약정수량 × (당일 정산가격 − 전일 정산가격) × 거래승수] = 10×(111.65 − 111.55)×1,000,000 = 1,000,000원

063

이 중에는 상장지수펀드(ETF)만이 거래증거금으로 예탁 가능한 대용증권이다.

064

직무윤리를 준수하는 것은 관련 업무종사자를 보호하는 안전장치가 되는데, 이것은 금융산업에서 뿐만이 아니라 비금융산업을 포함한 모든 산업에서 직무윤리가 요구되는 공통의 이유가 된다.

065

공직자 등이 직무관련성, 대가성 등이 없더라도 금품 등의 수수를 하는 경우에는 제재가 가능하도록 하고 있다.

066

금융투자업자 내부의 문제로서 금융투자업을 영위하는 회사 내에서 공적 업무영역에서 사적 업무영역의 정보를 이용하기 때문이다.

067

금융투자업자는 이해상충 발생가능성을 낮추는 것이 곤란하다고 판단되는 경우에는 매매, 그 밖의 거래를 하여서는 아니 된다.

068

금융투자업자는 일반투자자에게 투자권유를 하기 전에 면담#질문 등을 통하여 일반투자자의 투자목적, 재무상황 및 투자경험 등의 정보를 파악하고(KYC), 이에 적합하지 아니하다고 인정되는 투자권유를 하여서는 아니 된다(적합성의 원칙).

069

상호존중은 회사와의 관계에서 적용되는 윤리이며, 나머지 셋은 본인에 대한 윤리이다.

070

공용재산의 사적사용 및 수익금지 규정은 회사의 재산은 오로지 회사의 이익 그 자체만을 위하여 사용되어야 하고 이를 회사의 이익이 아닌 사적 용도로 이용하는 일체의 행위가 금지된다. 따라서 사적인 용도로 회사전화를 상시간 사용하거나 회사의 업무와 무관한 인터넷쇼핑몰사이트를 방문하는 행위는 공용재산의 사적사용이며 이는 사적이익 추구 금지와 관련된 사항이다.

071

대외활동 시 금전적인 보상은 반드시 신고해야 하며, 경쟁회사에 대한 비방은 금지된다. 사견임을 명백히 표시한 경우엔 사견을 발표할 수 있다.

072

시장질서 교란행위는 목적성이 없이 단순 프로그램 오류 등을 통해서도 시세에 영향을 주는 행위를 모두 위반행위로 규정하고 있으며, 해킹 등을 통한 정보 획득임을 알면서도 전달하는 행위 역시 금지하고 있다. 과거에는 미공개 중요정보의 내부자, 준내부자, 1차 수령자만이 제재의 대상이었던 것과는 달리 이를 전달한 자, 자신의 직무와 관련하여 정보를 알게 된 자, 해킹·기망 등의 부정한 방법으로 정보를 알게 된 자 등으로 그 적용대상을 확대함으로써 시장질서를 교란하는 행위를 사전에 방지하고자 하였다.

073

다른 고객이 사이버룸 사용 고객을 직원으로 오인하지 않도록 명패, 명칭, 개별 직통전화 등을 사용하도록 하거나 제공해서는 안 된다.

074

금융감독원장은 분쟁조정의 신청을 받은 날로부터 30일 이내에 금융분쟁조정위원회에 회부하여야 하고, 조정위원회는 60일 이내에 조정안을 작성하여야 한다.

075

자금세탁은 단일한 행위가 아니라 일련의 단계로 이루어지는 과정이며, 3단계 모델이론에 따르면 자금세탁은 예치단계, 은폐단계, 합법화단계를 거쳐 이루어진다.

제4과목 파생상품법규

076

합명회사의 지분과 합자회사의 무한책임사원의 지분은 무한책임사원 지분의 특성에 비추어 볼 때 이를 금융투자상품에 포함시키는 것은 타당하지 않으므로 지분증권의 범위에서 제외한다.

077

① 비상장법인은 금융위원회로부터 전문투자자로 확인받아도 자발적 전문투자자이므로 장외파생상품 거래 시 일반투자자로 대우받는다.
② 불초청권유 금지원칙은 전문투자자와 일반투자자 구분 없이 적용되므로 전문투자자라도 장외파생상품은 투자권유 요청 없이는 실시간 대화의 방법으로 투자권유를 할 수 없다.
③ 상호저축은행중앙회는 절대적 전문투자자이므로 전문투자자로 대우받겠나는 취지의 서면 없이도 장외파생상품 거래를 할 수 있다.

078

투자일임업과 투자자문업은 신규 진입 시 등록을 요건으로 한다.

079

사업계획의 타당성 요건(사업계획이 타당하고 건전할 것)은 일종의 적합성 기준으로 금융위의 주관적 개입을 의미하는데, 이 요건은 인가요건에만 적용된다. 또한 등록요건은 전문인력 요건만 적용하고 전산 등 물적 설비 요건은 적용하지 않는다.

080

① 인가제의 진입요건이 보다 엄격하다.
③ 자기자본요건과 대주주요건은 일부 완화하여 적용하고 있다.
④ 투자자문업과 투자일임업은 등록제이다.

081

정상으로 분류된 대출채권 중 콜론, 환매조건부매수에 대하여는 대손충당금을 적립하지 아니할 수 있다. 환매조건부매수란 되파는 조건으로 매수한 것이기 때문이다.

082

적기시정조치의 기준비율로 금융투자업자는 자본적정성 유지를 위해 순자본비율이 100% 이상 유지되도록 하여야 한다.

083

순자본비율 0%(영업용순자본비율의 경우 100%) 미만인 경우 경영개선명령의 적기시정조치가 취해진다.

084

집합투자업, 투자자문업, 투자일임업, 신탁업의 경우에는 원칙적으로 모든 본질적 업무가 핵심업무에 해당하므로 본질적 업무에 대한 제3자의 위탁이 원칙적으로 금지된다. 다만, 일부 자산(외화자산 및 20% 이내의 원화자산)에 대한 운용(조언)업무, 운용업무와 관련한 조사분석업무 및 단순 매매주문업무, 일부 자산의 보관·관리업무는 위탁이 가능하다.

085

보험설계사가 소속 보험회사가 아닌 보험회사와 투자권유 위탁계약을 체결하는 행위가 금지된다.

086

투자매매업자 또는 투자중개업자는 조사분석자료의 내용이 사실상 확정된 때부터 공표 후 24시간이 경과하기 전까지 그 조사분석의 대상이 된 금융투자상품을 자기의 계산으로 매매(scalping)할 수 없다.(스캘핑 금지)

087

투자자가 예탁한 증권의 총액과 증권의 종류별 총액에 관한 정보 등은 별도 제한 없이 제공이 가능하다.

088

①~③의 경우에만 사후 보고할 수 있다.

089

상장채무증권은 신용거래 매매가 가능한 증권이 아니다.

090

공공적 법인이 상장된 당시 발행주식총수의 10% 미만을 소유한 주주는 발행주식총수의 3% 이내에서 정관이 정하는 비율을 초과하여 소유할 수 없다.

091

권리를 행사하는 과정에서 미공개 중요정보를 알게 된 그 법인(계열사 포함)의 주요주주가 규제대상에 해당된다. 미공개중요정보 이용금지 규정은 주요주주, 즉 해당 법인의 10% 이상 보유주주 및 법인의 주요 경영사항에 대하여 사실상 영향력을 행사하고 있는 주주를 규제대상으로 하고 있다. ④는 정보수령자로서 규제대상이다. 그러나 만약 퇴직한 지 1년이 경과한 직원으로부터 정보를 받았다면 정보수령자가 아니다.

092

직원의 경우 미공개중요정보를 알 수 있는 자로 인정한 자는 재무, 회계, 기획, 연구개발, 공시 담당부서에 근무하는 직원만 인정하고 있다.

093

금융투자분석사는 불가피한 경우를 제외하고는 자신이 담당하는 업종에 속하는 법인이 발행한 주식 등을 매매하여서는 안 된다. 일반적인 금융투자회사 임직원은 금융투자상품 매매내역을 분기별로 회사에 보고하면 되지만 금융투자분석사는 매월 보고하여야 한다.

094

다른 금융투자회사가 판매하는 MMF와 운용실적 등에 관한 비교광고를 하지 말아야 한다.

095

상장채권 및 공모 주가연계증권은 2 이상의 채권평가회사가 제공하는 가격정보를 기초로 금융투자회사가 산정한 가격으로 평가한다.

096

채권평가인력은 펀드관계회사인력의 일종이다.

097

해당 호가의 접수시점에서 호가한 수량 중 체결할 수 있는 수량에 대해서만 거래를 체결하고 체결되지 않은 호가잔량은 취소하는 조건은 일부충족조건이다.

098

코스피200변동성지수선물은 협의대량거래가 가능한 상품이 아니다.

099

거래증거금으로 예탁할 수 있는 외화의 평가가격은 기준시세에 95%를 곱하여 산출한 가격으로 한다.

100

3년/5년/10년 국채선물의 최종결제가격은 각 선물거래의 기초자산에 대하여 한국금융투자협회가 최종거래일 10:00, 10:30, 11:00에 공표하는 중간수익률과 11:30분에 공표하는 수익률의 평균수익률을 최종결제가격 산출 산식에 의해 환산한 가격이다.

02회 모의고사

1	2	3	4	5	6	7	8	9	10	11	12	13	14	15
③	②	①	③	③	①	③	①	④	④	④	②	④	②	②
16	17	18	19	20	21	22	23	24	25	26	27	28	29	30
③	④	④	④	②	③	④	①	④	①	③	③	①	③	②
31	32	33	34	35	36	37	38	39	40	41	42	43	44	45
①	①	②	③	①	④	②	①	③	④	③	③	④	③	④
46	47	48	49	50	51	52	53	54	55	56	57	58	59	60
①	①	②	②	③	④	①	②	②	①	④	④	③	①	①
61	62	63	64	65	66	67	68	69	70	71	72	73	74	75
④	④	②	①	④	①	④	④	③	①	④	③	②	③	④
76	77	78	79	80	81	82	83	84	85	86	87	88	89	90
④	②	②	④	②	③	②	②	④	③	④	③	④	②	③
91	92	93	94	95	96	97	98	99	100					
③	④	①	③	①	②	④	①	①	④					

제1과목 파생상품 I

001

주식 관련 선물의 이론가격(F)

$$= S + S(r - d) \times \frac{T}{365} = 200 + 200(0.04 - 0.02) \times \frac{3}{12} = 201$$

002

① 주가지수선물의 이론가격 공식에서 알 수 있듯이 단기이자율(r)이 배당수익률(d)보다 크면, 주가지수선물 이론가격(F^*)은 기초자산인 주가지수(S)보다 높다.

② 주가지수선물이 콘탱고 상태[선물가격(F) > 주가지수(S)]라 하더라도 저평가[선물가격(F) < 이론가격(F^*)]될 수도 있다.

③ 주가지수선물이 백워데이션 상태[선물가격(F) < 주가지수(S)]이면 저평가[선물가격(F) < 이론가격(F^*)]된 것이다.

④ 주가지수선물이 저평가[선물가격(F) < 이론가격(F^*)]되어 있더라도 콘탱고 상태[선물가격(F) > 주가지수(S)]가 될 수 있으므로 반드시 백워데이션 상태는 아니다.

003

헤지거래는 선물시장에서 현물포지션과는 반대의 포지션을 취함으로써 현물가격의 변동 리스크를 제거하고자 하는 거래이다.

004

$$N = \frac{100억원}{200 \times 250,000} \times (0.5 - 0.9) = -80(계약)$$

이 식에서 N이 음(−)이므로 매도포지션을 취해야 할 지수선물 계약수를 나타낸다.

005

선물의 시장가격이 현물가격보다 높으므로, 즉 시장 베이시스(2 = 204 − 202)가 0보다 크므로 Contango 상태이며, 선물시장가격(= 204)이 선물이론가격(= 203)보다 높으므로 현재 선물가격은 고평가 상태이다.

006

백워데이션(Backwardation) 상태란 선물의 시장가격이 현물가격보다 낮은 상황($F < S$)을 말한다. 따라서 이 경우 선물의 시장가격은 당연히 이론가격보다 낮으므로($F < F^*$) 저평가된 선물은 매수하고 고평가된 현물을 매도하는 역현물보유전략(매도차익거래)으로 수익을 얻을 수 있다.

007

이자율이 배당수익률보다 높은 경우에는 보유비용이 양(+)이므로 콘탱고 상황이다. 즉, 선물가격이 현물가격보다 높고, 원월물 선물가격이 근월물 선물가격보다 높다. 이런 상황에서 스프레드가 확대되는 경우는 원월물 선물가격이 근월물 선물가격보다 더 많이 상승하거나 더 작게 하락하는 경우이다. 따라서 스프레드 확대를 예상할 경우, 근월물을 매도하고 원월물을 매수하는 스프레드 매수전략(약세 스프레드 전략이라고도 함)을 택한다.

008

금리하락(채권시장의 강세)이 예상될 때에는 듀레이션을 늘려야 한다. 이 경우 국채선물을 매수해야 하는데, 필요한 국채선물 계약수는 다음과 같이 구한다.

$$채권선물\ 계약수(N) = \frac{300억원}{100 \times 1,000,000} \times \frac{(3-2)}{3} = 100$$

따라서 100계약을 매수하면 된다.

009

스프레드가 축소될 것으로 예상하는 경우, 근월물을 매도하고 원월물을 매수하는 매도 스프레드(약세 스프레드) 전략을 사용한다.

010

선물환 할증률 또는 할인율은 현물환율과 비교하여 연율로 표현하는 것이 일반적이다. 아래 식에서 선물환 만기는 개월수이다. 만약 선물환 만기가 일수로 계산된다면,

식에서 '$\frac{12}{선물환만기}$'를 '$\frac{360}{선물환만기}$'으로 수정하여 적용하면 된다.

$$할증(할인)률 = \frac{선물환율 - 현물환율}{현물환율} \times \frac{12}{선물환만기}$$

$$= \frac{900 - 1,000}{1,000} \times \frac{12}{6} = -20\%$$

011

시장 선물환율(1,001)은 현물환율(1,000)보다 높으므로 할증상태(premium)이다.

할증률을 계산하면 $0.39\% \left(= \frac{1,001 - 1,000}{1,000} \times \frac{360}{92} \right)$이다.

이론 선물환율을 계산하면,

$$이론선물환율(F^*) = 1,000 \times \frac{1 + 0.03 \times 92/365}{1 + 0.02 \times 92/360} ≒ 1,002.44가$$

되므로, 시장 선물환율(1,001)이 이론 선물환율(1,002.44)보다 저평가되어 있다. 따라서 달러화를 차입하고 이를 원화로 바꾸어 원화로 예금하고(달러 선물환매도 복제), 동시에 차입한 달러화 상환을 위해 달러 선물환을 매수하는 차익거래를 할 수 있다.

012

헤지를 개시하는 시점의 개시베이시스는 $-160원/g(= 42,880 - 43,040)$이며, 청산(종결)베이시스는 $-120원/g(= 42,340 - 42,460)$이다. 따라서 베이시스가 상승(강화)하였기 때문에, 매도헤지 시에는 베이시스 상승분(40)만큼 순매도가격을 처음(42,880)보다 높여준다. 즉, 순매도가격(NSP) $= S_t + \Delta B = 42,880 + 40 = 42,920$원이다.

013

결제월 간 스프레드가 $170(= 42,620 - 42,450)$에서 $210(= 42,480 - 42,270)$으로 확대되었다. 따라서 스프레드 확대가 예상될 경우, 근월물을 매도하고 원월물을 매수하는 약세 스프레드 전략에서 이익이 발생한다. 두 개의 선물을 동시에 매수 또는 매도하는 것은 경우에 따라 이익(또는 손실)이 클 수는 있으나, 이런 거래는 스프레드 거래가 아닌 투기거래이다.

014

현재 50,000원인 주가는 70,000원으로 상승(상승률 40%)하거나 30,000원으로 하락(하락률 -40%)할 수 있으므로, 행사가격 50,000원인 풋옵션은 만기 시 0원$[= max(0, K - S_T) = max(0, 5만 - 7만)]$ 또는 20,000원$[= max(0, K - S_T) = max(0, 5만 - 3만)]$의 가치를 갖게 되며, 현재가치는 다음과 같이 구한다.

① P_u = 주가상승 시 풋 만기가치 = 0
P_d = 주가하락 시 풋 만기가치 = 2만원
② r(무위험수익률) = 10%
u(주가상승률) = 40%, d(주가하락률) = -40%
③ p(리스크중립적 확률) $= \frac{r - d}{u - d} = \frac{0.1 - (-0.4)}{0.4 - (-0.4)} = 0.625$
④ $c = \dfrac{P_u \times p + P_d \times (1 - p)}{1 + r}$

$= \dfrac{0 \times 0.625 + 20,000 \times (1 - 0.625)}{1 + 0.1} ≒ 6,818$

015

기초자산 가격의 변동성 증가는 콜과 풋 모든 옵션가격을 상승시킨다. 왜냐하면 변동성이 커진다는 것은 기초자산 가격이 크게 상승할 수도, 크게 하락할 수도 있다는 것이므로 콜과 풋 모두에 도움이 된다. 배당금을 많이 지급할수록 배당락으로 인해 주가가 떨어지므로 콜옵션의 가격이 낮아진다.

016

풋-콜 패리티에 의해 $p + S_t = c + Ke^{-rT}$, $2 + 100 = c + \dfrac{100}{(1 + 0.12/12)}$, 따라서 c(콜옵션의 가격) $≒ 3$

※ 만기가 1개월 남았으므로 1%(= 12%/12)로 할인하는 것에 유의

017

감마는 델타의 변화분이기 때문에 기초자산 가격이 상승할 때 델타의 변화는 기존 델타와 감마의 합계(델타의 변화분 = 기존 델타 +감마)로 산출할 수 있다. 따라서 전체 포트폴리오의 델타 변화 = (0.4 + 0.03) × 10 + (−0.5 + 0.02) × 5 = 1.9, 만약 기초자산 가격이 하락했다면, 델타의 변화는 기존 델타의 값에서 감마를 차감(델타의 변화분 = 기존 델타 − 감마)하여 구하면 된다.

018

주가가 하락할 가능성이 낮고(보합 또는 상승) 가격변동성은 증가하지 않을 것으로 예상하는 경우에는 풋옵션을 매도함으로써 옵션의 내재가치나 시간가치의 하락으로 프리미엄의 이익을 얻을 수 있다. 따라서 투자자는 내재변동성이 높으면서 고평가되어 있는 근월물 등가격 풋옵션을 매도하는 것이 바람직하다.

019

상승 시 이익이 발생하며 이익과 손실을 제한하는 전략이 수직적 강세 스프레드 전략이다. 강세 풋옵션 스프레드는 상승 시 이익이 발생하며 이익과 손실을 제한한다는 점에서는 강세 콜옵션 스프레드와 같다. 그러나 강세 콜옵션 스프레드는 초기에 프리미엄의 순지출이 발생하지만, 강세 풋옵션 스프레드는 초기에 프리미엄의 순수입이 발생한다는 점에서 차이가 있다.

020

비율 스프레드는 가격의 변동성이 다소 높은 시기에 주가의 흐름을 어느 정도 확신할 수 있는 상황에서 활용이 가능하다. 콜 비율 스프레드는 낮은 행사가격의 콜옵션을 매수하고 높은 행사가격의 콜옵션을 x배 매도하는 포지션이다. 콜 비율 스프레드 매수의 델타는 단순 콜옵션 매도보다는 작지만 약세 콜 스프레드에 비해서는 크다. 델타를 기준으로 위험순위를 따지면, 콜옵션 매도 > 콜옵션 비율 스프레드 매수 > 콜옵션 강세 스프레드 순이다.

021

각 포지션의 전략을 알아보면,
① 스트래들 매수, ② 스트랭글 매수, ③ 강세 콜옵션 스프레드, ④ 버터플라이 매도이다. 강세 콜옵션 스프레드는 주가 상승을 예상하나 확신이 서지 않을 때 손익을 제한시키고자 하는 보수적인 방향성 전략이다. 즉, KOSPI200지수가 상승할 때만 제한된 이익이 발생한다. 나머지는 모두 주가 방향과는 관계없이 변동성 상승을 예상할 때 사용하는 변동성 매수전략이다.

022

커버드 콜매도(covered call writing)는 풋옵션을 매도한 것과 손익구조가 유사하기 때문에 주가가 지속적으로 하락하면 손실이 늘어난다.

023

변동금리채권(FRN)은 금리가 하락하면 이자가 줄어들기 때문에 FRN에 투자한 운용자는 금리하락 리스크에 대비하여야 한다. 따라서 금리하락 시 이익을 볼 수 있는 유로달러선물 콜옵션을 매수하는 것이 가장 적절하다.

024

금리칼라는 금리상승 리스크를 관리하는 전략이며, 나머지는 모두 금리하락 리스크를 관리하는 전략이다.

025

3개월 후에 달러 차입금을 상환할 예정이므로, 환율이 상승할 경우 손실이 발생한다. 따라서 환율상승에 대비하여 선물환이나 통화선물을 매수하거나 통화옵션을 이용하는 경우엔 콜옵션을 매수하여야 한다. 다만, 차이점은 선물환이나 통화선물을 매수하여 헤지하는 경우엔 미래 환율을 고정시키지만, 콜옵션 매수헤지는 환율이 불리하게 변동(환율하락)할 경우의 최대손실은 고정시키고 유리하게 변동(환율상승)할 경우 이익의 기회도 유지할 수 있다.

026

고객이 스왑딜러에게 고정금리를 지급(변동금리를 수취)하는 payer swap을 하고자 한다. 따라서 스왑딜러 입장에서는 고정금리를 수취하는 포지션이므로 offer rate(receive rate)인 'T + 40'이 적용된다. 여기서 T는 스왑과 만기가 동일한 미국 재무부 채권수익률(3%)이며, 40(40bp = 0.40%)은 offer rate에 붙는 스왑의 offer spread이다. 따라서 offer rate(receive rate)는 3.40%(= 3% + 0.40%)이다.

027

고정금리 수취스왑을 할 때는 딜러의 bid rate가 적용된다. 따라서 bid rate(5.15%)가 가장 높은 스왑딜러와 거래하는 것이 A기업에 유리하다. 동일한 bid rate라도 이자계산 기준에 따라 다르게 계산된다. 즉, 1년에 2번 이자를 지급하는(연 2회 복리) 금리(s. a.)가 1번 지급(연복리)하는 금리(annual)보다 유리하고, 연간 경과일수를 365일로 계산하는 'act/360(MMB, money market basis)'방식이 연간 경과일수를 360일로 계산하는 '30/360'보다 유리하다.

028

K사의 현재 차입금리는 변동금리(Libor+0.30%)이다. 따라서 금리상승 리스크에 노출되어 있다. 금리상승 리스크를 관리하기 위해서는 차입금리를 변동금리에서 고정금리로 전환해야 한다. 따라서 스왑딜러에게 고정금리를 지급하고 변동금리를 수취하는 payer 이자율스왑 거래가 필요하다. 이때 스왑금리는 스왑딜러 입장에서 고정금리를 받는 것이므로 offer rate인 3.29%가 적용된다. 이상의 거래를 그림으로 나타내면 다음과 같다. 참고로, 1bp(basis point) = 0.01%

029

이론적으로 유로달러 선물의 3년 strip 금리와 3년 스왑금리는 같아야 한다. 그런데 괴리가 생기므로 상대적으로 고평가된 높은 금리는 수취하고 저평가된 낮은 금리로 지급하는 거래를 하면 차익을 볼 수 있다. 유로달러 선물을 이용한 금리(3.5%)가 스왑금리(3.0%/2.95%)보다 높으므로, 금리가 싼 스왑시장에서 3.0%를 지급(고정금리를 지급하는 입장에서는 매도율인 3.0% 적용)하고 유로달러 선물거래로 3.5%의 고정금리를 수취하면 된다. 고정금리를 확정시켜 수취하는 효과는 유로달러 선물을 매수하는 것이다.

030

고정금리 지급 스왑포지션은 고정금리 채권의 매도포지션과 동일한 리스크, 즉 금리하락 시(채권가격 상승 시) 손실이 발생하는 포지션이다. 따라서 금리하락에 대비하기 위해서는 동일만기의 채권 현물이나 선물을 매수하거나, 유로달러 선물(스트립) 매수를 해야 한다.

031

초기의 고정금리 이자지급 부담을 줄이기 위해서는, 초기에는 표준스왑의 고정금리보다 낮은 스왑금리를 적용하다가 나중에 높이는 구조인 step-up swap이 적절하다.

032

FRA 매수를 해야 금리상승 시 이익이 발생하므로, 차입(조달)금리 고정효과가 있다.

033

달러가치가 상승하면 K기업은 부채가치의 증가로 손실이 예상되므로, [원화 고정금리 지급 + 달러 고정금리 수취] 통화스왑 거래를 통해 달러 고정금리 부채를 원화 고정금리 부채로 전환한 효과를 얻을 수 있어, 원화 고정금리로 차입한 것과 동일한 결과를 만들 수 있다. 또한 달러 고정금리 수취를 통해 발행한 달러표시 채권의 coupon 5% 지급 금리도 고정시킬 수 있다.

034

up은 상승, down은 하락을 의미하고 in은 발효, out은 무효를 의미한다. 따라서 촉발가격 이상으로 환율(기초자산 가격)이 상승 시 무효가 된다는 것은 up-and-out이다.

035

기초자산 가격이 계약기간 동안 70~95 사이에서 움직였으므로 만기일 전에 촉발가격인 90을 건드렸다. 따라서 이 풋옵션은 만기일 전에 무효(knock-out)가 되어 소멸되었기 때문에 만기손익은 0이다. 옵션이 녹아웃되면 옵션이 무효가 되어 아무런 대가가 없거나 때로는 약간의 현금보상(rebate)이 이루어진다. 만약 녹아웃 풋옵션이 아니라 표준옵션인 풋옵션이었다면 만기손익은 1[= $max(X - S_T, 0) = max(80 - 79, 0)$]이 되었을 것이다.

036

룩백 콜옵션 : $Max(3,200 - 2,500, 0) = 700$
룩백 풋옵션 : $Max(3,600 - 3,200, 0) = 400$

037

선택옵션은 옵션보유자가 만기일 이전에 미래의 특정시점에서 이 옵션이 콜옵션인지 풋옵션인지 여부를 선택할 수 있는 권리를 가지는 시간의존형 옵션으로서 동일한 행사가격의 Call과 Put을 동시에 보유하는 straddle 매수전략과 유사하다.

038

일반적으로 장애옵션(barrier option)은 표준옵션보다 프리미엄이 저렴하며, 미국식 옵션은 옵션보유자가 만기 전에 아무 때나 행사가 가능하므로 유럽식 옵션보다 가격이 비싸고, 버뮤다옵션은 미국식과 유럽식의 중간 형태이다.

039

통화옵션에서 만기와 행사가격이 동일한 콜옵션을 매도하고 풋옵션을 매수하면 선물환을 매도한 것과 같은 효과가 있다.

040

보장매입자는 준거기업에 대한 신용위험을 보장매도자에게 이전하는 대신 보장매도자의 신용위험을 인수하게 된다. 즉, 보장매도자가 파산하면 준거자산이 부도가 나도 손실을 보상받을 수 없게 된다. 따라서 신용위험의 인수대가인 CDS 프리미엄은 준거자산의 신용사건 발생 가능성, 신용사건 발생 시 준거자산의 회수율, 보장매도자의 신용도 등에 따라 결정된다.

041

CDS(신용디폴트스왑)와는 달리 TRS는 준거자산의 신용위험뿐만 아니라 시장위험까지도 동시에 이전하는 형태의 상품이다. CDS는 신용사건이 발생하는 경우에만 준거자산에서 발생하는 손실의 결제가 일어나는 반면, TRS는 신용사건이 발생하지 않는 평상시에도 준거자산의 시장가치를 반영한 현금흐름이 발생하기 때문이다.

042

초기이익을 보수적으로 인식하는 것이 바람직하다.

043

J.P Morgan의 Riskmetrics는 95% 신뢰수준과 1일 보유기간을 사용하여 VaR을 계산하며, BIS의 바젤위원회는 99% 신뢰수준과 10일 보유기간을 기준으로 VaR을 계산한다. 이처럼 신뢰수준과 보유기간이 모두 다를 경우에는 다음과 같이 VaR을 계산할 수 있다.

$$VaR_2 = \frac{\alpha_2}{\alpha_1} \times \frac{\sqrt{t_2}}{\sqrt{t_1}} \times VaR_1 \ (\alpha는 신뢰수준, t는 보유기간)$$

$$\rightarrow VaR_{(99\%, 10일)} = \frac{2.33}{1.65} \times \frac{\sqrt{10}}{\sqrt{1}} \times VaR_{(95\%, 1일)}$$
$$= 4.5 \times VaR_{(95\%, 1일)}$$
$$= 4.5 \times 10억원 = 45억원$$

044

주가지수 및 개별주식에 연동되어 수익이 지급되는 금융상품으로는 ELD(Equity Linked Deposit, 주가연동예금), ELS(Equity Linked Securities, 주가연계증권), ELF(Equity Linked Fund, 주가연계펀드), ELT(Equity Linked Trust, ELS신탁), ELS랩(Wrap) 등이 있다. ELD는 은행에서 발행되는 예금상품으로 예금자보호법의 보호를 받기 때문에 원금(1인당 5천만원까지)이 보장된다. ELS는 증권사에서 발행하는 파생결합증권으로 사전에 약정한 수익률을 지급한다. ELF는 자산운용사에서 운용하는 수익증권으로서 원금은 보장되지 않고 실적 배당한다.

045

현금결제방식의 ELW는 자동적으로 권리가 행사된다. 자동권리행사는 권리행사 만기일에 ELW 보유자가 권리행사를 신청하지 않아도 자동적으로 권리행사가 되도록 하는 제도이다(현금결제방식의 ELW에만 적용됨). 발행자와 ELW 보유자 간 최종 결제방식은 현금결제와 실물인수도결제의 두 가지 방법이 있는데, 현재 상장된 ELW는 발행사가 현금결제방식을 채택하고 있다. 현금결제 시 만기지급금액의 지급일은 권리행사일(만기일)로부터 2일째 되는 날이다.

046

콜 ELW의 내재가치 = (기초자산가격 − 권리행사가격) × 전환비율
$$= (10,000 - 5,000) \times 0.50 = 2,500$$

047

ETN(상장지수증권)에 대한 설명이다.

048

ETN은 5종목 이상이면 된다. 참고로 ETF(Exchange Traded Fund, 상장지수펀드)는 10종목 이상이다.

049

ETN 발행사의 영업용 순자본비율(NCR)은 200% 이상이고 순자본비율 100% 이상이어야 한다. 신속한 상장을 위해 ETN의 심사기간은 15일로 짧게 설정하여 심사기간이 45일인 ETF보다 빠른 시일 내에 상장이 가능하다.

050

오전 단일가 매매 호가접수시간(08:00~09:00), 증권시장 개시 후 5분간(09:00~09:05), 오후 단일가 매매 호가접수시간(15:20~15:30)에는 LP가 호가를 제출하지 않아도 된다. 한편, 09:05~15:20 사이라도 호가스프레드비율이 해당 ETN의 상장 시 거래소에 신고한 비율 이하이면 호가를 제출하지 않아도 된다.

051

신용등급하락리스크는 신용리스크이다. 운영리스크에는 인적리스크, 내부시스템리스크, 프로세스리스크 및 외부사건리스크가 있다.

052

포트폴리오의 VaR(VaR_p)
$$= \sqrt{VaR_A^2 + VaR_B^2 + 2 \times \rho_{AB} \times VaR_A \times VaR_B}$$
$$= \sqrt{66억^2 + 33억^2 + 2 \times (-1) \times 66억 \times 33억}$$
$$= 33억원$$
즉, 상관계수가 −1이므로 포트폴리오의 VaR는 개별자산 VaR의 절대차($|VaR_A - VaR_B| = 66억 - 33억$)와 같다.

053

델타−노말 방법에 의한 옵션포지션의
$$VaR = \alpha \times V \times \sigma \times \Delta(옵션의 델타)$$
$$= 2.33 \times (255포인트 \times 500,000) \times \frac{0.40}{\sqrt{256}} \times 0.6$$
$$= 4,456,125$$
기초자산이 개별주식이 아니고 지수인 경우에도 옵션의 VaR를 구하는 방법은 동일하다.

054

3×6 FRA는 3개월 후에 3개월간 적용되는 미래의 수취 또는 지급 이자율을 현재 시점에서 약정하는 계약이다. 3×6 FRA 매입포지션은 [3개월 만기 채권 매입포지션 + 6개월 만기 채권 매도포지션]으로 복제된다.

055

분석적 분산−공분산 방법(델타−노말 방법)은 리스크요인의 변화에 대한 잠재적 손실을 선형으로 측정하는 부분가치평가방법을 이용한다. 리스크요인의 움직임에 선형 노출된 정도를 측정하는 지표로는 주식의 경우 베타, 파생상품의 경우 델타, 채권의 경우 수정듀레이션이 있다.

056

기대손실(EL) = EAD × 부도율 × LGD
$$= 100억원 \times 4\% \times 80\% = 3.2억원$$

057

장외옵션 매도포지션(발행포지션)의 경우 프리미엄을 이미 수취하였고 미래에 발생할 수 있는 것은 잠재적 손실뿐이므로 현재노출과 잠재노출이 전부 0이다. 따라서 신용리스크에 전혀 노출되지 않는다.

058

배당은 배당락 효과에 의해 미래 주가(지수)를 하락시키기 때문에, 배당이 커지면 stepdown ELS의 가치는 하락한다. 콴토위험은 기초자산이 해외자산인 경우 발생하는 위험으로, 일반적으로 환율의 변동성이 커질수록 ELS의 가치는 상승한다. 파생결합증권은 유통시장이 존재하지 않으므로 만기까지 보유하는 것을 기본으로 한다. 따라서 투자자가 만기 이전에 유동화하기 위해서 발행사에 환매를 요청하는 경우 중도환매에 대한 패널티가 부과된다. 파생결합증권은 시장가격이 존재하지 않아 평가모델에 의한 평가가격에 의존하여 환매기준가격이 결정되므로, 평가모델의 불확실성에 따른 리스크에 노출된다.

059

중개계좌는 위탁자가 장내파생상품의 투자중개업자의 중개를 통하여 해외파생상품시장거래를 하기 위하여 해외파생상품시장 회원 또는 해외파생상품중개인에게 자기(위탁자)의 명의와 계산으로 개설하는 계좌이다.

060

원월물 종목인 경우 호가가 거의 없기 때문에 착오거래 등을 방지하는 차원에서 지정가호가로만 입력하여야 한다.

061

전문투자자 중에서 주권상장법인, 금융위에 전문투자자로 신고한 법인·개인, 금융투자업자 중 투자자문업자는 적격기관투자자에서 제외된다.

062

기본예탁금을 예탁하지 않고 파생상품 거래가 가능한 계좌는 사후위탁증거금계좌(일반·할인)를 개설한 적격투자자뿐이다.

063

통화선물(미국달러선물, 엔선물, 유로선물, 위안선물)은 실물 인수도결제를 하며, 이를 제외한 대부분의 선물·옵션거래는 현금결제한다.

064

자본시장법에서는 투자자보호에 관한 법제적 장치가 강화되어, 종전에는 고객 배려차원에서 이루어지던 서비스의 상당 부분이 고객(특히 일반투자자)에 대한 법적 의무로 제도화되었다. 전문투자자는 자본시장법에서는 보호대상에서 빠지지만, 이에 대한 윤리적 책임까지 완전히 면제되는 것은 아니다. 자본시장법에서는 투자자보호를 위한 법적 규제 수준이 높아짐에 따라 윤리적 의무의 수준도 한층 높아졌다. 따라서, 전문지식의 습득과 고객에 대한 고도의 윤리의식으로 고객의 신뢰를 확보하는 것은 평판위험을 관리하는 차원에서도 금융투자업 종사자들에게 더욱 중요한 자질로 인식되고 있다.

065

신의칙 위반이 법원에서 다루어지는 경우, 이는 강행법규에 대한 위반이기 때문에 당사자가 주장하지 않더라도 법원은 직권으로 신의칙 위반 여부를 판단할 수 있다. 또한 신의성실의 원칙은 법규의 형식적 적용에 의하여 야기되는 불합리와 오류를 시정하는 역할을 한다.

066

일반투자자가 결과적으로 투자이익을 얻은 경우에도 과당매매가 될 수 있다. 따라서 일반투자자가 당해 거래로 인하여 실제 투자손실을 입었는지의 여부는 과당매매를 판단할 때의 고려사항이 아니다. ②~④ 외에도 개별 매매거래 시 권유 내용의 타당성 여부 등을 종합적으로 고려하여 판단한다.

067

일반투자자에 비해 적기는 하지만 전문투자자에 대해서도 법적으로 일부 보호되고 있으며, 전문투자자에 대한 금융투자업자의 윤리적 책임까지도 면할 수는 없다.

068

투자자의 투자경험과 금융투자상품에 대한 지식수준 등 투자자의 이해수준을 고려하여 설명의 정도를 달리할 수 있다. 금융투자업종사자는 설명의무 위반으로 인하여 발생한 일반투자자의 손해를 배상할 책임이 있다.

069

직위의 사적 이용 금지 규정을 위반한 사례이다. 금융투자업종사자는 직무의 범위를 벗어나 사적 이익을 위하여 회사의 명칭이나 직위를 공표, 게시하는 등의 방법으로 이용하거나 이용하게 해서는 아니 된다. 하지만 일상적이고 특정인의 이익을 위한 목적이 아닌 경우에는 윤리기준 위반행위로 볼 수 없다. 대표적으로 경조사 봉투 및 화환 등에 회사명 및 직위를 기재하는 행위나 지점 개업식 또는 계열사의 창립기념일에 축하 화환 등을 보내면서 회사의 명칭을 기재하는 것 등은 직무와 관련하여 회사 명칭이나 직위를 사용하는 행위로서 위반행위에 해당하지 않는다.

070

임직원과 금융소비자 간의 이메일은 사용 장소에 관계없이 표준 내부통제기준 및 관계법령 등의 적용을 받는다.

071

고용기간 동안 본인이 생산한 지적재산물은 회사의 재산으로 반환하여야 하며, 고용기간이 종료한 후라도 그 이용이나 처분권한은 회사가 가지는 것이 원칙이다. 또한, 고용기간이 종료되면 어떠한 경우나 이유로도 회사명, 상표, 로고 등을 사용하여서는 아니 된다. 회사에 대한 선관주의 의무는 회사와의 고용 내지 위임계약관계가 종료된 이후에도 상당기간 지속된다. 이러한 의무는 일정기간(계약서에 3년으로 되어 있으면 3년) 동안 지속되지만 지나치게 장기간이면 합리적인 기간으로 제한된다.

072

내부통제체제의 구축·유지·운영 및 감독책임은 대표이사에게 있다. 준법감시인은 이사회와 대표이사의 지휘를 받아 그 업무를 수행하며, 대표이사와 감사(위원회)에 아무런 제한 없이 보고할 수 있다. 또한, 내부통제기준의 적정성을 정기적으로 점검하고 문제점 또는 미비사항이 발견된 경우 이의 개선 또는 개정을 요구할 수 있다.

073

6개월 이내의 직무정지를 조치할 수 있으며, 6개월 정직은 직원에 대한 제재 조치권이다.

074

은행이나 보험과 달리 증권 또는 파생상품 거래는 투자대상 자산의 투자위험(원금손실 가능성), 높은 변동성, 투자과정에서의 전문성 등이 요구되므로 안정성과는 거리가 멀다.

075

의심스러운 거래 보고제도(STR)란 금융기관 종사자의 주관적 판단에 의해 어떤 금융거래가 불법자금 또는 자금세탁을 하고 있다는 의심이 갈 경우, 금융정보분석원(FIU)에 보고토록 하는 제도이다.

제4과목 파생상품법규

076

파생결합증권은 자본시장법상 원본초과손실 가능성이 없는 금융투자상품으로서 증권으로 분류하며, 농산물도 파생결합증권의 기초자산이 될 수 있다.

077

자기자본이 인가업무 단위별 5억원과 대통령령이 정하는 금액 중 큰 금액 이상이어야 한다.

078

매 회계연도 말 기준 자기자본이 인가업무 단위별 최저 자기자본의 70% 이상을 유지하여야 한다.

079

전업 투자자문업자의 대주주 변경은 금융위원회의 사전승인 대상이 아니라 사후보고 대상이다.

080

매 분기 말 현재 '고정' 이하로 분류된 채권에 대하여 적정한 예상회수가액을 산정하여야 한다.

081

① 시장위험과 신용위험을 동시에 내포하는 자산에 대하여는 시장위험액과 신용위험액을 모두 산정한다.
② 영업용순자본 차감항목에 대하여는 원칙적으로 위험액을 산정하지 않는다.
④ 부외자산과 부외부채에 대해서도 위험액을 산정하는 것을 원칙으로 한다.

082

잔존만기 3개월 이내 부채에 대한 잔존만기 3개월 이내 자산의 비율이 100분의 80(80%) 이상이어야 한다.

083

금융투자업자는 예외적인 경우를 제외하고는 그 계열회사가 발행한 주식, 채권 및 약속어음을 자기자본의 8%를 초과하여 소유할 수 없다.

084

금융투자업자는 이해상충이 발생할 가능성을 낮추는 것이 곤란하다고 판단되는 경우에는 거래를 하여서는 아니 된다.

085

적정성의 원칙이 적용되는 '파생상품등'에는 파생상품, 파생결합증권(원금보장형 제외), 집합투자재산의 50%를 초과하여 파생결합증권에 운용하는 집합투자기구의 집합투자증권, 파생상품 매매에 따른 위험평가액이 펀드자산총액의 10%를 초과하여 투자할 수 있는 집합투자기구의 집합투자증권 등이 이에 해당된다.

086

투자권유 규제가 적용되는 대상으로는 금융투자상품의 매매, 투자자문계약·투자일임계약·신탁계약의 체결을 권유하는 경우이다. 다만, 관리형신탁 및 투자성 없는 신탁계약은 해당되지 않는다.

087

집합투자증권 : 당일에 고시된 기준가격

088

예치기관은 투자자예탁금의 안정적 운용을 해할 우려가 없는 안정적 자산에 운용하여야 한다. 따라서 상장주식의 매수는 할 수 없다.

089

내부자거래 규제의 대상증권은 당해 법인이 발행한 증권에 한정되지 않고, 당해 법인과 관련된 증권을 기초자산으로 하는 금융투자상품이 포함되어 국내기업이 외국에서 발행한 증권예탁증권(DR)과 ELS, ELW 등과 같은 파생결합증권은 물론, 옵션 등 파생상품의 매매도 당해 법인과 관련한 증권만을 기초자산으로 하는 경우 규제대상에 포함된다.

090

① 단기매매차익 반환대상자를 주권상장법인의 주요주주, 임원 및 직원으로 규정하고 있다. 다만 직원의 경우 미공개중요정 보를 알 수 있는 자로 인정한 자에 한한다. 즉, 그 법인에서 주요사항보고 대상에 해당하는 사항의 수립·변경·추진· 공시, 그밖에 이에 관련된 업무에 종사하고 있는 직원 또는 그 법인의 재무·회계·기획·연구개발에 관련된 업무에 종 사하고 있는 직원에 한한다.

② 일정범위의 내부자가 특정증권등을 6개월 이내에 매매하여 얻은 이익은 그것이 미공개 중요정보를 이용한 것인지의 여 부와 관계없이 무조건 회사에게 반환하도록 하고 있다.

④ 단기매매차익 계산의 구체적인 기준과 방법 등 필요한 세부 사항은 증권선물위원회가 정한다.

091

기존 시세조종행위 금지조항은 매매유인이나 부당이득을 얻을 목적 등이 없으면 규제하기 어려웠으나, 시장질서 교란행위(시 세관여 교란행위) 규제가 도입되면서 비록 매매유인이나 부당이 득을 얻을 목적 등이 없다고 할지라도 허수성 주문을 대량으로 제출하거나, 가장성 매매, 통정성 매매, 풍문유포 등을 하여 시 세에 부당한 영향을 주거나 줄 우려가 있다고 판단되면 해당 행 위자에게 과징금을 부과할 수 있다. 시장질서 교란행위에 대해 서는 5억원 이하의 과징금을 부과(행정책임)할 수 있으며, 위반 행위와 관련된 거래로 얻은 이득 등의 1.5배가 5억원을 넘는 경 우에는 그 금액 이하의 과징금을 부과할 수 있다.

092

①과 ②는 현·선 연계 시세조종행위이며, ③은 현·현 연계 시 세조종행위이다. 그러나 ④는 선·선 연계로 시세조종행위가 아 니다. 파생상품의 가격은 해당 기초자산의 가격에 영향을 받으 므로 기초자산(현물)이 개입된 연계거래만이 시세조종행위에 해 당된다고 할 수 있다.

093

운용전문인력은 의무표시 사항에 해당하지 않는다.

094

승인 후 제공 가능한 연간 총한도는 거래상대방이 투자자가 아 닌 경우 500만원, 투자자인 경우 회사가 직전 또는 당해 회계연 도 기간 중 당해 투자자로부터 받은 수수료 등 합계액의 10%와 500만원 중 큰 금액이다. 단, 투자자가 법인, 그 밖의 단체인 경 우 그 임직원에 대하여는 한도가 500만원이다.

095

투자주의종목은 담보증권으로 징구할 수 있다. 참고로 신용공여 는 크게 청약자금대출, 신용거래(융자·대주) 및 예탁증권담보 융자로 나뉜다. 기존의 유가증권매입자금대출은 자본시장법에 서는 신용거래융자로 통합되었다.

096

금융투자회사는 일반투자자를 대상으로 한 '외국 집합투자증권 매매거래에 관한 표준약관'은 수정하여 사용할 수 없다. 다만, 기 관투자자만을 대상으로 외국 집합투자증권을 판매하는 경우에 는 표준약관을 수정하여 사용할 수 있다.

097

인수도결제방식에 의해 최종결제되는 통화선물(미국달러선물, 엔선물, 유로선물, 위안선물)은 최종거래일에도 최종거래일 장 종료 전 10분간(11:20~11:30) 종가 결정을 위한 단일가주문 접수시간을 두고 있으며, 이들을 제외한 상품은 최종거래일에 종가 단일가거래를 실시하지 않는다.

098

원월물종목인 경우에는 시장가호가, 조건부지정가호가 및 최유 리지정가호가를 입력할 수 없다. 즉, 원월물종목에 대해서는 지 정가호가만 사용할 수 있다.

099

주식상품거래의 필요적 거래중단 및 종결(CB : Circuit Break-ers)은 코스피지수 또는 코스닥지수가 직전 매매거래일의 종가 보다 하락하는 경우에만 적용한다. 또한 기존 선물가격의 급변 에 따라 적용되는 필요적 거래중단(선물 CB)은 주식시장의 CB 제도 개선에 따라 폐지되었으며, 주식파생상품의 필요적 거래중 단 후 주식시장 등의 매매거래를 재개하는 경우에 거래소는 지 체 없이 10분간 단일가호가접수시간을 거쳐 단일가거래로 거래 를 재개한다.

100

최종결제가격확정전거래증거금액은 돈육선물에만 적용되는 것 으로, 돈육선물의 최종결제가격이 최종거래일의 다음 거래일에 발표됨에 따라 최종거래일로부터 최종거래일 익일까지의 가격 변동에 대한 위험을 커버하기 위한 증거금이다.

토마토패스
파생상품투자권유자문인력 핵심정리문제집

초 판 발 행	2017년 7월 20일	
개정2판1쇄	2019년 7월 25일	

편 저 자	박선호
발 행 인	정용수
발 행 처	예문사
주 소	경기도 파주시 직지길 460(출판도시) 도서출판 예문사
T E L	031) 955-0550
F A X	031) 955-0660
등 록 번 호	11-76호
정 가	25,000원

홈페이지 http://www.yeamoonsa.com

I S B N   978-89-274-3145-9   [13320]

이 도서의 국립중앙도서관 출판예정도서목록(CIP)은 서지정보유통지원시스템 홈페이지(http://seoji.nl.go.kr)와 국가자료공동목록시스템(http://www.nl.go.kr/kolisnet)에서 이용하실 수 있습니다.
(CIP제어번호: CIP2019017654)

토마토패스는
수험생이 취득하고자 하는 **자격증의 합격**

단지 그 목적 하나만을 위해 존재합니다.

[한국금융투자협회]

| 투자자산운용사 | 증권투자
권유대행인 | 펀드투자
권유대행인 | 증권투자
권유자문인력 | 펀드투자
권유자문인력 | 파생상품투자
권유자문인력 |

[한국금융연수원]

외환전문역 1종　외환전문역 2종　신용분석사 1부　신용분석사 2부　은행텔러

[한국무역협회]

국제무역사 1급　국제무역사 2급

[대한상공회의소]

무역영어 1급　무역영어 2·3급

토마토패스를 이용한 수험생들의 **압도적인 합격률,**
다른 사이트와 반드시 비교해보시고 선택하시기 바랍니다.

[한국보험연수원]

보험심사역	보험심사역	보험심사역	보험심사역	변액보험관리사
공통부문	개인전문부문	기업전문부문	최종모의고사	

[한국 FPSB협회]

AFPK	AFPK	AFPK
MODULE.1	MODULE.2	MODULE.1·2

[한국세무사회]

전산세무   전산회계

"토마토패스를 선택해야 할 이유는 명확합니다"

"인기도 1위"

(2017년 은행FP/보험심사역 온라인서점 인기도 1위)
(2016년 증권,펀드투자권유대행인/파생상품투자권유자문인력 온라인서점 인기도 1위)

"합격률 1위"

(2018년 68회 AFPK 교육기관 공식합격률 1위)
(2017년 39회 신용분석사 대학생 수석합격)
(2015~2016년 펀드투자권유대행인 최연소 합격)

한국FPSB / 국가보훈처 지정교육기관

◀ 압도적인 합격률, 강의 만족도 1위, 최장 수강기간

토마토패스는 업계 최고수준의 압도적인 합격률과, 최저가격, 최장 수강기간, 무제한 반복수강으로 타업체와는
비교할 수 없는 가치를 증명합니다. 토마토패스를 선택해야 할 이유는 명확합니다.

> "쉬우면서도 기억에 잘 남는 강의가 매력포인트 ㅋㅋ 강의자료가 pdf로 다 올라오고...
> 문풀 교재에서도 꽤 시험에 나왔다!! 무슨 기출문제집인줄 ㅋㅋㅋㅋㅋ
> 한 번에 합격하게 해주셔서 감사!!"

(프리엔즈님의 후기)

> "다른 인강업체는 그냥 일반 분필칠판에서 필기하니깐 잘 보이지도 않고, 불편했는데,
> 전자칠판으로 하니깐 눈이 호강하네요 ㅋㅋㅋㅋ
> 공부하기 딱 좋은 토마토패스!!!! 너무 만족해서 감사드립니다."

(eunju-400님의 후기)

〈금융자격증 수강기간〉

최장 수강기간

◀ 최신 출제경향을 반영한 단계별 학습

토마토패스의 금융강의는 최신 출제경향을 반영한 이론과 문제풀이, 특강으로 이어지는 3단계 학습방법을 통해 완벽하게
시험에 대비하고 합격의 길로 안내합니다.

◀ 모든 플랫폼에서 수강가능

토마토패스의 웹사이트는 PC를 비롯해서 태블릿, 스마트폰(안드로이드, 아이폰) 등의 환경을 완벽히 지원하므로 별도의
추가요금없이 언제 어디서나 자유롭게 수강하실 수 있습니다.